Teorias da Personalidade

Revisão técnica

Sérgio Eduardo Silva de Oliveira (Coordenador da revisão; Iniciais; Caps. 1, 5, 15 e Glossário)
Doutor em Psicologia pela Universidade Federal do Rio Grande do Sul (UFRGS).

Anneliza Soares de Sá (Caps. 2 e 7)
Doutoranda em Psicologia na Universidad de Ciencias Empresariales y Sociales (UCES) e Universidade de Brasília (UnB).

Clarice Alves de Almeida Beckmann (Caps. 3 e 8)
Doutoranda em Psicologia Clínica e Cultura na UnB.

Daniela Alcântara Almeida (Caps. 4 e 17)
Mestra em Psicologia Clínica e Cultura na UnB.

Dionne Rayssa Cardoso Corrêa (Caps. 11 e 12)
Doutoranda em Psicologia Clínica e Cultura na UnB.

Flávia Ulhôa Pimentel (Caps. 18 e 19)
Mestra em Psicologia Clínica e Cultura na UnB.

Lídia Figueiredo dos Santos (Cap. 6 e 14)
Mestranda em Psicologia Clínica e Cultura na UnB.

Neidsonei Pereira de Oliveira (Caps. 9 e 10)
Doutorando em Psicologia Clínica e Cultura na UnB.

Willian de Sousa Rodrigues (Caps. 13 e 16)
Doutorando em Psicologia: Cognição e Comportamento na Universidade Federal de Minas Gerais (UFMG).

F311t	Feist, Gregory.
	  Teorias da personalidade / Gregory J. Feist, Tomi-Ann Roberts, Jess Feist; tradução: Sandra Maria Mallmann da Rosa ; revisão técnica: Sérgio Eduardo Silva de Oliveira... [et al.]. – 10. ed. – Porto Alegre : Artmed, 2025.
	  xviii, 470 p. : il. ; 28 cm.
	
	  ISBN 978-65-5882-215-8
	
	  1. Psicologia da personalidade - Teoria. I. Roberts, Tomi-Ann. II. Feist, Jess. III. Título.
	
	                                                CDU 159.923

Catalogação na publicação: Karin Lorien Menoncin - CRB 10/2147

Teorias da Personalidade

10ª Edição

Gregory J. Feist
Tomi-Ann Roberts
Jess Feist

Tradução
Sandra Maria Mallmann da Rosa

Porto Alegre
2025

Obra originalmente publicada sob o título *Theories of Personality*, 10th Edition

ISBN 9781260175769

Original edition copyright © 2021 by McGraw-Hill, LLC, New York, New York. All Rights Reserved.
Portuguese language translation edition copyright © 2025 by GA Educação Ltda. All Rights Reserved.

Gerente editorial: *Alberto Schwanke*

Coordenadora editorial: *Cláudia Bittencourt*

Capa sobre arte original: *Kaéle Finalizando Ideias*

Imagem da capa: *©Shutterstock/Jeremy Richards*

Preparação de original: *Dominique Monticelli da Costa*

Leitura final: *Carla Paludo*

Editoração e projeto gráfico: *Matriz Visual*

Reservados todos os direitos de publicação, em língua portuguesa, ao
GA EDUCAÇÃO LTDA.
(Artmed é um selo editorial do GA EDUCAÇÃO LTDA.)
Rua Ernesto Alves, 150 – Bairro Floresta
90220-190 – Porto Alegre – RS
Fone: (51) 3027-7000

SAC 0800 703 3444 – www.grupoa.com.br

É proibida a duplicação ou reprodução deste volume, no todo ou em parte, sob quaisquer
formas ou por quaisquer meios (eletrônico, mecânico, gravação, fotocópia, distribuição
na Web e outros), sem permissão expressa da Editora.

IMPRESSO NO BRASIL
PRINTED IN BRAZIL

Autores

Gregory J. Feist

Gregory J. Feist é professor de Psicologia da Personalidade da San Jose State University. Também lecionou no College of William & Mary e na University of California, Davis. Concluiu seu doutorado em Psicologia da Personalidade em 1991, na University of California em Berkeley, e se graduou, em 1985, na Universty of Massachusetts-Amherst. Tem muitas publicações sobre psicologia da criatividade, psicologia da ciência e desenvolvimento do talento científico. Seu foco principal é o estabelecimento da psicologia da ciência como um estudo independente da ciência, semelhante a história, filosofia e sociologia da ciência. Seus principais esforços nessa direção são: *Psychology of Science and the Origins of the Scientific Mind* (2006, Yale University Press), que recebeu, em 2007, o prêmio William James da Divisão de Psicologia Geral, da American Psychological Association (APA); e como presidente fundador da Sociedade Internacional para a Psicologia da Ciência e Tecnologia.

Sua pesquisa em criatividade e personalidade foi reconhecida com o Berlyne Award, da Divisão para Psicologia da Estética, Criatividade e Artes (Divisão 10) da APA. Feist é ex-presidente da Divisão 10 da APA e trabalhou em conselhos editoriais. Seus esforços foram reconhecidos por prêmios de ensino excepcional tanto da UC Berkeley quanto UC Davis. Feist é coautor de *Psychology: Perspectives and Connections* (McGraw-Hill, 4ª edição) e coeditor do *Handbook of the Psychology of Science* (Springer Publications) e *Cambridge Handbook of Creativity and Personality*.

Autores

Tomi-Ann Roberts

Tomi-Ann Roberts concluiu seu bacharelado no Smith College e seu doutorado na Stanford University. É professora de Psicologia do Colorado College. Seus interesses de pesquisa incluem a objetificação sexual de meninas e mulheres, a auto-objetificação e as consequências destas para o bem-estar físico, emocional e cognitivo. O primeiro trabalho em que foi coautora sobre este tema, *Teoria da objetificação*, é o artigo mais citado na história de mais de 40 anos do periódico *Psychology of Women Quarterly*. Além de suas publicações acadêmicas, ela trabalhou em várias forças--tarefa da American Psychological Association, incluindo a Sexualização das Meninas e Educação Mediante a Pesquisa Feminista. Ela ocupou o cargo de presidente da Sociedade para Pesquisa do Ciclo Menstrual, de 2017 a 2019, e influencia a ciência psicológica como testemunha especialista e consultora em casos envolvendo objetificação como uma forma de sexismo e discriminação de gênero.

Jess Feist

Jess Feist foi professor de Psicologia da McNeese State University, Lake Charles, Louisiana, de 1964 até sua morte em 2015. Além de ser coautor de *Teorias da personalidade*, foi coautor, com Linda Brannon, de *Health Psychology: An Introduction to Behavior and Health*. Ele se graduou em St. Mary of the Plains e fez pós-graduação na Wichita State University e na Univerisity of Kansas. Seu interesse de pesquisa era em lembranças precoces da infância.

Prefácio

O que faz as pessoas se comportarem como se comportam? As pessoas costumam estar conscientes do que estão fazendo ou seu comportamento é resultado de motivos ocultos, inconscientes? Algumas pessoas são naturalmente boas e outras basicamente más? Ou todas as pessoas têm potencial para serem boas ou más? A conduta humana é, em grande parte, produto da natureza ou ela é moldada principalmente por influências ambientais? As pessoas podem escolher livremente como moldar sua personalidade ou suas vidas são determinadas por forças que estão além do seu controle? As pessoas são mais bem descritas por suas semelhanças, ou a singularidade é a característica dominante dos humanos? O que faz algumas pessoas desenvolverem personalidades disfuncionais, enquanto outras parecem se desenvolver na direção da saúde psicológica?

Essas perguntas têm sido formuladas e debatidas por filósofos, estudiosos e pensadores religiosos por milhares de anos, porém a maioria dessas discussões foi baseada em opiniões pessoais influenciadas por considerações políticas, econômicas, religiosas e sociais. Então, quase no final do século XIX, foi feito algum progresso na capacidade da humanidade de organizar, explicar e predizer suas próprias ações. A emergência da psicologia como estudo científico do comportamento humano marcou o princípio de uma abordagem mais sistemática para a análise da personalidade humana.

Os primeiros teóricos da personalidade, como Sigmund Freud, Alfred Adler e Carl Jung, basearam-se, principalmente, em observações clínicas para construir modelos do comportamento humano. Ainda que seus dados fossem mais sistemáticos e confiáveis do que os dos primeiros observadores, esses teóricos continuaram a se basear na própria maneira individualizada de olhar para as coisas e, assim, chegaram a diferentes concepções da natureza da humanidade.

Os teóricos posteriores da personalidade tenderam a usar estudos mais empíricos para aprender acerca do comportamento humano. Esses teóricos desenvolveram modelos provisórios, testaram hipóteses e, então, reformularam seus modelos. Em outras palavras, eles aplicaram as ferramentas da investigação científica e da teoria científica à área da personalidade humana. A ciência, é claro, não está divorciada da especulação, da imaginação e da criatividade, todas as quais são necessárias para formular as teorias. Cada um dos teóricos da personalidade discutidos neste livro desenvolveu uma teoria com base em observações empíricas e na especulação imaginativa. Além do mais, cada teoria é um reflexo da personalidade do seu criador.

Assim, as diferentes teorias discutidas nas páginas deste livro são um reflexo de origem cultural única, experiências familiares e treinamento profissional daqueles que lhes deram origem. A utilidade de cada teoria, no entanto, não é avaliada segundo a personalidade do seu autor, mas também quanto à sua capacidade de (1) gerar pesquisa, (2) prestar-se à refutação, (3) integrar o conhecimento empírico existente e (4) sugerir respostas práticas para problemas do dia a dia. Portanto, avaliamos cada uma das teorias discutidas neste livro com base nesses quatro critérios e também segundo (5) sua coerência interna e (6) sua simplicidade. Além disso, algumas teorias da personalidade fertilizaram outros campos, como a sociologia, a educação, a psicoterapia, a propaganda, a administração, a mitologia, o aconselhamento, a arte, a literatura e a religião.

10ª edição

A 10ª edição de *Teorias da personalidade* continua a enfatizar as características fortes e únicas das edições anteriores, ou seja, o panorama no começo de cada capítulo, um estilo de escrita vívido, os conceitos de humanidade instigantes conforme vistos por cada teórico e as avaliações estruturadas de cada teoria. Assim como nas edições anteriores, a 10ª edição está baseada nas fontes originais e na formulação mais recente de cada teoria. Os primeiros conceitos e modelos são incluídos somente se mantiveram sua importância na teoria posterior ou se forneceram uma base vital para compreensão da teoria final.

A 10ª edição de *Teorias da personalidade* usa uma linguagem clara, concisa e abrangente, além de um estilo de escrita informal. O livro é concebido para estudantes de graduação e deve ser compreendido por aqueles com *background* mínimo em psicologia. Entretanto, tentamos não supersimplificar ou violar o que originalmente o teórico desejava expressar. Fizemos comparações amplas entre os teóricos, quando apropriado, e incluímos muitos exemplos para ilustrar como as diferentes teorias podem ser aplicadas a situações comuns do dia a dia. Um glossário, no final do livro, contém definições dos termos técnicos. Os mesmos termos também aparecem em negrito ao longo do texto.

viii Prefácio

A presente edição continua a fornecer uma cobertura abrangente dos teóricos da personalidade mais influentes. Ela enfatiza a personalidade normal, embora também tenhamos incluído discussões breves sobre anormalidade, além de métodos de psicoterapia, quando apropriado. Como cada teoria é uma expressão da visão única de mundo e de humanidade do seu criador, incluímos informações biográficas com detalhes de cada teórico, para que os leitores tenham a oportunidade de conhecer tanto a teoria quanto o teórico.

O que há de novo?

Na 10ª edição, fizemos mudanças que se somam e se baseiam em edições anteriores. Para apresentar um panorama mais integrativo e amplo do livro, acrescentamos uma nova seção no Capítulo 1, que descreve e resume as cinco principais perspectivas teóricas: psicodinâmica, humanista-existencial, disposicional, biológica-evolucionista e da aprendizagem (social) cognitiva. Esse panorama serve não só como um guia para o livro, mas também ajuda os alunos com a "visão global" do que são as terapias da personalidade e como elas diferem quanto aos pressupostos fundamentais. Os teóricos psicodinâmicos são Freud, Adler, Jung, Klein, Horney, Fromm e Erikson. Os teóricos humanistas-existenciais incluem Maslow, Rogers e May. Em seguida, os teóricos disposicionais abordados são Allport e McCrae e Costa, seguidos pelos teóricos biológicos-evolucionistas Eysenck e Buss. Finalmente, a última perspectiva é a dos teóricos da aprendizagem (social) cognitiva Skinner, Bandura, Rotter, Mischel e Kelly. Organizamos as cinco perspectivas nesta sequência por razões históricas, avançando das mais antigas para as mais recentes para também dar aos alunos uma noção das mudanças e desenvolvimento das teorias da personalidade.

Também novo nos Capítulos 1 e 13 (McCrae & Costa) é a pesquisa e teoria com utilização das "pegadas" nas mídias sociais como forma de avaliar a personalidade. Nossas personalidades influenciam se e como usamos as mídias sociais, e nosso comportamento digital reflete essas diferenças na personalidade. Outro conjunto de adições à 10ª edição é a nova pesquisa que examinou se Maslow algum dia criou seu conhecido modelo em "pirâmide" da hierarquia das necessidades (ele não criou) e novas medidas de Autoatualização no Capítulo 9. Como fazemos em cada nova edição, também atualizamos as seções de "Pesquisas Recentes" de cada teoria. Por exemplo, pesquisas recentes deram apoio à teoria de Buss das origens evolucionárias de traços de personalidade, como extroversão, conscienciosidade e neuroticismo. A teoria de Bandura estimulou pesquisas relatando que crianças que praticam *bullying* têm mais probabilidade de se envolver em "desengajamento moral" – ou seja, elas minimizam as consequências de suas ações e não consideram como prejudicial o que estão fazendo.

Agradecimentos

Finalmente, desejamos expressar nossa gratidão às muitas pessoas que contribuíram para a conclusão deste livro. Antes de tudo, somos gratos pela ajuda valiosa dada por aquelas pessoas que revisaram as edições anteriores de *Teorias da personalidade*. Suas avaliações e sugestões ajudaram enormemente na preparação desta nova edição. Esses revisores incluem: Robert J. Drummond, University of North Florida; Lena K. Ericksen, Western Washington University; Charles S. Johnson, William Rainey Harper College; Alan Lipman, George Washington University; John Phelan, Eric Rettinger, Elizabeth Rellinger, Evert Community College; Linda Sayers, Richard Stockton College of New Jersey; Mark E. Sibicky, Marietta College; Connie Veldink, Illinois College; Dennis Wanamaker; Kevin Simpson, Concordia University; Lisa Lockhart, Texas A&M University-Kingsville; Natalie Denburg, University of Iowa Hospitals and Clinics; Kristine Anthis, Southern Connecticut State University; Eros De-Souza, Illinois State University; Yozan D. Mosig, University of Nebraska-Kearney; Angie Fournier, Virginia Wesleyan College; Atara Mcnamara, Boise State University; Randi Smith, Metro State College of Denver; e Myra Spindel, Florida International University Miami; Kenneth Walters, State University of New York em Oneonta; e Elissa Wright, Northwest Vista College. Nosso agradecimento aos estudantes do Colorado College nas aulas de personalidade ao longo dos anos por seus inúmeros comentários perspicazes que mantêm essas edições renovadas.

Além disso, também somos gratos aos seguintes revisores, cujo *feedback* ajudou a moldar a 10ª edição: Cassandra Zamoralez, Brazosport College; Rebecca Gibson, Liberty University; Stephen P. Joy, Albertus Magnus College; William Price, North Country Community College; Sarah Angulo, Texas State University; e David Rentler, University of Connecticut.

Agradecemos o forte apoio que tivemos de nosso editor. Gostaríamos de expressar nosso agradecimento especial a Elisa Odoardi, desenvolvedora de produto, Danielle Clement, gerente de projeto sênior, editores de desenvolvimento da Lumina Datamatics Inc., Ann Loch e Adina Lonn e Mithun Kothandath, da SPi Global pela sua assistência de produção.

Também estamos em dívida com Albert Bandura, por seus comentários úteis no capítulo que aborda a teoria social cognitiva. Também desejamos agradecer a outros teóricos da personalidade, por dedicarem um tempo para discutir as seções apropriadas das edições anteriores deste livro: Albert Bandura, Hans B. Eysenck (falecido), Robert McCrae, Paul T. Costa, Jr., Carl R. Rogers (falecido), Julian B. Rotter (falecido) e B. F. Skinner (falecido).

Por fim, GJF agradece a seus filhos, Jerry e Evan, e T-AR agradece a suas filhas, Annika e Mia, por seu apoio emocional e outras contribuições importantes. GJF e T-AR gostariam de reconhecer o trabalho fundamental neste livro de Jess Feist, como autor das três primeiras edições. Este livro não existiria sem ele.

Como sempre, os comentários dos leitores são muito bem-vindos, pois nos ajudam a continuar a melhorar o livro *Teorias da personalidade*.

Gregory J. Feist
Oakland, CA

Tomi-Ann Roberts
Colorado Springs, CO

Sumário

PARTE I   Introdução   1

CAPÍTULO 1   *Introdução à Teoria da Personalidade*   *2*

O que é personalidade?   3
O que é uma teoria?   4
Definição de teoria   4
A teoria e suas relações   4
    Filosofia   5
    Especulação   5
    Hipótese   5
    Taxonomia   5
Por que diferentes teorias?   5
Perspectivas em teorias da personalidade   6
    Teorias Psicodinâmicas   7
    Teorias Humanistas/Existenciais   7
    Teorias Disposicionais   7
    Teorias Biológicas/Evolucionistas   8
    Teorias Cognitivas de Aprendizagem (Social)   8
As personalidades dos teóricos e suas teorias da personalidade   8
O que torna uma teoria útil?   8
    Gera pesquisa   9
    É refutável   9
    Organiza os dados   10
    Orienta a ação   10
    É internamente coerente   10
    É parcimoniosa   10
Dimensões para um conceito de humanidade   11
Pesquisa em teoria da personalidade   12

PARTE II   Teorias Psicodinâmicas   15

CAPÍTULO 2   *Freud: Psicanálise*   *16*

Panorama da teoria psicanalítica   17
Biografia de Sigmund Freud   17
Níveis da vida mental   21
Inconsciente   21
Pré-consciente   22
Consciente   22
Instâncias da mente   23
O Id   24
O Ego   25
O superego   25

Dinâmica da personalidade   26
Impulso   26
    Sexualidade   27
    Agressividade (Destrutividade)   27
Ansiedade   28
Mecanismos de defesa   28
Repressão   29
Formação reativa   29
Deslocamento   29
Fixação   29
Regressão   30
Projeção   30
Introjeção   30
Sublimação   31
Estágios do desenvolvimento   31
Período infantil   31
    Fase oral   31
    Fase anal   32
Fase fálica   32
Período de latência   35
Período genital   36
Maturidade   36
Aplicações da teoria psicanalítica   37
A técnica terapêutica inicial de Freud   37
A técnica terapêutica posterior de Freud   38
Análise dos sonhos   38
Atos falhos   40
Pesquisa relacionada   40
Processamento mental inconsciente   41
Prazer e id, inibição e ego   41
Repressão, inibição e mecanismos de defesa   42
Pesquisa sobre os sonhos   43
Críticas a Freud   44
Freud entendia as mulheres, o gênero e a sexualidade?   44
Freud era um cientista?   45
Conceito de humanidade   47

CAPÍTULO 3   *Adler: Psicologia Individual*   51

Panorama da psicologia individual   52
Biografia de Alfred Adler   52
Introdução à teoria adleriana   54
Luta pelo sucesso ou pela superioridade   55
O objetivo final   55
A força do empenho como compensação   56

xii Sumário

A luta pela superioridade pessoal **56**
A luta pelo sucesso **56**

Percepções subjetivas 57
Ficcionalismo **57**
Inferioridades físicas **57**

Unidade e autocoerência da personalidade 57
Dialeto do órgão **58**
Consciente e inconsciente **58**

Interesse social 58
Origens do interesse social **58**
Importância do interesse social **59**

Estilo de vida 60

Força criativa 61

Desenvolvimento anormal 61
Descrição geral **61**
Fatores externos no desajustamento **62**
Deficiências físicas graves 62
Estilo de vida mimado 62
Estilo de vida negligenciado 62
Tendências à salvaguarda **62**
Desculpas 63
Agressividade 63
Retraimento 63
Protesto viril **64**
Origens do protesto viril 64
Adler, Freud e o protesto viril 64

Aplicações da psicologia individual 65
Constelação familiar **65**
Lembranças precoces **66**
Sonhos **67**
Psicoterapia **67**

Pesquisa relacionada 68
Ordem de nascimento, inteligência, desempenho acadêmico e personalidade **68**
Lembranças precoces e escolha da carreira **69**
Distinguindo o narcisismo como busca pela superioridade versus autoestima como busca pelo sucesso **71**

Críticas a Adler 71

Conceito de humanidade 72

CAPÍTULO 4 *Jung: Psicologia Analítica* **75**

Panorama da psicologia analítica 76

Biografia de Carl Jung 76

Níveis da psique 79
Consciente **79**
Inconsciente pessoal **79**
Inconsciente coletivo **80**
Arquétipos **80**
Persona 81
Sombra 81
Anima 82
Animus 83
Grande mãe 83

Velho sábio 83
Herói 84
Self 84

Dinâmica da personalidade 86
Causalidade e teleologia **86**
Progressão e regressão **86**

Tipos psicológicos 86
Atitudes **86**
Introversão 86
Extroversão 87
Funções **88**
Pensamento 88
Sentimento 88
Sensação 89
Intuição 89

Desenvolvimento da personalidade 90
Estágios do desenvolvimento **90**
Infância 90
Juventude 90
Meia-idade 90
Velhice 91
Autorrealização **91**

Métodos de investigação de Jung 92
Teste de associação de palavras **92**
Análise dos sonhos **92**
Imaginação ativa **93**
Psicoterapia **94**

Pesquisa relacionada 95
Tipo de personalidade e liderança **95**
Tipo de personalidade entre clérigos e frequentadores de igrejas **96**
Uma análise crítica do Indicador Tipológico Myers-Briggs (MBTI) **97**
Crítica teórica **97**
Crítica empírica **98**
O MBTI continua popular apesar das críticas **98**

Críticas a Jung 99

Conceito de humanidade 100

CAPÍTULO 5 *Klein: Teoria das Relações Objetais* **103**

Panorama da teoria das relações objetais 104

Biografia de Melanie Klein 104

Introdução à teoria das relações objetais 106

A vida psíquica do bebê 106
Fantasias **107**
Objetos **107**

Posições 107
Posição esquizoparanoide **107**
Posição depressiva **108**

Mecanismos de defesa psíquicos 108
Introjeção **108**
Projeção **109**
Dissociação **109**

Identificação projetiva **109**

Internalizações   109

Ego   109
Superego   110
Complexo de Édipo   110

Desenvolvimento edípico feminino   111
Desenvolvimento edípico masculino   111

Visões posteriores das relações objetais   111

A visão de Margaret Mahler   112
A visão de Heinz Kohut   113
A teoria do apego de John Bowlby   114
Mary Ainsworth e a situação estranha   114

Psicoterapia   116

Pesquisa relacionada   116

Trauma infantil e relações objetais adultas   116
Teoria do apego e as relações adultas   117

Críticas à teoria das relações objetais   119

Conceito de humanidade   120

CAPÍTULO 6   *Horney: Teoria Social Psicanalítica   123*

Panorama da teoria social psicanalítica   124

Biografia de Karen Horney   124

Introdução à teoria social psicanalítica   126

Comparação entre Horney e Freud   126
O impacto da cultura   126
A importância das experiências da infância   126

Hostilidade básica e ansiedade básica   127

Impulsos compulsivos   128

Necessidades neuróticas   128
Tendências neuróticas   129

Movimento em direção às pessoas   130
Movimento contra as pessoas   130
Movimento para longe das pessoas   130

Conflitos intrapsíquicos   131

Autoimagem idealizada   131

Busca neurótica pela glória   132
Reivindicações neuróticas   133
Orgulho neurótico   133

Auto-ódio   134

Psicologia feminina   134

Psicoterapia   136

Pesquisa relacionada   137

A busca neurótica pela glória no laboratório   137
O neuroticismo pode vir a ser algo bom?   137

Críticas a Horney   139

Conceito de humanidade   139

CAPÍTULO 7   *Erikson: Teoria Pós-freudiana   142*

Panorama da teoria pós-freudiana   143

Biografia de Erik Erikson   143

O ego na teoria pós-freudiana   145

Influência da sociedade   145
Princípio epigenético   146

Estágios do desenvolvimento psicossocial   147

Lactância   148

Modo oral-sensorial   148
Confiança básica versus desconfiança básica   148
Esperança: a força básica da lactância   149

Início da infância   149

Modo anal-uretral-muscular   149
Autonomia **versus** vergonha e dúvida   149
Vontade: a força básica do início da infância   150

Idade do brincar   150

Modo genital-locomotor   150
Iniciativa **versus** culpa   150
Propósito: a força básica da idade do brincar   151

Idade escolar   151

Latência   151
Diligência **versus** inferioridade   151
Competência: a força básica da idade escolar   151

Adolescência   152

Puberdade   152
Identidade **versus** confusão de identidade   152
Fidelidade: a força básica da adolescência   153

Início da idade adulta   153

Genitalidade   153
Intimidade **versus** isolamento   153
Amor: a força básica do início da idade adulta   154

Idade adulta   154

Procriatividade   154
Generatividade versus estagnação   154
Cuidado: a força básica da idade adulta   155

Velhice   155

Sensualidade generalizada   155
Integridade versus desespero   155
Sabedoria: a força básica da velhice   156

Resumo do ciclo de vida   156

Métodos de investigação de Erikson   157

Estudos antropológicos   157
Psico-história   157

Pesquisa relacionada   158

Identidade do adolescente e a internet   159
O desenvolvimento da identidade de gênero   160

Impacto da natureza e da criação (dos filhos) na formação da identidade de gênero   161

Pressão social para se adequar à identidade de gênero típica   161

Idade da divulgação da identidade de gênero e as redes sociais   162

Críticas a Erikson   163

Conceito de humanidade   164

xiv Sumário

CAPÍTULO 8 *Fromm: Psicanálise Humanista* 168

Panorama da psicanálise humanista 169
Biografia de Erich Fromm 169
Pressupostos básicos de Fromm 171
Necessidades humanas 171
  Ligação 172
  Transcendência 172
  Enraizamento 172
  Sentimento de identidade 173
  Estrutura de orientação 173
  Resumo das necessidades humanas 174
O fardo da liberdade 174
  Mecanismos de fuga 174
    Autoritarismo 175
    Destrutividade 175
    Conformidade 175
  Liberdade positiva 175
Orientações do caráter 175
  Orientações não produtivas 176
    Receptiva 176
    Exploradora 176
    Acumulativa 176
    Mercantil 176
  Orientação produtiva 177
Transtornos da personalidade 177
  Necrofilia 177
  Narcisismo maligno 178
  Simbiose incestuosa 178
Psicoterapia 178
Métodos de investigação de Fromm 179
  O caráter social em uma vila mexicana 179
  Um estudo psico-histórico de Hitler 180
Pesquisa relacionada 181
  Testando as suposições do caráter mercantil de Fromm 181
  Estranhamento da cultura e bem-estar 182
  Autoritarismo e medo 183
Críticas a Fromm 184
Conceito de humanidade 185

PARTE III Teorias Humanistas/Existenciais 189

CAPÍTULO 9 *Maslow: Teoria Holístico-Dinâmica* 190

Panorama da teoria holístico-dinâmica 191
Biografia de Abraham H. Maslow 191
A visão de Maslow sobre a motivação 194
  Hierarquia de necessidades 194
    Necessidades fisiológicas 195
    Necessidades de segurança 195
    Necessidades de amor e pertencimento 195

Necessidades de estima 196
    Necessidades de autorrealização 196
  Necessidades estéticas 197
  Necessidades cognitivas 197
  Necessidades neuróticas 197
  Discussão geral das necessidades 198
    Ordem invertida das necessidades 198
    Comportamento imotivado 198
    Comportamento expressivo e de enfrentamento 198
    Privação de necessidades 198
    Natureza instintiva das necessidades 199
  Comparação entre necessidades mais altas e mais baixas 199
Autorrealização 199
  A busca de Maslow pela pessoa autorrealizada 200
  Critérios para a autorrealização 200
  Valores das pessoas autorrealizadas 201
  Características das pessoas autorrealizadas 201
    Percepção mais eficiente da realidade 201
    Aceitação de si, dos outros e da natureza 202
    Espontaneidade, simplicidade e naturalidade 202
    Centradas nos problemas 202
    A necessidade de privacidade 202
    Autonomia 202
    Apreciação constante do novo 203
    A experiência culminante 203
    Gemeinschaftsgefühl 204
    Relações interpessoais profundas 204
    A estrutura do caráter democrático 204
    Discriminação entre meios e fins 204
    Senso de humor filosófico 204
    Criatividade 205
    Resistência à enculturação 205
  Amor, sexo e autorrealização 205
Psicologia e filosofia da ciência de Maslow 205
Medindo a autorrealização 206
O complexo de Jonas 207
Psicoterapia 208
Pesquisa relacionada 208
  Teste empírico e uma atualização evolutiva da hierarquia de necessidades 208
  Psicologia positiva 210
Críticas a Maslow 211
Conceito de humanidade 212

CAPÍTULO 10 *Rogers: Teoria centrada na pessoa* 215

Panorama da teoria centrada na pessoa 216
Biografia de Carl Rogers 216
Teoria centrada na pessoa 218
  Pressupostos básicos 218
    Tendência formativa 219
    Tendência atualizante 219

O self e a autoatualização **219**
O autoconceito   220
O **self** ideal   220

Consciência (*awareness*)   221
Níveis de consciência (**awareness**)   221
Negação das experiências positivas   221

Tornar-se pessoa **221**

Obstáculos à saúde psicológica **222**
Condições de valor   222
Incongruência   222
Defesas   223
Desorganização   223

Psicoterapia   224
Condições **224**
Congruência do terapeuta   224
Consideração positiva incondicional   225
Escuta empática   225

Processo **226**
Estágios da mudança terapêutica   226
Explicação teórica para a mudança
terapêutica   227

Resultados **227**

A pessoa do futuro   228

Filosofia da ciência   229

Os estudos de Chicago   229
Hipóteses **230**
Método **230**
Achados **230**
Resumo dos resultados **231**

Pesquisa relacionada   231
*Discrepância entre o self real e ideal, os jogos on-
line e o cérebro* **231**
Motivação e busca dos próprios objetivos **233**

Críticas a Rogers   235

Conceito de humanidade   236

CAPÍTULO 11   *May: Psicologia Existencial*   **239**

Panorama da psicologia existencial   240

Biografia de Rollo May   240

Antecedentes do existencialismo   242
O que é existencialismo? **242**
Conceitos básicos **243**
Ser-no-mundo   243
Não-ser   244

O caso de Philip   245

Ansiedade   245
Ansiedade normal **245**
Ansiedade neurótica **246**

Culpa   246

Intencionalidade   247

Cuidado, amor e vontade   247
União entre amor e vontade **247**
Formas de amor **248**

Sexo   248
Eros   248
Filia   248
Ágape   248

Liberdade e destino   249
Definição de liberdade **249**
Formas de liberdade **249**
Liberdade existencial   249
Liberdade essencial   249
O que é destino? **249**
O destino de Philip **250**

O poder do mito   250

Psicopatologia   251

Psicoterapia   251

Pesquisa relacionada   252
*Ameaças no Umwelt: consciência da mortalidade e
negação de nossa natureza animal* **253**
*Encontrando significado no Mitwelt: apego e
relacionamentos próximos* **254**
*Crescimento no Eigenwelt: há alguma vantagem na
consciência da mortalidade* **255**

Críticas a May   256

Conceito de humanidade   257

PARTE IV   Teorias Disposicionais   261

CAPÍTULO 12   *Allport: Psicologia do Indivíduo*   **262**

**Panorama da psicologia do indivíduo de
Allport   263**

Biografia de Gordon Allport   263

**Abordagem de Allport da teoria da
personalidade   264**
O que é personalidade? **265**
Qual é o papel da motivação consciente? **265**
Quais são as características da pessoa sadia? **265**

Estrutura da personalidade   266
Disposições pessoais **267**
Níveis de disposições pessoais   267
Disposições motivacionais e estilísticas   268

Proprium **268**

Motivação   268
Uma teoria da motivação **268**
Autonomia funcional **269**
Autonomia funcional perseverativa   270
Autonomia funcional do **proprium**   270
Critério para a autonomia funcional   271
Processos que não são funcionalmente
autônomos   271

O estudo do indivíduo   271
Ciência morfogênica **272**
Os diários de Marion Taylor **272**
As cartas de Jenny **272**

xvi Sumário

Pesquisa relacionada 274

Entendendo e reduzindo o preconceito 274

Orientação religiosa intrínseca e extrínseca 276

Motivação religiosa e saúde mental 276

Estendendo a motivação religiosa de Allport às outras religiões 277

Críticas a Allport 278

Conceito de humanidade 279

CAPÍTULO 13 *Teoria dos Cinco Fatores de McCrae e Costa 283*

Panorama das teorias dos traços e fatores 284

O trabalho pioneiro de Raymond B. Cattell 284

Princípios básicos da análise fatorial 285

Os Cinco Grandes Fatores: taxonomia ou teoria? 286

Biografias de Robert R. McCrae e Paul T. Costa Jr. 286

À procura dos Cinco Grandes Fatores 287

Cinco Fatores encontrados 288

Descrição dos Cinco Fatores 288

Evolução da teoria dos Cinco Fatores 290

Unidades da teoria dos Cinco Fatores 290

Componentes centrais da personalidade 291

Componentes periféricos 292

Postulados básicos 293

Postulados para as tendências básicas 293

Postulados para as adaptações características 294

Pesquisa relacionada 294

Consistência e mudança na personalidade ao longo da vida 294

Consistência da personalidade 294

Mudança na personalidade 295

Medindo os Cinco Grandes Fatores com nossas pegadas digitais 296

Críticas às teorias dos traços e fatores 297

Conceito de humanidade 298

PARTE V Teorias Biológicas/ Evolucionistas 301

CAPÍTULO 14 *Teoria dos Fatores de Base Biológica de Eysenck 302*

Panorama da teoria dos traços de base biológica 303

Biografia de Hans J. Eysenck 304

Teoria dos fatores de Eysenck 306

Critérios para a identificação dos fatores 306

Hierarquia da organização do comportamento 306

Dimensões da personalidade 306

Extroversão 307

Neuroticismo 309

Psicoticismo 310

Medindo a personalidade 311

Bases biológicas da personalidade 311

Personalidade como um preditor 312

Personalidade e comportamento 312

Personalidade e doença 313

Pesquisa relacionada 313

A base biológica da extroversão 313

A base biológica do neuroticismo 315

Críticas à teoria de base biológica de Eysenck 316

Conceito de humanidade 317

CAPÍTULO 15 *Buss: Teoria evolucionista da personalidade 320*

Panorama da teoria evolucionista 321

Biografia de David Buss 322

Princípios da psicologia evolucionista 323

Teoria evolucionista da personalidade 324

Natureza e criação da personalidade 324

Problemas adaptativos e suas soluções (mecanismos) 325

Mecanismos evoluídos 326

Motivação e emoção como mecanismos evoluídos 326

Traços de personalidade como mecanismos evoluídos 327

Origens das diferenças individuais 328

Fontes ambientais 328

Teorias evolucionistas da personalidade neobussianas 329

Mal-entendidos comuns na teoria evolucionista 330

Evolução implica determinismo genético (comportamento como algo imutável e livre de influências do ambiente) 330

A execução de adaptações requer mecanismos conscientes 331

Os mecanismos visam a um ideal 331

Pesquisa relacionada 331

Origem evolucionista da personalidade: traços como correlatos à aptidão 331

Genética e personalidade 334

Personalidade animal 335

Críticas à teoria evolucionista da personalidade 337

Conceito de humanidade 337

PARTE VI Teorias Cognitivistas e da Aprendizagem 343

CAPÍTULO 16 *Skinner: Análise do Comportamento 344*

Panorama da análise do comportamento 345
Biografia de B. F. Skinner 345
Precursores do behaviorismo científico de Skinner 348
Behaviorismo científico 348
Filosofia da ciência 349
Características da ciência 349
Condicionamento 350
Condicionamento clássico 350
Condicionamento operante 350
Modelagem 350
Reforço 352
Punição 352
Reforçadores condicionados e generalizados 353
Esquema de reforço 354
Extinção 355
O organismo humano 355
Seleção natural 356
Evolução cultural 356
Estados internos 356
Autoconsciência 357
Impulsos 357
Emoções 357
Propósito e intenção 357
Comportamento complexo 358
Processos mentais superiores 358
Criatividade 358
Comportamento inconsciente 358
Sonhos 359
Comportamento social 359
Controle do comportamento humano 359
Controle social 359
Autocontrole 360
A personalidade não saudável 360
Estratégias de neutralização 360
Comportamentos inapropriados 361
Psicoterapia 361
Pesquisa relacionada 361
Como o condicionamento afeta a personalidade 362
Como a personalidade afeta o condicionamento 362
Influência mútua entre personalidade e condicionamento 363
Críticas a Skinner 365
Conceito de humanidade 365

CAPÍTULO 17 *Bandura: Teoria Social Cognitiva 369*

Panorama da teoria social cognitiva 370
Biografia de Albert Bandura 370
Aprendizagem 371
Aprendizagem por observação 371
Modelagem 372
Processos que governam a aprendizagem por observação 372
Aprendizagem enativa 373
Causação recíproca triádica 373
Um exemplo de causação recíproca triádica 374
Encontros casuais e eventos fortuitos 375
Agência humana 375
Características fundamentais da agência humana 376
Autoeficácia 376
O que é autoeficácia? 376
O que contribui para a autoeficácia? 377
Agência por procuração 379
Eficácia coletiva 379
Autorregulação 380
Fatores externos na autorregulação 380
Fatores internos na autorregulação 380
Auto-observação 380
Processo de julgamento 380
Autorreação 381
Autorregulação por meio da agência moral 382
Redefinir o comportamento 382
Desconsiderar ou distorcer as consequências do comportamento 383
Desumanizar ou culpar as vítimas 383
Deslocar ou diluir a responsabilidade 383
Comportamento desadaptado 383
Depressão 383
Fobias 384
Agressividade 384
Terapia 385
Pesquisa relacionada 386
Autoeficácia e diabetes 386
Desengajamento moral e bullying 387
A teoria social cognitiva "se torna global" 388
Críticas a Bandura 388
Conceito de humanidade 389

CAPÍTULO 18 *Rotter e Mischel: Teoria da Aprendizagem Social Cognitiva 392*

Panorama da teoria da aprendizagem social cognitiva 393
Biografia de Julian Rotter 393
Introdução à teoria da aprendizagem social de Rotter 394

xviii Sumário

Predição de comportamentos específicos 395
Potencial do comportamento 395
Expectativa 395
Valor do reforço 396
Situação psicológica 396
Fórmula de predição básica 397
Predição de comportamentos gerais 397
Expectativas generalizadas 397
Necessidades 397
Categorias das necessidades 398
Componentes das necessidades 399
Fórmula de predição geral 399
Controle interno e externo do reforço 400
Escala de Confiança Interpessoal 402
Comportamento desadaptado 402
Psicoterapia 403
Mudando objetivos 404
Eliminando expectativas baixas 404
Introdução à teoria da personalidade de Mischel 405
Biografia de Walter Mischel 405
Antecedentes do sistema de personalidade cognitivo-afetivo 406
Paradoxo da consistência 407
Interação pessoa-situação 407
Sistema de personalidade cognitivo-afetivo 408
Predição do comportamento 408
Variáveis da situação 409
Unidades cognitivo-afetivas 410
Estratégias de codificação 410
Competências e estratégias autorregulatórias 410
Expectativas e crenças 411
Objetivos e valores 411
Respostas afetivas 412
Pesquisa relacionada 412
Opressão racial internalizada e locus de controle 412
Interação pessoa-situação 413
Marshmallows e autorregulação ao longo da vida 414
Críticas à teoria da aprendizagem social cognitiva 415
Conceito de humanidade 416

CAPÍTULO 19 *Kelly: Teoria dos Construtos Pessoais 419*

Panorama da teoria dos construtos pessoais 420
Biografia de George Kelly 420
Posição filosófica de Kelly 421
A pessoa como cientista 422
O cientista como pessoa 422
Alternativismo construtivo 422

Construtos pessoais 423
Postulado básico 423
Corolários de apoio 424
Semelhanças entre os eventos 424
Diferenças entre as pessoas 424
Relações entre os construtos 424
Dicotomia dos construtos 425
Escolha entre dicotomias 425
Âmbito de conveniência 426
Experiência e aprendizagem 426
Adaptação à experiência 426
Construtos incompatíveis 427
Semelhanças entre as pessoas 427
Processos sociais 427
Aplicações da teoria dos construtos pessoais 428
Desenvolvimento anormal 428
Ameaça 429
Medo 429
Ansiedade 429
Culpa 429
Psicoterapia 430
O Teste Rep 430
Pesquisa relacionada 432
O Teste Rep e adolescentes com transtorno do espectro autista 432
Aplicando a teoria dos construtos pessoais às questões intrapessoais de identidade 433
Compreendendo o preconceito internalizado pela teoria dos construtos pessoais 433
Reduzindo a ameaça à identificação feminista 434
Construtos pessoais e os Big Five 434
Críticas a Kelly 435
Conceito de humanidade 436

Glossário 439
Índice de nomes 453
Índice 459

PARTE UM

Introdução

Capítulo 1 *Introdução à Teoria da Personalidade* *2*

CAPÍTULO 1

Introdução à Teoria da Personalidade

amasterphotographer/Shutterstock

- ◆ *O que é personalidade?*
- ◆ *O que é uma teoria?*
  Definição de teoria
  A teoria e suas relações
  Por que diferentes teorias?
  Perspectivas em teorias da personalidade
  As personalidades dos teóricos e suas teorias da personalidade
  O que torna uma teoria útil?
- ◆ *Dimensões para um conceito de humanidade*
- ◆ *Pesquisa em teoria da personalidade*
- ◆ *Termos-chave e conceitos*
- ◆ *Referências*

Por que as pessoas agem da forma como agem? Elas têm alguma escolha na constituição da própria personalidade? O que explica as semelhanças e diferenças entre as pessoas? O que as faz agirem de maneiras previsíveis? Por que elas são imprevisíveis? Forças ocultas inconscientes controlam o comportamento das pessoas? O que causa os transtornos mentais? O comportamento humano é moldado mais pela hereditariedade ou pelo ambiente?

Durante séculos, filósofos, teólogos e outros pensadores fizeram essas indagações enquanto ponderavam sobre a essência da natureza humana – ou até mesmo se perguntavam se os humanos possuem uma natureza básica. Até há pouco tempo, os grandes pensadores fizeram pouco progresso em obter respostas satisfatórias para tais questões. Mais de cem anos atrás, Sigmund Freud começou a combinar especulações filosóficas com um método científico primitivo. Como neurologista treinado em ciências, Freud passou a ouvir os pacientes para descobrir que conflitos se encontravam por trás dos variados sintomas deles. "Ouvir se tornou, para Freud, mais do que uma arte; transformou-se em um método, um caminho privilegiado para o conhecimento do que seus pacientes mostravam para ele" (Gay, 1988, p. 70).

Freud, de fato, foi o primeiro a desenvolver uma teoria verdadeiramente moderna da personalidade, com base, principalmente, em suas observações clínicas. Ele formulou a "Grande Teoria", ou seja, uma teoria que tentou explicar a personalidade para todas as pessoas. Como veremos ao longo deste livro, muitos outros teóricos, com diferentes pontos de vista, desenvolveram grandes teorias alternativas. A tendência geral durante o curso do século XX foi basear as teorias cada vez mais em observações científicas do que em observações clínicas. Ambas as fontes, no entanto, são fundamentos válidos para as teorias da personalidade.

O que é personalidade?

Os humanos não estão sozinhos em sua singularidade e variabilidade entre os indivíduos das espécies. Os indivíduos que pertencem a cada espécie viva exibem diferenças ou variabilidade. De fato, animais como polvos, pássaros, porcos, cavalos, gatos e cachorros possuem diferenças individuais consistentes no comportamento, conhecidas de outra forma como personalidade, *dentro* de sua própria espécie (Dingemanse, Both, Drent, Van Oers, & Van Noordwijk, 2002; Gosling & John, 1999; Weinstein, Capitanio, & Gosling, 2008). Porém, o grau em que os humanos variam entre si, tanto física quanto psicologicamente, é espantoso e singular entre as espécies. Alguns de nós somos quietos e introvertidos, outros anseiam por contato e estimulação social; alguns de nós somos calmos

e equilibrados, enquanto outros mostram-se tensos e persistentemente ansiosos. Neste livro, exploramos as explicações e ideias que vários homens e mulheres tiveram referentes a como acontecem essas diferenças na personalidade humana.

Os psicólogos diferem entre si quanto ao significado da personalidade. A maioria concorda que o termo "personalidade" se originou do latim *persona*, que se referia a uma máscara teatral usada pelos atores romanos nos dramas gregos. Esses atores romanos antigos usavam uma máscara (persona) para projetar um papel ou uma falsa aparência. Tal visão superficial da personalidade, é claro, não é uma definição aceitável. Quando os psicólogos usam o termo "personalidade", eles estão se referindo a algo que vai além do papel que as pessoas desempenham.

No entanto, os teóricos não entraram em consenso quanto a uma definição única de personalidade. Na verdade, eles desenvolveram teorias singulares e vitais, porque não havia concordância quanto à natureza da humanidade e porque cada um via a personalidade de um ponto de referência individual. Os teóricos da personalidade discutidos neste livro são de muitas procedências. Alguns nasceram na Europa e viveram toda a sua vida lá; outros nasceram na Europa, mas migraram para outras partes do mundo, especialmente os Estados Unidos; há aqueles, ainda, que nasceram na América do Norte e permaneceram por lá. Muitos foram influenciados por experiências religiosas anteriores; outros não. A maioria foi treinada em psiquiatria ou psicologia. Muitos utilizaram a sua experiência como psicoterapeutas; outros se basearam mais na pesquisa empírica para reunir dados sobre a personalidade humana. Mesmo que todos eles tenham lidado de alguma forma com o que chamamos de personalidade, cada um abordou esse conceito global a partir de uma perspectiva diferente. Alguns tentaram construir uma teoria abrangente; outros foram menos ambiciosos e lidaram apenas com alguns aspectos da personalidade. Poucos teóricos definiram formalmente a personalidade, mas todos apresentaram sua própria visão sobre ela.

Apesar de não haver uma definição única que seja aceita por todos os teóricos da **personalidade**, podemos dizer que personalidade é um padrão de traços relativamente permanentes e características únicas que dão consistência e individualidade ao comportamento de uma pessoa (Roberts & Mroczek, 2008). Os **traços** contribuem para as diferenças individuais no comportamento, a consistência do comportamento ao longo do tempo e a estabilidade do comportamento nas diversas situações. Os traços podem ser únicos, comuns a algum grupo ou compartilhados pela espécie inteira, porém seu *padrão* é diferente em cada indivíduo. Assim, cada pessoa, embora seja como as outras em alguns aspectos, possui uma personalidade única. **Características** são qualidades peculiares de um indivíduo, que incluem atributos como temperamento, psique e inteligência.

Não existem duas pessoas, nem mesmo gêmeos idênticos, que tenham exatamente a mesma personalidade.
golf9c9333/Getty Images

O que é uma teoria?

A palavra "teoria" possui a distinção dúbia de ser um dos termos mais usados indevidamente e muito pouco compreendido da língua inglesa. Algumas pessoas contrastam teoria com verdade ou fato, mas essa antítese demonstra uma ausência fundamental de compreensão de todos os três termos. Na ciência, as teorias são ferramentas usadas para gerar pesquisa e organizar observações, porém nem "verdade" nem "fato" possuem um lugar na terminologia científica.

Definição de teoria

Uma **teoria** científica é um *conjunto de pressupostos relacionados que permite que os cientistas usem o raciocínio lógico dedutivo para formular hipóteses verificáveis.* Essa definição precisa de maior explicação. Em primeiro lugar, uma teoria é um *conjunto* de pressupostos. Um único pressuposto nunca pode atender a todas as exigências de uma teoria adequada. Um único pressuposto, por exemplo, não pode servir para integrar várias observações, algo que uma teoria útil deve fazer.

Em segundo lugar, uma teoria é um conjunto de pressupostos *relacionados*. Pressupostos isolados não podem gerar hipóteses significativas, nem possuem consistência interna – os dois critérios de uma teoria útil.

Em terceiro, a palavra-chave na definição é *pressupostos*. Os componentes de uma teoria não são fatos comprovados no sentido de que sua validade tenha sido absolutamente estabelecida. Eles são, no entanto, aceitos *como se* fossem verdade. Este é um passo prático, de forma que os cientistas possam conduzir pesquisas úteis, cujos resultados continuam a construir e a reformular a teoria original.

Em quarto lugar, o *raciocínio lógico dedutivo* é usado pelo pesquisador para formular hipóteses. Os princípios de uma teoria devem ser especificados com uma precisão suficiente e com uma consistência lógica que permitam aos cientistas deduzir hipóteses claramente propostas. As hipóteses não são componentes da teoria, mas derivam dela. O trabalho de um cientista imaginativo é começar com a teoria geral e, por meio do raciocínio dedutivo, chegar a uma hipótese particular que pode ser verificada. Se as proposições teóricas gerais forem ilógicas, elas permanecem estéreis e incapazes de gerar hipóteses. Além do mais, se um pesquisador usa uma lógica falha na dedução de hipóteses, a pesquisa resultante não apresentará significado e não contribuirá para o processo contínuo de construção da teoria.

A parte final da definição inclui o qualificador *verificável*. Se uma hipótese não pode ser verificada de alguma maneira, ela é inútil. A hipótese não precisa ser verificada imediatamente, mas deve sugerir a possibilidade de os cientistas, no futuro, desenvolverem os meios necessários para tanto.

A teoria e suas relações

As pessoas, às vezes, confundem teoria com filosofia, ou especulação, ou hipótese, ou taxonomia. Ainda que a teoria esteja relacionada a cada um desses conceitos, ela não é o mesmo que qualquer um deles.

Filosofia

Em primeiro lugar, a teoria está relacionada à filosofia, porém é um termo muito mais delimitado. Filosofia significa amor à sabedoria, e os filósofos são pessoas que buscam a sabedoria por meio do pensamento e do raciocínio. Os filósofos não são cientistas; eles normalmente não conduzem estudos controlados em sua busca pela sabedoria. A filosofia abrange várias ramificações, uma das quais é a **epistemologia**, ou a natureza do conhecimento. A teoria se relaciona mais intimamente a esse ramo da filosofia, porque ela é uma ferramenta usada pelos cientistas em sua busca pelo conhecimento.

As teorias não lidam com "o deve ser" ou o "deveria ser". Portanto, um conjunto de princípios sobre como se deve viver a vida não pode ser uma teoria. Tais princípios envolvem valores e são o próprio campo da filosofia. Apesar de as teorias não serem livres de valores, elas são construídas sobre evidências científicas obtidas de uma forma relativamente imparcial. Assim, não existem teorias sobre por que a sociedade deve ajudar os desabrigados ou sobre o que constitui uma grande arte.

A filosofia lida com o que tem que ser ou deveria ser; a teoria não. A teoria lida com conjuntos amplos de afirmações *se-então*, porém o aspecto bom ou ruim dos resultados dessas afirmações está além do domínio da teoria. Por exemplo, uma teoria pode nos dizer que, se as crianças são criadas em isolamento, completamente separadas do contato humano, *então* elas não desenvolverão linguagem humana, não exibirão comportamento parental, e assim por diante. No entanto, essa afirmação não diz nada a respeito da moralidade de tal método de criação de uma criança.

Especulação

Em segundo lugar, as teorias se baseiam na especulação, porém elas são muito mais do que a mera especulação de gabinete. Elas não se originam da mente de um grande pensador isolado das observações empíricas. Elas estão intimamente ligadas a dados reunidos de modo empírico e à ciência.

Qual é a relação entre teoria e ciência? **Ciência** é um ramo de estudo interessado na observação e classificação dos dados e na verificação das leis gerais por meio do teste de hipóteses. As teorias são ferramentas úteis empregadas pelos cientistas para fornecer significado e organização para suas observações. Além disso, as teorias proporcionam um terreno fértil para a produção de hipóteses verificáveis. Sem algum tipo de teoria para reunir as observações e apontar para direções de possíveis pesquisas, a ciência estaria muito prejudicada.

As teorias não são fantasias inúteis fabricadas por estudiosos pouco práticos que temem sujar suas mãos na maquinaria da investigação científica. Na verdade, as teorias são bastante práticas e são essenciais para o avanço de qualquer ciência. Especulação e observações empíricas são os dois pilares da construção da teoria, porém a especulação não deve correr muito à frente da observação controlada.

Hipótese

Ainda que teoria seja um conceito mais delimitado do que filosofia, é um termo mais amplo do que hipótese. Uma boa teoria é capaz de gerar muitas hipóteses. Uma **hipótese** é um palpite educado ou uma predição específica suficiente para que sua validade seja verificada por meio do método científico. Uma teoria é muito geral para se prestar à verificação direta, mas uma única teoria abrangente é capaz de gerar milhares de hipóteses. As hipóteses, então, são mais específicas do que as teorias que as concebem. Entretanto, a prole não deve ser confundida com o genitor.

Obviamente, existe uma relação íntima entre uma teoria e uma hipótese. Usando o *raciocínio dedutivo* (partindo do geral para o específico), um pesquisador pode obter hipóteses verificáveis a partir de uma teoria útil e, então, testar essas hipóteses. Os resultados desses testes – quer eles confirmem ou contradigam as hipóteses – realimentam a teoria. Empregando o *raciocínio indutivo* (partindo do específico para o geral), o pesquisador, então, altera a teoria considerando esses resultados. À medida que a teoria se amplia e se modifica, outras hipóteses podem ser extraídas dela e, quando verificadas, reformulam a teoria.

Taxonomia

Uma taxonomia é uma classificação das coisas de acordo com suas relações naturais. As taxonomias são essenciais para o desenvolvimento da ciência, porque, sem a classificação dos dados, a ciência não poderia progredir. A mera classificação, no entanto, não constitui uma teoria. Contudo, as taxonomias podem evoluir para teorias quando começam a gerar hipóteses verificáveis e a explicar os achados de pesquisa. Por exemplo, Robert McCrae e Paul Costa começaram sua pesquisa classificando as pessoas em cinco traços de personalidade estáveis. Por fim, essa pesquisa sobre a taxonomia – Big Five – levou a mais do que uma mera classificação; ela se transformou em uma teoria, capaz de sugerir hipóteses e oferecer explicações para os resultados de pesquisa.

Por que diferentes teorias?

Se as teorias da personalidade são verdadeiramente científicas, por que há tantas teorias diferentes? Existem teorias alternativas porque a própria natureza de uma teoria permite que o teórico faça especulações a partir de um ponto de vista particular. O teórico deve ser o mais objetivo possível quando reúne os dados, mas suas decisões quanto a quais dados são coletados e como esses dados são interpretados são pessoais. As teorias não são leis imutáveis; elas são construídas não sobre fatos provados, mas sobre pressupostos, que estão sujeitos à interpretação individual.

Todas as teorias são um reflexo da origem pessoal dos autores, de suas experiências infantis, de sua filosofia de vida, de suas relações interpessoais e de sua maneira única de ver o mundo. Como as observações são influenciadas pela estrutura de referência do observador, pode haver muitas teorias diferentes. Entretanto, teorias divergentes podem ser úteis. A utilidade de uma teoria não depende de seu valor prático ou de sua concordância com outras teorias; ela depende da capacidade de gerar pesquisa e de explicar os dados obtidos e outras observações.

Perspectivas em teorias da personalidade

Uma das principais funções da teoria científica é descrever e explicar como o mundo funciona. Os psicólogos tentam explicar como os pensamentos, emoções, motivações e comportamentos humanos funcionam. No entanto, a personalidade humana é tão complexa que se desenvolveram muitas perspectivas diferentes sobre a melhor forma de explicá-la. Essas perspectivas fazem pressupostos diferentes e se concentram em diferentes aspectos do comportamento. Em psicologia, existem pelo menos cinco perspectivas teóricas principais sobre o que é personalidade e como ela se desenvolve. Organizamos o livro em torno dessas cinco perspectivas, uma para cada seção do livro (consulte a Tabela 1.1).

TABELA 1. 1

Visão geral das cinco principais perspectivas teóricas em psicologia da personalidade

Perspectiva	Premissas primárias	Foco/Termos-chave	Figuras-chave
Psicodinâmica	• Primeiros 5 anos de vida são os que mais moldam a personalidade • As forças inconscientes são as mais importantes • A neurose resulta de um movimento prejudicial em direção, contra ou para longe de outras pessoas	Inconsciente Primeiras lembranças Inconsciente coletivo Arquétipos Relações objetais Crises de identidade Ligação	Freud Adler Jung Klein Horney Erikson Fromm
Humanista/Existencial	• As pessoas se esforçam para viver vidas significativas e felizes • As pessoas são motivadas pelo crescimento e pela saúde psicológica • A personalidade é moldada pela liberdade de escolha, resposta à ansiedade e consciência da morte	Vida significativa, bem-estar psicológico e crescimento	Maslow Rogers May
Disposicional	• As pessoas são predispostas a se comportar de maneiras únicas e consistentes; elas têm traços únicos • Existem cinco dimensões de traços na personalidade humana	Traços Motivos	Allport McCrae e Costa
Biológica/Evolucionista	• A base do pensamento e do comportamento são as forças biológicas e genéticas	Estruturas cerebrais, neuroquímicos e genes	Eysenck

(Continua)

Teorias da Personalidade **7**

TABELA 1. 1 *Continuação*

Perspectiva	Premissas primárias	Foco/Termos-chave	Figuras-chave
	• Os pensamentos e comportamentos humanos foram moldados por forças evolutivas (seleção natural e sexual)	Mecanismos adaptativos	Buss
Cognitivista de Aprendizagem (Social)	• A única explicação para o comportamento são as condições que criam o comportamento • O aprendizado ocorre por meio da associação e das consequências de nosso comportamento	Respostas condicionadas Moldar Reforço Aprendizagem por observação	Skinner
	• O aprendizado também ocorre por meio do sucesso ou do fracasso e da observação de outras pessoas terem sucesso ou fracasso em suas tarefas	Modelagem Autoeficácia	Bandura
	• A personalidade se desenvolve como uma interação entre as características internas e externas de uma pessoa	Unidades cognitivo-afetivas	Rotter Mischel
	• As construções cognitivas que desenvolvemos para perceber o mundo e os outros moldam nossas personalidades	Construtos	Kelly

Teorias Psicodinâmicas

Começando com Freud, as abordagens psicanalíticas e depois as psicodinâmicas mais gerais se concentraram na importância das experiências na primeira infância e nos relacionamentos com os pais como forças orientadoras que moldam o desenvolvimento da personalidade. Além disso, essa visão vê a mente inconsciente e as motivações como muito mais poderosas do que a percepção consciente. A psicanálise tradicionalmente usava a interpretação dos sonhos para descobrir os pensamentos, sentimentos e impulsos inconscientes como a principal forma de tratamento para neurose e doenças mentais. Depois de Freud, esses teóricos se afastaram da importância da sexualidade e se voltaram para as forças sociais e culturais.

Teorias Humanistas/Existenciais

O principal pressuposto da abordagem humanística (atualmente conhecida como "psicologia positiva") é que as pessoas buscam significado, crescimento, bem-estar, felicidade e saúde psicológica. Estados de emoção positiva e felicidade promovem a saúde psicológica e o comportamento pró-social. Compreender esses aspectos positivos evoluídos do comportamento humano fornece tanto conhecimento da natureza humana quanto a compreensão dos aspectos patológicos. Os teóricos existenciais presumem que não apenas somos movidos pela busca de significado, mas também experiências negativas, como fracasso, consciência da morte, morte de um ente querido e ansiedade, fazem parte da condição humana e podem promover o crescimento psicológico.

Teorias Disposicionais

Os teóricos disposicionais argumentam que as tendências únicas e de longo prazo de se comportar de maneiras específicas são a essência de nossa personalidade. Essas disposições únicas, como extroversão ou ansiedade, são chamadas de traços. O campo convergiu no entendimento de que existem cinco dimensões principais de traços na personalidade humana. Os traços têm a função de tornar certos comportamentos mais prováveis em algumas pessoas.

Teorias Biológicas/Evolucionistas

Comportamento, pensamentos, sentimentos e personalidade são influenciados por diferenças nos sistemas genéticos, epigenéticos e neurológicos básicos entre os indivíduos. A razão pela qual algumas pessoas têm traços, disposições e formas de pensar diferentes decorre das diferenças em seu genótipo e sistema nervoso central (estruturas cerebrais e neuroquímica).

Por serem baseados em sistemas cerebrais evoluídos, o pensamento, o comportamento e a personalidade humanos foram moldados por forças da evolução (seleção natural e sexual) ao longo de milhões de anos. O corpo, o cérebro e o ambiente coexistem e coevoluem e, portanto, mais do que qualquer outra perspectiva psicológica, esta enfatiza que o que pensamos, sentimos e fazemos é sempre uma interação entre a natureza (biológica) e a criação (meio ambiente).

Teorias Cognitivas de Aprendizagem (Social)

Se você quiser entender o comportamento, então concentre-se apenas no comportamento, não em estados internos hipotéticos e inobserváveis, como pensamentos, sentimentos, impulsos ou motivações. Todos os comportamentos são aprendidos por meio da associação e/ou de suas consequências (seja por reforço ou punição). Para moldar os comportamentos desejados, precisamos entender e depois estabelecer as condições que geram esses comportamentos específicos.

A perspectiva cognitiva argumenta que a forma como pensamos sobre nós mesmos e sobre as outras pessoas, bem como as suposições que fazemos e as estratégias que usamos para resolver problemas, são as chaves para entender as diferenças entre as pessoas. O fato de acreditarmos que podemos fazer algo com sucesso ou não influencia nosso comportamento e nossa personalidade. Em resumo, a personalidade que temos é moldada pela forma como pensamos e percebemos o mundo.

As personalidades dos teóricos e suas teorias da personalidade

Como as teorias da personalidade se desenvolvem a partir das próprias personalidades dos teóricos, um estudo dessas personalidades é apropriado. Em anos recentes, uma subdisciplina da psicologia chamada **psicologia da ciência** começou a analisar os traços pessoais dos cientistas. A psicologia da ciência estuda a ciência e o comportamento dos cientistas; isto é, ela investiga o impacto dos processos psicológicos e das características pessoais de um cientista no desenvolvimento de suas teorias e pesquisa (Feist, 1993, 1994, 2006; Feist & Gorman, 1998; Gholson, Shadish, Neimeyer, & Houts, 1989). Em outras palavras, a psicologia da ciência examina como as personalidades dos cientistas, seus processos cognitivos, histórias desenvolvimentais e experiência social afetam o tipo de ciência que eles desenvolvem e as teorias que eles criam. Na verdade, inúmeras investigações (Hart, 1982; Johnson, Germer, Efran, & Overton, 1988; Simonton, 2000; Zachar & Leong, 1992) demonstraram que as diferenças da personalidade influenciam a orientação teórica de um indivíduo, bem como sua inclinação a se voltar para o lado "duro" ou "leve" de uma disciplina.

Uma compreensão das teorias da personalidade se apoia nas informações referentes ao mundo histórico, social e psicológico de cada teórico no momento de sua formulação teórica. Como acreditamos que as teorias da personalidade refletem a personalidade do teórico, incluímos uma quantidade substancial de informações biográficas sobre cada teórico importante. Na verdade, as diferenças de personalidade entre os teóricos explicam as discordâncias fundamentais entre aqueles que se voltam para o lado quantitativo da psicologia (behavioristas, teóricos da aprendizagem social e teóricos dos traços) e aqueles que se voltam para o lado clínico e qualitativo da psicologia (psicanalistas, humanistas e existencialistas).

Ainda que a personalidade de um teórico molde parcialmente sua teoria, ela não deve ser a única determinante daquela teoria. Da mesma forma, sua aceitação de uma ou outra teoria não deve se apoiar em valores e predileções pessoais. Ao avaliar e escolher uma teoria, você deve reconhecer o impacto da história pessoal do teórico sobre a teoria, mas, em última análise, você precisa examiná-la com base nos critérios científicos que são independentes daquela história pessoal. Alguns observadores (Feist, 2006; Feist & Gorman, 1998) distinguiram entre *ciência como processo* e *ciência como produto*. O processo científico pode ser influenciado pelas características pessoais do cientista, porém a utilidade final do produto científico é e deve ser avaliada independentemente do processo. Assim, a avaliação de cada uma das teorias apresentadas neste livro deve se apoiar mais nos critérios objetivos do que em predileções e empatias.

O que torna uma teoria útil?

Uma teoria útil possui uma interação mútua e dinâmica com os dados da pesquisa. Em primeiro lugar, uma teoria gera inúmeras hipóteses que podem ser investigadas por meio da pesquisa, produzindo, assim, dados de pesquisa. Tais dados retornam para a teoria e a reestruturam. A partir dessa teoria recém-delineada, os cientistas podem extrair outras hipóteses, levando a mais pesquisa e dados, o que, por sua vez, reestrutura e aumenta a teoria ainda mais. Tal relação cíclica continua enquanto a teoria se mostrar útil.

Em segundo lugar, uma teoria útil organiza os dados de pesquisa em uma estrutura significativa e fornece uma explicação para os resultados da pesquisa científica. Essa relação entre teoria e dados de pesquisa é apresentada na Figura 1.1. Quando uma teoria não é mais capaz de gerar pesquisa adicional ou de explicar dados relacionados à pesquisa, ela perde sua utilidade e é deixada de lado em favor de uma que seja mais útil.

Além de promover a pesquisa e explicar os dados de pesquisa, uma teoria útil deve se prestar à confirmação ou à negação, proporcionar ao praticante um guia de ação, ser coerente com ela mesma e ser o mais simples possível. Portanto, avaliamos cada uma das teorias apresentadas neste livro com base em seis critérios: uma teoria útil (1) gera pesquisa, (2) é refutável, (3) organiza os dados, (4) orienta a ação, (5) é internamente coerente e (6) é parcimoniosa.

Gera pesquisa

O critério mais importante de uma teoria útil é a capacidade de estimular e orientar mais pesquisa. Sem uma teoria adequada para apontar o caminho, muitos dos achados empíricos presentes na ciência teriam permanecido desconhecidos. Na astronomia, por exemplo, o planeta Netuno foi descoberto porque a teoria do movimento gerou a hipótese de que a irregularidade do caminho de Urano fosse causada pela presença de outro planeta. A teoria útil forneceu aos astrônomos um roteiro que guiou sua pesquisa e a descoberta do novo planeta.

Uma teoria útil gera dois tipos diferentes de pesquisa: pesquisa descritiva e teste de hipótese. A *pesquisa descritiva*, que pode ampliar uma teoria existente, preocupa-se com a medida, a catalogação e a classificação das unidades empregadas na construção da teoria. A pesquisa descritiva tem um relacionamento simbiótico com a teoria. Por um lado, ela fornece os fundamentos para a teoria; por outro, ela recebe seu impulso da teoria dinâmica, em expansão.

Quanto mais útil a teoria, mais pesquisa é gerada por ela; quanto maior a quantidade de pesquisa descritiva, mais completa a teoria se torna.

O segundo tipo de pesquisa gerada por uma teoria útil, o *teste de hipótese*, conduz a uma verificação indireta da utilidade da teoria. Como já observamos, uma teoria útil gera muitas hipóteses, que, quando verificadas, somam-se a uma base de dados que pode reestruturar e ampliar a teoria. (Ver Figura 1.1.)

É refutável

Uma teoria também deve ser avaliada segundo sua capacidade de ser confirmada ou negada; ou seja, ela deve ser **refutável**. Para tanto, uma teoria deve se mostrar suficientemente precisa para sugerir pesquisas que possam apoiar ou não seus princípios mais importantes. Se uma teoria for tão vaga e nebulosa que tanto os resultados positivos quanto os negativos da pesquisa podem ser interpretados como apoio, então essa teoria não será refutável e deixará de ser útil. Refutação, no entanto, não é o mesmo que falsidade; isto simplesmente significa que os resultados de pesquisa negativos refutam a teoria e forçam o teórico a descartá-la ou modificá-la.

Uma teoria refutável é responsável pelos resultados experimentais. A Figura 1.1 descreve uma conexão circular e mutuamente reforçadora entre teoria e pesquisa; cada uma forma uma base para a outra. A ciência é distinguida da não ciência por sua capacidade de rejeitar ideias que não são apoiadas empiricamente, mesmo que pareçam lógicas e racionais. Por exemplo, Aristóteles usou a lógica para argumentar que corpos mais leves caem em velocidades mais lentas do que corpos mais pesados. Ainda que seu argumento possa ter concordado com o "bom senso", ele tinha um problema: estava empiricamente errado.

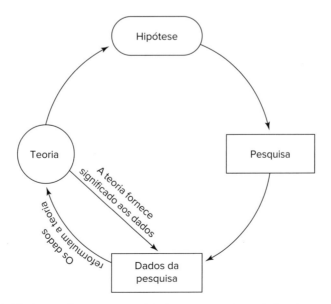

FIGURA 1.1 Interação entre teoria, hipóteses, pesquisa e dados da pesquisa.

As teorias que se baseiam profundamente em transformações não observáveis no inconsciente são muito difíceis de verificar ou refutar. Por exemplo, a teoria de Freud sugere que muitos de nossos comportamentos e emoções são motivados por tendências inconscientes que são diretamente opostas às que expressamos. Por exemplo, o ódio inconsciente pode ser expresso como amor consciente, ou o medo inconsciente dos próprios sentimentos homossexuais pode assumir a forma de hostilidade exagerada em relação a indivíduos homossexuais. Como a teoria de Freud leva em consideração tais transformações no inconsciente, ela é quase impossível de verificar ou refutar. Uma teoria que consegue explicar tudo não explica nada.

Organiza os dados

Uma teoria útil também deve ser capaz de organizar os dados da pesquisa que são compatíveis entre si. Sem alguma organização ou classificação, os achados da pesquisa permanecem isolados e sem significado. A menos que os dados sejam organizados em alguma estrutura inteligível, os cientistas ficam sem uma direção clara a seguir na busca de maior conhecimento. Eles não podem fazer perguntas inteligentes sem uma estrutura teórica que organize suas informações. Sem perguntas inteligentes, novas pesquisas ficam severamente restringidas.

Uma teoria útil da personalidade deve ser capaz de integrar o que é sabido atualmente a respeito do comportamento humano e do desenvolvimento da personalidade. Ela deve ser capaz de moldar tantos fragmentos de informação quanto seja possível dentro de um arranjo que faça sentido. Se uma teoria da personalidade não oferecer uma explicação razoável de, pelo menos, alguns tipos de comportamentos, ela deixa de ser útil.

Orienta a ação

O quarto critério de uma teoria útil é sua capacidade de orientar as pessoas no árduo caminho dos problemas do dia a dia. Por exemplo, pais, professores, administradores e psicoterapeutas são confrontados continuamente com uma avalanche de perguntas para as quais eles tentam encontrar respostas viáveis. A boa teoria oferece uma estrutura para que se encontrem muitas dessas respostas. Sem uma teoria útil, as pessoas tropeçam na escuridão das técnicas de tentativa e erro; com uma orientação teórica sólida, elas podem discernir um curso de ação adequado.

Para o psicanalista freudiano e o terapeuta rogeriano, as respostas à mesma pergunta são muito diferentes. Para a pergunta: "Como posso tratar melhor este paciente?", o terapeuta psicanalítico responde nestes termos: *Se* as psiconeuroses são causadas por conflitos sexuais infantis que se tornaram inconscientes, *então* posso ajudar melhor esse paciente examinando tais repressões e permitindo que o paciente reviva as experiências na ausência de conflito.

Para essa mesma pergunta, o terapeuta rogeriano responde: *Se*, para crescer psicologicamente, as pessoas precisam de empatia, consideração positiva incondicional e uma relação com um terapeuta congruente, *então* posso ajudar mais esse paciente proporcionando uma atmosfera de aceitação, não ameaçadora. Observe-se que ambos os terapeutas construíram suas respostas dentro de uma estrutura *se-então*, muito embora as duas respostas requeiram cursos de ação bastante diferentes.

Também incluído nesse critério está até que ponto a teoria estimula pensamento e ação em outras disciplinas, como arte, literatura (incluindo filmes e novelas), direito, sociologia, filosofia, religião, educação, administração empresarial e psicoterapia. A maioria das teorias discutidas neste livro teve alguma influência em áreas além da psicologia. Por exemplo, a teoria de Freud promoveu pesquisas sobre lembranças recuperadas, um tópico muito importante para os profissionais do direito. Também a teoria de Jung é de grande interesse para muitos teólogos e capturou a imaginação de escritores populares como Joseph Campbell. Igualmente, as ideias de Alfred Adler, Erik Erikson, B. F. Skinner, Abraham Maslow, Carl Rogers, Rollo May e outros teóricos da personalidade produziram interesse e ação em uma ampla gama de campos acadêmicos.

É internamente coerente

Uma teoria útil não precisa ser coerente com outras teorias, mas precisa ser coerente consigo mesma. Uma teoria internamente coerente é aquela cujos componentes são compatíveis de modo lógico. As limitações de seu escopo são cuidadosamente definidas, e a teoria não oferece explicações que vão além desse escopo. Além disso, uma teoria internamente coerente usa a linguagem de uma forma também coerente; isto é, ela não emprega o mesmo termo para significar duas coisas diferentes, nem aplica dois termos distintos para se referir ao mesmo conceito.

Uma boa teoria usa conceitos e termos definidos de forma clara e operacional. Uma **definição operacional** é aquela que define unidades em termos de eventos ou comportamentos observáveis que podem ser mensurados. Por exemplo, um indivíduo extrovertido pode ser operacionalmente definido como uma pessoa que atinge determinado escore em um inventário de personalidade específico.

É parcimoniosa

Quando duas teorias são iguais em sua capacidade de gerar pesquisa, ser refutável, dar significado aos dados, orientar para a ação e ser autocoerentes, a mais simples é a preferida. Esta é a lei da **parcimônia**. Na verdade, duas teorias nunca são exatamente iguais nessas outras competências, mas, em geral, as teorias simples são mais úteis do que aquelas que ficam atoladas sob o peso de conceitos complicados e linguagem esotérica.

Ao construir uma teoria da personalidade, os psicólogos devem começar em uma escala limitada e evitar fazer rápidas generalizações que expliquem todo o comportamento humano. Esse curso de ação foi seguido pela maioria dos teóricos discutidos neste livro. Por exemplo, Freud começou com uma teoria baseada em grande parte nas neuroses histéricas e, durante um período de anos, gradualmente, ampliou-a para incluir cada vez mais da personalidade total.

Dimensões para um conceito de humanidade

As teorias da personalidade diferem em questões básicas referentes à natureza da humanidade. Cada teoria da personalidade reflete os pressupostos de seu autor sobre humanidade. Tais pressupostos se apoiam em dimensões amplas, que separam os vários teóricos da personalidade. Usamos seis dessas dimensões como estrutura para examinar o conceito de humanidade de cada teórico.

A primeira dimensão é *determinismo* versus *livre-arbítrio*. O comportamento das pessoas é determinado por forças sobre as quais elas não têm controle ou as pessoas podem escolher ser o que desejam ser? O comportamento pode ser parcialmente livre e parcialmente determinado ao mesmo tempo? Ainda que a dimensão do *determinismo* versus *livre-arbítrio* seja mais filosófica do que científica, a posição que os teóricos assumem sobre essa questão molda sua forma de encarar as pessoas e influencia seu conceito de humanidade.

A segunda questão é *pessimismo* versus *otimismo*. As pessoas estão condenadas a viver vidas miseráveis, conflituosas e problemáticas ou elas podem mudar e crescer, tornando-se seres humanos psicologicamente saudáveis, felizes e funcionando de modo integral? Em geral, os teóricos da personalidade que acreditam no determinismo tendem a ser pessimistas (Skinner foi uma exceção notável), enquanto aqueles que acreditam no livre-arbítrio em geral são otimistas.

A terceira dimensão para examinar o conceito de humanidade de um teórico é *causalidade* versus *teleologia*. Brevemente, a **causalidade** sustenta que o comportamento é uma função de experiências passadas, enquanto a **teleologia** é uma explicação do comportamento em termos de objetivos e propósitos futuros. As pessoas agem como agem por causa do que aconteceu a elas no passado ou porque têm certas expectativas do que acontecerá no futuro?

A quarta consideração que divide os teóricos da personalidade é sua atitude em relação aos *determinantes conscientes* versus *inconscientes do comportamento*. As pessoas normalmente estão conscientes do que fazem e do por que fazem aquilo ou forças inconscientes interferem e as levam a agir sem consciência dessas forças subjacentes?

A quinta questão é a das *influências biológicas* versus *sociais* na personalidade. As pessoas são, sobretudo, criaturas da biologia ou suas personalidades são moldadas, em grande parte, por suas relações sociais? Um elemento mais específico dessa questão é *a hereditariedade* versus *o ambiente*; ou seja, as características pessoais são mais o resultado da hereditariedade ou elas são determinadas pelo ambiente?

A sexta questão é a *singularidade* versus *semelhanças*. A característica relevante das pessoas é sua individualidade ou são suas características comuns? O estudo da personalidade deve se concentrar naqueles traços que tornam as pessoas parecidas ou deve se voltar para os traços que as tornam diferentes?

Essas e outras questões básicas que separam os teóricos da personalidade resultaram em teorias da personalidade verdadeiramente diferentes, não apenas diferenças na terminologia. Não conseguiríamos apagar as diferenças entre as teorias da personalidade adotando uma linguagem comum. As diferenças são filosóficas e profundas. Cada teoria da personalidade reflete a personalidade individual de seu criador, e cada criador tem uma orientação filosófica única, moldada, em parte, pelas experiências precoces infantis, pela ordem de nascimento, pelo gênero, pelo treinamento, pela educação e pelo padrão de relações interpessoais. Essas diferenças ajudam a definir se um teórico será determinista ou adepto do livre-arbítrio, será pessimista ou otimista e adotará uma explicação causal ou teleológica. Elas também ajudam a determinar se o teórico enfatiza a consciência ou a inconsciência, os fatores biológicos ou sociais e as singularidades ou as semelhanças das pessoas. No entanto, essas diferenças não negam a possibilidade de que dois teóricos com visões opostas de humanidade possam ser igualmente científicos em sua reunião dos dados e construção da teoria.

Pesquisa em teoria da personalidade

Conforme apontamos anteriormente, o critério primário para uma teoria útil é a capacidade de gerar pesquisa. Também observamos que as teorias e os dados de pesquisa têm uma relação cíclica: a teoria dá significado aos dados, e os dados resultam da pesquisa experimental concebida para verificar as hipóteses geradas pela teoria. Nem todos os dados, no entanto, provêm da pesquisa experimental. Boa parte deles é oriunda de observações que cada um de nós faz todos os dias. Observar significa simplesmente notar algo, prestar atenção.

Você vem observando personalidades humanas durante o mesmo tempo em que está vivo. Você observa que algumas pessoas são falantes e descontraídas; outras são quietas e reservadas. Você pode até mesmo ter rotulado tais pessoas como extrovertidas ou introvertidas. Estes são rótulos precisos? Uma pessoa extrovertida é igual a outra? Um extrovertido sempre é falante e descontraído? Todas as pessoas podem ser classificadas como introvertidas ou extrovertidas?

Ao fazer observações e indagações, você está realizando as mesmas coisas que os psicólogos, isto é, observar comportamentos humanos e tentar dar um sentido a essas observações. Contudo, os psicólogos, assim como outros cientistas, tentam ser *sistemáticos*, de modo que suas *predições* sejam coerentes e precisas.

Para melhorar sua capacidade de predizer, os psicólogos da personalidade desenvolveram inúmeras técnicas de avaliação, incluindo inventários de personalidade. Boa parte das pesquisas relatadas nos demais capítulos deste livro se baseou em vários instrumentos de avaliação, os quais pretendem medir diferentes dimensões da personalidade. Para que esses instrumentos sejam úteis, eles devem ser confiáveis e válidos. A **fidedignidade** de um instrumento de medida nos diz até que ponto ele produz resultados coerentes.

Os inventários de personalidade podem ser confiáveis e, no entanto, carecerem de validade ou precisão. **Validade** é o grau em que um instrumento mede o que ele deve medir. Os psicólogos da personalidade interessam-se principalmente por dois tipos de validade*: validade do construto e validade preditiva. *Validade do construto* é o quanto um instrumento mede algum construto hipotético. Construtos como extroversão, agressividade, inteligência e estabilidade emocional não possuem existência física; eles são construtos hipotéticos que devem se relacionar ao comportamento observável. Três tipos importantes de validade de construto são *validade convergente*, *validade divergente* e *validade discriminante*. Um instrumento de medida tem validade de construto convergente quando os escores desse instrumento são altamente correlacionados (convergem) com escores em uma variedade de medidas desse mesmo construto. Por exemplo, um inventário de personalidade que tenta medir a extroversão deve se correlacionar com outras medidas de extroversão ou outros fatores, como sociabilidade e assertividade, que sabidamente acompanham a extroversão. Um inventário possui validade de construto divergente** se ele tem correlações baixas ou insignificantes com outros inventários que *não* medem esse construto. Por exemplo, um inventário que se propõe a medir a extroversão não deve estar altamente correlacionado a conveniência social, estabilidade emocional, honestidade ou autoestima. Por fim, um inventário tem validade discriminante*** se ele distinguir dois grupos de pessoas que são diferentes. Por exemplo, um inventário de personalidade que mede a extroversão deve produzir escores mais altos para pessoas reconhecidas como extrovertidas do que para aquelas vistas como introvertidas.

O segundo tipo de validade é a *validade preditiva****, ou até que ponto um teste pode predizer algum comportamento futuro. Por exemplo, um teste de extroversão possui validade preditiva se ele se correlacionar com comportamentos futuros, como fumar cigarros, ter bom desempenho em provas acadêmicas, correr riscos ou algum outro critério independente. O valor final de um instrumento de

---

*N. de R.T. Em uma perspectiva contemporânea, seguindo o principal guia orientador da área (*Standards for Educational and Psychological Testing*), são cinco as principais fontes de evidência de validade: 1. Evidência baseada no conteúdo do teste; 2. Evidência baseada nos processos de resposta; 3. Evidências baseadas na estrutura interna; 4. Evidências baseadas nas relações com outras variáveis; e 5. Evidências baseadas nas consequências da testagem.

**N. de R.T. A literatura e a área não são consensuais acerca das nomenclaturas de validade divergente e validade discriminante. Conforme o guia orientador da área (*Standards for Educational and Psychological Testing*), validade convergente/discriminante diz respeito à correlação com construtos semelhantes e teoricamente relacionados – convergência (ex.: extroversão com extroversão; extroversão com assertividade) e ausência de correlação com construtos distintos – discriminação (ex.: extroversão com honestidade).

***N. de R.T. A comparação entre dois grupos é descrita, no guia orientador da área (*Standards for Educational and Psychological Testing*), como sendo validade concorrente na relação entre teste e critério. Assim, o teste terá validade se ele conseguir diferenciar os dois grupos em relação ao critério estabelecido (ex.: a média dos escores de extroversão é mais alta no grupo de pessoas comunicativas e desinibidas em comparação à média dos escores de extroversão de pessoas quietas e reservadas – nesse caso, o critério é a forma como os grupos foram estabelecidos).

****N. de R.T. A validade preditiva, conforme o guia orientador da área (*Standards for Educational and Psychological Testing*), é um tipo de evidência de validade com base na relação com outras variáveis. Trata-se de uma investigação da relação do escore do teste com um critério que deve ser coletado em tempo distinto – no futuro (ex.: aplica-se o teste de extroversão nos alunos do ensino médio no início do semestre e coletam-se as notas finais das disciplinas cursadas – as notas seriam o critério; se a teoria estabelece que pessoas extrovertidas têm mais sucesso acadêmico do que pessoas introvertidas, espera-se que o escore de extroversão consiga predizer o futuro sucesso acadêmico).

medida é o grau em que ele consegue predizer comportamentos ou condições futuros.

A maioria dos primeiros teóricos da personalidade não usou inventários de avaliação padronizados. Ainda que Freud, Adler e Jung tenham desenvolvido uma forma de instrumento projetivo, nenhum deles usou uma técnica com precisão suficiente para estabelecer sua fidedignidade e validade. No entanto, suas teorias geraram inúmeros inventários de personalidade padronizados, na medida em que pesquisadores e clínicos procuraram medir unidades de personalidade propostas por esses teóricos. Os teóricos

da personalidade posteriores, especialmente Hans Eysenck e os Teóricos dos Cinco Fatores, desenvolveram e usaram inúmeras medidas da personalidade e se basearam fortemente nelas para a construção de seus modelos teóricos. Mais recentemente, pesquisadores relataram que as pegadas que as pessoas deixam nas mídias sociais, como "curtidas" e compartilhamentos no Facebook, correlacionam-se e avaliam a personalidade, às vezes com mais precisão do que as avaliações feitas por humanos a partir de inventários (Azucar, Marengo, & Settanni, 2018; Park et al., 2015; Youyou, Kosinski, & Stillwell, 2015).

Termos-chave e conceitos

- O termo "personalidade" vem do latim *persona*, ou a máscara que as pessoas apresentam ao mundo externo, mas os psicólogos entendem a personalidade como muito mais do que as aparências exteriores.
- *Personalidade* inclui todos aqueles traços ou características relativamente permanentes que dão alguma consistência ao comportamento de uma pessoa.
- Uma *teoria* é um conjunto de pressupostos relacionados que permite aos cientistas formularem hipóteses verificáveis.
- Teoria não deve ser confundida com *filosofia, especulação, hipótese* ou *taxonomia*, embora esteja relacionada a cada um desses termos.
- As teorias da personalidade abrangem pelo menos cinco perspectivas distintas: *psicodinâmica, humanista-positiva,*

disposicional, biológica/evolucionista e *cognitivista de aprendizagem/social.*
- Seis critérios determinam a utilidade de uma teoria científica: (1) A teoria *gera pesquisa?* (2) Ela é *refutável?* (3) Ela *organiza e explica o conhecimento?* (4) Ela *sugere soluções práticas para problemas do dia a dia?* (5) Ela é *internamente coerente?* e (6) Ela é simples ou *parcimoniosa?*
- Cada teórico da personalidade possui um *conceito de humanidade* implícito ou explícito.
- Os conceitos de natureza humana podem ser discutidos a partir de seis perspectivas: (1) *determinismo* versus *livre-arbítrio*, (2) *pessimismo* versus *otimismo*, (3) *causalidade* versus *teleologia*, (4) determinantes *conscientes* versus *inconscientes*, (5) *fatores biológicos* versus *sociais* e (6) *singularidade* versus *semelhanças* entre as pessoas.

Referências

Azucar, D., Marengo, D., & Settanni, M. (2018). Predicting the Big 5 personality traits from digital footprints on social media: A meta-analysis. *Personality and Individual Differences, 124,* 150-159. doi:10.1016/j.paid/2017.12.01.

Dingemanse, N. J., Both, C., Drent, P. J., Van Oers, K., & Van Noordwijk, A. J. (2002). Repeatability and heritability of exploratory behaviour in great tits from the wild. *Animal Behaviour, 64,* 929-938.

Feist, G. J. (1993). A structural model of scientific eminence. *Psychological Science, 4,* 366-371.

Feist, G. J. (1994). Personality and working style predictors of integrative complexity: A study of scientists' thinking about research and teaching. *Journal of Personality and Social Psychology, 67,* 474-484.

Feist, G. J. (2006). *The Psychology of Science and the Origins of the Scientific Mind.* New Haven, CT: Yale University Press.

Feist, G. J., & Gorman, M. E. (1998). Psychology of science: Review and integration of a nascent discipline. *Review of General Psychology, 2,* 3-47.

Gay, P. (1988). *Freud: A life for our time.* New York: Norton.

Gholson, B., Shadish, W. R., Neimeyer, R. A., & Houts, A. C. (Eds.) (1989). *The psychology of science: Contributions to metascience.* Cambridge, England: Cambridge University Press.

Gosling, S. D., & John, O. P. (1999). Personality dimensions in non-human animals: A cross-species review. *Current Directions in Psychological Science, 8,* 69-75.

Hart, J. J. (1982). Psychology of the scientist: XLVI. Correlation between theoretical orientation in psychology and personality type. *Psychological Reports, 50,* 795-801.

Johnson, J. A., Germer, C. K., Efran, J. S., & Overton, W. F. (1988). Personality as the basis for theoretical predilections. *Journal of Personality and Social Psychology, 55,* 824-835.

Park, G., Schwartz, H. A., Eichstaedt, J. C., Kern, M. L., Kosinski, M., Stillwell, D. J., et al. (2015). Automatic personality assessment through social media language. *Journal of Personality and Social Psychology, 108*(6), 934. doi:10.1037/pspp0000020.

Roberts, B. W., & Mroczek, D. (2008). Personality trait change in adulthood. *Current Directions in Psychological Science, 17,* 31-35.

Simonton, D. K. (2000). Methodological and theoretical orientation and the long-term disciplinary impact of 54 eminent psychologists. *Review of General Psychology, 4,* 13-24.

Weinstein, T. A., Capitanio, J. P., & Gosling, S. D. (2008). Personality in animals. In O. P. John, R. W. Robins, & L. A.

Pervin (Eds.). *Handbook of personality: Theory and research* (pp. 328–348). New York, NY: Guilford Press.

Youyou, W., Kosinski, M., & Stillwell, D. (2015). Computer-based personality judgments are more accurate than those made by humans. *Proceedings of the National Academy of Sciences, 112*(4), 1036–1040. doi:10.1073/pnas.1418680112.

Zachar, P., & Leong, F. T. L. (1992). A problem of personality: Scientist and practitioner differences in psychology. *Journal of Personality, 60*, 665–677.

PARTE DOIS

Teorias Psicodinâmicas

Capítulo 2 *Freud*
Psicanálise   16

Capítulo 3 *Adler*
Psicologia Individual   51

Capítulo 4 *Jung*
Psicologia Analítica   75

Capítulo 5 *Klein*
Teoria das Relações Objetais   103

Capítulo 6 *Horney*
Teoria Social Psicanalítica   123

Capítulo 7 *Erikson*
Teoria Pós-freudiana   142

Capítulo 8 *Fromm*
Psicanálise Humanista   168

CAPÍTULO 2

Freud: Psicanálise

- *Panorama da teoria psicanalítica*
- *Biografia de Sigmund Freud*
- *Níveis da vida mental*
  Inconsciente
  Pré-consciente
  Consciente
- *Instâncias da mente*
  O Id
  O Ego
  O Superego
- *Dinâmica da personalidade*
  Impulso
  Ansiedade
- *Mecanismos de defesa*
  Repressão
  Formação reativa
  Deslocamento
  Fixação
  Regressão
  Projeção
  Introjeção
  Sublimação
- *Estágios do desenvolvimento*
  Período infantil
  Período de latência
  Período genital
  Maturidade
- *Aplicações da teoria psicanalítica*
  A técnica terapêutica inicial de Freud
  A técnica terapêutica posterior de Freud
  Análise dos sonhos
  Atos falhos

Ingram Publishing

- *Pesquisa relacionada*
  Processamento mental inconsciente
  Prazer e id, inibição e ego
  Repressão, inibição e mecanismos de defesa
  Pesquisa sobre os sonhos
- *Críticas a Freud*
  Freud entendia as mulheres, o gênero e a sexualidade?
  Freud era um cientista?
- *Conceito de humanidade*
- *Termos-chave e conceitos*
- *Referências*

Desde a história antiga até os tempos atuais, as pessoas têm procurado por alguma panaceia ou poção mágica para aliviar a dor ou melhorar o desempenho. Uma dessas buscas foi realizada por um médico jovem e ambicioso que passou a acreditar que havia descoberto uma droga que possuía todos os tipos de propriedades maravilhosas. Ao ficar sabendo que a droga tinha sido usada com sucesso para energizar os soldados que padeciam de exaustão, o médico decidiu experimentá-la em pacientes, colegas e amigos. Se a droga funcionasse tão bem quanto esperava, ele poderia ganhar a fama a que tanto aspirava.

Após tomar conhecimento do uso bem-sucedido da droga em doenças cardíacas, esgotamento nervoso, dependência de álcool e morfina e vários outros problemas psicológicos e fisiológicos, o médico decidiu experimentar a substância em si mesmo. Ele ficou muito satisfeito com os resultados. Para ele, a droga tinha um aroma agradável e um efeito incomum nos lábios e na boca. Mais importante, no entanto, era o efeito terapêutico dela sobre sua depressão grave. Em uma carta a sua noiva a quem não viu por um ano, relatou que, durante sua última depressão grave, ele havia tomado pequenas quantidades da droga, com resultados maravilhosos. Ele escreveu que, da próxima vez que a visse, estaria como um selvagem, sentindo os efeitos da droga. Ele também disse a sua noiva que lhe daria pequenas quantidades da droga, aparentemente para torná-la mais forte e ajudá-la a ganhar peso.

O jovem médico escreveu um panfleto exaltando os benefícios da droga, mas ele ainda não tinha concluído os experimentos necessários sobre o valor dela como analgésico. Impaciente para estar perto de sua noiva, adiou a conclusão de seus experimentos e foi a seu encontro. Durante essa visita, um colega – e não ele – concluiu os experimentos, publicou os resultados e obteve o reconhecimento que o jovem médico desejava para si.

Esses eventos ocorreram em 1884; a droga era a cocaína; o jovem médico era Sigmund Freud.

Panorama da teoria psicanalítica

Freud, é claro, teve sorte por seu nome não ter ficado indelevelmente ligado à cocaína. Em vez disso, seu nome ficou associado à **psicanálise**, a mais famosa de todas as teorias da personalidade.

O que torna a teoria de Freud tão interessante? Em primeiro lugar, os dois pilares da psicanálise, sexualidade e agressão, são temas de popularidade constante. Em segundo lugar, a teoria foi disseminada para além de suas origens vienenses, por um ardente e dedicado grupo de seguidores, muitos dos quais romantizaram Freud quase como um herói mitológico e solitário. Em terceiro lugar, o domínio brilhante que Freud tinha da linguagem lhe possibilitou apresentar suas teorias de maneira estimulante e excitante.

A compreensão de Freud da personalidade humana foi baseada em suas experiências com pacientes, em sua análise dos próprios sonhos e em sua vasta leitura de diversas ciências e humanidades. Essas experiências forneceram os dados básicos para a evolução de suas teorias. Para ele, a teoria seguia a observação, e seu conceito de personalidade passou por constantes revisões durante os últimos 50 anos de sua vida. Apesar de suas ideias inovadoras, Freud insistia que a psicanálise não podia se sujeitar ao ecletismo, e os discípulos que se desviaram de suas ideias básicas logo se viram pessoal e profissionalmente colocados no ostracismo por Freud.

Ainda que Freud se considerasse, antes de tudo, um cientista, sua definição de ciência era um pouco diferente da sustentada pela maioria dos psicólogos hoje. Freud se baseou mais no raciocínio inferencial do que em métodos de pesquisa rigorosos e fez observações de modo subjetivo e em uma amostra relativamente pequena de pacientes, a maioria dos quais provinha da classe média alta ou alta. Ele não quantificou seus dados, nem fez observações sob condições controladas. Ele utilizou como abordagem, quase exclusivamente, o estudo de caso, em geral formulando hipóteses depois que os fatos relativos ao caso eram conhecidos.

Biografia de Sigmund Freud

Sigismund (Sigmund) Freud nasceu em 6 de março ou 6 de maio de 1856, em Freiberg, Morávia, que agora faz parte da República Tcheca. (Os estudiosos discordam sobre sua data de nascimento – a primeira data foi apenas oito meses após o casamento de seus pais.) Freud foi o filho primogênito de Jacob e Amalie Nathanson Freud, embora seu pai tivesse dois filhos crescidos, Emanuel e Philipp, de um casamento anterior. Jacob e Amalie Freud tiveram mais sete filhos no espaço de 10 anos, mas Sigmund permaneceu sendo o favorito de sua jovem e indulgente mãe, o que pode ter contribuído, em parte, para sua autoconfiança por toda a vida (E. Jones, 1953). Um jovem acadêmico sério, Freud não teve amizade próxima com qualquer um de seus irmãos mais moços. No entanto, desfrutou de uma relação calorosa e indulgente com sua mãe, levando-o, em anos posteriores, a observar que a relação entre mãe e filho era a mais perfeita, a mais livre de ambivalência de todas as relações humanas (Freud, 1933/1964).

Quando Sigmund tinha 3 anos, as duas famílias Freud saíram de Freiberg. A família de Emanuel e Philipp se mudou para a Inglaterra; e a família de Jacob Freud, primeiro para Leipzig e depois, para Viena. A capital austríaca continuou a ser o lar de Sigmund Freud por quase 80 anos, até 1938, quando a invasão nazista o forçou a emigrar para Londres, onde morreu, em 23 de setembro de 1939.

Quando Freud tinha quase 1 ano e meio de vida, sua mãe deu à luz ao segundo filho, Julius, um evento que teve

Sigmund Freud com sua filha, Anna, que era psicanalista por mérito próprio.
Chronicle/Alamy Stock Photo

um impacto significativo no desenvolvimento psíquico de Freud. Sigmund tinha muita hostilidade em relação a seu irmão mais moço e possuía um desejo inconsciente por sua morte. Quando Julius morreu, aos 6 meses de idade, Sigmund entregou-se a sentimentos de culpa por ter causado a morte do irmão. Quando Freud atingiu a meia-idade, começou a entender que seu desejo, na verdade, não causou a morte do irmão e que as crianças frequentemente têm um desejo de morte em relação a um irmão mais moço. Essa descoberta purgou Freud da culpa que ele carregou até a idade adulta, e a autoanálise contribuiu para o seu desenvolvimento psíquico posterior (Freud, 1900/1953).

Freud foi atraído pela medicina, não porque amava a prática médica, mas porque era intensamente curioso sobre a natureza humana (Ellenberger, 1970). Ele ingressou na Escola Médica da Universidade de Viena sem a intenção de praticar medicina. Em vez disso, preferiu ensinar e fazer pesquisas em fisiologia, o que continuou mesmo depois de formado no Instituto de Fisiologia da universidade.

Freud poderia ter continuado esse trabalho indefinidamente, não fosse por dois fatores. Primeiro, ele acreditava (provavelmente com alguma justificativa) que, como judeu, suas oportunidades de avanço acadêmico seriam limitadas. Segundo, seu pai, que ajudou a financiar suas despesas na escola médica, passou a ter menos condições de prover auxílio financeiro. Com relutância, Freud passou do laboratório para a prática da medicina. Ele trabalhou por três anos no Hospital Geral de Viena, familiarizando-se com a prática de vários ramos da medicina, incluindo psiquiatria e doenças nervosas (Freud, 1925/1959).

Em 1885, recebeu uma bolsa da Universidade de Viena e decidiu estudar em Paris, com o famoso neurologista francês Jean-Martin Charcot. Passou quatro meses com Charcot, com quem aprendeu a técnica da hipnose para tratamento da **histeria**, um transtorno geralmente caracterizado por paralisia ou funcionamento inadequado de certas partes do corpo. Pela hipnose, Freud ficou convencido de uma origem psicogênica e sexual dos sintomas histéricos.

Enquanto ainda era estudante de medicina, Freud desenvolveu uma associação profissional muito próxima e uma amizade pessoal com Josef Breuer, um renomado médico vienense 14 anos mais velho e um homem de reputação científica considerável (Ferris, 1997). Breuer ensinou a Freud sobre **catarse**, o processo de liberação de tensões reprimidas, para a remoção dos sintomas histéricos, por meio da ação de "falar sobre até se esvaziar". Enquanto usava a catarse, Freud descobriu, de forma gradual e laboriosa, a técnica da *associação livre*, a qual logo substituiu a hipnose como seu método terapêutico principal.

Desde a adolescência, Freud, literalmente, sonhava fazer uma descoberta monumental e atingir a fama (Newton, 1995). Em diversas ocasiões durante as décadas de 1880 e 1890, ele acreditou que estivesse no limiar dessa descoberta. Sua primeira oportunidade de obter reconhecimento surgiu de 1884 a 1885 e envolveu os experimentos com cocaína, que discutimos na vinheta de abertura.

A segunda oportunidade de Freud para alcançar alguma dose de fama veio em 1886, depois que voltou de Paris, onde havia aprendido sobre histeria *masculina* com Charcot. Ele presumia que tal domínio lhe daria o respeito e o reconhecimento da Sociedade Imperial de Médicos de Viena, a qual ele acreditava, erroneamente, que ficaria impressionada com o conhecimento da histeria masculina do jovem doutor Freud. Os primeiros médicos acreditavam que a histeria fosse um transtorno estritamente feminino, porque a própria palavra tinha as mesmas origens de útero e era o resultado de um "útero ambulante", ou seja, o útero vagando pelo corpo das mulheres e causando o mau funcionamento de várias partes. No entanto, em 1886, quando Freud apresentou seu trabalho sobre a histeria masculina à Sociedade Imperial de Médicos de Viena, a maioria dos médicos presentes já estava familiarizada com a doença e sabia que ela também poderia ser um transtorno masculino. Como originalidade era esperada e como o trabalho de Freud consistia de uma versão do que já era sabido, os médicos vienenses não responderam bem à sua apresentação. Além disso, os constantes elogios de Freud a Charcot, um francês, endureceram os médicos vienenses em relação à sua palestra. Infelizmente, em seu estudo autobiográfico, Freud (1925/1959) contou uma história muito diferente, alegando que sua palestra não tinha sido bem recebida porque os membros da sociedade científica não conseguiram compreender o conceito de histeria masculina. O relato de Freud sobre esse incidente, que agora se sabe estar incorreto, foi, no entanto, perpetuado por anos e, como Sulloway (1992) argumentou, esta nada mais é do que uma das muitas ficções criadas por Freud e seus seguidores para mitificar a psicanálise e fazer de seu fundador um herói solitário.

Decepcionado com suas tentativas de ganhar fama e afligido por sentimentos (justificados e não justificados) de oposição profissional, devido à sua defesa da cocaína e à sua crença nas origens sexuais das neuroses, Freud sentiu a necessidade de se unir a um colega mais respeitado. Ele se voltou para Breuer, com quem havia trabalhado enquanto ainda era estudante de medicina e com quem desfrutava de uma relação pessoal e profissional contínua. Breuer havia discutido em detalhes com Freud o caso de Anna O., uma mulher jovem que Freud nunca conheceu, mas com quem Breuer havia passado muitas horas, tratando-a da histeria vários anos antes. Devido à sua rejeição pela Sociedade Imperial de Médicos e seu desejo de estabelecer uma reputação para si mesmo, Freud estimulou Breuer a colaborar com ele na publicação de um relato sobre Anna O. e vários outros casos de histeria. Breuer, contudo, não estava tão ávido quanto o mais jovem e mais revolucionário Freud por publicar um tratado completo sobre histeria com base somente em alguns estudos de caso. Ele também não conseguia aceitar a noção de Freud de que as experiências sexuais infantis eram a origem da histeria adulta. Finalmente, e com alguma relutância, Breuer concordou em publicar com Freud *Estudos sobre a histeria* (Breuer & Freud, 1985/1955). Nesse livro, Freud introduziu o termo "análise psíquica" e, durante o ano seguinte, começou a chamar tal abordagem de "psicanálise".

Na época em que *Estudos sobre a histeria* foi publicado, Freud e Breuer tiveram uma divergência profissional e afastaram-se pessoalmente. Freud, então, voltou-se para seu amigo Wilhelm Fliess, um médico de Berlim que serviu como "uma caixa de ressonância" para as ideias em recente desenvolvimento de Freud. As cartas de Freud a Fliess (Freud, 1985) constituem um relato em primeira mão do começo da psicanálise e revelam o estágio embrionário da teoria freudiana. Freud e Fliess se tornaram amigos em 1887, mas seu relacionamento ficou mais íntimo depois do rompimento de Freud com Breuer.

Durante o final da década de 1890, Freud sofreu crises de isolamento profissional e pessoal. Ele havia começado a analisar os próprios sonhos e, após a morte de seu pai, em 1896, iniciou a prática diária da autoanálise. Apesar de sua autoanálise ter sido um trabalho de toda a vida, ela foi especialmente difícil para ele no final da década de 1890. Durante esse período, Freud se considerava o seu melhor paciente. Em agosto de 1897, escreveu a Fliess: "O principal paciente com quem estou preocupado sou eu mesmo... A análise é mais difícil do que qualquer outra. Ela é, de fato, o que paralisa a minha força psíquica" (Freud, 1985, p. 261).

Uma segunda crise pessoal ocorreu quando se deu conta de que estava na meia-idade e ainda não tinha alcançado a fama que desejava ardentemente. Durante essa época, ele sofreu ainda outra decepção em sua tentativa de fazer uma contribuição científica importante. Mais uma vez, pensou que estava em vias de um importante avanço com sua "descoberta" de que as neuroses têm etiologia na sedução de uma criança por um dos pais. Freud comparou tal achado à descoberta da nascente do Nilo. Entretanto, em 1897, ele abandonou a teoria da sedução e, mais uma vez, teve que adiar a descoberta que o impulsionaria para a grandeza.

Por que Freud abandonou sua teoria da sedução anteriormente tão apreciada? Em uma carta de 21 de setembro de 1897 a Wilhelm Fliess, ele deu quatro razões pelas quais não podia mais acreditar em sua teoria da sedução. Primeiro, a teoria da sedução não possibilitou o sucesso no tratamento de nenhum paciente. Segundo, um grande número de pais, incluindo o dele, teria que ser acusado de perversão sexual, porque a histeria era muito comum até mesmo entre os irmãos de Freud. Terceiro, ele acreditava que a mente inconsciente provavelmente não poderia distinguir a realidade da ficção, uma crença que *a posteriori* se desenvolveu até o complexo de Édipo. E quarto, Freud descobriu que as lembranças inconscientes de pacientes psicóticos avançados quase nunca revelavam experiências sexuais infantis precoces (Freud, 1985). Após abandonar sua teoria da sedução e sem o complexo de Édipo para substituí-la, Freud afundou ainda mais em sua crise de meia-idade.

O biógrafo oficial de Freud, Ernest Jones (1953, 1955, 1957), acreditava que Sigmund sofria de uma psiconeurose grave durante o final da década de 1890, embora Max Schur (1972), médico pessoal de Freud durante a década final de sua vida, argumentasse que a doença dele era devida a uma lesão cardíaca, agravada pela adicção à nicotina. Peter Gay (1988) sugeriu que, durante o tempo imediatamente após a morte de seu pai, Freud "reviveu seus conflitos edípicos com peculiar ferocidade" (p. 141). Porém, Henri Ellenberger (1970) descreveu esse período na vida de Freud como uma época de "doença criativa", uma condição caracterizada por depressão, **neurose**, patologias psicossomáticas e uma preocupação intensa com alguma forma de atividade criativa. De qualquer forma, na meia-idade, Freud estava padecendo de dúvidas sobre si mesmo, depressão e **obsessão** pela própria morte.

Apesar dessas dificuldades, Freud concluiu seu maior trabalho, *Interpretação dos sonhos* (1900/1953), durante tal período. Essa obra, concluída em 1899, foi fruto de sua autoanálise, boa parte da qual ele havia revelado a seu amigo Wilhelm Fliess. O livro continha muitos dos próprios sonhos de Freud, alguns disfarçados por meio de nomes fictícios.

Quase imediatamente após a publicação de *Interpretação dos sonhos*, sua amizade com Fliess começou a esfriar, acabando por se romper em 1903. Esse rompimento foi parecido com o anterior afastamento de Breuer, que ocorreu logo depois que eles publicaram *Estudos sobre a histeria*. Esse também foi um prenúncio de seu rompimento com Alfred Adler, Carl Jung e vários outros associados próximos. Por que Freud teve dificuldades com tantos amigos? O próprio Freud respondeu a essa pergunta, dizendo que: "Não são as diferenças científicas que são tão importantes. É geralmente algum outro tipo de animosidade, ciúmes ou vingança, que dá o impulso para a inimizade. As diferenças científicas vêm depois" (Wortis, 1954, p. 163).

Mesmo que a *Interpretação dos sonhos* não tenha criado a comoção internacional instantânea que Freud esperava, ela, por fim, trouxe para ele a fama e o reconhecimento que vinha procurando. No período de cinco anos após sua publicação, Freud, agora repleto de autoconfiança, escreveu vários trabalhos importantes que ajudaram a solidificar os fundamentos da psicanálise, incluindo *Sobre os sonhos* (1901/1953), escrito porque *Interpretação dos sonhos* não atraiu muito interesse; *Psicopatologia da vida cotidiana* (1901/1960), que apresentou ao mundo os atos falhos; *Três ensaios sobre a teoria da sexualidade* (1905/1953b), que estabeleceu a sexualidade como o pilar da psicanálise; e *Os chistes e a sua relação com o inconsciente* (1905/1960), no qual propôs que os chistes, assim como os sonhos e os atos falhos, possuem um significado inconsciente. Essas publicações ajudaram Freud a atingir alguma proeminência local nos círculos científicos e médicos.

Em 1902, Freud convidou um pequeno grupo de médicos vienenses mais jovens para se reunirem em sua casa e discutirem temas psicológicos. Então, no outono daquele ano, esses cinco homens – Freud, Alfred Adler, Wilhelm Stekel, Max Kahane e Rudolf Reitler – formaram a Sociedade Psicológica das Quartas-feiras, com Freud como o líder da discussão. Em 1908, tal organização adotou um nome mais formal: Sociedade Psicanalítica de Viena.

Em 1910, Freud e seus seguidores fundaram a Associação Psicanalítica Internacional, com Carl Jung, de Zurique, como presidente. Freud foi atraído por Jung, devido a seu ávido intelecto e também porque ele não era judeu nem vienense. Entre 1902 e 1906, todos os 17 discípulos de Freud eram judeus (Kurzweil, 1989), e Freud estava interessado em dar à psicanálise um toque mais cosmopolita.

Ainda que Jung tenha sido uma contribuição bem-vinda ao círculo freudiano e tenha sido designado como "príncipe herdeiro" e "o homem do futuro", ele, assim como Adler e Stekel, acabaram tendo uma disputa feroz com Freud e abandonaram o movimento psicanalítico. As sementes da discórdia entre Jung e Freud foram, provavelmente, semeadas quando eles viajaram com Sandor Ferenczi para os Estados Unidos, em 1909, para fazer uma série de conferências na Universidade Clark, perto de Boston. Para passar o tempo durante suas viagens, Freud e Jung interpretavam os sonhos um do outro, uma prática potencialmente explosiva, que acabou por dar fim à relação dos dois em 1913 (McGuire, 1974).

Os anos da I Guerra Mundial foram difíceis para Freud. Sua comunicação com seus fiéis seguidores foi suspensa; sua prática psicanalítica, diminuída; sua casa, às vezes, não tinha aquecimento; e ele e sua família possuíam pouca comida. Depois da guerra, apesar da idade avançada e da dor que sofria, devido a 33 operações por causa de um câncer na boca, Freud fez revisões importantes em sua teoria. As mais significativas delas foram a elevação da *agressividade* a um patamar semelhante ao do impulso* sexual; a inclusão da repressão, como uma das defesas do ego; e sua tentativa de clarificar o complexo de Édipo feminino, o que ele nunca conseguiu fazer completamente.

Quais qualidades pessoais Freud possuía? Uma visão mais completa de sua personalidade pode ser encontrada em Breger (2000), Clark (1980), Ellenberger (1970), Ferris (1997), Gay (1988), Handlbauer (1998), Isbister (1985), E. Jones (1953, 1955, 1957), Newton (1995), Noland (1999), Roazen (1993, 1995, 2001), Silverstein (2003), Sulloway (1992), Vitz (1988) e dezenas de outros livros sobre a vida de Freud. Acima de tudo, Freud era uma pessoa sensível e apaixonada, que tinha capacidade para amizades íntimas, quase sigilosas. A maioria desses relacionamentos profundamente emocionais teve um final infeliz, e Freud se sentia perseguido por seus ex-amigos e os considerava como inimigos. Ele parecia precisar de ambos os tipos de relacionamento. Em *Interpretação dos sonhos*, Freud explicou e previu tal sucessão de rupturas interpessoais: "A minha vida emocional sempre insistiu em que eu deveria ter um amigo íntimo e um inimigo odiado. Eu sempre consegui me proporcionar ambos" (Freud, 1900/1953, p. 483). Até depois dos 50 anos, todos esses relacionamentos eram com homens. É interessante observar que Freud, o homem que parecia pensar constantemente em sexo, tinha uma vida sexual muito pouco frequente. Depois que Anna, sua filha mais moça, nasceu, em 1895,

---

* N. de R.T. No Brasil, a tradução da palavra *trieb* se concentrou principalmente entre os termos instinto e pulsão, em vez do termo impulso. Isso se deve ao fato de o contato com a obra freudiana em nosso país ter sido difundido principalmente através da tradução britânica, que utiliza o termo "*instinct*", e da tradução francesa, cujo termo empregado é "*pulsion*".

Freud, que ainda não tinha completado 40 anos, não teve relações sexuais por muitos anos. Muito de sua vida sexual esparsa provinha de sua crença de que o uso de preservativo, o coito interrompido e a masturbação eram práticas sexuais danosas. Como Freud não queria mais filhos depois que Anna nasceu, a abstinência sexual foi sua única alternativa (Breger, 2000; Freud, 1985).

Além de equilibrar sua vida emocional entre um amigo íntimo e um inimigo odiado, Freud possuía um talento excepcional como escritor, um dom que o ajudou a prestar uma importante contribuição para o pensamento do século XX. Ele era um mestre da língua alemã e conhecia várias outras línguas. Apesar de nunca ter recebido o cobiçado Prêmio Nobel de ciências, ele ganhou o Prêmio Goethe de literatura em 1930.

Freud também possuía intensa curiosidade intelectual; coragem moral incomum (demonstrada por sua autoanálise diária); sentimentos extremamente ambivalentes em relação a seu pai e a outras figuras paternas; uma tendência a guardar rancor desproporcional da suposta ofensa; uma ambição ardente, sobretudo durante seus primeiros anos; fortes sentimentos de isolamento, mesmo quando rodeado por muitos seguidores; e uma intensa e um tanto irracional antipatia pela América do Norte e pelos americanos, uma atitude que se tornou mais intensa depois de sua viagem aos Estados Unidos, em 1909.

Por que Freud tinha esse desdém pelos americanos? Talvez a razão mais importante seja que ele achava corretamente que os americanos iriam banalizar a psicanálise ao tentarem torná-la popular. Além disso, teve várias experiências durante sua viagem aos Estados Unidos que eram estranhas para um cavalheiro burguês vienense. Mesmo antes de embarcar no navio *George Washington*, ele viu seu nome escrito de modo errado, como "Freund", na lista de passageiros (Ferris, 1997). Muitos outros eventos – alguns dos quais quase humorísticos – tornaram a visita de Freud mais desagradável do que poderia ter sido. Primeiro, Freud teve indigestão e diarreia crônica durante toda a sua visita, provavelmente porque não se adaptou à água potável de lá. Além disso, ele achou peculiar e problemático que as cidades americanas não tivessem banheiros públicos nas esquinas das ruas e, com sua indigestão crônica, ele estava frequentemente em busca de um lavatório público. Além disso, vários americanos se dirigiam a ele como Doc ou Sigmund enquanto o desafiavam a defender suas teorias, e uma pessoa tentou – sem sucesso, é claro – impedi-lo de fumar um charuto em uma área para não fumantes. Além do mais, quando Freud, Ferenczi e Jung foram a um acampamento particular em Massachusetts, foram saudados por um grande número de bandeiras da Alemanha Imperial, apesar do fato de nenhum deles ser alemão e cada um ter razões para não gostar da Alemanha. Também no acampamento, Freud sentou-se junto aos outros, no chão, enquanto o anfitrião grelhava bifes sobre o carvão, um costume que Freud considerou selvagem e primitivo (Roazen, 1993).

Níveis da vida mental

As maiores contribuições de Freud para a teoria da personalidade são a exploração do inconsciente e a insistência de que as pessoas são motivadas, primordialmente, por impulsos dos quais elas têm pouca ou nenhuma consciência. Para Freud, a vida mental está dividida em dois níveis: o **inconsciente** e o **consciente**. O inconsciente, por sua vez, tem dois níveis distintos: o inconsciente propriamente dito e o **pré-consciente**. Na psicologia freudiana, os três níveis da vida mental são usados para designar tanto um sistema com processos próprios quanto uma localização. A existência como uma localização específica, obviamente, é apenas hipotética e não possui existência real dentro do corpo. No entanto, Freud falava *do* inconsciente, bem como de processos inconscientes.

Inconsciente

O inconsciente contém todos os impulsos, desejos ou instintos anteriores à nossa consciência, mas que, no entanto, motivam a maioria de nossos sentimentos, ações e palavras. Ainda que possamos estar conscientes de nossos comportamentos explícitos, muitas vezes, não estamos conscientes dos processos mentais que estão por trás deles. Por exemplo, um homem pode saber que está atraído por uma mulher, mas pode não compreender inteiramente todas as razões para a atração, algumas das quais podem, até mesmo, ser irracionais.

Já que o inconsciente não está disponível para a mente consciente, como sabemos se ele de fato existe? Freud defendia que a existência do inconsciente podia ser comprovada apenas indiretamente. Para ele, o inconsciente é a explicação para o significado subjacente de sonhos, lapsos de linguagem e certos tipos de esquecimento, chamados de *repressão*. Os sonhos servem como uma fonte particularmente rica de material inconsciente. Por exemplo, Freud acreditava que as experiências infantis podem aparecer nos sonhos adultos mesmo sem o sonhador ter uma lembrança consciente dessas experiências.

Os conteúdos inconscientes podem, muitas vezes, chegar à consciência, mas somente depois de serem suficientemente disfarçados ou distorcidos para escapar da censura. Freud (1917/1963) usou a analogia de um guardião ou censor bloqueando a passagem entre o inconsciente e o pré-consciente e impedindo que lembranças danosas, que produzem ansiedade, cheguem à consciência. Para entrar no nível consciente da mente, esses conteúdos inconscientes (representações imagéticas visuais, acústicas ou táteis) primeiro devem ser suficientemente disfarçados para escapar do *censor primário* e, então, fugir de um *censor final*, que vigia a passagem entre o pré-consciente e o consciente. Quando essas "lembranças" entram em nossa mente consciente, já não mais as reconhecemos pelo que elas são; em vez disso, são vistas como experiências relativamente não ameaçadoras. Na maioria dos casos, tais imagens possuem sentidos sexuais ou agressivos, porque os comportamentos sexuais e agressivos infantis costumam ser punidos ou suprimidos. A punição e a **supressão** frequentemente criam sentimentos de ansiedade, a qual, por sua vez, estimula a **repressão**, ou seja, forçar as experiências indesejadas e carregadas de ansiedade para o inconsciente é uma defesa do sofrimento que provém dessa ansiedade.

No entanto, nem todos os conteúdos inconscientes provêm da repressão de eventos da infância. Freud acreditava que uma parte do nosso inconsciente se origina das experiências de nossos ancestrais que nos foram transmitidas por meio de repetição em centenas de gerações. Ele denominava essas imagens inconscientes herdadas de nossa **herança filogenética** (Freud, 1917/1963, 1933/1964). A noção de Freud de herança filogenética é bastante semelhante ao conceito de Carl Jung do inconsciente coletivo (ver Cap. 4). Entretanto, existe uma diferença importante entre os dois conceitos. Enquanto Jung colocava ênfase no inconsciente coletivo, Freud se baseava na noção de disposições herdadas somente como último recurso. Isto é, quando as explicações construídas sobre as experiências individuais não eram adequadas, Freud se voltava para a ideia de experiências coletivamente herdadas para preencher as lacunas deixadas pelas experiências individuais. Posteriormente, Freud usou a herança filogenética para explicar vários conceitos importantes, como o complexo de Édipo e a ansiedade de castração.

Os conteúdos inconscientes podem aparecer na consciência, mas somente depois de passarem por certas transformações. Uma pessoa pode expressar impulsos eróticos ou hostis, por exemplo, provocando ou brincando com outra pessoa. O impulso original (sexo ou agressividade) é assim disfarçado e ocultado das mentes conscientes das duas pessoas. O inconsciente da primeira pessoa, no entanto, influenciou diretamente o inconsciente da segunda. As duas pessoas obtêm alguma satisfação dos impulsos sexuais ou agressivos, porém nenhuma delas está consciente do motivo subjacente da provocação ou da brincadeira. Assim, o inconsciente de uma pessoa pode se comunicar com o inconsciente de outra sem que nenhuma delas esteja consciente do processo.

Inconsciente, é claro, não significa inativo ou adormecido. As forças no inconsciente lutam constantemente para se tornar conscientes, e muitas delas têm sucesso, embora possam não aparecer mais em sua forma original. As ideias inconscientes têm potencial para motivar as pessoas, e isso de fato ocorre. Por exemplo, a hostilidade de um filho em relação a seu pai pode se mascarar na forma de afeição ostensiva. Em uma forma não disfarçada, a hostilidade criaria excessiva ansiedade para o filho. Seu inconsciente, portanto, motiva-o a expressar hostilidade indiretamente, por meio da demonstração exagerada de amor e adulação. Como o disfarce que assume uma forma oposta dos sentimentos originais tem maior sucesso na convivência com o pai, este é preferido, porém quase sempre exagerado e ostensivo. (Esse mecanismo, chamado

de *formação reativa*, é discutido posteriormente, na seção intitulada Mecanismos de defesa.)

Pré-consciente

O nível pré-consciente da mente contém todos aqueles elementos que não são conscientes, mas podem se tornar conscientes prontamente ou com pequena dificuldade (Freud, 1933/1964).

O conteúdo do nível pré-consciente provém de duas fontes, a primeira das quais é a percepção consciente. O que uma pessoa percebe é consciente por apenas um período transitório; isso rapidamente passa para o pré-consciente, quando o foco da atenção muda para outra ideia. Essas ideias que se alternam facilmente entre ser conscientes e pré-conscientes estão, em grande parte, livres de ansiedade e, na realidade, são muito mais parecidas com as imagens conscientes do que com as imagens inconscientes.

A segunda fonte de imagens pré-conscientes é o inconsciente. Freud acreditava que as ideias podem escapar do censor vigilante e entrar no pré-consciente de uma forma disfarçada. Algumas dessas imagens nunca se tornam conscientes, porque, se as reconhecêssemos como derivativos do inconsciente, experimentaríamos níveis crescentes de ansiedade, o que ativaria o censor final para reprimir tais imagens carregadas de ansiedade, forçando-as a voltar para o inconsciente. Outras imagens do inconsciente são admitidas na consciência, mas somente porque sua verdadeira natureza é sabiamente disfarçada pelo processo dos sonhos, por um lapso de linguagem ou por uma medida defensiva elaborada.

Consciente

O consciente, que desempenha um papel relativamente menor na teoria psicanalítica, pode ser definido como aqueles elementos mentais na consciência em determinado ponto no tempo. Ele é o único nível da vida mental que está prontamente disponível para nós. As ideias podem chegar à consciência por duas direções diferentes. A primeira é a partir de um sistema **consciente perceptivo**, o qual está voltado para o mundo exterior e age como um meio para a percepção dos estímulos externos. Em outras palavras, o que percebemos por meio de nossos órgãos do sentido, se não for muito ameaçador, entra no consciente (Freud, 1933/1964).

A segunda fonte de elementos conscientes provém da estrutura mental e inclui ideias não ameaçadoras do pré-consciente, além de imagens ameaçadoras, porém bem disfarçadas, do inconsciente. Como vimos, essas últimas imagens migraram para o pré-consciente se disfarçando como elementos inofensivos e escapando do censor primário. Uma vez no pré-consciente, elas evitam um censor final e passam para a consciência. No momento em que chegam ao sistema consciente, essas imagens estão, em boa parte, distorcidas e camufladas, com frequência assumindo a forma de comportamentos defensivos ou elementos oníricos.

Em suma, Freud (1917/1963, p. 295-296) comparou o inconsciente a um grande *hall* de entrada, em que um grande número de pessoas diferentes, agitadas e de má reputação estão perambulando e tentando incessantemente escapar para uma sala de recepção menor adjacente. No entanto, um vigilante protege o limite entre o grande *hall* de entrada e a pequena sala de recepção. Esse guarda tem dois métodos para impedir que os indesejáveis escapem do *hall* de entrada: fazê-los voltar para a porta ou rejeitar aqueles que anteriormente haviam entrado de modo clandestino na sala de recepção. O efeito em cada um dos casos é o mesmo: as pessoas ameaçadoras e desordeiras são impedidas de se mostrar para um convidado importante que está sentado ao fundo da sala de recepção, atrás de uma tela. O significado da analogia é óbvio. As pessoas no *hall* de entrada representam as imagens inconscientes. A pequena sala de recepção é o pré-consciente, e seus habitantes representam as ideias pré-conscientes. As pessoas na sala de recepção (pré-consciente) podem ou não se mostrar para o convidado importante, que, é claro, representa o olhar da consciência. O guardião que protege o limite entre as duas salas é o censor primário, que impede que as imagens inconscientes se tornem pré-conscientes e torna as imagens pré-conscientes em inconscientes ao empurrá-las de volta. A tela que guarda o convidado importante é o censor final e ela impede que muitos elementos pré-conscientes cheguem à consciência. A analogia é apresentada graficamente na Figura 2.1.

Instâncias da mente

Por quase duas décadas, o único modelo de Freud da mente foi o topográfico que acabamos de descrever, e sua única representação do embate psíquico era o conflito entre as forças conscientes e inconscientes. Então, durante a década de 1920, Freud (1923/1961a) introduziu um modelo estrutural de três partes. Essa divisão da mente em três instâncias não suplantou o modelo topográfico, mas ajudou

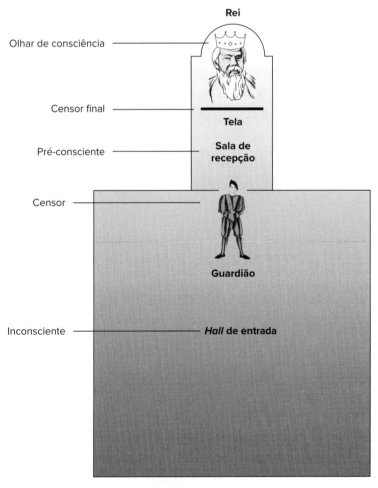

FIGURA 2.1 Níveis da vida mental.

Freud a explicar as imagens mentais de acordo com suas funções ou propósitos.

Para Freud, a parte mais primitiva da mente era *das Es*, ou o "it", em inglês, que quase sempre é traduzido como **id**; a segunda divisão era *das Ich*, ou o "eu", traduzido como **ego**; e a instância final era *das Uber-Ich*, ou o "supereu", que é traduzido como **superego**. Essas instâncias não têm uma existência territorial, é claro, pois são meramente construtos hipotéticos. Elas interagem com os três níveis da vida mental, de forma que o ego transita pelos vários níveis topográficos e possui componentes conscientes, pré-conscientes e inconscientes; enquanto o superego é pré-consciente e inconsciente; e o id, completamente inconsciente. A Figura 2.2 mostra a relação entre as instâncias da mente e os níveis da vida mental.

O Id

Na essência da personalidade e totalmente inconsciente, encontra-se a instância psíquica chamada de id, um termo derivado do pronome impessoal significando "the it", em inglês, ou o componente ainda não conhecido da personalidade. O id não tem contato com a realidade, embora se esforce constantemente para reduzir sua incessante tensão, por meio da satisfação de desejos primários. Como sua única função é procurar o prazer, dizemos que o id serve ao **princípio do prazer.**

Um recém-nascido é a personificação de um id livre de restrições do ego e do superego. O bebê procura a gratificação das necessidades sem consideração pelo que é possível (i. e., as demandas do ego) ou o que é apropriado (i. e., as restrições do superego). Em vez disso, ele suga quando o mamilo está presente ou ausente e obtém prazer nas duas situações. Apesar de o bebê receber alimento para a manutenção da vida somente pela sucção de um mamilo alimentador, ele continua a sugar porque seu id não está em contato com a realidade. O bebê não consegue perceber que o comportamento de sugar o dedo não o alimenta. Como o id não possui contato direto com a realidade, ele não é alterado pela passagem do tempo ou pelas experiências da pessoa. Os impulsos de desejos da infância permanecem imutáveis no id durante décadas (Freud, 1933/1964).

Além de ser irrealista e buscar o prazer, o id é ilógico e pode, simultaneamente, possuir ideias incompatíveis. Por

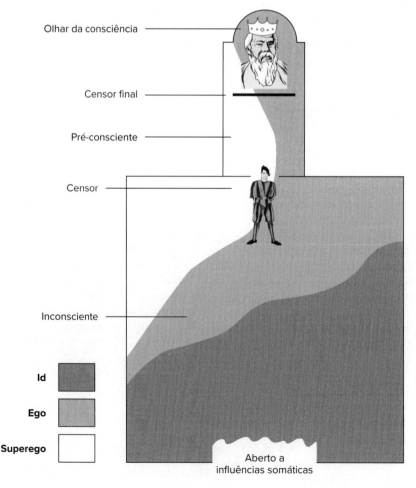

FIGURA 2.2 Níveis da vida mental e instâncias da mente.

exemplo, uma mulher pode demonstrar amor consciente por sua mãe, enquanto, de modo inconsciente, deseja destruí-la. Esses desejos opostos são possíveis porque o id não possui moralidade; ou seja, ele não consegue fazer julgamentos de valor ou distinguir entre o bem e o mal. No entanto, o id não é imoral, é meramente amoral. Toda a energia do id é dispendida para um propósito: procurar o prazer sem considerar o que é apropriado ou justo (Freud, 1923/1961a, 1933/1964).

Revisando, o id é primitivo, caótico, inacessível à consciência, imutável, amoral, ilógico, desorganizado e cheio de energia recebida dos impulsos básicos e descarregada para a satisfação do princípio do prazer.

Como a região que abriga os impulsos básicos (motivações primárias), o id opera pelo **processo primário**. Como ele busca cegamente satisfazer o princípio do prazer, sua sobrevivência depende do desenvolvimento de um **processo secundário** para colocá-lo em contato com o mundo externo. Esse processo secundário funciona por meio do ego.

O Ego

O ego, ou eu, é a única região da mente em contato com a realidade. Ele se desenvolve a partir do id durante a infância e se transforma na única fonte de comunicação da pessoa com o mundo externo. É governado pelo **princípio da realidade**, com o qual tenta substituir o princípio do prazer do id. Sendo a única região da mente em contato com o mundo externo, o ego se torna o ramo decisório ou executivo da personalidade. Entretanto, como ele é parte consciente, parte pré-consciente e parte inconsciente, o ego pode tomar decisões em cada um desses três níveis. Por exemplo, o ego de uma mulher pode *conscientemente* motivá-la a escolher roupas muito limpas e sob medida, porque se sente confortável quando está bem-vestida. Ao mesmo tempo, ela pode ser apenas vagamente (i. e., *pré--conscientemente*) consciente de experiências prévias de ser recompensada por escolher roupas boas. Além disso, ela pode ser *inconscientemente* motivada a ser asseada e organizada em demasia devido à experiência do treinamento esfincteriano no início da infância. Assim, sua decisão de vestir roupas limpas pode ocorrer em todos os três níveis da vida mental.

Ao desempenhar suas funções cognitivas e intelectuais, o ego deve levar em consideração as demandas incompatíveis, e, por vezes, igualmente irrealistas, do id e do superego. Além desses dois "tiranos", o ego deve servir a um terceiro "mestre": o mundo externo. Assim, o ego constantemente tenta reconciliar as reivindicações cegas e irracionais do id e do superego com as demandas realistas do mundo externo. Encontrando-se cercado por forças hostis e divergentes, o ego reage de maneira previsível: torna-se ansioso. Ele, então, usa a repressão e outros *mecanismos de defesa* para se defender de tal ansiedade (Freud, 1926/1959a).

De acordo com Freud (1933/1964), o ego se diferencia do id quando os bebês aprendem a se distinguir do mundo exterior. Enquanto o id permanece inalterado, o ego continua a desenvolver estratégias para lidar com as demandas irrealistas e implacáveis do id por prazer. Há vezes em que o ego consegue controlar o poderoso id que busca o prazer, mas, outras vezes, ele perde o controle. Ao comparar o ego com o id, Freud usou a analogia de uma pessoa sobre o lombo de um cavalo. O cavaleiro controla e inibe a força maior do cavalo, mas está, em última análise, à mercê do animal. Da mesma maneira, o ego deve controlar e inibir os impulsos do id, porém ele está frequentemente à mercê do id, mais forte, porém pouco organizado. O ego não tem sua própria força, mas toma emprestada a energia do id. Apesar de sua dependência do id, o ego, às vezes, chega perto de obter o controle completo, por exemplo, durante a plenitude da vida de uma pessoa psicologicamente madura.

À medida que as crianças começam a experimentar as recompensas e punições parentais, elas aprendem o que fazer para obter prazer e evitar dor. Nessa idade precoce, prazer e dor são funções do ego, porque as crianças ainda não desenvolveram uma consciência de um ideal de ego: ou seja, um superego. Quando as crianças atingem a idade de 5 ou 6 anos, elas se identificam com seus pais e começam a aprender o que devem e não devem fazer. Essa é a origem do superego.

O superego

Na psicologia freudiana, o superego representa os aspectos morais e ideais da personalidade e é guiado por **princípios morais** e **idealistas**, em contraste com o princípio do prazer do id e o princípio da realidade do ego. O superego se desenvolve a partir do ego, não possui energia própria. No entanto, difere do ego em um aspecto importante: o superego não tem contato com o mundo externo e, portanto, é irrealista em suas demandas por perfeição (Freud, 1923/1961a).

O superego possui dois subsistemas: a **consciência** e o **ideal de ego**. Freud não distinguiu claramente essas duas funções, mas, em geral, a consciência resulta de experiências com punições por comportamento impróprio e diz o que *não devemos fazer*, enquanto o ideal de ego se desenvolve a partir de experiências com recompensas por comportamento adequado e dita o que *devemos fazer*. Uma consciência primitiva surge quando uma criança se adapta aos padrões parentais por medo de perda do amor ou para obter aprovação. Posteriormente, durante a fase edípica do desenvolvimento, esses ideais são internalizados pela identificação com a mãe e o pai. (Discutiremos o complexo de Édipo em seção posterior, intitulada Estágios do desenvolvimento.)

Um superego bem-desenvolvido atua para controlar os impulsos sexuais e agressivos pelo processo de *repressão*. Ele não pode produzir repressões por si só, mas pode ordenar que o ego faça isso. O superego vigia de perto o ego, julgando suas ações e intenções. A culpa é o resultado da atuação ou mesmo da pretensa atuação que contraria os padrões morais do superego. Surgem sentimentos de inferioridade quando o ego é incapaz de corresponder aos padrões de perfeição do superego. A culpa, então, é uma função da consciência, enquanto os sentimentos de inferioridade provêm do ideal de ego (Freud, 1933/1964).

O superego não está preocupado com a felicidade do ego. Ele se empenha cega e irrealisticamente pela perfeição. Ele é irrealista na medida em que não leva em consideração as dificuldades ou impossibilidades enfrentadas pelo ego na execução de suas ordens. Nem todas as demandas do superego são impossíveis de serem atingidas, bem como as dos pais ou outras figuras de autoridade. O superego, no entanto, é como o id, uma vez que é completamente ignorante e despreocupado com a praticabilidade de suas exigências.

Freud (1933/1964) assinalou que as divisões entre as diferentes instâncias da mente não são nítidas e bem-definidas. O desenvolvimento das três divisões varia de forma ampla em indivíduos diferentes. Para algumas pessoas, o superego não se desenvolve após a infância; para outras, pode dominar a personalidade a custo da culpa e de sentimentos de inferioridade. Há aquelas em que o ego e o superego podem se alternar controlando a personalidade, o que resulta em flutuações extremas de humor e ciclos alternantes de autoconfiança e autodepreciação. Em um indivíduo saudável, o id e o superego estão integrados em um ego de funcionamento tranquilo e operam em harmonia e com um mínimo de conflito. A Figura 2.3 mostra as relações entre id, ego e superego em três pessoas hipotéticas. Para a primeira delas, o id domina um ego fraco e um superego frágil, impedindo que o ego possa contrabalancear as incessantes demandas do id, deixando a pessoa quase todo o tempo ambicionando o prazer, independentemente do que é possível ou apropriado. A segunda pessoa, com fortes sentimentos de culpa ou inferioridade e um ego fraco, experimenta muitos conflitos, porque o ego não consegue mediar as demandas fortes, porém contrárias, do superego e do id. A terceira pessoa, com um ego forte que incorporou muitas das demandas do id e do superego, é psicologicamente saudável e está no controle do princípio do prazer e do princípio moral.

Dinâmica da personalidade

Os níveis da vida mental e as instâncias da mente referem-se à *estrutura* ou composição do aparelho psíquico; mas as personalidades também *fazem* alguma coisa. Assim sendo, Freud postulou uma *dinâmica*, ou um princípio motivacional, para explicar a força motora por trás das ações das pessoas. Para Freud, as pessoas são motivadas a procurar o prazer e reduzir a tensão e a ansiedade. Essa motivação é derivada da energia psíquica e física que brota de seus impulsos primordiais.

Impulso

Freud usou a palavra alemã *Trieb* para se referir a um impulso ou estímulo dentro da pessoa. Os tradutores oficiais de Freud apresentaram esse termo como *instinto* (*drive*, em inglês), porém a tradução mais precisa da palavra é "ímpeto" ou "impulso". Os impulsos operam como uma força motivacional constante. Como estímulos internos, diferem

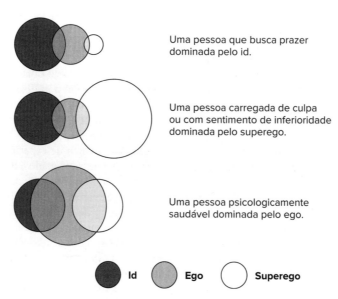

FIGURA 2.3 Relações entre id, ego e superego em três pessoas hipotéticas.

dos estímulos externos, na medida em que não podem ser evitados pela fuga.

De acordo com Freud (1933/1964), os vários impulsos podem ser agrupados sob dois títulos: sexo, ou Eros; e agressividade, destruição ou Tanatos. Tais impulsos se originam no id, mas ficam sob o controle do ego. Cada impulso tem sua própria forma de energia psíquica: Freud usou a palavra **libido** para o impulso sexual, porém a energia do impulso agressivo permanece sem nome.

Cada impulso primordial é caracterizado por uma energia, uma fonte, uma finalidade e um objeto. O *ímpeto* de um impulso é a quantidade de força que ele exerce; a sua *fonte* é a região do corpo em estado de excitação ou tensão; a sua *finalidade* é buscar o prazer removendo essa excitação ou reduzindo a tensão; e seu *objeto* é a pessoa ou coisa que serve como meio pelo qual a finalidade é satisfeita (Freud, 1915/1957a).

Sexualidade

A finalidade do impulso sexual é o prazer, mas esse prazer não está limitado à satisfação genital. Freud acreditava que todo o corpo é investido de libido. Além dos genitais, a boca e o ânus são especialmente capazes de produzir prazer sexual e são chamados de zonas **erógenas**. O objetivo final do impulso sexual é o prazer sexual absoluto ou a descarga completa da tensão, porém isto é impossível, restando a possibilidade de um prazer moderado ou parcial e substitutivo (redução da tensão sexual). Assim o objetivo final não pode ser mudado, mas o caminho pelo qual a finalidade é alcançada pode variar. Ele pode assumir uma forma ativa ou passiva, ou pode ser temporária ou permanentemente inibido (Freud, 1915/1957a). Como esse caminho é flexível e como o prazer sexual provém de outros órgãos além dos genitais, muitos comportamentos originalmente motivados por Eros são difíceis de serem reconhecidos como comportamentos sexuais. Para Freud, no entanto, toda atividade prazerosa é rastreável até o impulso sexual.

A necessidade de flexibilização do *objeto* sexual pode causar maior disfarce de Eros. O objeto erótico pode facilmente ser transformado ou deslocado. A libido pode ser retirada de uma pessoa e colocada em um estado flutuante de tensão, ou pode ser investida em outra pessoa, inclusive no próprio indivíduo. Por exemplo, um bebê forçado prematuramente a abandonar o mamilo como um objeto sexual pode substituí-lo pelo dedo polegar como um objeto de prazer oral.

A sexualidade pode assumir muitas formas, incluindo narcisismo, amor, sadismo e masoquismo. Os dois últimos também possuem componentes generosos do impulso agressivo.

Os bebês são primariamente autocentrados, com a sua libido investida quase que de modo exclusivo em seu próprio ego. Essa condição, que é universal, é conhecida como **narcisismo primário**. À medida que o ego se desenvolve, as crianças tendem a abandonar boa parte de seu narcisismo primário e expressam um interesse maior por outras pessoas. Na linguagem de Freud, a libido narcisista é, então, transformada em libido objetal. Durante a puberdade, no entanto, os adolescentes frequentemente redirecionam sua libido para o ego e se tornam preocupados com a aparência pessoal e outros interesses próprios. Esse **narcisismo secundário** pronunciado não é universal, porém um grau moderado de amor próprio é comum a quase todos (Freud, 1914/1957).

A segunda manifestação de Eros é o **amor**, que se desenvolve quando as pessoas investem sua libido em um objeto ou uma pessoa que não elas mesmas. O primeiro interesse sexual das crianças é pela pessoa que cuida delas, em geral a mãe. Durante a primeira infância, as crianças de ambos os sexos experimentam amor sexual pela mãe. Entretanto, o amor sexual declarado entre membros da mesma família é coibido, o que traz à tona o segundo tipo de amor. Freud chamou de amor com finalidade inibida esse segundo tipo, porque a finalidade original de descarregar a tensão sexual é inibida ou reprimida. O tipo de amor que as pessoas sentem por seus irmãos ou pais é geralmente com finalidade inibida.

Obviamente, amor e narcisismo estão inter-relacionados de modo íntimo. O narcisismo envolve o amor por si mesmo, enquanto o amor é com frequência acompanhado por tendências narcisistas, como quando as pessoas amam alguém que serve como um ideal ou modelo de como elas gostariam de ser.

Dois outros impulsos que também estão entrelaçados são o sadismo e o masoquismo. O **sadismo** é a necessidade de prazer sexual por meio do ato de infligir dor ou humilhação a outra pessoa. Levado ao extremo, ele é considerado uma perversão sexual, mas em grau moderado é uma necessidade comum e existe até certo ponto em todos os relacionamentos sexuais. Ele é pervertido quando a finalidade sexual do prazer erótico se torna secundária ao propósito destrutivo (Freud, 1933/1964).

O **masoquismo**, assim como o sadismo, é uma necessidade comum, mas se transforma em uma perversão quando Eros se torna subserviente ao impulso destrutivo. Os masoquistas experimentam prazer sexual ao sofrerem dor e humilhação infligida por eles mesmos ou por outros. Como os masoquistas podem se satisfazer com a dor autoinfligida, eles não dependem de outra pessoa para atender às suas necessidades masoquistas. Em contraste, os sádicos precisam encontrar outra pessoa em quem infligir dor ou humilhação. Nesse aspecto, os sádicos são mais dependentes de outras pessoas do que os masoquistas.

Agressividade (Destrutividade)

Em parte como resultado de suas experiências infelizes durante a I Guerra Mundial e em parte como consequência da morte de sua amada filha Sophie, Freud (1920/1955a) escreveu *Além do princípio do prazer*, um livro que elevou a **agressividade** ao nível do impulso sexual. Como fez com muitos de seus outros conceitos, Freud apresentou suas ideias provisoriamente e com alguma cautela. Com o tempo, no entanto, a agressividade ou destrutividade, assim como outros conceitos propostos de forma provisória, tornou-se um dogma.

A finalidade do impulso destrutivo, de acordo com Freud, é retornar o organismo a um estado inorgânico. Como a condição inorgânica final é a morte, o objetivo final do impulso destrutivo é a autodestruição. Como ocorre com o impulso sexual, a destrutividade também pode assumir inúmeras formas, como provocação, fofoca, sarcasmo, humilhação, humor e a satisfação obtida com o sofrimento de outras pessoas. A tendência destrutiva está presente em todos e é a explicação de guerras, atrocidades e perseguições religiosas.

O impulso destrutivo também explica a necessidade das barreiras que as pessoas erigiram para controlar a agressividade. Por exemplo, mandamentos como "Ama o teu próximo como a ti mesmo" são necessários, acreditava Freud, para inibir o forte, embora geralmente inconsciente, impulso de infligir danos aos outros. Esses preceitos são, na verdade, *formações reativas*. Eles envolvem a repressão de fortes impulsos hostis e a expressão aberta e óbvia da tendência oposta.

Ao longo de nossa vida, os impulsos de vida e morte lutam constantemente um contra o outro pela ascendência, mas, ao mesmo tempo, ambos precisam se curvar ao princípio da realidade, que representa as reivindicações do mundo externo. Essas demandas do mundo real impedem a satisfação sem oposição da sexualidade ou da destrutividade. Eles, muitas vezes, criam ansiedade, que relega muitos desejos sexuais e agressivos ao domínio do inconsciente.

Ansiedade

Sexualidade e destrutividade compartilham o centro da teoria dinâmica freudiana com o conceito de **ansiedade**. Ao definir a ansiedade, Freud (1933/1964) enfatizou que ela é um estado afetivo desagradável acompanhado por uma sensação física que alerta a pessoa contra um perigo iminente. A qualidade desagradável costuma ser vaga e difícil de identificar, mas a própria ansiedade é sempre sentida.

Somente o ego pode produzir ou sentir ansiedade, mas o id, o superego e o mundo externo estão envolvidos em um dos três tipos de ansiedade: neurótica, moral e realista. A dependência que o ego tem do id resulta em ansiedade neurótica; sua dependência do superego produz ansiedade moral; e sua dependência do mundo externo conduz à ansiedade realista.

Ansiedade neurótica é definida como apreensão ante um perigo desconhecido. O sentimento existe no ego, mas se origina nos impulsos do id. As pessoas podem experimentar ansiedade neurótica na presença de um professor, empregador ou outra figura de autoridade, porque elas anteriormente experienciaram sentimentos inconscientes de destruição contra um ou ambos os pais. Durante a infância, esses sentimentos de hostilidade são, com frequência, acompanhados pelo medo de punição, e tal medo se torna generalizado na ansiedade neurótica inconsciente.

O segundo tipo de ansiedade, a **ansiedade moral**, provém do conflito entre o ego e o superego. Depois que as crianças estabelecem um superego – geralmente aos 5 ou 6 anos – elas podem experimentar ansiedade como consequência do conflito entre suas necessidades e os ditames de seu superego. A ansiedade moral, por exemplo, resulta das tentações sexuais, se uma criança acredita que ceder à tentação seria moralmente errado. Ela também pode resultar da falha em se comportar de modo coerente com o que considera como certo no âmbito moral, por exemplo, não cuidando de pais idosos.

O terceiro tipo de ansiedade, a **ansiedade realista**, está intimamente relacionada ao medo. Ela é definida como um sentimento desagradável não específico que envolve um possível perigo. Por exemplo, podemos experimentar ansiedade realista enquanto dirigimos em um tráfego pesado e agitado em uma cidade desconhecida, uma situação carregada de perigo real e objetivo. No entanto, a ansiedade realista é diferente do medo, uma vez que ela não envolve um objeto de temor específico. Experienciaríamos medo, por exemplo, se nosso veículo subitamente começasse a deslizar e ficasse fora de controle em uma estrada com gelo.

Esses três tipos de ansiedade raramente são nítidos ou separáveis. Eles tendem a existir em combinação, como quando o medo de água, um temor real, torna-se desproporcional à situação e, assim, precipita ansiedade neurótica, além de ansiedade realista. Essa situação indica que um perigo desconhecido está conectado a algo externo.

A ansiedade serve como um mecanismo de preservação do ego, porque ela sinaliza que algum perigo está rondando (Freud, 1933/1964). Por exemplo, um sonho de ansiedade sinaliza ao nosso censor um perigo iminente, o que permite disfarçar melhor as imagens do sonho. A ansiedade possibilita que o ego constantemente vigilante esteja alerta para os sinais de ameaça e perigo. O sinal de perigo iminente estimula a nos mobilizarmos para fuga ou defesa. A ansiedade também é autorreguladora, pois precipita a repressão, o que, por sua vez, reduz a dor da ansiedade (Freud, 1933/1964). Se o ego não tivesse o recurso de um mecanismo defensivo, a ansiedade se tornaria intolerável. Os mecanismos defensivos, portanto, servem a uma função útil, protegendo o ego contra a dor da ansiedade.

Mecanismos de defesa

Freud elaborou inicialmente a ideia dos **mecanismos de defesa** em 1926 (Freud, 1926/1959a), e sua filha Anna refinou e organizou o conceito (A. Freud, 1946). Mesmo que os mecanismos de defesa sejam normais e usados universalmente, quando levados ao extremo, culminam em comportamento compulsivo, repetitivo e neurótico. Como precisamos dispender energia psíquica para estabelecer e manter os mecanismos de defesa, quanto mais defensivos somos, menos energia psíquica nos sobra para satisfazer os impulsos do id. Este, é claro, constitui precisamente o propósito do ego ao estabelecer os mecanismos de defesa: evitar lidar diretamente com impulsos sexuais e agressivos e se defender contra a ansiedade que os acompanha (Freud, 1926/1959a).

Os principais mecanismos de defesa identificados por Freud incluem repressão, formação reativa, deslocamento, fixação, regressão, projeção, introjeção e sublimação.

Repressão

O mecanismo de defesa mais básico, porque está envolvido em cada um dos outros, é a *repressão*. Sempre que o ego é ameaçado por impulsos inadmissíveis do id, ele se protege reprimindo esses impulsos; isto é, ele força os sentimentos ameaçadores para o inconsciente (Freud, 1926/1959a). Em muitos casos, a repressão é, então, perpetuada por toda a vida. Por exemplo, uma moça pode reprimir permanentemente sua hostilidade por uma irmã mais nova, porque seus sentimentos de ódio criam muita ansiedade.

Nenhuma sociedade permite a expressão completa e desinibida da sexualidade e destrutividade. Quando as crianças têm seus comportamentos hostis ou sexuais punidos ou suprimidos, elas aprendem a ficar ansiosas sempre que experimentam tais impulsos. Ainda que essa ansiedade raramente leve a uma repressão completa dos impulsos agressivos e sexuais, ela, com frequência, resulta em uma repressão parcial.

O que acontece a esses impulsos depois que eles se tornam inconscientes? Freud (1933/1964) acreditava que existem várias possibilidades. Primeiro, os impulsos podem permanecer imutáveis no inconsciente. Segundo, eles podem forçar o caminho até a consciência, de uma forma inalterada; nesse caso, criariam mais ansiedade do que a pessoa poderia manejar, sendo então, dominada pela ansiedade. Um terceiro destino, e mais comum, dos impulsos reprimidos é serem expressos de formas deslocadas ou disfarçadas. O disfarce, é claro, deve ser hábil o suficiente para enganar o ego. Os impulsos reprimidos podem se disfarçar como sintomas físicos, por exemplo, a impotência sexual em um homem perturbado pela culpa sexual. A impotência impede o homem de ter que lidar com a culpa e a ansiedade que resultariam da atividade sexual normal prazerosa. Os impulsos reprimidos também podem encontrar uma saída nos sonhos, nos lapsos de linguagem ou em um dos outros mecanismos de defesa.

Formação reativa

Uma das formas pelas quais um impulso reprimido pode se tornar consciente é a adoção de um disfarce que é diretamente oposto à sua forma original. Esse mecanismo de defesa é chamado de **formação reativa**. O comportamento reativo pode ser identificado por seu caráter exagerado e sua forma obsessiva e compulsiva (Freud, 1926/1959a). Um exemplo de formação reativa pode ser visto em uma jovem mulher que se ressente profundamente e odeia sua mãe. Como ela sabe que a sociedade espera afeição pelos pais, esse ódio por sua mãe, se consciente, produziria ansiedade excessiva. Para evitar a ansiedade dolorosa, a jovem mulher se concentra no impulso oposto: o amor. O seu "amor" pela mãe, no entanto, não é genuíno. Ele é chamativo, exagerado e excessivo. Em alguns casos, é possível às outras pessoas enxergar a verdadeira natureza desse amor, mas a jovem mulher precisa enganar a si mesma e se apegar à sua formação reativa, o que a ajuda a ocultar a verdade, tão ansiogênica, de que ela, inconscientemente, odeia sua mãe.

Deslocamento

Freud (1926/1959a) acreditava que as formações reativas estavam limitadas a um único objeto; por exemplo, as pessoas com amor reativo dedicariam amor somente à pessoa em relação a quem sentem ódio inconsciente. No **deslocamento**, no entanto, as pessoas podem redirecionar seus impulsos inaceitáveis a uma variedade de indivíduos ou objetos, de forma que o impulso original é disfarçado ou oculto. Por exemplo, uma mulher que está irritada com sua colega de quarto pode deslocar a raiva para seus empregados, seu gato ou um bicho de pelúcia. Ela permanece amistosa com sua colega de quarto, mas, diferentemente do funcionamento da formação reativa, ela não exagera em sua atitude amistosa.

Em seus escritos, Freud usou o termo "deslocamento" de diversas maneiras. Na discussão do impulso sexual, por exemplo, vimos que o objeto sexual pode ser deslocado ou transformado em uma variedade de outros objetos, incluindo o próprio indivíduo. Freud (1926/1959a) também usou deslocamento para se referir à substituição de um sintoma neurótico por outro; por exemplo, o impulso compulsivo de se masturbar pode ser substituído por lavar as mãos compulsivamente. O deslocamento também está envolvido na formação dos sonhos, como quando os impulsos destrutivos do indivíduo em relação a um dos pais são depositados em um cão ou lobo. Nesse caso, um sonho com um cão sendo atropelado por um carro pode refletir o desejo inconsciente do indivíduo de ver o genitor destruído. (Discutiremos a formação dos sonhos mais completamente na seção sobre a análise dos sonhos.)

Fixação

O crescimento físico, em geral, avança de uma maneira relativamente contínua pelos vários estágios do desenvolvimento. O processo de crescimento psicológico, no entanto, não ocorre sem momentos estressantes e ansiosos. Quando a perspectiva de dar o passo seguinte produz ansiedade excessiva, o ego pode recorrer à estratégia de se manter no estágio psicológico presente mais confortável. Tal defesa é chamada de **fixação**. Tecnicamente, fixação é a vinculação permanente da libido a um estágio do desenvolvimento anterior e mais primitivo (Freud, 1917/1963). Assim como outros mecanismos de defesa, a fixação é universal. Como exemplo, podemos dizer que as pessoas que continuamente obtêm prazer ao comer, fumar ou falar podem ter uma fixação oral, enquanto aquelas que são obcecadas por limpeza e ordem podem possuir uma fixação anal.

Regressão

Mesmo depois da libido já ter completado sua passagem por um determinado estágio do desenvolvimento, ela pode, durante momentos de estresse e ansiedade, regredir ao mesmo estágio. Tal reversão é conhecida como **regressão** (Freud, 1917/1963). As regressões são muito comuns e facilmente perceptíveis em crianças. Por exemplo, uma criança completamente desmamada pode regredir, voltando a pedir a mamadeira ou o seio, quando nasce um irmãozinho. A atenção dada ao novo bebê representa uma ameaça ao irmão. As regressões são frequentes em crianças mais velhas e em adultos. Uma forma comum de os adultos reagirem a situações que produzem ansiedade é regredir para padrões anteriores mais seguros de comportamento e investir sua libido em objetos mais primitivos e familiares. Diante de um estresse extremo, um adulto pode adotar a posição fetal, outro pode voltar para a casa da mãe e há aquele que pode reagir permanecendo o dia inteiro na cama, protegido do mundo frio e ameaçador. O comportamento regressivo é semelhante ao comportamento fixado, já que ele é rígido e infantil. As regressões, contudo, costumam ser temporárias, enquanto as fixações demandam um gasto mais ou menos permanente de energia psíquica.

Projeção

Quando um impulso interno produz ansiedade excessiva, o ego pode reduzir essa ansiedade atribuindo o impulso indesejado a um objeto externo, geralmente outra pessoa. Esse é o mecanismo de defesa chamado de **projeção**, o qual pode ser percebido quando o indivíduo enxerga nos outros pensamentos, motivações, desejos, sentimentos ou tendências inaceitáveis, que, na verdade, residem em seu próprio inconsciente (Freud, 1915/1957b). Por exemplo, um homem pode interpretar consistentemente as ações de mulheres mais velhas como tentativa de sedução. O que significa que, de modo consciente, o pensamento da relação sexual com mulheres mais velhas pode ser muito repugnante para ele, porém, escondida em seu inconsciente, encontra-se uma forte atração erótica por elas. Nesse

exemplo, o jovem se ilude acreditando que não tem sentimentos sexuais por mulheres mais velhas. Ainda que essa projeção suprima a maior parte de sua ansiedade e culpa, permite que ele mantenha um interesse sexual pelas mulheres que o fazem lembrar sua mãe.

Um tipo extremo de projeção é a **paranoia**, um transtorno mental caracterizado por fortes delírios de ciúmes e perseguição. A paranoia não é uma consequência inevitável da projeção, apenas uma nuance mais grave dela. De acordo com Freud (1922/1955), uma distinção crucial entre projeção e paranoia é que esta última é sempre caracterizada por sentimentos homossexuais reprimidos em relação ao perseguidor. Freud acreditava que o perseguidor é, inevitavelmente, um antigo amigo do mesmo sexo, embora, às vezes, as pessoas possam transferir seus delírios para uma pessoa do sexo oposto. Quando os impulsos homossexuais se tornam muito poderosos, os paranoicos perseguidos se defendem *invertendo* esses sentimentos e, então, projetando-os em seu objeto original. Para os homens, a transformação procede da seguinte forma: em vez de dizer: "Eu o amo", a pessoa paranoide diz: "Eu o odeio". Como isso também produz muita ansiedade, ele diz: "Ele me odeia". Nesse ponto, a pessoa abre mão de toda responsabilidade e pode dizer: "Eu gosto muito dele, mas ele se sente assim em relação a mim". O mecanismo central em toda a paranoia é a projeção, acompanhada de delírios de ciúmes e perseguição.

Introjeção

Enquanto a projeção envolve depositar um impulso indesejado em um objeto externo, a **introjeção** é um mecanismo de defesa em que as pessoas incorporam características de outro indivíduo em seu próprio ego. Por exemplo, um adolescente pode introjetar ou adotar os maneirismos, os valores ou o estilo de vida de um artista de cinema. Essa introjeção dá ao adolescente uma sensação expandida de autoestima e minimiza os sentimentos de inferioridade. As pessoas introjetam características que elas veem como valiosas e que lhes permitem se sentirem melhor consigo mesmas.

Freud (1926/1959a) viu a resolução do complexo de Édipo como o protótipo da introjeção. Durante o período edípico, a criança introjeta a autoridade e os valores de um ou de ambos os pais – uma introjeção que dá início à formação do superego. Quando as crianças introjetam o que elas percebem como os valores de seus pais, elas são aliviadas do trabalho de avaliar e escolher suas próprias crenças e seus padrões de conduta. À medida que avançam até o período da latência (aproximadamente de 6 a 12 anos), seu superego se torna mais personalizado; isto é, ele se afasta de uma identificação rígida com os pais. No entanto, pessoas de qualquer idade podem reduzir a ansiedade associada aos sentimentos de inadequação adotando ou introjetando valores, crenças e maneirismos de outros indivíduos.

Sublimação

Cada um desses mecanismos de defesa serve ao indivíduo, protegendo o ego da ansiedade, mas cada um deles é de valor duvidoso, segundo o ponto de vista da sociedade. Porém, de acordo com Freud (1917/1963), um dos mecanismos – a sublimação – ajuda tanto o indivíduo quanto o grupo social. **Sublimação** é a repressão do alvo genital de Eros, que é substituído por um propósito cultural ou social. A finalidade sublimada é expressa mais obviamente em realizações culturais criativas, como arte, música e literatura, porém, de modo mais sutil, ela faz parte de todas as relações humanas e de todos os objetivos sociais. Freud (1914/1953) acreditava que a arte de Michelangelo, que encontrou uma saída indireta para sua libido na pintura e na escultura, era um excelente exemplo de sublimação. Na maioria das pessoas, as sublimações se combinam com a expressão direta de Eros e resultam em um tipo de equilíbrio entre as realizações sociais e os prazeres pessoais. Certas pessoas são capazes de sublimar uma parte da libido a serviço de valores culturais mais elevados, ao mesmo tempo que retêm quantidade suficiente de impulso sexual para perseguir o prazer erótico individual.

Em resumo, todos os mecanismos de defesa protegem o ego contra a ansiedade. Eles são universais, uma vez que, até certo ponto, todos os indivíduos se engajam em comportamento defensivo. Todo mecanismo de defesa se associa à repressão e pode evoluir ou não até o ponto da psicopatologia. Normalmente, no entanto, os mecanismos de defesa são benéficos para o indivíduo e inofensivos para a sociedade. Além disso, um mecanismo de defesa – a sublimação – tende a beneficiar tanto o indivíduo quanto a sociedade.

Estágios do desenvolvimento

Apesar de Freud ter pouca experiência direta com crianças (incluindo as dele), sua teoria do desenvolvimento é quase exclusivamente uma discussão da primeira infância. Para Freud, os primeiros quatro ou cinco anos de vida, ou o **período infantil**, são os mais cruciais para a formação da personalidade. Esse estágio é seguido por seis ou sete anos de um período de **latência**, durante o qual ocorre pouco ou nenhum crescimento sexual. Então, na puberdade, há um renascimento da vida sexual, e o **período genital** é iniciado. Por fim, o desenvolvimento psicossexual culmina na **maturidade**.

Período infantil

Um dos pressupostos mais importantes de Freud (1905/1953b, 1923/1961b) é que os bebês possuem uma vida sexual e atravessam um período de desenvolvimento sexual pré-genital, durante os primeiros quatro ou cinco anos após o nascimento. Na época em que Freud originalmente escreveu acerca da sexualidade infantil, o conceito, embora não fosse novo, foi recebido com alguma resistência. Hoje, contudo, quase todos os observadores atentos aceitam a ideia de que as crianças apresentam interesse pelos genitais, deleite no prazer sexual e manifestam excitação sexual. A sexualidade infantil difere da sexualidade adulta, já que a primeira não tem capacidade reprodutiva e é exclusivamente autoerótica. Contudo, tanto nas crianças quanto nos adultos, os impulsos sexuais podem ser satisfeitos por meio de outros órgãos, além dos genitais. A boca e o ânus são particularmente sensíveis à estimulação erógena (Freud, 1933/1964).

Freud (1917/1963) dividiu o período infantil em três fases, de acordo com a zona erógena primária mais relevante no momento do desenvolvimento. A fase oral é a primeira e é seguida, em ordem, pela fase anal e pela fase fálica. Os três períodos infantis se sobrepõem uns aos outros, e cada um continua após o início dos estágios posteriores.

Fase oral

Como a boca é o primeiro órgão a proporcionar prazer a um bebê, o primeiro estágio do desenvolvimento infantil de Freud é a **fase oral**. Os bebês obtêm nutrição para manutenção da vida pela cavidade oral, mas, além disso, também obtêm prazer pelo ato de sugar.

A finalidade sexual da atividade *oral precoce* é incorporar ou receber dentro do próprio corpo o objeto de escolha, ou seja, o seio. Durante essa fase *oral-receptiva*, os bebês não sentem ambivalência quanto ao objeto prazeroso, e as suas necessidades tendem a ser satisfeitas com um

Os bebês satisfazem suas necessidades orais de um jeito ou de outro.

Ingram Publishing/AGE Fotostock

mínimo de frustração e ansiedade. À medida que eles vão crescendo, no entanto, é mais provável que experimentem sentimentos de frustração e ansiedade em consequência da alimentação com horários, do aumento do intervalo de tempo entre as mamadas e, por fim, do *desmame*. Essas ansiedades, em geral, são acompanhadas por sentimentos de ambivalência em relação a seu objeto de amor (a mãe) e por uma crescente capacidade de seu ego florescente de se defender do ambiente e da ansiedade (Freud, 1933/1964).

A defesa do bebê contra o ambiente é, em grande parte, auxiliada pela emergência dos dentes. Nesse ponto, ele passa para uma segunda fase oral, a qual Freud (1933/1964) chamou de período *oral-sádico*. Durante essa fase, os bebês respondem aos outros mordendo, arrulhando, fechando a boca, sorrindo e chorando. A sua primeira experiência autoerótica é sugar o polegar, uma defesa contra a ansiedade, que satisfaz suas necessidades sexuais, mas não nutricionais.

Enquanto as crianças crescem, a boca continua a ser uma zona erógena, e, na época em que se tornam adultas, elas são capazes de satisfazer suas necessidades orais de inúmeras maneiras, incluindo chupar uma bala, mascar chicletes, morder um lápis, comer excessivamente, fumar cigarros, cachimbos e charutos, e fazer comentários mordazes e sarcásticos.

Fase anal

O impulso agressivo, que, durante o primeiro ano de vida, assume a forma de sadismo oral, atinge seu desenvolvimento integral quando o ânus emerge como uma zona sexualmente prazerosa. Como esse período é caracterizado pela satisfação obtida pelo comportamento agressivo e pela função excretória, Freud (1933/1964) a denominou *fase anal-sádica* ou, mais resumidamente, **fase anal** do desenvolvimento. Essa fase está dividida em duas subfases: anal inicial e anal final.

Durante o *período anal inicial*, as crianças encontram satisfação destruindo ou perdendo objetos. Nessa época, a natureza destrutiva do impulso sádico é mais forte do que a erótica, e as crianças, com frequência, comportam-se agressivamente em relação a seus pais, por frustrá-las com o *treinamento esfincteriano*.

Então, quando entram no *período anal final*, elas, por vezes, assumem um interesse amistoso em relação a suas fezes, um interesse que provém do prazer erótico de defecar. Com frequência, apresentam suas fezes aos pais como um presente valioso (Freud, 1933/1964). Se seu comportamento for aceito e elogiado pelos pais, então as crianças provavelmente crescerão e se transformarão em adultos generosos e altruístas. Entretanto, se seu "presente" for rejeitado de maneira punitiva, as crianças podem adotar outro método para a obtenção de prazer anal – retendo as fezes até que a pressão se torne dolorosa e eroticamente estimulante. Esse modo de prazer narcisista e masoquista estabelece as bases para o **caráter**

anal – pessoas que também obtêm satisfação erótica mantendo e possuindo objetos e organizando-os de maneira excessivamente limpa e ordenada. Freud (1933/1964) levantou a hipótese de que as pessoas que desenvolvem um caráter anal apresentaram, quando crianças, resistência excessiva ao treinamento esfincteriano, retendo, com frequência, as fezes e prolongando o tempo de treinamento além do necessário. Tal erotismo anal se transforma na **tríade anal** de *organização, mesquinhez* e *obstinação,* que tipifica o caráter anal adulto.

Freud (1933/1964) acreditava que, para as meninas, o erotismo anal era transferido para a inveja do pênis durante o estágio fálico e podia, por fim, ser expresso ao dar à luz um bebê. Ele também acreditava que, no inconsciente, os conceitos de pênis e bebê – porque os dois são referidos como "o pequeno" – significam a mesma coisa. Além disso, as fezes, devido à sua forma alongada e porque foram removidas do corpo, são indiferenciadas de um bebê, e todos os três conceitos – pênis, bebê e fezes – são representados pelos mesmos símbolos nos sonhos.

Durante os estágios oral e anal, não existe uma distinção básica entre o crescimento psicossexual masculino e o feminino. Crianças de ambos os gêneros podem desenvolver uma orientação ativa ou passiva. A atitude ativa costuma ser caracterizada pelo que Freud (1933/1964) considerou como qualidades masculinas de dominância e sadismo, enquanto a orientação passiva é, em geral, marcada pelas qualidades femininas de voyeurismo e masoquismo. Entretanto, cada uma das orientações, ou uma combinação das duas, pode se desenvolver tanto em meninas quanto em meninos.

Fase fálica

Em torno dos 3 ou 4 anos de idade, as crianças começam um terceiro estágio do desenvolvimento infantil: a **fase fálica**, uma época em que a área genital se torna a principal zona erógena. Esse estágio é marcado pela dicotomia entre o desenvolvimento masculino e feminino, uma distinção que Freud (1925/1961) acreditava ser devida às diferenças anatômicas entre os sexos. Freud (1924/1961, p. 178) tomou a citação de Napoleão de que "história é destino" e a transformou em "anatomia é destino". Essa máxima está subjacente à crença de Freud de que as diferenças físicas entre homens e mulheres justificam muitas distinções psicológicas importantes.

A masturbação, que se originou durante o estágio oral, agora ingressa em uma segunda fase mais crucial. Durante o estágio fálico, a masturbação é quase universal, mas, como os pais geralmente suprimem essas atividades, as crianças tendem a reprimir seu desejo consciente de se masturbarem na época em que seu período fálico chega ao fim. Como as experiências precoces das crianças com o desmame e o treinamento dos esfíncteres ajudaram a moldar os fundamentos de seu desenvolvimento psicossexual, o mesmo ocorre com a experiência de *supressão da*

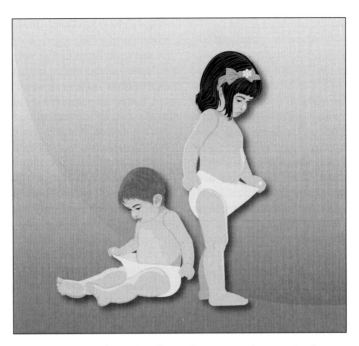

O início da consciência de gênero é uma parte importante do complexo edipiano.
Fonte: http://daycaredaze.blogspot.com/2005/12/talk-sex-with-mary.html

masturbação (Freud, 1933/1964). Entretanto, a experiência com o complexo de Édipo desempenha um papel ainda mais crucial no desenvolvimento da personalidade.

Complexo de Édipo masculino Freud (1925/1961) acreditava que, antes do estágio fálico, o menino desenvolve uma *identificação* com seu pai, isto é, ele deseja ser seu pai. Posteriormente, ele desenvolve um desejo sexual por sua mãe, isto é, ele deseja *ter* sua mãe. Esses dois desejos não parecem mutuamente contraditórios para o ego subdesenvolvido da criança; portanto, eles podem existir lado a lado durante algum tempo. Quando o menino finalmente reconhece a contradição de tais desejos, ele abandona a identificação com seu pai e mantém o sentimento mais forte: o desejo de ter sua mãe. O menino agora vê seu pai como um rival pelo amor da mãe. Ele deseja afastar seu pai e possuir sua mãe em uma relação sexual. Essa condição de rivalidade com o pai e sentimentos incestuosos pela mãe é conhecida como **complexo de Édipo** masculino simples. O termo é retirado da tragédia grega de Sófocles, na qual Édipo, rei de Tebas, é levado pelo destino a matar seu pai e a se casar com sua mãe.

Freud (1923/1961a) acreditava que a natureza bissexual da criança (de ambos os gêneros) complica esse quadro. Durante a vivência do complexo de Édipo, portanto, sua natureza feminina pode levá-la a exibir *afeição por seu pai* e expressar *hostilidade por sua mãe*, ao mesmo tempo que sua natureza masculina a dirige para a hostilidade pelo pai e cobiça pela mãe. Nessa condição ambivalente, conhecida como *complexo de Édipo completo*, afeição e hostilidade coexistem, porque um ou ambos os sentimentos podem ser inconscientes. De acordo com Freud, esses sentimentos de ambivalência desempenham um papel importante na evolução do **complexo de castração**, que assume a forma de **angústia ou ansiedade de castração**, ou medo de perder o pênis.

Para Freud (1905/1953b, 1917/1963, 1923/1961b), o complexo de castração começa depois que o menino (que anteriormente acreditava que as meninas também tinham os mesmos genitais dos meninos) toma conhecimento da ausência de um pênis nas meninas. Essa consciência se transforma no maior choque emocional de sua vida. Após um período de esforço mental e tentativas de negação, o menino é forçado a concluir que a menina teve seu pênis cortado. Tal crença pode ser reforçada pelas ameaças parentais de punir o menino por seus comportamentos sexuais. O menino passa, então, a acreditar que a menina foi punida com a remoção de seu pênis, porque se masturbava ou seduziu a mãe. Para o menino, a ameaça de castração agora se torna uma possibilidade temida. Como essa ansiedade de castração não pode ser tolerada por muito tempo, o menino reprime seus impulsos para a atividade sexual, incluindo suas fantasias de seduzir a mãe.

Antes da experiência da ansiedade de castração, o menino pode ter "visto" a área genital de meninas ou de sua mãe, porém tal visão não instiga automaticamente o complexo de castração. O complexo de castração é desencadeado apenas quando o ego do menino é suficientemente maduro para compreender a conexão entre os desejos sexuais e a remoção do pênis.

Freud acreditava que a ansiedade de castração estava presente em todos os meninos, mesmo naqueles que não eram pessoalmente ameaçados com a remoção do pênis ou com déficit no crescimento. De acordo com Freud (1933/1964), um menino não precisa receber uma ameaça clara de castração. Qualquer menção à lesão ou à castração em conexão com o pênis é suficiente para ativar a dotação filogenética da criança. A *dotação filogenética* é capaz de preencher as lacunas de nossas experiências individuais com as experiências herdadas de nossos ancestrais. O temor de castração do homem ancestral apoia as experiências individuais da criança e resulta na ansiedade de castração universal. Freud disse: "Não é uma questão de se a castração é realmente realizada; o que é decisivo é que o perigo externo ameaça e a criança acredita nele". Ele continua:

> Indícios de ... punição precisam encontrar regularmente um reforço filogenético nela. É nossa suspeita que, durante o período primordial da família humana, a castração era, na verdade, realizada por um pai enciumado e cruel com seus meninos em crescimento, e que a circuncisão, que, de modo tão frequente desempenha um papel nos ritos da puberdade entre os povos primitivos, é um vestígio claramente reconhecível dela. (p. 86-87)

Depois que seu complexo de Édipo é dissolvido ou reprimido, o menino renuncia a seus desejos incestuosos, transformando-os em sentimentos de amor terno e iniciando o desenvolvimento de um superego primitivo. Ele se identifica com o pai ou com a mãe, dependendo da força de sua disposição feminina. Normalmente, a identificação é com o pai, mas não é a mesma identificação pré-edípica. O menino não deseja mais ser seu pai; em vez disso, ele usa o pai como um modelo para a determinação do comportamento certo e errado. Ele introjeta ou incorpora a autoridade de seu pai ao próprio ego, cultivando, assim, as sementes de um superego maduro. O superego que está brotando assume as proibições de seu pai contra o incesto e assegura a continuidade da repressão do complexo de Édipo (Freud, 1933/1964).

Complexo de Édipo feminino A fase fálica toma um caminho mais complicado para as meninas do que para os meninos, e essas diferenças se devem às distinções anatômicas entre os sexos (Freud, 1925/1961). Assim como os meninos, as meninas pré-edípicas assumem que todas as outras crianças possuem genitais semelhantes aos seus. Porém, logo elas descobrem que os meninos não só possuem um genital diferente, como também têm algo extra. As meninas sentem-se, então, ludibriadas e decepcionadas, em um misto de rancor e nostalgia, sentimentos que assumem a forma de um afeto de inveja desse apêndice masculino. Tal experiência de **inveja do pênis** é uma força poderosa na formação da personalidade das meninas. Ao contrário da ansiedade de castração nos meninos, a qual é rapidamente reprimida, a inveja do pênis pode durar anos, em uma forma ou outra.

Freud (1933/1964) acreditava que a inveja do pênis é frequentemente expressa como um desejo de ser um menino ou de ter um homem. Quase universalmente, ela é transferida para o desejo de ter um bebê e às vezes pode encontrar expressão no ato de dar à luz, especialmente a um menino.

Antes do complexo de castração, a menina estabelece uma identificação com sua mãe similar à desenvolvida por um menino; ou seja, ela fantasia ser seduzida por sua mãe. Esses sentimentos incestuosos, de acordo com Freud (1933/1964), são posteriormente transformados em hostilidade, quando atribui à sua mãe a responsabilidade por trazê-la ao mundo sem um pênis. Sua libido, então, volta-se para o pai, que pode satisfazer seu desejo por um pênis, dando-lhe um bebê, um objeto que, para ela, se torna um substituto para o falo. O desejo de ter relação sexual com o pai e os sentimentos concomitantes de hostilidade pela mãe são conhecidos como *complexo de Édipo feminino simples*. A propósito, Freud (1920/1955b, 1931/1961) fez objeção ao termo *complexo de Electra*, por vezes usado por alguns quando se referem ao complexo de Édipo feminino, porque ele sugere um paralelo direto entre o desenvolvimento masculino e o feminino durante o estágio fálico. Freud acreditava não haver tal paralelo e que as diferenças na anatomia determinam cursos diferentes no desenvolvimento sexual masculino e feminino após o estágio fálico.

Nem todas as meninas, entretanto, transferem seu interesse sexual para o pai e desenvolvem hostilidade em relação à mãe. Freud (1931/1961, 1933/1964) sugeriu que, quando as meninas pré-edípicas tomam conhecimento de sua castração e reconhecem sua inferioridade em relação aos meninos, elas se rebelam de três maneiras. Primeiro, podem abandonar a sua sexualidade – tanto as disposições femininas quanto masculinas – e desenvolver uma intensa hostilidade em relação à sua mãe; segundo, elas podem agarrar-se desafiadoramente à sua masculinidade, esperando por um pênis e fantasiando ser um homem; e terceiro, podem se desenvolver normalmente, isto é, elas podem tomar seu pai como uma escolha sexual e passar pelo complexo de Édipo simples. A escolha de uma menina é influenciada, em parte, por sua bissexualidade inerente e pelo grau de masculinidade que ela desenvolveu durante o período pré-edípico.

O complexo de Édipo feminino simples é resolvido quando a menina desiste da atividade masturbatória, renuncia a seu desejo sexual por seu pai e se identifica mais uma vez com a mãe. No entanto, o complexo de Édipo feminino é, em geral, dissolvido de modo mais lento e menos completo do que o masculino. Como o superego é formado a partir dos vestígios do complexo de Édipo abalado, Freud (1924/1961, 1933/1964) acreditava que o superego da menina era mais fraco, mais flexível e menos severo do que o do menino. A razão de o superego da menina não ser tão rígido quanto o do menino relaciona-se à diferença entre os sexos durante suas histórias edípicas. Para os meninos, a ansiedade de castração se segue ao complexo de Édipo, dissolve-se quase completamente e torna desnecessário o gasto de energia psíquica em seus remanescentes. Depois que o complexo de Édipo é abalado, a energia usada para mantê-lo fica livre para estabelecer um superego. Para as meninas, no entanto, o complexo de Édipo vem *depois* do complexo de castração (inveja do pênis), e, como as meninas não experimentam uma ameaça de castração, elas não sofrem um choque traumático repentino. O complexo de Édipo feminino é resolvido apenas de forma incompleta, pela percepção gradual da menina de que ela pode perder o amor de sua mãe e que a relação sexual com seu pai não está prestes a acontecer. Assim sendo, a sua libido permanece parcialmente empregada para manter o complexo de castração e seus vestígios, bloqueando, desse modo, parte da energia psíquica que poderia ser usada de outra maneira para construir um superego forte (Freud, 1931/1961).

Em resumo, os estágios fálicos masculino e feminino tomam caminhos bem diferentes. Primeiro, o complexo de castração para as meninas assume a forma de inveja do pênis – não ansiedade de castração. Segundo, a inveja do pênis *precede* o complexo de Édipo feminino, enquanto, para os meninos, o oposto é verdadeiro; isto é, a ansiedade de castração vem *depois* do complexo de Édipo masculino. Terceiro, como a inveja do pênis ocorre antes do complexo de Édipo feminino, as meninas não experimentam um evento traumático comparável à ansiedade de castração nos meninos. Quarto, como as meninas não experimentam esse evento traumático, o complexo de Édipo feminino é dissolvido mais lentamente e de modo menos completo do que o complexo de Édipo masculino.

Os complexos de Édipo masculino e feminino simples estão resumidos na Tabela 2.1.

A visão apresentada por Freud sobre o complexo de Édipo feminino era mais provisória do que as ideias referentes ao estágio fálico masculino. Apesar de ter estruturado essas visões sobre a feminilidade de maneira provisória, logo começou a defendê-las com vigor. Quando alguns de seus seguidores discordaram de sua visão rígida das mulheres, Freud se tornou ainda mais inflexível em sua posição e insistiu em que as diferenças psicológicas entre homens e mulheres não podiam ser apagadas pela cultura, porque eram consequências inevitáveis das diferenças anatômicas entre os sexos (Freud, 1925/1961). Tal postura pública rígida sobre o desenvolvimento feminino levou alguns escritores (Brannon, 2005; Breger, 2000; Chodorow, 1989, 1991, 1994; Irigaray, 1986; Krausz, 1994) a criticá-lo como sexista e pouco cortês com as mulheres.

Apesar de sua posição pública firme, Freud, privadamente, não estava certo de que suas visões sobre as mulheres representassem uma resposta final. Um ano depois de sua declaração de que "anatomia é destino", ele expressou algumas dúvidas, admitindo que sua compreensão acerca das meninas e das mulheres era incompleta. "Sabemos menos sobre a vida sexual das meninas do que sobre a dos meninos. Mas não precisamos ter vergonha dessa distinção; no final das contas, a vida sexual das mulheres adultas é um 'continente obscuro' para a psicologia" (Freud, 1926/1959b, p. 212).

Durante sua carreira, Freud, muitas vezes, propôs teorias sem muitas evidências clínicas ou experimentais para apoiá-las. Depois, passou a ver a maioria dessas teorias como fatos estabelecidos, mesmo que não possuísse evidências substanciais. Enquanto viveu, no entanto, permaneceu em dúvida sobre a validade absoluta de suas teorias a respeito das mulheres. Freud, certa vez, admitiu à sua amiga Marie Bonaparte que ele não entendia as mulheres: "A grande pergunta que nunca foi respondida e que ainda não consegui responder, apesar de meus 30 anos de pesquisa da alma feminina, é 'O que quer uma mulher?'" (E. Jones, 1955, p. 421). Essa pergunta, feita após muitos anos de teorização, sugere que Freud considerava as mulheres não só muito diferentes dos homens, mas como enigmas, não compreensíveis para o gênero masculino.

Período de latência

Freud acreditava que, do quarto ou quinto ano até a puberdade, meninos e meninas geralmente atravessavam

---

TABELA 2.1

Caminhos paralelos das fases fálicas masculina e feminina simples

Fase fálica masculina	Fase fálica feminina
1. *Complexo de Édipo* (desejos sexuais pela mãe/ hostilidade pelo pai).	5. *Complexo de castração* na forma de *inveja do pênis*.
2. *Complexo de castração* na forma de *ansiedade de castração* abala o complexo de Édipo.	6. O *complexo de Édipo* se desenvolve como uma tentativa de obter um pênis (desejos sexuais pelo pai; hostilidade pela mãe).
3. *Identificação* com o pai.	7. Percepção gradual de que os desejos edípicos são autodestrutivos.
4. O *superego* forte substitui o complexo de Édipo completamente dissolvido.	8. *Identificação* com a mãe.
	9. O *superego* fraco substitui o complexo de Édipo parcialmente dissolvido.

um período de desenvolvimento sexual adormecido. Esse *período de latência* é ocasionado, em parte, pelas tentativas dos pais de punir ou desencorajar a atividade sexual em seus filhos pequenos. Se a supressão parental for bem-sucedida, as crianças irão reprimir seu impulso sexual e direcionarão a energia psíquica para a escola, as amizades, os *hobbies* e outras atividades não sexuais.

Entretanto, o período de latência também pode ter raízes em nossa dotação filogenética. Freud (1913/1953, 1926/1951b) sugeriu que o complexo de Édipo e o posterior período de latência podem ser explicados pela seguinte hipótese. No início do desenvolvimento humano, as pessoas viviam em famílias chefiadas por um pai poderoso, que reservava todos os relacionamentos sexuais para si e que matava ou mandava embora seus filhos homens, a quem ele via como uma ameaça à sua autoridade. Então, certo dia, os filhos se reuniram, dominaram, mataram e devoraram (comeram) seu pai. No entanto, os irmãos eram individualmente muito fracos para assumir a herança do pai; logo, reuniram-se em um clã ou totem e estabeleceram proibições contra o que tinham acabado de fazer; ou seja, eles proibiram matar o próprio pai e ter relações sexuais com membros femininos da própria família. Posteriormente, quando se tornavam pais, eles suprimiam a atividade sexual em seus filhos sempre que ela se tornava perceptível, provavelmente em torno dos 3 ou 4 anos de idade. Quando a supressão se completava, era sucedida por um período de latência sexual. Depois que essa experiência foi repetida por um período de muitas gerações, ela se tornou uma força ativa, embora inconsciente, no desenvolvimento psicossexual de um indivíduo. Assim, a proibição da atividade sexual é parte de nossa dotação filogenética, sem que seja preciso qualquer experiência pessoal de punição das atividades sexuais para reprimir o impulso sexual. Freud (1926/1951b) apenas sugeriu essa hipótese como uma explicação possível para o período de latência e foi cuidadoso em assinalar que isso não estava apoiado por dados antropológicos.

A continuação da latência é reforçada pela supressão constante da parte de pais e professores e da parte de sentimentos internos de vergonha, culpa e moralidade. O impulso sexual, é claro, ainda existe durante a latência, mas seu alvo foi inibido. A libido sublimada agora se apresenta em *realizações sociais e culturais*. Durante esse tempo, as crianças formam grupos ou turmas, uma impossibilidade durante o período infantil, quando o impulso sexual era completamente autoerótico.

Período genital

A puberdade sinaliza o redespertar do alvo sexual e o início do *período genital*. Durante a puberdade, a vida sexual de uma pessoa entra em seu segundo estágio, com diferenças básicas em relação ao primeiro estágio: o período infantil (Freud, 1923/1961b). Primeiro, os adolescentes abandonam o autoerotismo e direcionam sua energia sexual para

outra pessoa. Segundo, a reprodução agora é possível. Terceiro, embora a inveja do pênis possa perdurar nas meninas, a vagina finalmente obtém o mesmo *status* para elas do que o pênis tinha durante a infância. Paralelamente a isso, os meninos agora veem o órgão feminino como um objeto desejado, em vez de uma fonte de trauma. Quarto, todo o impulso sexual assume uma organização mais completa, e os impulsos componentes que haviam operado de forma um tanto quanto independente durante o período infantil ganham um tipo de síntese durante a adolescência; assim, a boca, o ânus e outras áreas produtoras de prazer assumem uma posição de auxiliar para os genitais, que agora possuem supremacia como zona erógena.

Essa síntese de Eros, o *status* elevado da vagina, a capacidade reprodutiva do impulso sexual e a capacidade das pessoas de direcionar sua libido para o exterior, em vez de para o *self*, representam as principais distinções entre a sexualidade infantil e a adulta. Em vários outros aspectos, no entanto, Eros permanece imutável. Ele pode continuar a ser reprimido, sublimado, ou expresso na masturbação ou em outros atos sexuais. As zonas erógenas subordinadas também continuam como veículos de prazer erótico. A boca, por exemplo, retém muitas de suas atividades infantis; uma pessoa pode deixar de sugar o polegar, mas pode acrescentar o tabagismo ou o beijo prolongado.

Maturidade

O período genital começa na puberdade e continua por toda a vida do indivíduo. Esse é um estágio atingido por todos que alcançam a maturidade física. Além do período genital, Freud fez alusão, apesar de nunca conceitualizar completamente, a um período de *maturidade psicológica*, um estágio alcançado depois da passagem, de maneira ideal, pelos períodos evolutivos anteriores. Infelizmente, a maturidade psicológica raramente acontece, devido às muitas possibilidades de desenvolvimento de psicopatologias ou de predisposições neuróticas.

Mesmo que Freud nunca tenha conceitualizado por completo a noção de maturidade psicológica, podemos fazer um esboço dos indivíduos psicanaliticamente maduros. Tais pessoas teriam um equilíbrio entre as estruturas da mente, com o ego controlando o id e o superego, mas, ao mesmo tempo, permitindo desejos e demandas razoáveis (ver Figura 2.3). Portanto, os impulsos do id seriam expressos de modo honesto e consciente, sem vestígios de vergonha ou culpa, e seu superego avançaria para além da identificação e do controle parental, sem remanescentes de antagonismo ou incesto. O ideal de ego seria realista e congruente com o ego da pessoa e, de fato, a fronteira entre seu superego e seu ego se tonaria quase imperceptível.

A consciência desempenharia um papel mais importante no comportamento das pessoas maduras, que teriam apenas uma necessidade mínima de reprimir os impulsos sexuais e agressivos. De fato, a maior parte das repressões de indivíduos psicologicamente saudáveis emerge na forma de sublimações, em vez de sintomas neuróticos. Como o complexo de Édipo de pessoas maduras estaria finalizado por completo ou quase completamente dissolvido, a sua libido, que anteriormente era direcionada para os pais, seria liberada para procurar o amor terno e sensual. Em resumo, as pessoas psicologicamente maduras passariam pelas experiências da infância e da adolescência no controle de sua energia psíquica e com seu ego funcionando no centro de um mundo consciente em constante expansão.

Aplicações da teoria psicanalítica

Freud foi um inovador atento, provavelmente mais preocupado em construir a teoria do que tratar pessoas doentes. Ele passou boa parte de seu tempo realizando terapia não somente para ajudar os pacientes, mas também para obter uma compreensão da personalidade humana necessária para explicar a teoria psicanalítica. Esta seção examina a técnica terapêutica inicial de Freud, sua técnica posterior e sua visão sobre os sonhos e os atos falhos inconscientes.

A técnica terapêutica inicial de Freud

Antes do uso da técnica psicoterápica mais passiva de associação livre, Freud se apoiou em uma abordagem muito mais ativa. Em *Estudos sobre a histeria* (Breuer & Freud, 1985/1955), Freud descreveu sua técnica de extração das lembranças infantis reprimidas:

> Eu colocava a minha mão na testa do paciente ou pegava sua cabeça entre as minhas mãos e dizia: "Você vai pensar nisso sob a pressão da minha mão. No momento em que eu relaxar a pressão, você vai ver algo à sua frente ou alguma coisa virá à sua mente. Apegue-se a isso. Isso será o que estamos procurando. – Bem, o que você viu ou o que aconteceu com você?".
>
> Nas primeiras ocasiões em que fiz uso desse procedimento... Eu mesmo fiquei surpreso ao descobrir que isso me rendeu os resultados precisos de que eu precisava. (p. 110-111)

Na verdade, um procedimento altamente sugestivo como esse muito provavelmente produziria os resultados exatos que Freud precisava, ou seja, a confissão de uma sedução infantil. Além do mais, enquanto usava a interpretação dos sonhos e a hipnose, Freud dizia a seus pacientes que esperassem que cenas de experiências sexuais da infância aparecessem (Freud, 1896/1962).

Em sua autobiografia, escrita quase 30 anos depois que abandonou a teoria da sedução, Freud (1925/1959) afirmou que, com a técnica da pressão, a maioria de seus pacientes reproduzia cenas da infância, nas quais eram seduzidos sexualmente por algum adulto. Quando ele foi obrigado a reconhecer que "essas cenas de sedução nunca haviam acontecido e eram apenas fantasias que meus pacientes tinham construído ou que talvez *eu mesmo as tenha forçado* [grifo nosso], fiquei por algum tempo completamente perdido" (p. 34). Entretanto, ele ficou perdido por um período muito curto de tempo. Poucos dias depois de sua carta a Fliess, de 21 de setembro de 1897, concluiu que "os sintomas neuróticos não estavam relacionados diretamente a eventos reais, mas a fantasias... Eu tinha de fato tropeçado pela primeira vez no *complexo de Édipo*" (Freud, 1925/1959, p. 34).

Consultório de Freud.
Prisma por Dukas Presseagentur GmbH/Alamy Stock Photo

Com o tempo, Freud percebeu que sua tática altamente sugestiva, e até mesmo coercitiva, tinha estimulado lembranças de sedução em seus pacientes, porém não havia evidências claras de que essas lembranças fossem reais. Freud foi cada vez mais convencendo-se de que os sintomas neuróticos estavam relacionados a *fantasias* infantis, e não à realidade material; assim, de forma gradual, adotou uma técnica psicoterápica mais passiva.

A técnica terapêutica posterior de Freud

O objetivo primário da terapia psicanalítica posterior de Freud era trazer à tona lembranças reprimidas por meio da associação livre e da análise dos sonhos. "Nossa terapia funciona transformando o que é inconsciente em consciente, e funciona somente quando estiver em uma posição de efetuar essa transformação" (Freud, 1917/1963, p. 280). De forma mais específica, o propósito da psicanálise é "fortalecer o ego, torná-lo mais independente do superego, ampliar seu ângulo de percepção e aumentar sua organização, de forma que ele possa se apropriar de porções novas do id. Onde havia id, haverá ego" (Freud, 1933/1964, p. 80).

Na **associação livre**, solicita-se que os pacientes verbalizem cada pensamento que vier à sua mente, independentemente do quanto possa parecer irrelevante ou repugnante. O propósito da associação livre é chegar até o inconsciente, iniciando com uma ideia consciente presente e seguindo-a ao longo de uma cadeia de associações até onde ela levar. O processo não é fácil, e alguns pacientes nunca conseguem dominá-lo. Por essa razão, a *análise dos sonhos* permaneceu a técnica terapêutica favorita para Freud. (Discutiremos a análise dos sonhos na próxima seção.)

Para que o tratamento analítico tenha sucesso, a libido anteriormente gasta no sintoma neurótico precisa ser liberada para trabalhar a serviço do ego. Isso acontece em um procedimento de duas fases. "Na primeira, toda a libido se desliga dos sintomas para se fixar e se concentrar na transferência; na segunda, desenvolve-se o combate ao redor do novo objeto, do qual se procura desligar a libido" (Freud, 1917/1963, p. 455).

A situação da transferência é vital para a psicanálise. **Transferência** se refere aos fortes sentimentos sexuais ou agressivos que os pacientes expressam em relação a seu analista durante o curso do tratamento. Os sentimentos de transferência não são originados na relação com o terapeuta, mas atualizados dos primeiros laços afetivos do paciente e colocados em ato através da transferência ao terapeuta. Em outras palavras, os pacientes se sentem em relação ao analista da mesma maneira como se sentiram anteriormente em relação a um ou a ambos os pais. Enquanto esses sentimentos se manifestam com interesse ou amor, a transferência não interfere no processo de tratamento, sendo um aliado poderoso para o progresso terapêutico. A **transferência positiva** permite que os pacientes revivam, em maior ou menor grau, experiências da infância dentro do clima não ameaçador do tratamento analítico. No entanto, a **transferência negativa** na forma de hostilidade deve ser reconhecida pelo terapeuta e apresentada ao paciente de maneira que ele possa superar qualquer **resistência** ao tratamento (Freud, 1905/1953a, 1917/1963). A resistência, que se refere a uma variedade de respostas inconscientes usadas pelos pacientes para bloquear o próprio progresso na terapia, pode ser um sinal positivo, porque ela indica que a terapia avançou para além do conteúdo superficial.

Freud (1933/1964) observou várias limitações no tratamento psicanalítico. Primeiro, nem todas as lembranças antigas podem ou devem ser trazidas à consciência. Segundo, o tratamento não é tão efetivo com **psicoses** ou com doenças constitucionais como é com fobias, histerias e obsessões. Uma terceira limitação, que não é peculiar à psicanálise, é que um paciente, depois de curado, pode, posteriormente, desenvolver outro transtorno psíquico. Reconhecendo essas limitações, Freud acreditava que a psicanálise poderia ser usada em conjunto com outras terapias. Entretanto, ele insistia que ela não podia ser encurtada ou modificada em qualquer aspecto essencial.

De maneira ideal, quando o tratamento analítico tem sucesso, os pacientes não sofrem mais com sintomas debilitantes, usando sua energia psíquica para executar as funções do ego e expandi-lo, incluindo experiências anteriormente reprimidas. Eles não experimentam uma alteração maior da personalidade, mas se tornam o que poderiam ser dentro de condições mais favoráveis.

Análise dos sonhos

Freud usou a **análise dos sonhos** para, por meio do conteúdo onírico manifesto, acessar um conteúdo latente mais importante. O **conteúdo manifesto** do sonho é o significado superficial ou a descrição consciente dada pelo indivíduo que sonhou, enquanto o **conteúdo latente** se refere a seu material inconsciente.

O pressuposto básico de Freud em relação à análise dos sonhos é que quase todos os sonhos são *realizações de desejos*. Alguns desejos são óbvios e expressos de forma clara no conteúdo manifesto, como quando a pessoa vai dormir com fome e sonha estar comendo uma grande quantidade de alimentos deliciosos. A maioria das realizações de desejos, no entanto, não é claramente expressa no conteúdo manifesto, e somente a interpretação do sonho pode trazer à tona aquele desejo. Uma exceção à regra de que os sonhos são realizações de desejos é encontrada em pacientes que sofrem uma experiência traumática. Os sonhos dessas pessoas seguem o princípio da **compulsão à repetição**, em vez de realização de desejo. Esses sonhos são comuns entre indivíduos com **transtorno de estresse pós-traumático**, que sonham repetidamente com experiências amedrontadoras ou traumáticas (Freud, 1920/1955a, 1933/1964).

Freud acreditava que os sonhos eram formados no inconsciente, mas tentavam encontrar o caminho até o consciente. Para se tornarem conscientes, os sonhos devem escapar dos censores primários e finais (ver Figura 2.1). Mesmo durante o sono, esses guardiões mantêm a vigília, forçando o material psíquico inconsciente a adotar uma forma disfarçada. O disfarce pode operar de duas maneiras básicas: condensação e deslocamento.

Condensação se refere ao fato de que o conteúdo manifesto do sonho não é tão extenso quanto no nível latente, indicando que o material inconsciente foi abreviado ou condensado antes de aparecer no nível manifesto. *Deslocamento* significa que a imagem do sonho é substituída por alguma outra ideia apenas remotamente relacionada a ela (Freud, 1900/1953). A condensação e o deslocamento do conteúdo ocorrem pelo uso de símbolos. Certas imagens são quase universalmente representadas por figuras inócuas. Por exemplo, o falo pode ser simbolizado por objetos alongados como varas, cobras ou facas; a vagina frequentemente aparece como uma caixa pequena, um cofre ou um forno; os pais aparecem na forma de um presidente, um professor ou o chefe do indivíduo que está sonhando; e a ansiedade de castração pode ser expressa nos sonhos de ficar careca, perder os dentes ou algum ato de corte (Freud, 1900/1953, 1901/1953, 1917/1963).

Os sonhos também podem enganar o sonhador, inibindo ou invertendo o afeto em relação a ele. Por exemplo, um homem com sentimentos homicidas por seu pai pode sonhar que o pai morreu, mas, no conteúdo manifesto do sonho, ele não sente alegria nem tristeza; ou seja, seu afeto é inibido. Sentimentos desagradáveis também podem ser invertidos no nível manifesto do sonho. Por exemplo, uma mulher que inconscientemente odeia sua mãe e receberia bem a extinção dela pode sonhar com a morte da mãe, porém a alegria e o ódio inconsciente que ela sente são expressos como tristeza e amor durante o nível manifesto do sonho. Assim, ela é enganada a acreditar que ódio é amor e que alegria é tristeza (Freud, 1900/1953, 1901/1953, 1915/1957a).

Depois que o conteúdo latente (inconsciente) do sonho foi distorcido e seu afeto, inibido ou invertido, ele aparece em uma forma manifesta que pode ser lembrada pelo sonhador. O conteúdo manifesto, que quase sempre se relaciona à experiência consciente ou pré-consciente do dia anterior, possui pouco ou nenhum significado; somente o conteúdo latente apresenta significado (Freud, 1900/1953).

Ao interpretar os sonhos, Freud (1917/1963) comumente seguia um de dois métodos. O primeiro era pedir aos pacientes que relatassem seu sonho e todas as suas associações com ele, independentemente do quanto essas associações parecessem não relacionadas ou ilógicas. Freud acreditava que essas associações revelavam o desejo inconsciente por trás do sonho. Caso o sonhador não conseguisse relatar material associativo, Freud usava um segundo método - os símbolos do sonho - para descobrir os elementos inconscientes subjacentes ao conteúdo manifesto. O propósito de ambos os métodos (associações e símbolos) era rastrear a formação do sonho até que o conteúdo latente fosse alcançado. Freud (1900/1953, p. 608) acreditava que a interpretação dos sonhos era a abordagem mais confiável para o estudo dos processos inconscientes e se referia a ela como a "estrada real" para o conhecimento do inconsciente.

Os sonhos de ansiedade não contradizem a regra de que os sonhos são realizações de desejos. A explicação é que a ansiedade pertence ao sistema pré-consciente, enquanto o desejo, ao inconsciente. Freud (1900/1953) relatou três sonhos de ansiedade típicos: o embaraçoso sonho de nudez, sonhos com a morte de uma pessoa amada e sonhos de ser reprovado em um exame.

No sonho embaraçoso de nudez, o sonhador sente vergonha ou embaraço por estar nu ou vestido inadequadamente na presença de estranhos. Os espectadores geralmente parecem indiferentes, embora o sonhador esteja muito embaraçado. A origem desse sonho é a experiência infantil precoce de estar nu na presença de adultos. Na experiência original, a criança não sente embaraço, mas os adultos, com frequência, registram desaprovação. Freud acreditava que a realização dos desejos se dava de duas maneiras nesse sonho. Primeiro, a indiferença dos espectadores satisfaz o desejo infantil de não ser repreendido pelos adultos presentes. Segundo, a nudez satisfaz o desejo de se exibir, um desejo geralmente reprimido em adultos, mas presente nas crianças pequenas.

Os sonhos de morte de uma pessoa amada também se originam na infância e são realizações de desejo. Se um indivíduo sonha com a morte de uma pessoa mais jovem, o inconsciente pode estar expressando o desejo de destruição de um irmão ou uma irmã mais jovem, que foi um rival odiado durante o período infantil. Quando o morto é uma pessoa mais velha, o sonhador está satisfazendo o desejo edípico de morte de um dos pais. Se o sonhador sente ansiedade e tristeza durante o sonho, é porque o afeto foi invertido. Sonhos de morte de um dos pais são típicos em adultos, mas eles não significam que o sonhador tem um desejo atual de morte daquele genitor. Esses sonhos foram interpretados por Freud como significando que, quando criança, o sonhador desejava a morte do genitor, mas o desejo era muito ameaçador para encontrar seu caminho de entrada na consciência. Mesmo durante a idade adulta, o desejo de morte normalmente não aparece em sonhos, a menos que o sentimento tenha sido mudado para tristeza.

Um terceiro sonho de ansiedade típico é ser reprovado em um exame na escola. De acordo com Freud (1900/1953), o sonhador sempre sonha em ser reprovado em um exame no qual o indivíduo já teve sucesso, nunca em um no qual ele falhou. Esses sonhos costumam ocorrer quando o sonhador está prevendo uma tarefa difícil. Ao sonhar em ser reprovado em um exame no qual ele já passou, o ego pode raciocinar: "Passei no teste anterior com o qual eu estava preocupado. Agora estou preocupado com outra tarefa, mas também vou passar. Portanto, não preciso ficar ansioso em relação ao teste de amanhã". O desejo de se livrar da preocupação com uma tarefa difícil é assim realizado.

Em cada um desses três sonhos típicos, Freud teve que procurar o desejo escondido por trás do nível manifesto do sonho. Encontrar a necessária realização do desejo requereu grande criatividade. Por exemplo, uma mulher inteligente contou a Freud que tinha sonhado que sua sogra estava vindo para uma visita. Quando acordada, ela desprezava a sogra e tinha pavor de passar qualquer quantidade de tempo com ela. Para desafiar a noção de Freud de que os sonhos são realizações de desejos, ela lhe perguntou: "Onde está o desejo?". A explicação de Freud (1900/1953) foi que essa mulher tinha conhecimento da crença dele de que se encontra desejo por trás de todo sonho não traumático. Assim, sonhando em passar um tempo com a sogra odiada, a mulher realizava seu desejo de implicar com Freud e refutar sua hipótese da satisfação do desejo!

Em suma, Freud acreditava que os sonhos são motivados pela realização de desejos. O conteúdo latente dos sonhos é formado no inconsciente e, em geral, remonta às experiências da infância, enquanto o conteúdo manifesto, com frequência, provém de experiências do dia anterior. A interpretação dos sonhos serve como a "estrada real" para conhecer o inconsciente, porém os sonhos não devem ser interpretados sem as associações do sonhador com o sonho. O material latente é transformado em conteúdo manifesto por meio do trabalho onírico. O trabalho onírico atinge seu objetivo mediante os processos de condensação, deslocamento e inibição do afeto. O sonho manifesto pode ter pouca semelhança com o material latente, mas Freud acreditava que uma interpretação cuidadosa revelaria a conexão oculta, rastreando o trabalho onírico retroativamente até as imagens inconscientes serem expostas.

Atos falhos

Freud acreditava que muitos lapsos de linguagem ou de escrita do dia a dia, leitura errada, audição incorreta, perda de objetos e esquecimentos temporários de nomes ou intuitos não são acidentes ao acaso, mas revelam as intenções inconscientes de uma pessoa. Ao escrever sobre esses atos equivocados, Freud (1901/1960) usou a palavra do alemão *Fehlleistung*, ou "função defeituosa", mas James Strachey, um dos tradutores de Freud, inventou o termo **parapraxias** para se referir ao que muitas pessoas agora simplesmente chamam "ato falho".

As parapraxias ou lapsos inconscientes são tão comuns, que geralmente prestamos pouca atenção a eles e negamos que tenham algum significado subjacente. Freud, no entanto, insistia que esses atos defeituosos têm um significado; eles revelam a intenção inconsciente da pessoa: "Eles não são eventos casuais, mas atos mentais sérios; eles têm um sentido; eles surgem das ações simultâneas – ou talvez, em vez disso, das ações contrárias – de duas intenções diferentes" (Freud, 1917/1963, p. 44). Uma ação

emana do inconsciente e a outra, do pré-consciente. Os lapsos inconscientes, portanto, são semelhantes aos sonhos, uma vez que eles são produto do inconsciente e do pré-consciente, com a intenção inconsciente sendo dominante, afetando e substituindo a intenção pré-consciente.

O fato de que a maioria das pessoas nega enfaticamente qualquer significado por trás de suas parapraxias foi visto por Freud como evidência de que o lapso, de fato, tinha relevância para conteúdos inconscientes que precisam permanecer escondidos da consciência. Um homem jovem, certa vez, entrou em uma loja de conveniência, sentiu-se imediatamente atraído pela jovem vendedora e pediu um *sex-pack of beer* (em vez de *six-pack of beer*). Quando a vendedora o acusou de comportamento impróprio, o jovem veementemente alegou inocência. Exemplos como esse podem ser estendidos quase indefinidamente. Freud apresentou muitos em seu livro *Psicopatologia da vida cotidiana* (1901/1960), e muitos deles envolviam seus próprios atos falhos. Um dia, depois de se preocupar com questões financeiras, Freud foi até a loja de tabaco que visitava todos os dias. Nesse dia em particular, ele pegou seu suprimento típico de charutos e saiu da loja sem pagar por eles. Freud atribuiu tal descuido a pensamentos anteriores sobre questões orçamentárias. Em todos os atos falhos, as intenções do inconsciente suplantam as intenções mais fracas do pré-consciente, revelando, assim, o verdadeiro propósito de uma pessoa.

Pesquisa relacionada

É fácil esquecer que Freud passou os primeiros 20 anos de sua carreira não como psicólogo, mas como neurologista, o que culminou em um livro: *Projeto de psicologia científica* (1895/1950). O *status* científico é uma das questões mais calorosamente contestadas e discutidas em toda a teoria freudiana. Ela era ciência ou uma mera especulação de gabinete? Freud propôs hipóteses testáveis? Suas ideias são experimentalmente verificáveis, testáveis ou refutáveis?

Karl Popper, o filósofo da ciência que propôs o critério de refutabilidades, contrastou a teoria de Freud com a de Einstein e concluiu que a primeira não era refutável e, portanto, não era ciência (1959). Seria justo dizer que, durante boa parte do século XX, a maioria dos psicólogos acadêmicos rejeitou as ideias freudianas, entendendo-as como especulações fantasiosas, que podem conter *insights* sobre a natureza humana, mas não como ciência.

Durante os últimos 20 anos, o *status* científico da teoria freudiana começou a mudar, pelo menos entre certos círculos científicos de psicólogos cognitivos e neurocientistas. A neurociência está atualmente experimentando um crescimento explosivo por meio de suas investigações da atividade cerebral durante uma variedade de tarefas cognitivas e emocionais. Muito desse crescimento deve-se à tecnologia de imagem cerebral, alcançada pelas imagens da ressonância magnética funcional (IRMf), que mapeia regiões do cérebro ativas durante tarefas específicas. Quase ao mesmo tempo, certos grupos de psicólogos cognitivos começaram a pesquisar sobre a importância do processamento não consciente da informação e da memória, ou o que eles chamaram de cognição "implícita". John Bargh, um dos líderes no campo da psicologia sociocognitiva, revisou a literatura sobre a "automaticidade do ser" e concluiu que quase 95% de nossos comportamentos são determinados inconscientemente (Bargh & Chartrand, 1999). Essa conclusão é coerente com a metáfora de Freud de que a consciência é meramente a "ponta do iceberg".

No final da década de 1990, as descobertas da neurociência e da psicologia cognitiva começaram a convergir em processos cognitivos e afetivos muito consistentes com a teoria freudiana. Esses aspectos em comum se transformaram na base para um movimento iniciado por alguns psicólogos cognitivos, neurocientistas e psiquiatras, convencidos de que a teoria de Freud é uma das teorias integrativas mais convincentes – e que poderia explicar muitas descobertas. Em 1999, um grupo de cientistas deu início a uma sociedade chamada de Neuropsicanálise e a um jornal científico com o mesmo nome. Pela primeira vez, alguns psicólogos cognitivos e de neurociência eminentes, como o ganhador do prêmio Nobel de fisiologia, Eric Kandel, juntamente com Joseph LeDoux, Antonio Damasio, Daniel Schacter e Vilayanur Ramachandran, declararam publicamente o valor da teoria de Freud, argumentando que "a psicanálise ainda é a visão mais coerente e intelectualmente satisfatória da mente" (conforme citado em Solms, 2004, p. 84). O neurocientista Antonio Damasio escreveu: "Acredito que podemos dizer que os *insights* de Freud sobre a natureza da consciência estão em consonância com as mais avançadas visões da neurociência contemporânea" (conforme citado em Solms & Turnbull, 2002, p. 93). Trinta anos atrás, tais pronunciamentos de neurocientistas teriam sido quase impensáveis.

Mark Solms é provavelmente a pessoa mais ativa envolvida na integração da teoria psicanalítica e da pesquisa neurocientífica (Solms, 2000, 2004; Solms & Panksepp, 2012; Solms & Turnbull, 2002; Smith & Solms, 2018). Ele argumentou, por exemplo, que os seguintes conceitos freudianos possuem apoio da neurociência moderna: motivação inconsciente, repressão, princípio do prazer, impulsos primitivos e sonhos (Solms, 2004). Do mesmo modo, Kandel (1999) defendeu que a psicanálise e a neurociência juntas podem dar contribuições úteis em oito domínios, a saber: a natureza dos processos mentais inconscientes; a natureza da causalidade psicológica; a causalidade psicológica e a psicopatologia; a experiência precoce e a predisposição à doença mental; o pré-consciente, o inconsciente e o córtex pré-frontal; a orientação sexual; a psicoterapia e as mudanças estruturais no cérebro; e a psicofarmacologia como procedimento adjunto à psicanálise.

Embora existam algumas lacunas nas evidências (Hobson, 2004) e, de fato, alguns psicanalistas rejeitem

a neurociência, considerando-a irrelevante e prejudicial à psicanálise (Blass & Carmeli, 2007), a sobreposição entre a teoria de Freud e a neurociência é suficiente para apresentar pelo menos um argumento sugestivo, se não convincente, para sua integração (Johnson & Mosri, 2016; Yovell, Solms, & Fotopoulou, 2015).). Examinamos algumas das evidências empíricas para o processamento mental inconsciente, o id e o princípio do prazer e o ego e o princípio da realidade, a repressão e os mecanismos de defesa, e os sonhos.

Processamento mental inconsciente

Muitos cientistas e filósofos reconheceram duas formas diferentes de consciência. A primeira é o estado de não estar consciente ou acordado; e a segunda, o estado de estar desperto. O primeiro estado é referido como "consciência básica"; enquanto o último, como "consciência ampliada". O tronco cerebral, e o sistema de ativação ascendente em particular, é a parte do cérebro mais diretamente associada à consciência básica, ou inconsciente, no sentido de não estar acordado. Por exemplo, o coma provém de dano a essa região do tronco cerebral e deixa uma pessoa inconsciente. Em contraste, estar consciente e capaz de refletir sobre o próprio conhecimento e o *self* é mais uma função de atividade no córtex pré-frontal (o córtex frontal dorsal) (Solms, 2004; Solms & Turnbull, 2002).

Além do mais, um tema importante da psicologia cognitiva durante os anos mais recentes tem sido o fenômeno do processamento mental não consciente, ou o que é chamado de pensamento e memória "implícitos", "não conscientes" ou "automáticos" (Bargh & Chartrand, 1999; Schacter, 1987). Com isso, os psicólogos cognitivos estão se referindo aos processos mentais que não estão na consciência nem sob o controle emocional e, desse modo, aproximam-se da definição de inconsciente de Freud. Obviamente, o conceito de Freud de inconsciente era mais dinâmico, repressivo e inibidor, mas – como veremos a seguir – a neurociência cognitiva está encontrando um tipo similar de inconsciente.

Prazer e id, inibição e ego

As descobertas de muitos programas de pesquisa neurocientífica diferentes estabeleceram que os impulsos que buscam o prazer possuem suas origens neurológicas em duas estruturas cerebrais: o tronco cerebral e o sistema límbico (Solms, 2004; Solms & Panksepp, 2012; Solms & Turnbull, 2002). Além disso, o neurotransmissor dopamina encontra-se no centro da maioria dos comportamentos que buscam o prazer. Na linguagem de Freud, esses são os impulsos e instintos do id.

Pesquisas mais recentes estão fornecendo uma nuance fascinante ao conhecimento de como o cérebro experimenta os impulsos e instintos do id. O neurocientista Jaak

Panksepp (2004) e o psicólogo Kent Berridge (2009) passaram décadas explorando os sistemas de recompensa em nossos cérebros. Esse trabalho destacou dois neurotransmissores importantes que estão envolvidos na busca permanente de prazer do id: a dopamina e os opioides (como as endorfinas). O sistema dopaminérgico está associado às tendências de busca ou de desejo do id (me dê!), enquanto o sistema opioide está envolvido no prazer que experimentamos quando o id está satisfeito (ahhh!). Os dois sistemas funcionam em paralelo. O sistema de busca não somente nos coloca de pé pela manhã e nos incita a ir procurar por comida e amigos, mas também nos atrai para nosso computador para procurar no Google várias e infindáveis curiosidades ou para o *smartphone* para verificar se nossa atualização no Facebook recebeu algum comentário. O sistema de curtidas nos permite experimentar satisfação quando encontramos o que procurávamos. Porém, mesmo que eles funcionem em paralelo, Berridge argumenta que são sistemas desequilibrados. Nosso cérebro é mais "sovina" quando se trata de prazer do que de desejo, o que faz sentido evolutivamente. Se o id fosse satisfeito facilmente, todos nós estaríamos largados por aí felizes e desmotivados, mas provavelmente mortos em seguida. É por isso que Panksepp afirma que buscar é o motivador principal, confirmando a noção de Freud da força primitiva do id, levando-nos a continuar procurando depois de uma pequena dose de prazer. Isso não nos faz pensar no Twitter?

Em 1923, quando Freud modificou seu entendimento a respeito de como a mente funciona e propôs a visão estrutural de id, ego e superego, o ego se tornou uma estrutura que era principalmente inconsciente, mas cuja função principal era inibir os impulsos. Se a parte do cérebro que funciona para inibir os impulsos é lesionada, deveríamos ver um aumento nos impulsos que buscam prazer fundamentados no id. Isto é precisamente o que acontece quando o sistema límbico frontal é lesionado. Muitos estudos de caso e pesquisas mais sistemáticas por imagem cerebral demonstram a conexão entre o sistema límbico frontal e a regulação dos impulsos (Chow & Cummings, 1999; Pincus, 2001; Raine, Buchsbaum, & LaCasse, 2001). O primeiro desses casos relatado e muito conhecido foi o do trabalhador ferroviário Phineas Gage. Enquanto trabalhava na estrada de ferro, uma explosão fez com que uma haste de metal saltasse e lhe atravessasse a parte inferior da mandíbula, indo até o alto de sua testa, lesionando os lobos frontais. Surpreendentemente, talvez porque a velocidade da haste tenha cauterizado o tecido cerebral, Gage nunca perdeu a consciência e sobreviveu. Fisicamente (exceto pela perda de tecido cerebral) ele ficou relativamente bem, mas sua personalidade mudou. Segundo consta, esse trabalhador bastante educado, responsável e confiável se tornou, nas palavras de seu médico, "inconstante, irreverente, usando grosserias (o que anteriormente não era seu costume), manifestando falta de respeito por seus companheiros, impaciente com restrições ou alertas quando em conflito com seus desejos, por vezes perseverantemente obstinado, e ainda caprichoso e vacilante" (conforme citado em Solms & Turnbull, 2002, p. 3). Em outras palavras, ele se tornou hostil, impulsivo e absolutamente despreocupado com normas sociais e condutas apropriadas. No jargão freudiano, seu ego não conseguia mais inibir os impulsos e instintos básicos e ele se tornou movido pelo id.

De acordo com Solms, o tema subjacente nos pacientes com lesão no lobo frontal é sua incapacidade de se manterem "ligados à realidade" (ego) e sua propensão a interpretar os eventos muito mais por meio dos "desejos" (id); ou seja, eles criam a realidade que querem ou desejam. Tudo isso, de acordo com Solms, apoia as ideias de Freud referentes ao princípio do prazer do id e ao princípio da realidade do ego.

Repressão, inibição e mecanismos de defesa

Outro componente central da teoria de Freud envolve os mecanismos de defesa, em especial a repressão. O inconsciente mantém ativamente (dinamicamente) as ideias, os sentimentos e os impulsos desagradáveis ou ameaçadores fora da consciência. A área dos mecanismos de defesa permanece sendo uma zona ativa de estudo para pesquisadores da personalidade. Parte dessa pesquisa teve seu foco no uso da projeção e da identificação na infância e na adolescência (Cramer, 2007), enquanto o outro trabalho investigou quem é mais provável de ser alvo de projeção (Govorun, Fuegen, & Payne, 2006).

Segundo a perspectiva neuropsicológica, Solms (2004) relata casos que exploram as áreas do cérebro que podem estar implicadas no uso e na constância dos mecanismos de defesa. De forma mais específica, Solms (2004) descreve casos, demonstrando a repressão de informações desagradáveis, quando ocorre lesão no hemisfério direito e, demonstrando que, se essa região lesionada for estimulada de modo artificial, a repressão se vai, isto é, a consciência retorna. Além disso, esses pacientes, muitas vezes, racionalizam fatos indesejáveis, fabricando histórias. Em outras palavras, eles empregam mecanismos de defesa freudianos de realização do desejo. Por exemplo, um paciente, quando perguntado sobre a cicatriz em seu rosto, confabulou uma história sobre ela ser resultado de uma cirurgia dentária ou uma cirurgia cardíaca, ambas realizadas anos antes. Além do mais, quando o médico perguntou a esse paciente quem ele era, o paciente ora respondeu que o médico era um colega, ora um parceiro de bebedeiras, ora um colega de time da universidade. Todas essas interpretações eram mais desejo do que realidade.

Um estudo feito por Howard Shevrin e colaboradores (Shevrin, Ghannam, e Libet, 2002) examinou as bases da repressão. Eles observaram se pessoas com personalidade repressiva realmente requerem períodos mais longos de estimulação para que um estímulo breve seja percebido conscientemente. Pesquisas anteriores estabeleceram que as pessoas em geral levam de 200 a 800ms para que um estímulo presente seja percebido conscientemente. O estudo de Shevrin e colaboradores (2002) incluiu seis participantes clínicos entre 51 e 70 anos de idade, todos os quais, anos antes, haviam se submetido a tratamento cirúrgico para problemas motores (principalmente parkinsonismo). Durante essas cirurgias, foi realizado um procedimento em que eletrodos estimularam partes do córtex motor e foi registrada a duração de tempo necessária para que o estímulo fosse percebido conscientemente. Os resultados desse procedimento mostraram que os seis participantes também variaram de 200 a 800ms no tempo de percepção consciente do estímulo. Para tanto, quatro testes psicológicos foram administrados nas casas dos pacientes e, então, pontuados segundo o grau de tendências repressivas. Esses testes foram o Teste de Rorschach, o Teste de Lembranças Precoces, o Teste de Vocabulário do WAIS (um teste de QI) e o HOQ (Hysteroid-Obsessoid Questionnaire). Os três primeiros testes foram avaliados por três juízes "cegos" quanto ao grau de repressão, e o quarto teste foi avaliado objetivamente em relação ao grau de repressão.

Os resultados mostraram que as pontuações combinadas dos três juízes estavam associadas de forma significativa e positiva ao tempo que levou para que um estímulo fosse percebido conscientemente. Além do mais, o Hysteroid-Obsessoid Questionnaire pontuado de modo objetivo confirmou o resultado. Em outras palavras, quanto mais estilo repressivo as pessoas tiverem, mais tempo levarão para perceber conscientemente um estímulo. Nem a idade nem o QI estão relacionados ao tempo que leva para que o estímulo seja percebido. Como os autores reconhecem, esse é apenas o passo inicial na demonstração de como a repressão pode operar para manter conteúdos fora da consciência, porém esse é o primeiro estudo a relatar as bases neurofisiológicas da repressão.

Pesquisa sobre os sonhos

Na década de 1950, quando o fenômeno do sono com movimento rápido dos olhos (REM) foi inicialmente descoberto e associado de modo substancial ao sonho, muitos cientistas começaram a desconsiderar a teoria dos sonhos de Freud, a qual estava baseada na ideia do sonho com significado e como tentativa de realizar desejos inconscientes (p. ex., Hobson, 2013). Além do mais, a pesquisa REM demonstrou que somente regiões do tronco cerebral e não regiões corticais superiores estavam envolvidas nos estados de REM. Se essas estruturas corticais não estavam envolvidas no sono REM e ainda assim estavam onde ocorria o pensamento de nível superior, então os sonhos consistiriam simplesmente em atividades mentais aleatórias e não poderiam ter significado inerente. Segundo a perspectiva desta assim chamada teoria de ativação-síntese, o significado é o que a mente acordada dá a essas atividades cerebrais mais ou menos aleatórias, mas o significado não é inerente ao sonho (Hobson & McCarley, 1977).

A principal área de pesquisa de Solms são os sonhos, e, com base nas investigações atuais sobre os sonhos, incluindo a dele mesmo, ele contesta cada um dos pressupostos da teoria de ativação-síntese dos sonhos (Solms, 2000, 2004). O mais importante ainda é que Solms argumentou que sonhar e REM não são uma única coisa. Primeiro, cerca de 5 a 30% dos pacientes despertados durante o sono REM não relataram sonhos e aproximadamente 5 a 10% dos pacientes que foram acordados no sono não REM se referiram a sonhar. Portanto, não existe uma correspondência 1:1 entre REM e sonho. Segundo, as lesões (decorrentes de danos ou cirurgia) no tronco cerebral não eliminam completamente o sonho, enquanto lesões nas regiões do prosencéfalo (nos lobos frontais e na junção parietal-temporal-occipital) eliminam o sonho e ainda preservam o sono REM.

Além disso, como Freud argumentava, os sonhos parecem não ser aleatórios em conteúdo. Diversos estudos empíricos confirmaram o que Freud escreveu na *Interpretação dos sonhos*: "os desejos suprimidos durante o dia se impõem nos sonhos" (1900/1953, p. 590). Isso ficou conhecido na literatura empírica como o "efeito rebote do sonho", em que as tentativas de suprimir pensamentos indesejados antes de dormir levam a um aumento dos sonhos com esse mesmo alvo (p. ex., Schmidt & Gendolla, 2008; Taylor & Bryant, 2007; Wegner, Wenzlaff e Kozak, 2004). Por exemplo, pacientes com insônia relatam ter sonhos relacionados à insônia depois de tentarem suprimir, logo antes de adormecerem, a preocupação de não dormir o suficiente (Riemann et al., 2012). Além disso, aqueles com pontuação alta na característica de supressão de pensamentos (p. ex., "Às vezes eu realmente gostaria de poder parar de pensar") relatam sonhar mais emoções da vida acordada do que aqueles que não são habituais supressores de pensamentos ativos (Malinowski, 2015).

O primeiro estudo a demonstrar esse "rebote" de pensamentos reprimidos em sonhos foi conduzido por Daniel Wegner e colaboradores (2004). No estudo, 300 estudantes eram instruídos a pensar em duas pessoas logo antes de irem para a cama: alguém por quem tinham uma "queda" e alguém de quem "gostavam", mas não tinham uma "queda". A seguir, os participantes foram designados para uma das três condições: supressão, expressão e menção. Os alunos solicitados a reprimir foram instruídos a não pensar em uma pessoa-alvo (seja a da "queda" ou a de quem "gostavam") por cinco minutos. Os participantes da expressão foram instruídos a pensar em uma ou outra dessas pessoas-alvo por cinco minutos. E na condição de menção, os participantes foram instruídos a pensar em qualquer coisa por cinco minutos, após mencionarem as iniciais da pessoa-alvo. Os resultados mostraram que, de acordo com a visão de Freud, os estudantes sonharam mais com os alvos suprimidos do que com os alvos não suprimidos. Eles também sonharam mais com alvos suprimidos do que com não alvos suprimidos. Em outras palavras, os estudantes tinham mais probabilidade de sonhar com pessoas nas quais passavam mais tempo pensando (alvo), mas especialmente aquelas nas quais tentaram de modo ativo não pensar.

Kröner-Borowik e colaboradores (2013) confirmaram e ampliaram o trabalho de Wegner e colaboradores sobre o efeito rebote do sonho, de duas maneiras interessantes. Eles pediram aos participantes que identificassem um pensamento intrusivo angustiante único (definido como um pensamento no qual não se pretende pensar, mas que às vezes "surge" sem que a pessoa queira). Em seguida, eles foram designados aleatoriamente para o grupo de supressão ou controle, e leram suas instruções, assim como no estudo de Wegner et al. (2004), imediatamente antes de dormir. Eles seguiram essas instruções não apenas por uma noite, mas todas as noites por uma semana. Os participantes na condição de supressão foram instruídos a focar suas mentes deliberadamente no pensamento intrusivo que haviam identificado anteriormente, junto com os sentimentos negativos associados. Então, pelos próximos cinco minutos, eles foram instruídos a pensar em qualquer coisa, exceto no pensamento intrusivo. As instruções diziam: "Não pense nisso, nem por um breve momento, nem mesmo por um segundo, e faça o que for preciso para manter esse pensamento fora de sua mente. Então, vá para a cama". O grupo de controle também foi instruído a começar concentrando sua mente no pensamento intrusivo e depois a pensar no que quisesse por cinco minutos antes de dormir. Os resultados replicaram estudos anteriores sobre o efeito rebote do sonho: aqueles que suprimiram aumentaram os sonhos com os pensamentos-alvo, em comparação com aqueles que não os suprimiram. Além disso, os supressores também tiveram maior angústia onírica (os sonhos eram "sonhos ruins" ou pesadelos), e esse efeito durou por todo o período de uma semana do estudo.

Pesquisadores que estudam a neuroquímica do sono - especialmente o período de movimento rápido dos olhos (REM), onde os sonhos têm maior probabilidade de ocorrer - relatam a ativação do neurotransmissor dopamina (Monti & Monti, 2007). Isso é relevante e consistente com a teoria de Freud de que os sonhos são motivados e não apenas atividade neural aleatória (Berridge, 2007). De fato, até mesmo os críticos da teoria dos sonhos de Freud reconheceram que essa descoberta é consistente com a noção de Freud de que os sonhos podem ser motivados e não são atividades cerebrais aleatórias (Hobson, 2014). Em suma, várias linhas de pesquisa neurocientífica moderna parecem confirmar algumas das principais suposições e ideias de Freud sobre os sonhos como motivados e como tentativas de expressar ideias suprimidas e/ou reprimidas.

Críticas a Freud

Ao criticarmos Freud, precisamos primeiro fazer duas perguntas: (1) Freud entendia as mulheres, o gênero e a sexualidade? (2) Freud era um cientista?

Freud entendia as mulheres, o gênero e a sexualidade?

Uma crítica frequente a Freud é que ele não entendia as mulheres e que sua teoria da personalidade era fortemente orientada para os homens. Existe uma boa parcela de verdade nessa crítica, e Freud reconhecia que lhe faltava uma compreensão completa da psique feminina.

Por que Freud não tinha um conhecimento mais apurado da psique feminina? Uma resposta é que ele era produto de seu tempo, e a sociedade era dominada pelos homens naquela época. Na Áustria do século XIX, as mulheres eram cidadãs de segunda classe, com poucos direitos e privilégios. Elas tinham poucas oportunidades para ingressar em uma profissão ou serem membros de uma organização profissional – como a Sociedade Psicológica das Quartas-feiras.

Assim, durante o primeiro quarto de século da psicanálise, o movimento foi um clube só para homens. Após a I Guerra Mundial, as mulheres, de forma gradual, foram sendo atraídas para a psicanálise, e algumas dessas mulheres, como Marie Bonaparte, Ruth Mack Brunswick, Helene Deutsch, Melanie Klein, Lou Andreas-Salomé e Anna Freud, conseguiram exercer certa influência sobre Freud. No entanto, nunca conseguiram convencê-lo de que as semelhanças entre os gêneros superavam as diferenças.

O próprio Freud era um burguês vienense, cujas atitudes sexuais foram moldadas durante uma época em que o esperado era que as mulheres alimentassem seus maridos, administrassem a casa, cuidassem dos filhos e ficassem de fora dos negócios ou da profissão do esposo. A esposa de Freud, Martha, não era exceção a essa regra (Gay, 1988).

Freud continuamente se esforçava para tentar entender as mulheres, e sua visão sobre a feminilidade se modificou diversas vezes durante sua vida. Quando jovem estudante, ele exclamava para um amigo: "Como são sábios nossos educadores, que importunam tão pouco o belo sexo com conhecimento científico" (citado em Gay, 1988, p. 522).

Durante os anos iniciais de sua carreira, Freud via o crescimento psicossexual masculino e feminino como imagens espelhadas um do outro, com linhas diferentes, mas paralelas, de desenvolvimento. Contudo, posteriormente, propôs que as meninas eram meninos fracassados e que as mulheres adultas eram comparáveis a homens castrados. Freud, originalmente, propôs essas ideias de modo provisório, mas, com o passar do tempo, as defendeu inflexivelmente e se recusou a comprometer sua visão. Quando as pessoas criticavam sua noção de feminilidade, Freud respondia adotando uma postura cada vez mais rígida. Na década de 1920, ele insistia que as diferenças psicológicas entre homens e mulheres decorriam de distinções anatômicas e não podiam ser explicadas por experiências de socialização diferentes (Freud, 1924/1961). Entretanto, ele sempre reconheceu que não compreendia as mulheres tanto quanto os homens. Ele as chamava de "continente obscuro da psicologia" (Freud, 1926/1959b, p. 212). Nessa declaração final sobre o assunto, Freud (1933/1964) sugeriu que "se você quiser saber mais a respeito da feminilidade, questione-se a partir de suas próprias experiências de vida ou, então, volte-se para os poetas" (p. 135). A profundidade (e natureza inconsciente?) do seu sexismo é revelada nessa declaração. "Você" se refere, é claro, não a qualquer pessoa, mas a um homem. Considerando que Freud baseava quase toda a sua teorização em estudos de caso de mulheres, é surpreendente que ele nunca tenha pensado em perguntar a elas diretamente sobre suas experiências.

"Na minha vida, como você sabe, a mulher nunca substituiu o camarada, o amigo" (p. 447). Por que Freud foi incapaz de entender as mulheres? Considerando sua criação durante a metade do século XIX, a aceitação parental de seu domínio sobre suas irmãs, uma tendência a exagerar as diferenças entre mulheres e homens e a crença de que as mulheres habitavam o "continente obscuro" da humanidade, parece improvável que Freud possuísse as experiências necessárias para entender as mulheres. Próximo ao final de sua vida, ele ainda questionava: "O que quer uma mulher?" (E. Jones, 1955, p. 421). A própria pergunta revela o preconceito de gênero, porque ela presume que todas as mulheres desejam as mesmas coisas e que suas vontades são diferentes das dos homens.

Teóricas feministas, como Judith Butler (1995), criticaram a normatividade (depois que o complexo de Édipo é resolvido, os meninos se tornam homens masculinos e as meninas se tornam mulheres femininas) e o heterossexismo da teorização de Freud. Em dois dos trabalhos de Freud, *Luto e melancolia* (1917) e *O ego e o id* (1923), ele discutiu que parte do processo de formação do caráter (o ego) é primeiramente o luto e depois a substituição dos objetos de amor perdidos por outros objetos. Ou seja, o menino precisa fazer o luto pela "perda" de sua mãe como objeto de amor e substituí-lo pelo amor erótico por uma mulher. Inversamente, a menina precisa fazer o luto pela perda de seu pai e, eventualmente, substituí-lo com o amor por um parceiro romântico do sexo masculino.

Em seu ensaio *Melancolia de gênero - identificação recusada* (1995), Butler toma as ideias originais de Freud e as inverte, fazendo a pergunta: "O que o ego faz com o vínculo perdido com o mesmo sexo?". Obviamente, quando crianças pequenas, também formamos fortes vínculos com nosso genitor do mesmo sexo. Ela argumenta que, no entanto, o superego não permite facilmente que o ego forme vínculos compensatórios para substituir os objetos perdidos do mesmo sexo. Por que não? A ideia de Freud é que esses objetos perdidos são investidos com libido. A sociedade desaprova o vínculo libidinal com o mesmo sexo e, portanto, o ego é incapaz de fazê-lo, ou se esforça, em produzir substitutos apropriados e satisfatórios para os objetos perdidos do mesmo sexo, que poderiam ajudar o id a se sentir melhor. Nesse caso, o id fica aprisionado na "melancolia". O id nunca consegue resolver completamente o luto.

Se, na teoria de gênero normativa/heterossexual de Freud, meninas e meninos precisam reprimir seu desejo pelo genitor do sexo oposto, na configuração de Butler, a ação psíquica é ainda mais árdua. As crianças precisam repudiar os sentimentos de amor pelo mesmo sexo. De fato, argumenta ela, as proibições culturais contra a homossexualidade operam como um fundamento para o gênero e a heterossexualidade. Isso é especialmente verdadeiro para meninos e homens. A identidade de gênero heterossexual masculina, conforme ela argumenta, é um tipo de melancolia, refletindo o repúdio de sua atração por outros homens, e o assunto inacabado de elaborar o luto pela perda do genitor do mesmo sexo. Dessa forma, Butler propõe um envolvimento crítico fascinante da teoria freudiana para entender gênero e sexualidade.

Freud era um cientista?

Uma segunda área de crítica a Freud se concentra em torno de seu *status* como cientista. Ainda que ele, várias vezes, insistisse que era sobretudo um cientista e que a psicanálise era uma ciência, a definição de Freud de ciência precisa de explicação. Quando se referia à psicanálise como ciência, estava tentando separá-la de uma filosofia ou de uma ideologia. Ele não estava alegando que ela fosse uma ciência natural. A língua e a cultura alemãs de Freud fizeram uma distinção entre uma ciência natural (*Naturwissenschaft*) e uma ciência humana (*Geisteswissenschaft*). Infelizmente, as traduções de James Strachey, na *Edição Standard*, fizeram Freud parecer um cientista natural. No entanto, outros estudiosos (Federn, 1988; Holder, 1988) acreditam que Freud claramente se via como um cientista humanista, ou seja, um humanista ou estudioso, e não um cientista natural. Para tornar os trabalhos de Freud mais precisos e mais humanistas, um grupo de estudiosos da língua está atualmente produzindo uma tradução atualizada de Freud. (Veja, p. ex., Freud, 1905/2002.)

Bruno Bettelheim (1982, 1983) também foi crítico das traduções de Strachey. Ele argumentou que a *Edição Standard* usou conceitos médicos precisos e empregou erroneamente termos em grego e latim, em vez das palavras alemãs comuns, frequentemente ambíguas, que Freud havia escolhido. Tal precisão tendia a tornar Freud mais científico e menos humanista do que ele parece para o leitor alemão. Por exemplo, Bettelheim, cuja introdução a Freud foi em alemão, acreditava que o médico vienense via a terapia psicanalítica como uma jornada espiritual às profundezas da alma (traduzida por Strachey como "mente") e não como uma análise mecanicista do aparelho psíquico.

Em consequência da visão de ciência alemã do século XIX de Freud, muitos escritores contemporâneos consideram os métodos freudianos de construção da teoria como insustentáveis e não científicos (Breger, 2000; Crews, 1995, 1996; Sulloway, 1992; Webster, 1995). As teorias de Freud não foram baseadas na investigação experimental, mas em observações subjetivas que ele fez de si mesmo e de seus pacientes clínicos. Esses pacientes não eram representativos das pessoas em geral, mas provinham, preponderantemente, das classes média e alta.

Além do amplo interesse popular e profissional, a questão permanece: Freud era científico? A descrição de ciência do próprio Freud (1915/1957a) dá muito espaço para interpretações subjetivas e definições vagas:

> Ouvimos com frequência a afirmação de que as ciências devem ser desenvolvidas com base em conceitos elementares claros e bem definidos. Na verdade, nenhuma ciência, nem mesmo a mais exata, começa com tais definições. O verdadeiro começo da atividade científica consiste, em vez disso, na descrição dos fenômenos para depois, então, agrupá-los, classificá-los e correlacioná-los. Mesmo no estágio da descrição, não é possível evitar a aplicação de certas ideias abstratas ao material em questão, ideias derivadas de um lugar ou outro, mas, com certeza, não a partir das novas observações unicamente. (p. 117)

Talvez o próprio Freud tenha nos deixado a melhor descrição de como ele desenvolveu suas teorias. Em 1900, logo depois da publicação de *Interpretação dos sonhos*, ele escreveu a seu amigo Fliess, confessando: "eu, na verdade, não sou absolutamente um homem da ciência, não um observador, não um experimentador, não um pensador. Sou, por temperamento, nada mais do que um conquistador – um aventureiro... com toda a curiosidade, ousadia e tenacidade características de um homem desse tipo" (Freud, 1985, p. 398).

Mesmo que Freud, por vezes, possa ter se visto como um conquistador, ele também acreditava que estava construindo uma teoria científica. O quanto essa teoria satisfaz os seis critérios para uma teoria útil, que identificamos no Capítulo 1?

Embora seja verdade que o próprio Freud não era um cientista, mas um clínico, e que faltou apoio científico para suas ideias durante a maior parte do século XX, recentemente o apoio a algumas ideias principais começou a surgir. Com certeza, as ideias mais controversas de Freud sobre os estágios de desenvolvimento sexual obtiveram muito pouco apoio científico e nem mesmo foram aceitas por alguns de seus associados mais próximos, como Adler e Jung. Nos últimos 20 anos, no entanto, as pesquisas neuropsicanalíticas que têm sido conduzidas apoiaram outras ideias-chave apresentadas por Freud, a saber: o poder dos processos inconscientes, o impacto das experiências da infância na personalidade adulta, o papel da repressão e do significado nos sonhos e a existência de mecanismos de defesa (Johnson & Mostri, 2016; Northoff & Boeker, 2006; Solms, 2000, 2004; Smith & Solms, 2018). Assim, classificamos a teoria de Freud como mediana em sua capacidade de *gerar pesquisa*.

Em segundo lugar, uma teoria útil deve ser *refutável*. Como boa parte das evidências de pesquisa compatíveis com as ideias de Freud também pode ser explicada por outros modelos, a teoria freudiana é quase impossível de ser verificada. Um bom exemplo dessa dificuldade é a história da mulher que sonhou que sua sogra estava vindo para uma visita. O conteúdo de seu sonho não podia ser uma realização de desejo, porque a mulher odiava sua sogra e não desejava sua visita. Freud escapou desse enigma explicando que a mulher teve o sonho meramente para implicar com ele e provar que nem todos os sonhos são realizações de desejos. Esse tipo de raciocínio claramente dá à teoria freudiana uma classificação muito baixa em sua capacidade de gerar hipóteses verificáveis.

O terceiro critério de uma teoria útil é a capacidade de *organizar o conhecimento* dentro de uma estrutura significativa. Infelizmente, a estrutura da teoria da personalidade de Freud, com sua ênfase no inconsciente, é tão solta e flexível que dados aparentemente incoerentes podem coexistir dentro de suas fronteiras. Comparada a outras teorias da personalidade, a psicanálise arrisca mais respostas às perguntas referentes ao porquê de as pessoas se comportarem da forma como se comportam. Mas apenas algumas dessas respostas provêm de investigações científicas – a maioria é simplesmente extensão lógica dos pressupostos básicos de Freud. Assim sendo, julgamos a psicanálise como tendo apenas uma capacidade moderada de organizar o conhecimento.

Em quarto lugar, uma teoria útil deve servir como um *guia para a solução de problemas práticos*. Como a teoria freudiana é singularmente abrangente, muitos praticantes treinados no âmbito psicanalítico se baseiam nela para encontrar soluções para problemas práticos do dia a dia. Entretanto, a psicanálise já não domina mais o campo da psicoterapia, e a maioria dos terapeutas atuais usa outras orientações teóricas em sua prática. Assim, a psicanálise como guia para o profissional tem uma classificação baixa.

O quinto critério de uma teoria útil trata da *coerência interna*, incluindo termos definidos de modo operacional. A psicanálise é uma teoria internamente coerente, se lembrarmos que Freud escreveu por mais de 40 anos e alterou de modo gradual o significado de alguns conceitos durante esse tempo. No entanto, apesar de, em qualquer ponto no tempo, a teoria em geral possuir coerência interna, alguns termos específicos eram usados com menos rigor científico.

A psicanálise possui um conjunto de termos definidos operacionalmente? Aqui, a teoria definitivamente fica aquém. Termos como id, ego, superego, consciente, pré-consciente, inconsciente, estágio oral, estágio sádico-anal, estágio fálico, complexo de Édipo, nível latente dos sonhos e muitos outros não são definidos operacionalmente; isto é, eles não são explicitados em termos de operações ou comportamentos específicos. Os pesquisadores precisam criar sua própria definição da maioria dos termos psicanalíticos.

Em sexto lugar, a psicanálise não é uma teoria simples ou parcimoniosa, mas, considerando sua abrangência e a complexidade da personalidade humana, ela não é desnecessariamente complexa.

Conceito de humanidade

No Capítulo 1, descrevemos várias dimensões para um conceito de humanidade. Onde se enquadra a teoria de Freud nessas várias dimensões?

A primeira delas é *determinismo* versus *livre-arbítrio*. Segundo essa dimensão, a visão de Freud da natureza humana recairia facilmente no determinismo. Freud acreditava que a maior parte de nosso comportamento é determinada por eventos passados, em vez de moldada por objetivos presentes. Os humanos possuem pouco controle sobre suas ações presentes, porque muitos de seus comportamentos estão enraizados nos esforços inconscientes que se encontram subjacentes à consciência presente. Mesmo que as pessoas, em geral, acreditem que estão no controle das próprias vidas, Freud insistia que tais crenças eram ilusões.

A personalidade adulta é, em grande parte, determinada pelas experiências da infância – especialmente o complexo de Édipo –, que deixaram seus resíduos na mente inconsciente. Freud (1917/1955a) sustentava que a humanidade, ao longo de sua história, sofreu três grandes golpes em seu ego narcisista. O primeiro foi a redescoberta, por Copérnico, de que a Terra não é o centro do universo; o segundo foi a descoberta de Darwin de que os humanos são muito semelhantes a outros animais; o terceiro golpe, e com maiores danos, foi a descoberta de Freud de que não estamos no controle de nossas próprias ações ou, como ele dizia, "o ego não é o mestre de sua própria casa" (p. 143).

A segunda dimensão relacionada é *pessimismo* versus *otimismo*. De acordo com Freud, ingressamos no mundo em um estado básico de conflito, com as forças de vida e morte operando em nós de lados opostos. O desejo inato de morte, incessantemente, nos impulsiona para a autodestruição ou a agressão, enquanto o impulso sexual nos faz buscar de modo cego o prazer. O ego experimenta um estado mais ou menos permanente de conflito, tentando equilibrar as demandas contraditórias do id e do superego, enquanto, ao mesmo tempo, faz concessões ao mundo externo. Sob o fino verniz da civilização, somos bestas selvagens com a tendência natural a explorar os outros para a satisfação sexual e destrutiva. O comportamento antissocial se encontra logo abaixo da superfície, até mesmo da pessoa mais pacífica, acreditava Freud. Pior ainda, não estamos normalmente conscientes das razões de nosso comportamento, nem estamos conscientes do ódio que sentimos por nossos amigos, família e amantes. Por essas razões, a teoria psicanalítica é essencialmente pessimista.

A terceira abordagem para se referir à humanidade é a dimensão *causalidade* versus *teleologia*. Freud acreditava que o comportamento presente é, sobretudo, moldado por causas passadas, em vez de pelos objetivos para o futuro. As pessoas não avançam em direção a um objetivo autodeterminado; em vez disso, elas estão, de forma indefesa, presas na luta entre Eros e Tanatos. Esses dois impulsos poderosos forçam as pessoas a repetirem compulsivamente padrões primitivos de comportamento. Quando adultas, seu comportamento é uma longa série de reações. As pessoas tentam constantemente reduzir a tensão; aliviar as ansiedades; reprimir experiências desagradáveis; regressar a estágios anteriores do desenvolvimento, que lhes parecem mais seguros; e repetir de modo compulsivo comportamentos que são familiares e seguros. Portanto, classificamos a teoria de Freud como altamente baseada em causalidade.

Na dimensão *consciente* versus *inconsciente*, a teoria psicanalítica inclina-se fortemente, é óbvio, na direção da motivação inconsciente. Freud acreditava que tudo, desde os lapsos de linguagem até as experiências religiosas, é resultado de um desejo profundamente enraizado de satisfazer os impulsos sexuais ou destrutivos. Esses motivos nos tornam escravos do nosso inconsciente. Ainda que tenhamos consciência de nossas ações, Freud acreditava que as motivações subjacentes a essas ações estavam profundamente ajustadas ao nosso inconsciente, sendo, com frequência, muito diferentes do que acreditamos que sejam.

A quinta dimensão são as *influências sociais* versus *biológicas*. Como médico, o treinamento de Freud o predispôs a ver a personalidade humana a partir de um ponto de vista biológico. No entanto, Freud (1913/1953, 1985) frequentemente especulava acerca das consequências das unidades sociais pré-históricas e sobre as consequências das experiências sociais precoces de um indivíduo. Como Freud acreditava que muitas fantasias e ansiedades infantis estavam enraizadas na biologia, nós classificamos sua teoria como baixa em influências sociais.

A sexta é a questão da *singularidade* versus *semelhanças*. Nessa dimensão, a teoria psicanalítica assume uma posição intermediária. O passado evolutivo da humanidade dá origem a muitas semelhanças entre as pessoas. No entanto, as experiências individuais, em especial aquelas do início da infância, moldam as pessoas de uma maneira única e explicam muitas das diferenças entre as personalidades.

Termos-chave e conceitos

- Freud identificou três *níveis de vida mental*: inconsciente, pré-consciente e consciente.
- As experiências infantis precoces que criam altos níveis de ansiedade são reprimidas no *inconsciente*, de onde elas podem influenciar o comportamento, as emoções e as atitudes durante anos.
- Eventos que não estão associados à ansiedade, mas são meramente esquecidos, compõem o conteúdo do *pré-consciente*.
- As imagens *conscientes* são aquelas percebidas e acessadas a qualquer momento.
- Freud reconheceu três *instâncias da mente* – id, ego e superego.
- O *id* é inconsciente, caótico, fora do contato com a realidade e está a serviço do *princípio do prazer*.
- O *ego* é o executivo da personalidade, em contato com o mundo real e está a serviço do *princípio da realidade*.
- O *superego* serve aos *princípios morais* e *idealistas* e começa a se formar depois que é resolvido o complexo de Édipo.
- Toda motivação pode ser reportada a impulsos sexuais e destrutivos. Os comportamentos na infância relacionados a *sexo* e *agressividade* costumam ser punidos, o que leva a *repressão* ou *ansiedade*.
- Para se proteger contra a ansiedade, o ego dá início a vários *mecanismos de defesa*, o mais básico deles sendo a repressão.
- Freud descreveu três principais *estágios do desenvolvimento: período infantil, período de latência* e *período genital*. Porém, dedicou mais atenção ao estágio infantil.
- O período infantil é dividido em três fases: *oral, anal* e *fálica*, a última das quais é acompanhada pelo complexo de Édipo.
- Durante o *estágio edípico* simples, uma criança deseja a união sexual com um dos genitores, enquanto abriga hostilidade pelo outro.
- Freud acreditava que os *sonhos* e os *atos falhos* eram formas disfarçadas de expressão dos impulsos inconscientes.

Referências

Bargh, J. A., & Chartrand, T. L. (1999). The unbearable automaticity of being. *American Psychologist, 54,* 461–479.

Berridge, K. C. (2007). The debate over dopamine's role in reward: The case for incentive salience. *Psychopharmacology, 191*, 391–431. doi:10.1007/s00213-006-0578-x.

Berridge, K. C. (2009). Wanting and liking: Observations from the neuroscience and psychology laboratory. *Inquiry, 52:* 4, 378–398. "http://www.lsa.umich.edu/psych/research&labs/berridge/publications/Berridge%202009%20Wanting%20and%20liking%20-%20observations%20%20Inquiry.pdf"

Bettelheim, B. (1982, March 1). Freud and the soul. *The New Yorker,* pp. 52–93.

Bettelheim, B. (1983). *Freud and man's soul.* New York: Knopf.

Blass, R. B., & Carmeli, Z. (2007). The case against neuropsychoanalysis: On fallacies underlying psychoanalysis' latest scientific trend and its negative impact on psychoanalytic discourse. *International Journal of Psycho-Analysis, 88,* 19–40.

Brannon, L. (2005). *Gender: Psychological perspectives* (4th ed.). Boston: Allyn and Bacon.

Breger, L. (2000). *Freud: Darkness in the midst of vision.* New York: Wiley.

Breuer, J., & Freud, S. (1895/1955). *Studies on hysteria.* In J. Strachey (Ed. and Trans.), *The standard edition of the complete psychological works of Sigmund Freud* (Vol. 2). London: Hogarth Press.

Butler, J. (1995). Melancholy gender—refused identification. *Psychoanalytic Dialogues: The International Journal of Relational Perspectives, 5,* 165–180.

Chodorow, N. J. (1989). *Feminism and psychoanalytic theory.* New Haven, CT: Yale University Press.

Chodorow, N. J. (1991). Freud on women. In J. Neu (Ed.), *The Cambridge companion to Freud: Cambridge companions to philosophy* (pp. 224–248). New York: Cambridge University Press.

Chodorow, N. J. (1994). *Femininities, masculinities, sexualities: Freud and beyond.* Lexington: University of Kentucky Press.

Chow, T. W., & Cummings, J. L. (1999). Frontalsubcortical circuits. In B. L. Miller and J. L.

Clark, R. W. (1980). *Freud: The man and the cause.* New York: Random House.

Cramer, P. (2007). Longitudinal study of defense mechanisms: Late childhood to late adolescence. *Journal of Personality, 75,* 1–23.

Crews, F. (1995). *The memory wars: Freud's legacy in dispute.* New York: The New York Review of Books.

Crews, F. (1996). The verdict on Freud. *Psychological Science, 7,* 63–68.

Cummings (Eds.), *The human frontal lobes: Functions and disorders* (pp. 3–26). New York: Guilford Press.

Ellenberger, H. F. (1970). *The discovery of the unconscious.* New York: Basic Books.

Federn, E. (1988). Psychoanalysis: The fate of a science in exile. In E. Timms & N. Segal (Eds.), *Freud in exile: Psychoanalysis and its vicissitudes* (pp. 156–162). New Haven, CT: Yale University Press.

Ferris, P. (1997). *Dr. Freud: A life.* Washington, DC: Counterpoint.

Freud, 1896/1962

Freud, A. (1946). *The ego and the mechanisms of defense.* New York: International Universities Press.

Freud, S. (1900/1953). *The interpretation of dreams.* In *Standard edition* (Vols. 4 & 5).

Freud, S. (1901/1953). On dreams. In *Standard edition* (Vol. 5).

Freud, S. (1901/1960). *Psychopathology of everyday life.* In *Standard edition* (Vol. 6).

Freud, S. (1905/1953a). Fragment of an analysis of a case of hysteria. In *Standard edition* (Vol. 7).

Freud, S. (1905/1953b). Three essays on the theory of sexuality. In *Standard edition* (Vol. 7).

Freud, S. (1905/1960). *Jokes and their relation to the unconscious.* In *Standard edition* (Vol. 8).

Freud, S. (1905/2002). *The joke and its relation to the unconscious.* Translated by Joyce Crick. London: Penguin Classics.

Freud, S. (1914/1953). The Moses of Michelangelo. In *Standard edition* (Vol. 13).

Freud, S. (1914/1957). On narcissism: An introduction. In *Standard edition* (Vol. 14).

Freud, S. (1915/1957a). Instincts and their vicissitudes. In *Standard edition* (Vol. 14).

Freud, S. (1915/1957b). The unconscious. In *Standard edition* (Vol. 14).

Freud, S. (1917/1963). *Introductory lectures on psychoanalysis.* In *Standard edition* (Vols. 15 & 16).

Freud, S. (1920/1955a). *Beyond the pleasure principle.* In *Standard edition* (Vol. 18).

Freud, S. (1920/1955b). The psychogenesis of a case of homosexuality in a woman. In *Standard edition* (Vol. 18).

Freud, S. (1922/1955). Some neurotic mechanisms in jealousy, paranoia and homosexuality. In *Standard edition* (Vol. 18).

Freud, S. (1923/1961a). *The ego and the id.* In *Standard edition* (Vol. 19).

Freud, S. (1923/1961b). The infantile genital organization: An interpolation into the theory of sexuality. In *Standard edition* (Vol. 19).

Freud, S. (1924/1961). The dissolution of the Oedipus complex. In *Standard edition* (Vol. 19).

Freud, S. (1925/1959). *An autobiographical study.* In *Standard edition* (Vol. 20).

Freud, S. (1925/1961). Some psychical consequences of the anatomical distinction between the sexes. In *Standard edition* (Vol. 19).

Freud, S. (1926/1959a). *Inhibitions, symptoms and anxiety.* In *Standard edition* (Vol. 20).

Freud, S. (1931/1961). Female sexuality. In *Standard edition* (Vol. 21).

Freud, S. (1933/1964). *New introductory lectures on psychoanalysis.* In *Standard edition* (Vol. 22).

Freud, S. (1933/1964). *New introductory lectures on psychoanalysis.* In *Standard edition* (Vol. 22).

Freud, S. (1985). *The complete letters of Sigmund Freud to Wilhelm Fliess, 1887-1904* (J. M. Masson, Ed. and Trans.). Cambridge, MA: Harvard University Press.

Gay, P. (1988). *Freud: A life for our time.* New York: Norton.

Goldenberg, D., Telzer, E. H., Lieberman, M. D., Fuligni, A., & Galvan, A. (2013). Neural mechanisms of impulse control in sexually risky adolescents. *Developmental Cognitive Neuroscience, 6,* 23-29.

Govorun, O., Fuegen, K., & Payne, B. K. (2006).

Handlbauer, B. (1998). *The Freud-Adler controversy.* Oxford, England: Oneworld.

Hobson, A. A. (2004, May). Freud returns? Like a bad dream. *Scientific American, 290,* 89.

Hobson, J. A. (2013). Ego ergo sum: Toward a psychodynamic neurology. *Contemporary Psychoanalysis, 49,* 142-164.

Hobson, J. A. (2014). Lecture II: Physiology. In N. Tranquillo (Ed.), *Dream consciousness: Allan Hobson's new approach to the brain and its mind* (Vol. 3, pp. 29-50). Cham, Switzerland: Springer. doi:10.1007/978-3-319-07296-8_3.

Hobson, J. A., & McCarley, R. W. (1977). The brain as a dream-state generator: An activation-synthesis hypothesis of the dream process. *American Journal of Psychiatry, 134,* 1335-1348.

Holder, A. (1988). Reservations about the *Standard Edition.* In E. Timms & N. Segal (Eds.), *Freud in exile: Psychoanalysis and its vicissitudes* (pp. 210-214). New Haven, CT: Yale University Press.

Irigaray, L. (1986). This sex which is not one. In H. Cixous & C. Clement (Eds.), *The newly born woman.* Minneapolis: University of Minnesota Press.

Isbister, J. N. (1985). *Freud: An introduction to his life and work.* Cambridge, England: Polity Press.

Johnson, B., & Mosri, D. F. (2016). The neuropsychoanalytic approach: Using neuroscience as the basic science of psychoanalysis. *Frontiers in Psychology, 7,* 1459. doi:10.3389/psyg.2016.01459.

Jones, E. (1953, 1955, 1957). *The life and work of Sigmund Freud* (Vols. 1-3). New York: Basic Books.

Kandel, E. R. (1999). Biology and the future of psychoanalysis: A new intellectual framework for psychiatry revisited. *American Journal of Psychiatry, 156,* 505-534.

Krausz, E. O. (1994). Freud's devaluation of women. *Individual Psychology: Journal of Adlerian Theory, Research and Practice, 50,* 298-313.

Kröner-Borowik, T., Gosch, S., Hansen, K., Borowik, B., Schredl, M., & Steil, R. (2013). The effects of suppressing intrusive thoughts on dream content, dream distress and psychological parameters. *Journal of Sleep Research, 22,* 600-604.

Kurzweil, E. (1989). *The Freudians: A comparative perspective.* New Haven, CT: Yale University Press.

Malinowski, J. E. (2015). Dreaming and personality: Wakedream continuity, thought suppression, and the Big Five Inventory. *Consciousness and Cognition, 38,* 9-15.

McGuire, W. (Ed.). (1974). *The Freud/Jung letters: The correspondence between Sigmund Freud and C. G. Jung* (R. Manheim & R. F. C. Hull, Trans.). Princeton, NJ: Princeton University Press.

Monti, J. M., & Monti, D. (2007). The involvement of dopamine in the modulation of sleep and waking. *Sleep Medicine Reviews, 11,* 113-133.

Newton, P. M. (1995). *Freud: From youthful dream to mid-life crisis.* New York: Guilford Press.

Noland, R. W. (1999). *Sigmund Freud revisited.* New York: Twayne.

Northoff, G., & Boeker, H. (2006). Principles of neuronal integration and defense mechanisms: Neuropsychoanalytic hypothesis. *Neuro-Psychoanalysis, 8,* 69–84.

Panksepp, J. (2004). *Affective neuroscience: The foundations of human and animal emotions.* New York, NY: Oxford University Press.

Pincus, J. H. (2001). *Base instincts: What makes killers kill?* New York: W.W. Norton.

Popper, K. (1959). *The logic of scientific discovery.* London: Hutchinson & Co.

Riemann, D., Spiegelhalder, K., Nissen, C., Hirscher, V., Baglioni, C., & Feige, B. (2012). REM sleep instability—a new pathway for insomnia? *Pharmacopsychiatry, 45,* 167–176.

Roazen, P. (1993). *Meeting Freud's family.* Amherst: University of Massachusetts Press.

Roazen, P. (1995). *How Freud worked: First-hand accounts of patients.* Lanham, MD: Jason Aronson.

Roazen, P. (2001).

Schacter, D. L. (1987). Implicit memory: History and current status. *Journal of Experimental Psychology: Learning, Memory, and Cognition, 13,* 501–518.

Schmidt, R. E., & Gendolla, G. H. E. (2008). Dreaming of white bears: The return of the suppressed at sleep onset. *Consciousness and Cognition, 17,* 714–724.

Schur, M. (1972). *Freud: Living and dying.* New York: International Universities Press.

Shevrin, H., Ghannam, J. H., & Libet, B. (2002). A neural correlate of consciousness related to repression. *Consciousness & Cognition, 11,* 334–341.

Silverstein, B. (2003). *What was Freud thinking? A short historical introduction to Freud's theories and therapie*s. Dubuque, IA: Kendall/Hunt.

Smith, R., & Solms, M. (2018). Examination of the hypothesis that repression is premature automatization: A psychoanalytic case report and discussion. *Neuropsychoanalysis, 20,* 47–61. doi:10.1080/15294145.2018.1473045.

Smith & Solms, 2018

Solms, M. (2000). Dreaming and REM sleep are controlled by different brain mechanisms. *Behavioral and Brain Sciences, 23,* 845–850.

Solms, M. (2004, May). Freud returns. *Scientific American, 290,* 87–88.

Solms, M., & Panksepp, J. (2012). The "Id" knows more than the "ego" admits: Neuropsychoanalytic and primal consciousness perspectives on the interface between affective and cognitive neuroscience. *Brain Sciences, 2,* 147–175. doi: 10.3390/brainsci2020147

Solms, M., & Turnbull, O. (2002). *The brain and the inner world: An introduction to the neuroscience of subjective experience.* New York: Other Press.

Stereotypes focus defensive projection. *Personality and Social Psychology Bulletin, 32,* 781–793.

Sulloway, F. J. (1992). *Freud, biologist of the mind: Beyond the psychoanalytical legend* (Rev. ed.). Cambridge, MA: Harvard University Press.

Taylor, F., & Bryant, R. A. (2007). The tendency to suppress, inhibiting thoughts, and dream rebound. *Behaviour Research and Therapy, 45,* 163–168.

Vitz, P. C. (1988). *Sigmund Freud's Christian unconscious.* New York: Guilford Press.

Webster, R. (1995). *Why Freud was wrong: Sin, science, and psychoanalysis.* New York: Basic Books.

Wegner, D. M., Wenzlaff, R. M., & Kozak, M. (2004). Dream rebound: The return of suppressed thoughts in dreams. *Psychological Science, 15,* 232–236.

Wortis, J. (1954). *Fragments of an analysis with Freud.* New York: McGraw-Hill.

Yovell, Y., Solms, M., & Fotopoulou, A. (2015). The case for neuropsychoanalysis: Why a dialogue with neuroscience is necessary but not sufficient for psychoanalysis. *The International Journal of Psychoanalysis, 96,* 1515–1553. doi: 10.1111/1745-8315.12332

CAPÍTULO 3

Adler: Psicologia Individual

- ◆ *Panorama da psicologia individual*
- ◆ *Biografia de Alfred Adler*
- ◆ *Introdução à teoria adleriana*
- ◆ *Luta pelo sucesso ou pela superioridade*
  - O objetivo final
  - A força do empenho como compensação
  - A luta pela superioridade pessoal
  - A luta pelo sucesso
- ◆ *Percepções subjetivas*
  - Ficcionalismo
  - Inferioridades físicas
- ◆ *Unidade e autocoerência da personalidade*
  - Dialeto do órgão
  - Consciente e inconsciente
- ◆ *Interesse social*
  - Origens do interesse social
  - Importância do interesse social
- ◆ *Estilo de vida*
- ◆ *Força criativa*
- ◆ *Desenvolvimento anormal*
  - Descrição geral
  - Fatores externos no desajustamento
  - Tendências à salvaguarda
  - Protesto viril
- ◆ *Aplicações da psicologia individual*
  - Constelação familiar
  - Lembranças precoces
  - Sonhos
  - Psicoterapia
- ◆ *Pesquisa relacionada*
  - Ordem de nascimento, inteligência, desempenho acadêmico e personalidade

Imagno/Votava/The Image Works

- Lembranças precoces e escolha da carreira
- Distinguindo o narcisismo como busca pela superioridade *versus* autoestima como busca pelo sucesso
- ◆ *Críticas a Adler*
- ◆ *Conceito de humanidade*
- ◆ *Termos-chave e conceitos*
- ◆ *Referências*

Desde a infância, Alfred era um garoto extrovertido e sociável. Ele estava cercado por familiares, amigos e conhecidos. De fato, ele tinha seis irmãos e muitos amigos. As redes sociais e as conexões sempre foram importantes e necessárias para Alfred. No entanto, como costuma acontecer em famílias numerosas, havia uma competição entre esses irmãos pela atenção dos pais, o que era especialmente acentuado entre Alfred e seu irmão mais velho, Sigmund (Hoffman, 1994). Seu irmão mais velho não era apenas maior e mais forte, mas também era mais saudável e não era tão propenso a doenças quanto Alfred. Por exemplo, uma das lembranças mais precoces de Alfred é a de estar "sentado em um banco, enfaixado por conta do raquitismo, com meu irmão mais velho sadio sentado à minha frente. Ele podia correr, pular e se movimentar sem esforço, enquanto para mim movimentos de qualquer tipo eram um esforço" (Adler, 1947, p. 9). Outra experiência poderosa que moldou a vida e a carreira de Alfred foi a doença e a morte de um de seus irmãos mais novos. Mas foi ainda pior: Alfred e seu irmão mais novo, Rudolf, dormiram no mesmo quarto e, certa manhã, Alfred acordou e encontrou Rudolf morto na cama ao lado dele (Hoffman, 1994).

Essas primeiras memórias deixaram uma impressão duradoura na vida toda de Alfred Adler, que cresceria para fazê-las — lembranças precoces, sensação de inferioridade, estilo de vida e conexão social — a pedra angular de sua versão da teoria psicanalítica da personalidade. Nas próprias palavras de Adler: "Foram essas tendências psicológicas que, mesmo em minha infância, formaram meu estilo de vida, às quais também devo minha compreensão das manifestações psíquicas. Decidi desde cedo enfrentar e lutar contra todos os meus problemas difíceis, para que eu pudesse estar em uma posição melhor para resolvê-los" (Adler, 1947, p. 11).

Panorama da psicologia individual

Alfred Adler não era nem um terrorista nem uma pessoa enlouquecida pela ambição. Na verdade, sua **psicologia individual** apresenta uma visão otimista das pessoas, enquanto se baseia fortemente na noção de *interesse social*, isto é, um sentimento de unidade com toda a humanidade. Além do olhar mais otimista de Adler para as pessoas, várias outras diferenças tornaram a relação entre Freud e Adler muito tênue.

Em primeiro lugar, Freud reduziu toda motivação a sexo e agressividade, enquanto Adler via as pessoas motivadas sobretudo por influências sociais e por sua luta pela superioridade ou sucesso; em segundo lugar, Freud assumia que as pessoas têm pouca ou nenhuma escolha na formação de sua personalidade, enquanto Adler acreditava que elas são, em grande parte, responsáveis por quem são; em terceiro lugar, o pressuposto de Freud de que o comportamento presente é causado por experiências passadas era diretamente oposto à noção de Adler de que o comportamento presente é moldado pela visão de futuro da pessoa; e, em quarto lugar, em contraste com Freud, que colocava ênfase muito acentuada nos componentes inconscientes do comportamento, Adler entendia que as pessoas psicologicamente saudáveis tendem a ser conscientes do que estão fazendo e de por que estão fazendo.

Conforme vimos, Adler era um membro original do pequeno grupo de médicos que se encontrava na casa de Freud nas noites de quarta-feira para discutir temas psicológicos. No entanto, quando surgiram as diferenças teóricas e pessoais entre Adler e Freud, Adler abandonou o círculo de Freud e estabeleceu uma teoria oposta, a qual se tornou conhecida como psicologia individual.

Biografia de Alfred Adler

Alfred Adler nasceu em 7 de fevereiro de 1870, em Rudolfsheim, na Áustria, um povoado próximo a Viena. Sua mãe, Pauline, era uma dona de casa trabalhadora que se mantinha ocupada com seus sete filhos. Seu pai, Leopold, era um comerciante de grãos judeu de classe média, proveniente da Hungria. Quando menino, Adler era fraco e doente e, aos 5 anos de idade, quase morreu de pneumonia. Ele tinha ido patinar no gelo com um menino mais velho, que abandonou o jovem Adler. Com frio e tremendo, Adler conseguiu encontrar o caminho de casa; ao chegar, imediatamente caiu no sono no sofá da sala. Quando Adler, aos poucos, recobrava a consciência, ouviu um médico dizer a seus pais: "Não tenham mais trabalho. O menino está perdido" (Hoffman, 1994, p. 8). Essa experiência, bem como a morte de um irmão mais moço, motivou Adler a se tornar médico.

A saúde fraca de Adler estava em grande contraste com a excelente saúde de seu irmão mais velho, Sigmund. Várias das lembranças mais precoces de Adler referiam-se à infeliz competição entre a boa saúde de seu irmão e sua própria doença. Sigmund Adler, o rival da infância a quem Adler tentava superar, continuou sendo um oponente digno e, anos depois, tornou-se muito bem-sucedido nos negócios e até mesmo ajudou Adler financeiramente. Segundo quase todos os padrões, no entanto, Alfred Adler era muito mais famoso do que Sigmund Adler. Entretanto, como muitos dos segundos filhos, Alfred manteve a rivalidade com seu irmão mais velho até a meia-idade. Uma vez ele disse a um de seus biógrafos, Phyllis Bottome (1939, p. 18): "Meu irmão mais velho é um homem diligente - ele sempre esteve à minha frente... e *ainda* está à minha frente!".

As vidas de Freud e Adler possuem vários paralelos interessantes. Ainda que ambos tenham como origem pais judeus vienenses de classe média ou média baixa, nenhum dos dois era um religioso devoto. Entretanto, Freud era muito mais consciente de sua condição de judeu do que

Adler e, com frequência, acreditava que era perseguido devido à sua origem judaica. Todavia, Adler nunca alegou ter sido maltratado e, em 1904, enquanto ainda era membro do círculo restrito de Freud, converteu-se ao protestantismo. Apesar dessa conversão, ele não mantinha convicções religiosas profundas e, na verdade, um de seus biógrafos (Rattner, 1983) o considerava agnóstico.

Como mencionado na abertura do capítulo e também como Freud, Adler teve um irmão mais moço que morreu na infância. Essa experiência precoce afetou profundamente os dois homens, porém de formas muito diferentes. Freud, segundo seu próprio relato, havia desejado inconscientemente a morte de seu rival e, quando o bebê Julius morreu de fato, Freud ficou cheio de culpa e autorreprovação, condições que continuaram na idade adulta.

Em contraste, Adler pareceu ter uma razão mais forte para ficar traumatizado pela morte de seu irmão mais moço, Rudolf. Aos 4 anos, Adler acordou uma manhã e encontrou Rudolf morto na cama ao lado da sua. Em vez de ficar aterrorizado ou se sentindo culpado, Adler tomou essa experiência, junto à sua quase morte por pneumonia, como um desafio para superar a morte. Assim, aos 5 anos, decidiu que seu objetivo na vida seria vencer a morte. Como a medicina oferecia uma oportunidade de evitar a morte, Adler, desde uma idade muito precoce, optou por tornar-se médico (Hoffman, 1994).

Mesmo que Freud fosse rodeado por uma grande família, incluindo sete irmãos e irmãs mais moços, dois meio-irmãos adultos e um sobrinho e uma sobrinha quase de sua idade, ele se sentia mais ligado emocionalmente a seus pais, sobretudo sua mãe. Em contraste, Adler era mais interessado nas relações sociais, e seus irmãos e pares desempenharam um papel essencial em seu desenvolvimento durante a infância.

As diferenças de personalidade entre Freud e Adler continuaram durante a idade adulta, com Freud preferindo relações um a um intensas e Adler se sentindo mais confortável em situações de grupo. Essas diferenças de personalidade também se refletiram em suas organizações profissionais. A Sociedade Psicanalítica de Viena e a Associação Psicanalítica Internacional de Freud eram altamente estruturadas em forma de pirâmide, com um círculo restrito de seis dos amigos confiáveis de Freud formando um tipo de oligarquia no topo. Adler, em comparação, era mais democrático, muitas vezes se reunindo com colegas e amigos nos cafés de Viena, onde tocavam piano e cantavam canções. A Sociedade de Psicologia Individual de Adler, de fato, possuía uma organização frouxa, e Adler tinha uma atitude relaxada em relação a detalhes de negócios que não reforçassem seu movimento (Ellenberger, 1970).

Adler frequentou o ensino fundamental sem dificuldades nem distinção. No entanto, quando ingressou no ginásio em preparação para a escola médica, ele se saiu tão mal que seu pai ameaçou retirá-lo da escola e colocá-lo como aprendiz de sapateiro (Grey, 1998). Como estudante de medicina, mais uma vez, ele concluiu o trabalho sem honras especiais, provavelmente porque seu interesse nos cuidados ao paciente entrava em conflito com o interesse dos professores em diagnósticos precisos (Hoffman, 1994). Quando se formou em medicina, no final de 1895, ele havia realizado seu objetivo de infância de se tornar um médico.

Como seu pai nascera na Hungria, Adler era cidadão húngaro e, assim, foi obrigado a prestar serviço militar no exército húngaro. Ele cumpriu essa obrigação logo depois de receber seu diploma médico e, em seguida, voltou a Viena para estudos de pós-graduação. (Adler se tornou cidadão austríaco em 1911.) Começou a prática privada como oftamologista, porém abandonou essa especialização e se voltou para a psiquiatria e a medicina geral.

Os estudiosos discordam sobre o primeiro encontro entre Adler e Freud (Bottome, 1939; Ellenberger, 1970; Fiebert, 1997; Handlbauer, 1998), mas todos concordam que, no fim do outono de 1902, Freud convidou Adler e três outros médicos vienenses a sua casa para participarem de uma reunião para discutir psicologia e neuropatologia. Esse grupo era conhecido como Sociedade Psicológica das Quartas-feiras até 1908, quando se transformou na Sociedade Psicanalítica de Viena. Apesar de Freud liderar esses grupos de discussão, Adler nunca considerou Freud seu mentor e acreditava um pouco ingenuamente que ele e os outros podiam fazer contribuições à psicanálise - contribuições que seriam aceitáveis para Freud. Mesmo Adler sendo um dos membros originais do círculo restrito de Freud, os dois homens nunca tiveram uma relação pessoal calorosa. Nenhum dos dois reconheceu facilmente as diferenças teóricas, mesmo depois da publicação de Adler, de 1907, do *Estudo sobre a inferioridade orgânica e sua compensação*, em que presumia que as deficiências físicas – não o sexo - formavam as bases para a motivação humana.

Durante os anos seguintes, Adler foi se convencendo de modo mais intenso de que a psicanálise deveria ser muito mais ampla do que a visão de Freud da sexualidade infantil. Em 1911, Adler, que era presidente da Sociedade Psicanalítica de Viena, apresentou sua visão perante o grupo, expressando oposição às fortes inclinações sexuais da psicanálise e insistindo que o impulso pela superioridade era um motivo mais básico do que a sexualidade. Tanto ele quanto Freud finalmente reconheceram que suas diferenças eram irreconciliáveis, e, em outubro de 1911, Adler renunciou à presidência e à filiação à Sociedade Psicanalítica. Com outros nove membros do círculo freudiano, ele formou a Sociedade para o Estudo Psicanalítico Livre, um nome que irritou Freud, com a implicação de que a psicanálise freudiana se opunha a uma livre expressão de ideias. Adler, contudo, logo mudou o nome de sua organização para Sociedade de Psicologia Individual – uma determinação que claramente indicava que ele havia abandonado a psicanálise.

Assim como Freud, Adler foi afetado por eventos relativos à I Guerra Mundial. Os dois homens tiveram dificuldades financeiras e ambos relutantemente tomaram dinheiro emprestado com parentes – Freud, de seu cunhado Edward Bernays e Adler, de seu irmão Sigmund. Cada um também fez importantes modificações em sua teoria. Freud elevou a agressividade ao nível do sexo depois de encarar os horrores da guerra, e Adler sugeriu que o interesse social e a compaixão podiam ser os pilares da motivação humana. Os anos da guerra também trouxeram uma grande decepção para Adler, quando sua candidatura para um cargo como palestrante não remunerado na Universidade de Viena foi recusada. Adler desejava essa posição para obter outro fórum para disseminar sua visão, mas também almejava desesperadamente avançar para a mesma posição de prestígio que Freud manteve por mais de 12 anos. Apesar de Adler nunca ter alcançado essa posição, depois da guerra ele conseguiu promover suas teorias por meio de palestras, fundando clínicas de orientação infantil e treinamento de professores.

Durante os últimos anos de sua vida, Adler visitou com frequência os Estados Unidos, onde ensinava psicologia individual na Universidade de Columbia e na Nova Escola para Pesquisa Social. Em 1932, ele era residente permanente nos Estados Unidos e tinha a posição de professor visitante de Psicologia Médica na Faculdade de Medicina de Long Island, agora Downstate Medical School, Universidade Estadual de Nova York. Ao contrário de Freud, que não gostava dos americanos e de seu conhecimento superficial da psicanálise, Adler se impressionava com os americanos e admirava seu otimismo e sua mente aberta. Sua popularidade como palestrante nos Estados Unidos durante a metade da década de 1930 tinha poucos rivais, e ele direcionou seus últimos livros para um mercado americano receptivo (Hoffman, 1994).

Adler se casou com uma mulher russa bastante independente, Raissa Epstein, em dezembro de 1897. Raissa era uma feminista de vanguarda e muito mais política que seu marido. Em anos posteriores, enquanto Adler morava em Nova York, ela permaneceu principalmente em Viena e trabalhou para promover as visões marxistas-leninistas, que eram muito diferentes da noção de Adler de liberdade e responsabilidade individual. Depois de vários anos de pedidos de seu marido, Raissa finalmente foi para Nova York, alguns meses antes da morte de Adler. Ironicamente, Raissa, que não compartilhava do amor de seu marido pela América, continuou a viver em Nova York até sua morte, quase um quarto de século depois da morte de Adler (Hoffman, 1994).

Raissa e Adler tiveram quatro filhos: Alexandra e Kurt, que se tornaram psiquiatras e continuaram o trabalho do pai; Valentine (Vali), que morreu como prisioneira política da União Soviética em torno de 1942; e Cornelia (Nelly), que almejava ser atriz.

O passatempo favorito de Adler era a música, mas ele também mantinha interesse ativo por arte e literatura. Em seu trabalho, com frequência tomava emprestado exemplos dos contos de fadas, da Bíblia, de Shakespeare, de Goethe e de inúmeras outras obras literárias. Ele identificava-se intimamente com a pessoa comum, e sua atitude e aparência eram coerentes com essa identificação. Seus pacientes incluíam uma alta porcentagem de pessoas das classes baixa e média, uma raridade entre os psiquiatras de sua época. Suas qualidades pessoais envolviam uma atitude otimista em relação à condição humana, uma intensa competitividade, associada a uma simpatia amistosa e a uma forte crença na igualdade básica entre os gêneros, que combinavam com uma disposição para defender energicamente os direitos das mulheres.

Desde a metade da infância até seu 67º aniversário, Adler desfrutava de uma boa saúde. No entanto, nos primeiros meses de 1937, enquanto estava preocupado com o paradeiro de sua filha Vali, que havia desaparecido em algum lugar de Moscou, Adler sentiu dores no peito durante um circuito de palestras na Holanda. Ignorando os conselhos médicos de repouso, ele prosseguiu, indo até Aberdeen, Escócia, onde, em 28 de maio de 1937, morreu de um ataque cardíaco. Freud, que era 14 anos mais velho que Adler, tinha sobrevivido a seu adversário de longa data. Ao saber da morte de Adler, Freud (conforme citado em E. Jones, 1957) sarcasticamente comentou: "Para um menino judeu saído de um subúrbio vienense, uma morte em Aberdeen é uma carreira inédita em si e uma prova do quanto ele tinha ido longe. O mundo de fato recompensou-o ricamente por seu serviço de ter contrariado a psicanálise" (p. 208).

Introdução à teoria adleriana

Ainda que Alfred Adler tenha causado um efeito profundo em teóricos posteriores, como Harry Stack Sullivan, Karen Horney, Julian Rotter, Abraham H. Maslow, Carl Rogers, Albert Ellis, Rollo May e outros (Mosak & Maniacci, 1999), seu nome é menos conhecido do que o de Freud ou de Carl Jung. Pelo menos três motivos explicam isso. Primeiro, Adler não estabeleceu uma organização dirigida firmemente para perpetuar suas teorias. Segundo, ele não era um escritor particularmente notável, e a maioria dos seus livros foi compilada por uma série de editores que usaram palestras dispersas de Adler. Terceiro, muitas de suas visões foram incorporadas ao trabalho de teóricos posteriores, como Maslow, Rogers e Ellis e, assim, não foram mais associadas ao nome de Adler.

Ainda que seus escritos revelassem uma grande percepção da profundidade e da complexidade da personalidade humana, Adler desenvolveu uma teoria basicamente simples e parcimoniosa. Para Adler, as pessoas nascem com corpos fracos e inferiores – uma condição que conduz a *sentimentos* de inferioridade e a uma consequente dependência de outras pessoas. Assim, um sentimento de unidade com os outros (interesse social) é inerente às pessoas e o padrão final para a saúde psicológica. De forma mais específica, os princípios fundamentais da teoria adleriana podem ser especificados em forma de tópicos. O que apresentamos a seguir é adaptado de uma lista que representa o balanço final da psicologia individual (Adler, 1964).

1. A única força dinâmica por trás do comportamento das pessoas é *a luta pelo sucesso ou pela superioridade*.
2. As *percepções subjetivas* das pessoas moldam seu comportamento e sua personalidade.
3. A personalidade é *unificada e autocoerente*.
4. O valor de toda a atividade humana deve ser visto segundo o ponto de vista do *interesse social*.
5. A estrutura da personalidade autocoerente se desenvolve em direção ao *estilo de vida* de uma pessoa.
6. O estilo de vida é moldado pela *força criativa* das pessoas.

Luta pelo sucesso ou pela superioridade

O primeiro fundamento da teoria adleriana é: *A única força dinâmica por trás do comportamento das pessoas é a luta pelo sucesso ou pela superioridade.*

Adler reduziu toda motivação a um único impulso: a luta pelo sucesso ou pela superioridade. A própria infância de Adler foi marcada por deficiências físicas e fortes sentimentos de competitividade com seu irmão mais velho. A psicologia individual sustenta que todos iniciam a vida com deficiências físicas que ativam sentimentos de inferioridade – sentimentos que motivam uma pessoa a lutar pela superioridade ou pelo sucesso. Indivíduos que não são psicologicamente saudáveis lutam pela superioridade pessoal, enquanto aqueles psicologicamente saudáveis procuram o sucesso para toda a humanidade.

No início de sua carreira, Adler acreditava que a *agressividade* era a força dinâmica por trás de toda motivação, mas logo ficou insatisfeito com essa premissa. Depois de rejeitar a agressividade como uma força motivacional única, Adler usou a expressão *protesto viril*, que implicava o desejo de poder ou dominação dos outros. No entanto, ele logo abandonou o protesto viril como um impulso universal, mas continuou a dar a ele um papel limitado em sua teoria do desenvolvimento anormal.

Em seguida, Adler chamou a força dinâmica única de *luta pela superioridade*. Em sua teoria final, no entanto, limitou a luta pela superioridade àquelas pessoas que buscam superioridade pessoal sobre os outros e introduziu o termo *luta pelo sucesso* para descrever as ações de indivíduos que são motivados pelo interesse social altamente desenvolvido (Adler, 1956). Independentemente da motivação para a luta, cada indivíduo é guiado por um objetivo final.

O objetivo final

De acordo com Adler (1956), as pessoas lutam em direção a um objetivo final de superioridade pessoal ou de sucesso para toda a humanidade. Em cada um dos casos, o objetivo final é fictício e não possui existência objetiva. No entanto, o objetivo final tem grande significância, porque ele unifica a personalidade e torna todo comportamento compreensível.

Cada pessoa tem o poder de criar um objetivo de ficção personalizado, construído a partir de materiais brutos fornecidos pela hereditariedade e pelo ambiente. Entretanto, o objetivo não é determinado pela genética, nem pelo ambiente. Em vez disso, ele é o produto da *força criativa*, ou seja, a capacidade da pessoa de moldar livremente seu comportamento e construir a própria personalidade. Quando as crianças chegam aos 4 ou 5 anos de idade, sua força criativa se desenvolveu até o ponto em que elas podem estabelecer seu objetivo final. Mesmo os bebês possuem um impulso inato em direção ao crescimento, à completude ou ao sucesso. Como os bebês são pequenos, incompletos e fracos, eles se sentem inferiores e impotentes. Para compensar essa deficiência, eles estabelecem um objetivo de ficção de serem grandes, completos e fortes. Assim, o objetivo final de uma pessoa reduz a dor dos sentimentos de inferioridade e a direciona para a superioridade ou o sucesso.

Se as crianças se sentem negligenciadas ou mimadas, seu objetivo permanece, em grande parte, inconsciente. Adler (1964) levantou a hipótese de que as crianças irão compensar os sentimentos de inferioridade de formas indiretas que não têm relação aparente com seu objetivo de ficção. O objetivo de superioridade para uma menina mimada, por exemplo, pode ser tornar permanente sua relação parasitária com a mãe. Quando adulta, ela pode parecer dependente e autodepreciativa, e tal comportamento pode mostrar-se incoerente com um objetivo de superioridade. Entretanto, ele é bastante coerente com seu objetivo inconsciente e malcompreendido de ser um parasita, estabelecido aos 4 ou 5 anos de idade, uma época em que sua mãe parecia grande e poderosa e o vínculo com ela se tornou um meio natural de alcançar a superioridade.

De modo inverso, se as crianças experimentam amor e segurança, elas estabelecem um objetivo que é, em grande parte, consciente e compreendido de modo claro. As crianças seguras psicologicamente lutam pela superioridade, definida em termos de sucesso e interesse social. Ainda que seu objetivo nunca se torne completamente consciente, esses indivíduos saudáveis o compreendem e o perseguem com um alto nível de consciência.

Na luta por seu objetivo final, as pessoas criam e perseguem muitas metas preliminares. Esses subobjetivos costumam ser conscientes, mas a conexão entre eles e o objetivo final em geral permanece desconhecida. Além do mais, a relação entre os objetivos preliminares raramente é percebida. Do ponto de vista do objetivo final, no entanto, eles se combinam em um padrão autocoerente. Adler (1956) usou a analogia do dramaturgo que monta as características e as subtramas da peça de acordo com o objetivo final do drama. Quando a cena final é conhecida, todo diálogo e cada subtrama adquirem novo significado. Quando o objetivo final de um indivíduo é conhecido, todas as ações fazem sentido e cada objetivo secundário assume um novo significado.

A força do empenho como compensação

As pessoas lutam pela superioridade ou pelo sucesso como um meio de compensação pelos sentimentos de inferioridade ou fraqueza. Adler (1930) acreditava que todos os humanos são "abençoados" no nascimento com corpos pequenos, frágeis e inferiores. Essas deficiências físicas acendem sentimentos de inferioridade apenas porque as pessoas, por sua natureza, possuem uma tendência inata para a completude e a totalidade. As pessoas são continuamente impulsionadas pela necessidade de superar os sentimentos de inferioridade e atraídas pelo desejo de completude. As situações negativas e positivas existem de forma simultânea, e não podem ser separadas, porque são duas dimensões de uma única força.

A própria força do empenho é inata, mas sua natureza e direção se devem aos sentimentos de inferioridade e ao objetivo de superioridade. Sem o movimento inato em direção à perfeição, as crianças nunca se sentiriam inferiores, mas sem os sentimentos de inferioridade, elas jamais estabeleceriam um objetivo de superioridade ou sucesso. O objetivo, então, é estabelecido como uma compensação para o sentimento de déficit, mas o sentimento de déficit não existiria a menos que a criança primeiro possuísse uma tendência básica para a completude (Adler, 1956).

Ainda que a luta pelo sucesso seja inata, ela precisa ser desenvolvida. No nascimento, ela existe como potencialidade, não realidade; cada pessoa precisa aproveitar esse potencial da sua própria maneira. Em torno dos 4 ou 5 anos, as crianças começam tal processo estabelecendo uma direção para a força do empenho e definindo um objetivo de superioridade pessoal ou de sucesso social. O objetivo fornece diretrizes para a motivação, moldando o desenvolvimento psicológico e dando a ele um propósito.

Como uma criação do indivíduo, o objetivo pode assumir qualquer forma. Ele não é necessariamente uma imagem em espelho da deficiência, muito embora seja uma compensação dela. Por exemplo, uma pessoa com um corpo frágil não será, necessariamente, um atleta robusto, mas pode se tornar um artista, um ator ou um escritor. O sucesso é um conceito individualizado, e todas as pessoas formulam sua própria definição dele. Mesmo que a força criativa seja influenciada pelas forças da hereditariedade e pelo ambiente, ela é, em última análise, responsável pela personalidade das pessoas. A hereditariedade

estabelece a potencialidade, enquanto o ambiente contribui para o desenvolvimento do interesse social e a coragem. As forças da natureza e a educação nunca podem privar uma pessoa de poder estabelecer um objetivo único ou escolher um estilo próprio de atingir o objetivo (Adler, 1956).

Em sua teoria final, Adler identificou dois caminhos principais de luta. O primeiro é a tentativa socialmente não produtiva de obter superioridade pessoal; e a segunda envolve interesse social e visa ao sucesso ou à perfeição para todos.

A luta pela superioridade pessoal

Algumas pessoas lutam pela superioridade com pouca ou nenhuma preocupação pelos outros; seus objetivos são pessoais e seus esforços são motivados, em grande parte, pelos sentimentos exagerados de inferioridade pessoal ou pela presença de um complexo de inferioridade. Assassinos, ladrões e vigaristas são exemplos óbvios de pessoas que lutam pelo ganho pessoal. Algumas pessoas criam disfarces inteligentes para sua luta pessoal e podem, de forma consciente ou inconsciente, esconder sua postura autocentrada por trás do manto da preocupação social. Um professor universitário, por exemplo, pode parecer ter um grande interesse por seus alunos porque ele estabelece uma relação pessoal com muitos deles. Ao exibir manifestamente muita simpatia e preocupação, ele encoraja os alunos vulneráveis a falarem com ele acerca de seus problemas pessoais. Esse professor possui uma inteligência particular que lhe permite acreditar que ele é o docente mais acessível e dedicado da faculdade. Para um observador casual, ele pode parecer motivado para o interesse social, porém suas ações são, em grande parte, interesseiras e motivadas pela supercompensação de seus sentimentos exagerados de superioridade pessoal.

A luta pelo sucesso

Em contraste com as pessoas que lutam pelo ganho pessoal, há aqueles indivíduos psicologicamente saudáveis que são motivados pelo interesse social e pelo sucesso de toda a humanidade. Esses indivíduos saudáveis estão preocupados com objetivos que vão além de si mesmos, são capazes de ajudar os outros sem exigir ou esperar uma recompensa pessoal e têm a capacidade de ver os outros não como oponentes, mas como pessoas com quem podem cooperar para o benefício social. O próprio sucesso não é obtido à custa dos outros, mas é uma tendência natural a se mover em direção à completude e à perfeição.

As pessoas que lutam pelo sucesso em vez da superioridade pessoal mantêm uma noção de si, é claro, mas elas veem os problemas diários do ponto de vista do desenvolvimento da sociedade, em detrimento de uma visão de vantagem estritamente pessoal. Sua noção de valor pessoal está vinculada a suas contribuições à sociedade humana.

O progresso social é mais importante para elas do que o crédito pessoal (Adler, 1956).

Percepções subjetivas

O segundo princípio fundamental de Adler é: *As percepções subjetivas das pessoas moldam seu comportamento e sua personalidade.*

As pessoas lutam pela superioridade ou pelo sucesso para compensar sentimentos de inferioridade, porém a maneira como elas lutam não é moldada pela realidade, mas por suas percepções subjetivas da realidade, isto é, por suas **ficções**, ou expectativas do futuro.

Ficcionalismo

Nossa ficção mais importante é o objetivo de superioridade ou sucesso, uma meta que criamos no início da vida e podemos não entender claramente. Esse objetivo final subjetivo fictício orienta nosso estilo de vida, confere unidade à nossa personalidade. As ideias de Adler sobre ficcionalismo se originaram com o livro de Hans Vaihinger, *A filosofia do "como se"* (1911/1925). Vaihinger acreditava que as ficções são ideias que não possuem existência real, embora influenciem as pessoas *como se* elas realmente existissem. Um exemplo de uma ficção pode ser: "Os homens são superiores às mulheres". Ainda que essa noção seja uma ficção, muitas pessoas, tanto homens quanto mulheres, agem como se isso fosse uma realidade. Um segundo exemplo pode ser: "Os humanos possuem um livre-arbítrio que lhes possibilita fazerem escolhas". Mais uma vez, muitas pessoas agem *como se* elas e os outros tivessem livre-arbítrio e fossem assim responsáveis por suas escolhas. Ninguém pode provar que existe o livre-arbítrio, embora essa ficção guie a vida da maioria das pessoas. As pessoas são motivadas não pelo que é verdadeiro, mas por suas percepções subjetivas do que é verdadeiro. Um terceiro exemplo de uma ficção pode ser a crença em um Deus onipotente que recompensa o bem e pune o mal. Tal crença guia a vida diária de milhões de pessoas e ajuda a moldar muitas de suas ações. Sejam elas verdadeiras ou falsas, as ficções possuem uma influência poderosa na vida das pessoas.

A ênfase de Adler nas ficções é coerente com sua visão teleológica da motivação fortemente sustentada. *Teleologia* é uma explicação do comportamento em termos de seu propósito ou objetivo final. Ela é oposta à *causalidade*, que considera o comportamento como originário de uma causa específica. A teleologia, em geral, preocupa-se com objetivos ou fins futuros, enquanto a causalidade normalmente lida com experiências passadas que produzem algum efeito presente. A visão de Freud da motivação era, basicamente, causal; ele acreditava que as pessoas eram impulsionadas pelos eventos passados que ativam o comportamento presente. Em contraste, Adler adotou uma visão teleológica,

em que as pessoas são motivadas por percepções presentes do futuro. Como ficções, essas percepções não precisam ser conscientes ou compreendidas. No entanto, elas conferem uma finalidade a todas as ações das pessoas e são responsáveis por um padrão coerente perpetuado ao longo de toda a vida.

Inferioridades físicas

Como as pessoas iniciam a vida pequenas, frágeis e inferiores, elas desenvolvem uma ficção ou um sistema de crenças acerca de como superar essas deficiências físicas e se tornarem grandes, fortes e superiores. Porém, mesmo depois que atingem tamanho, força e superioridade, elas podem agir *como se* ainda fossem pequenas, frágeis e inferiores.

Adler (1929/1969) insistia que toda a raça humana é "abençoada" com inferioridades orgânicas. Essas desvantagens físicas possuem pouca ou nenhuma importância em si mesmas, mas se tornam significativas quando estimulam sentimentos subjetivos de inferioridade, o que serve como um impulso em direção à perfeição e à completude. Algumas pessoas compensam os sentimentos de inferioridade avançando em direção à saúde psicológica e a um estilo de vida útil, enquanto outras supercompensam e são motivadas a subjugar ou a se afastar dos outros.

A história fornece muitos exemplos de pessoas, como Demóstenes ou Beethoven, que superaram uma deficiência e deram contribuições importantes à sociedade. O próprio Adler era frágil e doente quando criança, e sua doença o moveu a vencer a morte tornando-se médico e competindo com seu irmão mais velho e Freud.

Adler (1929/1969) enfatizou que as deficiências físicas isoladamente não *causam* um estilo de vida particular; elas apenas fornecem a motivação presente para alcançar objetivos futuros. Tal motivação, como todos os aspectos da personalidade, é unificada e autocoerente.

Unidade e autocoerência da personalidade

O terceiro princípio fundamental da teoria adleriana é: *A personalidade é unificada e autocoerente.*

Ao escolher o termo *psicologia individual*, Adler desejava enfatizar sua crença de que cada pessoa é única e indivisível. Assim, a psicologia individual insiste na unidade fundamental da personalidade e na noção de que não existe comportamento incoerente. Pensamentos, sentimentos e ações estão todos direcionados para um único objetivo e servem somente a um propósito. Quando as pessoas se comportam de forma errática ou imprevisível, seu comportamento força outras pessoas a ficarem na defensiva, a ficarem atentas para não serem confundidas por ações caprichosas. Ainda que os comportamentos possam parecer incoerentes, quando eles são abordados segundo a perspectiva de um objetivo final, aparecem como tentativas inteligentes, porém provavelmente inconscientes, de confundir e subjugar outros indivíduos. Esse comportamento confuso e aparentemente incoerente dá à pessoa errática vantagem em uma relação interpessoal. Mesmo que esta seja, com frequência, bem-sucedida em sua tentativa de obter superioridade sobre os outros, em geral, permanece inconsciente de seu motivo subjacente e pode rejeitar de modo obstinado qualquer sugestão de que deseja a superioridade sobre os outros.

Adler (1956) reconheceu várias maneiras pelas quais a pessoa opera integralmente com unidade e autocoerência. A primeira delas é denominada jargão do órgão ou dialeto do órgão.

Dialeto do órgão

De acordo com Adler (1956), a pessoa integral luta de maneira autocoerente em direção a um objetivo único, e todas as ações e funções separadas podem ser entendidas somente como partes desse objetivo. A perturbação de uma parte do corpo não pode ser encarada de modo isolado; ela afeta a pessoa de maneira integral. Na verdade, o órgão deficiente expressa a direção do objetivo do indivíduo, uma condição conhecida como **dialeto do órgão**. Pelo dialeto do órgão, os órgãos do corpo "falam uma linguagem que é, em geral, mais expressiva e expõe a opinião do indivíduo mais claramente do que as palavras são capazes de fazer" (Adler, 1956, p. 223).

Um exemplo de dialeto do órgão poderia ser um homem sofrendo de artrite reumatoide nas mãos. Suas articulações rígidas e deformadas expressam seu estilo de vida. É como se elas gritassem: "Vejam a minha deformidade. Você não pode esperar que eu faça trabalhos manuais." Sem um som audível, suas mãos "falam" de seu desejo pela simpatia dos outros.

Adler (1956) apresentou outro exemplo de dialeto do órgão: o caso de um menino muito obediente que molhou a cama à noite, transmitindo uma mensagem de que ele não quer obedecer aos desejos parentais. Seu comportamento é "realmente uma expressão criativa, pois a criança está falando com sua bexiga em vez da boca" (p. 223).

Consciente e inconsciente

Um segundo exemplo de uma personalidade unificada é a harmonia entre ações conscientes e inconscientes. Adler (1956) definiu o inconsciente como parte do objetivo que não é claramente formulado nem entendido por completo por um indivíduo. Com essa definição, Adler evitou uma dicotomia entre o inconsciente e o consciente, que ele via como duas partes cooperativas em um mesmo sistema unificado. Os pensamentos conscientes são aqueles entendidos e considerados pelo indivíduo como úteis na luta pelo

sucesso, enquanto os pensamentos inconscientes são aqueles que não são úteis.

> Não podemos opor "consciência" a "inconsciência" como se elas fossem metades antagônicas de uma existência individual. A vida consciente se torna inconsciente quando não conseguimos compreendê-la – e, quando compreendemos uma tendência inconsciente, ela já se tornou consciente. (Adler, 1929/1964, p. 163)

Se os comportamentos das pessoas levam a um estilo de vida saudável ou não, vai depender do grau de interesse social que elas desenvolveram durante seus anos da infância.

Interesse social

O quarto princípio básico de Adler é: *O valor de toda atividade humana deve ser visto segundo o ponto de vista do interesse social.*

Interesse social é a tradução um tanto enganosa de Adler de seu termo original em alemão *Gemeinschaftsgefühl*. Uma tradução melhor poderia ser "sentimento social" ou "sentimento comunitário", mas *Gemeinschaftsgefühl*, na verdade, tem um significado que não está expresso integralmente em qualquer palavra ou expressão de outra língua. De forma aproximada, significa um sentimento de unidade com toda a humanidade; implica a afiliação na comunidade social de todas as pessoas. Uma pessoa com *Gemeinschaftsgefühl* luta não pela superioridade pessoal, mas pela perfeição para todas as pessoas em uma comunidade ideal. Interesse social pode ser definido como uma atitude de associação à humanidade em geral, bem como uma empatia em relação a cada membro da comunidade humana. Ele se manifesta como cooperação com os outros para o avanço social, em vez de para o ganho pessoal (Adler, 1964).

Interesse social é a condição natural da espécie humana e a liga que a conecta à sociedade (Adler, 1927). A inferioridade natural dos indivíduos necessita de sua união para formar uma sociedade. Sem a proteção e a nutrição de um pai ou uma mãe, um bebê pereceria. Sem a proteção da família ou do clã, nossos ancestrais teriam sido destruídos por animais que eram mais fortes, mais ferozes ou dotados de sentidos mais aguçados. O interesse social, portanto, é uma necessidade para a perpetuação da espécie humana.

Origens do interesse social

O interesse social está enraizado como potencialidade em todos os indivíduos, mas precisa ser desenvolvido antes que possa contribuir para um estilo de vida útil. Ele se origina da relação mãe-filho durante os primeiros meses da infância. Toda pessoa que sobreviveu à infância foi

Tanto a mãe quanto o pai podem contribuir para o desenvolvimento do interesse social de seus filhos.
Purestock/SuperStock

mantida viva por um cuidador que possuía algum interesse social. Assim, cada pessoa dispõe das sementes do interesse social, semeadas durante esses primeiros meses.

Adler acreditava que o casamento e a parentalidade são tarefas para dois. No entanto, os dois pais podem influenciar o interesse social de uma criança de forma um pouco diferente. O trabalho da mãe é desenvolver uma ligação que encoraje o interesse social maduro da criança e estimule uma noção de cooperação. De modo ideal, ela deve ter um amor genuíno e profundamente enraizado por seu filho – um amor que está centrado no bem-estar do filho, não nas necessidades ou nos desejos dela. Essa relação amorosa saudável se desenvolve a partir de um cuidado verdadeiro com seu filho, com seu marido e com outras pessoas. Se a mãe aprendeu a dar e receber amor dos outros, ela terá pouca dificuldade em ampliar o interesse social de seu filho. No entanto, se ela favorece o filho em detrimento do pai, seu filho pode se tornar mimado ou paparicado. Inversamente, se ela favorece seu marido ou a sociedade, o filho se sentirá negligenciado e não amado.

O pai é a segunda pessoa importante no ambiente social de uma criança. Ele precisa demonstrar uma atitude de cuidado em relação à sua esposa e também a outras pessoas. O pai ideal coopera em pé de igualdade com a mãe nos cuidados prestados ao filho e trata o filho como um ser humano. De acordo com os padrões de Adler (1956), um pai bem-sucedido evita os erros duplos do distanciamento emocional e do autoritarismo paterno. Esses erros podem representar duas atitudes, mas elas costumam ser encontradas no mesmo pai. Ambas impedem o crescimento e o desenvolvimento do interesse social em uma criança. O afastamento emocional do pai pode influenciar o filho a desenvolver uma noção deformada de interesse social, um sentimento de descaso e, possivelmente, um vínculo parasitário com a mãe. Uma criança que experimenta afastamento paterno cria um objetivo de superioridade pessoal em vez de um fundamentado no interesse social. O segundo erro – o autoritarismo paterno – também pode levar a um estilo de vida doentio. Uma criança que vê o pai como um tirano aprende a lutar pelo poder e pela superioridade pessoal.

Adler (1956) acreditava que os efeitos do ambiente social precoce são extremamente importantes. A relação que uma criança tem com a mãe e o pai é tão poderosa que ela suaviza os efeitos da hereditariedade. Adler acreditava que, após a idade de 5 anos, os efeitos da hereditariedade eram suavizados pela influência poderosa do ambiente social da criança. Nessa época, as forças ambientais já modificaram ou moldaram quase todos os aspectos da personalidade da criança.

Importância do interesse social

O interesse social foi o critério de comparação de Adler para medir a saúde psicológica e, assim, é "o único critério dos valores humanos" (Adler, 1927, p. 167). Para Adler, o interesse social é a única escala a ser usada no julgamento do valor de uma pessoa. Como barômetro da normalidade, ele é o padrão a ser usado na determinação da utilidade de uma vida. De acordo com o grau em que as pessoas possuem interesse social, elas são psicologicamente maduras. As pessoas imaturas carecem de *Gemeinschaftsgefühl*, são autocentradas e lutam pelo poder social e pela superioridade sobre os outros. Os indivíduos saudáveis são genuinamente preocupados com as pessoas e possuem um objetivo de sucesso que abrange o bem-estar de todos.

Interesse social não é sinônimo de caridade e altruísmo. Atos de filantropia e gentileza podem ou não ser motivados por *Gemeinschaftsgefühl*. Uma mulher saudável pode doar regularmente grandes somas de dinheiro para os pobres e necessitados, não porque ela sinta uma sintonia com eles, mas, pelo contrário, porque ela deseja manter uma separação deles. A doação implica: "Vocês são inferiores, eu sou superior, e essa caridade é a prova de minha superioridade". Adler acreditava que o valor de tais atos sociais só pode ser julgado de acordo com o critério do interesse social.

Em resumo, as pessoas iniciam a vida com uma força de empenho básico que é ativada por deficiências físicas sempre presentes. Essas fraquezas orgânicas levam, inevitavelmente, a sentimentos de inferioridade. Assim, todas as pessoas possuem sentimentos de inferioridade e todas estabelecem um objetivo final por volta dos 4 ou 5 anos de idade. No entanto, indivíduos que não são psicologicamente saudáveis desenvolvem sentimentos exagerados de inferioridade e tentam compensá-los estabelecendo um objetivo de superioridade pessoal. Eles são motivados pelo ganho pessoal e não pelo interesse social, enquanto as pessoas saudáveis são motivadas por sentimentos normais de incompletude e altos níveis de interesse social. Elas lutam pelo objetivo do sucesso, definido em termos de perfeição e completude para todos. A Figura 3.1 ilustra como a força de empenho inata se combina com as deficiências físicas inevitáveis para produzir sentimentos universais de inferioridade, que podem ser exagerados ou normais. Os sentimentos exagerados de inferioridade conduzem a um estilo de vida neurótico, enquanto os sentimentos normais de incompletude resultam em um estilo de vida saudável. Se a pessoa forma um estilo de vida inútil ou socialmente útil dependerá de como ela aborda tais sentimentos de inferioridade inevitáveis.

Estilo de vida

O quinto princípio básico de Adler é: *A estrutura da personalidade autocoerente se desenvolve transformando-se no estilo de vida de uma pessoa.*

Estilo de vida é o termo que Adler usou para se referir à maneira de viver de uma pessoa. Ele inclui o objetivo de uma pessoa, seu autoconceito, os sentimentos pelos outros e a atitude em relação ao mundo. Tal estilo é produto da interação da hereditariedade, do ambiente e da força criativa de uma pessoa. Adler (1956) usou uma analogia musical para elucidar o estilo de vida. As notas separadas de uma composição não possuem significado sem a melodia inteira, porém a melodia assume um significado adicional quando reconhecemos o estilo ou a maneira única de expressão do compositor.

O estilo de vida de uma pessoa já está razoavelmente estabelecido em torno dos 4 ou 5 anos de idade. Depois dessa época, todas as nossas ações giram em torno do nosso estilo de vida unificado. Ainda que o objetivo final seja singular, o estilo de vida não precisa ser delimitado ou rígido. Os indivíduos que não são psicologicamente saudáveis com frequência levam vidas bastante inflexíveis, que são marcadas por uma incapacidade de escolher novas formas de reagir ao ambiente. Em contraste, as pessoas psicologicamente saudáveis se comportam de formas diversas e flexíveis com estilos de vida que são complexos, enriquecidos e em mudança. Pessoas saudáveis veem muitas maneiras de alcançar o sucesso e buscam continuamente criar novas opções para si mesmas. Mesmo que seu objetivo final permaneça constante, a maneira como eles o percebem muda continuamente. Assim, eles podem escolher novas opções em qualquer momento da vida.

As pessoas com um estilo de vida saudável e socialmente útil expressam seu interesse social por meio da

FIGURA 3.1 Dois métodos básicos de luta pelo objeto final.

ação. Elas se esforçam ativamente para resolver o que Adler considerava os três problemas principais da vida – amor ao próximo, amor sexual e ocupação – e fazem isso mediante cooperação, coragem pessoal e disposição para prestar uma contribuição ao bem-estar do outro. Para Adler (1956), as pessoas com um estilo de vida socialmente útil representam a forma mais elevada de humanidade no processo evolucionário e, provavelmente, povoarão o mundo do futuro.

Força criativa

O princípio básico final é: *O estilo de vida é moldado pela força criativa da pessoa.*

A cada pessoa, acreditava Adler, é delegada a liberdade de criar seu próprio estilo de vida. Em última análise, todas as pessoas são responsáveis por quem elas são e como se comportam. Sua **força criativa** coloca a pessoa no controle de sua própria vida, é responsável por seu objetivo final, determina seu método de empenho por aquele objetivo e contribui para o desenvolvimento do interesse social. Em resumo, a força criativa torna cada pessoa um indivíduo livre. A força criativa é um conceito dinâmico que implica *movimento*, e esse movimento é a característica mais relevante da vida. Toda a vida psíquica envolve movimento em direção a um objetivo, movimento com uma direção (Adler, 1964).

Adler (1956) reconhecia a importância da hereditariedade e do ambiente na formação da personalidade. Com exceção de gêmeos idênticos, cada pessoa nasce com uma constituição genética única e logo passa a ter experiências sociais diferentes das de qualquer outro ser humano. As pessoas, no entanto, são muito mais do que um produto da hereditariedade e do ambiente. Elas são seres criativos que não somente reagem a seu ambiente, mas também atuam sobre ele e fazem com que ele reaja a elas.

Cada pessoa usa a hereditariedade e o ambiente como os tijolos e o cimento para construir a personalidade, mas o projeto arquitetônico reflete o estilo próprio daquela pessoa. O que é de importância primária não é o que se recebe, mas como esses materiais são colocados em uso. Os materiais para a construção da personalidade são secundários. Somos nossos próprios arquitetos e podemos construir um estilo de vida útil ou inútil. Podemos escolher construir uma fachada chamativa ou expor a essência da estrutura. Não somos obrigados a crescer na direção do interesse social, já que não temos uma natureza interna que nos force a ser bons. Entretanto, não temos uma natureza inerentemente má da qual precisamos fugir. Somos quem somos devido ao uso que fazemos de nossos tijolos e cimento.

Adler (1929/1964) usou uma analogia interessante, a qual chamou de "a lei da entrada baixa". Se você está tentando passar por uma entrada de 1,20m, tem duas escolhas

básicas. Primeiro, você pode usar a sua força criativa e se abaixar quando se aproximar da entrada, resolvendo assim o problema. Essa é a maneira como o indivíduo psicologicamente saudável resolve a maioria dos problemas de sua vida. Mas, se bater a cabeça e recuar, você ainda terá que resolver o problema corretamente ou continuará batendo a cabeça. Os neuróticos, com frequência, escolhem bater a cabeça nas realidades da vida. Quando se aproxima da entrada baixa, você não é obrigado a se abaixar nem a bater a cabeça, você tem uma força criativa que lhe permite seguir um dos cursos.

Desenvolvimento anormal

Adler acreditava que as pessoas são o que elas fazem de si mesmas. A força criativa dota os humanos, dentro de certos limites, com a liberdade de serem sadios ou não sadios psicologicamente e de seguirem um estilo de vida útil ou inútil.

Descrição geral

De acordo com Adler (1956), o único fator subjacente a todos os tipos de ajustamentos defeituosos é o *interesse social subdesenvolvido*. Além de carecerem de interesse social, os neuróticos tendem a (1) estabelecer objetivos muito altos, (2) viver em seu mundo particular e (3) ter um estilo de vida rígido e dogmático. Essas três características ocorrem, inevitavelmente, devido a uma falta de interesse social. Em resumo, as pessoas se tornam fracassadas na vida porque se preocupam demais com elas mesmas e se importam pouco com os outros. Pessoas desajustadas estabelecem metas extravagantes como uma compensação excessiva por sentimentos exagerados de inferioridade. Esses objetivos elevados conduzem ao comportamento dogmático; quanto mais alto o objetivo, mais rígida é a luta. Para compensar sentimentos profundamente enraizados de inadequação e insegurança básica, esses indivíduos restringem sua perspectiva e lutam de forma compulsiva e rígida por objetivos irrealistas.

A natureza exagerada e irrealista dos objetivos neuróticos os afasta do convívio com as outras pessoas. Eles abordam os problemas de amizade, sexo e ocupação a partir de um ângulo pessoal que exclui soluções de sucesso. Sua visão do mundo não está de acordo com a dos outros indivíduos, e eles possuem o que Adler (1956) chamou de "significado particular" (p. 156). Essas pessoas consideram que a vida diária é um trabalho árduo, que requer grande esforço. Adler (1929/1964) usou uma analogia para descrever como esses indivíduos passam pela vida.

> Em uma certa sala de apresentações, o homem "forte" chega e ergue um enorme peso com cuidado e intensa dificuldade. Depois, durante o aplauso caloroso do público,

uma criança se aproxima e revela a fraude carregando o peso fictício com uma das mãos. Existe uma grande quantidade de neuróticos que nos enganam com tais pesos e que são adeptos de parecerem sobrecarregados. Eles, na realidade, poderiam dançar com a carga sob a qual cambaleiam. (p. 91)

Fatores externos no desajustamento

Por que algumas pessoas apresentam desajustamentos? Adler (1964) reconheceu três fatores contribuintes, cada um dos quais é suficiente para cooperar com a anormalidade: (1) deficiências físicas graves, (2) um estilo de vida mimado e (3) um estilo de vida negligenciado.

Deficiências físicas graves

As deficiências físicas graves, sejam elas congênitas ou o resultado de lesão ou doença, não são suficientes para levar ao desajustamento. Elas devem ser acompanhadas por sentimentos acentuados de inferioridade. Esses sentimentos subjetivos podem ser bastante encorajados por um corpo defeituoso, mas eles são resultantes da força criativa.

Cada pessoa ingressa no mundo "abençoada" com deficiências físicas, e tais deficiências levam a sentimentos de inferioridade. As pessoas com deficiências físicas graves, às vezes, desenvolvem sentimentos superestimados de inferioridade, porque supercompensam sua inadequação. Elas tendem a ser excessivamente preocupadas consigo mesmas e não têm consideração com os outros. Elas sentem como se estivessem vivendo em campo inimigo, temem a derrota mais do que desejam o sucesso e estão convencidas de que os principais problemas da vida podem ser resolvidos somente de maneira egoísta (Adler, 1927).

Estilo de vida mimado

Um estilo de vida mimado está no centro da maioria das neuroses. As pessoas mimadas possuem um interesse social fraco, mas um forte desejo de perpetuar a relação mimada e parasitária que tiveram originalmente com um ou ambos os pais. Elas esperam que os outros cuidem delas, as superprotejam e satisfaçam suas necessidades. Elas são caracterizadas por extremo desânimo, indecisão, supersensibilidade, impaciência e emoção exagerada, em especial ansiedade. Elas veem o mundo com uma visão particular e acreditam que têm o direito a ser as primeiras em tudo (Adler, 1927, 1964).

As crianças mimadas não receberam amor em excesso; ao contrário, elas se sentiram não amadas. Seus pais demónstraram a falta de amor ao fazerem demais por elas e tratando-as como se fossem incapazes de resolver os próprios problemas. Como essas crianças se *sentem* mimadas e paparicadas, elas desenvolvem um estilo de vida mimado. As crianças mimadas também podem se sentir negligenciadas. Tendo sido protegidas por um genitor "coruja",

elas têm medo quando separadas daquele genitor. Sempre que precisam se defender sozinhas, elas se sentem deixadas de lado, maltratadas e negligenciadas. Tais experiências se somam ao estoque de sentimentos de inferioridade da criança mimada.

Estilo de vida negligenciado

O terceiro fator externo que contribui para o desajustamento é a negligência. As crianças que se sentem não amadas e indesejadas, provavelmente, se servirão de modo intenso desses sentimentos na criação de um estilo de vida negligenciado. Negligência é um conceito relativo. Ninguém se sente totalmente negligenciado ou indesejado. O fato de uma criança ter sobrevivido à infância é prova de que alguém cuidou dela e que a semente do interesse social foi plantada (Adler, 1927).

As crianças abusadas ou maltratadas desenvolvem pouco interesse social e tendem a criar um estilo de vida negligenciado. Elas têm pouca confiança em si mesmas e tendem a superestimar as dificuldades vinculadas aos problemas importantes da vida. Elas são desconfiadas das outras pessoas e incapazes de cooperar para o bem-estar comum. Elas veem a sociedade como um terreno inimigo, sentem-se alienadas de todas as outras pessoas e experimentam um forte sentimento de inveja pelo sucesso dos outros. As crianças negligenciadas possuem muitas das características das mimadas, mas, em geral, são mais desconfiadas e têm maior probabilidade de serem perigosas para os outros (Adler, 1927).

Tendências à salvaguarda

Adler acreditava que as pessoas criam padrões de comportamento para se protegerem de seu senso exagerado de autoestima contra a vergonha pública. Esses mecanismos protetores, denominados **tendências à salvaguarda**, possibilitam que as pessoas ocultem sua autoimagem inflada e mantenham seu estilo de vida atual.

O conceito de Adler de tendências à salvaguarda pode ser comparado ao conceito de Freud de mecanismos de defesa. O básico para ambos é a ideia de que os sintomas são formados como uma proteção contra a ansiedade. Entretanto, existem diferenças importantes entre os dois conceitos. Os mecanismos de defesa freudianos operam inconscientemente para proteger o ego contra a ansiedade, enquanto as tendências à salvaguarda adlerianas são, em grande parte, conscientes e protegem a autoestima frágil de uma pessoa da vergonha pública. Além disso, os mecanismos de defesa de Freud são comuns a todos, porém Adler (1956) discutia as tendências à salvaguarda apenas com referência à formação de sintomas neuróticos. Desculpas, agressividade e retraimento são as três tendências comuns à salvaguarda, cada uma concebida para proteger o estilo de vida presente de uma pessoa e manter um sentimento fictício elevado de autoimportância (Adler, 1964).

Desculpas

As mais comuns das tendências à salvaguarda são as **desculpas**, em geral expressas no formato "Sim, mas" ou "Se ao menos". Na desculpa "Sim, mas", as pessoas primeiro declaram o que gostariam de fazer – algo que soe bem para os outros – e depois seguem com uma desculpa. Uma mulher pode dizer: "Sim, eu gostaria de ir para a universidade, *mas* meus filhos exigem demais a minha atenção". Um executivo explica: "Sim, concordo com sua proposta, *mas* a política da empresa não irá permitir".

A declaração "Se ao menos" é a mesma desculpa expressa de uma forma diferente. "*Se ao menos* o meu marido me desse mais apoio, eu teria avançado mais rápido em minha profissão". "*Se ao menos* eu não tivesse essa deficiência física, poderia competir com sucesso por um emprego". Tais desculpas protegem um senso de autoestima fraca – mas artificialmente inflada – e iludem as pessoas a acreditarem que elas são mais superiores do que de fato são (Adler, 1956).

Agressividade

Outra tendência comum à salvaguarda é a **agressividade**. Adler (1956) sustentava que algumas pessoas usam a agressividade para salvaguardar seu complexo de superioridade exagerado. Ou seja, para proteger sua autoestima frágil. A salvaguarda por meio da agressividade pode assumir a forma de depreciação, acusação ou autoacusação.

Depreciação é a tendência a subestimar as conquistas de outras pessoas e a supervalorizar as próprias. Essa tendência à salvaguarda fica evidente nos comportamentos agressivos como crítica e fofoca. "A única razão por que Kenneth conseguiu o emprego a que eu me candidatei é porque ele é afro-americano". "Se você olhar atentamente, vai perceber que Jill se esforça muito para evitar o trabalho". A intenção por trás de cada ato de depreciação é diminuir o outro, de forma que a pessoa, por comparação, seja colocada em uma posição favorável.

Acusação, a segunda forma de um mecanismo de salvaguarda agressiva, é a tendência a acusar os outros pelas próprias falhas e a buscar vingança, salvaguardando, assim, uma autoestima tênue. "Eu queria ser um artista, mas meus pais me forçaram a ir para a escola médica. Agora tenho um trabalho que me faz infeliz." Adler (1956) acreditava existir um elemento de acusação agressiva em todos os estilos de vida doentios. Os indivíduos doentios, invariavelmente, agem para fazer as pessoas à sua volta sofrerem mais do que eles.

A terceira forma de agressão neurótica, a **autoacusação**, é marcada por autotortura e culpa. Alguns indivíduos usam a autotortura, incluindo masoquismo, depressão e suicídio, como um meio de atingir as pessoas que estão próximas a eles. A culpa costuma ser um comportamento agressivo e autoacusatório. "Sinto-me angustiado porque não fui mais gentil com minha avó enquanto ela ainda era viva. Agora é tarde demais."

A autoacusação é o inverso da depreciação, embora ambas visem a obter superioridade pessoal. Com a depreciação, as pessoas que se sentem inferiores desvalorizam os outros para que elas pareçam boas. Com a autoacusação, as pessoas desvalorizam a si mesmas para infligir sofrimento aos outros, ao mesmo tempo em que protegem seus próprios sentimentos aumentados de autoestima (Adler, 1956).

Retraimento

O desenvolvimento da personalidade pode ser interrompido quando as pessoas fogem das dificuldades. Adler se referiu a essa tendência como **retraimento**, ou salvaguarda por meio da distância. Algumas pessoas escapam inconscientemente dos problemas da vida estabelecendo uma distância entre elas e esses problemas.

Adler (1956) reconheceu quatro modos de salvaguarda por meio do retraimento: (1) retroceder, (2) ficar parado, (3) hesitar e (4) construir obstáculos.

Retroceder é a tendência a salvaguardar o próprio objetivo de ficção de superioridade regredindo psicologicamente para um período de vida mais seguro. O retrocesso é similar ao conceito de Freud de regressão, uma vez que ambos envolvem tentativas de retornar a fases da vida anteriores e mais confortáveis. Enquanto a agressividade ocorre de forma inconsciente e protege as pessoas contra experiências carregadas de ansiedade, o retrocesso pode, às vezes, ser consciente e direcionado para a manutenção de um objetivo inflado de superioridade. O retrocesso é concebido para obter simpatia, a atitude prejudicial oferecida tão generosamente para as crianças mimadas.

A distância psicológica também pode ser criada ao **ficar parado**. Tal tendência ao retraimento é semelhante a retroceder, mas, em geral, ela não é tão séria. As pessoas com essa tendência simplesmente não se movem, em qualquer direção que seja; assim, elas evitam todas as suas responsabilidades, garantindo-se contra qualquer ameaça de fracasso. Elas salvaguardam suas aspirações fictícias porque nunca fazem algo para provar que não podem alcançar seus objetivos. Uma pessoa que nunca se candidata à pós-graduação nunca poderá ter sua entrada negada; uma criança que se afasta das outras não será rejeitada por elas. Ao não fazer nada, as pessoas salvaguardam sua autoestima e se protegem contra o fracasso.

Intimamente relacionada a ficar parado, está **hesitar**. Algumas pessoas hesitam ou vacilam quando se defrontam com problemas difíceis. Sua procrastinação acaba lhes dando a desculpa: "Agora é tarde demais". Adler acreditava que a maioria dos comportamentos compulsivos é uma tentativa de perder tempo. O comportamento compulsivo de lavar as mãos, refazer os próprios passos, comportar-se de maneira obsessivamente ordenada, abandonar uma tarefa já iniciada e destruir um trabalho são exemplos de hesitação. Ainda que a hesitação possa parecer para as outras pessoas contraproducente, ela permite que os indivíduos neuróticos preservem seu senso inflado de autoestima.

A menos grave das tendências à salvaguarda com retraimento é **construir obstáculos**. Algumas pessoas constroem uma casa de palha para mostrar que conseguem derrubá-la. Ao superarem o obstáculo, elas protegem sua autoestima e seu prestígio. Se fracassam em construir a barreira, elas sempre podem recorrer a uma desculpa.

Em resumo, as tendências à salvaguarda são encontradas em quase todas as pessoas, mas, quando se tornam excessivamente rígidas, levam a comportamentos contraproducentes. As pessoas excessivamente sensíveis criam tendências à salvaguarda para minimizar seu medo de vergonha, para eliminar seus sentimentos de inferioridade exagerados e para obter autoestima. Entretanto, as tendências à salvaguarda são contraproducentes, porque seus objetivos inerentes de autointeresse e superioridade pessoal, na verdade, não garantem sentimentos autênticos de autoestima. Muitas pessoas não conseguem perceber que sua autoestima seria mais bem salvaguardada se elas abandonassem seu autointeresse e desenvolvessem um cuidado genuíno por outras pessoas. A ideia de Adler de tendências à salvaguarda e a noção de Freud de mecanismos de defesa são comparadas na Tabela 3.1.

Protesto viril

Em contraste com Freud, Adler (1930, 1956) acreditava que a vida psíquica das mulheres é essencialmente a mesma que a dos homens e que uma sociedade dominada pelos homens não é natural, mas um produto artificial do desenvolvimento histórico. De acordo com Adler, as práticas culturais e sociais – não a anatomia – influenciam muitos homens e mulheres a enfatizar excessivamente a importância de ser másculo, uma condição que ele chamou de **protesto viril**.

Origens do protesto viril

Em muitas sociedades, tanto homens quanto mulheres atribuem um valor inferior a ser mulher. Os meninos são, com frequência, ensinados cedo de que ser masculino significa ser corajoso, forte e dominante. O protótipo do sucesso para os meninos é vencer, ser poderoso e estar no topo. Em contraste, as meninas, com frequência, aprendem a ser passivas e a aceitar uma posição inferior na sociedade.

Algumas mulheres lutam contra seus papéis femininos, desenvolvendo uma orientação masculina e se tornando assertivas e competitivas; outras se revoltam adotando um papel passivo, tornando-se excessivamente desamparadas e obedientes; outras, ainda, mostram-se resignadas à crença de que são seres humanos inferiores, reconhecendo a posição privilegiada dos homens, transferindo as responsabilidades para eles. Cada um desses modos de adaptação resulta de influências culturais e sociais, e não das diferenças psíquicas inerentes entre os dois gêneros.

Adler, Freud e o protesto viril

No capítulo anterior, vimos que Freud (1924/1961) acreditava que "anatomia é destino" (p. 178) e que ele considerava as mulheres "'continente obscuro' para a psicologia" (Freud, 1926/1959b, p. 212). Além do mais, próximo ao final de sua vida, ele ainda estava perguntando: "O que quer uma mulher?" (E. Jones, 1955, p. 421). De acordo com Adler, essas atitudes em relação às mulheres seriam

---

TABELA 3.1

Comparação entre as tendências à salvaguarda e os mecanismos de defesa

Tendências à salvaguarda de Adler	Mecanismos de defesa de Freud
1. Limitadas, principalmente, à construção de um estilo de vida neurótico.	**1.** Encontrados em todas as pessoas.
2. Protegem a autoestima frágil da pessoa da vergonha pública.	**2.** Protegem o ego da dor da ansiedade.
3. Podem ser parcialmente conscientes.	**3.** Operam somente no nível inconsciente.
4. Os tipos comuns incluem:	**4.** Os tipos comuns incluem:
A. Desculpas	A. Repressão
B. Agressividade	B. Formação reativa
(1) Depreciação	C. Deslocamento
(2) Acusação	D. Fixação
(3) Autoacusação	E. Regressão
C. Retraimento	F. Projeção
(1) Retroceder	G. Introjeção
(2) Parar	H. Sublimação
(3) Hesitar	
(4) Construir obstáculos	

evidência de uma pessoa com um forte protesto viril. Em contraste com a visão de Freud, Adler assumia que as mulheres – porque elas têm as mesmas necessidades fisiológicas e psicológicas que os homens – querem mais ou menos as mesmas coisas que os homens querem.

Tais visões opostas sobre a feminilidade eram ampliadas ou acentuadas nas mulheres que Freud e Adler escolheram para se casar. Martha Bernays Freud era uma dona de casa subserviente e dedicada aos filhos e ao marido, e não tinha qualquer interesse na vida profissional de seu esposo. Em contraste, Raissa Epstein Adler era uma mulher muito independente, que abominava o papel doméstico tradicional, preferindo uma carreira ativa politicamente.

Durante os primeiros anos de seu casamento, Raissa e Alfred Adler tinham visões políticas bastante compatíveis, mas, com o tempo, essas visões divergiram. Alfred se tornou mais um capitalista, defendendo a responsabilidade pessoal, enquanto Raissa se envolveu na perigosa política comunista de sua Rússia nativa. Tal independência agradava a Adler, que era tão feminista quanto sua determinada esposa.

Aplicações da psicologia individual

Dividimos as aplicações práticas da psicologia individual em quatro áreas: (1) constelação familiar, (2) lembranças precoces, (3) sonhos e (4) psicoterapia.

Constelação familiar

Na terapia, Adler quase sempre indagava seus pacientes sobre sua constelação familiar, ou seja, sua ordem de nascimento, o gênero de seus irmãos e a diferença de idade entre eles. Ainda que a percepção das pessoas da situação em que nasceram seja mais importante do que a ordem numérica, Adler formulou algumas hipóteses gerais acerca da ordem de nascimento.

O primogênito, de acordo com Adler (1931), tem probabilidade de ter sentimentos intensificados de poder e superioridade, alta ansiedade e tendências superprotetoras. (Lembre-se de que Freud era o primeiro filho de sua mãe.) O primogênito ocupa uma posição única, sendo filho único por algum tempo e, então, tendo a vivência de ser destronado quando nasce um irmão. Esse evento modifica dramaticamente a situação e a visão que a criança tem do mundo.

Se o primogênito tem 3 anos ou mais quando nasce um irmão ou uma irmã, ele incorpora o destronamento a um estilo de vida previamente estabelecido. Se já desenvolveu um estilo de vida autocentrado, ele provavelmente sentirá hostilidade e ressentimento em relação ao novo bebê, mas, se formou um estilo cooperativo, ele acabará adotando essa mesma atitude em relação ao novo irmão. Se o primogênito tiver menos de 3 anos de idade, sua hostilidade e ressentimento serão, em grande parte, inconscientes, o que torna essas atitudes mais resistentes à mudança na vida posterior.

De acordo com Adler, o segundo filho (como ele próprio) começa a vida em melhor situação para desenvolver cooperação e interesse social. Até certo ponto, a personalidade do segundo filho é moldada por sua percepção da atitude do filho mais velho em relação a ele. Se essa atitude for de extrema hostilidade e vingança, o segundo filho pode se tornar altamente competitivo ou muito desencorajado. O segundo filho típico, no entanto, não se desenvolve em qualquer dessas direções. Em vez disso, amadurece em direção à competitividade moderada, tendo um desejo

Os irmãos podem se sentir superiores ou inferiores e adotar atitudes diferentes em relação ao mundo, dependendo, em parte, da ordem de nascimento.

Design Pics/Don Hammond

saudável de ultrapassar o rival mais velho. Se for alcançado algum sucesso, é provável que a criança desenvolva uma atitude revolucionária e sinta que qualquer autoridade pode ser desafiada. Mais uma vez, a interpretação da criança é mais importante do que sua posição cronológica.

Os filhos mais moços, acreditava Adler, são, com frequência, os mais mimados e, por conseguinte, correm um alto risco de serem crianças-problema. Eles têm probabilidade de apresentar fortes sentimentos de inferioridade e carecer de um senso de independência. No entanto, possuem muitas vantagens. Eles costumam ser altamente motivados para ultrapassar os irmãos mais velhos e se tornarem o melhor corredor, o melhor músico, o atleta mais hábil ou o aluno mais ambicioso. Os filhos únicos estão em uma posição peculiar de competição, não competindo com irmãos ou irmãs, mas com pai e mãe. Vivendo em um mundo adulto, é comum desenvolverem um senso exagerado de superioridade e um autoconceito inflado. Adler (1931) afirmou que os filhos únicos podem carecer de sentimentos

bem-desenvolvidos de cooperação e interesse social, possuem uma atitude parasitária e esperam que as outras pessoas os mimem e os protejam. Os traços típicos positivos e negativos de filhos mais velhos, segundos filhos, filhos mais moços e filhos únicos são apresentados na Tabela 3.2.

Lembranças precoces

Para compreender a personalidade dos pacientes, Adler pedia que revelassem suas **lembranças precoces** (LPs). Mesmo que acreditasse que as lembranças evocadas produzem indicações para a compreensão do estilo de vida dos pacientes, ele não considerava que essas lembranças tivessem um efeito causal. Não importa se as experiências relembradas correspondem à realidade objetiva ou se são completas fantasias. As pessoas reconstroem os eventos para torná-los coerentes com um tema ou padrão que ocorre ao longo de toda a vida.

Adler (1929/1969, 1931) insistia que as LPs sempre são coerentes com o estilo de vida atual das pessoas e que

TABELA 3.2

Visão de Adler de alguns possíveis traços segundo a ordem de nascimento

Traços positivos	Traços negativos
Filho mais velho	
Acolhedor e protetor com os outros Bom organizador	Alta ansiedade Sentimentos exagerados de poder Hostilidade inconsciente Luta pela aceitação Deve estar sempre "certo", enquanto os outros estão sempre "errados" Altamente crítico com os outros Não cooperativo
Segundo filho	
Altamente motivado Cooperativo Moderadamente competitivo	Altamente competitivo Facilmente desencorajado
Filho mais moço	
Realisticamente ambicioso	Estilo de vida mimado Dependente dos outros Deseja se sobressair em tudo Irrealisticamente ambicioso
Filho único	
Socialmente maduro	Sentimentos exagerados de superioridade Fracos sentimentos de cooperação Senso de *self* inflado Estilo de vida mimado

o relato subjetivo dessas experiências produz indicações para a compreensão de seu objetivo final e de seu estilo de vida atual. Como vimos na abertura do capítulo, uma das primeiras lembranças de Adler era do grande contraste entre a boa saúde de seu irmão Sigmund e sua própria condição de doente.

Se o pressuposto de Adler de que as LPs são um indicador válido do estilo de vida de uma pessoa, então essa lembrança deveria produzir indicações acerca do estilo de vida adulto de Adler. Primeiro, esse relato indica que ele deve ter se visto como desfavorecido, competindo corajosamente contra um adversário poderoso. No entanto, tal LP também indica que ele acreditava que tinha a ajuda dos outros. Receber o auxílio de outras pessoas teria dado a Adler a confiança para competir contra um rival poderoso. Tal confiança, associada a uma atitude competitiva, provavelmente foi transferida para sua relação com Freud, tornando essa associação frágil desde o início.

Adler (1929/1964) apresentou outro exemplo da relação entre as LPs e o estilo de vida. Durante a terapia, um homem de aparência bem-sucedida que desconfiava muito das mulheres relatou a seguinte LP: "Eu estava indo ao supermercado com a minha mãe e meu irmão pequeno. De repente começou a chover, e minha mãe me pegou no colo e, então, lembrando que eu era o mais velho, ela me colocou no chão e pegou meu irmão" (p. 123). Adler via que essa lembrança se relacionava diretamente com a atual desconfiança do homem em relação às mulheres. Tendo inicialmente obtido uma posição de favorito com sua mãe, ele acabou perdendo-a para seu irmão mais moço. Embora os outros possam alegar que o amam, eles, em seguida, irão retirar seu amor. Observe-se que Adler não acreditava que as experiências precoces da infância *causassem* a desconfiança atual que o homem tinha das mulheres, mas que seu estilo de vida desconfiado atual molda e influencia suas lembranças precoces.

Adler acreditava que pacientes altamente ansiosos com frequência projetam seu estilo de vida atual em sua lembrança de experiências infantis, recordando eventos temíveis e que produzem ansiedade, como ter sofrido um acidente de automóvel, perder os pais de forma temporária ou permanente, ou ser provocado por outras crianças. Em contraste, as pessoas autoconfiantes tendem a evocar lembranças que incluem relações agradáveis com outras pessoas. Em qualquer um dos casos, a experiência precoce não determina o estilo de vida. Adler acreditava que o oposto era verdadeiro; ou seja, as lembranças de experiências precoces são simplesmente moldadas pelo estilo de vida presente.

Sonhos

Ainda que os sonhos não possam prever o futuro, eles podem fornecer indicações para a solução de problemas futuros. No entanto, o sonhador, com frequência, não deseja resolver o problema de maneira produtiva. Adler (1956) relatou o sonho de um homem de 35 anos que estava considerando se casar. No sonho, o homem "atravessava a fronteira entre a Áustria e a Hungria, e eles queriam me prender" (p. 361). Adler interpretou que esse sonho significava que o sonhador queria permanecer parado, porque ele seria vencido se avançasse. Em outras palavras, o homem desejava limitar o alcance de sua atividade e não possuía um desejo profundo de mudar seu estado civil. Ele não queria ser "aprisionado" pelo casamento. Qualquer interpretação desse ou de qualquer sonho deve ser provisória e aberta à reinterpretação. Adler (1956) aplicou a regra de ouro da psicologia individual ao trabalho onírico, isto é, "tudo pode ser diferente" (p. 363). Se uma interpretação não parece correta, experimente outra.

Imediatamente antes da primeira viagem de Adler aos Estados Unidos, em 1926, ele teve um sonho vívido e ansioso que se relacionava de modo direto a seu desejo de difundir sua psicologia individual para um novo mundo e libertar-se das restrições de Freud e de Viena. Na noite anterior à sua partida para a América, Adler sonhou que estava a bordo do navio quando:

> De repente, ele virou e afundou. Tudo o que possuía no mundo estava nele e foi destruído pelas ondas violentas. Arremessado ao oceano, Adler foi forçado a nadar na luta pela vida. Sozinho, ele se debatia e lutava na água agitada. Mas, pela força de vontade e determinação, ele finalmente alcançou a terra em segurança. (Hoffman, 1994, p. 151)

Adler interpretou que esse sonho significava a necessidade de se armar de coragem para se aventurar em um novo mundo e romper com suas posses antigas.

Apesar de Adler acreditar que podia interpretar facilmente esse sonho, ele argumentava que a maioria dos sonhos é um autoengano e não é compreendida com facilidade pelo sonhador. Os sonhos são disfarçados para enganar o sonhador, dificultando a autointerpretação. Quanto mais o objetivo de um indivíduo é incompatível com a realidade, mais provavelmente seus sonhos serão usados para autoengano. Por exemplo, um homem pode ter o objetivo de atingir o topo, ficar por cima ou se tornar uma importante figura militar. Se ele possui um estilo de vida dependente, seu objetivo ambicioso pode ser expresso em sonhos de ser colocado sobre os ombros de outra pessoa ou ser morto com o tiro de um canhão. O sonho revela o estilo de vida, mas ele engana o sonhador se apresentando com uma noção irrealista e exagerada de poder e realização. Em contraste, uma pessoa mais corajosa e independente com ambições elevadas semelhantes pode sonhar que está voando sem auxílio ou que alcança um objetivo sem ajuda, assim como Adler fez quando sonhou que escapava de um navio afundando.

Psicoterapia

A teoria adleriana postula que a psicopatologia resulta da falta de coragem, de sentimentos exagerados de inferioridade e do interesse social subdesenvolvido. Assim, a finalidade principal da psicoterapia adleriana é aumentar a coragem, reduzir os sentimentos de inferioridade e encorajar o interesse social. Essa tarefa, no entanto, não é fácil, porque os pacientes lutam para manter a visão confortável de si mesmos. Para superar essa resistência à mudança, Adler, por vezes, perguntava aos pacientes: "O que você faria se eu lhe curasse imediatamente?". Essa pergunta geralmente forçava os pacientes a examinarem seus objetivos e verem que a responsabilidade por seu sofrimento atual é deles.

Adler, com frequência, usava o lema: "Todos podem alcançar tudo". Exceto por certas limitações impostas pela hereditariedade, ele acreditava firmemente nessa máxima e enfatizava de modo reiterado que o que as pessoas fazem com o que elas têm é mais importante do que o que elas possuem (Adler, 1925/1968, 1956). Por meio do uso do humor e da cordialidade, Adler procurava aumentar a coragem, a autoestima e o interesse social do paciente. Ele acreditava que uma atitude cordial e estimuladora por parte do terapeuta encoraja os pacientes a expandirem seu interesse social em cada um dos três problemas da vida: amor sexual, amizade e ocupação.

Adler inovou com um método peculiar de terapia com crianças problemáticas, tratando-as na frente de uma audiência de pais, professores e profissionais da saúde. Quando as crianças recebem terapia em público, elas entendem com maior prontidão que suas dificuldades são problemas da comunidade. Adler (1964) acreditava que esse procedimento aumentaria o interesse social das crianças, possibilitando que elas sentissem que pertencem a uma comunidade de adultos interessados. Adler tinha o cuidado de não acusar os pais pelo mau comportamento do filho. Em vez disso, ele trabalhava para ganhar a confiança dos pais e persuadi-los a mudar suas atitudes em relação à criança.

Ainda que Adler fosse muito ativo no estabelecimento do objetivo e da direção da psicoterapia, ele mantinha uma atitude amistosa e permissiva em relação ao paciente. Ele se posicionava como um parceiro acolhedor, abstinha-se da pregação moralista e atribuía um grande valor aos relacionamentos humanos. Cooperando com seus terapeutas, os pacientes estabelecem contato com outra pessoa. A relação terapêutica desperta o interesse social do paciente da mesma maneira que as crianças adquirem interesse social com seus pais. Depois de despertado, o interesse social dos pacientes deve se propagar para a família, os amigos e as pessoas fora da relação terapêutica (Adler, 1956).

Pesquisa relacionada

A teoria adleriana continua gerando uma quantidade moderada de pesquisas. Por exemplo, alguns pesquisadores argumentaram recentemente que o uso de mídias sociais como Facebook, Instagram e Twitter serve ao propósito de aumentar *Gemeinschaftsgefühl* (Bluvshtein, Kruzic, & Massaglia, 2015). Os tópicos mais amplamente pesquisados na teoria de Adler, no entanto, foram a ordem de nascimento, as

lembranças precoces e a busca pela superioridade. Cada um desses temas pode servir como fonte potencialmente rica para a compreensão de vários conceitos adlerianos.

Ordem de nascimento, inteligência, desempenho acadêmico e personalidade

Embora tenha sido o primo de Charles Darwin, Francis Galton, quem primeiro propôs a ideia de que a ordem de nascimento era importante para os resultados da vida, especialmente para a realização na carreira, foi Adler quem primeiro teve uma teoria geral da personalidade que incorporou a ordem de nascimento. Somente depois de Adler, os psicólogos começaram sistematicamente a estudar os efeitos da ordem de nascimento na personalidade humana e nos resultados da vida. Lembre-se de que as principais previsões de Adler sobre a ordem de nascimento eram que os filhos primogênitos deveriam possuir um forte sentimento de superioridade, ser ansiosos e superprotetores. Os filhos nascidos em segundo lugar, por outro lado, devem ser mais pró-sociais e ter sentimentos mais fortes de interesse social. Finalmente, os filhos nascidos por último, por serem mimados, podem não ter um senso de independência e, em vez disso, ter um maior senso de inferioridade.

Infelizmente, a pesquisa sobre ordem de nascimento e personalidade sempre foi um tanto controversa e cheia de descobertas contraditórias, e a maioria delas não abordou as previsões específicas de Adler ou encontrou apoio inconsistente para elas. Simplificando, não há uma descoberta ou tendência geral quando se trata de como a ordem de nascimento afeta nossas vidas e nossa personalidade. Os resultados dependem de vários fatores, incluindo como os resultados são medidos (desempenho acadêmico, inteligência, atitude ou personalidade) e quais aspectos da personalidade são medidos.

Para começar, os resultados são importantes. A influência que a ordem de nascimento tem na inteligência e nos resultados acadêmicos e profissionais tende a ser mais forte do que sua influência na personalidade. Sir Francis Galton observou pela primeira vez que os primogênitos na Inglaterra do século XIX tendiam a ser os mais eminentes cientistas, escritores, poetas, pintores, músicos e políticos, o que não é surpreendente, uma vez que a sociedade inglesa proporcionou aos homens primogênitos (brancos) uma quantidade excessiva de privilégios (Galton, 1892/2012). Pesquisas confirmaram que os primogênitos alcançam melhores resultados educacionais e profissionais, independentemente do sexo, do que os nascidos mais tarde (Barclay, 2015; Booth & Kee, 2008; de Haan, 2005; Eckstein et al., 2010; Lehmann, Nuevo-Chiquero, & Vidal-Fernandez, 2018; Paulhus, Trapnell, & Chen, 1999). Um estudo interessante envolvendo crianças adotadas *versus* não adotadas examinou se fatores biológicos ou sociais explicavam a relação entre ordem de nascimento e nível educacional

(Barclay, 2015). Como os primogênitos adotados e não adotados atingiram níveis educacionais mais altos, Barclay argumentou que isso mostra que a associação é mais de dinâmica social e familiar do que de origem biológica. Da mesma forma, Lehmann e colaboradores (2018) descobriram que o efeito da ordem de nascimento na escolaridade se deve em grande parte ao aumento da estimulação cognitiva da mãe para os filhos primogênitos.

Da mesma forma, há uma associação pequena, mas consistente, mostrando que, independentemente do sexo, os primogênitos tendem a obter alguns pontos a mais nos testes de QI do que os nascidos mais tarde (Damian & Roberts, 2015; Rohrer, Eggloff, & Schmulke, 2015, 2017). Para aprofundar, Roher e colaboradores (2015) examinaram mais de 20.000 participantes em amostras nacionais dos Estados Unidos, Grã-Bretanha e Alemanha e encontraram efeitos pequenos, mas robustos, com inteligência (QI) e intelecto. O intelecto foi medido com perguntas autorrelatadas, como "Sou rápido em entender as coisas" ou "Sou alguém ávido por conhecimento". Em outra amostra nacional em grande escala, Damian e Roberts (2015) analisaram dados longitudinais de mais de 260.000 estudantes do ensino médio dos Estados Unidos, excluindo filhos únicos e gêmeos. Eles também avaliaram idade, sexo, número de irmãos, estrutura familiar (lares com os dois ou com só um dos pais) e *status* socioeconômico dos pais para descartar essas variáveis como explicações. A ordem de nascimento foi categorizada como "primeiro" ou "posterior". Damian e Roberts descobriram relações muito pequenas ou inexistentes (média $r = 0,02$) entre a ordem de nascimento e traços de personalidade autoavaliados, como sociabilidade, impulsividade, calma, autoconfiança e liderança. Diferenças de idade, sexo, estrutura familiar, *status* socioeconômico e número de irmãos não afetaram os resultados. A relação com a inteligência, no entanto, era maior, mas ainda pequena (média $r = 0,08$), com os primogênitos tendo pontuações de QI ligeiramente mais altas, em média, do que os nascidos mais tarde. Além disso, pesquisas sobre as chamadas "Cinco Grandes" dimensões da personalidade (extroversão, neuroticismo, abertura, amabilidade e conscienciosidade) e a ordem de nascimento consistentemente relatam relação pequena ou ausente (Bleske-Rechek & Kelley, 2014; Damian & Roberts, 2015; Mozommil et al., 2018; Roher et al., 2015). Em outras palavras, a teoria de Adler de que os primogênitos deveriam ter maior ansiedade (neuroticismo) não encontra apoio. Alguns estudos, no entanto, apoiaram a teoria de Adler de que crianças nascidas mais tarde deveriam ser mais socialmente interessadas ou pró-sociais (Paulhus et al., 1999; Salmon, Cuthbertson, & Figuerdo, 2016).

Embora a pesquisa encontre pouco efeito da ordem de nascimento nas cinco dimensões principais da personalidade, outros pesquisadores relataram relações significativas com aspectos mais específicos da personalidade, principalmente a rebeldia (Paulhus et al., 1999). Em 1996, Frank Sulloway publicou *Born to rebel: birth order, family dinamics and creative lives* (Nascido para se rebelar: ordem de nascimento, dinâmica familiar e vidas criativas), no qual ele apresentava um argumento evolutivo para os efeitos da ordem de nascimento na personalidade. Os irmãos, escreveu ele, competem por um recurso importante e frequentemente escasso: a afeição e a atenção parental. O sucesso dos filhos nessa competição reflete estratégias que impactam suas personalidades, e a posição na ordem de nascimento prediz esses traços de personalidade estratégicos. Dando apoio à teoria de Adler, Sulloway propôs que os primogênitos têm mais probabilidade de serem orientados para a realização, ansiosos e conformistas, enquanto os nascidos posteriormente tendem a ser mais aventureiros, abertos à experiência, inovadores e rejeitam o *status quo*. No final das contas, eles precisam encontrar uma forma de ganhar o amor de seus pais que seja diferente da de seu irmão mais velho. Assim, "Olhe *isto*, mãe!" é provável de ser o grito de guerra de quem nasceu depois. De fato, a análise histórica de Sulloway constatou que os cientistas não primogênitos tinham muito mais probabilidade de aceitar novas teorias radicais e revolucionárias do que os cientistas primogênitos. Estes últimos preferem teorias convencionais e já estabelecidas. Outra pesquisa confirmou essa constatação nos juízes da Suprema Corte dos Estados Unidos: os juízes primogênitos dos Estados Unidos são mais vinculados às regras e conservadores em comparação com os juízes não primogênitos (McGuire, 2015).

Em resumo, a pesquisa apoia a conclusão geral de que a ordem de nascimento parece ser mais importante em alguns resultados do que em outros e em alguns traços de personalidade do que outros. Em termos gerais, a ordem de nascimento parece estar mais relacionada aos resultados intelectuais e educacionais/profissionais e menos aos traços de personalidade (exceto rebeldia).

Lembranças precoces e escolha da carreira

As LPs predizem a escolha da carreira entre os jovens estudantes? Adler acreditava que a escolha da carreira refletia a personalidade de uma pessoa. "Se sou chamado para orientação vocacional, sempre pergunto ao indivíduo em que ele era interessado durante seus primeiros anos de vida. Suas lembranças desse período mostram conclusivamente em que ele se treinou de modo mais contínuo" (Adler, 1958, conforme citado em Kasler & Nevo, 2005, p. 221). Os pesquisadores inspirados por Adler, portanto, previram que o tipo de carreira que o indivíduo escolhe quando adulto com frequência está refletido em suas lembranças mais precoces.

Para testar essa hipótese, Jon Kasler e Ofra Nevo (2005) coletaram as lembranças mais precoces de 130 participantes. Essas lembranças foram, então, codificadas por dois juízes sobre o tipo de carreira que a lembrança refletia. As lembranças foram classificadas com o uso dos tipos de interesse vocacional de Holland (1973), a saber: realista, investigativo, artístico, social, empreendedor e convencional (ver Tabela 3.3 para a descrição desses tipos de interesse). Por exemplo, uma LP que reflete um interesse pela carreira social mais tarde na vida foi: "Fui para o jardim de infância pela primeira vez com 4 ou 5 anos. Não me lembro de meus sentimentos naquele dia, mas fui com a minha mãe e, no momento em que cheguei, conheci meu primeiro amigo, um menino com o nome de P. Tenho uma imagem clara de P. brincando nas grades e, de alguma forma, eu me juntei a ele. Eu me diverti o dia todo" (Kasler & Nevo, 2005, p. 226). Essa LP está centrada em torno da interação social e dos relacionamentos. Um exemplo de uma LP que reflete um interesse pela carreira realista foi: "Quando era pequeno, eu gostava de desmontar as coisas, especialmente aparelhos elétricos. Um dia quis descobrir o que havia dentro da televisão, então decidi pegar uma faca e abri-la. Como era muito pequeno, eu não tinha força e, de qualquer forma, meu pai me pegou e gritou comigo" (Kasler & Nevo, 2005, p. 225).

TABELA 3.3

Qualidades dos seis tipos de carreira de Holland: realista, investigativo, artístico, social, empreendedor e convencional

Realista
- Gosta de trabalhar com animais, ferramentas ou máquinas; em geral, evita atividades sociais, como ensinar, curar e informar os outros.
- Possui boas habilidades no trabalho com ferramentas, em desenhos mecânicos ou elétricos, em máquinas ou plantas e animais.
- Valoriza coisas práticas que se pode ver, tocar e usar, como plantas e animais, ferramentas, equipamento ou máquinas.
- Vê-se como prático, mecânico e realista.

Investigativo
- Gosta de estudar e resolver problemas de matemática ou ciências; em geral, evita liderar, vender ou persuadir as pessoas.
- É bom em compreender e resolver problemas de ciências e matemática.
- Valoriza as ciências.
- Vê-se como preciso, científico e intelectual.

Artístico
- Gosta de realizar atividades criativas, como arte, teatro, artesanato, dança, música ou literatura; em geral, evita atividades altamente ordenadas e repetitivas.
- Possui boas habilidades artísticas em literatura, teatro, artesanato, música ou arte.
- Valoriza as artes criativas, como teatro, música, arte ou obras literárias.
- Vê-se como expressivo, original e independente.

Social
- Gosta de fazer coisas para ajudar as pessoas, tais como ensinar, cuidar ou prestar primeiros socorros, transmitir informações; em geral, evita o uso de máquinas, ferramentas ou animais para atingir um objetivo.
- É bom em ensinar, aconselhar, cuidar ou transmitir informações.
- Valoriza ajudar as pessoas e resolver problemas sociais.
- Vê-se como prestativo, amigável e confiável.

Empreendedor
- Gosta de liderar e persuadir as pessoas e de vender objetos e ideias; em geral, evita atividades que requerem observação cuidadosa e pensamento científico e analítico.
- É bom em liderar pessoas e vender objetos ou ideias.
- Valoriza o sucesso na política, na liderança ou nos negócios.
- Vê-se como dinâmico, ambicioso e sociável.

Convencional
- Gosta de trabalhar com números, registros ou máquinas de maneira determinada e ordenada; em geral, evita atividades ambíguas, não estruturadas.
- É bom no trabalho com registros escritos e números de forma sistemática e ordenada.
- Valoriza o sucesso nos negócios.
- Vê-se como organizado e bom em seguir um plano estabelecido.

O interesse pela carreira dos participantes foi avaliado por uma medida de autorrelato, o questionário Self-Directed Search (SDS) (Holland, 1973). O SDS mede os interesses vocacionais, os quais foram categorizados de forma independente dentro dos mesmos seis tipos de Holland em que as LPs foram incluídas. Os pesquisadores, assim, tinham as LPs e os interesses adultos pela carreira, ambos classificados em seis tipos de carreiras, e eles queriam verificar se as LPs se correlacionavam com o interesse pela carreira.

Kasler e Nevo (2005) constataram que as LPs na infância combinavam com o tipo de carreira quando adultos, pelo menos para os três tipos de carreira que estavam bem-representados em sua amostra (realista, artístico e social). A direção geral do caminho da carreira de um participante podia ser identificada a partir de temas vistos nas LPs. Essas vinhetas estão coerentes com a visão de Adler das LPs e demonstram como o estilo de vida pode se relacionar com a escolha ocupacional.

Finalmente, conselheiros de carreira baseados em Adler desenvolveram uma entrevista que pergunta sobre modelos de vida precoce, interesse em filmes e livros, *hobbies* e lembranças que ajudam os conselheiros a orientar as pessoas em direção a carreiras que correspondam à sua personalidade e estilo de vida (Taber & Biddick, 2011).

Distinguindo o narcisismo como busca pela superioridade *versus* autoestima como busca pelo sucesso

Batizado em homenagem ao mito grego de Narciso, um caçador que se apaixonou por seu próprio reflexo na água, o narcisismo foi discutido por Freud e muitos outros teóricos, e hoje esse construto é operacionalizado na psicologia por meio de escalas de narcisismo. Altas pontuações nessas escalas tendem a revelar uma personalidade que se sente superior aos outros e tem direito ao prestígio e à admiração dos outros. Adler foi creditado por dar uma contribuição importante para nossa compreensão do narcisismo (Ansbacher, 1985). O registro histórico mostra que a ideia de "protesto viril" de Adler influenciou significativamente a teorização de Freud sobre o narcisismo. Além disso, a teoria da personalidade de Adler forneceu a base para nossa compreensão moderna de que um narcisista é alguém que não tem interesse social.

Para um narcisista e para alguém que Adler acreditava ser motivado pela busca pela superioridade pessoal, o bem-estar dos outros gera pouca ou nenhuma preocupação. O esforço dessa pessoa está centrado em ser reconhecida como *melhor do que* todos os outros, para ser "o melhor". Mas isso é apenas uma busca saudável de estima? Existe uma crença comum de que o narcisismo é simplesmente uma forma exagerada de alta autoestima. Todas as pessoas desejam vencer, certo? De fato, a sociedade americana moderna valoriza especialmente a autoestima das crianças, e alguns psicólogos expressaram preocupação de que o hábito dos pais americanos de elogiar seus filhos por serem extraordinários não esteja aumentando a autoestima saudável (o que, na visão de Adler, envolveria lutar pelo sucesso, mas não à custa de outros), mas sim criando uma geração de narcisistas que se sentem no direito a privilégios e carecem de humildade (p. ex., Twenge & Campbell, 2009).

Brummelman, Thomaes e Sedikides (2016) forneceram recentemente uma análise teórica da distinção entre narcisismo e autoestima que se encaixa muito bem na perspectiva de Adler. Para esses psicólogos, o narcisismo, uma orientação de personalidade mal-adaptativa e doentia, difere dramaticamente da autoestima, uma abordagem adaptativa e saudável do eu. Eles argumentam que tanto o narcisismo quanto a autoestima têm suas origens na internalização das crianças do respeito de seus cuidadores. No entanto, esse aspecto é caracterizado de forma diferente quando está subjacente ao narcisismo e não à autoestima. Ou seja, a supervalorização dos pais leva a uma crença fundamental de que "sou superior aos outros". Em contraste, a cordialidade dos pais leva a uma crença fundamental de que "eu sou digno". Essas duas crenças fundamentais diferentes sobre o eu não são igualmente resilientes. Como escrevem os autores, "Embora todos possam ser dignos, nem todos podem ser superiores" (Brummelman et al., 2016, p. 10). A precariedade dos sentimentos de superioridade pessoal pode explicar a necessidade que muitos narcisistas parecem ter de que outros validem sua superioridade.

Críticas a Adler

A teoria de Adler, como a de Freud, produziu muitos conceitos que não se prestam facilmente à verificação ou à comprovação. Por exemplo, embora a pesquisa tenha mostrado de forma consistente uma relação entre as lembranças da primeira infância e o estilo de vida atual de uma pessoa (Clark, 2002), esses resultados não corroboram a noção de Adler de que o estilo presente molda as LPs do indivíduo. Uma explicação causal alternativa também é possível; isto é, as experiências precoces podem causar o estilo de vida atual. Assim, um dos conceitos mais importantes de Adler – o pressuposto de que o estilo de vida presente determina as LPs, em vez do contrário – é difícil de verificar ou refutar.

Outra função de uma teoria útil é *gerar pesquisa*, e, segundo esse critério, classificamos a teoria de Adler como acima da média. Boa parte da pesquisa sugerida pela psicologia individual investigou as LPs, o interesse social e o estilo de vida. Arthur J. Clark (2002), por exemplo, cita evidências que mostram que as LPs se relacionam a uma miríade de fatores de personalidade, incluindo dimensões de transtornos da personalidade, escolha profissional, estilo explanatório e processos e resultados da psicoterapia. Além disso, a teoria de Adler encorajou os pesquisadores a construírem várias escalas de interesse social, por exemplo, a Escala de Interesse Social (Crandall, 1975, 1981), o Índice de Interesse Social (Greever, Tseng, & Friedland, 1973) e a Escala de Interesse Social de Sulliman (Sulliman, 1973). A atividade de pesquisa sobre essas escalas, a ordem de nascimento, as LPs e o estilo de vida conferem à teoria adleriana uma classificação como moderada a alta quanto à sua *capacidade de gerar pesquisa*.

Como a teoria adleriana *organiza o conhecimento* dentro de uma estrutura significativa? Em geral, a psicologia individual é ampla o suficiente para abranger possíveis explicações para muito do que é conhecido sobre o comportamento e o desenvolvimento humano. Mesmo os comportamentos autoderrotistas e incoerentes podem ser enquadrados na estrutura da luta pela superioridade. A visão prática de Adler dos problemas vitais nos permite classificar sua teoria como alta na capacidade de extrair um sentido do que conhecemos sobre o comportamento humano.

Também classificamos a teoria adleriana como alta em sua capacidade de *orientar a ação*. A teoria serve ao psicoterapeuta, ao professor e aos pais como diretriz para a solução de problemas práticos em uma variedade de contextos. Os praticantes adlerianos reúnem informações por meio de relatos sobre a ordem de nascimento, os sonhos, as LPs, as dificuldades na infância e as deficiências físicas. Eles, então, usam essas informações para compreender o estilo de vida de uma pessoa e aplicar técnicas específicas que irão aumentar a responsabilidade individual do paciente e ampliar sua liberdade de escolha.

A psicologia individual é *internamente coerente*? Ela inclui um conjunto de expressões definidas operacionalmente? Mesmo que a teoria adleriana seja um modelo para autocoerência, ela sofre de uma falta de *definições operacionais precisas*. Expressões como *objetivo de superioridade* e *força criativa* não possuem definição científica. Em nenhum dos trabalhos de Adler elas são definidas de forma operacional, e o pesquisador irá procurar em vão por definições precisas que se prestem ao estudo rigoroso. A expressão *força criativa* é especialmente ilusória. O que é essa força mágica que toma os materiais brutos da hereditariedade e do ambiente e molda uma personalidade única? Como a força criativa se transforma em ações ou operações específicas que o cientista precisa para desenvolver uma investigação? Infelizmente, a psicologia individual é um tanto filosófica – até mesmo moralista – e não oferece respostas a tais perguntas.

O conceito de força criativa é muito atraente. Provavelmente, a maioria das pessoas prefere acreditar que elas são compostas de algo mais do que as interações da hereditariedade e do ambiente. Muitas pessoas sentem, intuitivamente, que possuem algum agente (alma, ego, *self*, força criativa) dentro delas que lhes permite fazer escolhas e criar seu estilo de vida. No entanto, mesmo sendo tão convidativo, o conceito de força criativa é simplesmente uma ficção e não pode ser estudado no âmbito científico. Devido à falta de definições operacionais, portanto, classificamos a psicologia individual como baixa em coerência interna.

O critério final de uma teoria útil é a simplicidade, ou *parcimônia*. Segundo esse padrão, classificamos a psicologia individual como estando em torno da média. Ainda que os escritos desajeitados e desorganizados de Adler se desviem da classificação da teoria em relação à parcimônia, o trabalho de Ansbacher e Ansbacher (Adler, 1956, 1964) tornou a psicologia individual mais parcimoniosa.

 ## Conceito de humanidade

Adler acreditava que as pessoas são, basicamente, autodeterminadas e que elas moldam suas personalidades a partir do significado que dão a suas experiências. O material constituinte da personalidade é fornecido pela hereditariedade e pelo ambiente, porém a força criativa molda esse material e o coloca em uso. Adler, com frequência, enfatizava que o uso que as pessoas fazem de suas habilidades é mais importante do que a qualidade destas. A hereditariedade dota as pessoas com certas habilidades, e o ambiente lhes dá a oportunidade de melhorá-las, mas somos, em última análise, responsáveis pelo emprego que damos a essas habilidades.

Adler também acreditava que as interpretações feitas acerca das próprias experiências são mais importantes do que as experiências em si. Nem o passado nem o futuro determinam o comportamento presente. Em vez disso, as pessoas são motivadas por suas percepções atuais do passado e suas expectativas presentes sobre o futuro. Essas percepções não correspondem, necessariamente, à realidade, e, como Adler (1956) afirmou, "os significados não são determinados pelas situações, mas nos determinamos por meio dos significados que damos às situações" (p. 208).

As pessoas se movem para a frente, motivadas por objetivos futuros, em vez de por instintos inatos ou forças causais. Esses objetivos futuros costumam ser rígidos e irrealistas, mas a liberdade pessoal dos indivíduos lhes permite reformular seus objetivos e, assim, mudar suas vidas. As pessoas criam suas personalidades e são capazes de alterá-las aprendendo novas atitudes. Tais atitudes incluem uma compreensão de que a mudança pode ocorrer, que nenhuma outra pessoa ou circunstância é responsável pelo que o indivíduo é e que os objetivos pessoais devem estar subordinados ao interesse social.

Ainda que nosso objetivo final seja relativamente fixo durante a primeira infância, permanecemos livres para mudar nosso estilo de vida a qualquer momento. Como o objetivo é fictício e inconsciente, podemos estabelecer e perseguir metas temporárias. Tais metas momentâneas não estão rigidamente circunscritas pelo objetivo final, mas são criadas por nós apenas como soluções parciais. Adler (1927) expressou essa ideia da seguinte forma: "Precisamos entender que as reações da alma humana não são finais e absolutas. Cada resposta é apenas parcial, temporariamente válida, mas de forma alguma deve ser considerada uma solução final de um problema" (p. 24). Em outras palavras, mesmo que nosso objetivo final seja estabelecido durante a infância, somos capazes de mudar em qualquer ponto da vida. Contudo, Adler defendia que nem todas as nossas escolhas são conscientes e que o estilo de vida é criado por meio de escolhas conscientes e inconscientes.

Adler acreditava que, em última análise, as pessoas são responsáveis pela própria personalidade. A força criativa das pessoas é capaz de transformar sentimentos de inadequação em interesse social ou no objetivo autocentrado da superioridade pessoal. Essa capacidade significa que as pessoas permanecem livres para escolher entre a saúde psicológica e a neurose. Adler considerava a postura autocentrada como patológica e estabeleceu o interesse social como o padrão de maturidade psicológica. As pessoas sadias possuem um alto nível de interesse social, mas, durante suas vidas, elas permanecem livres para aceitar ou rejeitar a normalidade e se tornarem o que desejam.

Segundo as seis dimensões do conceito de humanidade listadas no Capítulo 1, classificamos Adler como muito alto em *livre escolha e otimismo*; muito baixo em *causalidade*; moderado em *influências inconscientes*; e alto em *fatores sociais* e na *singularidade* dos indivíduos. Em suma, Adler sustentava que as pessoas são criaturas sociais autodeterminadas, que se movem para a frente e são motivadas por ficções presentes para lutar pela perfeição para si mesmas e para a sociedade.

Termos-chave e conceitos

- As pessoas iniciam a vida com uma força de luta inata e deficiências físicas, as quais se combinam para produzir *sentimentos de inferioridade.*
- Esses sentimentos estimulam as pessoas a estabelecer um *objetivo* para a superação de sua inferioridade.
- As pessoas que se veem como tendo mais do que sua parcela de deficiências físicas ou que experimentam um estilo de vida mimado ou negligenciado *supercompensam* essas deficiências e têm probabilidade de apresentarem sentimentos exagerados de inferioridade, de lutarem pelo ganho pessoal e de estabelecerem objetivos irrealisticamente altos.
- As pessoas com sentimentos normais de inferioridade *compensam* tais sentimentos por meio da cooperação com os outros e desenvolvendo um alto nível de interesse social.
- *Interesse social*, ou uma profunda preocupação pelo bem--estar dos outros, é o único critério pelo qual as ações humanas devem ser julgadas.
- Os três problemas principais da vida – *amor pelo próximo, trabalho* e *amor sexual* – só podem ser resolvidos por meio do interesse social.

- Todos os comportamentos, mesmo aqueles que parecem incompatíveis, são *coerentes com o objetivo final de uma pessoa.*
- O comportamento humano não é moldado nem pelos eventos passados nem pela realidade objetiva, mas pela *percepção subjetiva* que as pessoas têm de uma situação.
- A hereditariedade e o ambiente fornecem o material de construção da personalidade, mas a *força criativa* das pessoas é responsável por seu estilo de vida.
- Todas as pessoas, mas especialmente as neuróticas, fazem uso de várias *tendências à salvaguarda*, tais como desculpas, agressividade e retraimento, como tentativas conscientes ou inconscientes de proteger os sentimentos inflados de superioridade contra a vergonha pública.
- O *protesto viril*, a crença de que os homens são superiores às mulheres, é uma ficção que reside na raiz de muitas neuroses, tanto para os homens quanto para as mulheres.
- A terapia adleriana usa a *ordem de nascimento*, as *lembranças precoces* e os *sonhos* para estimular a coragem, a autoestima e o interesse social.

Referências

Adler 1947

Adler, A. (1907/1917). *Study of organ inferiority and its psychical compensation.* New York: Nervous and Mental Disease Publishing.

Adler, A. (1925/1968). *The practice and theory of individual psychology.* Totowa, NJ: Littlefield Adams.

Adler, A. (1927). *Understanding human nature.* New York: Greenberg.

Adler, A. (1929/1964). *Problems of neurosis.* New York: Harper Torchbooks.

Adler, A. (1929/1969). *The science of living.* New York: Anchor Books.

Adler, A. (1930). Individual psychology. In C. Murchinson (Ed.), *Psychologies of 1930.* Worcester, MA: Clark University Press.

Adler, A. (1931). *What life should mean to you.* New York: Capricorn Books.

Adler, A. (1956). *The individual psychology of Alfred Adler: A systematic presentation in selections from his writings* (H. L. Ansbacher & R. R. Ansbacher, Eds.). New York: Basic Books.

Adler, A. (1964). *Superiority and social interest: A collection of later writings* (H. L. Ansbacher & R. R. Ansbacher, Eds.). New York: Norton.

Ansbacher, H. L. (1985). The significance of Alfred Adler for the concept of narcissism. *American Journal of Psychiatry, 142,* 203-207.

Barclay, K. J. (2015). Birth order and educational attainment: Evidence from fully adopted sibling groups. *Intelligence, 48,* 109-122. doi:10.1016/j.intell.2014.10.009.

Bleske-Rechek, A., & Kelley, J. A. (2014). Birth order and personality: A within-family test using independent self-reports from both first-born and laterborn siblings. *Personality and Individual Differences, 56,* 15-18. doi:10.1016/j.paid.2013.08.011.

Bluvshtein, M., Kruzic, M., & Massaglia, V. (2015). From netthinking to networking to netfeeling: Using social media to help people in job transitions. *The Journal of Individual Psychology, 71*(2), 143-154. doi:10.1353/jip.2015.0015

Booth, A. L., & Kee, H. J. (2008). Birth order matters: The effect of family size and birth order on educational attainment. *Journal of Population Economics, 22,* 367-397.

Bottome, P. (1939). *Alfred Adler: Apostle of freedom.* London: Faber & Faber.

Brummelman, E., Thomaes, S., & Sèdikides, C. (2016). Separating narcissism from self-esteem. *Current Directions in Psychological Science, 25,* 8-13.

Clark, A. J. (2002). *Early recollections: Theory and practice in counseling and psychotherapy.* New York: Brunner-Routledge.

Crandall, J. E. (1975). A scale for social interest. *Individual Psychology, 31,* 187-195.

Crandall, J. E. (1981). *Theory and measurement of social interest: Empirical tests of Alfred Adler's concept.* New York: Columbia University Press.

Damian, R. I., & Roberts, B. W. (2015). The associations of birth order with personality and intelligence in a representative sample of U.S. high school students. *Journal of Research in Personality, 58,* 96-105. doi:10.1016/j.jrp.2015.05.005.

de Haan, M. (2005). *Birth order, family size and educational attainment.* Tinbergen Institute Discussion paper, No. 05-116/3. Amsterdam: Tinbergen Institute.

Ellenberger, H. F. (1970). *The discovery of the unconscious.* New York: Basic Books.

Fiebert, M. S. (1997). In and out of Freud's shadow: A chronology of Adler's relationship with Freud. *Journal of Individual Psychology, 53,* 241-269.

Freud, S. (1924/1961). The dissolution of the Oedipus complex. In *Standard edition* (Vol. 19).

Freud, S. (1926/1959b). *The question of lay analysis.* In *Standard edition* (Vol. 20).

Galton, F. (1892/2012). *Hereditary genius: An inquiry into its laws and consequences.* London: MacMillan and Co. Reprinted in 2012 by Forgotten Books.

Greever, K. B., Tseng, M. S., & Friedland, B. U. (1973). Development of the social interest index. *Journal of Consulting and Clinical Psychology, 41,* 454-458.

Grey, L. (1998). *Alfred Adler, the forgotten prophet: A vision for the 21st century.* Westport, CT: Praeger.

Handlbauer, B. (1998). *The Freud-Adler controversy.* Oxford, England: Oneworld.

Hoffman, E. (1994). *The drive for self: Alfred Adler and the founding of individual psychology.* Reading, MA: Addison-Wesley.

Holland, J. (1973). *Making vocational choices: A theory of careers.* Englewood Cliffs, NJ: Prentice-Hall.

Jones, E. (1953, 1955, 1957). *The life and work of Sigmund Freud* (Vols. 1-3). New York: Basic Books.

Kasler, J., & Nevo, O. (2005). Early recollections as predictors of study area choice. *Journal of Individual Psychology, 61,* 217-232.

Lehmann, J-Y. K., Nuevo-Chiquero, A., & Vidal-Fernandez, M. (2018). The early origins of birth order differences in children's outcomes and parental behavior. *The Journal of Human Resources, 53,* 123-156.

McGuire2015

McGuire, K. T. (2015). Birth order, preferences, and norms on the U.S. Supreme Court. *Law and Society Review, 49,* 945-972. doi:10.1111/lasr.12169.

Mosak, H., & Maniacci, M. (1999). *A primer of Adlerian psychology: The analytic-behavioralcognitive psychology of Alfred Adler.* Philadelphia: Brunner/Mazel.

Paulhus, D. L., Trapnell, P. D., & Chen, D. (1999). Birth order effects on personality and achievement within families. *Psychological Science, 10,* 482-488.

Rattner, J. (1983). *Alfred Adler* (H. Zohn, Trans.). New York: Frederick Ungar.

Sulliman, J. R. (1973). The development of a scale for the measurement of social interest. *Dissertation Abstracts International, 34*(6-B), 2914.

Taber, B. J., & Briddick, W. C. (2011). Adlerian-based career counseling in an age of protean careers. *Journal of Individual Psychology, 67,* 107-121.

Twenge, J. M., & Campbell, W. K. (2009). *The narcissism epidemic: Living in the age of entitlement.* New York, NY: Free Press.

Vaihinger, H. (1911/1925). *The philosophy of "as if."* New York: Harcourt, Brace.

CAPÍTULO 4

Jung: Psicologia Analítica

- ◆ *Panorama da psicologia analítica*
- ◆ *Biografia de Carl Jung*
- ◆ *Níveis da psique*
  Consciente
  Inconsciente pessoal
  Inconsciente coletivo
  Arquétipos
- ◆ *Dinâmica da personalidade*
  Causalidade e teleologia
  Progressão e regressão
- ◆ *Tipos psicológicos*
  Atitudes
  Funções
- ◆ *Desenvolvimento da personalidade*
  Estágios do desenvolvimento
  Autorrealização
- ◆ *Métodos de investigação de Jung*
  Teste de associação de palavras
  Análise dos sonhos
  Imaginação ativa
  Psicoterapia
- ◆ *Pesquisa relacionada*
  Tipo de personalidade e liderança
  Tipo de personalidade entre clérigos e frequentadores de igrejas

Hulton Archive/Getty Images

Uma análise crítica do Indicador Tipológico Myers-Briggs (MBTI)
Crítica teórica
Crítica empírica
O MBTI continua popular apesar das críticas
- ◆ *Críticas a Jung*
- ◆ *Conceito de humanidade*
- ◆ *Termos-chave e conceitos*
- ◆ *Referências*

médico de meia-idade estava sentado em frente à sua escrivaninha em profunda contemplação e preocupação. Um relacionamento de seis anos com um amigo mais velho e mentor havia terminado recentemente, com animosidade, e o médico se sentia frustrado e inseguro quanto a seu futuro. Ele já não tinha mais confiança em seu modo de tratar os pacientes e começou a simplesmente deixá-los falar, não oferecendo qualquer conselho específico ou tratamento.

Durante alguns meses, o médico vinha apresentando sonhos bizarros e inexplicáveis e tendo visões estranhas e misteriosas. Nada disso parecia fazer sentido para ele. Ele se sentia perdido e desorientado – não tendo certeza se o trabalho para o qual havia sido treinado era ou não ciência de fato.

Sendo um artista um tanto talentoso, ele começou a ilustrar seus sonhos e visões, com pouca ou nenhuma compreensão do que o produto final poderia significar. Ele também anotou suas fantasias, sem realmente tentar entendê-las.

Em um dia em particular, ele começou a ponderar: "O que realmente estou fazendo?". Ele duvidava que seu trabalho fosse ciência, mas não estava certo sobre o que era. De repente, para seu espanto, ouviu uma voz feminina clara e distinta que vinha de dentro dele dizer: "Isso é arte". Ele reconheceu a voz como a de uma paciente talentosa que tinha fortes sentimentos positivos por ele. Ele protestou, dizendo à voz que seu trabalho não era arte, mas não obteve resposta imediata. Então, voltando a escrever, ele ouviu novamente a voz dizer: "Isso é arte". Quando tentou argumentar com a voz, não houve resposta. Ele pensou que "a mulher interna" não possuía um centro de fala; portanto, sugeriu que ela fizesse uso dele. Ela fez isso, e, em seguida, houve uma prolongada conversa.

O médico de meia-idade que conversava com a "mulher interna" era Carl Gustav Jung, e a época era o inverno de 1913 a 1914. Jung, antes disso, tinha sido admirador e amigo de Sigmund Freud, mas, quando surgiram as diferenças teóricas, o relacionamento pessoal entre os dois se rompeu, deixando Jung com sentimentos amargos e um profundo sentimento de perda.

Essa história é apenas uma das muitas ocorrências estranhas e bizarras experimentadas por Jung durante sua "confrontação com o inconsciente" na metade de sua vida. Um interessante relato de sua jornada incomum até os recessos de sua psique é encontrado na autobiografia de Jung, *Memórias, sonhos, reflexões* (Jung, 1961).

Panorama da psicologia analítica

Antes colega de Freud, Carl Gustav Jung rompeu com a psicanálise ortodoxa para estabelecer uma teoria da personalidade distinta denominada **psicologia analítica**, que se baseia no pressuposto de que fenômenos ocultos podem influenciar e, de fato, influenciam as vidas de todos. Jung acreditava que cada um de nós é motivado não somente por experiências reprimidas, mas também por certas experiências de tom emocional herdadas de nossos ancestrais. Essas imagens herdadas compõem o que Jung chamou de *inconsciente coletivo*. O inconsciente coletivo inclui aqueles elementos que nunca experimentamos, de modo individual, mas que chegaram até nós provenientes de nossos ancestrais.

Alguns elementos do inconsciente coletivo tornaram-se altamente desenvolvidos e são chamados de *arquétipos*. O arquétipo mais inclusivo é a noção de autorrealização, que pode ser alcançada apenas pela obtenção de um equilíbrio entre as várias forças opostas da personalidade. Assim, a teoria de Jung é um compêndio de opostos. As pessoas são introvertidas e extrovertidas; racionais e irracionais; masculinas e femininas; conscientes e inconscientes; e impelidas por eventos passados ao mesmo tempo em que são atraídas por expectativas futuras.

Este capítulo examina com alguns detalhes a longa e colorida vida de Carl Jung e usa fragmentos de sua história de vida para ilustrar seus conceitos e teorias. A noção de Jung do inconsciente coletivo torna sua teoria uma das mais intrigantes de todas as concepções da personalidade.

Biografia de Carl Jung

Carl Gustav Jung nasceu em 26 de julho de 1875, em Kesswil, uma vila em Lake Constance, na Suíça. Seu avô paterno, o Carl Gustav Jung mais velho, era um médico proeminente em Basileia e um dos homens mais conhecidos daquela cidade. Um boato local sugeria que o Carl Jung patriarca era filho ilegítimo do grande poeta alemão Goethe. Ainda que o Jung mais velho nunca tenha reconhecido o que dizia o boato, o jovem Jung, pelo menos às vezes, acreditava que fosse bisneto de Goethe (Ellenberger, 1970).

Ambos os pais de Jung eram os mais jovens de 13 filhos, uma situação que pode ter contribuído para algumas das dificuldades que eles tiveram em seu casamento. O pai de Jung, Johann Paul Jung, era ministro da Igreja Suíça Reformada, e sua mãe, Emilie Preiswerk Jung, era filha de um teólogo. Na verdade, oito dos tios maternos de Jung e dois de seus tios paternos eram pastores; portanto, religião e medicina foram prevalentes em sua família. A família da mãe de Jung tinha uma tradição de espiritualismo e misticismo, e seu avô materno, Samuel Preiswerk, acreditava no oculto e, com frequência, conversava com os mortos. Ele mantinha uma cadeira vazia para o fantasma de sua primeira esposa e tinha conversas constantes e íntimas com ela. Compreensivelmente, essas práticas incomodavam sobremaneira a sua segunda esposa.

Os pais de Jung tiveram três filhos, um nascido antes de Carl, mas que viveu somente três dias, e uma filha nove anos mais moça do que Carl. Assim, o começo da vida de Jung foi de filho único.

Jung (1961) descrevia seu pai como um idealista sentimental com fortes dúvidas quanto à sua fé religiosa. Ele via sua mãe como tendo duas disposições separadas. Por um lado, ela era realista, prática e afetiva, mas, por outro, era instável, mística, clarividente, arcaica e implacável. Sendo uma criança emocional e sensível, Jung se identificava mais com o segundo lado de sua mãe, o qual ele chamava de personalidade nº 2 ou personalidade noturna (Alexander, 1990). Aos 3 anos de idade, Jung foi separado de sua mãe, que teve que ser hospitalizada por vários meses, e essa separação abalou profundamente o jovem Carl. Por muito tempo depois disso, ele se sentia desconfiado sempre que a palavra "amor" era mencionada. Anos depois, ele ainda associava "mulher" à inconfiabilidade, enquanto a palavra "pai" significava confiável, mas impotente (Jung, 1961).

Antes do quarto aniversário de Jung, sua família se mudou para um subúrbio de Basileia. É desse período que provém seu sonho mais precoce. Tal sonho, que viria a ter um efeito profundo posteriormente em sua vida e em seu conceito de um inconsciente coletivo, será descrito adiante.

Durante seus anos escolares, Jung, de forma gradual, tomou conhecimento de dois aspectos separados de seu *self*, os quais ele denominou personalidades nº 1 e nº 2. Incialmente, ele via as duas personalidades como partes de seu próprio mundo pessoal, mas, durante a adolescência, tomou conhecimento da personalidade nº 2 como um reflexo de outra coisa que não era ele: um velho já há muito tempo morto. Naquela época, Jung não compreendia de todo essas forças separadas, mas, em anos posteriores, reconheceu que a personalidade nº 2 tinha estado em contato com sentimentos e intuições que a personalidade nº 1 não percebia. Entre seus 16 e 19 anos, a personalidade nº 1 de Jung emergiu como mais dominante. Quando sua personalidade consciente do dia a dia prevaleceu, ele pôde se concentrar na escola e na carreira. Na teoria de Jung sobre atitudes, a sua personalidade nº 1 era extrovertida e em consonância com o mundo objetivo, enquanto a personalidade nº 2 era introvertida e direcionada internamente para seu mundo subjetivo. Assim, durante seus primeiros anos escolares, Jung era principalmente introvertido, mas, quando chegou a época de se preparar para uma profissão e cumprir outras responsabilidades objetivas, ele se tornou mais extrovertido, uma atitude que prevaleceu até que ele passou por uma crise na metade da vida e entrou em um período de extrema introversão.

A primeira opção profissional de Jung era arqueologia; contudo, ele também era interessado em filologia, história, filosofia e ciências naturais. Apesar de uma origem um tanto aristocrática, Jung possuía recursos financeiros limitados (Noll, 1994). Forçado pela falta de dinheiro a frequentar uma escola próxima de casa, ele se matriculou na Universidade de Basileia, onde não havia professor de arqueologia. Tendo que escolher outro campo de estudo, Jung optou pelas ciências naturais, porque, por duas vezes,

ele havia sonhado ter feito descobertas importantes no mundo natural (Jung, 1961). Sua escolha por uma carreira acabou se afunilando para a medicina. Tal escolha tornou-se ainda mais delimitada quando ele ficou sabendo que a psiquiatria lidava com fenômenos subjetivos (Singer, 1994).

Enquanto Jung estava em seu primeiro ano da escola médica, seu pai faleceu, deixando-o com os cuidados de sua mãe e irmã. Também enquanto ainda estava na escola médica, começou a participar de uma série de sessões espíritas com parentes da família Preiswerk, incluindo sua prima Helene, a qual alegava que podia se comunicar com pessoas mortas. Jung participou dessas sessões principalmente como um membro da família, mas depois, quando escreveu sua dissertação médica sobre fenômenos ocultos, relatou que tais sessões tinham sido experimentos controlados (McLynn, 1996).

Após completar sua formação médica na Universidade de Basileia em 1900, Jung se tornou psiquiatra assistente de Eugene Bleuler no Hospital Psiquiátrico de Burghöltzli, em Zurique, possivelmente o mais prestigioso hospital-escola psiquiátrico do mundo na época. De 1902 a 1903, Jung estudou por seis meses em Paris com Pierre Janet, sucessor de Charcot. Quando voltou para a Suíça, em 1903, casou-se com Emma Rauschenbach, uma jovem mulher sofisticada de uma família suíça rica. Dois anos depois, enquanto continuava com suas funções no hospital, começou a ensinar na Universidade de Zurique e a atender pacientes em seu consultório particular.

Jung leu a *Interpretação dos sonhos* de Freud (Freud, 1900/1953) logo em seguida que ela foi publicada, mas não ficou muito interessado nisso (Singer, 1994). Quando releu o livro alguns anos depois, teve maior entendimento das ideias de Freud e foi movido a começar a interpretar os próprios sonhos. Em 1906, Jung e Freud deram início a uma correspondência constante (ver McGuire & McGlashan, 1994). No ano seguinte, Freud convidou Carl e Emma Jung para irem a Viena. Imediatamente, Freud e Jung desenvolveram forte respeito e afeição mútua, conversando, em seu primeiro encontro, durante 13 horas seguidas, indo até as primeiras horas da madrugada. Nessa maratona de conversas, Martha Freud e Emma Jung se ocuparam com uma conversa cortês (Ferris, 1997).

Freud achava que Jung era a pessoa ideal para ser seu sucessor. Ao contrário de outros homens do círculo de amigos e seguidores de Freud, Jung não era judeu nem vienense. Além disso, Freud tinha sentimentos pessoais de afeto por Jung e o considerava um homem de grande inteligência. Essas qualificações motivaram Freud a escolhê-lo como o primeiro presidente da Associação Psicanalítica Internacional.

Em 1909, G. Stanley Hall, presidente da Universidade Clark e um dos primeiros psicólogos dos Estados Unidos, convidou Jung e Freud para fazerem uma série de conferências na Universidade Clark, em Worcesser, Massachusetts. Com Sándor Ferenczi, outro psicanalista, os dois homens viajaram para os Estados Unidos, a primeira de nove visitas de Jung ao país (Bair, 2003). Durante sua viagem de sete semanas e enquanto estavam em contato diário, uma tensão subjacente entre Jung e Freud começou a se desenvolver lentamente. Essa tensão pessoal não diminuiu quando os dois, então famosos psicanalistas, começaram a interpretar os sonhos um do outro, um passatempo que provavelmente criaria tensão em qualquer relacionamento.

Em *Memórias, sonhos e reflexões*, Jung (1961) alegou que Freud não estava disposto a revelar detalhes sobre sua vida pessoal – detalhes que Jung precisava para interpretar um dos sonhos de Freud. De acordo com o relato de Jung, quando indagado sobre detalhes íntimos, Freud protestou: "Mas não posso arriscar minha autoridade!" (Jung, 1961, p. 158). Naquele momento, Jung concluiu que Freud, na verdade, havia perdido sua autoridade, "aquela frase ardeu em minha memória, e nela o fim de nosso relacionamento já estava prenunciado" (p. 158).

Jung também afirmou que, durante a viagem para os Estados Unidos, Freud não conseguiu interpretar os sonhos dele, em especial um que parecia conter um material rico do seu inconsciente coletivo. Posteriormente, discutiremos esse sonho em mais detalhes, mas, aqui, apenas apresentamos os aspectos do sonho que podem se relacionar a alguns dos problemas que Jung teve durante toda a vida com as mulheres. Nesse sonho, Jung e sua família estavam morando no segundo andar de sua casa, quando ele decidiu explorar os níveis até então desconhecidos da residência. No nível inferior de sua moradia, ele se deparou com uma caverna, onde encontrou "dois crânios humanos, velhos e praticamente desintegrados" (p. 159).

Depois que Jung descreveu o sonho, Freud ficou interessado nos dois crânios, mas não como material do inconsciente coletivo. Em vez disso, insistiu para que Jung associasse os crânios a algum desejo. A quem Jung desejava a morte? Ainda não confiando totalmente em seu próprio julgamento e sabendo o que Freud esperava, Jung disse a Freud que desejava que sua esposa e cunhada morressem, porque elas eram as opções mais plausíveis.

Ainda que a interpretação de Jung de seu sonho possa ser bem mais precisa do que a de Freud, é bem possível que Jung, de fato, desejasse a morte de sua esposa. Naquela época, Jung não era "recém-casado", mas estava casado há quase sete anos e, durante os cinco anos anteriores, ele esteve envolvido em um relacionamento íntimo com uma ex-paciente chamada Sabina Spielrein. Frank McLynn (1996) alegou que o "complexo materno" de Jung tinha feito com que ele nutrisse animosidade em relação à sua esposa, porém uma explicação mais provável é que Jung precisava de mais do que uma mulher para satisfazer os dois aspectos de sua personalidade.

Entretanto, as duas mulheres que compartilharam a vida de Jung por quase 40 anos foram sua esposa Emma e outra ex-paciente chamada Antonia (Toni) Wolff (Bair, 2003). Emma Jung parecia se relacionar melhor com a personalidade nº 1 de Jung, enquanto Toni Wolff estava mais em contato com a personalidade nº 2. O relacionamento de três vias nem sempre era amigável, mas Emma Jung percebia que Toni Wolff podia fazer mais por Carl do que ela (ou qualquer outra pessoa) e se manteve grata a Wolff (Dunne, 2000).

Ainda que Jung e Wolff não tenham feito tentativas de esconder seu relacionamento, o nome de Toni Wolff não aparece na autobiografia de Jung publicada postumamente, *Memórias, sonhos e reflexões*. Alan Elms (1994) descobriu que Jung havia escrito um capítulo inteiro sobre Toni, mas ele nunca foi publicado. É provável que a ausência do nome de Wolff se deva aos ressentimentos que os filhos dele tinham em relação a ela. Eles se lembravam de quando ela teve um caso abertamente com seu pai e, como adultos com algum poder de veto sobre o que aparecia na autobiografia de Jung, eles não estavam dispostos a perpetuar o conhecimento do caso.

De qualquer forma, existe pouca dúvida de que Jung necessitava de outras mulheres além de sua esposa. Em uma carta a Freud datada de 30 de janeiro de 1910, Jung escreveu: "O pré-requisito para um bom casamento, o que me parece, é a autorização para ser infiel" (McGuire, 1974, p. 289).

Quase imediatamente depois que Freud e Jung retornaram de sua viagem aos Estados Unidos, as diferenças pessoais e teóricas se tornaram mais intensas, ao mesmo tempo em que a amizade esfriava. Em 1913, eles interromperam sua correspondência pessoal e, no ano seguinte, Jung se demitiu da presidência e, logo depois, retirou sua filiação da Associação Psicanalítica Internacional.

O rompimento de Jung com Freud pode estar relacionado a eventos não discutidos em *Memórias, sonhos e reflexões* (Jung, 1961). Em 1907, Jung escreveu a Freud sobre sua "admiração ilimitada" por ele e confessou que sua veneração "tem algo do caráter de uma paixão 'religiosa'" e que possuía uma "nuance erótica inegável" (McGuire, 1974, p. 95). Jung continuou sua confissão, dizendo: "Esse sentimento abominável provém do fato de que, quando menino, fui vítima de agressão sexual por um homem que eu reverenciava" (p. 95). Jung, na verdade, tinha 18 anos na época da agressão sexual e via o homem mais velho como um amigo paternal a quem ele podia confiar quase tudo. Alan Elms (1994) discutiu que os sentimentos eróticos de Jung por Freud – associados à sua experiência de agressão sexual por um homem mais velho antes adorado – pode ter sido uma das principais razões pelas quais Jung acabou rompendo com Freud. Elms ainda sugeriu que a rejeição de Jung das teorias sexuais de Freud pode ter se originado de seus sentimentos ambivalentes em relação ao médico vienense.

Os anos imediatamente seguintes ao rompimento com Freud foram preenchidos com solidão e autoanálise para Jung. De dezembro de 1913 até 1917, ele passou pela experiência mais profunda e perigosa de sua vida: uma jornada pelos subterrâneos de sua psique inconsciente. Marvin Goldwert (1992) se referiu a essa época na vida de Jung como um período de "doença criativa", um termo que Henri Ellenberger (1970) havia usado para descrever Freud nos anos que logo se sucederam à morte de seu pai. O período de Jung de "doença criativa" foi semelhante à autoanálise de Freud. Ambos começaram sua busca pelo *self* enquanto estavam por volta dos 30 anos ou início dos 40: Freud, como uma reação à morte de seu pai; Jung, em consequência de sua separação de seu pai espiritual, Freud. Os dois passaram por um período de solidão e isolamento e foram profundamente modificados por sua experiência.

Mesmo que a jornada de Jung ao inconsciente se mostrasse perigosa e dolorosa, ela também foi necessária e frutífera. Usando a interpretação dos sonhos e a imaginação ativa para se obrigar a essa viagem aos subterrâneos, Jung, por fim, conseguiu criar sua teoria singular da personalidade.

Durante esse período, ele anotou seus sonhos, fez desenhos deles, contou histórias para si mesmo e, depois, seguiu essas histórias sempre que elas avançavam. Por meio desses procedimentos, ele tomou conhecimento de seu inconsciente *pessoal.* (Ver Jung, 1979, e Dunne, 2000, para uma coleção de muitas de suas pinturas durante esse período.) Prolongando o método e se aprofundando mais, ele se deparou com os conteúdos do inconsciente coletivo: os arquétipos. Ouviu sua anima falar com ele como uma clara voz feminina; descobriu sua sombra, o lado mau da sua personalidade; falou com os arquétipos do sábio e da grande mãe; e por fim, quase no término da sua jornada, atingiu um tipo de renascimento psicológico chamado de *individuação* (Jung, 1961).

Apesar de Jung ter viajado para vários lugares em seu estudo da personalidade, ele continuou sendo um cidadão suíço, residindo em Küsnacht, perto de Zurique. Ele e sua esposa, que também era analista, tiveram cinco filhos, quatro meninas e um menino. Jung era cristão, mas não frequentava a igreja. Seus *hobbies* incluíam entalhe em madeira, escultura e navegar no lago Constance. Ele também mantinha um interesse ativo em alquimia, arqueologia, gnosticismo, filosofias orientais, história, religião, mitologia e etnologia.

Em 1944, tornou-se professor de psicologia médica na Universidade de Basileia, mas a saúde debilitada o forçou a renunciar a esse cargo no ano seguinte. Depois que sua esposa morreu, em 1955, ele foi predominantemente sozinho, o "velho sábio de Küsnacht". Morreu em 6 de junho de 1961, em Zurique, a poucas semanas do seu 86º aniversário. Na época de sua morte, a reputação de Jung era mundial, estendendo-se além da psicologia, para incluir a filosofia, a religião e a cultura popular (Brome, 1978).

Níveis da psique

Jung, assim como Freud, baseou sua teoria da personalidade no pressuposto de que a mente, ou psique, possui um nível consciente e um inconsciente. Diferentemente de Freud, no entanto, Jung afirmava de modo veemente que a porção mais importante do inconsciente se origina não das experiências pessoais do indivíduo, mas do passado distante da existência humana, um conceito que Jung denominava *inconsciente coletivo*. De menor importância para a teoria junguiana são o *consciente* e o *inconsciente pessoal*.

Consciente

De acordo com Jung, as imagens **conscientes** são aquelas percebidas pelo ego, enquanto os elementos inconscientes não possuem relação com o ego. A noção de Jung do **ego** é mais restritiva do que a de Freud. Jung entendia o ego como o centro da consciência, mas não como o centro da personalidade. O ego não é toda a personalidade, mas precisa ser completado pelo *self* mais abrangente, o centro da personalidade, que é, em grande parte, inconsciente. Em uma pessoa psicologicamente saudável, o ego assume uma posição secundária ao *self* inconsciente (Jung, 1951/1959a). Assim, a consciência desempenha um papel relativamente menor na psicologia analítica, e uma ênfase excessiva em expandir a psique consciente pode levar ao desequilíbrio psicológico. Os indivíduos saudáveis estão em contato com seu mundo consciente, porém também se permitem experimentar seu *self* inconsciente e, assim, obtêm a *individuação*, um conceito que discutiremos na seção intitulada Autorrealização.

Inconsciente pessoal

O **inconsciente pessoal** abrange todas as experiências reprimidas, esquecidas ou subliminarmente percebidas de um indivíduo. Ele contém memórias infantis e impulsos reprimidos, eventos esquecidos e experiências originalmente percebidas sob o limiar da consciência. O inconsciente pessoal é formado por experiências individuais e, portanto, é único para cada um. Algumas imagens no inconsciente pessoal podem ser lembradas com facilidade, outras são recordadas com dificuldade e há aquelas que estão além do alcance da consciência. O conceito de Jung do inconsciente pessoal difere pouco da visão de Freud do inconsciente e pré-consciente combinados (Jung, 1931/1960b).

Os conteúdos do inconsciente pessoal são denominados **complexos**. Um complexo é um conglomerado de ideias associadas carregadas de emoção. Por exemplo, as experiências de uma pessoa com a mãe podem ser agrupadas em torno de um centro emocional de forma que a mãe da pessoa, ou mesmo a palavra "mãe", desencadeie uma resposta emocional que bloqueia o fluxo tranquilo do pensamento. Os complexos são em grande parte pessoais, mas também podem ser parcialmente derivados da experiência coletiva da humanidade. Em nosso exemplo, o complexo materno não provém somente da relação pessoal com a mãe, mas também das experiências da espécie inteira com a mãe. Além disso, o complexo materno é formado, em parte, por uma imagem consciente que a pessoa tem da mãe. Assim, os complexos podem ser parcialmente conscientes e se originar do inconsciente pessoal e coletivo (Jung, 1928/1960).

Inconsciente coletivo

Em contraste com o inconsciente pessoal, que resulta das experiências individuais, o **inconsciente coletivo** possui raízes no passado ancestral de toda a espécie. Ele representa o conceito mais controverso de Jung e talvez o mais característico. Os conteúdos físicos do inconsciente coletivo são herdados e transmitidos de uma geração para a seguinte como potencial psíquico. As experiências dos ancestrais distantes com conceitos universais como Deus, mãe, água, terra, entre outros, foram transmitidos ao longo das gerações, de modo que as pessoas em todos os climas e tempos foram influenciadas por experiências de seus ancestrais primitivos (Jung, 1937/1959). Portanto, os conteúdos do inconsciente coletivo são mais ou menos os mesmos para as pessoas em todas as culturas (Jung, 1934/1959).

Os conteúdos do inconsciente coletivo não estão adormecidos, mas são ativos e influenciam os pensamentos, as emoções e as ações de uma pessoa. O inconsciente coletivo é responsável pelos mitos, pelas lendas e pelas crenças religiosas. Ele também produz "grandes sonhos", isto é, sonhos com significados que vão além do sonhador individual e que são cheios de significados para as pessoas de todos os tempos e lugares (Jung, 1948/1960b).

O inconsciente coletivo não se refere a ideias herdadas, mas à tendência inata dos humanos a reagir de uma maneira particular sempre que suas experiências estimulam uma tendência de resposta herdada biologicamente. Por exemplo, uma jovem mãe pode reagir de modo inesperado com amor e ternura a seu bebê recém-nascido, mesmo que antes ela tivesse sentimentos neutros ou negativos em relação ao feto. A tendência a responder faz parte do potencial inato da mulher ou do modelo herdado, porém esse potencial inato requer uma experiência individual antes que ele seja ativado. Os humanos, assim como outros animais, ingressam no mundo com predisposições herdadas a agir ou reagir de determinadas maneiras se suas experiências presentes tiverem contato com essas predisposições biologicamente determinadas. Por exemplo, um homem que se apaixona à primeira vista pode ficar muito surpreso e perplexo com as próprias reações. Sua amada pode não corresponder a seu ideal consciente de uma mulher, embora algo dentro dele o leve a ser atraído por ela. Jung sugeria que o inconsciente coletivo do homem continha impressões de mulher biologicamente determinadas e que essas impressões foram ativadas quando o homem viu pela primeira vez sua amada.

Quantas predisposições biologicamente determinadas os humanos possuem? Jung afirmou que as pessoas possuem tantas dessas tendências herdadas quantas são as situações típicas que elas têm na vida. Repetições incontáveis dessas situações típicas fizeram com que se tornassem parte da constituição biológica humana. A princípio, elas são *formas sem conteúdo*, representando meramente a possibilidade de certo tipo de percepção e ação" (Jung, 1937/1959, p. 48). Com mais repetição, essas formas começam a desenvolver algum conteúdo e emergem como *arquétipos* relativamente autônomos.

Arquétipos

Arquétipos são imagens antigas ou arcaicas que derivam do inconsciente coletivo. Eles são similares aos complexos, uma vez que são coleções de imagens associadas carregadas de emoção. Mas, enquanto os complexos são componentes individualizados do inconsciente pessoal, os arquétipos são generalizados e derivam dos conteúdos do inconsciente coletivo.

Os arquétipos também devem ser distinguidos dos *instintos*. Jung (1948/1960a) definiu **instinto** como um impulso físico inconsciente direcionado para a ação e considerava o arquétipo como a contrapartida psíquica de um instinto. Ao comparar os arquétipos com os instintos, Jung (1975) escreveu:

> Assim como os animais do mesmo tipo apresentam os mesmos fenômenos instintivos no mundo inteiro, o homem também apresenta as mesmas formas arquetípicas, independentemente de onde vive. Assim como os animais não têm necessidade de aprender suas atividades instintivas, também o homem possui seus padrões psíquicos primordiais e os repete de modo espontâneo, seja qual for o tipo de instrução. Considerando que o homem é consciente e capaz de introspecção, é bem possível que ele possa perceber seus padrões instintivos na forma de representações arquetípicas. (p. 152)

Em resumo, tanto os arquétipos quanto os instintos são determinados de modo inconsciente, e ambos podem ajudar a moldar a personalidade.

Os arquétipos têm uma base biológica, mas se originam por meio das experiências repetidas dos primeiros ancestrais humanos. O potencial para incontáveis números de arquétipos existe dentro de cada pessoa, e, quando uma experiência pessoal corresponde à imagem primordial latente, o arquétipo é ativado.

O arquétipo em si não pode ser representado diretamente, mas, quando ativado, ele se expressa de vários modos, em especial por meio de sonhos, fantasias e ilusões. Durante seu encontro na meia-idade com seu inconsciente, Jung teve muitos sonhos e fantasias arquetípicos. Com frequência, iniciava as fantasias imaginando que estava descendo em um profundo abismo cósmico. Ele conseguia entender muito pouco suas visões e seus sonhos naquela época, mas, *a posteriori*, quando começou a compreender que as imagens oníricas e as figuras das fantasias eram, na verdade, arquétipos, essas experiências assumiram um significado completamente novo (Jung, 1961).

Os sonhos são a principal fonte de material arquetípico, e certos sonhos oferecem o que Jung considerava a prova da existência do arquétipo. Tais sonhos produzem temas que poderiam não ser conhecidos do sonhador pela experiência pessoal. Os temas, muitas vezes, coincidem com aqueles conhecidos dos povos antigos ou dos nativos de tribos aborígenes contemporâneas.

Jung acreditava que as alucinações dos pacientes psicóticos também ofereciam evidências de arquétipos universais (Bair, 2003). Enquanto trabalhava como psiquiatra assistente em Burghöltzli, Jung observou um paciente esquizofrênico paranoide olhando o sol através da janela. O paciente implorou ao jovem psiquiatra para que também observasse.

> Ele disse que eu devia olhar para o sol com os olhos entreabertos e, então, conseguiria ver o falo do sol. Se eu movesse minha cabeça de um lado para o outro, o falo do sol se moveria também, aquela era a origem do vento. (Jung, 1931/1960b, p. 150)

Quatro anos depois, Jung se deparou com um livro do filólogo alemão Albrecht Dieterich que tinha sido publicado em 1903, vários anos depois que o paciente foi internado. O livro, escrito em grego, tratava de uma liturgia derivada do chamado papiro mágico de Paris, o qual descrevia um antigo rito dos adoradores de Mithras, o deus persa da luz. Nessa liturgia, o iniciado devia olhar para o sol até que conseguisse ver um tubo pendendo dele. O tubo, balançando de leste a oeste, era a origem do vento. O relato de Dieterich do falo do sol do culto mitraico era praticamente idêntico à alucinação do paciente psiquiátrico, que, certamente, não tinha conhecimento pessoal do antigo rito de iniciação. Jung (1931/1960b) apresentou muitos exemplos parecidos como prova da existência de arquétipos e do inconsciente coletivo.

Conforme observado no Capítulo 2, Freud também acreditava que as pessoas herdavam coletivamente predisposições para a ação. Seu conceito de *dotação filogenética*, no entanto, difere um pouco da formulação de Jung. Uma diferença foi que Freud olhava primeiro para o inconsciente pessoal e recorria à dotação filogenética somente quando as explicações individuais falhavam – como ele, por vezes, fez quando explicou o complexo de Édipo (Freud, 1933/1964). Em contraste, Jung colocava ênfase no inconsciente coletivo e empregava as experiências pessoais para completar a personalidade total.

A principal distinção entre os dois, porém, foi a diferenciação que Jung fez do inconsciente coletivo em forças autônomas, chamadas de *arquétipos*, cada uma com uma vida e uma personalidade própria. Ainda que exista um grande número de arquétipos como imagens vagas, apenas alguns se desenvolveram até o ponto em que puderam ser conceitualizados. Os mais notáveis deles incluem a persona, a sombra, a anima, o animus, a grande mãe, o velho sábio, o herói e o *self*.

Persona

O lado da personalidade que as pessoas apresentam ao mundo é designado como **persona**. O termo é bem escolhido porque se refere à máscara usada pelos atores no teatro antigo. O conceito de Jung de persona pode ter se originado de experiências com sua personalidade nº 1, a qual teve que fazer acomodações ao mundo externo. Para Jung, cada indivíduo deve projetar um papel particular, o que a sociedade dita para cada um de nós. Espera-se que um médico adote uma "atitude à beira do leito" característica, que um político mostre para a sociedade um rosto que consiga conquistar a confiança e os votos do povo, e que um ator exiba o estilo de vida demandado pelo público (Jung, 1950/1959).

Mesmo que a persona seja um aspecto necessário de nossa personalidade, não devemos confundir nossa face pública com nosso *self* completo. Se nos identificamos muito proximamente com nossa persona, permanecemos inconscientes de nossa individualidade e ficamos bloqueados para alcançar a *autorrealização*. É verdade que precisamos reconhecer a sociedade, mas, se nos identificamos em demasia com nossa persona, perdemos contato com nosso *self* interior e permanecemos dependentes das expectativas que a sociedade tem de nós. Para nos tornarmos saudáveis no âmbito psicológico, acreditava Jung, precisamos estabelecer um equilíbrio entre as demandas da sociedade e o que, de fato, somos. Esquecer a própria persona é subestimar a importância da sociedade, mas não estar consciente de nossa individualidade profunda é se tornar uma marionete da sociedade (Jung, 1950/1959).

Durante o quase rompimento de Jung com a realidade, de 1913 a 1917, ele lutou de forma árdua para permanecer em contato com sua persona. Ele sabia que precisava manter uma vida normal, e seu trabalho e sua família proporcionavam esse contato. Ele era frequentemente forçado a contar a si mesmo fatos básicos sobre quem ele era, como sobre ele ter um diploma de medicina, ter esposa e cinco filhos e morar em Küsnacht, Suíça, etc. Essa conversa interna manteve os pés de Jung enraizados no chão e assegurou-lhe que ele realmente existia.

Sombra

A **sombra**, o arquétipo da escuridão e da repressão, representa aquelas qualidades que não desejamos reconhecer e tentamos esconder de nós mesmos e dos outros. A sombra consiste em tendências moralmente censuráveis, além de inúmeras qualidades construtivas e criativas que, no entanto, somos relutantes em enfrentar (Jung, 1951/1959a).

Jung argumentava que, para sermos completos, precisamos nos esforçar de modo contínuo para conhecer nossa sombra e que essa busca é o nosso *primeiro teste de coragem*. É mais fácil projetar o lado negro de nossa personalidade nos outros, para ver neles a feiura e o mal que recusamos ver em nós mesmos. Lidar com a escuridão dentro de nós mesmos é alcançar a "conscientização da sombra". Infelizmente, a maioria de nós nunca se conscientiza da sombra e se identifica somente com o lado positivo de nossa personalidade. As pessoas que nunca se conscientizam de sua sombra podem, no entanto, ficar submetidas ao seu poder e levar vidas trágicas, constantemente se deparando com a "má sorte" e colhendo para si os frutos da derrota e do desencorajamento (Jung, 1954/1959a).

Em *Memórias, sonhos e reflexões*, Jung (1961) relatou um sonho que ocorreu na época de seu rompimento com Freud. Nesse sonho, sua sombra, um selvagem de pele escura, matava o herói, um homem chamado Siegfried, que representava o povo alemão. Jung interpretou que o sonho significava que ele não precisava mais de Sig Freud (Siegfried); assim, sua sombra realizou a tarefa construtiva de erradicar seu antigo herói.

Anima

Assim como Freud, Jung acreditava que todos os humanos são psicologicamente bissexuais e possuem um lado masculino e um lado feminino. O lado feminino dos homens se origina no inconsciente coletivo como um arquétipo e permanece extremamente resistente à consciência. Poucos homens tomam conhecimento de sua **anima**, porque essa tarefa requer grande coragem e é ainda mais difícil do que tomar conhecimento de sua sombra. Para dominar as projeções da anima, os homens precisam superar barreiras intelectuais, analisar os recônditos distantes de seu inconsciente e perceber o lado feminino de sua personalidade.

Conforme relatamos na vinheta de abertura deste capítulo, Jung encontrou sua anima pela primeira vez durante a jornada por sua psique inconsciente logo depois de seu rompimento com Freud. O processo de tomar conhecimento de sua anima foi o *segundo teste de coragem* de Jung. Como todos os homens, Jung só pôde reconhecer sua anima depois que aprendeu a se sentir confortável com sua sombra (Jung, 1954/1959a, 1954/1959b).

Em *Memórias, sonhos e reflexões*, descreveu vividamente essa experiência. Intrigado com sua "mulher interna", Jung (1961) concluiu que:

> Ela deve ser a "alma", no sentido primitivo, e comecei a especular sobre as razões por que o nome "anima" era dado à alma. Por que se pensava nela como feminina? Posteriormente, percebi que essa figura feminina interior desempenha um papel típico, ou arquetípico, no inconsciente de um homem, e a denominei "anima". A figura correspondente no inconsciente da mulher denominei "animus". (p. 186)

Jung acreditava que a anima se originava das experiências precoces dos homens com as mulheres – mães, irmãs e amantes – que se combinavam para formar uma imagem generalizada de mulher. Com o tempo, esse conceito global foi incluído no inconsciente coletivo de todos os homens como o arquétipo anima. Desde os tempos pré-históricos, cada homem veio ao mundo com um conceito predeterminado de mulher que dá forma e molda todas as suas relações com as mulheres. Um homem é especialmente inclinado a projetar sua anima em sua esposa ou amante e a vê-la não como ela realmente é, mas como seu inconsciente pessoal e coletivo a determinou. Essa anima pode ser a fonte de muito mal-entendido nas relações homem-mulher, mas também pode ser responsável pela mulher sedutora mística que existe na psique dos homens (Hayman, 2001; Hillman, 1985).

Um homem pode sonhar com uma mulher sem uma imagem definida e sem identidade particular. A mulher não representa alguém de sua experiência pessoal, mas entra em seu sonho proveniente das profundezas de seu inconsciente coletivo. A anima não precisa aparecer nos sonhos como uma mulher, mas pode ser representada por um sentimento ou humor (Jung, 1945/1953). Assim, ela influencia o lado do sentimento no homem e é a explicação para certos humores e sentimentos irracionais.

Figuras fictícias como Darth Vader e Voldemort são exemplos clássicos do arquétipo da sombra.
Stefano Buttafoco/Shutterstock, Eric Charbonneau/WireImage/Getty Images

Durante esses humores, um homem quase nunca admite que seu lado feminino esteja lançando seu feitiço; em vez disso, ou ignora a irracionalidade dos sentimentos ou tenta explicá-los de uma maneira masculina muito racional. Em qualquer um dos casos, ele nega que um arquétipo autônomo, a anima, seja responsável por esse humor.

Animus

O arquétipo masculino nas mulheres é chamado de **animus**. Enquanto a anima representa os humores e os sentimentos irracionais, o animus é simbólico do pensamento e do raciocínio. Ele é capaz de influenciar o pensamento de uma mulher, embora, na verdade, não pertença a ela. Ele pertence ao inconsciente coletivo e se origina dos encontros das mulheres pré-históricas com os homens. Em todo relacionamento homem-mulher, a mulher corre o risco de projetar as experiências de seus ancestrais distantes com pais, irmãos, amantes e filhos no homem desavisado. Além disso, é claro, suas experiências pessoais com os homens, enterradas em seu inconsciente pessoal, entram em suas relações com os homens. Juntando essas experiências com projeções da anima do homem e com imagens de seu inconsciente pessoal, teremos os ingredientes básicos de qualquer relacionamento homem-mulher.

Jung acreditava que o animus é responsável pelo pensamento e pela opinião nas mulheres, assim como a anima produz sentimentos e humores nos homens. O animus também é a explicação para o pensamento irracional e as opiniões ilógicas com frequência atribuídas às mulheres. Muitas opiniões mantidas pelas mulheres são objetivamente válidas, porém, de acordo com Jung, a análise detalhada revela que essas opiniões não foram pensadas, mas já existiam prontas. Se uma mulher é dominada por seu animus, nenhum apelo lógico ou emocional pode abalá-la de suas crenças pré-fabricadas (Jung, 1951/1959a). Assim como a anima, o animus aparece em sonhos, visões e fantasias sob uma forma personificada.

Grande mãe

Dois outros arquétipos, a grande mãe e o velho sábio, são derivativos da anima e do animus. Todos, homens ou mulheres, possuem um arquétipo da **grande mãe**. Esse conceito preexistente de mãe está sempre associado a sentimentos positivos e negativos. Jung (1954/1959c), por exemplo, falou da "mãe amorosa e terrível" (p. 82). A grande mãe, portanto, representa duas forças opostas – fertilidade e nutrição, por um lado, e força e destruição, por outro. Ela é capaz de produzir e manter a vida (fertilidade e nutrição), mas também pode devorar ou negligenciar sua prole (destruição). Lembre-se de que Jung viu sua própria mãe como tendo duas personalidades: uma amorosa e alimentadora; e outra misteriosa, arcaica e implacável.

Jung (1954/1959c) acreditava que nossa visão de uma mãe amorosa e terrível é, em grande parte, superestimada.

"Todas aquelas influências que a literatura descreve como exercidas sobre as crianças não provêm propriamente da mãe, mas do arquétipo projetado nela, o que lhe dá um *background* mitológico" (p. 83). Em outras palavras, a forte fascinação que a mãe tem para homens e mulheres, muitas vezes na ausência de uma relação pessoal íntima, foi tomada por Jung como evidência do arquétipo da grande mãe.

A dimensão da fertilidade e da nutrição do arquétipo da grande mãe é simbolizada por uma árvore, um jardim, um campo arado, o mar, o paraíso, uma casa, um país, uma igreja e objetos ocos, como fornos e utensílios de cozinha. Como a grande mãe também representa força e destruição, ela é, por vezes, simbolizada como uma madrinha, a Mãe de Deus, a Mãe Natureza, a Mãe Terra, uma madrasta ou uma bruxa. Um exemplo das forças opostas de fertilidade e destruição é o conto de fadas Cinderela, cuja fada madrinha é capaz de criar para ela um mundo de cavalos, carruagens, bailes elegantes e um príncipe encantado. Entretanto, a madrinha poderosa também pode destruir aquele mundo com as badaladas da meia-noite. Lendas, mitos, crenças religiosas, arte e obras literárias estão repletos de outros símbolos da grande mãe, uma pessoa que é tanto alimentadora quanto destruidora.

Fertilidade e força se combinam para formar o conceito de *renascimento*, o qual pode ser um arquétipo separado, porém sua relação com a grande mãe é óbvia. O renascimento é representado por processos como a reencarnação, o batismo, a ressurreição e a individuação ou a autorrealização. As pessoas por todo o mundo são movidas por um desejo de renascer, ou seja, de atingir a autorrealização, o nirvana, o paraíso ou a perfeição (Jung, 1952/1956, 1954/1959c).

Velho sábio

O **velho sábio**, arquétipo da sabedoria e do significado, simboliza o conhecimento preexistente dos humanos em relação aos mistérios da vida. Esse significado arquetípico, no entanto, é inconsciente e não pode ser diretamente experimentado por um único indivíduo. Políticos e outros que falam de modo autoritário - mas não de modo autêntico – com frequência soam sensíveis e sábios para outros que estão dispostos a ser enganados por seus próprios arquétipos do velho sábio. Da mesma maneira, o mago no *Mágico de Oz* de L. Frank Baum era um orador impressionante e cativante, cujas palavras, no entanto, soavam falsas. Um homem ou uma mulher dominada pelo arquétipo do velho sábio pode reunir um grande grupo de discípulos usando um discurso que soe profundo, mas que, na realidade, faz pouco sentido, porque o inconsciente coletivo não pode transmitir diretamente sua sabedoria para um indivíduo. Profetas políticos, religiosos e sociais que apelam para a razão e também para a emoção (os arquétipos são sempre matizados emocionalmente) são guiados por esse arquétipo inconsciente. O perigo para a sociedade surge quando as pessoas são influenciadas pelo pseudoconhecimento de um profeta poderoso e confundem um absurdo com uma verdadeira sabedoria. Lembre-se de que Jung via as pregações do próprio pai (um pastor) como pontificações vazias, não apoiadas por alguma convicção religiosa forte.

O arquétipo do velho sábio é personificado nos sonhos como pai, avô, professor, filósofo, guru, médico ou padre. Ele aparece nos contos de fada como o rei, o sábio ou o mágico que vem em auxílio do protagonista em dificuldade e, por meio da sabedoria superior, ajuda o protagonista a escapar de uma miríade de desventuras. O velho sábio também é simbolizado pela própria vida. A literatura está repleta de histórias de jovens deixando sua casa, aventurando-se no mundo, experimentando as provações e os sofrimentos da vida e, no final, adquirindo uma dose de sabedoria (Jung, 1954/1959a).

Herói

O arquétipo do **herói** é representado na mitologia e nas lendas como uma pessoa poderosa, às vezes semideus, que luta contra grandes adversidades para conquistar ou derrotar o mal na forma de dragões, monstros, serpentes ou demônios. No final, entretanto, o herói costuma ser anulado por alguma pessoa ou evento aparentemente insignificante (Jung, 1951/1959b). Por exemplo, Aquiles, o corajoso herói da guerra de Troia, foi morto por uma flecha em seu único ponto vulnerável: o calcanhar. Igualmente, Macbeth foi uma figura heroica com uma única falha trágica: a ambição. Essa ambição também foi a fonte de sua grandeza, mas contribuiu para seu destino e sua ruína. Os feitos heroicos podem ser realizados somente por alguém que é vulnerável, como Aquiles ou o personagem dos quadrinhos, Super-homem, cuja única fraqueza era o elemento químico criptonita. Uma pessoa imortal sem fraqueza não pode ser um herói.

A imagem do herói toca em um arquétipo dentro de nós, conforme demonstrado por nossa fascinação pelos heróis dos filmes, dos romances, das peças e dos programas de televisão. Quando o herói derrota o vilão, ele ou ela nos liberta de sentimentos de impotência e miséria, ao mesmo tempo servindo como modelo para a personalidade ideal (Jung, 1934/1954a).

A origem do tema do herói remonta ao início da história humana: o alvorecer da consciência. Ao derrotar o vilão, o herói está simbolicamente dominando as trevas da inconsciência pré-humana. A conquista da consciência foi uma das maiores realizações de nossos ancestrais, e a imagem do herói conquistador arquetípico representa a vitória sobre as forças das trevas (Jung, 1951/1959b).

Self

Jung acreditava que cada pessoa possui uma tendência herdada para avançar em direção ao crescimento, à perfeição e à completude, e ele denominou essa disposição inata de *self*. O mais abrangente de todos os arquétipos, o *self* é o *arquétipo dos arquétipos*, porque reúne os outros arquétipos e os une no processo de **autorrealização**. Assim como os demais arquétipos, ele possui componentes conscientes e inconscientes pessoais, porém é formado com mais frequência por imagens inconscientes coletivas.

Como arquétipo, o *self* é simbolizado pelas ideias de perfeição, completude e plenitude de uma pessoa, mas seu símbolo final é a **mandala**, a qual é descrita como um círculo dentro de um quadrado, um quadrado dentro de um círculo ou qualquer outra figura concêntrica. Ela representa os esforços do inconsciente coletivo pela unidade, pelo equilíbrio e pela plenitude.

O *self* inclui imagens do inconsciente pessoal e coletivo e, portanto, não deve ser confundido com o ego, que representa apenas a consciência. Na Figura 4.1, a consciência (ego) é representada pelo círculo externo e é apenas uma pequena parte da personalidade total; o inconsciente pessoal é representado pelo círculo do meio; o inconsciente coletivo, pelo círculo interno; e a totalidade dos três círculos simboliza o *self*. Apenas quatro arquétipos – persona, sombra, animus e anima – foram desenhados nessa mandala, e cada um foi idealmente representado com o mesmo tamanho. Para a maioria das pessoas, a persona é mais consciente do que a sombra, e a sombra pode ser mais acessível à consciência do que a anima e o animus. Conforme apresentado na Figura 4.1, cada arquétipo é em parte consciente, em parte inconsciente pessoal e em parte inconsciente coletivo.

O equilíbrio mostrado na Figura 4.1 entre consciência e o *self* total também é um tanto idealista. Muitas pessoas têm excesso de consciência e, assim, carecem da "centelha da alma" da personalidade; ou seja, elas não conseguem perceber a riqueza e a vitalidade de seu inconsciente pessoal e especialmente de seu inconsciente coletivo. Todavia, as pessoas que são dominadas por seu inconsciente tendem a ser patológicas, com personalidades unilaterais (Jung, 1951/1959a).

Ainda que o *self* quase nunca seja perfeitamente equilibrado, cada pessoa tem no inconsciente coletivo um conceito do *self* perfeito, unificado. A mandala representa o *self* perfeito, o arquétipo da ordem, da unidade e da totalidade. Como a autorrealização envolve integridade e totalidade, ela é representada pelo mesmo símbolo de perfeição (a mandala) que, por vezes, significa divindade. No inconsciente coletivo, o *self* aparece como uma personalidade ideal, às vezes assumindo a forma de Jesus Cristo, Buda, Krishna ou outras figuras deificadas.

Jung encontrou evidências para o arquétipo do *self* nos símbolos da mandala que aparecem em sonhos e fantasias de pessoas contemporâneas que nunca tiveram conhecimento de seu significado. Historicamente, as pessoas produziram incontáveis mandalas, sem parecer que tenham compreendido seu significado integral. Segundo Jung (1951/1959a), os pacientes psicóticos experimentam um número crescente de temas da mandala em seus sonhos no momento exato em que eles estão

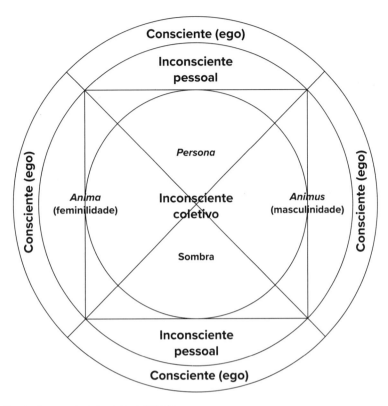

FIGURA 4.1 Concepção de Jung sobre a personalidade.

passando por um período grave de transtorno psíquico e essa experiência é mais uma prova de que as pessoas lutam pela ordem e pelo equilíbrio. É como se o símbolo inconsciente da ordem contrabalançasse a manifestação do transtorno.

Em resumo, o *self* inclui a mente consciente e inconsciente e une os elementos opostos da psique – masculino e feminino, bem e mal, luz e trevas. Tais elementos opostos, muitas vezes, são representados por yang e yin (ver Figura 4.2), enquanto o *self*, em geral, é simbolizado pela mandala. Este último tema representa unidade, totalidade e ordem, ou seja, *autorrealização*. A autorrealização completa é raramente atingida, mas, como um ideal, ela existe dentro do inconsciente coletivo de todos. Para atualizar ou experimentar integralmente o *self*, as pessoas precisam superar seu medo do inconsciente; impedir que sua persona domine sua personalidade; reconhecer o lado escuro de si mesmas (sua sombra); e, então, reunir coragem ainda maior para enfrentar sua anima ou animus.

Em uma ocasião durante sua crise da meia-idade, Jung teve uma visão na qual se defrontou com um homem velho de barba que estava vivendo com uma bela jovem cega e uma grande cobra negra. O velho explicou que ele era Elias e que a jovem era Salomé, ambos sendo figuras bíblicas. Elias tinha uma inteligência aguçada, embora Jung não o tenha entendido com clareza. Salomé despertou em Jung um sentimento de desconfiança, enquanto a serpente demonstrou uma afeição notável por Jung. Na época em que teve essa visão, Jung não conseguiu compreender seu significado, porém, muitos anos depois, acabou vendo as três figuras como arquétipos. Elias representava o velho sábio, aparentemente inteligente, mas não fazendo muito sentido; a Salomé cega era uma figura da anima, linda e sedutora, mas incapaz de ver o significado das coisas; e

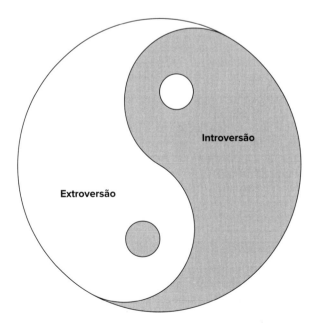

FIGURA 4.2 O yang e o yin.

a cobra era a contrapartida do herói, demonstrando uma afinidade por Jung, o herói da visão. Jung (1961) acreditava que ele tinha de identificar essas imagens inconscientes para que pudesse manter sua própria identidade e não se perder para as forças poderosas do inconsciente coletivo. Posteriormente, escreveu:

> A coisa essencial é se diferenciar desses conteúdos inconscientes, personificando-os e, ao mesmo tempo, trazê-los para a relação com a consciência. Essa é a técnica para reduzir ou anular sua força. (p. 187)

Dinâmica da personalidade

Nesta seção, examinamos as ideias de Jung sobre *causalidade* e *teleologia*, bem como sobre a *progressão* e *regressão*.

Causalidade e teleologia

A motivação se origina de causas passadas ou de objetivos teleológicos? Jung insistia que ela provém de ambos. *Causalidade* significa que os eventos presentes têm origem em experiências prévias. Freud baseava-se fortemente em um ponto de vista causal em suas explicações do comportamento adulto em termos das experiências infantis precoces (ver Cap. 2). Jung criticava Freud por ser parcial em sua ênfase sobre a causalidade e insistia que uma visão causal não poderia explicar toda a motivação. Em contrapartida, *teleologia* significa que os eventos atuais são motivados por objetivos e aspirações para o futuro que direcionam o destino de uma pessoa. Adler mantinha essa posição, insistindo que as pessoas são motivadas por percepções conscientes e inconsciente de objetivos finais fictícios (ver Cap. 3). Jung era menos crítico de Adler do que de Freud, mas defendia que o comportamento humano é moldado por *ambas*, tanto as forças causais quanto as teleológicas, e que as explicações causais devem ser equilibradas com as teleológicas.

A insistência de Jung sobre o equilíbrio é vista em sua concepção dos sonhos. Ele concordava com Freud no sentido de que muitos sonhos se originam de eventos passados, ou seja, eles são causados por experiências precoces. Todavia, Jung alegava que alguns sonhos podiam ajudar a pessoa a tomar decisões sobre o futuro, assim como os sonhos de fazer importantes descobertas em ciências naturais acabaram levando-o à sua própria escolha da carreira.

Progressão e regressão

Para atingir a autorrealização, as pessoas precisam adaptar-se não apenas a seu ambiente externo, mas também a seu mundo interno. A adaptação ao mundo externo envolve o avanço do fluxo da energia psíquica e é chamada de **progressão**, enquanto a adaptação ao mundo interno se baseia em um fluxo retroativo da energia psíquica e é chamada de **regressão**. Tanto a progressão quanto a regressão são essenciais se as pessoas querem atingir o crescimento individual ou a autorrealização.

A progressão inclina uma pessoa a reagir de modo coerente a determinado conjunto de condições ambientais, enquanto a regressão é um retrocesso necessário para o sucesso na obtenção de um objetivo. A regressão ativa a psique inconsciente, um auxílio essencial na solução da maioria dos problemas. Isoladamente, nem a progressão nem a regressão levam ao desenvolvimento. Cada uma pode ocasionar parcialidade excessiva e falha na adaptação; porém, as duas, trabalhando em conjunto, podem ativar o processo de desenvolvimento sadio da personalidade (Jung, 1928/1960).

A regressão é exemplificada na crise de meia-idade de Jung, durante a qual sua vida psíquica voltou-se internamente para o inconsciente e afastou-se de qualquer realização externa significativa. Ele gastou a maior parte de sua energia conhecendo sua psique inconsciente e fez muito pouco no que se refere à escrita ou às conferências. A regressão dominou sua vida, enquanto a progressão quase cessou. Na sequência, ele emergiu desse período com maior equilíbrio da psique e, mais uma vez, interessou-se pelo mundo extrovertido. Entretanto, suas experiências regressivas com o mundo introvertido o mudaram de forma permanente e profunda. Jung (1961) acreditava que o passo regressivo é necessário para criar uma personalidade equilibrada e para crescer em direção à autorrealização.

Tipos psicológicos

Além dos níveis da psique e da dinâmica da personalidade, Jung reconheceu vários tipos psicológicos que se desenvolvem a partir de uma união de duas *atitudes* básicas – introversão e extroversão – e quatro *funções* separadas – pensamento, sentimento, sensação e intuição.

Atitudes

Jung (1921/1971) definiu a **atitude** como uma predisposição a agir ou reagir em determinada direção. Ele insistia que cada pessoa possuía uma atitude *introvertida* e *extrovertida*, embora uma possa ser consciente, enquanto a outra é inconsciente. Assim como outras forças opostas em psicologia analítica, a introversão e a extroversão servem uma à outra em uma relação compensatória e podem ser ilustradas pelo tema do yang e do yin (ver a Figura 4.2).

Introversão

De acordo com Jung, **introversão** é quando a energia psíquica se volta para o interior com uma orientação em direção ao subjetivo. Os introvertidos estão afinados com seu mundo interno, com todas as suas inclinações, fantasias, sonhos e percepções individualizadas. Essas pessoas percebem o mundo interno, é claro, mas fazem isso de maneira seletiva e com sua própria visão subjetiva (Jung, 1921/1971).

A história da vida de Jung apresenta dois episódios em que a introversão foi claramente a atitude dominante. O primeiro ocorreu o durante o início da adolescência, quando ele tomou conhecimento de uma personalidade nº 2, que ia além do conhecimento de sua personalidade extrovertida. O segundo episódio ocorreu durante a confrontação, na meia-idade, com seu inconsciente, quando ele manteve conversas com sua anima, teve sonhos bizarros e induziu estranhas visões que eram a "essência da psicose" (Jung, 1961, p. 188). Durante sua crise de meia-idade quase completamente introvertida, suas fantasias eram individualizadas e subjetivas. Outras pessoas, incluindo até mesmo sua esposa, não conseguiam compreender com precisão o que ele estava experimentando. Somente Toni Wolff parecia capaz de ajudá-lo a emergir de sua confrontação com o inconsciente. Durante essa confrontação introvertida, Jung suspendeu ou interrompeu boa parte de sua atitude extrovertida ou objetiva. Ele parou de tratar seus pacientes, abdicou de sua posição como palestrante na Universidade de Zurique, cessou sua escrita teórica e, por três anos, percebeu que nem mesmo podia ler livros científicos de qualquer tipo. Ele estava no processo de descoberta do polo introvertido de sua existência.

Entretanto, a viagem de descoberta de Jung não foi totalmente introvertida. Ele sabia que, a menos que mantivesse algum domínio de seu mundo extrovertido, teria o risco de ficar absolutamente possuído por seu mundo interno. Com medo de que pudesse tornar-se psicótico, ele se forçou a continuar uma vida o mais normal possível com sua família e sua profissão. Por meio dessa técnica, Jung emergia de sua jornada interna e estabelecia um equilíbrio entre introversão e extroversão.

Extroversão

Em contraste com a introversão, a **extroversão** é a atitude na qual a energia psíquica se volta para o exterior, de modo que a pessoa é orientada em direção ao objetivo e se afasta do subjetivo. Os extrovertidos são mais influenciados pelo entorno do que por seu mundo interno. Eles tendem a focar a atitude objetiva, enquanto suprimem a subjetiva. Assim como a personalidade nº 1 da infância de Jung, os extrovertidos são pragmáticos e bem-enraizados nas realidades da vida diária. Ao mesmo tempo, são excessivamente desconfiados da atitude subjetiva, seja a própria atitude, seja a de outra pessoa.

Em resumo, as pessoas não são completamente introvertidas, nem completamente extrovertidas. As pessoas introvertidas são como uma gangorra desequilibrada, com um grande peso de um lado e um peso muito leve do outro (ver Figura 4.3A). Em contrapartida, as extrovertidas são desequilibradas na outra direção, com uma atitude extrovertida pesada e uma introvertida muito leve (ver Figura 4.3B). No entanto, as psicologicamente saudáveis

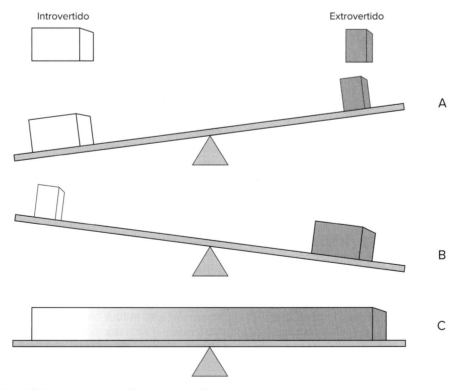

FIGURA 4.3 O equilíbrio entre introversão e extroversão.

atingem um equilíbrio entre as duas atitudes, sentindo-se confortáveis tanto com seu mundo interno quanto com o externo (ver Figura 4.3C).

No Capítulo 3, afirmamos que Adler desenvolveu uma teoria da personalidade que era o oposto da de Freud. Onde Jung colocou essas duas teorias no polo da extroversão/introversão? Jung (1921/1971) declarou que: "A visão de Freud é essencialmente extrovertida, a de Adler é introvertida" (p. 62). Nossos esboços biográficos de Freud e Adler revelaram que o oposto parece ser verdadeiro: Freud era pessoalmente um tanto introvertido, em sintonia com seus sonhos e sua vida de fantasia, enquanto Adler era pessoalmente extrovertido, sentindo-se mais confortável em situações de grupo, cantando canções e tocando piano nas cafeterias de Viena. No entanto, Jung sustentava que a *teoria* de Freud era extrovertida, porque ele reduzia as experiências ao mundo externo do sexo e da agressão. Além disso, acreditava que a *teoria* de Adler era introvertida, porque enfatizava ficções e percepções subjetivas. Jung, é claro, via a própria teoria como equilibrada, capaz de aceitar tanto o objetivo quanto o subjetivo.

Funções

Tanto a introversão quanto a extroversão podem se combinar com uma ou mais das quatro funções, formando oito orientações possíveis, ou **tipos**. As quatro funções - sensação, pensamento, sentimento e intuição - podem ser brevemente resumidas da seguinte forma: a sensação diz às pessoas que algo existe; o pensamento lhes possibilita reconhecer seu significado; o sentimento lhes diz seu valor; e a intuição lhes permite saberem a seu respeito sem saber como.

Pensamento

A atividade intelectual lógica que produz uma cadeia de ideias é denominada **pensamento**. O tipo de pensamento pode ser extrovertido ou introvertido, dependendo da atitude básica de uma pessoa.

As pessoas com *pensamento extrovertido* contam com pensamentos concretos, mas elas também podem usar ideias abstratas se estas foram transmitidas de fora, por exemplo, por pais ou professores. Matemáticos e engenheiros fazem uso frequente do pensamento extrovertido em seu trabalho. Os contadores também apresentam tipos de pensamento extrovertido, porque eles precisam ser objetivos e não subjetivos em sua abordagem dos números. Entretanto, nem todo pensamento objetivo é produtivo. Sem, pelo menos, alguma interpretação individual, as ideias são apenas fatos previamente conhecidos, sem originalidade ou criatividade (Jung, 1921/1971).

As pessoas com *pensamento introvertido* reagem aos estímulos externos, porém sua interpretação de um evento é mais colorida pelo significado interno que trazem consigo do que pelos fatos objetivos em si. Inventores e filósofos são, com frequência, pensadores introvertidos, porque reagem ao mundo externo de um modo altamente subjetivo e criativo, interpretando dados antigos de novas maneiras. Quando levado ao extremo, o pensamento introvertido resulta em pensamentos místicos improdutivos, os quais são tão individualizados que acabam sendo inúteis para qualquer outra pessoa (Jung, 1921/1971).

Sentimento

Jung usou o termo **sentimento** para descrever o processo de avaliação de uma ideia ou de um evento. Talvez uma palavra mais precisa fosse *apreciação*, um termo com menor probabilidade de ser confundido com sensação ou intuição. Por exemplo, quando as pessoas dizem: "Sinto que esta superfície é macia", elas estão usando sua função de sensação e quando elas dizem: "Tenho o sentimento de que este vai ser meu dia de sorte", elas estão intuindo, não sentindo.

A função do sentimento deve ser distinguida da emoção. Sentimento é a avaliação de cada atividade consciente, mesmo aquelas avaliadas como indiferentes. A maioria dessas avaliações não possui conteúdo emocional, mas elas são capazes de se tornar emoções se sua intensidade aumentar até o ponto de promover alterações fisiológicas na pessoa. As emoções, no entanto, não estão limitadas a sentimentos; qualquer uma das quatro funções pode levar à emoção quando sua força for aumentada.

As pessoas com *sentimento extrovertido* usam dados objetivos para fazer avaliações. Elas não são tão guiadas por sua opinião subjetiva, mas pelos valores externos e por padrões de julgamento amplamente aceitos. É provável que fiquem à vontade em situações sociais, sabendo, sob o impulso do momento, o que e como dizer. As pessoas, em geral, gostam delas, devido à sua sociabilidade, mas, em sua busca de se adequarem aos padrões sociais, elas podem parecer artificiais, superficiais e não confiáveis. Seus julgamentos de valor têm um toque falso que é detectável com facilidade. As pessoas com sentimento extrovertido, com frequência, tornam-se homens de negócios ou políticos, porque essas profissões demandam e recompensam julgamentos de valor com base em informações objetivas (Jung, 1921/1971).

As pessoas com *sentimento introvertido* baseiam seus julgamentos de valor principalmente em percepções subjetivas, em vez de em fatos objetivos. Os críticos de várias formas de arte fazem muito uso do sentimento introvertido, produzindo julgamentos de valor com base em dados subjetivos. Essas pessoas possuem uma consciência individualizada, uma atitude taciturna e uma psique insondável. Elas ignoram opiniões e crenças tradicionais, e sua indiferença quase completa pelo mundo objetivo (incluindo as pessoas), muitas vezes, faz os indivíduos à sua volta se sentirem desconfortáveis e esfriarem sua atitude em relação a elas (Jung, 1921/1971).

Sensação

A função que recebe estímulos físicos e os transmite para a consciência perceptiva é denominada **sensação**. A sensação não é idêntica ao estímulo físico, mas é simplesmente a percepção do indivíduo acerca dos impulsos sensoriais. Essas percepções não dependem do pensamento lógico ou do sentimento, mas existem como fatos elementares absolutos dentro de cada pessoa.

As pessoas com *sensação extrovertida* percebem os estímulos externos de modo objetivo, da mesma maneira que esses estímulos existem na realidade. Suas sensações não são tão influenciadas por suas atitudes subjetivas. Essa conveniência é essencial em ocupações como revisor, pintor de casas, degustador de vinhos ou qualquer outro trabalho que demande discriminações sensoriais congruentes com as da maioria das pessoas (Jung, 1921/1971).

As pessoas com *sensação introvertida* são, em grande parte, influenciadas por suas sensações subjetivas de visão, audição, olfato, tato, e assim por diante. Elas são guiadas por sua interpretação dos estímulos sensoriais, não pelos estímulos em si. Artistas retratistas, em especial aqueles cujas pinturas são extremamente personalizadas, baseiam-se em uma atitude de sensação introvertida. Eles dão uma interpretação subjetiva a fenômenos objetivos e ainda são capazes de comunicar significado aos outros. No entanto, quando a atitude de sensação subjetiva é levada a seu extremo, pode resultar em alucinações ou discurso esotérico e incompreensível (Jung, 1921/1971).

Intuição

Intuição envolve a percepção além do trabalho da consciência. Assim como a sensação, baseia-se na percepção de fatos elementares absolutos, que fornecem o material bruto para o pensamento e o sentimento. Intuição difere de sensação, uma vez que ela é mais criativa, em geral acrescentando ou subtraindo elementos da sensação consciente.

As pessoas *intuitivas extrovertidas* são orientadas para os fatos no mundo externo. No entanto, em vez de senti-los integralmente, elas apenas os percebem de modo subliminar. Como fortes estímulos sensoriais interferem na intuição, as pessoas intuitivas suprimem muitas de suas sensações e são guiadas por pressentimentos e suposições contrários aos dados sensoriais. Um exemplo de um tipo intuitivo extrovertido pode ser os inventores, que precisam inibir dados sensoriais que distraem e se concentrar nas soluções inconscientes para problemas objetivos. Eles podem criar coisas que atendem a uma necessidade que apenas poucas pessoas perceberam que existia.

As pessoas *intuitivas introvertidas* são guiadas pela percepção inconsciente de fatos que são basicamente subjetivos e têm pouca ou nenhuma semelhança com a realidade externa. Suas percepções intuitivas subjetivas são, com frequência, extraordinariamente fortes e capazes de motivar decisões de magnitude monumental. Pessoas intuitivas introvertidas, como místicos, profetas, artistas surrealistas ou fanáticos religiosos, muitas vezes, parecem peculiares para indivíduos de outros tipos que possuem pouca compreensão de suas motivações. Na verdade, Jung (1921/1971) acreditava que as pessoas intuitivas introvertidas talvez não compreendessem com clareza as próprias motivações, embora fossem profundamente movidas por elas. (Ver Tabela 4.1 para os oito tipos junguianos, com exemplos possíveis de cada um.)

As quatro funções, em geral, aparecem em uma hierarquia, com uma ocupando uma posição *superior*, outra uma *posição secundária* e as outras duas, posições *inferiores*. A maioria das pessoas cultiva apenas uma função; portanto, de forma característica, abordam uma situação se baseando na função dominante ou superior. Algumas pessoas desenvolvem duas funções, e alguns indivíduos

---

TABELA 4.1

Exemplos dos oito tipos junguianos

Funções	Atitudes	
	Introversão	**Extroversão**
Pensamento	Filósofos, cientistas teóricos, alguns inventores	Cientistas pesquisadores, contadores, matemáticos
Sentimento	Críticos de cinema subjetivos, avaliadores de arte	Avaliadores imobiliários, críticos de cinema objetivos
Sensação	Artistas, músicos clássicos	Degustadores de vinho, revisores, músicos populares, pintores de casas
Intuição	Profetas, místicos, fanáticos religiosos	Alguns inventores, reformadores religiosos

muito maduros cultivam três. Uma pessoa que, em teoria, atingiu a autorrealização ou a individuação teria todas as quatro funções bastante desenvolvidas.

Desenvolvimento da personalidade

Jung acreditava que a personalidade se desenvolve por meio de uma série de estágios, que culminam na individuação, ou autorrealização. Em contraste com Freud, ele enfatizou a segunda metade da vida, o período após os 35 ou 40 anos, quando a pessoa tem a oportunidade de reunir os vários aspectos da personalidade e atingir a autorrealização. No entanto, a oportunidade para degeneração ou reações rígidas também está presente nesse momento. A saúde psicológica das pessoas de meia-idade está relacionada à sua capacidade de atingir o equilíbrio entre os polos dos vários processos opostos. Tal capacidade é proporcional ao sucesso alcançado na jornada pelos estágios anteriores da vida.

Estágios do desenvolvimento

Jung agrupou os estágios da vida em quatro períodos gerais: *infância*, *juventude*, *meia-idade* e *velhice*. Ele comparou a viagem pela vida à jornada do sol no céu, com seu brilho representando a consciência. O sol do começo da manhã é a infância, cheio de potencial, mas ainda carecendo de brilho (consciência); o sol da manhã é jovem, escalando em direção ao zênite, mas sem consciência do declínio iminente; o sol do início da tarde é a metade da vida, brilhante como o sol do final da manhã, mas obviamente indo em direção ao pôr do sol; o sol do fim da tarde é a velhice, sua consciência, que já foi brilhante, é, agora, acentuadamente diminuída (ver Figura 4.4). Jung (1931/1960a) argumentou que os valores, os ideais e os modos de comportamento adequados para a manhã da vida são inapropriados para a segunda metade e que a maioria das pessoas precisa aprender a encontrar um novo significado em seus anos de declínio da vida.

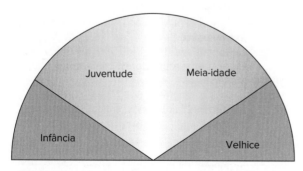

FIGURA 4.4 Jung compara os estágios da vida à jornada do sol pelo céu, com o brilho do sol representando a consciência.

Infância

Jung dividiu a infância em três subestágios: (1) anárquico, (2) monárquico e (3) dualista. A *fase anárquica* é caracterizada pela consciência caótica e esporádica. Podem existir "ilhas de consciência", mas há pouca ou nenhuma conexão entre essas ilhas. As experiências da fase anárquica por vezes entram na consciência como imagens primitivas, incapazes de serem verbalizadas com precisão.

A *fase monárquica* da infância é caracterizada pelo desenvolvimento do ego e pelo começo do pensamento lógico e verbal. Durante esse tempo, as crianças se veem objetivamente e, com frequência, referem-se a si mesmas na terceira pessoa. As ilhas de consciência se tornam maiores, mais numerosas e habitadas por um ego primitivo. Ainda que o ego seja compreendido como um objeto, ele ainda não está consciente de si como capaz de perceber.

O ego com capacidade de percepção surge durante a *fase dualista* da infância, quando ele é dividido em objetivo e subjetivo. As crianças agora se referem a si mesmas na primeira pessoa e estão conscientes de sua existência como indivíduos separados. Durante o período dualista, as ilhas de consciência se transformam em uma terra contínua, habitada por um complexo de ego que se reconhece tanto como objeto quanto como sujeito (Jung, 1931/1960a).

Juventude

O período da puberdade até a metade da vida é chamado de juventude. Os jovens se esforçam para obter independência psíquica e física de seus pais, encontrar um parceiro, criar uma família e ter um lugar no mundo. De acordo com Jung (1931/1960a), a juventude é, ou deveria ser, um período de aumento de atividade, maturação da sexualidade, crescimento da consciência e reconhecimento de que a era livre de problemas da infância se foi para sempre. A principal dificuldade enfrentada na juventude é superar a tendência natural (encontrada também na metade da vida e em anos posteriores) a se apegar à consciência limitada da infância, evitando, assim, problemas pertinentes ao tempo presente da vida. Esse desejo de viver no passado é chamado de *princípio da conservação*.

Uma pessoa de meia-idade ou idosa que tenta se apegar a valores juvenis enfrenta uma segunda metade da vida incapacitada, limitada na capacidade de atingir a autorrealização e prejudicada na capacidade de estabelecer novos objetivos e buscar novo significado para a vida (Jung, 1931/1960a).

Meia-idade

Jung acreditava que a meia-idade começava aproximadamente aos 35 ou 40 anos, época na qual o sol passou de seu zênite e começa sua descida. Ainda que esse declínio possa apresentar às pessoas de meia-idade ansiedades crescentes, a metade da vida também é um período de grande potencial.

Se as pessoas de meia-idade retêm os valores sociais e morais do início de sua vida, elas se tornam rígidas e fanáticas ao tentarem se apegar à sua atratividade e agilidade física. Vendo seus ideais mudarem, elas podem lutar desesperadamente para manter sua aparência e seu estilo de vida juvenil. A maioria de nós, escreveu Jung (1931/1960a), está despreparada para "dar o passo em direção ao entardecer da vida; pior ainda, damos esse passo com o falso pressuposto de que nossas verdades e nossos ideais nos servirão como sempre... Não podemos viver na tarde da vida de acordo com o programa da manhã da vida, pois o que era grande pela manhã será pouco ao anoitecer, e o que era verdadeiro pela manhã, à noite, terá se transformado em uma mentira" (p. 399).

Como a meia-idade pode ser vivida plenamente? As pessoas que não viveram a juventude com valores nem infantis e nem da meia-idade estão bem-preparadas para avançar até a metade da vida e a viver plenamente durante esse estágio. Elas são capazes de abandonar os objetivos extrovertidos da juventude e se moverem na direção introvertida da consciência expandida. Sua saúde psicológica não é realçada pelo sucesso nos negócios, pelo prestígio na sociedade ou pela satisfação com a vida familiar. Elas devem encarar o futuro com esperança e antecipação, renunciar ao estilo de vida da juventude e descobrir novos significados na meia-idade. Esse passo, muitas vezes, mas nem sempre, envolve uma orientação religiosa madura, em especial uma crença em algum tipo de vida após a morte (Jung, 1931/1960a).

Velhice

Quando o anoitecer da vida se aproxima, as pessoas experimentam uma redução da consciência, assim como a luz e o calor do sol diminuem ao entardecer. Se as pessoas têm medo da vida durante os primeiros anos, então quase certamente temerão a morte durante os últimos. O medo da morte costuma ser considerado normal, mas Jung acreditava que a morte é o objetivo da vida e que a vida será plena apenas quando a morte for vista sob esse prisma. Em 1934, durante o seu 60º ano, Jung escreveu:

> Comumente nos apegamos a nosso passado e ficamos emperrados na ilusão da juventude. Ser velho é altamente impopular. Ninguém parece considerar que não ser capaz de envelhecer é tão absurdo quanto não ser capaz de ultrapassar os sapatos de tamanho infantil. Um homem ainda infantil de 30 anos é certamente deplorável, mas um septuagenário jovial – isso não é encantador? E, no entanto, ambas são monstruosidades psicológicas perversas e carentes de estilo. Um jovem que não luta e conquista perdeu a melhor parte de sua juventude, e um velho que não sabe ouvir os segredos das águas enquanto elas rolam desde os picos dos vales, não faz qualquer sentido; ele é uma múmia espiritual que é nada além de uma relíquia rígida do passado. (Jung, 1934/1960, p. 407)

Os pacientes de Jung, em sua maioria, eram de meia-idade ou mais velhos, e muitos deles sofriam de uma orientação regressiva, apegando-se desesperadamente aos objetivos e aos estilos de vida do passado e atravessando os movimentos da vida sem rumo. Jung tratava essas pessoas ajudando-as a estabelecerem novos objetivos e a encontrarem significado em viver descobrindo primeiro um significado na morte. Ele realizava esse tratamento por meio da interpretação de sonhos, porque os sonhos das pessoas idosas tendem a ser repletos de símbolos de renascimento, tais como longas jornadas ou mudanças de localização. Jung usava esses e outros símbolos para determinar as atitudes inconscientes dos pacientes em relação à morte e para ajudá-los a descobrirem uma filosofia de vida significativa (Jung, 1934/1960).

Autorrealização

O renascimento psicológico, também chamado de *autorrealização* ou **individuação**, é o processo de se tornar um indivíduo ou uma pessoa completa (Jung, 1939/1959, 1945/1953). A psicologia analítica é essencialmente uma psicologia de opostos, e a autorrealização é o processo de integração dos polos opostos em um único indivíduo homogêneo. Esse processo de "chegar à individualidade" significa que uma pessoa possui todos os componentes psicológicos funcionando em unidade, sem qualquer processo psicótico atrofiando. As pessoas que passaram por tal processo atingiram a realização do *self*, minimizaram sua persona, reconheceram sua anima ou seu animus e adquiriram um equilíbrio viável entre introversão e extroversão. Além disso, os indivíduos autorrealizados elevaram todas as quatro funções a uma posição superior, um feito extremamente difícil.

A autorrealização é bastante rara, sendo atingida apenas por aqueles que são capazes de assimilar seu inconsciente à sua personalidade total. Aceitar o inconsciente é um processo difícil, que demanda coragem para enfrentar a natureza má da própria sombra e coragem ainda maior para aceitar seu lado feminino ou masculino. Tal processo quase nunca é conquistado antes da metade da vida, e somente por homens e mulheres que conseguem remover o ego como preocupação dominante da personalidade e substituí-lo pelo *self*. A pessoa autorrealizada precisa permitir que o *self* inconsciente se torne o centro da personalidade. Apenas expandir a consciência é inflar o ego e produzir uma pessoa unilateral que carece da fagulha da alma da personalidade. A pessoa autorrealizada não é dominada pelos processos inconscientes, nem pelo ego consciente, mas atinge um equilíbrio entre todos os aspectos da personalidade.

As pessoas autorrealizadas conseguem lidar com seu mundo interno e externo. Ao contrário dos indivíduos prejudicados psicologicamente, elas vivem no mundo real e fazem as concessões necessárias a ele. No entanto, ao contrário das pessoas comuns, elas estão conscientes do processo regressivo que leva à autodescoberta. Vendo as imagens inconscientes como material potencial para a nova vida psíquica, as pessoas autorrealizadas acolhem essas imagens quando aparecem em sonhos e reflexões introspectivas (Jung, 1939/1959, 1945/1953).

Métodos de investigação de Jung

Jung olhava além da psicologia em sua busca por dados para construir sua concepção de humanidade. Ele não fez apologias para suas empreitadas nos campos da sociologia, da história, da antropologia, da biologia, da física, da filologia, da religião, da mitologia e da filosofia. Ele acreditava firmemente que o estudo da personalidade não era prerrogativa de uma única disciplina e que a pessoa como um todo podia ser entendida somente com a busca do conhecimento onde quer que ele exista. Assim como Freud, Jung defendia com persistência o fato de ser um investigador científico, fugindo dos rótulos de místico e filósofo. Em uma carta a Calvin Hall, datada de 6 de outubro de 1954, Jung argumentou: "Se você me chama de ocultista porque estou investigando seriamente *fantasias religiosas, mitológicas, folclóricas e filosóficas* nos indivíduos modernos e em textos antigos, então você é obrigado a diagnosticar *Freud como um pervertido sexual*, uma vez que ele está agindo da mesma forma com as fantasias sexuais" (Jung, 1975, p. 186). No entanto, Jung afirmava que a psique não podia ser entendida somente pelo intelecto, mas que devia ser compreendida pela pessoa em sua totalidade. Na mesma linha de pensamento, ele disse certa vez: "Nem tudo o que crio é escrito pela minha cabeça, mas boa parte também provém do coração" (Jung, 1943/1953, p. 116).

Jung reuniu dados para suas teorias de extensas leituras em muitas disciplinas, mas também agregou informações a partir do uso do teste de associação de palavras, da análise dos sonhos, da imaginação ativa e da psicoterapia. Essas informações foram, então, combinadas com leituras sobre *alquimia* medieval, fenômenos ocultos e outros assuntos, em um esforço para confirmar as hipóteses da psicologia analítica.

Teste de associação de palavras

Jung não foi o primeiro a usar o teste de associação de palavras, mas pode receber os créditos por ajudar a desenvolvê-lo e refiná-lo. Originalmente, ele usou a técnica em 1903, quando era um jovem assistente psiquiátrico em Burghöltzli, e realizou palestras sobre o teste de associação de palavras durante sua viagem com Freud aos Estados Unidos, em 1909. Contudo, ele poucas vezes o empregou mais tarde em sua carreira. Apesar disso, o teste continua a ser intimamente vinculado ao nome de Jung.

Sua finalidade principal ao usar o teste de associação de palavras era demonstrar a validade da hipótese de Freud de que o inconsciente opera como um processo autônomo. No entanto, a finalidade básica do teste na psicologia junguiana de hoje é trazer à tona complexos com matizes de sentimentos. Conforme observado na seção dos níveis da psique, um complexo é um conglomerado de imagens individualizadas e com um matiz emocional, agrupadas em torno de um núcleo essencial. O teste de associação de palavras está fundamentado no princípio de que os complexos criam respostas emocionais mensuráveis.

Ao administrar o teste, Jung, em geral, usava uma lista de cem palavras-estímulo, escolhidas e organizadas para despertar uma reação emocional. Ele instruía a pessoa a responder a cada palavra-estímulo com a primeira palavra que lhe viesse à mente. Jung registrava cada resposta verbal, o tempo levado para dar a resposta, o ritmo respiratório e a resposta galvânica cutânea. Muitas vezes, ele repetia o experimento para determinar a coerência do teste-reteste.

Certos tipos de reações indicam que a palavra-estímulo tocou em um complexo. As respostas críticas incluem respiração restrita, alterações na condutividade elétrica da pele, reações retardadas, respostas múltiplas, desprezo das instruções, incapacidade de pronunciar uma palavra comum, não conseguir responder e incoerência no teste-reteste. Outras respostas significativas incluem ruborizar, gaguejar, rir, tossir, suspirar, limpar a garganta, chorar, movimentar o corpo de modo excessivo e repetir a palavra-estímulo. Qualquer uma ou a combinação dessas respostas podem indicar que um complexo foi alcançado (Jung, 1935/1968; Jung & Riklin, 1904/1973).

Análise dos sonhos

Jung concordava com Freud em relação ao fato de que os sonhos têm significado e devem ser levados a sério. Ele também concordava com Freud no sentido de que os sonhos se originam das profundezas do inconsciente e seu significado latente é expresso na forma simbólica. No entanto, contestava a noção de Freud de que quase todos os sonhos são realização de desejos e que a maioria dos símbolos dos sonhos representa impulsos sexuais. Jung (1964) acreditava que as pessoas usavam os símbolos para representar uma variedade de conceitos – não meramente os sexuais – a fim de tentar compreender as "coisas inumeráveis por trás da amplitude da compreensão humana" (p. 21). Os sonhos são nossas tentativas inconscientes e espontâneas de conhecer o desconhecido, de compreender uma realidade que só pode ser expressa simbolicamente.

O propósito da interpretação dos sonhos junguiana é trazer à tona elementos do inconsciente pessoal e coletivo e integrá-los à consciência para facilitar o processo de autorrealização. O terapeuta junguiano precisa reconhecer que os sonhos são, com frequência, compensatórios, isto é, os sentimentos e as atitudes não expressos durante a vida em vigília encontrarão uma saída por meio do processo dos sonhos. Jung acreditava que a condição natural dos humanos é avançar em direção à completude ou à autor-realização. Assim, se a vida consciente de uma pessoa é incompleta em uma área, então o *self* inconsciente daquela pessoa irá se esforçar para completar aquela condição mediante o processo dos sonhos. Por exemplo, se a anima em um homem não recebe desenvolvimento consciente, ela se expressará por meio de sonhos repletos de temas de autorrealização, equilibrando, assim, o lado masculino do homem e sua disposição feminina (Jung, 1916/1960).

Jung defendia que certos sonhos davam provas da existência do inconsciente coletivo. Estes incluíam *grandes sonhos*, que têm significado especial para todas as pessoas; *sonhos típicos*, os quais são comuns à maioria das pessoas; e os *sonhos mais precoces lembrados*.

Em *Memórias, sonhos e reflexões*, Jung (1961) escreveu sobre um grande sonho que ele teve enquanto viajava aos Estados Unidos com Freud, em 1909. Em seu sonho (rapidamente mencionado em nosso esboço biográfico de Jung), estava morando no andar superior de uma casa de dois andares. Esse andar tinha uma atmosfera habitada, embora sua mobília fosse um tanto antiga. No sonho, Jung se deu conta de que ele não sabia como era o andar de baixo, então decidiu explorá-lo. Depois de descer as escadas, notou que toda a mobília era medieval e datada do século XV ou XVI. Enquanto explorava esse andar, descobriu uma escadaria de pedra que levava até um porão. De lá, ele desceu para outra sala antiga, com belos tetos abobadados, que ele sabia intuitivamente serem do antigo período romano. Enquanto explorava o porão, Jung notou um anel sobre uma das lajes de pedra. Quando o pegou, ele viu outra escada estreita levando a uma caverna antiga. Lá, ele viu cerâmica quebrada, ossos de animais espalhados e dois crânios humanos muito antigos. Em suas próprias palavras, ele havia "descoberto o mundo do homem primitivo dentro de mim mesmo – um mundo que raramente pode ser alcançado ou iluminado pela consciência" (Jung, 1961, p. 160).

Jung, posteriormente, aceitou esse sonho como evidência de níveis diferentes da psique. O andar superior tinha uma atmosfera habitada e representava a consciência, a camada superior da psique. O andar térreo era a primeira camada do inconsciente – antiga, mas não tão estranha ou velha quanto os artefatos romanos no porão, que simbolizavam uma camada mais profunda do inconsciente pessoal. Na caverna, Jung descobriu dois crânios humanos – aqueles pelos quais Freud insistiu que Jung possuía desejos de morte. Jung, no entanto, viu esses crânios humanos antigos como representando as profundezas de seu inconsciente coletivo.

O segundo tipo de sonhos coletivos são os sonhos típicos, aqueles que são comuns à maioria das pessoas. Esses sonhos incluem figuras arquetípicas, como mãe, pai, Deus, demônio ou o velho sábio. Eles também podem se referir a eventos arquetípicos, como nascimento, morte, separação dos pais, batismo, casamento, voar ou explorar uma caverna. Além disso, podem incluir objetos arquetípicos, como sol, água, peixes, cobras ou animais predadores.

A terceira categoria inclui os sonhos mais precoces lembrados. Estes podem ser rastreados até cerca de 3 ou 4 anos de idade e contêm imagens mitológicas e simbólicas e temas que racionalmente não poderiam ter sido experimentados pela criança. Os sonhos precoces da infância, com frequência, contêm temas arquetípicos e símbolos como o herói, o velho sábio, a árvore, os peixes e a mandala. Jung (1948/1960) escreveu sobre essas imagens e temas: "O aparecimento frequente no material de casos individuais, assim como a distribuição universal, provam que a psique humana é única e subjetiva ou pessoal somente em parte; quanto ao resto, é coletiva e objetiva" (p. 291).

Jung (1961) apresentou uma ilustração vívida de um de seus primeiros sonhos, o qual ocorreu antes do seu quarto aniversário. Ele sonhou que estava em um campo quando, de repente, viu um buraco escuro retangular no chão. Temeroso, desceu um lance de escada e, na base, encontrou uma entrada com um arco redondo coberto por uma pesada cortina verde. Por trás da cortina, havia um quarto pouco iluminado com um tapete vermelho que se estendia da entrada até uma plataforma baixa. Na plataforma havia um trono e no trono estava um objeto alongado que, para Jung, parecia ser um grande tronco de árvore, mas na verdade era feito de pele e carne, com uma cabeça redonda e um olho no topo. Tomado pelo terror, o menino ouviu sua mãe dizer: "Sim, apenas olhe para mim. Este é o canibal!". Esse comentário o assustou ainda mais e o despertou do sono.

Jung pensava com frequência no sonho, mas 30 anos se passariam antes que a obviedade do falo ficasse aparente para ele. Mais alguns anos foram necessários antes que ele conseguisse aceitar o sonho como uma expressão de seu inconsciente coletivo, em vez de ser produto de um traço de memória pessoal. Segundo sua própria interpretação do sonho, o buraco retangular representava a morte; a cortina verde simbolizava o mistério da Terra, com sua vegetação verde; o tapete vermelho significava sangue; e a árvore, descansando de modo majestoso sobre um trono, era o pênis ereto, anatomicamente preciso em cada detalhe. Depois de interpretar o sonho, Jung foi forçado a concluir que nenhum menino de 3 anos e meio conseguiria produzir esse material universalmente simbólico a partir das próprias experiências. Um inconsciente coletivo, comum à espécie, foi sua explicação (Jung, 1961).

Imaginação ativa

Uma técnica que Jung usou durante sua autoanálise e também com muitos de seus pacientes foi a **imaginação ativa**. Esse método requer que uma pessoa comece com qualquer impressão - uma imagem do sonho, uma visão, um quadro ou uma fantasia - e se concentre até que a impressão comece a "se mover". A pessoa deve seguir essas imagens aonde quer que elas levem e, então, enfrentá-las com coragem e se comunicar de modo livre com elas.

Carl Jung, o velho sábio de Küsnacht.
Dmitri Kessel/The LIFE Picture Collection via Getty Images/Getty Images

A finalidade da imaginação ativa é revelar imagens arquetípicas que emergem do inconsciente. Essa pode ser uma técnica útil para as pessoas que desejam ter maior conhecimento de seu inconsciente pessoal e coletivo e que estão dispostas a superar a resistência que costuma bloquear a comunicação aberta com o inconsciente. Jung acreditava que a imaginação ativa possuía uma vantagem sobre a análise dos sonhos, já que suas imagens são produzidas durante um estado consciente da mente, dessa forma deixando-as mais claras e reproduzíveis. O tom do sentimento também é muito específico, e, normalmente, a pessoa tem pouca dificuldade em reproduzir a visão ou se lembrar do humor (Jung, 1937/1959).

Como uma variação para a imaginação ativa, Jung às vezes pedia aos pacientes que tinham inclinação para o desenho que pintassem ou expressassem de alguma outra maneira não verbal a progressão de suas fantasias. Jung confiou nessa técnica durante sua própria autoanálise, e muitas dessas reproduções, ricas em simbolismo universal e muitas vezes exibindo a mandala, estão espalhadas por seus livros *Man and his symbols* (1964), *Word and image* (1979), *Psychology and alchemy* (1952/1968) e a biografia ilustrada de Claire Dunne (2000), *Carl Jung: curador ferido de almas*, são fontes especialmente prolíficas para esses desenhos e fotografias.

Em 1961, Jung escreveu sobre suas experiências com a imaginação ativa durante sua confrontação com o inconsciente na metade da vida:

> Hoje quando olho para trás para tudo isso e considero o que aconteceu comigo durante o período de meu trabalho sobre as fantasias, é como se uma mensagem tivesse vindo até mim com uma força esmagadora. Havia coisas nas imagens que diziam respeito não somente a mim, mas também a muitos outros. Foi, então, que deixei de pertencer a mim unicamente, parei de ter o direito de fazer isso. Dali em diante, a minha vida pertencia à generalidade... Foi, então, que me dediquei a servir a psique: eu a amava e a odiava, mas ela era a minha maior riqueza. A minha entrega a ela, como foi, era a única maneira pela qual eu podia enfrentar a minha existência e vivê-la o mais plenamente possível. (p. 192)

Psicoterapia

Jung (1931/1954b) identificou quatro abordagens básicas de terapia, representando quatro estágios do desenvolvimento na história da psicoterapia. O primeiro é a confissão de um segredo patogênico. Esse é o método catártico praticado por Joseph Breuer e sua paciente Anna O. Para os pacientes que apenas têm a necessidade de compartilhar seus segredos, a catarse é efetiva. O segundo estágio envolve interpretação, explicação e elucidação. Tal abordagem, usada por Freud, dá aos pacientes a compreensão das causas de suas neuroses, mas ainda pode deixá-los incapazes de resolver problemas sociais. O terceiro estágio, portanto, é a abordagem adotada por Adler e inclui a educação dos pacientes como seres sociais. Infelizmente, diz Jung, essa abordagem com frequência deixa os pacientes apenas bem-adaptados no âmbito social.

Para ir além dessas três abordagens, Jung sugeriu um quarto estágio: **transformação**. Por transformação, ele queria dizer que o terapeuta primeiro precisava ser transformado em um ser humano saudável, de preferência se submetendo à psicoterapia. Somente depois da transformação e de uma filosofia de vida estabelecida é que o terapeuta seria capaz de ajudar os pacientes a avançarem na direção da individuação, da totalidade ou da autorrealização. Esse quarto estágio é especialmente empregado em pacientes que estão na segunda metade da vida e que se encontram preocupados com a percepção do *self* interno, com problemas morais e religiosos e para encontrar uma filosofia de vida unificadora (Jung, 1931/1954b).

Jung era muito eclético em sua teoria e na prática da psicoterapia. Seu tratamento variava de acordo com a idade, o estágio do desenvolvimento e o problema particular de seus pacientes. Cerca de dois terços dos seus pacientes estavam na segunda metade da vida, e muitos deles sofriam de perda de significado, falta de perspectiva geral e medo da morte. Jung tentava ajudá-los a encontrar sua própria orientação filosófica.

O objetivo final da terapia junguiana é ajudar os pacientes neuróticos a se tornarem saudáveis e encorajar pessoas saudáveis a trabalharem de forma independente em direção à autorrealização. Jung procurava atingir tal objetivo usando técnicas como a análise dos sonhos e a imaginação ativa para ajudar os pacientes a descobrirem material inconsciente pessoal e coletivo e a equilibrar essas imagens inconscientes com sua atitude consciente (Jung, 1931/1954a).

Ainda que Jung encorajasse os pacientes a serem independentes, ele admitia a importância da *transferência*, particularmente durante os três primeiros estágios da terapia. Ele considerava tanto a transferência positiva quanto a negativa como um processo natural para a revelação de informações altamente pessoais. Ele considerava bem aceitável que inúmeros pacientes homens se referissem a ele como "Mãe Jung" e bastante compreensível que outros o vissem como Deus ou salvador. Jung também reconheceu o processo da **contratransferência**, um termo usado para descrever os sentimentos do terapeuta em relação ao paciente. Assim como a transferência, a contratransferência pode ser uma ajuda ou um obstáculo ao tratamento, dependendo de se ela leva a uma melhor relação entre médico e paciente, algo que Jung considerava indispensável para o sucesso da psicoterapia.

Como a psicoterapia junguiana possui muitos objetivos menores e uma variedade de técnicas, não é possível uma descrição universal de uma pessoa que concluiu com sucesso o tratamento analítico. Para uma pessoa madura, o objetivo pode ser encontrar significado na vida e lutar para atingir equilíbrio e totalidade. Uma pessoa autorrealizada é capaz de assimilar muito do *self* inconsciente à consciência, mas, ao mesmo tempo, permanece ciente dos perigos potenciais ocultos no distante recesso da psique inconsciente. Jung alertou certa vez contra se aprofundar muito em um campo que não foi pesquisado de forma apropriada, comparando essa prática a uma pessoa cavando um poço artesiano e correndo o risco de ativar um vulcão.

Pesquisa relacionada

A abordagem de Jung da personalidade foi muito influente no início do desenvolvimento da psicologia da personalidade. Nos dias atuais, porém, sua influência diminuiu, muito embora ainda haja algumas instituições pelo mundo dedicadas à psicologia analítica. Hoje, a maior parte das pesquisas relacionadas a Jung foca suas descrições dos tipos de personalidade. O Indicador Tipológico Myers-Briggs (Myers-Briggs Type Indicator, MBTI; Myers, 1962) é a medida usada com mais frequência baseada nos tipos de personalidade de Jung. O MBTI acrescenta uma quinta e uma sexta funções, julgamento e percepção, à tipologia original de Jung, criando um total de 16 tipos de personalidade possíveis. O julgamento envolve a preferência de chegar a conclusões firmes, em vez de manter a mente aberta a novas evidências (percepção). Esse instrumento é usado com frequência por orientadores educacionais para direcionar os alunos para caminhos de estudo mais gratificantes. Por exemplo, pesquisas constataram que pessoas com altos índices nas dimensões de intuição e sentimento têm mais probabilidade de considerar o ensino gratificante (Willing, Guest, & Morford, 2001). Mais recentemente, pesquisadores ampliaram o trabalho sobre a utilidade dos tipos de personalidade de Jung, explorando o papel dos tipos de personalidade no estilo de liderança, assim como em clérigos e suas congregações. Por fim, fazemos uma análise crítica do MBTI.

Tipo de personalidade e liderança

O MBTI foi bastante usado em pesquisas de comportamento organizacional, sobretudo relacionadas aos comportamentos de liderança e gerenciais. É interessante notar que alguns desses trabalhos sugerem que a preferência pelo pensamento sobre o sentimento e pelo julgamento sobre a percepção (p. ex., Gardner & Martinko, 1990) é característica de administradores eficazes, que costumam ser orientados a focar a conquista de resultados por meio da análise rápida de problemas e da implementação confiante de decisões. De fato, as pessoas que exibem os tipos de comportamentos associados às funções de pensamento e julgamento tendem a ser consideradas "material de liderança" (Kirby, 1997), porque tais funções quase se tornaram características definidoras do que significa liderar.

Uma pesquisa recente de estudantes de administração e administradores finlandeses (Jarlstrom & Valkealahti, 2010) usou o MBTI para examinar o que é conhecido como "adequação pessoa-trabalho", a qual é definida como a combinação entre o conhecimento, as capacidades e as habilidades de uma pessoa e as demandas do trabalho. Como em trabalhos anteriores, os estudantes de administração e os administradores compartilhavam preferências pelo pensamento e pelo julgamento em detrimento de sentimento e percepção. Entretanto, quando as amostras foram comparadas entre si, surgiu uma tendência interessante, que é contrária às pesquisas anteriores. Os tipos de sentimento eram excessivamente representados entre os estudantes de administração em comparação aos administradores. Os autores argumentam que seus resultados sugerem que um novo perfil de tipos está emergindo no mundo dos negócios hoje, caracterizado por qualidades associadas à função de Jung do sentimento: encorajamento da participação e da construção do consenso e colocar-se no lugar do outro de forma compassiva durante os processos de tomada de decisão. Talvez, argumentam Jarlstrom e Valkealahti (2010), o trabalho gerencial esteja se tornando mais caracterizado pela coordenação dos recursos humanos do que por determinação, eficiência e implantação. Se for assim, então, novos locais de trabalho podem cada vez mais demandar e recompensar os líderes, de quem se espera que motivem as equipes de empregados assim como um treinador faz, um estilo de liderar muito adequado à função do sentimento. As pesquisas futuras, com o seguimento das carreiras reais dos estudantes de administração, irão nos dizer.

Tipo de personalidade entre clérigos e frequentadores de igrejas

Uma literatura empírica bem estabelecida na psicologia da religião que explora os tipos de personalidade junguianos ilumina áreas da vida da igreja em uma variedade de denominações cristãs. Estudos compararam os perfis de personalidade de clérigos e clérigas, frequentadores de igrejas e a população em geral. Além de usar o MBTI, os pesquisadores dessa área também empregam um instrumento desenvolvido por Francis (2005), chamado Francis Psychological Type Scale, projetado especificamente para ser realizado dentro do contexto de um culto religioso (com menos itens de escolha forçada do que o MBTI). Um estudo nessa tradição examinou os tipos de personalidade de 3.715 clérigos cristãos na Austrália, Inglaterra e Nova Zelândia (Francis, Robbins, Kaldor, & Castle, 2009). Curiosamente, os resultados mostraram preferências pelas

funções de sensação (*versus* intuição) e julgamento (*versus* percepção) entre os clérigos nesses países. Lembre-se de que a sensação dá preferência a ser concreto, realista e confiar na experiência direta (em vez de interpretar o que as coisas significam ou intuir). Julgamento envolve o desejo de planejar, organizar e fechar, em vez de ser espontâneo e flexível e manter a mente aberta a novas informações (percepção). Estudos adicionais mostram uma alta proporção de tipos sensoriais entre os frequentadores da igreja (80%) (Francis, Robbins, Williams, & Williams, 2007).

Powell, Robbins e Francis (2012) exploraram os perfis psicológicos de líderes leigos e frequentadores de igrejas, tanto homens quanto mulheres, na Austrália. Um total de 2.336 indivíduos completaram a Francis Psychological Type Scale, 845 dos quais se identificaram como leigos servindo em cargos de liderança em suas igrejas. Os líderes leigos da igreja não são clérigos profissionais, mas líderes que contribuem voluntariamente para manter as comunidades da igreja. Embora o clero profissional possa ir e vir, dependendo da denominação, os líderes leigos geralmente fazem parte e moldam a cultura de suas igrejas por períodos muito mais longos. O estudo mostrou diferenças fascinantes entre líderes leigos e frequentadores de igrejas do sexo feminino e masculino. Entre as 444 mulheres leigas líderes de igrejas australianas, havia uma forte preferência por funções de sensação (75%) em vez da intuição (25%), sentimento (66%) em vez de pensamento (34%) e julgamento (83%) em vez de percepção (17%), sem diferenças significativas entre atitudes introvertidas e extrovertidas. De fato, a preferência por Sensação-Julgamento (SJ) representou duas em cada três líderes leigas femininas. Curiosamente, os perfis das 936 mulheres australianas frequentadoras da igreja eram notavelmente semelhantes aos dessas líderes leigas, novamente com marcantes preferências pelas funções de SJ.

Os 401 líderes de igrejas leigos do sexo masculino também exibiram fortes preferências por sensação (75%) em vez da intuição (25%) e por julgamento (86%) em vez de percepção (14%). No entanto, em contraste com suas colegas mulheres, os líderes leigos do sexo masculino mostraram claras preferências por introversão (61%) em vez de extroversão (39%) e por pensamento (55%) em vez de sentimento (45%). Novamente, as funções SJ foram altamente representadas. E, novamente, os perfis dos 591 frequentadores de igrejas do sexo masculino pesquisados correspondiam aos desses líderes leigos, com preferências muito semelhantes por introversão, sensação, pensamento e julgamento.

Os autores tiraram várias conclusões interessantes deste estudo. Primeiro, o fato de os perfis psicológicos dos líderes leigos e das congregações das quais eles são provenientes serem tão semelhantes apresenta benefícios e desvantagens potenciais. Um benefício pode ser que os líderes leigos conheçam e entendam muito bem suas congregações. Uma desvantagem pode ser que tanto as congregações quanto os líderes leigos estejam fora de sintonia com os tipos psicológicos da comunidade em geral, pois um estudo anterior descobriu que tanto homens quanto mulheres que frequentam a igreja mostram preferências significativamente maiores por sensação, sentimento e julgamento do que a população em geral (Robbins & Francis, 2011). Como escrevem os autores: "Em princípio, as igrejas proclamam seu convite à adoração para todos os tipos psicológicos. Na prática, alguns tipos psicológicos parecem mais dispostos a responder" (p. 909).

Uma segunda conclusão importante deste trabalho é a impressionante predominância do perfil de SJ entre os líderes leigos da igreja, que, novamente, pode ter seus pontos fortes e fracos. De acordo com teóricos anteriores de tipos psicológicos e das características pastorais, os líderes com SJ valorizam cultos de adoração formais, dignos e previsíveis (Oswald & Kroeger, 1988). Isso significa que as congregações lideradas por tais indivíduos não passarão por mudanças desnecessárias e significativas, que um senso de lealdade e pertencimento provavelmente será promovido entre os participantes da igreja e que os procedimentos e políticas da igreja serão claros. Por outro lado, áreas de dificuldade potencial para os líderes com SJ podem ser a vulnerabilidade ao *burnout*, devido aos seus rígidos compromissos com regras, procedimentos e obrigações, e esse perfil pode causar descontentamento entre os membros da congregação que questionam os ensinamentos tradicionais da igreja ou que consideram a ordem e a disciplina sufocantes.

Finalmente, esse perfil, que aparece tão fortemente entre os líderes leigos da igreja, contrasta com os perfis do clero profissional ordenado, onde as preferências de SJ são vistas em porcentagens menores (31% do clero masculino e 29% do clero feminino) (Francis et al., 2007). Os autores alertam que clérigos e clérigas profissionais, devido à sua educação e provável participação em desenvolvimento profissional, podem querer experimentar ensinamentos ou práticas novas e exploratórias em suas igrejas, o que pode desagradar os líderes leigos de longa data, com SJ, que preferem uma cultura eclesiástica mais convencional e previsível.

Essa linha de pesquisa que aplica a teoria dos tipos psicológicos para entender as relações entre clérigos, frequentadores de igrejas e o público em geral fornece uma visão sobre a psicologia da religião e ajuda a iluminar as diferenças de atitudes e valores entre pessoas em diferentes áreas da vida da igreja e em diferentes denominações cristãs. Dessa forma, o trabalho também pode ter um impacto direto na forma como o clero, o clero leigo e suas congregações se relacionam entre si e com suas comunidades mais amplas que não frequentam a igreja.

Uma análise crítica do Indicador Tipológico Myers-Briggs (MBTI)

Embora o Indicador Tipológico Myers-Briggs tenha sido usado por décadas em aconselhamento profissional e de casais, entre outras áreas, existem algumas análises críticas sobre ele que valem a pena serem articuladas aqui para todos os estudantes de personalidade. O MBTI é uma ferramenta muito popular, e a The Myers-Briggs Company (2018) supostamente gera $20 milhões com as mais de duas milhões de pessoas que fazem o MBTI todos os anos (Stromberg & Caswell, 2015). Por causa disso, Stein e Swan (2019) argumentam que o MBTI pode moldar a ideia do público em geral sobre o que é a psicologia da personalidade mais do que qualquer outra ferramenta ou estrutura teórica e, portanto, deve ser examinado cuidadosamente quanto à sua utilidade em auxiliar nossa compreensão da psicologia humana (ver Tabela 4.2).

Crítica teórica

Stern e Swan (2019) criticam duas características teóricas adicionais do MBTI. Primeiro, o MBTI pretende medir o "tipo verdadeiro", o que implica que as personalidades das pessoas têm algumas características autênticas ou "verdadeiras" e outras não autênticas e "não verdadeiras", e que o MBTI pode descobrir as características "verdadeiras". No entanto, essa noção é provavelmente mais metafórica do que real e, certamente, altamente subjetiva para cada indivíduo. Em segundo lugar, Stern e Swan (2019) criticam a afirmação de que o tipo de personalidade é uma causa inata do comportamento observado. Existem poucas evidências para apoiar qualquer razão evolutiva para suspeitar que os humanos nascem em um dos 16 tipos. Voltando à primeira crítica teórica, há evidências das raízes evolutivas de vários traços de personalidade (como detalharão os Capítulos 13, 14 e 15), mas não de *tipos* categóricos e distintos.

Uma crítica teórica gira principalmente em torno do debate de tipo *versus* característica. A maioria dos psicólogos da personalidade modernos está convencida (e há muitas evidências empíricas para apoiá-los, consulte os Capítulos 13 e 14 deste livro) de que os traços de personalidade não são tipologias ou categorias (p. ex., introversão ou extroversão), mas existem em um *continuum*, com a maioria das pessoas no meio e não em um extremo (Grant, 2013; Pittenger, 2005). A personalidade não é algo tão "preto e branco" quanto os tipos sugerem. Observe que atualmente isso também é um debate na psicologia clínica, com um número crescente de psicólogos argumentando contra o diagnóstico categórico (p. ex., que alguém é esquizofrênico ou não esquizofrênico). Eles argumentam que os transtornos também estão em um *continuum*, em vez de serem tipologias ou categorias. Na verdade, parte desse debate é simplesmente uma discordância entre dois grupos que veem a personalidade de forma diferente (Lloyd, 2012). Por um lado, estão médicos e empresários, que são mais propensos a ver a personalidade como categorias e, por outro, experimentalistas, que são mais propensos a ver traços de personalidade em um *continuum*, de pouco a muito.

TABELA 4.2

Pontos-chave da avaliação da teoria MBTI

Critérios de avaliação de Shaw e Costanzo (1982)	Pontos-chave

Consenso com dados e fatos conhecidos	• A teoria junguiana não é baseada em dados empíricos.
	• A teoria MBTI se baseia em suposições não embasadas sobre:
	  • a existência de "tipos verdadeiros" inconscientes e orientados por preferências e a capacidade da avaliação do MBTI de identificar o tipo "verdadeiro";
	  • o caminho causal da característica ao comportamento;
	  • a natureza inata do "tipo".
	• As dicotomias do MBTI ou não são realmente opostas ou podem ser descritas como dimensões únicas, portanto, os polos das dicotomias provavelmente não representam funções psicológicas concorrentes.

É internamente coerente	• O processo de digitação permite e baseia os relatórios de validade na autoverificação, introduzindo evidências circulares de validade e obscurecendo se o tipo de alguém está realmente oculto. • Usar preferências, em vez de habilidades ou tendências comportamentais, como a base de tipos "verdadeiros", permite prever vários tipos para a mesma pessoa.
Testabilidade	• O MBTI geralmente evita declarações fortes sobre o que o tipo prevê. • O MBTI trata a ideia de dicotomias (p. ex., as características existem como duas categorias verdadeiramente separáveis, em vez de contínuas) como essencialmente irrefutável.

Fonte: http://swanpsych.com/publications/SteinSwanMBTITheory_2019.pdf

Crítica empírica

A crítica empírica do MBTI decorre principalmente de se as tipologias são consistentes ao longo do tempo, ou seja, se elas têm confiabilidade teste-reteste. Aqui, o argumento é que alguém pode receber uma tipologia INTJ um mês, mas ESFP poucos meses depois (Grant, 2013). Se isso for verdade, então quão válido pode ser, já que a personalidade é consistente por longos períodos de tempo? Para ser justo, a evidência de confiabilidade ou consistência dos tipos é mista, com alguns estudos que a apoiam (Capraro & Capraro, 2002) e outros sugerindo que a confiabilidade teste-reteste é questionável (Boyle, 1995; Grant, 2013). Mas até mesmo a Fundação Myers-Briggs relata que, ao se testar novamente, a maioria das pessoas recebe três das quatro categorias do mesmo tipo em 75 a 90% das vezes (Confiabilidade e Validade, n.d.). Os críticos considerariam isso pouco confiável, já que até 25% das pessoas estão recebendo uma pontuação diferente. A Fundação argumenta que essas mudanças ocorrem com mais frequência em apenas uma dimensão (não em todas as quatro) e quando alguém já não estava de início fortemente colocado em uma ou outra tipologia. É claro que os críticos discutiriam que esse é o argumento para ver as características em um *continuum* — a maioria das pessoas está no meio e não nas pontas.

No final das contas, o MBTI faz um bom trabalho ao medir os tipos de Jung e prever os interesses profissionais (Kennedy & Kennedy, 2004), mas há dúvidas sobre a validade de colocar as pessoas em categorias e até que ponto as pontuações de categoria ou tipo de uma pessoa mudam em curtos períodos de tempo.

O MBTI continua popular apesar das críticas

Um episódio recente de "Hidden Brain" da NPR se concentrou na avaliação da personalidade. Embora compartilhem algumas críticas ao MBTI, eles também elogiaram a utilidade de "digitar" ao apresentar anedotas de uma mulher que obteve sucesso no namoro examinando o MBTI e, a serviço do fato de que a digitação pode promover sentimentos positivos, ao apresentar resultados de um estudo sugerindo que a paternidade melhora quando os pais pensam que seus filhos pertencem a um tipo de zodíaco cobiçado (Stein & Swan, 2019).

Todas essas críticas ao MBTI tiveram pouco ou nenhum impacto em sua popularidade. A citação acima talvez nos ajude a entender o porquê. Quantos de nós já respondemos "questionário" após questionário em nossos *feeds* do Facebook ou Instagram para determinar qual "tipo" de [insira praticamente qualquer característica, desde personagem de "Game of Thrones" a dono do cachorro] somos? O público em geral parece adorar um questionário que afirma descobrir nosso "verdadeiro eu" e nos fornece um tipo com quem nos identificarmos. Pode haver duas tendências humanas que alimentam a persistência do "pensamento estilo MBTI" (Stein & Swan, 2019): o essencialismo e a falácia da validação pessoal.

Pesquisas sobre o essencialismo psicológico mostram que as pessoas acreditam que as coisas têm essências profundas e inobserváveis. Além disso, quanto mais positiva é uma característica da personalidade, mais ela é "essencializada", ou seja, vista como parte da verdadeira natureza de quem alguém é (Haslam, Bastian & Bissett, 2004). Isso pode explicar por que o MBTI é tão popular: suas alegações de revelar o "verdadeiro eu" são reforçadas pela crença humana no essencialismo e pela satisfação que obtemos quando uma ferramenta amplamente usada confirma nosso "verdadeiro tipo". Afinal, nenhum dos 16 tipos é caracterizado como negativo ou imoral. Essas descrições vagas e positivas de cada uma das descrições dos tipos MBTI provavelmente se prestam à falácia da validação pessoal (Forer, 1949), onde muitas delas parecem se adequar ao nosso "tipo verdadeiro".

Críticas a Jung

Os escritos de Carl Jung continuam a fascinar os estudantes de humanidades. Apesar de sua qualidade subjetiva e filosófica, a psicologia junguiana atraiu um grande público tanto de profissionais quanto de leigos. Seu estudo sobre a religião e mitologia pode repercutir bem para alguns leitores, mas repelir outros. Jung, contudo, considerava-se um cientista e insistia que seu estudo científico da religião, da mitologia, do folclore e das fantasias filosóficas não fazia dele um místico mais do que o estudo de Freud sobre sexo o tornava um pervertido sexual (Jung, 1975).

No entanto, a psicologia analítica, assim como qualquer teoria, deve ser avaliada em relação aos seis critérios de uma teoria útil estabelecidos no Capítulo 1. Primeiro, uma teoria útil deve gerar *hipóteses verificáveis* e *pesquisa descritiva*; segundo, ela deve ter a capacidade de verificação ou *refutação*. Infelizmente, a teoria de Jung, assim como a de Freud, é quase impossível de verificar ou refutar. O inconsciente coletivo, a essência da teoria de Jung, permanece sendo um conceito difícil de testar empiricamente.

Boa parte das evidências para os conceitos de arquétipo e inconsciente coletivo surgiu a partir das próprias experiências de Jung, as quais ele reconhecidamente encontrou dificuldade para comunicar aos outros, de forma que a aceitação desses conceitos se apoia mais na fé do que em evidências empíricas. Jung (1961) alegava que "as afirmações arquetípicas estão baseadas nas precondições instintivas e nada têm a ver com a razão; elas não são fundamentadas racionalmente, nem podem ser banidas pelo argumento racional" (p. 353). Tal afirmação pode ser aceitável para o artista ou o teólogo, mas é provável que não tenha adesões entre os pesquisadores científicos que se defrontam com os problemas de planejar estudos e formular hipóteses.

Todavia, a parte da teoria de Jung relacionada à classificação e tipologia, isto é, as funções e atitudes, pode ser estudada e testada e *gerou uma quantidade moderada de pesquisa*. Como o MBTI produziu um grande número de investigações, damos à teoria de Jung uma classificação como moderada em sua capacidade de gerar pesquisa.

Em terceiro lugar, uma teoria útil deve *organizar as observações* em uma estrutura significativa. A psicologia analítica é única, porque ela acrescenta uma nova dimensão à teoria da personalidade, nomeadamente o inconsciente coletivo. Aqueles aspectos da personalidade humana que lidam com o oculto, o misterioso e o parapsicológico não são abordados pela maioria das outras teorias da personalidade. Mesmo que o inconsciente coletivo não seja a única explicação possível para esses fenômenos e outros conceitos possam ser postulados para explicá-los, Jung é o único teórico da personalidade moderno a fazer uma tentativa séria de incluir um âmbito tão abrangente da atividade humana em uma estrutura teórica única. Por essas razões, damos à teoria de Jung uma classificação como moderada em sua capacidade de organizar o conhecimento.

O quarto critério de uma teoria útil é a *praticidade*. A teoria auxilia terapeutas, professores, pais e outros na solução dos problemas do dia a dia? A teoria dos tipos psicológicos ou atitudes e o MBTI são usados por muitos clínicos, mas a utilidade da maior parte da teoria analítica está limitada àqueles terapeutas que adotam os princípios básicos junguianos. O conceito de um inconsciente coletivo não se presta facilmente à pesquisa empírica, mas pode ter alguma utilidade ao ajudar as pessoas a compreenderem mitos culturais e se adaptarem aos traumas da vida. De modo geral, no entanto, podemos dar à teoria de Jung somente uma classificação baixa em praticidade.

A teoria da personalidade de Jung é *internamente coerente*? Ela possui um conjunto de termos definidos operacionalmente? A primeira pergunta recebe uma resposta afirmativa qualificada; a segunda, uma negativa definida. Jung, em geral, usava os mesmos termos consistentemente, mas ele empregava com frequência vários termos para descrever o mesmo conceito. As palavras *regressão* e *introvertido* estão relacionadas tão intimamente que se pode dizer que descrevem o mesmo processo. Isto também é verdadeiro para *progressão* e *extrovertido*, e a lista pode ser ampliada para incluir vários outros termos, como *individuação* e *autorrealização*, os quais não são diferenciados com clareza. A linguagem de Jung costuma ser figurada, e muitos de seus termos não são definidos de modo adequado. Quanto às definições operacionais, Jung, assim como outros teóricos iniciais da personalidade, não definiu termos de modo operacional. Portanto, classificamos sua teoria como baixa em coerência interna.

O critério final de uma teoria útil é a *parcimônia*. A psicologia de Jung não é simples, mas a personalidade humana também não é. No entanto, como ela é mais complicada do que o necessário, podemos lhe dar apenas uma baixa classificação em parcimônia. A inclinação de Jung para procurar dados de uma variedade de disciplinas e sua disposição para explorar o próprio inconsciente, mesmo abaixo do nível pessoal, contribuem para as grandes complexidades e a imensa abrangência de sua teoria. A lei da parcimônia diz: "Quando duas teorias são igualmente úteis, a mais simples é a preferida". Na verdade, é claro, não existem duas teorias iguais, mas a teoria de Jung, embora acrescentando uma dimensão à personalidade humana que não é muito abordada por outros, é provavelmente mais complexa do que o necessário.

Conceito de humanidade

Jung via os seres humanos como seres complexos com muitos polos opostos. Sua visão da humanidade não era *pessimista* ou *otimista*, nem *determinista* ou *propositiva*. Para ele, as pessoas são motivadas em parte pelos pensamentos *conscientes*, em parte por imagens de seu *inconsciente* pessoal e em parte pelos traços de memória latentes herdados de seu passado ancestral. Sua motivação provém de fatores *causais* e *teleológicos*.

A constituição complexa dos humanos invalida qualquer descrição simples ou unilateral. De acordo com Jung, cada pessoa é uma composição de forças opostas. Ninguém é completamente introvertido ou extrovertido, masculino ou feminino, uma pessoa em que predomina o pensamento, o sentimento, a sensação ou a intuição, e ninguém avança de modo invariável na direção da progressão ou da regressão.

A persona não é mais do que uma fração de um indivíduo. O que se deseja mostrar aos outros é, em geral, apenas o lado socialmente aceitável da personalidade. Cada pessoa possui um lado sombrio, uma sombra, e a maioria tenta ocultá-lo tanto da sociedade quanto de si mesma. Além disso, cada homem possui uma anima; e cada mulher, um animus.

Os vários complexos e arquétipos lançam seu feitiço sobre as pessoas e são responsáveis por muitas de suas palavras e ações e pela maior parte de seus sonhos e fantasias. Ainda que as pessoas não sejam mestres de suas próprias casas, elas também não são completamente dominadas por forças além de seu controle. Possuem uma capacidade limitada de determinar sua vida. Por meio da força de vontade e com grande coragem, elas podem explorar os recessos escondidos de sua psique. Elas podem reconhecer a sombra desses recessos como delas, tornar-se parcialmente conscientes de seu lado feminino ou masculino e cultivar mais de uma única função. Esse processo, que Jung denominava individuação ou autorrealização, não é fácil e demanda maior coragem do que a maioria das pessoas consegue reunir. Em geral, uma pessoa que atingiu a autorrealização já chegou à metade da vida e atravessou com sucesso os estágios da infância e da juventude. Durante a meia-idade, elas devem estar dispostas a deixar de lado os objetivos e os comportamentos da juventude e adotar um novo estilo, apropriado a seu estágio do desenvolvimento psíquico.

Mesmo depois que as pessoas alcançaram a individuação, tomaram conhecimento de seu mundo interno e criaram um equilíbrio entre as várias forças opostas, elas permanecem sob influência de um inconsciente coletivo impessoal que controla muitos de seus preconceitos, interesses, medos, sonhos e atividades criativas.

Na dimensão dos aspectos *biológicos versus sociais* da personalidade, a teoria de Jung inclina-se fortemente na direção da biologia. O inconsciente coletivo, que é responsável por tantas ações, faz parte de nossa herança biológica. Exceto pelo potencial terapêutico da relação médico-paciente, Jung tinha pouco a dizer acerca dos efeitos diferenciais de práticas sociais específicas. De fato, em seus estudos de várias culturas, ele encontrou diferenças superficiais e semelhanças profundas. Assim, a psicologia analítica também pode ser classificada como alta em *semelhanças* entre as pessoas e baixa nas *diferenças individuais*.

Termos-chave e conceitos

- O *inconsciente pessoal* é formado pelas experiências reprimidas de um indivíduo em particular e é o reservatório dos complexos.
- Os humanos herdam um *inconsciente coletivo* que ajuda a moldar muitas de suas atitudes, seus comportamentos e seus sonhos.
- *Arquétipos* são conteúdos do inconsciente coletivo. Os arquétipos típicos incluem persona, sombra, anima, animus, grande mãe, velho sábio, herói e *self*.
- A *persona* representa o lado da personalidade que as pessoas mostram para o resto do mundo. Aquelas psicologicamente sadias reconhecem sua persona, mas não a confundem com a totalidade da personalidade.
- A *anima* é o lado feminino dos homens e é responsável por muitos de seus humores e sentimentos irracionais.
- O *animus*, o lado masculino das mulheres, é responsável pelo pensamento irracional e pelas opiniões ilógicas nas mulheres.

- A *grande mãe* é o arquétipo de fertilidade e destruição.
- O arquétipo do *velho sábio* é a voz inteligente, mas enganadora, da experiência acumulada.
- O *herói* é a imagem inconsciente de uma pessoa que derrota um inimigo, mas que também possui uma fragilidade trágica.
- O *self* é o arquétipo da integridade, da totalidade e da perfeição.
- As atitudes de *introversão* e *extroversão* podem se combinar com uma ou mais das quatro funções – *pensamento, sentimento, sensação* e *intuição* – para produzir oito tipos básicos.
- Uma *meia-idade* e uma *velhice* saudáveis dependem de soluções apropriadas para os problemas da *infância* e da *juventude*.
- Os terapeutas junguianos usam a *análise dos sonhos* e a *imaginação ativa* para descobrir os conteúdos do inconsciente coletivo dos pacientes.

Referências

Alexander, I. E. (1990). *Personology: Method and content in personality assessment and psychobiography.* Durham, NC: Duke University Press.

Bair, D. (2003). *Jung: A biography.* Boston: Little, Brown.

Boyle, G. J. (1995). Myers-Briggs Type Indicator (MBTI): Some psychometric limitations. *Australian Psychologist, 30,* 71-74.

Brome, V. (1978). *Jung.* New York: Atheneum.

Capraro, R. M., & Capraro, M. R. (2002). Myers-Briggs Type Indicator score reliability across studies: A metaanalytic reliability generalization study. *Educational and Psychological Measurement, 62,* 590-602.

Dunne, C. (2000). *Carl Jung: Wounded healer of the soul. An illustrated biography.* New York: Parabola Books.

Ellenberger, H. F. (1970). *The discovery of the unconscious.* New York: Basic Books.

Elms, A. C. (1994). *Uncovering lives: The uneasy alliance of biography and psychology.* New York: Oxford University Press.

Ferris, P. (1997). *Dr. Freud: A life.* Washington, DC: Counterpoint.

Forer, B. R. (1949). The fallacy of personal validation: A classroom demonstration of gullibility. *Journal of Abnormal and Social Psychology, 44,* 118-123.

Francis, L. J. (2005). *Faith and psychology: Personality, religion and the individual.* London: Darton, Longman and Todd.

Francis, L. J., Robbins, M., Kaldor, P., & Castle, K. (2009). Psychological type and work-related psychological health among clergy in Australia, England and New Zealand. *Journal of Psychology and Christianity, 28,* 200-212.

Francis, L. J., Robbins, M., Williams, A., & Williams, R. (2007). All are called, but some are more likely to respond: The psychological profile of rural Anglican churchgoers in Wales. *Rural Theology, 5,* 23-30.

Freud, S. (1900/1953). *The interpretation of dreams.* In *Standard edition* (Vols. 4 & 5).

Freud, S. (1933/1964). *New introductory lectures on psychoanalysis.* In *Standard edition* (Vol. 22).

Gardner, W., & Martinko, M. (1990). The relationship between psychological type, managerial behavior, and managerial effectiveness: An empirical investigation. *Journal of Psychological Type, 19,* 35-43.

Goldwert, M. (1992). *The wounded healers: Creative illness in the pioneers of depth psychology.* Lanham, MD: University Press of America.

Grant, A. (2013, September 18). Goodbye to the MBTI, the fad that won't die. *Psychology Today,* retrieved August 3, 2016 at https://www.psychologytoday.com/blog/give-and-take/201309/goodbye-mbti-the-fadwon-t-die

Haslam, N., Bastian, B., & Bissett, M. (2004). Essentialist beliefs about personality and their implications. *Personality and Social Psychology Bulletin, 30,* 1661-1673.

Hayman, R. (2001). *A life of Jung.* New York: Norton.

Hillman, J. (1985). *Anima: An anatomy of a personified notion.* Dallas, TX: Spring.

Jarlstrom, M., & Valkealahti, K. (2010). Person-job fit related to psychological type of Finnish business students and managers: Implications for change in the management environment. *Journal of Psychological Type, 70,* 41-52.

Jung, C. G. (1916/1960). General aspects of dream psychology. In H. Read, M. Fordham, & G. Adler (Eds.) and R. F. C. Hull (Trans.), *The collected works of C. G. Jung* (Vol. 8). New York. Pantheon Books.

Jung, C. G. (1921/1971). Psychological types. In *Collected works* (Vol. 6).

Jung, C. G. (1928/1960). On psychic energy. In *Collected works* (Vol. 8).

Jung, C. G. (1931/1954a). The aims of psychotherapy. In *Collected works* (Vol. 16).

Jung, C. G. (1931/1954b). Problems of modern psychotherapy. In *Collected works* (Vol. 16).

Jung, C. G. (1931/1960a). The stages of life. In *Collected works* (Vol. 8).

Jung, C. G. (1931/1960b). *The structure of the psyche.* In *Collected works* (Vol. 8).

Jung, C. G. (1934/1954a). The development of personality. In *Collected works* (Vol. 17).

Jung, C. G. (1934/1959). Archetypes of the collective unconscious. In *Collected works* (Vol. 9, Pt. 1).

Jung, C. G. (1934/1960). The soul and death. In *Collected works* (Vol. 8).

Jung, C. G. (1935/1968). The Tavistock lectures. In *Collected works* (Vol. 18).

Jung, C. G. (1937/1959). The concept of the collective unconscious. In *Collected works* (Vol. 9, Pt. 1).

Jung, C. G. (1939/1959). Conscious, unconscious, and individuation. In *Collected works* (Vol. 9, Pt. 1).

Jung, C. G. (1943/1953). *The psychology of the unconscious.* In *Collected works* (Vol. 7).

Jung, C. G. (1945/1953). *The relations between ego and the unconscious.* In *Collected works* (Vol. 7).

Jung, C. G. (1948/1960a). Instinct and the unconscious. In *Collected works* (Vol. 8).

Jung, C. G. (1948/1960b). On the nature of dreams. In *Collected works* (Vol. 8).

Jung, C. G. (1950/1959). Concerning rebirth. In *Collected works* (Vol. 9, Pt. 1).

Jung, C. G. (1951/1959a). *Aion: Researches into the phenomenology of the self.* In *Collected works* (Vol. 9, Pt. 2).

Jung, C. G. (1951/1959b). The psychology of the child archetype. In *Collected works* (Vol. 9, Pt. 1).

Jung, C. G. (1952/1956). *Symbols of transformation.* In *Collected works* (Vol. 5).

Jung, C. G. (1952/1968). *Psychology and alchemy* (2nd ed.). In *Collected works* (Vol. 12).

Jung, C. G. (1954/1959a). *Archetypes and the collective unconscious.* In *Collected works* (Vol. 9, Pt. 1).

Jung, C. G. (1954/1959b). Concerning the archetypes, with special reference to the anima concept. In *Collected works* (Vol. 9, Pt. 1).

Jung, C. G. (1954/1959c). Psychological aspects of the mother archetype. In *Collected works* (Vol. 9, Pt. 1).

Jung, C. G. (1961). *Memories, dreams, reflections* (A. Jaffe, Ed.). New York: Random House.

Jung, C. G. (1964). *Man and his symbols.* Garden City, NY: Doubleday.

Jung, C. G. (1975). *Letters:* II. 1951-1961 (G. Adler & A. Jaffe, Eds.) (R. F. C. Hull, Trans.). Princeton, NJ: Princeton University Press.

Jung, C. G. (1979). *Word and image* (A. Jaffe, Ed.). Princeton, NJ: Princeton University Press.

Jung, C. G., & Riklin, F. (1904/1973). The associations of normal subjects. In *Collected works* (Vol. 2).

Kennedy, R. B., & Kennedy, D. A. (2004). Using the Myers-Briggs Type Indicator® in career counseling. *Journal of Employment Counseling, 41*(1), 38-44.

Kirby, L. (1997). Introduction: Psychological type and the Meyers-Briggs Type Indicator. In C. Fitzgerald & L. Kirby (Eds.), *Developing leaders: Research and applications in psychological type and leadership development* (pp. 3-31). Palo Alto, CA: Davies-Black Publishing.

Lloyd, J. B. (2012). The Myers-Briggs Type Indicator® and mainstream psychology: Analysis and evaluation of an unresolved hostility. *Journal of Beliefs & Values: Studies in Religion & Education, 33,* 23-34. doi: 10.1080/13617672.2012.650028

McGuire, W. (Ed.). (1974). *The Freud/Jung letters: The correspondence between Sigmund Freud and C. G. Jung* (R. Manheim & R. F. C. Hull, Trans.). Princeton, NJ: Princeton University Press.

McGuire, W., & McGlashan, A. (Eds.). (1994). *The Freud/Jung letters: The correspondence between Sigmund Freud and C. G. Jung* (abridged ed.) (R. Manheim & R. F. C. Hull, Trans.). Princeton, NJ: Princeton University Press.

McLynn, F. (1996). *Carl Gustav Jung.* New York: St. Martin's Press.

Myers, I. B. (1962). *Myers-Briggs Type Indicator Manual.* Princeton, NJ: Educational Testing Service.

Noll, R. (1994). *The Jung cult: Origins of a charismatic movement.* Princeton, NJ: Princeton University Press.

Oswald, R. M., & Kroeger, O. (1988). *Personality type and religious leadership.* Washington, DC: The Alban Institute.

Pittenger, D. J. (2005). Cautionary comments regarding the Myers-Briggs Type Indicator. *Consulting Psychology Journal: Practice and Research, 57*(3), 210-221. doi:10.1037/1065-9293.57.3.210

Powell, R., Robbins, M., & Francis, L. J. (2012). The psychological-type profile of lay church leaders in Australia. *Mental Health, Religion & Culture, 15*(9), 905-918. doi:10.1 080/13674676.2012.686478

Robbins, M., & Francis, L.J. (2011). All are called, but some psychological types are more likely to respond: Profiling churchgoers in Australia. *Research in the Social Scientific Study of Religion, 22,* 213-229.

Shaw, M., & Costanzo, P. (1982). *Theories of social psychology.* New York: McGraw-Hill.

Singer, J. (1994). *Boundaries of the soul: The practice of Jung's psychology* (2nd ed.). New York: Doubleday.

Stein, R., & Swan, A. B. (2019). Evaluating the validity of Myers–Briggs Type Indicator theory: A teaching tool and window into intuitive psychology. *Social and Personality Psychology Compass, 13.* doi:10.1111/spc3.12434.

Stromberg, J., & Caswell, E. (2015). *Why the Myers-Briggs test is totally meaningless.* Retrieved from http://www.vox.com/2014/7/15/5881947/myers-briggs-personality-test-meaningless.

The Myers–Briggs Company. (2018). *Myers–Briggs Type Indicator (MBTI)—A positive framework for life-long people development.* Retrieved from https://www.themyersbriggs.com/en-US/Products-and-Services/Myers-Briggs.

Willing, D. C., Guest, K., & Morford, J. (2001). Who is entering the teaching profession? MBTI profiles of 525 master in teaching students. *Journal of Psychological Type, 59,* 36-44.

CAPÍTULO 5

Klein: Teoria das Relações Objetais

- *Panorama da teoria das relações objetais*
- *Biografia de Melanie Klein*
- *Introdução à teoria das relações objetais*
- *A vida psíquica do bebê*
  Fantasias
  Objetos
- *Posições*
  Posição esquizoparanoide
  Posição depressiva
- *Mecanismos de defesa psíquicos*
  Introjeção
  Projeção
  Dissociação
  Identificação projetiva
- *Internalizações*
  Ego
  Superego
  Complexo de Édipo
- *Visões posteriores das relações objetais*
  A visão de Margaret Mahler
  A visão de Heinz Kohut
  A teoria do apego de John Bowlby
  Mary Ainsworth e a situação estranha
- *Psicoterapia*

Keystone-France/Gamma-Keystone/Getty Images

- *Pesquisa relacionada*
  Trauma infantil e relações objetais adultas
  Teoria do apego e as relações adultas
- *Críticas à teoria das relações objetais*
- *Conceito de humanidade*
- *Termos-chave e conceitos*
- *Referências*

Melanie Klein, a mulher que desenvolveu uma teoria que enfatizava a relação cuidadosa* e amorosa entre pais e filhos, não teve uma relação nem cuidadosa, nem amorosa com sua própria filha Melitta. O distanciamento entre mãe e filha começou cedo. Melitta era a mais velha de três filhos, nascidos de pais que não gostavam particularmente um do outro. Quando Melitta tinha 15 anos, seus pais se separaram e ela culpava a mãe pela separação e pelo divórcio que se seguiu. Quando Melitta amadureceu, sua relação com a mãe se tornou mais áspera.

Depois que Melitta se formou em medicina, passou por uma análise pessoal e apresentou trabalhos acadêmicos na Sociedade Psicanalítica Britânica, ela se tornou membro oficial dessa sociedade, profissionalmente igual à sua mãe.

Seu analista, Edward Glover, era um feroz rival de Melanie Klein. Glover, que encorajava a independência de Melitta, foi, pelo menos de forma indireta, responsável pelos ataques violentos de Melitta à sua mãe. A animosidade entre mãe e filha se tornou ainda mais intensa quando Melitta se casou com Walter Schmideberg, outro analista que se opunha fortemente a Klein e que apoiava de modo aberto Anna Freud, a rival mais impetuosa de Klein.

Apesar de ser membro titular da Sociedade Psicanalítica Britânica, Melitta Schmideberg acreditava que sua mãe a via como um apêndice, não como colega. Em uma carta com palavras fortes endereçada à mãe no verão de 1934, Melitta escreveu:

> Espero que você... também me permita lhe dar um conselho... Sou muito diferente de você. Eu já lhe disse anos atrás que nada me causa uma reação pior do que tentar forçar sentimentos em mim - essa é a maneira mais segura de matar todos os sentimentos... Agora estou crescida e preciso ser independente. Tenho minha própria vida, o meu marido. (Citado em Grosskurth, 1986, p. 199)

Melitta seguiu dizendo que não mais se relacionaria com sua mãe da maneira neurótica dos anos em que era mais jovem. Ela agora tinha uma profissão compartilhada com sua mãe e insistia que fosse tratada como uma igual.

A história de Melanie Klein e sua filha assume uma nova perspectiva à luz da ênfase que a teoria das relações objetais coloca na importância da relação entre mãe e filho.

---

*N. de R.T. Optou-se por traduzir "*nurturing relationship*" como relação cuidadosa, tendo em vista que essa expressão em inglês diz respeito a relações mutuamente benéficas, em que cada indivíduo oferta atenção e cuidado para o outro. Uma tradução literal "relação nutritiva" não faz sentido para o português brasileiro, ao passo que "relação cuidadosa" representa uma relação fundamentada no cuidado e atenção mútuos. Especificamente nas relações iniciais, "*nurturing relationship*" ou relação cuidadosa diz respeito ao quanto o cuidador principal (mãe, pai ou outros) oferece assistência, cuidado e atenção às necessidades físicas e psicológicas da criança.

Panorama da teoria das relações objetais

A **teoria das relações objetais** de Melanie Klein foi construída a partir de observações de crianças pequenas. Em contraste com Freud, que destacava os primeiros 4 a 6 anos de vida, Klein enfatizava a importância dos primeiros 4 a 6 *meses* após o nascimento. Ela insistia em que os impulsos do bebê (fome, sexo, etc.) são direcionados para um objeto: o seio, o pênis, a vagina. De acordo com Klein, a relação da criança com o seio é fundamental e serve como um protótipo para relações posteriores com objetos totais, como a mãe e o pai. A tendência muito precoce dos bebês de se relacionarem com objetos parciais confere às suas experiências uma qualidade irrealista ou fantasiosa que afeta todas as relações interpessoais posteriores. Assim, as ideias de Klein tendem a mudar o foco da teoria psicanalítica de estágios do desenvolvimento com base orgânica para o papel da fantasia precoce na formação das relações interpessoais.

Além de Klein, outros teóricos especularam sobre a importância das experiências precoces do bebê com a mãe. Margaret Mahler acreditava que a noção de identidade das crianças se apoiava sobre uma relação de três passos com sua mãe. Primeiro, os bebês têm suas necessidades básicas atendidas pela mãe; a seguir, desenvolvem uma relação simbiótica segura com uma mãe toda poderosa; e, finalmente, emergem do círculo protetor da mãe e estabelecem sua individualidade separada. Heinz Kohut teorizou que as crianças desenvolvem uma noção de *self* durante a primeira infância, quando os pais e outras pessoas as tratam como se elas tivessem uma noção de identidade individualizada. John Bowlby investigou o vínculo dos bebês com a mãe, além das consequências negativas de serem separados dela. Mary Ainsworth e colaboradores desenvolveram uma técnica para medir o tipo de vínculo que um bebê estabelece com sua cuidadora.

Biografia de Melanie Klein

Melanie Reizes Klein nasceu em 30 de março de 1882, em Viena, Áustria. A mais moça de quatro filhos nascidos do doutor Moriz Reizes e sua segunda esposa, Libussa Deutsch Reizes, Klein acreditava que seu nascimento não tinha sido planejado – uma crença que a levou a sentimentos de ser rejeitada por seus pais. Ela se sentia especialmente distante do pai, o qual favorecia sua irmã mais velha, Emilie (Sayers, 1991). Na época em que Melanie nasceu, seu pai, há algum tempo, tinha se rebelado contra seu treinamento anterior como judeu ortodoxo e havia parado de praticar qualquer religião. Em consequência, Klein cresceu em uma família que não era pró-religiosa nem antirreligiosa.

Durante a infância, Klein observou os pais trabalhando em atividades que eles não gostavam. Seu pai era um médico que lutava para ganhar a vida na medicina e, eventualmente, via-se obrigado a trabalhar como auxiliar de dentista. Sua mãe administrava uma loja que vendia plantas e répteis, um trabalho difícil, humilhante e assustador para alguém que tinha aversão por cobras (H. Segal, 1979). Apesar da renda escassa de seu pai como médico, Klein desejava seguir essa profissão.

As relações iniciais de Klein foram insalubres ou terminaram em tragédia. Ela se sentia negligenciada pelo pai idoso, a quem ela via como frio e distante, e, embora amasse e idolatrasse sua mãe, sentia-se sufocada por ela. Klein tinha uma afeição especial por sua irmã Sidonie, que era quatro anos mais velha e que ensinava aritmética e leitura a Melanie. Infelizmente, quando Melanie tinha 4 anos de idade, Sidonie morreu. Anos depois, Klein confessou que nunca superou o luto por Sidonie (H. Segal, 1992). Após a morte da irmã, Klein se vinculou profundamente a seu único irmão, Emmanuel, que era quase cinco anos mais velho e que se tornou seu confidente íntimo. Ela idolatrava seu irmão, e esse fascínio pode ter contribuído para suas dificuldades posteriores em se relacionar com homens. Assim como Sidonie anteriormente, Emmanuel ensinava Melanie, e suas excelentes instruções a ajudaram a passar nos exames de ingresso para uma escola preparatória respeitável (Petot, 1990).

Quando Klein tinha 18 anos, seu pai morreu, mas uma tragédia maior ocorreu dois anos depois, quando seu amado irmão, Emmanuel, faleceu. A morte de Emmanuel deixou Klein devastada. Enquanto ainda lamentava a morte do irmão, ela se casou com Arthur Klein, um engenheiro que tinha sido um amigo muito próximo de Emmanuel. Melanie acreditava que seu casamento aos 21 anos impediu que ela se tornasse médica e, pelo resto de sua vida, lamentou não ter alcançado esse objetivo (Grosskurth, 1986).

Klein não teve um casamento feliz; ela temia o sexo e tinha aversão à gravidez (Grosskurth, 1986). No entanto, em seu casamento com Arthur, gerou três filhos: Melitta, nascida em 1904; Hans, nascido em 1907; e Erich, nascido em 1914. Em 1909, os Klein se mudaram para Budapeste, para onde Arthur havia sido transferido. Lá, Klein conheceu Sandor Ferenczi, um membro do círculo restrito de Freud e a pessoa que a apresentou ao mundo da psicanálise. Quando sua mãe morreu, em 1914, Klein ficou deprimida e iniciou análise com Ferenczi, uma experiência que representou um momento decisivo em sua vida. No mesmo ano, ela leu *Sobre os sonhos*, de Freud (1901/1953), "e percebi imediatamente que aquilo era o que eu estava buscando, pelo menos durante aqueles anos em que eu estava ávida por encontrar o que me satisfaria intelectual e emocionalmente" (citado em Grosskurth, 1986, p. 69). Mais ou menos na mesma época em que descobriu Freud, nasceu seu filho mais moço, Erich. Klein estava bastante tomada pela psicanálise e treinou seu filho de acordo com os princípios freudianos. Como parte desse treinamento, ela começou a analisar Erich desde quando ele era muito pequeno. Além disso, ela tentou analisar Melitta e Hans, ambos os quais posteriormente foram para outros analistas. Melitta, que se tornou psicanalista, foi analisada por Karen Horney (ver Cap. 6) e também por outros (Grosskurth, 1986). Um paralelo interessante entre Horney e Klein é que Klein, posteriormente, analisou as duas filhas mais moças de Horney, quando elas tinham 12 e 9 anos de idade (a filha mais velha de Horney tinha 14 anos e se recusou a ser analisada). Ao contrário da análise voluntária de Melitta com Horney, as duas filhas de Horney foram forçadas a frequentar as sessões analíticas, não para o tratamento de algum transtorno neurótico, mas como medida preventiva (Quinn, 1987).

Klein se separou do marido em 1919, mas não obteve o divórcio durante muitos anos. Após a separação, ela estabeleceu uma prática psicanalítica em Berlim e fez suas primeiras contribuições para a literatura psicanalítica com um trabalho que abordava sua análise com Erich, que não foi identificado como seu filho até muito depois de ela morrer (Grosskurth, 1998). Não completamente satisfeita com a própria análise com Ferenczi, ela acabou a relação e começou uma análise com Karl Abraham, outro membro do círculo restrito de Freud. Depois de apenas 14 meses, no entanto, Klein passou por outra tragédia, quando Abraham morreu. Nesse ponto de sua vida, Klein decidiu começar uma autoanálise, a qual continuou pelo resto da vida. Antes de 1919, os psicanalistas, incluindo Freud, baseavam suas teorias do desenvolvimento infantil em seu trabalho terapêutico com *adultos*. O único estudo de caso de Freud com uma criança foi o Pequeno Hans, um menino que ele viu como paciente apenas uma vez. Melanie Klein mudou essa situação analisando diretamente crianças. Seu trabalho com crianças muito pequenas, incluindo o próprio filho, convenceu-a de que as crianças internalizam sentimentos positivos e negativos em relação à mãe e que desenvolvem um superego muito antes do que Freud acreditava. Sua pequena divergência da teoria psicanalítica convencional causou muitas críticas por parte de seus colegas em Berlim, fazendo com que ela se sentisse cada vez mais desconfortável naquela cidade. Então, em 1926, Ernest Jones a convidou para ir a Londres analisar seus filhos e fazer uma série de conferências sobre análise infantil. Essas conferências, tempos depois, resultaram em seu primeiro livro, *A psicanálise de crianças* (Klein, 1932). Em 1927, ela fixou residência na Inglaterra, permanecendo lá até sua morte, em 22 de setembro de 1960. No dia de sua cerimônia fúnebre, sua filha Melitta fez um insulto póstumo ao realizar um discurso profissional usando botas vermelhas extravagantes, o que escandalizou muitos dos presentes (Grosskurth, 1986).

Os anos de Klein em Londres foram marcados por divisão e controvérsia. Ainda que ela continuasse a se considerar como freudiana, nem Freud nem a filha dele, Anna, aceitavam sua ênfase na importância da infância muito precoce ou sua técnica analítica com crianças. Suas diferenças com Anna Freud começaram enquanto os Freud ainda estavam morando em Viena, mas seu clímax ocorreu quando Anna se mudou com o pai e a mãe para Londres, em 1938. Antes da chegada de Anna Freud, a escola inglesa de psicanálise estava se estabilizando como "escola kleiniana", e as batalhas de Klein estavam limitadas, principalmente, àquelas com sua filha, Melitta, e essas batalhas eram ferozes e pessoais.

Em 1934, o filho mais velho de Klein, Hans, morreu em uma queda. Melitta, que havia se mudado recentemente para Londres com seu marido psicanalista, Walter Schmideberg, sustentou que seu irmão havia cometido suicídio e acusou sua mãe pela morte dele. Durante aquele mesmo ano, Melitta começou uma análise com Edward Glover, um dos rivais de Klein na Sociedade Psicanalítica Britânica. Klein e sua filha, então, tornaram-se ainda mais afastadas no âmbito pessoal e antagonistas profissionalmente, e Melitta manteve sua animosidade mesmo depois da morte da mãe.

Mesmo que Melitta Schmideberg não fosse uma apoiadora de Anna Freud, seu antagonismo persistente em relação a Klein aumentou as dificuldades da batalha de Klein com Anna Freud, a qual nunca reconheceu a possibilidade de analisar crianças pequenas (King & Steiner, 1991; Mitchell & Black, 1995). O atrito entre Klein e Anna Freud jamais cedeu, com cada lado alegando ser mais "freudiano" do que o outro (Hughes, 1989). Por fim, em 1946, a Sociedade Psicanalítica Britânica aceitou três procedimentos de treinamento: o tradicional de Melanie Klein, o defendido por Anna Freud e o de um grupo intermediário que não aceitava qualquer escola de treinamento, mas era mais eclético em sua abordagem. Com essa divisão, a Sociedade Psicanalítica Britânica permaneceu intacta, embora com uma aliança desconfortável.

Introdução à teoria das relações objetais

A teoria das relações objetais é fruto da teoria dos instintos de Freud, porém difere de sua antecedente em, pelo menos, três aspectos gerais. Primeiro, a teoria das relações objetais coloca menos ênfase nos impulsos fundamentados biologicamente e mais importância nos padrões consistentes das relações interpessoais. Segundo, contrariamente à teoria paternalista de Freud, que enfatiza o poder e o controle do pai, a teoria das relações objetais tende a ser mais materna, destacando a intimidade e o cuidado da mãe. Terceiro, os teóricos das relações objetais veem, em geral, o contato e as relações humanas – não o prazer sexual – como o motivo primordial do comportamento humano.

De forma mais específica, no entanto, o conceito de relações objetais possui muitos significados, assim como existem muitos teóricos das relações objetais. Este capítulo se concentra, principalmente, no trabalho de Melanie Klein, mas também discute de modo breve as teorias de Margaret S. Mahler, Heinz Kohut, John Bowlby e Mary Ainsworth. Em geral, o trabalho de Mahler se preocupou com o esforço do bebê para obter autonomia e uma noção de *self*; Kohut, com a formação do *self*; Bowlby, com os estágios da ansiedade de separação; e Ainsworth, com os estilos de apego.

Se Klein é a mãe da teoria das relações objetais, então Freud é o pai. Lembre-se do Capítulo 2, que diz que Freud (1915/1957a) acreditava que os instintos ou impulsos têm um *ímpeto*, uma *origem*, uma *finalidade* e um *objeto*, com estes dois últimos tendo maior significado psicológico. Ainda que impulsos diferentes possam parecer ter finalidades separadas, o propósito subjacente é sempre o mesmo – reduzir a tensão: isto é, alcançar o prazer. Em termos freudianos, o **objeto** do impulso é qualquer pessoa, parte de uma pessoa ou coisa por meio da qual a finalidade é satisfeita. Klein e outros teóricos das relações objetais começam com esse pressuposto básico de Freud e, então, especulam sobre como as relações iniciais reais ou fantasiadas do bebê com a mãe ou o seio se tornam um modelo para todas as relações interpessoais posteriores. As relações adultas, portanto, nem sempre são o que parecem. Uma parte importante de qualquer relação são as representações psíquicas internas de objetos significativos iniciais, como o seio da mãe ou o pênis do pai, que foram *introjetadas*, ou assimiladas à estrutura psíquica do bebê, e, então, *projetadas* em seu parceiro. Essas imagens internas não são representações precisas da outra pessoa, mas remanescentes das experiências iniciais de cada indivíduo.

Apesar de Klein continuar se considerando freudiana, ela estendeu a teoria psicanalítica além das fronteiras definidas por Freud. Por sua vez, Freud optou por ignorar Klein. Quando pressionado a opinar sobre o trabalho dela, tinha pouco a dizer. Por exemplo, em 1925, quando Ernest Jones escreveu a ele elogiando o "trabalho valioso" de Klein com a análise infantil e a ludoterapia, Freud simplesmente respondeu que "o trabalho de Melanie Klein suscitou dúvidas e controvérsias consideráveis aqui em Viena" (Steiner, 1985, p. 30).

A vida psíquica do bebê

Enquanto Freud enfatizava os primeiros anos de vida, Klein destacava a importância dos primeiros 4 a 6 *meses*. Para ela, os bebês não começam a vida com uma tela em branco, mas com uma predisposição herdada de reduzir a ansiedade que experimentam em consequência do conflito produzido pelas forças do instinto de vida e do instinto de morte. A prontidão inata do bebê para agir ou reagir pressupõe a existência de *dotação filogenética*, um conceito que Freud também aceitava.

Fantasias

Um dos pressupostos básicos de Klein é que o bebê, mesmo no nascimento, possui uma vida de fantasia ativa. Essas fantasias são representações psíquicas dos instintos inconscientes do id; portanto, não devem ser confundidas com as fantasias conscientes das crianças mais velhas e dos adultos. De fato, Klein, de modo intencional, escrevia fantasia com ph "phantasy", para torná-la distinta. Quando Klein (1932) escreveu sobre a vida de fantasia dinâmica dos bebês, ela não sugeriu que os recém-nascidos conseguissem colocar os pensamentos em palavras. Ela simplesmente queria dizer que eles possuem imagens inconscientes de "bom" e "mau". Por exemplo, um estômago cheio é bom; um vazio é mau. Assim, Klein dizia que os bebês que adormecem enquanto sugam os dedos estão fantasiando ter o seio bom da mãe dentro deles. Da mesma forma, os bebês com fome que choram e esperneiam estão fantasiando chutar ou destruir o seio mau.

À medida que o bebê amadurece, as fantasias inconscientes conectadas com o seio continuam a exercer um impacto na vida psíquica, mas também surgem novas fantasias. Essas fantasias inconscientes posteriores são moldadas pela realidade e pelas predisposições herdadas. Uma dessas fantasias envolve o complexo de Édipo, ou o desejo da criança de destruir um dos pais e possuir sexualmente o outro. (A noção de Klein do complexo de Édipo é discutida com mais detalhes na seção Internalizações.) Como essas fantasias são inconscientes, elas podem ser contraditórias. Por exemplo, um menino pode fantasiar que está batendo em sua mãe e tendo bebês com ela. Essas fantasias se originam, em parte, das experiências do menino com a mãe e, em parte, das predisposições universais de destruir o seio mau e incorporar o bom.

Objetos

Klein concordava com Freud que os humanos possuem impulsos ou instintos inatos, incluindo um *instinto de morte*. Os impulsos, é claro, precisam ter algum objeto. Assim, o impulso da fome tem o seio bom como seu objeto, o impulso sexual tem um órgão sexual como seu objeto, e assim por diante. Klein (1948) acreditava que, desde o início da infância, as crianças se relacionam com esses objetos externos, tanto em fantasia quanto na realidade. As primeiras relações objetais são com o seio da mãe, mas "logo em seguida se desenvolve interesse pelo rosto e pelas mãos, os quais atendem a suas necessidades e as gratificam" (Klein, 1991, p. 757). Em sua fantasia ativa, os bebês *introjetam* ou assimilam à sua estrutura psíquica esses objetos externos, incluindo o pênis do pai, as mãos e o rosto da mãe e outras partes do corpo. Os objetos introjetados são mais do que pensamentos internos acerca dos objetos externos; eles são fantasias de internalizar o objeto em termos concretos e físicos. Por exemplo, as crianças que introjetaram sua mãe acreditam que ela está constantemente dentro do corpo delas. A noção de Klein de objetos internos sugere que esses objetos têm força própria, comparável ao conceito de Freud de superego, que supõe que a consciência do pai ou da mãe é carregada dentro da criança.

Posições

Klein (1946) via os bebês como constantemente se engajando em um conflito básico entre o instinto de vida e o instinto de morte, ou seja, entre bom e mau, amor e ódio, criatividade e destruição. À medida que o ego avança em direção à integração e se afasta da desintegração, os bebês naturalmente preferem sensações gratificantes em relação às frustrantes.

Na tentativa de lidar com essa dicotomia de bons e maus sentimentos, os bebês organizam suas experiências em **posições**, ou formas de lidar com os objetos internos e externos. Klein escolheu o termo "posição" em vez de "estágio do desenvolvimento" para indicar que as posições se alternam para a frente e para trás; elas não são períodos de tempo ou fases do desenvolvimento pelos quais uma pessoa passa. Apesar de ter usado rótulos psiquiátricos ou patológicos, Klein tinha em mente que essas posições representavam o crescimento e o desenvolvimento social *normal*. As duas posições básicas são a *posição esquizoparanoide* e a *posição depressiva*.

Posição esquizoparanoide

Durante os primeiros meses de vida, o bebê entra em contato com o seio bom e o seio mau. Essas experiências alternantes de gratificação e frustração ameaçam a própria existência de seu ego vulnerável. O bebê deseja controlar o seio devorando-o e abrigando-o. Ao mesmo tempo, os impulsos destrutivos inatos do bebê criam fantasias de dano ao seio mordendo-o, rasgando-o, aniquilando-o. Para tolerar tais sentimentos em relação ao mesmo objeto ao mesmo tempo, o ego se divide, retendo parte de seus instintos de vida e de morte enquanto desvia partes dos dois instintos para o seio. Agora, em vez de temer o próprio instinto de morte, o bebê teme o *seio persecutório*. Mas o bebê também tem uma relação com o *seio ideal*, que dá amor, conforto e gratificação. O bebê deseja manter o seio ideal dentro dele como uma proteção contra a aniquilação pelos perseguidores. Para controlar o seio bom e combater seus perseguidores, o bebê adota o que Klein (1946) denominou **posição esquizoparanoide**, uma forma de organizar as experiências que inclui os sentimentos paranoides de ser perseguido e uma divisão dos objetos internos e externos em bons e maus.

De acordo com Klein, os bebês desenvolvem a posição esquizoparanoide durante os primeiros 3 a 4 meses de vida, durante os quais a percepção que o ego tem do mundo externo é subjetiva e fantástica, em vez de objetiva e real. Assim, os sentimentos persecutórios são considerados paranoides; ou seja, eles não estão fundamentados em algum perigo real ou imediato do mundo externo. A criança precisa manter o seio bom e o seio mau separados, porque confundi-los seria arriscar a aniquilação do seio bom e perdê-lo como porto seguro. No mundo esquizoide do bebê, a ira e os sentimentos destrutivos são direcionados para o seio mau, enquanto os sentimentos de amor e conforto estão associados ao seio bom.

Os bebês, é claro, não usam a linguagem para identificar o seio bom e o mau. Em vez disso, eles possuem uma predisposição biológica a vincularem um valor positivo à nutrição e ao instinto de vida e a atribuírem um valor negativo à fome e ao instinto de morte. Essa dissociação pré-verbal do mundo em bom e mau serve como protótipo para o posterior desenvolvimento de sentimentos ambivalentes em relação a uma única pessoa. Por exemplo, Klein (1946) comparou a posição esquizoparanoide infantil com os sentimentos de transferência que os pacientes em terapia muitas vezes desenvolvem em relação ao terapeuta.

> Sob pressão da ambivalência, do conflito e da culpa, o paciente com frequência dissocia a figura do analista, e, assim, o analista pode, em certos momentos, ser amado; em outros momentos, odiado. Ou o analista pode ser dissociado de uma forma que ele permaneça sendo a figura boa (ou má), enquanto outra pessoa se torna a figura oposta. (p. 19)

Os sentimentos ambivalentes não estão limitados às situações terapêuticas. A maioria das pessoas tem sentimentos positivos e negativos em relação aos entes queridos. A ambivalência consciente, no entanto, não captura a essência da posição esquizoparanoide. Quando os adultos adotam tal posição, fazem isso de maneira primitiva e inconsciente. Conforme assinalado por Ogden (1990), eles podem se ver como um objeto passivo, em vez de um sujeito ativo. Provavelmente eles diriam: "Ele é perigoso", em vez de dizer: "Estou consciente de que ele é perigoso para mim". Outras pessoas podem projetar seus sentimentos paranoides inconscientes nos outros como um meio de evitar sua própria destruição pelo seio malévolo. Outros, ainda, podem projetar seus sentimentos positivos inconscientes em outra pessoa e ver essa pessoa como perfeita, enquanto veem a si mesmos como vazios ou sem valor.

Posição depressiva

Em torno dos 5 ou 6 meses, um bebê começa a ver os objetos externos como um todo e a entender que o bom e o mau podem existir na mesma pessoa. Nessa época, desenvolve uma imagem mais realista da mãe e reconhece que ela é uma pessoa independente que pode tanto ser boa quanto má. Além disso, o ego está começando a amadurecer até o ponto em que consegue tolerar alguns dos próprios sentimentos destrutivos, em vez de projetá-los. No entanto, o bebê também percebe que a mãe pode ir

embora e ser perdida para sempre. Temendo essa possível perda, o bebê deseja proteger a mãe e mantê-la afastada dos perigos de suas próprias forças destrutivas, aqueles impulsos canibalísticos que anteriormente tinham sido projetados nela. Todavia, o ego do bebê é maduro o suficiente para perceber que ele não tem capacidade de proteger a mãe, e, assim, o bebê experimenta culpa por seus impulsos destrutivos anteriores em relação à mãe. Os sentimentos de ansiedade quanto à perda de um objeto amado associados a um sentimento de culpa por querer destruir aquele objeto constituem o que Klein denominou **posição depressiva**.

As crianças na posição depressiva reconhecem que o objeto amado e o objeto odiado são, agora, um único objeto. Elas se censuram pelos impulsos destrutivos anteriores em relação à mãe e desejam fazer a *reparação* desses ataques. Como as crianças veem sua mãe como um todo e também como alguém em perigo, elas são capazes de sentir *empatia* por ela, uma qualidade que será benéfica em suas relações interpessoais futuras.

A posição depressiva é resolvida quando as crianças fantasiam que fizeram a reparação por suas transgressões anteriores e quando reconhecem que a mãe não irá embora permanentemente, mas retornará depois de cada partida. Quando a posição depressiva é resolvida, as crianças encerram a dissociação entre a mãe boa e a mãe má. Elas são capazes não só de experimentar o amor *da* mãe, mas também de expressar seu amor *por* ela. Contudo, uma resolução incompleta da posição depressiva pode resultar em falta de confiança, luto patológico pela perda de uma pessoa amada e uma variedade de outros transtornos psíquicos.

Mecanismos de defesa psíquicos

Klein (1955) sugeriu que, desde o início da infância, as crianças adotam vários mecanismos de defesa psíquicos para proteger seu ego contra a ansiedade despertada por suas fantasias destrutivas. Esses sentimentos destrutivos intensos surgem com as ansiedades oral-sádicas referentes ao seio – o seio temido e destrutivo, por um lado, e o seio gratificante e prestativo, por outro. Para controlar tais ansiedades, os bebês usam vários mecanismos de defesa psíquicos, como *introjeção, projeção, dissociação* e *identificação projetiva*.

Introjeção

Por **introjeção**, Klein simplesmente queria dizer que os bebês fantasiam incorporar a seu corpo aquelas percepções e experiências que tiveram com o objeto externo, originalmente o seio da mãe. A introjeção começa com a primeira alimentação do bebê, quando existe uma tentativa de incorporar o seio da mãe ao corpo dele. Normalmente, o bebê tenta introjetar objetos bons, incorporá-los dentro de si como uma proteção contra a ansiedade. Contudo, às vezes, um bebê introjeta objetos maus, como o seio mau ou o pênis mau, para obter controle sobre eles. Quando os objetos perigosos são introjetados, eles se transformam em perseguidores internos, capazes de aterrorizar o bebê e deixar resíduos assustadores que podem ser expressos em sonhos ou em um interesse por contos de fadas como "O lobo mau" ou "Branca de Neve e os sete anões".

Os objetos introjetados não são representações precisas dos objetos reais, mas influenciados pelas fantasias das crianças. Por exemplo, os bebês fantasiam que a mãe está constantemente presente, ou seja, eles sentem que a mãe está sempre dentro de seu corpo. A mãe real, é claro, não está presente de forma perceptiva, mas os bebês a devoram em fantasia para que ela se torne um objeto interno constante.

Projeção

Assim como os bebês usam a introjeção para incorporar objetos bons e maus, eles empregam a *projeção* para se livrar deles. Projeção é a fantasia de que sentimentos e impulsos próprios, na verdade, residem em outra pessoa e não dentro de nosso corpo. Ao projetarem impulsos destrutivos incontroláveis nos objetos externos, os bebês aliviam a ansiedade insuportável de serem destruídos por forças internas perigosas (Klein, 1935).

As crianças projetam imagens boas e más nos objetos externos, em especial nos pais. Por exemplo, um menino que deseja castrar o pai pode, em vez disso, projetar essas fantasias de castração no pai, dessa forma invertendo os seus desejos de castração e acusando o pai de querer castrá-lo. Do mesmo modo, uma menina pode fantasiar que devora a mãe, mas projeta essa fantasia na mãe, a qual ela teme que vá retaliar a perseguindo.

As pessoas também podem projetar impulsos bons. Por exemplo, os bebês que se sentem bem acerca do seio nutritivo da mãe atribuem seus próprios sentimentos de bondade ao seio e imaginam que o seio é bom. Os adultos, por vezes, projetam os próprios sentimentos de amor em outra pessoa e se convencem de que os outros os amam. A projeção permite, assim, que as pessoas acreditem que suas opiniões subjetivas são verdadeiras.

Dissociação

Os bebês só conseguem manejar os aspectos bons e maus deles mesmos e dos objetos externos por meio da **dissociação**, ou seja, separando os impulsos incompatíveis. Para separar objetos bons e maus, o ego precisa, ele próprio, ser dividido. Assim, os bebês desenvolvem uma imagem de "eu bom" e "eu mau" que lhes possibilita lidar com os impulsos prazerosos e destrutivos em relação aos objetos externos.

A dissociação pode ter um efeito positivo ou negativo na criança. Se não for extrema e rígida, pode ser um mecanismo positivo e útil não só para os bebês, mas também para os adultos. Ela possibilita que as pessoas vejam os aspectos positivos e negativos de si mesmas, avaliem seu comportamento como bom ou mau e diferenciem entre os conhecidos agradáveis e desagradáveis. Todavia, a dissociação excessiva e inflexível pode levar à repressão patológica. Por exemplo, se o ego das crianças for rígido demais para ser dissociado em eu bom e eu mau, elas não conseguirão introjetar as experiências más no ego bom. Quando as crianças não conseguem aceitar o próprio comportamento mau, precisam lidar com impulsos destrutivos e aterrorizantes da única maneira que conseguem: reprimindo-os.

Identificação projetiva

Um quarto meio de reduzir a ansiedade é a **identificação projetiva**, um mecanismo de defesa psíquico no qual os bebês dissociam partes inaceitáveis de si mesmos, projetam-as em outro objeto e, finalmente, introjetam-as de volta de forma alterada ou distorcida. Ao incorporarem o objeto de volta, os bebês acreditam que se tornaram como aquele objeto; isto é, eles se identificam com aquele objeto. Por exemplo, os bebês, em geral, dissociam partes de seu impulso destrutivo e as projetam no seio mau e frustrante. A seguir, eles se identificam com o seio introjetando-o, um processo que permite obter controle sobre o seio temido e maravilhoso.

A identificação projetiva exerce uma influência poderosa nas relações interpessoais adultas. Ao contrário da projeção simples, que pode existir completamente em fantasia, a identificação projetiva existe somente no mundo das relações interpessoais reais. Por exemplo, um marido com tendências fortes, mas indesejadas, de dominar os outros projeta esses sentimentos na esposa, a quem ele, então, vê como dominadora. O homem, sutilmente, tenta *tornar* a esposa dominadora. Ele se comporta com submissão excessiva, na tentativa de forçar a esposa a exibir as mesmas tendências que ele depositou nela.

Internalizações

Quando os teóricos das relações objetais se referem à **internalização**, eles querem dizer que a pessoa incorpora (introjeta) aspectos do mundo externo e, então, organiza essas introjeções em uma estrutura psicologicamente significativa. Na teoria kleiniana, as três internalizações importantes são: o ego, o superego e o complexo de Édipo.

Ego

Klein (1930, 1946) acreditava que o ego, ou a noção de *self*, atinge a maturidade em um estágio muito anterior ao considerado por Freud. Mesmo que Freud considerasse a hipótese de que o ego existe no nascimento, não lhe atribuía funções psíquicas complexas até aproximadamente o terceiro ou quarto ano de vida. Para ele, a criança pequena é dominada pelo id. Klein, no entanto, ignorou em grande parte o id e baseou sua teoria na capacidade precoce do ego de perceber as forças destrutivas e amorosas e manejá-las por meio da dissociação, da projeção e da introjeção.

Klein (1959) acreditava que, no nascimento, o ego é, antes de mais nada, desorganizado. No entanto, é suficientemente forte para sentir ansiedade, usar mecanismos de defesa e formar relações objetais precoces, tanto em fantasia quanto na realidade. O ego começa a se desenvolver já na primeira experiência do bebê com a amamentação, quando o seio bom o preenche não só com leite, mas também com amor e segurança. Porém, o bebê também experimenta o seio mau – aquele que não está presente e não dá leite, amor ou segurança. O bebê introjeta o seio bom e o seio mau, e essas imagens fornecem um ponto focal para a maior expansão do ego. Todas as experiências, mesmo aquelas não vinculadas à alimentação, são avaliadas pelo ego em termos de como elas se relacionam com o seio bom e com o seio mau. Por exemplo, quando o ego experimenta o seio bom, ele espera experiências boas similares com outros objetos, como com os próprios dedos, uma chupeta ou o pai. Assim, a primeira relação objetal do bebê (o seio) se transforma no protótipo não só para o desenvolvimento futuro do ego, mas também para as relações interpessoais posteriores do indivíduo.

Entretanto, antes que possa emergir um ego unificado, ele deve, primeiro, dividir-se. Klein partia do princípio de que os bebês lutam de forma inata pela integração, mas, ao mesmo tempo, são forçados a lidar com as forças opostas de vida e morte, como reflexo de sua experiência com o seio bom e o seio mau. Para evitar a desintegração, o ego recém-emergente deve se dissociar em eu bom e eu mau. O eu bom existe quando os bebês são supridos com leite e amor; o eu mau é experimentado quando eles não recebem leite e amor. Essa imagem dual do *self* permite aos bebês manejar os aspectos bons e maus dos objetos externos. À medida que os bebês amadurecem, suas percepções se tornam mais realistas, eles já não mais veem o mundo em termos de objetos parciais e seu ego se torna mais integrado.

Superego

A imagem de Klein do superego difere da de Freud em pelo menos três aspectos importantes. Primeiro, ele surge muito mais cedo na vida; segundo, ele *não* é fruto do complexo de Édipo; e terceiro, ele é muito mais severo e cruel. Klein (1933) chegou a essas diferenças por meio da análise de crianças pequenas, uma experiência que Freud não teve.

> Não deve haver dúvida de que um superego estava em total operação por algum tempo em meus pequenos pacientes

entre 2,9 anos e 4 anos de idade, enquanto de acordo com a visão aceita [freudiana], o superego não começa a ser ativado até que o complexo de Édipo tenha diminuído – isto é, até aproximadamente 5 anos de idade. Além do mais, meus dados mostraram que esse superego precoce era imensuravelmente mais severo e mais cruel do que aquele da criança maior ou do adulto, e que ele, de modo literal, arrasava o ego frágil da criança pequena. (p. 267)

Lembre-se de que Freud conceitualizou o superego como consistindo de dois subsistemas: um ego ideal, que produz sentimentos de inferioridade, e uma consciência, que resulta em sentimentos de culpa. Klein concordava que o superego maduro produz sentimentos de inferioridade e culpa, mas sua análise de crianças pequenas a levou a acreditar que o *superego precoce* produz não culpa, mas *terror*.

Para Klein, as crianças pequenas temem ser devoradas e rasgadas em pedaços – temores que são, em grande parte, desproporcionais aos perigos reais. Por que o superego das crianças está tão drasticamente afastado de qualquer ameaça real por parte de seus pais? Klein (1933) sugeriu que a resposta reside no próprio instinto destrutivo do bebê, que é experimentado como ansiedade. Para manejar essa ansiedade, o ego da criança mobiliza a libido (instinto de vida) contra o instinto de morte. No entanto, ambos os instintos não podem ser separados completamente; portanto, o ego é forçado a se defender contra suas próprias ações. Tal defesa precoce do ego estabelece as bases para o desenvolvimento do superego, cuja violência extrema é uma reação à autodefesa agressiva do ego contra as próprias tendências destrutivas. Klein acreditava que esse superego severo e cruel era responsável por muitas tendências antissociais e criminais em adultos.

Klein descreveu o superego de uma criança de 5 anos de forma muito parecida com Freud. Por volta do 5º ou 6º ano, o superego desperta pouca ansiedade, mas uma grande dose de culpa. Ele já perdeu boa parte de sua severidade, enquanto, de forma gradual, vai sendo transformado em uma consciência realista. Entretanto, Klein rejeitava a noção de Freud de que o superego é uma consequência do complexo de Édipo. Em vez disso, ela insistia que o superego se desenvolve com o complexo de Édipo e, por fim, emerge como culpa realista depois que o complexo de Édipo é resolvido.

Complexo de Édipo

Ainda que Klein acreditasse que sua visão do complexo de Édipo fosse meramente uma extensão, e não uma refutação, das ideias de Freud, sua concepção se afastou da freudiana em vários aspectos. Primeiro, Klein (1946, 1948, 1952) sustentava que o complexo de Édipo começava em idade muito mais precoce do que Freud sugeriu. Este defendia que o complexo de Édipo ocorria durante a fase fálica, quando as crianças têm cerca de 4 ou 5 anos e depois que passaram pelas fases oral e anal. Ao contrário, Klein afirmava que o complexo de Édipo iniciava durante os primeiros meses de vida, sobrepondo-se às fases oral e anal e atingindo seu clímax durante a **fase genital**, em torno dos 3 ou 4 anos de idade. (Klein preferia a expressão fase "genital" em vez de "fálica", porque este último termo sugere uma psicologia masculina.) Segundo, Klein acreditava que uma parte significativa do complexo de Édipo é o medo da criança de retaliação pelo genitor, devido à sua fantasia de esvaziar o corpo dele. Terceiro, ela enfatizava a importância de as crianças conservarem sentimentos positivos em relação a *ambos* os pais durante os anos edípicos. Quarto, ela levantou a hipótese de que, durante as fases iniciais, o complexo de Édipo serve à mesma necessidade para ambos os gêneros, isto é, estabelecer uma atitude positiva com o objeto bom e gratificante (seio ou pênis) e evitar o objeto mau e aterrorizador (seio ou pênis). Nessa posição, as crianças de cada um dos gêneros podem direcionar seu amor de forma alternada ou simultânea para cada um dos pais. Assim, as crianças são capazes de relações homossexuais e heterossexuais com ambos os pais. Do mesmo modo que Freud, Klein assumiu que meninas e meninos acabam experimentando o complexo de Édipo de formas diferentes.

Desenvolvimento edípico feminino

No começo do desenvolvimento edípico feminino – durante os primeiros meses de vida –, a menina vê o seio da mãe como "bom e mau". Então, por volta dos 6 meses de idade, ela começa a ver o seio como mais positivo do que negativo. Mais tarde, ela vê a mãe inteira como cheia de coisas boas, e essa atitude a leva a imaginar como são feitos os bebês. Ela fantasia que o pênis do pai alimenta a mãe com coisas valiosas, incluindo bebês. Como a menina vê o pênis do pai como doador de crianças, ela desenvolve uma relação positiva com ele e fantasia que seu pai irá encher seu corpo com bebês. Se o estágio edípico feminino prossegue com tranquilidade, a menina adota uma posição "feminina" e tem uma relação positiva com ambos os pais.

No entanto, em circunstâncias menos ideais, a menina verá sua mãe como uma rival e irá fantasiar roubar da mãe o pênis do pai e os bebês. O desejo da menina de roubar a mãe produz um temor paranoide de que a mãe faça uma retaliação, causando-lhe danos ou levando seus bebês. A ansiedade principal da menina provém de um temor de que o interior de seu corpo tenha sido danificado pela mãe, uma ansiedade que poderá ser aliviada somente quando ela mais tarde der à luz um bebê saudável. De acordo com Klein (1945), a inveja do pênis se origina do desejo da menina de internalizar o pênis do pai e receber um bebê dele. Essa fantasia precede qualquer desejo por um pênis externo. Contrária à visão de Freud, Klein não conseguiu encontrar evidências de que a menina culpe a mãe por trazê-la ao mundo sem um pênis. Em vez disso, argumentava que a menina mantém uma forte ligação com a mãe durante o período edípico.

Desenvolvimento edípico masculino

Assim como a menina, o menino vê o seio da mãe como bom e mau (Klein, 1945). Então, durante os primeiros meses do desenvolvimento edípico, transfere alguns de seus desejos orais do seio da mãe para o pênis do pai. Nessa época, o menino está em sua *posição feminina*; ou seja, ele adota uma atitude homossexual passiva em relação ao pai. A seguir, ele avança para uma relação heterossexual com a mãe, mas, devido a seu sentimento homossexual anterior pelo pai, não tem medo de que o pai o castre. Klein acreditava que essa posição homossexual passiva é um pré-requisito para o desenvolvimento no menino de uma relação heterossexual saudável com a mãe. Mais simplesmente, o menino precisa ter um bom sentimento acerca do pênis do pai antes que possa valorizar o próprio pênis.

Conforme o menino amadurece, no entanto, desenvolve impulsos orais sádicos em relação ao pai e deseja arrancar seu pênis e matá-lo. Esses sentimentos despertam a ansiedade de castração e o temor de que o pai o retalie arrancando seu pênis. Esse temor convence o menino de que a relação sexual com a mãe seria extremamente perigosa para ele.

O complexo de Édipo do menino é resolvido apenas parcialmente por sua ansiedade de castração. Um fator mais importante é sua capacidade de estabelecer relações positivas com ambos os pais ao mesmo tempo. Nesse ponto, o menino vê seus pais como objetos totais, uma condição que lhe possibilita elaborar sua posição depressiva.

Tanto para as meninas quanto para os meninos, uma resolução saudável do complexo de Édipo depende de sua capacidade de permitir que a mãe e o pai fiquem juntos e tenham relações sexuais um com o outro. Não permanece qualquer remanescente de rivalidade. Os sentimentos positivos das crianças em relação aos pais posteriormente servem para reforçar suas relações sexuais adultas.

Em resumo, Klein acreditava que as pessoas nascem com dois fortes impulsos: o instinto de vida e o instinto de morte. Os bebês desenvolvem um apego apaixonado pelo seio bom e um ódio intenso pelo seio mau, deixando a pessoa em uma luta por toda a vida para conciliar essas imagens psíquicas inconscientes de bom e mau, prazer e dor. O estágio mais crucial da vida são os primeiros meses, época na qual as relações com a mãe e outros objetos significativos formam um modelo para as relações interpessoais posteriores. A capacidade adulta de uma pessoa de amar ou odiar surge com essas relações objetais iniciais.

Visões posteriores das relações objetais

Desde as descrições audaciosas e perspicazes de Melanie Klein, inúmeros outros teóricos ampliaram e modificaram a teoria das relações objetais. Entre os mais proeminentes

A visão de Margaret Mahler

Margaret Schoenberger Mahler (1897-1985) nasceu em Sopron, Hungria, e se formou em medicina na Universidade de Viena, em 1923. Em 1938, mudou-se para Nova York, onde foi consultora do Serviço Infantil do Instituto Psiquiátrico do Estado de Nova York. Posteriormente, estabeleceu seus estudos observacionais no Centro Infantil Masters, em Nova York. De 1955 a 1974, foi professora de psiquiatria clínica na Faculdade de Medicina Albert Einstein.

Mahler era especialmente preocupada com o nascimento psicológico do indivíduo, que ocorre durante os primeiros três anos de vida, época na qual a criança, de forma gradual, renuncia à segurança em favor da autonomia. Originalmente, as ideias de Mahler partiram da observação dos comportamentos de crianças com transtornos interagindo com suas mães. Depois, ela observou bebês normais em sua ligação com as mães, durante os primeiros 36 meses de vida (Mahler, 1952).

Para Mahler, o nascimento psicológico de um indivíduo começa durante as primeiras semanas de vida pós-natal e continua pelos três anos seguintes ou mais. Usando a expressão *nascimento psicológico*, Mahler se referia à capacidade da criança de se tornar um *indivíduo* separado de seu cuidador primário, uma conquista que leva, em última análise, a uma *noção de identidade*.

Para atingir o nascimento psicológico e a individuação, a criança passa por três estágios evolutivos principais e quatro subestágios (Mahler, 1967, 1972; Mahler, Pine, & Bergman, 1975). O primeiro estágio evolutivo é o **autismo normal**, cujo período se estende desde o nascimento até 3 ou 4 semanas de idade. Para descrever o estágio do autismo normal, Mahler (1967) tomou emprestada a analogia de Freud (1911/1958), que comparava o nascimento psicológico a um ovo de pássaro que ainda não eclodiu. O pássaro é capaz de satisfazer suas necessidades nutricionais de forma autística (com relação à realidade externa), porque seu suprimento alimentar está incluso na casca. Do mesmo modo, um bebê recém-nascido satisfaz várias necessidades dentro da órbita protetora toda poderosa dos cuidados da mãe. Os recém-nascidos possuem um senso de onipotência, porque, assim como os pássaros não eclodidos, suas necessidades são atendidas automaticamente e sem que eles tenham que fazer qualquer esforço. Ao contrário de Klein, que conceitualizava um bebê recém-nascido como aterrorizado, Mahler apontava para períodos relativamente longos de sono e ausência geral de tensão nele. Ela acreditava que esse estágio era um período de narcisismo primário absoluto, no qual o bebê não tem consciência de qualquer outra pessoa. Assim, ela se referia ao autismo normal como um estágio "sem objeto", época em que o bebê naturalmente procura pelo seio da mãe. Ela discordava da noção de Klein de que os bebês incorporam o seio bom e outros objetos a seu ego.

À medida que os bebês vão percebendo que não conseguem satisfazer suas próprias necessidades, eles começam a reconhecer sua cuidadora primária e a buscar uma relação simbiótica com ela, condição que leva à **simbiose normal**, o segundo estágio evolutivo da teoria de Mahler. A simbiose normal começa em torno da 4ª ou 5ª semana de idade, mas atinge seu auge durante o 4º ou 5º mês. Ao longo desse período, "o bebê se comporta e funciona como se ele e sua mãe fossem um sistema onipotente – uma unidade dual dentro de uma fronteira comum" (Mahler, 1967, p. 741). Na analogia do ovo de pássaro, a casca, agora, está começando a se partir, mas uma membrana psicológica na forma de uma relação simbiótica ainda protege o recém-nascido. Mahler reconheceu que essa relação não é uma simbiose verdadeira, porque, embora a vida do bebê dependa da mãe, a mãe não precisa absolutamente do bebê. A simbiose é caracterizada por uma troca de sinais entre o bebê e a mãe. O bebê envia para a mãe sinais de fome, dor, prazer, e a mãe responde com seus próprios sinais, como alimentação, colo ou sorriso. Nessa idade, o bebê consegue reconhecer o rosto da mãe e pode perceber seu prazer ou sofrimento. Entretanto, as relações objetais ainda não começaram – a mãe e os outros ainda são "pré-objetos". Crianças maiores e até mesmo adultos às vezes regridem para esse estágio, procurando a força e a segurança dos cuidados da mãe.

O terceiro estágio evolutivo, **separação-individuação**, estende-se desde cerca do 4º ou 5º mês de idade até aproximadamente o 30º a 36º mês. Durante esse período, as crianças se tornam psicologicamente separadas de suas mães, alcançam um senso de individuação e começam a desenvolver sentimentos de identidade pessoal. Como já não experimentam mais uma unidade dual com a mãe, elas precisam renunciar à ilusão de onipotência e enfrentar sua vulnerabilidade às ameaças externas. Assim, as crianças pequenas no estágio de separação-individuação experimentam o mundo externo como mais perigoso do que ele era durante os primeiros dois estágios.

Mahler dividiu o estágio de separação-individuação em quatro subestágios que se sobrepõem. O primeiro é a *diferenciação*, que dura por volta do 5º mês até o 7º ou 10º mês de idade e é marcado por um rompimento corporal da órbita simbiótica mãe-bebê. Por essa razão, o subestágio de diferenciação é análogo à eclosão de um ovo. Nessa etapa, observou Mahler, os bebês sorriem em resposta à mãe, indicando uma ligação com outra pessoa específica. Os bebês psicologicamente saudáveis que expandem seu mundo para além da mãe são curiosos acerca de estranhos e os examinam; os bebês não saudáveis temem os estranhos e se distanciam deles.

Quando os bebês começam a se afastar das mães engatinhando e caminhando, entram no subestágio do *treinamento* da separação-individuação, um período desde cerca do 7º ao 10º mês de idade até aproximadamente o 15º ou

16° mês. Durante essa subfase, as crianças distinguem facilmente seu corpo do corpo da mãe, estabelecem um vínculo específico com ela e começam a desenvolver um ego autônomo. No entanto, ao longo dos primeiros estágios desse período, os bebês não gostam de perder a mãe de vista; eles a seguem com os olhos e demonstram sofrimento quando ela se afasta. Posteriormente, começam a caminhar e a assimilar o mundo externo, o qual experimentam como fascinante e excitante.

Por volta de 16 a 25 meses de idade, as crianças experimentam uma *reaproximação* com a mãe; isto é, elas desejam se reunir outra vez com a mãe, tanto física quanto psicologicamente. Mahler observou que as crianças dessa idade querem compartilhar com a mãe cada nova aquisição de habilidade e cada experiência nova. Agora que conseguem caminhar com facilidade, estão mais separadas fisicamente da mãe, mas, de modo paradoxal, têm maior probabilidade de apresentarem ansiedade de separação durante o estágio de reaproximação do que durante o período anterior. Suas habilidades cognitivas aumentadas as tornam mais conscientes da separação, fazendo-as experimentar vários estratagemas para recuperar a unidade dual que uma vez tiveram com a mãe. Como essas tentativas nunca são completamente bem-sucedidas, as crianças dessa idade com frequência lutam de modo dramático com a mãe, condição chamada de *crise de reaproximação*.

A subfase final do processo de separação-individuação é a *constância do objeto libidinal*, que se evidencia em torno do 3° ano de vida. Durante essa época, as crianças precisam desenvolver uma representação interna constante da mãe, de modo que consigam tolerar a separação física. Se essa constância do objeto libidinal não for desenvolvida, as crianças continuarão a depender da presença física da mãe para sua própria segurança. Além de alcançar algum grau de constância objetal, as crianças precisam consolidar sua individualidade, ou seja, elas devem aprender a funcionar sem a mãe e a desenvolver outras relações de objeto (Mahler et al., 1975).

O ponto forte da teoria de Mahler é sua descrição sofisticada do nascimento psicológico com base em observações empíricas que ela e seus colaboradores fizeram de interações entre a criança e a mãe. Ainda que muitos de seus princípios se baseiem em inferências provenientes das reações de bebês pré-verbais, suas ideias podem ser facilmente estendidas para os adultos. Os eventuais erros cometidos durante os primeiros três anos de idade – a época do nascimento psicológico – podem resultar em regressões posteriores a um estágio em que o indivíduo ainda não tinha atingido a separação da mãe e, portanto, uma noção de identidade pessoal.

A visão de Heinz Kohut

Heinz Kohut (1913-1981) nasceu em Viena, filho de pais judeus educados e talentosos (Strozier, 2001). Às vésperas da II Guerra Mundial, emigrou para a Inglaterra e, um ano depois, mudou-se para os Estados Unidos, onde passou a maior parte de sua vida profissional. Ele foi um conferencista profissional no Departamento de Psiquiatria da Universidade de Chicago, membro do corpo docente no Instituto de Chicago para Psicanálise e professor visitante de psicanálise na Universidade de Cincinnati. Neurologista e psicanalista, Kohut incomodou muitos psicanalistas em 1971, com a publicação de *Análise do self*, que substituía o ego pelo conceito de *self*. Além desse livro, aspectos da psicologia do *self* são encontrados em *A restauração do self* (1977) e *Seminário de Kohut* (The Kohut Seminars, 1987), editados por Miriam Elson e publicados após a morte de Kohut.

Mais do que os outros teóricos das relações objetais, Kohut enfatizou o processo pelo qual o *self* evolui de uma imagem vaga e indiferenciada para um senso de identidade individual claro e preciso. Assim como outros teóricos das relações objetais, ele focou a relação inicial mãe-filho como a chave para a compreensão do desenvolvimento posterior. Kohut acreditava que os relacionamentos humanos, e não os impulsos instintivos inatos, estão no cerne da personalidade humana.

De acordo com Kohut, os bebês precisam dos cuidadores adultos não somente para gratificarem necessidades físicas, mas também para satisfazerem necessidades psicológicas básicas. Ao cuidarem das necessidades físicas e psicológicas, os adultos, ou **selfobjetos**, tratam os bebês como se eles tivessem uma noção de *self*. Por exemplo, os pais agirão com afeto, frieza ou indiferença dependendo, em parte, do comportamento de seu bebê. Pelo processo de interação empática, o bebê assimila as respostas dos selfobjetos como orgulho, culpa, vergonha ou inveja – todas atitudes que acabam formando os componentes fundamentais do *self*. Kohut (1977) definiu o *self* como "o centro do universo psicológico do indivíduo" (p. 311). O *self* dá unidade e consistência às experiências, permanece relativamente estável ao longo do tempo e é "o centro da iniciativa e um receptor de impressões" (p. 99). O *self* também é o foco das relações interpessoais da criança, moldando como ela se relaciona com os pais e outros selfobjetos.

Kohut (1971, 1977) acreditava que os bebês são naturalmente narcisistas. Eles são autocentrados, procurando exclusivamente seu próprio bem-estar e desejando ser admirados por quem eles são e pelo que fazem. O *self* inicial fica cristalizado em torno de duas *necessidades narcisistas* básicas: (1) de exibir o *self* grandioso e (2) de adquirir uma imagem idealizada de um ou de ambos os pais. O *self grandioso-exibicionista* é estabelecido quando o bebê se relaciona com um selfobjeto "espelhado" que reflete a aprovação de seu comportamento. O bebê, assim, forma uma autoimagem rudimentar a partir de mensagens como: "Se os outros me veem como perfeito, então sou perfeito". A *imagem parental idealizada* é oposta ao *self* grandioso, porque implica que mais alguém é perfeito. No entanto, isso também satisfaz uma necessidade narcisista, porque o bebê adota a atitude: "Você é perfeito, mas sou parte de você".

Ambas as imagens narcisistas são necessárias para o desenvolvimento da personalidade. As duas, no entanto, devem se modificar conforme a criança vai crescendo. Se elas permanecem inalteradas, resultam em uma personalidade adulta patologicamente narcisista. A grandiosidade precisa mudar para uma visão realista do *self*, e a imagem parental idealizada precisa se desenvolver para um quadro realista dos pais. As duas autoimagens não devem desaparecer de todo; o adulto saudável continua a ter atitudes positivas em relação ao *self* e a ver boas qualidades nos pais ou nos substitutos dos pais. Entretanto, um adulto narcisista não transcende essas necessidades infantis e continua a ser autocentrado e a ver o resto do mundo como uma plateia que o admira. Freud acreditava que a pessoa narcisista não seria um bom candidato à psicanálise, porém Kohut sustentava que a psicoterapia podia ser efetiva com esses pacientes.

A teoria do apego de John Bowlby

John Bowlby (1907-1990) nasceu em Londres, onde seu pai era um cirurgião renomado. Desde uma idade precoce, Bowlby era interessado em ciências naturais, medicina e psicologia – temas que ele estudou na Universidade de Cambridge. Após se graduar em medicina, começou a prática em psiquiatria e psicanálise, em 1933. Mais ou menos na mesma época, iniciou o treinamento em psiquiatria infantil com Melanie Klein. Durante a II Guerra Mundial, Bowlby serviu como psiquiatra do exército e, em 1946, foi nomeado diretor do Departamento para Crianças e Pais da Clínica Tavistock. Durante o final da década de 1950, Bowlby passou algum tempo no Centro Stanford para o Estudo Avançado em Ciências Comportamentais, mas retornou a Londres, onde permaneceu até sua morte, em 1990 (van Dijken, 1998).

Na década de 1950, Bowlby ficou insatisfeito com a perspectiva das relações objetais, principalmente por sua teoria inadequada da motivação e sua falta de empirismo. Com seu conhecimento de **etologia** e teoria evolucionista (em especial a ideia de Konrad Lorenz do vínculo inicial com uma figura materna), ele percebeu que a teoria das relações objetais poderia ser integrada a uma perspectiva evolucionista. Formando essa integração, acreditou poder corrigir as deficiências empíricas da teoria e a estendeu a uma nova direção. A *teoria do apego* de Bowlby também partiu do pensamento psicanalítico tomando a infância como ponto de partida e, então, extrapolando para a idade adulta (Bowlby, 1969/1982, 1988). Bowlby acreditava firmemente que os vínculos formados durante a infância tinham um impacto importante na idade adulta. Como os vínculos da infância são cruciais para o desenvolvimento posterior, Bowlby argumentou que os investigadores deveriam estudar a infância diretamente e não se basear em relatos retrospectivos distorcidos dos adultos.

As origens da teoria do apego provêm das observações de Bowlby de que tanto os bebês humanos quanto os primatas passam por uma sequência clara de reações quando separados de seus cuidadores primários. Bowlby observou três estágios dessa **ansiedade de separação**. Inicialmente, quando o cuidador estiver longe da vista, os bebês vão chorar, resistir ao ser confortados por outra pessoa e procurar pelo cuidador. Trata-se do estágio do *protesto*. Quando a separação continua, os bebês ficam quietos, tristes, passivos, indiferentes e apáticos. Esse segundo estágio é chamado de *desespero*. O último estágio – o único peculiar aos humanos – é o *desapego*. Durante sua manifestação, os bebês se tornam emocionalmente desapegados das outras pessoas, incluindo seu cuidador. Se seu cuidador (a mãe) retorna, os bebês vão ignorá-lo e evitá-lo. As crianças que se desapegam não ficam mais perturbadas quando sua mãe as deixa. Conforme vão ficando mais velhas, brincam e interagem com os outros com pouca emoção, mas parecem sociáveis. Entretanto, suas relações interpessoais são superficiais e carecem de afetividade.

A partir dessas observações, Bowlby desenvolveu sua teoria do apego, a qual publicou em uma trilogia intitulada *Apego e perda* (1969/1982, 1973, 1980). A teoria de Bowlby se baseia em dois pontos fundamentais: primeiro, um cuidado responsivo e acessível (geralmente a mãe) deve criar uma base segura para a criança. O bebê precisa saber que o cuidador é acessível e confiável. Se essa confiabilidade estiver presente, a criança é mais capaz de desenvolver confiança e segurança na exploração do mundo. A relação de vínculo serve à função essencial de conectar o cuidador ao bebê, tornando, assim, mais provável a sobrevivência do bebê e, em última análise, da espécie.

O segundo ponto da teoria do apego é que uma relação de vínculo (ou a falta dela) é internalizada e serve como um modelo de trabalho mental, no qual as futuras relações de amizade e amor serão construídas. A primeira ligação de apego é, portanto, a mais crítica de todas as relações. No entanto, para que ocorra o vínculo, um bebê precisa ser mais do que um mero receptor passivo do comportamento do cuidador, mesmo que esse comportamento irradie acessibilidade e confiabilidade. O estilo de apego é uma *relação* entre duas pessoas e não um traço dado ao bebê pelo cuidador. É uma via de duas mãos – o bebê e o cuidador devem ser responsivos um ao outro e cada um deve influenciar o comportamento do outro.

Mary Ainsworth e a situação estranha

Mary Dinsmore Ainsworth (1919-1999) nasceu em Glendale, Ohio, filha do presidente de uma empresa de mercadorias em alumínio. Ela fez graduação, mestrado e doutorado na Universidade de Toronto, onde também trabalhou como instrutora e docente. Durante sua longa carreira, ensinou e conduziu pesquisas em várias universidades e institutos no Canadá, nos Estados Unidos, no Reino Unido e em Uganda. Influenciada pela teoria de Bowlby, Ainsworth e colaboradores (Ainsworth, Blehar, Waters, & Wall, 1978) desenvolveram uma técnica para medir o tipo de estilo de vínculo que existe entre um cuidador e um

Mary Ainsworth JHU Sheridan
Libraries/Gado/Getty Images

bebê, conhecida como *situação estranha*. Esse procedimento consiste em uma sessão de laboratório de 20 minutos em que um cuidador primário (geralmente uma mãe) e um bebê estão inicialmente sozinhos em uma sala de jogos. Então, um estranho entra na sala e, depois de alguns minutos, começa uma breve interação com o bebê. Em seguida, ocorre uma série de episódios em que a mãe sai brevemente da sala e depois retorna. O comportamento crítico é como o bebê reage quando a mãe retorna. Esse comportamento é a base de quatro classificações de estilo de apego: uma conhecida como segura e três consideradas estilos de apego inseguros (evasivo ou desdenhoso, ansioso-ambivalente ou resistente e desorganizado).

Aproximadamente 60% dos bebês americanos apresentam um apego *seguro*. Quando a mãe retorna, esses bebês ficam felizes e iniciam o contato. Esses bebês vão até a mãe e querem ser abraçados. Todos os bebês com apego seguro são confiantes na acessibilidade e na responsividade do cuidador, e essa segurança e confiabilidade proporcionam a base para a brincadeira e a exploração.

Para 15% dos bebês americanos que são *ansiosos-ambivalentes* ou resistentes, a situação estranha é muito estressante e suas reações são ambivalentes. Quando a mãe deixa a sala, eles ficam excepcionalmente perturbados e, quando a mãe retorna, buscam contato com ela, mas rejeitam as tentativas de serem acalmados. Com o estilo de vínculo ansioso-resistente, os bebês transmitem mensagens muito conflitantes. Por um lado, procuram contato com a mãe, enquanto, por outro lado, esperneiam para serem colocados no chão e podem atirar longe os brinquedos que a mãe ofereceu.

Cerca de 20% dos bebês americanos mostram o estilo de apego *evitativo* ou desdenhoso. Nesse estilo, os bebês ficam calmos quando a mãe sai; eles aceitam o estranho; e, quando a mãe retorna, eles a ignoram e a evitam. Nos dois tipos de apego inseguro (ansioso-resistente e ansioso-esquivo), os bebês não possuem a capacidade de se engajarem em brincadeira e exploração efetivas.

Cinco por cento ou menos dos bebês americanos são classificados como *desorganizados* em seu estilo de apego. Esses bebês não apresentam um padrão de comportamento claro ou consistente durante o curso da situação estranha, seja quando o cuidador sai ou quando ele retorna.

O apego seguro aos cuidadores é uma parte importante do processo de desenvolvimento de relacionamentos com outras pessoas.
Ingram Publishing

Psicoterapia

Klein, Mahler, Kohut e Bowlby eram todos psicanalistas treinados em práticas freudianas ortodoxas. No entanto, cada um modificou o tratamento psicanalítico para adequá-lo à sua própria orientação teórica. Como esses teóricos variavam entre si nos procedimentos terapêuticos, limitaremos nossa discussão da terapia à abordagem usada por Melanie Klein.

O uso pioneiro de Klein da psicanálise com crianças não foi bem aceito por outros analistas durante as décadas de 1920 e 1930. Anna Freud era especialmente resistente à noção de psicanálise infantil, discutindo que as crianças pequenas que ainda estavam vinculadas a seus pais não podiam desenvolver uma transferência com o terapeuta, porque elas não tinham fantasias ou imagens inconscientes. Portanto, argumentava ela, as crianças pequenas não poderiam se beneficiar da terapia psicanalítica. Em contraste, Klein acreditava que tanto as crianças com transtornos quanto as sadias deviam ser analisadas; as crianças com transtornos receberiam o benefício do tratamento psicanalítico, enquanto as sadias teriam proveito com uma análise profilática. Coerente com essa crença, ela insistiu para que seus próprios filhos fossem analisados. Ela também defendia que a transferência negativa era um passo essencial em direção ao sucesso do tratamento, uma visão não compartilhada por Anna Freud e muitos outros psicanalistas.

Para estimular a transferência negativa e as fantasias agressivas, Klein dava a cada criança uma variedade de brinquedos pequenos, lápis e papel, tinta, giz de cera, entre outros. Acreditando que as crianças pequenas expressam seus desejos conscientes e inconscientes por meio da *ludoterapia*, ela substituiu a análise dos sonhos e a livre associação freudianas por esse método. Além de expressarem sentimentos de transferência negativa por meio do jogo, os jovens pacientes de Klein com frequência a atacavam verbalmente, o que lhe deu a oportunidade de interpretar as motivações inconscientes por trás desses ataques (Klein, 1943).

A finalidade da terapia kleiniana é reduzir as ansiedades depressivas e os temores persecutórios e mitigar a gravidade dos objetos internalizados. Para atingir esse objetivo, Klein encorajava seus pacientes a reexperimentarem emoções e fantasias iniciais, mas, desta vez, com o terapeuta apontando as diferenças entre realidade e fantasia, entre consciente e inconsciente. Ela também permitia que os pacientes expressassem transferência positiva e negativa, situação que é essencial para a compreensão deles de como as fantasias inconscientes se conectam com as situações presentes do dia a dia. Depois de feita essa conexão, os pacientes se sentem menos perseguidos pelos objetos internalizados, experimentam redução na ansiedade depressiva e são capazes de projetar no mundo externo os objetos internos anteriormente assustadores.

Pesquisa relacionada

Tanto a teoria das relações objetais quanto a teoria do apego geraram muitas pesquisas empíricas. Estudos mostram que os estilos de apego desempenham um papel significativo no desenvolvimento da personalidade das crianças. Por exemplo, crianças que eram bebês com apego seguro mostram maior bem-estar e amizades mais fortes do que aquelas que apresentavam apego inseguro (p. ex., Madigan, Atkinson, Laurin, & Benoit, 2013; McElwain, Booth-laforce, & Wu, 2011). Talvez de forma ainda mais impressionante, estudos mostram que nosso estilo de apego na infância pode até mesmo prever coisas importantes sobre quem somos quando adultos. Por exemplo, um estudo longitudinal acompanhou bebês até a idade adulta (20-23 anos) e mostrou que aqueles com estilos de apego seguro tiveram experiências emocionais diárias mais positivas e menos dificuldade em lidar com emoções negativas despertadas em conflitos de relacionamento romântico (Simpson, Collins, Tran, & Haydon, 2007).

Ainda outra pesquisa que examinou populações adultas mostrou como traumas precoces podem atrapalhar relacionamentos adultos e estendeu a teoria do apego a uma ampla gama de relacionamentos adultos, incluindo relacionamentos românticos, parentais e líder-seguidor.

Trauma infantil e relações objetais adultas

A teoria das relações objetais presume que a qualidade das relações das crianças pequenas com seus cuidadores é internalizada como um modelo para relações interpessoais posteriores. Muitas pesquisas exploraram o impacto do trauma e do abuso infantil no funcionamento relacional objetal adulto e se essas experiências predizem resultados patológicos na vida posterior. Um exemplo muito recente desse tipo de trabalho é o estudo de Bedi, Muller, & Thornback (2012), na Universidade York.

Sessenta adultos identificados como tendo histórias de abuso físico e/ou sexual infantil se submeteram ao Teste de Apercepção Temática (TAT; Murray, 1943). Trata-se de um teste conhecido no campo como um teste projetivo, operando de forma muito parecida com o instrumento mais conhecido das manchas de Rorschach, no qual os indivíduos simplesmente descrevem o que veem em imagens ambíguas. O pressuposto dos testes projetivos é que aqueles que se submetem ao procedimento irão "projetar" desejos, fantasias e ideias inconscientes em suas histórias e interpretações das manchas de tinta. Os testes projetivos são formas alternativas de descobrir aspectos inconscientes da personalidade. O TAT apresenta aos participantes uma série de cenas representando pessoas sozinhas ou em interações sociais que são de natureza ambígua. Os participantes são instruídos a olharem para as imagens e a criarem uma história sobre o que poderia estar acontecendo na figura, o que os personagens podem estar pensando e sentindo e qual pode ser o resultado. Como o TAT representa pessoas se relacionando, ele é particularmente adequado para o exame das relações objetais do indivíduo.

Os sobreviventes de abuso deste estudo foram submetidos ao TAT e suas histórias foram pontuadas para quatro temas de relações objetais: (a) o grau em que os relacionamentos interpessoais são vistos como ameaçadores *versus* seguros; (b) o nível de comprometimento e compartilhamento emocional nos relacionamentos; (c) a capacidade de ver o eu como distinto dos outros; e (d) a precisão das atribuições sobre as causas dos comportamentos, pensamentos e sentimentos das pessoas. Os participantes também completaram uma variedade de medidas de saúde mental, incluindo autoestima e sintomas do transtorno de estresse pós-traumático (TEPT).

Os resultados mostraram, tal como a teoria das relações objetais prediz, que ter uma tendência a ver as pessoas e as relações como mais malévolas, além de investir menos emocionalmente nas relações, estava correlacionado a mais sintomas de TEPT e autoestima mais baixa nessas vítimas de abuso. Isso sugere que pessoas com infâncias traumáticas veem os outros como perigosos e rejeitadores e isso pode resultar no desenvolvimento de um sentimento de vergonha e desvalorização. Tratar tais indivíduos com eficiência provavelmente requer a consciência de que mesmo a relação terapêutica pode ser impactada por relações objetais prejudicadas. Como escrevem os pesquisadores: "As vítimas de trauma tiveram as relações pessoais como uma causa de sua dor. Assim, é essencial que os clínicos trabalhem com as vítimas de abuso visando aos sintomas presentes de psicopatologia por meio de uma perspectiva relacional" (Bedi, Muller, & Thornback, 2012, p. 6). Capacitar as vítimas de trauma a perceberem que os outros podem responder a elas de forma positiva, referem esses pesquisadores, pode modificar suas representações objetais de forma saudável.

Teoria do apego e as relações adultas

A teoria do apego, conforme originalmente conceitualizada por John Bowlby, enfatizava a relação entre pais e filhos. Desde a década de 1980, no entanto, os pesquisadores começaram a examinar, de forma sistemática, as relações de apego em adultos, em especial nas relações amorosas.

Um estudo clássico do apego adulto foi conduzido por Cindy Hazan e Phil Shaver (1987), que previram que os diferentes tipos de estilos de apego inicial distinguiriam o tipo, a duração e a estabilidade das relações amorosas adultas. De modo mais específico, esses investigadores esperavam que as pessoas que tiveram vínculos iniciais seguros com seus cuidadores experimentassem mais confiança, intimidade e emoções positivas em suas relações amorosas adultas do que os indivíduos nos grupos inseguros. Além disso, eles previram que os adultos esquivos temeriam a intimidade e não teriam confiança, enquanto os adultos ansiosos-ambivalentes seriam preocupados e obcecados por suas relações.

Estudando universitários e outros adultos, Hazan e Shaver encontraram apoio para cada uma dessas previsões. Os adultos com apego seguro experimentavam mais confiança e intimidade em suas relações amorosas do que os esquivos ou ansiosos-ambivalentes. Além do mais, os pesquisadores constataram que os adultos com apego seguro tinham maior probabilidade do que os adultos inseguros de acreditar que o amor romântico pode ser duradouro. Além disso, os adultos com apego seguro eram menos cínicos em relação ao amor em geral, tinham relações mais duradouras e apresentavam menor probabilidade de se divorciarem do que os adultos esquivos ou ansiosos-ambivalentes.

Outros pesquisadores estenderam a pesquisa sobre apego e relações românticas adultas. Steven Rholes e colaboradores, por exemplo, testaram a ideia de que o estilo de apego está relacionado ao tipo de informações que as pessoas procuram ou evitam referentes a seu relacionamento e ao parceiro amoroso (Rholes, Simpson, Tran, Martin, & Friedman, 2007). Os pesquisadores previram que os indivíduos esquivos não procurariam informações adicionais acerca dos sentimentos e dos sonhos íntimos do parceiro, enquanto os indivíduos ansiosos expressariam um forte desejo de obter mais informações acerca do parceiro romântico. Os indivíduos esquivos, em geral, esforçam-se para manter independência emocional e, portanto, não querem qualquer informação que possa aumentar a intimidade. A intimidade subverte seu objetivo de independência. Entretanto, os indivíduos ansiosos tendem a ser cronicamente preocupados com o estado de seu relacionamento e querem fortalecer os vínculos emocionais, procurando o máximo de informação possível em relação aos sentimentos mais íntimos do parceiro.

Para testar suas previsões, Rholes e colaboradores recrutaram casais que estavam se encontrando há algum tempo e os levaram a um laboratório de psicologia para responderem a testes que mediam apego e busca de informação. O estilo de apego foi medido usando um questionário-padrão contendo itens de autorrelato sobre o quão ansiosos ou esquivos os parceiros se sentem dentro de sua relação romântica. A busca por informação foi medida por meio de uma tarefa computadorizada inteligente (e fictícia), na qual cada participante respondia, de forma independente, a vários itens sobre sua relação, incluindo os sentimentos íntimos e objetivos para o futuro de cada parceiro. Foi dito aos participantes que o computador, então, geraria um perfil de sua relação, o qual ambos os parceiros poderiam ver no final do estudo. Os pesquisadores, então, conseguiram medir o quanto das informações fornecidas pelo perfil da relação cada parceiro lia a respeito do outro. De acordo com suas previsões e com a teoria geral do apego, os indivíduos esquivos mostraram menos interesse na leitura de informações sobre o parceiro contidas no perfil da relação, enquanto os indivíduos ansiosos procuraram mais informações sobre questões relativas à intimidade e objetivos para o futuro do parceiro.

O ciúme ocorre quando nos sentimos ameaçados pela perda percebida de um parceiro próximo, geralmente romântico. O ciúme geralmente pode ser baseado na realidade, ou seja, pode haver uma ameaça legítima de perda. No entanto, algumas pessoas são hipersensíveis à ameaça de perda de um parceiro e sentem ciúmes mesmo quando há pouca ou nenhuma base real para isso. Os psicólogos chamam isso de "ciúme patológico". Um estudo recente investigou os estilos de apego de pessoas patologicamente ciumentas em comparação com aquelas que não são (Costa, Sophia, Sanches, Tavares, & Zilberman, 2015). Trinta e duas pessoas classificadas como "ciumentas patológicas" procuraram terapia para ciúme patológico e, em seguida, foram diagnosticadas positivamente pela equipe psiquiátrica do Ambulatório Integrado dos Transtornos do Impulso, em São Paulo, no Brasil. O grupo de comparação consistiu em 31 pessoas que tinham a mesma idade e sexo, mas não tinham histórico de transtornos psiquiátricos.

Além de preencher o Questionnaire of Affective Relationships (QAR), que avalia se os participantes são patologicamente ciumentos ou não, os participantes também preencheram uma bateria de questionários, incluindo o Adult Attachment Questionnaire de Hazan e Shaver, bem como medidas de qualidade do relacionamento, busca de novidades, persistência, impulsividade, ansiedade, depressão e agressividade. Costa e colaboradores descobriram que aqueles com ciúme patológico tinham estilos de apego menos seguros, mais evitativos e mais ansiosos-ambivalentes do que aqueles que não eram patologicamente ciumentos. Os participantes ciumentos também estavam menos satisfeitos em seus relacionamentos, mais impulsivos e mais propensos a buscar experiências novas e inovadoras.

Outro tópico de pesquisa tem sido conflito, estilo de apego e relacionamentos românticos. O conflito é uma parte inevitável de todo relacionamento romântico, e muitas pesquisas foram conduzidas sobre como os estilos de apego adulto influenciam a forma como os parceiros reagem e se comportam durante o conflito. Pesquisas mostram que, de um modo geral, parceiros inseguros (tanto ansiosos-ambivalentes quanto evitativos) não lidam com conflitos tão bem quanto seus colegas seguros. Por exemplo, parceiros ansiosos e evitativos experimentam maior reatividade do sistema nervoso autônomo durante discussões de conflito com seus cônjuges do que indivíduos com apegos seguros (Powers, Pietromonaco, Gunlicks, & Sayer, 2006). E parceiros com estilos de apego ansioso tendem a aumentar a gravidade emocional dos conflitos (Simpson, Rholes, & Phillips, 1996).

A transição para a paternidade é um momento particularmente estressante para muitos casais, e os níveis de conflito tendem a aumentar. Rholes e colaboradores (2014) conduziram um estudo longitudinal sobre como os estilos de apego de novas mães e pais desempenharam um papel em sua experiência de conflito durante esse momento específico. Casais que estavam esperando seu primeiro filho foram recrutados durante as aulas pré-natais e completaram medidas de autorrelato e percepção-do-parceiro sobre abordagens de conflito, estilo de apego e satisfação com o relacionamento cinco vezes diferentes, desde aproximadamente 6 semanas antes da data prevista para o parto, até 24 meses após o nascimento do filho.

Os resultados revelaram que parceiros mais ansiosos e evitativos usaram estilos de resolução de conflitos menos eficazes, como agressão verbal ou "impasse" em oposição à colaboração. Além disso, os indivíduos com apego inseguro perceberam que táticas de conflito mais destrutivas estavam sendo dirigidas a eles por seus parceiros durante esse período estressante. Não é de surpreender que a maioria dos parceiros do estudo - homens e mulheres - relatou adotar e receber táticas de conflito menos úteis e mais destrutivas à medida que a transição para a paternidade se desenrolava. A boa notícia é que os indivíduos mais seguros no estudo mostraram melhorias ao longo do tempo, adaptando-se ao *status* de pais e parceiros e usando menos táticas de resolução de conflitos ineficazes e mais táticas de resolução de conflitos eficazes.

O estilo de apego é importante não apenas nos relacionamentos parentais e românticos, mas também nos relacionamentos entre líderes e seus seguidores. A teoria é de que o estilo de apego é relevante nas relações líder-seguidor porque os líderes ou figuras de autoridade podem ocupar o papel de cuidador e ser uma fonte de segurança semelhante ao apoio oferecido por pais e parceiros românticos. Os pesquisadores previram que os líderes com um estilo de apego seguro (nem ansiosos, nem esquivos) são mais eficazes do que os líderes com apego inseguro (ansiosos ou esquivos).

Para explorar o papel do apego na liderança, Rivka Davidovitz e colaboradores (2007) estudaram um grupo de oficiais militares e os soldados sob seu comando. Os oficiais responderam à mesma medida de apego usada no estudo discutido anteriormente sobre apego e busca de informação (Rholes et al., 2007), mas, em vez de relatarem sobre seu apego dentro de uma relação romântica, eles descreveram suas relações íntimas em geral. Os soldados, então, responderam testes que mediam a eficácia da liderança de seu oficial, a coesão de sua unidade militar e medidas de bem-estar psicológico.

Os resultados forneceram mais apoio à generalidade e à importância do estilo de apego em múltiplos tipos de relações. As unidades dos oficiais que tinham um estilo de apego esquivo eram menos coesas, e os soldados expressaram bem-estar psicológico mais baixo, comparados aos membros de outras unidades. Mais provavelmente, esses efeitos do estilo de apego esquivo dos líderes se devem ao desejo dos oficiais de se eximirem de dar informações sobre o bem-estar social e emocional de sua unidade. Os oficiais com apego ansioso conduziam unidades que foram classificadas como baixas no funcionamento instrumental (o grau em que os soldados levam seu trabalho a sério). No entanto, essas mesmas unidades foram classificadas como altas no funcionamento socioemocional (o grau em que os soldados se sentem livres para expressar pensamentos e sentimentos). Este último achado relativo ao funcionamento socioemocional foi surpreendente para os pesquisadores, mas faz sentido quando se consideram os achados de Rholes e colaboradores discutidos previamente (Rholes et al., 2007): os oficiais com apego ansioso eram, provavelmente, mais interessados na busca de informação sobre como seus soldados estavam se sentindo e como eles estavam se relacionando uns com os outros.

Outro estudo examinou as relações entre funcionários e supervisores em restaurantes e descobriu que funcionários ansiosos e ambivalentes (seguidores) relataram sentir mais estresse ao interagir com seu supervisor (líder) do que outros estilos de apego (Harms, Bai, & Han, 2016). Além disso, os estilos de apego dos líderes e dos seguidores previram os níveis de confiança e, por sua vez, a confiança mediou o impacto dos estilos de apego nos resultados do local de trabalho. Os autores concluíram que líderes dispostos e capazes de fornecer apoio emocional são particularmente eficazes para seguidores ansiosos e ambivalentes, que descobrem que essa forma de liderança os ajuda a criar confiança e, portanto, evitar os resultados negativos no local de trabalho que resultam da desconfiança na liderança.

Apego é um construto em psicologia da personalidade que continua a gerar uma quantidade substancial de pesquisas. Mesmo que o trabalho sobre a teoria do apego tenha começado como uma forma de compreender as diferenças nas relações pais-filhos, pesquisas recentes mostraram que essas mesmas dinâmicas (estilos de apego seguro, esquivo e ansioso) são importantes para a compreensão de uma ampla gama de relações adultas – desde parceiros amorosos até líderes militares e soldados.

Críticas à teoria das relações objetais

Nos dias atuais, a teoria das relações objetais continua a ser mais popular no Reino Unido do que nos Estados Unidos. A "Escola Britânica", que incluía não só Melanie Klein, mas também W.R.D. Fairbairn e D.W. Winnicott, exerceu forte influência sobre psicanalistas e psiquiatras no Reino Unido. Nos Estados Unidos, no entanto, a influência dos teóricos das relações objetais, embora crescente, foi menos direta.

Como a teoria das relações objetais é classificada na geração de pesquisa? Em 1986, Morris Bell e colaboradores publicaram o Inventário Bell das Relações Objetais (BORI), um questionário de autorrelato que identifica os quatro aspectos principais das relações objetais: alienação, apego, egocentrismo e inabilidade. Até o momento, apenas alguns estudos usaram o BORI para investigar de forma empírica as relações objetais. No entanto, a teoria do apego atualmente está gerando muitas pesquisas. Assim, classificamos a teoria das relações objetais como baixa em sua capacidade de gerar pesquisa, mas a julgamos como moderada a alta segundo tal critério para uma teoria útil.

Como a teoria das relações objetais se desenvolveu a partir da teoria psicanalítica ortodoxa, ela sofre de alguns dos mesmos *problemas com refutação* que enfrenta a teoria de Freud. A maior parte de seus princípios baseia-se no que está acontecendo dentro da psique do bebê, e, assim, esses pressupostos não podem ser verificados. A teoria não se presta a refutações porque gera poucas hipóteses verificáveis. A teoria do apego, todavia, obtém uma classificação um pouco melhor em refutação.

Talvez a característica mais útil da teoria das relações objetais seja sua *capacidade de organizar* informações acerca do comportamento dos bebês. Mais do que a maioria dos teóricos da personalidade, os teóricos das relações objetais especularam sobre como os humanos adquirem gradualmente um senso de identidade. Klein, em especial, Mahler, Bowlby e Ainsworth, construíram suas teorias com base em observações cuidadosas da relação mãe-filho. Eles observaram as interações entre o bebê e a mãe e fizeram inferências com base no que viram. Entretanto, além dos primeiros anos da infância, a teoria das relações objetais carece de utilidade como um organizador de conhecimentos.

Como um *guia para o profissional*, a teoria se classifica um pouco melhor do que na organização de dados ou sugerindo hipóteses verificáveis. Os pais de crianças pequenas podem aprender sobre a importância de um cuidador afetivo, receptivo e estimulante. O psicoterapeuta pode considerar a teoria das relações objetais útil não só para a compreensão do desenvolvimento inicial de seus pacientes, mas também para o entendimento e o trabalho com a relação de transferência que os pacientes formam com o terapeuta, a quem eles veem como um substituto dos pais.

Quanto ao critério de coerência, cada uma das teorias discutidas neste capítulo possui alto nível de *coerência interna*, porém os diferentes teóricos discordam entre si em relação a inúmeros pontos. Muito embora todos eles atribuam uma importância fundamental às relações humanas, as diferenças entre eles excedem as semelhanças.

Além disso, classificamos a teoria das relações objetais como baixa quanto ao critério da *parcimônia*. Klein, em especial, usava de modo desnecessário expressões e conceitos complexos para descrever sua teoria.

Conceito de humanidade

Os teóricos das relações objetais, em geral, consideram a personalidade humana como um produto da relação inicial entre mãe e filho. A interação entre a mãe e o bebê forma a base para o desenvolvimento futuro da personalidade, porque essa experiência interpessoal inicial serve como um protótipo para as relações interpessoais posteriores. Klein via a psique humana como "ansiedades psicóticas instáveis, fluidas e constantemente impeditivas" (Mitchell & Black, 1995, p. 87). Além do mais, "cada um de nós luta contra o profundo terror da aniquilação... e o abandono total" (p. 88).

Como eles enfatizam a relação mãe-filho e consideram essa experiência como crucial para o desenvolvimento posterior, os teóricos das relações objetais obtêm classificação alta em *determinismo* e baixa em livre-arbítrio.

Pela mesma razão, esses teóricos podem ser *pessimistas* ou *otimistas*, dependendo da qualidade da relação inicial mãe-bebê. Se essa relação é saudável, então a criança se desenvolve como um adulto psicologicamente sadio; se não é saudável, a criança adquire uma personalidade patológica, voltada para si. Na dimensão da *causalidade* versus *teleologia*, a teoria das relações objetais tende a ser mais causal. As experiências iniciais são as formadoras primárias da personalidade. As expectativas do futuro desempenham um papel menor na teoria das relações objetais.

Classificamos a teoria das relações objetais como alta quanto aos *determinantes inconscientes do comportamento*, porque a maioria dos teóricos rastreia os determinantes principais do comportamento até os primeiros meses de vida, antes do desenvolvimento da linguagem verbal. Assim, as pessoas adquirem muitos traços pessoais e atitudes em nível pré-verbal e permanecem desconhecendo a natureza completa desses traços e atitudes. Além disso, a aceitação de Klein de uma dotação filogenética adquirida de forma inata coloca sua teoria ainda mais próxima dos determinantes inconscientes.

A ênfase que Klein colocou no instinto de morte e na dotação filogenética parece sugerir que ela via a biologia como mais importante do que o ambiente para moldar a personalidade. No entanto, ela mudou a ênfase dos estágios infantis com base biológica de Freud para um foco interpessoal. Como a intimidade e os cuidados que os bebês recebem da mãe são experiências ambientais, Klein e outros teóricos das relações objetais tendem mais para os *determinantes sociais* da personalidade.

Na dimensão da *singularidade* versus *semelhanças*, os teóricos das relações objetais tendem mais na direção das semelhanças. Como clínicos que lidavam sobretudo com pacientes perturbados, Klein, Mahler, Kohut e Bowlby limitaram suas discussões à distinção entre personalidades sadias e patológicas e eram menos preocupados com as diferenças entre as personalidades psicologicamente sadias.

Termos-chave e conceitos

- As teorias das relações objetais assumem que a *relação mãe-filho* durante os primeiros 4 ou 5 meses de vida é o momento mais crítico para o desenvolvimento da personalidade.
- Klein acreditava que uma parte importante de qualquer relacionamento são as *representações psíquicas internas* de objetos iniciais significativos, como o seio da mãe e o pênis do pai.
- Os bebês *introjetam* essas representações psíquicas em sua própria estrutura psíquica e, então, projetam tais representações no objeto externo, isto é, outra pessoa. Tais imagens internas não constituem representações precisas da outra pessoa, mas são remanescentes das experiências interpessoais iniciais.
- O *ego*, que existe ao nascimento, consegue perceber as forças destrutivas e amorosas, ou seja, um seio que nutre e um seio frustrante.
- Para lidar com o seio que nutre e o seio frustrante, os bebês *dissociam* esses objetos em bons e maus, enquanto também dissociam o próprio ego, dando a eles uma *imagem dual* do *self*.
- Klein acreditava que o *superego* começa a existir muito mais cedo do que Freud especulou e que ele se desenvolve com o processo edípico, em vez de ser um produto deste.
- Durante o complexo de Édipo feminino inicial, a menina adota uma *posição feminina* em relação a ambos os pais. Ela tem um sentimento positivo tanto pelo seio da mãe quanto pelo pênis do pai, os quais ela acredita que a alimentarão com bebês.

- Às vezes, a menina desenvolve hostilidade em relação à mãe, a quem ela teme que irá retaliá-la e roubar seus bebês.
- Para a maioria das meninas, no entanto, o complexo de Édipo feminino é resolvido sem qualquer antagonismo ou ciúme em relação à mãe.
- O menino também adota uma posição feminina durante os anos edípicos iniciais. Nessa época, ele não tem medo

de ser castrado como punição por seus desejos sexuais em relação à mãe.
- Posteriormente, o menino projeta seu impulso destrutivo no pai, temendo que este irá mordê-lo ou castrá-lo.
- O complexo de Édipo masculino é resolvido quando o menino estabelece boas relações com ambos os pais e se sente confortável quanto à relação sexual de seus pais.

Referências

Ainsworth, M., Blehar, M., Waters, E., & Wall, S. (1978). *Patterns of attachment*. Hillsdale, NJ: Erlbaum.

Bedi, R., Muller, R.T., & Thornback, K. (2012). Object relations and psychopathology among adult survivors of childhood abuse. *Psychological Trauma: Theory, Research and Policy, 20*, 1-8.

Bowlby, J. (1969/1982). *Attachment and loss: Vol. 1. Attachment* (2nd ed.). New York: Basic Books.

Bowlby, J. (1973). *Attachment and loss: Vol. 2. Separation: Anxiety and anger*. New York: Basic Books.

Bowlby, J. (1980). *Attachment and loss: Vol. 3. Loss:Sadness and depression*. New York: Basic Books.

Bowlby, J. (1988). *A secure base: Parent-child attachment and healthy human development*. New York: Basic Books.

Costa, A. L., Sophia, E. C., Sanches, C., Tavares, H., & Zilberman, M. L. (2015). Pathological jealousy: Romantic relationship characteristics, emotional and personality aspects, and social adjustment. *Journal of Affective Disorders, 174*, 38-44. doi:10.1016/j.jad.2014.11.017

Davidovitz, R., Mikulincer, M., Shaver, P. R., Izsak, R., & Popper, M. (2007). Leaders as attachment figures: Leaders' attachment orientations predict leadershiprelated mental representations and followers' performance and mental health. *Journal of Personality and Social Psychology, 93*, 632-650.

Freud, S. (1911/1958). Formulations on the two principles of mental functioning. In *Standard edition* (Vol. 12).

Freud, S. (1915/1957a). Instincts and their vicissitudes. In *Standard edition* (Vol. 14).

Grosskurth, P. (1986). *Melanie Klein: Her world and her work*. New York: Knopf.

Grosskurth, P. (1998). Psychoanalysis: A dysfunctional family? *The Journal of Analytical Psychology, 43*, 87-95.

Harms, P. D., Bai, Y., & Han, G. H. (2016). How leader and follower attachment styles are mediated by trust. *Human Relations, 69*, 1853-1876.

Hazan, C., & Shaver, P. R. (1987). Romantic love conceptualized as an attachment process. *Journal of Personality and Social Psychology, 52*, 511-524.

Hughes, J. M. (1989). *Reshaping the psychoanalytic domain: The work of Melanie Klein, W. R. D. Fairbairn, and D. W. Winnicott*. Berkeley: University of California Press.

King, P., & Steiner, R. (Eds.). (1991). *The Freud-Klein controversies 1941-1945*. London: Tavistock/Routledge.

Klein, M. (1930/1964). The importance of symbolformation in the development of the ego. In M. Klein, *Contributions to psycho-analysis, 1921-1945* (pp. 236-250). New York: McGraw-Hill.

Klein, M. (1932). *The psycho-analysis of children*. London: Hogarth Press.

Klein, M. (1933/1964). The early development of conscience in the child. In M. Klein, *Contributions to psycho-analysis, 1921-1945* (pp. 267-277). New York: McGraw-Hill.

Klein, M. (1935/1980). A contribution to the psychogenesis of manic-depressive states. In J. Mitchell (Ed.), *The selected Melanie Klein* (pp. 145-166). New York: Free Press.

Klein, M. (1943/1991). Memorandum on her technique by Melanie Klein. In P. King & R. Steiner (Eds.), *The Freud-Klein controversies 1941-45* (pp. 635-638). London: Tavistock/Routledge.

Klein, M. (1945/1984). The Oedipus complex in the light of early anxieties. In M. Klein, *Love, guilt, and reparation and other works, 1921-1945* (pp. 370-419). New York: Macmillan.

Klein, M. (1946/1975). Notes on some schizoid mechanism. In M. Klein, *Envy and gratitude and other works, 1946-1963* (pp. 1-24). New York: Delta Books.

Klein, M. (1948). *Contributions to psycho-analysis, 1921-45*. London: Hogarth.

Klein, M. (1952). *Envy and gratitude*. London: Tavistock.

Klein, M. (1955/1980). The psycho-analytic play technique: Its history and significance. In J. Mitchell (Ed.), *The selected Melanie Klein* (pp. 35-54). New York: Free Press.

Klein, M. (1959/1984). Our adult world and its roots in infancy. In M. Klein, *Envy and gratitude and other works, 1946-1963* (pp. 247-263). New York: Macmillan.

Klein, M. (1991). The emotional life and egodevelopment of the infant with special reference to the depressive position. In P. King & R. Steiner (Eds.), *The Freud-Klein controversies 1941-45* (pp. 752-797). London: Tavistock/Routledge.

Kohut, H. (1971). *The analysis of the self: A systematic approach to the treatment of narcissistic personality disorders*. New York: International Universities Press.

Kohut, H. (1977). *The restoration of the self*. New York: International Universities Press.

Kohut, H. (1987). *The Kohut Seminars on self psychology and psychotherapy with adolescents and young adults* (M. Elson, Ed.). New York: Norton.

Madigan, S., Atkinson, L., Laurin, K., & Benoit, D. (2013). Attachment and internalizing behavior in early childhood. A meta-analysis. *Developmental Psychology, 49*, 672-689.

Mahler, M. S. (1952). On child psychosis and schizophrenia: Autistic and symbiotic infantile psychoses. *Psychoanalytic Study of the Child, 7*, 286-305.

Mahler, M. S. (1967). On human symbiosis and the vicissitudes of individuation. *Journal of the American Psychoanalytic Association, 15,* 740–762.

Mahler, M. S. (1972). On the first three subphases of the separation-individuation process. *International Journal of Psycho-Analysis, 53,* 333–338.

Mahler, M. S., Pine, F., & Bergman, A. (1975). *The psychological birth of the human infant.* New York: Basic Books.

McElwain, N. L., Booth-LaForce, C., & Wu, X. (2011). Infant–mother attachment and children's friendship quality. Maternal mental state talk as an intervening mechanism. *Developmental Psychology, 47,* 1295–1311.

Mitchell, S. A., & Black, M. J. (1995). *Freud and beyond: A history of modern psychoanalytic thought.* New York: Basic Books.

Murray, H. (1943). *Thematic Apperception Test.* Cambridge, MA: Harvard University Press.

Ogden, T. H. (1990). *The matrix of the mind: Object relations and the psychoanalytic dialogue.* Northvale, NJ: Aronson.

Petot, J-M. (1990). *Melanie Klein. Vol. 1. First discoveries and first system: 1919-1932* (C. Trollop, Trans.). Madison, CT: International Universities Press. (Original work published 1979)

Powers, S. I., Pietromonaco, P. R., Gunlicks, M., & Sayer, A. (2006). Dating couples' attachment styles and patterns of cortisol reactivity and recovery in response to a relationship conflict. *Journal of Personality and Social Psychology, 90,* 613–628.

Quinn, S. (1987). *A mind of her own: The life of Karen Horney.* New York: Summit Books.

Rholes, W. S., Kohn, J. L., & Simpson, J. A. (2014). A longitudinal study of conflict in new parents: The role of attachment. *Personal Relationships, 21,* 1–21.

Rholes, W. S., Simpson, J. A., Tran, S., Martin III, A. M., & Friedman, M. (2007). Attachment and information seeking in romantic relationships. *Personality and Social Psychology Bulletin, 33,* 422–438.

Sayers, J. (1991). *Mothers of psychoanalysis: Helene Deutsch, Karen Horney, Anna Freud, Melanie Klein.* New York: Norton.

Segal, H. (1979). *Melanie Klein.* New York: Viking Press.

Segal, J. (1992). *Melanie Klein.* London: Sage.

Simpson, J. A., Collins, W. A., Tran, S., & Haydon, K. C. (2007). Attachment and the experience and expression of emotions in romantic relationships. A developmental perspective. *Journal of Personality and Social Psychology, 92,* 355–367.

Simpson, J. A., Rholes, W. S., & Phillips, D. (1996). Conflict in close relationships: An attachment perspective. *Journal of Personality and Social Psychology, 71,* 899–914.

Steiner, R. (1985). Some thoughts about tradition and change arising from an examination of the British Psycho-Analytical Society's controversial discussions (1943–1944). *International Review of Psycho-Analysis, 12,* 27–71.

Strozier, C. B. (2001). *Heinz Kohut: The making of a psychoanalyst.* New York: Farrar, Straus, and Giroux.

van Dijken, S. (1998). *John Bowlby: His early life.* London: Free Association Books.

CAPÍTULO 6

Horney: Teoria Social Psicanalítica

- ♦ *Panorama da teoria social psicanalítica*
- ♦ *Biografia de Karen Horney*
- ♦ *Introdução à teoria social psicanalítica*
  Comparação entre Horney e Freud
  O impacto da cultura
  A importância das experiências da infância
- ♦ *Hostilidade básica e ansiedade básica*
- ♦ *Impulsos compulsivos*
  Necessidades neuróticas
  Tendências neuróticas
- ♦ *Conflitos intrapsíquicos*
  A autoimagem idealizada
  Auto-ódio
- ♦ *Psicologia feminina*
- ♦ *Psicoterapia*
- ♦ *Pesquisa relacionada*
  A busca neurótica pela glória no laboratório
  O neuroticismo pode vir a ser algo bom?

Bettmann/Contributor/Getty Images

- ♦ *Críticas a Horney*
- ♦ *Conceito de humanidade*
- ♦ *Termos-chave e conceitos*
- ♦ *Referências*

124 Feist, Roberts & Feist

Por favor, marque "verdadeiro" ou "falso" conforme se aplica a você.

1. V F   É muito importante para mim agradar as outras pessoas.
2. V F   Quando me sinto angustiado, procuro uma pessoa emocionalmente forte para contar meus problemas.
3. V F   Prefiro a rotina mais do que as mudanças.
4. V F   Gosto de estar em uma posição poderosa de liderança.
5. V F   Acredito e sigo o conselho: "Faço para os outros antes que eles façam para mim".
6. V F   Gosto de ser a alma da festa.
7. V F   É muito importante para mim ser reconhecido pelas minhas realizações.
8. V F   Gosto de ver as realizações dos meus amigos.
9. V F   Em geral, termino as relações quando elas começam a ficar muito íntimas.
10. V F   É muito difícil para mim ignorar meus erros e falhas pessoais.

Essas questões representam 10 necessidades importantes propostas por Karen Horney. Discutiremos esses itens na seção sobre necessidades neuróticas. Mas saiba que marcar um item na direção das necessidades neuróticas não indica que você é emocionalmente instável ou guiado por necessidades neuróticas.

Panorama da teoria social psicanalítica

A **teoria social psicanalítica** de Karen Horney foi construída sobre o pressuposto de que as condições sociais e culturais, em especial as experiências da infância, são, em grande parte, responsáveis pela formação da personalidade. As pessoas que não têm satisfeitas suas necessidades de amor e afeição durante a infância desenvolvem *hostilidade básica* em relação a seus pais e, em consequência, sofrem de *ansiedade básica*. Horney teorizou que as pessoas combatem a ansiedade básica adotando um dos três estilos fundamentais de se relacionar com os outros: (1) movimento em direção às pessoas, (2) movimento contra as pessoas ou (3) movimento para longe das pessoas. Os indivíduos normais podem usar qualquer um desses modos de se relacionar com os outros, mas os neuróticos são impelidos a depender rigidamente apenas de um deles. O comportamento compulsivo gera um *conflito intrapsíquico* básico que pode assumir a forma de uma autoimagem idealizada ou auto-ódio. A autoimagem idealizada é expressa como (1) busca neurótica pela glória, (2) reivindicações neuróticas ou (3) orgulho neurótico. O auto-ódio é expresso como autodesprezo ou alienação do *self*.

Ainda que os escritos de Horney preocupem-se principalmente com a personalidade neurótica, muitas de suas ideias também podem ser aplicadas a indivíduos normais. Este capítulo examina a teoria básica da neurose de Horney, compara suas ideias com as de Freud, aborda sua visão sobre a psicologia feminina e discute brevemente suas ideias sobre psicoterapia.

Assim como com outros teóricos, a visão de Horney sobre a personalidade é um reflexo de suas experiências de vida. Bernard Paris (1994) escreveu que "os *insights*

de Horney foram derivados de seus esforços para aliviar a própria dor, como também a de seus pacientes. Se seu sofrimento tivesse sido menos intenso, seus *insights* teriam sido menos profundos" (p. xxv). Agora, voltamos a atenção para a vida frequentemente conturbada dessa mulher.

Biografia de Karen Horney

A biografia de Karen Horney tem vários paralelos com a vida de Melanie Klein (ver Cap. 5). As duas nasceram durante a década de 1880 e eram a filha mais nova de um pai de 50 anos e sua segunda esposa. Ambas tinham irmãos mais velhos que eram favorecidos pelos pais e se sentiam indesejadas e não amadas. Além disso, ambas desejavam se tornar médicas, mas somente Horney cumpriu essa ambição. Finalmente, elas se engajaram em uma extensa autoanálise – a de Horney começando com seus diários dos 13 aos 26 anos, continuando com sua análise com Karl Abraham e culminando em seu livro *Autoanálise* (Quinn, 1987).

Karen Danielsen Horney nasceu em Eilbek, uma cidade pequena perto de Hamburgo, Alemanha, em 15 de setembro de 1885. Ela era a única filha de Berndt (Wackels) Danielsen, um capitão de navio, e Clothilda van Ronzelen Danielsen, uma mulher quase 18 anos mais nova do que o marido. O outro filho deste casamento foi um menino, cerca de quatro anos mais velho do que Karen. No entanto, o velho capitão do mar tinha sido casado anteriormente e tivera outros quatro filhos, a maioria deles era adulta na época em que Horney nasceu. A família Danielsen era infeliz, em parte porque os meios-irmãos mais velhos de Karen colocaram seu pai contra a segunda esposa. Karen sentia grande hostilidade em relação ao pai severo e devotamente religioso e o considerava um hipócrita. Entretanto, idolatrava a mãe, que a apoiava e a protegia contra a severidade do velho capitão do mar. Contudo, Karen não era uma criança feliz. Ela se ressentia do tratamento favorecido dado ao irmão mais velho e, além disso, preocupava-se com a aspereza e a discórdia entre seus pais.

Quando tinha 13 anos, Horney decidiu se tornar médica, mas, naquela ocasião, nenhuma universidade na Alemanha aceitava mulheres. Na época em que tinha 16 anos, essa situação mudou. Portanto, Horney – com as objeções do pai, que queria que ela ficasse em casa e cuidasse dos afazeres domésticos – ingressou no ginásio, uma escola que a conduziria até a universidade e, depois, para a faculdade de medicina. Sozinha pela primeira vez, Karen iria permanecer independente pelo resto de sua vida. De acordo com Paris (1994), no entanto, a independência de Horney era, sobretudo, superficial. Em um nível mais profundo, ela mantinha uma necessidade compulsiva de se unir a um grande homem. Essa dependência mórbida, que, em geral, incluía idealização e medo de incitar rejeição raivosa, assombraram Horney durante seus relacionamentos com vários homens.

Em 1906, ela ingressou na Universidade de Freiburg, tornando-se uma das primeiras mulheres na Alemanha a estudar medicina. Lá, conheceu Oskar Horney, um estudante de ciências políticas. Eles iniciaram uma amizade que acabou se tornando um relacionamento amoroso. Após seu casamento, em 1909, eles se estabeleceram em Berlim, onde Oskar, agora um PhD, trabalhava para uma companhia carbonífera e Karen, ainda sem titulação, especializou-se em psiquiatria.

Nessa época, a psicanálise freudiana estava se firmando, e Karen Horney foi se familiarizando com os escritos de Freud. No início de 1910, ela começou a análise com Karl Abraham, um dos associados próximos de Freud e que, posteriormente, analisou Melanie Klein. Depois que a análise de Horney foi encerrada, ela assistiu a vários seminários de Abraham, nos quais conheceu outros psicanalistas. Em 1917, escreveu seu primeiro trabalho sobre psicanálise: "A técnica da terapia psicanalítica" (Horney, 1917/1968), o qual refletia a visão freudiana ortodoxa e dava algumas indicações do pensamento independente posterior de Horney.

Os primeiros anos de seu casamento foram repletos de muitas experiências pessoais notáveis. Seu pai e sua mãe, que agora estavam separados, morreram no espaço de menos de um ano entre um e outro; ela deu à luz três filhas em cinco anos; recebeu o doutorado em 1915, após cinco anos de psicanálise; e, em sua busca pelo homem certo, teve vários casos amorosos (Paris, 1994; Quinn, 1987).

Após a I Guerra Mundial, os Horney viveram um estilo de vida suburbano e próspero, com vários empregados e um motorista. Oskar se saía bem financeiramente, enquanto Karen desfrutava de uma prática psicanalítica próspera.

Essa cena idílica, no entanto, logo teve seu fim. A inflação e a perturbação econômica de 1923 custaram a Oskar seu emprego, e a família foi forçada a se mudar de volta para um apartamento em Berlim. Em 1926, Karen e Oskar se separaram, mas não se divorciaram oficialmente até 1938 (Paris, 1994).

Os primeiros anos após a separação de Oskar foram os mais produtivos da vida de Horney. Além de ter seus pacientes e cuidar de suas três filhas, ela se envolveu mais com a escrita, o ensino, as viagens e as conferências. Seus trabalhos, agora, mostravam diferenças importantes em relação à teoria de Freud. Ela acreditava que a cultura, não a anatomia, era responsável pelas diferenças psíquicas entre homens e mulheres. Quando Freud reagiu negativamente à posição de Horney, ela se tornou ainda mais explícita em seu ponto de vista.

Em 1932, Horney deixou a Alemanha para assumir o cargo de diretora associada no recém-fundado Instituto Psicanalítico de Chicago. Vários fatores contribuíram para sua decisão de imigrar: um clima político antissemita na Alemanha (embora Horney não fosse judia), a oposição crescente a suas visões não ortodoxas e uma oportunidade de ampliar sua influência para além de Berlim. Durante os dois anos que passou em Chicago, ela conheceu Margaret Mead e John Dollard. Além disso, retomou o contato com Erich Fromm e sua esposa, Frieda Fromm-Reichmann, os quais tinha conhecido em Berlim. Durante os 10 anos seguintes, Horney e Fromm foram amigos íntimos, influenciando enormemente um ao outro e, por fim, tornando-se amantes (Hornstein, 2000).

Após os dois anos em Chicago, Horney se mudou para Nova York, onde ensinou na Nova Escola para Pesquisas Sociais. Em Nova York, ela se tornou membro do grupo Zodíaco, que incluía Fromm, Fromm-Reichmann e outros. Ainda que Horney fosse integrante do Instituto Psicanalítico de Nova York, ela raramente concordava com os membros estabelecidos. Além do mais, seu livro *Novos rumos na psicanálise* (1939) fez dela a líder de um grupo de oposição. Nesse livro, Horney reivindicava o abandono da teoria dos instintos e uma maior ênfase no ego e nas influências sociais. Em 1941, ela se demitiu do instituto devido a questões de dogma e ortodoxia e ajudou a formar uma organização rival: a Associação para o Avanço da Psicanálise (AAP, Association for the Advancement of Psychoanalysis). Esse novo grupo, no entanto, logo sofreu conflitos internos. Em 1943, Fromm (cuja relação íntima com Horney havia acabado recentemente) e vários outros renunciaram à AAP, deixando a organização sem seus membros mais fortes. Apesar desse rompimento, a associação continuou, mas com o nome Instituto Psicanalítico Karen Horney. Em 1952, Horney fundou a Clínica Karen Horney.

Em 1950, Horney publicou seu trabalho mais importante, *Neurose e crescimento humano*. Esse livro apresenta teorias que já não eram mais uma reação a Freud, mas uma expressão do próprio pensamento criativo e independente de Horney. Depois de um curto período de doença, Horney morreu de câncer, em 4 de dezembro de 1952. Ela tinha 65 anos.

Introdução à teoria social psicanalítica

Os primeiros escritos de Karen Horney, bem como os de Adler, Jung e Klein, têm um toque freudiano próprio. Assim como Adler e Jung, ela também se desencantou com a psicanálise ortodoxa e construiu uma teoria revisionista que refletia suas experiências pessoais – clínicas e outras.

Apesar de Horney ter escrito quase que exclusivamente sobre neuroses e personalidades neuróticas, seu trabalho sugere muito do que é apropriado ao desenvolvimento normal e sadio. A cultura, em especial as experiências precoces da infância, desempenha um papel essencial na formação da personalidade humana, seja ela neurótica ou sadia. Horney, então, concordava com Freud que os traumas no início da infância são importantes, mas discordava dele ao insistir que as forças sociais, em vez das biológicas, são primordiais no desenvolvimento da personalidade.

Comparação entre Horney e Freud

Horney criticava as teorias de Freud em vários aspectos. Primeiro, ela alertava que a adesão rígida à psicanálise ortodoxa levaria à estagnação tanto do pensamento teórico quanto da prática terapêutica (Horney, 1937). Segundo, Horney (1937, 1939) contestava as ideias de Freud sobre a psicologia feminina, um assunto ao qual retornaremos adiante. Terceiro, ela salientava a visão de que a psicanálise deveria ir além da teoria dos instintos e enfatizar a importância das influências culturais na formação da personalidade. "O homem é governado não pelo princípio do prazer isolado, mas por dois princípios orientadores: segurança e satisfação" (Horney, 1939, p. 73). Outrossim, ela alegava que as neuroses não são resultado dos instintos, mas da "tentativa da pessoa de encontrar caminhos ao longo de um deserto cheio de perigos desconhecidos" (p. 10). Esse deserto é criado pela sociedade, e não pelos instintos ou pela anatomia.

Apesar de se tornar cada vez mais crítica a Freud, Horney continuava a reconhecer seus *insights* perceptivos. Sua discussão principal com Freud não era tanto sobre a precisão de suas observações, mas sobre a validade dessas interpretações. Em termos gerais, ela sustentava que as explicações de Freud resultavam em um conceito pessimista de humanidade, com base nos instintos inatos e na estagnação da personalidade. Ao contrário, sua visão da humanidade é otimista e está centrada em forças culturais que são receptivas à mudança (Horney, 1950).

O impacto da cultura

Mesmo que Horney não tenha ignorado a importância dos fatores genéticos, ela, repetidas vezes, enfatizou as influências culturais como as bases primárias para o desenvolvimento da personalidade neurótica e normal. A cultura moderna, argumentava ela, está baseada na *competição* entre os indivíduos. "Cada um de nós compete de forma real ou potencial com todas as outras pessoas" (Horney, 1937, p. 284). A competitividade e a *hostilidade básica* que a cultura gera resultam em sentimentos de *isolamento*. Esses sentimentos de estar sozinho em um mundo potencialmente hostil levam a *necessidades de afeição* intensificadas, as quais, por sua vez, fazem as pessoas supervalorizarem o amor. Como consequência, muitas pessoas veem o amor e a afeição como a solução para todos os seus problemas. O amor genuíno, é claro, pode ser uma experiência saudável, que produz crescimento; porém, a necessidade desesperada por amor (como a demonstrada pela própria Horney) proporciona um terreno fértil para o desenvolvimento de neuroses. Em vez de se beneficiarem com a necessidade de amor, os neuróticos se esforçam de modo patológico para encontrá-lo. Suas tentativas autodestrutivas resultam em baixa autoestima, hostilidade aumentada, ansiedade básica, mais competitividade e uma necessidade excessiva contínua de amor e afeição.

De acordo com Horney, a sociedade ocidental contribui para esse círculo vicioso em vários aspectos. Primeiro, as pessoas dessa sociedade estão imbuídas de ensinamentos culturais de parentesco e humildade. Tais ensinamentos, no entanto, desenvolvem-se contrariamente a outra atitude predominante, a saber: a agressividade e o impulso de vencer e ser superior. Segundo, as demandas da sociedade por sucesso e realizações são quase infindáveis; portanto, mesmo quando as pessoas alcançam suas ambições materiais, objetivos adicionais estão continuamente sendo colocados diante delas. Terceiro, a sociedade ocidental diz às pessoas que são livres que elas podem conseguir qualquer coisa por meio do trabalho árduo e da perseverança. Na realidade, porém, a liberdade da maioria das pessoas é restringida de forma considerável pela genética, pela posição social e pela competitividade.

Tais contradições – todas provenientes de influências culturais, em vez de biológicas – produzem conflitos intrapsíquicos que ameaçam a saúde psicológica das pessoas normais e apresentam obstáculos quase insuperáveis para os neuróticos.

A importância das experiências da infância

Horney acreditava que o conflito neurótico pode se originar em qualquer estágio do desenvolvimento, mas a infância é a época a partir da qual emerge a maioria dos problemas. Uma variedade de eventos traumáticos, como abuso sexual, espancamento, rejeição aberta ou negligência, pode deixar suas impressões no desenvolvimento futuro de uma criança. Contudo, Horney (1937) insistia que essas experiências debilitantes podem, quase invariavelmente, ser relacionadas à falta de carinho e afeição genuínos. A falta de amor do pai e sua relação próxima com a mãe devem ter exercido um efeito poderoso no desenvolvimento pessoal de Horney e também em suas ideias teóricas.

Horney (1939) levantou a hipótese de que uma infância difícil é a principal responsável pelas necessidades neuróticas. Essas necessidades se tornam poderosas porque elas são o único meio que a criança tem de obter sentimentos de segurança. No entanto, uma única experiência precoce não é responsável pela personalidade posterior. Horney advertia que "a soma das experiências da infância acarreta certa estrutura de caráter, ou melhor, inicia seu desenvolvimento" (p. 152). Em outras palavras, a totalidade das relações precoces molda o desenvolvimento da personalidade. "As atitudes posteriores com os outros, então, não são repetições das infantis, mas emanam da estrutura de caráter, cuja base é assentada na infância" (p. 87).

Ainda que as experiências posteriores possam ter um efeito importante, sobretudo em indivíduos normais, as experiências da infância são as principais responsáveis pelo desenvolvimento da personalidade. Pessoas que repetem rigidamente padrões de comportamento o fazem porque interpretam novas experiências de uma forma consistente com esses padrões estabelecidos.

Hostilidade básica e ansiedade básica

Horney (1950) acreditava que cada indivíduo começa a vida com um potencial para o desenvolvimento saudável, mas, assim como outros organismos vivos, as pessoas precisam de condições favoráveis para o crescimento. Essas condições devem incluir um ambiente afetivo e amoroso, mas que não seja excessivamente permissivo. As crianças precisam experimentar o amor genuíno e uma disciplina saudável. Tais condições proporcionam sentimentos de *segurança* e *satisfação* e permitem à criança crescer em conformidade com seu *self* real.

Infelizmente, muitas influências adversas podem interferir nessas condições favoráveis. A principal delas é a incapacidade ou a indisponibilidade dos pais para amar o filho. Devido a suas necessidades neuróticas, os pais, com frequência, dominam, negligenciam, superprotegem, rejeitam ou mimam em excesso. Se eles não satisfazem as necessidades do filho de segurança e satisfação, a criança desenvolve sentimentos de **hostilidade básica** em relação aos pais. No entanto, raras vezes as crianças expressam abertamente essa hostilidade como raiva; em vez disso, elas reprimem sua hostilidade em relação aos pais e não têm consciência de tal circunstância. A hostilidade reprimida leva, então, a profundos sentimentos de insegurança e a uma sensação vaga de apreensão. Essa condição é denominada **ansiedade**

básica, a qual Horney (1950) definiu como "um sentimento de estar isolado e desamparado em um mundo concebido como potencialmente hostil" (p. 18). Antes disso, ela já havia feito uma descrição mais detalhada, chamando de ansiedade básica "um sentimento de ser pequeno, insignificante, desamparado, abandonado, ameaçado em um mundo que está determinado a abusar, enganar, atacar, humilhar, trair, invejar" (Horney, 1937, p. 92).

Horney (1937, p. 75) acreditava que a hostilidade básica e a ansiedade básica estão "inextricavelmente interligadas". Os impulsos hostis são a principal fonte de ansiedade básica, mas esta também pode contribuir para sentimentos de hostilidade. Para exemplificar como a hostilidade básica pode levar à ansiedade, Horney (1937) escreveu sobre um jovem com hostilidade reprimida que foi fazer uma caminhada nas montanhas com uma jovem por quem ele estava muito apaixonado. No entanto, sua hostilidade reprimida também o levou a ter ciúmes da moça. Enquanto atravessavam uma passagem perigosa, o jovem, de repente, teve um grave "ataque de ansiedade", na forma de taquicardia e respiração ofegante. A ansiedade resultou de um impulso aparentemente inapropriado, mas consciente, de empurrar a jovem da beirada da montanha.

Nesse caso, a hostilidade básica levou à ansiedade grave, mas ansiedade e medo também podem levar a fortes sentimentos de hostilidade. Crianças que se sentem ameaçadas por seus pais desenvolvem uma hostilidade reativa em defesa a essa ameaça. A hostilidade reativa, por sua vez, pode criar ansiedade adicional, completando, assim, o ciclo interativo entre hostilidade e ansiedade. Horney (1937) discutia que "não importa se a ansiedade ou a hostilidade foi o fator primário" (p. 74). O ponto importante é que sua influência recíproca pode intensificar uma neurose sem que a pessoa experimente qualquer conflito externo adicional.

A ansiedade básica, em si, não é uma neurose, mas "ela é o solo fértil a partir do qual uma neurose definida pode se desenvolver a qualquer momento" (Horney, 1937, p. 89). A ansiedade básica é constante e implacável, não precisando de um estímulo particular, como fazer um teste na escola ou realizar um discurso. Ela permeia todas as relações com os outros e leva a formas insalubres de tentar lidar com as pessoas.

Apesar de, mais tarde, ter retificado sua lista de defesas contra a ansiedade básica, Horney (1937) originalmente identificou quatro formas gerais com as quais as pessoas se protegem contra o sentimento de estarem sozinhas em um mundo potencialmente hostil. A primeira é a *afeição*, uma estratégia que nem sempre leva a amor autêntico. Em sua busca por afeição, algumas pessoas podem tentar comprar amor com complacência e autoanulação, bens materiais ou favores sexuais.

O segundo mecanismo protetor é a *submissão*. Os neuróticos podem se submeter a pessoas ou a instituições, tais como uma organização ou uma religião. Os neuróticos que se submetem a outra pessoa com frequência fazem isso para ganhar afeição.

Os neuróticos também podem tentar se proteger lutando por poder, prestígio ou posses. O *poder* é uma defesa contra a hostilidade real ou imaginada dos outros e assume a forma de uma tendência a dominar os demais; o *prestígio* é uma proteção contra a humilhação e é expresso como uma tendência a humilhar os outros; a *posse* atua como um amortecedor contra a destituição e a pobreza e se manifesta como uma tendência a privar os outros de algo.

O quarto mecanismo protetor é o *afastamento*. Os neuróticos, muitas vezes, protegem-se contra a ansiedade básica desenvolvendo uma independência dos outros ou tornando-se emocionalmente desligados deles. Ao afastarem-se psicologicamente, os neuróticos sentem que não podem ser machucados por outras pessoas.

Esses mecanismos protetores não indicavam, necessariamente, uma neurose, e Horney acreditava que todas as pessoas os utilizam até certo ponto. Elas deixam de ser sadias quando se sentem compelidas a contar com eles e, assim, são incapazes de empregar uma variedade de estratégias interpessoais. A compulsão, então, é a característica proeminente de todos os impulsos neuróticos.

Impulsos compulsivos

Os indivíduos neuróticos têm os mesmos problemas que afetam as pessoas normais, mas estes são experimentados em um grau maior. Todos utilizam os vários mecanismos protetores para se defenderem da rejeição, da hostilidade e da competitividade dos outros. Todavia, enquanto os indivíduos normais são capazes de usar uma variedade de manobras defensivas de uma forma útil, os neuróticos repetem de modo compulsivo a mesma estratégia de forma essencialmente improdutiva.

Horney (1942) insistia que os neuróticos não gostam da dor e do sofrimento. Eles não conseguem mudar seu comportamento espontaneamente, mas precisam se proteger, de forma contínua e compulsiva, contra a ansiedade básica. Essa estratégia defensiva os prende dentro de um círculo vicioso, em que suas necessidades compulsivas de reduzir a ansiedade básica conduzem a comportamentos que perpetuam a baixa autoestima, a hostilidade generalizada, a luta inadequada pelo poder, os sentimentos inflados de superioridade e a apreensão persistente, todos os quais resultam em mais ansiedade básica.

Necessidades neuróticas

No início deste capítulo, pedimos que você escolhesse "verdadeiro" ou "falso" para cada um dos 10 itens que podem sugerir uma necessidade neurótica. Para cada item, exceto o número 8, a resposta "verdadeiro" está de acordo com as necessidades neuróticas de Horney. Para o número 8, uma resposta "falso" está de acordo com as necessidades egocêntricas. Lembre-se de que o endossamento da maioria ou mesmo de todas essas afirmações na direção "neurótica" não é indicação de instabilidade emocional, mas esses itens podem oferecer um melhor entendimento do que Horney queria dizer quando se referia a necessidades neuróticas.

Horney identificou, provisoriamente, 10 categorias de **necessidades neuróticas** que caracterizam os neuróticos em suas tentativas de combater a ansiedade básica. Essas necessidades eram mais específicas do que os quatro mecanismos protetores discutidos antes, mas elas descrevem as mesmas estratégias defensivas básicas. As 10 categorias de necessidades neuróticas se sobrepõem umas às outras, e uma única pessoa pode empregar mais de uma. Cada uma delas se relaciona de uma maneira ou outra às demais pessoas.

1. *Necessidade neurótica de afeição e aprovação.* Em sua busca por afeição e aprovação, os neuróticos tentam, indiscriminadamente, agradar os outros. Eles tentam estar à altura das expectativas dos outros, tendem a temer a autoafirmação e ficam muito desconfortáveis com a hostilidade de terceiros, assim como com os sentimentos hostis dentro de si mesmos.

2. *Necessidade neurótica de um parceiro poderoso.* Carecendo de autoconfiança, os neuróticos tentam se vincular a um parceiro poderoso. Essa necessidade inclui uma superavaliação do amor e um temor de ficar sozinho ou ser abandonado. A própria história de vida de Horney revela uma forte necessidade de se relacionar com um grande homem, e ela teve uma série de relações desse tipo durante sua vida adulta.

3. *Necessidade neurótica de restringir a própria vida dentro de limites estreitos.* Os neuróticos frequentemente se esforçam para permanecer discretos, ficar em segundo lugar e se contentar com muito pouco. Eles rebaixam suas próprias habilidades e temem exigir dos outros.

4. *Necessidade neurótica de poder.* Poder e afeição são, talvez, as duas maiores necessidades neuróticas. A necessidade de poder geralmente acompanha as necessidades de prestígio e posse e se manifesta como a necessidade de controlar os outros e evitar sentimentos de fraqueza ou ignorância.

5. *Necessidade neurótica de explorar os outros.* Os neuróticos, muitas vezes, avaliam os outros com base em como podem ser usados ou explorados, mas, ao mesmo tempo, temem ser explorados pelos outros.

6. *Necessidade neurótica de reconhecimento ou prestígio social.* Algumas pessoas combatem a ansiedade básica tentando ser as primeiras, ser importantes ou atrair a atenção para si.

7. *Necessidade neurótica de admiração pessoal.* Os neuróticos têm uma necessidade de ser

admirados pelo que são, em vez de pelo que possuem. Sua autoestima inflada deve ser constantemente alimentada pela admiração e pela aprovação dos outros.

8. *Necessidade neurótica de ambição e realização pessoal.* É comum os neuróticos possuírem um forte impulso de serem os melhores – o melhor vendedor, o melhor arremessador, o melhor amante. Eles precisam derrotar outras pessoas para confirmarem sua superioridade.
9. *Necessidade neurótica de autossuficiência e independência.* Muitos neuróticos possuem uma forte necessidade de se afastar das pessoas, provando, assim, que eles conseguem ficar bem sem os outros. O *playboy* que não pode ter compromisso com qualquer mulher exemplifica essa necessidade neurótica.
10. *A necessidade neurótica de perfeição e invulnerabilidade.* Esforçando-se incansavelmente pela perfeição, os neuróticos recebem a "prova" de sua autoestima e superioridade pessoal. Eles temem cometer erros e ter falhas pessoais e tentam desesperadamente esconder suas fraquezas dos outros.

Tendências neuróticas

Conforme sua teoria evoluiu, Horney começou a ver que a lista das 10 necessidades neuróticas podia ser agrupada em três categorias gerais, cada uma se relacionando a uma atitude básica da pessoa em relação a si e aos outros. Em 1945, ela identificou as três atitudes básicas, ou **tendências neuróticas**, como (1) *movimento em direção às pessoas*, (2) *movimento contra as pessoas* e (3) *movimento para longe das pessoas*.

Ainda que essas tendências neuróticas constituam a teoria da neurose de Horney, elas também se aplicam aos indivíduos normais. Existem, é claro, diferenças importantes entre as atitudes normais e as neuróticas. Enquanto as pessoas normais são preponderante ou completamente conscientes de suas estratégias em relação às outras pessoas, as neuróticas não são conscientes da sua atitude básica; enquanto os indivíduos normais são livres para escolher suas ações, os neuróticos são forçados a agir; enquanto os normais experimentam um conflito leve, os neuróticos experienciam conflito intenso e insolúvel; e enquanto os normais podem escolher entre uma variedade de estratégias, os neuróticos estão limitados a uma única tendência. A Figura 6.1 mostra a concepção de Horney sobre a influência mútua da hostilidade básica e da ansiedade

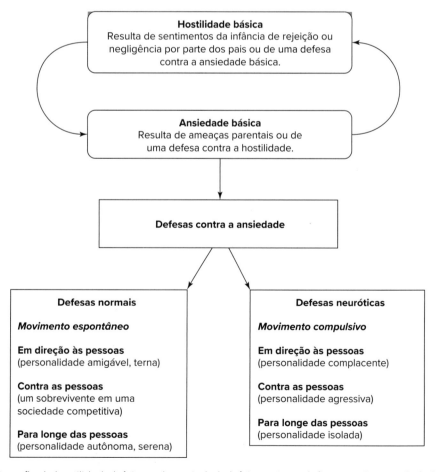

FIGURA 6.1 A interação da hostilidade básica e da ansiedade básica com as defesas contra a ansiedade.

básica, bem como as defesas normais e neuróticas contra a ansiedade.

As pessoas podem usar cada uma das tendências neuróticas para resolver o conflito básico, mas, infelizmente, essas soluções são, em essência, não produtivas ou neuróticas. Horney (1950) usou a nomenclatura conflito básico, porque crianças muito pequenas são conduzidas em todas as três vias: em direção, contra e para longe das pessoas.

Em crianças saudáveis, esses três impulsos não são, necessariamente, incompatíveis. Entretanto, os sentimentos de isolamento e desamparo que Horney descreveu como *ansiedade básica* levam algumas crianças a agirem de forma compulsiva, limitando, assim, seu repertório a uma única tendência neurótica. Experimentando atitudes basicamente contraditórias em relação aos outros, essas crianças tentam resolver tal conflito básico tornando dominante uma dessas três tendências neuróticas de modo consistente. Algumas crianças se movem *em direção* às pessoas, comportando-se de maneira *complacente*, como uma proteção contra os sentimentos de *desamparo*; outras se movem *contra* as pessoas, com atos de *agressão* para driblar a *hostilidade* dos outros; e, ainda, há aquelas que se movem *para longe* das pessoas, adotando uma postura distante, aliviando, assim, os sentimentos de *isolamento* (Horney, 1945).

Movimento em direção às pessoas

O conceito de Horney de **movimento em direção às pessoas** *não* significa movimento em direção a elas no espírito do amor genuíno. Em vez disso, refere-se à necessidade neurótica de se proteger contra sentimentos de desamparo.

Em suas tentativas de se protegerem contra os sentimentos de *desamparo*, as pessoas submissas empregam uma ou ambas das primeiras duas necessidades neuróticas; isto é, elas lutam desesperadamente pela afeição e pela aprovação dos outros ou procuram um parceiro poderoso que assumirá a responsabilidade por suas vidas. Horney (1937) se referiu a essas necessidades como "dependência mórbida", conceito que antecipou o termo "codependência".

A tendência neurótica de se movimentar em direção às pessoas envolve um complexo de estratégias. É "toda uma maneira de pensar, sentir e agir – todo um estilo de vida" (Horney, 1945, p. 55). Horney também a denominou filosofia de vida. Os neuróticos que adotam essa filosofia provavelmente se veem como amorosos, generosos, altruístas, humildes e sensíveis aos sentimentos dos outros. Eles são inclinados a se subordinarem aos outros, a verem os outros como mais inteligentes ou atraentes e a se classificarem de acordo com o que os outros pensam deles.

Movimento contra as pessoas

Assim como as pessoas submissas assumem que todos são bons, as pessoas agressivas tomam como certo que todos são *hostis*. Em consequência, adotam a estratégia de **movimento contra as pessoas**. Os indivíduos neuroticamente agressivos são tão compulsivos quanto os submissos, e seu comportamento é da mesma forma impulsionado pela ansiedade básica. Em vez de se moverem em direção às pessoas em uma postura de submissão e dependência, os indivíduos agressivos se movem contra os outros, parecendo duros ou implacáveis. Eles são motivados por uma forte necessidade de explorar os outros e usá-los para seu próprio benefício. Raras vezes admitem seus erros e são compulsivamente levados a parecerem perfeitos, poderosos e superiores.

Cinco das dez necessidades neuróticas estão incorporadas à tendência neurótica de se movimentar contra as pessoas. Elas incluem a necessidade de ser poderoso, de explorar os outros, de obter reconhecimento e prestígio, de ser admirado e de ter sucesso. Pessoas agressivas jogam para vencer e não para se divertir na competição. Elas podem parecer trabalhadoras e engenhosas no trabalho, mas têm pouco prazer no trabalho em si. Sua motivação básica é por poder, prestígio e ambição pessoal.

Nos Estados Unidos, a busca por esses objetivos costuma ser encarada com admiração. As pessoas compulsivamente agressivas, de fato, com frequência chegam ao topo em muitos empreendimentos valorizados pela sociedade estadunidense. Elas podem conquistar parceiros sexuais desejáveis, empregos com altos salários e a admiração pessoal de muitas pessoas. Horney (1945) afirmou que não é mérito desta sociedade que tais características sejam recompensadas, enquanto o amor, a afeição e a capacidade para uma amizade verdadeira – justamente as qualidades que as pessoas agressivas não possuem – não sejam valorizadas de forma tão intensa.

O movimento em direção aos outros e o movimento contra os outros são, em muitos aspectos, polos opostos. A pessoa submissa é impelida a receber afeição de todos, enquanto o indivíduo agressivo vê a todos como um inimigo potencial. Para ambos os tipos, no entanto, "o centro de gravidade se encontra fora da pessoa" (Horney, 1945, p. 65). Ambos precisam das outras pessoas. As pessoas submissas precisam dos outros para satisfazer seus sentimentos de desamparo; os indivíduos agressivos usam os outros como uma proteção contra a hostilidade real ou imaginada. Com a terceira tendência neurótica, ao contrário, as outras pessoas são de menor importância.

Movimento para longe das pessoas

Para resolver o conflito básico do *isolamento*, algumas pessoas se comportam de uma maneira desprendida e adotam uma tendência neurótica de **movimento para longe das pessoas**. Essa estratégia é uma expressão das necessidades de privacidade, independência e autossuficiência. Novamente, cada uma dessas necessidades pode levar a comportamentos positivos, com algumas pessoas satisfazendo-as de forma saudável. No entanto, tais necessidades tornam-se

O movimento para longe das pessoas é uma tendência neurótica que muitos indivíduos usam na tentativa de resolver o conflito básico de isolamento. Stock4B/Image Source

neuróticas quando as pessoas tentam satisfazê-las ao colocarem compulsivamente uma distância emocional entre elas e os outros.

Muitos neuróticos consideram a associação com outros um esforço intolerável. Em consequência, eles são compulsivamente levados a se mover para longe das pessoas, a obterem autonomia e individualidade. É comum construírem um mundo próprio e se recusarem a permitir que qualquer um se aproxime deles. Eles valorizam a liberdade e a autossuficiência e, com frequência, parecem indiferentes e inacessíveis. Se casados, mantêm o distanciamento mesmo do cônjuge. Eles evitam compromissos sociais, mas seu maior medo é precisar de outras pessoas.

Todos os neuróticos possuem uma necessidade de se sentirem superiores, porém as pessoas distantes têm uma necessidade intensificada de serem fortes e poderosas. Seus sentimentos básicos de isolamento podem ser tolerados somente pela crença autoenganadora de que são perfeitas e, portanto, além da crítica. Elas têm medo da competição, temendo um abalo em seus sentimentos ilusórios de superioridade. Em vez disso, preferem que sua grandeza oculta seja reconhecida sem qualquer esforço de sua parte (Horney, 1945).

Em resumo, cada uma das três tendências neuróticas possui um conjunto análogo de características que descrevem os indivíduos normais. Além disso, cada uma das 10 necessidades neuróticas pode ser facilmente encaixada dentro das três tendências neuróticas. A Tabela 6.1 resume as três tendências neuróticas, os *conflitos básicos* que dão origem a elas, as *características principais* de cada uma, as 10 *necessidades neuróticas* que as compõem e os três traços *análogos* que caracterizam as pessoas normais.

Conflitos intrapsíquicos

As tendências neuróticas se originam da ansiedade básica, a qual, por sua vez, provém das relações de uma criança com as outras pessoas. Até esse ponto, nossa ênfase foi na cultura e no conflito interpessoal. No entanto, Horney não negligenciou o impacto dos fatores intrapsíquicos no desenvolvimento da personalidade. Conforme sua teoria evoluiu, ela passou a enfatizar os conflitos internos que tanto os indivíduos normais quanto os neuróticos experimentam. Os processos intrapsíquicos se originam das experiências interpessoais; mas, à medida que se tornam parte de um sistema de crenças da pessoa, eles adquirem vida própria – uma existência separada dos conflitos interpessoais que lhes deram vida.

Esta seção examina dois conflitos intrapsíquicos importantes: a *autoimagem idealizada* e o *auto-ódio*. Em síntese, a **autoimagem idealizada** é uma tentativa de resolver os conflitos pintando um quadro endeusado de si mesmo. O **auto-ódio** é uma tendência inter-relacionada, embora igualmente irracional e poderosa, a menosprezar o próprio *self* real. Conforme as pessoas constroem uma imagem idealizada do *self*, o *self* real vai ficando cada vez mais para trás. Essa lacuna cria uma alienação crescente entre o *self* real e o *self* idealizado e leva os neuróticos a odiar e a menosprezar seu *self* real, porque ele fica muito aquém na comparação com a autoimagem glorificada (Horney, 1950).

Autoimagem idealizada

Horney acreditava que os seres humanos, se lhes for dado um ambiente de disciplina e afeição, desenvolverão

132 Feist, Roberts & Feist

TABELA 6.1

Resumo das tendências neuróticas de Horney

	Tendências neuróticas		
	Em direção às pessoas	**Contra as pessoas**	**Para longe das pessoas**
	Personalidade submissa	Personalidade agressiva	Personalidade distante
Conflito básico ou fonte da tendência neurótica	Sentimentos de desamparo	Proteção contra a hostilidade dos outros	Sentimentos de isolamento
Necessidades neuróticas	1. Afeição e aprovação	4. Poder	9. Autossuficiência e independência
	2. Parceiro poderoso	5. Exploração	10. Perfeição e prestígio
	3. Limites estreitos na vida	6. Reconhecimento e invulnerabilidade	
		7. Admiração pessoal	
		8. Conquistas pessoais	
Análogo normal	Amistoso, carinhoso	Capacidade de sobreviver em uma sociedade competitiva	Autônomo e sereno

sentimentos de segurança e autoconfiança e uma tendência a se movimentar em direção à *autorrealização*. Infelizmente, influências negativas precoces, com frequência, impedem a tendência natural das pessoas na direção da autorrealização, uma situação que as deixa com sentimentos de isolamento e inferioridade. Somado a essa falha está um crescente senso de alienação de si mesmas.

Sentindo-se alienadas de si mesmas, as pessoas precisam desesperadamente adquirir um *senso de identidade* estável. Esse dilema só pode ser resolvido com a criação de uma autoimagem idealizada, uma visão extravagantemente positiva de si mesmas, que existe somente em seu sistema de crenças pessoais. Essas pessoas concedem a si mesmas poderes infinitos e capacidades ilimitadas; elas se veem como "um herói, um gênio, um amante supremo, um santo, um deus" (Horney, 1950, p. 22). A autoimagem idealizada não é uma construção global. Os neuróticos glorificam e veneram a si mesmos de formas diferentes. As pessoas submissas se veem como boas e santas; as pessoas agressivas constroem uma imagem idealizada de si mesmas como fortes, heroicas e onipotentes; e os neuróticos distantes pintam seu autorretrato como sábios, autossuficientes e independentes.

Quando a autoimagem idealizada se solidifica, os neuróticos começam a acreditar na realidade daquela imagem. Eles perdem contato com seu *self* real e usam o *self* idealizado como padrão para autoavaliação. Em vez de se

desenvolverem para a autorrealização, eles se movimentam na direção da realização do *self* idealizado.

Horney (1950) reconheceu três aspectos da imagem idealizada: (1) busca neurótica pela glória, (2) reivindicações neuróticas e (3) orgulho neurótico.

Busca neurótica pela glória

Quando os neuróticos passam a acreditar na realidade da imagem idealizada, começam a incorporá-la em todos os aspectos de sua vida – seus objetivos, seu autoconceito e suas relações com os outros. Horney (1950) se referiu a esse impulso abrangente em direção à realização do *self* ideal como a busca neurótica pela glória.

Além da *autoidealização*, a busca neurótica pela glória inclui três outros elementos: a necessidade de perfeição, a ambição neurótica e o impulso em direção a um triunfo vingativo.

A *necessidade de perfeição* se refere ao impulso de moldar toda a personalidade em um *self* idealizado. Os neuróticos não se contentam em meramente fazer algumas alterações; nada menos do que a perfeição completa é aceitável. Eles tentam alcançar a perfeição montando um conjunto complexo de "deveria" e "não deveria". Horney (1950) se referiu a esse impulso como a **tirania do dever**. Esforçando-se por um quadro imaginário de perfeição, os neuróticos, de modo inconsciente, dizem a si mesmos:

"Esqueça a criatura vergonhosa que você realmente é; isto é como você *deveria ser*" (p. 64).

Um segundo elemento-chave na busca neurótica pela glória é a ambição neurótica, ou seja, o impulso compulsivo em direção à superioridade. Ainda que os neuróticos tenham uma necessidade exagerada de se sobressair em tudo, eles comumente canalizam suas energias para aquelas atividades que são mais prováveis de trazer sucesso. Esse impulso, por conseguinte, pode assumir diversas formas durante a vida (Horney, 1950). Por exemplo, enquanto ainda na escola, uma menina pode direcionar sua ambição neurótica para ser a melhor aluna da classe. Mais tarde, ela pode ser impulsionada a se sobressair nos negócios ou a criar os melhores cães de exposição. A ambição neurótica também pode assumir uma forma menos materialista, como ser a pessoa mais santa e mais caridosa da comunidade.

O terceiro aspecto da busca neurótica pela glória é o impulso na direção de um triunfo vingativo, o elemento mais destrutivo de todos. A necessidade de um triunfo vingativo pode ser disfarçada como um impulso por realizações ou sucesso, mas "sua finalidade principal é levar os outros à vergonha ou derrotá-los por meio do próprio sucesso; ou alcançar o poder para infligir sofrimento a eles – sobretudo de um tipo humilhante" (Horney, 1950, p. 27). É interessante observar que, nos relacionamentos pessoais de Horney com os homens, ela parecia ter prazer em fazê-los se sentirem envergonhados e humilhados (Hornstein, 2000).

O impulso por um triunfo vingativo se desenvolve a partir do desejo de infância de se vingar por humilhações reais ou imaginadas. Não importa o quão bem-sucedido um neurótico seja ao triunfar de forma vingativa sobre os outros, ele nunca perde o impulso vingativo –, em vez disso, ele aumenta a cada vitória. Cada sucesso eleva seu medo de derrota e aumenta seus sentimentos de grandeza, solidificando, assim, a necessidade de mais triunfos vingativos.

Reivindicações neuróticas

Um segundo aspecto da imagem idealizada são as **reivindicações neuróticas**. Na busca pela glória, os neuróticos constroem um mundo de fantasia – que não está em sincronia com o mundo real. Acreditando que algo está errado com o mundo externo, eles proclamam que são especiais e, portanto, têm o direito de serem tratados de acordo com a visão idealizada que possuem de si mesmos. Como essas demandas estão muito de acordo com sua autoimagem idealizada, eles não conseguem perceber que suas reivindicações de privilégios especiais são absurdas.

As reivindicações neuróticas se originam das necessidades e dos desejos normais; porém, elas são muito diferentes. Quando os desejos normais não são atendidos, as pessoas ficam frustradas; mas quando as reivindicações neuróticas não são atendidas, os neuróticos ficam indignados, confusos e incapazes de compreender por que os outros não foram ao encontro de suas reivindicações. A diferença entre desejos normais e reivindicações neuróticas é ilustrada por uma situação em que muitas pessoas estão esperando na fila para comprar ingressos no cinema. A maioria das pessoas próximas ao fim da fila gostaria de estar na frente, e algumas delas podem até tentar algum estratagema para conseguir uma posição melhor. No entanto, essas pessoas sabem que, na verdade, elas não merecem passar na frente dos outros. As pessoas neuróticas, por sua vez, acreditam verdadeiramente que têm o direito de ficar no início da fila e não sentem culpa ou remorso em desrespeitar a ordem na fila.

Orgulho neurótico

O terceiro aspecto de uma imagem idealizada é o **orgulho neurótico**, um falso orgulho fundamentado não em uma visão realista do verdadeiro *self*, mas em uma imagem espúria do *self* idealizado. O orgulho neurótico é qualitativamente diferente do orgulho saudável ou da autoestima realista. A autoestima genuína está baseada em atributos e realizações realistas e, em geral, é expressa com dignidade silenciosa. O orgulho neurótico, por sua vez, está apoiado em uma imagem idealizada do *self* e costuma ser proclamado em altos brados para proteger e sustentar uma visão glorificada do próprio *self* (Horney, 1950).

Os neuróticos se imaginam como gloriosos, maravilhosos e perfeitos; portanto, quando os outros não os tratam com consideração especial, seu orgulho neurótico é ferido. Para impedir a ofensa, eles evitam as pessoas que se recusam a ceder a suas reivindicações neuróticas e, em vez disso, tentam se associar a instituições e a aquisições socialmente proeminentes e prestigiosas.

Muitas pessoas carregam o fardo da "tirania do que deveria ser". Martin Barraud/Getty Images

Auto-ódio

As pessoas com uma busca neurótica pela glória nunca estão felizes consigo mesmas, porque, quando percebem que seu *self* real não combina com as demandas insaciáveis do *self* idealizado, elas começam a odiar e a menosprezar a si mesmas:

> O *self* glorificado se torna não apenas um *fantasma* a ser perseguido; ele também se transforma em uma régua para medir seu ser real. E seu ser real é uma visão muito embaraçosa quando vista a partir da perspectiva de uma perfeição divina que ele nada pode fazer senão desprezar. (Horney, 1950, p. 110)

Horney (1950) reconhecia seis formas principais pelas quais as pessoas expressam auto-ódio. Primeiro, o auto-ódio pode resultar em *demandas incessantes ao self*, as quais são exemplificadas pela tirania do dever. Por exemplo, algumas pessoas fazem demandas a si mesmas que não terminam nem mesmo quando elas atingem uma medida de sucesso. Essas pessoas continuam a se pressionar em direção à perfeição, porque acreditam que devem ser perfeitas.

O segundo modo de expressão do auto-ódio é a *auto-acusação impiedosa*. Os neuróticos criticam-se constantemente. "Se as pessoas me conhecessem, elas perceberiam que estou fingindo que sou bem-informado, competente e sincero. Na realidade, sou uma fraude, mas ninguém sabe disso além de mim." A autoacusação pode assumir uma variedade de formas – desde expressões obviamente grandiosas, como assumir a responsabilidade por desastres naturais, até questionar de modo escrupuloso o mérito de suas motivações.

Terceiro, o auto-ódio pode assumir a forma de *autodesprezo*, o qual pode ser expresso como desvalorização, depreciação, dúvida, descrédito e ridicularização de si mesmo. O autodesprezo impede que as pessoas se esforcem pela melhora ou por realizações. Um jovem pode dizer a si mesmo: "Seu idiota convencido! O que faz você achar que pode ter um encontro com a mulher mais bonita da cidade?". Uma mulher pode atribuir sua carreira de sucesso à "sorte". Ainda que essas pessoas tenham consciência de seu comportamento, elas não possuem percepção do auto-ódio que o motiva.

Uma quarta expressão do auto-ódio é a *autofrustração*. Horney (1950) distinguiu entre autodisciplina saudável e autofrustração neurótica. A primeira envolve adiar ou abrir mão de atividades prazerosas para alcançar objetivos razoáveis. A autofrustração provém do auto-ódio e é concebida para tornar real uma autoimagem inflada. Os neuróticos costumam ser imobilizados por tabus contra o prazer. "Não mereço um carro novo." "Não preciso usar roupas bonitas porque muitas pessoas no mundo usam trapos." "Não preciso batalhar por um emprego melhor porque não sou bom o suficiente para ele."

Quinto, o auto-ódio pode se manifestar como *autotormento* ou autotortura. Apesar de o autotormento poder existir em cada uma das outras formas de auto-ódio, ele se torna uma categoria separada quando a intenção principal das pessoas é infligir dano ou sofrimento a elas mesmas. Alguns indivíduos obtêm uma satisfação masoquista se angustiando com uma decisão, exagerando a dor de uma enxaqueca, cortando-se com uma faca, iniciando uma luta que, com certeza, irão perder ou convidando ao abuso físico.

A sexta e última forma de auto-ódio são *as ações e os impulsos autodestrutivos*, os quais podem ser físicos ou psicológicos, conscientes ou inconscientes, agudos ou crônicos, executados na ação ou encenados apenas na imaginação. O comer excessivo, o abuso de álcool e outras drogas, trabalhar demais, dirigir com imprudência e cometer suicídio são expressões comuns de autodestruição física. Os neuróticos também podem atacar a si mesmos psicologicamente, por exemplo, abandonando um emprego justamente quando ele começa a ser gratificante, rompendo um relacionamento saudável em favor de um relacionamento neurótico ou envolvendo-se em atividades sexuais promíscuas.

Horney (1950) resumiu a busca neurótica pela glória e o concomitante auto-ódio com a seguinte descrição:

> Pesquisando o auto-ódio e sua força devastadora, não conseguimos evitar vê-lo como uma grande tragédia, talvez a maior tragédia da mente humana. O homem que está se aproximando do infinito e absoluto também começa a destruir a si mesmo. Quando ele faz um pacto com o diabo, que lhe promete glória, ele tem que ir até o inferno – até o inferno dentro si mesmo. (p. 154)

Psicologia feminina

Como uma mulher treinada na psicologia pró-masculina de Freud, Horney, de forma gradual, percebeu que a visão psicanalítica tradicional das mulheres era distorcida. Então, ela apresentou sua própria teoria, que rejeitava várias ideias básicas de Freud.

Para Horney, as diferenças psíquicas entre homens e mulheres não são resultado da anatomia, mas de expectativas culturais e sociais. Os homens que subjugam e governam as mulheres e as mulheres que se degradam ou invejam os homens fazem isso devido à competitividade neurótica, que é excessiva em muitas sociedades. Horney (1937) insistia que a ansiedade básica está na essência da necessidade dos homens de subjugar as mulheres e no desejo das mulheres de humilhar os homens.

Mesmo que Horney (1939) tenha reconhecido a existência do *complexo de Édipo*, ela insistia que ele era devido a certas condições ambientais, e não à biologia. Se ele fosse resultado da anatomia, como Freud defendia, então seria universal (como Freud realmente acreditava). Entretanto, Horney (1967) não via evidências de um complexo de Édipo universal. Em vez disso, ela sustentava que ele é encontrado somente em algumas pessoas e é uma expressão da necessidade neurótica de amor. A necessidade neurótica de afeição e a necessidade neurótica de agressão em geral se iniciam na infância e são duas das três tendências neuróticas básicas. Uma criança pode se agarrar apaixonadamente a um dos pais e expressar ciúmes em relação ao outro, mas esses comportamentos são meios de aliviar a ansiedade básica e não manifestações de um complexo de Édipo com base anatômica. Mesmo quando existe um aspecto sexual nesses comportamentos, o objetivo principal da criança é a segurança, não a relação sexual.

Horney (1939) considerava o conceito de *inveja do pênis* ainda menos sustentável. Ela defendia que não existe mais razão anatômica para as meninas terem inveja do pênis do que para os meninos desejarem um seio ou um útero. De fato, os meninos, por vezes, expressam o desejo de ter um bebê, mas esse desejo não é resultado de uma "inveja do útero" masculina universal.

Horney concordava com Adler que muitas mulheres possuem um *protesto viril*; ou seja, elas têm uma crença patológica de que os homens são superiores às mulheres. Essa percepção leva facilmente ao desejo neurótico de ser um homem. O desejo, no entanto, não é uma expressão da inveja do pênis, mas "um desejo por todas aquelas qualidades ou todos aqueles privilégios que, em nossa cultura, são considerados masculinos" (Horney, 1939, p. 108). (Essa visão é quase idêntica à expressa por Erikson.)

Em 1994, Bernard J. Paris publicou uma palestra que Horney havia feito em 1935 para um clube de mulheres profissionais e de negócios em que ela resumia suas ideias sobre a psicologia feminina. Naquela época, Horney era menos interessada nas diferenças entre homens e mulheres do que em uma psicologia geral para ambos os gêneros. Como a cultura e a sociedade são responsáveis pelas diferenças psicológicas entre homens e mulheres, Horney acreditava que "não era tão importante tentar encontrar uma resposta para a pergunta acerca das diferenças quanto compreender e analisar o real significado desse interesse intenso pela 'natureza' feminina" (Horney, 1994, p. 233). Horney concluiu sua palestra dizendo que:

> De uma vez por todas, devemos parar de nos importar com o que é feminino e o que não é. Tais preocupações apenas minam nossas energias. Os padrões de masculinidade e feminilidade são artificiais. Tudo o que atualmente sabemos em definitivo sobre diferenças de sexo é que não sabemos quais são. Certamente, existem diferenças científicas entre os dois sexos, mas nunca conseguiremos descobrir quais são elas até que primeiro desenvolvamos nossas potencialidades como seres humanos. Pode parecer paradoxal, mas descobriremos a respeito dessas diferenças somente se as esquecermos. (p. 238)

Uma proeminente cientista psicológica feminista contemporânea que assumiu a causa do "esquecimento" das diferenças de gênero que Karen Horney articulou com tanta força é Janet Shibley Hyde. Em 2005, ela publicou um artigo marcante no *American Psychologist*. Nele, em vez de testar o modelo comum de diferenças de gênero, ela analisou metanálises de diferenças de gênero para testar a previsão oposta: que homens e mulheres são mais parecidos do que diferentes.

Um problema persistente no estudo das diferenças e semelhanças de gênero está embutido na própria natureza da ciência empírica, e o método de Hyde forneceu uma maneira de contornar isso. Ou seja, a comparação de grupos depende de testes estatísticos de diferença significativa. Quando as diferenças não atingem significância estatística, esse estudo normalmente não é publicado. Isso é chamado de "problema da gaveta de arquivos". Considere o fato de que provavelmente existem inúmeros estudos sobre diferenças de gênero em todos os tipos de domínios cognitivos, comportamentais e emocionais que não resultaram em diferenças estatisticamente significativas entre homens e mulheres, e eles foram colocados nas gavetas de arquivos de alguns pesquisadores porque os resultados não atingiram o padrão de publicação. Isso significa que temos mais evidências de diferenças entre os gêneros, não necessariamente porque elas existem de forma significativa e duradoura, mas porque apenas os estudos que resultaram em diferenças foram publicados.

A metanálise é um método estatístico de combinação sistemática de dados de muitos estudos (publicados e não publicados). Isso aumenta o poder sobre estudos individuais e pode melhorar nossa capacidade de estimar o tamanho dos efeitos. A análise de Hyde (2005) fez exatamente isso, examinando 46 metanálises, cada uma das quais incluiu entre 20 e 200 estudos individuais de diferença de gênero, e seu exame do tamanho dos efeitos apoiou a hipótese das semelhanças de gênero. Ou seja, havia muito mais arenas em que as diferenças de gênero tinham efeito insignificante, ou inexistente, do que áreas em que os gêneros diferiam significativamente. Em algumas das arenas em que temos os estereótipos mais fortes sobre homens e mulheres serem diferentes, como matemática e habilidade verbal, bem como agressão, autoestima e assertividade, Hyde descobriu que as diferenças de gênero eram insignificantes.

Parece que a obsessão de nossa cultura com a diferença de gênero permaneceu forte desde a época de Horney, apesar de sua insistência de que devemos parar de "nos preocupar com o que é feminino e o que não é". Aparentemente, as mulheres são de Vênus e os homens são supostamente de Marte. Pesquise "diferenças de gênero" no Google e você terá mais de 9 milhões de resultados! Por que persistimos em acreditar tão fortemente nas diferenças de gênero na personalidade, apesar das fortes evidências de que elas quase não existem? Uma resposta é que pensar que homens e mulheres vêm de planetas diferentes atrai nossas intuições. O perigo aqui, é claro, é que nossas expectativas provavelmente guiam nossas cognições e nossos comportamentos, criando uma profecia autorrealizável.

136 Feist, Roberts & Feist

Provavelmente tornamos as diferenças de gênero realidade quando acreditamos que as mulheres são "ruins em matemática" ou que os homens "não são emocionais". Quando tratamos cada gênero com base nessas expectativas, não devemos nos surpreender que eles se comportem de acordo. Se não se espera que uma menina tenha um bom desempenho em matemática, seus pais podem não incentivá-la estudar, e ela pode começar a sentir falta de confiança e, eventualmente, não obter a educação que a tornaria boa em matemática. Se é esperado que um menino "engula" e não chore quando se sente magoado, ele pode suprimir as lágrimas em um esforço para ser mais masculino, e esses esforços podem, com o tempo, criar uma incapacidade real de chorar na idade adulta.

Hyde (2005) emitiu um aviso em seu artigo sobre os custos de alegações exageradas de diferenças de gênero: "Provavelmente, elas causam danos em várias áreas, incluindo oportunidades para mulheres no local de trabalho, conflitos e comunicação entre casais e análises de problemas de autoestima entre adolescentes. Mais importante ainda, essas afirmações não são consistentes com os dados científicos" (p. 590). Aqui vemos a presciência de Horney quando ela rompeu com Freud ao insistir que as expectativas culturais e sociais são responsáveis por qualquer distinção de personalidade observada entre os gêneros. A ciência psicológica contemporânea claramente deu suporte às suas afirmações.

Psicoterapia

Horney acreditava que as neuroses se desenvolvem a partir do conflito básico que costuma se iniciar na infância. Quando as pessoas tentam resolver esse conflito, elas provavelmente adotarão uma destas três tendências neuróticas: em direção, contra ou para longe das pessoas. Cada uma dessas táticas pode produzir alívio temporário, mas acaba por afastar mais a pessoa da realização do *self* real e a leva mais fundo em uma espiral neurótica (Horney, 1950).

O objetivo geral da terapia horniana é ajudar os pacientes a crescerem de modo gradual em direção à autorrealização. De forma mais específica, o objetivo é fazer os pacientes abandonarem sua autoimagem idealizada, renunciarem à sua busca neurótica pela glória e trocarem o auto-ódio por uma aceitação do *self* real. Infelizmente, os pacientes, em geral, estão convencidos de que suas soluções neuróticas são corretas; portanto, relutam em renunciar a suas tendências neuróticas. Muito embora os pacientes tenham um forte investimento na manutenção do *status quo,* eles não desejam permanecer doentes. Eles encontram pouco prazer em seu sofrimento e gostariam de se livrar dele. Todavia, eles tendem a resistir à mudança e se apegam àqueles comportamentos que perpetuam sua doença. As três tendências neuróticas podem ser definidas

em termos favoráveis como "amor", "domínio" ou "liberdade". Como os pacientes costumam ver seus comportamentos nesses termos positivos, suas ações parecem sadias, certas e desejáveis (Horney, 1942, 1950).

A tarefa do terapeuta é convencer os pacientes de que suas soluções atuais perpetuam, em vez de aliviarem, a neurose central, uma tarefa que leva muito tempo e trabalho árduo. Os pacientes podem procurar curas ou soluções rápidas, mas somente o processo longo e laborioso do autoentendimento pode efetuar mudanças positivas. O autoentendimento deve ir além da informação; ele deve ser acompanhado de uma experiência emocional. Os pacientes precisam compreender seu modo orgulhoso de ser, sua imagem idealizada, sua busca neurótica pela glória, seu auto-ódio, seus "deveria", sua alienação do *self* e seus conflitos. Além do mais, eles precisam ver como todos esses aspectos estão inter-relacionados e operam para preservar sua neurose básica.

Mesmo que o terapeuta possa ajudar os pacientes encorajando-os na direção do autoentendimento, o sucesso da terapia, em suma, é construído sobre a autoanálise (Horney, 1942, 1950). Os pacientes devem compreender a diferença entre sua autoimagem idealizada e seu *self* real. Felizmente, as pessoas possuem uma força curativa inerente que permite a elas se moverem de modo inevitável na direção da autorrealização depois que o autoentendimento e a autoanálise são alcançados.

Quanto às técnicas, os terapeutas hornianos usam muitas das mesmas empregadas pelos terapeutas freudianos, em especial, a interpretação dos sonhos e a associação livre. Horney via os sonhos como tentativas de resolver os conflitos, mas as soluções podem ser neuróticas ou sadias. Quando os terapeutas fazem uma interpretação correta, os pacientes são ajudados a ir na direção de uma melhor compreensão do *self* real. "A partir dos sonhos... o paciente pode vislumbrar, mesmo na fase inicial da análise, um mundo que opera dentro dele que é peculiarmente seu e que é mais válido para seus sentimentos do que o mundo de suas ilusões" (Horney, 1950, p. 349).

Com a segunda técnica principal, a associação livre, solicita-se que os pacientes digam tudo o que lhes vem à mente, independentemente do quanto possa parecer trivial ou embaraçoso (Horney, 1987). Eles também são encorajados a expressarem os sentimentos que surgem das associações. Como ocorre com a interpretação dos sonhos, a associação livre revela, por fim, a autoimagem idealizada do paciente e as tentativas persistentes, mas infrutíferas, de atingi-la.

Quando a terapia é bem-sucedida, os pacientes, aos poucos, vão desenvolvendo confiança em sua capacidade de assumir a responsabilidade por seu desenvolvimento psicológico. Eles se movimentam em direção à autorrealização e a todos aqueles processos que a acompanham; eles têm uma compreensão mais profunda e mais clara de seus sentimentos, crenças e desejos; eles se relacionam com os outros com sentimentos genuínos, em vez de usarem as pessoas para resolver conflitos básicos; no âmbito profissional, assumem um interesse maior pelo trabalho em si, em vez de o encararem como um meio de perpetuar uma busca neurótica pela glória.

Pesquisa relacionada

A teoria social psicanalítica de Horney, em si, não motivou diretamente uma grande quantidade de pesquisa na psicologia da personalidade moderna, com uma exceção. Frederick Coolidge e colaboradores passaram alguns anos desenvolvendo e validando um instrumento projetado para classificar os indivíduos quanto às tendências neuróticas de Horney. O *Horney Coolidge Tridimensional Inventory*, ou HCTI (Coolidge, Moor, Yamazaki, Stewart, & Segal, 2001; Coolidge, Segal, Benight, & Danielian, 2004; Coolidge, Segal, Estey, & Neuzil, 2011), tem três subescalas que refletem as tendências complacentes, agressivas e distantes, e demonstrou se correlacionar bem com seus transtornos de personalidade relacionados intuitivamente no Manual Diagnóstico e Estatístico (DSM-5), demonstrando sua validade de construto (Coolidge et al., 2004). A validade preditiva do HCTI também foi demonstrada em um estudo de satisfação conjugal, mostrando que a tendência neurótica distante (em maridos e esposas) está negativamente correlacionada com a satisfação conjugal (Rosowsky, King, Coolidge, Rhoads, & Segal, 2012).

Além do teste direto do HCTI da teorização de Horney sobre as tendências neuróticas, seus escritos sobre neuroticismo inspiraram alguns trabalhos fascinantes. Por exemplo, estudos sugerem que confundir o *self* real e o ideal (não ser autêntico) pode predizer tendências agressivas. E um conjunto cada vez maior de evidências está se acumulando para sugerir fortemente que o neuroticismo não é de todo ruim e pode, de fato, prever alguns bons resultados.

A busca neurótica pela glória no laboratório

Diana Pinto e colaboradores (2012) desenvolveram um interessante teste comportamental da teoria de Horney de que indivíduos inautênticos (aqueles que são compelidos a perceber o *self* idealizado) se envolvem em tendências de autopreservação, como raiva e agressão contra outras pessoas que eles veem como ameaças. Lembre-se de que Horney acreditava que indivíduos saudáveis avançariam em direção à autorrealização ou autenticidade. Essa autenticidade é alcançada avaliando a nós mesmos em relação aos outros e reconhecendo que nós, como os outros, temos defeitos e pontos fortes. O desenvolvimento não saudável é caracterizado por criar um *self* idealizado e solidificá-lo a ponto de ser confundido com o *self* real.

Essas pessoas inautênticas se envolvem compulsivamente nas necessidades neuróticas de atender aos padrões do *self* idealizado, sentir ódio de si mesmas quando falham e reagir com hostilidade à ameaça percebida e ao tratamento injusto de outras pessoas. Horney (1950) chamou esse impulso em direção à realização do *self* idealizado de "a busca neurótica pela glória".

Com base na teorização de Horney, Pinto e colaboradores (2012) previram que estudantes de graduação que eram mais inautênticos se comportariam de forma mais agressiva em situações injustas. Para testar essa hipótese, eles usaram uma versão do "paradigma da agressão por subtração de pontos" (PSAP; Carre & McCormick, 2008), que é uma tarefa de laboratório em que os participantes jogam um jogo por recompensas monetárias contra um "oponente" (o jogo é jogado em um computador, com um oponente programado). Os comportamentos codificados no jogo incluíram recompensas ganhas, respostas agressivas e respostas protetoras. O PSAP foi programado para provocar o participante "roubando" pontos de vez em quando. A agressão foi operacionalizada por um movimento que os participantes podiam fazer que resultava no roubo de um ponto do oponente que o próprio participante não conseguia manter. Em outras palavras, esse movimento não aumentou o prêmio monetário do jogador e, na verdade, o jogador perdeu a oportunidade de ganhar recompensas ao se envolver na jogada de roubo, então foi roubar por roubar.

Sessenta e dois estudantes de graduação concluíram uma escala de autenticidade que incluía perguntas sobre autoalienação (p. ex., "Não sei como realmente me sinto por dentro") e aceitação de influências externas (p. ex., "Normalmente faço o que os outros me dizem para fazer") e também jogaram o jogo PSAP. Os resultados revelaram que as respostas agressivas foram previstas pela autenticidade, de modo que baixos níveis de vivências autênticas previram respostas agressivas maiores. Os autores escreveram que suas descobertas foram "consistentes com a perspectiva de Horney, que sugere que indivíduos inautênticos se envolvem em comportamentos punitivos egoístas em relação aos outros. Esses comportamentos agressivos que se aprimoram são direcionados àqueles que ameaçam o senso de correção do indivíduo" (Pinto et al., 2012, p. 43). Esse estudo inteligente certamente destaca a importância da desidealização, pois mostra que a busca neurótica pela glória provavelmente será profundamente solitária e alienante.

O neuroticismo pode vir a ser algo bom?

A teoria de Horney, assim como a maior parte do trabalho em psicologia da personalidade, pinta o neuroticismo de forma negativa. Com base na pesquisa revisada na seção anterior, o viés negativo em relação ao neuroticismo é compreensível. Mas a própria Horney reconheceu que as necessidades neuróticas são empregadas por todos nós de tempos em tempos como estratégias de proteção contra rejeição e hostilidade. Isso sugere que o neuroticismo pode não ser de *todo* ruim, se os indivíduos se sentirem à vontade para escolher suas ações e não vivenciarem conflitos extremos. Algumas pesquisas recentes começaram a investigar as condições sob as quais o neuroticismo poderia não ser totalmente negativo e, de modo irônico, na realidade, ter alguns benefícios.

Robinson, Ode, Wilkowski e Amodio (2007) fizeram a pergunta: "Como alguém pode ser um neurótico de sucesso?". Com certeza, é difícil ser um neurótico de sucesso. As pessoas com neuroticismo alto são constantemente atraídas para objetivos de esquiva e lidam com a ansiedade básica usando todas as defesas neuróticas prejudiciais descritas por Horney. Mas pode haver alguns casos em que o neuroticismo é bom, especificamente na detecção de ameaças. Os neuróticos são predispostos a evitar ameaças (e qualquer resultado negativo). Portanto, Robinson e colaboradores projetaram um estudo para investigar a relação entre o neuroticismo, o reconhecimento de ameaças e o humor. Eles previram que, para aqueles com neuroticismo alto, a capacidade de reconhecer com precisão ameaças no ambiente estaria relacionada a humor negativo reduzido. Em outras palavras, a sensibilidade neurótica para ameaças serve para ajudar as pessoas a reconhecer problemas e, consequentemente, evitá-los, do mesmo modo que a esquiva faz com que se sintam melhor.

É interessante observar que Robinson e colaboradores constataram que existe, na verdade, uma forma de ser um "neurótico de sucesso". De forma mais específica, eles descobriram que, para aqueles que são predispostos a ser neuróticos, a capacidade de reagir de modo adaptativo aos erros (isto é, ir mais devagar e pensar com cautela) enquanto avaliam a ameaça estava relacionada a experimentar menos mau humor na vida diária (Robinson et al., 2007).

Para testar essa hipótese, Robinson e colaboradores (2007) levaram 181 estudantes para o laboratório, pediram que preenchessem um teste de autorrelato de neuroticismo e, então, cumprissem uma tarefa no computador que mensurava a capacidade de detectar ameaças com precisão. A equipe então avaliou o que os estudantes fizeram ao cometer um erro na detecção de uma ameaça. Se uma pessoa comete um erro, a atitude adaptativa seria ir mais devagar e avaliar a situação com mais cuidado. Mas nem todos fazem isso, e a tarefa de computador usada por Robinson e colaboradores mensurava se as pessoas exibiam a resposta apropriada ao cometerem um erro. A tarefa consistia em uma palavra aparecendo na tela do computador; então, o participante, o mais rápido possível, tinha que determinar se a palavra representava uma ameaça. Por exemplo, a palavra "fedor" não representa uma ameaça, mas a palavra "faca" sim. O computador acompanhava quanto tempo os participantes levavam para decidir se a palavra era ou não uma ameaça e se o participante havia ou não identificado

corretamente a ameaça. Além disso, quando o participante cometia um erro, o computador também registrava quanto tempo o participante levava para determinar se a palavra seguinte a aparecer na tela representava ou não uma ameaça. Depois que os pesquisadores tinham o escore de neuroticismo de cada participante e uma boa medida de como eles detectaram as ameaças e reagiram aos erros, solicitavam aos participantes que registrassem seu humor durante os sete dias seguintes.

Para demonstrar ainda mais que o neuroticismo não é de todo ruim, há alguns estudos surpreendentes sobre resultados de saúde e longevidade. Friedman (2019, 2000) propôs o conceito de "neuroticismo saudável", que reflete uma combinação de vigilância e preocupação que todos associamos ao neuroticismo com alta conscienciosidade refletida em responsabilidade e atenção. Essa combinação de características pode tornar algumas pessoas mais capazes de ajustar seus comportamentos de saúde em momentos de estresse e desafios. Por exemplo, aqueles que estão angustiados e preocupados com um resultado de saúde potencialmente ruim podem ter maior probabilidade de cooperar com a orientação médica, manter as consultas médicas e até mesmo evitar o abuso de substâncias enquanto estão doentes ou enfrentam circunstâncias de vida desafiadoras. Na verdade, alguns estudos associaram um maior neuroticismo a um *menor* risco de mortalidade em algumas populações (p. ex., Gabe et al., 2017).

Turiano, Mroczek, Moynihan e Chapman (2013) conduziram um estudo fascinante desse "neuroticismo saudável", relacionando-o à inflamação, em mais de 1.000 adultos americanos entre 25 e 74 anos. Os participantes completaram uma pesquisa sobre traços de personalidade, várias pesquisas sobre sua saúde e tiveram amostras de sangue coletadas e testadas para detectar a presença de interleucina-6 (IL-6), uma molécula pró e anti-inflamatória. Eles descobriram que tanto o neuroticismo quanto a consciência estavam associados à IL-6. O mais interessante, entretanto, é que aqueles com pontuações mais altas em neuroticismo e conscienciosidade tiveram níveis mais baixos de inflamação. Aqui vemos um marcador biológico do"neuroticismo saudável" de Friedman: uma ligação entre personalidade e inflamação. Aparentemente, combinar a vigilância e a preocupação características do neuroticismo com comportamentos de saúde mais responsáveis e conscientes resulta em menor inflamação, e isso foi apoiado pela descoberta do estudo de que aqueles que eram altamente neuróticos e altamente conscienciosos também tinham menos condições crônicas de saúde e escores mais baixos de IMC.

De modo geral, pode não ser algo positivo ser neurótico e constantemente obcecado em evitar resultados negativos, mas são limitadas as coisas sobre as quais nossa personalidade está no controle. As pessoas neuróticas não podem simplesmente acordar um dia e deixar de serem neuróticas. As tendências neuróticas e as defesas relacionadas descritas por Horney são aspectos estáveis e duráveis das personalidades dos indivíduos que provavelmente não irão mudar de repente. Portanto, é importante perceber que, embora muitas pesquisas mostrem o lado sombrio do neuroticismo, nem tudo é ruim. Inúmeras pessoas neuróticas são muito habilidosas em evitar resultados negativos, e a esquiva desses resultados, na verdade, as faz se sentirem melhor no dia a dia. Além disso, se indivíduos neuróticos conseguirem aproveitar a preocupação e a vigilância que muitas vezes experimentam e direcioná-las conscientemente para cooperar com os regimes médicos e evitar comportamentos não saudáveis em momentos de estresse e desafios, eles podem desfrutar de melhores resultados de saúde.

Críticas a Horney

A teoria social psicanalítica de Horney oferece perspectivas interessantes sobre a natureza da humanidade, porém carece de pesquisas atuais que possam apoiar suas suposições. O ponto forte da teoria de Horney é o retrato lúcido da personalidade neurótica. Nenhum outro teórico da personalidade escreveu tão bem (ou tanto) a respeito das neuroses. Suas descrições abrangentes das personalidades neuróticas fornecem uma excelente estrutura para a compreensão das pessoas que não são sadias. Contudo, a preocupação quase que exclusiva com os neuróticos é uma limitação séria de sua teoria. Suas referências à personalidade normal ou sadia são gerais e não bem explicadas. Ela acreditava que as pessoas, por sua própria natureza, esforçam-se em direção à autorrealização, mas ela não sugeriu um quadro claro do que seria a autorrealização.

A teoria de Horney é insuficiente em seu poder de *gerar pesquisa* e de se submeter ao critério de *refutação*. Especulações da teoria não produzem facilmente hipóteses verificáveis e, portanto, carecem de verificabilidade e refutação. A teoria de Horney foi baseada, em grande parte, nas experiências clínicas que a colocaram em contato preponderantemente com indivíduos neuróticos. Para seu mérito, ela relutou em fazer afirmações específicas sobre indivíduos sadios no âmbito psicológico. Como sua teoria lida principalmente com neuróticos, ela é classificada como alta na capacidade de *organizar o conhecimento* acerca dos neuróticos, mas muito baixa para explicar o que é sabido sobre as pessoas em geral.

Como um *guia para a ação*, a teoria de Horney se classifica um pouco melhor. Professores, terapeutas e especificamente os pais podem usar seus pressupostos referentes ao desenvolvimento de tendências neuróticas para proporcionar um ambiente afetivo, seguro e de aceitação para seus alunos, pacientes ou filhos. Além dessas condições, no entanto, a teoria não é específica o suficiente para dar ao praticante um curso de ação claro e detalhado. Nesse critério, a teoria recebe uma classificação baixa.

A teoria de Horney é *internamente consistente*, com termos definidos de modo claro e usados de maneira uniforme? No livro de Horney, *Neurose e crescimento humano* (1950), seus conceitos e formulações são precisos, coerentes e inequívocos. Entretanto, quando todos os seus trabalhos são examinados, surge um quadro diferente. Ao longo dos anos, ela usou expressões como "necessidades neuróticas" e "tendências neuróticas" ora separadamente, ora de modo intercambiável. Além disso, as expressões "ansiedade básica" e "conflito básico" nem sempre foram diferenciadas de modo claro. Essas inconsistências tornam o todo de seu trabalho um tanto incoerente, mas, novamente, sua teoria final (1950) é um modelo de lucidez e consistência.

Outro critério de uma teoria útil é a *parcimônia*, e a teoria final de Horney, conforme expressa no último capítulo de *Neurose e crescimento humano* (Horney, 1950, Cap. 15), recebe uma pontuação alta nesse item. Esse capítulo, que fornece uma introdução útil e concisa à teoria do desenvolvimento neurótico de Horney, é relativamente simples, direto e escrito de forma clara.

Conceito de humanidade

O conceito de humanidade de Horney foi fundamentado quase inteiramente em suas experiências clínicas com pacientes neuróticos; assim, sua visão da personalidade humana é bastante influenciada pelo seu conceito de neurose. De acordo com Horney, a diferença principal entre uma pessoa sadia e um indivíduo neurótico é o grau de compulsividade com o qual cada um se movimenta em direção, contra ou para longe das pessoas.

A natureza compulsiva das tendências neuróticas sugere que o conceito de humanidade de Horney é determinista. Contudo, uma pessoa sadia tem uma grande parcela de livre escolha. Mesmo um indivíduo neurótico, por meio da psicoterapia e do trabalho árduo, pode obter algum controle sobre esses conflitos intrapsíquicos. Por essa razão, a teoria social psicanalítica de Horney é classificada como um pouco mais alta em livre-arbítrio do que em determinismo.

Segundo os mesmos princípios, a teoria de Horney é um pouco mais *otimista* do que pessimista. Horney acreditava que as pessoas possuem poderes curativos inerentes que as conduzem na direção da autorrealização. Se a ansiedade básica (o sentimento de se sentir sozinho e desamparado em um mundo potencialmente hostil) puder ser evitada, as pessoas se sentirão seguras em suas relações pessoais e, como consequência, desenvolverão personalidades sadias.

> Minha crença é de que o homem possui a capacidade, bem como o desejo, de desenvolver suas potencialidades e se tornar um ser humano decente, e que isso se deteriora se sua relação com os outros e, portanto, consigo mesmo, continuar sendo perturbada. Acredito que o homem pode mudar e continuar mudando enquanto viver. (Horney, 1945, p. 19)

Na dimensão da causalidade *versus* teleologia, Horney adotou uma posição intermediária. Ela afirmou que o objetivo natural para as pessoas é a autorrealização, mas também acreditava que as experiências da infância podem bloquear esse movimento. "O passado, de uma maneira ou de outra, está sempre contido no presente" (Horney, 1939, p. 153). No entanto, incluída nas experiências passadas das pessoas, estão a formação de uma filosofia de vida e um conjunto de valores que dão alguma direção a seu presente e a seu futuro.

Ainda que Horney tenha adotado uma postura intermediária em relação à *motivação consciente versus* inconsciente, ela acreditava que a maioria das pessoas tem apenas uma consciência limitada de suas motivações. Os neuróticos, especialmente, têm pouco entendimento de si mesmos e não veem que seus comportamentos garantem a continuação de suas neuroses. Eles rotulam de forma indevida as características pessoais, formulando-as em termos socialmente aceitáveis, enquanto permanecem, em grande parte, sem consciência de seu conflito básico, de seu auto-ódio, de seu orgulho neurótico e de suas reivindicações neuróticas, bem como de sua necessidade de um triunfo vingativo.

O conceito de Horney de personalidade enfatizava fortemente as *influências sociais* mais do que as biológicas. As diferenças psicológicas entre homens e mulheres, por exemplo, devem-se mais às expectativas culturais e sociais do que à anatomia. Para Horney, o complexo de Édipo e a inveja do pênis não são consequências inevitáveis da biologia, mas moldados por forças sociais. Horney não ignorou completamente os fatores biológicos, mas sua ênfase recaiu sobre as influências sociais.

Como a teoria de Horney direciona o olhar quase que exclusivamente para as neuroses, ela tende a destacar as *semelhanças entre as pessoas* mais do que as singularidades. Nem todos os neuróticos são iguais, é claro, e Horney descreveu três tipos básicos: os desamparados, os hostis e os afastados. No entanto, ela colocou pouca ênfase nas diferenças individuais dentro de cada uma dessas categorias.

Termos-chave e conceitos

- Horney insistia que as influências sociais e culturais eram mais importantes do que as biológicas.
- As crianças que carecem de carinho e afeto não conseguem atender a suas *necessidades de segurança e satisfação*.
- Os sentimentos de isolamento e desamparo desencadeiam a *ansiedade básica*, ou sentimentos de isolamento e desamparo em um mundo potencialmente hostil.
- A incapacidade das pessoas de usarem diferentes táticas em suas relações com os outros gera o *conflito básico*, ou seja, incompatibilidade das tendências ao movimento em direção a, contra ou para longe das pessoas.
- Horney denominou os movimentos em direção a, contra ou para longe das pessoas de tendências neuróticas.
- As pessoas sadias resolvem seu conflito básico usando todas as três tendências neuróticas, enquanto os neuróticos adotam compulsivamente apenas uma delas.

- As três tendências neuróticas (movimento em direção a, contra ou para longe das pessoas) são uma combinação de 10 necessidades neuróticas que Horney havia identificado anteriormente.
- Tanto as pessoas sadias quanto as neuróticas experimentam conflitos intrapsíquicos que se tornaram parte de seu sistema de crenças. Os dois conflitos intrapsíquicos principais são a autoimagem idealizada e o auto-ódio.
- A *autoimagem idealizada* resulta em tentativas neuróticas de construir um quadro endeusado de si mesmo.
- O *auto-ódio* é a tendência dos neuróticos de odiar e menosprezar seu *self* real.
- As *diferenças psicológicas entre homens e mulheres* resultam de expectativas culturais e sociais, e não da biologia.
- O objetivo da *psicoterapia* horniana é promover o crescimento em direção à realização do *self* real.

Referências

Coolidge, F. L., Moor, C., Yamazaki, T. G., Stewart, S. E., & Segal, D. L. (2001). On the relationship between Karen Horney's tripartite neurotic type theory and personality disorder features. *Personality and Individual Differences, 30,* 1387-1400.

Coolidge, F. L., Segal, D. L., Benight, C. C., & Danielian, J. (2004). The predictive power of Horney's psychoanalytic approach: An empirical study. *The American Journal of Psychoanalysis, 64,* 363-374.

Coolidge, F. L., Segal, D. L., Estey, A. J., & Neuzil, P. J. (2011). Preliminary psychometric properties of a measure of Karen Horney's Tridimensional Theory in children and adolescents. *Journal of Clinical Psychology, 67,* 383-390.

Friedman, H. S. (2000). Long-term relations of personality and health: Dynamisms, mechanisms, tropisms. *Journal of Personality, 68,* 1089-1107.

Friedman, H.S. (2019). Neuroticism and health as individuals age. *Personality Disorders: Theory, Research and Treatment, 10,* 25-32.

Gale, C. R., Čukić, I., Batty, G. D., McIntosh, A. M., Weiss, A., & Deary, I. J. (2017). When is higher neuroticism protective against premature death? Findings from the U.K. Biobank. *Psychological Science, 28,* 1345-1357.

Horney, K. (1917/1968). The technique of psychoanalytic therapy. *American Journal of Psychoanalysis, 28,* 3-12.

Horney, K. (1937). *The neurotic personality of our time.* New York: Norton.

Horney, K. (1939). *New ways in psychoanalysis.* New York: Norton.

Horney, K. (1942). *Self-analysis.* New York: Norton.

Horney, K. (1945). *Our inner conflicts: A constructive theory of neurosis.* New York: Norton.

Horney, K. (1950). *Neurosis and human growth: The struggle toward self-realization.* New York: Norton.

Horney, K. (1967). The flight from womanhood: The masculinity-complex in women as viewed by men and women. In H. Kelman (Ed.), *Feminine psychology* (pp. 54-70). New York: Norton.

Horney, K. (1987). *Final lectures* (D. H. Ingram, Ed.). New York: Norton.

Horney, K. (1994). Woman's fear of action. In B. J. Paris, *Karen Horney: A psychoanalyst's search for self-understanding* (pp. 233-238). New Haven, CT: Yale University Press.

Hornstein, G. A. (2000). *To redeem one person is to redeem the world: The life of Frieda Fromm-Reichmann.* New York: Free Press.

Hyde, J. S. (2005). The gender similarities hypothesis. *American Psychologist, 60,* 581-592.

Paris, B. J. (1994). *Karen Horney: A psychoanalyst's search for self-understanding.* New Haven, CT: Yale University Press.

Pinto, D. G., Maltby, J., Wood, A. M., & Day, L. (2012). A behavioral test of Horney's linkage between authenticity and aggression: People living authentically are less likely to respond aggressively in unfair situations. *Personality and Individual Differences, 52,* 41-44.

Quinn, S. (1987). *A mind of her own: The life of Karen Horney.* New York: Summit Books.

Robinson, M. D., Ode, S., Wilkowski, B. M., & Amodio, D. M. (2007). Neurotic contentment: A selfregulation view of neuroticism linked distress. *Emotion, 7,* 579-591.

Rosowsky, E., King, K. D., Coolidge, F. L., Rhoades, C. S., & Segal, D. L. (2012). Marital satisfaction and personality traits in long-term marriages: An exploratory study. *Clinical Gerontologist: The Journal of Aging and Mental Health, 35*(2), 77-87. doi:10.1080/07317115.2011.639855

Turiano, N. A., Mroczek, D. K., Moynihan, J., & Chapman, B. P. (2013). Big 5 personality traits and interleukin-6: Evidence for "healthy neuroticism" in a US population sample. *Brain, Behavior and Immunity, 28,* 83-89.

CAPÍTULO 7

Erikson: Teoria Pós-freudiana

Jon Erikson/The Image Works

- *Panorama da teoria pós-freudiana*
- *Biografia de Erik Erikson*
- *O ego na teoria pós-freudiana*
  Influência da sociedade
  Princípio epigenético
- *Estágios do desenvolvimento psicossocial*
  Lactância
  Início da infância
  Idade do brincar
  Idade escolar
  Adolescência
  Início da idade adulta
  Idade adulta
  Velhice
  Resumo do ciclo de vida
- *Métodos de investigação de Erikson*
  Estudos antropológicos
  Psico-história
- *Pesquisa relacionada*
  Identidade do adolescente e a internet
  O desenvolvimento da identidade de gênero
- *Impacto da natureza e da criação (dos filhos) na formação da identidade de gênero*
- *Pressão social para se adequar à identidade de gênero típica*
- *Idade da divulgação da identidade de gênero e as redes sociais*
- *Críticas a Erikson*
- *Conceito de humanidade*
- *Termos-chave e conceitos*
- *Referências*

Quando criança, Erik Salomonsen tinha muitas perguntas, mas poucas respostas, acerca de seu pai biológico. Ele sabia quem era sua mãe – uma bela dinamarquesa judia, cuja família se esforçava mais em parecer dinamarquesa, que judia. Mas quem era o pai dele?

Nascido em uma família uniparental, o menino teve três crenças distintas quanto às suas origens. Inicialmente, ele acreditava que o marido da mãe, o médico Theodor Homburger, fosse seu pai biológico. No entanto, quando Erik cresceu, começou a desconfiar que aquilo poderia não ser verdade, pois seu cabelo loiro e olhos azuis não combinavam com as características morenas dos pais. Pressionou sua mãe por uma explicação, e esta lhe disse que Valdemar Salomonsen – seu primeiro marido – era seu pai biológico e que este a abandonou depois que ela ficara grávida de Erik. Entretanto, Erik não acreditou muito nessa história, porque ele sabia que Salomonsen tinha deixado sua mãe quatro anos antes de seu nascimento. Por fim, Erik optou por acreditar que ele era o resultado de uma ligação sexual entre sua mãe e um dinamarquês aristocrata com dons artísticos. Por quase todo o resto de sua vida, Erik acreditou nessa terceira versão. No entanto, continuou a procurar a sua identidade enquanto buscava o nome de seu pai biológico.

Durante a época da escola, as características escandinavas de Erik contribuíram para sua confusão de identidade. Quando ia ao templo, seus olhos azuis e cabelo loiro faziam com que parecesse um estrangeiro. Na escola pública, porém, seus colegas arianos se referiam a ele como um judeu; portanto, Erik se sentia deslocado nos dois ambientes. Por toda a sua vida, ele teve dificuldade em se aceitar como judeu ou gentio.

Quando sua mãe morreu, Erik, então com 58 anos, temeu nunca vir a conhecer a identidade de seu pai biológico. Mas perseverou em sua busca. Assim, mais de 30 anos depois e quando sua mente e corpo começavam a deteriorar, ele perdeu o interesse em saber o nome do pai. Contudo, continuou a apresentar alguma confusão de identidade. Por exemplo, falava principalmente em alemão – a língua de sua juventude – e raramente falava em inglês, seu principal idioma por mais de 60 anos. Além disso, manteve, por muito tempo, afinidade com a Dinamarca e o povo dinamarquês e tinha um orgulho distorcido em exibir a bandeira da Dinamarca, um país no qual nunca viveu.

Panorama da teoria pós-freudiana

A pessoa que apresentamos na vinheta de abertura, é claro, era Erik Erikson, aquele que cunhou a expressão *crise de identidade*. Erikson não tinha curso superior de qualquer tipo, mas a falta de educação formal não o impediu de ganhar fama mundial em uma variedade impressionante de campos, incluindo psicanálise, antropologia, psico-história e educação.

Diferentemente dos primeiros teóricos psicodinâmicos, que cortaram todas as ligações com a psicanálise freudiana, Erikson pretendia que sua teoria da personalidade ampliasse, em vez de repudiar, os pressupostos de Freud e oferecesse uma nova "maneira de olhar para as coisas" (Erikson, 1963, p. 403). Sua **teoria pós-freudiana** ampliou os estágios do desenvolvimento infantil de Freud até a adolescência, a idade adulta e a velhice. Erikson sugeriu que, em cada estágio, uma *luta psicossocial* contribui para a formação da personalidade. A partir da adolescência, essa luta assume a forma de uma **crise de identidade** – um ponto de virada na vida do indivíduo que pode fortalecer ou enfraquecer a personalidade.

Erikson considerava sua teoria pós-freudiana como uma extensão da psicanálise, algo que Freud poderia ter feito. Mesmo tendo usado a teoria freudiana como fundamento para sua abordagem da personalidade fundamentada no *ciclo de vida*, Erikson diferia de Freud em vários aspectos. Mais que elaborar os estágios psicossexuais para além da infância, Erikson coloca mais ênfase nas influências *sociais* e *históricas*.

A teoria pós-freudiana de Erikson, como a de outros teóricos da personalidade, é um reflexo de seu histórico, que incluía arte, extensas viagens, experiências com uma variedade de culturas e uma vida inteira de busca pela própria identidade, a qual mencionamos brevemente na vinheta de abertura.

Biografia de Erik Erikson

Quem era Erik Erikson? Ele era dinamarquês, alemão ou americano? Judeu ou gentio? Artista ou psicanalista? O próprio Erikson tinha dificuldade em responder a essas perguntas e passou quase toda a vida tentando determinar quem ele era.

Nascido em 15 de junho de 1902, no sul da Alemanha, Erikson foi criado por sua mãe e por seu padrasto e permaneceu sem saber a verdadeira identidade do pai biológico. Para descobrir esse nicho em sua vida, Erikson se aventurou para longe de casa, durante o final da adolescência, adotando a vida de artista e poeta ambulante. Depois de quase sete anos de perambulação e procura, ele voltou para casa confuso, exausto, deprimido e incapaz de desenhar ou pintar. Nessa época, um evento fortuito mudou sua vida: ele recebeu uma carta de seu amigo Peter Blos, convidando-o a ensinar crianças em uma nova escola em Viena. Uma das fundadoras da escola era Anna Freud, que se tornou não só a empregadora de Erikson como também sua psicanalista.

Enquanto se submetia ao tratamento analítico, ele enfatizou para Anna Freud que seu problema mais difícil era a busca pela identidade do pai biológico. No entanto, Anna Freud não foi muito empática e disse a Erikson que ele deveria parar de fantasiar sobre seu pai ausente. Ainda que Erikson, em geral, obedecesse à sua psicanalista, ele não conseguiu seguir o conselho de parar de tentar saber o nome de seu pai.

Enquanto estava em Viena, Erikson conheceu e, com permissão de Anna Freud, casou-se com Joan Serson, uma dançarina canadense, artista e professora, que também tinha feito psicanálise. Com seu histórico psicanalítico e sua facilidade com a língua inglesa, ela se tornou uma editora valiosa e ocasional coautora dos livros de Erikson.

Os Erikson tiveram quatro filhos: os meninos Kai, Jon e Neil e a menina Sue. Kai e Sue seguiram carreiras profissionais importantes, mas Jon, que compartilhava a experiência do pai como artista ambulante, trabalhava como operário e nunca se sentiu emocionalmente próximo dos pais.

A busca de Erikson pela identidade o fez passar por algumas experiências difíceis durante seu estágio de desenvolvimento adulto (Friedman, 1999). De acordo com Erikson, esse estágio requer que uma pessoa cuide dos filhos, dos produtos e das ideias que ela gerou. Sob tal aspecto, Erikson não chegou a atingir seus próprios padrões. Ele não conseguiu cuidar bem de seu filho Neil, que nasceu com síndrome de Down. No hospital, enquanto Joan ainda estava sedada, Erik concordou em colocar Neil em uma instituição. Então, foi para casa e contou aos três irmãos mais velhos que seu irmão havia morrido ao nascer. Mentiu para os filhos como sua mãe havia mentido para ele acerca da identidade do pai biológico. Posteriormente, ele contou a verdade ao filho mais velho, Kai, mas continuou a enganar os dois filhos mais moços, Jon e Sue. Ainda que a mentira de sua mãe o tenha angustiado muito, ele não entendia que sua mentira a respeito de Neil poderia, mais tarde, angustiar seus outros filhos. Ao enganar seus filhos, Erikson violava dois de seus próprios princípios:

"Não minta para as pessoas com quem você se importa" e "Não coloque um membro da família contra o outro". Para agravar a situação, quando Neil morreu, com cerca de 20 anos, os Erikson, que estavam na Europa na época, chamaram Sue e Jon e os instruíram a tomar as providências para o funeral de um irmão que eles nunca haviam encontrado e apenas recentemente tinham sabido que existia (Friedman, 1999).

Erikson também procurou sua identidade por meio das diversas trocas de emprego e locais de residência. Sem credenciais acadêmicas, ele não tinha uma identidade profissional específica e era conhecido tanto como artista quanto como psicólogo, psicanalista, clínico, professor, antropólogo cultural, existencialista, psicobiógrafo ou intelectual público.

Em 1933, com o fascismo em alta na Europa, Erikson e sua família saíram de Viena para a Dinamarca, esperando obter a cidadania dinamarquesa. Quando os oficiais dinamarqueses recusaram esse pedido, ele saiu de Copenhagen e imigrou para os Estados Unidos.

Na América, mudou seu nome de Homburger para Erikson. Essa mudança foi um ponto de virada crucial em sua vida, porque representava a retirada de sua identificação judaica anterior. Originalmente, Erikson se ressentia com qualquer insinuação de que estaria abandonando sua identidade judaica ao mudar de nome. Ele refutava essas acusações indicando que usava seu nome completo – Erik Homburger Erikson – em seus livros e ensaios. No entanto, conforme o tempo passou, ele retirou seu nome do meio e o substituiu pela inicial H. Assim, essa pessoa que, no final da vida, era conhecida como Erik H. Erikson, anteriormente tinha se chamado Erik Salomonsen, Erik Homburger e Erik Homburger Erikson.

Na América, Erikson continuou seu padrão de mudança de um lugar para outro. Primeiro, instalou-se na área de Boston, onde estabeleceu uma prática psicanalítica modificada. Sem credenciais médicas, nem qualquer tipo de formação universitária, aceitou cargos de pesquisa no Hospital Geral de Massachusetts, na Escola Médica de Harvard e na Clínica Psicológica de Harvard.

Querendo escrever, mas precisando de mais tempo do que sua agenda ocupada em Boston e Cambridge permitia, Erikson assumiu uma posição em Yale, em 1936. Depois de dois anos e meio, mudou-se para a Universidade da Califórnia, em Berkeley, mas não antes de conviver com o povo da nação Sioux e estudá-lo, na reserva de Pine Ridge, em Dakota do Sul. Mais tarde, ele viveu com o povo da nação Yurok, no Norte da Califórnia, e essas experiências em antropologia cultural acrescentaram riqueza e abrangência a seu conceito de humanidade.

Durante seu período na Califórnia, Erikson, gradualmente, desenvolveu uma teoria da personalidade, independente, mas não incompatível com a de Freud. Em 1950, Erikson publicou *Infância e sociedade*, um livro que, à primeira vista, parece ser uma mistura de vários capítulos não relacionados. O próprio Erikson originalmente teve alguma dificuldade em encontrar um tema comum subjacente a tópicos como: a infância em duas tribos de nativos norte-americanos, o crescimento do ego, os oito estágios do desenvolvimento humano e a infância de Hitler. No entanto, ele acabou reconhecendo que a influência de fatores psicológicos, culturais e históricos sobre a *identidade* era o elemento subjacente que unia esses vários capítulos. *Infância e sociedade*, que se tornou um clássico e deu a Erikson uma reputação internacional como pensador imaginativo, permanece como a melhor introdução à sua teoria da personalidade pós-freudiana.

Em 1949, os coordenadores da Universidade da Califórnia requereram que os membros do corpo docente assinassem um compromisso de lealdade aos Estados Unidos. Tal demanda não era incomum durante aqueles dias, quando o senador Joseph McCarthy convenceu muitos norte-americanos de que os comunistas e seus simpatizantes estavam preparados para derrubar o governo dos Estados Unidos. Erikson não era comunista, mas, por uma questão de princípios, recusou-se a assinar o compromisso. Ainda que o Comitê de Privilégios e Mandato tenha recomendado que ele mantivesse o cargo, Erikson deixou a Califórnia e voltou para Massachusetts, onde trabalhou como terapeuta em Austen Riggs, um centro de tratamento para formação psicanalítica e pesquisa, localizado em Stockbridge. Em 1960, ele voltou para Harvard e, pelos 10 anos seguintes, esteve no cargo de professor de desenvolvimento humano. Após se aposentar, Erikson continuou uma carreira ativa – escrevendo, palestrando e atendendo alguns pacientes. Durante os primeiros anos de sua aposentadoria, morou em Marin County, Califórnia; Cambridge, Massachusetts; e Cape Cod. Durante todas essas mudanças, Erikson continuou a procurar pelo nome de seu pai. Morreu em 12 de maio de 1994, aos 91 anos.

Quem era Erik Erikson? Ainda que ele mesmo não tenha conseguido responder a essa pergunta, outras pessoas podem saber a respeito desse indivíduo conhecido como Erik Erikson, por meio de seus livros, palestras e ensaios brilhantemente construídos.

Os trabalhos mais conhecidos de Erikson incluem *Infância e sociedade* (1950, 1963, 1985); *O jovem Luther* (Young Man Luther, 1958); *Identidade: juventude e crise* (1968); *A verdade de Gandhi* (Gandhi's Truth, 1969), um livro que ganhou o prêmio Pulitzer e o National Book Award; *Dimensões de uma nova identidade* (Dimensions of a New Identity, 1974); *História de vida e o momento histórico* (Life History and the Historical Moment, 1975); *Identidade e o ciclo da vida* (Identity and the Life Cycle, 1980); e *O ciclo de vida completo* (1982). Stephen Schlein compilou muitos dos trabalhos de Erikson em *Uma forma de olhar para as coisas* (A Way of Looking at Things) (Erikson, 1987).

O ego na teoria pós-freudiana

No Capítulo 2, assinalamos que Freud usou a analogia de um cavaleiro no lombo de um cavalo para descrever a relação entre o ego e o id. O cavaleiro (ego) está, em última análise, à mercê do cavalo, mais forte (id). O ego não tem força própria; portanto, deve tomar emprestada sua energia do id. Além do mais, o ego está constantemente tentando equilibrar as demandas cegas do superego contra as forças incessantes do id e as oportunidades realistas do mundo externo. Freud acreditava que, para as pessoas psicologicamente sadias, o ego é desenvolvido o suficiente para colocar rédeas no id, mesmo que seu controle ainda seja tênue e os impulsos do id possam emergir e invadir o ego a qualquer momento.

Em contraste, Erikson defendia que o ego é uma força positiva que cria uma identidade pessoal, uma noção de "eu". Como centro da personalidade, o ego ajuda as pessoas a se adaptarem aos vários conflitos e crises da vida e evita que elas percam sua individualidade para as forças niveladoras da sociedade. Durante a infância, o ego é fraco, flexível e frágil; mas, na adolescência, ele começa a assumir forma e ganhar força. Durante toda a nossa vida, ele unifica a personalidade e evita a fragmentação. Erikson via o ego como uma agência organizadora, parcialmente inconsciente, que sintetiza nossas experiências presentes com identidades pessoais passadas e também com as imagens esperadas do *self*. Ele definiu o ego como a capacidade de uma pessoa de unificar experiências e ações de uma maneira adaptativa (Erikson, 1963).

Erikson (1968) identificou três aspectos inter-relacionados do ego: o ego corporal, o ideal do ego e a identidade do ego. O *ego corporal* se refere a experiências com nosso corpo, uma maneira de ver nosso *self* físico como diferente de outras pessoas. Podemos estar satisfeitos ou insatisfeitos com a aparência e funcionamento do corpo, mas reconhecemos que ele é o único corpo que temos. O *ideal do ego* representa a imagem que temos de nós mesmos em comparação com um ideal estabelecido; ele é responsável por estarmos satisfeitos ou insatisfeitos não apenas com nosso *self* físico, mas também com nossa identidade integral. A *identidade do ego* é a imagem que temos de nós mesmos na variedade de papéis sociais que desempenhamos.

Apesar de a adolescência ser, em geral, a época em que esses três componentes estão mudando com rapidez, as alterações no ego corporal, no ideal do ego e na identidade do ego podem ocorrer, e ocorrem, em qualquer estágio da vida.

Influência da sociedade

Mesmo que as capacidades inatas sejam importantes no desenvolvimento da personalidade, o ego emerge da sociedade e é, em grande parte, moldado por ela. A ênfase de Erikson nos fatores sociais e históricos ia de encontro ao ponto de vista predominantemente biológico de Freud. Para Erikson, o ego existe como potência no nascimento, mas deve emergir do interior de um ambiente cultural. Diferentes sociedades, com suas variações nas práticas de criação dos filhos, tendem a moldar personalidades que se enquadram nas necessidades e nos valores de sua cultura. Por exemplo, Erikson (1963) identificou que os cuidados prolongados e permissivos dos bebês da nação Sioux (às vezes, por quatro ou cinco anos) resultaram no que Freud chamava de personalidades "orais", ou seja, as pessoas que obtêm grande prazer por meio das funções da boca. Os Sioux atribuem grande valor à generosidade, e Erikson acreditava que o reconforto resultante da amamentação ilimitada forma as bases para a virtude da generosidade. No entanto, os pais Sioux rapidamente reprimem a mordida, uma prática que pode contribuir para a fortaleza e a ferocidade da criança. Por sua vez, o povo da nação Yurok estabelece regras rígidas referentes à eliminação de urina e fezes, práticas que tendem a desenvolver "analidade", ou limpeza compulsiva, obstinação e avareza. Nas sociedades euro-americanas, a oralidade e a analidade costumam ser consideradas traços indesejáveis ou sintomas neuróticos. Erikson (1963), no entanto, argumentava que a oralidade entre os caçadores Sioux e a analidade entre os pescadores Yurok são características adaptativas que ajudam tanto o indivíduo quanto a cultura. O fato de a cultura euro-americana considerar a oralidade e a analidade como traços desviantes meramente exibe sua visão etnocêntrica em relação às outras sociedades. Erikson (1968, 1974) argumentou que, historicamente, todas as tribos ou nações, incluindo os Estados Unidos, desenvolveram o que ele chamou de **pseudoespécie**, ou seja, uma ilusão perpetrada e perpetuada por uma sociedade particular de que é, de alguma forma, escolhida para ser *a* espécie humana. Em séculos passados, essa crença ajudou na sobrevivência da tribo, mas, com meios modernos de aniquilação do mundo, uma percepção tão preconceituosa (conforme foi demonstrado pelos alemães nazistas) ameaça a sobrevivência de cada nação.

Uma das contribuições principais de Erikson à teoria da personalidade foi a ampliação dos estágios de desenvolvimento precoces freudianos, para incluir a idade escolar, a adolescência, o início da idade adulta (juventude), a própria idade adulta e a velhice. Antes de examinarmos em mais detalhes a teoria de Erikson do desenvolvimento do ego, discutiremos a sua visão de como a personalidade evolui de um estágio para o seguinte.

Princípio epigenético

Para Erikson, o ego se desenvolve passando por vários estágios na vida, de acordo com um **princípio epigenético**, um termo tomado emprestado da embriologia. O desenvolvimento epigenético implica um crescimento gradual dos órgãos fetais. O embrião não inicia como uma pequena pessoa completamente formada, esperando apenas expandir sua estrutura e forma. Em vez disso, ele se desenvolve, ou deve se desenvolver, de acordo com um ritmo predeterminado e em uma sequência fixa. Se olhos, fígado ou outros órgãos não se desenvolvem durante esse período crítico, então eles nunca atingirão a maturidade adequada.

De forma semelhante, o ego segue o caminho do desenvolvimento epigenético, com cada estágio acontecendo em seu momento apropriado. Um estágio emerge e é construído sobre um estágio anterior, sem, no entanto, substituí-lo. Esse desenvolvimento epigenético é análogo ao desenvolvimento físico das crianças, que engatinham antes de caminhar, caminham antes de correr e correm antes de saltar. Quando as crianças ainda estão engatinhando, elas estão desenvolvendo o potencial para caminhar, correr e saltar; depois que estiverem maduras o suficiente para saltar, elas ainda mantêm a capacidade de correr, caminhar e engatinhar. Erikson (1968) descreveu o princípio epigenético afirmando que "tudo o que cresce tem uma planta baixa e que, a partir dessa planta baixa, as partes se erguem, cada uma tendo seu momento de ascendência especial, até que todas as partes se erguem para formar um todo em funcionamento" (p. 92). De forma mais sucinta, "epigênese significa que uma característica se desenvolve sobre a outra no espaço e no tempo" (Evans, 1967, p. 21-22).

O princípio epigenético é ilustrado na Figura 7.1, que descreve os três primeiros estágios eriksonianos. A sequência de estágios (1, 2, 3) e o desenvolvimento de

As crianças engatinham antes de andar, caminham antes de correr e correm antes de saltar.
Andersen Ross/Getty Images

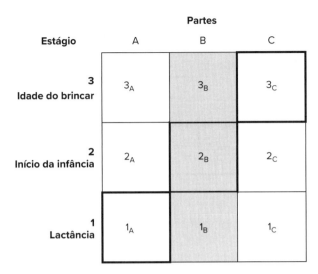

FIGURA 7.1 Três estágios eriksonianos, descrevendo o princípio epigenético.

suas partes componentes (A, B, C) são mostradas nos quadros com linhas em negrito na diagonal. A Figura 7.1 indica que cada parte existe antes de seu momento crítico (pelo menos como potencial biológico), emerge em seu momento apropriado e, por fim, continua a se desenvolver durante os estágios subsequentes. Por exemplo, a parte B do componente surge pela primeira vez durante o Estágio 1 (lactância; Caixa 1B), atinge a ascendência total (linha em negrito) durante o Estágio 2 (início da infância, Caixa 2B) e continua a se desenvolver até o Estágio 3 (idade do brincar, Caixa 3B). Do mesmo modo, todos os componentes do Estágio 3 existem durante os Estágios 1 e 2, atingem o desenvolvimento integral durante o Estágio 3 e continuam durante todos os estágios posteriores (Erikson, 1982).

Estágios do desenvolvimento psicossocial

A compreensão dos oito estágios do desenvolvimento psicossocial de Erikson requer um entendimento de vários pontos básicos. Primeiro, o crescimento acontece de acordo com o *princípio epigenético*. Ou seja, uma parte componente surge a partir de outra e tem seu próprio momento de ascendência, mas não substitui totalmente os componentes anteriores.

Segundo, em cada estágio da vida, existe uma *interação dos opostos*, ou seja, um conflito entre um elemento **sintônico** (harmonioso) e um elemento **distônico** (perturbador). Por exemplo, durante a lactância, a *confiança básica* (uma tendência sintônica) opõe-se à *desconfiança básica* (uma tendência distônica). Porém, tanto a confiança quanto a desconfiança são necessárias para a adaptação adequada.

Um bebê que aprende somente a confiar se torna ingênuo e mal preparado para as realidades encontradas no desenvolvimento posterior, enquanto um bebê que aprende somente a desconfiar se torna muito receoso e cínico. Do mesmo modo, durante cada um dos outros sete estágios, as pessoas precisam ter experiências harmoniosas (sintônicas) e perturbadoras (distônicas).

Terceiro, em cada estágio, o conflito entre os elementos distônicos e sintônicos produz uma qualidade de ego ou força de ego, à qual Erikson se referia como **força básica**. Por exemplo, da antítese entre confiança e desconfiança emerge a esperança, uma qualidade do ego que permite que o bebê avance para o estágio seguinte. Igualmente, cada um dos outros estágios é marcado por uma força básica do ego que emerge do choque entre os elementos harmoniosos e perturbadores daquele estágio.

Quarto, pouca força básica em qualquer estágio resulta em uma **patologia central** para aquele estágio. Por exemplo, uma criança que não adquire esperança suficiente durante a lactância irá desenvolver a antítese ou o oposto da esperança, ou seja, o *retraimento*. Mais uma vez, cada estágio possui uma patologia central potencial.

Quinto, embora Erikson tenha se referido a seus oito estágios como *estágios psicossociais*, ele nunca perdeu de vista o aspecto biológico do desenvolvimento humano.

Sexto, os eventos nos estágios iniciais não causam o desenvolvimento posterior da personalidade. A identidade do ego é moldada por uma *multiplicidade de conflitos e eventos* – passados, presentes e previstos.

Sétimo, durante cada estágio, de forma mais evidente a partir da adolescência, o desenvolvimento da personalidade é caracterizado por uma *crise de identidade*, a qual Erikson (1968) chamou de "ponto de virada, um período crucial de vulnerabilidade e potencial aumentados" (p. 96). Assim, durante cada crise, uma pessoa é especialmente suscetível a modificações importantes na identidade, positivas ou negativas. Ao contrário do uso popular, uma crise de identidade não é um evento catastrófico, mas uma oportunidade para o ajustamento adaptativo ou desadaptado.

Os oito estágios de Erikson do desenvolvimento psicossocial são apresentados na Figura 7.2. As palavras em letras maiúsculas, que se encontram na diagonal da matriz de quadros, são as qualidades do ego, ou forças básicas que emergem dos conflitos ou crises psicossociais que tipificam cada período. O *versus* separando os elementos sintônicos e distônicos significa não somente uma relação antitética, mas também de equilíbrio. Apenas os quadros na diagonal estão preenchidos; isto é, a Figura 7.2 destaca apenas as forças básicas e as crises psicossociais que são mais características de cada estágio do desenvolvimento. No entanto, o princípio epigenético sugere que todos os outros quadros seriam preenchidos (como na Figura 7.1), embora com outros elementos, menos característicos de cada estágio do desenvolvimento psicossocial. Cada item no conjunto é vital para o desenvolvimento da personalidade, e cada um está relacionado a todos os outros.

148 Feist, Roberts & Feist

	A	B	C	D	E	F	G	H
Velhice VIII *MATURIDADE*								Integridade *versus* desespero, desgosto SABEDORIA
Idade adulta VII							Generatividade *versus* estagnação CUIDADO	
Início da idade adulta VI						Intimidade *versus* isolamento AMOR		
Adolescência V *PUBERDADE E ADOLESCÊNCIA*					Identidade *versus* confusão de identidade FIDELIDADE			
Idade escolar IV *LATÊNCIA*				Diligência *versus* inferioridade COMPETÊNCIA				
Idade do brincar III *LOCOMOTOR GENITAL*			Iniciativa *versus* culpa PROPÓSITO					
Início da infância II *MUSCULAR ANAL*		Autonomia *versus* vergonha e dúvida VONTADE						
Lactância I *ORAL SENSÓRIO*	Confiança básica *versus* desconfiança básica ESPERANÇA							

FIGURA 7.2 Oito estágios do desenvolvimento de Erikson, com suas forças básicas apropriadas e crises psicossociais.
Fonte: Erikson, Erik H. *The Life Cycle Completed*. New York, NY: W. W. Norton, 1982.

Lactância

O estágio psicossocial inicial é a **lactância**, um período que abrange aproximadamente o primeiro ano de vida e equivale à fase oral do desenvolvimento de Freud. No entanto, o modelo de Erikson adota um foco mais amplo do que a fase oral de Freud, que era preocupado quase que de forma exclusiva com a boca. Para Erikson (1963, 1989), a lactância é uma época de *incorporação*, com os bebês "ingerindo" não só pela boca, mas também por meio de seus vários órgãos do sentido. Pelos olhos, por exemplo, os bebês ingerem os estímulos visuais. Quando ingerem o alimento e as informações sensoriais, os bebês aprendem a confiar ou a desconfiar do mundo externo, uma situação que lhes dá esperança realista. A lactância, então, é marcada pelo modo psicossexual *oral-sensorial*, pela crise psicossocial de *confiança básica* versus *desconfiança básica* e pela força básica da *esperança*.

Modo oral-sensorial

A visão expandida de Erikson da lactância é manifesta por meio do termo **oral-sensorial**, uma expressão que inclui o principal modo de adaptação *psicossexual* dos bebês. O estágio oral-sensorial é caracterizado por dois modos de incorporação – receber e aceitar o que é dado. Os bebês podem receber mesmo na ausência de outra pessoa, isto é, eles podem incorporar ar pelos pulmões e podem receber dados sensoriais sem ter que manipular os outros. O segundo modo de incorporação, no entanto, implica um contexto social. Os bebês não só *recebem*, mas também precisam de mais alguém para *dar*. Esse treinamento precoce em relações interpessoais os ajuda a aprender a se tornarem doadores. Ao conseguirem que outras pessoas deem, eles aprendem a confiar ou a desconfiar de outros indivíduos, estabelecendo, assim, a *crise psicossocial* básica do lactente, a saber: confiança básica *versus* desconfiança básica.

Confiança básica versus desconfiança básica

As relações interpessoais mais significativas dos bebês são com seu cuidador primário, em geral, a mãe. Se percebem que a mãe lhes dará alimento regularmente, eles começarão a aprender *confiança básica*; se ouvem regularmente a voz agradável e ritmada da mãe, eles desenvolvem mais confiança básica; se podem se basear em um ambiente visual estimulante, eles solidificam a confiança básica ainda mais. Em outras palavras, se o padrão de aceitação das coisas corresponde ao modo da cultura de dar as coisas, os bebês aprendem confiança básica. Todavia, eles aprendem *desconfiança básica* se não encontram correspondência entre suas necessidades orais-sensoriais e o ambiente.

A confiança básica tende a ser sintônica e a desconfiança básica, distônica. No entanto, os bebês precisam desenvolver ambas as atitudes. Confiança demais os torna ingênuos e vulneráveis aos caprichos do mundo, enquanto pouca confiança conduz a frustração, raiva, hostilidade, cinismo ou depressão.

Tanto a confiança quanto a desconfiança são experiências inevitáveis. Todos os bebês que sobreviveram foram alimentados e cuidados e, portanto, têm alguma razão para confiar. Além disso, todos foram frustrados pela dor, pela fome ou pelo desconforto e, assim, têm uma razão para desconfiar. Erikson acreditava que a razão adequada entre confiança e desconfiança é essencial para a capacidade das pessoas de se adaptarem. Ele contou a Richard Evans (1967) que, "quando entramos em uma situação, precisamos ser capazes de diferenciar o quanto podemos confiar e o quanto devemos desconfiar, e uso desconfiança no sentido de uma prontidão para o perigo e uma antecipação de desconforto" (p. 15).

O choque inevitável entre a confiança básica e a desconfiança básica resulta na primeira crise psicossocial das pessoas. Se essa crise for resolvida com sucesso, elas adquirem sua primeira força básica: a *esperança*.

Esperança: a força básica da lactância

A esperança emerge do conflito entre confiança básica e desconfiança básica. Sem a relação antitética entre confiança e desconfiança, as pessoas não conseguem desenvolver esperança. Os bebês precisam experimentar fome, dor e desconforto, assim como o alívio dessas condições desagradáveis. Ao terem experiências tanto dolorosas, quanto prazerosas, os bebês aprendem a crer que angústias futuras podem ser atendidas com resultados satisfatórios.

Se os bebês não desenvolvem esperança suficiente durante o período de lactância, eles demonstram a antítese ou o oposto da esperança: o *retraimento*, a *patologia central* do lactente. Com pouco a esperar, eles se retiram do mundo externo e começam a jornada em direção a graves transtornos psicológicos.

Início da infância

O segundo estágio psicossocial é o **início da infância**, um período paralelo à fase anal de Freud, o qual abrange, aproximadamente, o 2º e o 3º ano de vida. Mais uma vez, existem algumas diferenças entre as visões de Freud e Erikson. No Capítulo 2, explicamos que Freud considerava o ânus como zona erógena primária ao longo dessa fase e que, durante o começo da fase anal-sádica, as crianças sentem prazer em destruir ou perder objetos, enquanto, posteriormente, elas obtêm satisfação em defecar.

Tal como em relação ao estágio anterior, Erikson adotou uma visão mais ampla. Para ele, as crianças pequenas

obtêm prazer não só ao dominarem o músculo esfincteriano, mas também ao dominarem outras funções corporais como urinar, caminhar, jogar, segurar, entre outras. Além disso, as crianças desenvolvem um senso de controle sobre seu ambiente interpessoal, assim como uma medida de autocontrole. Contudo, o início da infância é uma época de experimentar dúvida e vergonha, quando as crianças percebem que muitas de suas tentativas de autonomia não são bem-sucedidas.

Modo anal-uretral-muscular

Durante o segundo ano de vida, o ajuste psicossexual primário das crianças é o modo **anal-uretral-muscular**. Nesse período, as crianças aprendem a controlar seu corpo, especialmente em relação à limpeza e à mobilidade. O início da infância é mais do que uma época de treinamento esfincteriano; é também uma época de aprender a caminhar, correr, abraçar os pais e se apegar aos brinquedos e a outros objetos. Nessas atividades, as crianças pequenas podem exibir algumas tendências à oposição. Elas podem reter suas fezes ou eliminá-las segundo sua vontade, aconchegar-se à mãe ou empurrá-la de forma abrupta, ter prazer em acumular objetos ou descartá-los com frieza.

O início da infância é uma época de contradição, um momento de rebelião obstinada e meiga complacência, uma etapa de autoexpressão *impulsiva* e desvio *compulsivo*, uma fase de cooperação amorosa e resistência odiosa. Essa insistência obstinada em impulsos conflitantes desencadeia a principal crise psicossocial desse estágio: autonomia *versus* vergonha e dúvida (Erikson, 1968).

Autonomia versus vergonha e dúvida

Se a infância precoce é um período para autoexpressão e *autonomia*, então ela também é um momento de *vergonha e dúvida*. Quando as crianças expressam com persistência seu modo anal-uretral-muscular, é provável que encontrem uma cultura que tente inibir parte de sua autoexpressão. Os pais podem causar vergonha em seus filhos por sujarem suas calças ou por fazerem bagunça com a comida. Eles também podem incutir dúvida ao questionarem a capacidade das crianças de corresponderem a seus padrões. O conflito entre autonomia, por um lado, e vergonha e dúvida, por outro, torna-se a principal crise psicossocial no início da infância.

De modo ideal, as crianças devem desenvolver uma proporção adequada entre autonomia, vergonha e dúvida, e a proporção deve ser a favor da autonomia, a qualidade sintônica do início da infância. As crianças que desenvolvem pouca autonomia terão dificuldades em estágios posteriores, carecendo das forças básicas das etapas anteriores.

De acordo com os diagramas epigenéticos de Erikson (ver Figs. 7.1 e 7.2), a autonomia se desenvolve a partir da confiança básica; se a confiança básica foi estabelecida no período da lactância, então as crianças aprendem a ter fé em si mesmas e seu mundo permanece intacto enquanto elas experimentam uma crise psicossocial leve. Todavia, se o lactente não desenvolveu confiança básica no período adequado, suas tentativas de obter controle de seus órgãos anais, uretrais e musculares, durante o início da infância, serão atingidas com um forte senso de vergonha e dúvida, estabelecendo uma crise psicossocial grave. *Vergonha* é um sentimento de autoconsciência, de ser olhado e estar exposto. *Dúvida*, por sua vez, é o sentimento de não estar certo, o sentimento de que algo permanece oculto e não pode ser visto. Tanto a vergonha quanto a dúvida são qualidades distônicas, e ambas se desenvolvem a partir da desconfiança básica, que foi estabelecida no período de lactância.

Vontade: a força básica do início da infância

A força básica da *vontade* ou determinação se desenvolve a partir da resolução da crise de autonomia *versus* vergonha e dúvida. Esse passo é o começo do livre-arbítrio e da força de vontade – mas somente um começo. A força de vontade madura e uma medida significativa do livre-arbítrio estão reservadas para estágios posteriores do desenvolvimento, mas se originam na vontade rudimentar que emerge durante o início da infância. Qualquer um que já tenha passado muito tempo com crianças de cerca de 2 anos sabe o quanto elas podem ser obstinadas. O treinamento esfincteriano, com frequência, resume o conflito de vontades entre adulto e criança, mas a expressão obstinada não está limitada a essa área. O conflito básico durante o início da infância está na antítese entre a luta da criança pela autonomia e as tentativas dos pais de controlá-la por meio do uso da vergonha e da dúvida.

As crianças desenvolvem a vontade somente quando seu ambiente permite alguma autoexpressão em seu controle dos esfíncteres e de outros músculos. Quando suas experiências resultam em vergonha e dúvida excessivas, as crianças não desenvolvem de modo adequado essa segunda força básica importante. A vontade desadaptada será expressa como *compulsão*, a patologia central do início da infância. Pouca vontade e muita compulsividade se transportam para a idade do brincar como falta de propósito e para a idade escolar como falta de confiança.

Idade do brincar

O terceiro estágio do desenvolvimento de Erikson é a **idade do brincar**, um período que abrange a mesma época da fase fálica de Freud – em torno de 3 a 5 anos de idade. Mais uma vez, surgem diferenças entre as visões de Freud e Erikson. Enquanto Freud colocava o complexo de Édipo no centro da fase fálica, Erikson acreditava que o complexo de Édipo é apenas um dos desenvolvimentos importantes durante a idade do brincar. Erikson (1968) argumentava

que, além de se identificar com seus pais, as crianças em idade pré-escolar estão aperfeiçoando a locomoção, as habilidades de linguagem, a curiosidade, a imaginação e a capacidade de estabelecer objetivos.

Modo genital-locomotor

O modo psicossexual primário durante a idade do brincar é o **genital-locomotor**. Erikson (1982) entendia a situação edípica como um protótipo "do poder ao longo da vida da capacidade lúdica humana" (p. 77). Em outras palavras, o complexo de Édipo é um drama encenado na imaginação da criança e inclui o começo da compreensão de conceitos básicos como reprodução, crescimento, futuro e morte. Os complexos de Édipo e de castração, portanto, nem sempre são considerados literalmente. Uma criança pode brincar de ser uma mãe, um pai, uma esposa ou um marido, mas esse brinquedo é uma expressão não só do modo genital, como também das habilidades locomotoras que se desenvolvem rapidamente na criança. Uma menina pode invejar os meninos, não porque os meninos possuem um pênis, mas porque a sociedade concede mais prerrogativas às crianças com um pênis. Um menino pode ter ansiedade quanto a perder algo, mas essa ansiedade refere-se não só ao pênis, mas também a outras partes do corpo. O complexo de Édipo, então, é algo além do que Freud acreditava; uma sexualidade infantil é "uma mera promessa de coisas que estão por vir" (Erikson, 1963, p. 86). A menos que o interesse sexual seja provocado pelo jogo sexual cultural ou por um abuso sexual adulto, o complexo de Édipo não produz efeitos prejudiciais no desenvolvimento posterior da personalidade.

O interesse que as crianças na idade do jogo têm pela atividade genital é acompanhado por sua crescente facilidade de locomoção. Elas agora podem se movimentar com facilidade, correr, saltar e escalar sem esforço consciente; e seu brincar apresenta iniciativa e imaginação. Sua vontade rudimentar, associada ao estágio precedente, está agora se desenvolvendo e se transformando em atividade com um propósito. As habilidades cognitivas das crianças possibilitam produzir fantasias elaboradas que incluem fantasias edípicas, além de permitirem imaginar como é ser crescido, onipotente ou um animal feroz. Essas fantasias, entretanto, também produzem culpa e, assim, contribuem para a crise psicossocial da idade do brincar, a saber, iniciativa *versus* culpa.

Iniciativa versus culpa

Quando as crianças começam a se movimentar com mais facilidade e mais vigor e quando despertam seu interesse genital, elas adotam um modo direto radical de aproximação com o mundo. Ainda que tomem a *iniciativa* em sua seleção e busca de objetivos, muitos objetivos, como se casar com um dos pais ou sair de casa, devem ser reprimidos ou adiados. A consequência desses objetivos-tabu inibidos é a *culpa*. O conflito entre iniciativa e culpa se torna a crise psicossocial dominante na idade do brincar.

Mais uma vez, a proporção entre essas duas qualidades deve favorecer a característica sintônica, a saber, a iniciativa. A iniciativa desenfreada, no entanto, pode levar ao caos e a uma falta de princípios morais. Todavia, se a culpa for o elemento dominante, as crianças podem tornar-se compulsivamente moralistas ou muito inibidas. A *inibição*, que é a aversão ao propósito, constitui a patologia central da idade do brincar.

Propósito: a força básica da idade do brincar

O conflito iniciativa *versus* culpa produz a força básica do *propósito*. As crianças, agora, brincam com um propósito: competir em jogos para vencer ou estar no topo. Seus interesses genitais têm uma direção, com a mãe ou o pai sendo o objeto de seus desejos sexuais. Elas definem objetivos e os perseguem com um propósito. A idade do brincar também é o estágio em que as crianças estão desenvolvendo uma consciência e começando a atribuir rótulos como certo e errado a seu comportamento. Essa consciência juvenil se transforma no pilar da moralidade" (Erikson, 1968, p. 119).

Idade escolar

O conceito de Erikson de **idade escolar** abrange o desenvolvimento dos 6 a aproximadamente 12 ou 13 anos de idade e se compara aos anos de latência da teoria de Freud. Nessa faixa etária, o mundo social das crianças está se expandindo para além da família, para incluir amigos, professores e outros modelos adultos. Para as crianças em idade escolar, seu desejo de saber se torna forte e está vinculado à sua busca pela competência. No desenvolvimento normal, as crianças empenham-se com diligência em ler e escrever, caçar e pescar, ou aprender as habilidades requeridas por sua cultura. Idade escolar não significa, necessariamente, frequentar escolas formais. Nas culturas letradas contemporâneas, as escolas e os professores profissionais desempenham uma parte importante na educação das crianças, enquanto, nas sociedades pré-escrita, os adultos usam métodos menos formais, mas igualmente efetivos, para ensinar às crianças como funciona a sociedade.

Latência

Erikson concordava com Freud que a idade escolar é um período de **latência** psicossexual. A latência psicossexual é importante, porque permite às crianças desviar suas energias para o aprendizado da tecnologia de sua cultura e para as estratégias de suas interações sociais. Quando as crianças trabalham e jogam para adquirir esses pontos fundamentais, elas começam a formar uma imagem de si mesmas como competentes ou incompetentes. Essas autoimagens são a origem da *identidade do ego* – aquele sentimento de "eu" ou "mim" que se desenvolve de forma mais integral durante a adolescência.

Diligência versus inferioridade

Ainda que a idade escolar seja um período de pouco desenvolvimento *sexual*, é um momento de grande crescimento *social*. A crise psicossocial desse estágio é o conflito diligência *versus* inferioridade. *Diligência* é uma qualidade sintônica e significa empenho, uma disposição para permanecer concentrado até o término de um trabalho. As crianças em idade escolar aprendem a trabalhar e a jogar em atividades que são direcionadas à aquisição de habilidades de trabalho e ao aprendizado das regras de cooperação.

Quando as crianças aprendem a fazer as coisas bem, elas desenvolvem um senso de diligência, mas, se seu trabalho é insuficiente para atingir os objetivos, elas adquirem um senso de *inferioridade* – a qualidade distônica da idade escolar. Inadequações anteriores também podem contribuir para os sentimentos de inferioridade. Por exemplo, se as crianças adquirem culpa excessiva e desenvolvem pouco a força básica de propósito durante a idade do brincar, provavelmente se sentirão inferiores e incompetentes durante a idade escolar. Entretanto, o fracasso não é inevitável. Erikson era otimista ao sugerir que as pessoas podem lidar de modo bem-sucedido com as crises de cada estágio, mesmo que não tenham obtido êxito por completo em estágios prévios.

A proporção entre diligência e inferioridade deve, é claro, favorecer a primeira, mas a inferioridade, como outras qualidades distônicas, não deve ser evitada. Conforme Alfred Adler (Cap. 3) apontou, a inferioridade pode servir como um impulso para que a pessoa se torne alguém melhor. Em contrapartida, o excesso de inferioridade pode bloquear a atividade produtiva e colocar em risco os sentimentos de competência.

Competência: a força básica da idade escolar

A partir do conflito diligência *versus* inferioridade, as crianças desenvolvem a força básica de *competência*, ou seja, a confiança para usar as próprias habilidades físicas e cognitivas para resolver os problemas que acompanham o estágio da idade escolar. A competência lança as bases para a "participação cooperativa na vida adulta produtiva" (Erikson, 1968, p. 126).

Se a luta entre diligência e inferioridade favorece a inferioridade ou uma superabundância de diligência, é provável que as crianças desistam e regridam para um estágio anterior do desenvolvimento. Elas podem se tornar preocupadas com fantasias genitais infantis e edípicas e passar a maior parte do tempo em brincadeiras não produtivas. Essa regressão é chamada de *inércia*, a antítese da competência e a patologia central da idade escolar.

Adolescência

A **adolescência**, período da puberdade até o início da idade adulta, é um dos estágios do desenvolvimento mais cruciais, porque, no final desse período, uma pessoa precisa adquirir um senso firme de *identidade do ego*. Ainda que a identidade do ego não comece nem termine durante a adolescência, a crise entre *identidade* e *confusão de identidade* alcança seu ápice durante esse estágio. A partir desse conflito identidade *versus* confusão de identidade, emerge a *fidelidade*, a força básica da adolescência.

Erikson (1982) considerava a adolescência um período de latência *social*, assim como a idade escolar é uma época de latência *sexual*. Mesmo que os adolescentes estejam desenvolvendo-se sexual e cognitivamente, na maioria das sociedades ocidentais, é permitido a eles adiar compromissos duradouros com uma ocupação, um parceiro sexual ou uma filosofia de vida adaptativa. Aos adolescentes é permitido experimentar, de várias formas, e testar novos papéis e crenças, enquanto procuram estabelecer um senso de identidade do ego. A adolescência, então, é uma fase adaptativa do desenvolvimento da personalidade, um período de tentativa e erro.

Puberdade

A *puberdade*, definida como maturação genital, desempenha um papel relativamente menor no conceito de adolescência de Erikson. Para a maioria dos jovens, a maturação genital não envolve crises sexuais importantes. No entanto, a puberdade é psicologicamente relevante, porque desencadeia expectativas quanto aos papéis adultos ainda mais adiante – os quais são essencialmente sociais e podem ser preenchidos por meio de uma luta para atingir a identidade do ego.

Identidade versus *confusão de identidade*

A procura pela *identidade* do ego alcança seu ápice durante a adolescência, quando os jovens se esforçam para descobrir quem são e quem não são. Com a chegada da puberdade, os adolescentes procuram novos papéis para ajudá-los a descobrir suas identidades. Erikson acreditava que explorar questões de identidade ocupacional e ideológica eram as questões críticas durante a adolescência (1956, 1963). Ou seja, o que queremos fazer com nossas vidas e no que acreditamos sobre religião e política? Posteriormente, James Marcia adicionou a identidade sexual aos domínios da identidade do adolescente, de Erikson, para abordar as questões: Por quem somos atraídos e quem se sente atraído por nós? (Marcia et al., 1993; Schenkel & Marcia, 1972). Juntos, esses três domínios de identidade — ocupacional, ideológico e sexual — formam a base do desenvolvimento e exploração da identidade durante a adolescência. Nessa busca, valem-se de uma variedade de autoimagens anteriores que foram aceitas ou rejeitadas. Assim, as sementes da

A identidade envolve descobrir a quais grupos você pertence e a quais não.
Fotostorm/Getty Images

identidade começam a brotar durante o período de lactância e continuam a crescer durante o início da infância, a idade do brincar e a idade escolar. Então, na adolescência, a identidade se fortalece dentro de uma crise, quando os jovens aprendem a lidar com o conflito psicossocial da identidade *versus* confusão de identidade.

Uma crise não deve sugerir uma ameaça ou catástrofe, mas um "ponto de virada, um período crucial de vulnerabilidade aumentada e potencial elevado" (Erikson, 1968, p. 96). Uma crise de identidade pode durar muitos anos e resultar em maior ou menor força do ego.

De acordo com Erikson (1982), a identidade emerge de duas fontes: (1) a afirmação ou o repúdio dos adolescentes em relação às identificações da infância; e (2) seu contexto histórico e social, que encoraja a conformidade a certos padrões. Os jovens, com frequência, rejeitam os padrões de seus pais, preferindo, em vez disso, os valores de um grupo de amigos ou de uma turma. De qualquer forma, a sociedade desempenha um papel substancial ao moldar sua identidade.

A identidade é definida de forma tanto positiva quanto negativa, quando os adolescentes estão decidindo o que desejam ser e em que acreditam, enquanto também descobrem o que *não* desejam ser e em que *não* acreditam. Muitas vezes, eles precisam repudiar os valores dos pais ou rejeitar os do grupo de pessoas da mesma idade, um dilema que pode intensificar sua *confusão de identidade*.

A confusão de identidade é uma condição que inclui autoimagem dividida, incapacidade de estabelecer intimidade, senso de urgência de tempo, falta de concentração nas tarefas requeridas e rejeição dos padrões familiares ou da comunidade. Como acontece com outras tendências distônicas, alguma quantidade de confusão de identidade não só é normal como necessária. Os jovens precisam experimentar alguma dúvida e confusão acerca de quem eles são, antes que possam desenvolver uma identidade estável. Eles podem sair de casa (como Erikson fez) para perambular sozinhos na busca pelo *self*; experimentar drogas e sexo; identificar-se com uma gangue; associar-se a uma ordem religiosa; ou se mobilizar contra a sociedade, sem respostas alternativas. Ou eles podem simplesmente, e de forma silenciosa, considerar onde se enquadram no mundo e que valores lhes são caros.

Mais uma vez, a teoria de Erikson é coerente com sua própria vida. Aos 18 anos de idade e se sentindo alienado em relação aos padrões de sua família burguesa, Erikson partiu em busca de um estilo de vida diferente. Com habilidades para o desenho e com mais confusão de identidade do que identidade, ele passou os sete anos seguintes perambulando pelo Sul da Europa à procura de uma identidade como artista. Erikson (1975) se referiu a esse estágio da vida como uma época de insatisfação, rebeldia e confusão de identidade.

Apesar de a confusão de identidade ser uma parte necessária da busca pela identidade, a confusão excessiva pode conduzir à adaptação patológica, em forma de regressão a estágios anteriores do desenvolvimento. Podemos adiar as responsabilidades da idade adulta e ficar à deriva, sem objetivos, de um emprego para outro, de um parceiro sexual para outro, ou de uma ideologia para outra. Em contrapartida, se desenvolvemos a proporção adequada entre identidade e confusão de identidade, teremos (1) fé em algum tipo de princípio ideológico, (2) capacidade de decidir livremente como devemos nos comportar, (3) confiança em nossos pares e em adultos que nos aconselham acerca de objetivos e aspirações e (4) confiança em nossa escolha de uma ocupação eventual.

Fidelidade: a força básica da adolescência

A força básica que emerge da crise de identidade adolescente é a *fidelidade*, ou fé em sua própria ideologia. Depois de estabelecer seus padrões internos de conduta, os adolescentes não precisam mais da orientação parental, pois têm confiança em suas próprias ideologias religiosas, políticas e sociais.

A confiança aprendida pelo lactente é básica para a fidelidade na adolescência. Os jovens precisam aprender a confiar nos outros antes que possam ter fé em sua própria visão do futuro. Eles precisam desenvolver esperança quando lactentes e devem dar seguimento à esperança com as outras forças básicas: vontade, propósito e competência. Cada uma dessas forças é um pré-requisito para a fidelidade, assim como a fidelidade é essencial para a aquisição de forças de ego subsequentes.

A contrapartida da fidelidade é o **repúdio aos papéis**, a patologia central da adolescência, que bloqueia a capacidade de sintetizar várias autoimagens e valores em uma identidade funcional. O repúdio aos papéis pode assumir a forma de desconfiança ou desafio (Erikson, 1982). *Desconfiança* é uma falta extrema de autoconfiança, expressa como timidez ou hesitação em se expressar. Em contraste, desafio é o ato de se rebelar contra a autoridade. Os adolescentes desafiadores apegam-se obstinadamente a crenças e práticas inaceitáveis no âmbito social, apenas porque essas crenças e práticas são inadmissíveis. Erikson acreditava que alguma quantidade de repúdio aos papéis é necessária, não só porque permite que os adolescentes desenvolvam sua identidade pessoal, mas também porque injeta algumas novas ideias na estrutura social, revigorando-a.

Início da idade adulta

Depois de alcançar um senso de identidade durante a adolescência, os indivíduos precisam adquirir a capacidade de fundir essa identidade com a identidade de outra pessoa, porém mantendo sua noção de individualidade. O **início da idade adulta** – uma época aproximadamente entre 19 e 30 anos – está circunscrito não tanto pelo tempo quanto pela aquisição da *intimidade* no começo do estágio e pelo desenvolvimento da *generatividade* no final dele. Para algumas pessoas, esse estágio é um tempo relativamente curto, durando talvez apenas alguns anos. Para outras, o estágio de jovem adulto pode continuar por várias décadas. Os jovens adultos devem desenvolver a *genitalidade* madura, experimentar o conflito entre *intimidade* e *isolamento* e adquirir a força básica do *amor*.

Genitalidade

Muito da atividade sexual durante a adolescência é uma expressão da busca pela identidade e está, basicamente, a serviço do próprio adolescente. A verdadeira **genitalidade** só pode se desenvolver durante o início da idade adulta, quando ela é distinguida por confiança mútua e pelo compartilhamento estável das satisfações sexuais com uma pessoa amada. Trata-se da principal conquista psicossexual do início da idade adulta e existe apenas em uma relação íntima (Erikson, 1963).

Intimidade versus *isolamento*

O início da idade adulta é marcado pela crise psicossocial intimidade *versus* isolamento. **Intimidade** é a capacidade de fundir a própria identidade com a de outra pessoa sem medo de se perder como indivíduo. Como a intimidade pode ser alcançada somente depois que as pessoas formaram um ego estável, as paixões encontradas com frequência no início da adolescência não são intimidade verdadeira. As pessoas que estão inseguras com sua identidade podem se retrair da intimidade psicossocial ou procurar intimidade desesperadamente, por meio de encontros sexuais sem significado.

Em contraste, intimidade madura significa a capacidade e a disposição para compartilhar uma confiança mútua. Ela envolve sacrifício, concessão e comprometimento em um relacionamento entre dois iguais. Ela deve ser um requisito para o casamento, porém muitos casamentos carecem de intimidade, pois alguns jovens se casam como parte da busca pela identidade que não conseguiram estabelecer durante a adolescência.

A contrapartida psicossocial da intimidade é o **isolamento**, definido como "a incapacidade de arriscar a própria identidade compartilhando a verdadeira intimidade" (Erikson, 1968, p. 137). Algumas pessoas se tornam bem-sucedidas financeira ou socialmente e, no entanto, mantêm um senso de isolamento, porque são incapazes de aceitar as responsabilidades adultas do trabalho produtivo, da procriação e do amor maduro.

Mais uma vez, algum grau de isolamento é essencial antes que se possa adquirir o amor maduro. A intimidade excessiva pode diminuir o senso de identidade do ego, o que pode levar a pessoa à regressão psicossocial e à incapacidade de enfrentar o estágio seguinte do desenvolvimento. O maior perigo, é claro, é o isolamento excessivo, pouca intimidade e uma deficiência na força básica do amor.

Amor: a força básica do início da idade adulta

O amor, a força básica do início da idade adulta, emerge da crise de intimidade *versus* isolamento. Erikson (1968, 1982) definiu amor como a devoção madura que supera as diferenças básicas entre homens e mulheres. Ainda que o amor inclua intimidade, ele também contém algum grau de isolamento, pois é permitido que cada parceiro mantenha uma identidade separada. Amor maduro significa comprometimento, paixão sexual, cooperação, competição e amizade. Ele é a força básica do início da idade adulta, possibilitando que uma pessoa enfrente de modo produtivo os dois estágios finais do desenvolvimento.

A antítese do amor é a **exclusividade**, a patologia central do início da idade adulta. Alguma exclusividade, no entanto, é necessária para a intimidade; ou seja, uma pessoa precisa ser capaz de excluir certos indivíduos, atividades e ideias para desenvolver um senso de identidade forte. A exclusividade se torna patológica quando ela bloqueia a capacidade de cooperar, competir ou se comprometer – todos esses ingredientes são pré-requisitos para a intimidade e o amor.

Idade adulta

O sétimo estágio do desenvolvimento é a **idade adulta**, época em que as pessoas começam a tomar seu lugar na sociedade e a assumir responsabilidade pelo que a sociedade produz. Para a maioria, esse é o estágio mais longo do desenvolvimento, estendendo-se dos 31 aos 60 anos. A idade adulta é caracterizada pelo modo psicossexual da *procriatividade*, pela crise social *generatividade* versus *estagnação* e pela força básica do *cuidado*.

Procriatividade

A parte psicossexual da teoria de Erikson pressupõe um impulso instintivo para perpetuar a espécie. O impulso é a contrapartida do instinto de um animal adulto em direção à procriação, uma extensão da genitalidade que marca o início da idade adulta (Erikson, 1982). Entretanto, **procriatividade** é mais do que o contato genital com um parceiro íntimo. Ela inclui assumir a responsabilidade pelos cuidados da prole que resulta desse contato sexual. De maneira ideal, a procriação deve vir depois que a intimidade e o amor maduro se estabeleceram no estágio precedente. Obviamente, as pessoas são capazes de gerar uma prole, no âmbito físico, antes de estarem prontas, no âmbito psicológico, para cuidar do bem-estar dessas crianças.

A idade adulta madura demanda mais do que procriar; ela inclui cuidar dos próprios filhos, assim como dos filhos de outras pessoas. Além disso, ela abrange trabalhar produtivamente para transmitir a cultura de uma geração para a seguinte.

Generatividade versus estagnação

A qualidade sintônica da idade adulta é a *generatividade*, definida como "a geração de novos seres, bem como de novos produtos e novas ideias" (Erikson, 1982, p. 67). Generatividade, que se refere ao estabelecimento e à orientação da geração seguinte, inclui a geração de filhos, a produção de trabalho e a criação de coisas e ideias novas que contribuam para a construção de um mundo melhor.

As pessoas têm necessidade não só de aprender, mas também de ensinar. Essa necessidade se estende além dos próprios filhos, envolvendo uma preocupação altruísta com os outros jovens. A generatividade se desenvolve a partir de qualidades sintônicas anteriores, como intimidade e identidade. Conforme observado, intimidade requer a capacidade de fundir o próprio ego ao de outra pessoa sem medo de perdê-lo. Tal unidade de identidades do ego leva a uma expansão gradual dos interesses. Durante a idade adulta, a intimidade um a um já não é mais suficiente. Outras pessoas, especialmente as crianças, tornam-se parte de nossas preocupações. Instruir os outros nos caminhos da cultura é uma prática encontrada em todas as sociedades. Para o adulto maduro, essa motivação não é meramente uma obrigação ou uma necessidade egoísta, mas um impulso evolutivo de contribuir para as gerações posteriores e também de assegurar a continuidade da sociedade humana.

A antítese da generatividade é *a estagnação (autoabsorção)*. O ciclo geracional de produtividade e criatividade é prejudicado quando as pessoas se tornam muito absorvidas em si mesmas, excessivamente autoindulgentes. Tal atitude estimula um senso generalizado de estagnação. Contudo, alguns elementos de autoabsorção e estagnação são necessários. As pessoas criativas precisam, por vezes, permanecer em um estágio dormente e ser absorvidas em si mesmas para, por fim, gerarem novo crescimento. A relação adequada entre generatividade e estagnação produz cuidado, a força básica da idade adulta.

Cuidado: a força básica da idade adulta

Erikson (1982) define **cuidado** como "uma ampliação do comprometimento em *cuidar* das pessoas, dos produtos e das ideias com os quais a pessoa aprendeu a se *preocupar*" (p. 67). Como força básica da idade adulta, o cuidado surge de cada força básica anterior do ego. É preciso ter esperança, vontade, propósito, competência, fidelidade e amor para cuidar daquilo com que nos preocupamos. O cuidado não é um dever ou uma obrigação, mas um desejo natural que surge do conflito entre generatividade e estagnação (autoabsorção).

A antítese do cuidado é a *rejeição*, a patologia central da idade adulta. A rejeição é a indisponibilidade para cuidar de certas pessoas ou grupos (Erikson, 1982). Manifesta-se como egocentrismo, provincianismo ou *pseudoespeciação*, ou seja, a crença de que outros grupos de pessoas são inferiores ao seu. A pseudoespeciação é responsável por muito do ódio humano, da destruição, das atrocidades e das guerras. Conforme disse Erikson, a rejeição "tem implicações de longo alcance para a sobrevivência da espécie, assim como para o desenvolvimento psicossocial de cada indivíduo" (p. 70).

Velhice

O oitavo e último estágio do desenvolvimento é a **velhice**. Erikson tinha pouco mais de 40 anos quando conceitualizou esse estágio pela primeira vez e arbitrariamente o definiu como o período que se estende desde os 60 anos até o final da vida. Velhice não precisa significar que as pessoas não são mais generativas. A procriação, no sentido mais restrito de produzir filhos, pode estar ausente e, no entanto, as pessoas permanecerem produtivas e criativas de outras maneiras. Elas podem ser avós atenciosos com seus netos e também com outros membros mais jovens da sociedade. A velhice pode ser uma época de alegria, diversão e encanto, mas também pode ser um momento de senilidade, depressão e desespero. O modo psicossexual da velhice é a *sensualidade generalizada*; a crise psicossocial é *integridade* versus *desespero*; e a força básica é a *sabedoria*.

Os estágios do desenvolvimento de Erikson se estendem até a velhice.
Darren Greenwood/Design Pics

Sensualidade generalizada

O modo psicossexual final é a *sensualidade generalizada*. Erikson tinha pouco a dizer sobre esse modo de vida psicossexual, mas pode-se inferir que significa obter prazer por meio de uma variedade de sensações físicas – imagens, sons, sabores, odores, abraços e, talvez, estimulação genital. A sensualidade generalizada também pode incluir uma maior apreciação do estilo de vida tradicional do sexo oposto. Os homens se tornam mais atenciosos e aceitam mais os prazeres de relações não sexuais, incluindo aquelas com seus netos e bisnetos. As mulheres se tornam mais interessadas e envolvidas em política, finanças e questões mundiais (Erikson, Erikson, & Kivnick, 1986). Uma atitude sensual generalizada, no entanto, depende da capacidade do indivíduo de manter o controle das coisas, isto é, manter a integridade diante do desespero.

Integridade versus desespero

A crise de identidade final de uma pessoa é *integridade* versus *desespero*. No final da vida, a qualidade distônica do desespero pode prevalecer, mas, para os indivíduos com uma identidade de ego forte, que aprenderam intimidade e que cuidaram das pessoas e das coisas, a qualidade sintônica da integridade irá predominar. Integridade significa um sentimento de totalidade e coerência, uma capacidade de manter o controle sobre o próprio senso de "si", apesar da redução da potência física e intelectual.

A integridade do ego é, por vezes, difícil de manter quando as pessoas percebem que estão perdendo aspectos regulares de sua existência, tais como o cônjuge, os amigos, a saúde física, a força corporal, a acuidade mental, a independência e a utilidade social. Sob essa pressão, as pessoas têm, com frequência, um senso generalizado de desespero, o qual podem expressar como repúdio, depressão, desprezo pelos outros ou alguma outra atitude que revele a não aceitação das fronteiras finitas da vida.

Desespero, literalmente, significa estar sem esperança. Um reexame da Figura 7.2 revela que o desespero, a última qualidade distônica do ciclo de vida, está no extremo oposto da esperança, a primeira força básica de uma pessoa. Desde a lactância até a velhice, pode existir esperança. Depois que a esperança é perdida, segue-se o desespero, e a vida deixa de ter significado.

Sabedoria: a força básica da velhice

Alguma quantidade de desespero é natural e necessária para a maturidade psicológica. A inevitável luta entre integridade e desespero produz *sabedoria*, a força básica da velhice. Erikson (1982) definiu sabedoria como "a preocupação informada e desapegada, acerca da vida, ante a própria morte" (p. 61). As pessoas com preocupação desapegada não possuem necessariamente preocupação; ao contrário, têm um interesse ativo, mas desapaixonado. Com sabedoria, elas mantêm sua integridade, apesar do declínio das habilidades físicas e mentais. A sabedoria recorre ao conhecimento tradicional, transmitido de uma geração a outra, e também contribui para ele. Na velhice, as pessoas estão preocupadas com questões derradeiras, incluindo a não existência (Erikson, Erikson, & Kivnick, 1986).

A antítese da sabedoria e a patologia central da velhice é o *desdém*, o qual Erikson (1982, p. 61) definiu como "uma reação a se sentir (e ver os outros) em um estado crescente de aniquilamento, confusão e desamparo". O desdém é uma continuação da rejeição, a patologia central da idade adulta.

Conforme o próprio Erikson envelhecia, ele se tornava menos otimista quanto à velhice e, com sua esposa, começou a descrever um nono estágio – um período de idade muito avançada, em que as enfermidades físicas e mentais roubam das pessoas suas habilidades generativas e as reduzem à espera pela morte. Joan, em especial, ficou interessada nesse nono estágio, enquanto via a saúde do marido deteriorar-se muito rápido durante os últimos anos de sua vida. Infelizmente, a própria Joan morreu antes de conseguir completar esse estágio.

Resumo do ciclo de vida

O ciclo de vida de Erikson é resumido na Tabela 7.1. Cada um dos oito estágios é caracterizado por uma crise psicossocial. A crise psicossocial é estimulada por um conflito entre o elemento sintônico predominante e seu elemento distônico antitético. A partir desse conflito, emerge uma força básica, ou qualidade do ego. Cada força básica possui uma antítese subjacente, que se torna a patologia central do estágio correspondente. O ciclo de vida de Erikson

TABELA 7.1

Resumo dos oito estágios do ciclo de vida de Erikson

Estágio	Crise psicossocial	Força básica	Patologia central
8 Velhice	Integridade *versus* desespero	Sabedoria	Desdém
7 Idade adulta	Generatividade *versus* estagnação	Cuidado	Rejeição
6 Início da idade adulta	Intimidade *versus* isolamento	Amor	Exclusividade
5 Adolescência	Identidade *versus* confusão de identidade	Fidelidade	Repúdio aos papéis
4 Idade escolar	Diligência *versus* inferioridade	Competência	Inércia
3 Idade do brincar	Iniciativa *versus* culpa	Propósito	Inibição
2 Início da infância	Autonomia *versus* vergonha e dúvida	Vontade	Compulsão
1 Lactância	Confiança básica *versus* desconfiança básica	Esperança	Retraimento

também destaca que os humanos têm um leque cada vez mais amplo de relações significativas, começando com a figura materna no período de lactância e terminando com uma identificação com toda a humanidade durante a velhice.

Acompanhando esse ciclo, a personalidade se desenvolve, mas sempre num período histórico particular e dentro de determinada sociedade. No entanto, Erikson acreditava que os oito estágios do desenvolvimento transcendem a cronologia e a geografia e são apropriados a quase todas as culturas, passadas e presentes.

Métodos de investigação de Erikson

Erikson insistia que a personalidade é um produto da história, da cultura e da biologia, e seus diversos métodos de investigação refletem essa crença. Ele empregou métodos antropológicos, históricos, sociológicos e clínicos para aprender sobre crianças, adolescentes, adultos e americanos idosos. Ele estudou americanos de classe média, crianças europeias, o povo das nações Sioux e Yurok da América do Norte e até mesmo marinheiros em um submarino. Escreveu retratos biográficos de Adolf Hitler, Maxim Gorky, Martin Luther e Mohandas K. Gandhi, entre outros. Nesta seção, apresentamos duas abordagens que Erikson usou para explicar e descrever a personalidade humana: estudos antropológicos e psico-história.

Estudos antropológicos

Em 1937, Erikson fez uma viagem de campo à Reserva Indígena Pine Ridge, em Dakota do Sul, para investigar as causas de apatia entre as crianças Sioux. Erikson (1963) relatou o treinamento precoce dos Sioux em termos de suas teorias em construção sobre o desenvolvimento psicossexual e psicossocial. Ele constatou que a apatia era a expressão de uma sujeição extrema que os Sioux desenvolveram como resultado da dependência de vários programas do governo federal. Em certa época, eles tinham sido corajosos caçadores de búfalos, mas, em 1937, os Sioux já tinham perdido sua identidade de grupo como caçadores e estavam tentando, sem entusiasmo e com muito custo, ganhar a vida como fazendeiros. As práticas de criação dos filhos, que, no passado, haviam treinado os meninos a serem caçadores e as meninas a serem ajudantes e mães dos futuros caçadores, já não eram mais apropriadas para uma sociedade agrária. Em consequência, as crianças Sioux de 1937 tinham grande dificuldade em alcançar um senso de identidade do ego, em especial depois que chegavam à adolescência.

Dois anos depois, Erikson fez uma viagem de campo semelhante ao Norte da Califórnia, para estudar o povo da nação Yurok, que vivia principalmente da pesca do salmão. Ainda que os Sioux e os Yurok tivessem culturas completamente divergentes, cada tribo tinha a tradição de treinar seus jovens nas virtudes de sua sociedade. O povo Yurok foi treinado para pescar e, portanto, não possuía um forte sentimento nacional e tinha pouco gosto pela guerra. Obter e guardar provisões e posses era altamente valorizado pelo povo da nação Yurok. Erikson (1963) conseguiu mostrar que o treinamento no início da infância era coerente com esse forte valor cultural e que a história e a sociedade ajudavam a moldar a personalidade.

Psico-história

A disciplina chamada **psico-história** é um campo controverso que combina conceitos psicanalíticos e métodos históricos. Freud (1910/1957) deu origem à psico-história com uma investigação sobre Leonardo da Vinci e, posteriormente, colaborou com o embaixador americano William Bullitt para escrever um extenso estudo psicológico do presidente Woodrow Wilson (Freud & Bullitt, 1967). Apesar de Erikson (1975) ter lamentado este último trabalho, ele tomou os métodos da psico-história e os refinou, especialmente em seu estudo de Martin Luther (Erikson, 1958, 1975) e Mahatma Gandhi (Erikson, 1969, 1975). Tanto Luther quanto Gandhi tiveram um impacto importante na história, porque cada um era uma pessoa excepcional, com o conflito pessoal certo, vivendo durante um período histórico que precisava resolver coletivamente o que não podia ser solucionado de modo individual (E. Hall, 1983).

Erikson (1974) definiu psico-história como "o estudo da vida individual e coletiva com os métodos combinados da psicanálise e da história" (p. 13). Ele usou a psico-história para demonstrar suas crenças fundamentais de que cada pessoa é produto de seu momento histórico e que esses momentos históricos são influenciados por líderes excepcionais que experimentam um conflito de identidade pessoal.

Como autor de psico-história, Erikson acreditava que deveria envolver-se emocionalmente nesse assunto. Por exemplo, ele desenvolveu um forte apego emocional a Gandhi, atribuindo isso à sua própria busca de toda uma vida pelo pai que ele nunca tinha visto (Erikson, 1975). Em *A verdade de Gandhi* (Gandhi's Truth), Erikson (1969) revelou sentimentos positivos fortes por Gandhi, enquanto tentava responder à questão de como indivíduos sadios como ele elaboram o conflito e a crise quando outras pessoas são debilitadas por conflitos menores. Na busca por uma resposta, Erikson examinou todo o ciclo de vida de Gandhi, mas se concentrou em uma crise particular, a qual teve seu clímax quando, na meia-idade, o líder espiritual usou pela primeira vez o jejum autoimposto como arma política.

Quando criança, Gandhi era próximo de sua mãe, mas teve conflitos com seu pai. Em vez de considerar essa situação como um conflito edípico, Erikson a viu como a oportunidade de Gandhi de elaborar o conflito com figuras de autoridade – um ensejo que Gandhi teria muitas vezes durante sua vida.

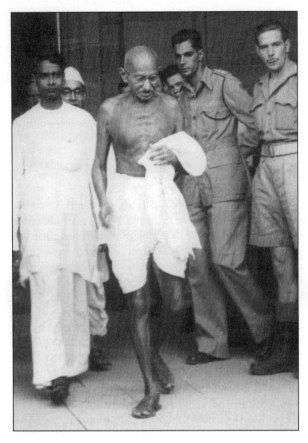

De acordo com Erikson, Mahatma Gandhi desenvolveu forças básicas a partir de suas várias crises de identidade.
Ingram Publishing

Gandhi nasceu em 2 de outubro de 1869, em Porbandar, Índia. Quando jovem, estudou Direito em Londres e era discreto nas maneiras e na aparência. Então, vestido como um autêntico sujeito britânico, ele voltou para a Índia para exercer o Direito. Após dois anos de prática sem sucesso, ele foi para a África do Sul, que, como a Índia, era uma colônia britânica. Ele pretendia permanecer por um ano, mas sua primeira crise de identidade intensa o manteve lá por mais de 20 anos.

Uma semana depois de um juiz tê-lo expulsado de um tribunal, Gandhi foi retirado de um trem quando se recusou a dar seu lugar para um homem "branco". Essas duas experiências com preconceito racial mudaram sua vida. Na época em que ele resolveu essa crise de identidade, sua aparência havia mudado drasticamente. Não mais trajado com chapéu de seda e casaco preto, ele usava agora uma tanga e um xale de algodão, que passaram a ser conhecidos por milhões de pessoas em todo o mundo. Durante aqueles anos na África do Sul, ele desenvolveu a técnica de resistência passiva, conhecida como *Satyagraha,* e a usava para resolver seus conflitos com as autoridades. *Satyagraha* é um termo em sânscrito que significa um método tenaz e obstinado de entender a verdade.

Depois de retornar à Índia, Gandhi experimentou outra crise de identidade, quando, em 1918, aos 49 anos, tornou-se a figura central em uma greve de trabalhadores contra os proprietários de moinhos em Ahmedabad. Erikson se referiu aos fatos que envolviam a greve como "O Evento" e dedicou a parte central de *A verdade de Gandhi* a tal crise. Ainda que essa greve tenha sido apenas um acontecimento menor na história da Índia e tenha recebido pouca atenção na biografia de Gandhi, Erikson (1969) considerou o fato como promotor de um grande impacto na identidade de Gandhi, como praticante da não violência militante.

Os trabalhadores dos moinhos haviam prometido fazer greve, caso suas reivindicações por um aumento de 35% no salário não fossem atendidas. Porém, os proprietários, que haviam combinado entre si de não oferecer um aumento superior a 20%, recusaram e tentaram romper a solidariedade entre os trabalhadores, oferecendo o aumento de 20% para aqueles que voltassem ao trabalho. Gandhi, o porta-voz dos trabalhadores, ficou abalado com esse impasse. Então, de forma um tanto impetuosa, ele prometeu não comer mais nada até que as demandas dos trabalhadores fossem atendidas. Este, o primeiro de 17 "jejuns até a morte", não foi feito como uma ameaça aos proprietários dos moinhos, mas para demonstrar aos trabalhadores que uma promessa deve ser mantida. Na verdade, Gandhi temia que os proprietários dos moinhos se rendessem por simpatia a ele, em vez de por reconhecimento à situação desesperada dos trabalhadores. De fato, no terceiro dia, trabalhadores e proprietários chegaram a um acordo que permitiu que os dois lados salvassem as aparências – os trabalhadores iriam trabalhar um dia por um aumento de 35%, um dia por um aumento de 20% e depois pela quantia que um árbitro decidisse. No dia seguinte, Gandhi interrompeu a greve de fome, mas sua resistência pacífica ajudou a moldar sua identidade e lhe deu uma nova ferramenta para a mudança política e social pacífica.

Diferentemente dos indivíduos neuróticos, cuja crise de identidade resulta em patologias centrais, Gandhi desenvolveu força a partir dessa e de outras crises. Erikson (1969) descreveu a diferença entre conflitos em grandes pessoas, como Gandhi, e indivíduos psicologicamente perturbados: "Esta, então, é a diferença entre um histórico de caso e uma história de vida: os pacientes, grandes ou pequenos, são cada vez mais debilitados por seus conflitos internos, mas, na realidade histórica, o conflito interno apenas acrescenta um ímpeto indispensável a todo esforço sobre-humano" (p. 363).

Pesquisa relacionada

Uma das principais contribuições de Erikson foi ampliar o desenvolvimento da personalidade até a idade adulta. Ao expandir a noção de Freud do desenvolvimento até a velhice,

Erikson desafiou a ideia de que o desenvolvimento psicológico termina com a infância. O legado mais influente de Erikson foi sua teoria do desenvolvimento e, em particular, os estágios desde a adolescência até a velhice. Ele foi um dos primeiros teóricos a enfatizar o período crítico da adolescência e os conflitos associados à busca por uma identidade. Adolescentes e jovens adultos com frequência perguntam: Quem sou eu? Para onde estou indo? E o que quero fazer com o resto da minha vida? A forma como eles respondem a essas perguntas desempenha um papel importante nos tipos de relações que desenvolvem, na escolha do parceiro para a vida e nos caminhos profissionais que seguem.

Lembre-se de que Erikson argumentou que cada estágio de desenvolvimento emerge e é construído sobre um estágio anterior. Assim, por exemplo, a conquista da identidade na adolescência envolve ter explorado vários elementos de si mesmo, tanto ideológicos (religião, política) quanto interpessoais (amizade, namoro), e chegar ao que Erikson chamou de compromisso. Estudos das culturas ocidentais concluem que a conquista da identidade é o *status* de identidade do ego mais saudável e que deve prever resoluções bem-sucedidas das próximas tarefas de desenvolvimento de intimidade e generatividade. No entanto, Erikson (1959) também argumentou que, apesar dessa qualidade gradual do desenvolvimento da personalidade, *todas* as tarefas de desenvolvimento estão presentes de alguma forma em todas as fases da vida, mesmo que sua importância varie em diferentes momentos. Assim, para adolescentes envolvidos na solidificação de sua identidade, as preocupações com a intimidade e até com a generatividade são significativas e presentes. Assim, os estudiosos estudaram crises psicossociais "posteriores" em fases iniciais da vida, como uma forma de ver como a resolução bem-sucedida de tarefas de desenvolvimento pode ser promovida em idades mais jovens (Lawford, Pratt, Hunsberger, & Pancer, 2005).

Em contraste com a maioria dos outros teóricos psicodinâmicos, Erikson estimulou bastante a pesquisa empírica, boa parte sobre a adolescência, o início da idade adulta e a idade adulta. Aqui, discutimos pesquisas recentes sobre como o uso da internet afeta a identidade do adolescente e o desenvolvimento da identidade de gênero na adolescência e na idade adulta.

Identidade do adolescente e a internet

Lembre-se de que o principal argumento que Erikson apresentou sobre a adolescência foi que o grande conflito e a tensão advêm da necessidade dos adolescentes de formar uma identidade e da confusão sobre quem são e no que acreditam. Marcia adicionou identidade sexual à mistura. Ao todo, a formação da identidade gira principalmente em torno da identidade sexual (por quem nos sentimos atraídos?), identidade ocupacional (o que queremos passar o resto de nossas vidas fazendo?) e identidade ideológica (no que eu acredito sobre religião e política?).

Historicamente, os humanos desenvolveram e expressaram sua identidade pela forma como se vestem, o que compram, de quais clubes e grupos participam, em quais grupos religiosos nasceram ou em quais ingressam, quais escolas frequentam e em que cidade, estado ou país foram criados. Pertencer a grupos e conectar-se com outras pessoas é a principal forma de desenvolver e expressar nossa identidade. Os psicólogos sociais se referem aos grupos com os quais nos identificamos como "grupos internos" (nós) e aqueles com os quais não nos identificamos como "grupos externos" (eles).

Na cultura moderna, nossos grupos estão se tornando cada vez menos físicos e cada vez mais virtuais ou *on-line*. Com certeza, desde meados da década de 1990, a internet se tornou uma presença importante na vida das pessoas, e poucos grupos a utilizaram mais do que os adolescentes. Não deveria surpreender, portanto, que psicólogos, incluindo aqueles inspirados por Erikson, tenham estudado intensivamente os efeitos da internet e da tecnologia no desenvolvimento de adolescentes (Kay, 2018). Um dos principais temas desta pesquisa é como a internet e a tecnologia moldaram a identidade dos adolescentes, tanto para melhor quanto para pior.

Vejamos primeiro as maneiras pelas quais a tecnologia pode ter efeitos benéficos na identidade do adolescente. Algumas linhas de pesquisa relataram que a comunicação *on-line* tem uma influência positiva nos relacionamentos e no bem-estar dos adolescentes (Valkenburg & Peter, 2009). Ou seja, ao se comunicar *on-line*, os adolescentes revelam sua identidade e seu eu aos outros, o que pode aumentar a qualidade desses relacionamentos. Da mesma forma, Bannon, McGlynn, McKenzie e Quayle (2014) exploraram a associação entre uso de internet, identidade e conexão em jovens que têm necessidades adicionais de suporte. Trinta e seis desses adolescentes se reuniram em grupos focais e suas discussões foram gravadas e depois transcritas palavra por palavra. As transcrições foram então analisadas em busca de temas. Um tema importante que surgiu foi o de "Identidade e Conexão". As discussões e atividades na internet parecem promover nesses adolescentes um senso de identidade, competência e conexão. Ao fornecer uma plataforma fácil para se conectar e se comunicar com outras pessoas, as mídias sociais e a internet promovem relacionamentos e conexões.

Além disso, a presença nas mídias sociais — nossas "curtidas", postagens, *tweets* e compartilhamentos — é muito reveladora de nossas identidades e personalidades. Por exemplo, Ivcevic e Ambady (2012) relataram que pessoas podem avaliar com precisão e confiabilidade a personalidade de outras pessoas simplesmente observando e avaliando: sua foto de perfil do Facebook, citações, interesses, livros, filmes, atividades e preferências musicais. Outro estudo descobriu que obter apenas 90 a 100 "curtidas" nas páginas das pessoas, no Facebook, era tão preciso em prever suas personalidades quanto as avaliações de outras pessoas sobre a personalidade do proprietário da conta do

Facebook e que, em geral, as pegadas digitais prediziam a personalidade melhor do que a avaliação humana média (r = 0,56 *versus* r = 0,49, respectivamente) (Youyou, Kosinski, & Stillwell, 2015).

No entanto, também existem perigos e efeitos prejudiciais da internet e da tecnologia na identidade, no humor e no comportamento dos adolescentes. As pessoas claramente apresentam identidades diferentes, bem como seu eu real, falso ou desejado, por meio das mídias sociais. Como o apresentador pode controlar completamente a foto, o conteúdo e a mensagem da postagem, comentário ou *tweet*, ele pode ser ainda mais estratégico no tipo de "eu" que deseja que outras pessoas vejam. Algumas pesquisas relatam que essa autoapresentação tendenciosa de "eus" ideais e falsos nas mídias sociais é mais provável em adolescentes e jovens adultos que apresentam maior ansiedade (Michikyan, Subrahmanyam, & Dennis, 2014). Por sua vez, altos níveis de consumo dessa apresentação tendenciosa e distorcida da vida de outras pessoas, nas mídias sociais, podem levar a consequências negativas, se o tempo de tela não for reduzido. Por exemplo, uma descoberta consistente mostra que, quanto mais tempo os adolescentes passam em suas telas, maior a probabilidade de sofrerem de depressão e ansiedade na adolescência e mais tarde na idade adulta (Grøntved et al., 2015; Kirmayer, Raikhel, & Rahimi, 2013). Os sentimentos de ansiedade e depressão parecem resultar do fato de as pessoas publicarem apenas os aspectos positivos de suas vidas nas redes sociais. Se vemos constantemente todas as coisas maravilhosas que as pessoas estão fazendo, por meio de comparações, nos sentimos isolados, sozinhos e não tão positivos sobre nossas próprias vidas, e com relacionamentos menos positivos com outras pessoas (Kirmayer et al., 2013; Sanders et al., 2000).

O impacto negativo do alto uso de mídias sociais pode afetar mais os adolescentes do que os adultos, porque eles têm mais dificuldade do que os adultos em perceber que essas "vidas no Facebook" não são a história completa e apresentam apenas um lado da vida de outras pessoas. Da mesma forma, Israelashvili, Kim e Bukobza (2012) exploraram a questão de como os diferentes graus de uso da internet afetam a autoclareza e a autoconsciência em 278 alunos do oitavo e nono ano do ensino fundamental e primeiro ano do ensino médio. Eles descobriram que a autoclareza estava negativamente relacionada ao quanto os adolescentes usavam a internet. Eles argumentam, no entanto, que as consequências negativas são mais prováveis naqueles usuários considerados "viciados"; o efeito foi menor para usuários "excessivos" e usuários "pesados". Usuários excessivos e usuários pesados ainda usam a internet para fins relacionados à idade, enquanto usuários viciados têm uma preocupação disfuncional com a internet, ou seja, ela interfere e afeta negativamente o desempenho escolar e os relacionamentos.

Em suma, nossos grupos *on-line* e de mídia social são formas cada vez mais poderosas e importantes de nos comunicarmos, compartilharmos e nos expressarmos. As mídias sociais nos conectam à família, aos amigos e, cada vez mais, a uma grande variedade de pessoas que podemos ou não conhecer pessoalmente. Como a maioria das tecnologias, seu uso tem consequências positivas e negativas e simplesmente precisamos estar cientes disso e usar as tecnologias adequadamente.

O desenvolvimento da identidade de gênero

Considerando os períodos de seus escritos, uma coisa que tanto Erikson quanto Marcia deixaram de fora foi com qual gênero uma pessoa se identifica. No século XXI, essa questão assumiu grande importância e, portanto, vale a pena examinar a literatura sobre como a identidade de gênero se desenvolve, especialmente durante a adolescência e o início da idade adulta. Pode-se argumentar que Erikson e Marcia teriam incluído a identidade de gênero em seus escritos, pois defenderam que os dois principais critérios para a presença da formação de identidade são exploração/crise e comprometimento. A exploração envolve até que ponto uma pessoa repensa, examina e experimenta papéis e planos de vida. Comprometimento é a medida em que a pessoa investe em um papel ou plano de vida (Kroger & Marcia, 2011). A identidade de gênero atende a esses dois critérios, porque está aberta à exploração e é uma identidade com a qual a maioria das pessoas se compromete.

A maioria das pessoas se identifica com o gênero de nascimento, mas não é o caso de todo mundo. Uma pesquisa do Pew Research Center de 2015 relatou que 3% dos adolescentes dos EUA se identificam como transgêneros (ou seja, eles se identificam com o gênero oposto ao atribuído no nascimento; Lenhart, Smith, & Anderson, 2015). Para adultos, o número é de cerca de 0,5% ou 1 em 200 (Conron, Scott, Stowell, & Landers, 2012). A evidência da natureza exploratória da identidade de gênero pode ser vista pela descoberta de que entre dois terços e três quartos das pessoas que se identificam com o sexo oposto na infância não o fazem mais na adolescência (Steensma et al., 2013; Wallien & Cohen-Kettenis, 2008). Para eles, a identidade de gênero é mais fluida e mutável. Para outros, no entanto, especialmente aqueles que são intensos, consistentes e persistentes em sua identidade atípica, a identidade de gênero não é algo fácil de mudar (Steensma et al., 2013).

Recentemente, o caso de maior destaque de alguém que se identifica com o gênero com o qual não nasceu é Caitlyn Jenner. Bruce Jenner cresceu como um garoto tipicamente americano e como homem e também ganhou o "maior prêmio de atleta (masculino) do mundo" ao vencer o decatlo de 1976 nas Olimpíadas de verão. Como muitas pessoas sabem, no entanto, Bruce agora é Caitlyn (e genitor das meninas Kardashian). Em 2015, aos 65 anos, Bruce Jenner divulgou publicamente sua transição de homem para mulher e se tornou Caitlyn.

Scott Kirkland/Picturegroup/Shutterstock

Pode ser uma surpresa para muitos, mas algumas culturas acreditam, como os Bugis da Indonésia, que existem cinco gêneros (masculino, feminino, masculino para feminino, feminino para masculino e ambos masculino e feminino em um só). As culturas na Índia, Paquistão e Nepal reconhecem três gêneros: masculino, feminino e transgênero (Nutt, 2015). Por outro lado, o Facebook agora lista mais de 50 opções de gênero, incluindo agênero, bigênero, andrógino, gênero fluido e não binário.

Impacto da natureza e da criação (dos filhos) na formação da identidade de gênero

As forças da natureza e os estilos de criação dos filhos dentro de uma sociedade ajudam a explicar a identidade de gênero. A identidade de gênero é influenciada por diferenças nos genes, hormônios e estruturas cerebrais. Primeiro, a variação nos genes e estruturas cerebrais foi associada à identidade transgênero (Klink & Den Hijer, 2014; Kreukels & Guillamon, 2016; Saraswat, Weinand, & Safer, 2015). Em segundo lugar, as teorias sociais e cognitivas explicam o desenvolvimento de gênero e identidade de gênero como um produto de forças ambientais, pessoais e comportamentais (Bussey & Bandura, 1999). As forças ambientais incluem normas sociais e culturais de comportamento masculino e feminino apropriado. Algumas culturas fazem distinções muito fortes do que é masculino e feminino e até têm leis que as impõem. Por exemplo, em alguns países, as mulheres não podem dirigir ou votar, e homens e mulheres não podem estar num mesmo ambiente. Outras culturas, como os países escandinavos, são muito igualitárias e fazem pouca diferenciação entre papéis masculinos e femininos.

Pressão social para se adequar à identidade de gênero típica

O comportamento atípico de gênero desafia as suposições de gênero em muitas culturas e em muitas idades de desenvolvimento. Não são apenas os pais que têm dificuldade em aceitar comportamentos atípicos de gênero. Crianças pequenas entre 2 e 6 anos tendem a ser muito rígidas em termos de gênero e tendem a ter ideias muito claras e estereotipadas sobre brinquedos, roupas e atividades específicas de gênero (Halim, 2016). Em geral, entretanto, as crianças se tornam mais flexíveis em sua visão dos estereótipos de gênero à medida que passam pela meia-infância (Halim, 2016).

A pressão para se adequar aos papéis típicos de gênero é forte desde a infância até a idade adulta. Os adolescentes usam gênero e tipicidade de gênero na escolha de amigos (Kornienko et al., 2016). Pré-adolescentes e adolescentes que se identificam como transgêneros sentem fortemente essas reações negativas de outras pessoas (Egan & Perry, 2001). A forte pressão social e cultural para se adequar aos estereótipos de gênero cria muitos conflitos internos em indivíduos transgêneros e, em última análise, resulta em níveis relativamente altos de ansiedade, depressão e suicídio (Alanko et al., 2009; Brinkman et al., 2014; Carver, Yunger, & Perry, 2003).

Para algumas pessoas, especialmente aquelas que são intensas, consistentes e persistentes em sua identidade atípica, a identidade de gênero não é algo fácil de mudar (Steensma et al., 2013). A persistência da identidade de gênero também é observada nos casos em que os meninos são criados e redesignados como meninas devido ao desenvolvimento sexual anatômico anormal. Essas "meninas" comumente se identificam e se comportam como meninos (Meyer-Bahlburg, 2005; Saraswat et al., 2015). Por exemplo, David Reimer, um gêmeo canadense idêntico, teve uma circuncisão médica necessária sete meses após o nascimento. A cirurgia deu muito errado e seus órgãos genitais foram tão gravemente danificados que não puderam ser recuperados (Colapinto, 2001). Um médico que acreditava que o gênero era principalmente uma construção social recomendou a redesignação de sexo e que

David fosse criado como menina. Então foi isso que seus pais fizeram. David foi criado como Brenda. No entanto, foi só aos 14 anos, quando Brenda se recusou a continuar a consultar o médico, que ela foi informada da cirurgia de redesignação de sexo na infância. Na verdade, por volta dos 9 anos, Brenda já se identificava como homem e, aos 15 anos, queria voltar ao sexo masculino, que foi o que aconteceu. Brenda se tornou David.

Outros, entretanto, que são menos consistentes e persistentes em sua identidade de gênero atípica, podem não continuar a se identificar durante ou após a puberdade (Steensma et al., 2013). De fato, alguns estudos relatam que entre dois terços e três quartos das pessoas que se identificam de forma atípica na infância não o fazem mais na adolescência (Steensma et al., 2013; Wallien & Cohen-Kettenis, 2008). Para eles, a identidade de gênero é mais fluida e mutável.

Idade da divulgação da identidade de gênero e as redes sociais

Erikson defendeu que existem crises de identidade em todas as fases da vida, com a adolescência sendo a primeira grande luta consciente com a identidade. Claramente, as pessoas continuam explorando e, às vezes, também lutam com sua identidade até a idade adulta. Considerando que a identidade de gênero atípica não é facilmente aceita por muitas sociedades, uma questão é: com que idade e para quem as pessoas se sentem confortáveis em se identificar como transgêneros? É mais fácil para adolescentes ou adultos "se revelarem"? E isso mudou ao longo das décadas à medida que a identidade transgênero se tornou mais discutida socialmente? Essas são precisamente as questões abordadas em um estudo de 571 indivíduos que transicionaram de homem para mulher, realizado por Nuttbrock e colaboradores (2009). A idade da amostra variava de 19 a 59 anos na época do estudo, então os pesquisadores a dividiram em duas coortes: aquelas de 19 a 39 e aquelas de 40 a 59. O ano de nascimento para dividir esses dois grupos foi 1970, com o grupo mais jovem nascendo em 1970 ou mais tarde. As Figuras 7.3 e 7.4 apresentam a idade em que as pessoas revelaram sua identidade a algumas ou a todas as pessoas em vários grupos de redes sociais, a saber: pais, irmãos, parceiros sexuais, colegas de estudo e colegas de trabalho. A Figura 7.3 mostra os resultados para a coorte mais jovem (de 19 a 39 anos), enquanto a Figura 7.4 mostra os resultados para a coorte mais velha (de 40 a 59 anos).

Como você pode ver, em geral, os pesquisadores descobriram que as mulheres transexuais revelam sua identidade em diferentes idades para diferentes grupos de pessoas em suas vidas e que a geração mais atual está mais aberta à divulgação do que a geração mais velha. Isso é

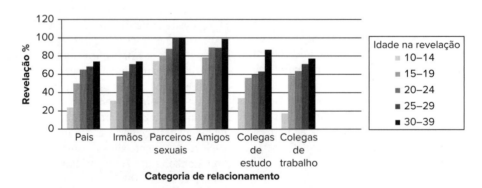

FIGURA 7.3 Coorte mais jovem (de 19 a 39 anos).

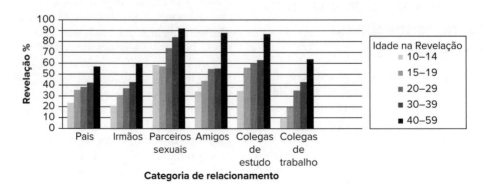

FIGURA 7.4 Coorte mais velha (de 40 a 59 anos).

verdade tanto para as coortes mais jovens (menos de 40 anos) quanto para as mais velhas (igual ou mais de 40 anos). Para a coorte mais jovem, mesmo por volta dos 30 anos, cerca de 25% nunca revelaram seu *status* aos pais ou irmãos; para a coorte mais velha, a porcentagem é de cerca de 40 a 45% que nunca revelaram sua identidade à família. Cem por cento da coorte mais jovem e cerca de 91% da coorte mais velha revelaram sua identidade aos parceiros sexuais até o momento em que participaram do estudo. Essa descoberta não é realmente surpreendente, uma vez que a divulgação aos parceiros sexuais é mais ou menos necessária se houver uma relação sexual. Uma das maiores diferenças entre as duas coortes é a revelação aos amigos até os 30 anos: quase 100% da coorte mais jovem havia revelado a pelo menos alguns amigos até essa idade, enquanto apenas cerca de 55% da coorte mais velha o fez.

Uma coisa que a identidade transgênero e sua aceitação deixam clara é que a identidade e nossa vontade de ser honestos com os outros sobre quem somos nem sempre é uma tarefa fácil tanto para adolescentes quanto para adultos.

Críticas a Erikson

Erikson construiu sua teoria em grande parte sobre princípios éticos, e não necessariamente sobre dados científicos. Ele chegou à psicologia pela arte e reconheceu que via o mundo mais pelos olhos de um artista do que pelos olhos de um cientista. Certa vez, escreveu que nada tinha a oferecer exceto "uma maneira de olhar para as coisas" (Erikson, 1963, p. 403). Seus livros são reconhecidamente subjetivos e pessoais, o que certamente os torna mais atraentes. No entanto, a teoria de Erikson deve ser julgada pelos padrões da ciência, não pela ética ou pela arte.

O primeiro critério de uma teoria útil é a capacidade de *gerar pesquisa*, e, por esse padrão, classificamos a teoria de Erikson como um pouco acima da média. Por exemplo, somente o tópico da identidade do ego gerou várias centenas de estudos; outros aspectos dos estágios de desenvolvimento de Erikson, como intimidade *versus* isolamento (Gold & Rogers, 1995) e generatividade (Arnett, 2000; Pratt, Norris, Arnold, & Filyer, 1999) e todo o ciclo de vida (Whitbourne, Zuschlag, Elliot, & Waterman, 1992), estimularam investigações empíricas ativas.

Apesar dessa pesquisa ativa, classificamos a teoria de Erikson como mediana, quanto ao critério de *refutação*. Muitos achados desse corpo de pesquisa podem ser explicados por outras teorias além da teoria dos estágios de desenvolvimento de Erikson.

Em sua capacidade de *organizar conhecimento*, a teoria de Erikson está limitada, principalmente, aos estágios do desenvolvimento. Ela não aborda de modo adequado questões como traços pessoais ou motivação, uma limitação que reduz a capacidade da teoria de dar significado a muito do que é hoje conhecido sobre a personalidade humana. Os oito estágios do desenvolvimento permanecem sendo uma afirmação eloquente do que deve ser o ciclo da vida, e os achados de pesquisa nessas áreas em geral podem ser encaixados em um modelo eriksoniano. No entanto, a teoria carece de alcance suficiente para ser classificada como alta nesse critério.

Como um *guia para a ação*, a teoria de Erikson fornece muitas diretrizes gerais, mas poucas informações específicas. Comparada a outras teorias discutidas neste livro, ela se classifica próxima ao topo na sugestão de abordagens para lidar com adultos de meia-idade e mais velhos. A visão de Erikson sobre o envelhecimento foi útil para as pessoas no campo da gerontologia, e suas ideias sobre a identidade do ego são quase sempre citadas em livros de psicologia adolescente. Além disso, seus conceitos de intimidade *versus* isolamento e generatividade *versus* estagnação têm muito a oferecer a terapeutas de casais e a outros profissionais preocupados com relações íntimas entre jovens adultos.

Classificamos a teoria de Erikson como alta em *coerência interna*, principalmente porque os termos usados para rotular as diferentes crises psicossociais, forças básicas e patologias centrais são escolhidos com muito cuidado. O inglês não era a língua materna de Erikson, e o extenso uso de um dicionário enquanto escrevia aumentou a precisão de sua terminologia. No entanto, conceitos como esperança, vontade, propósito, amor, cuidado, entre outros, não são definidos de modo operacional. Eles têm pouca utilidade científica, embora se classifiquem como altos em valor literário e emocional. Todavia, o princípio epigenético de Erikson e a eloquência da sua descrição dos oito estágios do desenvolvimento marcam sua teoria com coerência interna visível.

No critério de simplicidade, ou *parcimônia*, atribuímos à teoria a classificação moderada. A precisão de seus termos é um ponto forte, mas as descrições dos estágios psicossexuais e das crises psicossociais, em especial nas fases posteriores, nem sempre são claramente diferenciadas. Além disso, Erikson usou termos diferentes e até conceitos distintos para preencher os 64 quadros que estão vagos na Figura 7.2. Tal inconsistência subtrai simplicidade da teoria.

Conceito de humanidade

Em contraste com Freud, que acreditava que anatomia era destino, Erikson sugeriu que outros fatores poderiam ser responsáveis pelas diferenças entre mulheres e homens. Citando algumas de suas próprias pesquisas, Erikson (1977) sugeriu que, embora meninas e meninos tenham métodos diferentes de jogar, essas diferenças são, pelo menos em parte, resultado de práticas de socialização distintas. Essa conclusão significa que Erikson concordava com Freud que anatomia é destino? A resposta de Erikson era sim, anatomia é destino, mas ele rapidamente qualificava essa máxima para dizer: "Anatomia, história e personalidade são nosso destino combinado" (Erikson, 1968, p. 285). Em outras palavras, a anatomia, isoladamente, não determina o destino, mas ela se combina com eventos passados, incluindo dimensões sociais e várias dimensões da personalidade, como temperamento e inteligência, para determinar quem a pessoa se tornará.

Como a teoria de Erikson conceitualiza a humanidade em termos das seis dimensões que introduzimos no Capítulo 1? Primeiro, o ciclo da vida é determinado por *forças externas* ou as pessoas têm alguma *escolha* para moldar suas personalidades e vidas? Erikson não era tão determinista quanto Freud, mas também não acreditava fortemente em livre-arbítrio. Sua posição era mais intermediária. Ainda que a personalidade seja moldada, em parte, pela cultura e pela história, é possível manter um controle limitado sobre o próprio destino. As pessoas podem procurar suas próprias identidades e não estão completamente restringidas pela cultura e pela história. Os indivíduos, de fato, podem mudar a história e alterar seu ambiente. Os dois sujeitos das psico-histórias mais extensas de Erikson, Martin Luther e Mahatma Gandhi, possibilitaram um profundo efeito na história mundial e em seu ambiente imediato. Do mesmo modo, cada um de nós tem o poder de determinar o próprio ciclo de vida, mesmo que nosso impacto global possa ser em uma escala menor.

Na dimensão *pessimismo* versus *otimismo*, Erikson tendia a ser mais otimista. Mesmo que patologias centrais possam predominar em estágios iniciais do desenvolvimento, os humanos não estão inevitavelmente condenados a continuar uma existência patológica em estágios posteriores. Apesar de fraquezas no início da vida tornarem mais difícil adquirir forças básicas mais tarde, as pessoas permanecem capazes de mudar em qualquer estágio da vida. Cada conflito psicossocial consiste em uma qualidade sintônica e distônica. Cada crise pode ser resolvida em favor do elemento sintônico, ou harmonioso, sejam quais forem as resoluções passadas.

Erikson não tratou especificamente da questão da *causalidade* versus *teleologia*, mas sua visão da humanidade sugere que as pessoas são mais influenciadas por forças biológicas e sociais do que pela visão do futuro. As pessoas são produto de um momento histórico particular e de um contexto social específico. Mesmo que possamos estabelecer objetivos e lutar ativamente para atingi-los, não podemos escapar por completo das forças causais poderosas da anatomia, da história e da cultura. Por essa razão, classificamos a teoria de Erikson como altamente baseada em causalidade.

Na quarta dimensão, *determinantes conscientes* versus *inconscientes*, a posição de Erikson é mista. Antes da adolescência, a personalidade é, em grande parte, moldada pela motivação inconsciente. Os conflitos psicossexuais e psicossociais durante os quatro primeiros estágios do desenvolvimento ocorrem antes que as crianças tenham estabelecido sua identidade com firmeza. Raras vezes, estamos claramente conscientes dessas crises e das formas como elas moldam nossas personalidades. Da adolescência em diante, no entanto, as pessoas tendem a ter consciência de suas ações e da maioria das razões subjacentes a elas.

A teoria de Erikson, é claro, é mais *social* do que biológica, embora não negligencie a anatomia e outros fatores fisiológicos no desenvolvimento da personalidade. Cada modo psicossexual possui um componente biológico específico. Entretanto, conforme as pessoas avançam pelos oito estágios, as influências sociais se tornam cada vez mais poderosas. Além disso, o raio das relações sociais se expande da pessoa materna para uma identificação global com toda a humanidade.

A sexta dimensão para um conceito de humanidade é *singularidade* versus *semelhanças*. Erikson tendia a colocar ênfase nas diferenças individuais, não tanto nas características universais. Ainda que as pessoas em diferentes culturas avancem ao longo dos oito estágios do desenvolvimento na mesma ordem, uma miríade de diferenças é encontrada na marcha dessa jornada. Cada pessoa resolve as crises psicossociais de maneira única, e cada uma usa as forças básicas de forma peculiar.

Termos-chave e conceitos

- Os estágios do desenvolvimento se apoiam no *princípio epigenético*, significando que cada componente avança passo a passo, com o crescimento posterior sendo construído sobre o desenvolvimento anterior.
- Durante cada estágio, as pessoas experimentam uma interação de condições *sintônicas* e *distônicas* opostas, o que leva a um conflito, ou *crise psicossocial*.
- A resolução dessa crise produz uma *força básica* e possibilita que a pessoa avance para o estágio seguinte.
- Os componentes biológicos formam a "planta baixa" de cada indivíduo, mas uma multiplicidade de eventos históricos e culturais também molda a *identidade do ego*.
- Cada força básica possui uma antítese subjacente, que se torna a *patologia central* do estágio correspondente.
- O primeiro estágio do desenvolvimento é o período da *lactância*, caracterizado pelo *modo oral-sensorial*, pela crise psicossocial de *confiança básica* versus *desconfiança básica*, pela força básica da *esperança* e pela patologia central do *retraimento*.
- Durante o *início da infância*, as crianças experimentam o modo psicossexual *anal-uretral-muscular*, o conflito psicossocial da *autonomia* versus *vergonha e dúvida*, a força básica da *vontade* e a patologia central da *compulsão*.
- Durante a *idade do brincar*, as crianças experimentam o desenvolvimento psicossexual *genital-locomotor* e passam por uma crise psicossocial de *iniciativa* versus *culpa*, com a força básica do *propósito* ou a patologia central da *inibição*.

- As crianças em *idade escolar* estão em um período de *latência sexual*, mas enfrentam a crise psicossocial de *diligência* versus *inferioridade*, o que produz a força básica da *competência* ou a patologia central da *inércia*.
- A *adolescência*, ou puberdade, é um estágio crucial, porque o senso de *identidade* de uma pessoa deve emergir desse período. No entanto, a *confusão de identidade* pode dominar a crise psicossocial, retardando, assim, a identidade. *Fidelidade* é a força básica da adolescência; *repúdio aos papéis* é a patologia central.
- O *início da idade adulta*, a época que vai dos 18 aos 30 anos, é caracterizado pelo modo psicossexual da *genitalidade*, pela crise psicossocial de *intimidade* versus *isolamento*, pela força básica do *amor* e pela patologia central da *exclusividade*.
- A *idade adulta* é o momento em que as pessoas experimentam o modo psicossexual de *procriatividade*, a crise psicossocial de *generatividade* versus *estagnação*, a força básica do *cuidado* e a patologia central da *rejeição*.
- A *velhice* é marcada pelo modo psicossexual da *sensualidade generalizada*, pela crise de *integridade* versus *desespero* e pela força básica da *sabedoria* ou pela patologia central do *desdém*.
- Erikson usou a *psico-história* (uma combinação de psicanálise e história) para estudar as crises de identidade de Martin Luther, Mahatma Gandhi e outros.

Referências

Alanko, K., Santtila, P., Witting, K., Varjonen, M., Jern, P., Johansson, A. . . .Sandnabba, N. K. (2009). Psychiatric symptoms and sexual orientation in light of childhood gender atypical behavior and parental relations. *Journal of Sex Research, 5*, 494–504. doi: 10.1080/00224490902846487

Arnett, J. J. (2000). Emerging adulthood: A theory of development from the late teens through the twenties. *American Psychologist, 55*, 469–480.

Bannon, S., McGlynn, T., McKenzie, K., & Quayle, E. (2014). The positive role of Internet use for young people with additional support needs: Identity and connectedness. *Computers in Human Behavior, 53*, 504–514. https://doi.org/10.1016/j.chb.2014.11.099

Brinkman, B. G., Rabenstein, K. L., Rosén, L. A., & Zimmerman, T. S. (2014). Children's gender identity development: The dynamic negotiation process between conformity and authenticity. *Youth & Society, 46*(6), 835–852. doi:10.1177/0044118X12455025

Bussey, K., & Bandura, A. (1999). Social cognitive theory of gender development and differentiation. *Psychological Review, 106*, 676–713. http://dx.doi.org/10.1037/0033-295X.106.4.676

Carver, P. R., Yunger, J. L., & Perry, D. G. (2003). Gender identity and adjustment in middle childhood. *Sex Roles, 49*, 95–109. http://dx.doi.org/10.1023/A:1024423012063

Colapinto, J. (2001). *As nature made him: The boy who was raised as a girl*. New York: Harper Collins.

Conron, K. J., Scott, G., Stowell, G. S., & Landers, S. J. (2012). Transgender health in Massachusetts: Results from a household probability sample of adults. *American Journal of Public Health, 102*(1), 118–122. doi:10.2105/AJPH.2011.300315

Egan, S. K., & Perry, D. G. (2001). Gender identity: A multidimensional analysis with implications for psychosocial adjustment. *Developmental Psychology, 37*, 451–463. http://dx.doi.org/10.1037/0012-1649.37.4.451

Erikson, E. H. (1950). *Childhood and society*. New York: Norton.

Erikson, E. H. (1958). *Young man Luther: A study in psychoanalysis and history*. New York: Norton.

Erikson, E. H. (1959). *Identity: Youth and crisis*. New York: Norton.

Erikson, E. H. (1963). *Childhood and society* (2nd ed.). New York: Norton.

Erikson, E. H. (1968). *Identity: Youth and crisis*. New York: Norton.

Erikson, E. H. (1969). *Gandhi's truth: On the origins of militant nonviolence*. New York: Norton.

Erikson, E. H. (1974). *Dimensions of a new identity: The 1973 Jefferson Lectures in the Humanities.* New York: Norton.

Erikson, E. H. (1975). *Life history and the historical moment.* New York: Norton.

Erikson, E. H. (1977). *Toys and reasons: Stages in the ritualization of experience.* New York: Norton.

Erikson, E. H. (1982). *The life cycle completed: A review.* New York: Norton.

Erikson, E. H. (1985). *Childhood and society* (3rd ed.). New York: Norton.

Erikson, E. H. (1987). *A way of looking at things: Selected papers of Erik Erikson.* (S. Schlein, Ed.). New York: Norton.

Erikson, E. H. (1989). Elements of a psychoanalytic theory of psychosocial development. In S. I. Greenspan & G. H. Pollock (Eds.), *The course of life, Vol. 1:Infancy* (pp. 15-83). Madison, CT: International Universities Press, Inc.

Erikson, E. H., Erikson, J. M., & Kivnick, H. Q. (1986). *Vital involvement in old age.* New York: Norton.

Evans, R. I. (1967). *Dialogue with Erik Erikson.* New York: Harper & Row.

Freud, S. (1910/1957). Leonardo da Vinci and a memory of his childhood. In *Standard edition* (Vol. 11).

Freud, S., & Bullitt, W. C. (1967). *Thomas Woodrow Wilson: A psychological study.* Boston: Houghton Mifflin.

Friedman, L. J. (1999). *Identity's architect: A biography of Erik H. Erikson.* New York: Scribner.

Gold, J. M., & Rogers, J. D. (1995). Intimacy and isolation: A validation study of Erikson's theory. *Journal of Humanistic Psychology, 35*(1), 78-86.

Grøntved, A., Singhammer, J., Froberg, K., Møller, N. C., Pan, A., Pfeiffer, K. A., & Kristensen, P. L. (2015). A prospective study of screen time in adolescence and depression symptoms in young adulthood. *Preventive Medicine, 81*, 108-113. https://doi.org/10.1016/j.ypmed .2015.08.009

Halim, M. D. (2016). Princesses and superheroes: Social-cognitive influences on early gender rigidity. *Child Development Perspectives, 10*(3), 155-160. doi:10.1111/cdep.12176

Hall, E. (1983, June). A conversation with Erik Erikson. *Psychology Today, 17,* 22-30.

Israelashvili, M., Kim, T., & Bukobza, G. (2012). Adolescents' over-use of the cyber world - Internet addiction or identity exploration? *Journal of Adolescence, 35*(2), 417-424. https://doi.org/10.1016/j.adolescence.2011.07.015

Ivcevic, Z., & Ambady, N. (2012). Personality impressions from identity claims on Facebook. *Psychology of Popular Media Culture, 1*(1), 38-45. https://doi.org/10.1037/a0027329

Kay, A. (2018). Erikson Online: Identity and pseudospeciation in the Internet Age. *Identity, 18*(4), 264-273. https://doi.org/10.1080/15283488.2018.1523732

Kirmayer, L. J., Raikhel, E., & Rahimi, S. (2013). Cultures of the Internet: Identity, community and mental health. *Transcultural Psychiatry, 50*(2), 165-191. https://doi.org/10.1177/1363461513490626

Klink, D., & Den Heijer, M. (2014). Genetic aspects of gender identity development and gender dysphoria. In B. C. Kreukels, T. D. Steensma, A. C. de Vries, B. C. Kreukels,

T. D. Steensma, & A. C. de Vries (Eds.), *Gender dysphoria and disorders of sex development: Progress in care and knowledge* (pp. 25-51). New York, NY, US: Springer Science + Business Media. doi:10.1007/978-1-4614-7441-8_2

Kornienko, O., Santos, C. E., Martin, C. L., & Granger, K. L. (2016). Peer influence on gender identity development in adolescence. *Developmental Psychology, 52*(10), 1578-1592. doi:10.1037/dev0000200

Kreukels, B. P. C., & Guillamon, A. (2016). Neuroimaging studies in people with gender incongruence. *International Review of Psychiatry, 28*(1), 120-128. doi:10.3109/09540261.2015.1113163

Kroger, J., & Marcia, J. E. (2011). The identity statuses: Origins, meanings, and interpretations. In S. Schwartz, K. Luyckx, & V. Vignoles (Eds.), *Handbook of identity theory and research* (pp. 31-53). New York, NY: Springer.

Lawford, H., Pratt, M. W., Hunsberger, B., & Pancer, S. M. (2005). Adolescent generativity: A longitudinal study of two possible contexts for learning concern for future generations. *Journal of Research on Adolescence, 15,* 261-273.

Lenhart, A., Smith, A., & Anderson, M. (2015). Teens, technology, and romantic relationships: Appendix A: Lesbian, gay, bisexual, and transgender teens. Retrieved May 31, 2019 at http://www.pewinternet.org/2015/10/01/lesbian-gay-bisexual-transgender-teens/

Marcia, J. E., Waterman, A. S., Matteson, D. R., Archer, S. L., & Orlofsky, J. L. (1993). *Ego identity: A handbook for psychosocial research.* New York: Springer.

Meyer-Bahlburg, H. F. (2005). Gender identity outcome in female raised 46 X,Y persons with penile agenesis, cloacal exstrophy of the bladder, or penile ablation. *Archives of Sexual Behavior, 34*, 423-438.

Michikyan, M., Subrahmanyam, K., & Dennis, J. (2014). Can you tell who I am? Neuroticism, extraversion, and online self-presentation among young adults. *Computers in Human Behavior, 33*, 179-183. https://doi.org/10.1016/j.chb.2014.01.010

Nutt, A. E. (2015). *Becoming Nicole: The transformation of an American family.* New York: Random House.

Nuttbrock, L. A., Bockting, W. O., Hwahng, S., Rosenblum, A., Mason, M., Macri, M., & Becker, J. (2009). Gender identity affirmation among male-to-female transgender persons: A life course analysis across types of relationships and cultural/lifestyle factors. *Sexual & Relationship Therapy, 24*(2), 108-125. doi:10.1080/14681990902926764

Pratt, M. W., Norris, J. E., Arnold, M. L., & Filyer, R. (1999). Generativity and moral development as predictors of value-socialization narratives for young persons across the adult life span: From lessons learned to stories shared. *Psychology and Aging, 14,* 414-426.

Saraswat, A., Weinand, J. D., & Safer, J. D. (2015). Evidence supporting the biologic nature of gender identity. *Endocrine Practice, 21*, 199-204. doi: 10.4158/EP14351.RA

Schenkel, S., & Marcia, J. E. (1972). Attitudes toward premarital intercourse in determining ego identity status in college women. *Journal of Personality, 3*, 472-482.

Steensma, T. D., McGuire, J. K., Kreukels, B. C., Beekman, A. J., & Cohen-Kettenis, P. T. (2013). Factors associated with desistence and persistence of childhood gender dysphoria: A quantitative follow-up study. *Journal of the American Academy of Child & Adolescent Psychiatry, 52*(6), 582–590. doi:10.1016/j.jaac.2013.03.016

Titman, N. (2014, December 16). How many people in the United Kingdom are nonbinary? Practical Androgyny. Published online at http://practicalandrogyny. com/2014/12/16/ how-many-people-in-the-uk-are-nonbinary/. Retrieved on October 7, 2016.

Valkenburg, P. M., & Peter, J. (2009). Social consequences of the Internet for adolescents. *Current Directions in Psychological Science, 18*(1), 1–5. https://doi. org/10.1111/j.1467-8721.2009.01595.x

Wallien, M. C., & Cohen-Kettenis, P. T. (2008). Psychosexual outcome of gender-dysphoric children. *Journal of the American Academy of Child & Adolescent Psychiatry, 47*(12), 1413–1423. doi:10.1097/CHI.0b013e31818956b9

Whitbourne, S. K., Zuschlag, M. Z., Elliot, L. B., & Waterman, A. S. (1992). Psychosocial development in adulthood: A 22-year sequential study. *Journal of Personality and Social Psychology, 63,* 260–271.

Youyou, W., Kosinski, M., & Stillwell, D. (2015). Computer-based personality judgments are more accurate than those made by humans. *Proceedings of the National Academy of Sciences, 112*(4), 1036–1040. https://doi. org/10.1073/pnas.1418680112

CAPÍTULO 8

Fromm: Psicanálise Humanista

- ◆ *Panorama da psicanálise humanista*
- ◆ *Biografia de Erich Fromm*
- ◆ *Pressupostos básicos de Fromm*
- ◆ *Necessidades humanas*
  Ligação
  Transcendência
  Enraizamento
  Sentimento de identidade
  Estrutura de orientação
  Resumo das necessidades humanas
- ◆ *O fardo da liberdade*
  Mecanismos de fuga
  Liberdade positiva
- ◆ *Orientações do caráter*
  Orientações não produtivas
  Orientação produtiva
- ◆ *Transtornos da personalidade*
  Necrofilia
  Narcisismo maligno
  Simbiose incestuosa
- ◆ *Psicoterapia*
- ◆ *Métodos de investigação de Fromm*
  O caráter social em uma vila mexicana
  Um estudo psico-histórico de Hitler

Bill Ray/The LIFE Picture Collection via Getty Images/Getty Images

- ◆ *Pesquisa relacionada*
  Testando as suposições do caráter mercantil de Fromm
  Estranhamento da cultura e bem-estar
  Autoritarismo e medo
- ◆ *Críticas a Fromm*
- ◆ *Conceito de humanidade*
- ◆ *Termos-chave e conceitos*
- ◆ *Referências*

Por que a guerra? Por que as nações não se dão bem? Por que os povos de países diferentes não podem se relacionar entre si, se não de uma forma respeitosa pelo menos de uma forma aceitável? Como as pessoas podem evitar a violência que conduz e perpetua a matança no campo de batalha?

Quando um jovem ponderava sobre essas questões, uma guerra devastava sua terra natal. Essa luta armada que ele via em primeira mão era a I Guerra Mundial, a Grande Guerra, a Guerra do Fim de Todas as Guerras. Ele via que o povo de seu país - Alemanha - odiava os povos dos países inimigos - principalmente França e Inglaterra, e ele tinha certeza de que os povos da França e da Inglaterra detestavam o povo da Alemanha. A guerra não fazia qualquer sentido. Por que pessoas normalmente amistosas e racionais regrediam para essa matança despropositada?

Tais questões não foram as primeiras a ter incomodado o jovem. Ele também estava perdido tentando entender a morte de uma bela e jovem artista que se suicidou imediatamente após o falecimento do pai - um evento que deixou o menino de 12 anos confuso e perplexo. A jovem mulher - uma amiga da família do menino - era bonita e talentosa, enquanto seu pai era velho e sem atrativos. No entanto, ela deixou uma nota de suicídio dizendo que desejava ser enterrada com o pai. O menino não conseguia entender o desejo dela, nem suas ações. A bela artista parecia ter muito por que viver, mas ela escolheu a morte, em vez de uma vida sem o pai. Como a jovem mulher pôde tomar tal decisão?

Uma terceira experiência que ajudou a moldar a vida inicial daquele jovem foi o treinamento por professores talmúdicos. Ele foi especialmente tocado pelo tom compassivo e redentor dos profetas do Velho Testamento, Isaías, Oseias e Amós. Ainda que mais tarde ele tenha abandonado a religião institucionalizada, essas experiências precoces com os sábios talmúdicos, combinadas com o repúdio pela guerra e a perplexidade com o suicídio da jovem artista, contribuíram de modo substancial para a visão humanista de Erich Fromm.

Panorama da psicanálise humanista

A tese básica de Erich Fromm é que as pessoas dos tempos modernos foram afastadas de sua união pré-histórica com a natureza e umas das outras, embora tenham o poder de raciocínio, previsão e imaginação. Essa combinação de falta de instintos animais e presença do pensamento racional torna os humanos uma aberração do universo. A autoconsciência contribui para os sentimentos de solidão, isolamento e desamparo. Para escapar de tais sentimentos, as pessoas procuram se unir à natureza e aos seres humanos, seus companheiros.

Formado em psicanálise freudiana e influenciado por Karl Marx, Karen Horney e outros teóricos de orientação social, Fromm desenvolveu uma teoria da personalidade que enfatiza a influência dos fatores sociobiológicos, da história, da economia e da estrutura de classes. Sua **psicanálise humanista** pressupõe que a separação da humanidade do mundo natural produziu sentimentos de solidão e isolamento, uma condição denominada *ansiedade básica*.

Fromm foi mais do que um teórico da personalidade. Ele foi crítico social, psicoterapeuta, filósofo, estudioso da bíblia, antropólogo cultural e psicobiógrafo. Sua psicanálise humanista olha para as pessoas a partir de uma perspectiva histórica e cultural, em vez de estritamente psicológica. Ela é menos preocupada com o indivíduo e mais preocupada com as características que são comuns a uma cultura.

Fromm assume uma visão evolucionista da humanidade. Quando os humanos surgiram como uma espécie separada na evolução animal, eles perderam a maioria de seus instintos animais, porém ganharam "um aumento no desenvolvimento do cérebro que permitiu a autoconsciência, a imaginação, o planejamento e a dúvida" (Fromm, 1992, p. 5). Essa combinação de instintos fracos e cérebro altamente desenvolvido torna os humanos distintos de todos os outros animais.

Um evento mais recente na história humana foi a ascensão do capitalismo, que, por um lado, contribuiu para o aumento do tempo de lazer e da liberdade individual, mas, por outro, resultou em sentimentos de ansiedade, isolamento e impotência. O custo da liberdade, defendia Fromm, ultrapassou seus benefícios. O isolamento forjado pelo capitalismo foi intolerável, levando as pessoas a duas alternativas: (1) escapar da liberdade para dentro de dependências interpessoais ou (2) avançar para a autorrealização por meio de amor e trabalho produtivos.

Biografia de Erich Fromm

Assim como a visão de todos os teóricos da personalidade, a concepção de natureza humana de Erich Fromm foi moldada pelas experiências da infância. Para Fromm, uma vida familiar judaica, o suicídio de uma jovem mulher e o extremo nacionalismo do povo alemão contribuíram para sua visão de humanidade.

Fromm nasceu em 23 de março de 1900, em Frankfurt, Alemanha, e era filho único de pais judeus ortodoxos de classe média. Seu pai, Naphtali Fromm, era filho e neto de rabinos. Sua mãe, Rosa Krause Fromm, era sobrinha de Ludwig Krause, um estudioso talmúdico renomado. Quando menino, Fromm estudou o Velho Testamento com vários estudiosos proeminentes, homens que eram considerados "humanistas de tolerância extraordinária" (Landis & Tauber, 1971, p. xi). A psicologia humanista de Fromm pode ser reconhecida nos textos desses profetas, "com sua visão de paz e harmonia universal e seus ensinamentos de que existem aspectos éticos na história - que as nações podem agir de modo certo ou errado e que a história possui suas leis morais" (p. x).

O início da infância de Fromm não foi exatamente ideal. Ele lembrava que teve "pais muito neuróticos" e que ele era "provavelmente uma criança neurótica de modo intolerável" (Evans, 1966, p. 56). Ele via seu pai como mal-humorado e sua mãe como inclinada à depressão. Além do mais, cresceu em dois mundos muito distintos: um era o mundo judeu ortodoxo tradicional; e o outro, o mundo capitalista moderno. Essa existência dividida criou tensões que eram quase insuportáveis, mas que geraram em Fromm uma tendência vitalícia a ver os eventos a partir de mais de uma perspectiva (Fromm, 1986; Hausdorff, 1972).

A vinheta de abertura do capítulo relatou o suicídio chocante e intrigante de uma jovem e atraente artista, que se matou para que pudesse ser enterrada com o pai, que tinha acabado de falecer. Como era possível que essa jovem pudesse preferir a morte a permanecer "viva para os prazeres da vida e da pintura?" (Fromm, 1962, p. 4). Essa pergunta assombrou Fromm pelos 10 anos seguintes e, por fim, levou a um interesse em Sigmund Freud e na psicanálise. Quando Fromm leu Freud, começou a aprender sobre o complexo de Édipo e a compreender como um evento assim poderia ser possível. Mais tarde, Fromm interpretou a dependência irracional que a jovem mulher tinha do pai como uma relação simbiótica não produtiva; mas, naqueles primeiros anos, ele se contentou com a explicação freudiana.

Fromm tinha 14 anos quando começou a I Guerra Mundial, muito jovem para lutar, mas não muito jovem para ser impressionado pela irracionalidade do nacionalismo alemão, que teve oportunidade de observar diretamente. Ele tinha certeza de que os britânicos e os franceses eram igualmente irracionais e, mais uma vez, foi atingido por uma pergunta perturbadora: "Como pessoas normalmente racionais e pacíficas podiam ser tão dominadas por ideologias nacionalistas, tão dispostas a matar, tão preparadas para morrer?". "Quando a guerra terminou, em 1918, eu era um jovem profundamente preocupado e obcecado pela questão de como a guerra era possível, pelo desejo de entender a irracionalidade do comportamento em massa humano e por um desejo apaixonado pela paz e pelo entendimento internacional" (Fromm, 1962, p. 9).

Durante a adolescência, Fromm foi tocado profundamente pelos escritos de Freud e Karl Marx, mas também foi estimulado pelas diferenças entre os dois. Conforme avançava nos estudos, passava a questionar a validade dos dois sistemas. "Meu principal interesse estava claramente traçado. Eu queria compreender as leis que regem a vida do homem individual e as leis da sociedade" (Fromm, 1962, p. 9).

Após a guerra, Fromm se tornou socialista, embora, naquela época, tenha se recusado a ingressar no Partido Socialista. Em vez disso, ele concentrou seus estudos em psicologia, filosofia e sociologia na Universidade de Heidelberg, onde obteve o grau de doutor em sociologia aos 22 ou 25 anos. (Fromm era uma pessoa tão reservada que seus biógrafos não concordam acerca de muitos fatos de sua vida [Hornstein, 2000].)

Ainda não confiante de que sua formação fosse suficiente para responder a perguntas tão perturbadoras quanto ao suicídio de uma jovem mulher ou à insanidade da guerra, Fromm se voltou para a psicanálise, acreditando que ela prometia respostas às perguntas da motivação humana que não eram oferecidas em outros campos. De 1925 até 1930, ele estudou psicanálise, primeiro em Munique, depois em Frankfurt e, finalmente, no Instituto Psicanalítico de Berlim, onde foi analisado por Hanns Sachs, um aluno de Freud. Apesar de Fromm nunca ter se encontrado com Freud, a maioria de seus professores durante aqueles anos incluía adeptos rigorosos da teoria freudiana (Knapp, 1989). Em 1926, o mesmo ano em que repudiou o judaísmo ortodoxo, Fromm se casou com Frieda Reichmann, sua analista, mais de 10 anos mais velha do que ele. Reichmann, mais tarde, obteria fama internacional por seu trabalho com pacientes esquizofrênicos. G. P. Knapp (1989) sustentava que Reichmann era claramente uma figura materna para Fromm e que ela até mesmo se parecia com a mãe dele. Gail Hornstein (2000) acrescentou que Fromm parecia ter ido diretamente da posição de predileto da mãe para relacionamentos com inúmeras mulheres mais velhas que o mimavam. De qualquer forma, o casamento de Fromm e Fromm-Reichmann não era feliz. Eles se separaram em 1930, mas só se divorciaram anos mais tarde, após ambos imigrarem para os Estados Unidos.

Em 1930, Fromm e vários outros fundaram o Instituto Alemão para Psicanálise, em Frankfurt, mas, com a ameaça nazista se tornando mais intensa, logo ele se mudou para a Suíça, onde se associou ao recentemente fundado Instituto de Pesquisa Social, em Genebra. Em 1933, Fromm aceitou um convite para fazer uma série de conferências no Instituto Psicanalítico de Chicago. No ano seguinte, imigrou para os Estados Unidos e abriu um consultório particular na cidade de Nova York.

Tanto em Chicago quanto em Nova York, Fromm retomou o contato com Karen Horney, a quem havia conhecido casualmente no Instituto Psicanalítico de Berlim. Horney, que era 15 anos mais velha do que Fromm, acabou se tornando uma forte figura materna e foi sua mentora (Knapp, 1989). Fromm se juntou à recém-formada Associação para o Avanço da Psicanálise (AAP) de Horney em 1941. Ainda que ele e Horney tivessem sido amantes, em 1943, a discórdia dentro da associação os tornou rivais. Quando os alunos solicitaram que Fromm, que não possuía diploma de médico, desse um curso clínico, a organização se dividiu quanto a suas qualificações. Com Horney ficando contra ele, Fromm, junto a Harry Stack Sullivan, Clara Thompson e vários outros membros, deixaram a AAP e imediatamente fizeram planos para dar início a uma organização alternativa (Quinn, 1987). Em 1946, esse grupo fundou o Instituto de Psiquiatria, Psicanálise e Psicologia William Alanson White, com Fromm presidindo tanto o corpo docente quanto a comissão de formação.

Em 1944, Fromm se casou com Henny Gurland, uma mulher dois anos mais moça do que ele e cujo interesse em religião e pensamento místico estimulou as inclinações de Fromm para o zen budismo. Em 1951, o casal se mudou para o México, em busca de um clima mais favorável para

Gurland, que sofria de artrite reumatoide. Fromm se associou ao corpo docente da Universidade Nacional Autônoma na cidade do México, onde fundou um departamento psicanalítico no curso de medicina. Depois que sua esposa morreu, em 1952, ele continuou a viver no México e viajava entre sua casa em Cuernavaca e os Estados Unidos, onde exerceu várias funções acadêmicas, incluindo professor de psicologia na Universidade Estadual de Michigan, de 1957 a 1961, e professor adjunto na Universidade de Nova York, de 1962 a 1970. Enquanto estava no México, conheceu Annis Freeman, com quem se casou em 1953. Em 1968, Fromm sofreu um ataque cardíaco grave e foi forçado a reduzir o ritmo de sua agenda lotada. Em 1974 e ainda doente, ele e sua esposa se mudaram para Muralto, Suíça, onde ele morreu, em 18 de março de 1980, poucos dias antes de completar 80 anos.

Que tipo de pessoa era Erich Fromm? Aparentemente, diferentes pessoas o viam de formas bastante distintas. Hornstein (2000) listou inúmeros traços opostos que foram usados para descrever a personalidade de Fromm. De acordo com esse levantamento, Fromm era autoritário, gentil, pretensioso, arrogante, devoto, autocrático, tímido, sincero, hipócrita e brilhante.

Fromm começou sua carreira profissional como psicoterapeuta usando a técnica psicanalítica ortodoxa, mas, depois de 10 anos, tornou-se "entediado" com a abordagem freudiana e desenvolveu seus métodos mais ativos e confrontadores (Fromm, 1986, 1992; Sobel, 1980). Ao longo dos anos, suas ideias culturais, sociais, econômicas e psicológicas alcançaram um público amplo. Seus livros mais conhecidos são: *O medo à liberdade* (1941), *Análise do homem* (1947), *Psicanálise e religião* (1950), *A sociedade sadia* (The Sane Society, 1955), *A arte de amar* (1956), *Conceito marxista do homem* (1961), *O coração do homem* (1964), *Anatomia da destrutividade humana* (1973), *Ter ou ser* (1976) e *Do amor à vida* (1986).

A teoria da personalidade de Fromm se vale de muitas fontes e talvez seja a teoria de mais ampla fundamentação abordada neste livro. Landis e Tauber (1971) destacaram cinco influências importantes no pensamento de Fromm: (1) o ensino dos rabinos humanistas; (2) o espírito revolucionário de Karl Marx; (3) as ideias igualmente revolucionárias de Sigmund Freud; (4) a racionalidade do zen budismo, conforme defendida por D. T. Suzuki; e (5) os textos de Johann Jakob Bachofen (1815-1887) sobre sociedades matriarcais.

Pressupostos básicos de Fromm

O pressuposto mais básico de Fromm é que a personalidade individual pode ser compreendida somente à luz da história humana. "A discussão da situação humana deve preceder a da personalidade, [e] a psicologia deve estar baseada em um conceito antropológico da existência humana" (Fromm, 1947, p. 45).

Fromm (1947) acreditava que os humanos, ao contrário dos outros animais, tinham sido "arrancados" de sua união pré-histórica com a natureza. Eles não possuem instintos poderosos para se adaptarem a um mundo em mudança; em vez disso, eles adquiriram a faculdade de pensar: uma condição chamada por Fromm de **dilema humano**. As pessoas experimentam esse dilema básico porque se separaram da natureza e, no entanto, apresentam a capacidade de ter consciência de si mesmas como seres isolados. Portanto, a capacidade humana de pensar é tanto uma bênção quanto uma maldição. Por um lado, ela permite que as pessoas sobrevivam, mas, por outro, ela as força a tentar resolver dicotomias básicas insolúveis. Fromm se referiu a essas forças opostas como "dicotomias existenciais", porque elas estão enraizadas na própria existência das pessoas. Os humanos não podem eliminar essas dicotomias existenciais; eles podem somente reagir a elas, tendo em vista sua cultura e suas personalidades individuais.

A primeira e mais fundamental dicotomia é aquela entre a vida e a morte. A autoconsciência e a razão nos dizem que iremos morrer, mas tentamos negar essa dicotomia postulando a vida após a morte, uma tentativa que não altera o fato de que nossas vidas terminam com a morte.

Uma segunda dicotomia existencial é que os humanos são capazes de conceitualizar o objetivo da autorrealização completa, mas, ao mesmo tempo, têm a consciência de que a vida é muito curta para se atingir esse objetivo. "Somente se o tempo de vida de um indivíduo fosse idêntico ao da humanidade é que ele poderia participar do desenvolvimento humano que ocorre no processo histórico" (Fromm, 1947, p. 42). Algumas pessoas tentam resolver essa dicotomia assumindo que seu próprio período histórico é a conquista suprema da humanidade, enquanto outras postulam uma continuação do desenvolvimento após a morte.

A terceira dicotomia existencial é que as pessoas estão, em última análise, sozinhas, embora não consigam tolerar o isolamento. Elas têm consciência de si como indivíduos separados e, ao mesmo tempo, acreditam que sua felicidade depende de se unirem a outros humanos, seus semelhantes. Mesmo que as pessoas não possam resolver completamente o problema da solidão *versus* união, elas precisam fazer uma tentativa ou correr o risco de enlouquecer.

Necessidades humanas

Como animais, os humanos são motivados por necessidades fisiológicas, tais como fome, sexo e segurança; porém, eles nunca conseguem resolver seu dilema humano satisfazendo essas necessidades animais. Somente as *necessidades humanas* distintivas podem mover as pessoas em direção à reunião com o mundo natural. Tais **necessidades existenciais** emergiram durante a evolução da cultura humana, provenientes das tentativas do homem de encontrar uma resposta para sua existência e evitar a loucura.

Na verdade, Fromm (1955) defendia que uma diferença importante entre os indivíduos de mentalidade sadia e aqueles neuróticos ou insanos é que as pessoas saudáveis encontram respostas para sua existência – respostas que correspondem mais completamente a suas necessidades humanas totais. Em outras palavras, os indivíduos saudáveis são mais capazes de encontrar formas de se reunirem ao mundo resolvendo produtivamente as necessidades humanas de *ligação, transcendência, enraizamento, sentimento de identidade e estrutura de orientação.*

Ligação

A primeira necessidade humana, ou existencial, é a **ligação**, o impulso para a união com outras pessoas. Fromm postulou três formas básicas por meio das quais uma pessoa pode se relacionar com o mundo: (1) submissão, (2) poder e (3) amor. Uma pessoa pode se submeter a outra, a um grupo ou a uma instituição para se tornar única com o mundo. "Dessa maneira, ela transcende a separação de sua existência individual, tornando-se parte de alguém ou algo maior do que ela mesma, e experimenta sua identidade em conexão com a força à qual se submeteu" (Fromm, 1981, p. 2).

Enquanto as pessoas submissas procuram um relacionamento com indivíduos dominadores, aquelas que buscam o poder acolhem os parceiros submissos. Quando uma pessoa submissa e um indivíduo dominador se encontram, com frequência estabelecem uma *relação simbiótica*, a qual é satisfatória para ambos. Ainda que essa simbiose possa ser gratificante, ela bloqueia o crescimento em direção à integridade e à saúde psicológica. Os dois parceiros "vivem um no outro e um para o outro, satisfazendo sua ânsia de intimidade, embora sofrendo de falta de força interna e autoconfiança, que exigem liberdade e independência" (Fromm, 1981, p. 2).

As pessoas em relações simbióticas são atraídas umas às outras não pelo amor, mas por uma necessidade desesperada de ligação, uma necessidade que nunca pode ser completamente satisfeita por essa parceria. Subjacentes à união, encontram-se sentimentos inconscientes de hostilidade. As pessoas em relações simbióticas acusam seus parceiros de não serem capazes de satisfazer plenamente suas necessidades. Elas acabam procurando submissão ou poder adicional e, em consequência, tornam-se cada vez mais dependentes dos parceiros e cada vez menos um indivíduo.

Fromm acreditava que o **amor** é o único caminho pelo qual uma pessoa pode se unir ao mundo e, ao mesmo tempo, atingir individualidade e integridade. Ele definiu amor como uma "união com alguém ou algo externo a si *com a condição de manter a separação e a integridade do próprio self*" (Fromm, 1981, p. 3). Amor envolve compartilhamento e comunhão com o outro, embora permita à pessoa a liberdade de ser única e separada. Ele possibilita que uma pessoa satisfaça a necessidade de ligação sem abdicar da integridade e da independência. No amor, duas pessoas se tornam uma enquanto continuam a ser duas.

Em *A arte de amar*, Fromm (1956) identificou cuidado, responsabilidade, respeito e conhecimento como os quatro elementos básicos comuns a todas as formas de amor genuíno. Alguém que ama outra pessoa precisa *cuidar* e estar disposto a tomar conta dela. Amor também significa *responsabilidade*, ou seja, uma disposição e capacidade para responder. Uma pessoa que ama as outras responde às necessidades físicas e psicológicas delas, respeita-as pelo que são e evita a tentação de tentar mudá-las. Contudo, as pessoas só podem respeitar as outras se tiverem *conhecimento* delas. Conhecer os outros significa vê-los a partir do ponto de vista deles. Assim, cuidado, responsabilidade, respeito e conhecimento estão todos interligados em uma relação de amor.

Transcendência

Tal como outros animais, os humanos são jogados no mundo sem seu consentimento ou desejo e, depois, são removidos dele – novamente sem seu consentimento ou sua vontade. Mas, ao contrário de outros animais, os seres humanos são impulsionados pela necessidade de **transcendência**, definida como a ânsia de se colocar acima de uma existência passiva e acidental e entrar no "reino da intencionalidade e da liberdade" (Fromm, 1981, p. 4). Assim como a ligação pode ser perseguida por meio de métodos produtivos ou não produtivos, a transcendência pode ser buscada mediante abordagens positivas ou negativas. As pessoas podem transcender sua natureza passiva criando vida ou destruindo-a. Mesmo que outros animais possam criar vida por meio da reprodução, somente os humanos estão conscientes de si como criadores. Além disso, os humanos podem ser criativos de outras maneiras. Eles podem criar arte, religiões, ideias, leis, bens materiais e amor.

Criar significa sermos ativos e nos importarmos com o que criamos. Mas também podemos transcender a vida destruindo-a e, assim, colocando-nos acima de nossas vítimas mortas. Em *Anatomia da destrutividade humana*, Fromm (1973) argumentou que os humanos são a única espécie a usar a **agressividade maligna**, ou seja, matar por outras razões além da sobrevivência. Apesar de a agressividade maligna ser uma paixão dominante e poderosa em alguns indivíduos e culturas, ela não é comum a todos os humanos. Ao que parece, ela era desconhecida para muitas sociedades pré-históricas, além de algumas sociedades "primitivas" contemporâneas.

Enraizamento

Uma terceira necessidade existencial é o **enraizamento**, ou a necessidade de estabelecer raízes ou se sentir em casa novamente no mundo. Quando os humanos evoluíram como uma espécie separada, eles perderam seu lar no mundo natural. Ao mesmo tempo, sua capacidade para o pensamento possibilitou aos humanos perceberem que estavam sem um lar, sem raízes. Os sentimentos consequentes de isolamento e desamparo se tornaram insuportáveis.

O enraizamento também pode ser procurado por meio de estratégias produtivas ou não produtivas. Com a estratégia produtiva, as pessoas se desprendem da órbita da mãe para nascerem integralmente; isto é, elas se relacionam de modo ativo e criativo com o mundo e se tornam inteiras ou integradas. Esse novo vínculo com o mundo natural confere segurança e restabelece um sentimento de pertencimento e enraizamento. No entanto, as pessoas também podem procurar enraizamento por meio da estratégia não produtiva de **fixação** - uma relutância tenaz em avançar para além da segurança protetora proporcionada pela mãe. As pessoas que buscam o enraizamento por meio da fixação têm "medo de dar o passo seguinte ao nascimento, de serem desmamadas do seio da mãe. [Elas] ... possuem uma ânsia profunda de serem atendidas, cuidadas, protegidas por uma figura maternal; elas são as que aparentam ser independentes, mas que ficam com medo e inseguras quando a proteção materna é retirada" (Fromm, 1955, p. 40).

O enraizamento também pode ser observado filogeneticamente na evolução da espécie humana. Fromm concordava com Freud no sentido de que os desejos incestuosos são universais, mas discordava da crença freudiana de que eles fossem essencialmente sexuais. De acordo com Fromm (1955, p. 40-41), os sentimentos incestuosos estão fundamentados na "ânsia arraigada de permanecer no, ou retornar ao, útero, que tudo envolve, ou no seio, que tudo nutre". Fromm foi influenciado pelas ideias de Johann Jakob Bachofen (1861/1967) sobre as primeiras sociedades matriarcais. Ao contrário de Freud, que acreditava que as sociedades primitivas eram patriarcais, Bachofen sustentava que a mãe era a figura central nesses grupos sociais antigos. Era ela quem provia o enraizamento para seus filhos e os motivava a desenvolverem sua individualidade e pensamento ou a ficarem fixados e incapazes de um crescimento psicológico.

A forte predileção de Fromm (1997) pela teoria de Bachofen da situação edípica centrada na mãe comparada com a concepção de Freud centrada no pai é coerente com sua preferência por mulheres mais velhas. A primeira esposa de Fromm, Frieda Fromm-Reichmann, era 10 anos mais velha do que ele, e a sua amante por um longo tempo, Karen Horney, tinha 15 anos mais. A concepção de Fromm do complexo de Édipo como um desejo de retornar ao útero ou ao seio materno ou a uma pessoa com uma função de maternagem deve ser entendida à luz de sua atração por mulheres mais velhas.

Sentimento de identidade

A quarta necessidade humana é por um **sentimento de identidade**, ou a capacidade de termos consciência de nós mesmos como uma entidade separada. Como fomos afastados da natureza, precisamos formar um conceito de nosso *self*, sermos capazes de dizer: "Eu sou eu" ou "Sou o sujeito de minhas ações". Fromm (1981) acreditava que as pessoas primitivas se identificavam mais intimamente com seu clã e não se viam como indivíduos que existissem à parte de seu grupo. Mesmo durante a época medieval, as pessoas eram identificadas, em grande parte, por seu papel social na hierarquia feudal. Em concordância com Marx, Fromm defendia que a ascensão do capitalismo deu às pessoas mais liberdade econômica e política. No entanto, essa liberdade só forneceu a uma minoria de pessoas um verdadeiro sentimento de "eu". A identidade da maioria das pessoas ainda reside na vinculação aos outros ou a instituições como nação, religião, ocupação ou grupo social.

> Em vez da identidade pré-individualista do clã, desenvolve-se uma nova identidade gregária, em que o sentimento de identidade repousa sobre o sentimento de um inquestionável pertencimento ao grupo. O fato de essa uniformidade e conformidade frequentemente não serem reconhecidas como tais e de serem cobertas pela ilusão da individualidade não altera os fatos. (p. 9)

Sem um sentimento de identidade, as pessoas não poderiam manter sua sanidade, e essa ameaça constitui uma motivação poderosa para fazer quase tudo para adquirir um sentimento de identidade. Os neuróticos tentam se ligar a pessoas poderosas ou a instituições sociais ou políticas. As pessoas sadias, no entanto, têm menos necessidade de se adequar ao rebanho, menos necessidade de abandonar seu sentimento de *self*. Elas não precisam abrir mão de sua liberdade e individualidade para se enquadrarem na sociedade, porque elas possuem um sentimento de identidade autêntico.

Estrutura de orientação

A necessidade humana final é por uma **estrutura de orientação**. Sendo dissociados da natureza, os humanos precisam de um mapa, uma estrutura de orientação, para trilhar seu caminho pelo mundo. Sem esse mapa, os humanos seriam "confusos e incapazes de agir de modo proposital e coerente" (Fromm, 1973, p. 230). Uma estrutura de orientação possibilita que as pessoas organizem os vários estímulos que lhes são impingidos. As pessoas que possuem uma estrutura de orientação sólida conseguem compreender esses eventos e fenômenos, mas aquelas que não possuem uma estrutura de orientação confiável se esforçam para colocar tais eventos dentro de algum tipo de estrutura para poder compreendê-los. Por exemplo, um norte-americano com uma estrutura de orientação frágil e pouca compreensão da história pode tentar entender os eventos de 11 de setembro de 2001 atribuindo-os a pessoas "más" ou "cruéis".

Cada pessoa possui uma filosofia, uma forma coerente de olhar para as coisas. Muitas pessoas tomam por certa essa filosofia ou estrutura de referência, de modo que tudo que entra em conflito com a sua visão é julgado como

174 Feist, Roberts & Feist

"louco" ou "absurdo". Tudo o que for coerente com ela é visto simplesmente como "bom senso". As pessoas farão quase tudo para adquirir e manter uma estrutura de orientação, mesmo indo ao extremo de seguir filosofias irracionais ou bizarras, como as defendidas por líderes políticos ou religiosos fanáticos.

Um mapa sem um *objetivo* ou destino não possui valor. Os humanos têm a capacidade mental de imaginar muitos caminhos alternativos a seguir. Para impedir que fiquem insanos, no entanto, eles precisam de um objetivo final ou "objeto de devoção" (Fromm, 1976, p. 137). De acordo com Fromm, esse objetivo ou objeto de devoção canaliza nossas energias em uma única direção, capacita-nos a transcender nossa existência isolada e confere significado a nossas vidas.

Resumo das necessidades humanas

Além das necessidades fisiológicas ou animais, as pessoas são motivadas por cinco necessidades distintivamente humanas – ligação, transcendência, enraizamento, um sentimento de identidade e uma estrutura de orientação. Essas necessidades evoluíram da existência humana como uma espécie separada e têm como objetivo mover as pessoas em direção a uma vinculação com o mundo natural. Fromm acreditava que a falta de satisfação em alguma dessas necessidades era intolerável e resultava em loucura. Assim, as pessoas são fortemente impulsionadas a satisfazê-las de uma forma ou outra, de maneira positiva ou negativa.

A Tabela 8.1 mostra que a ligação pode ser satisfeita por submissão, dominação ou amor, mas somente o amor produz a satisfação autêntica; a transcendência pode ser satisfeita pela destrutividade ou pela criatividade, mas apenas esta última permite a alegria; o enraizamento pode ser satisfeito pela fixação à mãe ou avançando para o nascimento completo e a totalidade; o sentimento de identidade pode ser fundamentado na adaptação ao grupo ou pode ser satisfeito por meio do movimento criativo em direção à individualidade; e uma estrutura de orientação pode ser irracional ou racional, mas somente uma filosofia racional pode servir como base para o crescimento da personalidade total (Fromm, 1981).

O fardo da liberdade

A tese central dos textos de Fromm é que os humanos foram afastados da natureza, embora continuem sendo parte do mundo natural, sujeitos às mesmas limitações físicas que os outros animais. Como o único animal que possui autoconsciência, imaginação e razão, os humanos são "aberrações do universo" (Fromm, 1955, p. 23). A razão é tanto uma bênção quanto uma maldição. Ela é responsável por sentimentos de isolamento e solidão, mas é também o processo que possibilita aos humanos se unirem novamente ao mundo.

Do ponto de vista histórico, conforme as pessoas foram adquirindo cada vez mais liberdade econômica e política, elas passaram a se sentir cada vez mais isoladas. Por exemplo, durante a Idade Média, as pessoas tinham relativamente pouca liberdade pessoal. Elas estavam ancoradas em papéis prescritos na sociedade, os quais proporcionavam segurança, confiabilidade e certeza. Então, quando adquiriram mais *liberdade para* se movimentar social e geograficamente, elas descobriram que estavam *livres da* segurança de uma posição fixa no mundo. Elas não mais estavam amarradas a uma região geográfica, a uma ordem social ou a uma ocupação. Elas foram separadas de suas raízes e se isolaram umas das outras.

Existe uma experiência paralela em nível pessoal. Quando as crianças se tornam mais independentes da mãe, elas ganham mais *liberdade para* expressarem sua individualidade, movimentarem-se sem supervisão, escolherem seus amigos e suas roupas, e assim por diante. Ao mesmo tempo, experimentam o fardo da liberdade; isto é, elas estão *livres da* segurança de ser um com a mãe. Tanto no nível social quanto individual, esse fardo da liberdade resulta em **ansiedade básica**, o sentimento de estar sozinho no mundo.

Mecanismos de fuga

Como a ansiedade básica produz um sentimento assustador de isolamento e solidão, as pessoas tentam escapar da liberdade por meio de uma variedade de mecanismos de

---

TABELA 8.1

Resumo das necessidades humanas de Fromm

	Componentes negativos	Componentes positivos
Ligação	Submissão ou dominação	Amor
Transcendência	Destrutividade	Criatividade
Enraizamento	Fixação	Totalidade
Sentimento de identidade	Ajuste a um grupo	Individualidade
Estrutura de orientação	Objetivos irracionais	Objetivos racionais

fuga. Em *O medo à liberdade*, Fromm (1941) identificou três mecanismos primários de fuga: autoritarismo, destrutividade e conformidade. Diferentemente das tendências *neuróticas* de Horney (ver Cap. 6), os mecanismos de fuga de Fromm são forças impulsionadoras em pessoas normais, tanto individual quanto coletivamente.

Autoritarismo

Fromm (1941) definiu **autoritarismo** como a "tendência a abandonar a independência do próprio *self* individual e fundi-lo com alguém ou algo fora de si para adquirir a força que o indivíduo não possui" (p. 141). Essa necessidade de se unir a um parceiro poderoso pode assumir uma das duas seguintes formas: masoquismo ou sadismo. O *masoquismo* resulta de sentimentos básicos de impotência, fraqueza e inferioridade e tem como objetivo a união do *self* com uma pessoa ou instituição mais poderosa. Os esforços masoquistas com frequência são disfarçados como amor ou lealdade, mas, ao contrário do amor e da lealdade, eles nunca podem contribuir de modo positivo para a independência e a autenticidade.

Comparado ao masoquismo, o *sadismo* é mais neurótico e mais prejudicial socialmente. Assim como o masoquismo, o sadismo objetiva a redução da ansiedade básica por meio da aquisição da unidade com outras pessoas. Fromm (1941) identificou três tipos de tendências sádicas, todas elas mais ou menos agrupadas. A primeira é a necessidade de tornar os outros dependentes de si e obter poder sobre aqueles que são fracos. A segunda é a compulsão a explorar os outros, a tirar vantagem deles e a usá-los para o próprio benefício ou prazer. A terceira tendência sádica é o desejo de ver os outros sofrerem, física ou psicologicamente.

Destrutividade

Como o autoritarismo, a **destrutividade** está enraizada nos sentimentos de solidão, isolamento e impotência. Diferentemente do sadismo e do masoquismo, no entanto, a destrutividade não depende de uma relação contínua com outra pessoa; em vez disso, ela procura acabar com a outra pessoa.

Tanto indivíduos quanto nações podem empregar a destrutividade como mecanismo de fuga. Ao destruir pessoas e objetos, um indivíduo ou uma nação tenta recuperar os sentimentos de poder perdidos. Entretanto, ao destruir outras pessoas ou nações, os indivíduos destrutivos eliminam muito do mundo exterior e, assim, adquirem um tipo de isolamento pervertido.

Conformidade

Um terceiro meio de fuga é a **conformidade**. As pessoas que se conformam tentam fugir de um sentimento de solidão e isolamento, desistindo da sua individualidade e se tornando aquilo que os outros desejam que elas sejam. Assim, elas são como robôs, reagindo de forma previsível e mecânica aos caprichos dos outros. Elas raramente expressam sua própria opinião, apegam-se a padrões de comportamento esperados e, com frequência, parecem rígidas e automatizadas.

No mundo moderno, as pessoas estão desimpedidas de muitos vínculos externos e são livres para agir de acordo com a própria vontade, mas, ao mesmo tempo, elas não sabem o que querem, pensam ou sentem. Elas se conformam como autômatos a uma autoridade anônima e adotam um *self* que não é autêntico. Quanto mais elas se conformam, mais impotentes se sentem; quanto mais impotentes se sentem, mais elas precisam se conformar. As pessoas somente podem romper esse ciclo de conformidade e impotência atingindo a autorrealização ou a liberdade positiva (Fromm, 1941).

Liberdade positiva

A emergência da liberdade política e econômica não conduz, inevitavelmente, às amarras do isolamento e da impotência. Uma pessoa "pode ser livre e não sozinha, crítica e ainda não ser cheia de dúvidas, independente e ainda ser parte integrante da humanidade" (Fromm, 1941, p. 257). As pessoas podem atingir esse tipo de liberdade, chamada de **liberdade positiva**, por meio de uma expressão espontânea e completa de suas potencialidades racionais e emocionais. A atividade espontânea costuma ser vista em crianças pequenas e em artistas que têm pouca ou nenhuma tendência a se conformarem ao que os outros desejam que eles sejam. Eles agem de acordo com sua natureza básica, e não segundo as regras convencionais.

A liberdade positiva representa uma solução de sucesso para o dilema humano de fazer parte do mundo natural e ainda estar apartado dele. Por meio da liberdade positiva e da atividade espontânea, as pessoas superam o terror da solidão, alcançam a união com o mundo e mantêm a individualidade. Fromm (1941) sustentava que o amor e o trabalho são os dois componentes da liberdade positiva. Pelo amor e pelo trabalho ativos, os humanos se unem uns aos outros e com o mundo, sem sacrificarem sua integridade. Eles afirmam sua singularidade como indivíduos e atingem a realização integral de suas potencialidades.

Orientações do caráter

Na teoria de Fromm, a personalidade é refletida na **orientação do caráter**, ou seja, na forma relativamente permanente de um indivíduo se relacionar com as pessoas e as coisas. Fromm (1947) definiu personalidade como "a totalidade de qualidades psíquicas herdadas e adquiridas que são características de um indivíduo e que tornam o indivíduo único" (p. 50). A mais importante das qualidades adquiridas da personalidade é o **caráter**, definido como "*o sistema relativamente permanente de todos os esforços não instintivos, por meio dos quais o homem se relaciona com o mundo humano e natural*" (Fromm, 1973, p. 226). Fromm (1992) acreditava que o caráter é um substituto dos instintos. Em vez de agir de acordo com seus instintos, as pessoas atuam de acordo com seu caráter. Se elas tivessem que pensar sobre as consequências de seu comportamento, suas ações seriam muito ineficientes e incoerentes. Agindo de acordo com seus traços de caráter, os humanos podem se comportar de modo eficiente e coerente.

As pessoas se relacionam com o mundo de duas maneiras: adquirindo e usando as coisas (*assimilação*) e se relacionando com o *self* e com os outros (*socialização*). Em termos gerais, os indivíduos podem se relacionar com as coisas e com as pessoas de modo produtivo ou não produtivo.

Orientações não produtivas

É possível adquirir as coisas por meio de uma das quatro orientações não produtivas: (1) recebendo as coisas passivamente; (2) *explorando*, ou tomando as coisas à força; (3) acumulando os objetos; e (4) comercializando ou trocando coisas. Fromm usou a expressão "não produtiva" para sugerir estratégias que não aproximam as pessoas da liberdade positiva e da autorrealização. No entanto, as orientações não produtivas não são inteiramente negativas; cada uma tem tanto um aspecto negativo quanto um aspecto positivo. A personalidade é sempre uma mistura ou uma combinação de diversas orientações, mesmo que uma delas seja dominante.

Receptiva

Os **caráteres receptivos** consideram que a origem de todo o bem está fora deles e que o único modo possível de se relacionarem com o mundo é recebendo as coisas, incluindo amor, conhecimento e bens materiais. Eles são mais preocupados com receber do que com dar e querem que os outros os inundem com amor, ideias e presentes.

As qualidades negativas das pessoas receptivas são passividade, submissão e falta de autoconfiança. Seus traços positivos são lealdade, aceitação e confiança.

Exploradora

Assim como as pessoas receptivas, os **caráteres exploradores** acreditam que a origem de todo o bem está fora deles. Ao contrário das pessoas receptivas, no entanto, os exploradores tomam agressivamente o que desejam, em vez de recebê-lo de modo passivo. Em suas relações sociais, é provável que usem astúcia ou força para tomarem o cônjuge, as ideias ou a propriedade de alguém. Um homem explorador pode "se apaixonar" por uma mulher casada, não tanto porque está realmente interessado nela, mas porque deseja explorar o marido dela. No terreno das ideias, as pessoas exploradoras preferem roubar ou plagiar, em vez de criar. Diferentes dos caráteres receptivos, elas estão dispostas a expressar uma ideia, mas esta costuma ser uma ideia que foi surrupiada.

Pelo lado negativo, os caráteres exploradores são egocêntricos, vaidosos, arrogantes e sedutores. Pelo lado positivo, são impulsivos, orgulhosos, charmosos e autoconfiantes.

Acumulativa

Em lugar de valorizarem as coisas externas a eles, os **caráteres acumuladores** procuram poupar aquilo que já obtiveram. Eles mantêm tudo guardado e não se desfazem de nada. Eles guardam dinheiro, sentimentos e pensamentos para si mesmos. Em uma relação amorosa, tentam possuir a pessoa amada e preservar a relação, em vez de permitir que ela evolua. Tendem a viver no passado e a rejeitar o que é novo. Eles são semelhantes aos caráteres anais de Freud, pois se mostram excessivamente organizados, teimosos e avarentos. Fromm (1964), no entanto, acreditava que os traços anais dos caráteres acumuladores não são resultado de impulsos sexuais, mas fazem parte de seu interesse geral em tudo o que não é vivo, incluindo as fezes.

Os traços negativos da personalidade acumuladora incluem rigidez, esterilidade, obstinação, compulsividade e falta de criatividade; as características positivas são organização, limpeza e pontualidade.

Mercantil

Os **caráteres mercantis** são fruto do comércio moderno, no qual a transação não é mais pessoal, mas realizada por grandes corporações sem rosto. Coerentes com as demandas do comércio moderno, os caráteres mercantis se veem como produtos, com seu valor pessoal dependendo de seu valor de troca, isto é, sua capacidade de se venderem.

As personalidades mercantis, ou de troca, precisam se ver sob constante demanda; elas precisam fazer os outros acreditarem que são habilidosas e vendáveis. Sua segurança pessoal repousa sobre um terreno instável, porque elas precisam ajustar sua personalidade ao que está em moda no momento. Elas desempenham muitos papéis e são guiadas pelo lema: "Sou como você deseja que eu seja" (Fromm, 1947, p. 73).

As pessoas com caráter mercantil não têm passado ou futuro e não possuem princípios ou valores permanentes. Elas apresentam menos traços positivos do que as outras orientações, porque são, basicamente, recipientes vazios esperando para serem preenchidos com a característica que for mais comercializável.

Os traços negativos dos caráteres mercantis são: falta de perspectiva, oportunismo, inconsistência e desperdício. Algumas de suas qualidades positivas são: mutabilidade, liberalidade, adaptabilidade e generosidade.

Acumular é guardar o que já se obteve e é a incapacidade de descartar coisas porque tudo tem o mesmo valor.
Roger Bamber/Alamy Stock Photo

Orientação produtiva

A orientação produtiva possui três dimensões: trabalhar, amar e pensar. Como as pessoas produtivas trabalham em direção à liberdade positiva e a uma realização contínua de seu potencial, elas são as mais sadias de todos os tipos de caráter. Somente por meio da atividade produtiva as pessoas podem resolver o dilema humano básico, ou seja, unir-se com o mundo e com os outros, ao mesmo tempo mantendo a singularidade e a individualidade. Essa solução apenas pode ser alcançada por meio de trabalho, amor e pensamentos produtivos.

As pessoas sadias valorizam o *trabalho* não como um fim em si, mas como um meio de autoexpressão criativa. Elas não trabalham para explorar os outros, para se comercializarem, para se afastarem dos outros ou para acumular bens materiais desnecessários. Elas não são preguiçosas, nem compulsivamente ativas; elas usam o trabalho como um meio de suprir as necessidades da vida.

O *amor* produtivo é caracterizado pelas quatro qualidades amorosas discutidas anteriormente: cuidado, responsabilidade, respeito e conhecimento. Além dessas quatro características, as pessoas sadias possuem **biofilia**, ou seja, um amor apaixonado pela vida e por tudo o que está vivo. As pessoas biofílicas desejam promover toda a vida – a vida das pessoas, dos animais, das plantas, das ideias e das culturas. Elas são preocupadas com o crescimento e o desenvolvimento delas mesmas e dos outros. Os indivíduos biofílicos querem influenciar as pessoas por meio do amor, da razão e do exemplo – não pela força.

Fromm acredita que o amor pelos outros e o amor por si mesmo são inseparáveis, mas que o amor a si vem primeiro. Todas as pessoas têm a capacidade de amor produtivo, mas a maioria não o atinge, porque não consegue, a princípio, amar a si mesmas.

O *pensamento* produtivo, que não pode ser separado do trabalho e do amor produtivos, é motivado por um interesse ativo em outra pessoa ou objeto. As pessoas sadias veem os outros como eles são, e não como elas gostariam que fossem. Do mesmo modo, elas se conhecem pelo que são e não têm a necessidade de se autoiludirem.

Fromm (1947) acreditava que as pessoas sadias dependem de uma combinação das cinco orientações do caráter. Sua sobrevivência como indivíduos sadios depende da capacidade de *receber* as coisas das outras pessoas, de *tomar* as coisas quando apropriado, de *preservar* as coisas, de *trocar* as coisas e de *trabalhar*, *amar* e *pensar* produtivamente.

Transtornos da personalidade

Se as pessoas sadias são capazes de trabalhar, amar e pensar produtivamente, então as personalidades não sadias são marcadas por problemas nessas três áreas, em especial a falha em amar de modo produtivo. Fromm (1981) sustentava que as pessoas com perturbações psicológicas eram incapazes de amar e não conseguiam estabelecer uma união com os outros. Ele discutiu três transtornos da personalidade graves: *necrofilia, narcisismo maligno e simbiose incestuosa.*

Necrofilia

O termo "necrofilia" significa amor pela morte e, em geral, refere-se a uma perversão sexual na qual uma pessoa deseja contato sexual com um cadáver. Entretanto, Fromm (1964, 1973) usou **necrofilia** em um sentido mais generalizado, para denotar uma atração pela morte. Necrofilia é uma orientação de caráter alternativa à *biofilia*. As pessoas naturalmente amam a vida, mas, quando condições sociais tolhem a biofilia, elas podem adotar uma orientação necrofílica.

As personalidades necrofílicas odeiam a humanidade; elas são racistas, belicistas e intimidadoras; elas amam a carnificina, a destruição, o terror e a tortura e têm prazer em destruir a vida. Elas são fortes defensoras da lei e da ordem; adoram conversar sobre doença, morte e enterros; e são fascinadas por sujeira, decadência, cadáveres e fezes. Elas preferem a noite ao dia e adoram operar na escuridão e na sombra.

As pessoas necrófilas não apenas *se comportam* de uma maneira destrutiva; antes, seu comportamento destrutivo é um reflexo de seu *caráter* básico. Todas as pessoas se comportam de forma agressiva e destrutiva às vezes, mas o estilo de vida integral do indivíduo necrófilo gira em torno de morte, destruição, doença e decadência.

Narcisismo maligno

Da mesma forma que todas as pessoas exibem algum comportamento necrofílico, todas também têm algumas tendências narcisistas. As pessoas sadias manifestam uma forma benigna de **narcisismo**, ou seja, um interesse pelo próprio corpo. No entanto, na forma maligna, o narcisismo impede a percepção da realidade, de modo que tudo o que pertence a uma pessoa narcisista é altamente valorizado e tudo o que pertence a outro indivíduo é desvalorizado.

Os indivíduos narcisistas são preocupados consigo mesmos, mas essa preocupação não está limitada a se admirarem em um espelho. A preocupação com o próprio corpo com frequência leva à **hipocondria** ou a uma atenção obsessiva com a própria saúde. Fromm (1964) também discutiu a **hipocondria moral**, uma preocupação com *culpa* acerca de transgressões prévias. As pessoas que são fixadas em si mesmas têm maior probabilidade de internalizar as experiências e se prenderem à saúde física e às virtudes morais.

As pessoas narcisistas possuem o que Horney (ver Cap. 6) denominou "reivindicações neuróticas". Elas atingem a segurança se apegando à crença distorcida de que suas qualidades pessoais extraordinárias as tornam superiores a todas as outras pessoas. Como o que elas *têm* – aparência, psique, saúde – é tão maravilhoso, elas acreditam que não precisam *fazer* nada para provar seu valor. Seu senso de valor depende de sua autoimagem narcisista e não de suas realizações. Quando seus esforços são criticados pelos outros, elas reagem com raiva e fúria, frequentemente atacando seus críticos e tentando destruí-los. Se a crítica é esmagadora, os narcisistas podem ser incapazes de destruí-la e, então, voltam sua raiva contra si mesmos. O resultado é *depressão*, um sentimento de desvalorização. Ainda que depressão, culpa intensa e hipocondria

aparentemente nada tenham a ver com autoglorificação, Fromm acreditava que cada uma delas podia ser sintomática de narcisismo subjacente profundo.

Simbiose incestuosa

Uma terceira orientação patológica é a **simbiose incestuosa**, ou uma extrema dependência da mãe ou de um substituto materno. A simbiose incestuosa é uma forma exagerada da mais comum e mais benigna *fixação à mãe*. Os homens com fixação à mãe precisam de uma mulher que cuide deles e os admire; eles se sentem um tanto ansiosos e deprimidos quando suas necessidades não são atendidas. Essa condição é relativamente normal e não interfere muito na vida diária.

Com a simbiose incestuosa, no entanto, as pessoas são inseparáveis do indivíduo *hospedeiro*; sua personalidade é misturada com a da outra pessoa e sua identidade individual é perdida. A simbiose incestuosa se origina nos primeiros meses de vida como um apego natural à pessoa que realiza a maternagem. O apego é mais crucial e fundamental do que qualquer interesse sexual que possa se desenvolver durante o período edípico. Fromm discordava de Freud, sugerindo que o apego à mãe se baseia na necessidade de segurança, e não de sexo. "A busca sexual não é a causa da fixação na mãe, mas o *resultado*" (Fromm, 1964, p. 99).

As pessoas que vivem em relações simbióticas incestuosas se sentem extremamente ansiosas e amedrontadas se essa relação for ameaçada. Elas acreditam que não conseguem viver sem o substituto da mãe. (O hospedeiro não precisa ser outro humano, ele pode ser uma família, um negócio, uma igreja, uma nação.) A orientação incestuosa distorce a habilidade de pensar, destrói a capacidade de amor autêntico e impede as pessoas de atingirem independência e integridade.

Alguns indivíduos patológicos apresentam os três transtornos da personalidade; ou seja, eles são atraídos pela morte (necrofilia), têm prazer em destruir aqueles a quem consideram inferiores (narcisismo maligno) e possuem uma relação simbiótica neurótica com a mãe ou com um substituto dela (simbiose incestuosa). Tal caso forma o que Fromm denominou de *síndrome de decadência*. Ele opõe as pessoas patológicas às que são marcadas pela *síndrome de crescimento*, composta pelas qualidades opostas: biofilia, amor e liberdade positiva. Conforme apresentado na Figura 8.1, a síndrome de decadência e a síndrome de crescimento são formas extremas do desenvolvimento; a maioria das pessoas possui uma saúde psicológica na média.

Psicoterapia

Fromm se formou como freudiano ortodoxo, mas ficou entediado com as técnicas analíticas convencionais. "Com

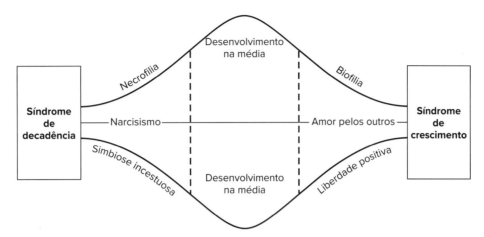

FIGURA 8.1 Três orientações patológicas – necrofilia, narcisismo e simbiose incestuosa – convergem para formar a síndrome de decadência, enquanto três orientações sadias – biofilia, amor pelos outros e liberdade positiva – convergem para formar a síndrome de crescimento. A maioria das pessoas possui um desenvolvimento na média e não é motivada nem pela síndrome de decadência, nem pela síndrome de crescimento.

o tempo, passei a ver que meu tédio surgia porque eu não estava em contato com a vida de meus pacientes" (Fromm, 1986, p. 106). Ele, então, desenvolveu seu próprio sistema de terapia, o qual chamou de *psicanálise humanista*. Comparado com Freud, Fromm era muito mais preocupado com os aspectos interpessoais de um encontro terapêutico. Ele acreditava que a finalidade da terapia é que os pacientes venham a se conhecer. Sem o conhecimento de nós mesmos, não podemos conhecer qualquer outra pessoa ou coisa.

Para Fromm, os pacientes procuram a terapia buscando a satisfação de suas necessidades humanas básicas: ligação, transcendência, enraizamento, sentimento de identidade e estrutura de orientação. Assim, a terapia deve ser construída sobre uma relação pessoal entre terapeuta e paciente. Como a comunicação precisa é essencial para o crescimento terapêutico, o terapeuta deve se relacionar "como um ser humano com outro, com absoluta concentração e sinceridade" (Fromm, 1963, p. 184). Nesse espírito de ligação, o paciente irá se sentir, mais uma vez, em unidade com outra pessoa. Ainda que *transferência* e *contratransferência* possam existir nessa relação, o ponto importante é que dois seres humanos reais estão envolvidos um com o outro.

Como parte da tentativa de atingir a comunicação compartilhada, Fromm pedia aos pacientes que revelassem seus sonhos. Ele acreditava que os sonhos, assim como os contos de fadas e os mitos, são expressos em linguagem simbólica – a única linguagem universal que os humanos desenvolveram (Fromm, 1951). Como os sonhos têm um significado que vai além do sonhador, Fromm pedia aos pacientes que fizessem associações com o material onírico. Nem todos os símbolos oníricos, no entanto, são universais; alguns são acidentais e dependem da disposição do sonhador antes de ir dormir; outros são regionais ou nacionais e dependem do clima, da geografia e do dialeto.

Muitos símbolos possuem vários significados, devido à variedade de experiências associadas a eles. Por exemplo, o fogo pode simbolizar afeto e lar para algumas pessoas, mas morte e destruição para outras. Do mesmo modo, o sol pode representar uma ameaça para pessoas do deserto, mas crescimento e vida para indivíduos de climas frios.

Fromm (1963) acreditava que os terapeutas não deviam tentar ser científicos demais na compreensão de um paciente. Apenas com a atitude de ligação é que outra pessoa pode ser verdadeiramente compreendida. O terapeuta não deve considerar o paciente como um doente ou um objeto, mas como uma pessoa com as mesmas necessidades humanas que todos os indivíduos possuem.

Métodos de investigação de Fromm

Fromm reuniu dados sobre a personalidade humana a partir de muitas fontes, incluindo a psicoterapia, a antropologia cultural e a psico-história. Nesta seção, examinamos brevemente seu estudo antropológico da vida em uma vila mexicana e sua análise psicobiográfica de Adolf Hitler.

O caráter social em uma vila mexicana

No início da década de 1950 e se estendendo até a metade da década de 1960, Fromm e um grupo de psicólogos, psicanalistas, antropólogos, médicos e estatísticos estudaram o caráter social em Chiconcuac, uma vila mexicana que fica a 75 km da Cidade do México. O grupo entrevistou todos os adultos e metade das crianças nessa cidade agrícola de 162 moradias e cerca de 800 habitantes. As pessoas da vila eram principalmente fazendeiros que ganhavam a vida com pequenos lotes de terra fértil. Fromm e Michael Maccoby (1970) descreveram essas pessoas da seguinte forma:

Eles são egoístas, desconfiados das motivações uns dos outros, pessimistas quanto ao futuro e fatalistas. Muitos parecem submissos e autodepreciativos, embora tenham o potencial para rebelião e revolução. Eles se sentem inferiores às pessoas da cidade, mais ignorantes e com menos cultura. Existe um sentimento preponderante de impotência para influenciar seja a natureza, seja a máquina industrial que os pressiona (p. 37).

Poderíamos esperar encontrar as orientações do caráter de Fromm nessa sociedade? Depois de viver entre os aldeões e obter sua aceitação, a equipe de pesquisadores empregou uma variedade de técnicas concebidas para responder a essa e a outras questões. Incluídas entre as ferramentas de pesquisa, encontravam-se entrevistas extensas, relatos de sonhos, questionários detalhados e duas técnicas projetivas: o Método das Manchas de Tinta de Rorschach e o Teste de Apercepção Temática (TAT).

Fromm acreditava que o *caráter mercantil* era produto do comércio moderno e que tinha maior probabilidade de ocorrer em sociedades onde a comercialização já não é mais pessoal e as pessoas se consideram produtos. Não é de causar surpresa que a equipe de pesquisa tenha descoberto que a orientação mercantil não existia entre esses camponeses. No entanto, os pesquisadores encontraram evidências de vários outros tipos de personagens, o mais comum deles sendo o tipo *receptivo não produtivo*. As pessoas dessa orientação tendiam a admirar os outros e despendiam muita energia tentando agradar aqueles a quem consideravam superiores. Nos dias de pagamento, os trabalhadores que eram desse tipo aceitavam a remuneração de forma servil, como se, de alguma forma, não a merecessem.

O segundo tipo de personalidade encontrado com mais frequência foi o caráter *acumulativo-produtivo*. As pessoas desse tipo eram trabalhadoras, produtivas e independentes. Em geral, cultivavam o próprio lote de terra e guardavam parte de cada colheita para semente e alimentação, para o caso de perda da colheita futura. A acumulação, em vez do consumo, era essencial para suas vidas.

A personalidade *exploradora não produtiva* foi identificada como uma terceira orientação do caráter. Os homens desse tipo tinham maior probabilidade de entrar em brigas com faca ou arma de fogo, enquanto as mulheres tendiam a ser fofoqueiras mal-intencionadas (Fromm & Maccoby, 1970). Apenas cerca de 10% da população era predominantemente exploradora, uma porcentagem surpreendentemente pequena considerando a extrema pobreza da comunidade.

Um número ainda menor de habitantes foi descrito como *explorador produtivo* – não mais do que 15 indivíduos em toda a vila. Entre eles, estavam os homens mais ricos e mais poderosos do local – indivíduos que tinham acumulado capital tirando vantagem da nova tecnologia agrícola, além de um aumento recente no turismo. Eles também tinham se beneficiado dos aldeões receptivos não produtivos, mantendo-os economicamente dependentes.

Em geral, Fromm e Maccoby (1970) relataram uma notável semelhança entre as orientações do caráter nessa vila mexicana e as orientações teóricas que Fromm havia sugerido alguns anos antes. Tal estudo antropológico, é claro, não pode ser considerado uma confirmação da teoria de Fromm. Como um dos investigadores principais do estudo, Fromm pôde apenas ter encontrado o que ele esperava encontrar.

Um estudo psico-histórico de Hitler

Depois de Freud (ver Cap. 2), Fromm examinou documentos históricos para delinear o retrato psicológico de uma pessoa proeminente, uma técnica chamada de *psico-história* ou *psicobiografia*. O sujeito do estudo psicobiográfico mais completo de Fromm foi Freud (Fromm, 1959), mas Fromm (1941, 1973, 1986) também escreveu detalhadamente sobre a vida de Adolf Hitler.

Fromm considerava Hitler o exemplo mais evidente de uma pessoa com *síndrome de decadência*, apresentando uma combinação de necrofilia, narcisismo maligno e simbiose incestuosa. Hitler apresentava as três psicopatologias. Ele era atraído pela morte e pela destruição; estritamente focado nos próprios interesses; e impulsionado por uma devoção incestuosa à "raça" germânica, dedicando-se de modo fanático a impedir que seu sangue fosse poluído pelos judeus e por outros "não arianos".

Diferentemente de alguns psicanalistas que procuram apenas na infância precoce indícios da personalidade futura, Fromm acreditava que cada estágio do desenvolvimento é importante e que nada na vida pregressa de Hitler apontava inevitavelmente na direção da síndrome de decadência.

Quando criança, Hitler foi um tanto mimado por sua mãe, mas a indulgência dela não causou sua patologia

Para Fromm, Adolf Hitler personificava a síndrome de decadência.
Ingram Publishing

posterior. No entanto, estimulou sentimentos narcisistas e de importância pessoal. "A mãe de Hitler nunca se tornou para ele uma pessoa a quem ele fosse amoroso ou ternamente vinculado. Ela era um símbolo das deusas protetoras e admiráveis, mas também a deusa da morte e do caos" (Fromm, 1973, p. 378).

Hitler foi um aluno acima da média na escola fundamental, mas um fracassado no ensino médio. Durante a adolescência, entrou em conflito com o pai, que queria que ele fosse mais responsável e se tornasse um funcionário público estável. Hitler, por sua vez, um tanto irrealisticamente, desejava ser artista. Também durante essa época, começou a se perder cada vez mais na fantasia. Seu narcisismo acendeu uma paixão ardente pela grandiosidade como artista ou arquiteto, porém a realidade o levou a repetidos fracassos nessas áreas. "Cada fracasso causava uma ferida narcísica mais grave e uma humilhação mais profunda do que a anterior" (Fromm, 1973, p. 395).

Conforme seus fracassos aumentavam em número, ele foi ficando mais envolvido em seu mundo de fantasia, mais ressentido com os outros, mais motivado para a vingança e mais necrofílico.

A terrível percepção de Hitler do fracasso como artista foi atenuada pela deflagração da I Guerra Mundial. Sua ambição feroz podia, agora, ser canalizada para ser um grande herói de guerra lutando por sua terra natal. Apesar de não ter sido um grande herói, ele era um soldado responsável, disciplinado e zeloso. Após a guerra, no entanto, experimentou mais fracassos. Não só sua amada nação havia perdido, como os revolucionários dentro da Alemanha haviam "atacado tudo o que era sagrado para o nacionalismo reacionário de Hitler, e eles venceram. [...] A vitória dos revolucionários conferiu à destrutividade de Hitler a sua forma final e inextirpável" (Fromm, 1973, p. 394).

Necrofilia não se refere simplesmente ao comportamento; ela permeia todo o caráter de uma pessoa. E assim foi com Hitler. Depois que chegou ao poder, ele exigia que seus inimigos não se rendessem meramente, mas que também fossem aniquilados. Sua necrofilia era expressa na mania de destruição de prédios e cidades, nas ordens para matar pessoas "defeituosas", no enfado e na chacina de milhões de judeus.

Outro traço que Hitler manifestava era o *narcisismo maligno*. Ele era interessado somente em si mesmo, em seus planos e em sua ideologia. Sua convicção de que poderia construir um *"reich* de mil anos" mostra um sentimento inflamado de importância pessoal. Ele não tinha interesse em ninguém a não ser que a pessoa estivesse a seu serviço. Suas relações com as mulheres careciam de amor e ternura; ele parece tê-las usado unicamente para o prazer pessoal pervertido, em especial para satisfação voyeurística.

De acordo com a análise de Fromm, Hitler também possuía uma *simbiose incestuosa*, manifestada por sua devoção apaixonada não à sua mãe real, mas à "raça" germânica. Coerente com esse traço, ele também era sadomasoquista, introvertido e carecia de sentimentos de amor genuíno ou compaixão. Todas essas características, discutia Fromm, não faziam de Hitler um psicótico. Elas, no entanto, tornavam-o um homem doente e perigoso.

Insistindo para que as pessoas não vissem Hitler como desumano, Fromm (1973) concluiu sua psico-história com as seguintes palavras: "Qualquer análise que distorça a imagem de Hitler, privando-o de sua humanidade, intensificaria a tendência a ficarmos cegos aos 'Hitlers' potenciais, a menos que eles tenham chifres" (p. 433).

Pesquisa relacionada

Apesar de a obra de Erich Fromm ser estimulante e esclarecedora, suas ideias produziram pouca pesquisa empírica no campo da psicologia da personalidade. Uma razão para isso pode ser a abordagem ampla que Fromm adota. Em muitos aspectos, suas ideias são mais sociológicas do que psicológicas, uma vez que sua teoria trata da alienação da cultura e da natureza em geral, dois temas que costumam ser abordados mais em aulas de sociologia do que de psicologia. Isso não significa, no entanto, que tais temas amplos não sejam importantes para a psicologia da personalidade. Muito pelo contrário, como e quando nos apresentamos e nos comercializamos socialmente (pense no Facebook e no Instagram) estão claramente vinculados à teoria do caráter mercantil de Fromm. Foi demonstrado que o materialismo que caracteriza essa orientação de personalidade mercantil tem consequências negativas para nossos sentimentos de pertença e nossa capacidade de preocupação com a comunidade. Além disso, ainda que amplo e sociológico, o estranhamento da própria cultura é um tema que pode ser examinado no nível individual em estudos psicológicos e pode ter implicações para o bem-estar. Por fim, as ideias de Fromm sobre autoritarismo levaram a investigações empíricas recentes, em particular à associação entre medo e crenças autoritárias.

Testando as suposições do caráter mercantil de Fromm

Em *The sane society* (1955), Fromm escreveu criticamente sobre culturas ocidentais, como os Estados Unidos, que incentivam o desenvolvimento da orientação do caráter mercantil, que compra e vende e vê tudo como um objeto potencial de consumo. Se você pensar bem, o engajamento de milhões de americanos com plataformas de mídia social como Facebook, Instagram e Pinterest é uma prova do nosso desejo de nos vender, de mostrar nossas melhores fotografias e experiências em um mercado de "curtidas" e "seguidores". Fromm acreditava que uma ilusão de individualidade é promovida em tal sociedade. Nós nos diferenciamos uns dos outros pelo que *possuímos* (a maior casa, as férias mais exóticas, o abdome mais "sarado", até o melhor namorado ou namorada) e não por quem somos.

Na Austrália, dois pesquisadores, Shaun Saunders e Don Munro, procuraram testar se o caráter mercantil de Fromm era de fato uma orientação menos produtiva para o mundo e se era mais prevalente em culturas que enfatizam o individualismo, como teorizou Fromm. Primeiro, eles desenvolveram e validaram uma medida do caráter mercantil chamada Saunders Consumer Orientation Index (SCOI; Saunders & Munro, 2000). Essa escala de 35 itens inclui declarações como "Não importa quanto custa algo, desde que tenha uma boa aparência", "Se dinheiro não fosse um problema, eu preferiria um carro caro" e "Tento acompanhar as últimas modas". As pontuações no SCOI foram positivamente correlacionadas com conformidade, autoritarismo e raiva, apoiando a teorização de Fromm (1955) sobre essa orientação de caráter. Além disso, as pontuações no SCOI e no materialismo foram correlacionadas positivamente com a depressão e negativamente correlacionadas, como Fromm teria previsto, com a biofilia e o ambientalismo. Em 2007, pesquisando cinco grandes amostras de toda a Austrália, Saunders confirmou a relação negativa entre materialismo e biofilia, bem como ambientalismo, e descobriu que o maior materialismo estava relacionado a uma maior expressão de depressão, ansiedade e raiva entre os participantes.

Em um segundo estudo, Saunders e Munro (2001) testaram se o caráter do *marketing* estava mais associado ao individualismo cultural. Pessoas em culturas individualistas são motivadas a servir seus próprios interesses e buscar o sucesso pessoal. Outras culturas são mais coletivistas e, nessas culturas, as pessoas estão mais preocupadas com o serviço aos outros (Hofstede, 1984). Dentro das culturas individualistas e coletivistas, também há variação no fato de a cultura ser de natureza mais "horizontal" ou "vertical" (Triandis, 1995). A dimensão vertical descreve culturas nas quais a classificação e a desigualdade prevalecem. A dimensão horizontal é caracterizada pela valorização da semelhança essencial das pessoas e pela aversão por "se destacar". Portanto, pode haver coletivismo horizontal (p. ex., um *kibutz* israelense ou uma ordem monástica), individualismo horizontal (p. ex., países escandinavos), coletivismo vertical (p. ex., Índia) e individualismo vertical (p. ex., Estados Unidos). Saunders e Munro (2001) administraram o SCOI, bem como uma medida de coletivismo e individualismo vertical e horizontal (Singelis, Triandis, Bhawuk, & Gelfand, 1995), a 167 estudantes de psicologia. Curiosamente, eles descobriram que as pontuações no SCOI estavam mais fortemente correlacionadas com a dimensão vertical do que a horizontal do individualismo, mas encontraram apenas suporte parcial para sua previsão de que as pontuações do SCOI seriam positivamente correlacionadas com o individualismo em si. Ou seja, uma maior orientação de caráter mercantil parece estar associada a uma ênfase na hierarquia, mas não necessariamente no individualismo. Os autores discutem a China como

uma cultura altamente coletivista, também caracterizada pela hierarquia e pelo respeito pela classificação, como um exemplo de uma adoção notável e rápida dos valores mercantis à medida que experimentam crescimento econômico. Esse estudo sugere que o caráter mercantil de Fromm pode não estar associado tanto aos valores individualistas em si, mas sim ao fato de a hierarquia e a desigualdade de renda prevalecerem em uma sociedade consumista.

Fromm argumentou que a personalidade orientada para o *marketing* está focada no acúmulo de bens materiais, e esse materialismo leva a uma espécie de alienação do eu real. Como escreveu Fromm em *Escape from freedom* (1941), com a emergência do capitalismo, o ser humano sentiu que "seu eu estava apoiado pela posse de propriedades. Quanto menos ele sentia que estava sendo alguém, mais ele precisava ter posses" (p. 122). Por sua vez, essa alienação do eu, essa substituição da acumulação de bens materiais pela liberdade e autonomia da orientação produtiva, leva à alienação da comunidade e à perda do senso de pertencimento (1955, 1976).

Alain Van Hiel, Ilse Cornelis e Arne Roets testaram essa linha de raciocínio em um estudo sobre a relação entre materialismo e preconceito (2010). Uma amostra de 300 estudantes e idosos na Bélgica completou escalas avaliando seus níveis de materialismo (Richins & Dawson, 1992; p. ex., "As coisas que possuo dizem muito sobre o quão bem estou na vida"), preocupação com a comunidade (Kasser & Ryan, 1996; p. ex., "É importante ajudar pessoas necessitadas sem pedir nada em troca"), bem como racismo sutil e mais explícito (p. ex., "Os imigrantes estão ficando muito exigentes em sua luta pela igualdade de direitos"; "É melhor que pessoas de diferentes raças tenham pouco contato umas com as outras"). Eles encontraram um forte apoio ao papel mediador do materialismo na explicação da relação entre a preocupação da comunidade e o preconceito. Ou seja, os níveis de preocupação das pessoas com sua comunidade estavam significativa e negativamente relacionados ao materialismo, que por sua vez previa níveis mais altos de racismo. Essa descoberta apoia a afirmação de Fromm de que focar no acúmulo de bens resulta na alienação de nossa comunidade e na falta de preocupação com o bem-estar de seus membros. Além disso, embora Fromm não tenha previsto isso por si só, o racismo pode ser um resultado particularmente problemático dessa alienação, pois provavelmente começamos a sentir que a acumulação é um jogo de soma zero (um jogador só pode ganhar se outro perder), e aqueles que são diferentes de nós ameaçam nossa capacidade de "ganhar mais brinquedos".

Estranhamento da cultura e bem-estar

É importante lembrar que o tema central da teoria da personalidade de Erich Fromm envolve estranhamento e alienação: os humanos foram apartados do ambiente natural ao qual foram projetados para habitar e se distanciaram uns dos outros. Além do mais, de acordo com Fromm, a riqueza material criada pelo capitalismo forneceu tanta liberdade que muito honestamente não sabemos o que fazer com nós mesmos. Ironicamente, ansiedade e isolamento resultam de muita liberdade. Mark Bernard e colaboradores (2006) procuraram testar esses componentes centrais da teoria de Fromm pelo uso de medidas de autorrelato em uma amostra de universitários na Grã-Bretanha. De forma específica, os pesquisadores queriam testar se as discrepâncias entre as crenças de uma pessoa e a maneira como ela percebia as crenças de sua sociedade levavam ou não a sentimentos de estranhamento.

Setenta e dois participantes responderam um questionário, que consistia em diversos valores que tinham sido identificados por pesquisas prévias como presentes em muitas culturas diferentes (como a importância da liberdade, os bens materiais, a espiritualidade, entre outros). Em primeiro lugar, os participantes classificaram cada valor para o quanto ele era um princípio orientador em suas vidas e, então, classificaram os mesmos valores para o quanto cada um era um princípio orientador para sua sociedade. Administrar o questionário dessa maneira permitiu que os pesquisadores computassem até que ponto cada participante mantinha valores que eram diferentes de sua sociedade em geral. Em segundo lugar, o estranhamento foi avaliado por meio do preenchimento de um questionário com itens que indagavam o quanto os participantes se sentiam diferentes de sua sociedade e até que ponto eles sentiam que não eram "normais" em sua cultura.

Os achados do estudo foram conforme o previsto. Quanto mais uma pessoa relatava que seus valores eram discrepantes da sociedade em geral, mais provável era que ela tivesse um forte sentimento de estranhamento (Bernard, Gebauer, & Maio, 2006). Isso não é de causar surpresa. Basicamente, se seus valores são diferentes dos de sua sociedade ou cultura, você se sente diferente e não normal. Isso também é precisamente o que prevê a teoria de Fromm. Quanto mais distante as pessoas se sentem daqueles que estão à sua volta em sua comunidade, mais provável é se sentirem isoladas.

Para testar melhor as ideias de Fromm, Bernard e colaboradores (2006) examinaram se o fato de ter um sentimento de estranhamento da própria cultura estava relacionado a sentimentos mais pronunciados de ansiedade e depressão. Os mesmos participantes que preencheram as medidas de autorrelato das discrepâncias de valor e do estranhamento também completaram uma medida de ansiedade e depressão. Como os pesquisadores previram, e como discute a teoria de Fromm, quanto mais estranhamento da sociedade as pessoas sentiam em geral, mais ansiosas e deprimidas elas eram. Apesar de o estranhamento da sociedade em geral ser prejudicial ao bem-estar, havia um tipo específico de estranhamento que era ruim para as pessoas. Aqueles que apresentavam um sentimento de estranhamento de seus amigos relatavam sentimentos pronunciados de ansiedade e depressão. Esse achado

sugere que sentir estranhamento da sociedade em geral pode tornar as pessoas mais suscetíveis a sentimentos de depressão, mas tais sentimentos podem ser diminuídos se o indivíduo puder encontrar um grupo de pessoas que compartilham suas crenças, mesmo que elas não sejam as crenças da sociedade em geral. É particularmente prejudicial, no entanto, se as pessoas sentem estranhamento não só da sociedade em geral, como também daqueles que estão mais próximos delas.

Tomados em conjunto, esses achados apoiam claramente as ideias de Erich Fromm. A sociedade moderna nos proporciona inumeráveis conveniências e benefícios. Porém, essas conveniências têm um preço. Liberdade pessoal e um sentimento de individualidade são importantes, mas, quando essas forças levam as pessoas a estranharem sua comunidade, isso pode ser prejudicial a seu bem-estar.

Autoritarismo e medo

Fundamental para a teoria de Fromm (1941) é que a liberdade é, ironicamente, assustadora. Os indivíduos procuram fugir da liberdade por meio de mecanismos como o autoritarismo, a destruição ou a conformidade para atenuar o medo do isolamento. Logo depois da publicação de Fromm *Medo à liberdade*, os estudiosos se interessaram particularmente pelo mecanismo de fuga autoritário. A ideia central por trás de *Medo à liberdade* é que as pessoas são atraídas por respostas absolutas e pela certeza, mesmo que associadas a ditadores autoritários, quando elas se sentem com medo e inseguras. Depois de Fromm, Adorno e colaboradores publicaram um livro intitulado *A personalidade autoritária*, em 1950, e esse trabalho estimulou uma grande quantidade de pesquisas, que continuam até hoje, sobre a questão do autoritarismo como uma orientação da personalidade. Entretanto, muito desse trabalho se desviou da conceitualização original de Fromm e focou os resultados do autoritarismo, incluindo preconceito e hostilidade.

Recentemente, no entanto, J. Corey Butler (2009) procurou reabrir a questão da relação entre medo e autoritarismo. Adorno (1950) postulou que o autoritarismo é a consequência de parentalidade excessivamente severa durante a infância, levando a um sentimento generalizado de medo em relação ao mundo interpessoal. O trabalho de Butler, entretanto, é um esforço para confirmar a ideia de Fromm de que os sentimentos de impotência gerados pelo isolamento da sociedade "livre" moderna levam à submissão autoritária. Estudos sociológicos mostram, na verdade, que os grupos se voltam para o autoritarismo durante tempos de tensão econômica ou social (p. ex., Rickert, 1998), preferindo ordem e estabilidade. Coerente com a tese original de Fromm, Butler previu que, como os autoritários abandonam a autonomia e a liberdade pessoal em prol das normas culturais estabelecidas, aqueles com tendências de personalidade autoritária devem ter medo não de todas as situações interpessoais, mas particularmente do desvio e da desordem social. Ou seja, aqueles que desafiam as normas da ordem devem ser especialmente problemáticos para os autoritários.

Butler conduziu vários estudos para testar sua previsão. Em cada um, ele deu a universitários a Escala de Autoritarismo de Extrema Direita (RWA, Right Wing Authoritarianism Scale; Altemeyer, 1981), um instrumento de 22 itens com afirmações como: "Nosso país precisa desesperadamente de um líder forte que fará o que tem que ser feito para destruir as novas formas radicais e a licenciosidade que está nos arruinando", que os participantes classificam em termos de grau de sua concordância. No primeiro conjunto de estudos (2009), os universitários também classificaram o quanto temiam uma variedade de itens, situações ou circunstâncias. No segundo estudo (2013), foi feita aos universitários uma apresentação de *slides* com vários itens, incluindo animais, situações perigosas, pessoas diversas ou cenas de desordem social. Butler encontrou apoio para sua previsão em todos os casos. As diferenças sociais e a desordem social eram desproporcionalmente temidas em relação a outros medos por aqueles com alto escore em autoritarismo.

Parece, então, conforme Erich Fromm teorizou, que as ameaças políticas e sociais, e não as ameaças pessoais, estão mais fortemente relacionadas ao autoritarismo. Isso implica que a ideologia associada ao autoritarismo é um tipo de cognição social motivada. Butler (2009) levanta a hipótese de que certos estímulos culturais conduzem ao medo, que, por sua vez, cria a motivação para um sistema de crenças autoritário. O desvio e a desordem social, então, tornam-se particularmente ameaçadores para essas pessoas, que agora desenvolveram um estilo de vida mais convencional e restrito. Uma vez que o assim denominado comportamento desviante sugere que existem outras maneiras de viver, os autoritários se sentirão especialmente ameaçados por ele. Hoje, nos Estados Unidos e na União Europeia, refugiados, imigrantes e requerentes de asilo, movimentos religiosos extremistas e até mesmo a igualdade matrimonial para pessoas LGBTQ podem ser consideradas a "tempestade perfeita" de agitação social e econômica que Erich Fromm argumentaria que abre a porta para o autoritarismo como uma fuga. Nesses tempos, figuras políticas como Silvio Berlusconi na Itália, que caracterizou a si mesmo como o único salvador de uma nação que luta contra influências liberais sinistras, tornam-se atraentes para os eleitores (Jebreal, 2015). Nos Estados Unidos, um candidato similar, Donald Trump, anunciou sua candidatura presidencial em 2015 dizendo que "construiria um muro" na fronteira sul dos Estados Unidos e proibiria todos os muçulmanos de entrarem nos EUA até que pudessem ser examinados. Aceitando a indicação para presidente, ele disse aos delegados na convenção: "Só eu posso resolver isso". Esses candidatos apelam aos medos dos eleitores e oferecem garantias na forma de respostas absolutas e certeza. Todos nós faríamos bem em ler *Medo à liberdade* nestes tempos incertos, a fim de nos educarmos sobre os perigos de nos submetermos a líderes carismáticos que oferecem soluções simples para problemas globais complexos (e, sim, muitas vezes assustadores).

Críticas a Fromm

Erich Fromm foi talvez o ensaísta mais brilhante de todos os teóricos da personalidade. Ele escreveu belos ensaios sobre política internacional (Fromm, 1961); sobre a relevância dos profetas bíblicos para as pessoas hoje (Fromm, 1986); sobre os problemas psicológicos do envelhecimento (Fromm, 1981); sobre Marx, Hitler, Freud e Cristo; e sobre uma miríade de outros temas. Seja qual for o tema, no cerne de toda a obra de Fromm, pode ser encontrada uma revelação da essência da natureza humana.

Assim como outros teóricos psicodinâmicos, Fromm tendeu a assumir uma abordagem global para a construção da teoria, engendrando um modelo grandioso e altamente abstrato que era mais filosófico do que científico. Sua visão da natureza humana toca um ponto sensível, conforme evidenciado pela popularidade de seus livros. Infelizmente, seus ensaios e argumentos não são tão conhecidos hoje como eram 50 anos atrás. Paul Roazen (1996) afirmou que, durante a metade da década de 1950, uma pessoa não podia ser considerada educada sem ter lido o livro de Fromm escrito com tanta eloquência, *Medo à liberdade*. Hoje, no entanto, os livros de Fromm raramente são uma leitura requisitada nos *campi* universitários.

A partir de uma perspectiva científica, precisamos perguntar como as ideias de Fromm se classificam dentro dos seis critérios de uma teoria útil. Primeiro, os termos relativamente imprecisos e vagos de Fromm tornaram suas ideias difíceis de operacionalizar e, portanto, um tanto imunes a serem geradoras de pesquisas. Pesquisas usando a Escala de Autoritarismo de Direita, bem como alguns trabalhos sobre orientação mercantil, servem como exceções à regra, mas, de um modo geral, nossa busca nos últimos 45 anos de literatura psicológica rendeu poucos estudos empíricos que testaram diretamente os pressupostos teóricos de Fromm. Essa escassez de investigações científicas o coloca entre os menos validados de forma empírica de todos os teóricos abordados neste livro.

Segundo, a teoria de Fromm é muito filosófica para ser *refutável* ou verificável. Quase todos os achados empíricos gerados pela teoria de Fromm (se existissem) poderiam ser explicados por teorias alternativas.

Terceiro, a amplitude da teoria de Fromm possibilita *organizar e explicar* muito do que é sabido sobre a personalidade humana. Sua perspectiva social, política e histórica proporciona tanto amplitude quanto profundidade para a compreensão da condição humana; porém, a falta de precisão de sua teoria dificulta a previsão e torna a refutação impossível.

Quarto, como um *guia para a ação*, o valor principal da obra de Fromm é estimular os leitores a pensarem de modo produtivo. Infelizmente, no entanto, nem o pesquisador nem o terapeuta recebem muita informação prática dos ensaios de Fromm.

Quinto, as visões de Fromm são *internamente coerentes*, na medida em que um único tema permeia toda a sua obra. No entanto, a teoria carece de uma taxonomia estruturada, um conjunto de termos definidos de forma operacional e uma limitação clara do escopo. Portanto, ela se classifica como baixa em coerência interna.

Por fim, como Fromm relutou em abandonar conceitos mais iniciais ou relacioná-los com suas ideias posteriores, sua teoria carece de simplicidade e unidade. Por essas razões, classificamos a teoria de Fromm como baixa no critério de *parcimônia*.

 ## Conceito de humanidade

Mais do que qualquer outro teórico da personalidade, Erich Fromm enfatizou as diferenças entre os humanos e os outros animais. A natureza essencial dos humanos reside na experiência única de *"estarem na natureza* e sujeitos a todas as suas leis e, ao mesmo tempo, *transcenderem a natureza"* (Fromm, 1992, p. 24). Ele acreditava que apenas os humanos têm consciência de si e de sua existência.

De forma mais específica, a visão de Fromm da humanidade é resumida em sua definição da espécie: *"A espécie humana pode ser definida como o primata que surgiu naquele ponto da evolução em que o determinismo instintivo havia atingido um mínimo e o desenvolvimento do cérebro um máximo"* (Fromm, 1976, p. 137). Os seres humanos, então, são aberrações da natureza, a única espécie a se desenvolver nessa combinação de poderes instintivos mínimos e desenvolvimento cerebral máximo. "Não tendo a capacidade de agir pelo comando dos instintos, enquanto possui a capacidade de autoconsciência, pensamento e imaginação... a espécie humana precisava de uma estrutura de orientação e um objeto de devoção para sobreviver" (p. 137).

No entanto, a sobrevivência humana pagou o preço da ansiedade básica, da solidão e da impotência. Em todas as épocas e culturas, os indivíduos se defrontam com o mesmo problema fundamental: como fugir dos sentimentos de isolamento e encontrar a unidade com a natureza e com as outras pessoas.

De forma geral, Fromm era *pessimista* e *otimista*. Por um lado, ele acreditava que a maioria das pessoas não alcança uma reunião com a natureza ou com os outros seres humanos e que poucos indivíduos atingem a liberdade positiva. Ele também tinha uma atitude um tanto negativa em relação ao capitalismo moderno, que ele insistia ser responsável pelo sentimento de isolamento e solidão de muitas pessoas, enquanto se apegam desesperadamente à ilusão de independência e liberdade. Por outro lado, Fromm era esperançoso o suficiente para acreditar que algumas pessoas alcançarão a reunião e, portanto, realizarão seu potencial humano. Ele também acreditava que os humanos podem alcançar um sentimento de identidade, liberdade positiva e individualidade crescente dentro dos limites de uma sociedade capitalista. Em *Análise do homem* (1947), ele escreveu: "Estou cada vez mais impressionado pela... força dos esforços por felicidade e saúde que fazem parte do equipamento natural das [pessoas]" (p. x).

Na dimensão de *livre-arbítrio* versus *determinismo*, Fromm assumiu uma posição intermediária, insistindo que essa questão não pode ser aplicada a toda a espécie. Em vez disso, ele acreditava que os indivíduos possuem graus de inclinações para a ação livremente escolhida, muito embora raras vezes estejam conscientes de todas as alternativas possíveis. No entanto, sua capacidade de raciocinar possibilita que as pessoas tomem parte ativa no próprio destino.

Na dimensão da *causalidade* versus *teleologia*, Fromm tendia a favorecer a teleologia. Ele acreditava que as pessoas lutam constantemente por uma estrutura de orientação, um mapa, por meio do qual planejam suas vidas para o futuro.

Fromm assumiu uma postura intermediária referente à *motivação consciente* versus *inconsciente*, colocando um pouco mais de ênfase na motivação consciente e discutindo que um dos traços exclusivamente humanos é a *autoconsciência*. Os humanos são os únicos animais que podem raciocinar, visualizar o futuro e conscientemente lutar por objetivos de escolha pessoal. Fromm insistia, no entanto, que a autoconsciência é uma faca de dois gumes e que muitas pessoas reprimem seu caráter básico para evitar a escalada da ansiedade.

No tema das *influências sociais* versus *influências biológicas*, Fromm colocava um pouco mais de importância no impacto da história, da cultura e da sociedade do que na biologia. Ainda que insistisse que as personalidades humanas são histórica e culturalmente determinadas, ele não negligenciava os fatores biológicos, definindo os humanos como aberrações do universo.

Finalmente, ao mesmo tempo que conferia ênfase moderada às *similaridades entre as pessoas*, Fromm também deixava algum espaço para a individualidade. Acreditava que, apesar de a história e a cultura influenciarem fortemente a personalidade, as pessoas poderiam manter certo grau de singularidade. Os humanos são uma espécie que compartilha muitas necessidades, mas as experiências interpessoais ao longo da vida conferem a cada pessoa certa medida de singularidade.

Termos-chave e conceitos

- As pessoas foram apartadas de sua união pré-histórica com a natureza e também umas das outras, no entanto, têm o poder do pensamento, da previsão e da imaginação.
- A *autoconsciência* contribui para os sentimentos de solidão, isolamento e desamparo.
- Para fugir desses sentimentos, as pessoas se esforçam para se unirem às outras e à natureza.
- Apenas as *necessidades exclusivamente humanas* de ligação, transcendência, enraizamento, sentimento de identidade e estrutura de orientação podem mover as pessoas em direção a uma união com o mundo natural.
- Um sentimento de *ligação* impulsiona as pessoas a se unirem com outro indivíduo por meio da submissão, do poder ou do amor.
- *Transcendência* é a necessidade das pessoas de se elevarem acima de sua existência passiva e criarem ou destruírem a vida.
- *Enraizamento* é a necessidade de uma estrutura coerente na vida de cada pessoa.
- O *sentimento de identidade* dá à pessoa um sentimento de "eu" ou "mim".
- A *estrutura de orientação* é uma forma coerente de olhar para o mundo.

- *Ansiedade básica* é o sentimento de estar sozinho no mundo.
- Para aliviar a ansiedade básica, as pessoas usam vários *mecanismos de fuga*, em especial autoritarismo, destrutividade e conformidade.
- As pessoas psicologicamente sadias adquirem a *síndrome de crescimento*, a qual inclui: (1) *liberdade positiva*, ou a atividade espontânea de uma personalidade total integrada; (2) *biofilia*, ou um amor apaixonado pela vida; e (3) *amor* pelos semelhantes humanos.
- Outras pessoas, no entanto, vivem de modo não produtivo e adquirem as coisas *recebendo-as* de modo passivo, *explorando* as outras, *acumulando* coisas e *comercializando* ou trocando coisas, incluindo elas mesmas.
- Algumas pessoas extremamente doentes são motivadas pela *síndrome de decadência*, a qual inclui: (1) *necrofilia*, ou amor pela morte; (2) *narcisismo maligno*, ou fascínio pelo *self*; e (3) *simbiose incestuosa*, ou tendência a permanecerem ligadas a uma pessoa maternal ou a seu equivalente.
- O objetivo da *psicoterapia* de Fromm é estabelecer uma união com os pacientes, de modo que eles possam se unir novamente ao mundo.

Referências

Adorno, T. W., Frenkel-Brunswick, E., Levinson, D. J., & Sanford, R. N. (1950). *The authoritarian personality*. New York: Harper.

Altemeyer, B. (1981). *Right-wing authoritarianism*. Winnipeg: University of Manitoba Press.

Bachofen, J. J. (1861/1967). *Myth, religion, and Mother Right: Selected writings of Johann Jacob Bachofen* (R. Manheim, Trans.). Princeton, NJ: Princeton University Press.

Bachofen, J. J. (1861/1967). *Myth, religion, and Mother Right: Selected writings of Johann Jacob Bachofen* (R. Manheim, Trans.). Princeton, NJ: Princeton University Press.

Bernard, M. M., Gebauer, J. E., & Maio, G. R. (2006). Cultural estrangement: The role of personal and societal value discrepancies. *Personality and Social Psychology Bulletin, 32,* 78–92.

Butler, J. C. (2009). Authoritarianism and fear of deviance. *North American Journal of Psychology, 11,* 49–64.

Evans, R. I. (1966). *Dialogue with Erich Fromm*. New York: Harper & Row.

Fromm, E. (1941). *Escape from freedom*. New York: Holt, Rinehart and Winston.

Fromm, E. (1947). *Man for himself: An inquiry into the psychology of ethics*. New York: Holt, Rinehart and Winston.

Fromm, E. (1951). *The forgotten language: An introduction to the understanding of dreams, fairy tales and myths*. New York: Rinehart.

Fromm, E. (1955). *The sane society*. New York: Holt, Rinehart and Winston.

Fromm, E. (1956). *The art of loving*. New York: Harper & Brothers.

Fromm, E. (1959). *Sigmund Freud's mission.* New York: Harper & Brothers.

Fromm, E. (1961). *Marx's concept of man.* New York: Ungar.

Fromm, E. (1962). *Beyond the chains of illusion.* New York: Simon and Schuster.

Fromm, E. (1963). *The dogma of Christ and other essays on religion, psychology, and culture.* New York: Holt, Rinehart and Winston.

Fromm, E. (1964). *The heart of man.* New York: Harper & Row.

Fromm, E. (1973). *The anatomy of human destructiveness.* New York: Holt, Rinehart and Winston.

Fromm, E. (1976). *To have or be.* New York: Harper & Row.

Fromm, E. (1981). *On disobedience and other essays.* New York: Seabury Press.

Fromm, E. (1986). *For the love of life* (H. J. Schultz, Ed.; Robert Kimber & Rita Kimber, Trans.). New York: Free Press. (Original work published 1972, 1974, 1975, 1983)

Fromm, E. (1992). *The revision of psychoanalysis.* Boulder, CO: Westview Press.

Fromm, E. (1997). *Love, sexuality, and matriarchy: About gender.* New York: Fromm International.

Fromm, E., & Maccoby, M. (1970). *Social character in a Mexican village.* Englewood Cliffs, NJ: Prentice-Hall.

Hausdorff, D. (1972). *Erich Fromm.* New York: Twayne.

Hofstede, G. (1984). The cultural relativity of the quality of life concept. *Academy of Management Review, 9,* 389–398.

Hornstein, G. A. (2000). *To redeem one person is to redeem the world: The life of Frieda Fromm-Reichmann.* New York: Free Press.

Jebreal, R. (September, 2015). Donald Trump is America's Silvio Berlusconi. *The Washington Post.* Online source: https://www.washingtonpost.com/posteverything/wp/2015/09/21/donald-trump-is-americas-silvio-berlusconi/

Kasser, T. and R. M. Ryan: 1996, 'Further examining the American dream:Differential correlates of intrinsic and extrinsic goals', Personality and SocialPsychology Bulletin 22, pp. 280–287.

Kasser, T., & Ryan, R. M. (1993). A dark side of the American dream: Correlates of financial success as central life aspiration. *Journal of Personality and Social Psychology, 65,* 410–422.

Knapp, G. P. (1989). *The art of living: Erich Fromm's life and works.* New York: Peter Lang.

Landis, B., & Tauber, E. S. (1971). Erich Fromm: Some biographical notes. In B. Landis & E. S. Tauber (Eds.), *In the name of life: Essays in honor of Erich Fromm.* New York: Holt, Rinehart and Winston.

Quinn, S. (1987). *A mind of her own: The life of Karen Horney.* New York: Summit Books.

Richins, M. L., & Dawson, S. (1992). A consumer values orientation for materialism and its measurement: Scale development and validation. *Journal of Consumer Research, 19,* 303–316.

Rickert, E. J. (1998). Authoritarianism and economic threat: Implications for political behavior. *Political Psychology, 19,* 707–720.

Roazen, P. (1996). Erich Fromm's courage. In M. Cortina & M. Maccoby (Eds.), *A prophetic analyst:Erich Fromm's contribution to psychoanalysis* (pp. 427–453). Northvale, NJ: Aronson.

Saunders, S. A. (2007). A snapshot of five materialism studies in Australia. *Journal of Pacific Rim Psychology, 1,* 14–19.

Saunders, S., & Munro, D. (2000). The construction and validation of a consumer orientation questionnaire (SCOI) designed to measure Fromm's (1955) 'marketing character' in Australia. *Social Behavior and Personality, 28,* 219–240.

Singelis, T. M., Triandis, H. C., Bhawuk, D. P. S., & Gelfand, M. J. (1995). Horizontal and vertical dimensions of individualism and collectivism: A theoretical and measurement refinement. *Cross-Cultural Research, 29,* 240–275.

Sobel, D. (1980, March 19). Erich Fromm. *The New York Times,* p. B11.

Triandis, H. (1995). *Individualism and Collectivism.* Oxford: Westview Press.

Van Hiel, A., Cornelis, I., & Roets, A. (2010). To have or to be? A comparison of materialism-based theories and self-determination theory as explanatory frameworks of prejudice. *Journal of Personality, 78,* 1037–1070.

PARTE TRÊS

Teorias Humanistas/ Existenciais

Capítulo 9   *Maslow*
Teoria Holístico-Dinâmica   190
Capítulo 10   *Rogers*
Teoria Centrada na Pessoa   215
Capítulo 11   *May*
Psicologia Existencial   239

CAPÍTULO 9

Maslow: Teoria Holístico-Dinâmica

- ◆ *Panorama da teoria holístico-dinâmica*
- ◆ *Biografia de Abraham H. Maslow*
- ◆ *A visão de Maslow sobre a motivação*
  Hierarquia de necessidades
  Necessidades estéticas
  Necessidades cognitivas
  Necessidades neuróticas
  Discussão geral das necessidades
- ◆ *Autorrealização*
  A busca de Maslow pela pessoa autorrealizada
  Critérios para a autorrealização
  Valores das pessoas autorrealizadas
  Características das pessoas autorrealizadas
  Amor, sexo e autorrealização
- ◆ *Psicologia e filosofia da ciência de Maslow*
- ◆ *Medindo a autorrealização*
- ◆ *O complexo de Jonas*
- ◆ *Psicoterapia*

Bettmann/Getty Images

- ◆ *Pesquisa relacionada*
  Teste empírico e uma atualização evolutiva da hierarquia das necessidades
  Psicologia positiva
- ◆ *Críticas a Maslow*
- ◆ *Conceito de humanidade*
- ◆ *Termos-chave e conceitos*
- ◆ *Referências*

Professores e universitários reconheceram há tempo que alguns estudantes intelectualmente "na média" são capazes de tirar boas notas, enquanto alguns alunos intelectualmente superiores tiram apenas notas medianas e certos alunos brilhantes, na verdade, são reprovados na escola. Que fatores explicam essa situação? A motivação é uma suspeita provável. Saúde pessoal, morte repentina na família e muitos empregos são outras possibilidades.

Alguns anos atrás, um brilhante estudante estava se empenhando em um curso. Ainda que seu desempenho fosse razoavelmente bom nas disciplinas que despertavam seu interesse, seu trabalho era tão pobre nas outras que ele era colocado em dependência acadêmica. Posteriormente, esse jovem se submeteu a um teste de quociente de inteligência (QI), no qual obteve 195, um escore tão alto que pode ser atingido somente por cerca de uma pessoa em milhões. Portanto, falta de capacidade intelectual não era a razão para que esse jovem tivesse um desempenho medíocre na faculdade. Assim como alguns outros jovens, esse estudante estava profundamente apaixonado, uma condição que tornava difícil sua concentração no trabalho acadêmico. Por ser muito tímido, o jovem não conseguia reunir coragem para se aproximar de sua amada de forma romântica. É interessante observar que a jovem objeto de sua afeição também era sua prima em primeiro grau. Essa situação permitia que ele visitasse a prima com o pretexto de visitar sua tia. Ele amava sua prima de uma forma distante e tímida, nunca tendo tocado nela ou expressado seus sentimentos. Então, de repente, um evento fortuito mudou sua vida. Enquanto visitava a tia, a irmã mais velha da prima empurrou o jovem na direção da prima, praticamente ordenando que ele a beijasse. Ele fez isso, e, para sua surpresa, sua prima não ofereceu resistência. Ela o beijou, e daquele momento em diante a vida dele passou a ter significado.

O jovem tímido nessa história era Abraham Maslow, e sua prima era Bertha Goodman. Depois do primeiro beijo acidental, Abe e Bertha casaram-se pouco tempo depois, e o casamento o fez mudar de um universitário medíocre para um brilhante estudioso, que influenciou de forma decisiva o curso da psicologia humanista nos Estados Unidos. Essa história não deve ser vista como uma recomendação para se casar com um primo, mas ilustra como pessoas brilhantes precisam, por vezes, apenas de um pequeno empurrão para atingir seu potencial.

Panorama da teoria holístico-dinâmica

A teoria da personalidade de Abraham Maslow tem sido chamada de várias formas como teoria humanista, teoria transpessoal, a terceira força na psicologia, a quarta força na personalidade, teoria das necessidades e teoria da autorrealização. Entretanto, Maslow (1970) se referia a ela como **teoria holístico-dinâmica**, porque pressupõe que a pessoa, em sua totalidade, está constantemente sendo motivada por uma necessidade ou outra e que os indivíduos têm potencial para crescer em direção à saúde psicológica, ou seja, à *autorrealização*. Para atingir a autorrealização, é preciso satisfazer necessidades de níveis inferiores, como fome, segurança, amor e estima. Somente depois que as pessoas estiverem relativamente satisfeitas em cada uma dessas necessidades é que elas podem alcançar a autorrealização.

As teorias de Maslow, Gordon Allport, Carl Rogers, Rollo May e outros são, por vezes, consideradas como a **terceira força** na psicologia (a primeira força foi a psicanálise e suas modificações; a segunda, o behaviorismo e suas várias formas). Assim como outros teóricos, Maslow aceitava alguns dos princípios da psicanálise e do behaviorismo. Quando universitário, estudou a *Interpretação dos Sonhos* (Freud, 1900/1953) e ficou mais interessado em psicanálise. Além disso, sua pesquisa de graduação com primatas foi bastante influenciada pelo trabalho de John B. Watson (Watson, 1925). Em sua teoria madura, no entanto, Maslow criticou tanto a psicanálise quanto o behaviorismo por suas visões limitadas da humanidade e pela compreensão inadequada da pessoa psicologicamente sadia. Para Maslow, os humanos têm uma natureza mais elevada do que a psicanálise ou o behaviorismo sugeriam; e ele passou os últimos anos de sua vida tentando descobrir a natureza dos indivíduos psicologicamente sadios.

Biografia de Abraham H. Maslow

Abraham Harold (Abe) Maslow teve, talvez, a infância mais solitária e miserável de todas as pessoas discutidas neste livro. Nascido em Manhattan, Nova York, em 1º de abril de 1908, passou sua infância infeliz no Brooklin. Maslow era o mais velho de sete filhos nascidos de Samuel Maslow e Rose Schilosky Maslow. Sua infância foi repleta de intensos sentimentos de timidez, inferioridade e depressão.

Maslow não era especialmente próximo de nenhum dos pais, mas tolerava seu pai, muitas vezes ausente, um imigrante judeu-russo que ganhava a vida preparando barris. Em relação à sua mãe, no entanto, Maslow sentia ódio e uma animosidade profunda, não somente durante a infância, mas até o dia em que ela morreu, apenas alguns dias antes da morte do próprio Maslow. Apesar de vários anos de psicanálise, ele nunca superou o intenso ódio pela mãe e se recusou a ir ao funeral dela, apesar dos apelos de seus irmãos, que não compartilhavam de seus sentimentos por ela. Um ano antes de sua morte, Maslow (1979) registrou a seguinte reflexão em seu diário:

> Aquilo contra o que eu reagia e odiava e rejeitava completamente não era apenas sua aparência física, mas também seus valores e sua visão do mundo, sua mesquinhez, seu total egoísmo, sua falta de amor por

qualquer um no mundo, mesmo pelo marido e pelos filhos... seu pressuposto de que qualquer um que discordasse dela estava errado, sua falta de interesse por seus netos, sua falta de amigos, seu desleixo e sua sujeira, sua falta de sentimento familiar pelos próprios pais e irmãos... Sempre me perguntei de onde vieram minha utopia, ética, humanismo, ênfase na bondade, amor, amizade e todo o resto. Eu sabia certamente das consequências diretas de não ter amor materno. Mas todo o impulso de minha filosofia de vida e minha pesquisa e teorização também possuem suas raízes em um ódio e uma repulsa por tudo o que ela representava. (p. 958)

Edward Hoffman (1988) relatou uma história que descreve vividamente a crueldade de Rose Maslow. Um dia, o jovem Maslow encontrou dois gatinhos abandonados na vizinhança. Com pena, ele levou os filhotes para casa, colocou-os no porão e lhes deu leite em um pires. Quando sua mãe viu os gatinhos, ficou furiosa e, enquanto o menino assistia, ela bateu as cabeças dos animais contra a parede do porão até que estivessem mortos.

A mãe de Maslow também era uma mulher muito religiosa, que, com frequência, ameaçava o menino com punições de Deus. Quando jovem, Maslow decidiu testar as ameaças de sua mãe, comportando-se mal de propósito. Quando nenhuma retaliação divina recaiu sobre si, ele concluiu que as advertências da mãe não eram cientificamente válidas. Com essas experiências, Maslow aprendeu a odiar e a suspeitar da religião e se tornou um ateu convicto.

Apesar de sua visão ateísta, ele sentiu o tormento do antissemitismo, não somente na infância, mas também durante a idade adulta. Possivelmente como uma defesa contra as atitudes antissemitas de seus colegas de classe, ele se voltou para os livros e para as conquistas acadêmicas. Ele adorava ler, mas, para alcançar a segurança da biblioteca pública, tinha que evitar as gangues antissemitas que perambulavam pela sua vizinhança no Brooklin e que não precisavam de desculpas para aterrorizar o jovem Maslow e outros meninos judeus.

Sendo bem-dotado intelectualmente, Abe encontrou algum consolo durante seus anos na Boys High School, no Brooklin, onde suas notas eram apenas um pouco melhores do que a média. Ao mesmo tempo, desenvolveu uma amizade próxima com seu primo Will Maslow, uma pessoa extrovertida e socialmente ativa. Por meio desse relacionamento, o próprio Abe aprimorou algumas habilidades sociais e se envolveu em várias atividades escolares (Hoffman, 1988).

Depois que Maslow se formou na Boys High School, seu primo Will o encorajou a se candidatar à Universidade Cornell, mas, por falta de autoconfiança, escolheu a menos prestigiosa City College of New York. Por volta dessa época, seus pais se divorciaram e ele e seu pai se tornaram menos distantes emocionalmente. O pai de Maslow queria que seu filho mais velho fosse advogado e, enquanto frequentava o City College, Maslow se inscreveu no curso de direito. No entanto, ele saiu das aulas de direito uma noite,

deixando seus livros para trás. Para ele, o direito lidava demais com pessoas más e não estava suficientemente preocupado com as pessoas boas. Seu pai, embora inicialmente desapontado, acabou aceitando a decisão de Maslow de abandonar a faculdade de direito (M. H. Hall, 1968).

Como estudante no City College, Maslow se saía bem em filosofia e em outras matérias que despertavam seu interesse. Entretanto, naquelas de que não gostava, ele se saía tão mal que era colocado em dependência acadêmica. Após três semestres, ele se transferiu para a Universidade Cornell, no interior de Nova York, em parte para ficar mais perto do primo Will, que frequentava aquela universidade, mas também para se distanciar da prima Bertha Goodman, por quem estava apaixonado (Hoffman, 1988). Em Cornell, o trabalho acadêmico de Maslow continuava apenas medíocre. Seu professor de Introdução à Psicologia era Edward B. Titchener, um renomado pioneiro em psicologia que ministrava suas aulas vestindo toga acadêmica. Maslow não ficava impressionado. Ele considerava a abordagem de titchener da psicologia fria, "desumana" e nada tendo a ver com as pessoas.

Depois de um semestre em Cornell, Maslow voltou para o City College of New York, agora para ficar mais perto de Bertha. Logo depois do evento fortuito descrito na vinheta de abertura, Abe e Bertha se casaram, não sem antes se defrontarem com a resistência dos pais dele. Os pais de Maslow faziam objeção ao casamento, em parte porque ele tinha apenas 20 anos e ela apenas 19. Entretanto, o temor maior era que um casamento entre primos em primeiro grau pudesse resultar em defeitos hereditários nos possíveis filhos. Esse medo era irônico à luz do fato de que os próprios pais de Maslow eram primos em primeiro grau e tiveram seis filhos saudáveis (uma filha morreu durante a infância, mas não por causa de algum defeito genético).

Um semestre antes do casamento, Maslow se matriculou na Universidade de Wisconsin, na qual obteve um diploma de bacharel em filosofia. Além disso, ficou muito interessado no behaviorismo de John B. Watson, e esse interesse o estimulou a fazer cursos de psicologia suficientes para obter um doutorado em psicologia. Como estudante de pós-graduação, trabalhou nesse campo com Harry Harlow, que estava começando sua pesquisa com macacos. A pesquisa para a tese de Maslow sobre dominância e comportamento sexual dos macacos sugeria que a dominância social era um motivo mais poderoso do que o sexo, pelo menos entre os primatas (Blum, 2002).

Em 1934, Maslow recebeu seu doutorado, mas não conseguiu encontrar um cargo acadêmico, tanto por causa da Grande Depressão quanto pelo preconceito antissemita ainda forte em muitos *campi* norte-americanos naquela época. Assim, ele continuou a ensinar em Wisconsin por um curto período, ao mesmo tempo em que cursava medicina nessa mesma universidade. No entanto, ele rechaçava a atitude fria e desapaixonada dos cirurgiões, que conseguiam cortar fora as partes doentes do corpo sem emoção discernível. Para Maslow, o curso de medicina – assim como o de direito – refletia uma visão não emocional e negativa das pessoas, e ele ficou perturbado e entediado com suas experiências nessa área. Quando Maslow se entediava com algo, ele o abandonava, e a medicina não foi uma exceção (Hoffman, 1988).

No ano seguinte, Maslow voltou a Nova York para se tornar assistente de pesquisa de E. L. Thorndike, na Teachers College, Universidade de Columbia. Maslow, um aluno medíocre durante seus dias no City College e na Cornell, teve um escore de 195 no teste de inteligência de Thorndike, motivando este a dar a seu assistente liberdade total para fazer o que quisesse. A mente fértil de Maslow prosperou nessa situação; mas, depois de um ano e meio fazendo pesquisas sobre dominância humana e sexualidade, deixou Columbia para se associar ao corpo docente do Brooklyn College, uma escola recém-fundada, cujos alunos eram preponderantemente adolescentes brilhantes provenientes de lares da classe trabalhadora, muito parecidos com o próprio Maslow 10 anos antes (Hoffman, 1988).

Viver em Nova York durante as décadas de 1930 e 1940 deu a Maslow uma oportunidade de entrar em contato com muitos dos psicólogos europeus que haviam escapado do regime nazista. De fato, Maslow presumia que, de todas as pessoas que já tinham vivido, ele possuía os melhores professores (Goble, 1970). Entre outros, conheceu e aprendeu com Erich Fromm, Karen Horney, Max Wertheimer e Kurt Goldstein. Ele foi influenciado por cada uma dessas pessoas, a maioria dos quais ministrava palestras na New School for Social Research. Maslow também se associou a Alfred Adler, que estava morando em Nova York naquela época. Adler realizava seminários em sua casa nas noites de sexta-feira, e Maslow era um visitante frequente dessas sessões, assim como Julian Rotter (ver Cap. 18).

Ruth Benedict, uma antropóloga da Universidade de Columbia, também foi mentora de Maslow. Em 1938, Benedict encorajou-o a conduzir estudos antropológicos entre os índios Blackfoot, no Norte de Alberta, Canadá. Seu trabalho com esses nativos americanos ensinou-lhe que as diferenças entre as culturas eram superficiais e que os Blackfoot do Norte eram, em primeiro lugar, pessoas e somente em segundo lugar eram índios. Essa percepção ajudou Maslow, em anos posteriores, a ver que sua famosa hierarquia de necessidades aplicava-se igualmente a todos.

Logo após os Estados Unidos entrarem na II Guerra Mundial, em dezembro de 1941, Maslow teve um *insight* que mudou sua vida. Ele estava assistindo a um desfile de veteranos e teve uma percepção muito comovente de que, a partir de então, sua vida teria que ser dedicada a "uma psicologia para a mesa da paz" (Hoffman, 1998, p. 2). Essa visão também deu origem à sua ideia de que os motivos são hierárquicos, com necessidades de ordem superior, como crescimento e bem-estar, só podendo ser um foco

quando as necessidades biológicas e de segurança de nível inferior forem relativamente bem satisfeitas. Durante a metade da década de 1940, a saúde de Maslow começou a se deteriorar. Em 1946, aos 38 anos, sofreu de uma estranha doença que o deixou fraco, desanimado e exausto. No ano seguinte, tirou uma licença médica e, com Bertha e suas duas filhas, mudou-se para Pleasanton, Califórnia, onde, apenas nominalmente, ele era diretor de fábrica da Maslow Cooperage Corporation. O cronograma de trabalho leve possibilitou a Maslow ler biografias e histórias, na busca por informações sobre pessoas autorrealizadas. Após um ano, sua saúde havia melhorado, e ele voltou a ensinar no Brooklyn College.

Em 1951, Maslow assumiu um cargo como diretor do departamento de psicologia na recém-fundada Universidade Brandeis, em Waltham, Massachusetts. Durante seus anos em Brandeis, começou a escrever intensamente em seus diários, anotando, em intervalos regulares, seus pensamentos, opiniões, sentimentos, atividades sociais, conversas importantes e preocupações com a saúde (Maslow, 1979).

Apesar de ganhar fama durante a década de 1960, Maslow foi ficando cada vez mais desencantado com sua vida em Brandeis. Alguns alunos se rebelaram contra seus métodos de ensino, reivindicando um envolvimento mais experiencial e uma abordagem menos intelectual e científica.

Além dos problemas relacionados ao trabalho, Maslow sofreu um grave ataque cardíaco em dezembro de 1967. Então, ficou sabendo que sua estranha doença 20 anos antes tinha sido um ataque cardíaco não diagnosticado. Agora com a saúde fraca e decepcionado com a atmosfera acadêmica em Brandeis, aceitou a oferta de se associar à Saga Administrative Corporation, em Menlo Park, Califórnia. Lá ele não tinha um trabalho em particular e era livre para pensar e escrever como quisesse. Ele gostava daquela liberdade, mas, em 8 de junho de 1970, abruptamente sofreu um colapso e morreu de um ataque cardíaco fulminante. Maslow tinha 62 anos.

Maslow recebeu muitas honrarias durante sua vida, incluindo a eleição para a presidência da American Psychological Association para o período de 1967 a 1968. Na época de sua morte, ele era muito conhecido não somente dentro da profissão da psicologia, mas também entre pessoas instruídas em geral, particularmente em gestão de negócios, *marketing*, teologia, aconselhamento, educação, enfermagem e outros campos relacionados à saúde.

A vida pessoal de Maslow foi repleta de dor, tanto física quanto psicológica. Quando adolescente, ele era terrivelmente tímido, infeliz, isolado e autorrejeitado. Nos anos posteriores, ele estava com a saúde física fraca, sofrendo de uma série de doenças, incluindo distúrbios cardíacos crônicos. Seus diários (Maslow, 1979) são repletos de referências à sua saúde frágil. Em seu último registro no diário (7 de maio de 1970), um mês antes de sua morte, ele se queixou das pessoas que esperavam que ele fosse um líder e porta-voz corajoso. Ele escreveu: "Não sou 'corajoso' por temperamento. Minha coragem é realmente uma *superação* de todos os tipos de inibição, cortesia, gentileza, timidez – e sempre me custou muito em fadiga, tensão, apreensão, noites maldormidas" (p. 1307).

A visão de Maslow sobre a motivação

A teoria da personalidade de Maslow fundamenta-se em vários pressupostos básicos referentes à motivação. Primeiro, Maslow (1970) adotou uma *abordagem holística da motivação*, ou seja, a pessoa como um todo, e não uma parte ou função isolada, é motivada.

Segundo, a *motivação é geralmente complexa*, significando que o comportamento de uma pessoa pode nascer de vários motivos isolados. Por exemplo, o desejo de união sexual pode ser motivado não somente por uma necessidade genital, mas também pelas necessidades de dominância, companheirismo, amor e autoestima. Além do mais, a motivação para um comportamento pode ser inconsciente ou desconhecida para a pessoa. Por exemplo, a motivação para um universitário tirar uma nota alta pode mascarar a necessidade de dominância ou poder. A aceitação de Maslow acerca da importância da motivação inconsciente representa um aspecto importante que o diferencia de Gordon Allport (Cap. 12). Enquanto Allport diria que uma pessoa joga golfe simplesmente pela diversão, Maslow olharia além da superfície, buscando razões subjacentes e, com frequência, complexas para jogar golfe.

Um terceiro pressuposto é que as *pessoas são continuamente motivadas por uma necessidade ou outra*. Quando uma necessidade é satisfeita, ela costuma perder a sua força motivacional e é, então, substituída por outra necessidade. Por exemplo, enquanto as necessidades de fome forem frustradas, as pessoas lutarão por comida; todavia, quando tiverem o suficiente para comer, avançarão para outras necessidades, como segurança, amizade e autoestima.

Outro pressuposto é que *todas as pessoas, em qualquer lugar, são motivadas pelas mesmas necessidades básicas*. A *maneira* como as pessoas em diferentes culturas obtêm alimentos, constroem abrigos, expressam amizade, e assim por diante, pode variar bastante, mas as necessidades fundamentais de alimento, segurança e amizade são comuns à espécie inteira.

Um pressuposto final referente à motivação é que as *necessidades podem ser organizadas em uma hierarquia* (Maslow, 1943, 1970). Embora a representação visual mais comum da hierarquia seja uma pirâmide, é importante notar que o próprio Maslow nunca criou ou defendeu uma pirâmide (Bridgeman et al., 2019). Foi proposta pela primeira vez por um psicólogo consultor em um jornal de negócios, quase 20 anos depois de Maslow propor a hierarquia (McDermid, 1960; cf. Bridgman et al., 2019).

Hierarquia de necessidades

O conceito de **hierarquia de necessidades** de Maslow supõe que as necessidades de nível mais baixo precisam ser satisfeitas ou, pelo menos, relativamente satisfeitas antes que as necessidades de níveis mais altos se tornem motivadoras. As cinco necessidades que compõem essa hierarquia são as **necessidades conativas**, as quais têm um caráter de esforço ou motivacional. Essas necessidades, que Maslow frequentemente chamava de *necessidades básicas*, podem ser organizadas em uma hierarquia ou escada, com cada passo ascendente representando uma necessidade mais alta, porém menos básica para a sobrevivência (ver Figura 9.1). As necessidades de nível mais baixo têm *predominância* sobre as necessidades de nível mais alto, isto é, elas devem ser satisfeitas ou satisfeitas em sua maior parte antes que as necessidades de nível mais alto sejam ativadas. Por exemplo, alguém motivado por estima ou autorrealização precisa antes ter satisfeito as necessidades de alimento e segurança. Fome e segurança, portanto, possuem predominância sobre estima e autorrealização.

Maslow (1970) listou as seguintes necessidades, na ordem de predominância: fisiológica, segurança, amor e pertencimento, estima e autorrealização.

FIGURA 9.1 Hierarquia de necessidades de Maslow — Como ao subir uma escada, uma pessoa se preocupa principalmente com um nível depois de subir de um nível inferior, mas também está em mais de um nível por vez.

Necessidades fisiológicas

As necessidades mais básicas de uma pessoa são as **necessidades fisiológicas**, incluindo comida, água, oxigênio, manutenção da temperatura corporal, entre outras. Elas são as mais potentes de todas. As pessoas constantemente famintas são motivadas a comer – não a fazer amigos ou a adquirir autoestima. Elas não veem além da comida e, enquanto essa necessidade permanecer insatisfeita, sua motivação primária será obter algo para comer.

Em sociedades abastadas, a maioria das pessoas satisfaz sua fome de forma natural. Elas, em geral, têm o suficiente para comer; portanto, quando dizem que estão com fome, elas estão, na realidade, falando de apetite, não de fome. Uma pessoa faminta de verdade não será exigente em relação a gosto, aroma, temperatura ou textura da comida.

Maslow (1970) disse: "É bem verdade que o homem vive somente com pão – quando não existe pão" (p. 38). Quando as pessoas não têm suas necessidades fisiológicas satisfeitas, elas vivem essencialmente por essas necessidades e esforçam-se de modo constante para satisfazê-las. As pessoas famintas são preocupadas com comida e estão dispostas a fazer quase qualquer coisa para obtê-la (Keys, Brozek, Henschel, Mickelsen, & Taylor, 1950).

As necessidades fisiológicas diferem de outras necessidades em pelo menos dois aspectos importantes. Primeiro, elas são as únicas necessidades que podem ser satisfeitas por completo ou mesmo excessivamente satisfeitas. As pessoas podem obter o suficiente para comer, de forma que a comida perde toda a sua força motivacional. Para alguém que terminou há pouco uma farta refeição, o pensamento de mais comida pode até mesmo ter efeito nauseante. Uma segunda característica peculiar às necessidades fisiológicas é sua natureza recorrente. Depois que as pessoas comeram, elas acabam tendo fome outra vez; elas precisam reabastecer constantemente seu suprimento de comida e água; e uma respiração precisa ser seguida por outra. As necessidades de outro nível, no entanto, não recorrem de forma tão constante. Por exemplo, as pessoas que, pelo menos parcialmente, têm suas necessidades de amor e estima satisfeitas permanecem confiantes de que podem continuar a satisfazer essas necessidades.

Necessidades de segurança

Depois que as pessoas satisfizeram parcialmente suas necessidades fisiológicas, elas ficam motivadas pelas **necessidades de segurança**, incluindo segurança física, estabilidade, dependência, proteção e ser livre de forças ameaçadoras, como guerra, terrorismo, doença, medo, ansiedade, perigo, caos e desastres naturais. As necessidades de lei, ordem e estrutura também estão associadas à segurança (Maslow, 1970).

As necessidades de segurança diferem das necessidades fisiológicas, uma vez que não podem ser excessivamente saciadas; as pessoas nunca conseguem estar protegidas por completo de meteoritos, incêndios, enchentes ou atos perigosos de outros.

Em sociedades que não estão em guerra, a maioria dos adultos sadios satisfaz sua necessidade de segurança a maior parte do tempo, tornando, assim, essa necessidade relativamente sem importância. As crianças, no entanto, são motivadas, com mais frequência, pelas necessidades de segurança, porque elas convivem com ameaças como escuridão, animais, estranhos e castigo dos pais. Além disso, alguns adultos sentem-se relativamente inseguros, porque mantêm medos irracionais da infância que os fazem agir como se tivessem medo da punição dos pais. Eles gastam muito mais energia do que as pessoas sadias tentando satisfazer as necessidades de segurança e, quando não têm sucesso em suas tentativas, sofrem do que Maslow (1970) denominou **ansiedade básica**.

Necessidades de amor e pertencimento

Depois que as pessoas satisfazem parcialmente suas necessidades fisiológicas e de segurança, elas ficam mais motivadas pelas **necessidades de amor e pertencimento**, tais como o desejo de amizade, o desejo por um parceiro e por filhos e a necessidade de pertencer a uma família, um clube, uma vizinhança ou uma nação. Amor e pertencimento também incluem alguns aspectos de sexo e contato humano, bem como a necessidade de dar e receber amor (Maslow, 1970).

As pessoas que tiveram suas necessidades de amor e pertencimento satisfeitas de modo adequado, desde uma idade precoce, não entram em pânico quando o amor é negado. Elas têm confiança de que são aceitas por aqueles que são importantes para elas; portanto, quando outras pessoas as rejeitam, elas não se sentem devastadas.

Um segundo grupo de pessoas envolve aquelas que nunca experimentaram amor e pertencimento e, assim, são incapazes de dar amor. Elas raramente ou nunca foram abraçadas ou acariciadas, nem experimentaram qualquer forma de amor verbal. Maslow acreditava que essas pessoas acabam aprendendo a desvalorizar o amor e a achar natural a ausência dele.

Uma terceira categoria inclui aquelas pessoas que experimentaram amor e pertencimento somente em pequenas doses. Como recebem apenas uma amostra de amor e pertencimento, elas são fortemente motivadas a procurá-los. Em outras palavras, as pessoas que receberam apenas uma pequena quantidade de amor têm necessidades mais intensas de afeição e aceitação do que aquelas que receberam uma quantidade saudável de amor ou nenhum amor (Maslow, 1970).

As crianças precisam de amor para crescer psicologicamente, e suas tentativas de satisfazer essa necessidade são, em geral, simples e diretas. Os adultos também precisam de amor, mas suas tentativas de atingi-lo são, por vezes, disfarçadas de forma inteligente. Esses adultos, muitas vezes, envolvem-se em comportamentos autodestrutivos,

Uma sólida sensação de ser amado é importante para promover a confiança e o crescimento psicológico.
Image Source

como fingir estar distantes de outras pessoas ou adotar um estilo cínico, frio e calejado em suas relações interpessoais. Eles podem ter uma aparência de autossuficiência e independência, mas, na realidade, possuem uma forte necessidade de serem aceitos e amados. Outros adultos, cujas necessidades de amor permanecem, em grande parte, insatisfeitas, adotam formas mais óbvias de tentar satisfazê-las, porém acabam minando o próprio sucesso ao se esforçarem demais. Suas constantes súplicas por aceitação e afeição deixam os outros desconfiados, pouco amigáveis e impenetráveis.

Necessidades de estima

Depois que as pessoas satisfazem suas necessidades de amor e pertencimento, elas estão livres para buscar satisfazer **necessidades de estima**, as quais incluem autorrespeito, confiança, competência e conhecimento de que os outros as têm em alta estima. Maslow (1970) identificou dois níveis de necessidades de estima: reputação e autoestima. Reputação é a percepção do prestígio, do reconhecimento ou da fama que uma pessoa alcançou aos olhos dos outros, enquanto autoestima são os sentimentos de valor e confiança do próprio indivíduo. A autoestima está baseada em mais do que reputação ou prestígio; ela reflete um "desejo de força, conquistas, adequação, domínio e competência, confiança diante do mundo e independência e liberdade" (p. 45). Em outras palavras, a autoestima está baseada na competência real, e não meramente na opinião dos outros. Depois que as pessoas satisfazem suas necessidades de estima, elas se encontram no limiar da autorrealização, a necessidade mais alta reconhecida por Maslow.

Necessidades de autorrealização

Quando as necessidades de nível mais baixo são satisfeitas, as pessoas avançam de forma mais ou menos automática para o nível seguinte. No entanto, depois que as necessidades de estima são satisfeitas, elas nem sempre avançam para o nível de autorrealização. A princípio, Maslow (1950) presumia que as necessidades de autorrealização se tornavam potentes sempre que as necessidades de estima eram satisfeitas. Contudo, durante a década de 1960, ele percebeu que muitos dos jovens estudantes em Brandeis e em outros *campi* por todo o país tinham todas as suas necessidades mais baixas gratificadas, incluindo reputação e autoestima e, mesmo assim, não se tornavam autorrealizados (Frick, 1982; Hoffman, 1988; Maslow, 1971). O fato de alguns ultrapassarem o limiar da estima para a autorrealização e outros não está relacionado à adoção ou não dos valores B (os valores B serão discutidos na seção Autorrealização). As pessoas que têm um alto respeito por valores como verdade, beleza, justiça e outros valores B se tornam autorrealizadas depois que suas necessidades de estima são satisfeitas, enquanto aquelas que não adotam esses valores são frustradas em suas necessidades de autorrealização, muito embora tenham satisfeito cada uma das outras necessidades básicas.

As **necessidades de autorrealização** incluem a realização pessoal, a realização de todo o seu potencial e um desejo de tornar-se criativo, no sentido amplo da palavra (Maslow, 1970). As pessoas que alcançaram o nível de autorrealização tornam-se completamente humanas, satisfazendo as necessidades que outros meramente vislumbram ou nunca enxergam. Elas são naturais no mesmo sentido que os animais e os bebês, ou seja, elas expressam suas necessidades

Ainda que não necessariamente artistas, as pessoas realizadas são criativas à própria maneira.
BananaStock/Alamy

humanas básicas e não permitem que estas sejam suprimidas pela cultura. As pessoas autorrealizadas mantêm seus sentimentos de autoestima mesmo quando desprezadas, rejeitadas e ignoradas. Em outras palavras, não dependem das necessidades de amor ou estima; elas se tornam independentes das necessidades de nível mais baixo que lhes garantiram a vida. (Apresentamos um quadro mais completo das pessoas autorrealizadas na seção Autorrealização.)

Além dessas cinco necessidades conativas, Maslow identificou três outras categorias de necessidades: *estéticas*, *cognitivas* e *neuróticas*. A satisfação das necessidades estéticas e cognitivas é coerente com a saúde psicológica, enquanto a privação destas resulta em patologia. As necessidades neuróticas, no entanto, levam à patologia, sendo ou não satisfeitas.

Necessidades estéticas

Diferentemente das necessidades conativas, as **necessidades estéticas** não são universais, mas pelo menos algumas pessoas em cada cultura parecem motivadas pela necessidade de beleza e experiências esteticamente agradáveis (Maslow, 1967). Desde os tempos dos moradores das cavernas até o tempo atual, algumas pessoas vêm produzindo arte pela arte.

As pessoas com fortes necessidades estéticas desejam um entorno bonito e organizado, e, quando estas necessidades não são satisfeitas, elas ficam doentes da mesma forma que adoecem quando as necessidades conativas são frustradas. As pessoas preferem a beleza à feiura e podem até ficar física ou espiritualmente doentes quando forçadas a viver em ambientes miseráveis e desorganizados (Maslow, 1970).

Necessidades cognitivas

A maioria das pessoas é curiosa, tem o desejo de conhecer, resolver mistérios, compreender. Maslow (1970) chamou esses desejos de **necessidades cognitivas**. Quando as necessidades cognitivas são bloqueadas, todas as necessidades na hierarquia de Maslow ficam ameaçadas; isto é, o conhecimento é necessário para satisfazer cada uma das cinco necessidades conativas. As pessoas podem satisfazer suas necessidades fisiológicas sabendo como garantir alimento; as necessidades de segurança, como construir um abrigo; as necessidades de amor, como se relacionar no âmbito pessoal; e as necessidades de estima, como adquirir algum nível de autoconfiança e autorrealização usando integralmente seu potencial cognitivo.

Maslow (1968b, 1970) acreditava que as pessoas sadias desejam saber mais, teorizar, verificar hipóteses, descobrir mistérios ou desvendar como algo funciona apenas pela satisfação de saber. Entretanto, aquelas que não satisfizeram suas necessidades cognitivas, que consistentemente ouviram mentiras, que tiveram a curiosidade inibida ou não receberam informações se tornam patológicas, uma patologia que assume a forma de ceticismo, desilusão e cinismo.

Necessidades neuróticas

A satisfação das necessidades conativas, estéticas e cognitivas é básica para a saúde física e psicológica, e sua frustração conduz a algum nível de doença. Entretanto, as **necessidades neuróticas** levam apenas à estagnação e à patologia (Maslow, 1970).

Por definição, as necessidades neuróticas não são produtivas. Elas perpetuam um estilo insalubre de vida e não há valor na luta pela autorrealização. As necessidades neuróticas em geral são reativas, ou seja, elas servem como compensação para as necessidades básicas insatisfeitas. Por exemplo, uma pessoa que não satisfaz as necessidades de segurança pode desenvolver um forte desejo de acumular dinheiro e propriedades. O impulso de acumulação é uma necessidade neurótica que leva à patologia, sendo ou não satisfeito. Do mesmo modo, uma pessoa neurótica pode ser capaz de estabelecer uma relação íntima com outro indivíduo, mas essa relação pode ser neurótica e simbiótica, levando a um vínculo patológico, em vez de amor genuíno. Maslow (1970) apresentou, ainda, outro exemplo de necessidade neurótica. Uma pessoa fortemente motivada pelo poder pode adquirir poder quase ilimitado, mas isso não a torna menos neurótica ou menos exigente de poder adicional. "Faz pouca diferença para a saúde final se uma necessidade neurótica é gratificada ou frustrada" (Maslow, 1970, p. 274).

Discussão geral das necessidades

É importante ressaltar que a progressão na escada das necessidades não é tudo ou nada antes que o próximo nível possa ser alcançado. Maslow (1943, 1970) argumentou que é melhor pensar em porcentagens decrescentes de satisfação à medida que subimos na hierarquia. Por exemplo, ele estimou que uma pessoa hipotética média tem suas necessidades satisfeitas até aproximadamente os seguintes níveis: psicológicas, 85%; segurança, 70%; amor e pertencimento, 50%; estima, 40%; e autorrealização, 10%. Quanto mais um nível mais baixo for satisfeito, maior a emergência da necessidade do nível seguinte. Por exemplo, se as necessidades de amor forem satisfeitas em apenas 10%, a estima pode não ser ativada. Porém, se as necessidades de amor forem satisfeitas em 25%, então a estima pode emergir 5% como uma necessidade. Se o amor for satisfeito em 75%, então a estima pode emergir 50%, e assim por diante. As necessidades, portanto, emergem de modo gradual, e uma pessoa pode ser, ao mesmo tempo, motivada pelas necessidades de dois ou mais níveis. Por exemplo, uma pessoa autorrealizada pode ser a convidada de honra em um jantar dado por amigos íntimos em um restaurante tranquilo. O ato de comer gratifica uma necessidade fisiológica; ao mesmo tempo, porém, o convidado de honra pode estar satisfazendo necessidades de segurança, amor, estima e autorrealização. Além disso, como Maslow disse que essas porcentagens hipotéticas eram para o "cidadão comum", a implicação é que as porcentagens mudariam para a pessoa que se autorrealizaria, de modo que porcentagens mais altas de necessidades seriam atendidas. Por exemplo, uma pessoa que se autorrealiza pode ter 95% para fisiologia, 85% para segurança, 75% para amor e pertencimento, 65% para estima e 55% para autorrealização.

Ordem invertida das necessidades

Muito embora as necessidades sejam, em geral, satisfeitas na ordem hierárquica mostrada na Figura 9.1, ocasionalmente elas são invertidas. Para algumas pessoas, o impulso de criatividade (uma necessidade de autorrealização) pode ter precedência em relação às necessidades de segurança e fisiológicas. Um artista entusiasta pode arriscar segurança e saúde para concluir um trabalho importante. Durante anos, o falecido escultor Korczak Ziolkowski colocou em perigo sua saúde e abandonou as companhias para escavar uma montanha em Black Hills e fazer um monumento ao Chefe Cavalo Louco.

As inversões, no entanto, costumam ser mais aparentes do que reais, e alguns desvios aparentemente óbvios na ordem das necessidades não são variações em absoluto. Se entendêssemos a *motivação inconsciente* subjacente ao comportamento, reconheceríamos que as necessidades não estão invertidas.

Comportamento imotivado

Maslow acreditava que, embora todos os comportamentos tenham uma causa, alguns deles não são motivados. Em outras palavras, nem todos os determinantes são motivos. Alguns comportamentos não são causados pelas necessidades, mas por outros fatores, como reflexos condicionados, amadurecimento ou uso de drogas. A motivação está limitada à luta pela satisfação de alguma necessidade. Muito do que Maslow (1970) definiu como "comportamento expressivo" é imotivado.

Comportamento expressivo e de enfrentamento

Maslow (1970) distinguiu entre comportamento expressivo (o qual é, com frequência, imotivado) e comportamento de enfrentamento (o qual é sempre motivado e visa à satisfação de uma necessidade).

O *comportamento expressivo* costuma ser um fim em si mesmo e não serve a nenhum outro propósito. Ele tende a ser inconsciente e, em geral, ocorre de forma natural e com pouco esforço. Não possui objetivos ou finalidade, é meramente um modo de expressão. O comportamento expressivo inclui ações como ser desleixado, parecer tolo, ser relaxado, mostrar raiva e expressar alegria. O comportamento expressivo pode continuar mesmo na ausência de reforço ou recompensa. Por exemplo, uma cara fechada, um rubor ou um piscar de olhos normalmente não são reforçados de modo específico.

Os comportamentos expressivos também incluem a marcha, os gestos, a voz e o sorriso (mesmo quando sozinho). Uma pessoa, por exemplo, pode expressar uma personalidade metódica e compulsiva somente porque ela é o que é e não por causa de alguma necessidade de agir assim. Outros exemplos de expressão incluem arte, jogo, prazer, apreciação, admiração, respeito e excitação. O comportamento expressivo, em geral, não é aprendido, é espontâneo e determinado por forças internas do indivíduo, e não pelo ambiente.

O *comportamento de enfrentamento*, por sua vez, costuma ser consciente, requer esforço, é aprendido e determinado pelo ambiente externo. Envolve as tentativas do indivíduo de lidar com o ambiente para assegurar comida e abrigo; fazer amigos; e receber aceitação, apreciação e prestígio dos outros. O comportamento de enfrentamento serve a alguma finalidade ou objetivo (embora nem sempre consciente ou conhecido pela pessoa) e é sempre motivado por alguma necessidade deficitária (Maslow, 1970).

Privação de necessidades

A falta de satisfação de alguma das necessidades básicas conduz a algum tipo de patologia. A privação das necessidades fisiológicas resulta em desnutrição, fadiga, perda de energia, obsessão por sexo, e assim por diante. Ameaças à segurança conduzem a medo, insegurança e pavor. Quando as necessidades de amor não são satisfeitas, a pessoa se torna defensiva, excessivamente agressiva ou tímida. A baixa autoestima resulta na doença da dúvida de si mesmo, autodepreciação e falta de confiança. A privação de autorrealização também leva à patologia, ou, mais precisamente, **metapatologia**. Maslow (1967) definiu metapatologia como a ausência de valores, a falta de satisfação e a perda de significado na vida.

Natureza instintiva das necessidades

Maslow (1970) levantou a hipótese de que algumas necessidades humanas são determinadas de forma inata, mesmo que possam ser modificadas pelo aprendizado. Ele denominou essas necessidades de **necessidades instintivas**. O sexo, por exemplo, é uma necessidade fisiológica básica, mas a maneira como é expresso depende do aprendizado. Para a maioria das pessoas, então, o sexo é uma necessidade instintiva.

Um critério para separar as necessidades instintivas das não instintivas é o nível de patologia sobre a frustração. O impedimento das necessidades instintivas produz patologia, enquanto a frustração de necessidades não instintivas não a produz. Por exemplo, quando é negado às pessoas amor suficiente, elas ficam doentes e impedidas de atingir a saúde psicológica. Do mesmo modo, quando as pessoas são frustradas na satisfação das necessidades fisiológicas, de segurança, de estima e de autorrealização, elas ficam doentes. Portanto, essas necessidades são instintivas. Todavia, a necessidade de pentear o cabelo ou falar sua língua materna é aprendida, e a frustração dessas necessidades, em geral, não produz doença. Se uma pessoa ficasse doente no âmbito psicológico em consequência de não conseguir pentear o cabelo ou falar a língua materna, então a necessidade frustrada seria, na realidade, uma necessidade básica instintiva, talvez amor e pertencimento ou possivelmente estima.

Um segundo critério para distinguir entre necessidades instintivas e não instintivas é que aquelas são persistentes e sua satisfação leva à saúde psicológica. Estas, pelo contrário, geralmente são temporárias, e sua satisfação não é um pré-requisito para saúde.

Uma terceira distinção é que as necessidades instintivas são peculiares à espécie. Portanto, os instintos animais não podem ser usados como modelo para o estudo da motivação humana. Somente os humanos podem ser motivados por estima e autorrealização.

Quarto, embora difíceis de mudar, as necessidades instintivas podem ser moldadas, inibidas ou alteradas por influências ambientais. Como muitas delas (p. ex., amor) são mais fracas do que as forças culturais (p. ex., agressividade na forma de crime ou guerra), Maslow (1970) insistia que a sociedade deve "proteger as necessidades instintivas fracas, sutis e sensíveis, para que elas não sejam sobrecarregadas

pela cultura mais rigorosa e poderosa" (p. 82). Dito de outra maneira, mesmo que as necessidades instintivas sejam básicas e não aprendidas, elas podem ser alteradas e, até mesmo, destruídas pelas forças mais poderosas da civilização. Portanto, uma sociedade sadia deve procurar formas pelas quais seus membros possam receber satisfação não somente para as necessidades fisiológicas e de segurança, mas também para as necessidades de amor, estima e autorrealização.

Comparação entre necessidades mais altas e mais baixas

Existem semelhanças e diferenças importantes entre as necessidades de nível mais alto (amor, estima e autorrealização) e as necessidades de nível mais baixo (fisiológicas e de segurança). As necessidades mais altas são semelhantes às mais baixas quanto a serem instintivas. Maslow (1970) insistia que amor, estima e autorrealização são tão biológicos quando sede, sexo e fome.

As diferenças entre as necessidades mais altas e as mais baixas são de grau, e não de tipo. Primeiro, as necessidades de nível mais alto são mais tardias na escala filogenética ou evolucionária. Por exemplo, apenas os humanos (uma espécie relativamente recente) têm a necessidade de autorrealização. Além disso, as necessidades mais altas aparecem mais tarde durante o curso do desenvolvimento do indivíduo; e aquelas de nível mais baixo devem ser atendidas nos bebês e nas crianças antes que as necessidades de nível mais alto se tornem operativas.

Segundo, as necessidades de nível mais alto produzem mais felicidade e mais experiências culminantes, embora a satisfação das necessidades de nível mais baixo possa produzir algum prazer. O prazer hedonista, no entanto, tende a ser temporário e não comparável à qualidade da felicidade produzida pela satisfação das necessidades mais altas. Além disso, a satisfação das necessidades de nível mais alto é desejável de forma mais subjetiva para aquelas pessoas que experimentaram tanto as necessidades de nível mais alto quanto as de nível mais baixo. Em outras palavras, uma pessoa que atingiu o nível de autorrealização não tem motivação para voltar a um estágio mais baixo do desenvolvimento (Maslow, 1970).

Autorrealização

As ideias de Maslow sobre autorrealização começaram logo depois que ele recebeu seu doutorado, quando ficou intrigado sobre por que dois de seus professores na cidade de Nova York – a antropóloga Ruth Benedict e o psicólogo Max Wertheimer – eram tão diferentes da média das pessoas. Para Maslow, esses dois indivíduos representavam o nível mais elevado do desenvolvimento humano, ao qual denominou "autorrealização".

A busca de Maslow pela pessoa autorrealizada

Que traços tornavam Wertheimer e Benedict tão especiais? Para responder a tal pergunta, Maslow começou a fazer anotações sobre essas duas pessoas; e ele esperava encontrar outros a quem pudesse chamar de um "bom ser humano". No entanto, ele teve problemas em encontrá-los. Os jovens alunos em suas classes foram voluntários, mas nenhum deles parecia combinar com Wertheimer e Benedict, fazendo Maslow questionar se universitários de 20 anos de idade poderiam ser bons seres humanos (Hoffman, 1988).

Maslow encontrou inúmeros indivíduos mais velhos que pareciam ter algumas das características pelas quais estava procurando, mas, quando entrevistava essas pessoas para saber o que as tornava especiais, ele quase sempre ficava decepcionado. Em geral, elas eram "bem-adaptadas... mas sem chama, centelha, excitação, dedicação, sentimento de responsabilidade" (Lowry, 1973, p. 87). Maslow foi forçado a concluir que segurança emocional e boa adaptação não eram preditores confiáveis de um bom ser humano.

Maslow enfrentou outros entraves na busca pela "pessoa autorrealizada". Primeiro, ele estava tentando encontrar uma síndrome da personalidade que nunca tivesse sido claramente identificada. Segundo, muitas das pessoas que ele acreditava serem autorrealizadas se recusaram a participar de sua pesquisa. Elas não estavam interessadas no que o professor Maslow tentava fazer. Maslow (1968a) comentou posteriormente que nenhuma das pessoas que ele identificou como definitivamente autorrealizadas concordou em ser testada. Elas pareciam valorizar demais sua privacidade para compartilharem a si mesmas com o mundo.

Em vez de ficar desencorajado por essa dificuldade, Maslow decidiu assumir uma abordagem diferente – começou a ler biografias de celebridades para ver se conseguia encontrar indivíduos autorrealizados entre santos, sábios, heróis nacionais e artistas. Enquanto tomava conhecimento da vida de Thomas Jefferson, Abraham Lincoln (em seus últimos anos), Albert Einstein, William James, Albert Schweitzer, Benedict de Spinoza, Jane Addams e outras pessoas memoráveis, Maslow, de repente, teve uma epifania. Em vez de perguntar: "O que torna Max Wertheimer e Ruth Benedict autorrealizados?", ele fez uma inversão e indagou: "Por que nós não somos todos autorrealizados?". Esse novo olhar sobre o problema foi mudando, aos poucos, a concepção de humanidade de Maslow e expandiu sua lista de pessoas autorrealizadas.

Depois que aprendeu a fazer as perguntas certas, Maslow continuou sua busca pela pessoa autorrealizada. Para facilitar sua procura, ele identificou uma síndrome para a saúde psicológica. Depois de selecionar uma amostra de indivíduos potencialmente saudáveis, estudou de modo cuidadoso essas pessoas para construir uma síndrome da personalidade. A seguir, refinou sua definição original e, então, tornou a selecionar autorrealizados, mantendo alguns, eliminando outros e acrescentando novos. Depois, repetiu todo o procedimento com o segundo grupo, fazendo algumas alterações na definição e nos critérios de autorrealização. Maslow (1970) continuou esse processo cíclico até um terceiro ou quarto grupo ou até que estivesse satisfeito de que havia refinado um conceito vago e não científico, transformando-o em uma definição precisa e científica da pessoa autorrealizada.

Critérios para a autorrealização

Que critérios as pessoas autorrealizadas apresentam? Primeiro, *elas eram livres de psicopatologia*. Elas não eram neuróticas nem psicóticas e também não tinham tendência a perturbações psicológicas. Esse ponto é um critério negativo importante, porque alguns indivíduos neuróticos e psicóticos têm aspectos em comum com pessoas autorrealizadas, ou seja, características como um sentido acentuado de realidade, experiências místicas, criatividade e afastamento dos outros indivíduos. Maslow eliminou da lista de possíveis pessoas autorrealizadas qualquer uma que demonstrasse sinais claros de psicopatologia – exceto algumas doenças psicossomáticas.

Segundo, as *pessoas autorrealizadas tinham progredido na hierarquia de necessidades* e, portanto, viviam acima do nível de subsistência e não tinham ameaças sempre presentes à sua segurança. Além disso, elas experimentavam amor e apresentavam um senso arraigado de autovalorização. Como tinham suas necessidades de nível mais baixo

Jane Addams foi uma ativista e assistente social que fundou a profissão de assistência social. Ela ganhou o Prêmio Nobel da Paz em 1931, tornando-se a primeira mulher americana a ganhar um Prêmio Nobel.
Atlas Archive/The Image Works

satisfeitas, as pessoas autorrealizadas conseguiam tolerar melhor a frustração dessas necessidades, mesmo diante de críticas e desdém. Elas são capazes de amar uma ampla variedade de pessoas, mas não têm obrigação de amar todas.

O terceiro critério de Maslow para autorrealização era a *adoção dos valores B*. Suas pessoas autorrealizadas não só se sentiam confortáveis com aspectos como verdade, beleza, justiça, simplicidade, humor e cada um dos outros valores B que discutiremos mais tarde, como também reivindicavam esses elementos.

O critério final para atingir a autorrealização era o "uso integral e a exploração dos talentos, capacidades, potencialidades, etc." (Maslow, 1970, p. 150). Em outras palavras, seus indivíduos autorrealizados *satisfaziam as necessidades de crescer, desenvolver-se e cada vez mais se transformarem no que eram capazes de ser*.

Valores das pessoas autorrealizadas

Maslow (1971) sustentava que as pessoas autorrealizadas eram motivadas pelas "verdades eternas", o que ele chamava de **valores B**. Esses valores de "Ser" são indicadores de saúde psicológica e se opõem às necessidades de suprir uma deficiência, que motivam os não autorrealizados. Os valores B não são necessidades no mesmo sentido que são a comida, o abrigo ou o companheirismo. Maslow definiu os valores B como "metanecessidades", para indicar que se trata do último nível de necessidades. Ele distinguiu entre a motivação da necessidade comum e os motivos das pessoas autorrealizadas, os quais denominou **metamotivação**.

A metamotivação é caracterizada pelo comportamento expressivo, em vez de pelo comportamento de enfrentamento, e está associada aos valores B. Ela diferencia as pessoas autorrealizadas daquelas que não o são. Em outras palavras, a metamotivação era a resposta provisória de Maslow para o problema de por que algumas pessoas têm suas necessidades mais baixas satisfeitas, são capazes de dar e receber amor, possuem uma grande quantidade de confiança e autoestima e, mesmo assim, não conseguem ultrapassar o limiar para a autorrealização. Sua vida não tem significado e carece de valores B. Somente as pessoas que vivem entre os valores B são autorrealizadas e capazes de metamotivação.

Maslow (1964, 1970) identificou 14 valores B, mas o número exato não é importante, porque, no fim, todos se tornam um ou, pelo menos, todos estão altamente correlacionados. Os valores das pessoas autorrealizadas incluem *verdade, bondade, beleza, integridade* ou *a transcendência de dicotomias, vivacidade* ou *espontaneidade, singularidade, perfeição, realização, justiça e ordem, simplicidade, riqueza* ou *totalidade, facilidade, alegria* ou *humor* e *autossuficiência* ou *autonomia* (Figura 9.2).

Esses valores distinguem as pessoas autorrealizadas daquelas cujo crescimento psicológico é abalado depois que atingem as necessidades de estima. Maslow (1970) levantou a hipótese de que, quando as metanecessidades não são satisfeitas, as pessoas adoecem, elas têm uma patologia

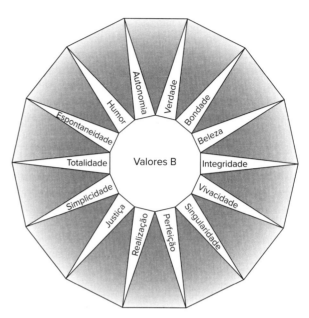

FIGURA 9.2 Valores B de Maslow: uma única joia com muitas facetas.

existencial. Todos possuem uma tendência holística a avançar para a perfeição ou a totalidade; quando esse movimento é frustrado, há sentimentos de inadequação, desintegração e não realização. A ausência dos valores B leva à patologia com a mesma certeza de que a falta de comida resulta em desnutrição. Quando é negada a verdade, as pessoas sofrem de paranoia; quando vivem em ambientes ameaçadores, tornam-se fisicamente doentes; sem justiça e ordem, elas experimentam medo e ansiedade; sem alegria e humor, elas se tornam aborrecidas, rígidas e sombrias. A privação de algum dos valores B resulta em *metapatologia*, ou a falta de uma filosofia de vida significativa.

Características das pessoas autorrealizadas

Maslow acreditava que todos os humanos têm potencial para a autorrealização. Então, por que não somos todos autorrealizados? Para se tornar autorrealizada, acreditava Maslow, a pessoa precisa ser regularmente satisfeita em suas outras necessidades e também deve adotar os valores B. Usando esses dois critérios, ele supôs que 1% da população adulta dos Estados Unidos mais sadia psicologicamente seria autorrealizada.

Maslow (1950, 1970) listou 15 qualidades experimentais que caracterizam as pessoas autorrealizadas em pelo menos algum grau.

Percepção mais eficiente da realidade

As pessoas autorrealizadas podem detectar com mais facilidade a falsidade nos outros. Elas conseguem discriminar entre o genuíno e o falso não só nas pessoas, mas também na literatura, na arte e na música. Elas não são enganadas por fachadas e podem ver nos outros os traços positivos e negativos subjacentes que não são tão aparentes para a maioria das pessoas. Elas percebem os valores reais com mais clareza do que os outros, e são menos preconceituosas e têm menor probabilidade de verem o mundo como gostariam que ele fosse.

Além disso, as pessoas autorrealizadas possuem menos medo e ficam mais confortáveis com o desconhecido. Elas não só apresentam maior tolerância à ambiguidade, como também a buscam ativamente e se sentem confortáveis com problemas e enigmas que não têm uma solução certa ou errada definida. Elas recebem bem a dúvida, a incerteza, a indefinição e os caminhos inexplorados, uma qualidade que as torna particularmente inclinadas para serem filósofas, exploradoras ou cientistas.

Aceitação de si, dos outros e da natureza

As pessoas autorrealizadas conseguem se aceitar da forma como são. Elas não são defensivas, não têm falsidade ou culpa autodestrutiva; possuem um apetite saudável por comida, sono e sexo, não são excessivamente críticas dos próprios defeitos; e não se mostram sobrecarregadas por ansiedade ou vergonha indevidas. De forma similar, elas aceitam os outros e não têm a necessidade compulsiva de ensinar, informar ou converter. Elas conseguem tolerar as fraquezas nos outros e não são ameaçadas pelos pontos fortes dos demais. Elas aceitam a natureza, incluindo a natureza humana, como ela é e não esperam perfeição em si mesmas ou nos outros. Elas reconhecem que as pessoas sofrem, envelhecem e morrem.

Espontaneidade, simplicidade e naturalidade

As pessoas autorrealizadas são espontâneas, simples e naturais. Elas são não convencionais, mas não compulsivamente; são muito éticas, mas podem parecer antiéticas ou não conformistas. Em geral, comportam-se de modo convencional, seja porque a questão não é de grande importância ou por respeito aos outros. Porém, quando a situação justifica, elas podem ser não convencionais e intransigentes, mesmo pagando o preço do ostracismo e da censura. A semelhança entre as pessoas autorrealizadas, as crianças e os animais está em seu comportamento espontâneo e natural. Elas tendem a viver com simplicidade, no sentido de que não têm necessidade de construir uma aparência complexa para enganar o mundo. Elas são despretensiosas e não têm medo ou vergonha de expressar alegria, admiração, euforia, tristeza, raiva ou outras emoções sentidas com profundidade.

Centradas nos problemas

Uma quarta característica das pessoas autorrealizadas é o interesse em problemas externos a elas. As pessoas que não são autorrealizadas costumam ser autocentradas e tendem a ver todos os problemas do mundo em relação a si mesmas, enquanto as autorrealizadas são orientadas para a tarefa e preocupadas com problemas externos a elas. Esse interesse possibilita que os autorrealizados desenvolvam uma missão na vida, um propósito para viver que se propaga além do autoengrandecimento. Sua ocupação não é meramente uma forma de ganhar a vida, mas uma vocação, um chamado e um fim em si.

As pessoas autorrealizadas estendem sua estrutura de referência para além do *self*. Elas são preocupadas com problemas eternos e adotam uma base filosófica e ética sólida para lidar com tais problemas. Elas são despreocupadas com o trivial e o insignificante. Sua percepção realista lhes possibilita distinguir claramente entre as questões importantes e as irrelevantes na vida.

A necessidade de privacidade

As pessoas autorrealizadas têm uma qualidade de distanciamento (ou desapego) que lhes permite estar sozinhas sem serem solitárias. Elas se sentem relaxadas e confortáveis quando estão com as pessoas ou sozinhas. Como já satisfizeram as necessidades de amor e pertencimento, elas não possuem uma necessidade desesperada de estarem cercadas por outras pessoas. Elas podem encontrar alegria na solidão e na privacidade.

As pessoas autorrealizadas podem ser vistas como indiferentes ou desinteressadas, mas, de fato, seu desinteresse está limitado a questões menores. Elas têm uma preocupação global com o bem-estar dos outros, sem ficarem enredadas em problemas pequenos e insignificantes. Como gastam pouca energia tentando impressionar os outros ou tentando obter amor e aceitação, têm maior capacidade de fazer escolhas responsáveis. Elas são autoimpulsionadas, resistindo às tentativas da sociedade de fazê-las aderirem a convenções.

Autonomia

As pessoas autorrealizadas são autônomas e dependem de si mesmas para o crescimento, muito embora, em algum momento em seu passado, tenham necessitado de amor e segurança. Ninguém nasce autônomo e, portanto, ninguém é completamente independente das pessoas. A autonomia pode ser atingida somente por meio de relações satisfatórias com os outros.

Contudo, a confiança de ser amado e aceito sem condições ou qualificações pode ser uma força poderosa que contribui para os sentimentos de autoestima. Depois que a confiança é alcançada, uma pessoa não mais depende de outras para autoestima. As pessoas autorrealizadas possuem essa confiança e, portanto, uma grande dose de autonomia que lhes permite não ficar perturbadas pelas críticas, nem influenciadas pela bajulação. Tal independência também fornece a elas paz interior e serenidade que não são sentidas por indivíduos dependentes da aprovação dos outros.

Apreciação constante do novo

Maslow (1970) escreveu que as "pessoas autorrealizadas possuem a maravilhosa capacidade de apreciar repetidas vezes, como novidade e ingenuamente, as coisas boas da vida, com admiração, prazer, encanto e, até mesmo, êxtase" (p. 163). Elas têm plena consciência de sua boa saúde física, amigos e pessoas amadas, segurança econômica e liberdade política. Diferentemente de outras pessoas, que consideram suas bênçãos como garantidas, as autorrealizadas apreciam com uma nova visão fenômenos cotidianos como as flores, a comida e os amigos. Elas apreciam suas posses e não perdem tempo se lamentando por uma existência aborrecida e desinteressante. Em resumo, "mantêm um constante sentimento de prosperidade e gratidão por ela" (Maslow, 1970, p. 164).

A experiência culminante

Conforme Maslow continuou os estudos a respeito das pessoas autorrealizadas, ele fez a descoberta inesperada de que muitas das pessoas estudadas haviam tido experiências de natureza mística e que, de alguma forma, isso forneceu a elas um sentimento de transcendência. Originalmente, ele acreditava que essas assim chamadas **experiências culminantes** eram muito mais comuns entre os autorrealizados do que entre os não autorrealizados. Mais tarde, no entanto, Maslow (1971) afirmou que "a maioria das pessoas, ou quase todas, tem experiências culminantes, ou êxtases" (p. 175).

Nem todas as experiências culminantes são de igual intensidade; algumas são apenas levemente sentidas, outras moderadamente sentidas e algumas intensamente experimentadas. Na forma leve, as experiências culminantes provavelmente ocorrem em todos, embora raras vezes sejam percebidas. Por exemplo, corredores de longa distância com frequência relatam um tipo de transcendência, uma perda do *self*, ou um sentimento de serem separados do corpo. Por vezes, durante períodos de intenso prazer ou satisfação, as pessoas têm experiências místicas ou culminantes. Assistir a um pôr do sol ou a alguma outra grandeza da natureza pode precipitar uma experiência culminante, mas esse tipo de experiência não pode ser desencadeado por um ato da vontade; muitas vezes, ocorre em momentos inesperados e bastante comuns.

Como é ter uma experiência culminante? Maslow (1964) descreveu várias diretrizes que podem ajudar a responder a essa pergunta. Primeiro, as experiências culminantes são muito naturais e fazem parte da constituição humana. Segundo, as pessoas que têm uma experiência culminante veem todo o universo como unificado ou como uma peça única, e elas enxergam claramente seu lugar nesse universo. Além disso, durante tal período místico, as pessoas se sentem mais humildes e mais potentes ao mesmo tempo. Elas se percebem passivas, mais desejosas de ouvir e mais capazes de ouvir. Ao mesmo tempo, sentem-se mais responsáveis por suas atividades e percepções, mais ativas e mais autodeterminadas. Elas experimentam a perda do medo, da ansiedade e do conflito e se tornam mais afetivas, receptivas e espontâneas. Ainda que, com frequência, relatem emoções como respeito, admiração, arrebatamento, êxtase, reverência, humildade e entrega, não

As experiências culminantes podem ser transcendentes e alterar a vida.
Getty Images

é provável que desejem obter algo prático com a experiência. Em geral, experimentam uma desorientação no tempo e no espaço, uma perda da autoconsciência, uma atitude altruísta e uma capacidade de transcender as polaridades do dia a dia.

A experiência culminante é desmotivada, sem empenho, sem desejo, e, durante uma experiência como essa, a pessoa não experimenta necessidades, desejos ou deficiências. Além disso, segundo Maslow (1964), "A experiência culminante é vista como bela, boa, desejável, louvável, etc., e nunca é experimentada como má ou indesejável" (p. 63). Maslow também acreditava que a experiência culminante costuma ter um efeito duradouro na vida da pessoa.

Gemeinschaftsgefühl

As pessoas autorrealizadas possuem *Gemeinschaftsgefühl*, o termo de Adler para interesse social, sentimento de comunidade ou um sentimento de unidade com toda a humanidade. Maslow identificou nesse grupo um tipo de atitude de cuidado em relação a outras pessoas. Ainda que frequentemente se sintam como estranhos em uma terra estrangeira, os autorrealizados se identificam com todas as outras pessoas e possuem um interesse genuíno em ajudar os outros – estranhos e amigos.

Os autorrealizados ficam com raiva, impacientes ou descontentes com os outros; porém, eles mantêm um sentimento de afeição pelos seres humanos em geral. De forma mais específica, Maslow (1970) declarou que os indivíduos autorrealizados ficam "frequentemente entristecidos, exasperados e até mesmo enraivecidos pelos defeitos da pessoa média" (p. 166); no entanto, continuam a sentir uma afinidade básica por ela.

Relações interpessoais profundas

Relacionada à *Gemeinschaftsgefühl*, há uma qualidade especial das relações interpessoais que envolve sentimentos profundos pelos indivíduos. Os autorrealizados possuem um sentimento compassivo em relação às pessoas em geral, mas suas relações íntimas estão limitadas a apenas algumas. Eles não têm uma necessidade frenética de serem amigos de todo mundo; entretanto, as poucas relações interpessoais importantes que possuem são muito profundas e intensas. Eles tendem a escolher pessoas sadias como amigos e a evitar relações interpessoais íntimas com indivíduos dependentes ou imaturos, embora seu interesse social permita o sentimento especial de empatia por pessoas menos sadias.

É comum os autorrealizados serem mal compreendidos e, às vezes, menosprezados pelos outros. Entretanto, vários deles são muito amados e atraem um grande grupo de admiradores e até mesmo adoradores, especialmente se fizeram alguma contribuição notável para seu negócio ou campo profissional. Aquelas pessoas sadias estudadas por Maslow se sentiam desconfortáveis e embaraçadas por tal

veneração, preferindo relacionamentos que fossem mútuos, em vez de unilaterais.

A estrutura do caráter democrático

Maslow descobriu que todos os seus autorrealizados possuíam valores democráticos. Eles podiam ser amistosos e atenciosos com outras pessoas, independentemente de classe, cor, idade ou gênero, e, na verdade, pareciam ter pouca consciência das diferenças superficiais interpessoais.

Além dessa atitude democrática, os autorrealizados possuem um desejo e uma capacidade de aprender com todos. Em uma situação de aprendizagem, eles reconhecem o quanto sabem pouco em relação ao que poderiam saber. Eles percebem que os indivíduos menos sadios têm muito a oferecer, e são respeitosos e até humildes diante dessas pessoas. No entanto, eles não aceitam passivamente a conduta maliciosa dos outros; ao contrário, lutam contra as pessoas más e esse tipo de conduta.

Discriminação entre meios e fins

As pessoas autorrealizadas possuem um claro senso de condutas certas e erradas e têm pouco conflito acerca de valores básicos. Elas focam os fins e não os meios e têm uma habilidade incomum para distinguir entre os dois. O que outras pessoas consideram um meio (p. ex., comer ou se exercitar), os indivíduos autorrealizados com frequência veem como um fim em si. Eles gostam de fazer algo pela finalidade em si e não porque é um meio para algum outro fim. Maslow (1970) descreveu suas pessoas autorrealizadas dizendo que "elas frequentemente apreciam o fato em si de ir ou chegar a algum lugar. Em alguns casos, é possível fazerem da atividade mais trivial e rotineira um jogo intrinsecamente agradável" (p. 169).

Senso de humor filosófico

Outra característica que distingue as pessoas autorrealizadas é o senso de humor filosófico não hostil. A maior parte do que passa pelo humor ou comédia é, basicamente, hostil, sexual ou escatológico. O riso, em geral, se dá à custa de outra pessoa. As pessoas sadias veem pouco humor em brincadeiras depreciativas. Elas podem fazer piadas de si mesmas, mas não de forma masoquista. Elas fazem menos tentativas de humor com os outros, mas suas tentativas servem a um propósito que vai além de fazer as pessoas rirem. Elas divertem, informam, apontam ambiguidades, provocam um sorriso, em vez de uma gargalhada.

O humor de uma pessoa autorrealizada é intrínseco à situação, não forçado; ele é espontâneo, não planejado. Como depende da situação, em geral não pode ser repetido. Para aqueles que procuram exemplos de um senso de humor filosófico, a decepção é inevitável. Recontar o incidente quase invariavelmente perde a qualidade original de diversão. É preciso que se "esteja lá" para apreciar.

Criatividade

Todas as pessoas autorrealizadas estudadas por Maslow eram criativas em algum sentido da palavra. De fato, Maslow sugeriu que criatividade e autorrealização podem ser uma coisa só. Nem todos os autorrealizados são talentosos ou criativos nas artes, mas todos são criativos à própria maneira. Eles possuem uma percepção aguçada sobre verdade, beleza e realidade – ingredientes que formam as bases da verdadeira criatividade.

As pessoas autorrealizadas não precisam ser poetas ou artistas para serem criativas. Ao falar da sogra (que também era sua tia), Maslow (1968a) assinalou enfaticamente que a criatividade provinha de quase qualquer lugar. Ele disse que, embora sua sogra autorrealizada não tivesse talentos especiais como escritora ou artista, ela era verdadeiramente criativa na preparação de uma sopa caseira. Maslow observou que a sopa de primeira classe era mais criativa do que uma poesia de segunda classe!

Resistência à enculturação

Uma característica final identificada por Maslow foi a resistência à enculturação. As pessoas autorrealizadas possuem um senso de desligamento de seu entorno e são capazes de transcender uma cultura particular. Elas não são antissociais, nem conscientemente inadequadas. Em vez disso, são autônomas, seguindo seus próprios padrões de conduta e não obedecendo cegamente às regras dos outros.

As pessoas autorrealizadas não gastam energia lutando contra costumes insignificantes e regulações da sociedade. Usos populares como vestes, estilo de cabelo e leis de trânsito são relativamente arbitrários, e as pessoas autorrealizadas não fazem uma demonstração visível de desafio a essas convenções. Como aceitam o estilo e a vestimenta convencionais, elas não são muito diferentes de qualquer um na aparência. No entanto, em questões importantes, elas podem se tornar bastante estimuladas a buscar mudança social e resistir às tentações da sociedade de enculturá-las. As pessoas autorrealizadas não têm meramente mais diferenças sociais, mas, segundo a hipótese de Maslow (1970), elas são "menos enculturadas, menos niveladas, menos moldadas" (p. 174).

Por essa razão, tais pessoas sadias são mais individualizadas e menos comuns do que as outras. Elas não são todas semelhantes. De fato, o termo "autorrealização" significa se tornar tudo o que é possível ser; realizar ou atingir todos os seus potenciais. Quando as pessoas conseguem atingir esse objetivo, elas se tornam mais singulares, mais heterogêneas e menos moldadas por determinada cultura (Maslow, 1970).

Amor, sexo e autorrealização

Antes que as pessoas possam se tornar autorrealizadas, elas precisam satisfazer suas necessidades de amor e pertencimento. O que se segue, então, é que elas são capazes de dar e receber amor e não são mais motivadas pelo tipo de amor proveniente de uma falta (**amor D**) comum aos outros indivíduos. As pessoas autorrealizadas são capazes do **amor B**, isto é, amor pela essência de "Ser" do outro. O amor B é mutuamente sentido e compartilhado, e não motivado por uma deficiência ou incompletude do amante. Na verdade, trata-se de um comportamento imotivado expressivo. As pessoas autorrealizadas não amam porque esperam algo em retribuição. Elas simplesmente amam e são amadas. O seu amor nunca é prejudicial. É o tipo de amor que permite aos amantes ficar relaxados, abertos e não reservados (Maslow, 1970). Como os autorrealizados são capazes de um nível mais profundo de amor, Maslow (1970) acreditava que o sexo entre dois amantes B com frequência se torna um tipo de experiência mística. Mesmo sendo pessoas fortes, que desfrutam integralmente do sexo, da comida e de outros prazeres sensuais, os autorrealizados não são dominados pelo sexo. Eles conseguem tolerar com mais facilidade a ausência de sexo (assim como de outras necessidades básicas), porque não têm necessidade originária de uma falta. A atividade sexual entre amantes B nem sempre é uma experiência emocional elevada; às vezes, ela é realizada de forma leve no espírito da alegria e do humor. Mas essa abordagem deve ser esperada porque alegria e humor são valores B e, como os demais valores deste tipo, são uma parte importante da vida dos autorrealizados.

Psicologia e filosofia da ciência de Maslow

A filosofia da ciência de Maslow e seus métodos de pesquisa são essenciais para a compreensão de como ele chegou ao conceito de autorrealização. Maslow (1966) acreditava que a ciência livre de valores não conduz ao estudo adequado da personalidade humana. Ele argumentava a favor de uma filosofia da ciência diferente, uma abordagem humanista e holística que não é livre de valores, que tem cientistas que se *importam* com as pessoas e com os temas que investigam. Por exemplo, Maslow foi motivado a procurar pessoas autorrealizadas porque ele tinha como ídolos e admirava muito Max Wertheimer e Ruth Benedict, seus dois modelos originais para autorrealização. Mas também expressou interesse e admiração por Abraham Lincoln, Eleanor Roosevelt e outros indivíduos autorrealizados (Maslow, 1968a).

Maslow concordava com Allport (ver Cap. 12) no sentido de que a ciência psicológica deveria colocar mais ênfase no estudo do indivíduo e menos destaque na análise de grandes grupos. Os relatos subjetivos deveriam ser favorecidos em relação aos rigidamente objetivos, e deveria ser permitido que as pessoas falassem sobre si mesmas de uma forma holística, em vez da abordagem mais ortodoxa que estuda os indivíduos em partes. A psicologia tradicional tratou das sensações, da inteligência, das atitudes, dos estímulos, dos reflexos, dos escores de testes e dos construtos hipotéticos a partir de um ponto de vista externo. Ela não se preocupou muito com a pessoa como um todo, considerada a partir de uma visão subjetiva.

Quando Maslow frequentou a escola médica, ficou chocado com a atitude impessoal dos cirurgiões, que, com indiferença, atiravam sobre uma mesa partes de corpo recentemente removidas. A observação de um procedimento tão frio e insensível levou Maslow ao conceito de **dessacralização**: o tipo de ciência que carece de emoção, alegria, admiração, respeito e arrebatamento (Hoffman, 1988). Maslow acreditava que a ciência ortodoxa não apresentava ritual ou cerimônia e convocou os cientistas a colocarem de volta valores, criatividade, emoção e ritual em seus trabalhos. Os cientistas devem estar dispostos a **ressacralizar** a ciência ou incorporar nela valores humanos, emoção e ritual. Os astrônomos não devem apenas estudar as estrelas; eles devem ficar fascinados por elas. Os psicólogos não devem simplesmente estudar a personalidade humana; eles devem fazer isso com alegria, excitação, admiração e afeição.

Maslow (1966) defendeu uma **atitude taoísta** para a psicologia, que seria sem interferências, passiva e receptiva. Essa nova psicologia aboliria prognóstico e controle como os objetivos principais da ciência e os substituiria pela fascinação pura e pelo desejo de liberar as pessoas dos controles, de forma que elas pudessem crescer e se tornar menos previsíveis. A resposta apropriada ao mistério, referiu Maslow, não é a análise, mas o respeito.

Maslow insistia que os próprios psicólogos precisavam ser pessoas sadias, capazes de tolerar a ambiguidade e a incerteza. Eles devem ser intuitivos, não racionais, perspicazes e corajosos o suficiente para fazer as perguntas corretas. Eles também devem estar dispostos a tropeçar, ser imprecisos, questionar os próprios procedimentos e assumir os problemas importantes da psicologia. Maslow (1966) referia que não há necessidade de fazer bem aquilo que não vale a pena ser feito. Em vez disso, é melhor fazer razoavelmente aquilo que é importante.

Em seu estudo sobre as pessoas autorrealizadas e experiências culminantes, Maslow empregou métodos de pesquisa coerentes com sua filosofia da ciência. Ele começou intuitivamente, com frequência "patinando sobre o gelo fino", depois tentou verificar seus palpites usando métodos idiográficos e subjetivos. Com frequência, deixava para outros o trabalho técnico de reunir evidências. Sua preferência pessoal era "explorar à frente", abandonando uma área quando ficava cansado dela e continuando a investigar outras novas (M. H. Hall, 1968).

Medindo a autorrealização

Desde a década de 1970, houve algumas tentativas de medir o conceito de autorrealização de Maslow (D'Souza, Adams, & Fuss, 2015; Jones & Crandall, 1986; Kaufman, 2018; LeFrancios, Leclerc, Dube, Herbert, & Gaulin, 1997;

Shostrom, 1974; Sumerlin & Bundrick, 1996). Shostrom (1974), por exemplo, foi o primeiro a desenvolver o **Inventário de Orientação Pessoal** (POI). O POI mede valores e comportamentos de pessoas que se autorrealizam, como competência temporal (quão orientada é uma pessoa para o presente) e apoio (como uma pessoa é orientada para o eu *versus* para os outros). Esse foi o único inventário desenvolvido antes da morte de Maslow em 1970 e, curiosamente, ele completou o inventário e pontuou apenas na direção de autorrealização e não autorrealização.

Na década de 1980, Jones e Crandall (1986) desenvolveram a segunda medida de autorrealização, que pegou emprestado 15 itens do POI. Esse inventário foi chamado de Índice Curto de Autoatualização (SISA) e era mais fácil de administrar do que o POI. Na década de 1990, duas medidas adicionais de autorrealização foram publicadas: o **Índice Breve de Auto-Atualização** (BISA) (Sumerlin & Bundrick, 1996, 1998) e a **Measure of Actualization Potential** (MAP) (LeFrancios et al., 1997). Por exemplo, o MAP foi desenvolvido primeiro com uma equipe de oito pesquisadores em autorrealização sugerindo perguntas que exploravam o conceito de autorrealização. Um total de 124 declarações foram criadas na primeira rodada. Em segundo lugar, essas perguntas foram então avaliadas por uma equipe de especialistas sobre o quão bem elas descreviam a tendência de autorrealização das pessoas. Oitenta e uma das 124 declarações sobreviveram ao segundo turno. Finalmente, essas 81 declarações foram esclarecidas e revisadas e mais três foram adicionadas durante uma segunda rodada de avaliações desses especialistas. Ao final, 84 itens foram criados. As 84 perguntas finais foram então aplicadas a uma amostra adulta de 414 participantes com idades entre 17 e 93 anos que responderam às 84 perguntas usando uma escala de classificação Likert de 5 pontos. Somente os itens mais confiáveis e válidos foram retidos, o que fez com que 57 itens fossem removidos e 27 fossem retidos no inventário final do MAP. Essas 27 perguntas podem ser agrupadas estatisticamente em cinco subdimensões: adaptação, autonomia, abertura à vida, abertura a si mesmo e abertura aos outros.

Recentemente, uma nova medida foi publicada, a saber, a **Characteristics of Self-Actualization Scale** (CSAS) (Kaufman, 2018). O objetivo principal de Kaufman ao fazer a mais nova medida de autorrealização era testar e validar quais das 17 qualidades de pessoas autorrealizadas apresentadas por Maslow (1950) resistem ao escrutínio empírico. No Estudo 1, Kaufman aplicou uma versão inicial do questionário a 375 adultos dos EUA, que consistia em 91 perguntas abordando cada uma das características de pessoas autorrealizadas mencionadas por Maslow (1950) (p. ex., resistência à enculturação, criatividade, experiência máxima, percepção mais eficiente da realidade, etc.). Itens que não mediram de forma consistente/confiável a dimensão pretendida foram descartados. Além disso, características que não eram coerentes ou confiáveis foram descartadas e algumas foram combinadas. Por exemplo,

Espontaneidade e Criatividade foram combinadas em Espírito Criativo, e Resistência à Enculturação e Autonomia foram combinadas em Autenticidade. Além disso, para maior clareza, Kaufman mudou a *Gemeinschaftsgefühl* para Humanitarismo e a Discriminação entre Meios e Fins para Boa Intuição Moral. Isso resultou em uma medida final de 30 itens em 10 dimensões (consulte a Tabela 9.1).

Além da revisão empírica das características de Maslow, Kaufman também se propôs a validar a nova medida, avaliando o quão bem ela se correlacionava com os traços psicológicos com os quais deveria se correlacionar, tais como medidas independentes de construtos de bem-estar, personalidade, curiosidade, autonomia e criatividade. Em resumo, o CSAS foi bem validado por essas outras medidas. Por exemplo, a pontuação total na autorrealização se correlacionou 0,55 com Autoaceitação, 0,49 com Satisfação com a Vida, 0,58 com o metatraço de personalidade "Plasticidade" (ou seja, exploração), 0,37 com Abertura à Experiência, 0,40 com Imaginação Criativa, −0,49 com Neuroticismo e −0,49 com Depressão.

O complexo de Jonas

De acordo com Maslow (1970), todos nascem com um desejo de saúde, uma tendência a crescer em direção à autorrealização, mas poucas pessoas atingem tal propósito. O que impede as pessoas de alcançarem esse alto nível de saúde? O crescimento em direção à personalidade normal e sadia pode ser bloqueado em cada um dos passos na hierarquia de necessidades. Se as pessoas não conseguem providenciar comida e abrigo, elas permanecem no nível das necessidades fisiológicas e de segurança. Outras permanecem bloqueadas no nível das necessidades de amor e pertencimento, empenhando-se em dar e receber amor e em desenvolver sentimentos de pertencimento. Outras ainda satisfazem suas necessidades de amor e obtêm autoestima, mas não avançam até o nível da autorrealização, porque não conseguem adotar os valores B (Maslow, 1970).

Outro obstáculo que costuma bloquear o crescimento em direção à autorrealização é o **complexo de Jonas**, ou o medo de ser o melhor possível (Maslow, 1979). O complexo de Jonas é caracterizado por tentativas de fugir do próprio destino, assim como o Jonas bíblico tentou escapar de seu destino. O complexo de Jonas, que é encontrado em quase todas as pessoas, representa um medo do sucesso, um medo de ser o melhor possível e um sentimento de espanto na presença da beleza e da perfeição. A própria história de Maslow demonstrou seu complexo de Jonas. Apesar de um QI de 195, ele era apenas um aluno mediano e, como psicólogo mundialmente famoso, com frequência experimentava pânico quando chamado para fazer uma palestra.

TABELA 9.1

As 17 características de pessoas autorrealizadas de Maslow com as dimensões inicial e final da Characteristics of Self-Actualization Scale (CSAS) (Kaufman, 2018)

Maslow (1950)/CSAS inicial	CSAS final
Percepção mais eficiente da realidade	Percepção eficiente da realidade
Aceitação (de si, dos outros e da natureza)	Aceitação
Espontaneidade, simplicidade e naturalidade	Espírito criativo
Criatividade	Espírito criativo
Centradas nos problemas	Propósito
Autonomia; Independência da cultura	Autenticidade
Resistência à enculturação	Autenticidade
Apreciação constante do novo	Apreciação constante do novo
Experiências culminantes/místicas	Experiências culminantes
Gemeinschaftsgefühl	Humanitarismo
Discriminação entre meios e fins	Boa intuição moral
Relações interpessoais	~~Relações interpessoais~~
Estrutura do caráter democrático	~~Estrutura do caráter democrático~~
Necessidade de privacidade/distanciamento	~~Necessidade de privacidade/distanciamento~~
Imperfeições das pessoas autorrealizadas	~~Imperfeições das pessoas autorrealizadas~~
Resolução de dicotomias	~~Resolução de dicotomias~~
Senso de humor filosófico e não hostil	~~Senso de humor filosófico e não hostil~~
	Equanimidade

Por que as pessoas fogem da grandeza e da autorrealização? Maslow (1971, 1996) ofereceu a seguinte explicação. Primeiro, o corpo humano simplesmente não é forte o suficiente para suportar o êxtase da realização por muito tempo, assim como as experiências culminantes e os orgasmos sexuais seriam muito penosos se durassem demais. Portanto, a emoção intensa que acompanha a perfeição e a realização traz consigo uma sensação impactante do tipo: "Isto é demais" ou "Não aguento mais".

Maslow (1971) apresentou uma segunda explicação de por que se evita a grandeza. A maioria das pessoas, argumentou ele, tem a ambição secreta de ser grande, escrever um romance memorável, ser um astro do cinema, tornar-se um cientista mundialmente famoso, e assim por diante. Contudo, quando se comparam com aqueles que atingiram a grandeza, ficam chocadas com sua própria arrogância: "Quem sou eu para achar que poderia me sair tão bem quanto aquela pessoa importante?". Como uma defesa contra tal grandiosidade ou "orgulho pecaminoso", elas diminuem suas aspirações, sentem-se estúpidas e humildes e adotam a abordagem autodestrutiva de fugir da realização de seu pleno potencial.

Ainda que o complexo de Jonas se destaque de forma mais marcante nas pessoas neuróticas, quase todos têm alguma timidez em procurar a perfeição e a grandeza. As pessoas aparentam uma falsa humildade para abafar a criatividade e, assim, impedem a si próprias de se tornarem autorrealizadas.

Psicoterapia

Para Maslow (1970), o objetivo da terapia deveria ser que as pessoas adotassem os valores de Ser, ou seja, valorizassem a verdade, a justiça, a bondade, a simplicidade, e assim por diante. Para atingir esse objetivo, os pacientes precisam estar livres da dependência dos outros, de modo que seu impulso natural em direção ao crescimento e à autorrealização possa se tornar ativo. A psicoterapia não pode ser livre de valores, mas precisa levar em consideração o fato de que todos possuem uma tendência inerente a avançar em direção a uma condição melhor e mais enriquecedora, isto é, a autorrealização.

Os objetivos da psicoterapia acompanham a posição do paciente na hierarquia de necessidades. Como as necessidades fisiológicas e de segurança são predominantes, as pessoas que operam nesses níveis em geral não são motivadas a procurar psicoterapia. Em vez disso, elas se esforçam em obter alimento e proteção.

A maioria das pessoas que procuram terapia tem essas duas necessidades de nível mais baixo relativamente satisfeitas, mas apresenta alguma dificuldade em satisfazer as necessidades de amor e pertencimento. Portanto, a psicoterapia é, em grande parte, um processo interpessoal. Por meio de uma relação cordial, afetuosa e interpessoal com o terapeuta, o paciente obtém a satisfação das necessidades de amor e pertencimento e, assim, adquire sentimentos de confiança e autoestima. Uma relação interpessoal sadia entre paciente e terapeuta é, portanto, o melhor tratamento psicológico. Essa relação de aceitação fornece aos pacientes um sentimento de ser digno de amor e facilita sua capacidade de estabelecer outras relações sadias fora da terapia. Essa visão da psicoterapia é quase idêntica à de Carl Rogers, conforme discutiremos no Capítulo 10.

Pesquisa relacionada

Como você acabou de ler, um dos aspectos mais notáveis da teoria da personalidade de Maslow é o conceito de hierarquia de necessidades. Algumas necessidades, como as fisiológicas e de segurança, são de ordem mais baixa, enquanto necessidades como estima e autorrealização são de ordem mais alta. Em linhas gerais, de acordo com a teoria de Maslow, as necessidades de ordem mais baixa devem ser satisfeitas no início da vida, enquanto as de ordem mais alta, como autorrealização, tendem a ser satisfeitas mais tarde na vida.

Pesquisadores testaram esse aspecto da teoria de Maslow medindo a satisfação das necessidades em uma amostra de 1.749 pessoas de todas as faixas etárias (Reiss & Havercamp, 2005). Nesse estudo, os participantes responderam a um questionário acerca da satisfação de suas necessidades. Tais necessidades foram divididas em dois tipos de motivação: motivação mais baixa (p. ex., comer e exercício físico) e motivação mais alta (p. ex., honra, família e ideais). Os resultados corroboraram a teoria de Maslow. Os pesquisadores evidenciaram que os motivos mais baixos eram mais fortes em pessoas mais jovens, enquanto os motivos mais altos eram mais intensos em indivíduos mais velhos. Lembre-se de que, para focar a satisfação das necessidades de ordem mais alta, como estima e autorrealização, as pessoas precisam, primeiro, ter satisfeitas as necessidades de ordem mais baixa. Assim, como teorizou Maslow e conforme encontraram Reiss e Havercamp (2005), se as pessoas conseguem assegurar as necessidades mais básicas no início da vida, elas têm mais tempo e energia para focar em alcançar as camadas mais altas da existência humana posteriormente.

Teste empírico e uma atualização evolutiva da hierarquia de necessidades

O *insight* de Maslow no início da década de 1940 enquanto assistia ao desfile dos veteranos gerou sua ideia de que as necessidades são hierárquicas, o que significa que as necessidades de nível superior só podem ser atendidas depois que as necessidades de nível inferior estiverem relativamente bem satisfeitas. Essa era a teoria de Maslow, mas, como aconteceu com a maioria de suas ideias, ele nunca as testou cientificamente. Enquanto isso, alguns outros o fizeram.

Dois princípios fundamentais da teoria da hierarquia de necessidades de Maslow são que as necessidades de um nível inferior devem ser majoritariamente atendidas antes que as necessidades do próximo nível possam ser trabalhadas e satisfeitas. Uma forma de avaliar isso é verificar se a satisfação das necessidades em um nível tem fortes correlações positivas com a satisfação das necessidades no próximo nível acima. Além disso, essa correlação deve ser mais forte do que aquela entre dois níveis acima. Por exemplo, as necessidades fisiológicas devem estar mais fortemente correlacionadas com a segurança (um nível acima) do que com amor e pertencimento (dois níveis acima). Essa ideia foi testada por Taormina e Gao (2013) em uma amostra de 386 adultos chineses. Primeiro desenvolveram um questionário para os cinco níveis de necessidades, a saber, fisiológico, segurança, amor e pertencimento, estima e autorrealização. As quatro primeiras escalas tinham 15 itens cada, enquanto a escala de autorrealização tinha 12 itens (total de 72 itens). As quatro primeiras escalas foram classificadas em uma escala de 1 (discordo totalmente) a 5

(concordo totalmente) de acordo com a afirmação "Estou completamente satisfeito com..." Exemplos de perguntas da escala são apresentados na Tabela 9.2.

As cinco escalas de necessidades foram todas consistentes, com pontuações de confiabilidade interna variando de 0,81 a 0,91 (0,80 ou mais é a meta). Essas pontuações implicam que os itens de cada escala eram internamente consistentes entre si e mediam a mesma coisa. Taormina e Gao (2013), no entanto, encontraram suporte inconsistente para o teste da hierarquia de necessidades. Em geral, as necessidades adjacentes foram as mais fortemente correlacionadas entre si, mas nem sempre. Por exemplo, as necessidades fisiológicas correlacionaram 0,50, 0,37, 0,40 e 0,53 com segurança, pertencimento, estima e autorrealização, respectivamente. Inesperadamente, no entanto, a satisfação das necessidades fisiológicas foi mais fortemente correlacionada com a autorrealização do que qualquer outra satisfação de necessidade. Além disso, a segurança correlacionou 0,38 com pertencimento, 0,31 com estima e 0,35 com autorrealização. O pertencimento correlacionou 0,50 com a estima e 0,34 com a autorrealização. Por fim, a estima correlacionou 0,50 com a autorrealização. Em suma, o padrão previsto tendia a ser encontrado, mas

TABELA 9.2

Exemplos de itens das cinco medidas de satisfação de necessidades (Taormina & Gao, 2013)

Escala	Itens de amostra
Necessidades fisiológicas	"A qualidade dos alimentos que eu como todos os dias" "A quantidade de aquecimento que tenho quando o tempo está frio" "A qualidade do sexo que estou fazendo" "A quantidade de exercícios que faço para manter meu corpo em forma"
Necessidades de segurança	"A qualidade da casa/apartamento em que estou morando" "Quão seguro estou contra ataques físicos" "Quão seguro estou contra desastres" "Minha segurança financeira"
Necessidades de pertencimento	"A qualidade dos relacionamentos que tenho com meus amigos" "Quão acolhido eu sou na minha comunidade" "A sensação de pertencimento que tenho com minha família" "Quanto eu sou cuidado pelo meu cônjuge/parceiro"
Necessidades de estima	"A admiração que os outros me dão" "O prestígio que tenho aos olhos de outras pessoas" "O quanto gosto da pessoa que sou" "Meu senso de autoestima"
Necessidades de autorrealização	"Estou totalmente confortável com todos os aspectos da minha personalidade" "Sinto que estou completamente realizado comigo mesmo" "Agora estou sendo a pessoa que sempre quis ser" "Estou vivendo minha vida ao máximo"

Fonte: Taormina, R.J., & Gao, J.H. (2013). Maslow and the motivation hierarchy: Measuring satisfaction of needs. American Journal of Psychology, 126, 155-177.

não em todos os casos. Curiosamente, gênero e educação não estavam relacionados à satisfação de cada necessidade, o que significa que não havia diferença entre homens e mulheres ou pessoas mais instruídas e menos instruídas quando se tratava de satisfação de necessidades. Pessoas com maior apoio familiar, valores mais tradicionais, maior satisfação com a vida e menor ansiedade ficaram mais satisfeitas com suas necessidades em cada nível.

Outras tentativas de medir a hierarquia de necessidades produziram resultados menos confiáveis e válidos. Por exemplo, uma forma de avaliar se uma medida é válida e mede o que ela pretende medir é correlacioná-la com uma medida estabelecida desse construto (nesse caso, hierarquia de necessidades). Se eles medem a mesma coisa, deveria haver fortes correlações positivas. Duas medidas diferentes (Lester, 1990; Strong & Fiebert, 1987) de hierarquia de necessidades foram administradas a 51 estudantes universitários e as duas medidas não se correlacionaram entre si. Na verdade, em dois casos (segurança e estima), as necessidades foram negativamente correlacionadas entre as duas escalas (Lester, 2013). Para ser justo, as duas medidas pediram aos participantes duas coisas diferentes. A medida de Lester pergunta aos participantes o quanto cada necessidade está satisfeita, enquanto a medida de Strong e Fiebert pergunta a importância de cada necessidade para o participante.

Além de testar a teoria, alguns defenderam uma atualização, especificamente uma atualização em psicologia evolutiva para a hierarquia. Doug Kenrick e colaboradores (2010) propuseram a seguinte atualização na hierarquia: necessidades fisiológicas imediatas, autoproteção, afiliação, *status*/estima, conquista de parceiros, retenção de parceiros e parentalidade. A maior mudança em seu modelo é substituir a autorrealização por três tipos de objetivos reprodutivos (conquistar um parceiro, manter um parceiro, ter filhos). Em outras palavras, de uma perspectiva evolutiva, a autorrealização ("tornar-se o que se é") tem um significado funcional e reprodutivo de acasalar e cuidar de filhos ou parentes. Em outras palavras, ao contrário de Maslow, a autorrealização não está divorciada das necessidades biológicas e funcionais de seleção de parceiros e sucesso reprodutivo.

Se existe um apoio relativamente fraco e inconsistente para a hierarquia de necessidades, por que ela floresce nos livros de psicologia e no mundo dos negócios? Bridgeman e colaboradores (2019) argumentam que boa parte de sua popularidade vem do apelo intuitivo da pirâmide, que, novamente, o próprio Maslow nunca desenvolveu. É fácil de entender, lógica e apoia o senso intuitivo das pessoas sobre como os motivos e as necessidades operam.

Psicologia positiva

A **psicologia positiva** é um campo relativamente novo da psicologia que combina a ênfase na esperança, no otimismo e no bem-estar com a pesquisa e a avaliação científica.

Muitas das questões examinadas pelos psicólogos positivos provêm diretamente de teóricos humanistas, como Abraham Maslow e Carl Rogers (ver Cap. 10). Como Maslow e Rogers, os psicólogos positivos são críticos da psicologia tradicional, que resultou em um modelo do ser humano como carecendo de características positivas que fazem a vida valer a pena ser vivida. Esperança, sabedoria, criatividade, determinação futura, coragem, espiritualidade, responsabilidade e experiências positivas são ignoradas (Seligman & Csikszentmihalyi, 2000).

Uma área da psicologia positiva na qual as ideias de Maslow foram particularmente influentes é o papel das experiências positivas na vida das pessoas. Maslow se referiu a experiências extremamente positivas que envolvem um senso de admiração, maravilha e reverência como experiências culminantes. Ainda que tais experiências sejam mais comuns entre os autorrealizados, elas podem ser experimentadas, em vários graus, também por outras pessoas. Recentemente, pesquisadores investigaram os benefícios potenciais que provêm de reexperimentar, por meio da escrita ou do pensamento, tais experiências positivas. Em um desses estudos, os participantes foram instruídos a escrever acerca de uma experiência ou experiências positivas durante 20 minutos todos os dias, por três dias consecutivos (Burton & King, 2004). As instruções dadas aos participantes antes de começar foram derivadas diretamente dos escritos de Maslow sobre experiências culminantes, e elas pediam aos participantes que escrevessem acerca de seus "momentos mais felizes, momentos de êxtase, momentos de arrebatamento, talvez por estarem apaixonados, por ouvirem uma música ou repentinamente 'serem tocados' por um livro ou uma pintura ou por algum grande momento criativo" (p. 155). Experimentar tais eventos positivos que inspiram respeito sem dúvida aumentará a emoção positiva e, conforme esse estudo testou, talvez apenas relembrar tais eventos do passado escrevendo sobre eles também possa aumentar a emoção positiva. A experiência da emoção positiva costuma ser uma coisa boa e foi associada à melhora nos recursos de enfrentamento, melhor saúde e comportamentos pró-sociais (Lyubomirsky, King, & Diener, 2005). Portanto, Burton e King previram que escrever acerca dessas experiências culminantes ou intensamente positivas estaria associado à melhor saúde física nos meses seguintes ao exercício de escrita. De fato, Burton e King (2004) constataram que aqueles que escreveram sobre experiências positivas, comparados com aqueles em uma condição de controle que escreveram sobre tópicos não emocionais, como uma descrição de seu quarto, consultaram com um médico menos vezes por doença durante os três meses após a escrita.

A psicologia positiva se concentra em como as experiências positivas afetam a personalidade e a vida de uma pessoa. Além disso, uma qualidade importante das pessoas que se autorrealizam é a capacidade de ter "experiências culminantes" — sentindo-se unificadas com o universo e mais humildes e poderosas ao mesmo tempo. Maslow também mencionou a admiração como parte da experiência culminante. Nos últimos 10 a 15 anos, pesquisas sobre a natureza e a experiência da emoção positiva de admiração começaram a atrair atenção científica séria (Keltner & Haidt, 2003; Shiota, Keltner, & Mossman, 2007). A admiração é definida como experimentar os sentimentos de vastidão e expansão e, ao mesmo tempo, precisar alterar ou acomodar nossas percepções do mundo (ou seja, muda a forma como nos vemos no mundo) (Keltner & Haidt, 2003).

Em uma série de três estudos experimentais, Rudd e colaboradores (2012) examinaram como a experiência de admiração afeta a percepção das pessoas sobre quanto tempo elas têm e se elas doariam seu tempo, bem como sua preferência de experiência sobre coisas materiais e como elas se sentem satisfeitas com suas vidas. Eles previram que a admiração aumentaria a sensação das pessoas de que têm tempo para as coisas, as tornaria mais generosas com seu tempo, aumentaria sua preferência pela experiência em detrimento das coisas materiais e aumentaria sua sensação de satisfação com a vida. Em três experimentos separados, eles designaram aleatoriamente metade dos participantes para sentir admiração. No primeiro estudo, a admiração foi induzida ao mostrar aos participantes um vídeo de 60 segundos de pessoas vivenciando cenas realistas vastas e mentalmente avassaladoras, como cachoeiras, baleias e astronautas no espaço. No segundo estudo, a admiração foi induzida por fazer com que as pessoas refletissem e depois escrevessem quando tinham "uma resposta a coisas percebidas como vastas e avassaladoras e alteravam a maneira como você entende o mundo" (Rudd et al., 2012, p. 4). No terceiro estudo, a admiração foi induzida ao fazer com que os participantes lessem a história de subir a Torre Eiffel e depois ver Paris a centenas de metros acima do solo. Cada um desses procedimentos resultou em aumentos significativos na experiência de admiração dos participantes.

Conforme previsto, as pessoas que sentiram admiração expandiram sua sensação de ter tempo, aumentaram sua disposição de doar seu tempo (mas não afetaram sua disposição de doar dinheiro) para causas pró-sociais. Finalmente, a experiência de admiração aumenta (pelo menos temporariamente) a satisfação geral de uma pessoa com sua vida.

Tais estudos demonstram a importância de refletir e reviver as experiências mais positivas ou "culminantes" em nossas vidas. Lembre-se do início do capítulo, em que Abraham Maslow previu que as experiências culminantes com frequência têm um impacto duradouro na vida das pessoas. As pesquisas recentes na área da psicologia positiva examinadas nesta seção certamente apoiam tal aspecto da teoria de Maslow.

Críticas a Maslow

A busca de Maslow pela pessoa autorrealizada não terminou com seus estudos empíricos. Em seus últimos anos,

era comum especular sobre a autorrealização com poucas evidências para apoiar suas suposições. Ainda que essa prática abra a porta para críticas a Maslow, ele era despreocupado com a ciência dessacralizada ou ortodoxa.

Entretanto, usamos os mesmos critérios para avaliar a teoria da personalidade holístico-dinâmica como fazemos com as outras teorias. Primeiro, como a teoria de Maslow se classifica em sua capacidade de *gerar pesquisa*? Segundo esse critério, classificamos a teoria de Maslow como um pouco acima da média. A autorrealização permanece um tópico popular com os pesquisadores, e os testes de autorrealização facilitaram os esforços para investigar esse conceito impreciso. No entanto, as noções de Maslow sobre metamotivação, a hierarquia de necessidades, o complexo de Jonas e as necessidades instintivas receberam menos interesse da parte dos pesquisadores.

Segundo o critério de refutabilidade, precisamos classificar a teoria de Maslow como baixa. Os pesquisadores demonstraram dificuldade para verificar ou confirmar os meios de Maslow de identificação das pessoas autorrealizadas. Maslow referiu que suas pessoas autorrealizadas se recusaram a se submeter a testes que pudessem avaliar a autorrealização. Se isso for verdade, então os vários inventários que pretendem medir a autorrealização poderão ser incapazes de identificar a pessoa verdadeiramente autorrealizada. Contudo, se os pesquisadores quiserem seguir a conduta de Maslow e usar entrevistas pessoais, eles terão poucas diretrizes para fazer direcionamentos. Como Maslow não forneceu uma definição operacional de autorrealização e uma descrição completa de seus procedimentos de amostragem, os pesquisadores não têm como ter certeza de que estão replicando o estudo original ou que estão identificando a mesma síndrome de autorrealização. Maslow deixou os futuros pesquisadores com poucas diretrizes claras a seguir quando tentassem replicar seus estudos sobre autorrealização. Carecendo de definições operacionais da maioria dos conceitos de Maslow, os pesquisadores não conseguem verificar nem refutar boa parte de sua teoria básica.

No entanto, a estrutura da hierarquia de necessidades de Maslow dá à sua teoria excelente flexibilidade para *organizar o que se conhece acerca do comportamento humano*. A teoria de Maslow também é muito coerente com o bom senso. Por exemplo, o bom senso sugere que uma pessoa precisa ter o suficiente para comer antes de ser motivada por outros aspectos. As pessoas com fome se importam muito pouco com filosofia política. Sua motivação primária é obter comida, e não simpatizar com uma filosofia política ou outra. Do mesmo modo, as pessoas que vivem sob ameaça a seu bem-estar físico são motivadas, sobretudo, a garantir a segurança, e os indivíduos que têm as necessidades fisiológicas e de segurança relativamente satisfeitas se esforçam por serem aceitos e por estabelecer uma relação amorosa.

A teoria de Maslow serve como um *guia para o profissional*? Segundo esse critério, classificamos a teoria como altamente útil. Por exemplo, os psicoterapeutas que têm pacientes com as necessidades de segurança ameaçadas precisam oferecer um ambiente seguro a eles. Depois que os pacientes satisfizerem suas necessidades de segurança, o terapeuta poderá trabalhar para oferecer sentimentos de amor e pertencimento. De forma semelhante, os gerentes de pessoal no comércio e na indústria podem usar a teoria de Maslow para motivar os trabalhadores. A teoria sugere que o aumento de salário não consegue satisfazer necessidades que vão além do nível fisiológico e de segurança. Como as necessidades fisiológicas e de segurança já estão, em grande parte, satisfeitas para o trabalhador médio nos Estados Unidos, o aumento de salário *per se* não eleva permanentemente o moral e a produtividade do trabalhador. Os aumentos de salário podem satisfazer necessidades de nível mais alto somente quando os trabalhadores os encaram como reconhecimento por um trabalho bem-feito. A teoria de Maslow sugere que os executivos de empresas devem permitir aos trabalhadores mais responsabilidade e liberdade, utilizar a engenhosidade e a criatividade deles na solução de problemas e encorajá-los a empregar sua inteligência e imaginação no trabalho.

A teoria é *consistente internamente*? Infelizmente, a linguagem arcaica e muitas vezes pouco clara de Maslow torna ambíguas e incoerentes partes importantes de sua teoria. À parte o problema da linguagem idiossincrática, no entanto, a teoria de Maslow é classificada como alta no critério de consistência interna. O conceito de hierarquia de necessidades segue uma progressão lógica, e Maslow levantou a hipótese de que a ordem das necessidades é a mesma para todos, embora ele não tenha desconsiderado a possibilidade de certas inversões. À parte algumas deficiências em seus métodos científicos, a teoria de Maslow possui consistência e precisão que lhe conferem apelo popular.

A teoria de Maslow é *parcimoniosa* ou contém conceitos e modelos superfluamente fabricados? À primeira vista, a teoria parece bastante simplista. Um modelo de hierarquia de necessidades com apenas cinco passos dá à teoria uma aparência ilusória de simplicidade. Uma compreensão mais abrangente da teoria de Maslow, no entanto, sugere um modelo muito mais complexo. Globalmente, a teoria é parcimoniosa em nível moderado.

 ## Conceito de humanidade

Maslow acreditava que todos podemos ser autorrealizados; nossa natureza humana traz consigo um grande potencial para sermos bons seres humanos. Se ainda não atingimos esse alto nível de funcionamento, é porque estamos, de alguma maneira, incapacitados ou patológicos. Não conseguimos satisfazer nossas necessidades de autorrealização quando nossas necessidades de nível mais baixo ficam bloqueadas, ou seja, quando não conseguimos satisfazer nossas necessidades de alimento, segurança, amor e pertencimento e estima. Essa compreensão levou Maslow a postular uma hierarquia de necessidades básicas que devem ser regularmente satisfeitas antes que nos tornemos humanos de modo integral.

Maslow concluiu que a verdadeira natureza humana é vista apenas nas pessoas autorrealizadas e que "parece não haver razão *intrínseca* para que todos não sejam dessa maneira. Aparentemente, todos os bebês têm possibilidades para autorrealização, porém a maioria é excluída delas" (Lowry, 1973, p. 91). Em outras palavras, as pessoas autorrealizadas não são indivíduos comuns com algo acrescentado, e sim pessoas comuns com nada retirado. Isto é, se comida, segurança, amor e estima não forem retiradas das pessoas, então elas avançarão naturalmente em direção à autorrealização.

Maslow era, em geral, *otimista* e esperançoso com os humanos, porém reconhecia que as pessoas são capazes de grandes maldades e destruição. O mal, no entanto, provém da frustração ou da não satisfação das necessidades básicas, e não da natureza essencial do indivíduo. Quando as necessidades básicas não são satisfeitas, as pessoas podem roubar, enganar, mentir ou matar.

Maslow acreditava que a sociedade, assim como os indivíduos, pode ser melhorada, mas o crescimento para ambos é lento e doloroso. No entanto, os pequenos avanços parecem fazer parte da história evolucionária da humanidade. Infelizmente, a maioria das pessoas "está condenada a desejar o que não tem" (Maslow, 1970, p. 70). Ou seja, embora todas as pessoas tenham potencial para autorrealização, a maioria viverá lutando por comida, segurança ou amor. Grande parte das sociedades, acreditava Maslow, enfatiza as necessidades mais baixas e baseia seus sistemas educacionais e políticos em um conceito inválido de humanidade.

Verdade, amor, beleza e similares são necessidades instintivas e são tão básicas para a natureza humana quanto são a fome, o sexo e a agressividade. Todas as pessoas possuem o potencial para lutar pela autorrealização, assim como têm a motivação para procurar por comida e proteção. Como Maslow sustentava que as necessidades básicas são estruturadas da mesma forma para todas as pessoas e que os indivíduos satisfazem essas necessidades no próprio ritmo, sua teoria holístico-dinâmica da personalidade coloca ênfase moderada na *singularidade* e nas *semelhanças*.

De um ponto de vista histórico e individual, os humanos são animais evolutivos, no processo de se tornarem cada vez mais completamente humanos. Isto é, conforme a evolução progride, os humanos gradualmente se tornam mais motivados pelas metamotivações e pelos valores B. Existem necessidades de nível alto, pelo menos como potencialidade, em todos. Como as pessoas visam à autorrealização, a abordagem de Maslow pode ser considerada *teleológica e propositada*.

A visão de Maslow sobre a humanidade é difícil de classificar em dimensões como determinismo *versus* livre-arbítrio, consciente *versus* inconsciente ou determinantes biológicos *versus* sociais. Em geral, o comportamento das pessoas motivado por necessidades fisiológicas e de segurança é *determinado por forças externas*, enquanto o comportamento dos indivíduos autorrealizados é, pelo menos em parte, moldado pelo *livre-arbítrio*.

Na dimensão da *consciência* versus *inconsciência*, Maslow defendia que as pessoas autorrealizadas costumam ser mais conscientes do que os outros em relação ao que elas estão fazendo e por quê. No entanto, a motivação é tão complexa que as pessoas podem ser impulsionadas por diversas necessidades ao mesmo tempo, e mesmo os indivíduos sadios nem sempre estão plenamente conscientes de todas as razões subjacentes a seu comportamento.

Quanto às *influências biológicas* versus *sociais*, Maslow insistiu em que essa dicotomia é falsa. Os indivíduos são moldados pela biologia *e* pela sociedade, e as duas não podem ser separadas. A dotação genética inadequada não condena uma pessoa a uma vida não satisfatória, da mesma forma que um ambiente social pobre não impede o crescimento. Quando as pessoas atingem a autorrealização, elas experimentam uma sinergia maravilhosa entre os aspectos biológico, social e espiritual de suas vidas. Os autorrealizados obtêm mais satisfação física com os prazeres sensuais; eles experimentam relações interpessoais mais profundas e mais ricas; e obtêm prazer com qualidades espirituais como beleza, verdade, bondade, justiça e perfeccionismo.

Termos-chave e conceitos

- Para Maslow, a *motivação* afeta a pessoa como um todo; ela é completa, em geral inconsciente, contínua e aplicável a todos os indivíduos.
- As pessoas são motivadas por quatro dimensões de necessidades: *conativa* (esforço obstinado), *estética* (a necessidade de ordem e beleza), *cognitiva* (a necessidade de curiosidade e conhecimento) e *neurótica* (um padrão improdutivo de relacionamento interpessoal).
- As necessidades conativas podem ser organizadas em uma *hierarquia*, significando que uma necessidade precisa ser relativamente satisfeita antes que a seguinte possa se tornar ativa.
- As cinco necessidades conativas são: *fisiológica, de segurança, de amor e pertencimento, de estima* e *de autorrealização*.
- Em algumas ocasiões, as necessidades na hierarquia podem ser *invertidas*, sendo, com frequência, *inconscientes*.
- O *comportamento de enfrentamento* é motivado e está direcionado para a satisfação das necessidades básicas.
- O *comportamento expressivo* possui uma causa, mas não é motivado; ele é simplesmente a maneira que a pessoa tem de se expressar.
- As necessidades conativas, incluindo autorrealização, são *instintivas*; isto é, sua privação conduz à patologia.

- A frustação das necessidades de autorrealização resulta em *metapatologia* e rejeição dos valores B.
- A aceitação dos *valores B* (verdade, beleza, humor, entre outros) é o critério que separa as pessoas autorrealizadas daquelas que são meramente sadias e está relacionada ao grau de autoestima.
- As *características dos autorrealizados* incluem: (1) percepção mais eficiente da realidade; (2) aceitação de si, dos outros e da natureza; (3) espontaneidade, simplicidade e naturalidade; (4) abordagem da vida centrada no problema; (5) necessidade de privacidade; (6) autonomia; (7) apreciação constante do novo; (8) experiências culminantes; (9) interesse social; (10) relações interpessoais profundas; (11) atitude democrática; (12) capacidade de discriminar os meios dos fins; (13) senso de humor filosófico; (14) criatividade; e (15) resistência à enculturação.
- Em sua filosofia da ciência, Maslow argumentou a favor de uma *atitude taoísta*, que é de não interferência, passiva, receptiva e subjetiva.
- O *complexo de Jonas* é o medo de ser ou fazer o seu melhor.
- A *psicoterapia* deve ser direcionada para o nível de necessidade que atualmente está frustrado, na maioria dos casos as necessidades de amor e pertencimento.

Referências

Blum, D. (2002). *Love at Goon Park: Harry Harlow and the science of affection.* Cambridge, MA: Cambridge Center.

Bridgman, T., Cummings, S., & Ballard, J. (2019). Who built Maslow's pyramid? A history of the creation of mangement studies' most famous symbol and its implications for managment education. *Academy of Management Learning & Education, 18,* 81-98.

Burton, C. M., & King, L. A. (2004). The health benefits of writing about intensely positive experiences. *Journal of Research in Personality, 38,* 150-163.

D'Souza, J. F., Adams, C. K., & Fuss, B. (2015). A pilot study of self-actualization activity measurement. *Journal of the Indian Academy of Applied Psychology, 41,* 28-33.

Freud, S. (1900/1953). *The interpretation of dreams.* In *Standard edition* (Vols. 4 & 5).

Frick, W. B. (1982). Conceptual foundations of selfactualization: A contribution to motivation theory. *Journal of Humanistic Psychology, 22,* 33-52.

Goble, F. G. (1970). *The third force: The psychology of Abraham Maslow.* New York: Grossman.

Hall, M. H. (1968, July). A conversation with Abraham Maslow. *Psychology Today, 22,* 35-37, 54-57.

Hoffman, E. (1988). *The right to be human: A biography of Abraham Maslow.* Los Angeles: Tarcher.

Jones, A., & Crandall, R. (1986). Validation of a Short Index of Self-actualization. *Personality and Social Psychology Bulletin, 12,* 63-73.

Kaufman, S. B. (2018). Self-actualizing people in the 21st century: Integration with contemporary theory and research on personality and well-being. *Journal of Humanistic Psychology.* doi:10.1177/0022167818809187.

Keltner, D., & Haidt, J. (2003). Approaching awe, a moral, spiritual, and aesthetic emotion. *Cognition and Emotion, 17,* 297-314.

Kenrick, D. T., Griskevicius, V., Neuberg, S. L., & Schaller, M. (2010). Renovating the pyramid of needs: Contemporary extensions built upon ancient foundations. *Perspectives on Psychological Science, 5,* 292-314: doi: 1177/1745691610369469.

Keys, A., Brozek, J., Henschel, A., Mickelsen, O., & Taylor, H. L. (1950). *The biology of human starvation* (Vols. 1 and 2). Minneapolis: University of Minnesota Press.

LeFrancios, R., Leclerc, G., Dube, M., Hebert, R., & Gaulin, P. (1997). The development and validation of a self-report measure of self-actualization. *Social Behavior and Personality, 25,* 353-366.

Lester, D. (1990). Maslow's hierarchy of needs and personality. *Personality and Individual Differences, 11,* 1187-1188.

Lester, D. (2013). Measuring Maslow's hierarchy of needs. *Psychological Reports: Mental & Physical Health, 113,* 15-17.

Lowry, R. J. (1973). *A. H. Maslow: An intellectual portrait.* Monterey, CA: Brooks/Cole.

Lyubomirsky, S., King, L., & Diener, E. (2005). The benefits of frequent positive affect: Does happiness lead to success? *Psychological Bulletin, 131,* 803-855.

Maslow, A. H. (1943). A theory of human motivation. *Psychological Review, 50,* 370-396.

Maslow, A. H. (1950). Self-actualizing people: A study of psychological health. *Personality Symposia.*

Maslow, A. H. (1964). *Religions, values, and peakexperiences.* Columbus: Ohio State University Press.

Maslow, A. H. (1966). *The psychology of science.* New York: Harper & Row.

Maslow, A. H. (1967). A theory of metamotivation: The biological rooting of the value-life. *Journal of Humanistic Psychology, 7*(2), 93-127.

Maslow, A. H. (1968a). Self-actualization [Film]. Santa Ana, CA: Psychological Films.

Maslow, A. H. (1968b). *Toward a psychology of being* (2nd ed.). New York: Van Nostrand.

Maslow, A. H. (1970). *Motivation and personality* (2nd ed.). New York: Harper & Row.

Maslow, A. H. (1971). *The farther reaches of human nature.* New York: Viking.

Maslow, A. H. (1979). *The journals of A. H. Maslow* (Vols. 1-2). (R. J. Lowry, Ed.). Monterey, CA: Brooks/Cole.

Maslow, A. H. (1996). Higher motivation and the new psychology. In E. Hoffman (Ed.), *Future visions: The unpublished papers of Abraham Maslow.* Thousand Oaks, CA: Sage.

McDermid, C. D. (1960). How money motivates men. *Business Horizons, 3,* 93-100.

Rudd, M., Vohs, K. D., & Aaker, J. (2012). Awe expands people's perception of time, alters decision making, and enhances well-being. *Psychological Science, 23,* 1130-1136.

Reiss, S., & Havercamp, S. M. (2005). Motivation in developmental context: A new method for studying self-actualization. *Journal of Humanistic Psychology, 45,* 41-53.

Seligman, M., & Csikszentmihalyi, M. (2000). Positive psychology: An introduction. *American Psychologist, 55,* 5-14.

Shiota, M. N., Keltner, D., & Mossman, A. (2007). The nature of awe: Elicitors, appraisals, and effects on self-concept. *Cognition and Emotion, 21,* 944-963.

Shostrom, E. L. (1974). *Manual for the Personal Orientation Inventory.* San Diego, CA: Educational and Industrial Testing Service.

Strong, L. L., & Fiebert, M. A. (1987). Using paired comparisons to assess Maslow's hierarchy of needs. *Perceptual & Motor Skills, 64,* 492-494.

Sumerlin, J. R., & Bundrick, C. M. (1996). Brief Index of Self-Actualization: A measure of Maslow's model. *Journal of Social Behavior and Personality, 11,* 253-271.

Sumerlin, J. R., & Bundrick, C. M. (1998). Revision of the Brief Index of Self-Actualization. *Perceptual and Motor Skills, 87,* 115-125.

Taormina, R. J., & Gao, J. H. (2013). Maslow and the motivation hierarchy: Measuring satisfaction of needs. *American Journal of Psychology, 126,* 155-177.

Watson, J. B. (1925). *Behaviorism.* New York: Norton.

CAPÍTULO 10

Rogers: Teoria centrada na pessoa

- **Panorama da teoria centrada na pessoa**
- **Biografia de Carl Rogers**
- **Teoria centrada na pessoa**
  Pressupostos básicos
  O *self* e a consciência da autoatualização
  Consciência (*awareness*)
  Tornar-se pessoa
  Obstáculos à saúde psicológica
- **Psicoterapia**
  Condições
  Processo
  Resultados
- **A pessoa do futuro**
- **Filosofia da ciência**
- **Os estudos de Chicago**
  Hipóteses
  Método
  Achados
  Resumo dos resultados

Bettmann/Getty Images

- **Pesquisa relacionada**
  Discrepância entre o *self* real e ideal, os jogos *on-line* e o cérebro
  Motivação e busca dos próprios objetivos
- **Críticas a Rogers**
- **Conceito de humanidade**
- **Termos-chave e conceitos**
- **Referências**

Ele compartilhou seus dias de escola fundamental em Oak Park, Illinois, com Ernest Hemingway e os filhos de Frank Lloyd Wright, mas não tinha aspirações pela literatura ou pela arquitetura. Em vez disso, ele queria ser um fazendeiro, um fazendeiro científico que se importasse com as plantas e os animais e com o modo como eles cresciam e se desenvolviam.

Mesmo vindo de uma família grande, era muito tímido e carecia de habilidades sociais. Sendo um garoto sensível, magoava-se facilmente pelas provocações que partiam dos colegas de classe e irmãos.

No começo do ensino médio, seus pais – na expectativa de uma atmosfera mais saudável e religiosa – mudaram-se com a família para uma fazenda cerca de 70 km a oeste de Chicago. A mudança correspondeu ao objetivo dos pais. Naquele ambiente isolado, a família desenvolveu fortes laços entre si, mas não com jovens de outras famílias. A leitura da Bíblia, o trabalho árduo e o cuidado dos animais e das plantas da fazenda ocupavam boa parte do tempo. Ainda que ele acreditasse que seus pais se importavam muito com os filhos, também achava que eles eram muito controladores nas práticas de criação dos filhos. Em consequência, as crianças cresceram em um lar que quase não tinha vida social, mas muito trabalho árduo. Dançar, jogar cartas, beber refrigerantes e ir ao teatro eram coisas proibidas.

Nesse ambiente, o jovem desenvolveu uma atitude científica em relação à agricultura e à criação de animais, fazendo anotações detalhadas de suas observações. Essas notas lhe ensinaram sobre as condições "necessárias e suficientes" para o crescimento ideal das plantas e dos animais. Durante o ensino médio e a faculdade, ele manteve um interesse apaixonado pela agricultura científica. Entretanto, nunca se tornou fazendeiro. Depois de dois anos de faculdade, mudou seu objetivo de vida da agricultura para o ministério e, posteriormente, para a psicologia.

Porém, a devoção ao método científico permaneceria com Carl Rogers durante toda a vida, e sua pesquisa sobre as condições "necessárias e suficientes" para o crescimento psicológico humano foi, pelo menos em parte, responsável por ele receber o primeiro "Distinguished Scientific Contribuition Award", concedido pela American Psychological Association (APA).

Panorama da teoria centrada na pessoa

Mesmo sendo mais conhecido como o fundador da **terapia centrada no cliente**, Carl Rogers desenvolveu uma teoria humanista da personalidade que surgiu a partir de suas experiências práticas como psicoterapeuta. Ao contrário de Freud, que era principalmente um teórico e, em segundo lugar, um terapeuta, Rogers era um perfeito terapeuta, mas apenas um teórico relutante (Rogers, 1959). Ele era mais preocupado em ajudar as pessoas do que em descobrir por que elas agiam da forma como agiam. Era mais provável que ele perguntasse: "Como posso ajudar essa pessoa a crescer e a se desenvolver?" do que ponderar sobre a pergunta: "O que fez com que essa pessoa se desenvolvesse de tal maneira?".

Assim como muitos teóricos da personalidade, Rogers construiu sua teoria sobre as bases proporcionadas pelas experiências como terapeuta. Ao contrário da maioria dos demais teóricos, no entanto, ele continuamente recorria à pesquisa empírica para validar sua teoria da personalidade e sua abordagem terapêutica. Talvez mais do que qualquer outro terapeuta teórico, Rogers (1986) defendeu um equilíbrio entre estudos flexíveis e rigorosos que expandiria o conhecimento de como os humanos sentem e pensam.

Ainda que tenha formulado uma teoria rigorosa e internamente coerente da personalidade, Rogers não se sentia confortável com a noção de teoria. Sua preferência pessoal era ser um auxiliar das pessoas, e não um construtor de teorias. Para ele, as teorias pareciam deixar as coisas muito frias e externas, e ele se preocupava que sua teoria implicasse uma medida de finalidade.

Durante a década de 1950, na metade de sua carreira, Rogers foi convidado a escrever sobre o que era, então, chamado de teoria da personalidade "centrada no cliente", e seu depoimento original é encontrado no volume 3 de *Psychology: a study of a science* (*Psicologia: um estudo de uma ciência*), de Sigmund Koch (ver Rogers, 1959). Mesmo naquela época, Rogers percebia que, dali a 10 ou 20 anos, suas ideias seriam diferentes; mas, infelizmente, ao longo dos anos seguintes, ele nunca reformulou de modo sistemático sua teoria da personalidade. Embora muitas de suas experiências posteriores tenham alterado algumas das ideias iniciais, sua teoria final da personalidade se encontra sobre a base original descrita na série de Koch.

Biografia de Carl Rogers

Carl Ransom Rogers nasceu em 8 de janeiro de 1902, em Oak Park, Illinois, sendo o quarto de seis filhos de Walter e Julia Cushing Rogers. Carl era mais próximo da mãe do que do pai, o qual, durante os primeiros anos, frequentemente estava ausente de casa trabalhando como engenheiro civil. Walter e Julia Rogers eram profundamente religiosos, e Carl se interessou pela Bíblia, lendo-a, assim como a outros livros, ainda na infância. Com seus pais, ele também aprendeu o valor do trabalho árduo – um valor que, ao contrário da religião, permaneceu com ele durante toda a vida.

Rogers pretendia se tornar fazendeiro e, depois que se formou no ensino médio, ingressou na Universidade de Wisconsin para se especializar em agricultura. No entanto, em seguida, foi se desinteressando pelo assunto e se dedicando mais à religião. Em seu terceiro ano em Wisconsin,

Rogers estava profundamente envolvido com atividades religiosas no *campus* e passou seis meses na China para participar de uma conferência religiosa de estudantes. Essa viagem causou uma impressão duradoura em Rogers. A interação com outros jovens líderes religiosos mudou-o, transformando-o em um pensador mais liberal, e o levou à independência em relação às crenças religiosas de seus pais. Essas experiências com seus companheiros lhe conferiram mais autoconfiança nas relações sociais. Infelizmente, ele voltou da viagem com uma úlcera.

Mesmo que a doença o tenha impedido de voltar imediatamente para a universidade, ele não se manteve afastado do trabalho. Ele passou um ano se recuperando, trabalhando na fazenda e em uma madeireira local, antes de acabar retornando a Wisconsin. Lá, associou-se à fraternidade, apresentava mais autoconfiança e, de modo geral, era um estudante mudado desde seus dias pré-China.

Em 1924, Rogers ingressou no Union Theological Seminary, em Nova York, com a intenção de se tornar pastor. Enquanto estava no seminário, matriculou-se em vários cursos de psicologia e educação na vizinha Universidade de Columbia. Ele foi influenciado pelo movimento de educação progressiva de John Dewey, o qual, na época, era forte no Teachers College, em Columbia. Aos poucos, Rogers foi se desencantando com a postura doutrinária do trabalho religioso. Muito embora o seminário fosse bastante liberal, Rogers decidiu que não desejava expressar um conjunto fixo de crenças, mas que queria mais liberdade para explorar novas ideias. Por fim, no outono de 1926, ele deixou o seminário para frequentar o Teachers College em tempo integral, com ênfase em psicologia clínica e educacional. A partir daquele ponto, nunca mais retornou à religião formal. Agora, sua vida tomaria uma direção voltada para a psicologia e a educação.

Em 1927, Rogers atuou como pesquisador no novo Institute for Child Guidance, em Nova York, e continuou trabalhando lá enquanto concluía seu doutorado. No instituto, ele adquiriu um conhecimento básico da psicanálise freudiana, mas não foi tão influenciado por ela, muito embora a tenha experimentado em sua prática. Ele também assistiu a uma conferência de Alfred Adler, que chocou Rogers e os outros membros do grupo ao afirmar que uma história clínica detalhada era desnecessária para a psicoterapia.

Rogers recebeu seu grau de doutor da Universidade de Columbia, em 1931, depois de já ter se mudado para Nova York para trabalhar com a Rochester Society for the Prevention of Cruelty to Children. Durante a fase inicial de sua carreira profissional, foi fortemente influenciado pelas ideias de Otto Rank, que havia sido um dos associados mais próximos de Freud antes de sua saída do círculo restrito do médico vienense. Em 1936, Rogers convidou Rank para Rochester para um seminário de três dias, onde ele apresentou sua nova prática pós-freudiana de psicoterapia. As palestras de Rank deram a Rogers a noção de que a terapia é uma relação que promove o crescimento emocional, nutrida pela escuta empática e aceitação incondicional do cliente por parte do terapeuta.

Rogers passou 12 anos em Rochester, trabalhando em um emprego que facilmente poderia tê-lo isolado de uma carreira acadêmica de sucesso. Ele cultivava o desejo de ensinar em uma universidade depois de uma experiência de ensino gratificante durante o verão de 1935 no Teachers College e após ter lecionado em cursos de sociologia na Universidade de Rochester. Durante esse período, escreveu seu primeiro livro, *O tratamento clínico da criança-problema* (1939), cuja publicação levou a uma oferta de ensino da parte da Universidade Estadual de Ohio. Apesar do desejo de ensinar, ele poderia ter recusado a oferta se sua esposa não o tivesse incentivado a aceitar e se a Universidade Estadual de Ohio não tivesse concordado em iniciá-lo no cargo mais alto, com o título acadêmico de professor titular. Em 1940, aos 38 anos de idade, Rogers se mudou para Columbus, para começar uma nova carreira.

Pressionado por seus alunos de pós-graduação na Universidade Estadual de Ohio, Rogers gradualmente começou a formular suas próprias ideias sobre psicoterapia, sem a intenção de que fossem únicas e, certamente, não controversas. Essas ideias foram apresentadas em *Psicoterapia e consulta psicológica*, publicado em 1942. Nesse livro, que foi uma reação às abordagens terapêuticas mais antigas, Rogers minimizou as causas dos distúrbios e a identificação e rotulação de transtornos. Em vez disso, enfatizou a importância do crescimento interno do paciente (chamado por Rogers de "cliente").

Em 1944, como parte de um esforço de guerra, Rogers se mudou de volta para Nova York como diretor dos serviços de psicoterapia para a United Services Organization. Após um ano, ele assumiu um cargo na Universidade de Chicago, onde fundou um centro de psicoterapia e ganhou mais liberdade para fazer pesquisas sobre a evolução e os resultados do processo terapêutico. Os anos de 1945 até 1957, na Universidade de Chicago, foram os mais produtivos e criativos de sua carreira. Seu trabalho se desenvolveu de uma terapia que enfatizava a metodologia, ou o que, no início da década de 1940, era chamado de técnica "não diretiva", para uma intervenção em que a única ênfase era na relação cliente-terapeuta. Sempre um cientista, Rogers, com seus alunos e colegas, produziu pesquisas inovadoras sobre o processo e a eficácia da psicoterapia.

Querendo expandir sua pesquisa e suas ideias para a psiquiatria, Rogers aceitou um cargo na Universidade de Wisconsin em 1957. No entanto, ficou frustrado com sua estada nesse local, porque não conseguiu unir as profissões de psiquiatria e psicologia e porque acreditava que alguns membros da própria equipe de pesquisa haviam se envolvido em comportamento desonesto e antiético (Milton, 2002).

Decepcionado com seu trabalho em Wisconsin, Rogers mudou-se para a Califórnia, onde se associou ao Western Behavioral Sciences Institute (WBSI) e foi se interessando cada vez mais por grupos de encontro.

Rogers renunciou ao WBSI quando sentiu que estava se tornando menos democrático e, com 75 outros membros do instituto, formou o Center for Studies of the Person. Continuou a trabalhar com grupos de encontro, mas estendeu seus métodos centrados na pessoa para a educação (incluindo a formação de médicos) e até para a política internacional. Durante os últimos anos de vida, conduziu *workshops* em países como Hungria, Brasil, África do Sul e a antiga União Soviética (Gendlin, 1988). Ele morreu em 4 de fevereiro de 1987, após uma cirurgia decorrente de uma fratura no quadril.

A vida de Carl Rogers foi marcada pela mudança e pela abertura à experiência. Quando adolescente, era muito tímido, não tinha amigos íntimos e mostrava-se "socialmente incompetente em contatos que não fossem superficiais" (Rogers, 1973, p. 4). No entanto, ele tinha uma vida de fantasia ativa, a qual, posteriormente, acreditou que poderia ter sido diagnosticada como "esquizoide" (Rogers, 1980, p. 30). A timidez e a inaptidão social restringiram de forma significativa suas experiências com as mulheres. Quando ingressou na Universidade de Wisconsin, só teve coragem suficiente para convidar para sair uma jovem que conhecia da escola fundamental em Oak Park: Helen Elliott. Helen e Carl se casaram em 1924 e tiveram dois filhos: David e Natalie. Apesar dos problemas iniciais com relacionamentos interpessoais, Rogers cresceu para se tornar um dos principais defensores da ideia de que a relação interpessoal entre dois indivíduos é um ingrediente poderoso que promove o crescimento psicológico em ambos. Contudo, a transição não foi fácil. Ele abandonou a religião formal dos pais, moldando gradualmente uma filosofia humanista/existencial que ele esperava que preenchesse a lacuna entre o pensamento oriental e o ocidental.

Um dos princípios da teoria do aconselhamento de Rogers é a necessidade de ser fiel a si mesmo, autêntico e honesto. Nesse sentido, Rogers praticou o que pregou, pois foi aberto e honesto sobre seus próprios problemas pessoais em uma entrevista de história oral* com David Russell, feita no final de sua vida (Rogers & Russell, 2002). Ele foi sincero sobre os problemas que ele e sua esposa Helen tiveram no casamento nos últimos 15 anos ou mais, sua necessidade de ter outros relacionamentos românticos, e sobre seu problema com o álcool em seus 70 anos.

Rogers recebeu muitas honrarias durante sua longa carreira profissional. Ele foi o primeiro presidente da American Association for Applied Psychology e ajudou a reunir essa organização e a American Psychological Association (APA). Foi presidente da APA no período de 1946 a 1947 e o primeiro presidente da American Academy of Psychotherapists. Em 1956, foi covencedor do primeiro Distinguished Scientific Contribution Award, conferido pela APA. Esse prêmio foi especialmente gratificante para Rogers porque destacou sua habilidade como pesquisador, uma mestria que ele aprendeu muito bem quando menino, na fazenda, em Illinois (O'Hara, 1995).

Rogers inicialmente via pouca necessidade de uma teoria da personalidade. Porém, sob pressão de outros e também para satisfazer uma necessidade interna de ser capaz de explicar os fenômenos que estava observando, ele desenvolveu sua própria teoria, a qual foi expressa provisoriamente pela primeira vez em seu discurso presidencial na APA (Rogers, 1947). Sua teoria foi defendida de modo mais integral em *Terapia centrada no cliente* (1951) e expressa em ainda mais detalhes na série de Koch (Rogers, 1959). Contudo, Rogers sempre insistiu que a teoria devia permanecer provisória, e é com esse pensamento que se deve abordar uma discussão da teoria da personalidade rogeriana.

Teoria centrada na pessoa

Ainda que o conceito de humanidade de Rogers tenha permanecido basicamente inalterado desde o início da década de 1940 até sua morte, em 1987, sua terapia e teoria passaram por várias mudanças de denominação. Durante os primeiros anos, sua abordagem era conhecida como "não diretiva", um termo infeliz que permaneceu associado ao nome dele por muito tempo. Depois, sua abordagem foi denominada, com variações, como "centrada no cliente", "centrada na pessoa", "centrada no aluno", "centrada no grupo" e "de pessoa para pessoa". Usamos o rótulo *centrada no cliente* em referência à terapia de Rogers e a expressão mais inclusiva **centrada na pessoa** para fazer referência à *teoria* da personalidade rogeriana.

No Capítulo 1, dissemos que as teorias claramente formuladas costumam ser expressas em uma estrutura se-então. De todas as teorias deste livro, a teoria centrada na pessoa de Rogers é a que mais se aproxima de tal padrão. Um exemplo de uma construção se-então é: *se* existirem certas condições, *então* ocorrerá um processo; *se* esse processo ocorrer, *então* determinados resultados poderão ser esperados. Um exemplo mais específico é encontrado na terapia. *Se* o terapeuta for congruente e comunicar uma consideração positiva incondicional e empatia acurada para o cliente, *então* ocorrerá mudança terapêutica; *se* ocorrer mudança terapêutica, *então* o cliente experimentará mais autoaceitação, maior confiança em si, e assim por diante. (Discutiremos congruência, consideração positiva incondicional e empatia de modo mais detalhado na seção Psicoterapia.)

Pressupostos básicos

Quais são os pressupostos básicos da teoria centrada na pessoa? Rogers postulou dois pressupostos amplos: a tendência formativa e a tendência atualizante.

---

*N. de R.T. A Entrevista de História Oral é um tipo de entrevista onde uma pessoa compartilha memórias, reflexões e experiências de sua vida, geralmente com o objetivo de preservar a história pessoal.

Tendência formativa

Rogers (1978, 1980) acreditava que existe uma tendência em toda a matéria, tanto orgânica quanto inorgânica, de evoluir de formas mais simples para formas mais complexas. Para o universo inteiro, um processo criativo, em vez de desintegrativo, está em operação. Rogers denominou esse processo de **tendência formativa** e apontou muitos exemplos na natureza. Por exemplo, galáxias complexas de estrelas se formam a partir de uma massa menos organizada; cristais como os flocos de neve surgem de vapor sem forma; organismos complexos se desenvolvem a partir de uma única célula; e a consciência humana evolui do inconsciente primitivo até uma consciência (*awareness*)* altamente organizada.

Tendência atualizante

Um pressuposto inter-relacionado e mais pertinente é a **tendência atualizante**, ou a tendência dentro de todos os seres humanos (e outros animais e plantas) de se mover em direção à completude ou realização de seus potenciais (Rogers, 1959, 1980). Tal tendência é o único motivo que as pessoas possuem. A necessidade de satisfazer o impulso da fome, de expressar emoções profundas quando elas são sentidas e de aceitar a si mesmo são todos exemplos do motivo único da atualização. Como cada pessoa opera como um organismo completo, a atualização envolve o indivíduo como um todo – nas esferas psicológica e intelectual, racional e emocional, consciente e inconsciente.

As propensões a manter e a melhorar o organismo estão incluídas na tendência atualizante. A necessidade de **manutenção** é semelhante aos níveis mais baixos da hierarquia de necessidades de Maslow (ver Cap. 9). Ela inclui necessidades básicas como alimentação, ar e segurança; mas também engloba a tendência a resistir à mudança e a buscar o *status quo*. A natureza conservadora das necessidades de manutenção é expressa no desejo das pessoas de protegerem seu atual e confortável autoconceito. As pessoas lutam contra ideias novas; elas distorcem experiências que não se encaixam; elas consideram a mudança dolorosa e o crescimento assustador.

Embora as pessoas tenham um forte desejo de manter o *status quo*, elas estão dispostas a aprender e a mudar. Essa necessidade de se tornar mais, desenvolver-se e

---

*N. de R.T. No decorrer deste capítulo, optamos por traduzir o termo "awareness" como "consciência". No entanto, é importante esclarecer que, no contexto original em inglês, "awareness" carrega um significado mais abrangente, referindo-se não apenas à consciência em termos de percepção imediata, mas também a um estado de alerta, atenção e reconhecimento de si mesmo e do ambiente (conscientização). Embora "consciência" seja o termo mais próximo em português, ele pode sugerir uma conotação mais restrita, muitas vezes associada à noção de "consciência" como um estado mental específico.

atingir o crescimento é chamada de **aperfeiçoamento**. A necessidade de aperfeiçoamento do *self* é vista na disposição para aprender coisas que não trazem recompensas imediatas. Além do aperfeiçoamento, o que motiva uma criança a andar? Engatinhar pode satisfazer a necessidade de mobilidade, enquanto andar está associado a quedas e dor. A posição de Rogers é que as pessoas estão dispostas a enfrentar a ameaça e a dor devido a uma tendência de base biológica do organismo para cumprir sua natureza básica.

As necessidades de aperfeiçoamento são expressas de várias formas, incluindo curiosidade, brincadeiras, autoexploração, amizade e confiança de que é possível atingir o crescimento psicológico. As pessoas têm dentro de si a força criativa para resolver problemas, alterar seus autoconceitos e se tornar cada vez mais autônomas. Os indivíduos percebem suas experiências como realidade e conhecem a própria realidade melhor do que qualquer outra pessoa. Eles não precisam ser direcionados, controlados, incentivados ou manipulados para serem impulsionados rumo à atualização.

A tendência de atualização não está limitada aos humanos. Outros animais e até plantas têm uma tendência inerente a crescer para atingir seu potencial genético – contanto que determinadas condições estejam presentes. Por exemplo, para que uma planta de pimentão atinja seu potencial produtivo completo, ela precisa ter água, luz solar e um solo nutritivo. Do mesmo modo, a tendência de atualização humana é realizada somente sob certas *condições*. De forma mais específica, as pessoas precisam estar envolvidas em um relacionamento com um parceiro que seja *congruente*, ou *autêntico*, e que demonstre *empatia* e *consideração positiva incondicional*. Rogers (1961) enfatizou que ter um parceiro que possui essas três qualidades não *causa* o movimento para uma mudança pessoal construtiva de um indivíduo. No entanto, permite concretizar a tendência inata para a autoatualização.

Rogers sustentou que sempre que congruência, consideração positiva incondicional e empatia estiverem presentes em um relacionamento, o crescimento psicológico ocorrerá invariavelmente. Por essa razão, ele considerava essas três condições como *necessárias* e *suficientes* para uma pessoa se tornar plenamente funcional ou autoatualizada. Ainda que as pessoas compartilhem a tendência de atualização com as plantas e com outros animais, somente os humanos têm um conceito de *self* e, portanto, um potencial para a *autoatualização*.

O *self* e a autoatualização

De acordo com Rogers (1959), os bebês começam a desenvolver um conceito vago de *self* quando uma parte de sua experiência se torna personalizada e diferenciada em consciência (*awareness*) como experiências de "eu" ou "mim". Os bebês, aos poucos, tornam-se conscientes da própria identidade, conforme aprendem o que tem gosto bom e o que tem gosto ruim, o que é agradável e o que não é. Eles, então, começam a avaliar as experiências como positivas ou negativas, usando como critério a tendência atualizante. Como a nutrição é um requisito para a atualização, os bebês valorizam a comida e desvalorizam a fome. Eles também valorizam o sono, o ar fresco, o contato físico e a saúde, porque cada um desses aspectos é necessário para a atualização.

Depois que os bebês estabelecem uma estrutura de "eu" rudimentar, sua tendência a atualizar o *self* começa a se desenvolver. A **autoatualização** é um subgrupo da tendência de atualização e, portanto, não é sinônimo dela. A *tendência de atualização* se refere a experiências do organismo do indivíduo; isto é, refere-se à pessoa como um todo – consciente e inconsciente, fisiológica e cognitiva. Por outro lado, a *autoatualização* é a tendência de atualizar o *self* como *percebido na consciência (awareness)*. Quando o organismo e o *self* percebido estão em harmonia, as duas tendências de atualização são quase idênticas; porém, quando as experiências do organismo não estão em harmonia com sua visão de *self*, existe uma discrepância entre a tendência de atualização e a tendência à autoatualização. Por exemplo, se a experiência do organismo de um homem é de raiva em relação à esposa e se a raiva pela esposa é contrária à sua percepção de *self*, então sua tendência de atualização e sua autoatualização são incongruentes e ele experimenta conflito e tensão interna. Rogers (1959) postulou dois subsistemas: o *autoconceito* e o *self ideal*.

O autoconceito

O **autoconceito** inclui todos os aspectos do ser e das experiências que são percebidos na consciência (*awareness*) (embora nem sempre com precisão) pelo indivíduo. O autoconceito não é idêntico ao *self* **do organismo**. Partes do *self* do organismo podem ir além da consciência (*awareness*) da pessoa ou simplesmente não ser daquela pessoa. Por exemplo, o estômago faz parte do *self* do organismo, mas, a menos que ele não funcione bem e cause preocupação, não é provável que faça parte do autoconceito do indivíduo. De forma semelhante, as pessoas podem repudiar certos aspectos de seu *self*, como experiências de desonestidade, quando tais experiências não são coerentes com seu autoconceito.

Assim, depois de formar o autoconceito, a mudança e as aprendizagens significativas passam a ser consideradas muito difíceis. As experiências que são incoerentes com seu autoconceito em geral são negadas ou aceitas apenas de forma distorcida.

Um autoconceito estabelecido não torna uma mudança impossível, mas apenas difícil. A mudança ocorre mais prontamente em uma atmosfera de aceitação pelos outros, o que possibilita à pessoa reduzir a ansiedade e a ameaça e tomar posse das experiências antes rejeitadas.

O self *ideal*

O segundo subsistema é o *self ideal*, definido como a visão que alguém tem de si mesmo sobre como deseja ser. O *self* ideal contém todos aqueles atributos, geralmente positivos, que as pessoas desejam possuir. Uma grande discrepância entre o *self* ideal e o autoconceito indica **incongruência** e personalidade não saudável. Os indivíduos psicologicamente sadios percebem pouca discrepância entre o seu autoconceito e o que eles, idealmente, gostariam de ser.

A incongruência entre o *self* ideal e o *self* percebido pode resultar em conflito e infelicidade.
Ingram Publishing/SuperStock

Artista original, direitos de reprodução obtidos em www.cartoonstock.com. Andrew Toos/Cartoon Stock

Consciência (*awareness*)

Sem a consciência (*awareness*), o autoconceito e o *self* ideal não existiriam. Rogers (1959) definiu *consciência (awareness)* como "a representação simbólica (não necessariamente em símbolos verbais) de parte de nossa experiência" (p. 198). Ele usou o termo como sinônimo de consciência e simbolização.

Níveis de consciência (awareness)

Rogers (1959) identificou três níveis de consciência (*awareness*). O primeiro nível envolve eventos que são experienciados abaixo do limiar da consciência (*awareness*) e são *ignorados* ou *negados*. Uma experiência ignorada pode ser exemplificada por uma mulher que caminha por uma rua movimentada, onde muitos estímulos, especialmente visuais e auditivos, estão presentes. Como ela não pode prestar atenção a todos eles, muitos permanecem *ignorados*. Um exemplo de experiência *negada* pode ser uma mãe que nunca quis ter filhos, mas, a partir da culpa, ela se torna excessivamente atenciosa com eles. A raiva e o ressentimento em relação aos filhos podem ficar ocultos para ela durante anos, nunca alcançando a consciência, mas ainda fazendo parte de sua experiência e influenciando seu comportamento consciente em relação a eles.

Em segundo lugar, Rogers (1959) levantou a hipótese de que algumas experiências são *simbolizadas de forma precisa e aceitas livremente na estrutura do "eu"*. Tais experiências não são ameaçadoras e são coerentes com o autoconceito existente. Por exemplo, se um pianista, confiante em sua habilidade de tocar piano, é elogiado por um amigo, ele pode ouvir essas palavras, simbolizá-las corretamente e incorporá-las em seu autoconceito.

Um terceiro nível de consciência (*awareness*) envolve experiências que são percebidas de forma *distorcida*. Quando nossa experiência não é coerente com nossa visão de *self*, remodelamos ou distorcemos a experiência de modo que ela possa ser assimilada ao autoconceito existente. Se o pianista talentoso ouvisse de um rival sem credibilidade que está tocando muito bem, ele reagiria de forma muito diferente do que quando escutou as mesmas palavras de um amigo confiável. Ele pode ouvir os comentários, mas distorcer seu significado porque se sente ameaçado. "Por que essa pessoa está tentando me bajular? Isso não faz sentido." Suas experiências são simbolizadas de forma imprecisa na consciência (*awareness*) e, assim, podem ser distorcidas para que se enquadrem em um autoconceito existente, que em parte diz: "Sou uma pessoa que não confia em meus competidores que tocam piano, especialmente aqueles que estão tentando me enganar".

Negação das experiências positivas

O exemplo do pianista talentoso ilustra que não são apenas as experiências negativas ou depreciativas que podem ser distorcidas ou negadas; muitas pessoas têm dificuldade em aceitar elogios genuínos e *feedback* positivo, mesmo quando merecidos. Uma estudante que se sente inadequada, mas que tira uma nota alta, pode dizer a si mesma: "Sei que esta nota deve ser evidência de minha capacidade acadêmica, mas, de alguma forma, simplesmente não me sinto assim. Essa matéria é a mais simples do *campus*. Os outros alunos nem se esforçaram. Minha professora não sabia o que estava fazendo". Elogios, mesmo aqueles feitos de forma genuína, raras vezes causam influência positiva no autoconceito do destinatário. Eles podem ser distorcidos porque a pessoa não confia em quem os fez ou podem ser negados porque o destinatário não se sente merecedor deles; em todos os casos, um elogio do outro também implica o direito daquela pessoa de criticar ou condenar, e, assim, o elogio traz consigo uma ameaça implícita (Rogers, 1961).

Tornar-se pessoa

Rogers (1959) discutiu o processo necessário para se tornar uma pessoa. Primeiro, um indivíduo precisa fazer *contato* – positivo ou negativo – com outra pessoa. Tal contato é a experiência mínima necessária para tornar-se uma pessoa. Para sobreviver, um bebê precisa experimentar algum contato com um dos pais ou com outro cuidador.

Quando as crianças (ou os adultos) adquirem consciência de que outra pessoa tem algum grau de consideração por elas, começam a valorizar a consideração positiva e a desvalorizar a consideração negativa. Ou seja, o indivíduo desenvolve uma necessidade de ser amado, estimado ou aceito por outra pessoa, uma necessidade à qual Rogers (1959) se referiu como **consideração positiva**. Se percebemos que os outros, especialmente aqueles que são significativos para nós, se importam, nos valorizam ou apreciam, nossa necessidade de receber consideração positiva é, pelo menos em parte, satisfeita.

A consideração positiva é um pré-requisito para a **autoconsideração positiva**, definida como a experiência de valorizar ou apreciar a si mesmo. Rogers (1959) acreditava que receber consideração positiva dos outros é necessário para a autoconsideração positiva; porém, depois que a autoconsideração positiva está estabelecida, ela se torna independente da necessidade contínua de ser amado. Essa concepção é muito semelhante à noção de Maslow (ver Cap. 9) de que precisamos satisfazer nossas necessidades de amor e pertencimento antes que as necessidades de autoestima possam se tornar ativas, mas, depois que começamos a nos sentir confiantes e valorizados, já não precisamos de um fornecimento constante de amor e aprovação dos outros.

A fonte de autoconsideração positiva, portanto, reside na consideração positiva que recebemos dos outros; todavia, depois de estabelecida, ela é autônoma e autoperpetuada. Como Rogers (1959) afirmou, a pessoa, então, "torna-se, de certa forma, sua própria pessoa-critério" (p. 224).

Obstáculos à saúde psicológica

Nem todos se tornam uma pessoa psicologicamente saudável. Ao contrário, a maioria dos indivíduos experimenta condições de valor, incongruência, defensividade e desorganização.

Condições de valor

Em vez de receber consideração positiva incondicional, a maioria das pessoas recebe **condições de valor**, isto é, elas percebem que seus pais, pares ou parceiros as amam e as aceitam somente se elas atenderem às expectativas e receberem a aprovação dessas pessoas. "Uma condição de valor surge quando a consideração positiva de uma pessoa significativa é condicional, quando o indivíduo sente que, em alguns aspectos, ele é valorizado e, em outros, não" (Rogers, 1959, p. 209).

As condições de valor se tornam o critério pelo qual aceitamos ou rejeitamos nossas experiências. De forma gradual, assimilamos em nossa estrutura do "eu" as atitudes que percebemos que os outros expressam em relação a nós e, com o tempo, começamos a avaliar as experiências sobre essas bases. Se vemos que os outros nos aceitam de modo independente de nossas ações, então passamos a acreditar que somos valorizados incondicionalmente. Porém, se percebemos que alguns de nossos comportamentos são aprovados e outros desaprovados, então vemos que nosso valor é condicional. Eventualmente, podemos passar a acreditar nas avaliações dos outros que são coerentes com nossa visão negativa de nós mesmos, ignorar nossas próprias percepções sensoriais e viscerais e, aos poucos, afastamo-nos de nosso *self* real ou eu organísmico.

Desde o início da infância, a maioria de nós aprende a desconsiderar as próprias avaliações organísmicas e a buscar fora de nós direção e orientação. Conforme introjetamos os valores dos outros, isto é, aceitamos condições de valor, tendemos a ser incongruentes ou desequilibrados. Os valores das outras pessoas podem ser assimilados somente de forma distorcida ou com o risco de criar desequilíbrio e conflito interno no *self*.

Nossas percepções sobre a forma como os outros nos veem são chamadas de **avaliações externas**. Essas avaliações, sejam elas positivas ou negativas, não promovem a saúde psicológica, mas, ao contrário, impedem de sermos completamente abertos às próprias experiências. Por exemplo, podemos rejeitar experiências prazerosas porque acreditamos que outras pessoas não as aprovam. Quando nossas experiências têm descrédito, distorcemos nossa percepção, nossa consciência (*awareness*), delas, consolidando, assim, a discrepância entre nossa avaliação organísmica e os valores que introjetamos dos outros. Em consequência, experimentamos incongruência (Rogers, 1959).

Incongruência

Já vimos que organismo e *self* são duas entidades distintas que podem ou não ser congruentes entre si. Também lembramos que atualização refere-se à tendência do organismo de buscar a realização, enquanto autoatualização é o desejo do *self* percebido de atingir a realização. Essas duas tendências às vezes divergem entre si.

O desequilíbrio psicológico começa quando falhamos em reconhecer nossas experiências organísmicas como experiências próprias, ou seja, quando não simbolizamos com precisão as experiências do organismo na consciência (*awareness*), porque elas parecem incoerentes com nosso autoconceito emergente. Tal *incongruência* entre nosso autoconceito e nossa experiência organísmica é a fonte dos transtornos psicológicos. As condições de valor que recebemos durante o início da infância conduzem a um autoconceito um tanto falso, fundamentado em distorções e negações. O autoconceito que surge inclui percepções vagas que não estão em harmonia com nossas experiências organísmicas, e essa incongruência entre o *self* e a experiência leva a comportamentos discrepantes e aparentemente incoerentes. Às vezes, as pessoas se comportam de formas que mantêm ou aumentam a tendência atualizante e, outras vezes, de uma maneira concebida para manter ou aumentar um autoconceito fundamentado nas expectativas e nas avaliações que outros indivíduos têm sobre elas.

Vulnerabilidade Quanto maior a incongruência entre *self* percebido (autoconceito) e a experiência organísmica, mais vulnerável a pessoa está. Rogers (1959) acreditava que as pessoas são **vulneráveis** quando não estão conscientes da discrepância entre seu *self* organísmico e suas experiências significativas. Não tendo consciência (*awareness*) da incongruência, as pessoas vulneráveis com frequência se comportam de formas que são incompreensíveis não apenas para os outros, mas também para elas mesmas.

Ansiedade e ameaça Enquanto a vulnerabilidade existe quando não temos consciência da incongruência dentro de nós mesmos, a ansiedade e a ameaça são experimentadas quando começamos a perceber essa incongruência. Quando começamos a perceber vagamente que a discrepância entre nossa experiência organísmica e nosso autoconceito pode se tornar consciente, sentimos ansiedade. Rogers (1959) definiu **ansiedade** como "um estado de inquietação ou tensão cuja causa é desconhecida" (p. 204). À medida que nos tornamos mais conscientes da incongruência entre nossa experiência organísmica e nossa percepção de *self*, a ansiedade começa a evoluir para a **ameaça**, ou seja, uma percepção de que nosso *self* não está mais íntegro ou congruente. Ansiedade e **ameaça** podem representar os passos em direção à saúde psicológica, porque sinalizam que nossa experiência organísmica é incoerente com nosso autoconceito. No entanto, esses não são sentimentos agradáveis ou confortáveis.

Defesas

Para prevenir incoerência entre nossa experiência organísmica e nosso *self* percebido, reagimos de maneira defensiva. **Defesas** são meios de proteção do autoconceito contra a ansiedade e a ameaça pela negação ou pela distorção das experiências incoerentes com ele (Rogers, 1959). Como o autoconceito consiste em muitas afirmações descritivas sobre si mesmo, ele é um fenômeno multifacetado. Quando uma de nossas experiências é incoerente com uma parte de nosso autoconceito, comportamo-nos de maneira defensiva para proteger a estrutura atual de nosso autoconceito.

As duas defesas principais são *distorção* e *negação*. Com a **distorção**, interpretamos erroneamente uma experiência para que ela se encaixe em algum aspecto de nosso autoconceito. Percebemos a experiência na consciência (*awareness*), mas não entendemos seu verdadeiro significado. Com a **negação**, recusamos perceber uma experiência na consciência (*awareness*) ou, pelo menos, impedimos que algum aspecto dela atinja a simbolização. A negação não é tão comum quanto a distorção, porque a maioria das experiências pode ser alterada ou remodelada para se adequar ao autoconceito atual. De acordo com Rogers (1959), tanto a distorção quanto a negação servem ao mesmo propósito: elas mantêm a percepção de nossas experiências organísmicas coerentes com nosso autoconceito – o que nos possibilita ignorar ou bloquear experiências que, de outra forma, causariam ansiedade ou ameaça desagradáveis.

Desorganização

A maioria das pessoas adota comportamentos defensivos, porém, por vezes, as defesas falham e o comportamento se torna desorganizado ou psicótico. Mas por que as defesas não funcionariam?

Para responder a essa pergunta, precisamos traçar o curso do comportamento desorganizado, o qual tem as mesmas origens do comportamento defensivo normal, ou seja, uma discrepância entre a experiência organísmica da

O comportamento se torna desorganizado ou até mesmo psicótico quando as defesas não funcionam adequadamente.
Krisztian Sipos/Alamy Stock Photo

pessoa e sua visão de si mesma (*self*). A negação e a distorção são adequadas para impedir que pessoas normais reconheçam essa discrepância, mas, quando a incongruência entre a percepção do eu das pessoas e sua experiência organísmica é óbvia demais ou ocorre repentinamente demais para ser negada ou distorcida, seu comportamento se torna desorganizado. A desorganização pode ocorrer de forma súbita ou gradual ao longo de um período de tempo. O irônico é que as pessoas são particularmente vulneráveis à desorganização durante a terapia, em especial se o terapeuta interpreta suas ações com precisão e também insiste para que enfrentem a experiência prematuramente (Rogers, 1959). Em um estado de desorganização, as pessoas, por vezes, comportam-se coerentemente com sua experiência organísmica e, por vezes, de acordo com seu autoconceito fragmentado. Um exemplo do primeiro caso é uma mulher anteriormente conservadora e comportada que de repente começa a usar uma linguagem explicitamente sexual e vulgar. O segundo caso pode ser de um homem que, como seu autoconceito já não constitui mais uma *gestalt* ou um todo unificado, começa a se comportar de maneira confusa, incoerente e totalmente imprevisível. Em ambos os casos, o comportamento ainda é coerente com o autoconceito, porém o autoconceito foi rompido e, assim, o comportamento parece bizarro e confuso.

Ainda que Rogers tenha indicado o caráter provisório de suas explicações quando expressou inicialmente sua visão do comportamento desorganizado, em 1959, ele não fez revisões importantes nessa parte da teoria. Ele nunca hesitou quanto à sua rejeição em usar rótulos diagnósticos para descrever as pessoas. Classificações tradicionais, como as encontradas no *Manual Diagnóstico e Estatístico de Transtornos Mentais, Quinta Edição* (DSM-5) (American

Psychiatric Association, 2013), nunca fizeram parte do vocabulário da teoria centrada na pessoa. De fato, Rogers sempre se sentiu desconfortável com os termos "neurótico" e "psicótico", preferindo, em vez disso, referir-se a comportamentos "defensivos" e "desorganizados", vocábulos que transmitem com mais precisão a ideia de que o desajustamento psicológico se encontra em um *continuum* que vai desde a menor discrepância entre o *self* e a experiência até a mais incongruente.

Psicoterapia

A terapia centrada no cliente pode parecer simples nas afirmações, mas é bastante desafiadora na prática. Em resumo, a abordagem centrada no cliente sustenta que, para as pessoas vulneráveis ou ansiosas crescerem psicologicamente, elas precisam entrar em contato com um terapeuta que seja congruente e que seja percebido como capaz de oferecer um ambiente de aceitação incondicional e empatia acurada. Nisso reside a dificuldade. Não é fácil, para um terapeuta, alcançar as qualidades de congruência, consideração positiva incondicional e compreensão empática.

Assim como a teoria centrada na pessoa, a terapia centrada no cliente* pode ser explícita sob a forma se-então. Se as *condições* de congruência, consideração positiva incondicional e escuta empática do terapeuta estiverem presentes em uma relação cliente-terapeuta, então o *processo* de terapia irá acontecer. Se o processo de terapia ocorrer, então certos *resultados* podem ser previstos. A terapia rogeriana, portanto, pode ser considerada em termos de condições, processos e resultados.

Condições

Rogers (1959) postulou que, para que ocorra o crescimento terapêutico, as seguintes condições são necessárias e suficientes. Primeiro, um cliente ansioso ou vulnerável precisa entrar em contato com um terapeuta congruente que também possua *empatia* e consideração positiva incondicional em relação a esse cliente. A seguir, o cliente precisa perceber essas características no terapeuta. Por fim, o contato entre ambos precisa ter alguma duração.

A importância da hipótese rogeriana é revolucionária. Em quase todas as psicoterapias, a primeira e a terceira condição estão presentes; ou seja, o cliente é motivado por

---

*N. de R.T. A teoria centrada na pessoa se refere a uma visão mais ampla sobre o desenvolvimento humano e o relacionamento interpessoal, aplicável não apenas à terapia, mas também a várias áreas, como educação, relações interpessoais e ambientes de trabalho. Por sua vez, a terapia centrada no cliente é a aplicação dessa teoria no contexto específico da clínica, com foco no relacionamento terapêutico e no processo de evolução psicológica.

algum tipo de tensão a procurar ajuda, e a relação entre ele e o terapeuta dura um período de tempo. A terapia centrada no cliente é única ao insistir de que as condições de *congruência*, *consideração positiva incondicional* e *escuta empática* do terapeuta são necessárias e suficientes (Rogers, 1957).

Embora todas as três condições sejam necessárias para o crescimento psicológico, Rogers (1980) acreditava que a congruência é mais fundamental do que a consideração positiva incondicional ou a escuta empática. A congruência é uma qualidade geral do terapeuta, enquanto as outras duas são sentimentos ou atitudes específicas que o terapeuta tem por um cliente específico.

Congruência do terapeuta

A primeira condição necessária e suficiente para a mudança terapêutica é um terapeuta congruente. Existe **congruência** quando as experiências organísmicas de uma pessoa são acompanhadas da consciência (*awareness*) delas e da habilidade e da disposição para expressar abertamente esses sentimentos (Rogers, 1980). Ser congruente significa ser real ou genuíno, ser completo ou íntegro, ser o que verdadeiramente se é. Rogers (1995) falou sobre a congruência nas seguintes palavras:

> *Em minhas relações com as pessoas, descobri que, a longo prazo, não ajuda agir como se eu fosse alguma coisa que não sou... Não ajuda agir com calma e simpatia quando, na verdade, estou irritado e crítico. Não ajuda agir como se eu fosse permissivo quando estou sentindo que gostaria de impor limites... Não ajuda agir como se eu fosse receptivo a outra pessoa quando, por baixo dessa aparência exterior, sinto rejeição.* (p. 9)

Um terapeuta congruente, então, não é simplesmente uma pessoa gentil e amigável, mas um ser humano completo, com sentimentos de alegria, raiva, frustração, confusão, entre outros. Quando esses sentimentos são experimentados, eles não são negados nem distorcidos, mas fluem com facilidade para a consciência (*awareness*) e são expressos de modo livre. Um terapeuta congruente, portanto, não é passivo, indiferente e, definitivamente, *não* é "não diretivo".

Os terapeutas congruentes não são estáticos. Assim como a maioria das outras pessoas, eles estão constantemente expostos a novas experiências organísmicas, mas, ao contrário da maioria dos indivíduos, aceitam essas experiências na consciência (*awareness*), o que contribui para seu crescimento psicológico. Eles não usam máscara, não tentam fingir uma fachada agradável e evitam qualquer pretensão de simpatia e carinho quando essas emoções não são verdadeiramente sentidas. Além disso, eles não simulam raiva, dureza ou ignorância, nem encobrem sentimentos de alegria, exaltação ou felicidade. Além disso, são capazes de combinar os sentimentos com a consciência (*awareness*) e ambos com a expressão honesta.

A terapia centrada no cliente, para ser efetiva, requer um terapeuta congruente que sinta empatia e consideração positiva incondicional pelo cliente.

Mark Bowden/Getty Images

Como congruência envolve (1) sentimentos, (2) consciência (*awareness*) e (3) expressão, a incongruência pode surgir a partir de um dos dois pontos que dividem essas três experiências. Primeiro, pode haver uma ruptura entre sentimentos e consciência (*awareness*). Uma pessoa pode estar sentindo raiva, e a raiva pode ser óbvia para os outros, mas a pessoa com raiva não está consciente do sentimento. "Não estou com raiva. Como você ousa dizer que estou com raiva!" A segunda fonte de incongruência é uma discrepância entre a consciência (*awareness*) de uma experiência e a habilidade ou disposição para expressá-la a outra pessoa. "Sei que estou me sentindo entediado pelo que está sendo dito, mas não ouso verbalizar o meu desinteresse porque meu cliente vai achar que não sou bom terapeuta." Rogers (1961) afirmou que os terapeutas serão mais efetivos se comunicarem sentimentos genuínos, mesmo quando esses sentimentos forem negativos ou ameaçadores. Fazer de outra forma seria desonesto, e os clientes irão detectar – embora não necessariamente de modo consciente – qualquer indicador significativo de incongruência.

Apesar de a congruência ser um ingrediente necessário para o sucesso da terapia, Rogers (1980) não acreditava que fosse essencial ao terapeuta ser congruente em todas as relações fora do processo terapêutico. O indivíduo pode não ser exatamente perfeito e ainda se tornar um psicoterapeuta eficaz. Além disso, o terapeuta não precisa ser absolutamente congruente para facilitar algum crescimento em um cliente. Como ocorre com a consideração positiva incondicional e a escuta empática, existem diferentes graus de congruência. Quanto mais o cliente percebe cada uma dessas qualidades como caracterizando o terapeuta, mais bem-sucedido será o processo terapêutico.

Consideração positiva incondicional

Consideração positiva é a necessidade de ser apreciado, valorizado ou aceito por outra pessoa. Quando existe essa necessidade sem qualquer condição ou qualificação, ocorre a **consideração positiva incondicional** (Rogers, 1980). Os terapeutas têm uma consideração positiva incondicional quando estão "experimentando uma atitude calorosa, positiva e de aceitação em relação ao que é o cliente" (Rogers, 1961, p. 62). A atitude não tem possessividade, avaliações ou reservas.

Um terapeuta com consideração positiva incondicional em relação a um cliente demonstrará uma aceitação calorosa não possessiva, sem ser excessivamente entusiasmado. Ter aceitação calorosa não possessiva significa cuidar de alguém sem sufocar ou "possuir" essa pessoa. Inclui a atitude: "Como me importo com você, posso permitir que você seja autônomo e independente de minhas avaliações e restrições. Você é uma pessoa separada, com seus próprios sentimentos e opiniões em relação ao que é certo ou errado. O fato de me importar com você não significa que eu deva guiá-lo a fazer escolhas, mas que posso permitir que seja você mesmo e decida o que é melhor para você". Esse tipo de atitude permissiva fez com que Rogers recebesse a reputação desmerecida de ser passivo ou não diretivo na terapia, mas um terapeuta centrado no cliente deve estar ativamente envolvido em um relacionamento com o cliente.

Consideração positiva incondicional significa que o terapeuta aceita e valoriza seus clientes sem qualquer restrição ou reservas e sem levar em conta o comportamento deles. Ainda que os terapeutas possam valorizar alguns comportamentos do cliente mais do que outros, sua consideração positiva permanece constante e inabalável. Consideração positiva incondicional também significa que os terapeutas não avaliam os clientes, nem aceitam uma ação e rejeitam outra. A avaliação externa, positiva ou negativa, faz com que os clientes se defendam e impede o crescimento psicológico.

Apesar de a consideração positiva incondicional ser um termo um tanto estranho, as três palavras são importantes. "Consideração" significa que existe uma relação íntima e que o terapeuta vê o cliente como uma pessoa importante; "positiva" indica que a direção do relacionamento é para sentimentos calorosos e atenciosos; e "incondicional" sugere que a consideração positiva não é mais dependente dos comportamentos específicos do cliente e não tem que ser continuamente merecida.

Escuta empática

A terceira condição necessária e suficiente do crescimento psicológico é a **escuta empática**. Existe empatia quando os terapeutas percebem com clareza os sentimentos de seus clientes e são capazes de comunicar essas percepções de forma que estes saibam que outra pessoa entrou em seu mundo emocional sem preconceitos, projeções ou julgamentos. Para Rogers (1980), empatia "significa viver temporariamente a vida do outro, movendo-se nela com delicadeza, sem fazer julgamentos" (p. 142). Empatia não envolve interpretar os significados dos clientes ou descobrir seus sentimentos inconscientes, pois isso implicaria um referencial externo e uma ameaça para os clientes. Ao contrário, empatia sugere que um terapeuta vê as coisas segundo o ponto de vista do cliente, fazendo-o sentir-se seguro e não ameaçado.

Os terapeutas centrados no cliente não tomam a empatia como certa; eles verificam a precisão de suas percepções testando-as com o cliente. "Você parece estar me dizendo que sente muito ressentimento em relação a seu pai." Uma compreensão empática válida costuma ser seguida por uma exclamação do cliente do tipo: "Sim, é exatamente assim! Realmente me sinto ressentido".

A escuta empática é uma ferramenta poderosa que, com a autenticidade e a atenção, facilita o crescimento pessoal no interior do cliente. Qual é precisamente o papel da empatia na mudança psicológica? Como um terapeuta empático ajuda um cliente a se mover em direção à totalidade e à saúde psicológica? As palavras do próprio Rogers (1980) fornecem a melhor resposta a essas perguntas:

> Quando as pessoas são compreendidas com precisão e clareza, elas entram em contato íntimo com uma gama mais ampla de sua experiência. Isso lhes proporciona uma referência ampliada para a qual elas podem se voltar na busca de orientação na compreensão de si mesmas e direcionando seu comportamento. Se a empatia foi precisa e profunda, elas podem ser capazes de desbloquear um fluxo de experiências e permitir que seu curso corra sem inibições. (p. 156)

A empatia é eficaz porque possibilita aos clientes ouvir a si mesmos e, em certo sentido, tornarem-se seus próprios terapeutas.

Empatia não deve ser confundida com simpatia. Este último termo sugere um sentimento *por* um cliente, enquanto empatia conota um sentimento *com* um cliente. A simpatia nunca é terapêutica, porque ela provém da avaliação externa e, em geral, leva os clientes a sentirem pena de si mesmos. Autopiedade é uma atitude prejudicial que ameaça um autoconceito positivo e cria desequilíbrio na estrutura do eu. Além disso, empatia não significa que o terapeuta tenha os mesmos sentimentos que o cliente. Um terapeuta não sente raiva, frustração, confusão, ressentimento ou atração sexual ao mesmo tempo em que o cliente experimenta isso. Em vez disso, o terapeuta está experimentando a profundidade do sentimento do cliente sem perder de vista que se trata de uma pessoa separada. O terapeuta tem uma reação emocional e cognitiva aos sentimentos de um cliente, mas *os sentimentos pertencem ao cliente*, não ao terapeuta. Um terapeuta não toma posse das experiências do cliente, mas é capaz de transmitir a ele uma compreensão do que significa ser o cliente naquele momento particular (Rogers, 1961).

Processo

Se as condições de congruência, consideração positiva incondicional e empatia do terapeuta estiverem presentes, então o processo de mudança terapêutica entrará em andamento. Ainda que cada pessoa que procura tratamento seja única, Rogers (1959) acreditava que o processo terapêutico segue uma certa regularidade.

Estágios da mudança terapêutica

O processo de mudança construtiva da personalidade pode ser colocado em um *continuum* que vai desde a mais defensiva até a mais integrada. Rogers (1961) dividiu, arbitrariamente, esse *continuum* em sete estágios.

O *estágio 1* é caracterizado pela falta de vontade de comunicar qualquer coisa sobre si mesmo. As pessoas nesse estágio não costumam procurar ajuda, mas se, por alguma razão, elas chegam à terapia, são muito rígidas e resistentes à mudança. Elas não reconhecem qualquer problema e se recusam a admitir sentimentos ou emoções pessoais.

No *estágio 2*, os clientes se tornam um pouco menos rígidos. Eles falam sobre eventos externos e outras pessoas, mas ainda negam ou não reconhecem os próprios sentimentos. No entanto, eles podem falar sobre sentimentos pessoais como se estes fossem fenômenos objetivos.

Quando os clientes entram no *estágio 3*, eles falam mais livremente sobre si, embora ainda como um objeto. "Estou fazendo o melhor que posso no trabalho, mas meu chefe ainda não gosta de mim." Os pacientes falam sobre sentimentos e emoções no tempo passado ou no futuro e evitam os sentimentos presentes. Eles se recusam a aceitar suas emoções, mantêm os sentimentos pessoais a uma distância da situação do aqui e agora, percebem apenas vagamente que podem fazer escolhas pessoais e negam a responsabilidade individual pela maioria de suas decisões.

Os clientes no *estágio 4* começam a falar de sentimentos profundos, mas não dos que sentem no momento. "Realmente, fiquei perturbado quando meu professor me acusou de estar 'colando'." Quando os clientes expressam sentimentos atuais, em geral ficam surpresos por tal expressão. Eles negam ou distorcem as experiências, embora possam manifestar um reconhecimento vago de que são capazes de sentir emoções no presente. Eles começam a questionar alguns valores que foram introjetados dos outros e a ver a incongruência entre seu *self* percebido e sua experiência organísmica. Eles aceitam mais liberdade e responsabilidade do que no estágio 3 e começam, ainda que com hesitação, a se envolver em um relacionamento com o terapeuta.

Quando atingem o *estágio 5*, começaram a passar por mudanças significativas e crescimento. Eles conseguem expressar sentimentos no presente, embora ainda não tenham simbolizado esses sentimentos com precisão. Eles estão começando a se basear em um *locus* interno de avaliação para seus sentimentos e fazem novas descobertas sobre si mesmos. Também experimentam uma maior diferenciação dos sentimentos e desenvolvem mais apreciação pelas nuances entre eles. Além disso, começam a tomar as próprias decisões e a aceitar a responsabilidade por suas escolhas.

As pessoas no *estágio 6* experimentam um crescimento dramático e um movimento irreversível em direção ao funcionamento integral ou à autoatualização. Elas permitem de modo livre que essas experiências entrem na consciência (*awareness*), as quais anteriormente negaram ou distorceram. Elas se tornam mais congruentes e são capazes de combinar suas experiências presentes com a consciência (*awareness*) e com a expressão aberta. Elas não mais avaliam o próprio comportamento a partir de um ponto de vista externo, mas confiam em seu *self* orgânico como critério para avaliar as experiências. Começam a desenvolver autoconsideração incondicional, significando que têm um sentimento de cuidado e afeição genuínos pela pessoa que estão se tornando.

Um aspecto concomitante interessante desse estágio é um relaxamento fisiológico. Tais pessoas experimentam seu *self* orgânico como um todo, conforme seus músculos relaxam, as lágrimas fluem, a circulação melhora e os sintomas físicos desaparecem.

Em muitos aspectos, o estágio 6 sinaliza um final para a terapia. De fato, se a terapia tivesse que ser terminada nesse ponto, os clientes ainda progrediriam até o próximo nível.

O *estágio 7* pode ocorrer fora do encontro terapêutico, porque o crescimento do estágio 6 parece irreversível. Aqueles que alcançam o estágio 7 se tornam "pessoas do futuro" em total funcionamento (um conceito explicado em mais detalhes na seção "A pessoa do futuro"). Eles são capazes de generalizar suas experiências na terapia para seu mundo além da terapia. Eles possuem a confiança de serem eles mesmos em todos os momentos, de ter e sentir profundamente a totalidade de suas experiências e viver essas experiências no presente. Seu *self* orgânico, agora unificado com o autoconceito, torna-se o *locus* para avaliação de suas experiências. As pessoas no estágio 7 obtêm prazer em saber que tais avaliações são fluidas e que a mudança e o crescimento continuam. Além disso, elas se tornam congruentes, possuem *autoconsideração positiva incondicional* e mostram-se capazes de ser amáveis e empáticas com os outros.

Explicação teórica para a mudança terapêutica

Qual formulação teórica consegue explicar a dinâmica da mudança terapêutica? A explicação de Rogers (1980) se baseia na seguinte linha de raciocínio. Quando as pessoas começam a se ver como valorizadas e aceitas incondicionalmente, elas percebem, talvez pela primeira vez, que são merecedoras de amor. O exemplo do terapeuta possibilita que elas se valorizem e se aceitem, desenvolvendo uma consideração positiva incondicional por si mesmas. À medida que os clientes percebem que são compreendidos com empatia, eles se sentem livres para ouvir a si mesmos de maneira mais precisa e ter empatia pelos próprios sentimentos. Em consequência, quando passam a se valorizar

e a se compreender com precisão, seu *self* percebido se torna mais congruente com suas experiências organísmicas. Eles, agora, possuem as mesmas três características terapêuticas como um auxiliar eficaz e, de fato, tornam-se seus próprios terapeutas.

Resultados

Se o processo de mudança terapêutica ocorrer, certos resultados observáveis podem ser esperados. O resultado mais básico da terapia centrada no cliente bem-sucedida é uma pessoa congruente que é menos defensiva e mais aberta à experiência. Os demais resultados são uma extensão lógica desse resultado básico.

Em consequência de serem mais congruentes e menos defensivos, os clientes apresentam uma visão mais clara de si mesmos e mais realista do mundo. Eles são mais capazes de assimilar experiências ao *self* no nível simbólico; são mais eficazes na solução de problemas; e têm um nível mais alto de autoconsideração positiva.

Sendo realistas, possuem uma visão mais precisa de seus potenciais, o que reduz a lacuna entre o *self* ideal e o *self* real. Em geral, essa lacuna é reduzida porque tanto o *self* ideal quanto o verdadeiro apresentam algum movimento. Como os clientes estão mais realistas, eles diminuem suas expectativas do que deveriam ser ou do que gostariam de ser; e como têm um aumento na autoconsideração positiva, elevam sua visão do que realmente são.

Como seu *self* ideal e seu *self* real são mais congruentes, os clientes experimentam menos tensão fisiológica e psicológica, são menos vulneráveis à ameaça e têm menos ansiedade. Eles possuem menos probabilidade de olharem para os outros na busca de uma direção, bem como de usar as opiniões e os valores dos outros como critérios para a avaliação das próprias experiências. Em vez disso, tornam-se mais autônomos e mais propensos a perceber que o centro de avaliação está dentro de si mesmos. Eles já não se sentem mais obrigados a agradar as outras pessoas e a satisfazer expectativas externas. Sentem-se seguros o suficiente para assumir a responsabilidade por um número crescente de suas experiências e confortáveis o bastante consigo mesmos para diminuir sua necessidade de negação e distorção.

Suas relações com os outros também são modificadas. Eles se tornam mais receptivos aos outros, fazem menos exigências e simplesmente permitem que os outros sejam eles mesmos. Como têm menos necessidade de distorcer a realidade, eles possuem menos desejo de forçar os outros a satisfazerem suas expectativas. Eles também são percebidos pelos outros como mais maduros, mais agradáveis e mais sociáveis. Sua autenticidade, autoconsideração positiva e compreensão empática são ampliadas para além da terapia, e eles se tornam mais capazes de participar de outros relacionamentos que facilitam o crescimento (Rogers, 1959, 1961). A Tabela 10.1 ilustra a teoria da terapia de Rogers.

TABELA 10.1

Teoria da Mudança Terapêutica de Rogers

Se existem as seguintes condições:	Então ocorre mudança terapêutica e o cliente irá:
1. um cliente vulnerável ou ansioso	1. **tornar-se mais congruente;**
2. faz contato com um terapeuta que possui	2. **ser menos defensivo;**
3. **congruência no relacionamento,**	3. **tornar-se mais aberto às experiências;**
4. **consideração positiva incondicional pelo cliente,** e	4. ter uma visão mais realista do mundo;
5. **compreensão empática quanto à estrutura de referência interna do cliente,** e	5. desenvolver uma autoconsideração positiva;
6. o cliente percebe as condições 3, 4 e 5 – as três condições necessárias e suficientes para o crescimento terapêutico.	6. reduzir a lacuna entre o *self* ideal e o *self* real;
	7. ser menos vulnerável à ameaça;
	8. tornar-se menos ansioso;
	9. assumir a responsabilidade por suas experiências;
	10. tornar-se mais receptivo aos outros;
	11. tornar-se mais congruente nas relações com os outros.

Nota: Os excertos em negrito representam as condições terapêuticas-chave e os resultados mais básicos.

A pessoa do futuro

O interesse demonstrado por Rogers pelo indivíduo psicologicamente saudável rivaliza somente com o de Maslow (ver Cap. 9). Enquanto Maslow era, sobretudo, um pesquisador, Rogers era, antes de tudo, um psicoterapeuta, cuja preocupação com as pessoas psicologicamente saudáveis se desenvolveu a partir de sua teoria geral da terapia. Em 1951, Rogers apresentou pela primeira vez suas "características da personalidade alterada"; então, ele ampliou o conceito de **pessoa plenamente funcional** em um trabalho não publicado (Rogers, 1953). Em 1959, sua teoria da personalidade saudável foi exposta na série de Koch, e ele voltou a esse tópico com frequência durante o início da década de 1960 (Rogers, 1961, 1962, 1963). Um pouco mais tarde, ele descreveu o mundo do futuro e a **pessoa do futuro** (Rogers, 1980).

Se as três condições terapêuticas necessárias e suficientes de congruência, consideração positiva incondicional e empatia forem ideais, então que tipo de pessoa surgiria? Rogers (1961, 1962, 1980) listou várias características possíveis.

Primeiro, as pessoas psicologicamente saudáveis seriam *mais adaptáveis*. Assim, de um ponto de vista evolutivo, elas teriam maior probabilidade de sobreviverem – daí o título "pessoas do futuro". Elas não apenas se adaptariam a um ambiente estático, mas se dariam conta de que a conformidade e a adaptação a uma condição fixa possuem pouco valor para a sobrevivência a longo prazo.

Segundo, as pessoas do futuro seriam *abertas às suas experiências*, simbolizando-as de modo preciso na consciência (*awareness*), em vez de negá-las ou distorcê-las. Essa simples declaração está repleta de significado. Para as pessoas que estão abertas à experiência, todos os estímulos, sejam eles provenientes do interior do organismo ou do ambiente externo, são livremente recebidos pelo *self*.

As pessoas do futuro ouviriam a si mesmas e considerariam sua alegria, sua raiva, seu desânimo, seu medo e sua ternura.

Uma característica relacionada às pessoas do futuro é a *confiança em seus* selves *organísmicos*. Essas pessoas plenamente funcionais não dependeriam dos outros para orientação, porque perceberiam que suas próprias experiências são os melhores critérios para fazer escolhas; elas fariam o que parece certo para si porque confiariam em seus sentimentos internos mais do que nos conselhos dos pais ou nas regras rígidas da sociedade. Contudo, elas também perceberiam claramente os direitos e os sentimentos das outras pessoas, os quais levariam em consideração quando tomassem decisões.

A terceira característica das pessoas do futuro seria uma tendência a *viver plenamente o momento*. Como essas pessoas estariam abertas a suas experiências, elas experimentariam um estado constante de fluidez e mudança. O que elas experimentam em cada momento seria novo e único, algo nunca antes experimentado por seu *self* em desenvolvimento. Elas veriam cada experiência com uma nova perspectiva e a apreciariam plenamente no momento presente. Rogers (1961) se referiu a essa tendência a viver o momento como **viver existencial**. As pessoas do futuro não teriam necessidade de se iludir e nenhuma razão para impressionar os outros. Elas seriam jovens de mente e espírito, sem ideias preconcebidas sobre como o mundo deveria ser. Elas descobririam o que significa uma experiência para elas vivendo aquela experiência sem o preconceito de expectativas anteriores.

Quarto, as pessoas do futuro permaneceriam confiantes em sua capacidade de experimentar *relações harmoniosas com os outros*. Elas não sentiriam necessidade de ser estimadas ou amadas por todos porque saberiam que são valorizadas e aceitas incondicionalmente por alguém. Elas buscariam intimidade com outra pessoa que é provavelmente saudável assim como elas e tal relação contribuiria para o crescimento contínuo de cada parceiro. As pessoas do futuro seriam autênticas em suas relações com os outros. Elas seriam o que parecem ser, sem dissimulação ou fraude, sem defesas e fachadas, sem hipocrisia e farsa. Elas se importariam com os outros, mas sem julgamentos. Elas procurariam significado além de si mesmas e ansiariam pela paz espiritual e interna.

Quinto, as pessoas do futuro seriam *mais integradas*, mais plenas, sem fronteiras artificiais entre os processos conscientes e os inconscientes. Como teriam a capacidade de simbolizar com precisão todas as suas experiências na consciência (*awareness*), elas veriam de modo claro a diferença entre o que é e o que deveria ser; como usariam seus sentimentos orgânicos como critérios para a avaliação de suas experiências, elas diminuiriam a distância existente entre seu *self* real e seu *self* ideal; como não teriam necessidade de defender sua importância pessoal, elas não apresentariam fachadas para as outras pessoas; e, como teriam confiança em quem são, elas poderiam expressar abertamente quaisquer sentimentos que estivessem experimentando.

Sexto, as pessoas do futuro teriam uma *confiança básica na natureza humana*. Elas não prejudicariam os outros meramente para ganho pessoal; elas se importariam com os outros e estariam prontas para ajudar quando necessário; elas experimentariam raiva, mas seria possível confiar que não atacariam os outros sem razão; elas sentiriam agressividade, mas a canalizariam em direções apropriadas.

Por fim, como as pessoas do futuro são abertas a todas as suas experiências, elas desfrutariam de uma *maior riqueza na vida* do que outras pessoas. Elas não distorceriam os estímulos internos, nem abafariam suas emoções. Por conseguinte, elas sentiriam mais profundamente do que os outros. Elas viveriam no presente e, assim, participariam de modo mais intenso do momento atual.

Filosofia da ciência

Rogers era, em primeiro lugar, um cientista; em segundo lugar, um terapeuta; e, em terceiro, um teórico da personalidade. Como sua atitude científica permeia tanto sua terapia quanto sua teoria da personalidade, examinaremos brevemente sua filosofia da ciência.

De acordo com Rogers (1968), a ciência começa e termina com a experiência subjetiva, embora tudo o que for intermediário deve ser objetivo e empírico. Os cientistas precisam ter muitas das características da pessoa do futuro; ou seja, eles devem ser inclinados a olhar para dentro, estar em sintonia com os sentimentos e os valores internos, ser intuitivos e criativos, estar abertos às experiências, receber bem a mudança, ter uma perspectiva nova e possuir uma confiança sólida em si mesmos.

Rogers (1968) acreditava que os cientistas deveriam estar completamente envolvidos nos fenômenos a serem estudados. Por exemplo, as pessoas que realizam pesquisas sobre psicoterapia precisam, primeiro, ter atuado em longa carreira como terapeutas. Os cientistas devem valorizar e se preocupar com ideias recém-nascidas e nutri-las amorosamente durante sua "infância frágil".

A ciência inicia quando um cientista intuitivo começa a perceber padrões entre os fenômenos. No início, essas relações vagamente percebidas podem ser dispersas demais para serem comunicadas aos outros, mas elas são nutridas por um cientista atento, até que, por fim, possam ser formuladas em hipóteses verificáveis. Tais hipóteses, no entanto, são consequência de um cientista de mente aberta e não o resultado de um pensamento estereotipado preexistente.

Nesse ponto, a metodologia entra em cena. Ainda que a criatividade de um cientista possa produzir métodos inovadores, esses procedimentos devem ser controlados de forma rigorosa, empíricos e objetivos. Métodos precisos impedem que o cientista se autoengane e que, intencionalmente ou não, manipule as observações. Porém, essa precisão não deve ser confundida com ciência. Ela é apenas um *método* da ciência que é preciso e objetivo.

O cientista, então, comunica os achados daquele método aos outros, pois a própria comunicação é subjetiva. As pessoas que recebem a comunicação trazem para o processo seu próprio grau de mente aberta ou recurso a defesas. Elas possuem níveis variados de prontidão para receber o que foi constatado, dependendo do clima prevalente do pensamento científico e das experiências subjetivas de cada indivíduo.

Os estudos de Chicago

Coerente com sua filosofia da ciência, Rogers não permitiu que a metodologia ditasse a natureza de sua pesquisa. Em suas investigações sobre os resultados da psicoterapia centrada no cliente, primeiramente no Centro de Aconselhamento da Universidade de Chicago (Rogers & Dymond, 1954) e, depois, com pacientes esquizofrênicos na Universidade de Wisconsin (Rogers, Gendlin, Kiesler, & Truax, 1967), ele e seus colaboradores permitiram que o problema prevalecesse sobre a metodologia e as medidas. Eles não formularam hipóteses apenas porque as ferramentas para testá-las estavam facilmente disponíveis. Em vez disso, começaram com impressões vagas a partir da experiência clínica e, de forma gradual, foram transformando-as em hipóteses verificáveis. Foi só então que Rogers e colaboradores trataram da tarefa de encontrar ou inventar instrumentos pelos quais essas hipóteses pudessem ser testadas.

O propósito dos estudos de Chicago era investigar o processo e os resultados da terapia centrada no cliente. Os terapeutas eram de nível "aprendiz". Eles incluíam Rogers e outros membros do corpo docente, mas também alunos de pós-graduação. Ainda que variassem muito em experiência e habilidade, todos tinham, basicamente, a abordagem centrada no cliente (Rogers, 1961; Rogers & Dymond, 1954).

Hipóteses

A pesquisa no Centro de Aconselhamento da Universidade de Chicago foi elaborada em torno da hipótese básica centrada no cliente, que afirma que todas as pessoas têm dentro de si a capacidade, ativa ou latente, para o autoconhecimento e também a capacidade e a tendência de avançarem na direção da autoatualização e da maturidade. Essa tendência se realizará contanto que o terapeuta crie a atmosfera psicológica apropriada. De forma mais específica, Rogers (1954) levantou a hipótese de que, durante a terapia, os clientes assimilariam em seu autoconceito os sentimentos e as experiências anteriormente negados à consciência (*awareness*). Ele também previu que, durante e após a terapia, diminuiria a discrepância entre o *self* real e o *self* ideal e o comportamento observado dos clientes se tornaria mais socializado, de maior aceitação pelo próprio cliente e pelos outros. Essas hipóteses, por sua vez, tornaram-se a base para várias hipóteses mais específicas, as quais foram explicitadas em termos operacionais e depois testadas.

Método

Como as hipóteses do estudo ditavam que as mudanças subjetivas sutis da personalidade fossem medidas de uma forma objetiva, a seleção dos instrumentos de mensuração foi um desafio. Para avaliar a mudança de um ponto de vista externo, os pesquisadores usaram o Teste de Apercepção Temática (TAT), a Escala de Atitudes Eu-Outro (S-O Scale, em inglês) e a Escala de Maturidade Emocional de Willoughby (E-M Scale, em inglês). O TAT, um teste projetivo de personalidade desenvolvido por Henry Murray (1938), foi usado para testar hipóteses que requeriam um diagnóstico clínico padrão; a Escala S-O, um instrumento compilado no Centro de Aconselhamento da Universidade de Chicago a partir de várias fontes anteriores, mede tendências antidemocráticas e etnocentrismo; a Escala E-M foi empregada para comparar descrições do comportamento e a maturidade emocional dos clientes segundo dois amigos próximos e segundo os próprios clientes.

Para medir a mudança segundo o ponto de vista do cliente, os pesquisadores se basearam na técnica **Q-sort**, desenvolvida por William Stephenson, da Universidade de Chicago (Stephenson, 1953). A técnica Q-sort começa com um universo de cem afirmações autorreferentes impressas em cartões de 8×13cm. Os participantes devem classificar em nove pilhas, desde "mais parecido comigo" até "menos parecido comigo". Os pesquisadores pediram aos participantes para classificarem os cartões em pilhas de 1, 4, 11, 21, 26, 21, 11, 4 e 1. A distribuição resultante

se aproxima de uma curva normal e permite a análise estatística. Em vários pontos durante o estudo, os participantes foram solicitados a classificar os cartões para descreverem seu *self*, seu *self* ideal e a pessoa comum.

Os participantes do estudo eram 18 homens e 11 mulheres que tinham procurado terapia no Centro de Aconselhamento da Universidade de Chicago. Mais da metade dos participantes era composta por universitários, e os demais provinham da comunidade local. Esses clientes – chamados de experimentais ou *grupo de terapia* – passaram por, pelo menos, seis entrevistas terapêuticas, e cada sessão foi registrada eletronicamente e transcrita, procedimento em que Rogers foi pioneiro já em 1938.

Os pesquisadores usaram dois métodos diferentes de controle. Primeiro, pediram que metade das pessoas do grupo esperasse 60 dias antes de receber terapia. Esses participantes, conhecidos como controle ou *grupo de espera*, precisaram esperar antes de receber terapia para determinar se a motivação para mudar, em vez da terapia em si, poderia fazer as pessoas melhorarem. A outra metade do grupo de terapia, chamada de *grupo sem espera*, recebeu intervenção imediatamente.

O segundo controle consistia em um grupo separado de "normais", que tinham se apresentado como voluntários para servir como participantes em um estudo de "pesquisa sobre a personalidade". Esse grupo de comparação permitiu que os pesquisadores determinassem os efeitos de variáveis como a passagem do tempo, o conhecimento de fazer parte de um experimento (o **efeito placebo**) e o impacto da testagem repetida. Os participantes desse *grupo-controle* foram divididos em um *grupo de espera* e um *grupo sem espera*, que correspondia aos grupos de terapia de espera e sem espera. Os pesquisadores testaram o grupo de espera da terapia e o grupo de espera controle por quatro vezes: no início do período de 60 dias, antes da terapia, imediatamente após a terapia e após um período de acompanhamento de 6 a 12 meses. Eles administraram aos grupos sem espera os mesmos testes nas mesmas ocasiões, exceto, é claro, antes do período de espera (veja a Figura 10.1).

Achados

Os pesquisadores constataram que o grupo de terapia apresentava menos discrepância entre o *self* real e o *self* ideal após a terapia em comparação com antes, e os integrantes mantinham quase todos os ganhos durante o período de acompanhamento. Conforme esperado, os controles "normais" tiveram um nível mais alto de congruência do que o grupo de terapia no início do estudo, mas, em contraste com o grupo de terapia, eles quase não apresentaram mudança na congruência entre o *self* real e o *self* ideal desde a testagem inicial até o acompanhamento final.

Além disso, o grupo de terapia mudou seu autoconceito mais do que alterou sua percepção das pessoas comuns. Esse achado sugere que, embora os clientes mostrassem pouca mudança em sua noção de como era uma pessoa

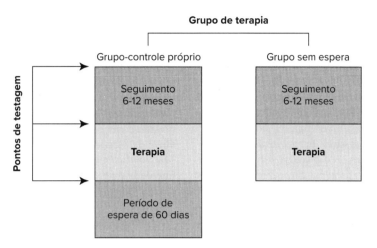

FIGURA 10.1 *Design* do estudo de Chicago.
Fonte: C. R. Rogers and R. F. Dymond, Psychotherapy and Personality Change, 1954. Copyright © 1954 The University of Chicago Press, Chicago, IL.

média, houve uma mudança significativa em suas percepções de si mesmos. Em outras palavras, *insight* intelectual não resulta necessariamente em crescimento psicológico (Rudikoff, 1954).

A terapia produz mudanças perceptíveis no comportamento dos clientes, conforme percebido pelos amigos próximos? Solicitou-se aos participantes dos grupos de terapia e controle que fornecessem aos experimentadores os nomes de dois amigos próximos que estariam em posição de julgar mudanças comportamentais explícitas.

Em geral, os amigos não relataram mudanças comportamentais significativas nos clientes desde o período pré-terapia até a pós-terapia. No entanto, essa classificação global de "não mudança" decorreu de um efeito de compensação. Os clientes julgados por seus terapeutas como tendo "mais melhoras" receberam escores mais altos na maturidade pós-terapia de seus amigos, enquanto aqueles classificados como apresentando "menos melhoras" receberam escores mais baixos dos amigos. É interessante observar que, antes da terapia, os clientes em geral se classificaram como menos maduros do que a classificação de seus amigos, mas, conforme a terapia progrediu, eles começaram a se avaliar melhor, portanto, mais em concordância com as avaliações dos amigos. Os participantes do grupo-controle não mostraram mudanças durante o estudo na maturidade emocional, segundo julgado pelos amigos (Rogers & Dymond, 1954).

Resumo dos resultados

Os estudos de Chicago demonstraram que as pessoas que recebiam terapia centrada no cliente mostraram, em geral, algum crescimento ou melhora. No entanto, a melhora ficou aquém do ideal. O grupo de terapia começou o tratamento com menos saúde psicológica do que o grupo-controle, apresentou crescimento durante a terapia e manteve a maior parte dessa melhora durante o período de acompanhamento. Entretanto, eles nunca atingiram o nível de saúde psicológica demonstrado pelas pessoas "normais" no grupo-controle.

Examinando esses resultados de outra maneira, a pessoa típica que recebe terapia centrada no cliente provavelmente nunca se aproximará do estágio 7 da hipótese de Rogers discutido anteriormente. Uma expectativa mais realista seria que os clientes avancem até o estágio 3 ou 4. A terapia centrada no cliente é efetiva, mas não resulta em uma pessoa plenamente funcional.

Pesquisa relacionada

Comparadas à teoria de Maslow, as ideias de Rogers sobre a força da consideração positiva incondicional geraram uma boa quantidade de pesquisa empírica. De fato, as próprias pesquisas de Rogers sobre as três condições necessárias e suficientes para o crescimento psicológico foram precursoras da psicologia positiva e têm sido apoiadas por pesquisas modernas (Cramer, 1994, 2002, 2003). Além do mais, a noção de Rogers de incongruência entre o *self* real e o *self* ideal e a motivação para buscar objetivos despertaram o interesse contínuo dos pesquisadores.

Discrepância entre o *self* real e ideal, os jogos *on-line* e o cérebro

Rogers também propôs que o pilar da saúde mental era a congruência entre como, de fato, nos vemos e como idealmente gostaríamos de ser. Se essas duas autoavaliações forem congruentes, então a pessoa está relativamente adaptada e saudável. Em caso negativo, a pessoa experimenta várias formas de desconforto mental, como ansiedade, depressão e baixa autoestima.

Na década de 1980, E. Tory Higgins desenvolveu uma versão da teoria de Rogers que continua a ser influente em pesquisas da psicologia da personalidade e social. A versão de Higgins da teoria é denominada teoria da discrepância do eu e trata não apenas da discrepância entre *self* real e *self* ideal, mas também da discrepância entre *self* real e o *self* esperado (Higgins, 1987). Uma diferença entre Rogers e Higgins é a natureza mais específica da teoria de Higgins. Propondo pelo menos duas formas distintas de discrepância, ele previu resultados negativos diferentes de cada uma. Por exemplo, a discrepância real-ideal deve levar a emoções relacionadas a desânimo (p. ex., depressão, tristeza, decepção), enquanto a discrepância real-esperado deve ocasionar emoções relacionadas à agitação (p. ex., ansiedade, medo, ameaça). Apesar de mais específica, a teoria de Higgins possui, essencialmente, a mesma forma e os mesmos pressupostos que a teoria de Rogers: os indivíduos com altos níveis de autodiscrepância têm maior probabilidade de experimentar altos níveis de afeto negativo em suas vidas, como ansiedade e depressão.

Atualmente, a maioria das pessoas tem algum tipo de presença *on-line*, seja por meio de mídias sociais como Instagram, Snapchat, Twitter/X ou Facebook, ou em jogos *on-line*. Essas plataformas são populares em parte porque nos permitem ser não apenas nós mesmos, mas também nosso eu ideal. Nas mídias sociais, tendemos a postar versões idealizadas de nossas vidas (Hogan, 2010). Nos jogos *on-line*, somos livres para criar versões idealizadas de nós mesmos por meio dos personagens que criamos. A questão psicológica, inspirada por Rogers, torna-se: Essa idealização do eu é algo positivo ou negativo? É um escapismo saudável ou não saudável? Pessoas com baixa autoestima ou que sofrem de depressão têm maior ou menor probabilidade de se idealizarem *on-line*? Os psicólogos abordaram essa questão usando uma teoria que, em última análise, deriva da teoria da autocongruência real-ideal de Roger, a saber, a teoria da discrepância do eu de Higgin (1987).

Bessiere, Seay e Kiesler (2007) examinaram identidades reais e ideais em jogadores de um jogo multijogador *on-line*, onde eles criaram personagens. Bessiere e colaboradores previram que as pessoas criarão personagens mais parecidos com elas mesmas do que com os outros. Eles também previram menos discrepância entre o eu do personagem e o eu ideal do que entre o eu real e o eu ideal. Finalmente, eles previram que jogadores com baixa autoestima e níveis mais altos de depressão criarão personagens mais parecidos com seu eu ideal, em vez do eu real, do que aqueles com alta autoestima e baixa depressão. Para testar essas previsões, eles entrevistaram 51 jogadores de jogos *on-line*, a maioria dos quais jogou World of Warcraft, e administraram medidas de personalidade, autoestima e depressão. Os participantes completaram a medida de personalidade três vezes: para o eu real, para o eu ideal e para o eu do personagem principal. Além dessas classificações de personalidade, os participantes também concluíram medidas de autoestima e depressão. Os resultados geralmente

confirmaram as previsões. A personalidade dos personagens *on-line* é mais parecida com suas próprias avaliações do que com as autoavaliações de outros jogadores. Em segundo lugar, os eus dos personagens estavam mais próximos das avaliações ideais em termos de conscienciosidade, extroversão e neuroticismo do que das avaliações reais nessas dimensões. E, finalmente, jogadores com maior depressão e menor autoestima criaram personagens mais idealizados. Bessiere e colaboradores argumentam que essas descobertas sugerem que os jogos permitem às pessoas a liberdade de criar um eu bem-sucedido e idealizado, independentemente de seu eu real.

De maneira semelhante, Suh (2013) usou a teoria da discrepância do eu para examinar se as diferenças entre o eu real e o eu virtual estão associadas a resultados psicológicos positivos, como autonomia e a capacidade de se recuperar de lesões ou experiências negativas no mundo real. Suh definiu autonomia como a medida em que as pessoas estão dispostas a experimentar novas experiências, envolver-se em atos criativos, quebrar normas sociais e se comportar de forma desinibida. Suh usou medidas de autoconceito para avaliar duas formas de eu: o eu no mundo real e o eu no mundo virtual, ou seja: "Quem é você no mundo real?" e "Quem é você na sua comunidade virtual (VC)?" Suh entrevistou 158 homens e 141 mulheres, a maioria dos quais eram estudantes universitários, e todos precisavam ser membros de uma comunidade virtual. Suh também distinguiu e mediu duas formas de discrepância do eu: individual e social. A discrepância do eu individual era a diferença (subtração) entre o eu virtual e o eu real em características como inteligência, educação e *expertise*. A discrepância do eu social era a diferença entre o eu virtual e o real em características como moralidade, sociabilidade e adesão às normas sociais. Suh descobriu que pessoas com maior discrepância do eu individual (ou seja, se apresentaram como mais educadas, inteligentes e *expert* no ambiente *on-line* do que na vida real) eram mais capazes de se recuperar de lesões e experiências negativas. No entanto, aqueles com alta discrepância do eu social (se apresentaram como menos morais, sociáveis e aderentes às normas sociais *on-line* do que na vida real) tiveram menor autonomia e recuperação de experiências negativas. Ou seja, pessoas que agem menos pró-social e moralmente em seus mundos virtuais do que em seus mundos reais têm níveis mais baixos de bem-estar psicológico.

Outro estudo investigou se a discrepância do eu real-ideal e a depressão estavam associadas ao escapismo e ao jogo patológico. Li, Liau e Khoo (2011) descobriram que estudantes com alta discrepância do eu real-ideal e níveis mais altos de depressão tinham níveis mais altos de escapismo e eram mais propensos a se envolver em jogos patológicos. Isso sugere que essas pessoas podem estar usando o jogo como uma fuga, em vez de uma saída produtiva para alguns de seus problemas psicológicos.

Recentemente, algumas pesquisas neurocientíficas muito interessantes investigaram os fundamentos cerebrais e genéticos de como as pessoas respondem à discrepância do eu real-ideal (Shi et al., 2016). Pesquisas anteriores relataram que, quando as pessoas refletem sobre seu ideal em comparação com o eu real, elas sentem vergonha e constrangimento (Higgins et al., 1985). No entanto, esses sentimentos negativos também podem levar ao desejo de melhorar a si mesmas e de se sentir bem (Higgins, 1987). Outros pesquisadores mostraram que há um conjunto de estruturas cerebrais que são ativadas quando as pessoas se sentem bem (como quando percebem sinais de comida ou drogas). Esse *grupo de estruturas* é informalmente conhecido como "centro de recompensa" (Franklin et al., 2007; Kober et al., 2010). Uma pergunta que Shi e seus colegas queriam investigar era se a discrepância do eu real-ideal ativava o centro de recompensa do cérebro. Além disso, eles também queriam examinar se há diferenças genéticas na forma como as pessoas respondem à discrepância do eu real-ideal. Mais especificamente, eles queriam investigar se há uma diferença genética na produção de serotonina nas pessoas ao refletirem sobre a discrepância entre o eu real-ideal. Mais tecnicamente, a diferença é conhecida como "polimorfismo" (várias formas) em quantas vezes uma sequência de pares de bases de nucleotídeos (ATCG) se repete em um gene da serotonina. Todos herdam uma forma (alelo) de um dos pais e outra forma do outro. Essas sequências repetidas podem ser curtas (p. ex., 14 vezes) ou longas (p. ex., 16 vezes). Portanto, os indivíduos podem ter duas versões curtas do gene, duas longas ou uma de cada. Pessoas que carregam duas formas curtas são mais propensas à depressão e à ansiedade do que aquelas que carregam duas formas longas. Shi e seus colegas queriam ver se essa diferença genética estava associada à forma como as pessoas respondiam negativamente à discrepância entre o eu real e o ideal. A previsão era que aqueles portadores de duas formas curtas do gene da serotonina responderiam mais negativamente do que aqueles com duas formas longas do gene.

Para testar isso, eles recrutaram 25 estudantes universitários com formas de sequência curtas-curtas e 25 estudantes universitários com formas longas-longas. Além disso, Shi e seus colegas mediram a discrepância entre o eu real e o ideal ao fazer com que os alunos avaliassem a distância entre 48 traços de personalidade e seu eu ideal. Eles também pediram aos alunos que avaliassem a importância de possuir essas características para obter uma medida do quanto gostariam de possuí-las. Além disso, eles administraram medidas de autoestima, humor e satisfação com a vida. Finalmente, os participantes foram convidados a avaliar as classificações do eu real-ideal enquanto estavam em uma máquina de fMRI para avaliar as regiões de atividade cerebral durante as avaliações de discrepância.

Shi e colaboradores descobriram que estudantes com a maior discrepância entre o eu real-ideal tinham mais atividade nos centros de recompensa do cérebro em comparação com aqueles com discrepâncias menores. Eles também descobriram que a alta ativação do centro de recompensa durante as avaliações de discrepância foi encontrada naqueles que mais desejavam as características ideais. Além disso, os portadores do gene da serotonina com formas curtas-curtas tiveram uma atividade ainda maior no centro de recompensa durante a reflexão sobre a discrepância entre o eu real e o ideal do que aqueles com formas longas-longas do gene. Para estudantes com formas curtas-curtas do gene, à medida que a atividade de recompensa aumentava durante as avaliações de discrepância, eles se sentiam menos satisfeitos com suas vidas e mais deprimidos. O padrão oposto foi encontrado com aqueles com formas longas-longas do gene: eles se sentiam mais satisfeitos com suas vidas e menos deprimidos. A forma curta-curta do gene parece dispor as pessoas a emoções negativas, incluindo a reflexão sobre sua discrepância entre o eu real e o ideal.

Resumindo, esses resultados, em essência, mostram como a discrepância entre o eu real e o ideal de uma pessoa está associada a diferenças cerebrais e genéticas. No entanto, se essas diferenças biológicas são uma causa ou um efeito da discrepância do eu real-ideal permanece uma questão para futuros pesquisadores.

Motivação e busca dos próprios objetivos

Uma área de pesquisa na qual as ideias de Rogers continuam a ser influentes é a busca de objetivos. Estabelecer e perseguir objetivos é uma forma de as pessoas organizarem suas vidas de maneira que conduzam a resultados desejáveis e acrescentem significado às atividades diárias. Estabelecer objetivos é fácil, mas estipular as metas certas pode ser mais difícil do que parece. De acordo com Rogers, uma fonte de sofrimento psicológico é a incongruência, ou quando o *self* ideal da pessoa não corresponde suficientemente a seu autoconceito, e essa incongruência pode ser representada nos objetivos que a pessoa escolhe perseguir. Por exemplo, uma pessoa pode perseguir o objetivo de se sair bem em biologia, sem nem mesmo gostar de biologia, ou pode nem mesmo precisar dela para seu objetivo de ser um arquiteto. Talvez os pais dessa pessoa sejam biólogos e sempre tenha sido esperado que ela fizesse o mesmo, embora a pessoa considere a arquitetura mais estimulante e satisfatória. Nesse exemplo, a biologia faz parte do autoconceito da pessoa, porém a arquitetura faz parte de seu *self* ideal. A incongruência entre os dois é uma fonte de angústia. Felizmente, Rogers (1951) ampliou essas ideias para propor que todos temos um **processo de valorização organísmica** (OVP, *organismic valuing process*, em inglês), ou seja, um instinto natural que nos direciona para as buscas mais satisfatórias. No exemplo anterior, o OVP é representado como uma sensação visceral profunda ou inexplicável de que a arquitetura, não a biologia, é o caminho certo.

Ken Sheldon e colaboradores (2003) exploraram a existência de um OVP em universitários, projetando estudos que pedissem aos estudantes para classificarem a importância de vários objetivos repetidamente ao longo do curso de muitas semanas. Cada vez que as pessoas classificarem a mesma coisa (p. ex., objetivos) ao longo do tempo, haverá uma flutuação em suas classificações. Sheldon e colaboradores, no entanto, previram que a flutuação na importância de vários objetivos teria um padrão distinto. Se as pessoas, de fato, possuem um OVP, como Rogers teorizou, então, ao longo do tempo, elas classificarão os objetivos que são inerentemente mais satisfatórios como mais desejáveis do que os objetivos que levam apenas a ganhos materiais. Para testar sua previsão, Sheldon e colaboradores pediram a estudantes de graduação que classificassem vários objetivos pré-selecionados (alguns dos quais eram inerentemente mais satisfatórios do que outros). Seis semanas depois, os participantes classificaram os mesmos objetivos outra vez e ainda mais uma vez seis semanas depois disso. Os pesquisadores detectaram que, de acordo com a previsão de que as pessoas possuem um OVP, os participantes tenderam a classificar os objetivos mais satisfatórios com importância crescente ao longo do tempo e os objetivos materiais com importância decrescente.

Ransom, Sheldon e Jacobsen (2008) também exploraram o processo de OVP de Rogers no contexto de sobrevivência ao câncer. Esses pesquisadores observaram que muitas pessoas com câncer relatam experimentar um crescimento positivo em consequência da doença e até mesmo dizem que o câncer teve um impacto mais positivo do que negativo em suas vidas. Essa notável tendência humana a encontrar significado positivo duradouro na sequência de eventos tão estressantes foi denominada crescimento pós-traumático – CPT (do inglês *posttraumatic growth* – PTG, Tedeschi & Calhoun, 1996). O estudo testou a validade dos relatos de CPT. Os sobreviventes de câncer experimentam realmente um crescimento pessoal em consequência do processo de valorização organísmica de Rogers? Ou seus relatos de mudança positiva são apenas ilusões resultantes de uma comparação tendenciosa do *self* presente com o *self* passado? Os indivíduos podem enfrentar o desafio que o câncer apresenta *percebendo* um crescimento positivo em si mesmos onde não existem evidências objetivas disso. Oitenta e três indivíduos com câncer de mama ou próstata preencheram medidas de atributos pessoais positivos e objetivos pessoais de vida, antes e depois do tratamento com radioterapia. Os resultados corroboraram fortemente a conceitualização de Rogers do OVP. Os pacientes apresentaram tanto uma mudança real quanto percebida ao longo do curso da radioterapia. Porém, importante para a psicologia humanista, as mudanças para uma orientação mais pessoal e genuína em direção aos objetivos prediziam CPT. Ou seja, os relatos dos pacientes de crescimento pessoal positivo não eram apenas ilusórios; eles se refletiam em uma transição muito real para a valorização de objetivos mais profundos e satisfatórios, em detrimento de objetivos mais materialistas durante o tratamento contra o câncer.

Estabelecer metas e encontrar a motivação para persegui-las são aspectos importantes do processo de valorização organísmica (OVP), mas, a menos que possamos encontrar uma maneira de *manter* nossas metas apesar de adversidades e, muitas vezes, por longos períodos de tempo, é provável que nos esgotemos ou desistamos. A persistência é concebida como a disposição de perseguir metas de uma forma determinada por anos ou às vezes até décadas e de manter apaixonadamente essa perseverança apesar dos inevitáveis contratempos (Duckworth, Peterson, Matthews, & Kelly, 2007). Foi demonstrado que a persistência prediz uma série de resultados positivos na vida das pessoas, incluindo maior desempenho acadêmico, permanência no casamento e adesão a treinamentos militares desafiadores ou à resolução de Ano-Novo de se exercitar mais (Duckworth et al., 2007; Eskreis-Winkler, Shulman, Beal, & Duckworth, 2014). Mas pessoas persistentes são pessoas mais felizes? Os pesquisadores Mia Vainio e Daiva Daukantaitė (2015) propuseram que o processo de valorização organísmica de Rogers fornece uma estrutura teórica para prever o que deveriam ser.

Para Rogers e outros humanistas, a boa vida não tem a ver com a busca do prazer, mas sim com a busca do que os filósofos gregos, como Aristóteles, chamavam de "eudaimonia", ou florescimento. Esse tipo de felicidade não vem de fora (p. ex., obter bens e serviços), mas de dentro — da busca pela excelência, crescimento, significado e autenticidade (Huta & Waterman, 2013).

Vainio e Daukantaitė (2015) conduziram um estudo explorando se a persistência ou determinação está positivamente relacionada ao bem-estar e se essa relação é mediada por duas das características do OVP de Rogers: autenticidade e senso de coerência no eu (Rogers, 1961, 1964). Mais de 600 indivíduos na Suécia — 200 estudantes da Universidade de Lund e mais de 400 não estudantes por meio de fontes *on-line* — foram amostrados.

Os participantes preencheram uma bateria de questionários investigando sua determinação (os itens incluem "Eu superei contratempos para vencer um desafio importante"), bem-estar psicológico (os itens incluem "Para mim, a vida tem sido um processo contínuo de aprendizado, mudança e crescimento"), satisfação com a vida (p. ex., "Em muitos aspectos, minha vida está próxima do meu ideal"), autenticidade (p. ex., "Vivo de acordo com meus valores e crenças") e senso de coerência (p. ex., "Você tem a sensação de que está sendo tratado injustamente?" — este seria codificado inversamente e "Você tem a sensação de que realmente não se importa com o que acontece ao seu redor?" também seriam codificadas inversamente), bem como variáveis sociodemográficas, como idade, sexo e nível educacional.

Vainio e Daukantaitė descobriram que a determinação estava, como previsto, alta e positivamente relacionada ao bem-estar e à satisfação com a vida. Indivíduos mais determinados tiveram níveis mais altos de bem-estar psicológico, bem como maior satisfação com suas vidas em geral. Análises posteriores mostraram algumas descobertas interessantes e mais complexas. Por exemplo, a relação entre satisfação com a vida e determinação tornou-se estatisticamente insignificante quando autenticidade e senso de coerência foram adicionados ao modelo. Isso sugere que simplesmente ser determinado não é suficiente para nos dar uma sensação de satisfação com nossas vidas. Em vez disso, um senso de coerência dentro de nós mesmos e uma conexão autêntica entre nossas metas e nosso eu essencial são necessários para que a determinação nos traga satisfação com a vida. Em outras palavras, a busca por nossos objetivos deve ser significativa *para nós* — a busca deve estar conectada aos nossos motivos verdadeiros e autênticos para que nos sintamos satisfeitos com ela. Não adianta perseguir metas que tenham pouca ou nenhuma relevância pessoal.

Esses resultados sugerem que a determinação pode ser algo particular e fortemente conectado ao eu. A autenticidade e o senso de coerência fornecem uma conexão com quem realmente somos, e isso pode fornecer uma "bússola" para indivíduos determinados na busca de seus objetivos (Vainio & Daukantaitė, 2015). Isso significa que a persistência, em vez de ser uma determinação obstinada, cega a quaisquer custos que possam surgir na busca de metas, só é "verdadeira" se as metas forem consistentes com nossos valores internos. Essas descobertas sugerem que as pessoas devem se esforçar para determinar quais são seus valores reais e, em seguida, dedicar toda a sua coragem à busca das metas que se alinham a esses valores. Ao fazer isso, a coragem provavelmente os manterá esperançosos em relação ao futuro, lhes dará um senso de significado na vida e, a longo prazo, lhes trará felicidade real e duradoura.

Carl Rogers tinha claramente uma visão perspicaz da condição humana, e suas ideias continuam a ser validadas pela maior parte das pesquisas modernas. Se você se engajar em experiências que fazem parte de seu *self* ideal, será levado a buscas que são mais envolventes, enriquecedoras, interessantes e recompensadoras (Schwartz & Waterman, 2006). Mas e se não souber quais buscas específicas você achará mais gratificantes? Consideradas em conjunto, essas várias linhas de pesquisa dão suporte à ideia de que temos um sistema inato (OVP) que nos direciona para buscas mais satisfatórias, mesmo, ou talvez especialmente, quando a vida nos apresenta desafios estressantes. Tudo o que temos que fazer é ouvir nossa intuição.

Críticas a Rogers

Quão bem a teoria rogeriana satisfaz os seis critérios de uma teoria útil? Primeiro, ela *gera pesquisa* e sugere hipóteses verificáveis? Ainda que a teoria rogeriana tenha produzido muitas pesquisas no terreno da psicoterapia e da

aprendizagem em sala de aula (ver Rogers, 1983), ela foi apenas moderadamente produtiva fora dessas duas áreas e, assim, recebe uma classificação mediana na capacidade de estimular a atividade de pesquisa dentro do campo geral da personalidade.

Segundo, classificamos a teoria rogeriana como alta em *refutação*. Rogers foi um dos poucos teóricos que expressou sua teoria em uma estrutura se-então, e tal paradigma se presta à confirmação ou à refutação. Sua linguagem precisa facilitou a pesquisa na Universidade de Chicago e, posteriormente, na Universidade de Wisconsin, que expôs sua teoria da terapia à refutação. Infelizmente, desde a morte de Rogers, muitos seguidores de orientação humanista não colocaram à prova a teoria rogeriana mais geral.

Terceiro, a teoria centrada na pessoa *organiza o conhecimento* em uma estrutura significativa? Ainda que boa parte da pesquisa gerada pela teoria tenha sido limitada às relações interpessoais, a teoria rogeriana pode ser ampliada para um leque relativamente amplo da personalidade humana. Os interesses de Rogers iam além do consultório e incluíam dinâmica de grupo, aprendizagem em sala de aula, problemas sociais e relações internacionais. Portanto, classificamos a teoria centrada na pessoa como alta na capacidade de explicar o que é conhecido atualmente acerca do comportamento humano.

Quarto, o quanto a teoria centrada na pessoa serve como um *guia para a solução de problemas práticos*? Para o psicoterapeuta, a resposta é inequívoca. Para causar mudanças na personalidade, o terapeuta deve ter congruência e ser capaz de demonstrar compreensão empática e consideração positiva incondicional pelo cliente. Rogers sugeriu que essas três condições são necessárias e suficientes para afetar o crescimento em qualquer relação interpessoal, incluindo aquelas fora da terapia.

Quinto, a teoria centrada na pessoa é *internamente consistente*, com um conjunto de definições operacionais? Classificamos a teoria centrada na pessoa como muito alta quanto à coerência e suas definições operacionais cuidadosamente elaboradas. Os futuros teóricos podem aprender uma valiosa lição do trabalho pioneiro de Rogers na construção de uma teoria da personalidade.

Por fim, a teoria rogeriana é *parcimoniosa* e livre de conceitos complicados e linguagem difícil? A teoria, em si, costuma ser clara e econômica, porém parte da linguagem é estranha e vaga. Conceitos como "experiência organísmica", "tornar-se", "autoconsideração positiva", "necessidade de autoconsideração", "consideração positiva incondicional" e "funcionamento pleno" são muito amplos e imprecisos para terem um significado científico claro. No entanto, essa crítica é pequena em comparação ao rigor e à parcimônia gerais da teoria centrada na pessoa.

Conceito de humanidade

O conceito de humanidade de Rogers foi claramente definido em seus famosos debates com B. F. Skinner durante meados da década de 1950 e início da década de 1960. Talvez os mais famosos debates na história da psicologia norte-americana, essas discussões consistiram em três confrontos face a face entre Rogers e Skinner referentes à questão da liberdade e do controle (Rogers & Skinner, 1956). Skinner (ver Cap. 16) argumentava que as pessoas são sempre controladas, percebendo ou não. Como somos controlados, sobretudo por contingências casuais que não têm um grande projeto ou plano, com frequência temos a ilusão de que somos livres (Skinner, 1971).

Rogers, contudo, defendia que as pessoas têm algum grau de *livre-arbítrio* e alguma capacidade de serem autodirecionadas. Admitindo que uma parte do comportamento humano é controlada, previsível e regida por leis, Rogers argumentou que os valores e as escolhas importantes estão no âmbito do controle pessoal.

Durante sua longa carreira, Rogers permaneceu ciente da capacidade humana para a crueldade, embora seu conceito de humanidade seja realisticamente otimista. Ele acreditava que as pessoas essencialmente se movem para frente e que, sob condições adequadas, crescem na direção da autoatualização. As pessoas são, em princípio, confiáveis, sociáveis e construtivas. Elas costumam saber o que é melhor para elas e lutam pela realização, contanto que sejam valorizadas e compreendidas por outro indivíduo saudável. Todavia, Rogers (1959) também tinha consciência de que as pessoas podem ser muito brutais, rudes e neuróticas:

> Não tenho uma visão de Poliana* da natureza humana. Estou bem consciente de que, além das defesas e dos medos internos, as pessoas podem ser e de fato se comportam de formas terrivelmente destrutivas, imaturas, regressivas, antissociais e nocivas. No entanto, uma das partes mais agradáveis e revigorantes de minha experiência é trabalhar com tais indivíduos e descobrir as tendências direcionais fortemente positivas que existem neles, como em todos nós, nos níveis mais profundos. (p. 21)

Essa tendência para o crescimento e a autoatualização possui uma base biológica. Assim como as plantas e os animais têm uma tendência inata para o crescimento e a realização, assim também ocorre com os humanos. Todos os organismos se atualizam, mas somente os humanos podem se tornar autoatualizados. Os humanos são diferentes das plantas e dos animais principalmente porque eles têm autoconsciência (*self-awareness*). Uma vez que temos consciência (*awareness*), somos capazes de fazer livres escolhas e desempenhar um papel ativo na formação de nossa personalidade.

A teoria de Rogers também é alta em *teleologia*, sustentando que as pessoas se esforçam com um propósito em direção a objetivos que elas livremente estabelecem para si mesmas. Mais uma vez, sob condições terapêuticas apropriadas, as pessoas, de modo consciente, desejam se tornar mais funcionais, mais abertas a suas experiências e mais receptivas a si e aos outros.

Rogers colocou ênfase nas diferenças individuais e na *singularidade*, não tanto nas semelhanças. Se as plantas possuem um potencial individual para o crescimento, as pessoas têm singularidade e individualidade ainda maiores. Em um ambiente estimulante, as pessoas podem crescer à sua própria maneira em direção ao processo de serem mais plenamente funcionais.

Apesar de Rogers não negar a importância dos processos inconscientes, sua ênfase era na capacidade das pessoas de escolherem *conscientemente* o próprio curso de ação. As pessoas plenamente funcionais tendem a ser conscientes do que estão fazendo e têm algum entendimento das razões para fazê-lo.

Na dimensão das *influências biológicas* versus *sociais*, Rogers favoreceu as últimas. O crescimento psicológico não é automático. Para avançar em direção à realização, é preciso experimentar compreensão empática e consideração positiva incondicional de outras pessoas que sejam genuínas ou congruentes. Rogers sustentava com firmeza que, embora boa parte de nosso comportamento seja determinada pela hereditariedade e pelo ambiente, temos dentro de nós a capacidade de escolher e de nos tornarmos autodirecionados. Sob condições estimulantes, essa escolha "sempre parece ser na

---

*N. de R.T. A palavra "Poliana" é usada como referência a um personagem literário famoso do livro *Pollyanna* (1913), de Eleanor H. Porter. Pollyanna é uma jovem conhecida por seu otimismo excessivo e por sempre ver o lado positivo de qualquer situação, não importa quão difícil ou negativa ela seja. Com o tempo, o nome "Pollyanna" passou a ser usado de maneira figurativa para descrever alguém que tem uma visão excessivamente otimista e ingênua da vida, que ignora ou minimiza aspectos negativos da realidade.

direção da maior socialização, da melhora nas relações com os outros" (Rogers, 1982, p. 8).

Rogers (1982) não alegava que, se deixadas sozinhas, as pessoas seriam justas, virtuosas e honradas. Entretanto, sob uma atmosfera sem ameaça, as pessoas são livres para se tornarem o que potencialmente podem ser. Nenhuma avaliação em termos de moralidade se aplica à natureza da humanidade. As pessoas simplesmente têm o potencial para o crescimento, a necessidade de crescimento e o desejo pelo crescimento. Por natureza, elas se esforçarão pela completude mesmo sob condições desfavoráveis, mas, em condições adversas, não realizam todo o seu potencial para a saúde psicológica. No entanto, sob condições mais estimulantes e favoráveis, tornam-se mais autoconscientes, confiáveis, congruentes e autodirecionadas, qualidades que as fazem avançar para se tornarem pessoas do futuro.

Termos-chave e conceitos

- A *tendência formativa* diz que toda matéria, orgânica e inorgânica, tende a se desenvolver de formas simples para formas mais complexas.
- Os humanos e outros animais possuem uma *tendência à autoatualização*, isto é, a predisposição a se moverem em direção à completude ou à realização.
- A *autoatualização* ocorre depois que as pessoas desenvolvem um sistema do *self* e se refere à tendência a se mover na direção de se tornar uma pessoa plenamente funcional.
- Um indivíduo se torna uma pessoa ao fazer *contato* com um cuidador cuja *consideração positiva* por ele promove sua *autoconsideração positiva*.
- Existem *obstáculos ao crescimento psicológico* quando uma pessoa experimenta condições de valor, incongruência, defesas e desorganização.
- As *condições de valor* e a *avaliação externa* levam à *vulnerabilidade*, ansiedade e ameaça e impedem que as pessoas experimentem consideração positiva incondicional.
- A *incongruência* desenvolve-se quando o *self* do organismo e o *self* percebido não se equivalem.
- Quando o *self* do organismo e o *self* percebido são incongruentes, as pessoas se tornam *defensivas* e usam a *distorção* e a *negação* como tentativas de reduzir a incongruência.
- As pessoas ficam *desorganizadas* sempre que a distorção e a negação são insuficientes para bloquear a incongruência.
- As pessoas vulneráveis não estão conscientes de sua incongruência e têm probabilidade de se tornar *ansiosas, ameaçadas* e *defensivas*.
- Quando as pessoas vulneráveis entram em contato com um terapeuta que é *congruente* e que tem *consideração positiva incondicional* e *empatia*, o processo de mudança da personalidade tem início.
- Esse *processo* de mudança terapêutica da personalidade varia desde o uso extremo de defesas, ou uma relutância em falar de si, até um estágio final em que os clientes se tornam seus próprios terapeutas e são capazes de continuar o crescimento psicológico fora do ambiente terapêutico.
- Os *resultados* básicos da terapia centrada no cliente são indivíduos congruentes que estão abertos às experiências e que não têm necessidade de serem defensivos.
- Teoricamente, os clientes bem-sucedidos se tornam *pessoas do futuro*, ou *pessoas plenamente funcionais*.

Referências

American Psychiatric Association. (2013). *Diagnostic and statistical manual of mental disorders* (Fifth ed.). Arlington, VA: American Psychiatric Publishing.

Bessiere, K., Fleming, S., & Kiesler, S. (2007). The ideal elf: Identity exploration in World of Warcraft. *Cyberpsychology & Behavior, 10,* 530–535.

Cramer, D. (1994). Self-esteem and Rogers' core conditions in close friends: A latent variable path analysis of panel data. *Counseling Psychology Quarterly, 7,* 327–337.

Cramer, D. (2002). Linking conflict management behaviours and relational satisfaction: The intervening role of conflict outcome satisfaction. *Journal of Social and Personal Relationships, 19,* 425–432.

Cramer, D. (2003). Acceptance and need for approval as moderators of self-esteem and satisfaction with a romantic relationship or a closest friendship. *Journal of Psychology, 137,* 495–505.

Duckworth, A. L., Peterson, C., Matthews, M. D., & Kelly, D. R. (2007). Grit: Perseverance and passion for long-term goals. *Journal of Personality and Social Psychology, 92,* 1087–1101.

E. C. (1954). A comparative study of the changes in the concepts of the self, the ordinary person, and the ideal in eight cases. In C. R. Rogers & R. F. Dymond (Eds.), *Psychotherapy and personality change: Co-ordinated research studies in the client-centered approach* (pp. 85–98). Chicago: University of Chicago Press.

Eskreis-Winkler, L., Shulman, E. P., Beal, S. A., & Duckworth, A. L. (2014). The grit effect: Predicting retention in the military, the workplace, school and marriage. *Frontiers in Personality Science and Individual Differences, 5,* 1–12.

Franklin, T. R., Wang, Z., Wang, J., Sciortino, N., Harper, D., Li, Y., Ehrman, R., Kampman, K., O'Brien, C. P., Detre, J. A., & Childress, A. R. (2007). Limbic activation to cigarette smoking cues independent of nicotine withdrawal: A perfusion fMRI study. *Neuropsychopharmacology, 32,* 2301–2309.

Gendlin, E. T. (1988). Carl Rogers (1902–1987). *American Psychologist, 43,* 127–128.

Higgins, E. T. (1987). Self-discrepancy: A theory relating self and affect. *Psychological Review, 94,* 319–340.

Higgins, E. T., Klein, R., & Strauman, T. (1985). Self-concept discrepancy theory: A psychological model for distinguishing among different aspects of depression and anxiety. *Social Cognition, 3,* 51–76.

Hogan, B. (2010). The presentation of self in the age of social media: Distinguishing performance and exhibitions online. *Bulletin of Science, Technology, and Society, 30,* 377–386.

Huta, V., & Waterman, A. S. (2013). Eudaimonia and its distinction from hedonia: Developing a classification and terminology for understanding conceptual and operational definitions. *Journal of Happiness Studies, 15,* 1425–1456.

Kober, H., Mende-Siedlecki, P., Kross, E. F., Weber, J., Mischel, W., Hart, C. L., & Ochsner, K. N. (2010). Prefrontal–striatal pathway underlies cognitive regulation of craving. *Proceedings of National Academy of Sciences USA, 107,* 14811–14816.

Li, D., Liau, A., & Khoo, A. (2011). Examining the evidence of actual-ideal self-discrepancies, depression, and escapism on pathological gaming among massively multiplayer online adolescent gamers. *Cyberpsychology, Behavior and Social Networking, 14,* 535–539. doi:10.1089/cyber.2010.0463.

Milton, J. (2002). *The road to malpsychia: Humanistic psychology and our discontents.* San Francisco: Encounter Books.

Murray, H. A. (1938). *Explorations in personality.* New York: Oxford University Press.

O'Hara, M. (1995). Carl Rogers: Scientist and mystic. *Journal of Humanistic Psychology, 35,* 40–53.

Ransom, S., Sheldon, K. M., & Jacobsen, P. B. (2008). Actual change and inaccurate recall contribute to posttraumatic growth following radiotherapy. *Journal of Counseling and Clinical Psychology, 76,* 811–819.

Rogers, C. R. (1939). *The clinical treatment of the problem child.* Boston: Houghton Mifflin.

Rogers, C. R. (1947). Some observations on the organization of personality. *American Psychologist, 2,* 358–368.

Rogers, C. R. (1951). *Client-centered therapy: Its current practice, implications, and theory.* Boston: Houghton Mifflin.

Rogers, C. R. (1953). *A concept of the fully functioning person.* Unpublished manuscript, University of Chicago Counseling Center, Chicago.

Rogers, C. R. (1954). Introduction. In C. R. Rogers & R. F. Dymond (Eds.), *Psychotherapy and personality change: Co-ordinated research studies in the client-centered approach* (pp. 3–11). Chicago: University of Chicago Press.

Rogers, C. R. (1957). The necessary and sufficient conditions of therapeutic personality change. *Journal of Consulting Psychology, 21,* 95–103.

Rogers, C. R. (1959). A theory of therapy, personality, and interpersonal relationships, as developed in the client-centered framework. In S. Koch (Ed.), *Psychology: A study of a science* (Vol. 3). New York: McGraw-Hill.

Rogers, C. R. (1961). *On becoming a person: A therapist's view of psychotherapy.* Boston: Houghton Mifflin.

Rogers, C. R. (1962). Toward becoming a fully functioning person. In A. W. Combs (Ed.), *Perceiving, behaving, becoming: Yearbook* (pp. 21–33). Washington, DC: Association for Supervision and Curriculum Development.

Rogers, C. R. (1963). The concept of the fully functioning person. *Psychotherapy: Theory, Research, and Practice, 1*(1), 17–26.

Rogers, C. R. (1964). Toward a modern approach to values: The valuing process in the mature person. *Journal of Abnormal and Social Psychology, 68,* 160–167.

Rogers, C. R. (1968). Some thoughts regarding the current presuppositions of the behavioral sciences. In W. R. Coulson & C. R. Rogers (Eds.), *Man and the science of man.* Columbus, OH: Merrill.

Rogers, C. R. (1973). My philosophy of interpersonal relationships and how it grew. *Journal of Humanistic Psychology, 13,* 3–15.

Rogers, C. R. (1978). The formative tendency. *Journal of Humanistic Psychology, 18*(1), 23–26.

Rogers, C. R. (1980). *A way of being.* Boston: Houghton Mifflin.

Rogers, C. R. (1982). Notes on Rollo May. *Journal of Humanistic Psychology, 22*(3), 8–9.

Rogers, C. R. (1983). *Freedom to learn for the 80's.* Columbus, OH: Merrill.

Rogers, C. R. (1986). Carl Rogers on the development of the person-centered approach. *Person-Centered Review, 1,* 257–259.

Rogers, C. R. (1995). What understanding and acceptance mean to me. *Journal of Humanistic Psychology, 35,* 7–22.

Rogers, C. R., & Russell, D. E. (2002). *Carl Rogers: The quiet revolutionary–an oral history.* Roseville, CA: Penmarin Books.

Rogers, C. R., & Skinner, B. F. (1956). Some issues concerning the control of human behavior. *Science, 124,* 1057–1066.

Rogers, C. R., Gendlin, E., Kiesler, D., & Truax, C. (Eds.). (1967). *The therapeutic relationship and its impact: A study of psychotherapy with schizophrenics.* Madison: University of Wisconsin Press.

Rogers, C. R., & Dymond, R. F. (Eds.). (1954). *Psychotherapy and personality change: Co-ordinated research studies in the client-centered approach.* Chicago: University of Chicago Press.

Schwartz, S. J., & Waterman, A. S. (2006). Changing interests: A longitudinal study of intrinsic motivation for personality salient activities. *Journal of Research in Personality, 40,* 1119–1136.

Sheldon, K. M., Arndt, J., & Houser-Marko, L. (2003). In search of the organismic valuing process: The human tendency to move towards beneficial goal choices. *Journal of Personality, 71,* 835–869.

Shi, Z., Ma, Y., Wu, B., Wu, X., Wang, Y., & Han, S. (2016). Neural correlates of reflection on actual versus ideal self-discrepancy. *NeuroImage, 124,* 573–580. doi:10.1016/j.neuroimage.2015.08.077.

Shu, A. (2013). The influence of self-discrepancy between the virtual and real selves in virtual communities. *Computers in Human Behavior, 29,* 246–256. doi:10.1016/j.chb.2012.09.001.

Skinner, B. F. (1971). *Beyond freedom and dignity.* New York: Knopf.

Stephenson, W. (1953). *The study of behavior: Q-technique and its methodology.* Chicago: University of Chicago Press.

Tedeschi, R. G., & Calhoun, L. G. (1996). The Posttraumatic Growth Inventory: Measuring the positive legacy of trauma. *Journal of Traumatic Stress, 9,* 455–471.

Vainio, M. M., & Daukantaitė, D. (2015). Grit and different aspects of well-being: Direct and indirect relationships via sense of coherence and authenticity. *Journal of Happiness Studies,* published online, doi:10.1007/s10902-015-9688-7

CAPÍTULO 11

May: Psicologia Existencial

- *Panorama da psicologia existencial*
- *Biografia de Rollo May*
- *Antecedentes do existencialismo*
  O que é existencialismo?
  Conceitos básicos
- *O caso de Philip*
- *Ansiedade*
  Ansiedade normal
  Ansiedade neurótica
- *Culpa*
- *Intencionalidade*
- *Cuidado, amor e vontade*
  União entre amor e vontade
  Formas de amor
- *Liberdade e destino*
  Definição de liberdade
  Formas de liberdade
  O que é destino?
  O destino de Philip
- *O poder do mito*
- *Psicopatologia*
- *Psicoterapia*

Hulton Archive/Getty Images

- *Pesquisa relacionada*
  Ameaças no *Umwelt*: consciência da mortalidade e negação de nossa natureza animal
  Encontrando significado no *Mitwelt*: apego e relacionamentos próximos
  Crescimento no *Eigenwelt*: há alguma vantagem na consciência da mortalidade
- *Críticas a May*
- *Conceito de humanidade*
- *Termos-chave e conceitos*
- *Referências*

Duas vezes casado, duas vezes divorciado – Philip estava com dificuldades em outro relacionamento – desta vez com Nicole, uma escritora com pouco mais de 40 anos. Philip podia oferecer a Nicole não só amor como também segurança financeira, mas seu relacionamento não parecia estar funcionando.

Seis meses depois que Philip conheceu Nicole, os dois passaram um verão idílico juntos no refúgio dele. Os dois filhos pequenos de Nicole estavam com o pai e os três filhos de Philip já eram jovens adultos que podiam se cuidar sozinhos. No início do verão, Nicole falou sobre a possibilidade de casamento, mas Philip respondeu que era contra, citando seus dois casamentos anteriores fracassados como a razão. Com exceção dessa breve discordância, o tempo que passaram juntos naquele verão foi completamente prazeroso. Suas discussões intelectuais eram gratificantes para Philip, e suas relações sexuais eram as mais satisfatórias que ele já havia experimentado, com frequência beirando o êxtase.

No final desse verão romântico, Nicole voltou para casa sozinha para colocar seus filhos na escola. No dia seguinte ao que chegou em casa, Philip telefonou para ela, mas algo na voz dela parecia estranho. Na manhã seguinte, ele telefonou novamente e teve a sensação de que havia mais alguém com Nicole. Naquela tarde, telefonou muitas outras vezes, mas era constante o sinal de ocupado. Quando finalmente conseguiu falar com Nicole por telefone, perguntou se havia alguém com ela naquela manhã. Sem hesitação, Nicole relatou que Craig, um velho amigo do tempo da faculdade, estava hospedado na casa dela e que ela tinha se apaixonado por ele. Além do mais, ela planejava se casar com Craig no final do mês e se mudar para outra região do país.

Philip ficou devastado. Ele se sentiu traído e abandonado. Perdeu peso, voltou a fumar e sofrer de insônia. Quando viu Nicole outra vez, expressou sua raiva pelo plano "maluco" dela. Essa explosão de raiva era rara para Philip. Ele quase nunca demonstrava raiva, talvez por medo de perder quem amava. Para complicar a situação, Nicole disse que ainda amava Philip e continuou a vê-lo sempre que Craig não estava disponível. Por fim, a paixão de Nicole por Craig acabou e ela disse a Philip que, como ele bem sabia, nunca poderia deixá-lo. Esse comentário confundiu Philip, porque ele não sabia disso.

Panorama da psicologia existencial

Voltaremos à história de Philip em vários pontos deste capítulo. Mas, primeiro, apresentamos um breve panorama da psicologia existencial.

Logo após a II Guerra Mundial, uma nova psicologia – a psicologia existencial – começou a se espalhar da Europa até os Estados Unidos. A psicologia existencial está enraizada na filosofia de Søren Kierkegaard, Friedrich Nietzsche, Martin Heidegger, Jean-Paul Sartre e outros filósofos europeus. Os primeiros psicólogos e psiquiatras existenciais também eram europeus, e estes incluíam Ludwig Binswanger, Medard Boss, Victor Frankl e outros.

Por quase 50 anos, o principal porta-voz da psicologia existencial nos Estados Unidos foi Rollo May. Durante seus anos como psicoterapeuta, desenvolveu uma nova maneira de olhar para os seres humanos. Sua abordagem não era baseada em alguma pesquisa científica controlada, mas na experiência clínica. Ele via as pessoas como vivendo em um mundo de experiências presentes e, em última análise, sendo responsáveis por quem elas se tornam. A percepção penetrante e as análises profundas da condição humana fizeram de May um escritor popular tanto entre pessoas leigas quanto entre psicólogos profissionais.

Muitas pessoas, acreditava May, não têm coragem para enfrentar seu destino e, no processo de escapar dele, desistem de boa parte de sua liberdade. Tendo negado sua liberdade, elas igualmente fogem da responsabilidade. Não estando dispostas a fazer escolhas, perdem de vista quem são e desenvolvem um sentimento de insignificância e alienação. Em contraste, as pessoas sadias desafiam seu destino, valorizam sua liberdade e vivem de forma autêntica com outros indivíduos e consigo mesmas. Elas reconhecem a inevitabilidade da morte e têm a coragem de viver o presente.

Biografia de Rollo May

Rollo Reese May nasceu em 21 de abril de 1909, em Ada, Ohio, o primeiro menino dos seis filhos nascidos de Earl Tittle May e Matie Boughton May. Nenhum de seus pais tinha muita escolaridade, e o ambiente intelectual inicial de May era praticamente inexistente. De fato, quando sua irmã mais velha teve uma crise psicótica, o pai de May atribuiu o caso ao excesso de educação (Bilmes, 1978)!

Quando ainda era pequeno, May se mudou com sua família para Marine City, Michigan, onde passou a maior parte da infância. Quando jovem, May não era particularmente próximo dos pais, os quais brigavam com frequência e acabaram se separando. O pai de May, secretário da Associação Cristã de Moços, mudava-se com frequência durante a juventude de May. Sua mãe, muitas vezes, deixava os filhos sozinhos e, de acordo com a descrição de May, era uma pessoa imprevisível (Rabinowitz, Good, & Cozad, 1989, p. 437). May atribuía seus dois casamentos fracassados ao comportamento imprevisível da mãe e ao episódio psicótico da irmã mais velha.

Durante sua infância, May encontrou solidão e alívio da discórdia familiar brincando nas margens do rio St. Clair. O rio se tornou seu amigo, um lugar sereno para nadar durante o verão e patinar no gelo no inverno. Ele alegava ter aprendido mais com o rio do que na escola que frequentou em Marine City (Rabinowitz et al., 1989). Quando jovem, adquiriu gosto por arte e literatura, interesses que nunca o abandonaram. Ele começou a faculdade na Universidade Estadual de Michigan, onde se especializou em Inglês. Contudo, foi convidado a deixar a escola logo depois que se tornou editor de uma revista estudantil radical. May, então, transferiu-se para a Faculdade Oberlin, em Ohio, na qual concluiu o bacharelado, em 1930.

Pelos três anos seguintes, May seguiu um curso muito semelhante ao de Erik Erikson uns 10 anos antes (ver Cap. 7). Ele perambulou pelo Oeste e pelo Sul da Europa como artista, pintando quadros e estudando arte nativa (Harris, 1969). Na verdade, o propósito nominal para a viagem de May era ensinar inglês na Faculdade Anatolia, em Saloniki, Grécia. Esse trabalho dava a May tempo para atuar como artista itinerante na Turquia, na Polônia, na Áustria e em outros países. No entanto, em seu segundo ano, May estava começando a ficar solitário. Em consequência, ele se dedicou a seu trabalho como professor, mas, quanto mais trabalhava, menos eficiente se tornava.

> Por fim, na primavera daquele segundo ano, tive o que é chamado eufemisticamente de uma crise nervosa. O que significava simplesmente que as regras, os princípios, os valores pelos quais eu trabalhava e vivia não eram mais suficientes. Fiquei tão fatigado que precisei ficar na cama por duas semanas para obter energia suficiente para continuar a ensinar. Eu tinha aprendido na faculdade psicologia suficiente para saber que esses sintomas significavam que algo estava errado com todo o meu estilo de vida. Tive que encontrar alguns novos objetivos e propósitos para a minha vida e renunciar ao meu estilo moralista e um tanto rígido de existir. (May, 1985, p. 8)

Daquele ponto em diante, May começou a ouvir sua voz interna, a única que falava com ele sobre beleza. "Parece que foi preciso um colapso de toda a minha maneira anterior de vida para que essa voz se fizesse ouvida" (p. 13).

Uma segunda experiência na Europa também deixou uma impressão duradoura nele: sua participação nos seminários de Alfred Adler, no verão de 1932, em um *resort* nas montanhas acima de Viena. May admirava muito Adler e aprendeu bastante sobre o comportamento humano e sobre si mesmo durante aquele tempo (Rabinowitz et al., 1989).

Depois que May voltou para os Estados Unidos, em 1933, ele se matriculou no Union Theological Seminary, em Nova York, o mesmo seminário que Carl Rogers havia frequentado 10 anos antes. Ao contrário de Rogers, no entanto, May não entrou no seminário para se tornar um ministro, mas para fazer questionamentos fundamentais referentes à natureza dos seres humanos (Harris, 1969). Enquanto estava lá, conheceu o renomado teólogo e filósofo existencial Paul Tillich, na época um refugiado recente da Alemanha e membro do corpo docente do seminário. May aprendeu muito de sua filosofia com Tillich, e os dois homens foram amigos por mais de 30 anos.

Ainda que May não tenha ido para o seminário para ser um pregador, ele foi ordenado ministro congregacional em 1938, após receber o grau de mestre em divindades.

Ele, então, serviu como pastor por dois anos, mas abandonou o trabalho paroquial, achando-o sem significado, para perseguir seu interesse em psicologia. Estudou psicanálise no William Alanson White Institute of Psychiatry, Psychoanalysis, and Psychology, enquanto trabalhava como terapeuta dos alunos do sexo masculino no City College de Nova York. Mais ou menos nessa época, ele conheceu Harry Stack Sullivan, presidente e cofundador do William Alanson White Institute. May ficou impressionado com a concepção de Sullivan de que o terapeuta é um observador participante e que a terapia é uma aventura humana capaz de melhorar a vida tanto do paciente quanto do terapeuta. Ele também foi influenciado por Erich Fromm, o qual conheceu (ver Cap. 8) na época em que este era membro do corpo docente no William Alanson White Institute.

Em 1946, May abriu seu consultório particular e, dois anos depois, associou-se ao corpo docente do William Alanson White Institute. Em 1949, com 40 anos, recebeu doutorado em psicologia clínica pela Universidade de Columbia. Ele continuou a trabalhar como professor assistente de psiquiatria no William Alanson White até 1974.

Antes de receber seu doutorado, May passou pela experiência mais profunda de sua vida. Quando estava no início de seus 30 anos, contraiu tuberculose e passou três anos no Sanatório Saranac, no interior de Nova York. Naquela época, não havia medicamento disponível para a doença e, por um ano e meio, May não sabia se iria viver ou morrer. Ele se sentia desamparado e tinha pouco a fazer, além de esperar pelo raio X mensal que diria se a cavidade em seu pulmão estava aumentando ou diminuindo (May, 1972).

Naquela época, ele começou a desenvolver uma compreensão da natureza da sua doença. Percebeu que a doença estava se aproveitando de seu desamparo e de sua atitude passiva. Ele viu que os pacientes à sua volta que aceitavam a doença eram os mesmos que tendiam a morrer, enquanto aqueles que lutavam contra a condição tendiam a sobreviver. "Somente depois que desenvolvi alguma 'luta', algum sentimento de responsabilidade pessoal pelo fato de que era eu que tinha a tuberculose, uma asserção de minha própria vontade de viver, é que fiz progressos duradouros" (May, 1972, p. 14).

Quando May aprendeu a ouvir seu corpo, descobriu que a cura é um processo ativo, não passivo. A pessoa que está doente, seja fisiológica ou psicologicamente, deve ser uma participante ativa no processo terapêutico. May percebeu essa verdade por ele mesmo quando se recuperou da tuberculose, mas foi somente mais tarde que conseguiu ver que seus pacientes em psicoterapia também tinham que lutar contra o transtorno para melhorarem (May, 1972).

Durante a doença e a recuperação, May estava escrevendo um livro sobre ansiedade. Para entender melhor o assunto, ele leu Freud e Søren Kierkegaard, o grande filósofo existencial e teólogo dinamarquês. May admirava Freud, mas era mais profundamente tocado pela visão da ansiedade de Kierkegaard como uma luta contra o *não-ser*, ou seja, a perda da consciência (May, 1969a).

Depois que May se recuperou da doença, escreveu sua dissertação sobre a ansiedade e, no ano seguinte, publicou-a com o título *Significado de ansiedade* (May, 1950). Três anos depois, escreveu *O homem à procura de si mesmo* (May, 1953), livro que ganhou reconhecimento não somente nos círculos profissionais, mas também entre outras pessoas instruídas. Em 1958, colaborou com Ernest Angel e Henri Ellenberger para publicar *Existence: a new dimension in psychiatry and psychology (Existência: uma nova dimensão em psiquiatria e psicologia)*. Esse livro apresentou aos psicoterapeutas norte-americanos os conceitos da terapia existencial e deu continuidade à popularidade do movimento existencial. O trabalho mais conhecido de May, *Amor e vontade* (1969b), tornou-se um *best-seller* nacional e ganhou o Ralph Waldo Emerson Award de 1970. Em 1971, May ganhou o prêmio de Contribuição Distinguida à Ciência e Profissão de Psicologia Clínica da American Psychological Association. Em 1972, a New York Society of Clinical Psychologists entregou a May o prêmio Dr. Martin Luther King Jr. pela obra *Poder e inocência* (1972), e, em 1987, May recebeu o prêmio American Psychological Foundation Gold Medal for Lifetime Contributions to Professional Psychology.

Durante sua carreira, May foi professor visitante em Harvard e Princeton e palestrou em instituições como Yale, Dartmouth, Columbia, Vassar, Oberlin e a New School for Social Research. Além disso, foi professor adjunto na Universidade de Nova York, diretor do Conselho da Associação de Psicologia e Psiquiatria Existencial, presidente da New York Psychological Association e membro do Conselho de Administração da American Foundation for Mental Health.

Em 1969, May e sua primeira esposa, Florence De-Frees, divorciaram-se após 30 anos de casamento. Ele, posteriormente, casou-se com Ingrid Kepler Scholl, mas esse matrimônio também terminou em divórcio. Em 22 de outubro de 1994, após dois anos de saúde em declínio, May morreu em Tiburon, Califórnia, onde morava desde 1975. Ele deixou sua terceira esposa, Georgia Lee Miller Johnson (uma analista junguiana com quem se casou em 1988); seu filho Robert; e as gêmeas Allegra e Carolyn.

Por meio de seus livros, artigos e conferências, May foi o representante mais conhecido do movimento existencial. No entanto, ele lutou contra a tendência de alguns existencialistas de adotar uma postura anticientífica ou mesmo anti-intelectual (May, 1962). Ele foi crítico de qualquer tentativa de diluir a psicologia existencial em um método indolor de alcançar a autorrealização. As pessoas podem aspirar à saúde psicológica somente aprendendo a lidar com a essência inconsciente de sua existência. Ainda que filosoficamente alinhado com Carl Rogers (ver Cap. 10), May discordava do que ele percebia como uma visão ingênua de Rogers de que o mal é um fenômeno cultural. May (1982) considerava os seres humanos como bons e maus e capazes de criar culturas que são também boas e más.

Antecedentes do existencialismo

A psicologia existencial moderna tem suas raízes nos escritos de Søren Kierkegaard (1813-1855), filósofo e teólogo dinamarquês. Kierkegaard preocupava-se com a tendência crescente nas sociedades pós-industriais à desumanização dos indivíduos. Ele se opunha a qualquer tentativa de ver as pessoas meramente como objetos, mas, ao mesmo tempo, contrapunha-se à visão de que as percepções subjetivas são a única realidade do sujeito. Em vez disso, Kierkegaard se preocupava com *ambos*, a pessoa que experimenta e a experiência da pessoa. Ele queria compreender as pessoas como elas existem no mundo, como seres pensantes, ativos e com vontade. Como May (1967) refere, "Kierkegaard procurou superar a dicotomia entre razão e emoção voltando as atenções [das pessoas] para a realidade da experiência imediata que está subjacente à subjetividade e à objetividade" (p. 67).

Kierkegaard, assim como outros existencialistas, enfatizava um equilíbrio entre *liberdade* e *responsabilidade*. As pessoas adquirem liberdade de ação pela expansão da autoconsciência e, então, assumindo a responsabilidade por suas ações. A aquisição de liberdade e responsabilidade, no entanto, é alcançada somente à custa de ansiedade. Quando as pessoas percebem que, em última análise, estão à mercê do próprio destino, elas experimentam a carga da liberdade e a dor da responsabilidade.

A visão de Kierkegaard teve pouco efeito sobre o pensamento filosófico durante seu, comparativamente curto, período de vida (ele morreu aos 42 anos). Todavia, o trabalho de dois filósofos alemães, Friedrich Nietzsche (1844-1900) e Martin Heidegger (1899-1976), ajudou a popularizar a filosofia existencial durante o século XX. Heidegger exerceu influência considerável sobre dois psiquiatras suíços, Ludwig Binswanger e Medard Boss. Binswanger e Boss, com Karl Jaspers, Victor Frankl e outros, adaptaram a filosofia do existencialismo à prática da psicoterapia.

O existencialismo também permeou a literatura do século XX por meio do trabalho do escritor francês Jean-Paul Sartre e do novelista franco-argelino Albert Camus; a religião, por meio dos escritos de Martin Buber, Paul Tillich e outros; e o mundo das artes, pelo trabalho de Cézanne, Matisse e Picasso, cujas pinturas rompem as fronteiras do realismo e demonstram a liberdade de ser em vez da liberdade de fazer (May, 1981).

Depois da II Guerra Mundial, o existencialismo europeu, em suas várias formas, difundiu-se nos Estados Unidos e diversificou-se ainda mais quando foi adotado por um grupo variado de escritores, artistas, dissidentes, professores, universitários, dramaturgos, clérigos e outros.

O que é existencialismo?

Ainda que filósofos e psicólogos interpretem o existencialismo de várias formas, alguns elementos comuns são encontrados entre a maioria dos pensadores existenciais. Primeiro, *existência* tem precedência sobre *essência*. Existência significa emergir ou tornar-se; essência implica uma substância estática imutável. Existência sugere processo; essência se refere a produto. A existência está associada a crescimento e à mudança; essência significa estagnação e finalidade. A civilização ocidental, e, em especial, a ciência ocidental, tradicionalmente valorizou a essência mais do que a existência. Ela procurava compreender a composição essencial das coisas, incluindo os humanos. Em contraste, os existencialistas afirmam que a essência das pessoas é sua força para continuamente se redefinirem pelas escolhas que fazem.

Segundo, o existencialismo se opõe à dissociação entre sujeito e objeto. De acordo com Kierkegaard, as pessoas são mais do que meras engrenagens no maquinário de uma sociedade industrializada, mas também são mais do que seres de pensamento subjetivo vivendo de forma passiva por meio de uma especulação de gabinete. Em vez disso, as pessoas são subjetivas e objetivas e precisam procurar a verdade tendo vidas ativas e autênticas.

Terceiro, as pessoas buscam algum significado para suas vidas. Elas fazem perguntas importantes (embora nem sempre conscientemente) referentes a seu ser: Quem sou eu? A vida vale a pena ser vivida? Ela tem um significado? Como posso realizar a minha humanidade?

Quarto, os existencialistas sustentam que cada um de nós é responsável pelo que somos e pelo que nos tornamos. Não podemos culpar nossos pais, professores, empregadores, Deus ou as circunstâncias. Como disse Sartre (1957): "O homem não é nada mais além do que ele faz de si mesmo. Este é o primeiro princípio do existencialismo" (p. 15). Mesmo que possamos nos associar a outros em relações produtivas e sadias, no final, cada um de nós é sozinho. Podemos escolher nos tornarmos o que podemos ser ou podemos escolher evitar o comprometimento e a escolha, mas, em última análise, essa é a nossa escolha.

Quinto, os existencialistas são, basicamente, antiteóricos. Para eles, as teorias desumanizam mais as pessoas e as transformam em objetos. Conforme mencionado no Capítulo 1, as teorias são construídas, em parte, para explicar os fenômenos. Os existencialistas costumam se opor a essa abordagem. A experiência autêntica precede as explicações artificiais. Quando as experiências são moldadas em algum modelo teórico preexistente, elas perdem sua autenticidade e se divorciam do indivíduo que as experimentou.

Conceitos básicos

Antes de continuarmos com a visão de Rollo May sobre a humanidade, faremos uma pausa para examinar dois conceitos básicos do existencialismo, a saber: ser-no-mundo e não-ser.

Ser-no-mundo

Os existencialistas adotam uma abordagem fenomenológica para compreender a humanidade. Para eles, existimos em um mundo que pode ser mais bem entendido a partir de nossa própria perspectiva. Quando os cientistas estudam as pessoas a partir de uma estrutura de referência externa, eles violam tanto os sujeitos quanto seu mundo existencial. A unidade básica da pessoa e o ambiente são expressos na palavra alemã **Dasein**, significando existir lá. Portanto, *Dasein* significa, literalmente, existir no mundo e é, em geral, escrita como **ser-no-mundo**. Os hifens nesse termo implicam uma unidade de sujeito e objeto, de pessoa e mundo.

Muitas pessoas sofrem de ansiedade e desespero causados pela alienação de si mesmas e de seu mundo. Elas não possuem uma imagem clara de si ou, então, sentem-se isoladas de um mundo que parece distante e estranho. Elas não têm um senso de *Dasein*, não possuem uma unidade de *self* e mundo. Conforme lutam para adquirir poder sobre a natureza, elas perdem contato com sua relação com o mundo natural. Quando passam a depender dos produtos da revolução industrial, elas ficam mais alienadas das estrelas, do solo e do mar. A alienação do mundo também inclui se desligar do próprio corpo. Lembre-se de que Rollo May começou sua recuperação da tuberculose somente depois de se dar conta de que era ele quem tinha a doença.

Esse sentimento de isolamento e alienação do mundo é sofrido não só por indivíduos patologicamente perturbados, mas também pela maioria das pessoas nas sociedades modernas. A alienação é a doença de nosso tempo, e ela se manifesta em três áreas: (1) separação da natureza, (2) falta de relações interpessoais significativas e (3) alienação do *self* autêntico. Assim, as pessoas experimentam três modos simultâneos em seu ser-no-mundo: **Umwelt**, ou o ambiente à nossa volta; **Mitwelt**, ou nossas relações com outras pessoas; e **Eigenwelt**, ou nossa relação com nosso *self*.

Umwelt é o mundo dos objetos e coisas e existiria mesmo que as pessoas não tivessem consciência. Ele é o mundo da natureza e das leis naturais e inclui impulsos biológicos, como fome e sono, e fenômenos naturais como nascimento e morte. Não podemos escapar do *Umwelt*; precisamos aprender a viver no mundo à nossa volta e a nos ajustarmos às mudanças dentro desse mundo. A teoria de Freud, com sua ênfase na biologia e nos instintos, lida principalmente com o *Umwelt*.

Mas não vivemos somente no *Umwelt*. Também vivemos no mundo com pessoas, ou seja, no *Mitwelt*. Precisamos nos relacionar com as pessoas como pessoas, não como coisas. Se tratamos as pessoas como objetos, então estamos vivendo unicamente no *Umwelt*. A diferença entre *Umwelt* e *Mitwelt* pode ser vista contrastando sexo com amor. Se uma pessoa usa outra como um instrumento para gratificação sexual, então essa pessoa está vivendo em *Umwelt*, pelo menos em sua relação com aquela pessoa. Entretanto, amor demanda um comprometimento com o outro. Amor significa respeito pelo ser-no-mundo da outra pessoa, uma aceitação incondicional daquela pessoa. No entanto, nem toda relação *Mitwelt* necessita de amor. O critério essencial é que o *Dasein* da outra pessoa seja respeitado. A teoria de Rogers, com sua ênfase nas relações interpessoais, lida principalmente com o *Mitwelt*.

Eigenwelt refere-se à relação da pessoa consigo mesma. Esse é um mundo que não costuma ser explorado pelos teóricos da personalidade. Viver em *Eigenwelt* significa estar consciente de si mesmo como ser humano e compreender quem somos quando nos relacionamos com o mundo das coisas e com o mundo das pessoas. O que este pôr do sol significa para *mim*? Como esta outra pessoa faz parte de minha vida? Que características *minhas* permitem que eu ame esta pessoa? Como *eu* percebo esta experiência?

As pessoas sadias vivem em *Umwelt*, *Mitwelt* e *Eigenwelt* simultaneamente (ver Figura 11.1). Elas se adaptam ao mundo natural, relacionam-se com os outros como humanos e têm uma percepção clara do que todas essas experiências significam para elas (May, 1958a).

Não-ser

Ser-no-mundo necessita de uma consciência de si como um ser com vida e emergente. Tal consciência, por sua vez, leva ao medo de não existir, isto é, **não-ser** ou o **nada**. May (1958) escreveu:

> Para compreender o que significa existir, a pessoa precisa entender o fato de que ela pode não existir, ela pisa a cada momento na borda afiada da aniquilação e nunca pode escapar do fato de que a morte chegará em algum momento desconhecido no futuro. (p. 47, 48)

A morte não é o único caminho do não-ser, mas é o mais óbvio. A vida se torna mais vital, mais significativa, quando nos defrontamos com a possibilidade da morte. Quase 40 anos antes de sua morte, May (1958) falou da morte como "o único fato em minha vida que não é relativo, mas absoluto, e a minha consciência disso dá à minha existência e ao que faço a cada hora uma qualidade absoluta" (p. 49).

Quando não nos defrontamos corajosamente com nosso não-ser ao contemplar a morte, experimentamos o não-ser de outras formas, incluindo a adição ao álcool ou a outras drogas, atividade sexual promíscua e outros comportamentos compulsivos. O nosso não-ser também pode ser expresso como conformidade cega às expectativas da sociedade ou como hostilidade generalizada que permeia nossas relações com os outros.

O medo da morte ou do não-ser com frequência faz com que vivamos de forma defensiva e recebamos menos

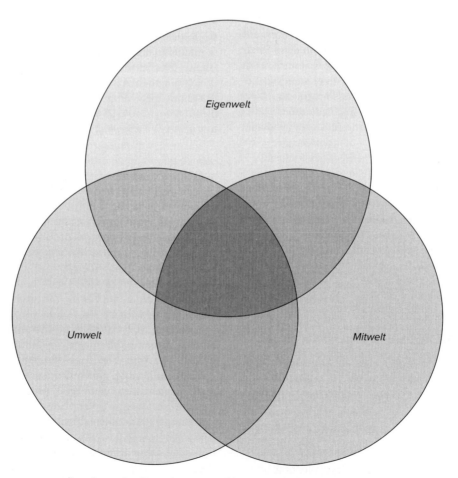

FIGURA 11.1 As pessoas sadias vivem simultaneamente em *Umwelt*, *Mitwelt* e *Eigenwelt*.

vida do que se nos confrontássemos com a questão de nossa não existência. Como May (1991) referiu: "Temos medo de não ser e assim atrofiamos nosso ser" (p. 202). Fugimos de fazer escolhas ativas, isto é, fazemos escolhas sem considerarmos quem somos e o que desejamos. Podemos tentar evitar o medo de não existir obscurecendo nossa autoconsciência e negando nossa individualidade, mas tais escolhas nos deixam com sentimentos de desesperança e vazio. Assim, escapamos do medo de não ser à custa de uma existência limitada. Uma alternativa mais sadia é enfrentar a inevitabilidade da morte e perceber que não-ser é uma parte inseparável de ser.

O caso de Philip

A psicologia existencial preocupa-se com a luta do indivíduo para elaborar as experiências da vida e crescer para se tornar um humano mais completo. May (1981) descreveu essa luta em um relato sobre um de seus pacientes – Philip, o arquiteto da vinheta de abertura do capítulo. Continuamos, aqui, com a história de Philip e vamos usar as experiências dele para ilustrar os conceitos de May de ansiedade, intencionalidade, destino, psicopatologia e psicoterapia.

Quando Nicole disse a Philip que, como ele bem sabia, ela nunca poderia deixá-lo, Philip ficou surpreso e confuso, porque ele não sabia disso. Cerca de um ano depois, Philip ficou sabendo que Nicole havia tido outro caso; mas, antes que pudesse confrontá-la e romper seu relacionamento, ele teve que se ausentar por cinco dias em uma viagem a trabalho. Quando retornou, Philip conseguiu raciocinar que talvez ele conseguisse aceitar o direito de Nicole de dormir com outros homens. Além disso, Nicole o convenceu de que o outro homem nada significava para ela e que só amava Philip.

Um pouco depois, Nicole teve um terceiro caso, do qual ela fez questão que Philip soubesse. Mais uma vez, Philip se encheu de raiva e ciúmes. Porém, novamente, Nicole reassegurou que o homem não significava nada para ela.

Em um nível, Philip desejava aceitar o comportamento de Nicole, mas, em outro, sentia-se traído pelos casos dela. No entanto, ele não parecia capaz de deixá-la e procurar outra mulher para amar. Ele ficava paralisado: incapaz de mudar sua relação com Nicole, mas também incapaz de rompê-la. Nessa altura de sua vida, Philip procurou terapia com Rollo May.

Ansiedade

Philip estava sofrendo de ansiedade neurótica. Assim como outros que experimentam ansiedade neurótica, ele se comportava de maneira improdutiva e autodestrutiva.

Mesmo estando profundamente magoado pelo comportamento imprevisível e "louco" de Nicole, ele ficava paralisado, sem ação, e não conseguia romper o relacionamento. As ações de Nicole pareciam engendrar em Philip um sentimento de dever para com ela. Como ela, obviamente, precisava dele, ele se sentia obrigado a cuidar dela.

Antes de May publicar *Significado de ansiedade*, em 1950, a maioria das teorias sustentava que altos níveis de ansiedade eram indicativos de neuroses ou outras formas de psicopatologia. Um pouco antes da publicação do livro, May tinha experimentado muita ansiedade enquanto se recuperava da tuberculose. Ele, sua primeira esposa e seu filho pequeno estavam quase sem um tostão, e ele não tinha certeza de sua recuperação. Em *Significado de ansiedade*, May alegava que muito do comportamento humano é motivado por um sentimento subjacente de medo e ansiedade. Não confrontar a morte serve como um escape temporário da ansiedade ou do medo de não-ser. Mas o escape não pode ser permanente. A morte é algo absoluto na vida, que, mais cedo ou mais tarde, todos precisam enfrentar.

As pessoas experimentam **ansiedade** quando tomam consciência de que sua existência, ou algum valor identificado a ela, pode ser destruída. May (1958) definiu ansiedade como "o estado subjetivo do indivíduo de tornar-se consciente de que sua existência pode ser destruída, que ele pode se tornar 'nada'" (p. 50). Em outro momento, May (1967) chamou de ansiedade uma ameaça a algum valor importante. A ansiedade, então, pode se originar de uma consciência de não-ser ou de uma ameaça a algum valor essencial para a própria existência. Ela existe quando o indivíduo se confronta com a questão de atingir as próprias potencialidades. Tal confrontação pode levar à estagnação e à decadência, mas também pode resultar em crescimento e mudança.

A aquisição de liberdade, inevitavelmente, leva à ansiedade. Liberdade não existe sem ansiedade, nem ansiedade pode existir sem liberdade. May (1981, p. 185) citou Kierkegaard, dizendo que "ansiedade é a vertigem da liberdade". A ansiedade, assim como a vertigem, pode ser prazerosa ou dolorosa, construtiva ou destrutiva. Ela pode dar às pessoas energia e entusiasmo, mas também pode paralisá-las e deixá-las em pânico. Além do mais, a ansiedade pode ser normal ou neurótica.

Ansiedade normal

Ninguém pode escapar dos efeitos da ansiedade. Crescer e modificar os próprios valores significa experimentar ansiedade construtiva ou normal. May (1967) definiu **ansiedade normal** como aquela "que é proporcional à ameaça, não envolve repressão e pode ser confrontada construtivamente no nível consciente" (p. 80).

Conforme as pessoas crescem, da infância até a velhice, seus valores se modificam, e, a cada passo, elas experimentam ansiedade normal. "Todo crescimento consiste na renúncia a valores passados que criam ansiedade" (May,

1967, p. 80). A ansiedade normal também é experimentada durante aqueles momentos criativos, em que um artista, cientista ou filósofo de repente alcança um *insight* que leva ao reconhecimento de que a própria vida, e talvez a vida de incontáveis outras pessoas, será alterada para sempre. Por exemplo, os cientistas que testemunharam os testes da primeira bomba atômica em Alamogordo, Novo México, experimentaram ansiedade normal com a percepção de que, daquele momento em diante, tudo havia mudado (May, 1981).

Ansiedade neurótica

A ansiedade normal, o tipo experimentado durante períodos de crescimento ou de ameaça aos próprios valores, é vivenciada por todos. Ela pode ser construtiva, desde que permaneça proporcional à ameaça. Mas a ansiedade pode se tornar neurótica ou doente. May (1967) definiu **ansiedade neurótica** como "uma reação que é desproporcional à ameaça, envolve repressão e outras formas de conflito intrapsíquico e é manejada por vários tipos de bloqueio da atividade e da consciência" (p. 80).

Enquanto a ansiedade normal é sentida sempre que os valores são ameaçados, a ansiedade neurótica é experimentada quando os valores são transformados em dogma. Estar absolutamente certo das próprias crenças proporciona segurança temporária, porém ela é uma segurança "comprada ao preço da renúncia à oportunidade [pessoal] de novo aprendizado e novo crescimento" (May, 1967, p. 80).

A ansiedade neurótica de Philip era evidente em seu apego a uma mulher imprevisível e "louca", um apego que começou no início da infância. Durante os primeiros dois anos de vida, o mundo de Philip foi habitado, principalmente, por duas outras pessoas: sua mãe e uma irmã dois anos mais velha. Sua mãe era esquizofrênica *borderline*, cujo comportamento com Philip se alternava entre ternura e crueldade. Sua irmã era de fato esquizofrênica e, posteriormente, passou algum tempo em um hospital para doentes mentais. Portanto, Philip aprendeu cedo que tinha que se apegar às mulheres, mas também que tinha de salvá-las. "A vida, então, para Philip, compreensivelmente não seria livre, mas iria demandar que ele estivesse de modo contínuo em guarda e de plantão" (May, 1981, p. 30).

A ansiedade neurótica de Philip bloqueou qualquer forma nova e bem-sucedida de comportamento em relação a Nicole. Sua abordagem parecia uma recapitulação dos comportamentos da infância em relação à mãe e à irmã.

Culpa

A ansiedade surge quando as pessoas se defrontam com o problema de atingir suas potencialidades. A **culpa** ocorre quando as pessoas negam suas potencialidades, não conseguem perceber com precisão as necessidades de seus semelhantes ou permanecem alheias à sua dependência do mundo natural (May, 1958). Assim como May usou o termo "ansiedade" para se referir a grandes questões que tratam de ser-no-mundo, ele também empregou o conceito de culpa. Nesse sentido, tanto ansiedade quanto culpa são *ontológicas*, isto é, elas se referem à natureza do ser e não a sentimentos decorrentes de situações ou transgressões específicas.

Ao todo, May (1958) reconheceu três formas de culpa ontológica, cada uma correspondendo a um dos três modos de ser-no-mundo, isto é, *Umwelt*, *Mitwelt* e *Eigenwelt*. Para compreender a forma de culpa que corresponde a *Umwelt*, é preciso considerar que a culpa ontológica não precisa se originar das próprias ações ou de falhas em agir; ela pode surgir de uma falta de consciência de ser-no-mundo. Conforme a civilização avança tecnologicamente, as pessoas são cada vez mais removidas da natureza, ou seja, de *Umwelt*. Essa alienação leva a uma forma de culpa ontológica que é especialmente prevalente em sociedades "avançadas", onde as pessoas vivem em lares aquecidos ou refrigerados, usam meios motorizados de transporte e consomem alimentos colhidos e preparados por outros. A dependência dos outros sem discernimento para essas e outras necessidades contribui para a primeira forma de culpa ontológica. Como esse tipo de culpa é resultado de nossa separação da natureza, May (1958) também se referiu a ela como *culpa de separação*, um conceito semelhante à noção de Fromm do dilema humano (ver Cap. 8).

A segunda forma de culpa provém de nossa incapacidade de perceber com precisão o mundo dos outros (*Mitwelt*). Podemos ver as outras pessoas somente por meio de nossos próprios olhos e nunca podemos julgar perfeitamente suas necessidades. Assim, cometemos violência contra sua verdadeira identidade. Como não podemos prever infalivelmente as necessidades dos outros, sentimos inadequação em nossas relações com eles. Isso, então, leva a uma condição generalizada de culpa, a qual é experimentada por todos nós em algum grau. May (1958) escreveu que "esta não é uma questão de falha moral... é um resultado inevitável do fato de

A ansiedade normal é proporcional à ameaça e pode ser construtiva.
©dolgachov/123RF

que cada um de nós é uma individualidade separada e não tem outra escolha senão olhar para o mundo por meio dos [nossos] próprios olhos" (p. 54).

A terceira forma de culpa ontológica está associada à negação de nossas próprias potencialidades ou à nossa falha em realizá-las. Em outras palavras, essa culpa está baseada em nossa relação com o *self* (*Eigenwelt*). Mais uma vez, essa forma de culpa é universal, porque nenhum de nós pode realizar completamente todos os nossos potenciais. Esse terceiro tipo de culpa é reminiscente do conceito de Maslow do *complexo de Jonas*, ou o medo de ser ou fazer o melhor de si (ver Cap. 9).

Assim como a ansiedade, a culpa ontológica pode ter um efeito positivo ou negativo na personalidade. Podemos usar essa culpa para desenvolver um sentimento sadio de humildade, melhorar nossas relações com os outros e usar nossas potencialidades com criatividade. No entanto, quando nos recusamos a aceitar a culpa ontológica, ela se torna neurótica ou mórbida. A culpa neurótica, assim como a ansiedade neurótica, conduz a sintomas não produtivos ou neuróticos, tais como impotência sexual, depressão, crueldade com os outros ou incapacidade de fazer uma escolha.

Intencionalidade

A capacidade de fazer uma escolha implica em uma estrutura subjacente sobre a qual tal escolha é feita. A estrutura que dá significado à experiência e permite que as pessoas tomem decisões sobre o futuro é chamada de **intencionalidade** (May, 1969b). Sem intencionalidade, as pessoas não poderiam escolher, nem agir sobre sua escolha. Ação implica intencionalidade, assim como intencionalidade implica ação; as duas são inseparáveis.

May usou o termo "intencionalidade" para preencher a lacuna entre o sujeito e o objeto. Trata-se da "estrutura de significado que torna possível para nós, sujeitos que somos, vermos e compreendermos o mundo externo, que é objetivo. Na intencionalidade, a dicotomia entre sujeito e objeto é parcialmente superada" (May, 1969b, p. 225).

Para ilustrar como a intencionalidade preenche parcialmente a lacuna entre sujeito e objeto, May (1969b) usou um exemplo simples de um homem (o sujeito) sentado em sua escrivaninha observando uma folha de papel (o objeto). O homem pode escrever no papel, dobrá-lo e fazer um avião para seu neto ou fazer um desenho nele. Em todos os três casos, o sujeito (homem) e o objeto (papel) são idênticos, porém as ações do homem dependem de suas intenções e do significado que dá à sua experiência. Esse significado é uma função dele mesmo (sujeito) e de seu ambiente (objeto).

A intencionalidade é, por vezes, inconsciente. Por exemplo, quando Philip sentiu o dever de cuidar de Nicole apesar de seu comportamento imprevisível e "louco", ele não viu que suas ações estavam de alguma forma conectadas a suas experiências precoces com a mãe imprevisível e a irmã "louca". Ele estava preso à crença inconsciente de que as mulheres imprevisíveis e "loucas" precisam ser cuidadas, e essa intencionalidade tornou impossível para ele descobrir novas formas de se relacionar com Nicole.

Cuidado, amor e vontade

Philip tinha uma história de cuidado com os outros, especialmente mulheres. Ele havia dado a Nicole um "emprego" em sua empresa que permitia que ela trabalhasse em casa e ganhasse dinheiro suficiente para viver. Além disso, depois que ela terminou seu caso com Craig e desistiu do plano "louco" de se mudar para o outro lado do país, Philip lhe deu milhares de dólares. Ele, anteriormente, tinha sentido um dever de cuidar das suas duas esposas e, antes disso, de sua mãe e sua irmã.

Apesar do padrão de Philip de cuidar das mulheres, ele nunca, de fato, aprendeu a se preocupar com elas. Preocupar-se com alguém significa reconhecer aquela pessoa como um ser humano semelhante, identificar-se com a dor ou a alegria, a culpa ou a lástima dessa pessoa. O cuidado é um processo ativo, o oposto da apatia. "Cuidado é um estado em que algo realmente *importa*" (May, 1969b, p. 289).

Cuidado não é o mesmo que amor, mas é a origem do amor. Amar significa cuidar, reconhecer a humanidade essencial da outra pessoa, ter uma consideração ativa pelo desenvolvimento dessa pessoa. May (1953) definiu **amor** como um "prazer na presença da outra pessoa e uma afirmação do valor e do desenvolvimento [dessa pessoa] tanto quanto em relação a si mesmo" (p. 206). Sem cuidado não pode haver amor – somente sentimentalismo vazio ou excitação sexual transitória. O cuidado também é a origem da vontade.

May (1969b) chamou de **vontade** "a capacidade de organizar o próprio *self* de forma que possa acontecer um movimento em uma certa direção ou em direção a determinado objetivo" (p. 218). Ele distinguiu vontade e desejo, afirmando que:

> "Vontade" requer autoconsciência; "desejo" não. "Vontade" implica alguma possibilidade de escolha; "desejo" não. O "desejo" empresta o calor, o contentamento, a imaginação, a brincadeira de criança, o frescor e a riqueza para a "vontade". A "vontade" dá a autodireção e a maturidade ao "desejo". A "vontade" protege o "desejo", permite que ele continue sem correr riscos muito grandes. (p. 218)

União entre amor e vontade

A sociedade moderna, alegava May (1969b), está sofrendo de uma divisão prejudicial entre amor e vontade. O amor passou a ser associado a amor sensual ou sexo, enquanto a vontade passou a significar uma determinação persistente ou força de vontade. Nenhum dos dois conceitos captura o verdadeiro significado desses termos. Quando o amor é visto como sexo, ele se torna temporário e sem comprometimento; não existe vontade, mas desejo. Quando a vontade é vista como força de vontade, ela se torna egoísta e carecendo de paixão; não existe cuidado, mas apenas manipulação.

Há razões biológicas para que amor e vontade sejam separados. Quando as crianças ingressam no mundo, elas estão em unidade com o universo (*Umwelt*), com a mãe (*Mitwelt*) e com elas mesmas (*Eigenwelt*). "Nossas necessidades são satisfeitas sem esforço consciente de nossa parte, como, biologicamente, na condição inicial de lactante. Essa é a primeira liberdade, o primeiro 'sim'" (May, 1969b, p. 284).

Depois, quando a vontade começa a se desenvolver, ela se manifesta como oposição, o primeiro "não". A existência feliz do início da infância tem, agora, a oposição da vontade emergente na infância posterior. O "não" não deve ser visto como uma declaração contra os pais, mas como uma asserção positiva do *self*. Infelizmente, os pais com frequência interpretam o "não" de modo negativo e, portanto, abafam a autoafirmação do filho. Em consequência, as crianças aprendem a dissociar a vontade do amor feliz que desfrutaram anteriormente.

Nossa tarefa, disse May (1969b, 1990b), é unir amor e vontade. Essa tarefa não é fácil, mas é possível. Nem o amor feliz, nem a vontade egoísta terão um papel na união entre amor e vontade. Para a pessoa madura, tanto amor quanto vontade significam uma aproximação de outro indivíduo. Ambos envolvem cuidado, necessitam de escolha, implicam ação e requerem responsabilidade.

Formas de amor

May (1969b) identificou quatro tipos de amor na tradição ocidental: sexo, eros, filia e ágape.

Sexo

Sexo é uma função biológica que pode ser satisfeita pela relação sexual ou por alguma outra liberação da tensão sexual. Mesmo tendo sido banalizado nas sociedades ocidentais modernas, "ele ainda permanece sendo a força da procriação, o impulso que perpetua a raça, a fonte imediata do prazer mais intenso do ser humano e de sua ansiedade mais generalizada" (May, 1969b, p. 38).

May acreditava que, nos tempos antigos, o sexo era tomado como normal, assim como comer e dormir. Nos tempos modernos, tornou-se um problema. Primeiro, durante o período vitoriano, as sociedades ocidentais geralmente negavam os sentimentos sexuais, e sexo não era um tema para conversas em círculos sociais respeitosos. Então, durante a década de 1920, as pessoas reagiram contra essa supressão sexual; o sexo repentinamente tornou-se claro, e boa parte da sociedade ocidental estava preocupada com ele. May (1969b) assinalou que a sociedade passou de um período em que fazer sexo era carregado de culpa e ansiedade para uma época em que não fazer sexo causava culpa e ansiedade.

Eros

Nos Estados Unidos, sexo costuma ser confundido com eros. Sexo é uma necessidade fisiológica que busca gratificação pela liberação da tensão. **Eros** é um desejo psicológico que busca a procriação ou a criação por meio de uma união duradoura com uma pessoa amada. Eros é fazer amor; sexo é manipular os órgãos. Eros é o desejo de estabelecer uma união duradoura; sexo é o desejo de experimentar prazer. Eros "ganha asas com a imaginação humana e sempre transcende todas as técnicas, rindo de todos os livros de 'como fazer', colocando-se alegremente em órbita acima de nossas regras mecânicas" (May, 1969b, p. 74).

Eros é fundamentado em cuidado e ternura. Almeja estabelecer uma união duradoura com outra pessoa, de forma que ambos os parceiros experimentem prazer e paixão e sejam ampliados e aprofundados pela experiência. Como a espécie humana não poderia sobreviver sem o desejo por uma união duradoura, eros pode ser considerado como a salvação do sexo.

Filia

Eros, a salvação do sexo, é construído sobre as fundações da **filia**, ou seja, uma amizade íntima não sexual entre duas pessoas. A filia não pode ser apressada; ela leva tempo para crescer, desenvolver-se e fincar suas raízes. Um exemplo de filia pode ser o desenvolvimento lento do amor entre irmãos ou entre amigos de toda uma vida. "Filia não requer que façamos qualquer coisa pela pessoa amada, exceto aceitá-la, estar com ela e gostar dela. Ela é amizade nos termos mais simples e mais diretos" (May, 1969a, p. 31).

Harry Stack Sullivan deu grande importância à pré-adolescência, época do desenvolvimento caracterizada pela necessidade de alguém próximo, alguém que é, mais ou menos, como a própria pessoa. De acordo com Sullivan, a proximidade ou filia é um requisito necessário para as relações eróticas sadias durante a adolescência inicial e tardia. May, que foi influenciado por Sullivan no William Alanson White Institute, concordava que a filia torna eros possível. O desenvolvimento gradual e relaxado da amizade verdadeira é um pré-requisito para a união duradoura de duas pessoas.

Ágape

Assim como eros depende da filia, esta depende do ágape. May (1969b) definiu **ágape** como "estima pelo outro, preocupação com o bem-estar do outro acima de qualquer ganho que se possa obter com isso; amor desinteressado, geralmente o amor de Deus pelo homem" (p. 319).

Ágape é amor altruísta. É um tipo de amor espiritual que traz consigo o risco de brincar de Deus. Ele não depende de qualquer comportamento ou característica da outra pessoa. Nesse sentido, ele é imerecido e incondicional.

Em suma, as relações adultas sadias misturam todas as quatro formas de amor. Elas estão baseadas na satisfação sexual, no desejo por uma união duradoura, na amizade genuína e na preocupação altruísta pelo bem-estar da outra pessoa. Esse amor autêntico, infelizmente, é muito difícil. Ele exige autoafirmação e a asserção de si mesmo. "Ao mesmo tempo, ele requer ternura, afirmação do outro, relaxamento da competição, tanto quanto possível, por vezes autoabnegação nos interesses da pessoa amada e as virtudes antigas de misericórdia e perdão" (May, 1981, p. 147).

Liberdade e destino

Uma combinação das quatro formas de amor requer autoasserção e afirmação da outra pessoa. Também exige asserção da própria *liberdade* e confrontação com o próprio *destino*. Os indivíduos sadios são capazes de assumir sua liberdade e de enfrentar seu destino.

Definição de liberdade

Em uma definição inicial, May (1967) afirmou que "liberdade é a capacidade do indivíduo de *saber que ele é determinado*" (p. 175). A palavra "determinado" nessa definição é sinônimo do que May (1981) definiria mais tarde como *destino*. A liberdade, então, provém da compreensão de nosso destino: uma compreensão de que a morte é uma possibilidade a qualquer momento, de que somos homens ou mulheres, de que temos fraquezas inerentes e de que as experiências do início da infância nos predispõem a certos padrões de comportamento.

Liberdade é a possibilidade de mudar, embora possamos não saber que mudanças são essas. Liberdade "envolve ser capaz de *ter diferentes possibilidades na mente mesmo que não esteja claro, no momento, de que forma se deve agir*" (May, 1981, p. 10-11). Essa condição leva, com frequência, a um aumento na ansiedade, porém é uma ansiedade normal, do tipo que as pessoas sadias acolhem bem e são capazes de manejar.

Formas de liberdade

May (1981) reconheceu duas formas de liberdade: a liberdade de fazer e a liberdade de ser. A primeira é denominada *liberdade existencial*; a última, *liberdade essencial*.

Liberdade existencial

A **liberdade existencial** não deve ser identificada com a filosofia existencial. Ela é a liberdade de ação - a liberdade de fazer. A maioria dos adultos de classe média desfruta, em grande medida, da liberdade existencial. Eles são livres para viajar por vários estados, para escolher seus associados, para votar em seus representantes no governo, e assim por diante. Em uma escala mais trivial, eles são livres para empurrar seus carrinhos pelo supermercado e escolher entre os milhares de itens. Liberdade existencial, então, é a liberdade de agir sobre as escolhas que se faz.

Liberdade essencial

A liberdade para agir, para se movimentar, não assegura a **liberdade essencial**: isto é, a liberdade de ser. De fato, a liberdade existencial com frequência torna a liberdade essencial mais difícil. Por exemplo, os prisioneiros e internos em campos de concentração frequentemente falam com entusiasmo de sua "liberdade interior" apesar de experimentarem liberdade existencial muito limitada. Assim, o confinamento físico ou a negação da liberdade parece possibilitar que as pessoas se defrontem com seu destino e obtenham sua liberdade de ser. Em 1981, May (1981, p. 60) perguntou: "Obtemos nossa liberdade essencial somente quando nossa existência cotidiana é interrompida?". A resposta do próprio May é "não". Não é preciso ser aprisionado para alcançar a liberdade essencial, isto é, a liberdade de ser. O próprio destino é nossa prisão - nosso campo de concentração que nos permite ser menos preocupados com a liberdade de fazer e mais preocupados com a liberdade essencial.

> Não seria o enfrentamento de nosso destino - o qual é o propósito de nossa vida - envolvendo as restrições, a sobriedade e, muitas vezes, a crueldade, que nos força a olhar para além dos limites das ações do dia a dia? Não seria o fato inevitável da morte... o campo de concentração de todos nós? Não seria o fato de que a vida é uma alegria e ao mesmo tempo um fardo suficiente para nos impelir para a consideração do aspecto mais profundo de ser? (May, 1981, p. 61)

O que é destino?

May (1981) definiu destino como *"o projeto do universo falando por meio do projeto de cada um de nós"* (p. 90). Nosso destino final é a morte, porém, em escala menor, ele inclui outras propriedades biológicas, como inteligência, gênero, tamanho, força e predisposição genética para certas doenças. Além disso, fatores psicológicos e culturais também contribuem para nosso destino.

Destino não significa algo predeterminado ou predestinado. Ele é nossa destinação, nosso ponto terminal, nosso objetivo. Dentro das fronteiras de nosso destino, temos poder para escolher, e esse poder nos possibilita confrontar e desafiar nosso destino. No entanto, ele não permite qualquer coisa que desejemos. Não podemos ter sucesso em qualquer trabalho, superar qualquer doença, desfrutar de uma relação gratificante com qualquer pessoa. Não podemos apagar nosso destino, "mas podemos escolher como iremos responder, como iremos viver talentos que nos confrontam" (May, 1981, p. 89).

May sugeriu que liberdade e destino, assim como amor-ódio ou vida-morte, não são antitéticos, mas um paradoxo normal da vida. "O paradoxo é que a liberdade deve sua vitalidade ao destino, e o destino deve sua significância à liberdade" (May, 1981, p. 17). Liberdade e destino estão, assim, inexoravelmente interligados; um não pode existir sem o outro. Liberdade sem destino é licença indisciplinada. Ironicamente, a licença leva à anarquia e à destruição final da liberdade. Sem destino, então, não temos liberdade, mas sem liberdade nosso destino não tem significado.

Liberdade e destino dão origem um ao outro. Quando desafiamos nosso destino, ganhamos liberdade; quando atingimos a liberdade, avançamos nas fronteiras do destino.

O destino de Philip

Quando Philip, o arquiteto imobilizado por sua relação com Nicole, encontrou Rollo May pela primeira vez como seu terapeuta, ele estava paralisado e sem ação, porque havia se recusado a aceitar seu destino. Ele não via conexão entre seu padrão adulto de relacionamento com as mulheres e sua estratégia de infância para progredir em um mundo imprevisível e "louco". Seu destino, no entanto, não estava fixado por aquelas experiências precoces. Philip, assim como outras pessoas, tinha a liberdade de mudar seu destino, mas, primeiro, precisava reconhecer suas limitações biológicas, sociais e psicológicas; então, ele tinha que ter a coragem para fazer escolhas dentro dessas limitações.

Philip não possuía a compreensão e a coragem para confrontar seu destino. Até o ponto em que procurou terapia, ele havia tentado compensar seu destino, negá-lo conscientemente. "Ele vinha procurando alguém que compensasse o fato de ele ter nascido em um mundo avassalador, no qual havia uma mãe perturbada e uma irmã esquizofrênica, um destino que ele de forma alguma escolheu" (May, 1981, p. 88). A negação de Philip em relação a seu destino o deixou ressentido e confuso. Sua incapacidade ou indisponibilidade para enfrentar o destino roubou-lhe a liberdade pessoal e manteve-o amarrado à mãe.

Philip tratava suas esposas e Nicole da mesma maneira que antes havia tratado com sucesso sua mãe e sua irmã. Ele não podia expressar sua raiva para as mulheres; em vez disso, adotou uma atitude cativante, embora um tanto possessiva e protetora em relação a elas. May (1981) insistia que "a liberdade de cada um de nós é proporcional ao grau com que nos confrontamos e vivemos em relação a nosso destino" (p. 89). Depois de várias semanas de psicoterapia, Philip conseguiu parar de acusar sua mãe por não fazer o que ele achava que ela deveria ter feito. Quando começou a ver as coisas positivas que ela *fizera* por ele, mudou sua atitude em relação a ela. Os fatos objetivos de sua infância não haviam mudado, mas suas percepções

subjetivas sim. Quando Philip aceitou seu destino, tornou-se capaz de expressar sua raiva, sentiu-se menos preso em seu relacionamento com Nicole e ficou mais consciente de suas possibilidades. Em outras palavras, ele ganhou sua liberdade de ser.

O poder do mito

Por muitos anos, May se preocupou com os efeitos poderosos dos **mitos** sobre os indivíduos e as culturas – uma preocupação que culminou em seu livro *A procura do mito* (1991). May defendia que as pessoas da civilização ocidental têm uma necessidade urgente de mitos. Não tendo mitos em que acreditar, elas se voltaram para cultos religiosos, para adicção a drogas e para a cultura popular, em um esforço em vão para encontrar significado em suas vidas. Os mitos não são falsidades; ao contrário, eles são sistemas de crenças conscientes e inconscientes que fornecem explicações para problemas pessoais e sociais. May (1991) comparou os mitos aos pilares de uma casa – não visíveis de fora, mas mantêm a casa íntegra e a tornam habitável.

Desde o início dos tempos e em diferentes civilizações, as pessoas encontraram significado em suas vidas por meio de mitos que compartilham com os outros em sua cultura. Mitos são as histórias que unificam uma sociedade; "eles são essenciais para o processo de manter nossas almas vivas e nos trazem um novo significado em um mundo difícil e frequentemente sem sentido" (May, 1991, p. 20).

May acreditava que as pessoas se comunicam entre si em dois níveis. O primeiro é a linguagem racional; e, nesse nível, a verdade precede as pessoas que estão se comunicando. O segundo é por meio dos mitos; e, nesse nível, a experiência humana total é mais importante do que a precisão empírica da comunicação. As pessoas usam mitos e símbolos para transcender a situação concreta imediata, para expandir a autoconsciência e para procurar identidade.

Para May (1990a, 1991), a história de Édipo é um mito poderoso em nossa cultura, porque ela contém elementos de crises existenciais comuns a todos. Tais crises incluem (1) nascimento, (2) separação ou exílio dos pais e de casa, (3) união sexual com um dos pais e hostilidade em relação ao outro, (4) asserção da independência e busca pela identidade e (5) morte. O mito de Édipo tem significado para as pessoas porque ele trata de cada uma dessas cinco crises. Como Édipo, as pessoas são afastadas da mãe e do pai e impulsionadas pela necessidade de autoconhecimento. A luta pela identidade, no entanto, não é fácil e pode até mesmo resultar em tragédia, como aconteceu com Édipo quando ele insistiu em conhecer a verdade sobre suas origens. Depois de saber que havia matado seu pai e casado com sua mãe, Édipo arrancou os próprios olhos, privando-se da capacidade de ver, ou seja, de ter consciência.

Porém, a narração de Édipo não termina com a negação da consciência. Nesse ponto na trilogia de Sófocles,

O mito de Édipo ainda hoje tem significado para as pessoas porque ele trata das crises existenciais comuns a todos.
Alinari Archives/The Image Works

Édipo é mais uma vez exilado, uma experiência que May viu como simbólica do próprio isolamento e ostracismo das pessoas. Quando velho, Édipo é visto contemplando seu trágico sofrimento e aceitando a responsabilidade por matar seu pai e se casar com sua mãe. Suas meditações durante a velhice lhe trazem paz, compreensão e capacidade de aceitar a morte com honra. Os temas centrais da vida de Édipo – nascimento, exílio e separação, identidade, incesto e parricídio, repressão da culpa e, finalmente, meditação consciente e morte – tocam a todos e fazem desse mito uma força de cura poderosa na vida das pessoas.

O conceito de May sobre mitos é comparável à ideia de Carl Jung de um inconsciente coletivo, em que os mitos são padrões arquetípicos na experiência humana; eles são caminhos para imagens universais que vão além da experiência individual (ver Cap. 4). E, como os arquétipos, os mitos podem contribuir para o crescimento psicológico se as pessoas os adotarem e permitirem que eles revelem uma nova realidade. Tragicamente, muitas pessoas negam seus mitos universais e, assim, arriscam a alienação, a apatia e o vazio – os ingredientes principais da psicopatologia.

Psicopatologia

De acordo com May, a apatia e o vazio – não a ansiedade e a culpa – são o mal-estar dos tempos modernos. Quando as pessoas negam o destino ou abandonam os mitos, elas perdem seu propósito de ser; elas ficam sem direção. Sem um objetivo ou destino, as pessoas adoecem e se engajam em uma variedade de comportamentos contraproducentes e autodestrutivos.

Muitas pessoas nas sociedades ocidentais modernas se sentem alienadas do mundo (*Umwelt*), dos outros (*Mitwelt*) e especialmente de si mesmas (*Eigenwelt*). Elas se sentem impotentes para impedir desastres naturais, reverter a industrialização ou fazer contato com outro ser humano. Elas se sentem insignificantes em um mundo que cada vez mais desumaniza o indivíduo. Tal sentimento de insignificância leva à *apatia* e a um estado de consciência diminuída (May, 1967).

May via a psicopatologia como uma falta de comunicação – a incapacidade de conhecer os outros e partilhar a si mesmo com eles. Os indivíduos perturbados psicologicamente negam o destino e, assim, perdem a liberdade. Eles desencadeiam uma variedade de sintomas neuróticos, não para recuperar sua liberdade, mas para renunciar a ela. Os sintomas limitam o mundo fenomenológico da pessoa ao ponto de facilitar o enfrentamento. A pessoa compulsiva adota uma rotina rígida, tornando, assim, as novas escolhas desnecessárias.

Os sintomas podem ser temporários, como quando o estresse produz dor de cabeça, ou podem ser relativamente permanentes, como quando as experiências precoces da infância produzem apatia e vazio. A psicopatologia de Philip estava vinculada a seu ambiente precoce com uma mãe perturbada e uma irmã esquizofrênica. Essas experiências não *causaram* sua patologia, no sentido de que elas por si só tenham produzido a doença. No entanto, prepararam Philip para aprender a se ajustar a seu mundo por meio da supressão de sua raiva, desenvolvendo um sentimento de apatia e tentando ser um "bom menino". Os sintomas neuróticos, portanto, não representam uma falha de adaptação, mas um ajuste apropriado e necessário pelo qual o próprio *Dasein* pode ser preservado. O comportamento de Philip em relação a suas duas esposas e a Nicole representa uma negação de sua liberdade e uma tentativa autodestrutiva de escapar de seu destino.

Psicoterapia

Ao contrário de Freud, Adler, Rogers e outros teóricos da personalidade clinicamente orientados, May não fundou uma escola de psicoterapia com seguidores ávidos e técnicas identificáveis. No entanto, escreveu bastante sobre o assunto, rejeitando a ideia de que a psicoterapia deve reduzir a ansiedade e atenuar os sentimentos de culpa. Em vez disso, sugeriu que a psicoterapia deveria tornar as pessoas mais humanas, isto é, ajudá-las a expandirem sua consciência de modo que fiquem em melhor posição para fazer escolhas (M. H. Hall, 1967). Essas escolhas, então, conduzem ao crescimento simultâneo da liberdade e da responsabilidade.

May acreditava que o propósito da psicoterapia é libertar as pessoas. Ele argumentava que os terapeutas que se concentram nos sintomas de um paciente estão ignorando o quadro mais importante. Os sintomas neuróticos são simplesmente formas de fugir da liberdade e uma indicação de que as possibilidades internas dos pacientes não estão sendo usadas. Quando os pacientes se tornam mais livres, mais humanos, seus sintomas neuróticos tendem a desaparecer, sua ansiedade neurótica dá lugar à ansiedade normal e sua culpa neurótica é substituída pela culpa normal. Contudo, esses ganhos são secundários e não o propósito da terapia. May insistia que a psicoterapia deve se preocupar em ajudar as pessoas a experimentarem sua existência e que o alívio dos sintomas é meramente um subproduto dessa experiência.

Como um terapeuta ajuda os pacientes a se tornarem seres humanos livres e responsáveis? May não ofereceu muitas indicações científicas para os terapeutas seguirem. Os terapeutas existenciais não possuem um conjunto de técnicas ou métodos especiais que podem ser aplicados a todos os pacientes. Em vez disso, eles têm somente a si mesmos, a própria humanidade a oferecer. Eles devem estabelecer uma relação um a um (*Mitwelt*) que capacite os pacientes a terem mais consciência de si e a viverem mais integralmente no próprio mundo (*Eigenwelt*). Tal abordagem pode significar desafiar os pacientes a confrontarem seu destino, a experimentarem desespero, ansiedade e culpa. Mas também significa estabelecer um encontro eu-tu, em que tanto terapeuta quanto paciente são vistos como sujeitos, em vez de objetos. Na relação eu-tu, o terapeuta tem empatia pela experiência do paciente e está aberto ao mundo subjetivo deste.

May (1991) também descreveu a terapia como parte religião, parte ciência e parte amizade. Amizade, no entanto, não é uma relação social comum; ela requer que o terapeuta seja confrontador e desafie o paciente. May acreditava que o próprio relacionamento é terapêutico, e seus efeitos transformadores são independentes de qualquer coisa que os terapeutas possam dizer ou de qualquer orientação teórica que possam ter.

> *Nossa tarefa é sermos guia, amigo e intérprete para as pessoas em suas jornadas ao longo de seus infernos e purgatórios privados.* De forma mais específica, nossa tarefa é ajudar os pacientes a chegarem ao ponto em que possam decidir se desejam permanecer vítimas... ou se escolhem abandonar esse estado de vítima e se aventurar pelo purgatório, com a esperança de alcançar o paraíso. Nossos pacientes, com frequência, próximos ao final, ficam compreensivelmente amedrontados diante da possibilidade de decidirem, de modo livre por si mesmos, se aproveitam a oportunidade concluindo a busca que iniciaram bravamente. (May, 1991, p. 165)

Filosoficamente, May sustentava muitas crenças de Carl Rogers (ver Cap. 10). Fundamental para ambas as abordagens é a noção de terapia como um encontro humano, ou seja, uma relação eu-tu com o potencial de facilitar o crescimento do terapeuta e do paciente. Na prática, contudo, May era muito mais propenso a fazer perguntas, a examinar a primeira infância do paciente e a sugerir possíveis significados do comportamento atual. Por exemplo, ele explicou a Philip que seu relacionamento com Nicole era uma tentativa de se manter apegado à mãe. Rogers teria rejeitado essa técnica, porque ela emanava de uma estrutura de referência externa (i. e., do terapeuta). May, no entanto, acreditava que esses tipos de interpretações podem ser um meio eficaz de confrontar pacientes com informações que eles estavam escondendo de si mesmos.

Outra técnica que May usou com Philip foi a sugestão de que mantivesse uma conversa imaginária com a mãe morta. Nessa conversa, Philip falou por ele e por sua mãe. Quando conversava com a mãe, ele conseguiu, pela primeira vez, empatizar com ela, ver a si próprio a partir do ponto de vista da mãe. Falando por sua mãe, disse que ela tinha muito orgulho dele e que ele sempre havia sido o filho favorito. Então, falando por ele mesmo, disse à mãe que apreciava sua coragem e lembrou-se de um incidente em que a coragem dela salvou a visão dele. Quando Philip terminou a conversa imaginária, disse: "Nunca em mil anos teria imaginado que o resultado seria *este*" (May, 1981, p. 39).

May também pediu que Philip trouxesse uma foto dele de quando era pequeno. Philip, então, teve uma conversa imaginária com o "Pequeno Philip". Conforme a conversa prosseguia, o "Pequeno Philip" explicou que ele havia triunfado sobre o problema que mais tinha perturbado o Philip crescido, ou seja, o medo do abandono. O "Pequeno Philip" tornou-se um companheiro cordial de Philip e o ajudou a superar sua solidão e a acalmar seu ciúme de Nicole.

No final da terapia, Philip não se transformou em uma nova pessoa, mas se tornou mais consciente de uma parte de si que estava lá o tempo todo. A consciência de novas possibilidades permitiu a Philip avançar na direção da liberdade pessoal. Para Philip, o fim da terapia era o começo da "união de si mesmo com aquele *self* precoce que ele havia trancado em um calabouço para sobreviver quando a vida não era feliz, mas ameaçadora" (May, 1981, p. 41).

Pesquisa relacionada

A teoria existencial de Rollo May tem sido moderadamente influente como um método de psicoterapia, mas não estimulou quase nenhuma pesquisa empírica direta. Essa situação está, sem dúvida, relacionada à postura crítica que May adotou em relação à medição objetiva e quantitativa. Qualquer teoria que enfatize a conexão entre o sujeito e o objeto e a singularidade de cada indivíduo não é favorável a uma pesquisa de grande amostra com *design* experimental ou de questionário. De fato, May argumentou que a ciência moderna é racionalista em excesso, objetiva em demasia, e que é necessária uma nova ciência para compreender a totalidade da pessoa viva.

Um tópico existencial a receber atenção empírica foi a ansiedade existencial. May (1967) definiu ansiedade como "a apreensão desencadeada por uma ameaça a algum valor que o indivíduo mantenha como essencial para sua existência como um *self*" (p. 72). Quando eventos ameaçam nossa existência física ou psicológica, experimentamos ansiedade existencial, e a mais forte entre as ameaças a nossa existência é a morte. Na verdade, May e Yalom (1989) argumentaram que "uma tarefa importante no desenvolvimento é lidar com o terror da eliminação" (p. 367). Em certo sentido, a vida é o processo de enfrentamento e confrontação com a morte.

Uma abordagem existencial para o estudo do terror e da morte foi realizada no "manejo do terror", um ramo experimental moderno da psicologia existencial. Uma ligação conceitual entre a psicologia existencial e a Teoria do Manejo do Terror (TMT) foi apresentada pelo psiquiatra norte-americano Ernest Becker, inspirado por Kierkegaard e Otto Rank. Um argumento básico desses existencialistas (e de escritores como Camus e Sartre) é que os humanos são, antes de tudo, motivados pelo medo da morte. Além do mais, muitos desses pensadores veem a criatividade humana, a cultura e o significado como defesas inconscientes contra a mortalidade. O trabalho de Becker, em particular, foi uma importante fonte de inspiração para os teóricos do manejo do terror.

Ameaças no *Umwelt*: consciência da mortalidade e negação de nossa natureza animal

A TMT assumiu tal pressuposto básico e o testou por meio dos mais inteligentes e bem-projetados estudos experimentais da psicologia social e da personalidade realizados recentemente.

Ainda que os humanos façam parte do reino animal e, portanto, sejam mortais, eles são únicos na compreensão do mundo e únicos na percepção de sua singularidade. Os humanos, há muito tempo, acreditam ser mais do que apenas corpos: eles têm uma alma, um espírito e uma mente.

Ao longo dos séculos, os humanos aprenderam a repudiar seus aspectos corporais. Por exemplo, as funções corporais continuam entre os maiores tabus e as mais pesadas sanções das normas sociais. Ser "aculturado" é estar no controle completo da natureza biológica de ser humano. De acordo com os teóricos do manejo do terror, o ponto crucial da negação de nossa natureza corporal e animal provém do medo existencial da morte e da decadência do corpo. Conforme exposto por Sheldon Solomon e colaboradores, "os humanos não poderiam funcionar com equanimidade se acreditassem que não eram inerentemente mais significativos do que os macacos, os lagartos

e os feijões" (Solomon, Greenberg, & Pyszczynski, 1991, p. 91).

Jamie Goldenberg e colaboradores conduziram um impressionante conjunto de estudos que ilustram como o corpo físico e suas funções minam nossas defesas psíquicas ao reforçar nossa mortalidade inevitável. Por exemplo, as pessoas respondem aos lembretes de mortalidade (consciência da mortalidade) se distanciando de seus corpos físicos, relatando menos interesse pelos aspectos físicos do sexo (Goldenberg, McCoy, Pyszczynski, Greenberg, & Solomon, 2000), expressando mais repulsa pelos produtos corporais (Goldenberg et al., 2001) e evitando sensações e experiências baseadas no corpo (p. ex., uma massagem nos pés; Goldenberg et al., 2006).

Além disso, embora todos os corpos sejam potencialmente ameaçadores por nos lembrarem, em termos de *Umwelt*, que somos basicamente animais e que os animais estão destinados a morrer, Goldenberg e Roberts (2004, 2010) argumentaram que o papel mais significativo das mulheres na reprodução torna os corpos *femininos* especialmente problemáticos do ponto de vista da gestão do terror. De fato, os tabus e regulamentações sobre o corpo reprodutivo das mulheres são antigos e quase universais (ver Goldenberg, Roberts, Morris, & Cooper, 2013) e, quando as mulheres não conseguem esconder essas funções, elas se deparam com nojo e hostilidade. Por exemplo, Roberts, Goldenberg, Power e Pyszczynski (2002) descobriram que, quando uma confederada derrubou "acidentalmente" um absorvente de sua bolsa, os participantes a viam como menos competente e simpática e se sentavam mais longe dela (demonstrando uma reação repugnante de se distanciar de uma possível contaminação), em comparação com quando ela deixou cair um grampo de cabelo.

Em um elegante, embora inquietante, conjunto de estudos, Morris, Goldenberg e Heflick (2014) demonstraram que os corpos das mulheres significam um "trio de terror": gravidez, menstruação e amamentação. Apesar de essas funções serem literalmente *geradoras de vida,* lembretes delas no contexto da mortalidade, levaram as próprias mulheres a não se sentirem orgulhosas de sua feminilidade corpórea, a se distanciarem psiquicamente de seus próprios corpos e a se verem de maneiras mais semelhantes a objetos. Reunindo a teoria do controle do terror e a teoria da objetificação (Fredrickson & Roberts, 1997), os autores interpretam suas descobertas como suporte para a hipótese de que a auto-objetificação das mulheres (ver a si mesma do ponto de vista da terceira pessoa, mais como uma coisa e menos como pessoa) é alimentada e ajuda a gerenciar as preocupações existenciais geradas por seus corpos procriadores, lactantes e menstruados.

Esta pesquisa, baseada na teoria da gestão do terror, aponta para a conclusão geral, como argumentou May, de que, à medida que as pessoas ganham poder sobre a natureza, elas perdem contato com sua relação com o *Umwelt*, ou mundo natural. Isso pode se manifestar em uma espécie de alienação de nosso próprio corpo físico, conforme demonstrado pelas reações repugnantes que geralmente temos às funções corporais que nos lembram de nossa mortalidade. Além disso, em conjunto com a teoria feminista da objetificação (Fredrickson & Roberts, 1997), vemos que os corpos das mulheres são particularmente ameaçadores existencialmente e, portanto, a maioria das sociedades obriga as mulheres a ocultar suas funções reprodutivas e até mesmo a substituir uma visão corporificada de si mesmas por uma visão mais higienizada, desodorizada e semelhante a um objeto, como vemos na mídia popular.

Encontrando significado no *Mitwelt*: apego e relacionamentos próximos

"Quando Marvin Gaye gravou pela primeira vez a música *How Sweet It Is (to Be Loved by You)* em 1964, ele começou a letra com a necessidade do abrigo dos braços de alguém. Essa carência de relacionamentos próximos parece ser exacerbada pelos confrontos com a fragilidade da vida" (Cox & Arndt, 2012, p. 616). De fato, muitas pesquisas empíricas demonstraram que os apegos das pessoas a outras pessoas em relacionamentos próximos desempenham uma função de gerenciamento do terror (p. ex., Mikulincer, Florian, & Hirschberger, 2003). Em outras palavras, uma forma de gerenciarmos nossa consciência de nossa mortalidade é investindo no *Mitwelt* de May: em relacionamentos amorosos. De fato, lembrar as pessoas da morte as leva a iniciar interações com outras pessoas (Taubman-Ben-Ari, Findler, & Mikulincer, 2002), a aumentar seu desejo de intimidade e compromisso (a forma de amor "Eros" de May) em suas parcerias românticas (Florian, Mikulincer, & Hirschberger, 2002) e até mesmo a levar filhos adultos a expressarem sentimentos mais próximos em relação a seus pais (Cox et al., 2008). Estudos também reverteram a relação entre a consciência da morte e a busca de apego e descobriram que, se as pessoas imaginam uma separação de um ente querido romântico, isso aumenta a acessibilidade de pensamentos relacionados à morte em suas mentes (Florian et al., 2002).

Cathy Cox e Jamie Arndt (2012) procuraram explorar a questão de *por que* as pessoas são motivadas a formar e cultivar relacionamentos próximos quando são lembradas de sua mortalidade. Sua hipótese, apoiada por vários estudos, foi baseada na construção rogeriana de consideração positiva. Eles testaram se é nossa percepção da consideração positiva de outras pessoas próximas por nós que explica por que os relacionamentos e a proximidade protegem contra a ansiedade da morte. Em outras palavras, como argumentou Carl Rogers (1959), nossa sensação de que os outros cuidam de nós e nos valorizam se incorpora ao nosso sentimento pessoal de autoestima positiva, e isso, por sua vez, contribui para a sensação de que somos uma pessoa significativa no mundo. Cox e Arndt (2012) examinaram se essa percepção de consideração positiva de relacionamentos próximos é o que alivia a ansiedade da inexistência ou da insignificância.

Os primeiros estudos de Cox e Arndt (2012) manipularam uma variável independente de lembrete ou controle da morte. Nesse caso, os alunos foram convidados a "descrever brevemente as emoções que o pensamento de sua própria morte desperta em você e anotar, da forma mais específica possível, o que você acha que acontecerá com você quando morrer fisicamente e quando estiver fisicamente morto" *versus* perguntas paralelas sobre um evento inesperado. Estudantes na condição de lembrete de morte exageraram o quão positivamente seus parceiros românticos os viam, em comparação com a condição de controle de eventos inesperados. Além disso, eles descobriram que a percepção de consideração positiva dos alunos por parte de seu parceiro romântico previa sua expressão de mais compromisso com esse parceiro após um lembrete de morte.

Em outro estudo, Cox e Arndt pediram que metade dos participantes respondesse de forma verdadeira ou falsa a uma série de afirmações avaliando seu medo da morte (p. ex., "Tenho muito medo de morrer") e deram à outra metade as mesmas perguntas avaliando uma área que não era de controle da morte (p. ex., "Tenho muito medo de tratamento odontológico"). Após essa manipulação, uma segunda variável independente foi manipulada. Aqui, os participantes foram aleatoriamente designados para visualizar um momento em que seu parceiro romântico tinha uma visão positiva deles ("escrever sobre um momento em que seu parceiro romântico fez você se sentir bem consigo mesmo") ou uma visão negativa ("escrever sobre um momento em que seu parceiro romântico não fez você se sentir bem consigo mesmo"). Finalmente, todos os participantes concluíram uma tarefa baseada em palavras que mede a acessibilidade de pensamentos relacionados à morte (p. ex., GRA_ _ pode ser completado como *grave* — "túmulo", em inglês — ou *grape* — "uva", em inglês). Os resultados desse estudo indicaram que, quando a ideia de morte foi introduzida e os estudantes pensavam em um momento em que seu parceiro tinha uma consideração negativa por eles, eles pontuaram mais alto em pensamentos relacionados à morte, em comparação com aqueles que foram lembrados da morte, mas pensaram na consideração positiva do parceiro por eles. Em outras palavras, a percepção de consideração positiva de um parceiro romântico protege contra a maior acessibilidade aos pensamentos de morte que podem ser gerados ao ser lembrado da mortalidade de alguém.

Finalmente, Cox e Arndt examinaram como o estilo de apego interage com a consciência da mortalidade para influenciar quais relacionamentos (parceiros românticos ou pais) as pessoas recorrem para reforçar seus sentimentos de consideração positiva. Nesse caso, os estilos de apego dos participantes foram avaliados, eles foram submetidos à manipulação de morte *versus* eventos inesperados e foram solicitados a se avaliarem em uma série de traços adjetivos positivos e negativos a partir da perspectiva de como seu parceiro romântico os avalia e seus pais os avaliam sobre as características. Eles descobriram que indivíduos com apego seguro (*versus* indivíduos ansiosos ou evitativos) eram mais propensos a exagerar a positividade com que seus parceiros românticos os veem depois de serem lembrados da morte em comparação com a condição de controle. Para aqueles com o estilo de apego mais ansioso/preocupado, em contraste, os lembretes de morte levaram a uma maior percepção de consideração positiva dos pais. Aqueles com estilo de apego evitativo não mostraram nenhum efeito da consciência da mortalidade na quantidade de consideração percebida dos pais ou de um parceiro romântico.

Em conjunto, esta fascinante série de estudos fornece uma resposta interessante à pergunta de por que o *Mitwelt* de May protege contra a ansiedade e o desespero que podem ser causados pelos sentimentos de inexistência [não-ser]. Nossos relacionamentos com outras pessoas nos proporcionam um sentimento de consideração positiva e, portanto, a sensação de que somos importantes. Irvin Yalom (1980), colega de May, escreveu que lembretes de nossa mortalidade podem nos motivar a buscar coisas que tornam a vida mais significativa. Cox e Arndt (2012) concluem que "ao compreender algumas das maneiras pelas quais as pessoas experimentam o apoio que aumenta a estima de figuras de relacionamento, pode ser possível ajudar as pessoas a enfrentar as principais preocupações existenciais com maior resiliência" (p. 629).

Crescimento no *Eigenwelt*: há alguma vantagem na consciência da mortalidade

Até o momento, as pesquisas sobre TMT, como as citadas há pouco, focaram quase que exclusivamente no que May denominou de "ansiedade neurótica", que é gerada pela consciência da mortalidade, o lado mais obscuro de nossas defesas contra o medo de não-ser. Porém, May (1958), assim como todos os existencialistas, argumentou que um enfrentamento corajoso da inevitabilidade da morte nos possibilita superar uma existência defensiva e conformista até o *Dasein*. As preocupações existenciais podem facilitar o crescimento humano? Pesquisas mais recentes estão confirmando que, de fato, os humanos podem existir criativamente dentro da ameaça da não existência.

Kenneth Vail e colaboradores (2012) realizaram uma revisão da literatura sobre o impacto de pensamentos conscientes e inconscientes de morte e encontraram evidências de resultados positivos orientados para o crescimento em cada um. Além das motivações pela saúde e pela forma física geradas pela consciência proximal da mortalidade discutida anteriormente, outros estudos demonstraram que pensamentos conscientes de morte podem ajudar os seres humanos a reverem as prioridades de seus objetivos de vida. Heidegger (1926/1962) se referiu a esse fenômeno como "experiência de despertar", e hoje com frequência nos referimos a ele como um "teste de realidade". Por exemplo, estudos longitudinais mostraram que contemplações conscientes diárias da mortalidade levavam as pessoas a darem maior valor aos objetivos pessoais intrínsecos, em comparação aos objetivos extrínsecos orientados para o *status* em sua vida (Heflick, Goldenberg, Keroack, & Cooper, 2011; Lykins, Segerstrom, Averill, Evans, & Kemeny, 2007).

Além disso, imaginar nossa própria morte quando estamos saudáveis parece levar a mais ansiedade neurótica e defensiva do que enfrentar nossa morte real se ela for iminente, assim como May preveria. Goranson, Ritter, Waytz, Norton e Gray (2017) compararam as palavras de pacientes terminais e presos no corredor da morte com as previsões de pessoas comuns se *imaginando* enfrentando a morte. Em um estudo, eles descobriram que as postagens de *blogs* de pacientes com câncer em estado terminal tendem a se tornar mais positivas à medida que a morte se aproxima e também tendem a ser menos negativas e mais positivas do que as previsões de não pacientes que imaginam estar em estado terminal. Em um segundo estudo, eles descobriram que as últimas palavras e poesias dos condenados à morte também são mais positivas e menos negativas do que as previsões dos não presos. Curiosamente, essa diferença foi explicada, em parte, pelo maior foco dos presos em suas *Mitwelt*, suas conexões sociais e vida espiritual, em suas últimas palavras e poesia. Como esses autores concluíram, "Tomados em conjunto, esses resultados longitudinais sugerem que a morte nunca piora à medida que se aproxima dela" (Goranson et al., 2017, p. 996). Pelo contrário, torna-se *melhor* e até reconfortante para nossa psique, especialmente se, à medida que se aproxima, pudermos refletir e solidificar nossas conexões com os outros.

Contudo, foram descobertos resultados positivos decorrentes também da percepção não consciente da morte. Por exemplo, Gailliot e colaboradores (2008) realizaram um estudo de campo engenhoso, em que um cúmplice falava em voz alta em um telefone celular, cuja conversa podia ser ouvida pelos pedestres, acerca do valor de se ajudar os outros. Os participantes tinham 40% mais probabilidade de realmente ajudar um segundo cúmplice que deixava cair algo se estivessem passando por um cemitério do que se estivessem a um quarteirão de distância, longe das lápides! Outro estudo, de Schimel, Wohl e Williams (2006), constatou que os valores das pessoas empáticas as preparam para serem gentis como um meio de manejar a consciência da mortalidade. Esses pesquisadores pediram aos torcedores de um time de hóquei local que preenchessem uma escala de empatia e, então, fossem lembrados da morte. Em seguida, eles liam a respeito de um jogador, do time da casa ou do time rival, que cometeu faltas agressivas durante um jogo. A consciência da mortalidade sempre levou ao perdão do jogador da equipe da casa, é claro, mas, entre os torcedores mais empáticos, também levou a um maior perdão ao jogador do time adversário.

Outros estudos ainda demonstraram que nossos encontros mais diretos com a morte dos outros são especialmente propensos a nos conduzir em direção a objetivos de crescimento pró-sociais e pessoais (lembre-se da discussão da pesquisa sobre crescimento pós-traumático e processo de valorização organísmica, no Cap. 10). Vail e colaboradores (2012) acreditam que isso ocorre porque tais encontros misturam processos conscientes e inconscientes de manejo do terror. Os indivíduos que experienciam trauma ou a morte de um ente amado com frequência precisam reconstruir "o sistema de significados da negação da morte" que eles mantinham anteriormente, mudando de uma compreensão egoísta de seu mundo para uma compreensão existencial mais orientada para o crescimento. Dessa forma, existencialistas como Rollo May, seguramente, estavam certos em enfatizar a verdade irônica de que a morte pode ser boa para a vida no âmbito psicológico, se a encararmos com coragem.

Críticas a May

O existencialismo, em geral, e a psicologia de May, em particular, foram criticados como sendo anti-intelectuais e antiteóricos. May reconheceu a alegação de que sua visão não se adequava ao conceito tradicional de teoria, porém defendeu com firmeza sua psicologia contra a acusação de ser anti-intelectual e anticientífica. Ele apontou a esterilidade dos métodos científicos convencionais e a incapacidade deles para revelar o caráter ontológico dos seres humanos que querem, cuidam e agem.

May defendia que uma nova psicologia científica precisa reconhecer características humanas como a singularidade, a liberdade pessoal, o destino, as experiências fenomenológicas e, especialmente, a capacidade de nos relacionarmos com nós mesmos como objetos e sujeitos. Uma nova ciência dos humanos também precisa incluir ética. "As ações dos seres humanos viventes, autoconscientes, nunca são automáticas, mas envolvem alguma avaliação das consequências, alguma potencialidade para o bem ou para o mal" (May, 1967, p. 199).

Até que essa nova ciência adquira maior maturidade, precisamos avaliar a visão de May pelos mesmos critérios usados para cada um dos outros teóricos da personalidade. Primeiro, as ideias de May *geraram pesquisa científica*? May não formulou sua visão em uma estrutura teórica, e uma escassez de hipóteses é sugerida por seus escritos. Algumas pesquisas, como as investigações de Jeff Greenberg e colaboradores sobre o manejo do terror, relacionam-se, em geral, com a psicologia existencial, mas esses estudos não derivam especificamente da teoria de May. Conforme o primeiro critério de uma teoria útil, portanto, a psicologia existencial de May recebe um escore muito baixo.

Segundo, as ideias de May podem ser verificadas ou *refutadas*? Mais uma vez, a psicologia existencial, em geral, e a teoria de May, em particular, precisam ser classificadas como muito baixas com base em tal critério. A teoria é muito vaga para sugerir hipóteses específicas que poderiam confirmar ou refutar seus conceitos principais.

Terceiro, a psicologia orientada pela filosofia de May *ajuda a organizar o que se sabe atualmente acerca da natureza humana*? Nesse critério, May receberia uma classificação média. Comparado com a maioria dos teóricos discutidos neste livro, May seguiu mais de perto o ditado de Gordon Allport: "Não se esqueça do que você decidiu esquecer" (Allport, 1968, p. 23). May não esqueceu que ele excluiu discursos sobre os estágios do desenvolvimento, as forças motivacionais básicas e outros fatores que tendem a segmentar a experiência humana. Os escritos filosóficos de May alcançaram profundamente os longínquos recessos da experiência humana e exploraram aspectos da humanidade não examinados por outros teóricos da personalidade. Sua popularidade deveu-se, em parte, à sua habilidade de tocar os leitores individualmente, de se conectar com sua humanidade. Ainda que suas ideias possam afetar as pessoas de maneiras que outros teóricos não conseguiram, o uso de certos conceitos foi, por vezes, incoerente e confuso. Além do mais, ele decidiu negligenciar vários tópicos importantes na personalidade humana, como, por exemplo, desenvolvimento, cognição, aprendizagem e motivação.

Como um *guia prático para a ação*, a teoria de May é muito fraca. Mesmo com um grande conhecimento da personalidade humana, May reuniu suas visões mais a partir de fontes filosóficas do que científicas. De fato, ele não fazia objeção a ser chamado de filósofo e, muitas vezes, refere-se a si mesmo como filósofo-terapeuta.

De acordo com o critério de *coerência interna*, a psicologia existencial de May, mais uma vez, fica aquém. Ele apresentou uma variedade de definições para conceitos como ansiedade, culpa, intencionalidade, vontade e destino. Infelizmente, nunca apresentou definições operacionais desses termos. Tal terminologia imprecisa contribuiu para a falta de pesquisas sobre as ideias de May.

O critério final de uma teoria útil é a *parcimônia*, e, segundo esse padrão, a psicologia de May recebe uma classificação moderada. Seus escritos, por vezes, eram complicados e estranhos, mas, para seu crédito, ele lidava com questões complexas e não tentou simplificar demais a personalidade humana.

Conceito de humanidade

Assim como Erik Erikson (ver Cap. 7), May apresentou uma nova maneira de olhar para as coisas. Sua visão da humanidade é mais ampla e mais profunda do que as visões da maioria dos outros teóricos da personalidade. Ele via as pessoas como seres complexos, capazes de praticar um bem grandioso ou um mal imenso.

De acordo com May, as pessoas se distanciaram do mundo natural, das outras pessoas e, sobretudo, de si mesmas. Conforme as pessoas se tornam mais alienadas dos outros e de si mesmas, elas renunciam partes de sua consciência. Elas ficam menos conscientes de si mesmas como sujeitos, isto é, conscientes de experimentar o *self*. Quando o *self* subjetivo é obscurecido, as pessoas perdem parte de sua capacidade de fazer escolhas. Essa progressão, no entanto, não é inevitável. May acreditava que as pessoas, dentro dos limites do destino, têm a capacidade de fazer livres escolhas. Cada escolha faz recuar as fronteiras do determinismo e permite novas escolhas. As pessoas, em geral, têm muito mais potencial para a liberdade do que percebem. No entanto, a livre escolha não existe sem ansiedade. Escolha demanda coragem para confrontar o próprio destino, olhar para dentro e reconhecer o mal e o bem.

Escolha também implica ação. Sem ação, a escolha é meramente um desejo, um desejo inútil. A ação vem acompanhada de responsabilidade. Liberdade e responsabilidade são sempre comensuráveis. Uma pessoa não pode ter mais liberdade do que responsabilidade, nem pode ser sobrecarregada com mais responsabilidade do que liberdade. Os indivíduos sadios recebem bem tanto a liberdade quanto a responsabilidade, mas eles percebem que a escolha costuma ser dolorosa, produz ansiedade e é difícil.

Segundo May, muitas pessoas renunciaram à capacidade de escolher, mas a própria rendição, ele insistia, era uma escolha. Por fim, cada um de nós é responsável pelas escolhas que fazemos, e essas escolhas definem cada um de nós como seres humanos únicos. May, portanto, deve ser classificado como alto na dimensão do *livre-arbítrio*.

A teoria de May é *otimista* ou *pessimista*? Ainda que, por vezes, tenha pintado um quadro sombrio da humanidade, May não era pessimista. Ele via a era atual como meramente um platô na busca da humanidade por novos símbolos e novos mitos que irão gerar a espécie com espírito renovado.

Apesar de May ter reconhecido o impacto potencial das experiências da infância na personalidade adulta, ele favoreceu claramente a *teleologia* em detrimento da causalidade. Cada um de nós tem um objetivo particular ou destino que precisa descobrir e desafiar, ou, então, corremos o risco de alienação e neurose.

May assumia uma postura moderada na questão das forças *conscientes* versus *inconscientes*. Por natureza, as pessoas têm uma enorme capacidade de autoconsciência, mas, com frequência, essa capacidade permanece não cultivada. As pessoas, às vezes, não possuem a coragem para enfrentar seu destino ou reconhecer o mal que existe dentro de sua cultura, assim como dentro de si mesmas. Consciência e escolhas estão inter-relacionadas. Conforme as pessoas fazem mais escolhas, elas adquirem mais conhecimento de quem são; ou seja, elas desenvolvem um maior sentimento de ser. Esse sentimento aguçado de ser, por sua vez, facilita a capacidade de fazer mais escolhas. Uma consciência do *self* e uma capacidade para livre-arbítrio são distintivas de saúde psicológica.

May também assumiu uma posição intermediária quanto às influências *sociais* versus *biológicas*. A sociedade contribui para a personalidade principalmente por meio das relações interpessoais. Nossas relações com outras pessoas podem ter um efeito libertador ou escravizador. Os relacionamentos doentios, como os que Philip experimentou com sua mãe e irmã, podem abafar o crescimento pessoal e nos deixar incapazes de participar de um encontro sadio com outra pessoa. Sem a capacidade de nos relacionarmos com as pessoas como pessoas, a vida se torna sem sentido e desenvolvemos um sentimento de alienação não somente dos outros, mas também de nós mesmos. A biologia ainda contribui para a personalidade. Fatores biológicos, como gênero, tamanho físico, predisposição a doenças e, por fim, a morte em si, moldam o destino. Todos precisam viver dentro das fronteiras do destino, mas essas fronteiras podem ser expandidas.

Na dimensão da *singularidade* versus *semelhanças*, a visão de May da humanidade definitivamente tende para a singularidade. Cada um de nós é responsável por moldar a própria personalidade dentro dos limites impostos pelo destino. Não existem dois de nós que façam a mesma sequência de escolhas, e não há dois de nós que desenvolvam formas idênticas de olhar para as coisas. A ênfase de May na fenomenologia implica percepções individuais e, portanto, personalidades únicas.

258 Feist, Roberts & Feist

Termos-chave e conceitos

- Um princípio básico do existencialismo é que a *existência precede a essência*, ou seja, que o que as pessoas fazem é mais importante do que o que elas são.
- Um segundo pressuposto é que as *pessoas são subjetivas e objetivas*, elas são seres pensantes e atuantes.
- *As pessoas são motivadas a buscar respostas* para questões importantes referentes ao significado da vida.
- As pessoas têm um grau semelhante de *liberdade e responsabilidade*.
- A unidade entre as pessoas e seu mundo fenomenológico é expressa pelo termo *Dasein*, ou *ser-no-mundo*.
- Os três modos de ser-no-mundo são: *Umwelt*, a relação do indivíduo com o mundo das coisas; *Mitwelt*, a relação do indivíduo com o mundo das pessoas; e *Eigenwelt*, a relação do indivíduo consigo mesmo.
- *Não-ser*, ou o *nada*, é uma consciência da possibilidade de não existir, seja por meio da morte ou da perda da consciência.
- As pessoas experimentam *ansiedade* quando estão conscientes da possibilidade de seu não-ser, bem como quando estão conscientes de que são livres para escolher.
- A *ansiedade normal* é expressa por todos e proporcional à ameaça.
- A *ansiedade neurótica* é desproporcional à ameaça, envolve repressão e é manejada de maneira autodestrutiva.
- As pessoas experimentam *culpa* em consequência de sua (1) separação do mundo natural, (2) incapacidade de julgar as necessidades dos outros e (3) negação dos próprios potenciais.
- *Intencionalidade* é a estrutura subjacente que dá significado à experiência e possibilita que as pessoas tomem decisões sobre o futuro.
- *Amor* significa ter prazer na presença da outra pessoa e afirmar o valor daquela pessoa tanto quanto seu próprio valor.
- *Sexo*, uma forma básica de amor, é uma função biológica que procura satisfação pela liberação da tensão sexual.
- *Eros*, uma forma mais elevada de amor, procura uma união duradoura com uma pessoa amada.
- *Filia* é a forma de amor que procura uma amizade não sexual com outra pessoa.
- *Ágape*, a forma mais elevada de amor, é altruísta e não espera nada da outra pessoa.
- A *liberdade* é obtida pela confrontação com o próprio destino e pela compreensão de que a morte ou o não-ser é uma possibilidade a qualquer momento.
- *Liberdade existencial* é a liberdade de ação, de se movimentar e de perseguir objetivos tangíveis.
- *Liberdade essencial* é a liberdade de ser, de pensar, de planejar e de ter esperança.
- Os *mitos culturais* são sistemas de crenças, conscientes ou inconscientes, que fornecem explicações para problemas pessoais e sociais.

Referências

Allport, G. W. (1968). *The person in psychology.* Boston: Beacon Press.

Bilmes, M. (1978). Rollo May. In R. S. Valle & M. King (Eds.), *Existential-phenomenological alternatives for psychology* (pp. 290-294). New York: Oxford University Press.

Cox, C. R., & Arndt, J. (2012). How sweet it is to be loved by you: The role of perceived regard in the terror management of close relationships. *Journal of Personality and Social Psychology, 102,* 616-632.

Cox, C. R., Arndt, J., Pyszczynski, T., Greenberg, J., Abdollahi, A., & Solomon, S. (2008). Terror management and adults' attachment to their parents: The safe haven remains. *Journal of Personality and Social Psychology, 94,* 696-717.

Florian, V., Mikulincer, M., & Hirschberger, G. (2002). The anxiety-buffering function of close relationships: Evidence that relationship commitment acts as a terror management mechanism. *Journal of Personality and Social Psychology, 82,* 527-542.

Fredrickson, B., & Roberts, T. (1997). Objectification theory: Towards understanding women's lived experiences and mental health risks. *Psychology of Women Quarterly, 21,* 173-206.

Gailliot, M. T., Stillman, T. F., Schmeichel, B. J., Maner, J. K., & Plant, E. A. (2008). Mortality salience increases adherence to salient norms and values. *Personality and Social Psychology Bulletin, 34,* 993-1003.

Goldenberg, J. L., & Roberts, T.-A. (2004). The beast within the beauty: An existential perspective on the objectification and condemnation of women. In J. Greenberg,

S. L. Koole, & T. Pyszczynski (Eds.), *Handbook of experimental existential psychology* (pp. 71-85). New York, NY: Guilford Press.

Goldenberg, J. L., & Roberts, T.-A. (2010). The birthmark: An existential account of why women are objectified. In R. Calogero, S. Tantleff-Dunn, & J. K. Thompson (Eds.), *The objectification of women: Innovative directions in research and practice* (pp. 77-100). Washington, DC: American Psychological Association.

Goldenberg, J. L., Hart, J., Pyszczynski, T., Warnica, G. M., Landau, M., & Thomas, L. (2006). Ambivalence toward the body: Death, neuroticism, and the flight from physical sensation. *Personality and Social Psychology Bulletin, 32,* 1264-1277.

Goldenberg, J. L., McCoy, S. K., Pyszczynski, T., Greenberg, J., & Solomon, S. (2000). The body as a source of self-esteem: The effect of mortality salience on identification with one's body, interest in sex, and appearance monitoring. *Journal of Personality and Social Psychology, 79,* 118-130.

Goldenberg, J. L., Pyszczynski, T., Greenberg, J., Solomon, S., Kluck, B., & Cornwell, R. (2001). I am not an animal: Mortality salience, disgust, and the denial of human creatureliness. *Journal of Experimental Psychology: General, 130,* 427-435.

Goldenberg, J. L., Roberts, T.-A., Morris, K. L., & Cooper, D. P. (2013). Monstrously mortal: Women's bodies, existential threat, and women's health risks. In M. Ryan & N. Branscombe (Eds.), *The SAGE handbook of gender and psychology* (pp. 397-412).

Goranson, A., Ritter, R. S., Waytz, A., Norton, M. I., & Gray, K. (2017). Dying is unexpectedly positive. *Psychological Science, 28,* 988-999.

Hall, M. H. (1967, September). An interview with "Mr. Humanist": Rollo May. *Psychology Today, 1,* 25-29, 72-73.

Harris, T. G. (1969, August). The devil and Rollo May. *Psychology Today, 3,* 13-16.

Heflick, N. A., Goldenberg, J. L., Keroack, L. J., & Cooper, D. P. (2011). Grim reaping psychological well-being: Repeated death contemplation, intrinsic motivation, and depression. Unpublished manuscript, University of South Florida.

Heidegger, M. (1962). *Being and time.* New York, NY: Harper & Row. (Original work published 1926)

Lykins, E. L. B., Segerstrom, S. C., Averill, A. J., Evans, D. R., & Kemeny, M. E. (2007). Goal shifts following reminders of mortality: Reconciling posttraumatic growth and terror management theory. *Personality and Social Psychology Bulletin, 33,* 1088-1099.

May, R. (1950). *The meaning of anxiety.* New York: Ronald Press.

May, R. (1953). *Man's search for himself.* New York: Norton.

May, R. (1958). Contributions of existential psychotherapy. In R. May, E. Angel, & H. F. Ellenberger (Eds.), *Existence: A new dimension in psychiatry and psychology* (pp. 37-91). New York: Basic Books.

May, R. (1962). Dangers in the relation of existentialism to psychotherapy. In H. M. Ruitenbeek (Ed.), *Psychoanalysis and existential philosophy.* New York: Dutton.

May, R. (1967). *Psychology and the human dilemma.* Princeton, NJ: Van Nostrand.

May, R. (1969a). The emergence of existential psychology. In R. May (Ed.), *Existential psychology* (2nd ed., pp. 1-48). New York: Random House.

May, R. (1969b). *Love and will.* New York: Norton.

May, R. (1972). *Power and innocence: A search for the sources of violence.* New York: Norton.

May, R. (1981). *Freedom and destiny.* New York: Norton.

May, R. (1982). The problem of evil: An open letter to Carl Rogers. *Journal of Humanistic Psychology, 22*(3), 10-21.

May, R. (1990a). The meaning of the Oedipus myth. *Review of Existential Psychology and Psychiatry: 1986-87. [Special Issue], 20,* 169-177.

May, R. (1990b). On the phenomenological bases of therapy. In K. Hoeller (Ed.), *Readings in existential psychology & psychiatry* (pp. 49-61). Seattle, WA: Review of Existential Psychology & Psychiatry.

May, R. (1991). *The cry for myth.* New York: Norton.

May, R., & Yalom, I. (1989). Existential psychotherapy. In R. J. Corsini & D. Wedding (Eds.), *Current psychotherapies* (pp. 354-391). Itasca, IL: Peacock.

Mikulincer, M., Florian, V., & Hirschberger, G. (2003). The existential function of close relationships: Introducing death into the science of love. *Personality and Social Psychology Review, 7,* 20-40.

Morris, K. L., Goldenberg, J. L., & Heflick, N. (2014). Trio of terror (pregnancy, menstruation, and breastfeeding): An existential function of literal self-objectification among women. *Journal of Personality and Social Psychology, 107,* 181-198.

Rabinowitz, F. E., Good, G., & Cozad, L. (1989). Rollo May: A man of meaning and myth. *Journal of Counseling and Development, 67,* 436-441.

Roberts, T.-A., Goldenberg, J. L., Power, C., & Pyszczynski, T. (2002). "Feminine protection": The effects of menstruation on attitudes toward women. *Psychology of Women Quarterly, 26,* 131-139.

Rogers, C. R. (1959). A theory of therapy, personality, and interpersonal relationships, as developed in the client-centered framework. In S. Koch (Ed.), *Psychology: A study of a science* (Vol. 3). New York: McGraw-Hill.

Sartre, J. P. (1957). *Existentialism and human emotions.* New York: Wisdom Library.

Schimel, J., Wohl, M., & Williams, T. (2006). Terror management and trait empathy: Evidence that mortality salience promotes reactions of forgiveness among people with high trait empathy. *Motivation and Emotion, 30,* 214-224.

Solomon, S., Greenberg, J., & Pyszczynski, T. (1991). A terror-management theory of social behavior: The psychological functions of self-esteem and cultural worldviews. In M. P. Zanna (Ed.), *Advances in experimental social psychology* (pp. 91-159). San Diego, CA: Academic Press.

Taubman-Ben-Ari, O., Findler, L., & Mikulincer, M. (2002). The effects of mortality salience on relationship strivings and beliefs: The moderating role of attachment style. *British Journal of Social Psychology, 41,* 419-441.

Vail, K. E., Juhl, J., Arndt, J., Vess, M., Routledge, C., & Rutjens, B. T. (2012). When death is good for life: Considering the positive trajectories of terror management. *Personality and Social Psychology Review, 16,* 303-329.

Yalom, I. D. (1980). *Existential psychotherapy.* New York, NY: Basic Books.

PARTE QUATRO

Teorias Disposicionais

Capítulo 12 *Allport*
Psicologia do Indivíduo   262

Capítulo 13 *McCrae e Costa*
Teoria dos Cinco Traços e Fatores de McCrae e Costa   283

CAPÍTULO 12

Allport: Psicologia do Indivíduo

- ◆ **Panorama da psicologia do indivíduo de Allport**
- ◆ **Biografia de Gordon Allport**
- ◆ **Abordagem de Allport da teoria da personalidade**
  O que é personalidade?
  Qual é o papel da motivação consciente?
  Quais são as características da pessoa sadia?
- ◆ **Estrutura da personalidade**
  Disposições pessoais
  Proprium
- ◆ **Motivação**
  Uma teoria da motivação
  Autonomia funcional
- ◆ **O estudo do indivíduo**
  Ciência morfogênica
  Os diários de Marion Taylor
  As cartas de Jenny
- ◆ **Pesquisa relacionada**
  Entendendo e reduzindo o preconceito
  Orientação religiosa intrínseca e extrínseca

Bettmann/Contributor/Getty Images

- ◆ **Críticas a Allport**
- ◆ **Conceito de humanidade**
- ◆ **Termos-chave e conceitos**
- ◆ **Referências**

No outono de 1920, um estudante norte-americano de filosofia e economia de 22 anos estava visitando um irmão mais velho em Viena. Durante sua visita, o jovem escreveu um bilhete para Sigmund Freud, solicitando um encontro. Freud, então o mais famoso psiquiatra do mundo, concordou em ver o jovem e sugeriu uma determinada hora para o encontro.

O jovem norte-americano chegou ao nº 19 da rua Berggasse muito tempo antes para sua consulta com o doutor Freud. Na hora marcada, Freud abriu a porta de seu consultório e, silenciosamente, conduziu o homem para dentro. O visitante norte-americano de repente se deu conta de que não tinha nada a dizer. Buscando em sua mente algum incidente que pudesse interessar a Freud, ele se lembrou de ter visto um menino no bonde naquele dia quando ia para a casa de Freud. O menino, de cerca de 4 anos, exibia uma fobia óbvia por sujeira, queixando-se constantemente para sua bem engomada mãe acerca das condições de sujeira no bonde. Freud ouviu em silêncio a história e, então – com uma típica técnica freudiana –, perguntou ao jovem visitante se ele estava, na realidade, falando de si mesmo. Sentindo-se culpado, o jovem conseguiu mudar de assunto e escapar sem mais constrangimento.

O visitante norte-americano no consultório de Freud era Gordon Allport, e esse encontro foi o que despertou seu interesse pela teoria da personalidade. De volta aos Estados Unidos, Allport começou a ponderar se poderia haver espaço para uma terceira abordagem da personalidade, uma que se valesse da psicanálise tradicional e das teorias de aprendizagem conduzidas com animais, mas que também adotasse uma postura mais humanista. Allport rapidamente concluiu o trabalho para um doutorado em psicologia e embarcou em uma longa e distinguida carreira como defensor convicto do estudo do indivíduo.

Panorama da psicologia do indivíduo de Allport

Mais do que qualquer outro teórico da personalidade, Gordon Allport enfatizou a *singularidade do indivíduo*. Ele acreditava que as tentativas de descrever as pessoas em termos de traços gerais roubam delas sua individualidade única. Por essa razão, Allport fazia objeção às teorias dos traços e dos fatores que tendem a reduzir os comportamentos individuais a traços comuns. Ele insistia, por exemplo, em que a obstinação de uma pessoa é diferente da obstinação de outra e que a maneira como a obstinação de um indivíduo interage com sua extroversão e criatividade não é replicada em nenhum outro indivíduo.

Coerente com sua ênfase na singularidade de cada pessoa estava sua disposição para estudar em profundidade um único indivíduo. Allport denominou o estudo do indivíduo de **ciência morfogênica** e o comparou com os métodos de **nomotética** usados pela maioria dos outros psicólogos.

Métodos morfogênicos são aqueles que reúnem dados sobre um *único indivíduo*, enquanto os métodos nomotéticos reúnem dados sobre grupos de pessoas. Allport também defendia uma abordagem **eclética** na construção da teoria. Ele aceitou algumas das contribuições de Freud, Maslow, Rogers, Eysenck, Skinner e outros; porém, acreditava que nenhum desses teóricos era capaz de explicar de forma adequada o crescimento total e único da personalidade. Para Allport, uma teoria ampla e abrangente é preferível a uma teoria limitada e específica, mesmo que ela não gere tantas hipóteses verificáveis.

Allport argumentou contra o particularismo ou as teorias que enfatizam um único aspecto da personalidade. Em um importante alerta, advertiu outros teóricos: "não se esqueçam do que vocês decidiram negligenciar" (Allport, 1968, p. 23).

Em outras palavras, nenhuma teoria é completamente abrangente, e os psicólogos devem sempre perceber que muito da natureza humana não está incluído em uma única teoria. Para Allport, uma teoria ampla e abrangente é preferível a uma teoria limitada e específica, mesmo que ela não gere tantas hipóteses verificáveis.

Biografia de Gordon Allport

Gordon Willard Allport nasceu em 11 de novembro de 1897, em Montezuma, Indiana, o quarto e mais moço filho de John E. Allport e Nellie Wise Allport. O pai de Allport se envolveu em muitos empreendimentos comerciais antes de se tornar médico, mais ou menos na época do nascimento de Gordon. Não tendo um local adequado para o consultório e o atendimento clínico, o doutor Allport transformou sua casa em um hospital em miniatura. Havia pacientes e enfermeiras em casa, e prevalecia uma atmosfera limpa e asséptica.

A limpeza da ação foi ampliada para a higiene do pensamento. Em sua autobiografia, Allport (1967) escreveu que o início de sua vida "foi marcado pela comum devoção protestante" (p. 4). Floyd Allport, seu irmão sete anos mais velho, que também se tornou um psicólogo famoso, descreveu sua mãe como uma mulher muito devota, que dava muita ênfase à religião (F. Allport, 1974). Como ex-professora de escola, ela ensinou ao jovem Gordon as virtudes da linguagem limpa e da conduta adequada, bem como a importância de buscar as respostas definitivas na religião.

Na época em que Gordon tinha 6 anos, a família se mudou por três vezes e finalmente se estabeleceu em Cleveland, Ohio. O jovem Allport desenvolveu um interesse precoce por questões religiosas e filosóficas e tinha mais facilidade com as palavras do que com os jogos. Na verdade, Allport até mesmo sofreu *bullying* quando menino por ser um "dicionário humano" (Schustack & Friedman, 2008, p. 201). Ele se descreveu como um "isolado" social que moldou o próprio círculo de atividades. Mesmo tendo se formado em segundo lugar em uma turma de cem alunos do ensino médio, ele não se considerava um estudante inspirado (Allport, 1967).

No outono de 1915, Allport ingressou em Harvard, seguindo as pegadas do irmão Floyd, que havia se formado dois anos antes e que, na época, era assistente graduado em psicologia. Em sua autobiografia, Gordon Allport (1967) escreveu: "Quase do dia para a noite meu mundo foi refeito. Meus valores morais básicos, de fato, foram moldados em casa. Novo era o horizonte de intelecto e cultura que agora eu era convidado a explorar" (p. 5). Seu ingresso em Harvard também marcou o início de uma associação de 50 anos com aquela universidade, a qual foi brevemente interrompida apenas duas vezes. Quando recebeu seu grau de bacharelado, em 1919, com especialização em filosofia e economia, ele ainda estava incerto quanto a uma carreira futura. Ele havia feito cursos de psicologia e ética social, e ambas as disciplinas deixaram uma impressão marcante nele. Quando teve a oportunidade de dar aulas na Turquia, considerou isso como uma chance de descobrir se gostaria de ensinar. Ele passou o ano acadêmico de 1919-1920 na Europa ensinando inglês e sociologia no Robert College, em Istambul.

Enquanto estava na Turquia, foi oferecida a Allport uma bolsa para estudos de pós-graduação em Harvard. Ele também recebeu um convite do irmão Fayette para ficar com ele em Viena, onde Fayette estava trabalhando para a comissão de comércio dos Estados Unidos. Em Viena, Allport teve o encontro com Sigmund Freud, que descrevemos brevemente na introdução deste capítulo. Esse encontro com Freud influenciou de forma significativa as ideias posteriores de Allport sobre personalidade. Com certa audácia, o jovem de 22 anos escreveu para Freud anunciando que estava em Viena e ofereceu ao pai da psicanálise uma oportunidade de se encontrar com ele. O encontro se revelou como um evento fortuito que alterou a vida de Allport. Não sabendo o que falar, o jovem visitante contou a Freud ter visto um menino no bonde anteriormente naquele dia. A criança se queixava para a mãe sobre as condições de sujeira do bonde e anunciava que não queria se sentar perto dos passageiros a quem ele julgava como sujos. Allport argumentou que escolheu esse incidente particular para obter a reação de Freud a uma fobia à sujeira em uma criança tão pequena, mas ficou estarrecido quando Freud "fixou seus bondosos olhos terapêuticos em mim e disse: 'E aquele menino era *você*?'" (Allport, 1967, p. 8). Allport disse que se sentiu culpado e logo mudou de assunto.

Allport contou esta história muitas vezes, raramente alterando alguma palavra, e nunca revelou o resto de seu encontro solitário com Freud. No entanto, Alan Elms descobriu o registro por escrito de Allport do que aconteceu a seguir. Depois de perceber que Freud estava esperando uma consulta profissional, Allport, então, falou sobre sua aversão a passas cozidas:

Eu disse a ele que achava que isso se devia ao fato de que, aos 3 anos de idade, uma babá me disse que eram "insetos". Freud perguntou: "Quando você se lembrou desse episódio, sua aversão desapareceu?". Eu disse: "Não". Ele respondeu: "Então, você não chegou ao fundo da questão". (Elms, 1994, p. 77)

Quando Allport voltou aos Estados Unidos, imediatamente se matriculou no programa de doutorado de Harvard. Depois de concluído, passou os dois anos seguintes na Europa, estudando com os grandes psicólogos alemães Max Wertheimer, Wolfgang Kohler, William Stern, Heinz Werner e outros, em Berlim e Hamburgo.

Em 1924, voltou para Harvard para ensinar, entre outras disciplinas, um novo curso de psicologia da personalidade. Em sua autobiografia, Allport (1967) sugeriu que esse curso foi o primeiro de personalidade oferecido em uma faculdade norte-americana. O curso combinava ética social e a busca da bondade e da moralidade com a disciplina científica de psicologia. Ele também refletia as fortes disposições pessoais de Allport à limpeza e à moralidade.

Dois anos depois de iniciar sua carreira de ensino em Harvard, Allport assumiu um cargo em Dartmouth College. Quatro anos depois, voltou para Harvard e lá permaneceu pelo resto de sua carreira profissional.

Em 1925, Allport se casou com Ada Lufkin Gould, a quem havia conhecido quando ambos eram estudantes de pós-graduação. Ada Allport, que fez mestrado em psicologia clínica em Harvard, teve o treinamento clínico que seu marido não possuía. Ela foi uma valiosa colaboradora para o trabalho de Gordon, especialmente em dois extensos estudos de caso: o de Jenny Gove Masterson (discutido na seção O estudo do indivíduo) e o de Marion Taylor, o qual nunca foi publicado (Barenbaum, 1997).

Os Allport tiveram um filho, Robert, que se tornou pediatra e, assim, colocou Allport entre duas gerações de médicos, um fato que parecia tê-lo agradado em grande medida (Allport, 1967). Os prêmios e honrarias foram muitos. Em 1939, ele foi eleito presidente da American Psychological Association (APA). Em 1963, recebeu a Medalha de Ouro da APA; em 1964, foi agraciado com o Distinguished Scientific Contribution Award da APA; e, em 1966, foi homenageado como o primeiro professor Richard Clarke Cabot de Ética Social em Harvard. Em 9 de outubro de 1967, Allport, um fumante crônico, morreu de câncer no pulmão.

Abordagem de Allport da teoria da personalidade

As respostas a três perguntas inter-relacionadas revelam a abordagem de Allport da teoria da personalidade: O que é personalidade? Qual é o papel da *motivação consciente* na teoria da personalidade? Quais são as características da pessoa psicologicamente sadia?

O que é personalidade?

Poucos psicólogos foram tão meticulosos e exaustivos quanto Allport na definição de termos. Sua busca por uma definição da personalidade é clássica. Ele rastreou a etimologia da palavra *persona* até as raízes gregas, incluindo o significado em latim antigo e etrusco. Como vimos no Capítulo 1, a palavra "personalidade" provavelmente tem origem em *persona*, que se refere à máscara proveniente do teatro grego antigo, usada pelos atores romanos durante o primeiro e o segundo séculos antes de Cristo. Após rastrear a história do termo, Allport especificou 49 definições de personalidade usadas em teologia, filosofia, direito, sociologia e psicologia. Ele, então, apresentou uma quinquagésima definição, que, em 1937, era *"a organização dinâmica dentro do indivíduo daqueles sistemas psicofísicos que determinam seus ajustes únicos a seu ambiente"* (Allport, 1937, p. 48). Em 1961, ele mudou a última sentença para *"que determinam seu comportamento e pensamento característicos"* (Allport, 1961, p. 28). A mudança foi significativa e refletia a propensão de Allport à exatidão. Em 1961, ele percebeu que a sentença "ajustes a seu ambiente" poderia implicar no entendimento de que as pessoas simplesmente se adaptam a seu ambiente. Em sua última definição, Allport transmitia a ideia de que o comportamento, além de adaptativo, também é *expressivo*. As pessoas não só se ajustam ao próprio ambiente como também interagem e se refletem nele, de modo a fazer com que o ambiente se molde a elas.

Allport escolheu cuidadosamente cada sentença de sua definição, para que cada palavra transmitisse com precisão o que ele queria dizer. A expressão *organização dinâmica* implica uma integração ou inter-relação de vários aspectos da personalidade. A personalidade é organizada e padronizada. No entanto, a organização está sempre sujeita à mudança: daí o qualificador "dinâmica". A personalidade não é uma organização estática; ela está constantemente crescendo ou mudando. O termo *psicofísico* enfatiza a importância dos aspectos psicológicos e físicos da personalidade.

Outra palavra na definição que implica ação é *determinam*, sugerindo que "a personalidade é alguma coisa e faz alguma coisa" (Allport, 1961, p. 29). Em outras palavras, a personalidade não é meramente a máscara que usamos, nem é apenas o comportamento. Ela se refere ao indivíduo por trás da fachada, à pessoa por trás da ação.

Por *características*, Allport sugeria "individual" ou "único". A palavra "caráter" originalmente significava uma marca ou gravação, termos que identificam o que Allport queria dizer com "característicos". Todas as pessoas registram sua marca única ou gravação em sua personalidade, e seu comportamento e pensamento característicos as distinguem de todas as demais pessoas. As características são marcadas com uma gravação única, uma estampa ou registro, que ninguém mais consegue duplicar. As palavras *comportamento* e *pensamento* simplesmente se referem a algo que a pessoa faz. Trata-se de termos globais que pretendem incluir comportamentos internos (pensamentos) e externos, como palavras e ações.

A abrangente definição da personalidade de Allport sugere que os seres humanos são as duas coisas: produto e processo; as pessoas têm uma estrutura organizada; ao mesmo tempo, elas possuem a capacidade de mudar. Padrão coexiste com crescimento; ordem, com diversificação.

Em resumo, a personalidade é tanto física quanto psicológica; ela inclui comportamentos explícitos e pensamentos encobertos; ela não somente *é* alguma coisa, mas *faz* alguma coisa. A personalidade é substância e mudança, produto e processo, estrutura e crescimento.

Qual é o papel da motivação consciente?

Mais do que qualquer outro teórico, Allport enfatizou a importância da motivação consciente. Os adultos sadios são, em geral, conscientes do que estão fazendo e de suas razões para fazê-lo. Sua ênfase na motivação consciente remonta a seu encontro em Viena com Freud e sua reação emocional à pergunta do médico vienense: "E aquele menino era *você*?". A resposta de Freud indicava que seu visitante de 22 anos estava falando inconscientemente da própria mania de limpeza ao revelar a história do menino limpo no bonde. Allport (1967) insistia que sua motivação era bem consciente – ele simplesmente queria conhecer as ideias de Freud acerca da fobia por sujeira em uma criança tão pequena.

Ainda que Freud presumisse um significado inconsciente subjacente para a história do menino no bonde, Allport estava inclinado a aceitar os autorrelatos de modo mais literal. "Essa experiência ensinou-me que a psicologia profunda, por todos os seus méritos, pode mergulhar muito fundo e que os psicólogos fariam muito bem em dar total reconhecimento aos motivos manifestos antes de sondarem o inconsciente" (Allport, 1967, p. 8).

Entretanto, Allport (1961) não ignorou a existência ou mesmo a importância dos processos inconscientes. Ele reconheceu o fato de que alguma motivação é incitada por impulsos ocultos e impulsos sublimados. Ele acreditava, por exemplo, que a maioria dos comportamentos compulsivos são repetições automáticas, em geral, autodestrutivas e motivadas por tendências inconscientes. Eles, com frequência, originam-se na infância e mantêm um aspecto infantil na vida adulta.

Quais são as características da pessoa sadia?

Muito antes de Abraham Maslow (ver Cap. 9) ter tornado popular o conceito de autoatualização, Gordon Allport (1937) formulou hipóteses profundas acerca dos atributos da personalidade madura. O interesse de Allport na pessoa psicologicamente sadia remonta a 1922, ano em que ele concluiu seu doutorado. Não tendo habilidade particular em matemática, biologia, medicina ou manipulações laboratoriais, Allport (1967) foi forçado a "encontrar [seu] próprio caminho no terreno humanista da psicologia" (p. 8). Esse terreno o conduziu a um estudo da personalidade psicologicamente madura.

Alguns pressupostos gerais são necessários para compreender a concepção de Allport da personalidade madura. Primeiro, as pessoas psicologicamente maduras são caracterizadas pelo comportamento **proativo**; ou seja, elas não reagem apenas aos estímulos externos, mas também são capazes de agir conscientemente sobre seu ambiente de forma nova e inovadora, fazendo o ambiente reagir a elas. O comportamento proativo não é apenas direcionado para reduzir tensões, mas também para criar novas.

Além disso, as personalidades maduras têm maior probabilidade, do que as perturbadas, de serem motivadas por processos conscientes, o que lhes permite maior flexibilidade e autonomia em comparação às pessoas que não são sadias, que permanecem dominadas por motivos inconscientes que se originam das experiências da infância.

As pessoas sadias, em geral, experimentaram uma infância relativamente livre de traumas, muito embora seus anos posteriores possam ser temperados por conflito e sofrimento. Os indivíduos psicologicamente sadios não deixam de ter suas deficiências e idiossincrasias que os tornam únicos. Além disso, idade não é um requisito para maturidade, apesar de as pessoas sadias parecerem mais maduras conforme ficam mais velhas.

Quais, então, são os requisitos específicos para a saúde psicológica? Allport (1961) identificou seis critérios para a personalidade madura.

O primeiro é uma *extensão do senso de self*. As pessoas maduras procuram continuamente se identificar com eventos externos e deles participar. Elas não são autocentradas, sendo capazes de se envolver em problemas e atividades que não estão focadas nelas. Elas desenvolvem um interesse altruísta pelo trabalho, pelo esporte e pela recreação. Interesse social (*Gemeinschaftsgefühl*), família e vida espiritual são importantes para elas. Por fim, essas atividades externas se tornam parte do próprio ser. Allport (1961) resumiu esse primeiro critério afirmando: "Todos possuem amor por si mesmos, mas somente a ampliação do *self* é a marca da maturidade." (p. 285).

Segundo, as personalidades maduras são caracterizadas por uma *"relação cordial do self com os outros"* (Allport, 1961, p. 285). Elas possuem a capacidade de amar os outros de maneira íntima e compassiva. A relação cordial, é claro, depende da capacidade de ampliar o senso de *self*. Somente olhando além de si mesmas é que as pessoas maduras podem amar os outros de modo não possessivo e desinteressado. Os indivíduos psicologicamente sadios tratam as outras pessoas com respeito e percebem que as necessidades, os desejos e as esperanças dos outros não são completamente estranhos aos deles. Além disso,

expressam uma atitude sexual sadia e não exploram os outros para gratificação pessoal.

Um terceiro critério é a *segurança emocional* ou *autoaceitação*. Os indivíduos maduros se aceitam pelo que são e possuem o que Allport (1961) chamou de equilíbrio emocional. Essas pessoas psicologicamente sadias não ficam perturbadas em demasia quando as coisas não ocorrem conforme planejado ou quando elas estão apenas "tendo um dia ruim". Elas não se apegam a irritações menores e reconhecem que as frustrações e inconveniências fazem parte da vida.

Quarto, as pessoas psicologicamente sadias também possuem uma *percepção realista* do ambiente. Elas não vivem em um mundo de fantasia ou torcem a realidade para que se encaixe em seus próprios desejos. Elas são orientadas para o problema, em vez de autocentradas, e estão em contato com o mundo como é visto pela maioria das pessoas.

Um quinto critério é *insight e humor*. As pessoas maduras se conhecem e, portanto, não têm necessidade de atribuir os próprios erros e fraquezas aos outros. Elas também têm um senso de humor não hostil, o qual lhes dá a capacidade de rirem de si mesmas, em vez de se basearem em temas sexuais ou agressivos para produzir riso nos outros. Allport (1961) acreditava que *insight* e humor estão intimamente relacionados e podem ser aspectos da mesma coisa, ou seja, a objetificação do *self*. Os indivíduos sadios veem-se objetivamente. Eles são capazes de perceber as incongruências e os absurdos na vida e não têm a necessidade de fingir ou de se vangloriar.

O critério final de maturidade é uma *filosofia de vida unificadora*. As pessoas sadias possuem uma visão clara do propósito da vida. Sem essa visão, seu *insight* seria vazio e infrutífero e seu humor seria trivial e cínico. A filosofia de vida unificadora pode ou não ser religiosa, mas Allport (1954, 1963), em nível pessoal, parece ter achado que uma orientação religiosa madura é um ingrediente essencial na vida da maioria dos indivíduos maduros. Ainda que muitas pessoas frequentadoras da igreja tenham filosofia religiosa imatura e preconceitos raciais e étnicos limitados, aquelas muito religiosas são relativamente livres desses preconceitos. A pessoa com uma atitude religiosa madura e uma filosofia de vida unificadora tem uma consciência bem desenvolvida e, muito provavelmente, um forte desejo de servir aos outros.

Estrutura da personalidade

A estrutura da personalidade refere-se a suas unidades básicas ou componentes fundamentais. Para Freud, as unidades básicas eram os instintos; para Eysenck (ver Cap. 14), eram fatores biologicamente determinados. Para Allport, as estruturas mais importantes são aquelas que permitem a descrição da pessoa em termos de características individuais, e ele denominou essas características individuais de *disposições pessoais*.

Disposições pessoais

Durante a maior parte de sua carreira, Allport foi cuidadoso em distinguir *traços comuns* e traços individuais. **Traços comuns** são as características gerais que muitas pessoas têm em comum. Eles podem ser inferidos de estudos analíticos sobre fatores, como aqueles conduzidos por Eysenck e os autores da Teoria dos Cinco Fatores (ver Cap. 13), ou podem ser revelados por vários inventários da personalidade. Os traços comuns fornecem os meios pelos quais as pessoas dentro de determinada cultura podem ser comparadas entre si.

Enquanto os traços comuns são importantes para estudos que fazem comparações entre as pessoas, as **disposições pessoais** são de importância ainda maior, porque permitem aos pesquisadores estudar um único indivíduo. Allport (1961) definiu uma disposição pessoal como "uma estrutura neuropsíquica generalizada (peculiar ao indivíduo), com a capacidade de tornar muitos estímulos funcionalmente equivalentes e iniciar e guiar formas coerentes (equivalentes) de comportamento adaptativo e expressivo" (p. 373). A distinção mais importante entre uma disposição pessoal e um traço comum está indicada pela expressão "peculiar ao indivíduo". As disposições pessoais são individuais; os traços comuns são compartilhados por várias pessoas.

Voltando a seus dias de "dicionário humano", Allport e colaboradores contaram pessoalmente quase 18 mil (17.953, para ser exato) palavras descritivas na edição de 1925 do *Novo Dicionário Internacional Webster*, cerca de um quarto das quais descrevia características de personalidade (Allport & Odbert, 1936). Alguns desses termos, em geral referidos como *traços*, descrevem características relativamente estáveis, como "sociável" ou "introvertido"; outros, em geral referidos como *estados*, descrevem características temporárias, como "feliz" ou "com raiva"; outros, descreviam características avaliativas ainda como "desagradável" ou "maravilhoso"; ou características físicas, como "alto" ou "obeso".

Quantas disposições pessoais um indivíduo tem? Essa pergunta não pode ser respondida sem referência ao grau de dominância que cada disposição pessoal possui na vida do indivíduo. Se contarmos essas disposições pessoais que são centrais para uma pessoa, então cada uma provavelmente tem 10 ou menos. No entanto, se todas as tendências forem incluídas, então cada pessoa pode ter centenas de disposições pessoais.

Níveis de disposições pessoais

Allport colocou as disposições pessoais em um *continuum*, desde aquelas que são mais centrais até aquelas que são apenas de importância secundária para uma pessoa.

Disposições cardinais Algumas pessoas possuem uma característica ou paixão predominante tão excepcional que ela domina suas vidas. Allport (1961) chamou essas disposições pessoais de **disposições cardinais**. Elas são tão óbvias que não podem ser escondidas; quase toda ação na vida de uma pessoa gira em torno dessa disposição cardinal. A maioria das pessoas não possui uma disposição cardinal, mas as poucas que a possuem costumam ser conhecidas por essa característica.

Allport identificou várias pessoas históricas e personagens ficcionais que possuíam uma disposição tão excepcional que elas contribuíram para nossa língua com uma nova palavra. Alguns exemplos dessas disposições cardinais incluem quixotesco, chauvinista, narcisista, sádico, um Don Juan, entre outras. Como as disposições cardinais são individuais e não são compartilhadas com ninguém, apenas Dom Quixote era verdadeiramente quixotesco; apenas Narciso era completamente narcisista; apenas o Marquês de Sade possuía a disposição cardinal do sadismo. Quando esses nomes são usados para descrever características em outros, eles se tornam traços comuns.

Disposições centrais Poucas pessoas possuem disposições cardinais, mas todas apresentam várias **disposições centrais**, as quais incluem, de 5 a 10, características mais excepcionais em torno das quais se foca a vida de um indivíduo. Allport (1961) descreveu as disposições centrais como aquelas que seriam listadas em uma carta de recomendação detalhada, escrita por alguém que conhecesse a pessoa muito bem. Na seção O estudo do indivíduo, examinaremos uma série de cartas escritas para Gordon e Ada Allport por uma mulher que eles chamaram de Jenny. O conteúdo dessas cartas constitui uma rica fonte de informações acerca da escritora. Também veremos que três análises separadas dessas cartas revelaram que Jenny poderia ser descrita por cerca de oito disposições centrais, ou seja, características fortes o suficiente para serem detectadas por cada um desses três procedimentos separados. Do mesmo modo, a maioria das pessoas, acreditava Allport, possui de 5 a 10 disposições centrais, as quais seus amigos e conhecidos próximos concordariam que são descritivas daquela pessoa.

Disposições secundárias Menos visíveis, mas em número muito maior do que as disposições centrais, são as **disposições secundárias**. Todos possuem muitas disposições secundárias que não são centrais à personalidade e, no entanto, ocorrem com alguma regularidade e são responsáveis por muitos dos comportamentos específicos da pessoa.

Os três níveis de disposições pessoais são, é claro, pontos arbitrários em uma escala contínua desde o mais apropriado até o menos apropriado. As disposições cardinais, que são bastante proeminentes em uma pessoa, obscurecem as disposições centrais, que são menos dominantes, porém marcam a pessoa como única. As disposições centrais, que guiam boa parte do comportamento adaptativo e expressivo de uma pessoa, misturam-se com as disposições secundárias, as quais são menos descritivas daquele indivíduo. Não podemos dizer, no entanto, que as disposições secundárias de uma pessoa sejam menos intensas do que as disposições centrais de outra. Comparações entre os indivíduos são inapropriadas para as disposições pessoais, e qualquer tentativa de fazer tal aproximação transforma as disposições pessoais em traços comuns (Allport, 1961).

Disposições motivacionais e estilísticas

Todas as disposições pessoais são dinâmicas, no sentido de que têm força motivacional. No entanto, algumas são sentidas com muito mais força do que outras. Allport chamou essas disposições intensamente experimentadas de *disposições motivacionais*. Tais disposições sentidas de modo intenso recebem sua motivação das necessidades e dos impulsos básicos. Allport (1961) referiu-se às disposições pessoais que são experimentadas com menos intensidade como *disposições estilísticas*, mesmo que essas disposições possuam alguma força motivacional. As disposições estilísticas *guiam* a ação, enquanto as disposições motivacionais *iniciam* a ação. Um exemplo de uma disposição estilística pode ser a aparência pessoal asseada e impecável. As pessoas são motivadas a se vestirem devido a uma necessidade básica de se manterem aquecidas, porém a *maneira* como elas se vestem é determinada por suas disposições pessoais. As disposições motivacionais são relativamente parecidas com o conceito de Maslow de comportamento de enfrentamento, enquanto as disposições estilísticas são semelhantes à ideia de Maslow de comportamento expressivo (ver Cap. 9).

Ao contrário de Maslow, que traçou uma linha clara entre os comportamentos de enfrentamento e expressivo, Allport não via uma divisão clara entre as disposições pessoais motivacionais e estilísticas. Ainda que algumas disposições sejam claramente estilísticas, outras são baseadas em uma necessidade fortemente sentida e são, assim, motivacionais. A educação, por exemplo, é uma disposição estilística, enquanto comer é mais motivacional. O modo como as pessoas comem (seu estilo) depende, pelo menos em parte, do quanto elas estão com fome, mas isso também depende da força de suas disposições estilísticas. Uma pessoa em geral polida, mas com fome, pode renunciar às boas maneiras enquanto come sozinha, mas, se a disposição de polidez for suficientemente forte e se outros estiverem presentes, então a pessoa poderá comer com etiqueta e polidez, apesar de estar faminta.

Proprium

Sejam elas motivacionais ou estilísticas, algumas disposições pessoais estão próximas do centro da personalidade, enquanto outras estão mais na periferia. Aquelas que estão no centro da personalidade são experimentadas pela pessoa como uma parte importante do *self*. Elas são características a que um indivíduo se refere em termos do tipo: "Este sou

eu" ou "Isto é meu". Todas as características que são "peculiarmente minhas" pertencem ao *proprium* (Allport, 1955).

Allport usou o termo **proprium** para se referir a comportamentos e características que as pessoas consideram como vitais, centrais e importantes em suas vidas. O *proprium* não é a personalidade integral, porque muitas características e comportamentos de uma pessoa não são vitais e centrais; ao contrário, eles existem na periferia da personalidade. Esses comportamentos não apropriados incluem (1) impulsos e necessidades básicas que costumam ser atendidos e satisfeitos sem muita dificuldade; (2) costumes tribais como usar roupas, dizer "olá" para as pessoas e dirigir pelo lado direito da rua; e (3) comportamentos habituais, como fumar ou escovar os dentes, que são realizados automaticamente e que não são essenciais para o senso de *self*.

Como centro vital da personalidade, o *proprium* inclui aqueles aspectos da vida que a pessoa considera como importantes para um senso de identidade e autocrescimento (Allport, 1955). O *proprium* inclui os valores de uma pessoa e aquela parte da consciência que é pessoal e coerente com as crenças adultas do indivíduo. Uma consciência generalizada – compartilhada pela maioria das pessoas dentro de determinada cultura – pode ser somente periférica para o senso de personalidade de uma pessoa e, assim, está fora de seu *proprium*.

Motivação

Allport acreditava que a maioria das pessoas é motivada por impulsos presentes e não por eventos passados e está consciente do que está fazendo apresentando alguma compreensão do porquê está fazendo. Ele também apontava que as teorias da motivação precisam considerar as diferenças entre os motivos periféricos e os **esforços do proprium**. Motivos periféricos são aqueles que *reduzem uma necessidade*, enquanto os esforços do *proprium* procuram *manter a tensão e o desequilíbrio*. O comportamento adulto é reativo e proativo, e uma teoria adequada da motivação deve ser capaz de explicar ambos.

Uma teoria da motivação

Para Allport, uma teoria útil da personalidade reside no pressuposto de que as pessoas não só reagem ao ambiente como também o moldam e o fazem reagir a elas. A personalidade é um sistema em crescimento, permitindo que novos elementos entrem constantemente e modifiquem a pessoa.

Allport (1960) acreditava que muitas teorias mais antigas da personalidade não possibilitavam o crescimento. A psicanálise e as várias teorias da aprendizagem são em essência, teorias homeostáticas, ou **reativas**, porque elas veem as pessoas como motivadas, a princípio, pelas necessidades de reduzir a tensão e retornar a um estado de equilíbrio.

Às vezes, as pessoas são motivadas a procurar tensão, não somente reduzi-la. Purestock/SuperStock

Uma teoria adequada da personalidade, argumentava Allport, deve permitir o *comportamento proativo*; precisa encarar as pessoas como agindo conscientemente sobre seu ambiente, de uma maneira que permita o crescimento em direção à saúde psicológica. Uma teoria abrangente deve não só incluir uma explicação das teorias reativas, mas também aquelas teorias proativas que enfatizam a mudança e o crescimento. Em outras palavras, Allport defendia uma psicologia que, por um lado, estudasse os padrões comportamentais e as leis gerais (o tema da psicologia tradicional); e, por outro, o crescimento e a individualidade.

Allport alegava que as teorias dos motivos imutáveis são incompletas, porque limitam-se a uma explicação do comportamento reativo. A pessoa madura, no entanto, não é motivada somente a procurar prazer e a reduzir a dor, mas a adquirir novos sistemas de motivação, que são funcionalmente independentes de seus motivos originais.

Autonomia funcional

O conceito de **autonomia funcional** representa o postulado mais característico de Allport e, ao mesmo tempo, mais controverso. Autonomia é a explicação de Allport (1961) para a miríade de motivos humanos que, aparentemente, não são explicados pelos princípios hedonistas ou de redução do impulso. Ela representa uma teoria de mudança, em vez de motivos imutáveis, e é o ponto alto das ideias de Allport sobre motivação.

Em geral, o conceito de autonomia funcional sustenta que alguns motivos humanos são funcionalmente independentes do motivo original responsável pelo comportamento. Se um motivo for funcionalmente autônomo, ele será a explicação para o comportamento, não sendo preciso procurar causas ocultas ou primárias. Em outras palavras, se acumular dinheiro é um motivo funcionalmente autônomo, então o comportamento do avarento *não* é rastreável até experiências da infância com o treinamento dos esfíncteres ou com recompensas e punições. Em vez disso, o avarento simplesmente *gosta* de dinheiro, e esta é a única explicação necessária. Tal noção de que boa parte do comportamento humano está baseada em interesses presentes e em preferências conscientes está em harmonia com a crença do senso comum de muitas pessoas que afirmam que elas fazem as coisas simplesmente porque fazem.

A autonomia funcional é uma reação ao que Allport chamou de teorias de motivos imutáveis, ou seja, o princípio do prazer de Freud e a hipótese de redução do impulso da psicologia do estímulo-resposta. Allport sustentava que ambas as teorias estão preocupadas com *fatos históricos*, em vez de *fatos funcionais*. Segundo ele, os motivos adultos são construídos, principalmente, sobre sistemas conscientes, autônomos e contemporâneos. A autonomia funcional representa a tentativa de explicar essas motivações conscientes e autônomas.

Admitindo que algumas motivações são inconscientes e outras são o resultado da redução do impulso, Allport sustentava que, como alguns comportamentos são funcionalmente autônomos, as teorias de motivos imutáveis são inadequadas. Ele listou quatro requisitos de uma teoria adequada da motivação. A autonomia funcional, é claro, satisfaz cada critério.

1. Uma teoria adequada da motivação *"reconhecerá a contemporaneidade dos motivos"*. Em outras palavras: "O que quer que nos move deve mover agora" (Allport, 1961, p. 220). O passado *per se* não é importante. A história de um indivíduo é significativa somente quando ela tem um efeito atual sobre a motivação.
2. *"Ela será uma teoria pluralista – permitindo motivos de muitos tipos"* (Allport, 1961, p. 221). Nesse ponto, Allport era crítico de Freud e sua teoria dos dois instintos, de Adler e o esforço pelo sucesso e de todas as teorias que enfatizam a autoatualização como o motivo final. Allport opunha-se de forma enfática à redução de todo comportamento humano a um impulso-mestre. Ele afirmou que os motivos dos adultos são basicamente diferentes dos das crianças e que as motivações dos indivíduos neuróticos não são as mesmas das pessoas normais. Além disso, algumas motivações são conscientes, outras inconscientes; algumas são transitórias, outras recorrentes; algumas são periféricas, outras incorporadas; e algumas reduzem

a tensão e outras a mantêm. Os motivos que parecem ser diferentes realmente são distintos, não somente na forma, mas também na substância.

3. *"Ela atribuirá força dinâmica aos processos cognitivos - por exemplo, ao planejamento e à intenção"* (Allport, 1961, p. 222). Allport argumentava que a maioria das pessoas está ocupada vivendo no futuro, mas que muitas teorias psicológicas estão "ocupadas rastreando essas vidas no passado. E, enquanto parece para cada um de nós que somos espontaneamente *ativos*, muitos psicólogos estão nos dizendo que somos apenas *reativos*" (p. 206). Ainda que a intenção esteja envolvida em toda a motivação, esse terceiro requisito se refere mais em geral à intenção de longo alcance. Uma mulher não aceita um convite para assistir a um filme porque prefere estudar anatomia. Essa preferência é coerente com seu propósito de tirar boas notas na faculdade e relaciona-se a seus *planos* de ser admitida na escola médica, o que é necessário para que ela satisfaça sua *intenção* de se tornar médica. A vida das pessoas sadias é orientada para o futuro, envolvendo preferências, propósitos, planos e intenções. Tais processos, é claro, nem sempre são completamente racionais, como quando as pessoas permitem que sua raiva domine seus planos e intenções.

4. Uma teoria adequada da motivação é aquela que *"permitirá a singularidade concreta dos motivos"* (Allport, 1961, p. 225). Um motivo único concreto é diferente de um generalizado abstrato, este último estando fundamentado em uma teoria preexistente, em vez de na verdadeira motivação de uma pessoa real. Um exemplo de um motivo único concreto é Derrick, interessado em melhorar seu jogo de boliche. Seu motivo é concreto, e sua maneira de buscar a melhoria é única para ele. Algumas teorias da motivação podem atribuir o comportamento de Derrick a uma necessidade agressiva, outros a um impulso sexual inibido e outros ainda a um impulso secundário aprendido com base em um impulso primário. Allport simplesmente diria que Derrick deseja melhorar seu jogo de boliche porque ele quer aprimorar seu jogo de boliche. Esse é o motivo único, concreto e funcionalmente autônomo de Derrick.

Em resumo, um motivo funcionalmente autônomo é contemporâneo e autossustentável; ele se desenvolve a partir de um motivo anterior, mas é funcionalmente independente dele. Allport (1961) definiu autonomia funcional como *"um sistema de motivação adquirido, no qual as tensões envolvidas não são do mesmo tipo que as tensões antecedentes a partir das quais o sistema adquirido se desenvolveu"* (p. 229). Em outras palavras, o que começa como um motivo pode evoluir para outro, que é subsequente ao primeiro, porém, no aspecto funcional, é autônomo em relação ao anterior. Por exemplo, uma pessoa pode, em princípio, plantar um pomar para satisfazer um impulso de fome, mas acabar se interessando pela jardinagem em si.

Autonomia funcional perseverativa

O mais elementar dos dois níveis de autonomia funcional é a **autonomia funcional perseverativa**. Allport retirou esse termo da palavra "perseveração", que é a tendência de uma impressão deixar uma influência na experiência subsequente. A autonomia funcional perseverativa é encontrada nos animais e também nos humanos e está baseada em princípios neurológicos simples. Um exemplo de autonomia funcional perseverativa é um rato que aprendeu a percorrer um labirinto para ser alimentado, mas depois continua a correr pelo labirinto mesmo após ficar saciado. Por que ele continua a correr? Allport diria que o rato corre no labirinto apenas pela diversão de fazer isso.

Allport (1961) listou outros exemplos de autonomia funcional perseverativa que envolvem a motivação humana, em vez de animal. O primeiro é a adicção ao álcool, ao tabaco ou a outras drogas, quando não existe uma fome fisiológica por eles. Os alcoólicos continuam a beber, embora sua motivação atual seja funcionalmente independente de seu motivo original.

Outro exemplo se refere a tarefas incompletas. Um problema iniciado, mas interrompido, irá perseverar, criando uma nova tensão para concluir a tarefa. Essa nova tensão é diferente da motivação inicial. Por exemplo, uma universitária recebe 10 centavos para cada peça de um quebra-cabeça de 500 peças que ela encaixou com sucesso. Presuma que ela não tenha um interesse preexistente na solução de quebra-cabeças e que sua motivação original seja unicamente dinheiro. Presuma também que sua recompensa monetária esteja limitada a \$45; portanto, depois que ela completou 450 peças, terá maximizado seu pagamento. Essa estudante terminará as 50 peças restantes na ausência de recompensa monetária? Em caso afirmativo, será criada uma nova tensão, e o seu motivo para concluir a tarefa será funcionalmente autônomo em relação ao motivo original de ser paga.

Autonomia funcional do **proprium**

O sistema mestre de motivação que confere unidade à personalidade é a **autonomia funcional do *proprium***, a qual se refere àqueles motivos autossustentáveis que estão relacionados ao *proprium*. Jogos de quebra-cabeça e álcool raras vezes são considerados como "exclusivamente meus". Eles não fazem parte do *proprium*, mas existem somente na periferia da personalidade. Entretanto, ocupações, *hobbies* e interesses estão mais próximos do centro da personalidade, e muitas das nossas motivações referentes a eles tornam-se funcionalmente autônomas. Por exemplo, uma mulher pode, originalmente, assumir um emprego porque precisa de dinheiro. No início, o trabalho não é interessante, talvez seja até desagradável. Conforme passam os anos, no entanto, ela desenvolve uma grande paixão pelo trabalho em si, passando parte do seu tempo de férias no trabalho e, talvez, até mesmo desenvolvendo um *hobby* que esteja intimamente relacionado à sua ocupação.

Critério para a autonomia funcional

Em geral, *um motivo presente é funcionalmente autônomo conforme ele procura novos objetivos*, significando que o comportamento continuará mesmo quando a motivação para ele se modificar. Por exemplo, uma criança que está começando a aprender a andar está motivada por um impulso maturacional, mas, posteriormente, ela pode andar para aumentar a mobilidade ou para desenvolver autoconfiança. Do mesmo modo, uma cientista que, no início, dedicou-se a encontrar respostas para problemas difíceis pode acabar obtendo mais satisfação com a pesquisa do que com a solução. Nesse ponto, sua motivação torna-se funcionalmente independente do motivo original de encontrar respostas. Ela pode, então, procurar outra área de investigação, mesmo que o novo campo seja diferente do anterior. Novos problemas podem levá-la a buscar novos objetivos e a estabelecer níveis mais altos de aspiração.

Processos que não são funcionalmente autônomos

A autonomia funcional não é uma explicação para todo comportamento humano. Allport (1961) listou oito processos que não são funcionalmente autônomos: (1) impulsos biológicos, como comer, respirar e dormir; (2) motivos ligados diretamente à redução dos impulsos básicos; (3) ações reflexas, como piscar os olhos; (4) equipamento constitucional, como a psique, a inteligência e o temperamento; (5) hábitos no processo de formação; (6) padrões de comportamento que requerem reforço primário; (7) sublimações que podem ser vinculadas a desejos sexuais infantis; e (8) alguns sintomas neuróticos ou patológicos.

O oitavo processo (sintomas neuróticos ou patológicos) pode ou não envolver motivos funcionalmente autônomos. Para um exemplo de um sintoma compulsivo que não era funcionalmente autônomo, Allport (1961) apresentou o caso de uma menina de 12 anos que tinha o hábito perturbador de estalar os lábios várias vezes por minuto. Tal hábito tinha começado cerca de oito anos antes, quando a mãe da menina disse que, quando ela inspirava, aquele era um ar bom e, quando expirava, aquele era um ar ruim. Como a menina achava que tornava seu ar ruim ao expeli-lo, ela decidiu beijá-lo para torná-lo bom. Conforme seu hábito persistiu, ela reprimiu a razão para sua compulsão e continuou "beijando" o ar mau, um comportamento que assumiu a forma de estalar os lábios. Tal comportamento não era funcionalmente autônomo, mas resultado de uma necessidade compulsiva de impedir que o ar bom se transformasse em ruim.

Allport sugeriu um critério para diferenciar entre uma compulsão funcionalmente autônoma e uma que não é. Por exemplo, compulsões que podem ser eliminadas por meio de terapia ou modificação do comportamento não são funcionalmente autônomas, enquanto aquelas muito resistentes à terapia são autossustentáveis e, assim, funcionalmente autônomas. Quando a terapia permitiu que a menina de 12 anos descobrisse a razão para seu hábito, ela conseguiu parar de estalar os lábios. Todavia, alguns sintomas patológicos servem como um estilo de vida contemporâneo e são funcionalmente autônomos a partir de experiências anteriores que instigaram a patologia. Por exemplo, as tentativas de um segundo filho de ultrapassar seu irmão mais velho podem se transformar em um estilo compulsivo, marcado por esforços inconscientes de superar ou derrotar todos os rivais. Como uma neurose tão arraigada provavelmente não é receptiva à terapia, ela satisfaz o critério de Allport de ser funcionalmente autônoma.

Uma pessoa pode começar a correr para perder peso, mas continua porque correr é agradável. O motivo para continuar a correr é, então, funcionalmente autônomo da razão para começar a correr.
Purestock/SuperStock

O estudo do indivíduo

Pelo fato de a psicologia historicamente lidar com as leis e as características gerais que as pessoas têm em comum, Allport defendia insistentemente o desenvolvimento e o uso de métodos de pesquisa que estudem o indivíduo. Para equilibrar a abordagem normativa ou grupal predominante, ele sugeriu que os psicólogos empregassem métodos que abordassem os comportamentos motivacionais e estilísticos de uma pessoa.

Ciência morfogênica

Em seus primeiros escritos, Allport distinguiu entre duas abordagens científicas: a *nomotética*, que busca as leis gerais; e a **idiográfica**, que se refere ao que é peculiar ao caso único. Como o termo "idiográfico" foi, com frequência, utilizado erroneamente, mal-entendido e mal grafado (sendo confundido com "ideográfico", a representação de ideias por meio de símbolos gráficos), Allport (1968) abandonou essa nomenclatura em seus escritos posteriores e falava de *procedimentos morfogênicos*. Tanto "idiográfico" quanto "morfogênico" são relativos ao indivíduo, porém "idiográfico" não sugere estrutura ou padrão. Em contraste, "morfogênico" refere-se a propriedades padronizadas de todo o organismo e permite comparações intrapessoais. O padrão ou a estrutura das disposições pessoais de um indivíduo é importante. Por exemplo, Tyrone pode ser inteligente, introvertido e fortemente motivado pelas necessidades de realização, mas a maneira única que sua inteligência está relacionada à sua introversão e a cada uma de suas necessidades de realização forma um padrão estruturado. Esses padrões individuais são o tema da ciência morfogênica.

Quais são os métodos da psicologia morfogênica? Allport (1962) listou muitos: alguns, completamente morfogênicos; outros, parcialmente. Exemplos de métodos completamente morfogênicos são relatos integrais, entrevistas, sonhos, confissões, diários, cartas, alguns questionários, documentos expressivos, documentos projetivos, trabalhos literários, formas de arte, escritos automáticos, rabiscos, apertos de mão, padrões de voz, gestos corporais, caligrafia, marcha e autobiografias.

Quando Allport conheceu Hans Eysenck, o famoso analista dos fatores, britânico e partidário da ciência nomotética (ver Cap. 14), ele disse que Eysenck, um dia, escreveria uma autobiografia. Eysenck (1997b), de fato, acabou publicando uma autobiografia, em que ele admitia que Allport estava certo e que métodos morfogênicos como descrição da própria vida e do trabalho podem ter validade.

As abordagens semimorfogênicas incluem escalas de autoclassificação, como a *checklist* de adjetivos; testes padronizados, em que as pessoas são comparadas com elas mesmas, em vez de com um grupo de normas; o *Estudo dos valores* (1960), de Allport-Vernon-Lindzey; e a técnica Q-sort, de Stephenson (1953), que discutimos no Capítulo 10.

Coerente com o senso comum, mas contrário a muitos psicólogos, Allport estava disposto a aceitar, por seu próprio valor, as declarações de autorrevelação da maioria dos participantes em um estudo. Um psicólogo que deseje aprender a dinâmica pessoal dos indivíduos precisa simplesmente pedir-lhes que pensem em si mesmos. As respostas a perguntas diretas devem ser aceitas como válidas, a menos que a pessoa seja uma criança pequena, um indivíduo psicótico ou extremamente defensivo. Allport (1962) disse que "com frequência, fracassamos em consultar a mais rica de todas as fontes de dados, ou seja, o próprio autoconhecimento do sujeito" (p. 413).

Os diários de Marion Taylor

Durante o final da década de 1930, Allport e sua esposa Ada tomaram conhecimento de uma fonte extremamente rica de dados pessoais de uma mulher, a quem chamaram de Marion Taylor. A essência desses dados foram os diários de quase uma vida, mas as informações pessoais sobre Marion Taylor também incluíam descrições dela feitas por sua mãe, sua irmã mais moça, seu professor favorito, dois de seus amigos e um vizinho, bem como anotações em um livro do bebê, registros escolares, escores em vários testes psicológicos, material autobiográfico e dois encontros pessoais com Ada Allport.

Nicole Barenbaum (1997) preparou um breve relato da vida de Marion Taylor. Taylor nasceu em 1902, em Illinois, mudou-se para a Califórnia com seus pais e sua irmã mais moça, em 1908, e começou a escrever seu diário em 1911. Logo após seu 13º aniversário, os registros em seu diário se tornaram mais pessoais, incluindo fantasias e sentimentos secretos. Ela, por fim, formou-se na faculdade, fez mestrado e se tornou professora de psicologia e biologia. Ela se casou aos 31 anos e não teve filhos.

Ainda que uma riqueza de documentos pessoais sobre Marion Taylor tenha sido disponibilizada para Ada e Gordon Allport, os Allport optaram por não publicar um relato da história dela. Barenbaum (1997) apresentou algumas razões possíveis para isso, mas, devido a importantes lacunas na correspondência entre Marion Taylor e Ada Allport, agora é impossível saber com certeza por que os Allport não publicaram a história desse caso. O trabalho deles com Marion provavelmente os ajudou a organizar e a publicar um segundo caso: a história de Jenny Gove Masterson, outro pseudônimo.

As cartas de Jenny

A abordagem morfogênica de Allport do estudo das vidas é mais bem ilustrada em suas famosas *Cartas de Jenny*. Essas cartas revelam a história de uma mulher mais velha e seus intensos sentimentos de amor/ódio por seu filho, Ross. Entre março de 1926 (quando ela tinha 58 anos) e outubro de 1937 (quando ela morreu), Jenny escreveu uma série de 301 cartas ao ex-colega de quarto de Ross na faculdade, Glenn, e à sua esposa, Isabel, que quase certamente eram Gordon e Ada Allport (Winter, 1993). Allport, originalmente, publicou partes dessas cartas em anonimato (Anônimo, 1946) e, então, mais tarde, publicou-as em mais detalhes com o próprio nome (Allport, 1965).

Nascida na Irlanda em 1868 e filha de pais protestantes, Jenny era a mais velha em uma família de sete filhos, que incluía cinco irmãs e um irmão. Quando tinha 5 anos, a família mudou-se para o Canadá; quando tinha 18 anos, seu pai morreu e ela foi forçada a abandonar a escola e ir trabalhar para ajudar no sustento da família. Depois de nove anos, seu irmão e suas irmãs já podiam se sustentar; e Jenny, que sempre tinha sido considerada rebelde, escandalizou a família ao se casar com um homem divorciado, uma decisão que a afastou ainda mais de sua família conservadoramente religiosa.

Depois de apenas dois anos de casamento, o marido de Jenny morreu. Pouco mais de um mês depois, nasceu seu filho Ross. Isso ocorreu em 1897, o mesmo ano em que nasceu Gordon Allport, o futuro colega de quarto de Ross. Os 17 anos seguintes foram de luta para Jenny. Seu mundo girava em torno do filho, e ela trabalhava arduamente para garantir que ele tivesse tudo o que queria. Ela disse a Ross que, à parte a arte, o mundo era um lugar miserável e que era seu dever se sacrificar pelo filho, porque ela era responsável pela existência dele.

Quando Ross saiu de casa para ir à faculdade, Jenny continuou a economizar para poder pagar todas as contas dele. Quando Ross começou a se interessar por mulheres, a relação idílica mãe-filho chegou ao fim. Os dois discutiam com frequência e com rispidez sobre as amigas dele. Jenny se referia a cada uma delas como prostitutas, incluindo a mulher com quem Ross se casou. Com o casamento, Jenny e Ross ficaram temporariamente distanciados.

Mais ou menos na mesma época, Jenny começou uma correspondência de 11 anos e meio com Glenn e Isabel (Gordon e Ada), em que ela revelava muito sobre sua vida e sua personalidade. As primeiras cartas mostravam que ela estava profundamente preocupada com dinheiro, morte e Ross. Ela achava que o filho era ingrato e que a tinha abandonado por outra mulher, e uma prostituta ainda por cima! Ela continuou com sua amargura em relação ao filho até que ele e sua esposa se divorciaram. Ela, então, mudou-se para o apartamento ao lado do de Ross e, por um curto período de tempo, ela foi feliz. Mas, em seguida, Ross estava saindo com outras mulheres, e Jenny, inevitavelmente, encontrava algo de errado em cada uma delas. Suas cartas estavam outra vez cheias de animosidade por Ross, uma atitude desconfiada e cética em relação aos outros e uma abordagem mórbida e dramática da vida.

Após três anos de correspondência, Ross morreu subitamente. Após sua morte, as cartas de Jenny expressavam uma atitude mais favorável em relação ao filho. Agora ela não tinha que dividi-lo com alguém. Agora ele estava seguro - não havia mais prostitutas.

Durante os oito anos seguintes, Jenny continuou escrevendo para Glenn e Isabel, e eles costumavam responder. No entanto, eles serviam, principalmente, como ouvintes neutros e não como conselheiros ou confidentes. Jenny continuou a ser excessivamente preocupada com morte e dinheiro. Ela acusava cada vez mais os outros por sua infelicidade e intensificou suas suspeitas e hostilidade em relação a seus cuidadores. Depois que Jenny morreu, Isabel (Ada) comentou que, ao final de tudo, Jenny "continuava a mesma de sempre" (Allport, 1965, p. 156).

Essas cartas representam uma fonte incomumente rica de material morfogênico. Durante anos, elas foram objeto de análise e estudo detalhados da parte de Allport e seus alunos, que procuraram montar a estrutura de uma personalidade única, identificando disposições pessoais que eram centrais àquela pessoa. Allport e seus alunos usaram três técnicas para examinar a personalidade de Jenny. Primeiro, Alfred Baldwin (1942) desenvolveu uma técnica denominada *análise da estrutura pessoal* para examinar cerca de um terço das cartas. Para analisar a estrutura pessoal de Jenny, Baldwin usou dois procedimentos estritamente morfogênicos, frequência e contiguidade, para reunir evidências. O primeiro simplesmente envolve uma notação da frequência com que um item aparece no material do caso. Por exemplo, com que frequência Jenny menciona Ross, ou dinheiro, ou ela mesma? Contiguidade refere-se à proximidade de dois itens nas cartas. Com que frequência a categoria "Ross - desfavorável" ocorre em íntima correspondência com "ela mesma - autossacrifício"? Freud e outros psicanalistas usaram de forma intuitiva essa técnica da contiguidade para descobrir uma associação entre dois itens na mente inconsciente de um paciente. Baldwin, no entanto, refinou o método determinando estatisticamente aquelas correspondências que ocorrem com mais frequência do que seria esperado apenas pelo acaso.

Usando a análise da estrutura pessoal, Baldwin identificou três grupos de categorias nas cartas de Jenny. O primeiro relacionava-se a *Ross, mulheres, o passado e ela mesma - autossacrifício*. O segundo tratava da busca de Jenny por um *emprego*, e o terceiro grupo girava em torno de sua atitude em relação a *dinheiro e morte*. Os três grupos são independentes uns dos outros, muito embora um único tema, como dinheiro, possa aparecer em todos os três.

Segundo, Jeffrey Paige (1966) usou uma análise fatorial para extrair disposições pessoais primárias reveladas pelas cartas de Jenny. Ao todo, Paige identificou oito fatores: agressividade, possessividade, afiliação, autonomia, aceitação familiar, sexualidade, consciência e martírio. O estudo de Paige é interessante porque identificou oito fatores, um número que corresponde muito bem à quantidade de disposições centrais - 5 a 10 - que, segundo a hipótese anterior de Allport, seriam encontradas na maioria das pessoas.

O terceiro método de estudo das cartas de Jenny foi uma técnica de senso comum usada por Allport (1965). Seus resultados são muito semelhantes aos de Baldwin e Paige. Allport pediu a 36 juízes que listassem o que eles consideravam as características essenciais de Jenny. Eles registraram 198 adjetivos descritivos, muitos dos quais eram sinônimos e se sobrepuseram. Allport, então, agrupou os termos em oito grupos: (1) belicoso-desconfiado, (2) autocentrado (possessivo), (3) independente-autônomo, (4) dramático-intenso, (5) estético-artístico, (6) agressivo, (7) cínico-mórbido e (8) sentimental. Comparando essa abordagem clínica de senso comum com o estudo fatorial de Paige, Allport (1966) traçou alguns paralelos interessantes (ver Tabela 12.1). Por meio das cartas de Jenny, então, constatamos que ela possuía cerca de oito traços centrais que caracterizavam os últimos 12 anos de sua vida - se não sua

TABELA 12.1

Disposições centrais de Jenny reveladas pelas técnicas analítica fatorial e clínica

Técnica clínica (Allport)	Técnica analítica fatorial (Paige)
Belicosa-desconfiada	Agressividade
Agressiva	
Autocentrada (possessiva)	Possessividade
	Necessidade de afiliação
Sentimental	Necessidade de aceitação familiar
Independente-autônoma	Necessidade de autonomia
Estética-artística	Consciente
Autocentrada (autopiedade)	Martírio
(Sem paralelo)	Sexualidade
Cínica-mórbida	(Sem paralelo)
Dramática-intensa	("Exagero"; i. e., a tendência a ser dramática e a exagerar suas preocupações)

vida inteira. Ela era agressiva, desconfiada, possessiva, artística, sentimental, mórbida, dramática e autocentrada. Tais disposições centrais eram fortes o suficiente para que ela fosse descrita em termos similares por Isabel (Ada Allport), que a conhecia bem, e por pesquisadores independentes, que estudaram suas cartas (Allport, 1965).

A grande concordância entre a abordagem clínica de senso comum de Allport e o método analítico fatorial de Paige não comprova a validade de qualquer uma das duas. No entanto, indica a viabilidade dos estudos morfogênicos. Os psicólogos podem analisar uma pessoa e identificar disposições centrais com coerência mesmo quando usam procedimentos diferentes.

Pesquisa relacionada

Mais do que qualquer outro teórico da personalidade, Gordon Allport manteve um interesse ativo por toda a vida no estudo científico da religião e publicou seis conferências sobre o assunto, sob o título *O indivíduo e sua religião* (*The individual and his religion*) (Allport, 1950). Em nível pessoal, Allport era um devoto episcopal; e, por quase 30 anos, realizou meditações na Capela Appleton, na Universidade de Harvard (Allport, 1978).

Entendendo e reduzindo o preconceito

Allport se interessava por preconceito, e desenvolver maneiras de reduzir o preconceito racial era de suma importância para ele. Allport (1954) propôs que um dos componentes fundamentais para a redução do preconceito era o contato: se os membros dos grupos majoritários e

minoritários* interagissem mais sob condições ideais, haveria menos preconceito. Esta ficou conhecida como a *hipótese do contato*, e as condições ideais eram relativamente simples: (1) *status* igual entre os dois grupos, (2) objetivos comuns, (3) cooperação entre grupos e (4) apoio a uma figura de autoridade, lei ou costume. Por exemplo, se vizinhos afro-americanos e euro-americanos se unem para formar um grupo de vigilância no bairro com o objetivo comum de tornar a vizinhança mais segura e tal programa for endossado pelo prefeito ou pelo departamento de polícia da cidade, então, tal interação e o esforço do grupo provavelmente levariam à redução no preconceito entre os residentes do bairro.

Ainda que o próprio Allport tenha realizado algumas pesquisas sobre o tema da redução do preconceito (Allport, 1954), um de seus alunos, Thomas Pettigrew, continuou o trabalho que ele começou (Pettigrew & Tropp, 2006; Pettigrew et al., 2011; Tropp & Pettigrew, 2005). Thomas Pettigrew e Linda Tropp desenvolveram um extenso programa de pesquisa direcionado para a investigação das condições sob as quais o contato entre os grupos pode reduzir o preconceito.

Em duas metanálises complexas, de mais de 500 estudos e mais de 250.000 participantes, Pettigrew e Tropp (2006) e Pettigrew et al. (2011) examinaram a validade da hipótese de contato de Allport. Eles constataram que,

---

*N. de R.T. Atualmente, a melhor forma de referir a esses grupos é "socialmente minorizados", isso porque algumas vezes esses grupos podem inclusive ser formados pela maioria de uma população. Por exemplo, no Brasil, a população negra é superior em número de habitantes do que a população branca. Contudo, mesmo assim, o racismo é uma realidade nacional e pessoas negras são socialmente minorizadas no país.

A melhor maneira de diminuir conflitos e preconceitos é ter mais contato e interação com pessoas diferentes de nós.
Moxie Productions/Blend Images LLC

de fato, o contato entre os grupos reduz o preconceito e que as quatro condições de Allport para o contato ideal entre os grupos facilitam esse efeito. Além disso, embora o conceito de contato ideal tenha sido, a princípio, conceituralizado como uma forma de reduzir o preconceito *racial* (Allport, 1954), as pesquisas demonstraram que ele também funciona para minimizar atitudes preconceituosas em relação a outros grupos estigmatizados, como idosos, deficientes, pessoas mentalmente doentes e homossexuais (Pettigrew et al., 2011). Os estudos, em geral, mostram efeitos maiores para medidas relacionadas a gostar do outro grupo do que para indicadores como estereotipia, significando que o contato ideal nos ajuda a gostar mais dos indivíduos do outro grupo, muito embora os estereótipos sobre eles possam persistir (Tropp & Pettigrew, 2005).

Uma descoberta fascinante de todos esses anos de pesquisa sobre o contato ideal é a importância especial da amizade entre grupos na redução do preconceito. Conforme assinalam Pettigrew e colaboradores (2011), amizade envolve um contato ampliado em uma variedade de contextos, e isso facilita atitudes fortes e positivas em relação ao "*outgroup*" que são resistentes à mudança. Um estudo particularmente comovente, realizado no norte da Irlanda, ilustra essa força da amizade. Nele, a amizade entre católicos e protestantes gerou confiança e perdão do outro grupo religioso, e tal efeito foi mais forte entre aqueles que tinham sofrido diretamente violência religiosa na área (Hewstone, Cairns, Voci, Hamberger, & Niens, 2006).

Alguns dos estudos incluídos nas revisões de Thomas Pettigrew e Linda Tropp (2006, 2011) envolviam métodos relativamente simples de apenas perguntar às pessoas quantos amigos elas tinham que eram de um grupo minoritário (uma medida de contato) e, então, fazê-las completar várias medidas de autorrelato concebidas para captar até que ponto os participantes endossam visões estereotipadas dos grupos minoritários. Entretanto, outros estudos incluídos na revisão abordavam uma metodologia mais complexa, em que os participantes eram designados aleatoriamente para grupos que envolviam contato ideal com membros de um grupo minoritário ou para grupos que não envolviam o contato ideal prescrito por Allport. Ainda que os dois tipos de estudos tenham constatado que o contato ideal reduz o preconceito, os experimentos em que as pessoas foram designadas aleatoriamente para se envolverem em contato ideal ou não apresentam a redução mais considerável no preconceito (Pettigrew & Tropp, 2006). Obviamente, não há razão para que esse contato ideal ocorra em um laboratório, e os achados de Pettigrew e Tropp (2006) demonstram o grande potencial para programas comunitários a serem desenvolvidos com base na prescrição de Allport para a redução do preconceito. Se tais programas fossem implementados, as pesquisas mostram que as relações entre grupos majoritários e minoritários provavelmente melhorariam muito.

Mais recentemente, Pettigrew e seu colega Anthony Greenwald (Greenwald & Pettigrew, 2014) revisaram uma pesquisa sobre uma característica de preconceito até então pouco examinada que Allport (1954) também postulou. Muitas vezes, assumimos uma conexão direta entre preconceito e discriminação. De fato, a maioria das definições de preconceito o conecta explicitamente à *avaliação ou ao tratamento negativo de grupos externos*. No entanto, em seu livro *The nature of prejudice*, Allport (1954) argumentou que essa conexão entre atitudes preconceituosas e comportamento discriminatório é empírica, e não deve ser pressuposta. Muito da discriminação, segundo a hipótese de Allport, poderia, na verdade, ser alcançada por meio de favoritismo interno, não por hostilidade direta contra grupos externos. Greenwald e Pettigrew (2014) revisaram evidências convincentes de uma variedade de diferentes áreas de estudo em psicologia e sociologia, que sustentavam a afirmação, bastante surpreendente, de que, de fato, a discriminação não requer hostilidade e que o tratamento desigual é, na verdade, mais facilmente produzido pelo viés dos membros do grupo em ajudar uns aos outros, do que por ferir membros de um grupo externo desfavorecido.

Uma descoberta exemplar de pesquisa (entre muitas) que mostra esse efeito é o "paradigma de grupo mínimo", descoberto pela primeira vez há 40 anos (Tajfel, 1970). Desde sua descoberta, muitos estudos demonstraram que as pessoas são mais motivadas pelo favoritismo interno (mesmo quando o "grupo" ao qual pertencem é totalmente arbitrário) do que pelo desejo de punir ou desfavorecer um grupo externo. A conformidade é outro contribuinte empiricamente validado para essa descoberta de favoritismo interno, que também foi postulada por Allport (1962). Os sociólogos há muito estudam as "normas", e estudos mostram que pessoas sem preconceitos geralmente seguem as normas de seu grupo. Se essas normas forem caracterizadas pelo tratamento preferencial do grupo interno, a maioria dos membros se conformará, mesmo na ausência de qualquer sentimento negativo em relação ao grupo externo (p. ex., testemunhe a segregação racial de um típico refeitório público de ensino médio). Em outras palavras, a discriminação pode ser realizada, argumentam Greenwald e Pettigrew (2014), por meio de um processo decididamente banal que envolve pouca ou nenhuma hostilidade direta. Por esse motivo, devemos não apenas aprovar leis contra a discriminação hostil, mas também fornecer restrições sociais contra as muitas formas sutis de favoritismo interno que acabam dando mais vantagens aos já favorecidos e, com o tempo, gerando discriminação contra os desfavorecidos.

Como assinalam Pettigrew e colaboradores (2011), as opiniões sobre o contato entre grupos estão muito divididas. Alguns acreditam que "boas cercas fazem bons vizinhos". Ou seja, o contato entre grupos só causa conflito; portanto, é melhor que cuidemos de nossa vida. Mas décadas de trabalho sobre favoritismo em grupo mostram que isso só exacerbará os desequilíbrios raciais e a discriminação, porque, quando seguimos apenas nosso grupo, é provável que nos conformemos às nossas próprias normas, à custa dos outros. Allport acreditava que a interação é essencial para reduzir o preconceito e o conflito entre os grupos. Décadas de pesquisas feitas por seus alunos resolveram tal discordância e mostraram que Allport estava certo: a única maneira de reduzir o conflito e o preconceito é interagir com aqueles que consideramos "diferentes".

De modo geral, Gordon Allport foi um psicólogo da personalidade bastante perspicaz, cujas ideias continuam a inspirar os psicólogos hoje. Apesar de suas ideias, sem dúvida, continuarem a abrilhantar a pesquisa em psicologia da personalidade, suas propostas para entender o preconceito e seus métodos para reduzi-lo enriqueceram de modo silencioso a vida de pessoas que, talvez sem saber, beneficiaram-se com o profundo comprometimento de Allport em reduzir o preconceito em nossa sociedade.

Orientação religiosa intrínseca e extrínseca

Allport acreditava que um comprometimento religioso profundo era uma marca do indivíduo maduro, mas ele também achava que nem todos os frequentadores da igreja tinham uma orientação religiosa madura. Alguns, na verdade, eram altamente preconceituosos. Allport (1966) ofereceu uma explicação possível para essa observação relatada com frequência. Ele sugeriu que igreja e preconceito oferecem a mesma segurança e *status*, pelo menos para algumas pessoas, as quais podem se sentir confortáveis e autojustificadas com suas atitudes preconceituosas e sua participação na igreja.

Para compreender a relação entre frequentar a igreja e preconceito, Allport e J. Michael Ross (1967) desenvolveram a Escala de Orientação Religiosa (ROS, Religious Orientation Scale), a qual é aplicável somente aos que frequentam a igreja. A ROS consiste em 20 itens – 11 extrínsecos e 9 intrínsecos. Exemplos de itens extrínsecos são "O objetivo primário daquele que reza é obter alívio e proteção"; "O que a religião mais me oferece é conforto quando a tristeza e o infortúnio atacam"; e "Uma razão para que eu seja membro da igreja é que essa afiliação ajuda a firmar uma pessoa na comunidade". Exemplos de itens intrínsecos incluem "Minhas crenças religiosas são o que realmente se encontra por trás de toda a minha abordagem de vida" e "Esforço-me muito para transferir a minha religião para todas as minhas outras relações na vida" (p. 436). Allport e Ross consideravam que as pessoas com uma orientação extrínseca têm uma visão utilitária da religião, ou seja, elas a veem como um meio para um fim. Sua religião é egoísta, uma religião de conforto e conveniência social. Suas crenças são frágeis e facilmente moldadas, quando conveniente. Em contraste, um segundo grupo de pessoas tem uma orientação intrínseca. Essas pessoas vivem sua religião e a consideram o motivo principal em sua fé religiosa. Em vez de usarem a religião para algum fim, elas colocam outras necessidades em harmonia com seus valores religiosos. Elas possuem uma crença internalizada e a seguem integralmente. A publicação da ROS de Allport e Ross (1967) gerou uma enorme literatura de pesquisa sobre essas duas motivações diferentes para a religião e sua relação com a saúde física e mental.

Motivação religiosa e saúde mental

O perdão é frequentemente considerado uma virtude religiosa que não tem lugar na psicoterapia não denominacional, mas psicólogos empíricos começaram a estudar esse processo carregado de emoções, esclarecendo o que é e o que não é e descobrindo sua associação positiva com a saúde mental (p. ex., Worthington, Witvliet, Pietrini, & Miller, 2007). As abordagens empíricas ao perdão definem esse processo como ocorrendo dentro de um indivíduo (ou seja, os perdoados não precisam saber que estão perdoados) e envolvem uma mudança positiva de atitude em relação a um transgressor específico ou a uma transgressão específica. Além disso, de um modo geral, a psicologia clínica adotou uma visão amarga da fé religiosa como parte de uma personalidade mentalmente saudável, mas a estrutura de Allport sobre *motivação* religiosa, em oposição à simples religiosidade em si, fornece algumas maneiras interessantes para os profissionais de saúde mental trabalharem com a fé religiosa ou espiritualidade de seus clientes durante a terapia (Bergin, 1980).

Um estudo recente explorou se a religiosidade intrínseca *versus* extrínseca influencia as conceitualizações dos indivíduos sobre o perdão e suas atitudes em relação ao perdão como uma intervenção terapêutica (Seedall & Butler, 2014). Mais de 300 participantes concluíram uma pesquisa que avaliou suas motivações intrínsecas *versus* extrínsecas para a religião usando uma variação da ROS. Esses participantes foram então designados aleatoriamente para ler um dos três cenários de danos que poderiam ser abordados na terapia de casais ou na terapia familiar: violência doméstica, traição extraconjugal ou abuso sexual. Os participantes então avaliaram sua compreensão do perdão e também avaliaram o quão aceitável eles consideraram um tratamento terapêutico de perdão no contexto do cenário de dano. Os pesquisadores levantaram a hipótese de que pessoas intrinsecamente religiosas teriam mais probabilidade de aceitar o perdão como tratamento terapêutico do que as extrinsecamente religiosas e seriam menos propensas a endossar conceitos errôneos sobre a natureza do perdão. Um desses equívocos comuns é presumir que o perdão representa absolver ou tolerar danos (não representa).

Seedall e Butler (2014) descobriram que, conforme a hipótese, os participantes intrinsecamente religiosos aceitavam significativamente mais o perdão na terapia do que os participantes extrinsecamente religiosos. Além disso, conforme previsto, a religiosidade intrínseca previu menos conceitos errôneos sobre o perdão, e pode ser por isso que indivíduos que abordam a religião com uma motivação mais intrínseca do que extrínseca estão mais preparados para aceitar o perdão como uma estratégia na terapia. Isso sugere que casais e terapeutas familiares que trabalham com clientes religiosos podem fazer bem em determinar as *motivações* religiosas desses clientes, a fim de melhor facilitar o trabalho de perdão mentalmente saudável na terapia. Aqueles que são mais extrinsecamente religiosos podem precisar ter os benefícios pessoais do perdão explicados para eles, a fim de não excluírem essa experiência potencialmente curativa devido a equívocos sobre ela. Parece que tanto o perdão quanto uma abordagem religiosa mais intrinsecamente motivada estão associados a uma maior saúde mental.

Estendendo a motivação religiosa de Allport às outras religiões

Simplificando, o motivo de ser religioso conecta atos religiosos a metas. A religiosidade intrínseca ocorre quando os atos religiosos são fins em si mesmos e a religiosidade extrínseca é quando são feitos como um meio para atingir um fim. Uma limitação da medida de Allport e Ross da Escala de Orientação Religiosa (ROS) intrínseca e extrínseca é que seu ponto inicial e final é uma religião — o cristianismo. A questão, portanto, é: o modelo de Allport e Ross é aplicável a outras religiões?

Desde os anos 2000, os pesquisadores tentaram responder a essa pergunta, especialmente porque ela pode se aplicar à religião islâmica. Entre os primeiros a expandir a teoria da motivação religiosa de Allport para muçulmanos, estavam Nima Ghorbani e colaboradores (2002); Ghorbani, Watson, Gharibi e Chen (2018); Ghorbani, Watson, Tahbaz e Chen (2017); e Watson et al. (2002). Ghorbani e colaboradores (2002) desenvolveram uma nova escala, a Muslim–Christian Religious Orientation Scales (MCROS), que não foi apenas voltada para os sistemas de crenças muçulmanas e cristãs, mas também expandiu a definição e a medição da religiosidade extrínseca. Inspirados pelas descobertas de Kirkpatrick (1989) com a ROS e expandindo-as, Ghorbani e colaboradores desenvolveram um total de oito subescalas de religiosidade extrínseca ao primeiro distinguir as atividades religiosas "deste mundo" das "de outro mundo". As atividades deste mundo ocorrem na Terra e as de outro mundo ocorrem na vida após a morte. Além disso, "este mundo" foi dividido em três efeitos (pessoal [P], social [S] e cultural [C]) e dois resultados (Positivo [P] e Negativo [N]). Isso leva a seis escalas externas para "este mundo" (Pessoal-Positivo [P-P], Pessoal-Negativo [P-N], Social-Positivo [S-P], Social-Negativo [S-N], Cultural-Positivo [C-P] e Cultural-Negativo [C-N]) (consulte a Tabela 12.2 para ver os itens de amostra).

Ghorbani e colaboradores (2002) validaram a nova medida administrando também a ROS Allport-Ross a um grupo de estudantes universitários americanos/cristãos ($N = 188$) e iranianos/muçulmanos ($N = 187$). Além disso, todos os participantes concluíram várias medidas de resultados psicológicos, como ansiedade, depressão, obsessão-compulsão e sensibilidade interpessoal.

Eles descobriram que as perguntas sobre o MROCS eram internamente consistentes e confiáveis nas amostras dos EUA e do Irã. Além disso, as novas escalas em geral foram correlacionadas positivamente com as escalas de religiosidade intrínseca e extrínseca de ROI de Allport e Ross. Mas isso nem sempre foi o caso. Na verdade, a maioria das escalas extrínsecas do MCROS foram positivamente correlacionadas com a religiosidade intrínseca e extrínseca de ROS. Esse resultado contraria a teoria de Allport de que a religiosidade intrínseca e extrínseca são polos opostos. Além disso, em termos gerais, a religiosidade extrínseca medida pelo MROC foi positivamente correlacionada com o desajuste psicológico (ansiedade, depressão, transtorno obsessivo-compulsivo) na amostra iraniana, mas não na americana. Finalmente, o novo MCROS sugere que a religiosidade extrínseca pode ter resultados mentais positivos, como quando a escala externa "deste mundo" Cultural-Positiva se correlacionou negativamente com a depressão na amostra iraniana. Lembre-se de que essa escala consistia em itens como "Sou religioso porque quero passar a eternidade no céu", sugerindo que as pessoas que endossaram esse tipo de pergunta estavam menos deprimidas do que aquelas que não o fizeram.

Outros pesquisadores usaram medidas modificadas da Escala ROS de Allport-Ross para estudar a conexão entre religiosidade e resultados psicológicos de saúde em estudantes muçulmanos (Butt, 2014). A ROI modificada é conhecida como "Age-Universal I-E Scale" (Maltby, 1999) e consiste em seis perguntas para orientação intrínseca, três para extrínseco-pessoal e três para extrínseco-social. Butt (2014) também administrou medidas de saúde psicológica (depressão, ansiedade, humor positivo e negativo e bem-estar) a uma amostra de 209 estudantes muçulmanos paquistaneses. Butt também encontrou apoio para a ideia de que a religiosidade intrínseca está negativamente relacionada à ansiedade e positivamente relacionada ao bem-estar e ao humor positivo. Butt não encontrou associação entre religiosidade intrínseca e depressão. A religiosidade extrínseca foi negativamente relacionada ao bem-estar psicológico e ao humor positivo, mas positivamente com a ansiedade, o que significa que aqueles com altos escores extrínsecos têm baixo nível de bem-estar e humor positivo,

mas altos níveis de ansiedade. Em suma, o modelo de religiosidade de Allport está encontrando um apoio intrigante quando aplicado a amostras islâmicas, mas também está claro que o padrão de resultados psicológicos difere um pouco em comparação com amostras cristãs.

Críticas a Allport

Allport baseou sua teoria da personalidade mais na especulação filosófica e no bom senso do que em investigações científicas. Ele nunca teve a pretensão de que sua teoria fosse completamente nova ou abrangente; ao contrário, ele era eclético, utilizando de modo cuidadoso conceitos de outras teorias e reconhecendo que seus detratores poderiam ter coisas importantes a dizer. Coerente com essa atitude tolerante, Allport (1968) reconheceu que seus adversários poderiam estar certos, pelo menos em parte.

Para Allport, entende-se que a maioria da população é constituída de indivíduos conscientes, que olham para a frente e buscam a tensão. Para aqueles que acham que as teorias deterministas perderam de vista a pessoa proativa, a visão de Allport de humanidade é filosoficamente inovadora. No entanto, como com qualquer outra teoria, ela precisa ser avaliada a partir de uma base científica.

É provável que Allport tenha feito mais do que qualquer outro psicólogo para definir a personalidade e classificar outras acepções do termo. Porém, seus escritos

TABELA 12.2

Exemplos de itens da Muslim–Christian Religious Orientation Scales (MCROS) (Ghorbani et al., 2002)

Escala	Item de amostra
Intrínseco	"Na minha vida religiosa, sempre busco a proximidade com Deus" "É essencial que eu passe algum tempo lendo o Alcorão (Bíblia) para poder ouvir o que Deus tem a me dizer"
Extrínseco	
Este mundo	
Pessoal-positivo	"Eu leio o Alcorão (Bíblia) porque me faz sentir bem comigo mesmo"
Pessoal-negativo	"A consciência de minhas próprias inadequações pessoais é a principal razão pela qual eu preciso de Deus"
Social-positivo	"A principal razão por trás da minha religião é fazer novos amigos e conhecidos"
Social-negativo	"Sou religioso para não ter má reputação entre outros"
Cultural-positivo	"Minha motivação para ser religioso é o desejo de desenvolver uma sociedade humana pacífica, justa e feliz"
Cultural-negativo	"Sou religioso porque sei que a perda da vida religiosa leva ao declínio da civilização e da cultura"
De outro mundo	
Positivo	"Sou religioso porque quero passar a eternidade no céu"
Negativo	"Eu faço o meu melhor para evitar o pecado porque não quero ir para o inferno"

constituem uma *teoria* no sentido de estabelecer um conjunto de pressupostos relacionados que geram hipóteses verificáveis? Segundo esse critério, as propostas de Allport se classificam com um "sim" qualificado. Trata-se de uma teoria limitada, que oferece explicações para um âmbito restrito da personalidade, a saber, certos tipos de motivação. Os motivos funcionalmente autônomos dos adultos sadios no âmbito psicológico são abordados de modo adequado pela teoria de Allport. Mas e quanto aos motivos das crianças e dos adultos mentalmente perturbados? O que os move e por quê? E quanto aos adultos sadios que se comportam de maneira estranha? O que explica essas incoerências? Que explicação Allport apresentou para sonhos bizarros, fantasias e alucinações de indivíduos maduros? Infelizmente, essa explicação da personalidade não é ampla o suficiente para responder de modo adequado a tais perguntas.

Apesar de suas limitações como uma teoria útil, a abordagem da personalidade de Allport é estimulante e esclarecedora. Qualquer pessoa interessada na construção de uma teoria da personalidade deve, primeiro, familiarizar-se com os escritos de Allport. Poucos psicólogos fizeram tanto esforço para colocar a teoria da personalidade em perspectiva; poucos foram tão cuidadosos na definição de termos, na categorização de definições prévias ou no questionamento de quais unidades devem ser empregadas na teoria da personalidade. O trabalho de Allport estabeleceu um padrão para o pensamento claro e a precisão que futuros teóricos deveriam imitar.

A teoria *gerou pesquisa*? Segundo esse critério, a teoria de Allport recebe uma classificação moderada. A sua ROS, o Estudo dos Valores e o seu interesse pelo preconceito conduziram a múltiplos estudos científicos da religião, dos valores e do preconceito.

Segundo o critério de *refutabilidade*, a teoria de Allport deve receber uma classificação baixa. O conceito de quatro orientações religiosas um tanto independentes pode ser verificado ou refutado, porém a maioria dos outros *insights* de Allport está além da capacidade da ciência de determinar se alguma outra explicação poderia ser igualmente apropriada.

Uma teoria útil proporciona uma *organização para as observações*. A teoria de Allport satisfaz esse critério? Mais uma vez, apenas para um âmbito restrito dos motivos adultos a teoria oferece uma organização significativa para as observações. Muito do que é conhecido acerca da personalidade humana não pode ser facilmente integrado à teoria de Allport. De forma mais específica, os comportamentos motivados por forças inconscientes, assim como aqueles estimulados por impulsos primários, não foram explicados de modo adequado por Allport. Ele reconheceu a existência desses tipos de motivações, mas pareceu se contentar em permitir que as explicações psicanalíticas e comportamentais permanecessem sem maior elaboração. Tal limitação, no entanto, não invalida a teoria de Allport. Aceitar a validade de outros conceitos teóricos é uma abordagem legítima da construção da teoria.

Como um *guia para os profissionais*, a teoria de Allport tem utilidade moderada. Ela certamente serve como uma baliza para o professor e o terapeuta, iluminando a visão da personalidade que sugere que as pessoas devem ser tratadas como indivíduos. Os detalhes, no entanto, são deixados sem especificação.

Nos dois critérios finais de uma teoria útil, a psicologia do indivíduo de Allport é classificada como alta. Sua linguagem precisa torna a teoria *coerente internamente* e *parcimoniosa*.

Conceito de humanidade

Allport possuía uma visão, basicamente, *otimista* e esperançosa da natureza humana. Ele rejeitava as visões psicanalítica e comportamental de humanidade como excessivamente deterministas e mecanicistas. Ele acreditava que nosso destino e nossos traços não são determinados por motivos inconscientes que se originam na infância, mas por escolhas conscientes que fazemos no presente. Não somos simplesmente autômatos que reagem de modo cego às forças de recompensa e punição. Ao contrário, somos capazes de interagir com o ambiente e torná-lo reativo a nós. Não só procuramos reduzir as tensões como também estabelecer novas. Desejamos a mudança e o desafio; e somos reativos, intencionais e flexíveis.

Como as pessoas possuem o potencial de aprender uma variedade de respostas em muitas situações, o crescimento psicológico pode acontecer em qualquer idade. A personalidade não é estabelecida no início da infância, muito embora, para algumas pessoas, as influências infantis permaneçam fortes. As experiências do início da infância são importantes somente se continuam existindo no presente. Ainda que a segurança e o amor precoces deixem marcas duradouras, as crianças precisam de mais do que amor: elas necessitam de uma oportunidade para moldarem sua própria existência com criatividade, para resistirem à conformidade e para serem indivíduos livres e autodirecionados.

Mesmo que a sociedade tenha algum poder de moldar a personalidade, Allport acreditava que ela possui a resposta para a natureza da humanidade. Os fatores que moldam a personalidade, defendia

Allport, não são tão importantes quanto a própria personalidade. A hereditariedade, o ambiente e a natureza do organismo são importantes; porém, as pessoas são essencialmente proativas e livres para seguir os ditames predominantes na sociedade ou para traçar o curso da própria vida.

As pessoas, no entanto, não são completamente livres. Allport (1961) adotou uma abordagem da *liberdade limitada*. Ele, com frequência, era crítico daquelas visões que permitem a liberdade absoluta, mas também se opunha às visões psicanalítica e comportamental, as quais ele considerava que negavam o livre-arbítrio. A posição de Allport era intermediária. Ainda que exista o livre-arbítrio, algumas pessoas são mais capazes de fazer escolhas do que outras. Uma pessoa sadia tem mais liberdade do que uma criança ou um adulto gravemente perturbado. A pessoa reflexiva e muito inteligente tem mais capacidade para a livre escolha do que a não reflexiva e com pouca inteligência.

Mesmo que a liberdade seja limitada, Allport defendia que ela pode ser expandida. Quanto mais *insight* pessoal um indivíduo desenvolve, maior é a liberdade de escolha dessa pessoa. Quanto mais objetiva uma pessoa se torna – isto é, quanto menores as preocupações consigo e o egoísmo – maior o grau de liberdade dessa pessoa.

Educação e conhecimento também expandem a quantidade de liberdade que temos. Quanto maior nosso conhecimento de uma área particular, mais ampla é nossa liberdade nessa área. Ter uma educação geral extensa significa que, até certo ponto, a pessoa tem uma escolha mais ampla de empregos, atividades recreativas, materiais de leitura e amigos.

Por fim, nossa liberdade pode ser expandida por nosso modo de escolha. Se aderimos teimosamente a um curso de ação familiar apenas porque ele é mais confortável, nossa liberdade permanece, em grande parte, restrita. Todavia, se adotamos um modo de mente aberta para a solução de problemas, então ampliamos nossa perspectiva e aumentamos nossas alternativas, ou seja, expandimos nossa liberdade para escolher (Allport, 1955).

A visão de Allport de humanidade é mais *teleológica* do que causal. A personalidade, até certo ponto, é influenciada pelas experiências passadas, mas os comportamentos que nos tornam humanos são motivados por nossas expectativas do futuro. Em outras palavras, somos indivíduos sadios, uma vez que estabelecemos e buscamos propósitos e aspirações futuras. Cada um de nós é diferente dos outros, não tanto porque temos impulsos básicos distintos, mas porque temos objetivos e intenções autoconstruídas diferentes.

O crescimento da personalidade sempre ocorre dentro de um contexto social, porém Allport colocou ênfase apenas moderada nos *fatores sociais*. Ele reconheceu a importância das influências ambientais para ajudar a moldar a personalidade, mas insistia que a personalidade tem alguma vida própria. A cultura pode influenciar nossa linguagem, nossa moral, nossos valores, nossa moda, porém a forma como cada um de nós reage às forças culturais depende de nossa personalidade única e de nossa motivação básica.

Em suma, Allport tinha uma visão otimista da humanidade, afirmando que as pessoas têm, pelo menos, liberdade limitada. Os seres humanos são orientados para o objetivo, proativos e motivados por uma variedade de forças, a maioria das quais está dentro do terreno da consciência. As experiências infantis iniciais são de importância relativamente menor e são significativas apenas quando existem no presente. Tanto as diferenças quanto as semelhanças entre as pessoas são importantes, mas as *diferenças individuais* e a *singularidade* recebem muito mais ênfase na psicologia de Allport.

Termos-chave e conceitos

- Allport era *eclético* na aceitação de ideias de uma variedade de fontes.
- Ele definiu *personalidade* como a organização dinâmica no interior do indivíduo daqueles sistemas psicofísicos que determinam o comportamento e o pensamento de uma pessoa.
- As *pessoas psicologicamente sadias* são motivadas, em grande parte, pelos processos conscientes; possuem um senso de *self* ampliado; relacionam-se afetuosamente com os outros; aceitam-se pelo que são; possuem uma percepção realista do mundo; e apresentam *insight*, humor e uma filosofia de vida unificadora.
- Allport defendia uma posição *proativa*, que enfatizasse a noção de que as pessoas têm bastante *controle consciente* sobre suas vidas.
- *Traços comuns* são as características gerais que muitas pessoas têm em comum. Elas podem ser úteis para comparar um grupo de pessoas com outro.
- Os *traços individuais* (disposições pessoais) são peculiares ao indivíduo e têm a capacidade de tornar diferentes

estímulos funcionalmente equivalentes e iniciar e guiar o comportamento.

- Os três níveis de disposições pessoais são: (1) *disposições cardinais*, as quais apenas algumas pessoas possuem e que são tão visíveis que não podem ser ocultas; (2) *disposições centrais*, os 5 a 10 traços que tornam uma pessoa única; e (3) *disposições secundárias*, que são menos distinguíveis, porém muito mais numerosas do que as disposições centrais.
- As disposições pessoais que iniciam ações são denominadas *traços motivacionais*.
- As disposições pessoais que guiam as ações são denominadas *traços estilísticos*.

- O *proprium* refere-se a comportamentos e disposições pessoais que são calorosos e centrais para nossas vidas e que consideramos como exclusivamente nossos.
- *Autonomia funcional* refere-se aos motivos que são autônomos e independentes dos motivos que foram originalmente responsáveis por um comportamento.
- *Autonomia funcional perseverativa* refere-se a hábitos e comportamentos que não fazem parte do *proprium* da pessoa.
- A *autonomia funcional do proprium* inclui todas aquelas motivações autônomas que estão relacionadas ao *proprium*.
- Allport usou *procedimentos morfogenéticos*, como diários e cartas, que destacam os padrões de comportamento dentro de um único indivíduo.

Referências

Allport, F. (1974). An autobiography. In G. Lindzey (Ed.), *A history of psychology in autobiography* (Vol. 6, pp. 1-29). Englewood Cliffs, NJ: Prentice-Hall.

Allport, G. W. (1937). *Personality: A psychological interpretation.* New York: Henry Holt.

Allport, G. W. (1950). *The individual and his religion.* New York: Macmillan.

Allport, G. W. (1954). *The nature of prejudice.* Reading, MA: Addison-Wesley.

Allport, G. W. (1955). *Becoming: Basic consideration for a psychology of personality.* New Haven, CT: Yale University Press.

Allport, G. W. (1960). The open system in personality theory. *Journal of Abnormal and Social Psychology, 61,* 301-310.

Allport, G. W. (1961). *Pattern and growth in personality.* New York: Holt, Rinehart and Winston.

Allport, G. W. (1962). The general and the unique in psychological science. *Journal of Personality, 30,* 405-422.

Allport, G. W. (1963). Behavioral science, religion and mental health. *Journal of Religion and Health, 2,* 187-197.

Allport, G. W. (1965). *Letters from Jenny.* San Diego: Harcourt Brace Jovanovich.

Allport, G. W. (1966). Traits revisited. *American Psychologist, 21,* 1-10.

Allport, G. W. (1967). An autobiography. In E. G. Boring & G. Lindzey (Eds.), *A history of psychology in autobiography* (Vol. 5, pp. 1-25). New York: Appleton-Century-Crofts.

Allport, G. W. (1968). *The person in psychology.* Boston: Beacon Press.

Allport, G. W. (1978). *Waiting for the Lord: 33 meditations on God and man.* New York: Macmillan.

Allport, G. W., & Odbert, H. S. (1936). Trait-names: A psycho-lexical study. *Psychological Monographs, 47,* 1-171.

Allport, G. W., & Ross, J. M. (1967). Personal religious orientation and prejudice. *Journal of Personality and Social Psychology, 5,* 432-443.

Allport, G. W., Vernon, P. E., & Lindzey, G. (1960). *A study of values.* Boston: Houghton Mifflin.

Anonymous. (1946). Letters from Jenny. *Journal of Abnormal and Social Psychology, 41,* 315-350, 449-480.

Baldwin, A. F. (1942). Personal structure analysis: A statistical method for investigating the single personality. *Journal of Abnormal and Social Psychology, 37,* 163-183.

Barenbaum, N. B. (1997). The case(s) of Gordon Allport. *Journal of Personality, 65,* 743-755.

Bergin, A. E. (1980). Psychotherapy and religious values. *Journal of Consulting and Clinical Psychology, 48,* 95-105.

Butt, F. M. (2014). Emotional intelligence, religious orientation, and mental health among university students. *Pakistan Journal of Psychological Research, 29,* 1-19.

Elms, A. C. (1994). *Uncovering lives: The uneasy alliance of biography and psychology.* New York: Oxford University Press.

Eysenck, H. J. (1997b). *Rebel with a cause: The autobiography of H. J. Eysenck* (Rev. ed.). New Brunswick: Truncation Publishers.

Ghorbani, N., Watson, P. J., Gharibi, H. R., & Chen, Z. J. (2018). Model of Muslim religious spirituality: Impact of Muslim experiential religiousness on religious orientations and psychological adjustment among Iranian Muslims. *Archive for the Psychology of Religion, 40,* 117-140. doi: 10.1163.15736121-12341354.

Ghorbani, N., Watson, P. J., Ghramaleki, A. F., & Morris, R. J. (2002). Muslim-Christian Orientation Scales: Distinctions, correlations, and cross-cultural analysis in Iran and the United States. *The International Journal for the Psychology of Religion, 12,* 69-91.

Ghorbani, N., Watson, P. J., Tahbaz, S., & Chen, Z. J. (2017). Religious and psychological implications of positive and negative religious coping in Iran. *Journal of Religious Health, 56,* 477-492. doi: 10.1007/s10943-016-0228-5.

Greenwald, A. G., & Pettigrew, T. F. (2014). With malice toward none and charity for some: Ingroup favoritism enables discrimination. *American Psychologist, 69,* 669-684.

Hewstone, M., Cairns, E., Voci, A., Hamberger, J., & Niens, U. (2006). Intergroup contact, forgiveness, and experience of "The Troubles" in Northern Ireland. *Journal of Social Issues, 62*(1), 99-120.

Kirkpatrick, L. A. (1989). A psychometric analysis of the Allport-Ross and Feagan measures of intrinsic-extrinsic religious orientation. In D. O. Moberg & M. L. Lynn (Eds.), *Research in the social scientific study of religion* (Vol. 1, pp. 1-30). Greenwich, CT: JAI.

Maltby, J. (1999). The internal structure of a derived, revised, and amended measure of the Religious Orientation Scale: The Age-Universal I-E Scale-12. *Social Behavior and Personality, 27,* 407-412.

Paige, J. (1966). Letters from Jenny. An approach to the clinical analysis of personality structure by computer. In P. J. Stone (Ed.), *The General Inquirer: A Computer Approach to Content Analysis.* Cambridge, MA: MIT Press.

Pettigrew, T. F., & Tropp, L. R. (2006). A meta-analytic test of intergroup contact theory. *Journal of Personality and Social Psychology, 90,* 751-783.

Pettigrew, T. F., Tropp, L. R., Wagner, U., & Christ, O. (2011). Recent advances in intergroup contact theory. *International Journal of Intercultural Relations, 35,* 271-280.

Seedall, R. B., Butler, M. H., & Elledge, J. Z. (2014). Does religious motivation influence the conceptualization and acceptability of forgiveness as a therapeutic intervention? *The American Journal of Family Therapy, 42,* 127-140. doi:10.1080/01926187.2013.772868.

Shustack, M. W., & Friedman, H. S. (Eds.). (2008). *The personality reader* (2nd ed). New York: Pearson.

Stephenson, W. (1953). *The study of behavior: Q-technique and its methodology.* Chicago: University of Chicago Press.

Tajfel, H. (1970). Experiments in intergroup discrimination. *Scientific American, 223,* 96-102.

Tropp, L. R., & Pettigrew, T. F. (2005). Differential relationships between intergroup contact and affective and cognitive dimensions of prejudice. *Psychological Science, 16,* 951-957.

Watson, P. J., Ghorbani, N., Davison, H. K., Bing, M. N., Hood, R. W., & Ghramaleki, A. F. (2002). Negatively reinforcing personal extrinsic motivations: Religious orientation, inner awareness, and mental health in Iran and the United States. *The International Journal for the Psychology of Religion, 12,* 255-276.

Winter, D. G. (1993). Gordon Allport and "Letters from Jenny." In K. H. Craik, R. Hogan, & R. N. Wolfe (Eds.), *Fifty years of personality psychology* (pp. 147-163). New York: Plenum Press.

Worthington, E. L., Witvliet, C. V., Pietrini, P., & Miller, A. J. (2007). Forgiveness, health, and wellbeing: A review of evidence for emotional versus decisional forgiveness, dispositional forgiveness, and reduced unforgiveness. *Journal of Behavioral Medicine, 30,* 291-302.

CAPÍTULO 13

Teoria dos Cinco Fatores de McCrae e Costa

- *Panorama das teorias dos traços e fatores*
- *O trabalho pioneiro de Raymond B. Cattell*
- *Princípios básicos da análise fatorial*
- *Os Cinco Grandes Fatores: taxonomia ou teoria?*
- *Biografias de Robert R. McCrae e Paul T. Costa Jr.*
- *À procura dos Cinco Grandes Fatores*
  Cinco Fatores encontrados
  Descrição dos Cinco Fatores
- *Evolução da teoria dos Cinco Fatores*
  Unidades da teoria dos Cinco Fatores
  Postulados básicos
- *Pesquisa relacionada*
  Consistência e mudança na personalidade ao longo da vida
  Medindo os Cinco Grandes Fatores com nossas pegadas digitais
- *Críticas às teorias dos traços e fatores*
- *Conceito de humanidade*
- *Termos-chave e conceitos*
- *Referências*

Cortesia de Robert R. McCrae, PhD

Cortesia de Paul T. Costa Jr., PhDv

Thomas estava em um bar local com alguns amigos de longa data, mas um deles – Samuel – disse algo que realmente perturbou Thomas, que já tinha bebido muito. Thomas se levantou, empurrou Samuel e começou uma briga. Clarisse, uma amiga de Samuel, puxou Thomas antes que alguém ficasse ferido. Clarisse não conhecia Thomas muito bem, mas estava convencida de que ele era um idiota agressivo e impulsivo e disse isso a ele quando os três saíram às pressas do bar. Samuel, surpreendentemente, veio em defesa de Thomas e disse: "Sabe, Thomas é realmente um cara legal. Ele não é assim – ele deve estar em um dia difícil. Dê uma chance a ele".

Thomas é um idiota agressivo ou está apenas tendo um dia difícil? Podemos dizer que Thomas é agressivo e impulsivo sem saber mais nada sobre sua personalidade? É assim que ele é normalmente? E quando ele não está bêbado? Ele age de forma agressiva e impulsiva em outras situações? A situação (dia difícil) explica melhor como Thomas agiu ou é mais adequado explicar suas ações por sua personalidade (idiota agressivo)?

Esses são os tipos de perguntas que os psicólogos fazem. Os psicólogos sociais provavelmente irão explicar o comportamento de Thomas por meio da situação (dia difícil). É possível que os psicólogos da personalidade atribuam o comportamento de Thomas a traços duradouros. Um traço torna as pessoas únicas e contribui para a coerência de como elas se comportam em diferentes situações e ao longo do tempo. Os traços são o foco de estudo de muitos psicólogos da personalidade, mas, historicamente, diferentes psicólogos tinham sua própria lista particular de traços de personalidade em que se focavam e havia pouco consenso acerca de quais eram as principais dimensões da personalidade. Esse foi, pelo menos, o caso até a década de 1980, quando o campo convergiu para uma resposta: existem cinco dimensões principais da personalidade, são elas: extroversão, amabilidade, conscienciosidade, neuroticismo e abertura à experiência. Esses são os assim chamados Cinco Grandes traços da personalidade ("Big Five"), e sua ampla adoção e aceitação se deve muito às pesquisas e à teoria de Robert McCrae e Paul Costa.

Panorama das teorias dos traços e fatores

Como a personalidade pode ser medida? Por testes padronizados? Observação clínica? Julgamentos de amigos e conhecidos? Os teóricos dos fatores usaram todos esses e outros métodos. Uma segunda questão é: quantos traços ou disposições pessoais o indivíduo possui? Dois ou três? Meia dúzia? Algumas centenas? Mais de mil? Durante os últimos 25 a 45 anos, inúmeros estudiosos (Cattell, 1973, 1983; Eysenck, 1981, 1997a) e várias equipes de pesquisadores (Costa & McCrae, 1992; McCrae & Costa, 2003; Tupes & Christal, 1961) adotaram uma abordagem analítica

fatorial para responder a tais questões. Nos dias atuais, a maioria dos pesquisadores que estudam os traços de personalidade concorda que cinco, apenas cinco e não menos do que cinco, traços dominantes continuam a emergir das técnicas de análise fatorial – procedimentos matemáticos capazes de selecionar os traços de personalidade em meio a inúmeros dados de testes.

Ainda que muitos teóricos contemporâneos acreditem que cinco é o número mágico, teóricos anteriores, como Raymond B. Cattell, encontraram muito mais traços da personalidade, e Hans J. Eysenck insistia que somente três fatores principais podem ser discernidos por meio da análise fatorial. Além disso, já vimos que a abordagem do senso comum de Gordon Allport (ver Cap. 12) resultou em cinco a dez traços que são centrais para a vida de cada pessoa. Entretanto, a contribuição principal de Allport para a teoria dos traços pode ter sido a identificação de quase 18 mil denominações de traços em um dicionário completo da língua inglesa. Essas denominações de traços foram a base para o trabalho original de Cattell, e elas continuam a fornecer os fundamentos para estudos de análise fatorial recentes.

A teoria dos Cinco Fatores (frequentemente denominada Big Five) inclui neuroticismo e extroversão; mas acrescenta a abertura à experiência, amabilidade e conscienciosidade. Esses termos diferem um pouco entre as equipes de pesquisa, mas os traços subjacentes são muito semelhantes.

O trabalho pioneiro de Raymond B. Cattell

Uma figura importante nos primeiros anos da psicometria foi Raymond B. Cattell (1905-1998), que nasceu na Inglaterra, mas passou a maior parte de sua carreira nos Estados Unidos. Cattell teve apenas uma influência indireta sobre McCrae e Costa. Estes, no entanto, compartilharam técnicas e ideias, mesmo que suas abordagens também tivessem algumas diferenças significativas. Como alguma familiaridade com a teoria dos traços de Cattell ajuda a compreender a teoria dos Cinco Fatores de McCrae e Costa, discutiremos brevemente o trabalho de Cattell e o compararemos e contrastaremos com o de McCrae e Costa.

Em primeiro lugar, tanto Cattell quanto McCrae e Costa usaram um **método indutivo** de coleta de dados, ou seja, eles começaram sem ideias preconcebidas referentes ao número, ao nome dos traços ou aos tipos. Outros teóricos fatoriais, no entanto, usaram o **método dedutivo**, ou seja, eles tinham hipóteses preconcebidas antes de começarem a coleta dos dados.

Em segundo, Cattell usou três diferentes meios de observação para examinar as pessoas a partir do maior número de ângulos possível. As três fontes de dados incluíam um registro da vida da pessoa (dados L; do inglês *life*), derivado de observações feitas por outras pessoas; autorrelatos (dados Q; do inglês *questionnaires*) obtidos de questionários e outras técnicas concebidas para possibilitar que as pessoas façam descrições subjetivas de si mesmas; e testes objetivos (dados T), que medem aspectos como inteligência, rapidez de resposta e outras atividades concebidas para instigar o desempenho máximo da pessoa. Em contraste, cada um dos cinco fatores bipolares de McCrae e Costa está limitado a respostas a questionários. Esses autorrelatos restringem os procedimentos de McCrae e Costa aos fatores de personalidade.

Em terceiro, Cattell dividiu os traços em *traços comuns* (compartilhados por muitos) e *traços singulares* (peculiares a um indivíduo). Ele também distinguiu os *traços de fundo* dos indicadores de traços, ou *traços superficiais*. Cattell ainda classificou os traços em *temperamento, motivação* e *habilidade*. Os traços de temperamento se referem a *como* uma pessoa se comporta; os de motivação tratam de *por que* ela se comporta; e os traços de habilidade abordam *até onde* ou *a que velocidade* ela pode realizar.

Em quarto, a abordagem multifacetada de Cattell resultou em 35 traços primários, ou de primeira ordem, os quais medem, principalmente, a dimensão do temperamento na personalidade. Desses fatores, 23 caracterizam a população normal e 12 medem a dimensão patológica. O maior e mais frequentemente modelo estudado dos traços normais é o dos 16 fatores da personalidade encontrado no Questionário de 16 Fatores da Personalidade (16-PF *Scale*) de Cattell (1949). Em comparação, o Inventário de Personalidade-NEO (NEO-PI) de Costa e McCrae produz escores em apenas cinco fatores da personalidade.

Princípios básicos da análise fatorial

Um conhecimento abrangente das operações matemáticas envolvidas na **análise fatorial** não é essencial para a compreensão das teorias dos traços e fatores da personalidade, mas uma descrição geral dessa técnica mostra-se útil.

Para usar a análise fatorial, iniciam-se observações específicas de muitos indivíduos. Tais observações são, então, quantificadas de alguma maneira; por exemplo, a altura é medida em centímetros; o peso, em quilos; a aptidão, em escores de testes; o desempenho no trabalho, por meio de escalas de classificação; e assim por diante. Suponhamos que temos mil dessas medidas em 5 mil pessoas. O próximo passo é determinar quais dessas variáveis (escores) estão relacionadas a quais outras variáveis e em que medida. Para tanto, calculamos o **coeficiente de correlação** entre cada variável e cada um dos outros 999 escores. (Um coeficiente de correlação é um procedimento matemático que expressa o grau de correspondência entre dois conjuntos de escores). Correlacionar as mil variáveis com os outros 999 escores envolveria 499.500 correlações individuais (1.000 multiplicado por 999, dividido por 2).

Os resultados desses cálculos demandariam uma tabela de intercorrelações, ou uma *matriz*, com mil linhas e mil colunas. Algumas dessas correlações seriam altas e positivas, umas perto de zero, e outras seriam negativas. Por exemplo, poderíamos observar uma correlação positiva alta entre o comprimento da perna e a altura, porque uma é parcialmente uma medida da outra. Também poderíamos encontrar uma correlação positiva entre uma medida de habilidade de liderança e os índices em equilíbrio social. Essa relação poderia existir porque cada uma faz parte de um traço subjacente mais básico: autoconfiança.

Com mil variáveis separadas, nossa tabela de intercorrelações seria muito complicada. Nesse ponto, vamos nos voltar para a *análise fatorial*, que pode explicar um grande número de variáveis com um número menor de dimensões mais básicas. Essas dimensões mais básicas podem ser chamadas de *traços*, isto é, fatores que representam um grupo de variáveis intimamente relacionadas. Por exemplo, podemos encontrar intercorrelações positivas entre escores de testes em álgebra, geometria, trigonometria e cálculo. Agora, identificamos um grupo de escores que podemos chamar de fator M, que representa a habilidade matemática. De forma similar, podemos identificar inúmeros outros **fatores**, ou unidades da personalidade derivadas por meio da análise fatorial. O número de fatores, é claro, será menor do que o número original de observações.

Nosso passo seguinte é determinar até que ponto cada escore individual contribui para os vários fatores. As correlações dos escores com os fatores são denominadas **cargas fatoriais**. Por exemplo, se os escores em álgebra, geometria, trigonometria e cálculo contribuem de forma significativa para o fator M, mas não para outros fatores, eles têm cargas fatoriais altas em matemática. As cargas fatoriais apontam uma pureza dos vários fatores e possibilitam a interpretação de seus significados.

Os traços gerados por meio da análise fatorial podem ser unidirecionais ou bidirecionais. Os **traços unidirecionais** encontram-se em uma escala de zero até alguma grande quantidade. Altura, peso e capacidade intelectual são exemplos de traços unidirecionais. Em contraste, os **traços bidirecionais** se estendem de um polo até o polo oposto, com zero representando um ponto intermediário. Introversão *versus* extroversão, liberalismo *versus* conservadorismo e domínio social *versus* timidez são exemplos de traços bidirecionais.

Para que os fatores derivados matematicamente tenham significado psicológico, os eixos em que os escores são traçados costumam ser virados ou *rotacionados* em uma relação matemática específica entre eles. Essa rotação pode ser ortogonal ou oblíqua, mas os defensores da teoria dos Cinco Fatores preferem a **rotação ortogonal**. A Figura 13.1 mostra que os eixos rotacionados ortogonalmente estão em ângulos retos entre si. Quando os escores na variável x aumentam, os escores no eixo y podem ter qualquer valor; ou seja, eles não têm relação com os escores no eixo x.

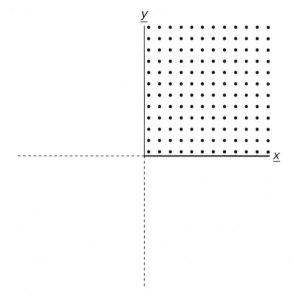

FIGURA 13.1 Eixos ortogonais.

O **método oblíquo**, que foi defendido por Cattell, presume alguma correlação positiva ou negativa e se refere a um ângulo inferior ou superior a 90°. A Figura 13.2 descreve um diagrama de escores em que x e y estão positivamente correlacionados entre si; ou seja, quando os escores na variável x aumentam, os escores no eixo y também têm tendência a aumentar. Observe que a correlação não é perfeita; algumas pessoas podem ter escore alto na variável x, mas relativamente baixo na y, e vice-versa. Uma correlação perfeita ($r = 1,00$) resultaria em x e y ocupando a mesma linha. Psicologicamente, a rotação ortogonal, em geral, resulta em apenas alguns traços significativos, enquanto os métodos oblíquos costumam produzir um número maior.

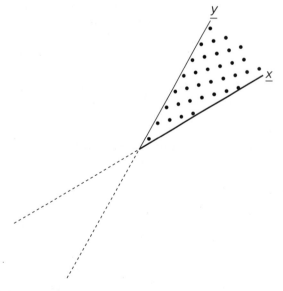

FIGURA 13.2 Eixos oblíquos.

Os Cinco Grandes Fatores: taxonomia ou teoria?

No Capítulo 1, definimos uma taxonomia como uma classificação das coisas de acordo com suas relações naturais. Também sugerimos que as taxonomias são um ponto de partida essencial para o avanço da ciência, mas que elas não são teorias. Enquanto as teorias geram pesquisa, as taxonomias meramente suprem um sistema de classificação.

Na discussão seguinte do modelo dos Cinco Fatores (FFM, do inglês, *Five Factor Model*), de McCrae e Costa, veremos que o trabalho deles começou como uma tentativa de identificar traços básicos da personalidade, conforme revelados pela análise fatorial. Esse trabalho logo evoluiu para uma taxonomia e para o FFM. Depois de muito trabalho adicional, o FFM se tornou uma teoria, a qual pode tanto *predizer* quanto *explicar* o comportamento.

Biografias de Robert R. McCrae e Paul T. Costa Jr.

Robert Roger McCrae nasceu em 28 de abril de 1949, em Maryville, Missouri, uma cidade de 13 mil habitantes localizada a cerca de 160 km ao norte de Kansas City. Maryville é a terra do Northwest Missouri State, o maior empregador da cidade. McCrae, o mais moço de três filhos nascidos de Andrew McCrae e Eloise Elaine McCrae, cresceu com um ávido interesse em ciência e matemática. Na época em que ingressou na Universidade Estadual de Michigan, ele tinha decidido estudar filosofia. Tendo recebido o Mérito Acadêmico Nacional, ele, no entanto, não estava completamente feliz com a natureza de final aberto e não empírica da filosofia. Após concluir a faculdade, ingressou no programa de pós-graduação da Universidade de Boston, com especialização em psicologia. Devido à sua inclinação e talento para matemática e ciências, McCrae se mostrou intrigado com o trabalho psicométrico de Raymond Cattell. Em particular, ficou curioso quanto ao uso da análise fatorial para procurar um método simples de identificação dos traços estruturais encontrados no dicionário. Na Universidade de Boston, o professor orientador de McCrae era Henry Weinberg, um psicólogo clínico com apenas um interesse superficial pelos traços de personalidade. Assim, o interesse de McCrae nos traços teve que ser nutrido de forma mais interna do que externa.

Durante as décadas de 1960 e 1970, Walter Mischel (ver Cap. 18) estava questionando a noção de que os traços de personalidade são coerentes, alegando que a situação é mais importante do que qualquer traço de personalidade. Ainda que Mischel há pouco tivesse revisado sua posição sobre a coerência da personalidade, sua visão era aceita por muitos psicólogos naquela época. Em uma comunicação pessoal datada de 4 de maio de 1999, McCrae escreveu: "Frequentei o programa de pós-graduação nos anos seguintes à crítica de Mischel (1968) à psicologia dos traços. Muitos psicólogos, na época, estavam preparados para acreditar que os traços não passavam de conjuntos de respostas, estereótipos ou ficções cognitivas. Aquilo nunca fez sentido para mim, e minha experiência inicial com pesquisa mostrando notável estabilidade nos estudos longitudinais encorajou a crença de que os traços eram reais e duradouros". Entretanto, o trabalho de McCrae sobre os traços enquanto estava na pós-graduação foi uma empreitada relativamente solitária, sendo conduzida de modo silencioso sem muito alarde. De fato, essa abordagem silenciosa era compatível com sua própria personalidade relativamente quieta e introvertida.

Em 1975, há quatro anos em seu programa de doutorado, o destino de McCrae estava para mudar. Ele foi enviado por seu orientador para trabalhar como assistente de pesquisa com James Fozard, um psicólogo do desenvolvimento adulto no Normative Aging Study, na Veterans Administration Outpatient Clinic, em Boston. Foi Fozard quem encaminhou McCrae para outro psicólogo da personalidade residente em Boston, Paul T. Costa Jr., que fazia parte do corpo docente da Universidade de Massachusetts.

Depois que McCrae concluiu seu doutorado, em 1976, Costa o contratou como diretor de projetos e coinvestigador principal em sua pesquisa sobre tabagismo e personalidade. McCrae e Costa trabalharam juntos nesse projeto por dois anos, até que ambos foram contratados pelo Centro de Pesquisa em Gerontologia do National Institute on Aging's Gerontology Research Center, uma divisão dos National Institutes of Health (NIH), com sede em Baltimore. Costa foi contratado como chefe da seção sobre estresse e enfrentamento, enquanto McCrae assumiu o cargo de membro sênior da equipe. Como o Gerontology Research Center já possuía um grande e bem-estabelecido conjunto de dados de adultos, aquele era o lugar ideal para Costa e McCrae investigarem a questão de como a personalidade é estruturada. Durante a década de 1970, com a sombra da influência de Mischel ainda pairando fortemente sobre o estudo da personalidade e com o conceito de traços sendo quase um tema tabu, Costa e McCrae realizaram um trabalho sobre traços que assegurou a ambos um papel proeminente nos 40 anos de história da análise da estrutura da personalidade.

Paul T. Costa Jr. nasceu em 16 de setembro de 1942 em Franklin, New Hampshire, filho de Paul T. Costa e Esther Vasil Costa. Ele se graduou em psicologia na Universidade Clark em 1964, e seu mestrado (1968) e doutorado (1970) em desenvolvimento humano foram pela Universidade de Chicago. Seu interesse de longa data nas diferenças individuais e na natureza da personalidade aumentou muito no estimulante ambiente intelectual da Universidade de Chicago. Enquanto estava nessa instituição, trabalhou com Salvatore R. Maddi, com quem publicou um livro sobre a teoria humanista da personalidade (Maddi & Costa, 1972). Após receber seu título de doutor, ensinou por dois anos em Harvard e, depois, de 1973 até 1978, na Universidade de Massachusetts, Boston. Em 1978, começou a trabalhar no National Institute of Aging's Gerontology Research Center, tornando-se chefe da seção sobre estresse e enfrentamento, e depois, em 1985, foi chefe do Laboratório da Personalidade e Cognição. Nesse mesmo ano, 1985, ele se tornou presidente da Divisão 20 (Desenvolvimento Adulto e Envelhecimento) da American Psychological Association (APA). Em sua lista de realizações, também se tornou membro da APA, em 1977, e presidente da International Society for the Study of Individual Differences, em 1995. Costa e sua esposa, Karol Sandra Costa, têm três filhos, Nina, Lora e Nicholas.

A colaboração entre Costa e McCrae tem sido excepcionalmente frutífera, com mais de 200 artigos de pesquisa e capítulos em coautoria e vários livros, incluindo *Vidas emergentes, disposições duradouras (Emerging lives, enduring dispositions)* (McCrae & Costa, 1984), *Personalidade na idade adulta: uma perspectiva da teoria dos Cinco Fatores*, 2a ed. (*Personality in adulthood: a Five-Factor Theory perspective*, 2a ed.) (McCrae & Costa, 2003) e o Inventário da Personalidade NEO Revisado (Costa & McCrae, 1992).

À procura dos Cinco Grandes Fatores

O estudo dos traços foi iniciado por Allport e Odbert na década de 1930 e continuado por Cattell na década de 1940 e por Tupes, Christal e Norman na década de 1960 (ver John & Srivastava, 1999, para uma revisão histórica do FFM, ou Big Five).

No final da década de 1970 e início da década de 1980, Costa e McCrae, assim como a maioria dos outros pesquisadores dos fatores, estavam construindo taxonomias elaboradas dos traços da personalidade, mas não estavam usando essas classificações para gerar hipóteses verificáveis. Em vez disso, eles estavam simplesmente empregando técnicas de análise fatorial para examinar a estabilidade e a estrutura da personalidade. Durante essa época, Costa e McCrae focaram, a princípio, nas duas dimensões principais de neuroticismo e extroversão.

Quase imediatamente depois que descobriram esses dois fatores, Costa e McCrae encontraram um terceiro fator, o qual chamaram de abertura à experiência. A maior parte do trabalho inicial de Costa e McCrae permaneceu focado nessas três dimensões (ver, p. ex., Costa & McCrae, 1976; Costa, Fozard, McCrae, & Bosse, 1976). Ainda que Lewis Goldberg tenha utilizado primeiro o termo Big Five, em 1981, para descrever os achados consistentes das análises fatoriais dos traços de personalidade, Costa e McCrae continuaram seu trabalho sobre os três fatores.

Cinco Fatores encontrados

Em 1983, McCrae e Costa estavam defendendo um modelo da personalidade com três fatores. Somente em 1985, eles começaram a relatar o trabalho sobre os Cinco Fatores da personalidade. Esse trabalho culminou em seu novo Inventário dos Cinco Fatores da Personalidade: o NEO-PI (Costa & McCrae, 1985). O NEO-PI foi uma revisão de um inventário de personalidade anterior, não publicado, que mediu apenas as três primeiras dimensões: N, E e O. No inventário de 1985, as duas últimas dimensões — amabilidade e conscienciosidade — ainda eram as escalas menos desenvolvidas, sem subescalas associadas a elas. Costa e McCrae (1992) não desenvolveram integralmente as escalas A e C, até que o NEO-PI Revisado apareceu, em 1992.

Durante a década de 1980, McCrae e Costa (1985, 1989) continuaram seu trabalho dos fatores analisando a maioria dos outros principais inventários da personalidade, incluindo o Indicador de Tipos de Myers-Briggs (Myers, 1962) e o Inventário da Personalidade de Eysenck (H. Eysenck & S. Eysenck, 1975, 1993). Por exemplo, em uma comparação direta de seu modelo com o inventário de Eysenck, Costa e McCrae relataram que os primeiros dois fatores de Eysenck (N e E) são totalmente coerentes com os dois primeiros fatores deles. A medida de Eysenck do psicoticismo mapeava o limite inferior de amabilidade e conscienciosidade, mas não explorava a abertura à experiência (Costa e McCrae, 1985).

Naquela época, havia duas questões importantes e relacionadas na pesquisa da personalidade. Primeiro, com as dezenas de diferentes inventários da personalidade e centenas de escalas distintas, como poderia emergir uma linguagem comum? Todos tinham o próprio conjunto de variáveis da personalidade um tanto idiossincráticas, dificultando as comparações entre os estudos e o progresso cumulativo. De fato, como escreveu Eysenck (1991a):

> Quando temos literalmente centenas de inventários incorporando milhares de traços, em grande parte sobrepostos, mas também contendo variância específica, cada achado empírico está se referindo estritamente a apenas um traço específico de modo relevante. Essa não é a forma de construir uma disciplina científica unificada. (p. 786)

Segundo, qual é a estrutura da personalidade? Cattell preconizava 16 fatores; Eysenck, três, e muitos outros estavam começando a argumentar por cinco. A principal conquista do FFM foi oferecer respostas a essas duas questões.

Desde o final da década de 1980 e início da década de 1990, a maioria dos psicólogos da personalidade optou pelo FFM (Digman, 1990; John & Srivastava, 1999). Os cinco fatores foram encontrados em uma variedade de culturas, sob uma abundância de linguagens (McCrae & Allik, 2002). Além disso, os cinco fatores apresentam alguma permanência com a idade; ou seja, os adultos - na ausência de doença devastadora, como Alzheimer - tendem a manter a mesma estrutura de personalidade conforme envelhecem (McCrae & Costa, 2003). Esses achados estimularam McCrae e Costa (1996) a escrever que "os fatos acerca da personalidade estão começando a se encaixar" (p. 78). Ou, como McCrae e Oliver John (1992) insistiam, a existência dos Cinco Fatores "é um fato empírico, como o fato de que existem sete continentes ou oito presidentes norte-americanos da Virgínia" (p. 194). (A propósito, não é um fato empírico que a Terra tenha sete continentes: a maioria dos geógrafos considera apenas seis.)

Descrição dos Cinco Fatores

McCrae e Costa concordavam com Eysenck que os traços de personalidade são bidirecionais e seguem uma distribuição em forma de sino. Isto é, a maioria das pessoas tem escores perto da porção intermediária de cada traço, com apenas algumas apresentando escores nos extremos. Como as pessoas nos extremos podem ser descritas?

Neuroticismo (N) e extroversão (E) são os dois traços da personalidade mais fortes e onipresentes, e Costa e McCrae conceitualizam de forma muito parecida com a que Eysenck os definiu. As pessoas com escore alto em *neuroticismo* tendem a ser ansiosas, temperamentais, autoindulgentes, autoconscientes, emotivas e vulneráveis a transtornos relacionados ao estresse. Aquelas com escore baixo nesse fator são, em geral, calmas, equilibradas, satisfeitas consigo mesmas e não emotivas.

As pessoas com escore alto em *extroversão* tendem a ser afetuosas, joviais, falantes, agregadoras e adoram diversão. Em contraste, as que possuem escores baixos nesse fator tendem a ser reservadas, quietas, solitárias, passivas e sem habilidade para expressar emoções fortes (ver Tabela 13.1).

A *abertura à experiência* distingue os indivíduos que preferem a variedade daqueles que têm uma necessidade de convencionalidade* e que obtêm conforto na relação com pessoas e coisas familiares. Os que procuram de forma consistente experiências diferentes e variadas teriam um escore alto em abertura à experiência. Por exemplo, elas gostam de experimentar novos itens do cardápio em um restaurante ou gostam de procurar restaurantes novos e excitantes. Em contraste, as pessoas que não são abertas às experiências se apegam a algo familiar, que sabem que vão gostar. As pessoas com escore alto em abertura à experiência também tendem a questionar valores tradicionais, enquanto aquelas com escore baixo nessa dimensão tendem a defender os valores tradicionais e a preservar um estilo de vida fixo. Em suma, as pessoas com escore alto

---

*N. de R.T. O oposto de abertura (do inglês *openness*) seria fechamento (*closure*). Contudo, no Brasil, faz mais sentido descrever o polo oposto de abertura como convencional ou tradicional, isso para refletir o fato de que pessoas fechadas a novas experiências tendem a ser mais inflexíveis em seus gostos e preferências, buscando repetir lugares, comidas e conhecimentos.

TABELA 13.1

Modelo dos Cinco Grandes Fatores da personalidade de Costa e McCrae

Extroversão	Escores altos	Escores baixos
	Afetuoso	Reservado
	Agregador	Recluso
	Falante	Quieto
	Divertido	Discreto
	Ativo	Passivo
	Apaixonado	Insensível
	Extrovertido	Solitário
Neuroticismo	Ansioso	Calmo
	Temperamental	Equilibrado
	Autoindulgente	Satisfeito consigo
	Inseguro	Tranquilo
	Emotivo	Não emotivo
	Vulnerável	Resistente
	Sensível	Seguro
	Nervoso	Confiante
Abertura à experiência	Imaginativo	Realista
	Criativo	Pouco criativo
	Original	Convencional
	Prefere variedade	Prefere rotina
	Curioso	Cauteloso
	Liberal	Conservador
	Inventivo	Consistente
Amabilidade	De coração mole	Insensível
	Que confia nos outros	Desconfiado
	Generoso	Mesquinho
	Aquiescente	Antagonista
	Leniente	Crítico
	Bondoso	Irritável
	Amigável	Desafiador
	Compassivo	Desconectado
Conscienciosidade	Consciencioso	Negligente
	Trabalhador	Preguiçoso
	Bem-organizado	Desorganizado
	Pontual	Atrasado
	Ambicioso	Sem objetivo
	Perseverante	Pouco persistente
	Eficiente	Descontraído

Fonte: Tabela adaptada de John, Nauman e Soto, 2008.

em abertura à experiência costumam ser criativas, imaginativas, curiosas e liberais e têm uma preferência pela variedade. Em contraste, aquelas com escore baixo nesse fator são, em geral, convencionais, práticas, conservadoras e carecem de curiosidade.

A *escala de amabilidade* distingue as pessoas ternas das insensíveis. As pessoas com escores na direção da amabilidade tendem a confiar nos outros, ser generosas, flexíveis, receptivas e bondosas. Aquelas com escore na direção oposta são geralmente desconfiadas, mesquinhas, hostis, irritáveis e críticas em relação às outras pessoas.

O quinto fator – *conscienciosidade* – descreve pessoas que são ordeiras, controladas, organizadas, ambiciosas, focadas nas conquistas e autodisciplinadas. Em geral, as pessoas com escore alto nesse aspecto são trabalhadoras, diligentes, pontuais e perseverantes. Em contaste, as pessoas com escore baixo em conscienciosidade tendem a ser desorganizadas, negligentes, preguiçosas, sem objetivo e,

Pessoas com alto grau de abertura à experiência podem ser criativas e preferir atividades socialmente incomuns.
Liam Bailey/Image Source.

provavelmente, desistem quando um projeto se torna difícil. Juntas, essas dimensões compõem os traços de personalidade do FFM, frequentemente referidos como Big Five (Goldberg, 1981).

Evolução da teoria dos Cinco Fatores

Originalmente, os Cinco Fatores constituíam nada mais do que uma taxonomia, uma classificação dos traços básicos da personalidade. No final da década de 1980, Costa e McCrae começaram a acreditar que eles e outros pesquisadores haviam encontrado uma estrutura estável da personalidade. Isto é, eles tinham respondido à primeira questão central: qual é a estrutura da personalidade? Esse avanço foi um marco importante para os traços de personalidade. O campo, agora, tinha uma linguagem de comum acordo para descrever a personalidade, e era em cinco dimensões. Descrever, no entanto, não é o mesmo que explicar. Para a explicação, os cientistas precisam de teoria, e esse era o projeto seguinte de McCrae e Costa.

McCrae e Costa (1996) contestaram as primeiras teorias por basearem-se excessivamente nas experiências clínicas e em uma especulação de gabinete. Na década de 1980, a divergência entre as teorias clássicas e as teorias modernas focadas em pesquisa se tornou bastante pronunciada. Ficou claro, para eles, que "as antigas teorias não podem simplesmente ser abandonadas: elas devem ser substituídas por novas teorias, que se desenvolvam a partir de *insights* conceituais do passado e dos achados empíricos da pesquisa contemporânea" (p. 53). De fato, essa tensão entre o antigo e o novo foi uma das forças propulsoras subjacentes ao desenvolvimento de Costa e McCrae de uma teoria alternativa, que fosse além da taxonomia dos Cinco Fatores.

Qual, então, é a alternativa? O que uma teoria dos traços moderna poderia fazer para complementar as teorias clássicas? De acordo com McCrae e Costa, antes de tudo, uma nova teoria deve ser capaz de incorporar a mudança e o crescimento do campo que ocorreram durante os últimos 25 anos, além de ser baseada nos princípios empíricos atuais que emergiram da pesquisa.

Por 25 anos, esses dois estudiosos estiveram na vanguarda da pesquisa contemporânea da personalidade, desenvolvendo e elaborando o FFM. Para McCrae e Costa (1999), "nem o modelo em si nem os achados do corpo de pesquisa com o qual ele está associado constituem uma teoria da personalidade. Uma teoria organiza os achados para contar uma história coerente, colocar em evidência aquelas questões e fenômenos que podem e devem ser explicados" (p. 139-140). Em ocasião anterior, McCrae e Costa (1996, p. 78) tinham afirmado que "os fatos acerca da personalidade estão começando a se encaixar. Agora, é hora de começar a dar um sentido a eles". Em outras palavras, era hora de transformar o FFM (taxonomia) em uma teoria dos cinco fatores (FFT; *Five-Factor Theory*).

Unidades da teoria dos Cinco Fatores

Na teoria da personalidade de McCrae e Costa (1996, 1999, 2003; McCrae e Sutin, 2018), o comportamento é previsto por meio da compreensão de dois componentes centrais ou essenciais e três periféricos. Os dois componentes principais (retângulos) são tendências básicas e adaptações características (incluindo autoconceito). As três unidades periféricas (elipses) do modelo são bases biológicas, biografia objetiva e influências externas.

Componentes centrais da personalidade

Na Figura 13.3, os componentes centrais ou essenciais são representados por retângulos, enquanto os componentes periféricos são representados por elipses. As setas representam **processos dinâmicos** e indicam a direção da influência causal. Por exemplo, a biografia objetiva (experiências de vida) é o resultado de adaptações características e de influências externas. Além disso, as bases biológicas são a única causa das tendências básicas (traços de personalidade). O sistema da personalidade pode ser interpretado transversalmente (como o sistema opera em determinado ponto no tempo) ou longitudinalmente (como nos desenvolvemos durante toda a vida). Além do mais, cada influência causal é dinâmica, significando que ela se modifica ao longo do tempo.

Tendências básicas Conforme definido por McCrae e Costa (1996), as **tendências básicas** são um dos componentes centrais da personalidade, com adaptações características, autoconceito, bases biológicas, biografia objetiva e influências externas. McCrae e Costa definiram as tendências básicas como:

a matéria-prima universal das capacidades e disposições da personalidade que costuma ser inferida em vez de observada. As tendências básicas podem ser herdadas, determinadas pela experiência inicial ou modificadas por doença ou intervenção psicológica, mas, em qualquer período específico da vida, elas definem o potencial e a direção do indivíduo. (p. 66, 68)

Em versões anteriores de sua teoria, McCrae e Costa (1996) deixaram claro que muitos elementos diferentes compõem as tendências básicas. Além dos cinco traços estáveis da personalidade, essas tendências básicas incluem habilidades cognitivas, talento artístico, orientação sexual e processos psicológicos subjacentes à aquisição da linguagem.

Na maior parte de suas publicações posteriores, McCrae e Costa (1999, 2003) focaram quase que exclusivamente nos traços de personalidade: de modo mais específico, nas cinco dimensões (N, E, O, A e C) descritas em detalhes anteriormente (ver Tabela 13.1). A essência das tendências básicas é sua base biológica e sua estabilidade ao longo do tempo e das situações.

Adaptações características Os componentes principais da FFT incluem as **adaptações características**, ou seja, estruturas da personalidade adquiridas que se desenvolvem conforme as pessoas se adaptam a seu ambiente e incluem hábitos, habilidades e crenças (McCrae & Sutin, 2018). A diferença principal entre as tendências básicas e as adaptações características é a flexibilidade. Enquanto as tendências básicas são bastante estáveis, as adaptações

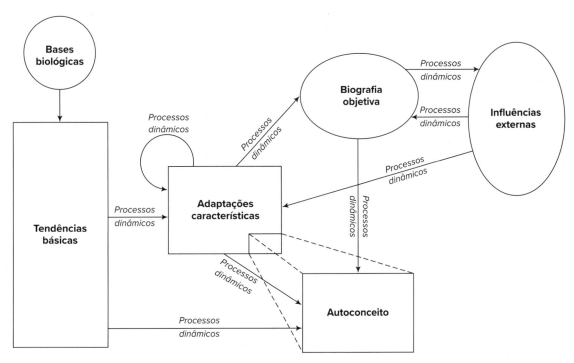

FIGURA 13.3 Operação do sistema da personalidade de acordo com a teoria dos Cinco Fatores. As setas indicam a direção das influências causais, as quais operam por meio de processos dinâmicos.
Fonte: McCrae e Costa (1996).

características podem sofrer a interferência de influências externas, tais como habilidades adquiridas, hábitos, atitudes e relações que resultam da interação dos indivíduos com o ambiente. McCrae e Costa (2003) explicaram a relação entre as tendências básicas e as adaptações características, referindo que o centro de sua teoria "é a distinção entre as tendências básicas e as adaptações características, precisamente a distinção de que precisamos para explicar a estabilidade da personalidade" (p. 187).

Todas as habilidades adquiridas e específicas, como a língua inglesa ou a estatística, são adaptações características. A rapidez com que aprendemos (talento, inteligência, aptidão) é a tendência básica; o que aprendemos é a adaptação característica. Além do mais, nossas disposições e tendências são a influência direta em nossas adaptações características. As respostas características são formadas e moldadas pelas tendências básicas. O que as torna características é sua coerência e singularidade; portanto, elas refletem a operação dos traços de personalidade duradouros. Relembrando Allport, elas são adaptações porque são moldadas como uma resposta ao que o ambiente tem a oferecer em determinado momento. Elas permitem nos encaixarmos ou nos adaptarmos ao ambiente de forma contínua.

O entendimento de como as adaptações características e as tendências básicas interagem é absolutamente central para a FFT. As tendências básicas são estáveis e duradouras, enquanto as adaptações características flutuam, estando sujeitas a mudanças durante a vida. As adaptações características são consequências de tendências/ traços básicos. Por exemplo, as adaptações características de sorrir para estranhos, liderar um grupo ou passar férias em praias populares são, cada uma, uma consequência do traço de extroversão (McCrae & Sutin, 2018). As adaptações características diferem de cultura para cultura. Por exemplo, a expressão de raiva em presença de um superior é muito mais tabu no Japão do que nos Estados Unidos. A distinção entre as tendências estáveis e as adaptações mutáveis é importante porque pode explicar a estabilidade e a plasticidade da personalidade. Assim, McCrae e Costa forneceram uma solução para o problema da estabilidade *versus* mudança na estrutura da personalidade. As tendências básicas são estáveis, enquanto as adaptações características flutuam.

Autoconceito McCrae e Costa (2003) explicam que o **autoconceito** é, na verdade, uma adaptação característica (ver Figura 13.3), mas ele tem o próprio quadro porque é uma adaptação importante. McCrae e Costa (1996) escreveram que ele "consiste em conhecimento, visões e avaliações do *self*, que vão desde fatos variados da história pessoal até a identidade que dá um senso de propósito e coerência à vida" (p. 70). As crenças, as atitudes e os sentimentos que o indivíduo tem em relação a si mesmo são adaptações características, uma vez que influenciam o modo como ele se comporta em determinada circunstância. Por exemplo, acreditar que é uma pessoa inteligente torna o indivíduo

mais predisposto a se colocar em situações que são intelectualmente desafiadoras.

O autoconceito precisa ser exato? Teóricos da aprendizagem, como Albert Bandura (Cap. 17), e teóricos humanistas, como Carl Rogers (Cap. 10) ou Gordon Allport (Cap. 12), acreditam que as visões conscientes que as pessoas têm de si mesmas são relativamente precisas, com alguma distorção, talvez. Em contraste, os teóricos psicodinâmicos argumentam que a maior parte dos pensamentos e sentimentos conscientes que as pessoas têm de si mesmas é inerentemente distorcida, e a verdadeira natureza do *self* (ego) é, em grande parte, inconsciente. Contudo, McCrae e Costa (2003) incluem os mitos pessoais como parte do autoconceito.

Componentes periféricos

Os três componentes periféricos são: (1) bases biológicas, (2) biografia objetiva e (3) influências externas.

Bases biológicas A FFT se baseia em uma única influência causal sobre os traços da personalidade, a saber, a biológica. Os principais mecanismos biológicos que influenciam as tendências básicas são os genes, os hormônios e as estruturas cerebrais. McCrae e Costa ainda não forneceram detalhes específicos sobre quais genes, hormônios e estruturas cerebrais desempenham quais papéis em sua influência na personalidade. Os avanços em genética comportamental e imagens cerebrais podem ajudar a completar os detalhes. Esse posicionamento das bases biológicas elimina qualquer papel que o ambiente possa desempenhar na formação das tendências básicas. Isso não deve sugerir que o ambiente não faça parte da formação da personalidade – apenas que ele não tem uma influência direta nas tendências básicas (ver Figura 13.3). O ambiente, de fato, influencia alguns componentes da personalidade. Tal aspecto enfatiza a necessidade de distinguir os dois componentes principais do modelo: tendências básicas e adaptações características (McCrae & Costa, 1996, p. 187).

Biografia objetiva O segundo componente periférico é a **biografia objetiva**, definida como "tudo o que a pessoa faz, pensa ou sente durante toda a vida" (McCrae & Costa, 2003, p. 187). A biografia objetiva enfatiza o que aconteceu na vida das pessoas (objetivo), em vez da visão ou de percepções de suas experiências (subjetivo). Cada comportamento ou resposta passa a fazer parte do registro cumulativo. Enquanto teóricos como Alfred Adler (estilo de vida) ou Dan McAdams (narrativa pessoal) enfatizam as interpretações subjetivas que a pessoa faz da própria história de vida, McCrae e Costa focam as experiências objetivas – os eventos e as experiências que a pessoa teve ao longo da vida.

Influências externas As pessoas, muitas vezes, encontram-se em uma situação física ou social particular que tem alguma influência no sistema da personalidade. A questão de como respondemos às oportunidades e às demandas do contexto é do que tratam as **influências externas**. De acordo com McCrae e Costa (1999, 2003), essas respostas são uma função de dois aspectos: (1) adaptações características e (2) sua interação com influências externas (observe as duas setas entrando na elipse da biografia objetiva na Figura 13.3).

McCrae e Costa pressupõem que o comportamento é uma função da interação entre as adaptações características e as influências externas. Como exemplo, eles citam o caso de Joan, a quem são oferecidos ingressos para a ópera *La traviata* (uma influência externa). Porém, Joan tem uma longa história pessoal de detestar ópera (uma adaptação característica) e, portanto, recusa a oferta (uma biografia objetiva). Para elaborar, Joan pode muito bem ter uma tendência básica a ser fechada (em vez de aberta) a novas experiências e nunca ter assistido à ópera quando criança ou pode ter simplesmente formado uma opinião negativa sobre ela com base no que se diz a respeito. Seja qual for o caso, ela se sente mais à vontade com eventos que lhe são familiares e com experiências práticas. Esse histórico prediz que Joan provavelmente responderá da forma como respondeu a uma oferta de assistir a uma ópera. As decisões de ficar afastada de tais experiências se reforçam conforme seu desagrado por ópera aumenta. Isso está refletido na seta em círculo na Figura 13.3.

Postulados básicos

Cada um dos componentes do sistema da personalidade (exceto as bases biológicas) possui postulados centrais. Como os componentes das tendências básicas e das adaptações características são mais centrais ao sistema da personalidade, vamos elaborar somente os postulados para esses dois componentes.

Postulados para as tendências básicas

As tendências básicas têm quatro postulados: individualidade, origem, desenvolvimento e estrutura. Primeiro, o postulado da *individualidade* estipula que os adultos têm um conjunto único de traços e que cada pessoa exibe uma combinação singular de padrões de traços. A quantidade precisa de neuroticismo, extroversão, abertura à experiência, amabilidade e conscienciosidade é única para todos nós, e muito de nossa singularidade resulta da variabilidade em nosso genótipo. Esse postulado é coerente com a ideia de Allport de que a singularidade é a essência da personalidade.

Segundo, o postulado da *origem* assume uma postura clara e um tanto controversa: todos os traços de personalidade são o resultado de forças endógenas (internas), como a genética, os hormônios e as estruturas cerebrais. Em outras palavras, o ambiente familiar não desempenha um papel na criação das tendências básicas (mas, novamente, lembre-se de que os traços de personalidade não são sinônimos de personalidade como um todo). A Figura 13.3 mostra apenas uma seta causal indo das bases biológicas até as tendências básicas. Tal alegação está baseada,

principalmente, nos achados da genética comportamental de que as cinco dimensões da personalidade podem ser explicadas quase que de modo exclusivo (cerca de 50% cada) por dois fatores, a saber, genética e ambiente não compartilhado (Hamer & Copeland, 1998; Loehlin, 1992; Plomin & Caspi, 1999). A influência genética é demonstrada pelo que os geneticistas comportamentais chamam de coeficientes de hereditariedade e resulta da pesquisa sobre estudos de adoção e estudos com gêmeos. Hereditariedade trata da questão de qual é a diferença na correlação de determinado traço de personalidade entre indivíduos que são geneticamente idênticos (gêmeos idênticos) e aqueles que compartilham apenas 50% de seus genes (todos os outros irmãos). Se os genes não desempenhassem papel algum na modelagem dos traços, não seriam encontradas diferenças nas correlações entre as pessoas que variam em seu grau de semelhança genética. Gêmeos idênticos e gêmeos fraternos seriam igualmente semelhantes ou igualmente diferentes. Evidências indicam que gêmeos idênticos, mesmo se criados em ambientes diferentes, apresentam maior semelhança na personalidade do que outros irmãos. E, no caso da maioria dos traços de personalidade, o grau de semelhança sugere que cerca de 50% da variabilidade na personalidade devem-se à hereditariedade ou à genética. A maior parte dos 50% restantes é explicada por experiências não compartilhadas de irmãos de idades variadas; ou seja, os irmãos, em geral, têm experiências, amigos e professores diferentes. Por exemplo, os pais modificam seu comportamento parental com o tempo e a experiência. Assim, um filho nascido três ou quatro anos depois de outro será criado em um ambiente um pouco diferente. Pesquisas mais recentes descobriram regiões genéticas associadas a todas as cinco dimensões da personalidade (de Moor et al., 2012).

Terceiro, o postulado do *desenvolvimento* pressupõe que os traços se desenvolvem e se modificam durante a infância, mas, na adolescência, seu desenvolvimento fica mais lento; e do início até a metade da vida adulta (aproximadamente 30 anos), as mudanças na personalidade quase param por completo (Costa & McCrae, 1994; Costa, McCrae, & Arenberg, 1980)*.

McCrae e Costa (2003) especularam que pode haver algumas razões evolucionárias e adaptativas para essas mudanças: quando as pessoas são jovens e estão estabelecendo seus relacionamentos e carreiras, extroversão, abertura à mudança e até mesmo neuroticismo altos seriam benéficos. Conforme as pessoas amadurecem e se estabelecem,

---

*N. de R.T. Estudos recentes evidenciam que os traços da personalidade tendem à estabilidade, mas continuam mudando ao longo da vida adulta. Veja por exemplo os seguintes estudos de Roberts, B. W., & Mroczek, D. (2008): Personality Trait Change in Adulthood. *Current Directions in Psychological Science, 17*(1), 31-35. https://doi.org/10.1111/j.1467-8721.2008.00543.x, e de Robins, R. W., Fraley, R. C., Roberts, B. W., & Trzesniewski, K. H. (2001): A longitudinal study of personality change in young adulthood. *Journal of personality, 69*(4), 617-640. https://doi.org/10.1111/1467-6494.694157

esses traços não são mais tão adaptativos quanto eram anteriormente. Já o aumento em amabilidade e conscienciosidade pode ser útil conforme as pessoas envelhecem. Em nossa seção sobre pesquisa, discutimos a estabilidade dos traços durante a idade adulta.

Por fim, o postulado da *estrutura* afirma que os traços são organizados de modo hierárquico, desde limitados e específicos até amplos e gerais, como Eysenck sugeriu. Esse postulado se desenvolve a partir da posição de McCrae e Costa de que o número de dimensões da personalidade é cinco e somente cinco. Tal número é mais do que os três da hipótese de Eysenck e consideravelmente menor do que os 35 encontrados por Cattell. Com o postulado da estrutura, McCrae e Costa e outros teóricos dos Cinco Fatores convergem para cinco como a resposta para o antigo debate entre os teóricos dos fatores.

Postulados para as adaptações características

O postulado referente às adaptações características afirma que, ao longo do tempo, as pessoas adaptam-se ao ambiente "adquirindo padrões de pensamentos, sentimentos e comportamentos que são coerentes com seus traços de personalidade e adaptações anteriores" (McCrae & Costa, 2003, p. 190). Em outras palavras, os traços afetam a maneira como nos adaptamos às mudanças no ambiente. Além disso, nossas tendências básicas resultam de nossa procura e seleção de ambientes particulares que combinam com nossas disposições. Por exemplo, uma pessoa extrovertida pode se associar a um clube de dança, enquanto uma pessoa assertiva pode se tornar advogada ou executiva de empresa.

O segundo postulado da adaptação característica – desajustamento – sugere que as respostas dos indivíduos nem sempre são coerentes com objetivos pessoais ou valores culturais. Por exemplo, quando a introversão é levada ao extremo, ela pode resultar em timidez social patológica, o que impede as pessoas de saírem de casa ou permanecerem no emprego. Além disso, a agressividade levada ao extremo pode conduzir à beligerância e ao antagonismo, que, então, resultam em maior frequência de demissões dos empregos. Esses hábitos, atitudes e competências que compõem as adaptações características por vezes são tão rígidos ou compulsivos que provocam desadaptação.

O terceiro postulado da adaptação característica afirma que os traços básicos podem "mudar com o tempo em resposta à maturação biológica, a alterações no ambiente ou a intervenções deliberadas" (McCrae & Costa, 2003, p. 190). Esse é o postulado da plasticidade de McCrae e Costa, que reconhece que, embora as tendências básicas possam ser consideravelmente estáveis ao longo da vida, as adaptações características não o são. Por exemplo, intervenções como psicoterapia e modificação do comportamento podem ter dificuldade em mudar os traços fundamentais de uma pessoa, mas podem ser potentes o suficiente para alterar suas respostas características.

Pesquisa relacionada

A abordagem dos traços adotada por Robert McCrae e Paul Costa é muito popular no campo da personalidade. Costa e McCrae desenvolveram um inventário da personalidade amplamente utilizado, o NEO-PI (Costa & McCrae, 1985, 1992).

Os traços foram vinculados a resultados vitais, como saúde física (Martin, Friedman, & Schwartz, 2007), bem-estar (Costa & McCrae, 1980) e sucesso acadêmico (Noftle & Robins, 2007; Zyphur, Islam, & Landis, 2007); mas os traços também foram relacionados a resultados cotidianos mais comuns, como humor (McNiel & Fleeson, 2006). Na verdade, foi demonstrado que os Cinco Grandes traços predizem mortalidade, divórcio e sucesso profissional, pelo menos tão bem quanto a inteligência e a situação socioeconômica (renda e educação) (Roberts, Kuncel, Shiner, Caspi, & Goldberg, 2007). Duas questões que receberam muita atenção empírica foram: (a) a personalidade muda ou permanece a mesma durante nossa vida? e (b) nossa personalidade reflete como usamos as mídias sociais?

Consistência e mudança na personalidade ao longo da vida

Lembre-se de nossa definição de personalidade como a maneira única e duradoura como uma pessoa pensa, sente e se comporta. Embora mostre uma estabilidade considerável ao longo da vida, ela também muda e se desenvolve entre a infância e a idade adulta. Todas as definições, teorias e medidas de personalidade confrontam a questão da consistência e mudança de personalidade, e isso é particularmente proeminente na perspectiva da teoria de traço dos Cinco Grandes Traços. McCrae e Costa enfatizaram a estabilidade em vez da mudança, mas há evidências de ambas.

Consistência da personalidade

De muitas maneiras, é mais difícil mudar nossa personalidade do que pensamos. Muito do que somos permanece bastante estável e consistente ao longo de nossas vidas. Quando falamos sobre consistência de personalidade, no entanto, queremos dizer consistência relativa. Ninguém é consistente o tempo todo ou em todas as situações. A consistência é uma questão de grau.

Estudos longitudinais, aqueles que examinam as mesmas pessoas ao longo de um período de tempo, revelam altos níveis de estabilidade dos traços de personalidade. No início de sua colaboração, Costa e McCrae (1976) conduziram um estudo longitudinal da personalidade, esperando descobrir que os traços de personalidade mudam com o tempo. Para sua surpresa, eles encontraram um alto grau de estabilidade em um período de 10 anos. Outro conjunto de estudos longitudinais revelou mudanças muito pequenas no neuroticismo, na extroversão e na abertura ao longo de um período de 6 a 9 anos (Costa et al., 2000; McCrae & Costa, 2003).

Pesquisas em genética comportamental demonstraram que a estabilidade da personalidade entre a adolescência e a idade adulta se deve em grande parte a fatores genéticos (Blonigen et al., 2006; Gillespie et al., 2003; Krueger & Johnson, 2008; Takahashi et al., 2007). Mais especificamente, a genética contribui para a consistência da personalidade que vemos da adolescência à idade adulta, enquanto os fatores ambientais contribuem para a estabilidade e a mudança nos traços de personalidade (Takahashi et al., 2007).

A maioria dos pais ou observadores de bebês e crianças pequenas são rápidos em projetar sinais sutis do interesse ou talento de seus filhos no futuro, mas nossas personalidades e características aos 3 anos de idade pressagiam resultados futuros, como emprego, doenças mentais, comportamento criminoso e qualidade das relações interpessoais? Block, Block e Keyes (1988) conduziram alguns dos primeiros estudos de longo prazo sobre temperamento e personalidade humanos. Eles conduziram entrevistas, observações comportamentais e questionários de personalidade e descobriram que crianças impulsivas, agressivas e que tendiam a chorar aos 3 anos tinham maior probabilidade de usar drogas durante a adolescência. Em pesquisas separadas, mas relacionadas, as avaliações de temperamento foram feitas em quase mil crianças de três anos, que foram acompanhadas através da adolescência, aos 20 e aos 30 anos. O baixo controle e a impulsividade aos 3 anos de idade previam alcoolismo, abuso de drogas e problemas de jogos de azar na idade adulta (Caspi, 2000; Slutske, Moffitt, Poulton, & Caspi, 2012).

Mudança na personalidade

Todos nós gostamos de pensar que podemos mudar – que temos o poder de mudar nossos hábitos destrutivos e nos tornar uma pessoa melhor. Podemos? A mudança volitiva e intencional da personalidade parece ser difícil. A maior parte das mudanças na personalidade ocorre por meio de mudanças nas circunstâncias da vida ou no funcionamento do cérebro.

Pesquisas recentes confirmam que algum grau de mudança na personalidade ocorre normalmente da adolescência à idade adulta e até a velhice (Allemand, Zimprich, & Hendriks, 2008; Josefsson et al., 2013; Letzring, Edmonds, & Hampson, 2014; Lodi-Smith et al., 2009; Roberts & Mroczek, 2008). Grandes eventos da vida, como morar no exterior, paternidade e demência, parecem trazer consigo algumas mudanças fundamentais e consistentes na personalidade (Paris & Helson, 2002; Zimmerman & Neyer, 2013). Morar no exterior tende a provocar uma diminuição na ansiedade geral e um aumento na amabilidade (Zimmerman & Neyer, 2013). Mudanças no funcionamento cerebral, por exemplo, como resultado de demência ou lesão cerebral, acabam provocando uma mudança real de personalidade, com aumentos significativos no neuroticismo e diminuições na extroversão e na conscienciosidade (Leonhardt, Schmukle, & Exner, 2016; Terracciano & Sutin, 2019).

Algumas das evidências mais impressionantes de mudança na personalidade vêm de uma metanálise de 92 estudos que avaliou a personalidade ao longo da vida em mais de 50 mil indivíduos nos Cinco Grandes Fatores da personalidade (Roberts, Walton, & Viechtbauer, 2006). Em geral, as pessoas se tornam cada vez mais agradáveis e conscienciosas desde a adolescência até o final da idade adulta (ver Figura 13.4) e tendem a se tornar mais assertivas ou dominantes e emocionalmente estáveis da adolescência até a meia-idade e depois se estabilizam nessas dimensões de personalidade. Finalmente, as pessoas geralmente se tornam mais sociáveis (vitalidade social) e abertas a novas experiências desde a adolescência até o início da idade

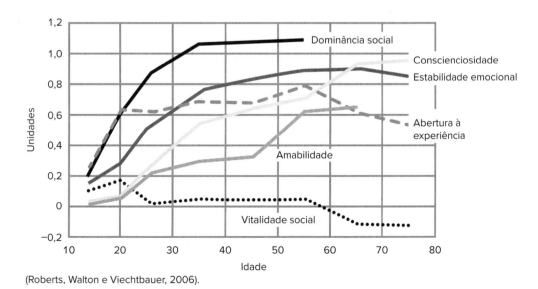

(Roberts, Walton e Viechtbauer, 2006).

FIGURA 13.4 Mudança na personalidade da adolescência até o final da idade adulta.

adulta. Essas características se estabilizam na idade adulta e depois diminuem na idade adulta tardia. O mesmo padrão de mudança é observado em pesquisas transversais que examinam as diferenças de personalidade em diferentes faixas etárias ao mesmo tempo (Allemand et al., 2008). Juntos, esses resultados deixam claro que a personalidade não é engessada quando atingimos a idade adulta.

Esse gráfico mostra os resultados de uma metanálise da mudança de personalidade nos Cinco Grandes Fatores em 92 estudos e envolvendo mais de 50 mil indivíduos. A escala de mudança é medida em unidades padronizadas. O valor zero significa que não há mudança. A estabilidade emocional é o extremo oposto do neuroticismo.

Medindo os Cinco Grandes Fatores com nossas pegadas digitais

Poucas invenções mudaram mais a cultura humana do que a internet. Mais recentemente, a parte da internet que mudou profundamente a forma como as pessoas interagem, se comunicam, pensam e se comportam foram as mídias sociais, particularmente Facebook, Twitter, Instagram e Snapchat. De forma mais geral, os dados de mídias sociais fazem parte do que é conhecido como *big data*, e esse tipo de pesquisa está crescendo em escopo e importância nas ciências sociais, inclusive na teoria e pesquisa da personalidade (Azucar, Marengo, & Settanni, 2018; Bleidorn, Hopwood, & Wright, 2017). A chamada "pegada digital" que deixamos nesses *sites* de mídia social inclui nossas curtidas, opiniões, preferências musicais, compartilhamentos, *tweets*, etc. Os psicólogos da personalidade começaram recentemente a perguntar: Até que ponto nossa pegada digital reflete e combina com nossos traços de personalidade?

Uma forma de responder a essa pergunta é primeiro determinar se nossa pegada digital prediz nossos traços de personalidade. A resposta é sim. Por exemplo, para dar apenas dois exemplos de "curtidas" no Facebook: gostar da estrela pop Nicki Minaj foi associado a estar no 90º percentil (10% mais alto) em Extroversão e gostar do político conservador Mitt Romney foi associado a estar no 92º percentil em Conscienciosidade (Kosinski, Stillwell, & Graepel, 2013). Além disso, em uma metanálise de 14 estudos separados que examinaram a relação entre a pegada digital e cada um dos Cinco Grandes Fatores de personalidade, Azucar e colaboradores (2018) descobriram que a pegada digital previu cada um dos Cinco Grandes Fatores em níveis moderadamente altos: Abertura (0,39), Conscienciosidade (0,35), Extroversão (0,40), Amabilidade (0,29) e Neuroticismo (0,33). Isso sugere que a pesquisa como um todo descobriu consistentemente que a forma como usamos as mídias sociais é um reflexo de nossos traços de personalidade únicos.

O mais notável é que a pesquisa atual também sugere que nossa presença nas mídias sociais não é apenas uma medida adequada de personalidade, mas, de certa forma, pode ser ainda melhor do que as medidas tradicionais, como questionários preenchidos por humanos (Ivcevic & Ambady, 2012; Kosinski et al., 2013; Ortigosa, Carro, & Quiroga, 2014; Whitty, Doodson, Creese, & Hodges, 2017; Youtube Você, Kosinski, & Stillwell, 2015). Por exemplo, conforme relatado em Hinds e Joinson (2019), duas metanálises separadas de grande escala descobriram que os julgamentos de personalidade baseados em computador (pegadas digitais) superam os julgamentos humanos, e esse é especialmente o caso do Neuroticismo e da Abertura (ver Figura 13.5). Ou seja, os registros de pegada digital eram mais precisos do que as avaliações de amigos, familiares e colegas, com a precisão sendo calculada como a correlação entre observadores ou pegada digital com autoavaliações de personalidade.

Da mesma forma, Youyou e colaboradores (2015) examinaram a precisão das avaliações de personalidade feitas por colegas de trabalho, amigos, familiares e cônjuges de mais de 10 mil pessoas. Eles compararam essas classificações de personalidade geradas por humanos com aquelas feitas por pegadas de mídia digital (neste caso, simplesmente o perfil de "curtidas" do Facebook que uma pessoa deu). A medida de precisão foram as avaliações feitas pela própria pessoa com os mesmos traços de personalidade. A pergunta simplesmente é: As avaliações de personalidade humanas ou geradas por computador são mais preditivas das autoavaliações de personalidade? Os colegas de trabalho tiveram a menor precisão ou concordância com as autoavaliações ($r = 0,27$), seguidos por amigos ($r = 0,45$), família ($r = 0,50$) e cônjuges ($r = 0,58$). A avaliação média do computador foi maior do que todas as avaliações, exceto do cônjuge, em ($r = 0,56$). Outra medida de resultado foi o quão bem essas personalidades humanas e geradas por computador previram resultados no mundo real, como uso de substâncias, saúde física, depressão, impulsividade e satisfação com a vida. Youyou e colaboradores descobriram que as "curtidas" do Facebook previram esses resultados melhor do que todas as avaliações de personalidade, exceto as autoavaliações.

Por fim, a forma como usamos as mídias sociais é parcialmente afetada por nossas personalidades. Por exemplo, pessoas com alto índice de amabilidade recebem mais "curtidas" e "comentários" em suas fotos de perfil do Facebook do que pessoas com menor nível desse fator; pessoas com alto índice de extroversão são mais ativas nas mídias sociais, publicam mais fotos, atualizam seu *status* com mais frequência e têm mais amigos que postam do que aquelas com baixa extroversão (Eftekhar, Fullwood, & Morris, 2014; Lee, Ahn, & Kim, 2014; Michikyan, Subrahmanyam, & Dennis, 2014; Ong et al., 2011). Pessoas com alto índice de ansiedade e neuroticismo usam mais palavras negativas em suas postagens e têm maior probabilidade de revelar aspectos particulares de si mesmas em comparação com pessoas com baixo nível de ansiedade e neuroticismo (Schwartz et al., 2013; Seidman, 2013).

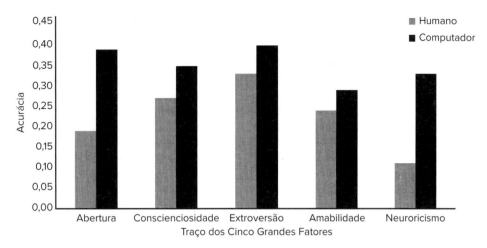

FIGURA 13.5 Precisão das previsões humanas e computadorizadas de traços de personalidade obtidas a partir de metanálises de Tskhay e Rule (2014; barras cinza) e Azucar, Marengo e Settanni (2018; barras pretas). A precisão foi medida como a correlação entre os escores de personalidade dos observadores e dos alvos (0 = sem relacionamento; 1 = relacionamento perfeito).
Fonte: adaptado de Hinds e Joinson (2019).

Críticas às teorias dos traços e fatores

Os métodos dos traços e fatores – especialmente aqueles de Eysenck e dos defensores do modelo Big Five – oferecem importantes taxonomias que organizam a personalidade em classificações significativas. Entretanto, conforme indicado no Capítulo 1, as taxonomias, por si só, não explicam ou preveem comportamento, duas funções importantes das teorias úteis.

Essas teorias vão além das taxonomias e produzem pesquisas importantes sobre a personalidade? As teorias dos traços e fatores de Costa e McCrae são exemplos de uma abordagem estritamente empírica de investigação da personalidade. Elas foram construídas por meio da coleta de tantos dados quanto fosse possível em um grande número de pessoas, inter-relacionando os escores, submetendo matrizes de correlação à análise fatorial e aplicando significância psicológica apropriada aos fatores resultantes. Uma abordagem psicométrica, em vez do julgamento clínico, é o pilar das teorias dos traços e fatores. No entanto, assim como outras teorias, as teorias dos traços e fatores devem ser julgadas pelos seis critérios de uma teoria útil.

Primeiro, as teorias dos traços e fatores *geram pesquisa*? Nesse critério, o modelo de Cinco Fatores de Costa e McCrae deve ser classificado como muito alto. A teoria dos traços de McCrae e Costa e outros defensores da estrutura de personalidade dos Cinco Grandes Fatores também gerou grandes quantidades de pesquisas **empíricas**. Essa pesquisa mostrou que os traços de extroversão, neuroticismo, abertura à experiência, amabilidade e conscienciosidade não estão limitados às nações ocidentais, mas são encontrados em uma ampla variedade de culturas, com o uso de várias traduções do NEO-PI revisado (McCrae, 2002). Além disso,

McCrae e Costa identificaram que os traços básicos da personalidade são um tanto flexíveis até cerca de 30 anos, mas, depois desse período, eles permanecem consideravelmente estáveis ao longo da vida. Outros pesquisadores relataram mais evidências de mudança na personalidade durante a idade adulta devido a mudanças nas circunstâncias da vida ou no funcionamento do cérebro.

Segundo, as teorias dos traços e fatores são *refutáveis*? Conforme esse critério, as teorias dos traços e fatores recebem uma classificação de moderada a alta. O trabalho de McCrae e Costa presta-se à refutação, muito embora parte da pesquisa proveniente de países ocidentais sugira que outros traços além do Big Five podem ser necessários para explicar a personalidade em países asiáticos.

Terceiro, as teorias dos traços e fatores são classificadas como altas em sua capacidade de *organizar o conhecimento*. Tudo o que é verdadeiramente conhecido acerca da personalidade deve ser redutível a uma quantidade. Tudo que pode ser quantificado pode ser medido, e tudo o que pode ser medido pode ser submetido à análise fatorial. Os fatores extraídos, então, oferecem uma descrição conveniente e precisa da personalidade em termos de traços. Estes, por sua vez, podem apresentar uma estrutura para organizar muitas observações diferentes acerca da personalidade humana.

Quarto, uma teoria útil tem o poder de *guiar as ações dos praticantes*, e, nesse critério, as teorias dos traços e fatores recebem opiniões variadas. Ainda que tais teorias forneçam uma taxonomia abrangente e estruturada, essa classificação é menos útil a pais, professores e terapeutas do que a pesquisadores.

As teorias dos traços e fatores são *consistentes internamente*? A teoria e a pesquisa do Big Five são internamente consistentes, mesmo que haja alguns (p. ex., Eysenck, ver Cap. 14) que discordem do número de dimensões básicas da personalidade. Pesquisas transculturais tendem a dar apoio para a universalidade dessas cinco dimensões por todo o mundo, o que sugere que elas são dimensões consistentes da personalidade humana (McCrae, 2002; Schmitt, Allik, McCrae, & Benet-Martínez, 2007; Trull & Geary, 1997; Zheng et al., 2008). No entanto, devemos assinalar que a pesquisa transcultural não é unânime em seus achados que corroboram os Cinco Grandes Fatores, em parte devido às dificuldades em traduzir as perguntas para muitas línguas diferentes. Por exemplo, a confiabilidade da escala de amabilidade do Inventário Big Five é apenas 0,57 no Sul e no Sudeste da Ásia, sugerindo que os itens não estão medindo completamente uma dimensão entre os asiáticos (Schmitt et al., 2007).

O critério final de uma teoria útil é a parcimônia. De maneira ideal, as teorias dos traços e fatores devem receber uma excelente classificação nesse padrão, porque a análise fatorial está baseada na ideia do menor número de fatores explicativos possível. Em outras palavras, a própria finalidade da análise fatorial é reduzir um grande número de variáveis ao menor número possível. Tal abordagem é a essência da parcimônia.

 ## Conceito de humanidade

Como os teóricos dos traços e fatores encaram a humanidade? Os teóricos dos Cinco Fatores não eram preocupados com temas tradicionais, como *determinismo* versus *livre-arbítrio*, *otimismo* versus *pessimismo* e *influências teleológicas* versus *causais*. De fato, suas teorias não se prestam à especulação desses tópicos. O que, então, podemos dizer em relação à sua visão de humanidade?

Primeiro, sabemos que os adeptos da análise fatorial veem os humanos como diferentes dos outros animais. Somente os humanos possuem a capacidade de relatar dados acerca de si mesmos. A partir desse fato, é possível inferir que McCrae e Costa acreditavam que os humanos possuem não somente *consciência*, mas também autoconsciência. Além disso, as pessoas são capazes de avaliar seu desempenho e fornecer relatos razoavelmente confiáveis referentes a suas atitudes, seu temperamento, suas necessidades, seus interesses e seus comportamentos.

Segundo, McCrae e Costa colocaram ênfase nos fatores *genéticos* da personalidade. Eles acreditavam que os traços e os fatores são ambos herdados e possuem fortes componentes genéticos e biológicos e, portanto, são universais. Mas eles também defendiam que o ambiente desempenha um papel crucial na modelagem das disposições pessoais. Assim, classificamos o modelo Big Five como médio em influências sociais.

Na dimensão das *diferenças individuais* versus *semelhanças*, as teorias dos traços e fatores tendem para as diferenças individuais. A análise fatorial se baseia na premissa das diferenças entre os indivíduos, daí a variabilidade em seus escores. Assim, as teorias dos traços estão mais preocupadas com as diferenças individuais do que com as semelhanças entre as pessoas.

Termos-chave e conceitos

- As teorias da personalidade dos traços e fatores estão baseadas na *análise fatorial*, procedimento que pressupõe que os traços humanos podem ser medidos por estudos correlacionais.
- Os *extrovertidos* são caracterizados pela sociabilidade e pela impulsividade; os *introvertidos*, pela passividade e pela ponderação.
- Altos escores na escala de *neuroticismo* podem indicar ansiedade, histeria, transtornos obsessivo-compulsivos ou criminalidade; baixos escores tendem a predizer *estabilidade emocional*.
- McCrae e Costa deram a mesma ênfase às *influências biológicas e ambientais* no que se refere à *personalidade*.
- A teoria dos Cinco Fatores foi usada para avaliar os *traços de personalidade em culturas* por todo o mundo.
- O NEO-PI-R mostra um alto nível de *estabilidade nos fatores da personalidade* conforme as pessoas avançam de cerca dos 30 anos de idade até a velhice.

Referências

Allemand, M., Zimprich, D., & Hendricks, A. A. J. (2008). Age differences in five personality domains across the life span. *Developmental Psychology, 44,* 758–770.

Azucar, D., Marengo, D., & Settanni, M. (2018). Predicting the Big 5 personality traits from digital footprints on social media: A meta-analysis. *Personality and Individual Differences, 124*(December 2017), 150–159. https://doi.org/10.1016/j.paid.2017.12.018

Bleidorn, W., Hopwood, C. J., & Wright, A. G. C. (2017). Using big data to advance personality theory. *Current Opinion in Behavioral Sciences, 18,* 79-82. doi:10.1016/j.cobeha.2017.08.004

Block, J., Block, J. H., & Keyes, S. (1988). Longitudinally foretelling drug usage in adolescence: Early childhood personality and environmental precursors. *Child Development, 59,* 336-355.

Blonigen, D. M., Hicks, B. M., Krueger, R. F., Patrick, C. J., & Iacono, W. G. (2006). Continuity and change in psychopathic traits as measured via normal-range personality: A longitudinal-biometric study. *Journal of Abnormal Psychology, 115,* 85-95.

Caspi, A. (2000). The child is father of the main: Personality continuities from childhood to adulthood. *Journal of Personality and Social Psychology, 78,* 158-172.

Caspi, A. (2000). The child is father of the man: Personality continuities from childhood to adulthood. *Journal of Personality and Social Psychology, 78,* 158-172.

Cattell, R. B. (1949). *Manual for Forms A and B: Sixteen Personality Factors Questionnaire.* Champaign, IL: IPAT.

Cattell, R. B. (1973). A check on the 29-factor Clinical Analysis Questionnaire structure on normal and pathological subjects. *Journal of Multivariate Experimental Personality and Clinical Psychology, 1,* 3-12.

Cattell, R. B. (1983). *Structured personality–learning theory: A wholistic multivariate research approach.* New York: Praeger.

Costa, P. T., & McCrae, R. R. (1976). Age differences in personality structure: A cluster analytic approach. *Journal of Gerontology, 31,* 564-570.

Costa, P. T., & McCrae, R. R. (1976). Age differences in personality structure: A cluster analytic approach. *Journal of Gerontology, 31,* 564-570.

Costa, P. T., & McCrae, R. R. (1980). Influence of extraversion and neuroticism on subjective wellbeing: Happy and unhappy people. *Journal of Personality and Social Psychology, 38,* 668-678.

Costa, P. T., & McCrae, R. R. (1985). *Manual for the NEO Personality Inventory.* Odessa, FL: Psychological Assessment Resources.

Costa, P. T., & McCrae, R. R. (1992). *NEO-PI-R Professional manual.* Odessa, FL: Psychological Assessment Resources.

Costa, P. T., & McCrae, R. R. (1994). Set like plaster? Evidence for the stability of adult personality. In T. Heatherton & J. Weinberger (Eds.), *Can personality change?* (pp. 21-40). Washington, DC: American Psychological Association.

Costa, P. T., Fozard, J. L., McCrae, R. R., & Bosse, R. (1976). Relations of age and personality dimensions to cognitive ability factors. *Journal of Gerontology, 31,* 663-669.

Costa, P. T., Herbst, J. J., McCrae, R. R., & Siegler, I. C. (2000). Personality at midlife: Stability, intrinsic maturation, and response to life events. *Assessment, 7,* 365-378.

Costa, P. T., McCrae, R. R., & Arenberg, D. (1980). Enduring dispositions in adult males. *Journal of Personality and Social Psychology, 38,* 793-800.

de Moor, M. H., Costa, P. T., Terracciano, A., Krueger, R. F., de Geus, E. J., Toshiko, T., & . . . Realo, A. (2012). Meta-analysis of genome-wide association studies for personality. *Molecular Psychiatry, 17(3),* 337-349. doi:10.1038/mp.2010.128

Digman, J. M. (1990). Personality structure: Emergence of the five-factor model. *Annual Review of Psychology, 41,* 417-440.

Eftekhar, A., Fullwood, C., & Morris, N. (2014). Capturing personality from Facebook photos and photo-related activities: How much exposure do you need? *Computers in Human Behavior, 37,* 162-170. https://doi.org/10.1016/j.chb.2014.04.048

Eysenck, H. J. (1990). Biological dimensions of personality. In L. A. Pervin (Ed.), *Handbook of personality: Theory and research* (pp. 244-276). New York: Guilford Press.

Eysenck, H. J. (1991a). Dimensions of personality: 16, 5, or 3? Criteria for a taxonomic paradigm. *Personality and Individual Differences, 12,* 773-790.

Eysenck, H. J. (1997a). Personality and experimental psychology: The unification of psychology and the possibility of a paradigm. *Journal of Personality and Social Psychology, 73,* 1224-1237.

Eysenck, H. J. (Ed.). (1981). *A model for personality.* New York: Springer.

Eysenck, H. J., & Eysenck, S. B. G. (1975). *Manual of the Eysenck Personality Questionnaire (Junior and Adult).* London: Hodder & Stoughton.

Eysenck, H. J., & Eysenck, S. B. G. (1993). *The Eysenck Personality Questionnaire-revised.* London: Hodder & Stoughton.

Gillespie, N. A., Cloninger, C. R., Heath, A. C., & Martin, N. G. (2003). The genetic and environmental relationship between Cloninger's dimensions of temperament and character. *Personality and Individual Differences, 35,* 1931-1946.

Goldberg, L. R. (1981). Language and individual differences: The search for universals in personality lexicons. In L. Wheeler (Ed.), *Review of personality and social psychology* (Vol. 2, pp. 141-165). Beverly Hills, CA: Sage.

Hamer, D. H., & Copeland, P. (1998). *Living with our genes.* New York: Anchor Books.

Hinds, J., & Joinson, A. (2019). Human and computer personality prediction from digital footprints. *Current Directions in Psychological Science, 28(2),* 204-211. https://doi.org/10.1177/0963721419827849

Ivcevic, Z., & Ambady, N. (2012). Personality impressions from identity claims on Facebook. *Psychology of Popular Media Culture, 1(1),* 38-45. https://doi.org/10.1037/a0027329

John, O. P., & Srivastava, S. (1999). The Big Five taxonomy: History, measurement, and theoretical perspectives. In L. A. Pervin & O. P. John (Eds.), *Handbook of personality: Theory and research* (pp. 102-138). New York: Guilford Press.

Josefsson, K., Jokela, M., Cloninger, C. R., Hintsanen, M., Salo, J., Hintsa, T., . . . Keltikangas-Järvinen, L. (2013). Maturity and change in personality: developmental trends of temperament and character in adulthood. *Development and Psychopathology, 25(3),* 713-727. https://doi.org/10.1017/S0954579413000126

Kosinski, M., Stillwell, D., & Graepel, T. (2013). Private traits and attributes are predictable from digital records of human behavior. *Proceedings of the National Academy of Sciences of the United States of America, 110(15),* 5802-5805. https://doi.org/10.1073/pnas.1218772110

Krueger, R. F., & Johnson, W. (2008). Behavioral genetics and personality: A new look at the integration of nature and nurture. In O. P. John, R. W. Robbins, & L. A. Pervin (Eds.), *Handbook of personality: Theory and Research* (pp. 287-310). New York, NY: Guilford.

Krueger, R. F., & Johnson, W. (2008). Behavioral genetics and personality: A new look at the integration of nature and nurture. In O. P. John, R. W. Robins, & L. A. Pervin (Eds.), *Handbook of personality: Theory and research* (3rd ed., pp. 287-310). New York: Guilford Press.

Lee, E., Ahn, J., & Kim, Y. J. (2014). Personality traits and self-presentation at Facebook. *Personality and Individual Differences, 69,* 162-167. https://doi.org/10.1016/j.paid.2014.05.020

Leonhardt, A., Schmukle, S. C., & Exner, C. (2016). Evidence of Big-Five personality changes following acquired brain injury from a prospective longitudinal investigation. *Journal of Psychosomatic Research, 82,* 17-23. https://doi.org/10.1016/j.jpsychores.2016.01.005

Letzring, T. D., Edmonds, G. W., & Hampson, S. E. (2014). Personality change at mid-life is associated with changes in self-rated health: Evidence from the Hawaii personality and health cohort. *Personality and Individual Differences, 58,* 60-64. https://doi.org/10.1016/j.paid.2013.10.002

Lodi-Smith, J., Geise, A., Roberts, B., & Robins, R. (2009). Narrating personality change. *Journal of Personality and Social Psychology, 96,* 679-689.

Loehlin, J. C. (1992). *Genes and environment in personality development.* Newbury Park, CA: Sage.

Maddi, S. R., & Costa, P. T., Jr. (1972). *Humanism in personality: Allport, Maslow and Murray.* Chicago: Aldine.

Martin, L. R., Friedman, H. S., & Schwartz, J. E. (2007). Personality and mortality risk across the life span: The importance of conscientiousness as a biopsychosocial attribute. *Health Psychology, 26,* 428-436.

McCrae, R. R. (2002). NEO-PI-R data from 36 cultures: Further intercultural comparisons. In R. R. McCrae & J. Allik (Eds.), *The Five-Factor Model of personality across cultures* (pp. 105-125). New York: Kluwer Academic/Plenum Publishers.

McCrae, R. R., & Allik, J. (Eds.). (2002). *The Five-Factor model of personality across cultures.* New York: Kluwer Academic/Plenum Publishers.

McCrae, R. R., & Costa, P. T. (1989). Reinterpreting the Myers-Briggs Type Indicator from the perspective of the Five-Factor model of personality. *Journal of Personality, 57,* 17-40.

McCrae, R. R., & Costa, P. T. (1996). Toward a new generation of personality theories: Theoretical contexts for the Five-Factor model. In J. S. Wiggins (Ed.), *The Five-Factor model of personality: Theoretical perspectives* (pp. 51-87). New York: Guilford Press.

McCrae, R. R., & Costa, P. T. (1999). A Five-Factor theory of personality. In L. A. Pervin & O. P. John (Eds.), *Personality theory and research* (pp. 139-153). New York: Guilford Press.

McCrae, R. R., & Costa, P. T. (2003). *Personality in adulthood: A five-factor theory perspective* (2nd ed.). New York, NY: Guilford.

McCrae, R. R., & Costa, P. T. (2003). *Personality in adulthood: A five-factor theory perspective* (2nd ed.). New York: Guilford Press.

McCrae, R. R., & Costa, P. T., Jr. (1984). *Emerging lives, enduring dispositions: Personality in adulthood.* Boston: Little, Brown.

McCrae, R. R., & John, O. P. (1992). An introduction to the five-factor model and its applications. *Journal of Personality, 60,* 175-215.

McCrae, R. R., & Sutin, A. R. (2018). A five-factor theory perspective on causal analysis. *European Journal of Personality, 32,* 151-166. doi:10.1002/per.2134

McNiel, J. M., & Fleeson, W. (2006). The causal effects of extraversion on positive affect and neuroticism on negative affect: Manipulating state extraversion and state neuroticism in an experimental approach. *Journal of Research in Personality, 40,* 529-550.

Michikyan, M., Subrahmanyam, K., & Dennis, J. (2014). Can you tell who i am? Neuroticism, extraversion, and online self-presentation among young adults. *Computers in Human Behavior, 33,* 179-183. https://doi.org/10.1016/j.chb.2014.01.010

Mischel, W. (1968). *Personality and assessment.* New York: Wiley.

Myers, I. B. (1962). *Myers-Briggs Type Indicator Manual.* Princeton, NJ: Educational Testing Service.

Noftle, E. E., & Robins, R. W. (2007). Personality predictors of academic outcomes: Big Five correlates of GPA and SAT scores. *Journal of Personality and Social Psychology, 93,* 116-130.

Ong, E. Y. L., Ang, R. P., Ho, J. C. M., Lim, J. C. Y., Goh, D. H., Lee, C. S., & Chua, A. Y. K. (2011). Narcissism, extraversion and adolescents' self-presentation on Facebook. *Personality and Individual Differences, 50*(2), 180-185. https://doi.org/10.1016/j.paid.2010.09.022

Ortigosa, A., Carro, R. M., & Quiroga, J. I. (2014). Predicting user personality by mining social interactions in Facebook. *Journal of Computer and System Sciences, 80*(1), 57-71. https://doi.org/10.1016/j.jcss.2013.03.008

Paris, R., & Helson, R. (2002). Early mothering experience and personality change. *Journal of Family Psychology, 16,* 172-185.

Plomin, R., & Caspi, A. (1999). Behavioral genetics and personality. In L. A. Pervin & O. P. John (Eds.), *Handbook of personality: Theory and research* (pp. 251-276). New York: Guilford Press.

Roberts, B. W. & Mroczek, D. (2008). Personality trait change in adulthood. *Current Directions in Psychological Science, 17,* 31-35.

Roberts, B. W., & Mroczek, D. (2008). Personality trait change in adulthood. *Current Directions in Psychological Science, 17,* 31-35.

Roberts, B. W., Kuncel, N. R., Shiner, R., Caspi, A., & Goldberg, L. R. (2007). The power of personality: The comparative validity of personality traits, socioeconomic status, and cognitive ability for predicting important life outcomes. *Perspectives on Psychological Science, 2,* 313-345.

Roberts, B. W., Walton, K. E., & Viechtbauer, W. (2006). Patterns of mean-level change in personality traits across the life course: A meta-analysis of longitudinal studies. *Psychological Bulletin, 132,* 1-25.

Schmitt, D. P., Allik, J., McCrae, R. R., & Benet-Martinez, V. (2007). The geographic distribution of Big Five personality traits: Patterns and profiles of human self-description across 56 nations. *Journal of Cross-Cultural Psychology, 38,* 173-212.

Schwartz, H. A., Eichstaedt, J. C., Kem, M. I., Dziurzynski, L., Ramones, S. M., Agrawal, M., . . . Ungar, L. H. (2013). Personality, gender, and age in the language of social media: The open-vocabulary approach. *PLoS One, 8,* e73791. doi: 10.1371/journal.pone.0073791

Seidman, G. (2013). Self-presentation and belonging on Facebook: How personality influences social media use and motivations: *Personality and Individual Differences, 54,* 402-407.

Slutske, W. S., Moffitt, T. E., Poulton, R., & Caspi, A. (2012). Undercontrolled temperament at age 3 predicts disordered gambling at age 32: A longitudinal study of a complete birth cohort. *Psychological Science, 23*(5), 510-516.

Takahashi, Y., Yamagata, S., Kijima, N., Shigemasu, K., Ono, Y., Ando, J. (2007). Continuity and change in behavioral inhibition and activation systems: A longitudinal behavioral genetic study. *Personality and Individual Differences, 43,* 1616-1625.

Terracciano, A., & Sutin, A. R. (2019). Personality and Alzheimer's disease: An integrative review. *Personality Disorders: Theory, Research, and Treatment, 10*(1), 4-12. https://doi.org/10.1037/per0000268

Trull, T. J., & Geary, D. C. (1997). Comparison of the big-five factor structure across samples of Chinese and American adults. *Journal of Personality Assessment, 69* (2), 324-341.

Tupes, E. C., & Christal, R. E. (1961). *Recurrent personality factors based on trait ratings* (TechnicalReport No. ASD-TR-61-97). Lackland, TX: U.S. Air Force.

Whitty, M. T., Doodson, J., Creese, S., & Hodges, D. (2017). A picture tells a thousand words: What Facebook and Twitter images convey about our personality: *Personality and Individual Differences,* 10-14. https://doi.org/10.1016/j.paid.2016.12.050

Youyou, W., Kosinski, M., & Stillwell, D. (2015). Computer-based personality judgments are more accurate than those made by humans. *Proceedings of the National Academy of Sciences, 112*(4), 1036-1040. https://doi.org/10.1073/pnas.1418680112

Zheng, L., Goldberg, L. R., Zheng, Y., Zhao, Y., Tang, Y., & Liu, L. (2008). Reliability and concurrent validation of the IPIP Big-Five factor markers in China: Consistencies in factor structure between internet-obtained heterosexual and homosexual samples. *Personality and Individual Differences, 45* (7), 649-654. doi:10.1016/j.paid.2008.07.009

Zyphur, M. J., Islam, G., & Landis, R. (2007). Testing 1, 2, 3 . . . 4? The personality of repeat SAT test takers and their testing outcomes. *Journal of Research in Personality, 41,* 715-722.

Zimmerman, J., & Neyer, F. J. (2013). Do we become a different person when hitting the road? Personality development of sojourners. *Journal of Personality and Social Psychology, 105,* 515-530. doi:10.1037/a0033019

PARTE CINCO

Teorias Biológicas/ Evolucionistas

Capítulo 14   *Eysenck*
Teoria dos Fatores de Base Biológica de Eysenck   302

Capítulo 15   *Buss*
Teoria evolucionista da personalidade   320

CAPÍTULO 14

Teoria dos Fatores de Base Biológica de Eysenck

- *Panorama da teoria dos traços de base biológica*
- *Biografia de Hans J. Eysenck*
- *Teoria dos fatores de Eysenck*
  Critérios para a identificação dos fatores
  Hierarquia da organização do comportamento
- *Dimensões da personalidade*
  Extroversão
  Neuroticismo
  Psicoticismo
- *Medindo a personalidade*
- *Bases biológicas da personalidade*
- *Personalidade como um preditor*
  Personalidade e comportamento
  Personalidade e doença
- *Pesquisa relacionada*
  A base biológica da extroversão
  A base biológica do neuroticismo

Chris Ware/Hulton Archive/Keystone/Getty Images

- *Críticas à teoria de base biológica de Eysenck*
- *Conceito de humanidade*
- *Termos-chave e conceitos*
- *Referências*

A caso e fortuidade com frequência desempenham um papel decisivo na vida das pessoas. Um evento casual desses aconteceu a um jovem alemão de 18 anos que deixou seu país natal em consequência da tirania nazista. Ele acabou se estabelecendo na Inglaterra, onde tentou ingressar na Universidade de Londres. Tratava-se de um leitor ávido, interessado em artes e ciências, mas sua primeira opção de currículo foi física.

Entretanto, um acontecimento fortuito alterou o fluxo de sua vida e, como consequência, o curso da história da psicologia. Para que fosse aceito na universidade, era necessário que ele passasse em um exame de admissão, ao qual se submeteu após um ano de preparo. Depois de passar no exame, ele confiantemente se matriculou na Universidade de Londres, pretendendo se especializar em física. No entanto, foi informado de que havia escolhido as matérias erradas no exame de admissão e, portanto, não era elegível para cumprir um currículo de física. Em vez de esperar outro ano para fazer o exame nas matérias certas, ele perguntou se havia alguma disciplina científica para a qual estivesse qualificado. Quando lhe disseram que poderia cursar psicologia, ele perguntou: "Mas que diabos é psicologia?". Ele nunca havia ouvido falar da disciplina, embora tivesse uma ideia vaga sobre psicanálise. A psicologia poderia ser uma ciência? No entanto, ele tinha pouca escolha a não ser realizar a formação em psicologia; portanto, ingressou prontamente na universidade com especialização em uma disciplina sobre a qual sabia quase nada. Anos depois, o mundo da psicologia conheceria muito a respeito de Hans J. Eysenck, provavelmente o escritor mais prolífico da história da psicologia. Em sua autobiografia, Eysenck (1997b) simplesmente observou que, por meio de tais acontecimentos fortuitos, "o nosso destino é decidido pela estupidez burocrática" (p. 47).

Durante toda sua vida, Eysenck batalhou contra a estupidez burocrática e qualquer outro tipo de tolice com que se deparava. Em sua autobiografia, ele se descreveu como "um pedante hipócrita... que, com prazer, não tolera tolos (ou mesmo pessoas convencionalmente brilhantes)" (Eysenck, 1977b, p. 31).

Panorama da teoria dos traços de base biológica

Todas as teorias da personalidade discutidas até aqui subestimaram, ignoraram ou até mesmo argumentaram contra a base biológica da personalidade humana. Apenas McCrae e Costa (ver Cap. 13) deram uma pequena ênfase às influências genéticas e biológicas na personalidade.

Com Eysenck, isso mudou. Ele desenvolveu uma teoria fatorial muito semelhante à de McCrae e Costa, mas, como fundamentou sua taxonomia essencialmente na análise fatorial e na biologia, derivou somente três, em vez de cinco, dimensões da personalidade – extroversão/

introversão, neuroticismo/estabilidade e psicoticismo/superego. Discutiremos esses fatores adiante neste capítulo. O essencial para Eysenck era que as diferenças individuais na personalidade eram aspectos biológicos e não apenas psicológicos. Ou seja, as diferenças genéticas levam a distinções estruturais no sistema nervoso central, incluindo estruturas cerebrais, hormônios e neurotransmissores, e tais diferenças na biologia conduzem a diferenças nos três fatores da personalidade: extroversão, neuroticismo e psicoticismo.

As evidências para a base biológica da personalidade provêm de muitas fontes diferentes, incluindo temperamento, genética comportamental e pesquisa das medidas do cérebro. A princípio, o temperamento é a tendência biologicamente determinada a se comportar de formas específicas desde o início da vida. Em um estudo, por exemplo, Janet DiPietro e colaboradores (1996) mostraram que a atividade e a frequência cardíaca fetais predizem diferenças no temperamento durante o primeiro ano de vida. Em particular, uma frequência cardíaca alta em um feto de 36 semanas previa menos hábitos alimentares e de sono previsíveis aos 3 e aos 6 meses após o nascimento. Uma frequência cardíaca alta também predizia um bebê menos emocional aos 6 meses. O ambiente pré-natal pode desempenhar um papel importante na formação da personalidade. Na verdade, a quantidade de estresse que a mãe experimenta durante a gravidez pode alterar a resposta ao estresse do próprio bebê. Ou seja, bebês nascidos de mães que experimentaram uma quantidade incomum de estresse durante a gravidez tendem a ter função do estresse afetada; níveis de base mais altos de hormônios do estresse; e resposta fisiológica ao estresse mais rápida, mais forte e mais pronunciada, o que persiste durante toda a infância (Barbazanges et al., 1996; Clark & Schneider, 1997).

Em segundo lugar, para entender como a hereditariedade afeta o comportamento e a personalidade, os psicólogos se voltam para a ciência da genética comportamental ou para o estudo científico do papel da hereditariedade no comportamento (Fuller & Thompson, 1960). O ponto até onde uma característica é influenciada pela genética é conhecido como hereditariedade, conforme referido no Capítulo 13. Os pesquisadores usam estudos de adoção de gêmeos e estudos da interação gene-ambiente para examinar a hereditariedade. Os estudos de adoção de gêmeos pesquisam a influência hereditária em gêmeos, tanto idênticos quanto fraternos, que foram criados separados (adotados) e que foram criados juntos. Uma segunda técnica no estudo da hereditariedade, a pesquisa da interação gene-ambiente, permite que os pesquisadores avaliem como as diferenças genéticas interagem com o ambiente para produzir certo comportamento em algumas pessoas, mas não em outras (Moffitt, Caspi, & Rutter, 2005; Thapar, Langley, & Asherson, 2007). Em vez de usar gêmeos, membros da família e adotados para variar a semelhança genética, os estudos gene-ambiente mensuram diretamente a variação genética em partes do próprio genoma e examinam como essa variação interage com diferentes tipos de ambientes para produzir comportamentos distintos.

Em terceiro lugar, os aspectos biológicos da personalidade são avaliados com o uso de técnicas de imagem cerebral, cujas duas formas mais comuns são a eletroencefalografia (EEG) e a imagem por ressonância magnética funcional (IRMf). Os pesquisadores usam a EEG para registrar a atividade elétrica do cérebro. O procedimento envolve a colocação de eletrodos no couro cabeludo da pessoa. Os eletrodos, discos de metal ligados a fios, costumam ser montados em uma touca de tecido, que se encaixa de modo confortável na cabeça. Em geral, a pessoa está realizando determinadas tarefas enquanto a atividade elétrica é registrada. A EEG é superior a outras técnicas de imagem cerebral em mostrar *quando* ocorre a atividade cerebral. Ela não é muito exata para indicar precisamente *onde* ocorre a atividade. A IRMf, no entanto, descreve a atividade cerebral. As IRMfs mostram onde está ocorrendo atividade no cérebro durante tarefas específicas, rastreando o uso de oxigênio do sangue no tecido cerebral. Dessa maneira, os pesquisadores podem ver quais áreas do cérebro estão usando mais oxigênio (e presumivelmente estão mais ativas) durante determinadas tarefas (Lagopoulos, 2007).

Biografia de Hans J. Eysenck

Hans Jurgen Eysenck nasceu em Berlim, em 4 de março de 1916, filho único de uma família do teatro. Sua mãe era Ruth Werner, uma atriz na época do nascimento de Eysenck. Posteriormente, ela foi estrela de um filme mudo alemão com o nome artístico de Helga Molander. O pai de Eysenck, Anton Eduard Eysenck, era comediante, cantor e ator. Eysenck (1991b) recordava: "Vi muito pouco de meus pais, que se divorciaram quando eu tinha 4 anos e tinham pouco sentimento por mim, uma emoção que eu retribuía" (p. 40).

Após o divórcio dos pais, Eysenck foi morar com a avó materna, que também tinha trabalhado em teatro, mas cuja carreira promissora na ópera fora interrompida por uma queda incapacitante. Eysenck (1991b) descreveu sua avó como "generosa, carinhosa, altruísta e boa demais para este mundo" (p. 40). Ainda que sua avó fosse uma católica devota, nenhum de seus pais era religioso, e Eysenck cresceu sem qualquer compromisso religioso formal (Gibson, 1981).

Ele também cresceu com pouca disciplina familiar e pouco controle estrito sobre seu comportamento. Nenhum dos pais parecia interessado em limitar suas ações, e sua avó tinha uma atitude bastante permissiva com ele. Essa negligência benigna é exemplificada por dois incidentes. No primeiro, seu pai havia comprado uma bicicleta para Hans e tinha prometido ensinar a usá-la. "Ele me levou até o alto de uma colina, disse-me que eu tinha que me sentar

no selim, forçar os pedais e fazer as rodas girarem. Ele então saiu para soltar alguns balões, deixando-me aprender a andar sozinho" (Eysenck, 1997b, p. 12). No segundo incidente, um Eysenck adolescente disse à avó que ia comprar cigarros, esperando que ela o proibisse. No entanto, a avó simplesmente disse: "Se você gosta, certamente deve fazer isso" (p. 14). De acordo com Eysenck, experiências ambientais como essas duas têm pouca relação com o desenvolvimento da personalidade. Para ele, os fatores genéticos têm um impacto maior sobre o comportamento posterior do que as experiências da infância. Assim, sua criação permissiva não o ajudou a tornar-se um cientista famoso e inconformista, tampouco atrapalhou.

Mesmo nos tempos de escola, Eysenck não tinha medo de assumir uma postura impopular, muitas vezes desafiando seus professores, em especial aqueles com tendências militaristas. Ele era cético em relação a muito do que os professores ensinavam e nem sempre hesitava em embaraçá-los com seu conhecimento e intelecto superiores.

Eysenck sofreu privação como muitos alemães após a I Guerra Mundial, que se defrontaram com uma inflação astronômica, desemprego em massa e quase inanição. O futuro de Eysenck não parecia mais brilhante depois que Hitler chegou ao poder. Para estudar física na Universidade de Berlim, ele foi aconselhado a ingressar na polícia secreta nazista, uma ideia que ele achou tão repugnante que decidiu deixar a Alemanha.

Esse encontro com a direita nazista e suas últimas batalhas com a esquerda radical sugeriram-lhe que o traço de inflexibilidade, ou autoritarismo, era igualmente prevalente em ambos os extremos do espectro político. Mais tarde, ele encontrou algum apoio científico para essa hipótese em um estudo que demonstrou que, embora os comunistas fossem radicais e os fascistas fossem conservadores em uma esfera da personalidade, na dimensão inflexível *versus* flexível, ambos os grupos eram autoritários, rígidos e intolerantes com a ambiguidade (inflexíveis) (Eysenck, 1954; Eysenck & Coulter, 1972).

Em consequência da tirania nazista, Eysenck, aos 18 anos, deixou a Alemanha e se estabeleceu na Inglaterra, onde tentou se matricular na Universidade de Londres. Como vimos na vinheta de abertura do capítulo, ele ingressou na psicologia completamente por acaso. Naquela época, o departamento de psicologia da Universidade de Londres era, basicamente, pró-freudiano, mas também tinha uma forte ênfase na psicometria, com Charles Spearman recém-egresso e Cyril Burt ainda presidindo. Eysenck terminou o bacharelado em 1938, quase na mesma época em que se casou com Margaret Davies, uma canadense com formação em matemática. Em 1940, concluiu o doutorado pela Universidade de Londres, época em que a Inglaterra e a maioria das nações europeias estavam em guerra.

Como cidadão alemão, ele foi considerado um estrangeiro inimigo e não foi autorizado a ingressar na Força Aérea Real (sua primeira escolha) ou em qualquer outro ramo militar. Em vez disso, sem nenhum treinamento como psiquiatra ou como psicólogo clínico, foi trabalhar no Hospital de Emergências Mill Hill, tratando pacientes que estavam sofrendo de uma variedade de sintomas psicológicos, incluindo ansiedade, depressão e histeria. Eysenck, no entanto, não estava satisfeito com a maioria das categorias diagnósticas clínicas tradicionais. Usando a análise fatorial, constatou que dois principais fatores da personalidade – neuroticismo/estabilidade emocional e extroversão/introversão – podiam explicar todos os grupos diagnósticos tradicionais. Essas primeiras ideias teóricas culminaram na publicação de seu primeiro livro: *Dimensões da personalidade* (*Dimensions of personality*, Eysenck, 1947).

Após a guerra, ele se tornou diretor do departamento de psicologia no Hospital Maudsley e, posteriormente, parecerista em psicologia na Universidade de Londres. Em 1949, viajou para a América do Norte para examinar os programas de psicologia clínica nos Estados Unidos e no Canadá, com a ideia de estabelecer a profissão de psicologia clínica na Grã-Bretanha. Ele foi professor visitante na Universidade da Pensilvânia no período de 1949 a 1950, mas passou boa parte desse ano viajando pelos Estados Unidos e pelo Canadá conhecendo os programas de psicologia clínica, os quais considerou totalmente inadequados e não científicos (Eysenck, 1980, 1997b).

Eysenck e sua esposa vinham se afastando continuamente, e seu casamento foi ainda mais abalado quando sua companheira de viagem para a Filadélfia foi Sybil Rostal, uma bela psicóloga quantitativista. Ao retornar para a Inglaterra, Eysenck divorciou-se de sua primeira esposa e se casou com Sybil. Hans e Sybil Eysenck foram coautores de várias publicações, e seu casamento produziu três filhos e uma filha. O filho de Eysenck do primeiro casamento, Michael, é um autor amplamente publicado de artigos e livros de psicologia.

Depois de voltar da América do Norte, Eysenck fundou um departamento de psicologia clínica na Universidade de Londres e, em 1955, tornou-se professor de psicologia. Enquanto estava nos Estados Unidos, ele havia começado a escrever *A estrutura da personalidade humana* (*The structure of human personality*, 1952b), no qual argumentava pela eficácia da análise fatorial como o melhor método de representação dos fatos conhecidos da personalidade humana.

Eysenck foi talvez o escritor mais prolífico da história da psicologia, tendo publicado cerca de 800 artigos de periódicos ou capítulos de livros e mais de 75 livros, um feito ainda mais notável pela afirmação de Sybil (sua segunda esposa) de que ele era um homem de família e nunca levou trabalho para casa (Eysenck, 2016). Vários deles têm títulos de apelo popular, tais como *Usos e abusos da psicologia* (*Uses and abuses of psychology*, 1953); *A psicologia da política* (*The psychology of politics*, 1954, 1999); *Senso e contrassenso em psicologia* (*Sense and nonsense in psychology*, 1956); *Conheça seu QI* (*Know your own IQ*, 1962); *Fato e ficção em psicologia* (*Fact and fiction in psychology*,

1965); *Psicologia se refere às pessoas* (*Psychology is about people*, 1972); *Você e a neurose* (*You and neurosis*, 1977b); *Sexo, violência e a mídia* (*Sex, violence and the media*, com D.K.B. Nias, 1978); *Tabagismo, personalidade e estresse* (*Smoking, personality and stress*, 1991d); *Gênio: a história natural da criatividade* (*Genius: the natural history of creativity*, 1995); e *Inteligência: um novo olhar* (*Intelligence: a new look*, 1998a).

A gama de interesses de Eysenck era extremamente ampla, e sua disposição para entrar em qualquer controvérsia era lendária. Ele foi um crítico contumaz da consciência da psicologia desde o início. Ele contrariou muitos psicanalistas e outros terapeutas no início da década de 1950 com a discussão de que não existiam evidências para sugerir que a psicoterapia fosse mais efetiva do que a remissão espontânea. Em outras palavras, aquelas pessoas que não recebiam terapia apresentavam a mesma probabilidade de melhorar do que as que se submeteram a uma cara, dolorosa e prolongada psicoterapia com psicanalistas e psicólogos altamente qualificados (Eysenck, 1952a). Ele sustentou essa crença pelo resto da vida. Em 1996, disse a um entrevistador que "as psicoterapias não são mais efetivas do que... tratamentos com placebo" (Feltham, 1996, p. 424).

Eysenck não tinha medo de assumir um posicionamento impopular, conforme testemunhado pela defesa de Arthur Jensen, cuja discussão era de que os escores do quociente de inteligência (QI) não podem ser aumentados de forma significativa por programas sociais bem-intencionados, porque eles são, em grande parte, determinados pela genética. O livro de Eysenck *A discussão do QI* (1971) foi tão controverso que algumas pessoas nos Estados Unidos "ameaçaram os livreiros com incêndio se eles ousassem estocar o livro; conhecidos jornais 'liberais' se recusaram a fazer sua resenha; e, como resultado, foi praticamente impossível na terra da liberdade de expressão descobrir a existência do livro ou comprá-lo" (Eysenck, 1980, p. 175). Na verdade, depois que a casa da família foi vandalizada por manifestantes na Inglaterra, os Eysencks chegaram a mudar o sobrenome de seus filhos por alguns anos para garantir sua segurança (Eysenck, 2016).

Em 1983, Eysenck se aposentou como professor de psicologia no Instituto de Psiquiatria da Universidade de Londres e como psiquiatra sênior nos hospitais Maudsley e Bethlehem. Ele, então, trabalhou como professor emérito na Universidade de Londres até sua morte em decorrência de um câncer, em 4 de setembro de 1997. Eysenck, que com frequência argumentava que fumar não era um fator de risco importante para câncer, tinha sido um fumante inveterado até a meia-idade, quando abandonou o cigarro porque acreditava que afetava a prática de tênis.

Durante seus últimos anos, sua pesquisa continuou a refletir vários tópicos, incluindo criatividade (Eysenck, 1993, 1995; Frois & Eysenck, 1995), intervenções comportamentais em câncer e doença cardíaca (Eysenck, 1991d, 1996; Eysenck & Grossarth-Maticek, 1991) e inteligência (Eysenck, 1998a).

Eysenck recebeu muitos prêmios, incluindo o Distinguished Contributions Award de 1991, da International Society for the Study of Individual Differences. A American Psychological Association (APA) concedeu a Eysenck o Distinguished Scientist Award (1988), a Presidential Citation of Scientific Contribution (1993), o William James Fellow Award (1994) e o Centennial Award for Distinguished Contributions to Clinical Psychology (1996).

Teoria dos fatores de Eysenck

A teoria da personalidade de Hans Eysenck possui fortes componentes psicométricos e biológicos. No entanto, Eysenck (1977a, 1997a) defendia que a sofisticação psicométrica isolada não é suficiente para medir a estrutura da personalidade humana e que as dimensões da personalidade a que se chegou por meio dos métodos de análise fatorial são estéreis e pouco significativas, a menos que elas tenham demonstrado uma existência biológica.

Critérios para a identificação dos fatores

Com esses pressupostos em mente, Eysenck listou quatro critérios para a identificação de um fator. Primeiro, deve ser estabelecida a *evidência psicométrica* da existência do fator. Um corolário desse critério é que o fator deve ser confiável e replicável. Outros investigadores, de laboratórios distintos, também devem ser capazes de encontrar o fator e identificar de modo consistente a extroversão, o neuroticismo e o psicoticismo de Eysenck.

Um segundo critério é que o fator também deve possuir *hereditariedade* e se adequar a um modelo genético estabelecido. O critério elimina características aprendidas, como a capacidade de imitar as vozes de pessoas conhecidas ou uma crença religiosa ou política.

Terceiro, o fator deve fazer sentido a partir de uma visão *teórica*. Eysenck empregou o método *dedutivo de investigação*, começando com uma teoria e depois reunindo dados que são logicamente coerentes com essa teoria.

O critério final para a existência de um fator é que ele deve *possuir relevância social*, isto é, deve ser demonstrado que fatores derivados matematicamente possuem uma relação (não necessariamente causal) com variáveis socialmente relevantes, como uso de drogas, tendência a lesões involuntárias, desempenho excepcional nos esportes, comportamento psicótico, criminalidade, entre outras.

Hierarquia da organização do comportamento

Eysenck (1947, 1994c) reconheceu uma hierarquia em quatro níveis de organização do comportamento. No nível mais inferior, estão os atos ou *cognições específicos*, comportamentos ou pensamentos individuais que podem ou não ser característicos de uma pessoa. Um estudante terminando uma tarefa de leitura é um exemplo de resposta específica. No segundo nível, estão os *atos ou cognições habituais*, ou seja, respostas que se repetem em condições semelhantes. Por exemplo, se um estudante com frequência persiste em uma tarefa até que esteja terminada, esse comportamento se torna uma resposta habitual. Em oposição às respostas específicas, as respostas habituais devem ser razoavelmente confiáveis ou consistentes.

Várias respostas habituais relacionadas formam um *traço* – o terceiro nível do comportamento. Eysenck (1981) definiu traços como "disposições importantes semipermanentes da personalidade" (p. 3). Por exemplo, os estudantes teriam o traço de persistência se eles, de forma habitual, realizassem as tarefas de aula e continuassem trabalhando em outros empreendimentos até terem terminado. Ainda que os traços possam ser identificados de modo intuitivo, os teóricos dos traços e fatores se baseiam em uma abordagem mais sistemática, a saber: a análise fatorial. Os comportamentos no nível dos traços são extraídos pela análise fatorial de respostas no nível dos hábitos, assim como as respostas habituais são extraídas matematicamente, pela análise fatorial, de respostas específicas. Os traços, então, são "definidos em termos de intercorrelações significativas entre diferentes comportamentos habituais" (Eysenck, 1990, p. 244). A maioria dos 35 traços de fonte primária normais e anormais de Catell está no terceiro nível de organização, o que explica por que ele identificou muito mais dimensões da personalidade do que Eysenck ou os defensores da teoria dos cinco fatores (ver Cap. 13).

Eysenck se concentrou no quarto nível, o dos **tipos**, ou superfatores. Um tipo é composto de vários traços inter-relacionados. Por exemplo, a persistência pode estar relacionada à inferioridade, baixa adaptação emocional, timidez social e vários outros traços, com o grupo inteiro formando o tipo introvertido. Cada um dos quatro níveis de organização do comportamento é apresentado na Figura 14.1.

Dimensões da personalidade

Já vimos que Eysenck e Cattell chegaram a um número diferente de dimensões da personalidade, porque eles trabalharam em níveis distintos de fatoração. Os 35 traços de Cattell estão no terceiro nível da estrutura hierárquica, enquanto os superfatores de Eysenck estão no quarto nível (ver Cap. 13).

Quantos superfatores gerais existem? Muitos teóricos fatoriais atuais insistem que há amplas evidências de que cinco – e não mais ou menos – fatores gerais emergem de quase todas as análises fatoriais dos traços de personalidade. Eysenck, no entanto, extraiu apenas três superfatores gerais. Suas três dimensões da personalidade são extroversão (E), neuroticismo (N) e **psicoticismo** (P), embora ele

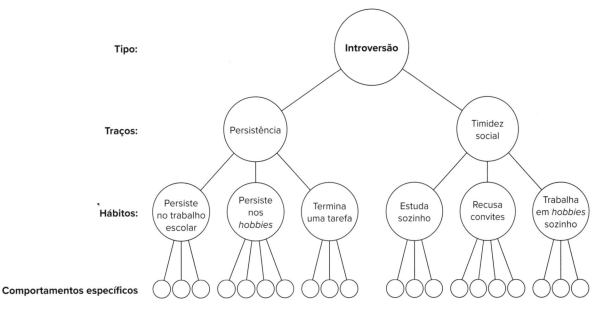

FIGURA 14.1 Organização do comportamento em ações específicas, respostas habituais, traços e tipos. Outros traços além da persistência e da timidez social, como inferioridade, atividade reduzida e seriedade, contribuem para a introversão.

não tenha excluído "a possibilidade de que outras dimensões sejam acrescidas posteriormente" (Eysenck, 1994b, p. 151). A Figura 14.2 mostra a estrutura hierárquica de P, E e N de Eysenck.

O neuroticismo e psicoticismo não estão limitados a indivíduos patológicos, embora as pessoas perturbadas tenham a tendência de expressar escores mais elevados do que os indivíduos normais em escalas que medem esses dois fatores. Eysenck considerava todos os três fatores como parte da estrutura normal da personalidade. Os três são bidirecionais, com a extroversão estando em uma extremidade do fator E e a **introversão** ocupando o polo oposto. Do mesmo modo, o fator N inclui neuroticismo em um polo e **estabilidade** no outro, e o fator P tem o psicoticismo em um polo e a **função do superego** no outro.

A bidirecionalidade dos fatores de Eysenck não implica que a maioria das pessoas esteja em uma extremidade ou outra dos três pontos principais. Cada fator é distribuído de modo unimodal em vez de bimodal. A extroversão, por exemplo, costuma ser distribuída de forma muito parecida com a inteligência ou a altura. Isto é, a maioria das pessoas está próxima do centro de uma distribuição em forma de sino da extroversão. Eysenck defendia que cada um desses fatores satisfaz seus quatro critérios para identificação das dimensões da personalidade.

Primeiro, existem fortes evidências psicométricas para cada um, em especial para os fatores E e N. O fator P (psicoticismo) surgiu posteriormente no trabalho de Eysenck, mas não foi levado a sério por outros pesquisadores até a metade da década de 1990 (Eysenck, 1997b). A extroversão e o neuroticismo (ou ansiedade) são fatores básicos em quase todos os estudos de análise fatorial da personalidade humana, incluindo várias versões da teoria dos cinco fatores (McCrae & Costa, 1999, 2002; John & Srivastava, 1999).

Segundo, Eysenck (1994a, 1994b) argumentou haver uma forte base biológica para cada um de seus três superfatores. Ao mesmo tempo, ele alegava que traços como amabilidade e conscienciosidade, que fazem parte da taxonomia dos cinco fatores (John, 1990; W. T. Norman, 1963; Tupes & Christal, 1961), não possuem uma base biológica subjacente.

Terceiro, as três dimensões da personalidade de Eysenck fazem sentido teoricamente. Carl Jung (ver Cap. 4) e outros reconheceram o efeito poderoso da extroversão e da introversão (fator E) no comportamento, e Sigmund Freud (ver Cap. 2) enfatizou a importância da ansiedade (fator N) na modelagem do comportamento. Além disso, o psicoticismo (fator P) é coerente com as ideias de teóricos como Abraham Maslow (ver Cap. 9), que propôs que a saúde psicológica varia desde a autorrealização (uma pontuação P baixa) até esquizofrenia e psicose (uma pontuação P alta).

Quarto, Eysenck demonstrou, várias vezes, que seus três fatores se relacionam a temas sociais como uso de substâncias (Eysenck, 1983), comportamentos sexuais (Eysenck, 1976), criminalidade (Eysenck, 1964, 1998b; Eysenck & Gudjonsson, 1989), prevenção de câncer e doença cardíaca (Eysenck, 1991c, 1991d; Grossarth-Maticek, Eysenck, & Vetter, 1988) e criatividade (Eysenck, 1993).

Extroversão

No Capítulo 4, explicamos que Jung conceitualizou dois tipos amplos de personalidade, denominados "extroversão" e "introversão". Também observamos algumas diferenças entre suas definições e a noção prevalente desses dois termos.

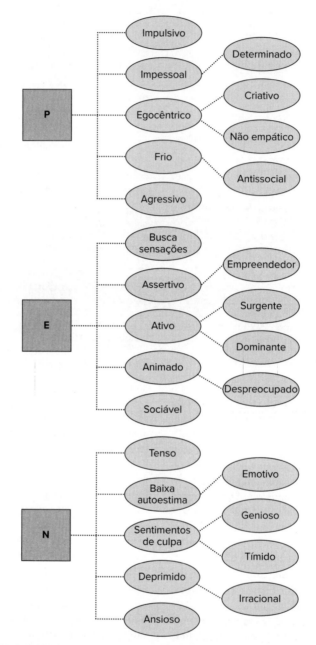

FIGURA 14.2 Estrutura hierárquica de P (psicoticismo), E (extroversão/introversão) e N (neuroticismo).
Fonte: Eysenck, H. J. "Biological dimensions of personality." Em L. A. Pervin (Ed.), Handbook of Personality: Theory and Research. New York: Guilford Press, 1990, pp. 224–276.

Jung via as pessoas extrovertidas como possuidoras de uma visão objetiva ou não personalizada do mundo, enquanto os introvertidos tinham essencialmente um modo subjetivo ou individualizado de olhar para as coisas. Os conceitos de Eysenck de extroversão e introversão estão mais próximos do uso popular. Os extrovertidos são caracterizados, principalmente, pela sociabilidade e pela impulsividade, mas também por jocosidade, vivacidade, perspicácia, otimismo e outros traços indicativos das pessoas que são gratificadas pela associação com os outros (Eysenck & Eysenck, 1969).

Os introvertidos são caracterizados pelos traços opostos aos dos extrovertidos. Eles podem ser descritos como quietos, passivos, pouco sociáveis, cuidadosos, reservados, pensativos, pessimistas, pacíficos, sóbrios e controlados. De acordo com Eysenck (1982), no entanto, as principais diferenças entre extroversão e introversão não são comportamentais, mas de natureza biológica e genética.

Eysenck (1982, 1997a) acreditava que a causa primária das diferenças entre extrovertidos e introvertidos está no *nível de excitação cortical*, uma condição fisiológica que é, em grande parte, herdada, em vez de aprendida. Como os extrovertidos possuem um nível mais baixo de excitação cortical do que os introvertidos, eles têm limiares sensoriais mais elevados e, assim, menos reações à estimulação sensorial. Os introvertidos, por sua vez, são caracterizados por um nível mais elevado de excitação e, como consequência de um limiar sensorial mais baixo, experimentam reações mais intensas à estimulação sensorial. Para manter um nível adequado de estimulação, os introvertidos, com seu limiar sensorial congenitamente baixo, evitam situações que causem muita excitação. Por extensão, eles evitam atividades como esqui alpino, voo livre, esportes competitivos, liderança de uma fraternidade ou irmandade ou brincadeiras de pregar peças.

Em contrapartida, como os extrovertidos em geral possuem um baixo nível de excitação cortical, eles precisam de uma estimulação sensorial de alto nível para manter um nível adequado de estimulação. Assim, os extrovertidos participam com mais frequência de atividades excitantes e estimulantes. Eles podem apreciar atividades como escalar montanhas, envolver-se em jogos de azar, dirigir carros rápidos, beber álcool e fumar maconha. Além disso, Eysenck (1976) levantou a hipótese de que os extrovertidos, ao contrário dos introvertidos, envolvem-se em relações sexuais mais cedo, com mais frequência, com uma gama mais ampla de parceiros, em um número maior de posições, com uma variedade maior de comportamentos sexuais e se entregam a jogos amorosos pré-coito mais demorados. Entretanto, como os extrovertidos têm um nível mais baixo de excitação cortical, eles se acostumam mais rapidamente a estímulos fortes (sexuais ou outros) e respondem cada vez menos ao mesmo estímulo, enquanto os introvertidos têm menor probabilidade de se entediarem ou de se desinteressarem por atividades rotineiras executadas com as mesmas pessoas.

Em resumo, Eysenck estava argumentando que as pessoas buscam, preferem e têm melhor desempenho em ambientes que correspondam aos seus níveis naturais de excitação. Os introvertidos buscam e têm melhor desempenho em ambientes silenciosos com níveis relativamente baixos de estimulação e excitação, enquanto os extrovertidos fazem o mesmo em ambientes mais barulhentos com níveis relativamente altos de estimulação e excitação. Na Figura 14.3, vemos uma versão de uma figura desenhada por Eysenck para descrever essa relação. O tom hedônico se refere ao sentimento subjetivo da pessoa na situação, seja positivo ou negativo.

Neuroticismo

O segundo superfator obtido por Eysenck é neuroticismo/estabilidade (N). Assim como a extroversão/introversão, o fator N possui um forte componente hereditário. Eysenck (1967) relatou vários estudos que encontraram evidências de uma base genética para traços neuróticos como ansiedade, histeria e transtornos obsessivo-compulsivos. Além disso, ele detectou uma concordância muito maior entre gêmeos idênticos do que entre gêmeos fraternos em inúmeros comportamentos antissociais e associais, como delinquência adulta, transtornos da conduta na infância, homossexualidade e alcoolismo (Eysenck, 1964).

As pessoas com escore alto em neuroticismo costumam ter tendência a reagir com excesso emocional e dificuldade em retornar a um estado normal depois de uma excitação emocional. Eles, muitas vezes, queixam-se de sintomas físicos, como cefaleia e dor nas costas, e de problemas psicológicos vagos, como preocupações e ansiedades. Eysenck (1967, 1982) propôs que essa reatividade emocional no neuroticismo se deve a um sistema límbico

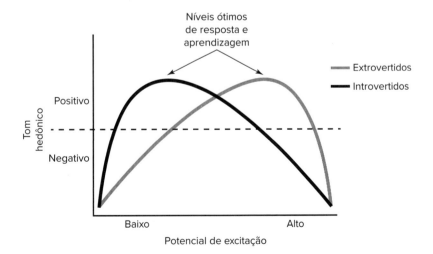

FIGURA 14.3 A relação entre níveis de excitação, introversão/extroversão e desempenho e sensação melhores (tom hedônico).

Extrovertidos têm melhor desempenho em níveis relativamente altos de excitação e introvertidos em níveis relativamente baixos de excitação (adaptado de Eysenck, 1982, p. 17).

altamente reativo, incluindo a amígdala e o hipotálamo. O neuroticismo, no entanto, não sugere, necessariamente, uma neurose no sentido tradicional do termo. As pessoas podem ter escore alto nesse fator e não apresentar sintomas psicológicos debilitantes.

Eysenck aceitou o **modelo diátese-estresse** da psicopatologia, que sugere que algumas pessoas são vulneráveis a doenças porque possuem uma fraqueza genética ou adquirida que as predispõe a enfermidades. Tal predisposição (diátese) pode interagir com o *estresse* para produzir um transtorno neurótico. Eysenck assumia que as pessoas no extremo saudável da escala N têm a capacidade de resistir a um transtorno neurótico mesmo em períodos de estresse extremo. Aquelas que têm escores altos em N, no entanto, podem sofrer uma reação neurótica como resultado de apenas um nível mínimo de estresse. Em outras palavras, quanto mais alto o escore em N, mais baixo o nível de estresse necessário para precipitar um transtorno neurótico.

Como o neuroticismo pode ser combinado com diferentes pontos na escala da extroversão, uma única síndrome não pode definir o comportamento neurótico. A técnica de análise fatorial de Eysenck pressupõe a independência dos fatores, ou seja, a escala de neuroticismo está perpendicular (significando correlação zero) à escala de extroversão. Desse modo, várias pessoas podem ter escores altos na escala N e, mesmo assim, exibirem sintomas muito diferentes, dependendo de seu grau de introversão ou extroversão. A Figura 14.4 mostra o polo introversão/extroversão com correlação zero com o polo neuroticismo/estabilidade. Considere as pessoas A, B e C, todas igualmente altas na escala de neuroticismo, mas representando três pontos distintos na escala de extroversão. A pessoa A, um neurótico introvertido, é caracterizada por ansiedade, depressão, fobias e sintomas obsessivo-compulsivos; a pessoa B, que tem neuroticismo alto, mas está apenas na média em extroversão, é caracterizada, provavelmente, por histeria (um transtorno neurótico associado à instabilidade emocional), sugestionabilidade e sintomas somáticos; e a pessoa C, um indivíduo neurótico extrovertido, provavelmente manifestará qualidades psicopáticas, como criminalidade e tendências delinquentes (Eysenck, 1967, 1997a). Considere, também, as pessoas A, D e E, todas igualmente introvertidas, mas com três níveis diferentes de estabilidade emocional. A pessoa A é o indivíduo neurótico introvertido que descrevemos há pouco; a pessoa D é também introvertida, mas não é neurótica de modo grave, nem estável no âmbito emocional; e a pessoa E é muito introvertida e psicologicamente estável.

A Figura 14.4 mostra apenas cinco pessoas, todas com pelo menos um escore extremo. A maioria das pessoas, claro, teria escore perto da média em extroversão e neuroticismo. Conforme os escores avançam para os limites externos do diagrama, eles se tornam cada vez menos frequentes, assim como os escores nas extremidades de uma curva em forma de sino são menos frequentes do que aqueles próximos ao ponto médio.

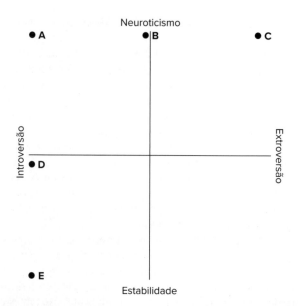

FIGURA 14.4 Esquema bidimensional descrevendo vários pontos extremos nas escalas E (extroversão) e N (neuroticismo) de Eysenck.

Psicoticismo

A teoria original da personalidade de Eysenck foi baseada em apenas duas dimensões da personalidade – extroversão e neuroticismo. Após vários anos de alusão ao psicoticismo (P) como um fator da personalidade independente, Eysenck finalmente o elevou a uma posição igual à dos fatores E e N (Eysenck & Eysenck, 1976). Assim como extroversão e neuroticismo, P é um fator bidirecional, com o psicoticismo em um polo e o *superego* no outro. Aqueles que têm escores altos em P tendem a ser egocêntricos, frios, não conformistas, impulsivos, hostis, agressivos, desconfiados, psicopáticos e antissociais. As pessoas com baixo escore nesse fator (na direção da função do superego) tendem a ser altruístas, altamente socializadas, empáticas, carinhosas, cooperativas, conformes e convencionais (Eysenck, 1997).

Anteriormente, vimos que Eysenck aceitava o modelo diátese-estresse para pessoas com escore alto na escala de neuroticismo; ou seja, estresse e escores N se combinam para elevar a vulnerabilidade das pessoas a transtornos psicológicos. Esse modelo sugere, ainda, que as pessoas com escore alto em psicoticismo e que também estão experimentando níveis de estresse têm maior probabilidade de desenvolver um transtorno psicótico. Eysenck (1994a) levantou a hipótese de que as pessoas com altos escores em P têm uma alta "*predisposição* para sucumbir ao estresse e desenvolver uma doença psicótica" (p. 20). O modelo de diátese-estresse sugere que aqueles com escores P altos são geneticamente mais vulneráveis ao estresse do que aqueles com escores baixos. Durante períodos de pouco estresse, aqueles com escores P altos podem funcionar normalmente, mas, quando o P alto interage com altos níveis de estresse, as pessoas se tornam vulneráveis a transtornos psicóticos. Em contraste, as pessoas com baixos escores P não são, necessariamente, vulneráveis a psicoses relacionadas ao estresse e resistem a uma crise psicótica mesmo em períodos de extremo estresse. De acordo com Eysenck (1994a, 1994b), quanto mais alto o psicoticismo, mais baixo o nível de estresse necessário para precipitar uma reação psicótica.

O psicoticismo/superego (P) é independente de E e N. A Figura 14.5 mostra cada um dos três fatores perpendiculares aos outros dois. (Como o espaço tridimensional não pode ser reproduzido fielmente em um plano bidimensional, o leitor deve olhar para a Figura 14.5 como se as linhas contínuas representassem o canto de uma sala onde duas paredes encontram o chão. Cada linha pode, então, ser vista como perpendicular às outras duas.) A visão de Eysenck da personalidade, portanto, permite que cada pessoa seja medida em três fatores independentes, e os escores resultantes podem ser marcados no espaço tendo três coordenadas. A pessoa F na Figura 14.5, por exemplo, tem escore bastante alto em superego, um pouco alto em extroversão e próximo ao ponto médio na escala de neuroticismo/estabilidade. De forma similar, os escores de cada pessoa podem ser marcados no espaço tridimensional.

Medindo a personalidade

Eysenck desenvolveu quatro inventários da personalidade que medem seus superfatores. O primeiro, o Inventário de Personalidade de Maudsley, ou MPI (Eysenck, 1959), avaliava apenas E e N e produzia alguma correlação entre esses dois fatores. Por tal razão, Eysenck desenvolveu outro teste, o Inventário de Personalidade de Eysenck, ou EPI. O EPI contém uma escala de mentira (L; do inglês *lie*) para detectar fingimento, mas o mais importante é que ele mede extroversão e neuroticismo de forma independente, com uma correlação próxima a zero entre este e aquele (H. J. Eysenck & S. B. G. Eysenck, 1964, 1968). O EPI foi ampliado para crianças entre 7 e 16 anos de idade por Sybil B. G. Eysenck (1965), que desenvolveu o EPI Júnior.

O EPI ainda era um inventário de dois fatores; então, consequentemente, Hans Eysenck e Sybil Eysenck (1975) publicaram um terceiro teste de personalidade: o Questionário de Personalidade de Eysenck (EPQ), o qual incluía uma escala de psicoticismo (P). O EPQ, que apresentava uma versão adulta e uma júnior, é uma revisão do já publicado EPI. Críticas posteriores à escala P levaram a ainda outra revisão, o Questionário da Personalidade de Eysenck-Revisado (H. J. Eysenck & S. B. G. Eysenck, 1993).

Bases biológicas da personalidade

De acordo com Eysenck, os fatores da personalidade P, E e N possuem determinantes biológicos poderosos. Ele estimou que cerca de três quartos da variância de todas as três dimensões da personalidade podem ser explicados pela hereditariedade e cerca de um quarto, pelos fatores ambientais.

Eysenck (1990) citou três evidências para um componente biológico forte na personalidade. Primeiro, os pesquisadores (McCrae & Allik, 2002) encontraram fatores quase idênticos entre as pessoas em várias partes do mundo, não só no Oeste da Europa e na América do Norte, como também em Uganda, Nigéria, Japão, China, Rússia e outros países africanos e europeus. Segundo, evidências (McCrae & Costa, 2003) sugerem que os indivíduos tendem a manter sua posição ao longo do tempo nas diferentes dimensões da personalidade. E, terceiro, estudos de gêmeos (Eysenck, 1990) mostram uma concordância mais alta entre gêmeos idênticos do que entre gêmeos fraternos do mesmo gênero criados juntos, sugerindo que os fatores genéticos desempenham um papel dominante na determinação das diferenças individuais na personalidade.

Na teoria da personalidade de Eysenck, psicoticismo, extroversão e neuroticismo possuem antecedentes e consequências. Os antecedentes são genéticos e biológicos, enquanto as consequências incluem variáveis experimentais como experiências de condicionamento, sensibilidade e memória, além de comportamentos sociais como criminalidade, criatividade, psicopatologia e comportamento sexual. A Figura 14.6 mostra que P, E e N estão no meio de uma progressão em cinco passos, desde o DNA até o comportamento social, com os intermediários biológicos e as evidências experimentais ancorando as três dimensões principais da personalidade. Em outras palavras, a

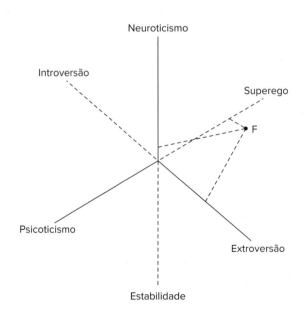

FIGURA 14.5 Esquema tridimensional que descreve as pontuações de um indivíduo em cada uma das principais dimensões da personalidade de Eysenck.

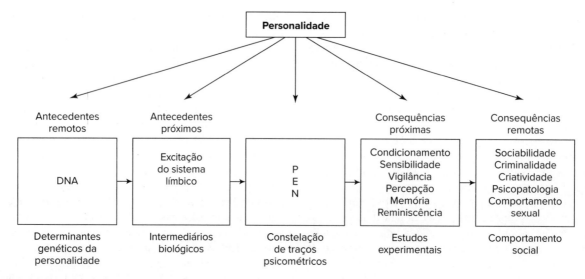

FIGURA 14.6 Um modelo dos principais componentes da teoria da personalidade de Eysenck.

personalidade possui determinantes genéticos que moldam indiretamente os intermediários biológicos, e esses intermediários biológicos ajudam a moldar P, E e N. Por sua vez, esses fatores contribuem para uma ampla variedade de aprendizados em laboratório, além de comportamentos sociais.

Personalidade como um preditor

O modelo complexo da personalidade de Eysenck apresentado na Figura 14.6 sugere que os traços psicométricos de P, E e N podem se combinar entre si e com determinantes genéticos, intermediários biológicos e estudos experimentais para predizer uma variedade de comportamentos sociais, incluindo aqueles que contribuem para a doença.

Personalidade e comportamento

As três dimensões gerais da personalidade de Eysenck predizem o comportamento? De acordo com o modelo de Eysenck apresentado na Figura 14.6, psicoticismo, extroversão e neuroticismo devem predizer resultados de estudos experimentais, além de comportamentos sociais. Lembre-se de que a teoria de Eysenck pressupõe que a extroversão é um produto da excitabilidade cortical baixa. Portanto, os introvertidos, comparados com os extrovertidos, devem ser mais sensíveis a uma variedade de estímulos e condições de aprendizagem. Eysenck (1997a) argumentou que uma teoria efetiva da personalidade deve predizer consequências imediatas e remotas (ver Figura 14.6), e ele e seu filho Michael (H. J. Eysenck & M. W. Eysenck, 1985) citaram estudos que demonstraram a maior demanda dos extrovertidos por mudança e novidade, tanto em estudos de laboratório quanto em estudos do comportamento social.

Eysenck (1997a) argumentou, ainda, que muitos estudos de psicologia chegaram a conclusões erradas porque ignoraram fatores de personalidade. Por exemplo, estudos em educação comparando a eficácia da aprendizagem pela descoberta e a aprendizagem receptiva tradicional frequentemente produziram diferenças conflitantes ou nenhuma diferença. Eysenck acreditava que esses estudos não consideravam que as crianças extrovertidas preferem a aprendizagem pela descoberta mais ativa e se saem bem com ela, enquanto as crianças introvertidas preferem a aprendizagem receptiva mais passiva, com melhores resultados. Em outras palavras, existe uma interação entre as dimensões e os estilos de aprendizagem. Entretanto, quando os investigadores ignoram tais fatores da personalidade, eles podem não encontrar diferenças na eficácia comparativa dos estilos de aprendizagem pela descoberta ou receptiva.

Eysenck (1995) também levantou a hipótese de que psicoticismo está relacionado ao gênio e à criatividade. Mais uma vez, a relação não é simples. Muitas crianças possuem habilidade criativa, não são conformistas e têm ideias não ortodoxas, mas elas crescem e se tornam pessoas de pouca criatividade. Eysenck constatou evidências de que essas pessoas não possuem a persistência daquelas com escores P altos. Crianças com o mesmo potencial criativo que também têm psicoticismo (P) alto são capazes de resistir às críticas de pais e professores e emergir como adultos criativos.

Do mesmo modo, Eysenck e S. B. G. Eysenck (1975) relataram que tanto aqueles com escores P altos quanto aqueles com escores E altos têm maior probabilidade de serem desordeiros quando crianças. Contudo, pais e professores costumam considerar as crianças extrovertidas como malandras charmosas e a perdoar seus delitos, enquanto veem aquelas com escores P altos como mais maldosas, perturbadoras e desagradáveis. Assim, os desordeiros com escores E altos tendem a se transformar em adultos produtivos, enquanto os desordeiros com escores P altos tendem a continuar a ter problemas de aprendizagem, a ingressar no crime e a apresentar dificuldade em fazer amigos (S. Eysenck, 1997). Mais uma vez, Eysenck acreditava fortemente que os psicólogos podem ficar desorientados se não considerarem as várias combinações de dimensões da personalidade na condução de suas pesquisas.

Personalidade e doença

Os fatores da personalidade podem predizer mortalidade por câncer e doença cardiovascular (DCV)? No início da década de 1960, Eysenck dedicou muita atenção a essa questão. Ele e David Kissen (Kissen & Eysenck, 1962) identificaram que as pessoas que apresentavam escore baixo em neuroticismo no Inventário de Personalidade de Maudsley tendiam a suprimir sua emoção e apresentavam probabilidade muito maior do que aqueles com escore alto nesse fator de receber um diagnóstico posterior de câncer de pulmão.

Mais tarde, Eysenck se uniu ao médico e psicólogo iugoslavo Ronald Grossarth-Maticek (Eysenck & Grossarth-Maticek, 1991; Grossarth-Maticek & Eysenck, 1989; Grossarth-Maticek, Eysenck, & Vetter, 1988) para investigar não somente a relação entre personalidade e doença, mas também a eficácia da terapia comportamental no prolongamento da vida de pacientes com câncer e DCV. Grossarth-Maticek havia usado um questionário curto e uma entrevista pessoal longa para colocar as pessoas em um dos quatro grupos ou tipos. O Tipo I incluía pessoas com uma reação ao estresse de desesperança/desamparo; as pessoas do Tipo II em geral reagiam à frustração com raiva, agressividade e excitação emocional; as pessoas do Tipo III eram ambivalentes, mudando da reação típica das pessoas do Tipo I para a reação típica daquelas do Tipo II e depois retornando à primeira; os indivíduos do Tipo IV consideravam a própria autonomia como uma condição importante para seu bem-estar e sua felicidade pessoal. No estudo original na Iugoslávia, as pessoas do Tipo I tinham probabilidade muito maior do que as outras de morrer de câncer, e as do Tipo II tinham probabilidade muito maior de morrer de DCV. Os indivíduos dos Tipos III e IV apresentavam taxas de morte muito baixas para câncer ou DCV. Grossarth-Maticek, Eysenck e Vetter replicaram esse estudo em Heidelberg, Alemanha, e encontraram resultados muito semelhantes.

Conforme Eysenck (1996) apontou, esses e outros estudos sobre a relação entre personalidade e doença não comprovam que os fatores psicológicos *causam* câncer e DCV. Ao contrário, essas doenças são causadas por uma interação de muitos fatores. Para DCV, tais fatores incluem histórico familiar, idade, gênero, origem étnica, hipertensão, razão entre o colesterol total e lipoproteína de alta densidade (HDL), tabagismo, dieta, estilo de vida sedentário e vários fatores de personalidade. Para câncer, os riscos incluem tabagismo, dieta, álcool, práticas sexuais, histórico familiar, origem étnica e fatores de personalidade (Brannon, Updegraff, & Feist, 2018). Eysenck (1996) referia que fumar, isoladamente, não causa câncer ou DCV, mas, quando é combinado com estresse e fatores de personalidade, contribui para morte por essas duas doenças. Por exemplo, Eysenck e colaboradores (Marusic, Gudjonsson, Eysenck, & Starc, 1999) desenvolveram um modelo biopsicossocial complexo para DCV que incluía 11 fatores biológicos e sete psicossociais. Sua pesquisa com homens na República da Eslovênia corroborou a hipótese de que os fatores da personalidade interagem com uma variedade de fatores biológicos para contribuir para DCV. Uma dessas interações era em relação a tabagismo, neuroticismo e reatividade emocional; ou seja, as pessoas com escore P alto que fumam e reagem ao estresse com raiva, hostilidade e agressividade correm risco maior de DCV.

Pesquisa relacionada

Eysenck desenvolveu o Inventário de Personalidade de Eysenck (EPQ) e suas versões (Eysenck, 1959; Eysenck & Eysenck, 1964, 1968, 1975, 1993). O EPQ foi usado em conjunto com medidas neurofisiológicas e genéticas para avaliar a base biológica da personalidade.

A base biológica da extroversão

Uma das ênfases principais da teoria de Eysenck é que as dimensões da personalidade não são criações arbitrárias da cultura, mas resultado da constituição genética e neurofisiológica básica da espécie humana. Se houvesse uma base biológica para a personalidade, dois pressupostos principais deveriam ter validade. Primeiro, devem existir diferenças neurofisiológicas entre pessoas com escore alto no extremo de uma dimensão (p. ex., introversão) e aquelas com escore alto no outro extremo da mesma dimensão (p. ex., extroversão). Segundo, as dimensões básicas da personalidade devem ser universais, e não limitadas a determinada cultura.

O primeiro domínio para testar o modelo biológico da personalidade de Eysenck é a neurofisiologia. Se, conforme propôs Eysenck, os introvertidos têm limiares mais baixos de excitação do que os extrovertidos, então eles devem ser mais reativos (ou seja, sensíveis) à estimulação sensorial. Uma forma de testar essa ideia é apresentar a ambos os grupos intensidades variadas de estimulação e medir a reatividade fisiológica. Se a teoria de Eysenck estiver correta, então os introvertidos devem ser mais reativos do que os extrovertidos. Um ponto técnico é importante aqui: o nível de excitação cortical foi medido principalmente pelo EEG (atividade elétrica via couro cabeludo). Existem dois níveis principais de atividade cortical durante a vigília, conhecidos como alfa e beta. Alfa é o nível mais baixo (8—13 Hz) de excitação e beta é o próximo mais forte (14—35

Hz). O alfa é tradicionalmente associado à sonolência e relaxamento e o beta ao estado de alerta e vigília. Muitos pesquisadores seguiram o exemplo de Eysenck e usaram o alfa como medida da excitação cortical, enquanto outros pesquisadores argumentam que o beta é uma medida melhor da atividade cognitiva e da excitação (Küssner et al., 2016; Ray & Cole, 1985).

Durante os últimos 30 anos, uma quantidade substancial de pesquisa explorou medidas cognitivas, comportamentais e fisiológicas da reatividade em relação à extroversão/introversão (Beauducel, Brocke, & Leue, 2006; Küssner, deGroot, Hofman, & Hillen, 2016; Mitchell & Kumari, 2016; Stelmack, 1990, 1997). Em geral, foi corroborado o pressuposto de Eysenck de que os introvertidos são mais reativos (possuem limiares mais baixos) do que os extrovertidos, com a qualificação de que é a reatividade, em vez dos níveis de atividade da linha de base, que distingue introvertidos e extrovertidos (Mitchell & Kumari, 2016). Por exemplo, em um estudo recente, Beauducel e colaboradores (2006) predisseram que os extrovertidos teriam menos excitação cortical e apresentariam pior desempenho em uma tarefa entediante e monótona. Os pesquisadores selecionaram estudantes que tinham escore muito baixo ou muito alto na escala de Extroversão do Inventário de Personalidade de Eysenck. Então, eles apresentaram aos participantes uma série de sons a cada 3 segundos, por 60 minutos. Os participantes tinham que apertar um botão depois que ouvissem determinado som.

Os computadores mediram a velocidade (tempo de reação) e a exatidão das respostas. A tarefa pretendia ser entediante e aborrecida, como de fato era. A ideia é que os extrovertidos se sairiam pior na tarefa do som porque ela era excessivamente desestimulante. Por fim, a atividade cortical dos participantes foi medida, via EEG, durante toda a tarefa. As predições, mais uma vez, eram de que os extrovertidos teriam excitação cortical mais baixa e se sairiam pior na tarefa monótona. Beauducel e colaboradores obtiveram evidências favoráveis para tais hipóteses, o que sustenta dois dos pressupostos mais fundamentais de Eysenck acerca da base biológica dos traços de personalidade.

O nível ideal de excitação é outra das hipóteses de Eysenck que gerou alguma pesquisa. Eysenck teorizou que os introvertidos deveriam trabalhar melhor em ambientes de estimulação sensorial relativamente baixa, enquanto os extrovertidos deveriam ter melhor desempenho sob condições de estimulação sensorial relativamente alta (Dornic & Ekehammer, 1990). Um teste da teoria de Eysenck foi realizado por Dobbs e colaboradores (2011), que avaliaram a personalidade e o desempenho de tarefas cognitivas sob três condições sonoras: silêncio, ruído e música. Com base em Eysenck, eles previram que os extrovertidos teriam um desempenho melhor do que os introvertidos nas condições de ruído e música, mas não na condição de silêncio.

Dobbs e colaboradores mediram os níveis de introversão e extroversão usando um questionário de autorrelato (Eysenck Personality Inventory — EPI). Eles manipularam as condições de som da seguinte maneira: "ruído" eram 12 minutos de sons do dia a dia, como crianças brincando, ambiente de escritório e risadas; "música" eram 13 minutos da música vocal pop atual; e "silêncio" não tocava nenhum som. Várias medidas de teste de inteligência cognitiva foram administradas para avaliar o desempenho cognitivo. Uma delas foi a medida não verbal de inteligência,

Preferir ficar sozinha às vezes é uma forma de as pessoas introvertidas regularem seu nível ideal de excitação.
Fonte da imagem/Getty Images

conhecida como teste de Matrizes Progressivas de Raven, na qual há uma série de figuras geométricas formando um padrão e uma peça que falta. A tarefa é descobrir o padrão subjacente nas formas e escolher a peça que falta com base na ideia do padrão. Outra medida de inteligência cognitiva foi o Wonderlic Personnel Test, que tem problemas de palavras, números, frases e figuras geométricas de vários níveis de dificuldade. Finalmente, uma tarefa cognitiva menos complexa também foi administrada, a saber, o Teste de Raciocínio Verbal, que consistia em identificar antônimos, completar frases e escolher frases gramaticalmente corretas. Participaram 118 meninas do ensino fundamental e médio no Reino Unido.

Os resultados do estudo, em geral, apoiaram as previsões e a teoria de Eysenck. Os extrovertidos tiveram um desempenho melhor do que os introvertidos nas tarefas cognitivas nas condições de ruído e música, mas não na condição de silêncio. Por exemplo, no teste de Matriz Progressiva de Raven, estudantes introvertidos se distraíram com as condições de ruído e música, enquanto os alunos extrovertidos não foram afetados nem pelo ruído nem pela música (ver a Figura 14.7). Devemos ressaltar que esse padrão não se manteve na tarefa cognitiva menos exigente (raciocínio verbal) e, portanto, a complexidade da tarefa cognitiva parece importar.

Uma segunda fonte de apoio para a teoria da personalidade de base biológica de Eysenck provém da genética comportamental. As pesquisas em genética comportamental em geral estão fundamentadas no estudo de gêmeos, idênticos e fraternos, criados juntos ou separados. Estudos de gêmeos evidenciaram que a maioria dos traços básicos de personalidade possui estimativas de hereditariedade entre 40 e 60% (Plomin & Caspi, 1999). Em outras palavras, a composição genética de um indivíduo fica a meio caminho da explicação de seus traços básicos. Por exemplo, o traço de extroversão, ou sociabilidade, com frequência apresenta correlações de cerca de 0,50 para gêmeos idênticos e de cerca de 0,20 a 0,25 para gêmeos fraternos, o que leva a uma estimativa de hereditariedade entre 50 e 60%. Do mesmo modo, entre 50 e 55% da diferença em neuroticismo é resultado da genética (Bouchard & Loehlin, 2001; Caspi, Roberts, & Shiner, 2005; Krueger & Johnson, 2008; Plomin & Caspi, 1999). Além disso, outros pesquisadores começaram a descobrir localizações genéticas específicas envolvidas na produção de neurotransmissores, como a serotonina, que estão conectados a características de extroversão, neuroticismo e psicoticismo (Gillespie et al., 2008).

Em suma, a pesquisa tende a corroborar a noção de Eysenck de que os fatores de personalidade possuem uma base biológica e não são apenas dependentes do que aprendemos. De fato, coerente com uma base biológica da personalidade, os principais traços parecem coerentes na maioria dos países do mundo (McCrae, 2002; Pootinga, Van de Vijver, & van Hemert, 2002). Como e quando os traços de personalidade se expressam são claramente influenciados pelo contexto cultural e social. Mas o fato de todos nós podermos ser descritos em dimensões similares da personalidade (p. ex., extroversão ou neuroticismo) é influenciado pela composição biológica. A personalidade, em suma, é moldada pela natureza e pelo ambiente.

A base biológica do neuroticismo

Lembre-se de que Eysenck (1967) postulou que o neuroticismo resultou do aumento da atividade ou capacidade de resposta e menores limiares de ativação no sistema límbico. Esse padrão é o mesmo da introversão, mas a localização é diferente: a introversão envolve aumento da atividade e limites mais baixos para a excitação cortical e reticular, em vez da excitação do sistema límbico. O sistema límbico é composto pelas estruturas subcorticais do cérebro envolvidas na emoção e na motivação, principalmente a amígdala e o hipotálamo. Portanto, os pesquisadores exploraram a hipótese de Eysenck de que as diferenças na atividade e fisiologia do sistema límbico são a base do neuroticismo – a disposição de experimentar emoções negativas, como estresse, ansiedade, culpa e depressão. Em geral, há muitas evidências empíricas que apoiam essa teoria (Mitchell & Kumari, 2016).

Por exemplo, Mincic (2015) conduziu uma metanálise sobre o tema do neuroticismo e a estrutura e função da amígdala. Metanálises são o processo de coletar toda a literatura publicada e não publicada que se possa encontrar sobre um tópico ou pergunta específica e calcular o tamanho geral do efeito em uma determinada questão. É uma revisão quantitativa da literatura e nos diz o quão grande é um efeito em todos os estudos, e não em apenas um. Mincic coletou e analisou 13 estudos quantitativos sobre estrutura e função cerebral e neuroticismo. Nesses 13 estudos, houve evidências consistentes de mais massa cinzenta

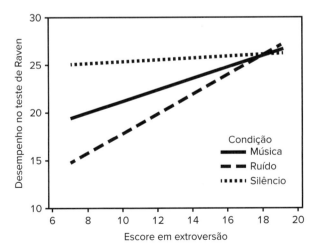

FIGURA 14.7 Pontuações da matriz progressiva de Raven em função da extroversão e das condições sonoras.
Fonte: Dobbs et al., 2011; reimpresso com permissão de Wiley & Sons, Inc.

(corpos celulares) na amígdala de pessoas com alto nível de neuroticismo em comparação com aquelas com baixo nível de neuroticismo. Mais massa cinzenta é consistente com o aumento da atividade ou responsividade da amígdala. Para ser justo, essa associação não é verdadeira para cada amígdala. Como todas as estruturas subcorticais, a amígdala vem em duas: uma no hemisfério direito e outra no esquerdo. O aumento da atividade da amígdala é encontrado mais na amígdala esquerda do que na direita (Mincic, 2015). Outra pesquisa sugere que há conexões neurais reduzidas entre a amígdala e outras regiões do cérebro envolvidas no controle dos pensamentos. Essa falta de conexão parece inibir o "interruptor de desligar" na amígdala, resultando em sua atividade excessiva em relação a experiências negativas (Canli, 2008; Ormel et al., 2012). Em resumo, pessoas com alto nível de neuroticismo são tendenciosas e mais sensíveis a experiências emocionais negativas, em parte devido a uma amígdala hiperativa.

O aumento da reatividade fisiológica – como visto na sudorese – também está associado ao neuroticismo. Em um estudo, por exemplo, 169 adultos (idade média de 27 anos) tiveram suas respostas fisiológicas medidas enquanto assistiam a um programa de TV de 60 minutos (*House*) (Brumbaugh, Kothuri, Marci, Siefert, & Pfaff, 2013). Esse episódio de TV foi escolhido porque incluiu quatro cenas separadas de 1 minuto que demonstraram retratar emoções fortes e negativas (violência-medo, tristeza, tensão e ameaça-hostilidade). Os participantes usavam um colete que media continuamente a frequência cardíaca, a condutância da pele (sudorese) e a respiração. Eles também completaram uma pequena medida de personalidade de 10 itens (Gosling et al., 2003). Inspirados pela teoria de Eysenck, Brumbaugh e colaboradores previram que pessoas com alto nível de neuroticismo teriam uma resposta fisiológica maior a cada uma das quatro cenas de emoções negativas. Eles encontraram apoio parcial para essas previsões, pois a cena de violência-medo produziu maior condutância galvânica da pele (sudorese) em pessoas com alto nível de neuroticismo do que em pessoas com baixo nível de neuroticismo. No entanto, não existiam diferenças na frequência cardíaca e respiratória. Outra pesquisa relatou que uma maior reatividade da condutância cutânea em pessoas com níveis altos de neuroticismo atingiu o pico de 4 a 5 segundos após o estímulo negativo e não voltou ao normal por cerca de 9 segundos (Norris, Larsen, & Cacioppo, 2007). Naqueles com baixo nível de neuroticismo, entretanto, os picos foram pequenos e ocorreram cerca de 2 segundos após o estímulo, e a reatividade voltou ao normal em 3 a 4 segundos após o estímulo. Portanto, a reatividade é mais forte e duradoura em pessoas com alto nível de neuroticismo.

Em suma, a pesquisa atual sobre a biologia do neuroticismo apoia as ideias teóricas de Eysenck que remontam à década de 1960, a saber, que as diferenças no sistema límbico e na sua fisiologia seriam a base para o traço de personalidade do neuroticismo. Com certeza, há mais pesquisas a serem feitas e nem todas as pesquisas anteriores confirmam cada aspecto da teoria de Eysenck. No entanto, no geral, uma base biológica do neuroticismo parece estar estabelecida.

Críticas à teoria de base biológica de Eysenck

A princípio, a teoria de base biológica de Eysenck *gera pesquisa*? Segundo esse critério, ela deve ser classificada como muito alta. A Figura 14.6 mostra a abrangência da teoria da personalidade de Eysenck. O quadrado do centro abarca as propriedades psicométricas de sua teoria, isto é, psicoticismo, extroversão e neuroticismo. Essa figura também mostra que a teoria da personalidade de Eysenck é muito mais do que uma simples classificação. Os antecedentes genéticos e biológicos do comportamento são sugeridos pelos dois quadrados à esquerda, enquanto algumas das consequências (ou resultados) da pesquisa de Eysenck são encontradas nos dois quadrados à direita. Tais consequências são o resultado de estudos experimentais sobre condicionamento, sensibilidade, vigilância, percepção, memória e reminiscência. As áreas de pesquisa em comportamento social são apresentadas no quadro na extrema direita e incluem tópicos como sociabilidade, criminalidade, criatividade, psicopatologia e comportamento sexual. Eysenck e colaboradores relataram quantidades significativas de pesquisas nesses e em outros campos de estudo.

Segundo, as teorias dos traços e fatores são *refutáveis*? Conforme esse critério, as teorias dos traços e fatores recebem uma classificação de moderada a alta. Alguns dos resultados de pesquisa de Eysenck – por exemplo, suas investigações sobre personalidade e doença – não foram replicados por pesquisadores externos. Sua teoria biológica, porque faz predições específicas, é passível de verificação. Os resultados, no entanto, são mistos, com algumas de suas predições sendo confirmadas (p. ex., excitação ideal) e outras não (p. ex., velocidade do processamento cognitivo).

Terceiro, as teorias dos traços e fatores são classificadas como altas em sua capacidade de *organizar o conhecimento*. Como o modelo da personalidade de Eysenck é um dos poucos a levar a biologia a sério, constitui uma das únicas teorias que podem explicar as observações de que os indivíduos diferem em comportamento ao nascimento e que a genética explica cerca de metade da variabilidade nas diferenças individuais.

Quarto, uma teoria útil tem o poder de *guiar as ações dos praticantes*, e, segundo tal critério, as teorias biológicas possuem uma classificação relativamente baixa. Ainda que essas teorias façam um bom trabalho ao explicarem as origens das diferenças de personalidade, elas não se prestam facilmente como guias práticos para professores, pais e até mesmo terapeutas. De acordo com esse critério, a teoria biológica se classifica como relativamente baixa.

As teorias dos traços e fatores são *consistentes internamente*? Mais uma vez, a classificação deve ser ambígua.

A teoria de Eysenck é um modelo de consistência, mas, quando comparada com o modelo dos cinco fatores, o modelo de Eysenck é um pouco incoerente. Eysenck permaneceu convencido de que seus três fatores gigantes eram superiores ao modelo Big Five. Essa incoerência apresenta um problema, em especial porque a análise fatorial é um procedimento matemático preciso e porque as teorias dos fatores são fortemente empíricas.

O critério final de uma teoria útil é a *parcimônia*. Assim como o modelo dos cinco fatores de McCrae e Costa, o modelo da personalidade de Eysenck também está fundamentado na análise fatorial e, portanto, fornece uma explicação muito parcimoniosa da personalidade. De fato, com apenas três dimensões principais, o modelo de Eysenck é ainda mais parcimonioso do que a abordagem dos cinco fatores.

 ## Conceito de humanidade

Na dimensão de *determinismo* versus *livre-arbítrio*, a teoria de Eysenck está mais próxima da visão determinista, mas apenas de modo sutil. Os fundamentos biológicos são difíceis de mudar, mas, como o modelo de diátese-estresse deixa claro, tanto a biologia quanto o ambiente são necessários para criar as qualidades finais da personalidade em um indivíduo.

Em relação ao *otimismo* versus *pessimismo*, Eysenck é mais silencioso, mas em teleologia *versus* causalidade ele se inclina para o lado da causalidade. Lembre-se do modelo na Figura 14.6, no qual a cadeia da causalidade vai desde o DNA até o sistema límbico, os traços, as consequências imediatas e, finalmente, as consequências remotas.

Na questão dos *determinantes conscientes* versus *inconscientes* do comportamento, a abordagem de Eysenck se inclina para os determinantes inconscientes, uma vez que as pessoas são, sobretudo, incapazes de ter consciência de como a genética e os processos cerebrais afetam seu comportamento e sua personalidade. Referente à questão das *influências biológicas* versus *sociais*, pode ser um tanto surpreendente dizer, mas, de fato, Eysenck argumentou muito pelo "ambos-e" – ambos, inato e adquirido. A biologia pode estabelecer o piso e o teto para nosso comportamento, mas o ambiente é necessário para determinar se estaremos mais próximos do piso ou do teto de nosso potencial.

Na dimensão das *diferenças individuais* versus *semelhanças*, a teoria biológica tende um pouco para as diferenças individuais. As diferenças biológicas, cerebrais e genéticas focam a singularidade dos indivíduos. Eysenck (1981), por exemplo, escreveu que "as pessoas são, acima de tudo, indivíduos" (p. xi). E, no entanto, ao mesmo tempo, a teoria biológica também demonstra os aspectos em comum que todos compartilhamos como membros de uma espécie. Já que todos somos membros da mesma espécie, esperamos ver, e na verdade vemos, aspectos comuns na estrutura da personalidade por todo o mundo.

Termos-chave e conceitos

- Eysenck usou uma abordagem hipotético-dedutiva para extrair três fatores bidirecionais: extroversão/introversão, neuroticismo/estabilidade e psicoticismo/superego.
- Os *extrovertidos* são caracterizados pela sociabilidade e pela impulsividade; os *introvertidos*, pela passividade e pela ponderação.
- Altos escores na escala de *neuroticismo* podem indicar ansiedade, histeria, transtornos obsessivo-compulsivos ou criminalidade; baixos escores tendem a predizer estabilidade emocional.
- Altos escores em *psicoticismo* indicam hostilidade, egocentrismo, desconfiança, não conformidade e comportamento antissocial; baixos escores apontam um *superego* forte, empatia e cooperação.
- Eysenck insistia que, para ser útil, a personalidade deve *predizer o comportamento*, e ele apresentou amplas evidências que corroboram sua teoria dos três fatores.
- As três dimensões principais da personalidade têm base biológica, conforme evidenciado pelas pesquisas de temperamento, genética comportamental e cérebro.

Referências

Barbazanges, A., Piazza, P. V., Le Moal, M., & Maccari, S. (1996). Maternal glucocorticoid secretion mediates long-term effects of prenatal stress. *Journal of Neuroscience, 16,* 3943-3949.

Beauducel, A., Brocke, B., & Leue, A. (2006). Energetical bases of extraversion: Effort, arousal, EEG, and performance. *International Journal of Psychophysiology, 62,* 212-223.

Bouchard, T. J., Jr., & Loehlin, J. C. (2001). Genes, evolution, and personality. *Behavior Genetics, 31,* 243-273.

Brannon, L., Updegraff, J.A., & Feist, J. (2018). *Health Psychology: An Introduction to Behavior and Health* (9th ed.). Boston: Cengage.

Brumbaugh, C. C., Kothuri, R., Marci, C., Siefert, C., & Pfaff, D. D. (2013). Physiological correlates of the Big 5: Autonomic responses to video presentations. *Applied Physiological Biofeedback, 38,* 293-301. doi: 10.1007/s10484-013-9234-5

Canli, T. (2008). Toward a "molecular psychology" of personality. In O. P. John, R. W. Robins, and L. A. Pervin (Eds.) *Handbook of personality: Theory and research* (pp. 311-327). New York: Guilford Press.

Caspi, A., Roberts, B. W., & Shiner, R. L. (2005). Personality development: Stability and change. *Annual Review of Psychology, 56,* 453-484.

Clark, A. S., & Schneider, M. L. (1997). Effects of prenatal stress on behavior in adolescent rhesus monkeys. *Annals of the New York Academy of Sciences, 807,* 490-491.

Costa, P. T., & McCrae, R. R. (2002). Looking backward: Changes in the mean levels of personality traits from 80 to 12. In D. Cervone & W. Mischel (Eds.), *Advances in personality science* (pp. 219-237). New York: Guilford Press.

DiPietro, J. A., Hodgson, D. M., Costigan, K. A., & Johnson, T. R. B. (1996). Fetal antecedents of infant temperament. *Child Development, 67,* 2568-2583.

Dobbs, S., Furnham, A., & McClelland, A. (2011). The effect of background music and noise on the cognitive test performance of introverts and extraverts. *Applied Cognitive Psychology, 25,* 307-311. doi:10.1002/acp.1692.

Dornic, S., & Ekehammer, B. (1990). Extraversion, neuroticism, and noise sensitivity. *Personality and Individual Differences, 11,* 989-992

Eysenck, H. J. (1947). *Dimensions of personality.* London: Routledge & Kegan Paul.

Eysenck, H. J. (1952a). The effects of psychotherapy: An evaluation. *Journal of Consulting Psychology, 16,* 319-324.

Eysenck, H. J. (1952b). *The structure of human personality.* London: Methuen.

Eysenck, H. J. (1953). *Uses and abuses of psychology.* Baltimore: Penguin.

Eysenck, H. J. (1954). *The psychology of politics.* London: Routledge & Kegan Paul.

Eysenck, H. J. (1956). *Sense and nonsense in psychology.* London: Penguin.

Eysenck, H. J. (1959). *Manual for the Maudsley Personality Inventory.* London: University of London Press.

Eysenck, H. J. (1962). *Know your own IQ.* London: Penguin.

Eysenck, H. J. (1964). *Crime and personality.* Boston: Houghton Mifflin.

Eysenck, H. J. (1965). *Fact and fiction in psychology.* London: Penguin.

Eysenck, H. J. (1967). *The biological basis of personality.* Springfield, IL: Charles C Thomas.

Eysenck, H. J. (1971). *The IQ argument.* New York: Library Press. (British edition: *Race, intelligence, and education.* London: Maurice Temple Smith, 1971.)

Eysenck, H. J. (1972). *Psychology is about people.* London: Allen Lane.

Eysenck, H. J. (1976). *Sex and personality.* Austin: University of Texas Press.

Eysenck, H. J. (1977a). Personality and factor analysis: A reply to Guilford. *Psychological Bulletin, 84,* 405-411.

Eysenck, H. J. (1977b). *You and neurosis.* London: Temple Smith.

Eysenck, H. J. (1980). An autobiography. In G. Lindzey (Ed.), *A history of psychology in autobiography* (Vol. 7, pp. 153-187). San Francisco: Freeman.

Eysenck, H. J. (1982). *Personality, genetics and behavior: Selected papers.* New York: Praeger.

Eysenck, H. J. (1983). Psychopharmacology and personality. In W. Janke (Ed.), *Response variability to psychotropic drugs* (pp. 127-154). Oxford, England: Pergamon Press.

Eysenck, H. J. (1990). Biological dimensions of personality. In L. A. Pervin (Ed.), *Handbook of personality: Theory and research* (pp. 244-276). New York: Guilford Press.

Eysenck, H. J. (1991b). Hans J. Eysenck: Maverick psychologist. In C. E. Walker (Ed.), *The history of clinical psychology in autobiography* (Vol. 2, pp. 39-86). Pacific Grove, CA: Brooks/Cole.

Eysenck, H. J. (1991d). *Smoking, personality and stress: Psychosocial factors in the prevention of cancer and coronary heart disease.* New York: Springer-Verlag.

Eysenck, H. J. (1993). Creativity and personality: Suggestions for a theory. *Psychological Inquiry, 4,* 147-179.

Eysenck, H. J. (1994b). Normality-abnormality and the three-factor model. In S. Strack & M. Lorr (Eds.), *Differentiating normal and abnormal personality* (pp. 3-25). New York: Springer.

Eysenck, H. J. (1994c). Personality: Biological foundations. In P. A. Vernon (Ed.), *The neuropsychology of individual differences* (pp. 151-207). San Diego, CA: Academic Press.

Eysenck, H. J. (1995). *Genius: The natural history of creativity.* Cambridge, England: Cambridge University Press.

Eysenck, H. J. (1996). Personality and cancer. In C. L. Cooper (Ed.), *Handbook of stress, medicine, and health* (pp. 193-215). Boca Raton, FL: CRC Press.

Eysenck, H. J. (1997a). Personality and experimental psychology: The unification of psychology and the possibility of a paradigm. *Journal of Personality and Social Psychology, 73,* 1224-1237.

Eysenck, H. J. (1997b). *Rebel with a cause: The autobiography of H. J. Eysenck* (Rev. ed.). New Brunswick: Truncation Publishers.

Eysenck, H. J. (1998a). *Intelligence: A new look.* New Brunswick: Transaction Publishers.

Eysenck, H. J. (1998b). Personality and crime. In T. Millon, E. Simonsen, M. Birket-Smith, & R. D. Davis (Eds.), *Psychopathy: Antisocial, criminal, and violent behavior* (pp. 40-49). New York: Guilford Press.

Eysenck, H. J. (1999). *The psychology of politics* (Rev. ed.). New Brunswick: Transaction Publishers.

Eysenck, H. J. (Ed.). (1981). *A model for personality.* New York: Springer.

Eysenck, H. J., & Coulter, T. (1972). The personality and attitudes of working class British Communists and Fascists. *Journal of Social Psychology, 87,* 59-73.

Eysenck, H. J., & Eysenck, M. W. (1985). *Personality and individual differences: A natural science approach.* New York: Plenum Press.

Eysenck, H. J., & Eysenck, S. B. G. (1964). *Manual of the Eysenck Personality Inventory.* London: University of London Press.

Eysenck, H. J., & Eysenck, S. B. G. (1968). *Manual for the Eysenck Personality Inventory.* San Diego, CA: Educational and Industrial Testing Service.

Eysenck, H. J., & Eysenck, S. B. G. (1969). *Personality structure and measurement.* San Diego, CA: R. R. Knapp.

Eysenck, H. J., & Eysenck, S. B. G. (1975). *Manual of the Eysenck Personality Questionnaire (Junior and Adult).* London: Hodder & Stoughton.

Eysenck, H. J., & Eysenck, S. B. G. (1976). *Psychoticism as a dimension of personality.* London: Hodder & Stoughton.

Eysenck, H. J., & Eysenck, S. B. G. (1993). *The Eysenck Personality Questionnaire-Revised.* London: Hodder & Stoughton.

Eysenck, H. J., & Grossarth-Maticek, R. (1991). Creative novation behaviour therapy as a prophylactic treatment for cancer and coronary heart disease: Part II. Effects of treatment. *Behaviour Research Therapy, 29,* 17-31.

Eysenck, H. J., & Gudjonsson, G. (1989). *The causes and cures of criminality.* New York: Plenum Press. Eysenck, H. J. (1991c).

Personality as a risk factor in coronary heart disease. *European Journal of Personality, 5,* 81-92.

Eysenck, H. J., & Nias, D. K. B. (1978). *Sex, violence and the media.* New York: Harper & Row.

Eysenck, S. (1965). *Manual for the Junior Eysenck Personality Inventory.* San Diego, CA: Educational and Industrial Testing Service.

Eysenck, S. (1997). Psychoticism as a dimension of personality. In H. Nyborg (Ed.), *The scientific study of human nature: Tribute to Hans J. Eysenck at eighty* (pp. 109-121). Oxford, England: Pergamon Press.

Eysenck, S.B. (2016). H.J. Eysenck: Scientist, psychologist, and family man. *Personality and Individual Differences, 103,* 8-10.

Feltham, C. (1996). Psychotherapy's staunchest critic: An interview with Hans Eysenck. *British Journal of Guidance and Counseling, 24,* 423-435.

Frois, J. P., & Eysenck, H. J. (1995). The Visual Aesthetic Sensitivity Test applied to Portuguese children and fine arts students. *Creativity Research Journal, 8,* 277-284.

Fuller, J. L., & Thompson, W. R. (1960). *Behavior genetics.* New York, NY: Wiley.

Gibson, H. B. (1981). *Hans Eysenck: The man and his work.* London: Peter Owen.

Gillespie, N. A., Zhu, G., Evans, D. M., Medland, S. E., Wright, M. J., & Martin, N. G. (2008). A genomewide scan for Eysenckian personality dimensions in adolescent twin sibships: Psychoticism, extraversion, neuroticism, and lie. *Journal of Personality, 76,* 1415-1446. doi: 10.1111/j.1467-6494.2008.00527.x

Gosling, S. D., Kwan, V. S. Y., & John, O. P. (2003). A dog's got personality: A cross-species comparative approach to personality judgments in dogs and humans. *Journal of Personality and Social Psychology, 85,* 1161-1169.

Grossarth-Maticek, R., & Eysenck, H. J. (1989). Length of survival and lymphocyte percentage in women with mammary cancer as a function of psychotherapy. *Psychological Reports, 65,* 315-321.

Grossarth-Maticek, R., Eysenck, H. J., & Vetter, H. (1988). Personality type, smoking habit and their interaction as predictors of cancer and coronary heart disease. *Personality and Individual Differences, 9,* 479-495.

John, O. P. (1990). The "Big Five" factor taxonomy: Dimensions of personality in the natural language and in questionnaires. In L. A. Pervin (Ed.), *Handbook of personality: Theory and research* (pp. 66-100). New York: Guilford Press.

John, O. P., & Srivastava, S. (1999). The Big Five taxonomy: History, measurement, and theoretical perspectives. In L. A. Pervin & O. P. John (Eds.), *Handbook of personality: Theory and research* (pp. 102-138). New York: Guilford Press.

Kissen, D. M., & Eysenck, H. J. (1962). Personality in male lung cancer patients. *Journal of Psychosomatic Research, 6,* 123-137.

Krueger, R. F., & Johnson, W. (2008). Behavioral genetics and personality: A new look at the integration of nature and nurture. In O. P. John, R. W. Robins, & L. A. Pervin (Eds.), *Handbook of personality: Theory and research* (3rd ed., pp. 287-310). New York: Guilford Press.

Küssner, M.B., DeGroot, A.M.B., Hofman, W.F., & Hillen, M.A. (2016). EEG beta power but not background music predicts the recall scores in a foreign-vocabulary learning task. PLoS ONE, 11, e0161387. doi: 10.1371/journal.pone.0161387.

Lagopoulos, J. (2007). Functional MRI: An overview. *Acta Neuropsychiatrica, 19,* 64-65.

Marusic, A., Gudjonsson, G. H., Eysenck, H. J., & Starc, R. (1999). Biological and psychosocial risk factors in ischaemic heart disease: Empirical findings and a biopsychosocial model. *Personality and Individual Differences, 26,* 286-304.

McCrae, R. R. (2002). NEO-PI-R data from 36 cultures: Further intercultural comparisons. In R. R. McCrae & J. Allik (Eds.), *The Five-Factor Model of personality across cultures* (pp. 105-125). New York: Kluwer Academic/Plenum Publishers.

McCrae, R. R., & Allik, J. (Eds.). (2002). *The Five-Factor model of personality across cultures.* New York: Kluwer Academic/Plenum Publishers.

McCrae, R. R., & Costa, P. T. (1999). A Five-Factor theory of personality. In L. A. Pervin & O. P. John (Eds.), *Personality theory and research* (pp. 139-153). New York: Guilford Press.

McCrae, R. R., & Costa, P. T. (2003). *Personality in adulthood: A five-factor theory perspective* (2nd ed.). New York: Guilford Press.

Mincic, A. M. (2015). Neuroanatomical correlates of negative emotionality-related traits: A systematic review and meta-analysis. *Neuropsychologia, 77,* 97-118. doi:10.1016/j.neuropsychologia.2015.08.007

Mitchell, R.L.C., & Kumari, V. (2016). Hans Eysenck's interface between brain and personality: Modern evidence on the cognitive neuroscience of personality. *Personality and Individual Differences, 103,* 74-81. doi: 10.1016/j.paid.2016.04.009

Moffitt, T. E., Caspi, A., & Rutter, M. (2005). Strategy for investigating interactions between measured genes and measured environments. *Archives of General Psychiatry, 62,* 473-481.

Norman, W. T. (1963). Toward an adequate taxonomy of personality attributes. Replicated factor structure in peer nomination personality ratings. *Journal of Abnormal and Social Psychology, 66,* 574-583.

Norris, C. J., Larsen, J. T., & Cacioppo, J. T. (2007). Neuroticism is associated with larger and more prolonged electrodermal responses to emotionally evocative pictures. *Psychophysiology, 44,* 823-826. doi: 10.1111/j.1469-8986.2007.00551.x

Plomin, R., & Caspi, A. (1999). Behavioral genetics and personality. In L. A. Pervin & O. P. John (Eds.), *Handbook of personality: Theory and research* (pp. 251-276). New York: Guilford Press.

Poortinga, Y., Van de Vijver, F. J. R., & van Hemert, D. A. (2002). Cross-cultural equivalence of the Big Five. In R. R. McCrae & J. Allik (Eds.), *The Five-Factor Model of personality across cultures* (pp. 281-302). New York: Kluwer Academic/Plenum Publishers.

Ray, W.J., & Cole, H.W. (1985). EEG alpha activity reflects attentional demands, and beta activity reflects emotional and cognitive processes. *Science, 228,* 750-752.

Stelmack, R. M. (1990). Biological bases of extraversion: Psychophysiological evidence. *Journal of Personality, 58,* 293-311.

Stelmack, R. M. (1997). The psychophysics and psychophysiology of extraversion and arousal. In H. Nyborg (Ed.), *The scientific study of human nature: A tribute to Hans Eysenck at eighty* (pp. 388-403). Oxford, England: Pergamon Press.

Thapar, A., Langley, K., Asherson, P., & Gill, M. (2007). Gene-environment interplay in attention-deficit hyperactivity disorder and the importance of a developmental perspective. *British Journal of Psychiatry, 190,* 1-3.

Tupes, E. C., & Christal, R. E. (1961). *Recurrent personality factors based on trait ratings* (Technical Report No. ASD-TR-61-97). Lackland, TX: U.S. Air Force.

CAPÍTULO 15

Buss: Teoria evolucionista da personalidade

- *Panorama da teoria evolucionista*
- *Biografia de David Buss*
- *Princípios da psicologia evolucionista*
- *Teoria evolucionista da personalidade*
  Natureza e criação da personalidade
  Problemas adaptativos e suas soluções (mecanismos)
  Mecanismos evoluídos
  Origens das diferenças individuais
  Teorias evolucionistas da personalidade neobussianas
- *Mal-entendidos comuns na teoria evolucionista*
  Evolução implica determinismo genético (comportamento como algo imutável e livre de influências do ambiente)
  A execução de adaptações requer mecanismos conscientes
  Os mecanismos visam a um ideal
- *Pesquisa relacionada*
  Origem evolucionista da personalidade: traços como correlatos à aptidão
  Genética e personalidade
  Personalidade animal

Cortesia de David Buss

- *Críticas à teoria evolucionista da personalidade*
- *Conceito de humanidade*
- *Termos-chave e conceitos*
- *Referências*

David tinha 17 anos e era evadido do ensino médio, preso duas vezes por causa de drogas, estava trabalhando no turno da noite em um ponto de parada de caminhões. Certa noite, um motorista bêbado ameaçou pegar um machado e cortar seu cabelo longo. Em outra noite, um homem bateu em David com um taco, sem razão aparente que não fosse começar uma briga. Nesse ponto, David decidiu que deveria haver uma maneira melhor de ganhar a vida e, então, matriculou-se na escola noturna para concluir o ensino médio e receber seu diploma. Depois de fazer isso, ele teve muita sorte: ganhou um sorteio para ingressar na Universidade do Texas, em Austin, para a qual ele não tinha a nota exigida. Na faculdade, sua curiosidade intelectual floresceu. Como ele mesmo disse: "no meu primeiro ano, eu sabia que queria me tornar um cientista e que a mente humana era o território que eu queria explorar" (D. Buss, 2004, p. 16). Dez anos depois, David era professor de psicologia na Universidade de Harvard!

Como é que alguém que abandonou o ensino médio se torna professor em Harvard? Uma das ideias que despertaram esse interesse pela aprendizagem e pelo conhecimento em David foi o conceito de evolução, em especial quando aplicado à personalidade, ao pensamento e ao comportamento humanos. De forma mais específica, foi seu interesse pelo sexo e por todos os comportamentos que o acompanham – atração, cobiça, ciúme, traição, flerte, fofoca – que focou suas ambições de carreira. Tal interesse catapultou Buss de evadido do ensino médio para professor em Harvard. Para sermos justos, David nunca foi um evadido típico: seu pai era um professor de psicologia distinto e toda a sua família era intelectualmente curiosa e talentosa.

"Traços, como tamanho, são, às vezes, selecionados artificialmente pelos humanos e podem levar a diferentes raças de cães."
Brand X Pictures/Getty Images

Panorama da teoria evolucionista

Charles Darwin (1859) assentou as bases para a teoria moderna da evolução, muito embora a teoria, em si, já existisse desde os gregos antigos. A principal contribuição de Darwin não foi a teoria da evolução, mas uma explicação de como funciona a evolução, a saber, por meio da seleção (natural e sexual) e o acaso. O acaso ocorre mais pela mutação genética aleatória e não há muito a dizer acerca dele. Em vez disso, focamos a seleção de três tipos diferentes.

Para compreendermos a seleção natural e sexual, examinemos, primeiro, um conceito semelhante criado pelos humanos e que proporcionou a Darwin seu *insight* principal: a seleção artificial. A **seleção artificial** (também conhecida como "reprodução") ocorre quando os humanos escolhem traços desejáveis particulares em uma espécie em reprodução. Por exemplo, as diferenças entre o cachorro dinamarquês muito grande e um chihuahua muito pequeno aconteceram porque os humanos selecionaram essas qualidades em tais raças. Os humanos vêm reproduzindo espécies de plantas e animais há milhares de anos.

Seleção natural é simplesmente uma forma mais geral de seleção artificial, em que a natureza, em vez das pessoas, seleciona os traços. Ou seja, ela ocorre quando os traços se tornam mais ou menos comuns em uma espécie por longos períodos de tempo, porque eles conduzem ou não à maior sobrevivência (D. Buss, 1999; D. Buss & Greiling, 1999). Desse modo, seleção natural envolve "estratégias evoluídas" para a sobrevivência de uma espécie. Mas, entenda que tais estratégias não são conscientes com um plano ou previsão em mente, mas são cegas (não conscientes). Os traços são "selecionados" simplesmente porque levam a uma maior sobrevivência e, portanto, mais descendentes com esse traço sobrevivem até a idade reprodutiva. Esses indivíduos, por sua vez, têm mais descendência. A genialidade de Darwin foi ser o primeiro (com Alfred Wallace) a reconhecer que esse foi o processo que direcionou a evolução de todas as formas de vida.

Darwin percebeu que havia certos traços que contradiziam a seleção natural, porque eles tornavam a sobrevivência diretamente menos provável, e não mais provável. As plumas grandes, volumosas e coloridas do pavão são um principal exemplo. Por que tais características existem se elas tornam a sobrevivência mais difícil? Sua resposta foi a seleção sexual, em vez da seleção natural (Darwin, 1859; Miller, 2000). A **seleção sexual** opera quando membros do sexo oposto consideram certos traços mais atraentes do que outros e, assim, produzem prole com esses traços. A chave é que tais qualidades devem ser marcadores de adequação que não podem ser facilmente falsificados. Por exemplo, no caso do pavão, apenas os machos com a plumagem mais saudável e brilhante são atraentes para a fêmea. Mas a plumagem não pode ser falsificada – isto é, nenhum macho consegue fingir ter a plumagem mais brilhante. De fato, a plumagem mais brilhante é um verdadeiro marcador de adequação, ou seja, esses são, de fato, os machos mais fortes e mais saudáveis no grupo (Zahavi

& Zahavi, 1997). Esses traços são desvantagens que apenas os verdadeiramente fortes e saudáveis podem superar. Eles sinalizam para as fêmeas: "Ei, me escolha; sou o mais forte e o mais saudável". Ao acasalarem com esses pavões, as fêmeas estão, inconscientemente, produzindo a prole mais forte e mais saudável. Nos humanos, força, beleza física, dominância, inteligência e *status* são qualidades que muitos consideram atrativas e são, portanto, sexualmente selecionadas. Por exemplo, um estudo recente com mais de 400 indivíduos, muitos dos quais eram artistas e poetas criativos, revelou uma correlação positiva entre criatividade e sucesso sexual. Ou seja, as pessoas mais criativas eram também mais ativas sexualmente (Nettle & Clegg, 2006). Os pesquisadores argumentaram que essas constatações corroboram a teoria, proposta inicialmente por Darwin e mais recentemente por Geoffrey Miller (2000), de que a capacidade criativa humana é um traço sexual selecionado, porque é uma qualidade que aumenta a atratividade para os membros do sexo oposto.

O processo evolutivo (seleção natural e sexual e acaso) culmina em três resultados distintos: adaptações, subprodutos e ruído (D. Buss, 1999; Tooby & Cosmides, 1992). **Adaptações** são estratégias evoluídas que resolvem problemas importantes de sobrevivência e/ou reprodução. As adaptações tendem a ser produto da seleção natural ou sexual e precisam ter uma base genética ou herdada. As glândulas sudoríparas, por exemplo, são adaptações, porque elas resolvem o problema da regulação térmica. As preferências de paladar e a atração sexual também são adaptações. Gostamos de alimentos açucarados e gordurosos porque eles são boas fontes de energia e, em tempos evolutivos iniciais, eram relativamente escassos. A inteligência e a criatividade humana são adaptações, porque elas facilitam soluções adaptativas de sobrevivência (Feist, 2006; Miller, 2000).

Subprodutos são traços que acontecem como resultado de adaptações, mas não fazem parte do *design* funcional (D. Buss, 1999; Tooby & Cosmides, 1992). Os subprodutos se associam à seleção natural ou sexual, mas não constituem uma parte importante dela. A capacidade científica ou a habilidade de dirigir é um subproduto das adaptações. Obviamente, não evoluímos para fazer ciência ou dirigir carros, mas um subproduto da evolução da inteligência humana é a capacidade de pensar cientificamente (Feist, 2006). Do mesmo modo, dirigir um carro não é uma estratégia evoluída, porém ter reflexos rápidos, coordenação mãos-olhos e controle motor (muscular) nos permite transferir as habilidades evoluídas para aplicações novas e modernas, como dirigir.

O **ruído**, também conhecido como "efeitos randômicos", ocorre quando a evolução produz alterações aleatórias no *design* que não afetam a função. O ruído tende a ser produzido pelo acaso, e não pela seleção. Um exemplo de ruído é a forma de um umbigo, isto é, se ele é "para dentro" ou "para fora". O umbigo é um subproduto de uma adaptação, a saber, o cordão umbilical (Buss, 1999).

Biografia de David Buss

David Buss nasceu em 14 de abril de 1953, em Indianápolis, Indiana, filho de Arnold H. Buss e Edith Nolte. Arnold H. Buss obteve seu doutorado em psicologia pela Universidade de Indiana no início da década de 1950 e foi professor de psicologia na Universidade de Pittsburg, Rutgers, e na Universidade do Texas, onde hoje é professor emérito. As pesquisas de Arnold Buss focaram a agressividade, a psicopatologia, a autoconsciência e a ansiedade social (A. Buss, 2008).

Apesar de David Buss ter crescido em uma família acadêmica, na adolescência, ele pendia para notas medíocres na escola e se envolveu com drogas no ensino médio, tendo até sido preso por duas vezes com acusação de uso de substâncias (D. Buss, 2004). Os assuntos acadêmicos simplesmente não o atraíam, e, aos 17 anos, Buss abandonou o ensino médio. Ele assumiu o primeiro emprego, ao qual se candidatou – atendente em um ponto de parada de caminhões – porque desejava trabalhar no turno da noite. Entretanto, em apenas três meses no emprego, Buss teve experiências suficientes para perceber que "deve haver melhores formas de se ganhar a vida" (D. Buss, 2004, p. 16). Por exemplo, um motorista bêbado ameaçou "usar uma machadinha em seu cabelo longo"; em outro incidente, um homem bateu em Buss com um bastão, sem outra razão aparente que não fosse começar uma briga.

Depois dessas experiências, ele se matriculou em aulas noturnas, concluiu o ensino médio e, embora suas notas fossem muito baixas para ser admitido na universidade, em 1971, ele teve a sorte de ser aceito na Universidade do Texas por meio de um sorteio aleatório entre aqueles que não estavam nos 10% melhores na turma (D. Buss, 1989). O sorteio foi extinto no ano seguinte. Foi como universitário que seu amor pelo conhecimento e sua fascinação pelo comportamento humano criaram raízes. Os cursos de geologia e astronomia o expuseram à importância da evolução. No primeiro ano na universidade, ele já sabia que queria ser um cientista e, mais especificamente, um cientista da mente. Escreveu o primeiro trabalho sobre evolução e comportamento, intitulado "Dominância/acesso às mulheres". Nesse trabalho, ele propôs que os homens são altamente motivados para atingir dominância e *status* elevado, porque tais traços são atraentes para as mulheres. Buss reconheceu, no entanto, que o interesse dele no acasalamento (i. e., sexo) voltava muito para a sua história pessoal.

> Desde uma idade muito precoce, vi-me fascinado pelas mulheres. Aos 7 ou 8 anos, fui irresistivelmente atraído pela menina da porta ao lado. Eu não tinha um nome para os sentimentos, porém, mais tarde, tive certeza de que era amor... Quando cresci, descobri que quase todos os meus colegas eram hipnotizados pelo acasalamento. As fofocas na escola giravam em torno disto: atrações, repulsões, competição pelo par, caça ao par, troca de par e conflito sexual permeavam nossa vida social, começando

na sexta ou sétima série e possivelmente antes... Depois que me encantei pela teoria evolucionista, no entanto, o acasalamento se tornou natural. O sucesso reprodutivo diferencial é o mecanismo da evolução. (2004, p. 17-18)

Como vimos ao longo deste livro, a personalidade do teórico molda sua teoria da personalidade. Buss parece não ser exceção. "Essas experiências na infância de alguma maneira criaram algum vetor causal que me motivou a focar o acasalamento em minha vida profissional? Possivelmente, no entanto, duvido que as minhas experiências sejam únicas" (D. Buss, 2004, p. 17).

Além do mais, ao mesmo tempo em que David era estudante de psicologia na Universidade do Texas, em Austin, seu pai estava no mesmo departamento como professor e publicava o primeiro livro-texto de psicologia introdutória com a evolução como o tema unificador, *Psicologia - o homem em perspectiva* (*Psychology - man in perspective*). O decano Buss abriu seu livro com a seguinte afirmação:

> A matéria da psicologia é tão diversa a ponto de deixar o estudante perplexo. Seria útil, para dar uma ordem ao caos, se houvesse um tema simples e abrangente que abarcasse os vários tópicos da psicologia. A única perspectiva que parece suficientemente ampla nesse âmbito é a da *evolução*. (A. Buss, 1973, p. 2)

O conceito de evolução e sua importância no comportamento humano, portanto, estavam claramente sempre presentes no lar dos Buss, e a fascinação de David pela explicação do comportamento humano, em especial o comportamento sexual, segundo tal perspectiva, era uma consequência óbvia de seu ambiente familiar.

Em contraste com seu desempenho no ensino fundamental e médio, como universitário, David Buss se distinguiu e desenvolveu uma paixão pela psicologia e pelo comportamento humano e prosseguiu no programa de doutorado em psicologia da personalidade na Universidade da Califórnia, em Berkeley, de 1976 a 1981. Em Berkeley, ele trabalhou com Jack e Jeanne Block, Richard Lazarus e Harrison Gough, mas sua colaboração mais frutífera foi com Ken Craik. Junto a Craik, desenvolveu uma avaliação da personalidade com base comportamental que eles denominaram abordagem "ato-frequência".

Sua primeira função como professor foi na Universidade de Harvard, onde continuou a pesquisa sobre ato-frequência, mas cada vez mais voltava sua atenção para seu primeiro amor na psicologia, a teoria evolucionista. Enquanto estava em Harvard, Buss começou uma colaboração com dois estudantes de pós-graduação - Leda Cosmides e John Tooby - que, com Buss, continuariam a estabelecer o campo da "psicologia evolucionista".

David Buss acumulou muitos prêmios ao longo de sua carreira, incluindo o Early Career Contribution to Personality Psychology pela American Psychological Association (APA), em 1988, e foi eleito membro tanto dessa instituição quanto da American Psychological Society. Além disso, é autor de inúmeros livros, incluindo *Psicologia evolucionista* (*Evolutionary psychology*, 1999), *A evolução do desejo* (*The evolution of desire*, 2003) e *O assassino da porta ao lado* (*The murderer next door*, 2005). Com Randy Larsenn, ele também publicou um livro-texto, *Psicologia da personalidade* (*Personality psychology*, 2002).

Princípios da psicologia evolucionista

Charles Darwin e Herbert Spencer foram os primeiros pensadores a defender uma perspectiva evolucionista do pensamento e do comportamento psicológico. Em 1859, Darwin escreveu: "No futuro, vejo se abrirem campos para pesquisas muito mais importantes. A psicologia estará seguramente baseada nos fundamentos já bem estabelecidos por Herbert Spencer, o da aquisição necessária de cada poder mental por gradação"[1] (Darwin, 1859, p. 355). Em outras palavras, no futuro, a visão de que os processos mentais evoluíram de modo gradual será mais amplamente aceita. Algumas décadas depois, o filósofo e psicólogo americano William James aderiu a essa visão e argumentou que a psicologia deveria focar a função da mente, em vez de suas partes.

Foi preciso mais de cem anos, no entanto, para que o futuro previsto por Darwin chegasse. Até a década de 1970, evolução e psicologia eram, em grande parte, ideias separadas. Durante a década de 1970, finalmente, as coisas começaram a mudar. Um dos primeiros sinais de mudança foi impulsionado por E. O. Wilson, quando ele defendeu a fusão das ciências biológica e social e nomeou seu movimento de "sociobiologia" (Wilson, 1975). O termo "psicologia evolucionista" foi cunhado em 1973 pelo biólogo Michael Ghiselin (1973) e popularizado pelo antropólogo John Tooby e pela psicóloga Leda Cosmides no início da década de 1990 (Tooby & Cosmides, 1992). O termo **psicologia evolucionista** pode ser definido como o estudo científico do pensamento e do comportamento humano a partir de uma perspectiva evolucionista e foca quatro grandes questões (Buss, 1999):

1. por que a mente humana é projetada como ela é e como ela veio a assumir sua forma atual?
2. como a mente humana é projetada, isto é, quais são suas partes e sua estrutura atual?
3. que função têm as partes da mente para fazer o que ela foi projetada a realizar?
4. como a mente evoluída e o ambiente atual interagem para moldar o comportamento humano?

---

[1]Em 1855, quatro anos antes das *Origens* de Darwin, Herbert Spencer publicou *Princípios de psicologia*, no qual defendia uma visão biológica e até evolutiva do pensamento e do comportamento humanos.

No restante deste capítulo, veremos como essas perguntas foram aplicadas ao estudo da personalidade humana na teoria evolucionista da personalidade de Buss.

Teoria evolucionista da personalidade

Desde o início até o fim do século XX, as teorias da personalidade consistiam em grandes teorias que tentavam explicar todas as pessoas em todos os momentos até teorias menores e mais direcionadas que focavam aspectos da personalidade como a estrutura da personalidade ou a natureza do *self*. Começando com Freud no início da década de 1900, as teorias da personalidade tentaram entender o pensamento consciente e inconsciente das pessoas, os motivos, os impulsos e até seus sonhos. A maioria dessas teorias, como mencionado nas Partes I e II deste livro, assumem que a personalidade é resultado apenas de eventos ambientais e raramente citam algum componente biológico. A teoria evolucionista, no entanto, assume que as verdadeiras origens desses traços remontam a tempos ancestrais. A verdadeira origem da personalidade é a evolução, significando que ela é produto da interação entre um ambiente sob modificação constante e um corpo e cérebro em mudança. A teoria evolucionista é uma das poucas teorias recentes da personalidade que tenta, mais uma vez, explicar a grande visão da personalidade humana – suas origens últimas, bem como sua função e estrutura geral. "A metateoria evolucionista, propriamente concebida, fornece à psicologia da personalidade a grande estrutura que ela procura e que tem estado quase totalmente ausente das suas formulações centrais" (Buss, 1991, p. 486).

Como percebido ao longo deste livro, personalidade se refere, principalmente, a como os indivíduos diferem de modo consistente no que os motiva e em como eles agem e pensam. A evolução também inicia com o pressuposto de que cada membro de uma espécie difere dos demais. Nesse sentido, ambas pareceriam parceiras perfeitas. Considerando o fato de que personalidade e evolução possuem diferenças individuais em seu ponto de partida, você teria pensado que o casamento das duas seria óbvio e que acontecesse logo depois que Darwin tivesse sugerido isso, na metade até o final do século XIX.

No entanto, poucos aceitaram o desafio, e o casamento não aconteceu até a década de 1990. De fato, como dois dos principais proponentes da psicologia evolucionista – Tooby e Cosmides – assinalaram, no início do casamento, houve um sério problema: a seleção natural, em geral, trabalha para diminuir as diferenças individuais, uma vez que traços e qualidades bem-sucedidos se tornam a norma e traços menos adaptativos se extinguem. Por longos períodos de tempo, a natureza está selecionando o mesmo traço. Expressando de uma forma mais clara, há um paradoxo aqui: "Se a seleção natural elimina os traços mal-adaptativos e, a longo prazo, produz uma natureza humana universal, como os indivíduos podem, de forma coerente, diferir em sua disposição para pensar e se comportar (i. e., ter personalidade)?" (Tooby & Cosmides, 1990). As adaptações humanas devem permanecer universais e típicas da espécie, ou seja, não deve haver diferenças significativas entre os indivíduos. Em outras palavras, Tooby e Cosmides argumentam que, se um traço apresenta diferenças individuais significativas, ele não pode ser uma adaptação, porque, por definição, as adaptações são típicas da espécie. Na verdade, Tooby e Cosmides não estavam negando a existência da personalidade, mas sim o fato de se tratar de uma adaptação. E, no entanto, poucos não reconhecem a existência da personalidade e das diferenças individuais. Como explicamos tal paradoxo?

Na verdade, no início de seu desenvolvimento, o campo da psicologia evolucionista da personalidade ficou dividido sobre como resolver tal paradoxo. Alguns psicólogos evolucionistas importantes defenderam duas soluções: as diferenças na personalidade eram "ruído" ou talvez "subprodutos" de estratégias adaptativas evoluídas (Tooby & Cosmides, 1990). Mais recentemente, no entanto, outros teóricos sustentaram que os traços de personalidade seriam algo mais do que ruído ou subprodutos, seriam adaptações (D. Buss, 1991, 1999; MacDonald, 1995; Nettle, 2006; Nichols, Sheldon, & Sheldon, 2008). Como David Buss foi o primeiro e mais proeminente teórico a assumir a causa do desenvolvimento de uma teoria evolucionista da personalidade, focaremos em sua teoria. Ainda neste capítulo, examinamos brevemente algumas das ampliações dos teóricos neobussianos. A essência da teoria da personalidade de Buss se relaciona a problemas adaptativos e suas soluções ou mecanismos. Antes de discutirmos as adaptações e suas soluções, examinemos primeiro a natureza e a criação da personalidade.

Natureza e criação da personalidade

Lembremos que personalidade se refere às diferenças coerentes e únicas entre os indivíduos acerca de como eles pensam e se comportam. A questão rapidamente se coloca: "O que causa essas diferenças individuais?". Como ocorre com todas as perguntas sobre o comportamento humano, tudo se resume a duas respostas fundamentais: inato e/ou adquirido. Ou seja, comportamento e personalidade decorrem de qualidades internas ou de qualidades externas-ambientais. É fácil perceber, no entanto, que essa dicotomia é falsa. Estados e processos internos, desde sistemas biológicos e fisiológicos até traços de personalidade, acontecem a partir de uma contribuição do ambiente. Nenhum deles pode funcionar sem o outro, embora a trajetória da psicologia seja, em grande parte, uma história de inato *versus* adquirido. Por um lado, existe o que Buss denominou de **erro situacional fundamental**, ou a tendência a presumir que o ambiente sozinho pode produzir comportamento desprovido de um mecanismo interno estável.

"Sem mecanismos internos não pode haver comportamento" (D. Buss, 1991, p. 461). Por outro lado, existe o que os psicólogos sociais chamaram de **erro de atribuição fundamental** para descrever a tendência humana a ignorar forças situacionais e ambientais quando se explica o comportamento de outras pessoas, e, em vez disso, o foco está nas disposições internas. De fato, cada uma dessas visões, isoladamente, está incompleta, porque não existe uma coisa tal como explicações do comportamento somente internas ou somente externas. As duas precisam estar envolvidas e interagir em qualquer comportamento.

Os mecanismos evoluídos são bons exemplos da interação inato e adquirido, porque eles só existem em resposta ao ambiente e com a contribuição deste. Não há uma divisão entre biológico e ambiente. O ambiente não afeta o comportamento sem um mecanismo para responder. A evolução, em geral, é inerentemente uma interação entre biologia e ambiente (inato e adquirido). Todas as estruturas biológicas e, por extensão, todos os sistemas psicológicos surgiram no contexto de um ambiente específico e do que estava acontecendo naquele ambiente. Durante os estágios iniciais da evolução, alguns indivíduos tinham qualidades que funcionavam naquele ambiente, naquela época e, portanto, apresentavam maior probabilidade de sobreviverem e de se reproduzirem. Um dos pressupostos fundamentais da teoria evolucionista da personalidade é que essas qualidades adaptativas incluem disposições coerentes e únicas para se comportar de forma particular em contextos peculiares; em outras palavras, traços de personalidade.

Problemas adaptativos e suas soluções (mecanismos)

Desde Darwin, ficou claro que todas as formas de vida são confrontadas com dois problemas fundamentais de adaptação, a saber: sobrevivência (alimento, perigo, predação, etc.) e reprodução. Para sobreviver, qualquer ser vivo precisa lidar com o que ele chamou de "forças hostis da natureza", as quais incluem doenças, parasitas, escassez de alimento, clima adverso, predadores ou outros perigos naturais (D. Buss, 1991). Os indivíduos que resolvem esses problemas com mais eficiência e eficácia têm maior probabilidade de sobreviver, e a sobrevivência é uma precondição para a reprodução.

O processo de evolução pela seleção natural produziu soluções para esses dois problemas básicos da vida, os quais são chamados de **mecanismos**. De forma mais específica, os mecanismos:

- operam de acordo com princípios em diferentes domínios adaptativos;
- totalizam dezenas ou centenas (talvez até mesmo milhares);
- são soluções complexas para problemas adaptativos específicos (sobrevivência, reprodução).

Cada mecanismo funciona de forma pontual sobre o problema que ele resolve, e não sobre os outros. Por exemplo, as glândulas sudoríparas resolvem o problema da regulação da temperatura corporal, mas são ineficientes para doenças ou ferimentos. Os mecanismos psicológicos operam convertendo informações adquiridas em ações particulares ou regras de decisão que ajudam a resolver tais problemas adaptativos (D. Buss, 1991).

Existem duas classes específicas principais de mecanismos: mecanismo físico e mecanismo psicológico. Os **mecanismos físicos** são órgãos e sistemas fisiológicos que evoluíram para resolver problemas de sobrevivência, enquanto os **mecanismos psicológicos** são sistemas cognitivos, motivacionais e de personalidade, internos e específicos, que resolvem questões de sobrevivência e reprodução.

Os mecanismos anatômicos e fisiológicos são frequentemente compartilhados por muitas espécies, enquanto os mecanismos psicológicos tendem a ser mais específicos à espécie. A biologia evolucionista foca a origem dos mecanismos físicos; enquanto a psicologia evolucionista, a origem dos mecanismos psicológicos. Na verdade, uma contribuição importante da psicologia evolucionista à teoria evolucionista é a introdução e o desenvolvimento dos mecanismos psicológicos.

Exemplos de problemas de sobrevivência e reprodução e suas várias soluções físicas e psicológicas são apresentados na Tabela 15.1 (Buss, 1991). Por exemplo, animais de diferentes espécies desenvolveram sistemas sensoriais similares. Na maioria dos vertebrados, os mamíferos em particular, esses sistemas assumem a forma de olhos, orelhas, nariz, pele e língua. Os sentidos são adaptativos, pois funcionam para assimilar diferentes tipos de informações do mundo externo e permitem que o organismo responda de modo apropriado. Os mecanismos sensoriais diferem entre as espécies de animais. Os cães, por exemplo, escutam sons na variação 10 a 35.000 ciclos por segundo (Hertz), enquanto os humanos têm apenas capacidade de ouvir sons na faixa de 20 a 20 mil ciclos por segundo (Hertz). Os humanos, entretanto, desenvolveram células fotorreceptoras (cones) na retina que são sensíveis a três comprimentos de onda de luz diferentes: vermelho, verde e azul (Jacobs & Nathans, 2009). Os cães, assim como a maioria dos outros animais, desenvolveram cones sensíveis a apenas dois comprimentos de onda: azul e verde (Neitz, Geist, & Jacobs, 1989). Os humanos, em outras palavras, possuem melhor visão das cores do que os cães, porém estes ouvem (e têm olfato) muito melhor do que os humanos. Outro mecanismo físico é o sistema imune, o qual evoluiu em resposta a parasitas e doenças, assim como a coagulação sanguínea se desenvolveu para resolver a morte por ferimentos ou lesão.

Um exemplo de um problema de reprodução é a competição entre o mesmo sexo, que decorre do fato de que os indivíduos precisam competir com membros do mesmo sexo pelo acesso à reprodução com o sexo oposto. O problema, portanto, é a competição entre o mesmo sexo, ou

326 Feist, Roberts & Feist

TABELA 15.1

Exemplos de problemas evolucionários e suas soluções (mecanismos)

Problema	Solução/mecanismo
Sobrevivência	
Recebendo informações do mundo externo	Olhos, ouvidos, nariz, pele e língua
Regulação da temperatura	Sistema ectotérmico, glândulas sudoríparas
Doenças e parasitas	Sistema imune
Feridas e lesões	Coagulação sanguínea
Predadores e perigo	Membros e locomoção
Defendendo os ataques do inimigo	Força, agressão, velocidade
Confiança/cooperação	Conscienciosidade, amabilidade
Aliança e coesão de grupo	Dominância, amabilidade
Coleta de alimentos	Criatividade, inteligência
Abrigo	Criatividade, inteligência
Reprodução	
Atração do parceiro	Dominância, surgência, criatividade
Seleção do parceiro	Inteligência social, teoria da mente
Confiança	Conscienciosidade, confiabilidade
Competição intrassexo	Agressividade, impulso, conquista, aquisição de recursos, beleza
Intimidade	Amor, apego, amabilidade

Adaptada de Buss, 1991 e MacDonald, 1995.

nas palavras de Buss: "superar os membros do próprio sexo para obter acesso aos membros desejáveis do sexo oposto" (1991, p. 465). Uma solução, mas de forma alguma a única, para a reprodução é a dominância. Os indivíduos que competem com sucesso contra os integrantes do mesmo sexo de sua espécie são os membros dominantes de um grupo e, por isso, costumam ter sucesso em muitas demandas específicas, tais como adquirir recursos, negociar hierarquias sociais, formar alianças bem-sucedidas e cortejar com êxito um parceiro potencial (D. Buss, 1988, 1991).

Os mecanismos psicológicos têm consequências comportamentais e táticas, e ações associadas a eles (Buss, 1991, 1999). Por exemplo, a competição intrassexo resulta de um membro dominante em um grupo ser o líder, em decorrência de alguém ter conseguido negociar com sucesso seu lugar em uma hierarquia, superar os inimigos e atrair os parceiros. A função principal de um modelo evolucionista da personalidade é descrever, estudar e explicar esses mecanismos psicológicos duradouros.

Mecanismos evoluídos

Mais uma vez, os mecanismos psicológicos são processos internos que ajudam a resolver questões de sobrevivência e/ou reprodução. Os mecanismos psicológicos relevantes para a personalidade podem ser agrupados em três categorias principais:

- objetivos/impulsos/motivos;
- emoções;
- traços de personalidade.

Não diremos muito a respeito de objetivos, impulsos e emoções. Em vez disso, focaremos os traços de personalidade como mecanismos evoluídos. Veremos, contudo, que objetivos, motivos e emoções estão intimamente conectados à personalidade. De fato, a maioria das teorias da personalidade se concentrou na motivação e no impulso.

Motivação e emoção como mecanismos evoluídos

Dois objetivos e motivos que atuam como mecanismos evoluídos são o poder e a intimidade. Esses impulsos adquirem muitas formas diferentes, com o poder assumindo a forma de agressividade, dominância, conquista, *status*, "negociação da hierarquia", e a intimidade assumindo a forma de amor, apego, "aliança recíproca". A psicologia evolucionista se refere a tais impulsos como "adaptações", porque eles afetam, de modo direto, a saúde e o bem-estar da pessoa.

Da mesma maneira, emoções são adaptações porque elas alertam o indivíduo para situações que são prejudiciais ou benéficas a seu bem-estar (Lazarus, 1991). Se um evento é prejudicial ao bem-estar de uma pessoa, alguma forma de emoção negativa é experimentada. Por exemplo, se o dano está na forma de perda, então é experimentada tristeza; já se o dano está na forma de insulto, é experimentada raiva. Além disso, se ocorre um evento que é benéfico para o bem-estar dessa pessoa, desenvolve-se algum tipo de emoção positiva. Por exemplo, experimenta-se orgulho quando o evento é percebido como importante e executado com sucesso.

Motivação e emoção estão diretamente ligadas a traços de personalidade estáveis (Buss, 1991; cf. MacDonald, 1995). Se um indivíduo é impulsionado para conquistas e para vencer competições e é orientado para o *status*, então o rotulamos como "dominante" ou "orientado para o poder". Uma pessoa que age regularmente de modo a reunir as pessoas é "amável". Da mesma forma, se o indivíduo experimenta tristeza, vergonha, culpa ou ansiedade quando outras pessoas não sentem, poderíamos dizer que ele é "ansioso". A motivação faz parte da personalidade.

Traços de personalidade como mecanismos evoluídos

Buss (1991) inicia com a suposição de que motivação, emoção e personalidade são adaptativas, uma vez que resolvem problemas de sobrevivência e reprodução. Ele argumenta que as cinco dimensões principais da personalidade (Big Five) podem ser mais bem pensadas como uma forma de resumir o panorama social; isto é, elas sinalizam para as outras pessoas a nossa capacidade de resolver problemas de sobrevivência e reprodução. Buss conceitualiza as diferenças individuais e a personalidade como estratégias para a solução de problemas adaptativos. E o mais importante, ser sensível e estar consciente dessas diferenças na personalidade proporciona vantagens reprodutivas em quem percebe. Se você sabe quem é cooperativo e/ou dominante, tem uma vantagem sobre aqueles que não possuem consciência de tais traços. "Sempre que os indivíduos diferem em maneiras relevantes para os problemas de sobrevivência e reprodução que os seres humanos devem resolver, uma vantagem seletiva resultaria para aqueles cuja capacidade de discernir as diferenças os capacitasse a aumentar sua atratividade geral" (p. 473). Colocado de forma diferente, essas disposições são inerentemente avaliativas, ou seja, elas permitem que os outros nos avaliem quanto aos problemas adaptativos; as disposições sinalizam aos outros nossa capacidade de resolver problemas de sobrevivência e reprodução. Por exemplo, a conscienciosidade indica a quem se pode atribuir tarefas, e aqueles que fazem isso bem acumulam uma vantagem seletiva (i. e., são mais atraentes para os outros).

O modelo de Buss da personalidade se parece muito com a abordagem dos traços Big Five de McCrae e Costa, mas não possui uma estrutura idêntica. Buss argumenta pelas mesmas cinco dimensões da personalidade, mas com uma terminologia um pouco diferente. Além do mais, sua visão é de que tais disposições comportamentais possuem significado adaptativo:

- surgência/extroversão/dominância;
- amabilidade;
- conscienciosidade;
- estabilidade emocional (oposto de neuroticismo);
- abertura à experiência/intelecto.

Surgência envolve a disposição para experimentar estados emocionais positivos e para se envolver no ambiente e ser sociável e autoconfiante. Uma pessoa surgente é impulsionada para as conquistas e, com frequência, tende a dominar e a liderar os outros. Ela é quase um sinônimo de "extroversão". Em tempos ancestrais, esses indivíduos eram de alto *status* e representavam, portanto, parceiros atraentes e desejáveis. Colocada na linguagem da evolução, surgência envolve "propensão à hierarquia", ou seja, como as pessoas negociam e decidem quem é dominante e quem é submisso. As negociações acontecem, como entre muitos animais, por meio da competição e da luta pelo poder. Em tempos ancestrais, era mais comum essas competições envolverem aspectos físicos e agressivos, mas também podiam ser verbais e pelo acúmulo de riqueza e recursos. Os líderes são aqueles que assumem o controle e dirigem os outros; e, se eles assumem o controle pela força ou pela persuasão, são reconhecidos pelos outros como estando no comando e adquirem uma posição social dominante. Como poder e dominância são atrativos, esses indivíduos também tendiam a ter mais filhos. A surgência é marcada, ainda, por uma tendência a assumir riscos e experimentar emoção positiva (i. e., ser feliz) e iniciar e manter amizades e relacionamentos. As pessoas com alta surgência também são impulsionadas e ambiciosas.

Uma segunda dimensão da personalidade, **amabilidade/hostilidade**, é marcada pela disposição e pela capacidade de cooperar e ajudar o grupo, por um lado, e de ser hostil e agressivo, por outro. Algumas pessoas são afetivas, cooperativas e orientadas para o grupo, mas outras são mais egoístas e hostis em relação aos outros. Os indivíduos amáveis trabalham para regular o conflito no grupo e formar alianças. As pessoas amáveis estimulam a coesão do grupo e tendem a se adequar às normas do grupo. Elas se dão bem e acompanham os outros. Em resumo, a amabilidade marca a disposição de uma pessoa a cooperar.

O terceiro sistema adaptativo da personalidade envolve a resposta ao perigo e à ameaça. Todos os animais possuem sistemas de alarme que os avisam sobre perigo e dano potencial. Nos humanos e em outros animais, isso assume a forma de ansiedade como um estado emocional e **estabilidade emocional/neuroticismo** como um traço disposicional. A vigilância ou sensibilidade ao dano e à ameaça é muito necessária e adaptativa. A estabilidade emocional envolve a capacidade de lidar ou não com o estresse. Algumas pessoas são calmas sob estresse, enquanto outras são tensas a maior parte do tempo.

Medo e ansiedade são emoções adaptativas. Sem elas certamente morreríamos como indivíduos e como espécie. Conforme discutimos nos capítulos sobre McCrae e Costa e Eysenck, neuroticismo é a tendência a experimentar emoções negativas como ansiedade, culpa e tristeza. A tendência a ser sensível a ameaças, por exemplo, pode muito bem ter sido adaptativa em ambientes perigosos, como aqueles em que nossos ancestrais viveram. A ansiedade exacerbada forneceria um sinal de perigo e ameaça; sua ausência logo levaria à extinção da espécie. Considere um caçador na savana. Ele ouve o rugido de um animal grande e sente medo. Ele recua e pula para trás dos arbustos antes que o animal perceba sua presença. Se não se sentisse ansioso, ele poderia não se esconder, com consequências terríveis para sua segurança. Da mesma forma, o outro extremo – hipersensibilidade a ameaças – seria debilitante e perturbador para o funcionamento diário. Se o mesmo homem que ficou com medo ao ouvir o rugido de um animal grande também ficasse com medo de cada farfalhar de folhas ou cada sopro do vento, ele teria dificuldades de funcionamento na vida diária. Ter algum grau de medo é adaptativo, e as pessoas com essa qualidade têm maior probabilidade de sobreviver, reproduzir-se e transmitir essa disposição. Os traços naturalmente selecionados são favorecidos se eles aumentam a chance de sobrevivência e o sucesso reprodutivo.

Quarto, a capacidade e o comprometimento com o trabalho são a característica central da **conscienciosidade**. As pessoas conscienciosas são cuidadosas e orientadas para os detalhes, além de focadas e confiáveis. As pessoas menos conscienciosas são menos confiáveis e tendem a não ter foco. A conscienciosidade sinaliza para os outros em quem podemos confiar com tarefas e responsabilidades e de quem podemos depender em momentos de necessidade.

Por fim, a estratégia evoluída de **abertura à experiência** envolve a propensão para a inovação e a capacidade de resolver problemas. Ela está intimamente alinhada com o intelecto e a inteligência, mas também com uma disposição para experimentar coisas novas e para ter novas experiências, em vez de se apegar à rotina. Essas pessoas são os exploradores de um grupo – elas seguem em frente quando os outros estão hesitantes. Em épocas ancestrais, tal qualidade seria expressa em uma disposição para explorar novos territórios na busca de alimento ou vegetação, mas, hoje, ela é expressa em artistas e cientistas que estão na linha de frente das ideias e do conhecimento. Buss (1991) argumenta que, das cinco dimensões da personalidade, surgência/dominância, amabilidade e conscienciosidade são os traços mais importantes, porque fornecem de forma mais direta respostas a uma série de problemas adaptativos. Por exemplo:

- quem está em nível alto ou baixo na hierarquia social?
- quem possui os recursos de que preciso?
- com quem devo formar um casal?
- quem poderia me machucar ou me trair?
- quem poderá ser um bom membro de meu grupo?
- em quem posso confiar e depender quando tiver necessidade?

As diferenças de personalidade funcionam para resolver problemas adaptativos ao fornecer respostas a essas perguntas tanto para o indivíduo quanto para os outros. Nesse sentido, são indicadores de adequação, muito semelhante à plumagem do pavão.

Origens das diferenças individuais

Conforme já discutimos, a teoria evolucionista é inerentemente uma perspectiva de inato *versus* adquirido quando se trata das origens. Buss e Heidi Greiling propõem quatro fontes distintas de diferenças individuais (D. Buss & Greiling, 1999). Em essência, essas fontes de diferença se referem ao que é inato (biológico, genético) e ao que é adquirido (ambiental-social).

Fontes ambientais

Há inúmeras formas pelas quais o ambiente contribui para as diferenças individuais adaptativas. As diferenças adaptativas aumentam o sucesso reprodutivo e as chances de sobrevivência. Uma fonte ambiental de diferenças de personalidade é o que Buss denominou *calibragem experiencial inicial*, para defender que as experiências da infância tornam algumas estratégias comportamentais mais prováveis do que outras. Um exemplo dessa calibragem é o seguinte: se as pessoas crescem sem um pai presente, elas têm maior probabilidade de serem sexualmente ativas na idade jovem e possuírem mais parceiros sexuais durante a adolescência e a idade adulta. As pessoas nessa situação cultivam uma

Pessoas que crescem sem pai têm maior probabilidade de serem sexualmente ativas no início da vida. Esse é um exemplo do que Buss chama de "calibração experimental inicial".

ERproductions Ltd/Getty Images

estratégia mais promíscua, porque a atenção parental não é confiável e as relações adultas são encaradas como transitórias (Belsky, Steinberg, & Draper, 1991).

Outro exemplo de calibragem inicial de estratégias adaptativas é o estilo de apego, como discutimos no capítulo de Klein (Cap. 5). O apego entre cuidador e bebê é inerentemente adaptativo – sem ele, o bebê não sobrevive às primeiras semanas de vida (Buss & Greiling, 1999). O apego ao adulto aumenta o apoio, a proteção e a tranquilização; se apego é o modelo que a criança vivencia, então, provavelmente, ela irá desenvolver relações similares na idade adulta. Do mesmo modo, o apego evitativo sinaliza a indisponibilidade parental de investir na criança.

Uma segunda origem das diferenças individuais induzidas pelo ambiente é a *especialização de nicho alternativo*, ou seja, pessoas diferentes encontram o que as faz se destacarem das outras para obterem atenção dos pais ou de parceiros potenciais. Um exemplo de especialização de nicho é visto na ordem de nascimento, como abordamos no capítulo de Adler (Cap. 3). As crianças de diferentes ordens de nascimento gravitam em torno de diferentes personalidades, interesses e atividades, porque essa é a única forma de obterem a atenção dos pais. Frank Sulloway (1996) argumentou que o primogênito encontra seu "nicho" se identificando com os pais e as figuras de autoridade, enquanto o segundo e os nascidos posteriormente encontram seu "nicho" sendo focados em derrubar aqueles que estão no poder (i. e., os irmãos mais velhos).

Fontes herdáveis/genéticas

Conforme referido nos capítulos de Eysenck e McCrae e Costa, hereditariedade significa até onde um traço está sob influência genética. O tipo físico, a morfologia facial e o grau de atratividade física agem como fontes herdáveis de diferenças individuais (Buss & Greiling, 1999). Isto é, homens musculosos ou com aparência masculina dominante atraem mais a atenção feminina, o que conduz a mais oportunidades para atividade sexual do que no caso dos homens franzinos ou com aparência menos dominante (Mazur, Halpern, & Udry, 1994). Essas são características herdáveis, pois a forma do rosto ou do corpo é controlada, sobretudo, pela genética.

Fontes não adaptativas

Algumas fontes dos indivíduos não beneficiam a sobrevivência ou o sucesso reprodutivo e, portanto, são classificadas como "não adaptativas". A fonte de diferenças individuais não adaptativas mais comum são as *variações genéticas neutras*, as quais, com mais frequência, assumem a forma de mutações genéticas. Algumas mutações são neutras, já que elas não são nem prejudiciais, nem benéficas para o indivíduo. Elas podem permanecer na carga genética indefinidamente, até que as pressões da seleção natural ou sexual as eliminem.

Fontes mal-adaptativas

Traços mal-adaptativos são aqueles que prejudicam ativamente a chance de sobrevivência ou reduzem a atratividade sexual do indivíduo. Eles podem se originar de fontes genéticas ou ambientais. Uma fonte genética é o *defeito genético*, mas, nesse caso, a mutação é prejudicial para a pessoa. Uma fonte ambiental é vista no *trauma ambiental*, como uma lesão cerebral ou na coluna vertebral, o que também pode conduzir a diferenças individuais mal-adaptativas.

Teorias evolucionistas da personalidade neobussianas

David Buss foi o primeiro a propor, em termos formais, uma teoria evolucionista completa da personalidade, mas outros seguiram e fizeram avanços nela. MacDonald (1995), por exemplo, favoreceu a teoria de Buss com duas contribuições principais. Primeiro, ele vinculou a personalidade mais intimamente aos sistemas motivacionais e emocionais evoluídos; segundo, ele argumentou que a gama de variação da personalidade que vemos em suas principais dimensões é estratégia alternativa viável para a maximização da adequação.

MacDonald, tal como Buss, também vinculou as dimensões da personalidade a estratégias evoluídas para a solução de problemas adaptativos. Tais estratégias comportamentais estão conectadas com a motivação de abordar ou evitar situações ou com o sistema emocional de afeto positivo ou negativo. MacDonald, no entanto, apresentou apenas quatro dimensões da personalidade (dominância, conscienciosidade, cuidado e neuroticismo), deixando de fora a abertura à experiência.

MacDonald argumentou, ainda, que é adaptativo para uma espécie produzir indivíduos que variem ao longo de um *continuum* em suas respostas a problemas importantes, porque ambientes em mudança requerem respostas diferentes. É isso o que MacDonald quer dizer com "estratégias alternativas viáveis para a maximização da adequação". Por exemplo, em ambientes relativamente seguros, ansiedade e vigilância não são tão adaptativas quanto são em ambientes relativamente perigosos. Os animais podem ser mais ousados em ambientes mais seguros. Alguns ambientes podem favorecer aqueles que correm riscos, e outros ambientes podem favorecer os que evitam riscos. De fato, em animais não humanos, podemos perceber essas mudanças adaptativas em ambientes sob mudança (Nettle, 2006). Por exemplo, em populações de alevinos com relativamente poucos predadores, a ousadia é um traço comum, mas, se são introduzidos predadores, esse traço se torna menos comum em apenas poucas gerações (cf. O'Steen et al., 2002). Observe também que esses traços são herdáveis e possuem uma base genética, o que é um critério para adaptação.

Do mesmo modo, Nettle (2006), recentemente, ampliou as teorias evolucionistas da personalidade e apontou

330 Feist, Roberts & Feist

TABELA 15.2

Custos e benefícios das cinco dimensões da personalidade (Nettle, 2006)

Domínio	Benefícios	Custos
Extroversão	Sucesso de acasalamento; aliados sociais; exploração do ambiente	Riscos físicos; estabilidade familiar
Neuroticismo	Vigilância aos perigos; esforço e competitividade	Estresse e depressão, com consequências interpessoais e de saúde
Abertura à experiência	Criatividade, com efeito sobre atratividade	Crenças incomuns; psicose
Conscienciosidade	Atenção aos benefícios do condicionamento físico a longo prazo; expectativa de vida e qualidades sociais desejáveis	Falta de ganhos físicos imediatos; obsessividade; rigidez
Amabilidade	Atenção aos estados mentais de outros; relacionamentos interpessoais harmoniosos; valioso parceiro para coalizão	Sujeito a trapaças sociais; falha em maximizar vantagens egoístas

De Nettle (2006), *copyright* American Psychological Association; reimpressa com permissão.

que a alegação de Tooby e Cosmide (1990) de que a personalidade não poderia ser uma adaptação não considerou como a mudança ambiental e a variabilidade selecionariam, em última análise, as diferenças individuais no comportamento dentro de determinada espécie. Nettle (2006) examinou numerosos estudos da literatura animal não humana que relataram como mudanças repentinas no ambiente (apenas algumas gerações) aumentavam a proporção de animais que tinham traços adaptativos àquele ambiente. Quando o ambiente voltava às condições originais, os animais no outro extremo dessa dimensão se tornavam mais comuns outra vez. Por exemplo, algumas fêmeas do chapim são ousadas e exploratórias, enquanto outras são inibidas. Em anos de escassez de alimento, os pássaros mais exploratórios têm maior probabilidade de sobreviver (Dingemanse, Both, Drent, & Tinbergen, 2004). Em anos de abundância de alimento, no entanto, os mais ousados e mais exploratórios pássaros fêmeas têm *menor* probabilidade de sobreviver, possivelmente porque apresentam maior probabilidade de se envolverem em encontros perigosos com predadores. Em resumo, a evolução favorece as diferenças individuais porque nunca se pode predizer o que o futuro reserva e quais qualidades se enquadrarão melhor às mudanças no ambiente.

Além disso, Nettle (2006) levantou a hipótese de que houve custos e benefícios adaptativos de cada uma das cinco grandes dimensões da personalidade durante períodos ancestrais da evolução (ver Tab. 15.2). Por exemplo, os benefícios de ser extrovertido incluem ter mais sucesso no acasalamento, fazer aliados sociais e explorar o próprio ambiente, enquanto os custos evolutivos da extroversão incluem assumir mais riscos físicos e ter potencialmente uma família menos estável (i. e., mais casos). Um benefício de ser aberto à experiência é a criatividade aumentada, e seus custos são ter crenças mais incomuns e, possivelmente,

até desenvolver psicose. Altos níveis de conscienciosidade possuem o benefício de se prestar mais atenção aos detalhes do cuidado pessoal e, portanto, pode levar a uma vida mais longa e mais saudável, mas também aumenta o risco de comportamento rígido e compulsivo.

Mal-entendidos comuns na teoria evolucionista

Quando a teoria evolucionista se tornou popular, na década de 1980, ela causou certa controvérsia. Houve muita resistência dentro e fora dos ambientes acadêmicos contra a aplicação das ideias evolucionistas ao pensamento e ao comportamento humano. Ainda que boa parte dessa resistência tenha diminuído durante os últimos 20 a 30 anos, alguns mal-entendidos ainda ocorrem (D. Buss, 1999).

Evolução implica determinismo genético (comportamento como algo imutável e livre de influências do ambiente)

Evolução se refere a mudanças corporais decorrentes de alterações no ambiente. Nesse sentido, ela é inerentemente uma perspectiva de interação "inato *e* adquirido". A evolução ocorre como resultado da interação entre as adaptações e a contribuição do ambiente que desencadeia as adaptações. Buss usa os calos como um exemplo: calos são adaptações evoluídas, mas não são expressos sem a contribuição do ambiente, como caminhar de pés descalços por longos períodos ou tocar violão. Os calos são expressos pela formação geneticamente induzida de proteínas, e essa expressão genética somente ocorre com a contribuição do ambiente (Ulrich-Vinther, Schwarz, Pedersen, Soballe, & Andreassen, 2005).

De forma mais geral, a descoberta da epigenética é um exemplo ainda mais poderoso de como a influência genética não é inalterável no momento da concepção e interage com a contribuição do ambiente. **Epigenética** é a mudança na função do gene que não envolve alterações no DNA (Meaney, 2010; Rutter, 2006). Em outras palavras, as experiências que os animais têm criam marcas que aderem à estrutura externa do DNA e controlam a expressão genética. A epigenética alterou fundamentalmente nossa visão da influência genética. Ela deixa claro que as experiências que temos (como comer, beber ou ser expostos a substâncias químicas) podem afetar mudanças nos genes (Watters, 2006). De fato, os cânceres são um dos exemplos mais generalizados de mudança epigenética na expressão dos genes e demonstram tragicamente como o que comemos, bebemos e fumamos pode alterar a atividade genética (Jones & Baylin, 2002). De fato, em um sentido muito real, as mudanças em órgãos, sistemas fisiológicos e corpos que ocorrem por longos períodos de tempo (i. e., evolução) são o resultado não somente de mutações nos genes, mas também de processos epigenéticos. Em resumo, o fato de o DNA não ser destino está perfeitamente coerente com a teoria evolucionista.

A execução de adaptações requer mecanismos conscientes

Dizer que os mecanismos (cognitivos e de personalidade) evoluíram para resolver problemas importantes de sobrevivência e reprodução não significa que eles requerem habilidades matemáticas complexas (conscientes) para operar. Por exemplo, a noção de "adequação inclusiva" orbita na ideia de que temos maior probabilidade de ajudar um irmão do que um primo e um primo mais do que um estranho, porque o irmão está mais intimamente relacionado a nós e um primo está mais intimamente relacionado do que um estranho. Esse não é um cálculo matemático maior do que o que uma aranha precisa compreender de geometria para tecer uma teia. Além disso, quando os psicólogos evolucionistas falam de "estratégias", estas não são consideradas como atos conscientes ou intencionais. De fato, as pessoas não têm consciência dessas influências e, quando discutido o tema, até as lamentam. "Ai, eu não estou atraída por ele por causa dos seus recursos e forma física!" "Estratégia sexual" é apenas um termo abreviado para uma ideia complicada de que a evolução moldou nossas preferências pelos parceiros porque somos atraídos por aqueles que produzem uma prole saudável e adequada e, de maneira ideal, continuam a fornecê-lo. Isso aumenta a probabilidade de que eles sobrevivam até a idade reprodutiva e transmitam seus genes saudáveis.

Os mecanismos visam a um ideal

Por vezes, as pessoas chegam à conclusão de que a evolução produz soluções que são ideais. Na verdade, algumas adaptações são estranhas. A mudança evolutiva ocorre durante centenas de gerações, e sempre existe uma defasagem entre adaptação e ambiente. A preferência humana por alimentos gordurosos e salgados é um bom exemplo. Em ambientes ancestrais, dezenas de milhares de anos atrás, alimentos gordurosos e açucarados eram muito difíceis de obter. No entanto, eles fornecem benefícios nutricionais importantes. Durante os últimos cem anos, gordura e açúcar se tornaram baratos e abundantes. Nossas barrigas cresceram até o ponto em que dois terços dos norte-americanos adultos têm agora sobrepeso ou são obesos (Flegal et al., 2010). Se eles fossem projetados visando a um ideal, teriam se tornado mais eficientes e responderiam de modo mais rápido a mudanças no ambiente.

Pesquisa relacionada

O modelo evolucionista da personalidade não pode ser testado diretamente, uma vez que não podemos conduzir estudos por centenas de gerações. Além disso, assim como na biologia, há evidências consideráveis para a base evolutiva da personalidade humana, a qual pode ser dividida em, pelo menos, três tópicos gerais: traços como aptidão, genética e personalidade animal. As três linhas de evidência apoiam a visão de que a personalidade possui uma base biológica e que tais sistemas biológicos evoluíram.

Origem evolucionista da personalidade: traços como correlatos à aptidão

Uma ideia central da teoria da evolução é a da aptidão, ou seja, a capacidade de um organismo sobreviver e se reproduzir. Traços de personalidade existem, de acordo com Buss e outros psicólogos evolucionistas, porque aumentam a aptidão de um indivíduo e aumentam a probabilidade de ele sobreviver e se reproduzir. Lembre-se de que Buss argumentou que traços de personalidade são soluções para problemas evoluídos de sobrevivência e reprodução. Por exemplo, domínio é uma solução para atrair um parceiro; conscienciosidade é uma solução em quem confiar; e inteligência socioemocional é uma solução para descobrir com quem acasalar. Da mesma forma, Nettle (2006) defendeu os custos e benefícios evolutivos dos traços de personalidade (ver Tabela 15.2). Por exemplo, o domínio da extroversão tem o benefício de atrair parceiros, mas com os custos potenciais da estabilidade familiar; a conscienciosidade, no entanto, pode ter o benefício de levar a uma melhor aptidão e melhor saúde, mas aos custos potenciais da obsessividade ou rigidez.

Mas, como discutimos no início do capítulo, alguns psicólogos evolucionistas argumentaram contra os traços de personalidade como adaptações. Se os traços fossem adaptativos (aumentar a aptidão aumentando as taxas de sobrevivência e o sucesso reprodutivo), a seleção natural deveria eliminar da população os traços que não são adaptativos. No entanto, existe variação nos traços. Algumas pessoas são muito ansiosas e outras são calmas; algumas são muito dominantes e extrovertidas e outras mansas e tímidas.

Existem duas explicações evolutivas relacionadas para traços de personalidade, ambas relativas à aptidão. Primeiro, como argumentou Buss, os traços de personalidade existem porque resolvem problemas de sobrevivência e reprodução, ou seja, aumentam a aptidão do indivíduo. Segundo, eles podem existir porque foram selecionados, não tanto pela natureza (seleção natural), mas por outras pessoas no processo de escolha de um parceiro (seleção sexual). Lembre-se de que a seleção sexual é o processo pelo qual traços são considerados atraentes pelo sexo oposto (força, inteligência, atratividade, *status*, poder, etc.). Como Darwin apontou pela primeira vez, a seleção sexual é resultado de diferenças no sucesso reprodutivo. A seleção sexual, portanto, está ligada à aptidão (sucesso reprodutivo).

Como muitas vezes se pergunta sobre ideias em psicologia evolutiva, como podemos testar a hipótese de que traços de personalidade estão relacionados à aptidão evolutiva, já que obviamente não podemos voltar no tempo e estudar nossos ancestrais nos primeiros períodos evolutivos? Um método empregado por psicólogos e antropólogos é estudar essas questões em uma sociedade viva que se aproxima mais das condições ancestrais primitivas do que das culturas industrializadas modernas. Uma dessas culturas é uma pequena sociedade de subsistência da Amazônia na América do Sul conhecida como "Tsimane". Eles vivem em 90 aldeias que variam em tamanho de 50 a 500 pessoas. A educação está disponível, mas relativamente poucos tsimanes concluíram o ensino médio e apenas 25% dos adultos sabem ler. Além disso, a taxa de mortalidade infantil (morrer antes dos 5 anos) é de 20%.

Para abordar questões de como a personalidade pode estar relacionada a problemas de aptidão (sobrevivência e sucesso reprodutivo), Gurven e colaboradores (2014) fizeram as seguintes perguntas na pesquisa com os tsimane:

1. *A personalidade está relacionada ao sucesso reprodutivo?*
2. *Há custos em ser extrovertido, aberto, pró-social, trabalhador e não ansioso?*
3. *A personalidade está relacionada e afeta as atividades relacionadas à aptidão (ou seja, o tempo gasto cuidando de crianças, socializando e trabalhando)?*

Para examinar a primeira pergunta, Gurven e colaboradores (2014) mediram primeiro o sucesso reprodutivo pelo número de filhos (fertilidade), número de filhos sobreviventes e idade da mãe/pai quando tiveram o primeiro filho. Eles também desenvolveram uma medida Big Five de personalidade para os tsimane em sua língua nativa, que mede Abertura, Conscienciosidade, Amabilidade, Extroversão e Neuroticismo (sigla OCEAN, em inglês). Pesquisas anteriores mostraram que essas cinco dimensões podem ser ainda mais simplificadas nos tsimanes para *Prosocialidade* (ajudar e cooperar com outras pessoas) e Laboriosidade (ética e confiabilidade no trabalho). A resposta à primeira pergunta sobre se a personalidade está relacionada ao sucesso reprodutivo é não para mulheres e sim para homens. Depois de controlar a idade, a escolaridade, média com níveis mais altos de extroversão, abertura e conscienciosidade, e os níveis mais baixos de neuroticismo, tiveram maiores taxas de fertilidade (mais filhos) e mais filhos sobreviventes. A idade em que os homens se tornaram pais pela primeira vez não estava relacionada à personalidade. Esses resultados também apoiam a constatação geral de que traços de personalidade são traços sexualmente selecionados em animais humanos e não humanos (Schuett, Tregenza e Dall, 2010).

Para responder à segunda pergunta – existem custos de alta extroversão, abertura, prosocialidade, dedicação ao trabalho e baixo neuroticismo? — Gurven e colaboradores mediram os custos em termos de saúde e conflito social. Os custos de saúde foram medidos pelo índice de massa corporal (IMC) e vários exames de sangue mediram estresse (cortisol), inflamação e infecção. Eles descobriram um pequeno efeito no custo da saúde (algumas medidas elevadas de infecção) para homens com alta dedicação ao trabalho, mas, em geral, homens extrovertidos, abertos e pró-sociais tinham melhor saúde do que homens com nível baixo nesses traços de personalidade. Eles mediram o conflito social contando o número de vezes que todos os outros entrevistados naquela vila disseram que essa pessoa estava envolvida em conflito. Os resultados dos conflitos sociais mostraram que homens mais extrovertidos e abertos tinham mais conflitos sociais com as pessoas de sua aldeia. Ironicamente, homens pró-sociais também tiveram mais conflitos e homens mais trabalhadores tiveram menos.

Finalmente, a terceira questão dizia respeito à relação entre personalidade e atividades relacionadas à aptidão, medida pelo tempo gasto com crianças, socialização e trabalho. Os resultados são apresentados na Tabela 15.3. Em geral, a personalidade está mais relacionada às atividades associadas à aptidão em homens do que em mulheres. Inesperadamente, mulheres menos amáveis passam mais tempo com crianças do que mulheres mais amáveis. A atividade de socialização relacionada à aptidão está mais fortemente relacionada à personalidade do que outras atividades relacionadas à aptidão. Os homens que mais socializam são mais abertos, extrovertidos, amáveis e pró-sociais, mas menos trabalhadores, enquanto as mulheres que mais socializam são mais trabalhadoras.

É importante notar que pesquisas com pessoas em culturas industrializadas também encontraram relações entre personalidade e sucesso reprodutivo e sobrevivência (ver Berg, Lummaa, Lahdenperä, Rotkirch e Jokela, 2014 para

TABELA 15.3

A relação entre personalidade e atividades relacionadas à aptidão (quantidade de tempo gasto) (Gurven et al., 2014)

		Atividades relacionadas à aptidão (quantidade de tempo gasto)		
		No trabalho	Com crianças	Socializando
Traços de personalidade	Abertura à experiência		H+	H+
	Conscienciosidade	H+		
	Extroversão			H+
	Amabilidade		M–	H+
	Neuroticismo			
	Prosocialidade			H+
	Dedicação ao trabalho	H+		H–
				M+

Nota: H = Homem; M = Mulher; + = relação positiva; - = relação negativa
(adaptada de Gurven et al., 2014; tabela criada por GJF a partir do texto escrito).

uma revisão). Em geral, extroversão e amabilidade estão relacionadas a ter mais filhos tanto para homens quanto para mulheres. Em última análise, o sucesso reprodutivo tem mais a ver com ter filhos que sobrevivam e tenham filhos também do que apenas ter filhos. Berg e colaboradores (2014) foram os primeiros a examinar a relação entre personalidade e sucesso reprodutivo entre gerações (em filhos e netos) em uma amostra de mais de 10 mil adultos americanos idosos. Eles descobriram que uma pontuação alta em extroversão, mas menor em conscienciosidade e abertura, estava relacionada a ter mais filhos e netos. Uma maior amabilidade foi associada a ter mais netos, mas não a ter mais filhos.

Não se trata apenas de se as atividades relacionadas à aptidão e ao sucesso reprodutivo estão relacionadas à personalidade, mas também à própria aptidão física e cognitiva. Continuando com a pesquisa sobre a mesma pequena sociedade de subsistência – os tsimane – Von Rueden, Lukaszewski e Gurven (2015) previram que as diferenças individuais em dois traços principais de personalidade mais relevantes para os tsimane (prosocialidade e dedicação ao trabalho) deveriam estar relacionadas à aptidão "corporificada", ou seja, força física e educação. Eles se referem a isso como "corporificado" porque essas características são encontradas no corpo (e na mente).

Nos tsimane, von Ruden e colaboradores (2015) avaliaram a força física como força da parte superior do corpo e força de preensão e mediram a aptidão educacional em termos do número de anos de escola que cada pessoa completou. A personalidade foi novamente medida completando verbalmente uma versão do Big Five para os tsimane, que produziu pontuações sobre prosocialidade e dedicação ao trabalho. Von Rueden e colaboradores descobriram, ao controlar a idade, o sexo e a aldeia, que a força física e o desempenho educacional estavam positivamente relacionados ao comportamento pró-social, mas não à dedicação ao trabalho. Eles também descobriram que extroversão, amabilidade, conscienciosidade e abertura estavam associadas ao desempenho educacional.

Finalmente, os pesquisadores exploraram as origens da extroversão no que se refere ao sucesso reprodutivo (Lukaszewski & Roney, 2011). Lukaszweski e Roney argumentam que as diferenças na extroversão podem ter surgido porque são relevantes para os benefícios reprodutivos. Em particular, pessoas extrovertidas são mais propensas a se aproximar de parceiros em potencial, competir por atenção social e buscar alcançar *status* e poder. No entanto, esses comportamentos podem causar problemas e criar conflitos com outras pessoas que também estão buscando parceiros e tentando alcançar o poder. Dessa forma, a extroversão pode se codesenvolver com a força física, pelo menos nos homens. Além disso, ser fisicamente atraente atrai a atenção de outras pessoas e também pode interagir com a extroversão, pois ser atraente e extrovertido tem maior probabilidade de levar ao sucesso reprodutivo do que possuir apenas uma dessas características. Em sua pesquisa com estudantes universitários, Lukaszweski e Roney descobriram que a atratividade física e a força física estão relacionadas à extroversão em homens. Nas mulheres, apenas a atratividade física está relacionada à extroversão.

Tomados como um todo, esses estudos apoiam a teoria de Buss de que os traços de personalidade estão relacionados e podem ser o resultado do sucesso reprodutivo e de sobrevivência e, portanto, da aptidão. Em resumo, os traços de personalidade têm funções adaptativas no curso da evolução humana.

Genética e personalidade

Em parte devido a como a genética foi ensinada na escola, um pressuposto comum que muitas pessoas têm é que há uma correspondência simples de quase um para um entre genes e traços. Lembre-se de como você aprendeu a calcular a probabilidade de que a prole herdasse um traço se os pais fossem portadores dominantes ou recessivos daquele traço. Existem traços categóricos simples (p. ex., cor dos olhos), que são transmitidos por um gene. Porém, todos os traços psicológicos complexos que são expressos em um *continuum* de valores baixos a valores altos são transmitidos por muitos, muitos genes. De modo mais técnico, os traços categoricamente simples são transmitidos "monogenicamente" (um gene), enquanto os traços que variam de pouco a muito (p. ex., agressividade, altura, peso, ansiedade) são transmitidos "poligenicamente" (Ebstein, 2006; Evans et al., 2007). Expresso de maneira mais elementar, a **transmissão monogênica** acontece quando um gene produz um traço (fenótipos) e a **transmissão poligênica** ocorre quando muitos genes interagem para criar uma característica (Rutter, 2006). Tal distinção é muito importante para a compreensão de uma ideia fundamental na genética moderna, isto é, nosso genoma é o ponto de partida, não o ponto final, para como nossos genes são expressos (nosso fenótipo). Não existe um gene "inteligente", um gene "tímido" ou um gene "agressivo". Muitos, muitos genes (dezenas e talvez mais) são responsáveis pelos traços de personalidade.

Quando estudam a genética do comportamento, os pesquisadores empregam dois métodos principais para investigar a relação entre genética, comportamento e personalidade. Com o primeiro método, a **abordagem dos *loci* de traços quantitativos** (QTL; do inglês, *Quantitative Trait Loci*), eles procuram a localização de partes específicas de DNA nos genes que podem estar associadas a comportamentos particulares. Nesse sentido, é uma busca por "marcadores genéticos" do comportamento. Os traços são quantitativos, porque representam marcadores para comportamentos que são expressos em um *continuum* amplo, de bem pouco até muito. Por exemplo, a ansiedade é um traço quantitativo, porque algumas pessoas não são nada ansiosas, a maioria dos indivíduos está na média e alguns são muito ansiosos. O método QTL descobre a localização de genes particulares que está associada a níveis altos ou baixos de um traço. Essas localizações também são conhecidas como "marcadores".

A pesquisa dos QTL aponta para os marcadores genéticos de vários traços básicos da personalidade, como busca por novidade ou emoção, impulsividade e neuroticismo/ansiedade (Benjamin et al., 1996; Dina et al., 2005; Hamer & Copeland, 1998; Lesch et al., 1996; Plomin & Caspi, 1999; Retz et al., 2010; Rutter, 2006). Considere o caso da busca por emoção, um traço que envolve correr riscos. As pessoas com esse traço podem procurar atividades altamente excitantes, como *bungee jumping*, alpinismo ou mergulho. As atividades de busca de emoção criam um "ímpeto" de excitação – um sentimento positivo que pode estar relacionado à liberação de dopamina, um neurotransmissor associado à excitação fisiológica. Dada a possível conexão entre dopamina e busca de emoção, uma teoria sugere que as pessoas que têm deficiência de dopamina tenderão a procurar situações excitantes como uma maneira de aumentar a liberação de dopamina e compensar os baixos níveis desse neurotransmissor.

Na metade da década de 1990, pesquisadores apresentaram a primeira evidência genética que corrobora tal teoria. O gene *DRD4* está envolvido na produção de dopamina no sistema límbico, e, quanto mais longa a sequência genética, menos eficiente é a produção desse neurotransmissor. Em outras palavras, as versões longas do gene *DRD4* estão associadas à produção menos eficiente de dopamina. Se a teoria estiver correta, as pessoas que buscam emoções e novas experiências devem ter a forma mais longa desse gene, e isso é exatamente o que as pesquisas demonstraram (Ebstein et al., 1996; Hamer & Copeland, 1998). Na verdade, de forma consistente com a pesquisa em humanos, as diferenças do *DRD4* também afetam o comportamento exploratório, como a curiosidade e a busca de novas experiências, em animais não humanos, como pássaros (Verhulst et al., 2016), macacos (Shimada et al., 2004) e cães (Ito et al., 2004). Um aspecto estimulante de tal achado é que ele foi o primeiro a demonstrar uma influência genética específica sobre um traço de personalidade normal (não patológico).

O segundo método usado pelos geneticistas do comportamento para desvendar os efeitos da genética e do ambiente na personalidade foi discutido no Capítulo 14 (Eysenck), em *estudos de adoção de gêmeos*. Lembre-se de que a conclusão dessa pesquisa foi que entre 40 e 60% das diferenças na personalidade provêm da influência genética (Bouchard & Loehlin, 2001; Caspi, Roberts, & Shiner, 2003; Krueger & Johnson, 2008; Loehlin et al., 1998; Plomin & Caspi, 1999; South, Reichborn-Kjennerud, Eaton & Krueger, 2013; Vukasović & Bratko, 2015). Essa linha de pesquisa, portanto, sugere que cerca de metade das diferenças que existem entre as pessoas em suas personalidades é atribuída à genética, e a outra metade é influenciada pelo ambiente ou por outros fatores desconhecidos. Curiosamente, transtornos da personalidade, como personalidade esquiva e personalidade obsessivo-compulsiva, também parecem estar principalmente sob influência genética. Gjerde e colaboradores (2015), por exemplo, relataram que 67% das diferenças na personalidade esquiva e 53% das diferenças na personalidade obsessivo-compulsiva podem ser explicadas por fatores genéticos. Esses resultados são coerentes com a visão de que personalidade, inteligência, motivação e outras qualidades psicológicas são produtos não só de forças biológicas ou ambientais isoladas, mas da interação entre ambas. Em resumo, as diferenças na personalidade são criadas tanto por fatores inatos quanto adquiridos.

Personalidade animal

A maioria das pessoas que já tiveram gatos ou cães de estimação concordaria prontamente que seus bichinhos possuem personalidade única. Um dos autores deste livro (GJF), por exemplo, atualmente tem dois gatos irmãos, um macho (Scooter) e uma fêmea (Belle). Esses dois felinos dificilmente poderiam ser mais diferentes em termos de comportamento e personalidade. Scooter é curioso e sociável. Ele explorou cada centímetro do novo lar no primeiro dia e interfere em todas as atividades de seu tutor – comer, assistir à TV, trabalhar no computador e dormir. Nenhuma vez, ele demonstrou ter medo de alguma situação. Ele se aproxima de tudo com alegria e admiração. Belle, no entanto, ficou ansiosa e tímida no começo. Ela levou cerca de três dias para deixar de se esconder e ficar tranquila no novo lar. Ela brinca com estranhos, mas não muito. No entanto, adora brincar com seu irmão, e eles costumam provocar e perseguir um ao outro. Agora, ela interage com a família e gosta de uma boa massagem, mas ainda fica ressabiada com abordagens repentinas.

Para os tutores de animais, a questão da personalidade animal parece ter uma resposta óbvia: os animais possuem personalidades distintas. Mas, para os psicólogos, a questão poderia estar estendendo muito a definição de personalidade. Mesmo que possamos ver evidências de personalidade em animais como cães e gatos, podemos observar em outros animais? E quanto aos pássaros? Aos répteis? Aos peixes? Aos vermes?

Até a década de 1990, a maioria dos psicólogos teria argumentado que o termo *personalidade* se aplica somente a humanos, mas, desde então, inúmeros estudos têm corroborado a noção de que animais não humanos não só possuem personalidades distintas como têm personalidades em dimensões similares ao Big Five nos humanos (Barnard et al., 2016; Dingemanse, Both, Drent, Van Oers, & Van Noordwijk, 2002; Gosling, 1998; Gosling, Kwan, & John, 2003; Rayment, Peters, Marston, & DeGroef, 2016; Suwała, Górecka-Bruzda, Walczak, Ensminger, & Jezierski, 2016; Weinstein, Capitanio, & Gosling, 2008). Por exemplo, Gosling e Oliver John (1999) conduziram uma metanálise (revisão quantitativa) de 19 estudos sobre 12 espécies não humanas. Eles encontraram evidências de traços de personalidade que podem ser categorizados nas mesmas dimensões da personalidade humana para, pelo menos, 14 espécies não humanas. O resumo desses achados é apresentado na Tabela 15.4. Tenha em mente que os rótulos do Big Five são gerais e os rótulos específicos

---

TABELA 15.4

Dimensões da personalidade entre as espécies

	Dimensão da personalidade				
Espécie	Neuroticismo	Extroversão	Amabilidade	Abertura à experiência	Conscienciosidade
Chimpanzé	✓	✓	✓	✓	✓
Cavalo[a]	✓	✓	✓	?	✓
Macaco rhesus	✓	✓	✓	✓	
Gorila	✓	✓	✓		
Cachorro	✓	✓	✓	✓[b]	
Gato	✓	✓	✓	✓[b]	
Hiena	✓		✓	✓	
Porco		✓	✓	✓	
Macaco vervet		✓	✓		
Burro			✓	✓	
Rato	✓		✓		
Alevino (peixe)	✓	✓			
Polvo	✓	✓			
Chapim[c]				✓	

[a]Baseado em Morris, Gale e Duffy (2002).
[b]Competência/aprendizado é uma mistura de abertura e conscienciosidade.
[c]Baseado em Dingemanse, Both, Drent, Van Oers e Van Noordwijk (2002).
Expandida e adaptada de Gosling e John (1999).

usados nesses estudos variam um pouco. Por exemplo, neuroticismo é, por vezes, chamado de estabilidade emocional, excitabilidade, medo, reatividade emocional, medo-esquiva ou emocionalidade. Amabilidade é, por vezes, referida como agressividade, hostilidade, compreensão, oportunismo, sociabilidade, afeição ou luta-timidez. Além disso, dominância-submissão é um traço que costuma ser visto e medido em animais não humanos, mas não se encaixa em qualquer uma das cinco grandes categorias. Essas classificações da personalidade animal foram feitas por meio de uma das duas técnicas de observação comportamental: mediante treinadores de animais que tinham amplo conhecimento de cada um dos animais ou mediante observadores sem histórico com animais, mas que foram treinados até que conseguissem avaliar de modo fidedigno as dimensões em questão.

Pode não causar surpresa que os primatas e outros mamíferos tenham a tendência a compartilhar o maior número de traços de personalidade com os humanos (Weinstein et al., 2008). Por exemplo, os chimpanzés, nossos parentes mais próximos, compartilham com os humanos uma dimensão de "conscienciosidade" diferenciada. Tal achado sugere que a conscienciosidade – que envolve o controle dos impulsos e, portanto, requer regiões cerebrais altamente desenvolvidas capazes de controlar os impulsos – é o traço de personalidade evoluído de modo mais recente. Assim, com exceção dos chimpanzés e dos cavalos, outros animais não humanos não possuem as estruturas cerebrais necessárias para controlar os impulsos e organizar e planejar suas atividades com antecipação. Mesmo com os chimpanzés, a dimensão da conscienciosidade foi definida de um modo um tanto restrito como falta de atenção, de direção dos objetivos e comportamento desorganizado.

Pode, no entanto, ser surpreendente ver pássaros selvagens, peixes e até mesmo polvos em uma lista de animais que possuem traços de personalidade parecidos com os dos humanos. Por exemplo, em um estudo de um pássaro europeu parecido com um chapim, quando os pesquisadores colocaram um objeto estranho, como uma pilha ou um boneco da Pantera Cor-de-rosa, dentro da gaiola, alguns pássaros se mostraram muito curiosos e exploraram o novo objeto, enquanto outros se retraíram e o evitaram (Zimmer, 2005; cf. Dingemanse et al., 2002). Os pesquisadores definiram essas diferenças nos pássaros como "ousado" e "tímido". Tais diferenças são muito parecidas com as que os psicólogos observam quando colocam um bebê em uma sala com um estranho. Abordagem-ousadia e timidez-esquiva também são dimensões do temperamento humano.

Além disso, alguns pesquisadores começaram a descobrir a base genética dos traços de personalidade animal (van Oers & Mueller, 2010). Por exemplo, usando a técnica QTL descrita anteriormente, os pesquisadores descobriram localizações genéticas de comportamento exploratório e comportamento de risco em peixes (Boehmler et al., 2007; Laine et al., 2014), pássaros (Fidler et al., 2007) e cães (Ito et al., 2004).

Em suma, assim como os olhos, os ouvidos, o cérebro e a termorregulação são soluções evoluídas e compartilhadas entre as espécies e os gêneros de animais, os traços de personalidade são soluções compartilhadas e encontradas em quase todos os animais, desde invertebrados, peixes,

A maioria dos animais, incluindo o chapim, tem maneiras únicas e estáveis de se comportar — em outras palavras, eles têm personalidade.

Foto de NPS, por Jim Peaco.

répteis, pássaros até mamíferos (incluindo primatas). Quanto mais semelhante o gênero e a espécie, mais similar o sistema – e isso vale para a personalidade. A estrutura da personalidade dos primatas é mais semelhante entre si do que em comparação com a dos mamíferos em geral, a qual, por sua vez, é mais similar à dos primatas do que à de pássaros ou invertebrados. Tais evidências corroboram a visão de que os traços de personalidade evoluíram muito antes de os humanos modernos e têm suas origens em um ancestral comum, milhões de anos atrás.

Críticas à teoria evolucionista da personalidade

A psicologia evolucionista, em geral, e a psicologia evolucionista da personalidade, em particular, estimularam muita controvérsia, mas também um *grande corpo de pesquisa empírica*. O campo possui a própria sociedade científica (Human Behavior and Evolutionary Society, HBES) e o próprio jornal científico, *Evolution and Human Behavior* (*Evolução e Comportamento Humano*). A disciplina também se relaciona a outras áreas científicas, como a biologia evolucionista, a etologia, a genética do comportamento e a neurociência; portanto, existe um fundamento empírico sólido para o campo. Do mesmo modo, uma rápida pesquisa no GoogleScholar gerou mais de 34 mil artigos para o termo "psicologia evolucionista". A mesma busca no GoogleScholar sobre "psicologia evolucionista da personalidade" resultou em 660 artigos entre 1990 e 2012.

Quanto à questão de a teoria evolucionista da personalidade ser *irrefutável*, a resposta ainda é complexa. Em geral, a teoria evolucionista é difícil de refutar no sentido estrito da palavra (Stamos, 1996). Muitos críticos da teoria evolucionista são rápidos em apontar que os princípios centrais da teoria evolucionista inerentemente não podem ser refutados ou verificados, porque a evolução é um evento passado e levaria pelo menos milhares de anos para se observar o resultado dela nos animais. Além disso, eles argumentam que a psicologia evolucionista se centra, principalmente, em explicações após o fato (*post hoc*) para determinado fenômeno – em resumo, a psicologia evolucionista produz histórias do tipo "foi assim" plausíveis, e muitas histórias plausíveis diferentes sempre podem ser construídas para explicar um resultado evolutivo (Gould & Lewontin, 1979; Horgan, 1995).

No entanto, outros estudiosos argumentaram que isso é um tanto impreciso e também não é de todo verdade. Os defensores da teoria evolucionista, por exemplo, assinalaram que derrubar a teoria por meio de fatos contrários (refutação) é a única forma pela qual a ciência avança (Ellis & Ketelaar, 2000; Ketelaar & Ellis, 2000). Um critério alternativo para o progresso científico é se ele gera novas predições e explicações. Sob tal padrão, a teoria evolucionista se sai muito bem.

Em termos de como a teoria evolucionista da personalidade *organiza o conhecimento*, argumentaríamos que se classifica como muito alta. A teoria evolucionista é muito ampla e de longo alcance em seu âmbito, e, nesse sentido, ela fornece uma gama de explicações raramente vistas na ciência social. Ela oferece explicações para as origens últimas não só de todos os sistemas biológicos, mas também do pensamento, do comportamento e da personalidade humanos.

No entanto, como um *guia para os praticantes*, damos à teoria uma classificação relativamente baixa. A teoria evolucionista diz pouco acerca de como devemos criar nossos filhos, o que devemos lhes ensinar e de que forma, ou como conduzir a terapia para tratar transtornos mentais. A teoria é mais abstrata e pura do que concreta e aplicada.

A teoria evolucionista da personalidade se classifica como moderada em *coerência interna*. A adaptação é um princípio orientador, e muitas ideias se originam desse conceito central. Além disso, a maioria dos estudiosos concorda quanto a como definir adaptação. Entretanto, nem todos chegam a um consenso sobre o que é e o que não é adaptação. O exemplo mais evidente é a personalidade. Ainda que Buss, MacDonald e Nettles concordem que a variabilidade da personalidade é uma adaptação, dois outros teóricos importantes, Tooby e Cosmides, discordam.

A teoria evolucionista da personalidade tem escore alto no critério da *parcimônia*. A ideia de que você pode explicar as origens da personalidade humana com alguns conceitos-chave de adaptação, mecanismo e seleção natural e sexual é muito simples.

 ## Conceito de humanidade

É difícil dizer em qual lado do debate evolucionista do *otimismo-pessimismo* a teoria recai. Ela é, principalmente, descritiva e, nesse sentido, tende a ser mais neutra quanto à descrição da natureza humana. Os humanos são e foram capazes de atos incrivelmente edificadores de heroísmo, bravura e cooperação, inspirando trabalhos de criatividade, e atos inacreditáveis e inqualificáveis de violência e crueldade. Os dois extremos fazem parte da natureza humana (Pinker, 2002).

A psicologia evolucionista tem uma visão complexa sobre a questão *determinismo* versus *livre-arbítrio*. Uma suposição comum dos críticos acerca da teoria evolucionista é que ela é fortemente determinista, uma vez que explica o comportamento em termos de um passado evoluído e de influências genéticas. Na verdade, a psicologia evolucionista costuma ser criticada por pactuar com os papéis sexuais tradicionais (p. ex., as mulheres são atraídas por homens de *status* alto, e os homens são atraídos por mulheres fisicamente atraentes). Buss e outros teóricos evolucionistas deixam claro, no entanto, que a psicologia evolucionista é uma teoria de como esses traços começaram, e não como eles deveriam ser. Em outras palavras, ela pretende ser mais descritiva do que prescritiva. Além disso, conforme a visão de Buss da origem da personalidade, as explicações biológicas e ambientais não são mutuamente excludentes. Elas são ambas necessárias. Buss (1999) argumenta, na verdade, que o conhecimento e a consciência de nossos mecanismos psicológicos e estratégias evoluídos nos dão mais poder de modificá-los se assim desejarmos.

Quanto à questão da *causalidade* versus *teleologia*, está claro que a teoria evolucionista pende fortemente para o lado da causalidade na equação. A evolução pela seleção natural é, acima de tudo, uma teoria de origens ou causa. O livro de Darwin, afinal de contas, foi intitulado *A origem das espécies*.

A teoria evolucionista se relaciona de modo mais direto com as *influências inconscientes* sobre o pensamento, o comportamento e a personalidade do que com as conscientes. A maior parte do que fazemos está além de nossa percepção consciente, e isso é especialmente verdadeiro para as origens e as estratégias evolutivas que moldam nosso comportamento. Não estamos mais conscientes de por que preferimos o doce e a gordura ao amargo do que estamos conscientes de por que somos atraídos por uma pessoa e não por outra. Da mesma maneira, não temos ideia de por que ficamos ansiosos e sensíveis ao estresse, enquanto outra pessoa fica calma e controlada sob pressão.

Na verdade, uma razão por que os indivíduos podem resistir aos relatos evolucionistas do comportamento, muito como resistiram às ideias de Freud, é que ele torna o inconsciente consciente, e as ideias conscientes das pessoas de por que elas fazem o que fazem, gostam do que gostam e são influenciadas pelo que são influenciadas está quase sempre em conflito com as evidências da ciência, em geral, e da psicologia evolucionista e da biologia, em particular. E, no entanto, não temos que tomar conhecimento de como os olhos e o coração evoluíram para que possamos usá-los. Simplesmente os usamos. Do mesmo modo, simplesmente agimos, pensamos, sentimos e somos motivados. A consciência não é necessária e, em muitos casos, seria muito perturbadora.

O conceito de humanidade mais surpreendente para muitas pessoas é a posição da psicologia evolucionista quanto à *influência biológica* versus *social*. Existe claramente uma forte ênfase nas influências biológicas, dos sistemas cerebrais, da neuroquímica e da genética. Mas, conforme deixamos claro no capítulo, os mecanismos evoluídos só podem operar com a contribuição do ambiente. Portanto, a teoria evolucionista é completamente equilibrada na questão das causas biológicas *versus* ambientais da personalidade.

A teoria evolucionista também é equilibrada na questão da *singularidade do indivíduo*, comparada aos pontos comuns entre todas as pessoas. A estrutura dos mecanismos evoluídos, ou seja, quais mecanismos operam, são espécies típicas e universais, mas o conteúdo dos mecanismos é único e demonstra diferenças consideráveis entre os indivíduos.

Termos-chave e conceitos

- A *seleção artificial* ocorre quando os humanos escolhem traços desejáveis em uma espécie em reprodução.
- *Seleção natural* é o processo pelo qual a evolução acontece; representa simplesmente uma forma mais geral de seleção artificial, em que a natureza, em vez das pessoas, seleciona os traços.
- A *seleção sexual* opera quando membros do sexo oposto consideram certos traços mais atraentes do que outros e, assim, produzem prole com esses traços.
- *Adaptações* são estratégias evoluídas que resolvem problemas importantes de sobrevivência e/ou reprodução.

As adaptações tendem a ser produto da seleção natural ou sexual e precisam ter uma base genética ou herdada.
- *Subprodutos* são traços que acontecem em consequência de adaptações, mas não fazem parte do *design* funcional.
- O *ruído*, também conhecido como "efeitos aleatórios", ocorre quando a evolução produz alterações aleatórias no *design* que não afetam a função. O ruído tende a ser produzido pelo acaso, e não pela seleção.
- A expressão *psicologia evolucionista* pode ser definida como o estudo científico do pensamento e do

comportamento humano a partir de uma perspectiva evolucionista e foca quatro grandes questões.

- O processo de evolução pela seleção natural produziu soluções para dois problemas básicos da vida: sobrevivência e reprodução, os *mecanismos*. De forma mais específica, os mecanismos operam de acordo com princípios em domínios adaptativos diferentes, totalizam dezenas ou centenas (talvez até mesmo milhares) e são soluções complexas para problemas adaptativos específicos.
- Os *mecanismos físicos* são órgãos e sistemas fisiológicos que evoluíram para resolver problemas de sobrevivência, enquanto os *mecanismos psicológicos* são sistemas cognitivos, motivacionais e de personalidade, internos e específicos, que resolvem questões de sobrevivência e reprodução.
- Os mecanismos psicológicos relevantes para a personalidade podem ser agrupados em três categorias principais: objetivos/impulsos/motivos, emoções e traços de personalidade. Eles são adaptativos porque ajudam a resolver problemas de sobrevivência e reprodução.
- O modelo de Buss da personalidade se parece muito com a abordagem dos traços do Big Five de McCrae e Costa, mas não possui uma estrutura idêntica. *Surgência/extroversão/dominância, amabilidade, conscienciosidade, estabilidade emocional* e *abertura à experiência/intelecto*. Buss defende que essas disposições comportamentais possuem significado adaptativo.
- As duas fontes principais da *origem da personalidade* são o ambiente e a genética.
- Ainda existem *inúmeros mal-entendidos sobre a teoria evolucionista*, incluindo a ideia de que evolução implica determinismo genético ou que os mecanismos são sempre *designs* ideais.

Referências

Barnard, S., Marshall-Pescini, S., Passalacqua, C., Beghelli, V., Capra, A., Normando, S., & . . . Valsecchi, P. (2016). Does subjective rating reflect behavioural coding? Personality in 2 month-old dog puppies: An open-field test and adjective-based questionnaire. *PLOS ONE, 11,* e0149831. doi:10.1371/journal.pone.0149831

Belsky, J., Steinberg, L., & Draper, P. (1991). Childhood experience, interpersonal development, and reproductive strategy: An evolutionary theory of socialization. *Child Development, 62,* 647-670.

Benjamin, J., Li, L., Patterson, C., Greenburg, B. D., Murphy, D. L., & Hamer, D. H. (1996). Population and familial association between the D4 dopamine receptor gene and measures of novelty seeking. *Nature Genetics, 12,* 81-84.

Berg, V., Lummaa, V., Lahdenperä, M., Rotkirch, A., & Jokela, M. (2014). Personality and long-term reproductive success measured by the number of grandchildren. *Evolution and Human Behavior, 35*(6), 533-539. doi:10.1016/j.evolhumbehav.2014.07.006

Boehmler, W., Carr, T., Thisse, C., Thisse, B., Canfield, V. A., & Levenson, R. (2007). D4 dopamine receptor genes of zebrafish and effects of the antipsychotic clozapine on larval swimming behavior. *Genes, Brain and Behavior, 6,* 155-166. doi:10.1111/j.1601-183x.2006.00243.x

Bouchard, T. J., Jr., & Loehlin, J. C. (2001). Genes, evolution, and personality. *Behavior Genetics, 31,* 243-273.

Buss, A. H. (1973). *Psychology—Man in perspective.* New York: Wiley.

Buss, A. H. (2008). *Six decades of psychology.* Retrieved online April 27, 2012 at http://www.psy.utexas.edu/psy/announcements/buss_retirement.html

Buss, D. M. (1988). The evolution of human intrasexual competition: tactics of mate attraction. *Journal of Personality and Social Psychology, 54,* 611-628.

Buss, D. M. (1989). David M. Buss. *American Psychologist, 44*(4), 636-638.

Buss, D. M. (1991). Evolutionary personality psychology. *Annual Review of Psychology, 42,* 459-491.

Buss, D. M. (1999). *Evolutionary psychology: The new science of the mind.* New York: Allyn and Bacon.

Buss, D. M. (2004). The bungling apprentice. In J. Brockman (Ed.). *Curious minds: How a child becomes a scientist* (pp. 13-18). New York: Pantheon Books.

Buss, D. M., & Greiling, H. (1999). Adaptive individual differences. *Journal of Personality, 67,* 209-243.

Caspi, A., Roberts, B. W., & Shiner, R. L. (2003). Personality development: Stability and change. *Annual Review of Psychology, 56,* 453-484.

Darwin, C. (1859). *The origin of species.* London: Murray (reprinted in 1964 by Harvard University Press).

Dina, C., Nemanov, L., Gritsenko, I., Rosolio, N., Osher, Y., Heresco-Levy, U., . . . Ebstein, R.P. (2005). Fine mapping of a region on chromosome 8p gives evidence for a QTL contribution to individual differences in an anxiety-related personality trait: TPQ harm avoidance. *American Journal of Meidcal Genetics Part B (Neuropsychiatric Genetics), 132B,* 104-108.

Dingemanse, N. J., Both, C., Drent, P. J., & Tinbergen, J. M. (2004). Fitness consequences of avian personalities in a fluctuating environment. *Proceedings of the Royal Society of London, Series B: Biological Sciences, 271,* 847-852.

Dingemanse, N. J., Both, C., Drent, P. J., Van Oers, K., & Van Noordwijk, A. J. (2002). Repeatability and heritability of exploratory behaviour in great tits from the wild. *Animal Behaviour, 64,* 929-938.

Ebstein, R. P. (2006). The molecular genetic architecture of human personality: Beyond self-report questionnaires. *Molecular Psychiatry, 11,* 427-445.

Ebstein, R. P., Novick, O., Umansky, R., Priel, B., Osher, Y., Blaine, D., . . . Belmaker, R. H. (1996). Dopamine *D4* receptor *D4DRexon* III polymorphism associated with the human personality trait of novelty seeking. *Nature Genetics, 12,* 78-80.

Ellis, B. J., & Ketelaar, T. (2000). On the natural selection of alternative models: Evaluation of explanations in evolutionary psychology. *Psychological Inquiry, 11*(1), 56-68. doi:10.1207/S15327965PLI1101_03

Evans, L. M., Akiskal, H. S., Greenwood, T. A., Nievergelt, C. M., Keck, P. E., McElroy, S. L., Sadovnick, A. D., Remick, R. A., Schork, N. J., & Kelsoe, J. R. (2007). Suggestive linkage of a chromosomal locus on 18p11 to cyclothymic temperament in bipolar disorder families. *American Journal of Medical Genetics, 147B,* 326-332.

Feist, G. J. (2006). *The Psychology of Science and the Origins of the Scientific Mind.* New Haven, CT: Yale University Press.

Fidler, A. E., van Oers, K., Drent, P. J., Kuhn, S., Mueller, J. C., & Kempenaers, B. (2007). DRD4 gene polymorphisms are associated with personality variation in a passerine bird. *Proceedings of the Royal Society B, 274,* 1685-1691. doi:10.1098/rspb.2007.0337

Flegal, K. M., Carroll, M. D., Ogden, C. L., & Curtain, L. R. (2010). Prevalence and trends in obesity among U.S. adults, 1999-2008. *Journal of the American Medical Association, 303,* 235-241.

Ghiselin, M. T. (1973). Darwin and evolutionary psychology. *Science, 179,* 964-968. doi: 10.1126/science.179.4077.964

Gjerde, L. C., Czajkowski, N., Røysamb, E., Ystrom, E., Tambs, K., Aggen, S. H., & . . . Knudsen, G. P. (2015). A longitudinal, population-based twin study of avoidant and obsessive-compulsive personality disorder traits from early to middle adulthood. *Psychological Medicine, 45*(16), 3539-3548. doi:10.1017/S0033291715001440

Gosling, S. D. (1998). Personality dimensions in spotted hyenas (*Crocuta crocuta*). *Journal of Comparative Psychology, 112,* 107-118.

Gosling, S. D., & John, O. P. (1999). Personality dimensions in non-human animals: A cross-species review. *Current Directions in Psychological Science, 8,* 69-75.

Gosling, S. D., Kwan, V. S. Y., & John, O. P. (2003). A dog's got personality: A cross-species comparative approach to personality judgments in dogs and humans. *Journal of Personality and Social Psychology, 85,* 1161-1169.

Gould, S. J., & Lewontin, R. C. (1979). The spandrels of San Marco and the Panglossian paradigm. A critique of the adaptationist programme. *Proceedings of the Royal Society, B205,* 581-598.

Gurven, M., von Rueden, C., Stielitz, J., Kaplan, H., & Rodriguez, D. E. (2014). The evolutionary fitness of personality traits in a small-scale subsistence society. *Evolution and Human Behavior, 35.* doi:10.1016/j.evollhumbehav.2013.09.002

Hamer, D. H., & Copeland, P. (1998). *Living with our genes.* New York: Anchor Books.

Horgan, J. (1995). From complexity to perplexity. *Scientific American, 272,* 104-109.

Ito, H., Nara, H., Inoue-Murayama, M., Shimada, M. K., Koshimura, A., Ueda, Y. . . Ito, S. (2004). Allele frequency distribution of the canine dopamine receptor D4 gene exon III and I in 23 breeds. *Journal of Veterinary Medical Science, 66,* 815-820. doi:10.1292/jvms.66.815

Jacobs, G. H., & Nathans, J. (2009, April 1). The evolution of primate color vision. *Scientific American, 300,* 56-63.

Jones, P. A., & Baylin, S. B. (2002). The fundamental role of epigenetic events in cancer. *Nature Reviews Genetics, 3,* 415-428.

Ketelaar, T., & Ellis, B. J. (2000). Are evolutionary explanations unfalsifiable? Evolutionary psychology and the Lakatosian philosophy of science. *Psychological Inquiry, 11,* 1-21. doi:10.1207/S15327965PLI1101_01

Krueger, R. F., & Johnson, W. (2008). Behavioral genetics and personality: A new look at the integration of nature and nurture. In O. P. John, R. W. Robins, & L. A. Pervin (Eds.), *Handbook of personality: Theory and research* (3rd ed., pp. 287-310). New York: Guilford Press.

Laine, V. N., Herczeg, G., Shikano, T., Vilkki, J., & Merilä, J. (2014). QTL analysis of behavior in ninespined sticklebacks (Pungitius pungitius). *Behavior Genetics, 44*(1), 77-88. doi:10.1007/s10519-013-9624-8

Lazarus, R. S. (1991). *Emotion and adaptation.* New York: Oxford University Press.

Lesch, K. P., Bengel, D., Heils, A., Sabol, S. Z., Greenburg, B. D., Petri, S., . . . Murphy, D. L. (1996). Association of anxiety-related traits with a polymorphism in the serotonin transporter gene regulatory region. *Science, 274,* 1527-1531. doi: 10.1126/science.274.5292.1527

Loehlin, J. C., McCrae, R. R., Costa, P. J., & John, O. P. (1998). Heritabilities of common and measurespecific components of the Big Five personality factors. *Journal of Research in Personality, 32*(4), 431-453. doi:10.1006/jrpe.1998.2225

Lukaszewski, A. W., & Roney, J. R. (2011). The origins of extraversion: Joint effects of facultative calibration and genetic polymorphism. *Personality and Social Psychology Bulletin, 37*(3), 409-421. doi:10.1177/0146167210397209

MacDonald, K. (1995). Evolution, the five factor model, and levels of personality. *Journal of Personality, 63,* 525-567.

Mazur, A., Halpern, C., & Udry, J. R. (1994). Dominant looking male teenagers copulate earlier. *Ethology and Sociobiology, 15,* 87-94.

Meaney, M. J. (2010). Epigenetics and the biological definition of gene x environment interactions. *Child Development, 81,* 41-79.

Miller, G. F. (2000). *The mating mind: How sexual choice shaped the evolution of human nature.* New York: Doubleday.

Morris, P. H., Gale, A., & Duffy, K. (2002). Can judges agree on the personality of horses? *Personality and Individual Differences, 33,* 67-81.

Neitz, J., Geist, T., & Jacobs, G. H. (1989). Color vision in the dog. *Visual Neuroscience, 3,* 119-125.

Nettle, D. (2006). The evolution of personality variation in humans and other animals. *American Psychologist, 61,* 622-631.

Nettle, D., & Clegg, H. (2006). Schizotypy, creativity and mating success in humans. *Proceedings of the Royal Society of London, Series B: Biological Sciences, 273,* 611-615.

Nichols, C. P., Sheldon, K. M., & Sheldon, M. S. (2008). Evolution and personality: What should a comprehensive theory address and how? *Social and Personality Psychology Compass, 2,* 968-984.

O'Steen, S., Cullum, A. J., & Bennett, A. F. (2002). Rapid evolution of escape ability in Trinidadian guppies *(Poecilia reticulate). Evolution, 56,* 776-784.

Pinker, S. (2002). *The blank slate.* New York: Viking.

Plomin, R., & Caspi, A. (1999). Behavioral genetics and personality. In L. A. Pervin & O. P. John (Eds.), *Handbook of personality: Theory and research* (pp. 251-276). New York: Guilford Press.

Rayment, D. J., Peters, R. A., Marston, L. C., & De Groef, B. (2016). Investigating canine personality structure using owner questionnaires measuring pet dog behaviour and personality. *Applied Animal Behaviour Science, 180,* 100-106. doi:10.1016/j.applanim2016.04.002

Retz, W., Reif, A., Freitag, C., Retz-Junginger, P., & Rösler, M. (2010). Association of a functional variant of neuronal nitric oxide synthase gene with self-reported impulsiveness, venturesomeness and empathy in male offenders. *Journal of Neural Transmission, 117,* 321-324.

Rutter, M. (2006). *Genes and behavior: Nature-nurture interplay explained.* Malden, MA: Blackwell.

Schuett, W., Tregenza, T., & Dall, S. R. X. (2010). Sexual selection and animal personality. *Biological Reviews, 85*(2), 217-246. doi:10.1111/j.1469-185X.2009.00101.x

Shimada, M. K., Inoue-Murayama, M., Ueda, Y., Maejima, M., Murayama, Y., Takenaka, O., Hayasaka, I., & Ito, S. (2004). Polymorphism in the second intron of dopamine receptor D4 gene in humans and apes. *Biochemical and Biophysical Research Communications, 316,* 1186-1190. doi:10.1016/j.bbrc.2004.03.006

South, S.C., Reichborn-Kjennerud, T., Eaton, N.R. & Krueger, R.F. (2013). Genetics of personality. In D.B. Baker (Ed.). *Handbook of Psychology: Vol. 5: Personality and Social Psychology (2nd ed.).* New York: Wiley & Sons.

Stamos, D. N. (1996). Popper, falsifiability, and evolutionary biology. *Biology and Philosophy, 11,* 161-191.

Sulloway, F. (1996). *Born to rebel.* New York: Pantheon.

Suwała, M., Górecka-Bruzda, A., Walczak, M., Ensminger, J., & Jezierski, T. (2016). A desired profile of horse personality—A survey study of Polish equestrians based on a new approach to equine temperament and character. *Applied Animal Behaviour Science, 180,* 65-77. doi:10.1016/j.applanim.2016.04.011

Tooby, J., & Cosmides, L. (1990). On the universality of human nature and the uniqueness of the individual: The role of genetics and adaptation. *Journal of Personality, 58,* 17-68.

Tooby, J., & Cosmides, L. (1992). The psychological foundations of culture. In J. Barkow, L. Cosmides, & J. Tooby (Eds.), *The adapted mind: Evolutionary psychology and the generation of culture.* New York: Oxford University Press.

Ulrich-Vinther, M., Schwarz, E. M., Pedersen, F. S., Søballe, K., & Andreassen, T. T. (2005). Gene therapy with human osteoprotegerin decreases callus remodeling with limited effects on biomechanical properties. *Bone, 37,* 751-758.

van Oers, K., & Mueller, J. C. (2010). Evolutionary genomics of animal personality. *Philosophical Transactions of the Royal Society B, 365,* 3991-4000. doi: 10.1098/rstb.2010.0178

Verhulst, E. C., Mateman, A. C., Zwier, M., Caro, S. P., Verhoeven, K. J., & van Oers, K. (2016). Evidence from pyrosequencing indicates that natural variation in animal personality is associated with DRD4 DNA methylation. *Molecular Ecology, 25,* 1801-1811. doi:10.1111/mec.13519

Von Rueden, C. R., Lukaszewski, A. W., & Gurven, M. (2015). Adaptive personality calibration in a human society: Effects of embodied capital on prosocial traits. *Behavioral Ecology, 26*(4), 1071-1082. doi:10.1093/beheco/arv051

Vukasović, T., & Bratko, D. (2015). Heritability of personality: A meta-analysis of behavior genetic studies. *Psychological Bulletin, 141*(4), 769-785. doi:10.1037/bul0000017

Watters, E. (2006, November 22). DNA is not destiny. *Discover.* Retrieved from http://discovermagazine.com/2006/nov/cover on June 11, 2012.

Weinstein, T. A., Capitanio, J. P., & Gosling, S. D. (2008). Personality in animals. In O. P. John, R. W. Robins, & L. A. Pervin (Eds.). *Handbook of personality: Theory and research* (pp. 328-348). New York, NY: Guilford Press.

Wilson, E. O. (1975). *Sociobiology: The new synthesis.* Cambridge, MA: Harvard University Press.

Zahavi, A., & Zahavi, A. (1997). *The handicap principle: A missing piece of Darwin's puzzle.* New York: Oxford University Press.

Zimmer, C. (2005, March 1). Looking for personality in animals, of all people. *New York Times* Available on line: http://www.nytimes.com/2005/03/01/science/01anim. html?ex=1132808400&en= 4901a713361dd28e&ei=5070, accessed March 3, 2005.

PARTE SEIS

Teorias Cognitivistas e da Aprendizagem

Capítulo 16 *Skinner*
Análise do Comportamento   344

Capítulo 17 *Bandura*
Teoria Social Cognitiva   369

Capítulo 18 *Rotter e Mischel*
Teoria da Aprendizagem Social Cognitiva   392

Capítulo 19 *Kelly*
Psicologia dos Construtos Pessoais   419

CAPÍTULO 16

Skinner: Análise do Comportamento

- *Panorama da análise do comportamento*
- *Biografia de B. F. Skinner*
- *Precursores do behaviorismo científico de Skinner*
- *Behaviorismo científico*
  Filosofia da ciência
  Características da ciência
- *Condicionamento*
  Condicionamento clássico
  Condicionamento operante
- *O organismo humano*
  Seleção natural
  Evolução cultural
  Estados internos
  Comportamento complexo
  Controle do comportamento humano
- *A personalidade não saudável*
  Estratégias de neutralização
  Comportamentos inapropriados
- *Psicoterapia*

Bachrach/Archive Photos/Getty Images

- *Pesquisa relacionada*
  Como o condicionamento afeta a personalidade
  Como a personalidade afeta o condicionamento
  Influência mútua entre personalidade e condicionamento
- *Críticas a Skinner*
- *Conceito de humanidade*
- *Termos-chave e conceitos*
- *Referências*

Erik Erikson (ver Cap. 8) acreditava que as pessoas passam por uma série de crises de identidade, ou pontos de virada, que as deixam vulneráveis a mudanças importantes no modo como elas se veem. Uma dessas pessoas foi Fred, um homem que experimentou pelo menos duas dessas crises, e cada uma delas levou a viradas significativas na trajetória de sua vida. Sua primeira crise de identidade ocorreu durante o início da idade adulta, quando, munido com um diploma de graduação em inglês, Fred voltou para a casa dos pais esperando moldar sua identidade no mundo da literatura. Seu pai, relutantemente, concordou em permitir a Fred um ano para que conquistasse para si um nicho como escritor. Ele alertou o filho sobre a necessidade de encontrar um emprego, mas permitiu que Fred transformasse o sótão em estúdio.

Todas as manhãs, Fred subia dois lances de escada e começava seu trabalho como escritor. Mas nada aconteceu. Depois de apenas três meses tentando se tornar um escritor criativo, Fred percebeu que a qualidade de seu trabalho era fraca. Ele culpou seus pais, sua cidade natal e a própria literatura por seu fracasso em produzir um texto de valor (Elms, 1981). Ele perdeu tempo com atividades não produtivas, sentado na biblioteca da família por longos períodos, permanecendo "absolutamente imóvel em um tipo de estupor catatônico" (Skinner, 1976a, p. 287). No entanto, ele se sentiu obrigado a continuar a farsa de perseguir uma carreira literária durante o ano inteiro, conforme ele e seu pai haviam combinado. Por fim, Fred perdeu a esperança de que pudesse prestar alguma contribuição à literatura. Anos mais tarde, ele se referiu a esse período não produtivo como seu "ano sombrio". Erik Erikson teria chamado esse tempo de confusão de identidade – época para tentar descobrir quem ele era, para onde estava indo e como iria chegar lá. O jovem que estava passando por esse "ano sombrio" era B. F. Skinner, que, posteriormente, tornou-se um dos psicólogos mais influentes no mundo, mas apenas depois que experimentou uma segunda crise de identidade, conforme discutiremos em sua biografia.

Panorama da análise do comportamento

Durante os primeiros anos do século XX, enquanto Freud, Jung e Adler estavam se baseando na prática clínica e antes que Eysenck e Costa e McCrae estivessem usando a psicometria para construir teorias da personalidade humana, uma abordagem denominada **behaviorismo** emergiu dos estudos de laboratório com animais e humanos. Dois dos pioneiros do behaviorismo foram E. L. Thorndike e John Watson, porém a pessoa associada com mais frequência à posição behaviorista é B. F. Skinner, cuja **análise do comportamento** é um desvio claro das teorias psicodinâmicas altamente especulativas discutidas do Capítulo 2 ao 8. Skinner minimizou a especulação e focou quase

inteiramente o comportamento observável. Entretanto, ele não alegava que o comportamento observável estivesse limitado aos eventos externos. Comportamentos privados, como pensamento, lembrança e previsão, são todos observáveis – pela pessoa que os experimenta. A adesão estrita de Skinner ao comportamento observável deu à sua abordagem o rótulo de **behaviorismo radical**, uma doutrina que evita todos os construtos hipotéticos, como ego, traços, impulsos, necessidades, fome e assim por diante.

Além de ser um behaviorista radical, Skinner pode, legitimamente, ser considerado um determinista e um ambientalista. Como *determinista*, ele rejeitou a noção de volição ou livre-arbítrio. O comportamento humano não se origina de um ato de vontade, mas, como qualquer fenômeno observável, ele é regido por leis e pode ser estudado cientificamente.

Como *ambientalista*, Skinner sustentava que a psicologia não deve explicar o comportamento com base nos componentes fisiológicos e constitucionais do organismo, mas com base nos estímulos ambientais. Ele reconhecia que os fatores genéticos são importantes, porém insistia que, como eles são fixados na concepção, não contribuem para o controle do comportamento. A *história* do indivíduo, em vez da anatomia, fornece os dados mais úteis para a predição e o controle do comportamento.

Watson levou o behaviorismo radical, o determinismo e as forças ambientais para além da concepção de Skinner, ignorando de todo os fatores genéticos e prometendo moldar a personalidade pelo controle do ambiente. Em uma conferência famosa, Watson (1926) fez sua extraordinária promessa:

> Dê-me uma dúzia de bebês saudáveis, bem-formados, e meu mundo especificado para criá-los e garanto pegar qualquer um aleatoriamente e treiná-lo para se tornar qualquer tipo de especialista que eu possa escolher – um médico, um advogado, um artista, um comerciante e, sim, até mesmo um mendigo e um ladrão, independentemente de seus talentos, propensões, tendências, habilidades, vocações e raça de seus ancestrais. (p. 10)

Ainda que poucos behavioristas radicais, nos dias atuais, aceitem essa posição extrema, a promessa de Watson produziu muita discussão e debate.

Biografia de B. F. Skinner

Burrhus Frederic Skinner nasceu em 20 de março de 1904, em Susquehanna, Pensilvânia, o primeiro filho de William Skinner e Grace Mange Burrhus Skinner. Seu pai era advogado e aspirante a político, sua mãe ficava em casa cuidando dos dois filhos. Skinner cresceu em um lar confortável e feliz de classe média alta, onde seus pais praticavam os valores da temperança, da devoção, da honestidade e do trabalho árduo. A família Skinner era presbiteriana, mas

Fred (ele quase nunca era chamado de Burrhus ou B. F.) começou a perder sua fé durante o ensino médio e, depois disso, nunca praticou qualquer religião.

Quando Skinner tinha 2 anos e meio, nasceu seu irmão Edward. Fred achava que Ebbie (como o chamavam) era mais amado pelos pais, embora ele não se sentisse rejeitado. Ele era apenas mais independente e menos apegado emocionalmente à mãe e ao pai. Contudo, depois que Ebbie morreu de repente, durante o primeiro ano de Skinner na universidade, os pais, de forma progressiva, foram ficando menos dispostos a deixar seu filho mais velho partir. Eles queriam que ele se tornasse o "garoto da família" e, de fato, tiveram sucesso em mantê-lo dependente financeiramente, mesmo depois que B. F. Skinner se tornou um nome conhecido na psicologia americana (Skinner, 1979; Wiener, 1996).

Quando criança, Skinner era inclinado para a música e para a literatura. Desde uma idade precoce, interessou-se em se tornar um escritor profissional, um objetivo que pode ter atingido com a publicação de *Walden II*, quando estava chegando aos seus 40 anos.

Mais ou menos na mesma época em que Skinner concluiu o ensino médio, sua família se mudou para Scranton, Pensilvânia, a cerca de 30 milhas de distância. Quase imediatamente, no entanto, Skinner ingressou no Hamilton College, uma escola de artes liberais* em Clinton, Nova York. Depois da formação em inglês, Skinner começou a realizar sua ambição de ser um escritor criativo. Quando escreveu para seu pai, informando-o do desejo de passar um ano em casa somente escrevendo, sua solicitação foi recebida com aceitação indiferente. Alertando o filho da necessidade de ganhar a vida, William Skinner concordou, com relutância, em sustentá-lo por um ano, com a condição de que ele arranjaria um emprego se sua carreira como escritor não tivesse sucesso. Essa resposta nada entusiástica foi seguida por uma carta mais incentivadora de Robert Frost, que tinha lido alguns dos textos de Skinner.

Skinner voltou para a casa dos pais em Scranton, montou um estúdio no sótão e, todas as manhãs, ia escrever. Mas nada aconteceu. Seus esforços foram improdutivos, porque ele nada tinha a dizer e não possuía uma posição firme em qualquer assunto corrente. Esse "ano sombrio" exemplificou uma poderosa confusão de identidade na vida de Skinner, mas, conforme discutimos neste esboço biográfico, essa não foi sua última crise de identidade.

Ao final de seu "ano sombrio" malsucedido (na verdade, 18 meses), Skinner se defrontou com a tarefa de procurar uma nova carreira. A psicologia lhe acenava. Depois de ler alguns dos trabalhos de Watson e Pavlov, ele estava determinado a ser um behaviorista. Ele nunca titubeou com tal decisão e lançou-se totalmente ao behaviorismo radical. Elms (1981, 1994) defendeu que essa dedicação total a uma ideologia extrema é bem típica de pessoas que enfrentam uma crise de identidade.

Apesar de Skinner nunca ter feito um curso de graduação em psicologia, Harvard o aceitou como estudante graduado em psicologia. Depois de concluir o doutorado, em 1931, Skinner recebeu uma bolsa do National Research Council para continuar sua pesquisa de laboratório em Harvard. Agora, confiante quanto à sua identidade como behaviorista, ele elaborou um plano, descrevendo seus objetivos para os 30 anos seguintes. O plano também o lembrava de aderir com firmeza à metodologia behaviorista e não "se render à fisiologia do sistema nervoso central" (Skinner, 1979, p. 115). Em 1960, Skinner tinha atingido as fases mais importantes do plano.

Quando sua bolsa terminou, em 1933, Skinner se defrontou pela primeira vez com a tarefa de lutar por um emprego permanente. As vagas eram escassas durante esse ano de depressão, e as perspectivas pareciam sombrias. Mas logo suas preocupações foram aliviadas. Na primavera de 1933, Harvard criou a Society of Fellows, um programa concebido para promover o pensamento criativo entre homens intelectualmente dotados na universidade. Skinner foi selecionado como Junior Fellow e passou os três anos seguintes fazendo mais pesquisas de laboratório.

No final da bolsa de três anos como Junior Fellow, ele estava novamente procurando emprego. Curiosamente, ele não sabia quase nada sobre a psicologia acadêmica tradicional e não estava interessado em aprender a respeito. Ele tinha um doutorado em psicologia, cinco anos e meio de pesquisa adicional em laboratório, mas ainda estava despreparado para ensinar psicologia tradicional, não tendo "nunca lido nem mesmo um texto em psicologia como um todo" (Skinner, 1979, p. 179).

Em 1936, Skinner assumiu um cargo de ensino e pesquisa na Universidade de Minnesota, onde permaneceu por nove anos. Logo após se mudar para Mineápolis e depois de um namoro curto e instável, ele se casou com Yvonne Blue. Skinner e Yvonne tiveram duas filhas: Julie, nascida em 1938, e Deborah (Debbie), nascida em 1944. Durante o tempo em que morou em Minnesota, Skinner publicou seu primeiro livro, *O comportamento dos organismos* (*The behavior of organisms*, 1938), mas, além disso, ele estava envolvido com dois de seus empreendimentos mais interessantes: o míssil guiado por pombos e o *aircrib* (aeroberço), construído para sua segunda filha, Debbie. Ambos os projetos trouxeram frustração e decepção, emoções que podem ter levado à segunda crise de identidade.

O Projeto Pombo de Skinner foi uma tentativa inteligente de condicionar pombos a darem bicadas apropriadas em chaves que manobrariam um míssil explosivo até um alvo inimigo. Quase dois anos antes de os Estados Unidos entrarem na guerra, Skinner comprou um bando de pombos com o propósito de treiná-los para guiar os mísseis. Para trabalhar em tempo integral nesse projeto, Skinner obteve uma bolsa da Universidade de Minnesota e auxílio financeiro da General Mills, um conglomerado de alimentos sediado em Mineápolis. Infelizmente, ele ainda não tinha apoio do governo.

---

*N. de T. Equivalente aos bacharelados interdisciplinares no Brasil.

Em um esforço para garantir os recursos necessários, preparou um filme com pombos treinados bicando os controles de um míssil e guiando-o até um alvo móvel. Depois de assistir ao filme, os funcionários do governo despertaram seu interesse e concederam à General Mills um auxílio substancial para desenvolver o projeto. No entanto, frustrações estavam por vir. Em 1944, Skinner demonstrou dramaticamente aos funcionários do governo a viabilidade do projeto produzindo um pombo vivo que rastreava de modo infalível um alvo em movimento. Apesar dessa demonstração espetacular, alguns observadores riram, e a maioria permaneceu cética. Por fim, após quatro anos de trabalho, mais de dois dos quais foram em tempo integral, Skinner foi notificado de que a ajuda financeira não poderia mais ser fornecida, e o projeto foi interrompido.

Logo depois que Skinner abandonou o Projeto Pombo e imediatamente antes do nascimento de sua segunda filha, Debbie, ele se envolveu em outra empreitada: o aeroberço. Este consistia essencialmente em uma caixa fechada com uma grande janela e um suprimento contínuo de ar quente fresco. Ela oferecia um ambiente física e psicologicamente seguro e saudável para Debbie, bem como liberava os pais de um trabalho tedioso desnecessário. Skinner e Yvonne com frequência removiam Debbie do berço para brincar, mas, na maior parte do dia, ela ficava sozinha em seu aeroberço. Depois que o *Ladies' Home Journal* publicou um artigo sobre o aeroberço, Skinner foi tanto condenado quanto elogiado por sua invenção. O interesse de outros pais o persuadiu a comercializar o berço. No entanto, as dificuldades de obtenção de uma patente e seu vínculo com um sócio incompetente e inescrupuloso culminaram no abandono da empreitada comercial. Quando Debbie ficou muito grande para o aeroberço aos dois anos meio, Skinner, sem cerimônia, transformou o berço em uma gaiola para pombos.

Nesse ponto de sua vida, Skinner tinha 40 anos, ainda era dependente financeiramente do pai, lutava sem sucesso para escrever um livro sobre comportamento verbal e não estava de todo desligado de seu "ano sombrio", quase 20 anos antes. Alan Elms (1981, 1994) acreditava que as frustrações que Skinner experimentou quanto ao Projeto Pombo e ao aeroberço levaram à segunda crise de identidade, esta na metade da vida.

Mesmo quando Skinner estava se tornando um behaviorista de sucesso, ele demorou a estabelecer sua independência financeira e, de uma forma infantil, permitia que seus pais pagassem automóveis, férias, as escolas particulares das filhas e uma casa para sua família (Bjork, 1993; Wiener, 1996).

Uma experiência significativa ocorreu enquanto Skinner ainda estava na Universidade de Minnesota. Seu pai se ofereceu para pagar a quantia de seu salário de verão na escola se ele parasse de lecionar durante os meses de verão e trouxesse sua esposa e filha para Scranton. Em sua autobiografia, Skinner (1979, p. 245) questionou os motivos paternos, dizendo que o pai meramente "queria ver mais

sua adorada neta". No entanto, Skinner aceitou a oferta do pai, foi para Scranton, montou uma mesa no subsolo (o mais longe possível do sótão que foi a base doméstica durante seu "ano sombrio") e começou a escrever. Mais uma vez, Scranton se revelou um ambiente estéril, e o livro que ele estava escrevendo permaneceu inacabado até muitos anos depois (Skinner, 1957).

Em 1945, Skinner deixou Minnesota para se tornar diretor do departamento de psicologia na Universidade de Indiana, uma mudança que trouxe mais frustrações. Sua esposa tinha sentimentos ambivalentes quanto a deixar os amigos; seus deveres administrativos se revelaram incômodos e ele ainda se sentia à margem da psicologia científica tradicional. Entretanto, sua crise pessoal logo teve um final, e sua carreira profissional deu outra virada.

No verão de 1945, enquanto estava de férias, Skinner escreveu *Walden II*, um romance utópico que retratava uma sociedade em que os problemas eram resolvidos por meio da engenharia do comportamento. Apesar de não ter sido publicado até 1948, o livro proporcionou a seu autor uma terapia imediata na forma de uma catarse emocional. Finalmente, Skinner tinha feito o que não conseguira realizar durante seu "ano sombrio", 20 anos antes. Skinner (1967) admitiu que os dois personagens principais do livro, Frazier e Burris, representavam sua tentativa de reconciliar os aspectos separados da própria personalidade. *Walden II* também foi um divisor de águas na carreira profissional de Skinner. Ele não mais ficaria confinado ao estudo de ratos e pombos em laboratório, pois, depois disso, iria se envolver com a aplicação da análise do comportamento à tecnologia da modelagem do comportamento humano. Sua preocupação com a condição humana foi elaborada em *Ciência e comportamento humano* (*Science of human behavior*, 1953), e ele atingiu expressão filosófica em *Para além da liberdade e da dignidade* (*Beyond freedom and dignity*, 1971).

Em 1948, voltou para Harvard, onde ensinou principalmente na Faculdade de Educação e continuou com alguns experimentos pequenos com pombos. Em 1964, aos 60 anos, ele se aposentou da docência, mas manteve o *status* de membro do corpo docente. Pelos 10 anos seguintes, recebeu duas bolsas de cinco anos que lhe permitiram continuar a escrever e a conduzir pesquisas. Ele se aposentou como professor de psicologia em 1974, mas continuou como professor emérito, com poucas alterações em suas condições de trabalho. Depois de se aposentar da docência, em 1964, Skinner escreveu vários livros importantes sobre comportamento humano que o ajudaram a atingir o *status* de psicólogo vivo mais conhecido na América. Além de *Para além da liberdade e da dignidade* (*Beyond freedom and dignity*, 1971), ele publicou *Sobre o behaviorismo* (*About behaviorism*, 1974), *Reflexões sobre behaviorismo e sociedade* (*Reflections on behaviorism and society*, 1978) e *Upon further reflection* (1987a). Durante esse período, ele também escreveu uma autobiografia em três volumes, *Detalhes de minha vida* (*Particulars of my life*, 1976a), *A formação de um behaviorista* (*The shaping of a behaviorist*, 1979) e *Uma questão de consequências* (*A matter of consequences*, 1983).

Em 18 de agosto de 1990, Skinner morreu de leucemia. Uma semana antes de sua morte, ele fez um discurso emocionado para a convenção da American Psychological Association (APA), em que continuava a defesa do behaviorismo radical. Nessa convenção, ele recebeu uma Citação de Contribuição Vitalícia Excepcional à Psicologia que não tinha precedentes, a única pessoa a receber esse prêmio na história da APA. Durante sua carreira, Skinner recebeu outras honrarias e prêmios, incluindo o papel de Palestrante William James, em Harvard, sendo agraciado com o Distinguished Scientific Award da APA de 1958 e ganhando a Medalha Presidencial de Ciência.

Precursores do behaviorismo científico de Skinner

Por séculos, os observadores do comportamento humano sabiam que as pessoas em geral fazem coisas que têm consequências prazerosas e evitam executar aquelas com consequências punitivas. No entanto, o primeiro psicólogo a estudar de modo sistemático as consequências do comportamento foi Edward L. Thorndike, que trabalhou originalmente com animais (Thorndike, 1898, 1913) e, mais tarde, com humanos (Thorndike, 1931). Thorndike observou que a aprendizagem acontece, sobretudo, devido aos efeitos que seguem uma resposta, e ele chamou essa observação de **lei do efeito**. Conforme concebida originalmente por Thorndike, a lei do efeito tinha duas partes. A primeira afirmava que as respostas a estímulos que são seguidas imediatamente por um *gratificador* tendem a ser fortalecidas; a segunda defendia que as respostas a estímulos que são seguidas imediatamente por um *aversivo* tendem a ser suprimidas. Thorndike, depois, retificou a lei do efeito, minimizando a importância dos aversivos. Enquanto as recompensas (gratificadores) fortalecem a associação entre um estímulo e uma resposta, as punições (aversivos) não costumam enfraquecer tal associação. Isto é, punir um comportamento apenas inibe aquele comportamento, não o suprime. Skinner (1954) reconheceu que a lei do efeito era crucial para o controle do comportamento e considerou que sua missão seria assegurar que os efeitos *realmente* ocorrem em relação ao fato sob condições ideais de aprendizagem. Ele também concordou com Thorndike em relação ao fato de que os efeitos das recompensas são mais previsíveis do que os efeitos das punições na modelagem do comportamento.

Uma segunda e mais direta influência sobre Skinner foi o trabalho de John B. Watson (Watson, 1913, 1925; Watson & Rayner, 1920). Watson estudou animais e humanos e ficou convencido de que os conceitos de consciência e introspecção não devem ter qualquer função no estudo científico do comportamento humano. Em *Psicologia como o behaviorista a vê* (*Psychology as the behaviorist views it*), Watson (1913) argumentou que o comportamento humano, assim como o comportamento dos animais e das máquinas, pode ser estudado de modo objetivo. Ele atacou não só a consciência e a introspecção, mas também as noções de instinto, sensação, percepção, motivação, estados mentais, mente e imagem. Todos esses conceitos, segundo ele, estão fora do domínio da psicologia científica. Watson referiu ainda que a missão da psicologia é a predição e o controle do comportamento, o que terá mais chance de êxito se a psicologia se limitar a um estudo objetivo dos hábitos formados pelas conexões estímulo-resposta.

Behaviorismo científico

Assim como Thorndike e Watson, Skinner insistia que o comportamento humano deve ser estudado de forma científica. Seu behaviorismo científico sustenta que o comportamento pode ser mais bem estudado sem referência a necessidades, instintos ou motivos. Atribuir motivação ao comportamento humano seria como atribuir livre-arbítrio aos fenômenos naturais. O vento não sopra porque ele quer girar os moinhos; as pedras não rolam encosta abaixo porque elas possuem uma noção de gravidade; e os pássaros não migram porque eles gostam mais do clima em outras regiões. Os cientistas podem aceitar facilmente a ideia de que o comportamento do vento, das pedras e, até mesmo, dos pássaros pode ser estudado sem referência a uma motivação interna, porém a maioria dos teóricos da personalidade pressupõe que as pessoas são motivadas por impulsos internos e que um conhecimento dos impulsos é essencial.

Skinner discordava. Por que postular uma função mental interna? As pessoas não comem porque estão com fome. A fome é uma condição interna não observável diretamente. Se os psicólogos desejam aumentar a probabilidade de que uma pessoa coma, devem observar primeiro as variáveis relacionadas ao comer. Se a privação de comida aumenta a probabilidade de comer, então eles podem privar uma pessoa de comida para melhor predizer e controlar o comportamento alimentar posterior. Tanto a privação quanto o ato de comer são eventos físicos claramente observáveis e, portanto, estão dentro do domínio da ciência. Os cientistas que afirmam que as pessoas comem porque estão com fome estão presumindo uma condição mental desnecessária e inobservável entre o fato físico da privação e o fato físico de comer. Esse pressuposto obscurece a questão e relega muito da psicologia àquele domínio da filosofia conhecido como **cosmologia**, ou a preocupação com a causação. Para ser científica, insistia Skinner (1953, 1987a), a psicologia deve evitar os fatores mentais internos e se limitar aos eventos físicos observáveis.

Mesmo que Skinner acreditasse que os estados internos estão fora do domínio da ciência, ele não negava sua existência. Há condições como fome, emoções, valores, autoconfiança, necessidades agressivas, crenças religiosas e maldade, mas elas não são explicações para o comportamento. Usá-las como explicações não só é inútil como também limita o avanço do behaviorismo científico. Outras ciências fizeram avanços maiores porque há tempo abandonaram a prática de atribuir motivos, necessidades ou força de vontade ao movimento (comportamento) de organismos vivos e objetos inanimados. O behaviorismo científico de Skinner faz o mesmo (Skinner, 1945).

Filosofia da ciência

O behaviorismo científico permite uma *interpretação* do comportamento, mas não uma *explicação* de suas causas. A interpretação permite ao cientista generalizar a partir de uma condição de aprendizagem simples para uma mais complexa. Por exemplo, Skinner generalizou dos estudos com animais para as crianças e depois para os adultos. Qualquer ciência, incluindo a do comportamento humano, começa com os princípios simples e evolui para os mais amplos, que permitem uma interpretação dos mais complexos. Skinner (1978) usou princípios derivados de estudos de laboratório para interpretar o comportamento dos seres humanos, mas insistia que a interpretação não deveria ser confundida com uma explicação de por que as pessoas se comportam da forma que se comportam.

Características da ciência

De acordo com Skinner (1953), a ciência possui três características principais: primeiro, a ciência é cumulativa; segundo, ela é uma atitude que valoriza a observação empírica; terceiro, trata-se de uma busca pela ordem e por relações legítimas.

A ciência, em contraste com a arte, a filosofia e a literatura, avança de maneira *cumulativa*. A quantidade e a natureza do conhecimento científico que os alunos do ensino médio têm hoje da física ou química são muito mais sofisticadas do que até mesmo os gregos mais instruídos 2.500 anos atrás. O mesmo não pode ser dito das ciências humanas. A sabedoria e a genialidade de Platão, Michelangelo e Shakespeare claramente não são inferiores à sabedoria e à genialidade de qualquer filósofo, artista ou escritor moderno. No entanto, conhecimento cumulativo não pode ser confundido com progresso tecnológico. A ciência é única não por causa da tecnologia, mas devido à sua atitude.

A segunda e mais crítica característica da ciência é *uma atitude* que coloca valor na *observação empírica* acima de tudo. Nas palavras de Skinner (1953): "Ela é uma disposição para lidar com os fatos, em vez de com o que alguém disse sobre eles" (p. 12). Em particular, existem três componentes para a atitude científica. Primeiro, ela *rejeita a autoridade* – até mesmo a própria autoridade. Apenas porque uma pessoa respeitada, como Einstein, diz algo, isso em si não torna uma afirmação verdadeira. Ela

deve se submeter ao teste de observação empírica. Lembre-se, no Capítulo 1, de que nossa discussão da crença de Aristóteles de que corpos de diferentes massas caem em velocidades distintas. Isso foi aceito como fato por cerca de mil anos apenas porque Aristóteles disse. Galileu, no entanto, testou essa ideia cientificamente e descobriu que ela não era verdadeira. Segundo, a ciência *demanda honestidade intelectual* e requer que os cientistas aceitem os fatos mesmo quando eles são opostos a seus desejos. Tal atitude não significa que os cientistas sejam inerentemente mais honestos do que as outras pessoas. Eles não são. Temos conhecimento de cientistas que fabricaram dados e manipularam seus resultados. No entanto, como disciplina, a ciência valoriza muito a honestidade intelectual simplesmente, pois a resposta certa acaba sendo descoberta. Os cientistas não têm escolha, a não ser relatar os resultados que vão contra suas esperanças e hipóteses, pois, se não o fizerem, outra pessoa fará, e os novos resultados irão mostrar que os cientistas manipulavam os dados. "Não ser possível estabelecer o certo e o errado de forma rápida é fácil, não existe pressão similar a isso" (Skinner, 1953, p. 13). Por fim, a ciência *suspende o julgamento* até que surjam tendências claras. Nada é mais prejudicial para a reputação de um cientista do que a pressa em reproduzir dados que são insuficientemente verificados e testados. Se os dados a que o cientista chegou não resistem à duplicação, então esse cientista parece tolo na melhor das hipóteses e desonesto na pior. Um ceticismo saudável e uma disposição para suspender o julgamento são, portanto, essenciais para ser um cientista.

Uma terceira característica da ciência é a *busca pela ordem e por relações legítimas*. Toda ciência começa com a observação de eventos individuais e, então, tenta inferir princípios e leis gerais a partir desses eventos. Em resumo, o método científico consiste em predição, controle e descrição. Um cientista faz observações guiado por pressupostos teóricos, desenvolve hipóteses (faz predições), verifica-as por meio da experimentação controlada, descreve os resultados de forma honesta e fidedigna e, por fim, modifica a teoria para se adequar aos resultados empíricos reais. Essa relação circular entre teoria e pesquisa foi discutida no Capítulo 1.

Skinner (1953) acreditava que a predição, o controle e a descrição são possíveis no behaviorismo científico, porque o comportamento é determinado e possui leis. O comportamento humano, como o das entidades físicas e biológicas, não é caprichoso, nem resultado do livre-arbítrio. Ele é determinado por certas variáveis identificáveis e segue princípios de leis definidas, que, em tese, podem ser conhecidos. O comportamento que parece caprichoso ou individualmente determinado está apenas além da capacidade atual dos cientistas de predizer ou controlar. Porém, de forma hipotética, as condições sob as quais ele ocorre podem ser descobertas, permitindo, assim, a predição e o controle, além da descrição. Skinner dedicou muito de seu tempo tentando descobrir essas condições, usando um procedimento que chamou de condicionamento operante.

Condicionamento

Skinner (1953) reconheceu dois tipos de condicionamento: clássico e operante. Com o condicionamento clássico (o qual Skinner chamou de condicionamento respondente), obtém-se uma resposta do organismo por um estímulo específico identificável. Com o condicionamento operante (também chamado de condicionamento skinneriano), é mais provável que um comportamento se repita se for imediatamente reforçado.

Uma distinção entre o condicionamento clássico e o operante é que, no primeiro, o comportamento é *eliciado* no organismo, enquanto, no segundo, o comportamento é *emitido*. Uma resposta eliciada é extraída do organismo, enquanto uma resposta emitida é aquela que simplesmente aparece. Como não existem respostas dentro do organismo e, assim, não podem ser extraídas, Skinner preferiu o termo "emitida". As respostas emitidas não existem previamente dentro do organismo; elas apenas aparecem devido à história individual de reforço do organismo ou à história evolutiva da espécie.

Condicionamento clássico

No **condicionamento clássico**, um estímulo neutro (condicionado) é pareado – isto é, precede de imediato – a um estímulo incondicionado inúmeras vezes, até que ele seja capaz de provocar uma resposta previamente incondicionada, agora denominada resposta condicionada. Os exemplos mais simples envolvem o comportamento reflexo. A luz que brilha no olho estimula a pupila a se contrair; o alimento colocado sobre a língua provoca salivação; e pimenta nas narinas resulta no reflexo do espirro. Com o comportamento reflexo, as respostas não são aprendidas, são involuntárias e comuns, não somente à espécie, mas também entre as espécies. O condicionamento clássico, no entanto, não está limitado a reflexos simples. Ele também pode ser responsável por aprendizagens humanas mais complexas, como fobias, medos e ansiedades.

Um primeiro exemplo de condicionamento clássico com humanos foi descrito por John Watson e Rosalie Rayner, em 1920, e envolvia um menino – Albert B., geralmente citado como o Pequeno Albert. Albert era uma criança normal e saudável que, aos 9 meses de idade, não demonstrava medo de coisas como um rato branco, um coelho, um cachorro, um macaco com máscaras, entre outras. Quando Albert tinha 11 meses, os pesquisadores lhe apresentaram um rato branco. Quando Albert estava começando a tocar o rato, um dos pesquisadores bateu com uma barra atrás da cabeça de Albert. O menino imediatamente mostrou sinais de medo, embora não tenha chorado. Então, quando ele tocou o rato com a outra mão, um pesquisador bateu com a barra outra vez. De novo, Albert demonstrou medo e começou a choramingar. Uma semana depois, Watson e Rayner repetiram o procedimento várias vezes e, finalmente, apresentaram o rato branco sem o som

alto e abrupto da batida da barra. Dessa vez, Albert tinha aprendido a ter medo do próprio rato e logo começou a engatinhar se afastando dele. Alguns dias depois, foram apresentados a Albert alguns blocos. Ele não demonstrou medo. A seguir, eles mostraram o rato sozinho. Albert demonstrou medo. Então, eles ofereceram os blocos novamente a Albert. Nenhum medo. Eles seguiram essa parte do experimento mostrando a Albert um coelho. Albert prontamente começou a chorar e engatinhou se afastando do coelho. Watson e Rayner, então, mostraram a Albert os blocos novamente, depois um cachorro, depois os blocos, depois um casaco de pele e, então, um pacote de lã. Para todos os objetos, exceto os blocos, Albert demonstrou algum medo. Por fim, Watson trouxe a máscara do Papai Noel, para a qual Albert demonstrou sinais de medo. Esse experimento, que nunca foi concluído, porque a mãe de Albert interveio, demonstrou pelo menos quatro pontos. Primeiro, os bebês têm pouco ou nenhum medo inato de animais; segundo, eles podem aprender a ter medo de um animal se ele for apresentado em associação com um estímulo aversivo; terceiro, os bebês conseguem *discriminar* entre um rato branco peludo e um bloco de madeira pesado, de modo que o medo de um rato não se generaliza para o medo de um bloco; e quarto, o medo de um rato branco peludo pode se *generalizar* para outros animais, bem como para outros objetos cabeludos ou peludos.

A chave para tal experimento de condicionamento clássico foi o pareamento de um estímulo condicionado (o rato branco) com um estímulo incondicionado (medo de um som alto e abrupto) até que a presença do estímulo condicionado (o rato branco) fosse suficiente para desencadear o estímulo incondicionado (medo).

Condicionamento operante

Ainda que o condicionamento clássico seja responsável por algum aprendizado humano, Skinner acreditava que a maioria dos comportamentos é aprendida por meio do **condicionamento operante**. A solução para o condicionamento operante é o reforço imediato de uma resposta. O organismo, primeiro, *faz* algo e depois é reforçado pelo ambiente. O reforço, por sua vez, aumenta a probabilidade de que o mesmo comportamento ocorra de novo. Esse condicionamento é denominado condicionamento operante, porque o organismo opera no ambiente para produzir um efeito específico. O condicionamento operante muda a frequência de uma resposta ou a probabilidade de que ocorra uma resposta. O reforço não causa o comportamento, mas aumenta a probabilidade de que ele seja repetido.

Modelagem

Na maioria dos casos de condicionamento operante, o comportamento desejado é muito complexo para ser emitido sem antes ser modelado pelo ambiente. **Modelagem** é o procedimento em que o experimentador ou o ambiente primeiro recompensa aproximações grosseiras do comportamento, depois aproximações mais refinadas e, finalmente, o comportamento desejado em si. Por meio desse processo de reforço de **aproximações sucessivas**, o experimentador ou o ambiente, de forma gradual, molda o complexo conjunto final de comportamentos (Skinner, 1953).

A modelagem pode ser ilustrada pelo exemplo do treinamento de um menino com deficiência mental grave para aprender a se vestir sozinho. O comportamento final da criança é vestir toda a roupa. Se os pais retivessem o reforço até que ocorresse o comportamento-alvo, a criança nunca completaria a tarefa com sucesso. Para treinar o menino, os pais devem dividir o comportamento complexo em segmentos simples. Primeiro, os pais dão ao filho uma recompensa, digamos um doce, sempre que este se aproximar do comportamento de posicionar a mão esquerda perto da parte interna da manga esquerda de sua camisa. Depois que o comportamento estiver suficientemente reforçado, o pai retém a recompensa até que a criança coloque sua mão dentro da manga apropriada. Então, os pais recompensam o filho somente por colocar o braço esquerdo inteiramente dentro da manga. Os mesmos procedimentos são usados com a manga direita, os botões, as calças, as meias e os sapatos. Assim que a criança aprende a se vestir completamente, o reforço não precisa se seguir a cada tentativa bem-sucedida. Nesse momento, de fato, a habilidade de vestir toda a roupa se tornará uma recompensa em si. Ao que parece, a criança poderá atingir o comportamento-alvo somente se os pais dividirem o comportamento complexo em suas partes componentes e, então, reforçar as aproximações sucessivas para cada resposta.

Nesse exemplo, como em todos os casos de condicionamento operante, três condições estão presentes: o *antecedente* (A), o *comportamento* (B) e a *consequência* (C). O antecedente (A) se refere ao ambiente ou ao contexto em que o comportamento ocorre. Em nosso exemplo, o ambiente seria a casa ou algum outro lugar em que a criança pudesse vestir as roupas. A segunda condição essencial nesse exemplo é o comportamento (B) do menino de se vestir. Essa resposta deve estar dentro do repertório do menino e não ter a interferência de comportamentos paralelos ou antagonistas, como a distração dos irmãos ou da televisão. A consequência é a recompensa (C), ou seja, o doce.

Se o reforço aumenta a probabilidade de que determinada resposta se repita, então como o comportamento pode ser moldado a partir de um comportamento relativamente indiferenciado para um bastante complexo? Em outras palavras, por que o organismo simplesmente não repete a antiga resposta reforçada? Por que ele emite novas respostas que nunca foram reforçadas, mas que, de forma gradual, avançam em direção ao comportamento-alvo? A resposta é que o comportamento não é descontínuo, mas contínuo; ou seja, o organismo, em geral, move-se um pouco além da resposta reforçada previamente. Se o comportamento fosse descontínuo, a modelagem não

Mesmo um comportamento complexo, como trabalhar no computador, é adquirido por meio de modelagem e aproximações sucessivas.
BloomImage RF/Getty Images

poderia ocorrer, porque o organismo ficaria estagnado na simples emissão de respostas reforçadas previamente. Como o comportamento é contínuo, o organismo se move um pouco além da resposta antes reforçada, e esse valor um tanto excepcional pode, então, ser usado como o novo padrão mínimo para reforço. (O organismo também pode se mover um pouco para trás ou um pouco para os lados, mas somente os movimentos de avanço em direção ao alvo desejado são reforçados.) Skinner (1953) comparou a modelagem do comportamento a um escultor moldando uma estátua a partir de um grande bloco de argila. Em ambos os casos, o produto parece ser diferente da forma original, mas a história da transformação revela um comportamento contínuo, e não um conjunto de passos aleatórios.

O comportamento operante sempre ocorre em algum ambiente, e este possui um papel seletivo na modelagem e na manutenção do comportamento. Cada um de nós tem uma história de ser reforçado pela reação a alguns elementos em nosso ambiente, mas não a outros. O histórico de reforço diferencial resulta em **discriminação operante**. Skinner alegava que a discriminação não é uma habilidade que possuímos, mas uma consequência de nosso histórico de reforço. Não vamos para a mesa de jantar porque discriminamos que a comida está pronta; vamos porque nossas experiências prévias de reação de uma forma similar foram, em sua maioria, reforçadas. Essa distinção pode parecer uma falácia, mas Skinner defendia que ela possuía implicações teóricas e práticas importantes. Os defensores da primeira explicação veem a discriminação como uma função cognitiva, existindo dentro da pessoa, enquanto Skinner explicava tal comportamento pelas diferenças ambientais e pelo histórico de reforço do indivíduo. A primeira explicação vai além do âmbito da observação empírica; a segunda pode ser estudada de modo científico.

Uma resposta a um ambiente semelhante na ausência de reforço prévio é chamada de **generalização do estímulo**. Um exemplo de generalização do estímulo é dado pela

352   Feist, Roberts & Feist

compra que uma estudante universitária faz de um ingresso para um *show* de *rock* apresentado por uma banda que ela nunca viu nem ouviu, mas que alguém lhe disse que é parecida com sua banda preferida. Tecnicamente, as pessoas não generalizam de uma situação para outra, mas elas reagem a uma nova situação da mesma maneira que reagiram a uma anterior, porque as duas situações possuem alguns elementos idênticos; ou seja, comprar ingresso para um *show* de *rock* contém elementos comuns a comprar um ingresso para um *show* de *rock* diferente. Skinner (1953) expressou isso da seguinte maneira: "O reforço de uma resposta aumenta a probabilidade de todas as respostas que contêm os mesmos elementos" (p. 94).

Reforço

De acordo com Skinner (1987a), o **reforço** possui dois efeitos: ele *reforça o comportamento* e *recompensa a pessoa*. Reforço e recompensa, portanto, não são sinônimos. Nem todo comportamento que é reforçado é gratificante ou agradável para a pessoa. Por exemplo, as pessoas são reforçadas por trabalhar, porém muitas consideram seus empregos entediantes, desinteressantes e não gratificantes. Os reforçadores existem no ambiente e não são algo percebido pela pessoa. O alimento não é reforçador porque ele tem gosto bom; ao contrário, ele tem gosto bom porque é reforçador (Skinner, 1971).

Todo comportamento que aumenta a probabilidade de sobrevivência da espécie ou do indivíduo tende a ser fortalecido. Alimento, sexo e cuidado parental são necessários para a sobrevivência das espécies, e todo comportamento que produz tais condições é reforçado. Ferimentos, doenças e clima extremo são prejudiciais à sobrevivência, e qualquer comportamento que tende a reduzir ou evitar essas condições é igualmente reforçado. O reforço, portanto, pode ser dividido entre aquilo que produz uma condição ambiental benéfica e aquilo que reduz ou evita uma condição nociva. O primeiro é chamado de *reforço positivo*; o segundo, de *reforço negativo*. Em ambos os casos, o efeito é aumentar ou fortalecer o comportamento.

Reforço positivo   Qualquer consequência positiva que, quando acrescida a uma situação, aumenta a probabilidade de que ocorra determinado comportamento é denominada **reforçador positivo** (Skinner, 1953). Comida, água, sexo, dinheiro, aprovação social e conforto físico em geral são exemplos de reforçadores positivos. Quando contingentes ao comportamento, cada um tem a capacidade de aumentar a frequência de uma resposta. Por exemplo, se aparecer água limpa sempre que uma pessoa abrir a torneira da cozinha, então esse comportamento será reforçado, porque um estímulo ambiental benéfico foi acrescido. Boa parte do comportamento humano e animal é adquirida por meio de reforço positivo. Sob condições controladas, Skinner conseguiu treinar animais para realizarem uma grande variedade de tarefas relativamente complexas.

Com os humanos, no entanto, o reforço, com frequência, é acidental, e, portanto, o aprendizado é ineficiente. Outro problema com o condicionamento de humanos é determinar quais consequências são reforçadoras e quais não são. Dependendo da história pessoal, surras e repreensões podem ser reforçadores, e beijos e elogios podem ser punitivos.

Reforço negativo   A remoção de uma consequência negativa de uma situação também aumenta a probabilidade de que ocorra o comportamento precedente. Tal remoção resulta em **reforço negativo** (Skinner, 1953). Redução ou esquiva de sons altos, choques e fome seriam reforçadores negativos, porque fortalecem o comportamento que as precede de imediato. O reforço negativo difere do reforço positivo, uma vez que ele requer a remoção de uma condição aversiva, enquanto o reforço positivo envolve a apresentação de um estímulo benéfico. O efeito do reforço negativo, no entanto, é idêntico ao do positivo: ambos fortalecem o comportamento. Algumas pessoas comem porque elas gostam de uma comida em particular; outras comem para diminuir a fome. Para o primeiro grupo, a comida é um reforçador positivo; para o segundo grupo, a remoção da fome é um reforçador negativo. Em ambos os casos, o comportamento de comer é reforçado porque as consequências são gratificantes.

Existe um número quase ilimitado de experiências aversivas, cuja remoção pode ser um reforço negativo. Ansiedade, por exemplo, costuma ser uma experiência aversiva, e qualquer comportamento que a reduza é reforçador. Esses comportamentos podem incluir fazer exercícios, reprimir lembranças desagradáveis, pedir desculpas por um comportamento inapropriado, fumar, beber álcool e inúmeros outros comportamentos concebidos de forma intencional ou não para reduzir o caráter desagradável da ansiedade.

Punição

Reforço negativo não deve ser confundido com punição. Os reforçadores negativos removem, subtraem, reduzem ou nos ajudam a evitar consequências aversivas. A remoção da consequência é reforçadora, então fazemos mais os comportamentos que possibilitaram essa remoção (p. ex., colocar o cinto de segurança antes de sair da vaga de estacionamento para que o som irritante do alerta sonoro cesse). Em contraste, a punição é a apresentação ou adição de uma consequência negativa e aversiva, como uma multa pesada para um motorista fisicamente apto que estacionou em uma vaga para deficientes ("punição positiva") ou a remoção de uma positiva, como revogar os privilégios de dirigir de um adolescente por enviar mensagens de texto e dirigir ("punição negativa"). Essas punições são projetadas para diminuir o comportamento. Novamente, o reforço (seja positivo/somado ou negativo/subtraído) tem como objetivo fortalecer ou aumentar o comportamento, e normalmente faz isso. A punição, em contraste (seja positiva/

Quatro tipos de consequências no condicionamento operante

	Reforço (aumenta o comportamento)	Punição (diminui o comportamento)
Positivo (adicionar)	**Adicionar um positivo** Ex. Ser levado para jantar em reconhecimento por só ter tirado A no boletim.	**Adicionar um negativo** Ex. Ser multado por excesso de velocidade.
Negativo (subtrair)	**Subtrair um negativo** Ex. Fazer ioga para acalmar seus sentimentos de ansiedade.	**Subtrair um positivo** Ex. Ter seu *smartphone* retirado porque você desafiou a ordem para guardá-lo.

somada ou negativa/subtraída), visa enfraquecer ou diminuir o comportamento, mas não o faz inevitavelmente. Skinner (1953) concordou com Thorndike que os efeitos da punição são menos previsíveis do que os do reforço.

Efeitos da punição O controle do comportamento humano e animal é mais bem atendido pelos reforços positivo e negativo do que pela punição. Os efeitos da punição não são opostos aos do reforço. Quando as contingências de reforço são estritamente controladas, o comportamento pode ser modelado com precisão e previsto com exatidão. Com a punição, no entanto, essa exatidão não é possível. A razão para tal discrepância é simples. A punição costuma ser imposta para impedir que as pessoas ajam de uma maneira particular. Quando ela tem sucesso, as pessoas param de se comportar daquela maneira, mas ainda precisam fazer algo. O que elas fazem não pode ser previsto com exatidão, porque a punição não diz o que elas devem fazer; ela meramente suprime a tendência a se comportarem da maneira indesejável. Como consequência, um efeito da punição é *suprimir o comportamento*. Por exemplo, se um menino provoca sua irmã menor, seus pais podem fazê-lo parar batendo nele, mas, infelizmente, essa punição não irá melhorar sua disposição em relação à irmã. Ela apenas suprime a provocação por um tempo ou na presença dos pais.

Outro efeito da punição é o *condicionamento de um sentimento negativo* pela associação de um forte estímulo aversivo com o comportamento que é punido. No exemplo anterior, se a dor da surra for forte o suficiente, ela instigará uma resposta (choro, retraimento, ataque) que é incompatível com o comportamento de provocar a irmã menor. No futuro, quando o menino pensar em tratar mal a irmã mais nova, esse pensamento pode provocar uma resposta condicionada clássica, como medo, ansiedade, culpa ou vergonha. Tal emoção negativa serve, então, para impedir que o comportamento indesejável se repita. Lamentavelmente, ela não oferece instrução positiva alguma para a criança.

Um terceiro resultado da punição é a *difusão de seus efeitos*. Todo estímulo associado com a punição pode ser suprimido ou evitado. Em nosso exemplo, o menino pode simplesmente aprender a evitar sua irmã menor, ficar longe dos pais ou desenvolver sentimentos negativos em

relação à palmada ou ao lugar em que a palmada ocorreu. Em consequência, o comportamento do menino em relação à família se torna mal-adaptativo. No entanto, esse comportamento inapropriado serve ao propósito de impedir punições futuras. Skinner reconheceu os *mecanismos de defesa* freudianos clássicos como meios efetivos de evitar a dor e sua ansiedade concomitante. A pessoa punida pode fantasiar, projetar sentimentos nos outros, racionalizar comportamentos agressivos ou deslocá-los para outras pessoas ou animais.

Reforçadores condicionados e generalizados

A comida é um reforço para humanos e animais, porque ela remove uma condição de privação. Mas como o dinheiro, que não pode remover diretamente uma condição de privação, pode ser reforçador? A resposta é que o dinheiro é um **reforçador condicionado**. Reforçadores condicionados (às vezes chamados de reforçadores secundários) envolvem estímulos ambientais que não são por natureza satisfatórios, mas que se tornam satisfatórios porque se associam a *reforçadores primários* não aprendidos, como comida, água, sexo ou conforto físico. O dinheiro é um reforçador condicionado porque ele pode ser trocado por uma grande variedade de reforçadores primários. Além disso, constitui um **reforçador generalizado**, pois está associado a mais de um reforçador primário.

Skinner (1953) reconheceu cinco reforçadores generalizados importantes que sustentam muito do comportamento humano: atenção, aprovação, afeição, submissão a outros e símbolos (dinheiro). Cada um pode ser usado como reforçador em uma variedade de situações. A atenção, por exemplo, é um reforçador condicionado generalizado, porque está associada a reforçadores primários como comida e contato físico. Quando as crianças são alimentadas ou estão no colo, elas também estão recebendo atenção. Depois que comida e atenção são combinadas por várias vezes, a atenção, em si, torna-se reforçadora, pelo processo de condicionamento respondente (clássico). Crianças, e adultos também, trabalham por atenção sem qualquer expectativa de receberem comida ou contato físico. De forma muito parecida, a aprovação, a afeição, a submissão a outros e o dinheiro adquirem valor de reforço generalizado. O comportamento pode ser modelado e as respostas aprendidas, com reforçadores condicionados generalizados constituindo um único reforço.

Esquema de reforço

Todo comportamento seguido pela apresentação de um reforçador positivo ou pela remoção de um estímulo aversivo tende, depois disso, a ser mais recorrente. A frequência desse comportamento, no entanto, está sujeita às condições sob as quais ocorreu o treinamento, de forma mais específica, as várias programações de reforço (Ferster & Skinner, 1957).

O reforço pode seguir o comportamento em uma programação contínua ou intermitente. Com um esquema de **reforço contínuo**, o organismo é reforçado a cada resposta. Esse tipo de esquema aumenta a frequência de uma resposta, mas é um uso ineficiente do reforçador. Skinner preferia os **esquemas intermitentes** não só porque eles fazem uso mais eficiente do reforçador, mas também porque produzem respostas mais resistentes à extinção. É interessante observar que Skinner começou a usar os esquemas intermitentes porque ele estava com estoque baixo de ração (Wiener, 1996). Os esquemas intermitentes baseiam-se no comportamento do organismo ou no tempo decorrido; eles podem ser estabelecidos em uma frequência fixa ou variar de acordo com um programa aleatório. Ferster e Skinner (1957) reconheceram um grande número de esquemas de reforço, mas os quatro esquemas intermitentes básicos são: *razão fixa, razão variável, intervalo fixo* e *intervalo variável*.

Razão fixa (FR, do inglês *Fixed-Ratio*) Com um **esquema de razão fixa**, o organismo é reforçado de forma intermitente, de acordo com o número de respostas que ele dá. Razão refere-se à proporção entre respostas e reforçadores. Um experimentador pode decidir recompensar um pombo com um grão de ração a cada quinta bicada que ele der em um disco. O pombo é, então, condicionado em um esquema de relação fixa de 5 para 1, ou seja, FR 5.

Quase todos os esquemas de reforço começam com reforço contínuo, mas, em seguida, o experimentador pode avançar da recompensa contínua para um reforço intermitente. Da mesma forma, esquemas de razão fixa extremamente alta, como 200 para 1, devem começar com uma proporção baixa de respostas e, de modo gradual, avançar para uma mais alta. Um pombo pode ser condicionado a trabalhar por longo tempo e de modo rápido em troca de um grão de ração, contanto que ele tenha sido previamente reforçado em uma proporção mais baixa.

Tecnicamente, quase nenhuma escala de pagamento para humanos segue um esquema de razão fixa ou de outro tipo, porque os trabalhadores, em geral, não começam com um esquema de reforço contínuo imediato. Uma aproximação de um esquema de razão fixa seria o pagamento de pedreiros que recebem uma quantidade fixa de dinheiro para cada tijolo que colocam.

Razão variável (VR, do inglês *Variable-Ratio*) Com um esquema de razão com relação fixa, o organismo é reforçado depois de cada enésima resposta. Com o **esquema de razão variável**, ele é reforçado após a enésima resposta *em média*. Mais uma vez, o treinamento deve começar com reforço contínuo, prosseguir para um número baixo de respostas

Como as máquinas caça-níqueis pagam com um esquema de razão variável, algumas pessoas se tornam jogadoras compulsivas.

Noel Hendrickson/Blend Images LLC

e, então, aumentar para uma taxa mais alta de resposta. Um pombo recompensado a cada terceira resposta em média pode desenvolver um esquema de até VR 6, depois VR 10 e assim por diante; porém, o número médio de respostas deve ser aumentado de forma gradual, para evitar a *extinção*. Depois de alcançada uma média alta, digamos VR 500, as respostas se tornam extremamente resistentes à extinção. (Mais detalhes sobre a taxa de extinção são fornecidos na próxima seção.)

Para os humanos, jogar em caça-níqueis é um exemplo de esquema de razão variável. A máquina é ajustada para pagar em determinado ritmo, mas o ritmo deve ser flexível, ou seja, variável, para impedir que os jogadores prevejam os pagamentos.

Intervalo fixo (FI, do inglês **Fixed-Interval***)* Com um **esquema de intervalo fixo**, o organismo é reforçado para a primeira resposta após um período de tempo designado. Por exemplo, FI 5 indica que o organismo é recompensado por sua primeira resposta após cada 5 minutos de intervalo. Os empregados que trabalham por salário ou por pagamento se aproximam de um esquema de intervalo fixo. Eles são pagos todas as semanas, a cada duas semanas ou a cada mês; mas essa programação de pagamento não é estritamente um esquema de intervalo fixo. Ainda que os pombos geralmente apresentem um impulso no trabalho próximo ao final do período de tempo, a maioria dos trabalhadores humanos distribui seus esforços de modo uniforme, em vez de trabalharem pouco a maior parte do tempo e, depois, empenharem-se mais no final do período. Essa situação se deve, em parte, a fatores como supervisores atentos, ameaças de demissão, promessas de promoção ou reforçadores autogerados.

Intervalo variável (VI, do inglês *Variable-Interval*) Um **esquema de intervalo variável** é aquele em que o organismo é reforçado após decorridos períodos de tempo aleatórios ou variados. Por exemplo, VI 5 significa que o organismo é reforçado após intervalos de duração aleatória que têm, em média, 5 minutos. Tais programações resultam em mais respostas por intervalo do que os esquemas de intervalo fixo. Para os humanos, o reforço resulta, com mais frequência, do próprio esforço do que da passagem do tempo. Por essa razão, os esquemas de razão são mais comuns do que os de intervalo, e o esquema com intervalo variável é provavelmente o menos comum de todos.

Extinção

Depois de aprendidas, as respostas podem ser perdidas por, pelo menos, quatro razões. Primeiro, elas podem simplesmente ser esquecidas com a passagem do tempo. Segundo, e mais provável, elas podem ser perdidas devido à interferência de aprendizado precedente ou subsequente. Terceiro, elas podem desaparecer devido à punição. E quarto, devido à **extinção**, definida como a tendência de uma resposta previamente adquirida se tornar enfraquecida de modo progressivo com a ausência de reforço.

A **extinção operante** ocorre quando um pesquisador retém de modo sistemático o reforço de uma resposta previamente aprendida até a probabilidade de que aquela resposta diminua até zero. O ritmo da extinção operante depende, em grande parte, do esquema de reforço sob o qual o aprendizado ocorreu.

Comparado com as respostas adquiridas em um esquema contínuo, o comportamento treinado com um esquema intermitente é muito mais resistente à extinção. Skinner (1953) observou 10 mil respostas não reforçadas com esquemas intermitentes. Tal comportamento parece se autoperpetuar e é praticamente indistinguível do comportamento que dispõe de *autonomia funcional*, um conceito sugerido por Gordon Allport e discutido no Capítulo 12. Em geral, quanto mais alta a taxa de respostas por reforço, mais lento o ritmo de extinção; quanto menos respostas um organismo precisa dar ou quanto mais curto o tempo entre os reforçadores, mais rapidamente ocorre a extinção. Esse achado sugere que o elogio e outros reforçadores devem ser usados com moderação no treinamento de crianças.

A extinção raramente é aplicada de modo sistemático ao comportamento humano fora da terapia ou da modificação do comportamento. A maioria de nós vive em ambientes relativamente imprevisíveis, e quase nunca experimentamos a retenção metódica do reforço. Assim, muitos de nossos comportamentos persistem por um longo período de tempo, porque eles são reforçados de forma intermitente, muito embora a natureza desse reforço possa ser obscura para nós.

O organismo humano

Nossa discussão a respeito da teoria skinneriana até este ponto tratou, principalmente, da tecnologia do comportamento, uma tecnologia baseada, sobretudo, no estudo de animais. Mas será que os princípios do comportamento coletados de ratos e pombos se aplicam ao organismo humano? A visão de Skinner (1974, 1987a) era que o conhecimento do comportamento de animais de laboratório pode se generalizar para o comportamento humano, assim como a física pode ser usada para interpretar o que é observado no espaço sideral e um conhecimento de genética básica pode ajudar na interpretação de conceitos evolutivos complexos.

Skinner (1953, 1990a) concordava com John Watson (1913) em relação ao fato de que a psicologia deve ser limitada a um estudo científico dos fenômenos observáveis, ou seja, o comportamento. A ciência deve começar pelo simples e avançar para o mais complexo. Essa sequência pode avançar do comportamento dos animais para o dos psicóticos, para o das crianças com limitações cognitivas, daí para o de outras crianças e, por fim, para o comportamento complexo dos adultos. Skinner (1974, 1987a), portanto, não se desculpou por ter começado com o estudo de animais.

De acordo com Skinner (1987a), o comportamento humano (e a personalidade humana) é modelado por três forças: (1) a seleção natural, (2) as práticas culturais e (3) o histórico de reforço do indivíduo, que acabamos de discutir. Em outras palavras, Skinner reconheceu que as interações comportamento-ambiente podem mudar o comportamento (e até mesmo, portanto, a personalidade) na própria vida de um indivíduo, mas também na história evolutiva natural ou cultural de todo um grupo ou espécie (Goddard, 2018).

Seleção natural

A personalidade humana é produto de uma longa história evolutiva. Como indivíduos, nosso comportamento é determinado pela composição genética e especialmente por nossos históricos de reforçamento pessoais. Como espécie, no entanto, somos modelados pelas contingências da sobrevivência. A seleção natural desempenha um papel importante na personalidade humana (Skinner, 1974, 1987a, 1990a).

O comportamento individual que é reforçado tende a ser repetido; do contrário, tende a se extinguir. Do mesmo modo, os comportamentos que, durante a história, foram benéficos para a espécie tenderam a sobreviver, enquanto os reforçados apenas de modo idiossincrático tendiam a se extinguir. Por exemplo, a seleção natural favoreceu aqueles indivíduos cujas pupilas dilatavam e contraíam com as alterações na iluminação. Sua habilidade superior de enxergar durante a luz do dia e à noite os capacitou a evitar perigos ameaçadores à vida e a sobreviverem até a idade reprodutiva. De forma semelhante, os bebês cujas cabeças se voltavam na direção de um leve toque na bochecha eram capazes de sugar, aumentando, assim, suas chances de sobrevivência e a probabilidade de essa característica de procura ser transmitida para sua prole. Esses são apenas dois exemplos de vários reflexos que caracterizam o bebê humano hoje. Alguns, como o reflexo pupilar, continuam a ter valor para a sobrevivência, enquanto outros, como o reflexo perioral, são de benefício menor.

As contingências de reforço e as de sobrevivência interagem, e alguns comportamentos individualmente reforçadores também contribuem para a sobrevivência da espécie. Por exemplo, o comportamento sexual costuma ser reforçador para um indivíduo, mas ele também tem valor para a seleção natural, porque os indivíduos que eram mais excitados pela estimulação sexual também eram os que tinham maior probabilidade de produzir uma prole capaz de padrões de comportamento similares.

Nem todo resquício da seleção natural continua a ter valor de sobrevivência. Na história humana inicial, comer em excesso era adaptativo, porque permitia às pessoas sobreviver durante os períodos em que o alimento era menos abundante. Agora, nas sociedades em que o alimento está sempre disponível, a obesidade se tornou um problema de saúde, e comer em excesso perdeu seu valor de sobrevivência.

Ainda que a seleção natural tenha ajudado a moldar parte do comportamento humano, é provável que seja responsável por apenas um pequeno número de ações das pessoas. Skinner (1989a) argumentou que as contingências de reforço, em especial aquelas que moldaram a cultura humana, explicam a maior parte do comportamento humano.

> Podemos rastrear uma pequena parte do comportamento humano... até a seleção natural e a evolução da espécie, mas a maior parte do comportamento humano deve ser rastreada até as contingências de reforço, em especial as contingências sociais muito complexas que chamamos de culturas. Somente quando levamos essas histórias em consideração, é que podemos explicar por que as pessoas se comportam da forma como se comportam. (p. 18)

Evolução cultural

Em seus últimos anos, Skinner (1987a, 1989a) elaborou mais detalhadamente sobre a importância da cultura na modelagem da personalidade humana. A *seleção* é responsável pelas práticas culturais que sobreviveram, da mesma forma que desempenha um papel crucial na história evolutiva dos humanos e também nas contingências de reforço. "As pessoas não observam práticas particulares para que o grupo tenha maior probabilidade de sobreviver; elas as observam porque os grupos que induziram seus membros a fazer isso sobreviveram e as transmitiram" (Skinner, 1987a, p. 57). Em outras palavras, os humanos não tomam uma decisão cooperativa para fazer o que é melhor para a sociedade, mas as sociedades cujos membros comportaram-se de modo cooperativo tenderam a sobreviver.

As práticas culturais, como a fabricação de ferramentas e o comportamento verbal, começaram quando um indivíduo foi reforçado por usar uma ferramenta ou por pronunciar um som distintivo. Com o tempo, desenvolveu-se uma prática cultural que era reforçadora para o grupo, embora não necessariamente para o indivíduo. Tanto a fabricação de ferramentas quanto o comportamento verbal têm valor de sobrevivência para um grupo, mas poucas pessoas agora fabricam ferramentas e ainda menos inventam novas linguagens.

Os remanescentes da cultura, como aqueles da seleção natural, não são todos adaptativos. Por exemplo, a divisão de trabalho que evoluiu da Revolução Industrial ajudou a sociedade a produzir mais bens, porém conduziu a um trabalho que já não é mais diretamente reforçador. Outro exemplo é a guerra, que, no mundo pré-industrializado, beneficiou certas sociedades, mas, agora, evoluiu como uma ameaça para a existência humana.

Estados internos

Ainda que rejeitasse explicações do comportamento fundamentadas em construtos hipotéticos não observáveis,

Skinner (1989b) não negava a existência de estados internos, como sentimentos de amor, ansiedade ou medo. Os estados internos podem ser estudados como qualquer outro comportamento, porém sua observação é, obviamente, limitada. Em uma comunicação pessoal de 13 de junho de 1983, Skinner referiu: "Acredito que seja possível falar sobre eventos privados e, em particular, estabelecer os limites com os quais fazemos isso com tanta exatidão. Acredito que isso coloca dentro do alcance os assim chamados de 'não observáveis'". Qual é, então, o papel de estados internos como autoconsciência, impulsos, emoções e propósito?

Autoconsciência

Skinner (1974) acreditava que os humanos não só têm consciência como também estão cientes da própria consciência; eles não estão apenas conscientes de seu ambiente, mas também têm consciência de si mesmos como parte do ambiente; além de observarem os estímulos externos, também estão conscientes de si mesmos percebendo tais estímulos.

O comportamento é função do ambiente, e parte desse ambiente está sob a própria pele. Tal porção do universo é peculiarmente nossa e, portanto, é privada. Cada pessoa está subjetivamente consciente dos próprios pensamentos, sentimentos, recordações e intenções. A autoconsciência e os eventos privados podem ser ilustrados pelo exemplo seguinte. Uma trabalhadora relata para uma amiga: "Eu estava tão frustrada hoje que quase abandonei meu emprego". O que pode ser feito com tal declaração? Primeiro, o relato, em si, é um comportamento verbal e, como tal, pode ser estudado da mesma maneira que outros comportamentos. Em segundo lugar, a declaração de que ela estava a ponto de abandonar seu emprego se refere a um não comportamento. Respostas nunca emitidas não são respostas e, é claro, não possuem significado para a análise científica do comportamento. Terceiro, um evento privado transpirava "dentro da pele" da trabalhadora. Esse evento privado, como seu relato verbal para a amiga, pode ser analisado cientificamente. No momento em que a trabalhadora teve vontade de desistir, ela poderia ter constatado o seguinte comportamento oculto: "Estou observando dentro de mim graus crescentes de frustração que estão aumentando a probabilidade de que eu informe meu chefe que estou me demitindo". Essa declaração é mais precisa do que dizer: "quase abandonei meu emprego" e se refere ao comportamento que, embora privado, está dentro das fronteiras da análise científica.

Impulsos

Do ponto de vista do behaviorismo radical, os impulsos não são a causa do comportamento, apenas ficções explanatórias. Para Skinner (1953), os impulsos referem-se simplesmente aos efeitos de privação e saciedade e à probabilidade correspondente de que o organismo responda. Privar uma pessoa de comida aumenta a probabilidade de comer; saciar uma pessoa reduz essa probabilidade. Entretanto, privação e saciedade não são os únicos correlatos de comer. Outros fatores que aumentam ou diminuem a probabilidade de comer são a sensação de fome, a disponibilidade de comida e as experiências prévias com reforçadores de comida.

Se os psicólogos conhecessem o suficiente acerca dos três aspectos essenciais do comportamento (antecedente, comportamento e consequências), saberiam por que uma pessoa se comporta de determinada forma, ou seja, que impulsos estão relacionados a comportamentos específicos. Somente então os impulsos teriam um papel legítimo no estudo científico do comportamento humano. Atualmente, no entanto, as explicações baseadas em construtos fictícios, como os impulsos ou as necessidades, são apenas hipóteses não verificáveis.

Emoções

Skinner (1974) reconheceu a existência subjetiva das emoções, é claro, mas ele insistia que o comportamento não deve ser atribuído a elas. Ele explicava as emoções pelas contingências de sobrevivência e de reforço. Por milênios, os indivíduos que estavam mais fortemente dispostos para o medo ou para a raiva eram aqueles que escapavam ou triunfavam sobre o perigo e, assim, eram capazes de transmitir essas características para a prole. Em um nível individual, os comportamentos seguidos por deleite, alegria, prazer e outras emoções agradáveis tendem a ser reforçados, aumentando, assim, a probabilidade de que tais comportamentos se repitam na vida do indivíduo.

Propósito e intenção

Skinner (1974) também reconheceu os conceitos de propósito e intenção, porém, mais uma vez, alertou contra a atribuição de comportamento a eles. Propósito e intenção existem dentro do indivíduo, mas não estão sujeitos ao escrutínio externo direto. Um propósito constantemente sentido pode ser, por si só, reforçador. Por exemplo, se você acredita que seu propósito em correr é se sentir melhor e viver mais, então tal pensamento age como um estímulo reforçador, em especial durante o trabalho árduo da corrida ou quando tenta explicar sua motivação para alguém que não é corredor.

Uma pessoa pode "pretender" assistir a um filme na noite de sexta-feira, porque assistir a filmes similares foi reforçador. No momento em que a pessoa pretende ir ao cinema, ela sente uma condição física e a rotula como uma "intenção". O que é chamado de intenções ou propósitos, portanto, são estímulos sentidos fisicamente dentro do organismo, e não eventos mentais responsáveis pelo comportamento. "As consequências do comportamento operante não são o que o comportamento é no momento; elas são apenas similares às consequências que o moldaram e o mantiveram" (Skinner, 1987a, p. 57).

Comportamento complexo

O comportamento humano pode ser bastante complexo, embora Skinner acreditasse que mesmo o comportamento mais abstrato e complexo seja moldado pela seleção natural, pela evolução cultural ou pela história e pelo reforço do indivíduo. Mais uma vez, Skinner não negou a existência de processos mentais superiores, como cognição, raciocínio e evocação, nem ignorou esforços humanos complexos, como criatividade, comportamento inconsciente, sonhos e comportamento social.

Processos mentais superiores

Skinner (1974) admitia que o pensamento humano é, entre todos os comportamentos, o mais difícil de analisar; todavia, é possível entendê-lo, desde que não se recorra a uma ficção hipotética como a "mente". Pensar, resolver problemas e recordar são comportamentos encobertos que ocorrem dentro do indivíduo, mas não dentro da mente. Como comportamentos, eles são receptivos às mesmas contingências de reforço dos comportamentos explícitos. Por exemplo, quando uma mulher perde as chaves do carro, ela procura por elas, porque um comportamento de busca similar já foi reforçado previamente. Da mesma maneira, quando ela não consegue lembrar o nome de um conhecido, ela procura aquele nome de modo encoberto, porque esse tipo de comportamento já foi reforçado em outra situação. Entretanto, o nome do conhecido não existia em sua mente, assim como as chaves do carro. Skinner (1974) resumiu tal procedimento dizendo que "as técnicas de evocação não têm a ver com uma busca em um depósito da memória, mas com o aumento da probabilidade das respostas" (p. 109-110).

A resolução de problemas também envolve o comportamento encoberto e, com frequência, requer que a pessoa manipule de modo velado as variáveis relevantes até que seja encontrada a solução correta. Em última análise, essas variáveis são ambientais e não surgem magicamente da mente da pessoa. Um jogador de xadrez que parece irremediavelmente acuado examina o tabuleiro e, de repente, faz um movimento que permite à sua peça escapar. O que provocou esse *insight* inesperado? Ele não resolveu o problema em sua mente. Ele manipulou as várias peças (não as tocando, mas de forma velada), rejeitou movimentos não acompanhados de reforço e, por fim, escolheu aquele que foi seguido por um reforçador interno. Ainda que a solução possa ter sido facilitada por suas experiências prévias de ler um livro sobre xadrez, ouvir conselhos de um especialista ou praticar o jogo, ela foi iniciada por contingências ambientais, e não fabricada por maquinações mentais.

Criatividade

Como o behaviorista radical explica a criatividade? Logicamente, se o comportamento não fosse nada além de uma resposta previsível a um estímulo, o comportamento criativo não poderia existir, porque apenas o comportamento anteriormente reforçado seria emitido. Skinner respondeu a esse problema comparando comportamento criativo com seleção natural na teoria evolucionista. "Assim como os traços acidentais, que surgem de mutações, são selecionados por sua contribuição para a sobrevivência, também as variações acidentais no comportamento são selecionadas por suas consequências reforçadoras" (p. 114). Do mesmo modo como a seleção natural explica a diferenciação entre as espécies sem recorrer a uma mente onipotente criativa, também o behaviorismo explica um comportamento novo sem recorrer a uma mente criativa pessoal.

O conceito de mutação é crucial tanto para a seleção natural quanto para o comportamento criativo. Em ambos os casos, são produzidas condições aleatórias ou acidentais que têm a mesma possibilidade de sobrevivência. Os escritores criativos alteram seu ambiente, produzindo, assim, respostas que têm alguma chance de serem reforçadas. Quando sua "criatividade se esgota", eles podem se mudar para um local diferente, viajar, ler, falar com outras pessoas, colocar palavras no computador com pouca expectativa de que sejam o produto final ou podem experimentar várias palavras, sentenças e ideias de forma velada. Para Skinner, então, criatividade é simplesmente o resultado de comportamentos *aleatórios* ou *acidentais* (explícitos ou encobertos) que acabam sendo recompensados. O fato de algumas pessoas serem mais criativas do que outras se deve tanto a diferenças na dotação genética quanto a experiências que moldaram seu comportamento criativo.

Comportamento inconsciente

Como behaviorista radical, Skinner não podia aceitar a noção de um depósito de ideias ou emoções inconscientes. No entanto, aceitava a ideia de *comportamento* inconsciente. De fato, como as pessoas raramente observam a relação entre as variáveis genéticas e ambientais e o próprio comportamento, quase todo o nosso comportamento é motivado de forma inconsciente (Skinner, 1987a). Em um sentido mais limitado, o comportamento é rotulado como inconsciente quando as pessoas não pensam mais nele, porque ele foi suprimido pela punição. O comportamento que tem consequências aversivas apresenta a tendência de ser ignorado ou não pensado. Uma criança que foi punida várias vezes com severidade por brincadeiras sexuais pode *suprimir* o comportamento sexual e *reprimir* qualquer pensamento ou lembrança de tal atividade. Por fim, a criança pode negar que a atividade sexual aconteça. Tal *negação* evita os aspectos aversivos associados a pensamentos de punição e, assim, é um reforçador negativo. Em outras palavras, a criança é recompensada por *não pensar* acerca de certos comportamentos sexuais.

Um exemplo de não pensar acerca de estímulos aversivos é uma criança que se comporta de forma furiosa em relação à mãe. Ao fazer isso, ela também exibe alguns comportamentos menos antagônicos. Se o comportamento indesejável for punido, ele será suprimido e substituído por comportamentos mais positivos. Por fim, a criança será recompensada por gestos de amor, os quais, então, aumentarão em frequência. Depois de um tempo, seu comportamento se torna cada vez mais positivo e pode até mesmo parecer o que Freud (1926/1959a) denominou "amor reativo". A criança já não tem mais pensamentos de ódio em relação à mãe e se comporta de forma excessivamente carinhosa e subserviente.

Sonhos

Skinner (1953) considerava os sonhos como formas veladas e simbólicas de comportamento que estão sujeitas às mesmas contingências de reforço que os demais comportamentos. Ele concordava com Freud sobre os sonhos servirem ao propósito de satisfação do desejo. O comportamento do sonho é reforçador quando é permitida a expressão de estímulos sexuais ou agressivos reprimidos. Realizar as fantasias sexuais e, de fato, infligir dano a um inimigo são dois comportamentos com probabilidade de estar associados à punição. Até mesmo pensar veladamente nesses comportamentos pode ter efeitos punitivos, mas, nos sonhos, esses comportamentos expressam-se de modo simbólico e sem que uma punição os acompanhe.

Comportamento social

Os grupos não agem; apenas os indivíduos. Os indivíduos estabelecem grupos porque foram recompensados por fazer isso. Por exemplo, os indivíduos formam clãs de modo que possam ser protegidos contra animais, desastres naturais ou tribos inimigas. Também formam governos, fundam igrejas ou se tornam parte de uma multidão sem regras, porque eles são reforçados por esse comportamento.

A participação em um grupo social nem sempre é reforçadora; no entanto, pelo menos por três razões, algumas pessoas continuam como membros de um grupo. Primeiro, as pessoas podem permanecer em um grupo que as maltrata porque alguns membros do grupo as estão reforçando; segundo, algumas pessoas, especialmente as crianças, podem não possuir os meios para deixar o grupo; e terceiro, o reforço pode ocorrer de forma intermitente, de modo que o abuso sofrido por um indivíduo é mesclado com recompensa ocasional. Se o reforço positivo for forte o suficiente, seus efeitos serão mais fortes do que os da punição.

Controle do comportamento humano

Em última análise, o comportamento de um indivíduo é controlado por contingências ambientais. Essas contingências podem ser impostas pela sociedade, por outro indivíduo ou pelo próprio indivíduo; mas o ambiente, e não o livre-arbítrio, é responsável pelo comportamento.

Controle social

Os indivíduos agem para formar grupos sociais, porque tal comportamento tende a ser reforçador. Os grupos, por sua vez, exercem controle sobre seus membros formulando leis, regras e costumes, escritos ou não escritos, que possuem existência física que vai além da vida dos indivíduos. As leis de uma nação, as regras de uma organização e os costumes de uma cultura transcendem os meios de contracontrole de qualquer indivíduo e servem como variáveis potentes de controle na vida dos membros individuais.

Um exemplo um tanto cômico de comportamento inconsciente e controle social envolveu Skinner e Erich Fromm, um dos críticos mais severos de Skinner. Em um encontro profissional no qual os dois participaram, Fromm argumentou que as pessoas não são pombos e não podem ser controladas por meio de técnicas de condicionamento operante. Enquanto estava sentado em frente a Fromm, do outro lado da mesa, e ouvia tal tirada, Skinner decidiu reforçar o comportamento de Fromm ao acenar com o braço. Ele passou um bilhete para um de seus amigos que dizia: "Observe a mão esquerda de Fromm. Vou modelar um movimento de corte" (Skinner, 1983, p. 151). Sempre que Fromm erguia a mão esquerda, Skinner olhava diretamente para ele. Se o braço esquerdo de Fromm abaixasse em um movimento de corte, Skinner sorria e balançava a cabeça com aprovação. Se Fromm mantinha o braço relativamente imóvel, Skinner olhava para outro lado ou aparentava estar entediado com a fala de Fromm. Após 5 minutos desse reforço seletivo, Fromm, inconscientemente, começou a bater com o braço de modo tão vigoroso que seu relógio de pulso deslizou sobre sua mão.

Assim como Erich Fromm, cada um de nós é controlado por uma variedade de forças e técnicas sociais, mas todas elas podem ser agrupadas sob os seguintes títulos: (1) condicionamento operante, (2) descrição de contingências, (3) privação e saciedade e (4) restrição física (Skinner, 1953).

A sociedade exerce controle sobre seus membros por meio de quatro métodos principais de condicionamento operante: reforço positivo, reforço negativo e duas técnicas de punição (acrescentando um estímulo aversivo e removendo um positivo). Uma segunda técnica de controle social é descrever para uma pessoa as contingências de reforço. Isso envolve a linguagem, geralmente verbal, para informar as pessoas das consequências de seu comportamento ainda não emitido. Muitos exemplos de descrição das contingências estão disponíveis, em especial ameaças e promessas. Um meio mais sutil de controle social é a propaganda, concebida para manipular as pessoas para comprarem certos produtos. Em nenhum desses exemplos, a tentativa de controle será perfeitamente bem-sucedida, embora cada uma delas aumente a probabilidade de ser emitida a resposta desejada.

Terceiro, o comportamento pode ser controlado privando as pessoas ou satisfazendo-as com reforçadores. Mais uma vez, mesmo que a privação e a saciedade sejam estados internos, o controle se origina com o ambiente. As

A restrição física é um meio de controle social.
Thinkstock Images/Getty Images

pessoas privadas de comida têm maior probabilidade de comer, aquelas saciadas têm menor probabilidade de comer, mesmo quando uma refeição deliciosa está disponível.

Por fim, as pessoas podem ser controladas por meio de restrições físicas, como segurar uma criança para que não caia de um barranco ou colocando na prisão pessoas que desrespeitam a lei. A restrição física atua para contrariar os efeitos do condicionamento e resulta em comportamento contrário àquele que teria sido emitido caso a pessoa não tivesse sido restringida.

Alguns poderiam argumentar que a restrição física é um meio de negar a liberdade. Contudo, Skinner (1971) sustentava que o comportamento não tem nada a ver com liberdade pessoal, mas é moldado pelas contingências de sobrevivência, os efeitos do reforço e as contingências do ambiente social. Portanto, o ato de restringir fisicamente uma pessoa não nega a liberdade mais do que qualquer outra técnica de controle, incluindo o autocontrole.

Autocontrole

Se a liberdade pessoal é uma ficção, então como uma pessoa pode exercer o autocontrole? Skinner diria que, da mesma forma como as pessoas podem alterar as variáveis no ambiente de outro indivíduo, elas também podem manipular as variáveis dentro do próprio ambiente e, assim, exercer alguma medida de autocontrole. As contingências de autocontrole, no entanto, não residem dentro do indivíduo e não podem ser livremente escolhidas. Quando as pessoas controlam o próprio comportamento, elas fazem isso manipulando algumas variáveis que usariam no controle do comportamento de outra pessoa, e, em última análise, essas variáveis se encontram fora delas.

Skinner e Margaret Vaughan (Skinner & Vaughan, 1983) discutiram várias técnicas que as pessoas podem usar para exercer autocontrole sem recorrer ao livre-arbítrio. Primeiro, elas podem usar ajuda física, como ferramentas, máquinas e recursos financeiros, para alterar seu ambiente. Por exemplo, uma pessoa pode levar um dinheiro extra quando vai às compras para se dar a opção de comprar por impulso. Segundo, as pessoas podem alterar seu ambiente, aumentando, assim, a probabilidade do comportamento desejado. Por exemplo, um estudante que deseja se concentrar em seus estudos pode desligar uma TV que o está distraindo. Terceiro, as pessoas podem organizar o ambiente de forma que possam escapar de um estímulo aversivo apenas produzindo a resposta apropriada. Por exemplo, uma mulher pode ajustar o despertador de forma que o som aversivo só possa ser interrompido se ela sair da cama para desligar o alarme.

Quarto, as pessoas podem usar substâncias, especialmente álcool, como um meio de autocontrole. Por exemplo, um homem pode ingerir tranquilizantes para tornar seu comportamento mais calmo. Quinto, as pessoas podem simplesmente fazer outra coisa para evitar se comportarem de uma forma indesejável. Por exemplo, uma mulher obsessiva pode contar os padrões repetitivos no papel de parede para evitar pensar em experiências prévias que gerariam culpa. Nesses exemplos, os comportamentos substitutos são reforçadores negativos, porque permitem que a pessoa evite comportamentos ou pensamentos desagradáveis.

A personalidade não saudável

Infelizmente, as técnicas de controle social e autocontrole por vezes produzem efeitos nocivos, o que resulta em comportamento inapropriado e no desenvolvimento de uma personalidade não saudável.

Estratégias de neutralização

Quando o controle social é excessivo, as pessoas podem usar estratégias básicas para neutralizá-lo – elas podem fugir, revoltar-se ou usar a resistência passiva (Skinner, 1953). Com a estratégia defensiva de *fuga*, as pessoas se afastam do agente controlador física ou psicologicamente. Nesse caso, encontram dificuldade em se envolverem em relações pessoais íntimas, tendem a ser desconfiadas e preferem ter vidas solitárias, sem envolvimento.

As pessoas que se *revoltam* contra os controles da sociedade se comportam de modo mais ativo, combatendo o agente controlador. Elas podem se rebelar vandalizando a propriedade pública, atormentando professores, agredindo verbalmente outros indivíduos, furtando equipamento dos patrões, provocando a polícia ou derrubando organizações estabelecidas, como religiões ou governos.

As pessoas que combatem o controle por meio da *resistência passiva* são mais sutis do que as que se rebelam e mais irritantes para os controladores do que aquelas que se baseiam na fuga. Skinner (1953) acreditava que a resistência passiva tem maior probabilidade de ser empregada quando a fuga e a revolta fracassaram. A característica evidente da resistência passiva é a obstinação. Uma criança com a tarefa escolar para fazer encontra uma dúzia de desculpas por que a tarefa não pode ser terminada; um empregado retarda o progresso minando o trabalho dos outros.

Comportamentos inapropriados

Os comportamentos inapropriados se seguem a técnicas autodestrutivas de neutralização ao controle social ou a tentativas malsucedidas de autocontrole, especialmente quando esses fracassos são acompanhados de forte emoção. Como a maioria dos comportamentos, as respostas inapropriadas ou inadequadas são aprendidas. Elas são moldadas por reforço positivo e negativo e, principalmente, pelos efeitos da punição.

Os comportamentos inapropriados incluem comportamento excessivamente enérgico, que não faz sentido em termos da situação contemporânea, mas pode ser razoável em termos da história passada; e comportamento contido em demasia, que as pessoas usam como um meio de evitar os estímulos adversos associados à punição. Outro tipo de comportamento inapropriado é bloquear a realidade simplesmente não prestando atenção aos estímulos aversivos.

Uma quarta forma de comportamento indesejável resulta do autoconhecimento distorcido, o qual se manifesta por meio de respostas autoenganadoras, como contar vantagem, racionalizar ou alegar ser o Messias. Esse padrão de comportamento é reforçado negativamente, porque a pessoa evita a estimulação aversiva associada a pensamentos de inadequação.

Outro padrão de comportamento inapropriado é a autopunição, exemplificada por pessoas que se castigam diretamente ou que organizam as variáveis ambientais de modo que possam ser punidas pelos outros.

Psicoterapia

Skinner (1978b) acreditava que a psicoterapia é um dos principais obstáculos que bloqueiam a tentativa da psicologia de se tornar científica. No entanto, suas ideias sobre a modelagem do comportamento não só tiveram um impacto significativo na terapia comportamental como também se estenderam para uma descrição de como toda terapia funciona.

Independentemente da orientação teórica, um terapeuta é um agente controlador. Nem todos os agentes controladores, no entanto, são nocivos, e um paciente precisa aprender a discriminar entre figuras de autoridade punitivas (passadas e presentes) e um terapeuta permissivo. Enquanto os pais de um paciente podem ter sido frios e rejeitadores, o terapeuta é caloroso e receptivo; enquanto os pais do paciente eram críticos e julgadores, o terapeuta é apoiador e empático.

A modelagem de qualquer comportamento leva tempo, e o comportamento terapêutico não é exceção. Um terapeuta molda o comportamento desejável reforçando mudanças no comportamento que vão melhorando de forma sutil. O terapeuta não comportamental pode afetar o comportamento de modo acidental ou sem saber, enquanto o terapeuta comportamental atenta de modo específico para essa técnica (Skinner, 1953).

Os terapeutas tradicionais em geral explicam os comportamentos recorrendo a uma variedade de construtos fictícios, como os mecanismos de defesa, a luta pela superioridade, o inconsciente coletivo e as necessidades de autoatualização. Skinner, no entanto, acreditava que esses e outros construtos fictícios são comportamentos que podem ser explicados pelos princípios da aprendizagem. Nenhum propósito terapêutico é servido pela postulação de ficções explanatórias e causas internas. Segundo os fundamentos de Skinner, se o comportamento for moldado por causas internas, então alguma força deve ser responsável pela causa interna. As teorias tradicionais precisam, em última análise, explicar essa causa, mas a terapia comportamental meramente salta sobre ela e lida de modo direto com a história do organismo; e é essa história que, afinal de contas, é responsável por alguma causa interna hipotética.

Os terapeutas comportamentais desenvolveram uma variedade de técnicas ao longo dos anos, a maioria baseada no condicionamento operante (Skinner, 1988), embora algumas sejam construídas em torno dos princípios do condicionamento clássico (respondente). Em geral, esses terapeutas desempenham um papel ativo no processo de tratamento, apontando as consequências positivas de certos comportamentos e os efeitos aversivos de outros e também sugerindo comportamentos que, a longo prazo, resultarão em reforço positivo.

Pesquisa relacionada

Em sua história inicial, o condicionamento operante foi usado, sobretudo, em estudos com animais e, depois, respostas humanas simples; porém, mais recentemente, as ideias de Skinner foram empregadas em inúmeros estudos que lidam com comportamentos humanos complexos. Alguns desses estudos se preocuparam com a relação entre os padrões de comportamento de longo prazo (ou seja, a personalidade) e as contingências de reforço. Tais estudos costumam ser de três tipos: eles perguntaram como o condicionamento afeta a personalidade, como a personalidade afeta o condicionamento ou a influência mútua entre personalidade e condicionamento.

Como o condicionamento afeta a personalidade

No Capítulo 1, referimos que o elemento-chave da personalidade é a estabilidade do comportamento ao longo do tempo e em diferentes situações. Por esses critérios, a mudança na personalidade ocorre quando novos comportamentos se tornam estáveis ao longo do tempo e/ou em diferentes situações. Um domínio em que a mudança na personalidade pode ser evidenciada é a psicoterapia. De fato, um objetivo principal da terapia é modificar o comportamento, e, se as mudanças são estáveis ao longo do tempo e nas situações, então podemos falar de mudança na personalidade. Dizemos isso para deixar claro que, embora Skinner discutisse a mudança do comportamento a longo prazo, ele nunca abordou, de fato, a mudança na personalidade.

Murray Goddard (2018) sugeriu recentemente que o idioma inglês pode, na verdade, representar um impedimento para apreciar as maneiras pelas quais as interações skinnerianas entre o comportamento e o ambiente ao longo do tempo explicam a mudança de personalidade. Por exemplo, esse vernáculo contém centenas e até milhares de termos sobre traços (consulte Allport), o que pode levar à suposição de que nossas personalidades são entidades essenciais e fixas, o que pode nos levar a ignorar as mudanças ao longo do tempo simplesmente porque nossa linguagem é pobre para descrever essa mudança. Ou seja, usar termos sobre traços pode significar que vemos, e até reforçamos, mais estabilidade na personalidade de outra pessoa do que realmente existe. Goddard (2018) usou o exemplo de como é fácil descrever a conscienciosidade de alguém com vários sinônimos, qualquer um dos quais poderia ser escolhido para uma pessoa em particular em um determinado momento de sua vida. Por exemplo, Lydia pode ter uma pontuação muito alta no traço de conscienciosidade do Big Five; seus amigos e colegas a descrevem como diligente, meticulosa e confiável, mas ela não é descrita como pontual. Se Lydia se tornar mais pontual com o tempo porque seu trabalho reduz seu salário quando ela está atrasada (uma interação comportamento-ambiente: punição negativa, para ser específico), então sua personalidade pode de fato ter mudado. No entanto, essa mudança se perderia no uso vernáculo do termo genérico "conscienciosa", e os amigos podem pensar: "bem, é claro que ela se tornou mais pontual, porque ela é muito conscienciosa!". Em outras palavras, a mudança de personalidade pode passar despercebida porque nossa linguagem se presta a atribuições de traços subjacentes e estáveis.

Uma estrutura sistematizada de condicionamento operante que tem sido usada em inúmeros estudos para mudar o comportamento em animais e humanos é conhecida como "Economia Simbólica". Nesse paradigma, os indivíduos recebem "símbolos" pelos comportamentos desejados, que posteriormente podem ser trocados por recompensas significativas. Essas economias simbólicas têm sido usadas com sucesso para reduzir a dependência de drogas (p. ex., Petry, Alessi, & Rash, 2013) mas também para mudar fundamentalmente a forma como funcionários ou estudantes abordam seu trabalho. Por exemplo, Jane Lee Saber (2017) adotou um sistema de economia simbólica para estudantes de graduação. No primeiro estudo, 72 alunos de uma aula de *marketing* identificaram três tipos de comportamentos ativos de aprendizagem a serem reforçados: participação individual em sala de aula, participação individual em classe usando fontes externas e participação em trabalho em grupo em sala de aula. Depois, após um período inicial, os alunos passaram 5 semanas recebendo fichas para os comportamentos-alvo, registraram suas alocações e trocaram as fichas acumuladas por recompensas, como "Obtenha uma dica de múltipla escolha durante o exame" (cinco fichas) ou "O instrutor discutirá conselhos de carreira por até 15 minutos" (sete fichas). O estudo dois foi um projeto experimental no qual uma classe que emprega o sistema de economia simbólica desenvolvido pelo primeiro grupo foi comparada a uma sem a economia simbólica. Os resultados mostraram que a técnica de economia simbólica aumentou os comportamentos-alvo reforçados (p. ex., diferentes tipos de participação) nos estudantes. Isso não é de causar surpresa. Mais interessante, no entanto, é que o desempenho nos exames e nas notas do grupo também melhorou para os grupos de economia simbólica. Finalmente, as medidas autorrelatadas pelos alunos de esforço, interesse e diversão com o conteúdo do curso também melhoraram.

Como foi demonstrado que economias simbólicas como a de Saber melhoram o aprendizado, os comportamentos de estudo, o desempenho acadêmico e a frequência (p. ex., Hirst, Dozier, & Payne, 2016), pode não ser exagerado argumentar que o condicionamento, ao mudar a forma como os alunos aprendem, pode, em última análise, estar mudando algo fundamental sobre quem eles são — de alunos passivos a ativos. Será que essa pequena mudança pode ser considerada uma mudança em sua personalidade? Skinner certamente diria que sim.

Como a personalidade afeta o condicionamento

Se o condicionamento pode afetar a personalidade, o inverso também é verdadeiro? Ou seja, a personalidade pode afetar o condicionamento? Milhares de estudos com animais e humanos demonstraram a força que o condicionamento tem de alterar o comportamento/a personalidade. Com os humanos em particular, no entanto, está claro que diferentes pessoas respondem de modos distintos aos mesmos reforçadores, e a personalidade pode fornecer um indício importante sobre por que isso ocorre.

Stacey Sigmon e colaboradores (2003) estudaram os efeitos que a D-anfetamina tem sobre o tabagismo usando dois reforçadores diferentes: cigarros e dinheiro. Além de tentar replicar o achado de que os estimulantes psicomotores aumentam especificamente o valor de reforço da nicotina comparada com o dinheiro, eles queriam examinar a existência de diferenças individuais no feito. Se houvesse, então quais seriam as explicações possíveis?

Os participantes eram fumantes adultos (em média, 20 cigarros por dia) entre 18 e 45 anos de idade, com uma idade média de 21 anos; 78% eram euro-americanos e 61% eram do sexo feminino. Para serem incluídos no estudo, os participantes tinham que apresentar teste negativo para outras substâncias além da nicotina e não relatar problemas psiquiátricos, e as mulheres tinham que praticar uma forma aceitável para a saúde de controle de natalidade e apresentar teste negativo para gravidez. Os participantes foram informados de que poderiam receber vários medicamentos, incluindo placebos, estimulantes e sedativos, e que o propósito do estudo era investigar os efeitos de tais substâncias no humor, no comportamento e na fisiologia. Os participantes recebiam US$ 435 se concluíssem as nove sessões.

O procedimento geral incluía nove sessões, a primeira das quais era uma sessão de 3,5 horas para familiarizar os participantes com os procedimentos e o equipamento; não foram administradas substâncias na primeira sessão. As sessões 2 até 9 duraram 5 horas cada e incluíram testes respiratórios para assegurar que eles não haviam fumado anteriormente. As medidas da linha de base envolviam questionários e medidas fisiológicas pré-sessão, tais como frequência cardíaca, temperatura corporal e pressão arterial. Além disso, cada participante acendia um cigarro e dava pelo menos uma tragada para assegurar um tempo igual para todos desde a última exposição à nicotina. O medicamento experimental (ou placebo) era, então, administrado, seguido por perguntas referentes ao humor e uma refeição leve para evitar náusea. As perguntas relativas ao humor incluíam: "Você sente algum efeito bom?", "Você se sente chapado?", "Você se sente nervoso?", e assim por diante. Usando um procedimento duplo-cego, os participantes receberam placebo ou D-anfetamina. O participante, então, completava um teste de múltipla escolha que contrapôs dinheiro com fumar para avaliar os níveis básicos do valor monetário de fumar. Por exemplo, o participante recebia uma série de 45 escolhas hipotéticas entre fumar e uma quantidade progressiva de dinheiro. O ponto em que o participante parava de escolher fumar e selecionava o dinheiro era referido como "ponto de intersecção" e era considerado um índice de eficácia do reforço da substância.

A seguir, começava uma sessão de reforço positivo (RP) de 3 horas. O RP envolve o aumento do número de respostas que são necessárias antes do reforço. Nesse caso, os participantes tinham que executar uma tarefa motora repetitiva por um número n de vezes (começando com 160 e indo até 8.400 vezes) para ganhar duas tragadas de um cigarro ou US$ 1. O reforçador escolhido ficava a critério deles. A ideia por trás da natureza progressiva do procedimento de reforço era ver quanto tempo levava para que uma pessoa parasse de responder (desistir de tentar obter um cigarro ou dinheiro). Esse ponto de parada é considerado a força do reforçador. Se o ponto de parada dos participantes aumentasse mais na condição relacionada com a substância do que na linha de base, eles eram considerados respondentes (à substância); senão, eram considerados não respondentes.

O resultado geral foi que houve um pequeno efeito da D-anfetamina no aumento do tabagismo. Entretanto, houve diferenças individuais significativas e, quando se examinavam os efeitos para os respondentes comparando-os com os não respondentes, o efeito era claro. Os pontos de parada do fumo para os 10 respondentes foram cada vez mais altos com dosagens aumentadas de D-anfetamina, e os pontos de parada do dinheiro foram cada vez mais baixos. Em outras palavras, os respondentes estavam dispostos a trabalhar mais para obter cigarros com quantidades crescentes de D-anfetamina. Mas esse padrão de resultados não se manteve para os oito não respondentes; a D-anfetamina não tinha efeito real sobre seu comportamento de fumar cigarros. As possíveis razões para tal efeito foram vistas nas classificações subjetivas dos efeitos da substância: os respondentes referiram que se sentiram chapados e sonolentos e que a substância tinha bons efeitos. Nas medidas objetivas (efeitos fisiológicos), no entanto, não houve diferença entre os dois grupos.

Ainda que esse estudo não tenha apresentado evidências diretas, outras pesquisas fornecem uma explicação plausível para as diferenças individuais constatadas na D-anfetamina: ela resulta em diferenças individuais em sensibilidade ao neurotransmissor dopamina, o qual está associado a maior bem-estar e humor positivo. Em outras palavras, os respondentes têm maior probabilidade de serem afetados pelo estimulante, porque sua sensibilidade à dopamina é maior. Uma vez que a personalidade tem uma base biológica (ver Caps. 14 e 15), ela pode afetar a sensibilidade ao condicionamento. Na verdade, muitos pesquisadores consideram a dopamina como um sistema de "reforço positivo".

Influência mútua entre personalidade e condicionamento

Além da evidência independente de que o condicionamento afeta a personalidade e que a personalidade afeta o condicionamento, também há evidência de sua influência mútua. Uma teoria neuropsicológica da personalidade que surgiu dentro do behaviorismo ajuda a explicar a influência mútua entre o temperamento e as respostas dos indivíduos ao condicionamento, conhecida como Teoria da Sensibilidade ao Reforço (RST, do inglês *Reinforcement Sensitivity Theory*; Corr, 2008). Essa teoria identifica três sistemas emocionais-motivacionais em indivíduos: um sistema de "abordagem" (o sistema de abordagem comportamental, BAS, do inglês *behavioral approach system*) e dois sistemas de "evitação" (o sistema de inibição comportamental, BIS, do inglês *behavioral inhibition system*, e o sistema de luta, fuga e congelamento, FFFS, do inglês *fight-flight-freeze system*). O BAS responde a recompensas, impulsos e experiências prazerosas, enquanto o BIS responde a punições e ansiedade. O FFFS responde ao medo e à ameaça. Esses sistemas estão relacionados a emoções positivas (no caso do BAS) e negativas (no caso do BIS e FFFS) e, portanto, ajudam a explicar o desenvolvimento e a manutenção de certas características da personalidade. Essas sensibilidades de reforço se vinculam à teoria de condicionamento e reforço operantes de Skinner, deixando claro que comportamentos diferentes são moldados por diferentes recompensas e punições, ou seja, o condicionamento molda a personalidade, mas também a personalidade afeta o condicionamento.

A pesquisa apoia essa relação mútua entre condicionamento e personalidade. Corr e colaboradores, por exemplo, usaram a RST para ajudar a examinar por que as pessoas diferem em várias características de personalidade. Em um estudo recente, Stoeber e Corr (2015) examinaram o traço do perfeccionismo, que é caracterizado por padrões de desempenho extremamente altos. O perfeccionismo se apresenta em três formas diferentes: (a) perfeccionistas auto-orientados endossam a crença de que ser perfeito é importante e criticam a si mesmos quando não cumprem altos padrões; (b) perfeccionistas orientados aos outros acreditam que é importante que os outros sejam perfeitos e criticam aqueles que não conseguem atender às altas expectativas; e (c) perfeccionistas socialmente prescritos acreditam que buscar a perfeição é importante para os outros e esperam que os outros sejam altamente críticos em relação a eles se falharem para atender às altas expectativas (Hewitt & Flett, 1991). Stoeber e Corr (2015) previram que a sensibilidade ao reforço (condicionamento) pode ajudar a explicar diferentes formas de perfeccionismo (personalidade) e também que essas sensibilidades são reforçadas de forma diferente por diferentes respostas emocionais.

Para testar sua previsão, Stoeber e Corr (2015) administraram três medidas psicológicas a 388 estudantes universitários. Primeiro, os alunos concluíram uma medida de perfeccionismo (Hewitt & Flett, 1991); segundo, uma medida de sensibilidade ao reforço, ou seja, se eles têm probabilidade de se aproximar (BAS), inibir (BIS) ou lutar, fugir e congelar (FFFS) (Corr & Cooper, 2016); e, finalmente, uma medida de humor positivo e negativo nas últimas 2 semanas (Watson, Clark, & Tellegen, 2016; Legen, 1988).

Os resultados do estudo apoiaram a previsão de que diferenças na sensibilidade ao reforço (condicionamento) prediriam diferentes formas de perfeccionismo (personalidade). Cada uma das três sensibilidades de reforço (aproximação, inibição e luta, congelamento ou fuga) mostrou relações positivas com o perfeccionismo auto-orientado, indicando que ser reativo a reforçadores positivos e negativos em seu ambiente está associado a ser um

perfeccionista auto-orientado. O perfeccionismo orientado ao outro, por outro lado, mostrou uma relação negativa com o BIS (e não estava relacionado ao FFFS). Os perfeccionistas orientados às outras pessoas parecem altamente defensivos e mostram uma sensibilidade reduzida aos reforçadores negativos. A inibição comportamental e a abordagem mostraram relações positivas com o perfeccionismo socialmente prescrito e não estavam relacionadas ao FFFS. Os perfeccionistas socialmente prescritos têm um BIS altamente ativo, mas também são impulsivos e não têm persistência orientada por objetivos.

Além disso, conforme previsto, os componentes de sensibilidade ao reforço do BAS e do BIS explicaram as diferenças na forma como as três formas de perfeccionismo previram o humor positivo e negativo recente. O perfeccionismo auto-orientado parece ser uma faca de dois gumes, pois prevê níveis mais altos de humor positivo por meio do BAS e afeto negativo por meio do BIS. Perfeccionistas orientados aos outros, tendo sensibilidade reduzida aos reforçadores negativos, parecem ter um humor menos negativo em geral, em comparação com os perfeccionistas auto-orientados. Esses tipos de perfeccionistas parecem ter sobreposições com a psicopatia, com alta capacidade defensiva quando atacados e uma sensibilidade reduzida a reforçadores negativos. Finalmente, o perfeccionismo socialmente prescrito parece ser uma forma totalmente mal-adaptativa de perfeccionismo, com efeitos negativos diretos no bem-estar emocional. Essas pessoas têm um efeito mais negativo e menos positivo do que outras pessoas perfeccionistas, provavelmente porque percebem que quase sempre falham em manter os padrões exigentes de perfeição dos outros e, portanto, encontram poucas recompensas em seu ambiente.

Corr e colaboradores ampliaram essa pesquisa em um esforço para compreender o lado mais sombrio da personalidade, aplicando a RST revisada à emergência da psicopatia (Hughes, Moore, Morris, & Corr, 2012). Os indivíduos psicopatas são caracterizados por extremo egocentrismo, ausência de remorso, impulsividade e, pertinente a um capítulo sobre Skinner, uma capacidade prejudicada de aprender com as consequências negativas. A maioria dos estudos de psicopatia examina as populações clínicas ou aprisionadas, mas esse pesquisou 192 universitários no Reino Unido para fornecer informações importantes sobre como a personalidade não perturbada pode evoluir para patologia.

Corr e colaboradores avaliaram estudantes com as escalas Sistema de Inibição Comportamental/Escala de Ativação Comportamental (BIS/BAS, Behavioral Inhibition System/Behavioral Activation System Scales; Carver & White, 1994), bem como a Escala de Autorrelato de Psicopatia de Levenson (LSRP, Levenson Self-Report Psychopathy Scale; Levenson, Kiehl, & Fitzpatrick, 1995), que mede as atitudes e as crenças disposicionais que presumidamente subjazem à psicopatia, como a ausência de remorso ou uma tendência a mentir. Os resultados foram coerentes com o modelo neuropsicológico de Corr (2010), o qual propõe um sistema de inibição comportamental (BIS) hipoativo nas pessoas psicopáticas, que, em geral, não antecipa ou responde a eventos potencialmente punitivos. Isto é, aqueles que tiveram escore mais elevado na LSRP também tendiam a exibir escores baixos no BIS. A ideia, aqui, é que os psicopatas apresentam déficits em sua capacidade de detectar conflito de objetivos e, assim, aprender com experiências aversivas.

Pesquisas sobre sensibilidade ao reforço nos ajudam a ver que nem todas as pessoas respondem aos reforçadores da mesma maneira. Nossos temperamentos básicos são os principais mecanismos que moderam os efeitos dos reforçadores. Por sua vez, nossas respostas ou sensibilidades habituais aos reforços se solidificam em qualidades de personalidade que nos definem. Mais pesquisas certamente surgirão dentro desse paradigma, que irão aprofundar nossa compreensão da relação mútua entre personalidade e condicionamento.

Críticas a Skinner

Certa vez, o psicólogo independente Hans J. Eysenck (1988) criticou Skinner por ignorar conceitos como diferenças individuais, inteligência, fatores genéticos e todo o domínio da personalidade. Essas alegações são apenas parcialmente verdadeiras, porque Skinner reconhecia os fatores genéticos e apresentou uma definição pouco entusiástica da personalidade, dizendo que é, "na melhor das hipóteses, um repertório de comportamento partilhado por um conjunto organizado de contingências" (Skinner, 1974, p. 149). Como a teoria de Skinner satisfaz os seis critérios de uma teoria útil?

Primeiro, como a teoria gerou uma grande quantidade de pesquisa, ela é classificada como muito alta na capacidade de *gerar pesquisa*. Segundo, a maioria das ideias de Skinner pode ser refutada ou verificada; portanto classificamos a teoria como alta em *refutabilidade*.

Terceiro, em sua habilidade para *organizar tudo o que é conhecido acerca da personalidade humana*, damos à teoria apenas uma classificação moderada. A abordagem de Skinner foi descrever o comportamento e as contingências ambientais sob as quais ele ocorre. Seu propósito era reunir esses fatos descritivos e generalizar a partir deles. Muitos traços de personalidade, como os do modelo dos cinco fatores, podem ser explicados pelos princípios do condicionamento operante. Entretanto, outros conceitos, como *insight*, criatividade, motivação, inspiração e autoeficácia não se encaixam facilmente na estrutura do condicionamento operante.

Quarto, como um *guia para a ação*, classificamos a teoria de Skinner como muito alta. A abundância de pesquisas descritivas produzidas por Skinner e seus seguidores tornou o condicionamento operante um procedimento extremamente prático. Por exemplo, as técnicas skinnerianas têm sido usadas para ajudar pacientes fóbicos a superarem seus medos, para melhorar a adesão a recomendações médicas, para ajudar as pessoas a superarem adições ao tabaco e a outras substâncias, para melhorar hábitos alimentares e aumentar a assertividade. De fato, a teoria skinneriana pode ser aplicada a quase todas as áreas de treinamento, ensino e psicoterapia.

O quinto critério de uma teoria útil é a *coerência interna*; e julgada segundo esse padrão, classificamos a teoria skinneriana como muito alta. Skinner definiu seus termos de modo preciso e operacional, um processo auxiliado, em grande escala, pela esquiva de conceitos mentais ficcionais.

A teoria é *parcimoniosa*? Segundo esse critério final, a teoria de Skinner é difícil de classificar. Por um lado, a teoria é livre de construtos hipotéticos complicados, mas, por outro, demanda uma nova manifestação das expressões do dia a dia. Por exemplo, em vez de dizer: "Fiquei tão brava com meu marido que joguei um prato nele, mas errei", um behaviorista skinneriano diria: "As contingências de reforço dentro de meu ambiente foram organizadas de tal maneira que observei meu organismo jogando um prato contra a parede da cozinha".

 ## Conceito de humanidade

Sem dúvida, B. F. Skinner apresentava uma *visão determinista* da natureza humana, e conceitos como livre-arbítrio e escolha individual não tinham lugar em sua análise do comportamento. As pessoas não são livres, mas controladas por forças ambientais. Elas podem parecer motivadas por causas internas, mas, na realidade, essas causas podem ser rastreadas até fontes externas ao indivíduo. O autocontrole depende, em última análise, de variáveis ambientais, e não de alguma força interna. Quando as pessoas controlam as próprias vidas, elas fazem isso manipulando o ambiente, o qual, por sua vez, molda seu comportamento. Tal abordagem ambiental nega construtos hipotéticos como força de vontade ou responsabilidade. O comportamento humano é extremamente complexo, mas as pessoas se comportam segundo as mesmas leis que as máquinas e os animais.

A noção de que o comportamento humano é determinado por completo é bastante problemática para muitas pessoas que consideram observar todos os dias vários exemplos de livre-arbítrio em si mesmas e nos outros. O que explica essa ilusão de liberdade? Skinner (1971) afirmava que liberdade e dignidade são conceitos reforçadores, porque as pessoas encontram satisfação na crença de que são livres para escolher e também na fé na dignidade básica dos seres humanos. Como esses conceitos fictícios são reforçadores em muitas sociedades modernas, as pessoas tendem a se comportar de formas que aumentam a probabilidade de que esses construtos sejam perpetuados. Quando liberdade e dignidade perderem seu valor de reforço, as pessoas irão parar de se comportar *como se* esses conceitos existissem.

Antes de Louis Pasteur, muitas pessoas pensavam que as larvas eram geradas de forma espontânea nos corpos dos animais mortos. Skinner (1974) usou essa observação para fazer uma analogia com o comportamento humano, apontando que a geração espontânea do comportamento não é uma realidade mais do que a geração espontânea das larvas. O comportamento acidental ou aleatório pode parecer livremente escolhido, mas ele é, na verdade, produto de condições ambientais e genéticas acidentais ou aleatórias. As pessoas não são autônomas, porém a ilusão de autonomia persiste, devido ao conhecimento incompleto da história de um indivíduo. Quando as pessoas não conseguem compreender o comportamento, elas o atribuem a algum conceito interno, como livre-arbítrio, crenças, intenções, valores ou motivos. Skinner acreditava que as pessoas são capazes de refletir sobre a própria natureza e que esse comportamento reflexivo pode ser observado e estudado como qualquer outro.

O conceito de humanidade de Skinner é otimista ou pessimista? A princípio, pode parecer que uma postura determinista seja, necessariamente, pessimista. Entretanto, a visão de Skinner da natureza humana é altamente *otimista*. Como o comportamento humano é moldado pelos princípios do reforço, a espécie é bastante adaptável. De todos os comportamentos, os mais satisfatórios tendem a aumentar a frequência de ocorrência. As pessoas, portanto, aprendem a viver harmoniosamente com seu ambiente. A evolução das espécies se dá na direção de um maior controle sobre as variáveis ambientais, o que resulta em um repertório crescente de comportamentos que vão além daqueles essenciais para a mera sobrevivência. Entretanto, Skinner (1987a) também se preocupava que as práticas culturais modernas ainda não tinham evoluído até o ponto em que a guerra nuclear, a superpopulação e o esgotamento dos recursos naturais pudessem ser interrompidos. Nesse sentido, ele era mais realista do que otimista.

Ainda assim, Skinner forneceu um modelo para uma sociedade utópica: *Walden II* (Skinner, 1948, 1976b). Se suas recomendações fossem seguidas, as pessoas poderiam aprender a organizar as variáveis em seus ambientes, de modo que a probabilidade das soluções corretas ou satisfatórias seria aumentada.

A humanidade é basicamente boa ou má? Skinner ansiava por uma sociedade idealista, em que os indivíduos se comportassem de forma amável, sensível, democrática, independente e boa, porém as pessoas não são, por natureza, dessa maneira. Mas elas também não são essencialmente más. Dentro dos limites definidos pela hereditariedade, as pessoas são flexíveis em sua adaptação ao ambiente, porém nenhuma avaliação de bom ou mau deve ser colocada sobre o comportamento individual. Se uma pessoa se comporta de forma altruísta para o bem dos outros, é porque esse comportamento, seja na história evolutiva da espécie, seja na história pessoal do indivíduo, já foi reforçado antes. Se o indivíduo age com covardia, é porque as recompensas para a covardia superam as variáveis aversivas (Skinner, 1978).

Na dimensão causalidade *versus* teleologia, a teoria da personalidade de Skinner é muito alta em *causalidade*. O comportamento é causado pelo histórico de reforço da pessoa, bem como pelas contingências para sobrevivência da espécie e pela evolução das culturas. Ainda que as pessoas se comportem de forma velada (dentro da pele) quando pensam sobre o futuro, todos esses pensamentos são determinados por experiências passadas (Skinner, 1990b).

O complexo de contingências ambientais responsáveis por tais pensamentos, assim como por todos os demais comportamentos, está além da consciência das pessoas. Elas raramente têm conhecimento da relação entre todas as variáveis genéticas e ambientais e seu comportamento. Por essa razão, classificamos Skinner como muito alto na *dimensão inconsciente da personalidade*.

Mesmo acreditando que a genética desempenha um papel importante no desenvolvimento da personalidade, Skinner sustentava que a personalidade humana é moldada, em grande parte, pelo ambiente. Porque uma parte importante desse ambiente é outra pessoa, o conceito de humanidade de Skinner se inclina mais para os determinantes sociais do que biológicos do comportamento. Como espécie, os humanos se desenvolveram até sua forma atual em decorrência de fatores ambientais particulares que eles encontraram. O clima, a geografia e a força física em relação a outros animais ajudaram a moldar a espécie humana. Mas o *ambiente social*, incluindo estrutura familiar, experiências precoces com os pais, sistemas educacionais, organização governamental, entre outros, desempenhou um papel ainda mais importante no desenvolvimento da personalidade.

Skinner esperava que as pessoas fossem confiáveis, compreensivas, afetivas e empáticas – características que seu adversário amistoso Carl Rogers (ver Cap. 10) acreditava estarem na essência da personalidade psicologicamente sadia. Em contraste com Rogers, que defendia que esses comportamentos positivos são, pelo menos em parte, resultado da capacidade humana de ser autodirecionada, Skinner sustentava que eles estão completamente sob o controle das variáveis ambientais. Os humanos não são bons por natureza, mas eles podem se tornar se forem expostos às contingências de reforço apropriadas. Apesar de sua visão da pessoa ideal ser semelhante à de Rogers e de Abraham H. Maslow (ver Cap. 9), Skinner acreditava que os meios para se tornar autônomo, afetuoso e autoatualizado não devem ser deixados ao acaso, mas devem ser concebidos de forma específica dentro da sociedade.

A história de uma pessoa determina o comportamento, e, como cada humano tem uma história singular de contingências de reforço, o comportamento e a personalidade são relativamente singulares. As diferenças genéticas também justificam a *singularidade entre as pessoas*. As diferenças biológicas e históricas moldam indivíduos únicos, e Skinner enfatizava a singularidade das pessoas mais do que suas semelhanças.

Termos-chave e conceitos

- A teoria da personalidade de Skinner está baseada, principalmente, na *análise do comportamento* de ratos e pombos.
- Mesmo havendo *estados internos* como pensamento e sentimento, eles não podem ser usados como explicações do comportamento; somente o comportamento explícito pode ser estudado pelo cientista.
- O comportamento humano é moldado por três forças: (1) o histórico de *reforço* pessoal do indivíduo, (2) a *seleção natural* e (3) a *evolução das práticas culturais*.
- *Condicionamento operante* é um processo de mudança do comportamento, em que o reforço (ou punição) é contingente à ocorrência de um comportamento particular.
- Um *reforçador positivo* é um evento que, quando acrescido a uma situação, aumenta a probabilidade de ocorrer determinado comportamento.
- Um *reforçador negativo* é um estímulo adverso que, quando removido do ambiente, aumenta a probabilidade de ocorrer determinado comportamento.
- Skinner também identificou dois tipos de *punição*. O primeiro é a apresentação de um estímulo aversivo; e o segundo envolve a remoção de um estímulo positivo.

- O reforço pode ser *contínuo* ou *intermitente*, mas os esquemas intermitentes são mais eficientes.
- Os quatro principais esquemas de reforço intermitente são: *razão fixa, razão variável, intervalo fixo* e *intervalo variável*.
- O *controle social* é alcançado por meio de (1) condicionamento operante, (2) descrição das contingências de reforço, (3) privação ou saciedade ou (4) restrição física do indivíduo.
- As pessoas também podem controlar o próprio comportamento por meio do *autocontrole*, mas todo controle, em última análise, reside no ambiente e não no livre-arbítrio.
- Os *comportamentos desadaptativos* são aprendidos da mesma forma que todos os demais comportamentos, ou seja, principalmente pelo condicionamento operante.
- Para modificar comportamentos desadaptativos, os terapeutas comportamentais usam uma variedade de técnicas de *modificação do comportamento*, todas baseadas nos princípios do condicionamento operante.

Referências

Bjork, D. W. (1993). *B. F. Skinner: A life.* New York: Basic Books.

Carver, C. S., & White, T. L. (1994). Behavioral inhibition, behavioral activation, and affective responses to impending reward and punishment: The BIS/BAS scales. *Journal of Personality and Social Psychology, 67,* 319-333.

Corr, P. J. (2008). *The reinforcement sensitivity theory of personality.* New York, NY: Cambridge University Press.

Corr, P. J. (2010). The psychoticism–psychopathy continuum: A neuropsychological model of core deficits. *Personality & Individual Differences, 48,* 695-703.

Corr, P. J., & Cooper, A. J. (2016). The Reinforcement Sensitivity Theory of Personality Questionnaire (RST–PQ): Development and validation. *Psychological Assessment, 28*(11), 1427–1440.

Elms, A. C. (1981). Skinner's dark year and *Walden Two. American Psychologist, 36,* 470–479.

Elms, A. C. (1994). *Uncovering lives: The uneasy alliance of biography and psychology.* New York: Oxford University Press.

Eysenck, H. J. (1988). Skinner, Skinnerism, and the Skinnerian in psychology. Special Issue: Stress counseling. *Counseling Psychology Quarterly, 1,* 299–301.

Ferster, C. B., & Skinner, B. F. (1957). *Schedules of reinforcement.* New York: Appleton-Century-Crofts.

Freud, S. (1926/1959a). *Inhibitions, symptoms and anxiety.* In *Standard edition* (Vol. 20).

Goddard, M. J. (2018). Extending B.F. Skinner's selection by consequences to personality change, implicit theories of intelligence, skill learning, and language. *Review of General Psychology, 22,* 421–426.

Hewitt, P. L., & Flett, G. L. (1991). Perfectionism in the self and social contexts: Conceptualization, assessment, and association with psychopathology. *Journal of Personality and Social Psychology, 60,* 456–470.

Hirst, E. S., Dozier, C. L., & Payne, S. W. (2016). Efficacy of and preference for reinforcement and response cost in token economies. *Journal of Applied Behavior Analysis, 49,* 329–345.

Hughes, K. A., Moore, R. A., Morris, P. H., & Corr, P. J. (2012). Throwing light on the dark side of personality: Reinforcement sensitivity theory and primary/secondary psychopathy in a student population. *Personality and Individual Differences, 52,* 532–536.

Levenson, M. R., Kiehl, K. A., & Fitzpatrick, C. M. (1995). Assessing psychopathic attributes in a noninstitutionalized population. *Journal of Personality and Social Psychology, 68,* 151–158.

Petry, N. M., Alessi, S. M., & Rash, C. J. (2012). Contingency management treatments decrease psychiatric symptoms. *Journal of Consulting and Clinical Psychology, 81,* 926–931.

Saber, J. L. (2017). Dojo Tokens: The effects of a token economy on undergraduate student behaviour and performance. *Journal for Advancement of Marketing Education, 25,* 1-13.

Sigmon, S. C., Tidey, J. W., Badger, G. J., & Higgins, S. T. (2003). Acute effects of D-amphetamine on progressive-ratio performance maintained by cigarette smoking and money. *Psychopharmacology, 167*(4), 393-402.

Skinner, B. F. (1938). *The behavior of organisms: An Experimental analysis.* Englewood Cliffs, NJ: Prentice-Hall.

Skinner, B. F. (1945). The operational analysis of psychological terms. *Psychological Review, 52,* 270-277, 291-294.

Skinner, B. F. (1948). *Walden two.* New York: Macmillan.

Skinner, B. F. (1953). *Science and human behavior.* New York: Macmillan.

Skinner, B. F. (1954). The science of learning and the art of teaching. *Harvard Educational Review, 24,* 86-97.

Skinner, B. F. (1957). *Verbal behavior.* New York: Appleton-Century-Crofts.

Skinner, B. F. (1967). An autobiography. In E. G. Boring & G. Lindzey (Eds.), *A history of psychology in autobiography* (Vol. 5, pp. 385–413). New York: Appleton-Century-Crofts.

Skinner, B. F. (1971). *Beyond freedom and dignity.* New York: Knopf.

Skinner, B. F. (1974). *About behaviorism.* New York: Knopf.

Skinner, B. F. (1976a). *Particulars of my life.* New York: Knopf.

Skinner, B. F. (1976b). *Walden Two revisited.* In *Walden Two.* New York: Macmillan.

Skinner, B. F. (1978). *Reflections on behaviorism and society.* Englewood Cliffs, NJ: Prentice-Hall.

Skinner, B. F. (1979). *The shaping of a behaviorist.* New York: Knopf.

Skinner, B. F. (1983). *A matter of consequences.* New York: Knopf.

Skinner, B. F. (1987a). *Upon further reflection.* Englewood Cliffs, NJ: Prentice-Hall.

Skinner, B. F. (1987b). Whatever happened to psychology as the science of behavior? *American Psychologist, 42,* 780–786.

Skinner, B. F. (1988). The operant side of behavior therapy. *Journal of Behavior Therapy and Experimental Psychiatry, 19,* 171–179.

Skinner, B. F. (1989a). The origins of cognitive thought. *American Psychologist, 44,* 13–18.

Skinner, B. F. (1989b). *Recent issues in the analysis of behavior.* Columbus, OH: Merrill.

Skinner, B. F. (1990a). Can psychology be a science of the mind? *American Psychologist, 45,* 1206–1210.

Skinner, B. F. (1990b). To know the future. *Behavior Analyst, 13,* 103–106.

Skinner, B. F., & Vaughan, M. E. (1983). *Enjoy old age: A program for self-management.* New York: Norton.

Stoeber, J., & Corr, P. J. (2015). Perfectionism, personality, and affective experiences: New insights from revised Reinforcement Sensitivity Theory. *Personality and Individual Differences, 86,* 354–359.

Thorndike, E. L. (1898). Animal intelligence: An experimental study of the associative processes in animals. *Psychological Monographs, 2* (Whole No. 8).

Thorndike, E. L. (1913). *The psychology of learning.* New York: Teachers College.

Thorndike, E. L. (1931). *Human learning.* New York: Appleton-Century.

Watson, D., Clark, L. A., & Tellegen, A. (1988). Development and validation of brief measures of positive and negative affect: The PANAS scales. *Journal of Personality and Social Psychology, 54,* 1063–1070.

Watson, J. B. (1913). Psychology as the behaviorist views it. *Psychological Review, 20,* 158–177.

Watson, J. B. (1925). *Behaviorism.* New York: Norton.

Watson, J. B. (1926). What the nursery has to say about instincts. In C. Murchison (Ed.), *Psychologies of 1925* (pp. 1–35). Worcester, MA: Clark University Press.

Watson, J. B., & Rayner, R. (1920). Conditioned emotional reactions. *Journal of Experimental Psychology, 3,* 1–14.

Wiener, D. N. (1996). *B. F. Skinner: Benign anarchist.* Boston: Allyn and Bacon.

CAPÍTULO 17

Bandura: Teoria Social Cognitiva

- *Panorama da teoria social cognitiva*
- *Biografia de Albert Bandura*
- *Aprendizagem*
  Aprendizagem por observação
  Aprendizagem enativa
- *Causação recíproca triádica*
  Um exemplo de causação recíproca triádica
  Encontros casuais e eventos fortuitos
- *Agência humana*
  Características fundamentais da agência humana
  Autoeficácia
  Agência por procuração
  Eficácia coletiva
- *Autorregulação*
  Fatores externos na autorregulação
  Fatores internos na autorregulação
  Autorregulação por meio da agência moral
- *Comportamento desadaptado*
  Depressão
  Fobias
  Agressividade

Jon Brenneis/Life Magazine/The LIFE Images Collection via Getty Images/Getty Images

- *Terapia*
- *Pesquisa relacionada*
  Autoeficácia e diabetes
  Desengajamento moral e *bullying*
  A teoria social cognitiva "se torna global"
- *Críticas a Bandura*
- *Conceito de humanidade*
- *Termos-chave e conceitos*
- *Referências*

As pessoas, com frequência, têm sua trajetória de vida permanentemente alterada por encontros inesperados ou por acontecimentos não planejados. Esses encontros casuais e eventos fortuitos muitas vezes determinam com quem as pessoas se casam, que carreira seguem, onde moram e como vivem.

Muitos anos atrás, um jovem estudante de pós-graduação chamado Al teve um encontro casual que alterou o curso de sua vida. Em um domingo, Al, que geralmente era um estudante consciencioso, sentiu-se entediado com uma tarefa de leitura desinteressante e decidiu que uma partida de golfe seria preferível a enfrentar o trabalho escolar. Al se encontrou com um amigo, e os dois jovens foram até o campo de golfe. No entanto, eles chegaram muito tarde para o tempo final de jogo e, então, foram para um buraco mais adiantado. Por acaso, esses dois rapazes se viram jogando atrás de duas garotas que estavam jogando mais devagar. Em vez de seguir com o jogo, os dois homens se juntaram às duas mulheres e os dois se tornaram quatro. Assim, um trabalho de leitura enfadonho e um tempo de jogo atrasado reuniram duas pessoas que, de outra forma, nunca teriam se encontrado. Por essa série de eventos casuais, Albert Bandura e Ginny (Virginia) Varns se conheceram em uma armadilha de areia de um campo de golfe. Eles acabaram se casando e tiveram duas filhas, Mary e Carol, que, como a maioria de nós, foram frutos de um encontro casual.

Os encontros casuais e os eventos fortuitos foram ignorados, em grande parte, pela maioria dos teóricos da personalidade, muito embora a maioria de nós reconheça ter tido experiências não planejadas que modificaram de forma significativa nossas vidas.

Panorama da teoria social cognitiva

A **teoria social cognitiva** de Albert Bandura leva a sério os encontros casuais e os eventos fortuitos, muito embora reconheça que tais encontros e eventos não alteram invariavelmente a trajetória da vida de alguém. A forma como reagimos a um encontro ou evento esperado costuma ser mais poderosa do que o evento em si.

A teoria social cognitiva se apoia em vários pressupostos básicos. Primeiro, a característica excepcional dos humanos é a *plasticidade*; ou seja, eles têm a flexibilidade para aprender uma variedade de comportamentos em diversas situações. Bandura concorda com Skinner (Cap. 16) que as pessoas podem aprender, e aprendem, pela experiência direta, mas ele dá muito mais ênfase à aprendizagem vicariante, ou seja, aprender pela observação dos outros. Bandura também enfatiza a ideia de que o reforço pode ser vicariante; as pessoas podem ser reforçadas observando outro indivíduo receber uma recompensa. Esse reforço indireto explica boa parte da aprendizagem humana.

Segundo, por meio de um *modelo de causação recíproca triádica*, que inclui fatores comportamentais, ambientais e pessoais, as pessoas têm a capacidade de regular suas vidas. Os humanos podem transformar eventos transitórios em formas relativamente habituais de avaliar e regular seu ambiente social e cultural. Sem essa capacidade, as pessoas meramente reagiriam às experiências sensoriais e não teriam a capacidade de antecipar eventos, criar ideias novas ou usar padrões internos para avaliar experiências atuais. Duas forças ambientais importantes no modelo triádico são os *encontros casuais* e os *eventos fortuitos*.

Terceiro, a teoria social cognitiva assume uma *perspectiva de agência*, ou seja, os humanos têm a capacidade de exercer controle sobre a natureza e sobre a qualidade de suas vidas. As pessoas são tanto as produtoras quanto os produtos dos sistemas sociais. Um componente importante do modelo de causação recíproca triádica é a *autoeficácia*. O desempenho tende a ser melhorado quando há autoeficácia, ou seja, a confiança de que as pessoas podem executar aqueles comportamentos que produzirão comportamentos desejados em uma situação particular. Além da autoeficácia, a agência por procuração e a eficácia coletiva podem predizer o desempenho. Com a *agência por procuração*, as pessoas podem depender de outros para bens e serviços, enquanto *eficácia coletiva* refere-se às crenças compartilhadas dos indivíduos de que são capazes de promover mudança.

Quarto, as pessoas regulam sua conduta por meio de fatores externos e internos. Os *fatores externos* incluem o ambiente físico e social, e os *fatores internos*, a auto-observação, o processo de julgamento e a autorreação.

Quinto, quando as pessoas se encontram em situações moralmente ambíguas, em geral tentam regular seu comportamento por meio da *agência moral*, a qual inclui redefinir o comportamento, desconsiderar ou distorcer as consequências do comportamento, desumanizar ou acusar as vítimas do comportamento e deslocar ou pulverizar a responsabilidade por suas ações.

Biografia de Albert Bandura

Albert Bandura nasceu em 4 de dezembro de 1925, em Mundare, uma pequena cidade nas planícies do norte de Alberta. Ele cresceu como o único menino em uma família de cinco irmãs mais velhas. Ambos os pais emigraram de países do Leste Europeu quando ainda eram adolescentes – seu pai da Polônia e sua mãe da Ucrânia. Bandura foi encorajado por suas irmãs a ser independente e autoconfiante. Ele também aprendeu a se autodirecionar na pequena escola da cidade, que tinha poucos professores e recursos escassos. No ensino médio, ele tinha apenas dois instrutores para ensinar todo o currículo. Nesse ambiente, a aprendizagem era deixada para a iniciativa dos alunos, uma situação que se adequava bem a um estudante brilhante como Bandura. Outros alunos também pareciam se desenvolver sob essa atmosfera; praticamente todos os colegas de aula de Bandura frequentaram a universidade, uma situação muito incomum no início da década de 1940.

Depois de se formar no ensino médio, Bandura passou um verão em Yukon, trabalhando na rodovia do Alasca. Essa experiência o colocou em contato com uma variedade de trabalhadores, muitos dos quais estavam fugindo dos credores, de pensão alimentícia ou do serviço militar. Além disso, diversos companheiros de trabalho manifestavam vários graus de psicopatologia. Ainda que suas observações desses trabalhadores tenham acendido nele um interesse pela psicologia clínica, ele só decidiu se tornar psicólogo depois de ter se matriculado na Universidade de British Columbia, em Vancouver.

Bandura disse a Richard Evans (Evans, 1989) que sua decisão de se tornar psicólogo foi acidental; isto é, foi resultado de um evento fortuito. Na faculdade, Bandura viajava até a escola com alunos de medicina e engenharia, que eram madrugadores. Em vez de não fazer nada durante o primeiro horário, Bandura decidiu se inscrever em uma turma de psicologia oferecida naquele período de tempo. Ele achou a aula fascinante e acabou decidindo focar em psicologia. Posteriormente, Bandura veio a considerar os eventos fortuitos (como o fato de ir para a escola com estudantes que eram madrugadores) como influências importantes na vida das pessoas.

Depois de se formar na British Columbia em apenas três anos, Bandura procurou um programa de pós-graduação em psicologia clínica que tivesse uma base forte na teoria da aprendizagem. Seu conselheiro recomendou a Universidade de Iowa, e, então, Bandura deixou o Canadá e foi para os Estados Unidos. Ele concluiu o mestrado em 1951 e o doutorado em psicologia clínica no ano seguinte. Então, passou um ano em Wichita, fazendo uma residência pós-doutorado, no Wichita Guidance Center. Em 1953, associou-se ao corpo docente da Universidade Stanford, onde permaneceu, exceto por um ano, como membro do Centro para Estudos Avançados em Ciências Comportamentais.

A maior parte das publicações iniciais de Bandura foi em psicologia clínica, abordando, principalmente, psicoterapia e o teste de Rorschach. Então, em 1958, ele colaborou com Richard H. Walters, seu primeiro aluno de doutorado, para publicar um trabalho sobre delinquentes agressivos. No ano seguinte, publicou seu livro *Agressividade adolescente* (*Adolescent aggression*, 1959). Desde então, Bandura continuou a escrever sobre uma ampla variedade de temas, muitas vezes em colaboração com seus alunos da pós-graduação. Seus livros mais influentes são: *Teoria da aprendizagem social* (*Social learning theory*, 1977), *Fundamentos sociais do pensamento e da ação* (*Social foundations of thought and action*, 1986) e *Autoeficácia: o exercício do controle* (*Self-efficacy: the exercise of control*, 1997).

Bandura ocupou mais de uma dezena de cargos em prestigiosas sociedades científicas, incluindo a presidência da American Psychological Association (APA) em 1974, a presidência da Western Psychological Association em 1980 e foi presidente honorário da Canadian Psychological Association em 1999. Além disso, recebeu mais de uma dúzia de títulos honorários de universidades renomadas por todo o mundo. Outras honrarias e prêmios incluem o Guggehheim Fellowship, em 1972, o Distinguished Scientific Contribution Award da Divisão 12 (Clínica) da APA no mesmo ano, o Distinguished Scientific Contribution Award da APA em 1980 e o Distinguished Scientist Award da Society of Behavior Medicine. Ele foi eleito membro da American Academy of Arts and Sciences em 1980. Além disso, recebeu o Distinguished Contribution Award da International Society for Research on Aggression; o William James Award of the American Psychological Science, por realizações excepcionais na ciência psicológica; o Robert Thorndike Award for Distinguished Contribution of Psychology to Education, da APA; e o James McKeen Cattell Fellow Award da American Psychological Society. Também foi eleito para a American Academy of Arts and Sciences e para o Institute of Medicine da National Academy of Sciences. Iniciando em 2004, a American Psychology Society, em parceria com a Psy Chi – The National Honor Society in Psychology –, passou a premiar um aluno excepcional de pós-graduação em psicologia com o Albert Bandura Graduate Research Award. Bandura atualmente detém a cátedra David Starr Jordan de Ciência Social em Psicologia na Universidade Stanford.

Aprendizagem

Um dos primeiros e mais básicos pressupostos da teoria social cognitiva de Bandura é que os humanos são muito flexíveis e capazes de aprender inúmeras atitudes, habilidades e comportamentos e que boa parte dessas aprendizagens são resultado de experiências vicariantes. Ainda que as pessoas possam aprender e aprendam com a experiência direta, muito do que elas aprendem é adquirido por meio da observação dos outros. Bandura (19986) afirmou que, "se o conhecimento só pudesse ser adquirido por meio dos efeitos das próprias ações, o processo do desenvolvimento cognitivo e social seria enormemente retardado, para não dizer excessivamente entediante" (p. 47).

Aprendizagem por observação

Conforme Bandura, a *observação* permite que as pessoas aprendam sem realizar qualquer comportamento. As pessoas observam fenômenos naturais, plantas, animais, cachoeiras, o movimento da lua e das estrelas, e assim por diante, mas especialmente importante para a teoria social cognitiva é o pressuposto de que elas aprendem pela observação do comportamento de outras pessoas. A esse respeito, Bandura difere de Skinner, para quem o comportamento enativo é o dado básico da ciência psicológica. Ele também discorda de Skinner por acreditar que o reforço não é essencial para a aprendizagem. Ainda que o reforço facilite a aprendizagem, Bandura afirma que ele não é uma condição necessária. As pessoas podem aprender, por exemplo, observando modelos sendo reforçados.

Para Bandura (1986, 2003), a aprendizagem por observação é muito mais eficiente do que a aprendizagem pela experiência direta. Observando outras pessoas, os humanos poupam incontáveis respostas que poderiam ser seguidas por punição ou por nenhum reforço. As crianças observam as personagens na televisão, por exemplo, repetem o que ouvem ou veem; elas não precisam executar comportamentos aleatórios, esperando que algum deles seja recompensado.

Modelagem

A essência da aprendizagem por observação é a **modelagem**. Aprender por modelagem envolve somar e subtrair a partir do comportamento observado e generalizar de uma observação para outra. Em outras palavras, modelagem envolve processos cognitivos e não simplesmente mimetismo ou imitação. É mais do que combinar as ações de outra pessoa; implica em representar simbolicamente as informações e armazená-las para uso em um momento futuro (Bandura, 1986, 1994).

Vários fatores determinam se uma pessoa irá aprender com um modelo em uma situação particular. Primeiro, as características do modelo são importantes. As pessoas têm maior probabilidade de usar como modelo indivíduos de alto *status* do que aqueles de baixo *status*, competentes em vez de sem habilidades ou incompetentes, e poderosos em vez de impotentes.

Segundo, as características do observador afetam a probabilidade da modelagem. As pessoas que não possuem *status*, habilidade ou poder têm maior probabilidade de modelar. As crianças modelam mais do que as pessoas mais velhas, e os novatos têm mais probabilidade de modelar do que os experientes.

Terceiro, as consequências do comportamento a ser modelado podem ter um efeito no observador. Quanto maior o valor que um observador atribui a determinado comportamento, mais provavelmente ele irá adquirir tal comportamento. Além disso, a aprendizagem pode ser facilitada quando o observador vê um modelo recebendo punição severa; por exemplo, ver outra pessoa receber um choque forte ao tocar em um fio elétrico ensina ao observador uma lição valiosa.

Processos que governam a aprendizagem por observação

Bandura (1986) reconhece quatro processos que governam a aprendizagem por observação: atenção, representação, produção do comportamento e motivação.

Atenção Antes que possamos modelar outra pessoa, precisamos prestar atenção nela. Que fatores regulam a atenção? Primeiro, como temos mais oportunidades de observar indivíduos com quem frequentemente nos associamos, temos mais probabilidade de prestar atenção nessas pessoas. Segundo, modelos atraentes têm maior probabilidade de serem observados dos que os não tão atraentes – figuras populares na televisão, em esportes ou em filmes tendem a ser observadas de modo atento. Além disso, a natureza do comportamento a ser moldado afeta nossa atenção:

A modelagem é uma forma eficaz de aprender uma nova habilidade.
Marc Romanelli/Blend Images LLC

observamos o comportamento que consideramos importante ou valioso para nós.

Representação Para que a observação conduza a novos padrões de resposta, esses padrões devem ser simbolicamente representados na memória. A representação simbólica não precisa ser verbal, porque algumas observações são retidas em imagens e podem ser evocadas na ausência do modelo físico. Esse processo é especialmente importante na infância, quando as habilidades verbais ainda não se desenvolveram.

A codificação verbal, no entanto, acelera muito o processo da aprendizagem por observação. Com a linguagem, podemos avaliar verbalmente nossos comportamentos e decidir quais deles desejamos descartar e quais desejamos experimentar. A codificação verbal também nos ajuda a ensaiar o comportamento simbolicamente, ou seja, diz repetidas vezes a nós mesmos como iremos realizar o comportamento quando surgir a oportunidade. O ensaio também pode envolver a realização real da resposta modelada, e sua prática auxilia o processo de retenção.

Produção do comportamento Depois de prestar atenção a um modelo e reter o que observamos, então produzimos o comportamento. Ao converter as representações cognitivas em ações apropriadas, precisamos nos fazer várias perguntas acerca do comportamento a ser modelado. Primeiro perguntamos: "Como posso fazer isto?". Depois de ensaiar simbolicamente as respostas relevantes, experimentamos o novo comportamento. Enquanto o executamos, monitoramos a nós mesmos com a pergunta: "O que estou fazendo?". Por fim, avaliamos nosso desempenho perguntando: "Estou fazendo isto certo?". Esta última pergunta nem sempre é fácil de responder, em especial se ela se refere a uma habilidade motora, como dançar balé ou pular de um trampolim, em que não podemos nos ver efetivamente. Por tal razão, alguns atletas usam câmeras de vídeo para ajudá-los a adquirir ou a melhorar habilidades motoras.

Motivação A aprendizagem por observação é mais efetiva quando os aprendizes estão motivados para realizar o comportamento modelado. Atenção e representação podem levar à aquisição da aprendizagem, mas o desempenho é facilitado pela motivação para executar aquele comportamento em particular. Mesmo que a observação dos outros possa nos ensinar *como* fazer algo, podemos não ter o desejo de realizar a ação necessária. Uma pessoa pode observar outra usando uma serra elétrica ou um aspirador de pó e não estar motivada para experimentar qualquer uma dessas atividades. A maioria dos pedestres que observam uma obra em construção não tem o desejo de imitar o trabalhador da construção.

Aprendizagem enativa

Cada resposta dada é seguida por uma consequência. Algumas dessas consequências são satisfatórias, outras insatisfatórias ou simplesmente não são captadas de modo

cognitivo e, portanto, têm pouco efeito. Bandura acredita que o comportamento humano complexo pode ser aprendido quando as pessoas pensam a respeito e avaliam as consequências de seus comportamentos.

As consequências de uma resposta servem a, pelo menos, três funções. Primeiro, as consequências da resposta nos informam dos efeitos de nossas ações. Podemos reter essa informação e usá-la como um guia para ações futuras. Segundo, as consequências de nossas respostas motivam nosso comportamento antecipatório; isto é, somos capazes de representar simbolicamente resultados futuros e agir em conformidade. Não só possuímos *insight*, como também somos capazes de previsão. Não temos que sofrer o desconforto das temperaturas frias antes de decidirmos vestir um casaco quando saímos em um clima gélido. Em vez disso, antecipamos os efeitos do clima frio e úmido e nos vestimos de acordo. Terceiro, as consequências das respostas servem para reforçar o comportamento, uma função que foi solidamente documentada por Skinner (Cap. 16) e por outros teóricos do reforço. Bandura (1986), no entanto, discute que, embora o reforço possa ser inconsciente e automático às vezes, os padrões comportamentais complexos são bastante facilitados pela intervenção cognitiva. Ele defendia que a aprendizagem ocorre de forma muito mais eficiente quando o aprendiz está envolvido cognitivamente na situação de aprendizagem e compreende quais comportamentos precedem respostas de sucesso.

Em resumo, conforme Bandura, novos comportamentos são adquiridos por meio de dois tipos principais de aprendizagem: aprendizagem por observação e aprendizagem enativa. O elemento central da aprendizagem por observação é a modelagem, que é facilitada pela observação de atividades apropriadas, pela codificação apropriada desses eventos para representação na memória, pela real execução do comportamento e por estar motivado o suficiente. A aprendizagem enativa permite que as pessoas adquiram novos padrões de comportamento complexo pela experiência direta, pensando a respeito e avaliando as consequências de seus comportamentos. O processo de aprendizagem permite que as pessoas tenham algum grau de controle sobre os eventos que moldam o curso de suas vidas. O controle, entretanto, depende da interação recíproca de variáveis pessoais, do comportamento e do ambiente.

Causação recíproca triádica

No Capítulo 16, vimos que, para Skinner, o comportamento é uma função do ambiente; ou seja, o comportamento, em última análise, pode ser rastreado até forças externas à pessoa. À medida que as contingências ambientais mudam, o comportamento se modifica também. Mas que impulso muda o ambiente? Skinner reconhecia que o comportamento humano pode exercer alguma medida de contracontrole sobre o ambiente, porém insistia que, na análise final, o comportamento é ambientalmente determinado. Outros teóricos, como Gordon Allport (Cap. 12) e Hans Eysenck (Cap. 14), enfatizaram a importância dos traços ou da disposição pessoal para moldar o comportamento. Em geral, esses teóricos sustentavam que fatores pessoais interagem com as condições ambientais para produzir o comportamento.

Albert Bandura (1986, 1999b, 2001, 2002b) adota uma posição um pouco diferente. Sua teoria social cognitiva explica o funcionamento psicológico em termos de *causação recíproca triádica*. Esse sistema pressupõe que a ação humana é resultado de uma interação entre três variáveis: ambiente, comportamento e pessoa. Por "pessoa" Bandura queria dizer, em grande parte, mas não exclusivamente, fatores cognitivos como memória, antecipação, planejamento e julgamento. Como as pessoas possuem e usam essas capacidades cognitivas, elas apresentam alguma capacidade de selecionar ou reestruturar seu ambiente, ou seja, a cognição determina, pelo menos em parte, a quais eventos ambientais as pessoas se atentam, que valor elas atribuem a esses eventos e como elas os organizam para uso futuro. Ainda que a cognição possa ter um forte efeito causal sobre o ambiente e o comportamento, ela não é uma entidade autônoma, independente dessas duas variáveis. Bandura (1986) criticava os teóricos que atribuem a causa do comportamento humano a forças internas como instintos, impulsos, necessidades ou intenções. A cognição em si é determinada, sendo formada pelo comportamento e pelo ambiente.

A causação recíproca triádica é representada de forma esquemática na Figura 17.1, em que B significa comportamento (*behavior*); E é o ambiente externo (*environment*); e P representa a pessoa (*person*), incluindo o gênero, a posição social, o tamanho e a atratividade física, mas especialmente fatores cognitivos como pensamento, memória, julgamento, previsão, e assim por diante.

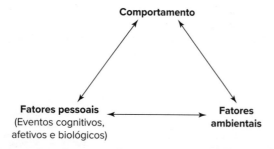

FIGURA 17.1 Conceito de Bandura de causação recíproca. O funcionamento humano é produto da interação de (B) comportamento, (P) variáveis da pessoa e (E) ambiente.

Fonte: Bandura, Albert, "Social Cognitive Theory and Mass Communication." Em J. Bryant & D. Zillmann (Eds.), *Media Effects: Advances in Theory and Research*. Hillsdale, NJ: Erlbaum, 1992, p. 62.

Bandura usa o termo "recíproca" para indicar uma interação triádica de forças, não uma ação contrária. Os três fatores recíprocos não precisam ser de mesma força ou fazer contribuições iguais. A potência relativa dos três varia conforme o indivíduo e a situação. Por vezes, o comportamento pode ser mais potente, como quando a pessoa toca piano para o próprio prazer. Outras vezes, o ambiente exerce a maior influência, como quando um barco vira e todos os sobreviventes começam a pensar e a agir de uma forma muito semelhante. Mesmo que comportamento e ambiente possam, por vezes, ser os contribuintes mais fortes para o desempenho, a cognição (pessoa), em geral, é o contribuinte mais significativo para o desempenho. A cognição provavelmente seria ativada nos exemplos da pessoa tocando piano para o próprio prazer e nos sobreviventes de um barco virado. A influência relativa do comportamento, do ambiente e da pessoa depende de qual dos fatores triádicos é mais forte em um momento específico (Bandura, 1997).

Um exemplo de causação recíproca triádica

Considere o seguinte exemplo de causação recíproca triádica. Uma criança implorando ao pai por um segundo *brownie* é, do ponto de vista do pai, um evento ambiental. Se o pai automaticamente (sem reflexão) desse ao filho o que foi solicitado, então os dois estariam condicionando o comportamento um do outro no sentido skinneriano. O comportamento do pai seria controlado pelo ambiente, mas também teria um efeito de contracontrole em seu ambiente, ou seja, o filho. Na teoria de Bandura, no entanto, o pai é capaz de pensar sobre as consequências de recompensar ou ignorar o comportamento do filho. Ele pode pensar: "Se eu lhe der outro *brownie*, ele vai parar de chorar por um tempo, mas, em casos futuros, ele terá maior probabilidade de persistir até que eu ceda. Portanto, não vou permitir que ele ganhe outro *brownie*". Dessa forma, o pai tem um efeito sobre o ambiente (a criança) e sobre o próprio comportamento (rejeitando o pedido do filho). O comportamento posterior da criança (ambiente do pai) ajuda a moldar a cognição e o comportamento do pai. Se a criança para de insistir, o pai pode, então, ter outros pensamentos. Por exemplo, ele pode avaliar seu comportamento pensando: "Sou um bom pai porque fiz a coisa certa". A mudança no ambiente também permite ao pai buscar comportamentos diferentes. Assim, seu comportamento posterior é parcialmente determinado pela interação recíproca do ambiente, da cognição e do comportamento.

Esse exemplo ilustra a interação recíproca dos fatores comportamentais, ambientais e pessoais segundo o ponto de vista do pai. Primeiro, os apelos do filho afetaram o comportamento do pai (E ⇒ B); eles também determinaram, em parte, a cognição do pai (E ⇒ P); o comportamento do pai ajudou a moldar o comportamento do filho, ou seja, o ambiente dele (B ⇒ E); o comportamento dele também interferiu em seus pensamentos (B $\Rightarrow$ P); e sua cognição determinou parcialmente seu comportamento (P $\Rightarrow$ B). Para completar o ciclo, P (pessoa) deve influenciar E (ambiente). Como a cognição do pai pode moldar diretamente o ambiente sem antes ser transformada em comportamento? Não pode. No entanto, P não significa cognição apenas; representa pessoa. Bandura (1999b) levantou a hipótese de que "as pessoas evocam diferentes reações de seu ambiente social, devido a suas características físicas – como idade, altura, raça, sexo e atratividade física – mesmo antes de dizerem ou fazerem algo" (p. 158). O pai, então, devido a seu papel *status* como pai e talvez em conjunção com o seu tamanho e força, tem um efeito decisivo sobre o filho. Assim, a ligação causal é completa (P $\Rightarrow$ E).

Encontros casuais e eventos fortuitos

Ainda que as pessoas possam exercitar, e exercitem, uma dose significativa de controle sobre suas vidas, elas não podem predizer ou antecipar todas as mudanças ambientais possíveis. Bandura é o único teórico da personalidade a considerar com seriedade a possível importância dos *encontros casuais* e dos *eventos fortuitos*.

Bandura (1998a) definiu um **encontro casual** como "um encontro não intencional de pessoas que não são familiarizadas entre si" (p. 95). Um **evento fortuito** é uma experiência ambiental inesperada e não intencional. A vida diária é afetada em maior ou menor grau por indivíduos que as pessoas acabam encontrando por acaso e por eventos aleatórios que elas não poderiam prever. O parceiro conjugal de uma pessoa, sua ocupação e local de residência podem, em grande parte, ser resultado de um encontro fortuito não planejado e inesperado.

Assim como a fortuidade influenciou as vidas de todos nós, ela também moldou a vida e a carreira de teóricos famosos da personalidade. Dois exemplos são Abraham H. Maslow (Cap. 9) e Hans J. Eysenck (Cap. 14). Quando jovem, Maslow era extremamente tímido, especialmente com mulheres. Ao mesmo tempo, ele estava muito apaixonado por sua prima Bertha Goodman, mas era muito tímido para expressar seu amor. Um dia, enquanto estava visitando a prima, a irmã mais velha de Berta o empurrou na direção de sua amada prima, dizendo: "Pelo amor de Deus, beije-a, vamos lá!" (Hoffman, 1988, p. 29). Maslow a beijou e, para sua surpresa, Bertha não ofereceu resistência. Ela o beijou, e, a partir daquele momento, a vida antes sem propósito de Maslow foi transformada.

Além disso, Hans Eysenck, o conhecido psicólogo britânico, aproximou-se da psicologia completamente por acaso. Ele pretendia estudar física na Universidade de Londres, mas primeiro teria que passar no exame de ingresso. Depois de esperar um ano para fazer o exame, foi dito que ele havia se preparado para o teste errado e que teria de esperar mais um ano para fazer o teste correto. Em vez de retardar ainda mais sua educação, ele perguntou se havia algum tema científico que pudesse seguir. Quando lhe disseram que ele poderia se matricular em um programa de psicologia, Eysenck perguntou: "Mas o que vem a ser psicologia?" (Eysenck, 1982, p. 290). Eysenck, é claro, formou-se em psicologia e se tornou um dos psicólogos mais famosos do mundo.

A fortuidade acrescenta uma dimensão específica a qualquer esquema usado para predizer o comportamento humano e torna predições exatas praticamente impossíveis. Contudo, os encontros casuais influenciam as pessoas somente pela entrada no paradigma da causação recíproca triádica no ponto E (ambiente), somando-se à interação mútua de pessoa, comportamento e ambiente. Nesse sentido, os encontros casuais influenciam as pessoas da mesma maneira que os eventos planejados. Depois que ocorre um encontro casual, as pessoas se comportam em relação ao novo conhecido de acordo com suas atitudes, seus sistemas de crenças e seu interesse, como também de acordo com a reação da outra pessoa a elas. Assim, enquanto muitos encontros casuais e eventos não planejados têm pouca ou nenhuma influência no comportamento, "outros têm efeitos mais duradouros, e outros ainda impulsionam as pessoas para novas trajetórias na vida" (Bandura, 2001, p.12).

Os encontros casuais e os eventos fortuitos não são incontroláveis. De fato, as pessoas podem fazer a oportunidade acontecer. Um homem divorciado que está procurando uma oportunidade para se casar novamente aumentará sua chance de encontrar uma esposa potencial seguindo um curso de ação proativo, por exemplo, associando-se a um clube de solteiros, indo a lugares onde é provável que encontre mulheres solteiras ou pedindo que um amigo lhe apresente uma parceira potencial elegível. Se ele conhece uma mulher elegível e desejável, aumentam as chances de uma relação duradoura se ele se preparou para ser atraente ou interessante para as mulheres. Bandura (2001) cita Louis Pasteur: "O acaso favorece apenas a mente preparada" (p. 12). Todavia, a pessoa preparada é capaz de escapar de encontros casuais desagradáveis e infortúnios do acaso antecipando a possibilidade de acontecerem e tomando providências para minimizar algum impacto negativo que possam ter no desenvolvimento futuro.

Agência humana

A teoria social cognitiva assume uma visão agêntica da personalidade, significando que os humanos têm a capacidade de exercer controle sobre a própria vida (2002b). Na verdade, a **agência humana** é a essência da humanidade. Bandura (2001) acredita que as pessoas são autorreguladas, proativas, autorreflexivas e auto-organizadas e que elas têm o poder de influenciar as próprias ações para produzir as consequências desejadas. Agência humana não significa que as pessoas possuem um homúnculo – isto é, um agente autônomo – tomando decisões que são coerentes com sua visão do *self*. Nem significa que reajam de forma automática a eventos externos e internos. A agência humana não é uma coisa, mas um processo ativo de exploração, manipulação e influência do ambiente para atingir os resultados desejados.

Características fundamentais da agência humana

Bandura (2001, 2004) refere quatro características fundamentais da agência humana: intencionalidade, antecipação, autorreatividade e autorreflexão.

Intencionalidade refere-se a atos realizados de forma intencional. Uma intenção inclui planejamento, mas também envolve ações. "Não é simplesmente uma expectativa ou predição de ações futuras, mas um comprometimento proativo de provocá-las" (2001, p. 6). Intencionalidade não significa que todos os planos de uma pessoa serão concretizados. As pessoas continuamente alteram seus planos conforme se conscientizam das consequências de suas ações.

As pessoas também possuem *antecipação* para estabelecer objetivos, para antecipar os prováveis resultados de suas ações e escolher comportamentos que irão produzir os resultados desejados e evitar os indesejados. A antecipação possibilita às pessoas libertarem-se das restrições do ambiente. Se o comportamento fosse completamente uma função do ambiente, então ele seria mais variável e menos consistente, porque estaríamos constantemente reagindo à grande diversidade de estímulos ambientais. "Se as ações fossem determinadas unicamente por recompensas e punições externas, as pessoas se comportariam como cataventos" (Bandura, 1986, p. 335). Mas as pessoas não se comportam como cataventos, "constantemente mudando de direção para se adequarem às influências que as afetam no momento" (Bandura, 2001, p. 7).

Elas fazem mais do que planejar e contemplar comportamentos futuros. Elas também são capazes de *autorreatividade* no processo de motivação e regulação de suas ações. As pessoas não só fazem escolhas, mas também monitoram seu progresso para cumprirem tais escolhas. Bandura (2001) reconhece que o estabelecimento de objetivos não é suficiente para atingir as consequências desejadas. Os objetivos devem ser específicos, estar dentro da capacidade da pessoa de atingi-los e refletir as realizações potenciais que não estão muito distantes no futuro. (Discutimos a autorregulação em mais detalhes na seção Autorregulação.)

Por fim, as pessoas têm *autorreflexão*. Elas são avaliadoras do próprio funcionamento; podem pensar a respeito e analisar suas motivações, seus valores e os significados de seus objetivos de vida, além de refletir quanto à adequação de seu pensamento. Elas também podem avaliar o efeito que as ações das outras pessoas têm sobre elas. O mecanismo autorreflexivo mais crucial é a *autoeficácia*, ou seja, as crenças pessoais de ser capaz de executar ações que irão produzir um efeito desejado.

Autoeficácia

A forma como as pessoas agem em uma situação em particular depende da reciprocidade das condições comportamentais, ambientais e cognitivas, em especial aqueles fatores cognitivos relacionados às crenças de que elas podem ou não executar o comportamento necessário para produzir os resultados desejados em uma situação específica. Bandura (1997) chama essas expectativas de **autoeficácia**. De acordo com Bandura (1994), "as crenças das pessoas em sua eficácia pessoal influenciam o curso de ação que escolhem seguir, o quanto de esforço irão investir nas atividades, por quanto tempo irão perseverar em face de obstáculos e experiências de fracasso e sua resiliência após contratempos" (p. 65). Apesar de a autoeficácia ter uma influência causal poderosa sobre as ações das pessoas, ela não é o único determinante. Em vez disso, a autoeficácia se combina com o ambiente, o comportamento prévio e outras variáveis pessoais, principalmente as expectativas de resultado, para produzir o comportamento.

No modelo causal triádico recíproco, que postula que o ambiente, o comportamento e a pessoa têm uma influência interativa entre si, autoeficácia refere-se ao fator P (pessoa).

O que é autoeficácia?

Bandura (2001) definiu autoeficácia como "crenças das pessoas em sua capacidade de exercer alguma medida de controle sobre o próprio funcionamento e sobre eventos ambientais" (p. 10). Ele refere que "as crenças na eficácia são o fundamento da agência humana" (p. 10). As pessoas que acreditam que podem fazer algo que tenha o potencial de alterar eventos ambientais têm maior probabilidade de agir e ter sucesso do que aquelas com baixa autoeficácia.

Autoeficácia não é a expectativa pelos *resultados* de nossas ações. Bandura (1986, 1997) distinguiu entre expectativas de eficácia e *expectativas de resultados*. Eficácia refere-se à confiança das pessoas de que elas têm a capacidade de realizar certos comportamentos, enquanto expectativa de resultados refere-se à predição que a pessoa faz sobre as *consequências* prováveis daquele comportamento. Resultado não deve ser confundido com realização bem-sucedida de um ato; ele se refere às consequências do comportamento, não à realização do ato em si. Por exemplo, uma candidata a um emprego pode ter confiança de que se sairá bem durante a entrevista de seleção, terá a capacidade de responder às perguntas possíveis, permanecerá relaxada e controlada e exibirá um nível apropriado de comportamento cordial. Portanto, ela tem alta autoeficácia com relação à entrevista de emprego. Contudo, apesar dessas expectativas de alta eficácia, ela pode ter baixas expectativas de resultados. Existiria uma baixa expectativa de resultado se ela acreditasse ter poucas chances de ser selecionada para um cargo. Esse julgamento pode se dever a condições ambientais não promissoras, como alta taxa

Autoeficácia é a medida em que você acredita que pode ou não realizar uma tarefa.
Ekachai Lohacamonchai/Alamy Stock Photo

de desemprego, depressão na economia ou competição superior. Além disso, outros fatores pessoais, como idade, gênero, altura, peso ou saúde física, podem afetar negativamente as expectativas de resultados.

Além de ser diferente das expectativas de resultados, a autoeficácia deve ser distinguida de vários outros conceitos. Primeiro, eficácia não se refere à capacidade de executar habilidades motoras básicas como caminhar, alcançar ou agarrar. Eficácia também não implica que podemos executar comportamentos designados sem ansiedade, estresse ou medo; ela é meramente nosso julgamento, preciso ou falho, sobre podermos ou não executar as ações necessárias. Por fim, os julgamentos de eficácia não são a mesma coisa que os níveis de aspiração. Os adictos em heroína, por exemplo, muitas vezes, desejam estar livres da droga, mas podem ter pouca confiança em sua capacidade de romper o vício com sucesso (Bandura, 1997).

Autoeficácia não é um conceito global ou generalizado, como autoestima ou autoconfiança. As pessoas podem ter alta autoeficácia em uma situação e baixa autoeficácia em outra. Ela varia conforme a situação, dependendo das competências necessárias para diferentes atividades, da presença ou ausência de outras pessoas, da competência percebida dessas outras pessoas, especialmente se elas são competidoras, da predisposição da pessoa a prestar atenção no fracasso do desempenho, em vez de no sucesso, e dos estados fisiológicos concomitantes, particularmente a presença de fadiga, ansiedade, apatia ou desânimo.

Alta e baixa eficácia combinam com ambientes responsivos e não responsivos para produzir quatro variáveis preditivas possíveis (Bandura, 1997). Quando a eficácia é alta e o ambiente é responsivo, é mais provável que os resultados sejam de sucesso. Quando a baixa eficácia é combinada com um ambiente responsivo, as pessoas podem ficar deprimidas ao observarem que os outros têm sucesso em tarefas que parecem muito difíceis para elas. Quando pessoas com alta eficácia encontram situações ambientais não responsivas, elas, em geral, intensificam seus esforços para mudar o ambiente. Elas podem usar o protesto, o ativismo social ou mesmo a força para instigar mudança; mas, se todos os esforços falham, Bandura levanta a hipótese de que ou elas desistem daquele curso e assumem um novo ou procuram um ambiente mais responsivo. Por fim, quando a baixa autoeficácia se combina com um ambiente não responsivo, as pessoas provavelmente sentem apatia, resignação e desamparo. Por exemplo, um executivo júnior com baixa autoeficácia que percebe as dificuldades de se tornar presidente da empresa irá desenvolver sentimentos de desencorajamento, desistirá e não conseguirá transferir esforços produtivos para um objetivo semelhante, porém menor.

O que contribui para a autoeficácia?

A eficácia pessoal é adquirida, melhorada ou diminuída por meio de uma fonte ou da combinação de quatro fontes: (1) experiências de domínio, (2) modelagem social, (3) persuasão social e (4) estados físicos e emocionais (Bandura, 1997). Com cada método, as informações sobre si mesmo e sobre o ambiente são processadas cognitivamente e, com as lembranças de experiências prévias, alteram a autoeficácia percebida.

Experiências de domínio As fontes mais influentes de autoeficácia são as experiências de domínio, ou seja, os desempenhos passados (Bandura, 1997). Em geral, o desempenho de sucesso aumenta as expectativas de eficácia; o fracasso tende a reduzi-las. Essa afirmação geral possui seis corolários.

Primeiro, o desempenho de sucesso eleva a autoeficácia proporcionalmente à dificuldade da tarefa. Jogadores

A fonte mais influente de autoeficácia é o desempenho.
Purestock/SuperStock

de tênis muito habilidosos adquirem pouca autoeficácia derrotando oponentes inferiores, porém ganham muito ao terem bom desempenho contra oponentes superiores. Segundo, as tarefas realizadas com sucesso, por si só, são mais eficazes do que aquelas concluídas com a ajuda de outros. Nos esportes, as realizações em equipe não aumentam a eficácia pessoal tanto quanto as realizações individuais. Terceiro, o fracasso é mais provável de reduzir a eficácia quando sabemos que empreendemos nossos melhores esforços. Fracassar quando se tentou apenas pela metade não é tão ineficaz quanto ficar aquém apesar dos melhores esforços. Quarto, o fracasso sob condições de alta excitação emocional ou angústia não é tão autodebilitante quanto o fracasso sob condições máximas. Quinto, o fracasso antes de estabelecer um sentimento de domínio é mais prejudicial para os sentimentos de eficácia pessoal do que o fracasso posterior. Um sexto corolário relacionado é que o fracasso ocasional tem pouco efeito sobre a eficácia, em especial para pessoas com uma expectativa em geral alta de sucesso.

Modelagem social Uma segunda fonte de eficácia é a modelagem social, ou seja, as **experiências vicariantes** proporcionadas por outras pessoas. Nossa autoeficácia é aumentada quando observamos as realizações de outras pessoas de igual competência, mas é diminuída quando vemos um par fracassar. Quando a outra pessoa é diferente de nós, a modelagem social terá pouco efeito sobre nossa autoeficácia. Um velho, covarde e sedentário, observando um jovem artista de circo, ativo e corajoso, andar com sucesso sobre a corda bamba sem dúvida terá pouca melhora nas expectativas de eficácia de que ele realize a mesma coisa.

Em geral, os efeitos da modelagem social não são tão fortes quanto os do desempenho pessoal em elevar os níveis de eficácia, mas eles podem ter efeitos poderosos quando se referem à ineficácia. Observar um nadador de igual habilidade fracassar em atravessar um rio agitado provavelmente irá dissuadir o observador de tentar a mesma façanha. Os efeitos dessa experiência vicariante podem durar até mesmo a vida inteira.

Persuasão social A autoeficácia também pode ser adquirida ou enfraquecida pela persuasão social (Bandura, 1997). Os efeitos dessa fonte são limitados, mas, sob as condições adequadas, a persuasão dos outros pode aumentar ou reduzir a autoeficácia. A primeira condição é que a pessoa acredite no persuasor. Exortações ou críticas de uma fonte confiável têm maior poder de eficácia do que aquelas de uma pessoa não confiável. Incentivar a autoeficácia por meio da persuasão social será efetivo somente se a atividade que a pessoa for encorajada a experimentar encontrar-se dentro de seu próprio repertório de comportamento. Nenhuma quantidade de persuasão verbal pode alterar o julgamento de eficácia de uma pessoa sobre a capacidade de correr 100 metros em menos de 8 segundos.

Bandura (1986) levanta a hipótese de que a eficácia da sugestão está diretamente relacionada ao *status* e à autoridade percebida do persuasor. *Status* e autoridade, é claro, não são idênticos. Por exemplo, a sugestão de um psicoterapeuta para pacientes fóbicos de que eles conseguem andar em um elevador lotado tem maior probabilidade de aumentar a autoeficácia do que o encorajamento por parte do cônjuge ou dos filhos dessas pessoas. Porém, se esse mesmo terapeuta disser aos pacientes que eles têm a capacidade de trocar um interruptor de luz estragado, os pacientes provavelmente não irão melhorar sua autoeficácia para essa atividade. Além disso, a persuasão social é mais efetiva quando combinada com o desempenho bem-sucedido. A persuasão pode convencer alguém a tentar uma atividade e, se o desempenho for bem-sucedido, tanto a realização quanto as recompensas verbais posteriores aumentarão a eficácia futura.

Estados físicos e emocionais A fonte final de eficácia são os estados físicos e emocionais (Bandura, 1997). Uma emoção forte tende a reduzir o desempenho; quando as pessoas experimentam medo intenso, ansiedade aguda ou altos níveis de estresse, é provável que elas tenham expectativas de eficácia mais baixas. Um ator em uma peça da escola sabe seu texto durante o ensaio, mas percebe que o medo que ele sente na noite de estreia pode bloquear sua memória. A propósito, para algumas situações, a excitação emocional, se não for muito intensa, está associada a um desempenho aumentado, de modo que a ansiedade moderada sentida por aquele ator na noite de estreia tem potencial para aumentar suas expectativas de eficácia. A maioria das pessoas, quando não está com medo, tem a capacidade de segurar cobras venenosas. Elas apenas devem pegar a cobra com firmeza por trás da cabeça; mas, para muitas pessoas, o medo que acompanha o contato com a cobra é debilitante e reduz sobremaneira sua expectativa de desempenho.

Os psicoterapeutas já reconheceram há tempo que uma redução na ansiedade ou um aumento no relaxamento físico podem facilitar o desempenho. A informação da excitação está relacionada a inúmeras variáveis. Primeiro, é claro, está o nível de excitação – em geral, quanto maior a excitação, mais baixa a autoeficácia. A segunda variável é o realismo percebido da excitação. Se a pessoa sabe que o medo é realista, como quando dirige na estrada congelada de uma montanha, a eficácia pessoal pode ser aumentada. Entretanto, quando a pessoa percebe o absurdo da fobia – por exemplo, medo de lugares abertos –, então a excitação emocional tende a baixar a eficácia. Por fim, a natureza da tarefa é uma variável adicional. A excitação emocional pode facilitar a realização bem-sucedida de tarefas simples, mas é provável que interfira no desempenho de atividades complexas.

Ainda que a autoeficácia seja "o fundamento da agência humana" (Bandura, 2001, p. 10), ela não é o único modo de agência humana. As pessoas também podem exercer controle sobre suas vidas por meio da agência por procuração e da eficácia coletiva.

Agência por procuração

Procuração envolve o controle indireto sobre as condições sociais que afetam a vida diária. Bandura (2001) observou que "ninguém possui o tempo, a energia e os recursos para ter domínio em todos os terrenos da vida diária. O funcionamento de sucesso, necessariamente, envolve uma combinação de confiança na agência por procuração em algumas áreas de funcionamento" (p. 13). Na sociedade americana moderna, por exemplo, as pessoas seriam quase impotentes se dependessem unicamente das realizações pessoais para regular suas vidas. A maioria não tem a capacidade pessoal de consertar um condicionador de ar, uma câmera ou um automóvel. Por meio da agência por procuração, no entanto, elas podem realizar seu objetivo dependendo de outras pessoas para consertar esses objetos. As pessoas tentam mudar sua vida diária fazendo contato com seu representante no congresso ou com outra pessoa potencialmente influente; elas buscam mentores para ajudá-las a aprender habilidades úteis; elas contratam um menino da vizinhança para cortar sua grama; elas se baseiam nos serviços de notícias internacionais para saberem de eventos recentes; elas contratam advogados para resolver problemas legais; e assim por diante.

Procuração, no entanto, possui um aspecto negativo. Ao dependerem muito da competência e do poder dos outros, as pessoas podem enfraquecer seu senso de eficácia pessoal e coletiva. Um cônjuge pode se tornar dependente do outro para cuidar dos afazeres domésticos; filhos no fim da adolescência ou jovens adultos podem esperar que os pais cuidem deles; e os cidadãos podem aprender a depender do governo para sanar suas necessidades da vida.

Eficácia coletiva

O terceiro modo de agência humana é a *eficácia coletiva*. Bandura (2000) definiu **eficácia coletiva** como "as crenças compartilhadas das pessoas em seu poder coletivo de produzir os resultados desejados" (p. 75). Em outras palavras, eficácia coletiva é a confiança que as pessoas têm de que seus esforços combinados ocasionarão realizações para o grupo. Bandura (2000) sugeriu duas técnicas para medir a eficácia coletiva. A primeira é combinar as avaliações dos membros individuais sobre suas capacidades de exercer comportamentos que beneficiem o grupo. Por exemplo, os atores em uma peça teriam alta eficácia coletiva se todos tivessem a confiança em sua capacidade pessoal de realizar seu papel de modo adequado. A segunda abordagem proposta por Bandura é medir a confiança que cada pessoa tem na capacidade do grupo de produzir um resultado desejado. Por exemplo, jogadores de beisebol podem ter pouca confiança em cada um de seus companheiros de time, mas possuem alta confiança de que o *time* terá um ótimo desempenho. Essas duas abordagens um pouco diferentes da eficácia coletiva requerem técnicas de medidas distintas.

A eficácia coletiva não se origina de uma "mente" coletiva, mas da eficácia pessoal de muitos indivíduos trabalhando em conjunto. A eficácia coletiva de um grupo, no entanto, depende não só do conhecimento e das habilidades de seus membros individuais, mas também das crenças de que eles podem trabalhar juntos de maneira coordenada e interativa (Bandura, 2000). As pessoas podem ter alta autoeficácia, mas baixa eficácia coletiva. Por exemplo, uma mulher pode ter alta eficácia pessoal para perseguir um estilo de vida saudável, mas ela pode ter baixa eficácia coletiva para ser capaz de reduzir a poluição ambiental, as condições de trabalho perigosas ou a ameaça de doença infecciosa.

Bandura (1998b) assinalou que diferentes culturas possuem níveis distintos de eficácia coletiva e trabalham de forma mais produtiva sob sistemas diferentes. Por exemplo, as pessoas nos Estados Unidos, uma cultura individualista, sentem maior *autoeficácia* e trabalham melhor sob um sistema orientado individualmente, enquanto as pessoas na China, uma *cultura coletivista*, sentem maior eficácia coletiva e trabalham melhor sob um sistema orientado para o grupo.

Bandura (1997, 1998b, 2001) lista vários fatores que podem minar a eficácia coletiva. Primeiro, os humanos vivem em um mundo transnacional; o que acontece em uma parte do globo pode afetar pessoas em outros países, dando-lhes um sentimento de desamparo. A destruição da floresta amazônica, as políticas de comércio internacional ou a destruição da camada de ozônio, por exemplo, podem afetar a vida de pessoas em qualquer lugar e minar sua confiança para moldar um mundo melhor para elas.

Segundo, tecnologias recentes que as pessoas não entendem nem acreditam que conseguem controlar podem diminuir seu sentimento de eficácia coletiva. Em anos passados, muitos motoristas, por exemplo, tinham confiança em sua capacidade de manter seu carro em condições de funcionamento. Com o advento dos controles computadorizados em automóveis modernos, muitos mecânicos moderadamente habilidosos não só perderam a eficácia pessoal para consertar seu veículo como também apresentaram baixa eficácia coletiva para inverter a tendência dos automóveis cada vez mais complicados.

Uma terceira condição que mina a eficácia coletiva é a complexa máquina social, com níveis de burocracia que impedem a mudança social. As pessoas que tentam mudar as estruturas burocráticas com frequência são desencorajadas pelo fracasso ou pelo longo lapso de tempo entre suas ações e alguma alteração perceptível. Tendo ficado desanimadas, muitas pessoas, "em vez de desenvolver os meios para moldar seu próprio futuro... cedem a contragosto o controle a especialistas técnicos e funcionários públicos" (Bandura, 1995, p. 37).

Quarto, o grande âmbito e a magnitude dos problemas humanos podem prejudicar a eficácia coletiva. Guerras, fome, superpopulação, crime e desastres naturais são apenas alguns dos problemas globais que podem deixar as pessoas com um sentimento de impotência. Apesar desses enormes problemas transnacionais, Bandura acredita que mudanças positivas são possíveis se as pessoas perseverarem com seus esforços coletivos e não ficarem desencorajadas.

Segundo uma perspectiva mundial, Bandura (2000) concluiu que, "conforme a globalização atinge mais profundamente a vida das pessoas, um sentimento resiliente de eficácia compartilhada se torna essencial para promover seus interesses comuns" (p. 78).

Autorregulação

Quando as pessoas possuem altos níveis de autoeficácia, são confiantes em relação a suas procurações e possuem eficácia coletiva sólida, elas têm capacidade considerável de regular o próprio comportamento. Bandura (1994) acredita que as pessoas usam estratégias reativas e proativas para autorregulação. Ou seja, elas *reativamente* tentam reduzir as discrepâncias entre suas realizações e seu objetivo; mas depois que acabam com essas discrepâncias, elas *proativamente* estabelecem objetivos novos e mais elevados para si. "As pessoas se motivam e guiam suas ações por meio do controle proativo, estabelecendo para si objetivos valiosos que criam um estado de desequilíbrio e, assim, mobilizando suas capacidades e esforços com base na estimativa antecipatória do que é necessário para alcançar os objetivos" (p. 63). A noção de que as pessoas procuram um estado de desequilíbrio é semelhante à crença de Gordon Allport de que os indivíduos são motivados para criar tensão tanto quanto para reduzi-la (ver Cap. 12).

Que processos contribuem para essa autorregulação? Primeiro, as pessoas possuem capacidade limitada para manipular os fatores externos que se integram ao paradigma interativo recíproco. Segundo, as pessoas são capazes de monitorar o próprio comportamento e avaliá-lo em termos de objetivos próximos e distantes. O comportamento, então, origina-se de uma influência recíproca de fatores externos e internos.

Fatores externos na autorregulação

Os fatores externos afetam a autorregulação pelo menos de duas formas. Primeiro, eles fornecem um padrão para a avaliação de nosso comportamento. Os padrões não provêm unicamente de forças internas. Fatores ambientais, interagindo com influências pessoais, moldam os padrões individuais para avaliação. Mediante princípios, aprendemos com pais e professores o valor do comportamento honesto e amistoso; pela experiência direta, aprendemos a atribuir mais valor a sermos afetuosos do que frios; e por meio da observação de outros, desenvolvemos inúmeros padrões para avaliar nosso desempenho. Em cada um desses exemplos, fatores pessoais afetam quais padrões aprendemos, porém as forças ambientais também desempenham um papel.

Segundo, fatores externos influenciam a autorregulação, fornecendo os meios para o reforço. As recompensas intrínsecas nem sempre são suficientes; também precisamos de incentivos que emanem de fatores externos. Um artista, por exemplo, pode precisar de mais reforço do que autossatisfação para concluir um grande mural. O apoio ambiental, em forma de um adiantamento financeiro ou de um elogio e encorajamento dos outros, também pode ser necessário.

Os incentivos para concluir um projeto moroso geralmente provêm do ambiente e, com frequência, assumem a forma de pequenas recompensas contingentes à conclusão de subobjetivos. O artista pode ter prazer com uma xícara de café depois de ter pintado a mão de uma das figuras no quadro ou fazer uma pausa para o almoço depois de terminar outra pequena parte do mural. No entanto, a autorrecompensa pelo desempenho inadequado provavelmente resulta em sanções ambientais. Os amigos podem criticar o trabalho do artista ou zombar dele, os patrocinadores podem retirar o apoio financeiro ou o artista pode ser autocrítico. Quando o desempenho não satisfaz nossos próprios padrões, tendemos a retirar as recompensas de nós mesmos.

Fatores internos na autorregulação

Fatores externos interagem com fatores internos ou pessoais na autorregulação. Bandura (1986, 1996) reconhece três requisitos internos no exercício constante da autoinfluência: (1) auto-observação, (2) processos de julgamento e (3) autorreação.

Auto-observação

O primeiro fator interno na autorregulação é a *auto-observação* do desempenho. Precisamos ser capazes de monitorar nosso próprio desempenho, embora a atenção que damos a isso não precise ser completa ou mesmo acurada. Atentamos de forma seletiva a alguns aspectos de nosso comportamento e ignoramos outros por completo. O que observamos depende dos interesses e de outras autoconcepções preexistentes. Em situações de realização, como pintar quadros, praticar jogos ou fazer exames, prestamos atenção à qualidade, à quantidade, à velocidade ou à originalidade de nosso trabalho. Em situações interpessoais, como conhecer novos indivíduos ou relatar eventos, monitoramos a sociabilidade ou a moralidade de nossa conduta.

Processo de julgamento

A auto-observação, sozinha, não fornece uma base suficiente para a regulação do comportamento. Também precisamos avaliar nosso desempenho. Esse segundo processo, o *processo de julgamento*, ajuda a regular nosso comportamento por meio do processo de mediação cognitiva. Somos capazes não só de autoconsciência reflexiva como também de julgamento do valor de nossas ações com base

Observar nosso próprio desempenho é o primeiro passo na autorregulação.
Image Source/Getty Images

nos objetivos que estabelecemos para nós mesmos. De forma mais específica, o processo de julgamento depende de padrões pessoais, desempenhos referenciais, valorização da atividade e atribuição de desempenho.

Os *padrões pessoais* nos permitem avaliar nosso desempenho sem compará-lo à conduta dos outros. Para uma criança de 10 anos profundamente incapacitada, o ato de dar um laço em seu calçado pode ser muito valorizado. Ela não precisa desvalorizar sua conquista simplesmente porque outras crianças podem realizar o mesmo ato com menos idade.

Os padrões pessoais, no entanto, são uma fonte limitada de avaliação. Para a maioria de nossas atividades, avaliamos nosso desempenho comparando-o com um *padrão de referência*. Os estudantes comparam suas notas nos testes com as de seus colegas, e jogadores de tênis julgam suas habilidades pessoais comparando-as com as dos outros jogadores. Além disso, usamos nossos níveis prévios de realizações como uma referência para a avaliação do desempenho presente: "Minha voz ao cantar melhorou ao longo dos anos?", "Minha habilidade para ensinar agora está melhor do que nunca?". Além disso, podemos julgar nosso desempenho comparando-o com o de outro indivíduo – um irmão, uma irmã, um genitor ou até mesmo um rival odiado – ou podemos compará-lo a uma norma-padrão, como o par no golfe ou um escore perfeito no boliche.

Além dos padrões pessoais e de referência, o processo de julgamento também depende do *valor* global que atribuímos a uma atividade. Se atribuirmos valor menor à habilidade de lavar pratos ou tirar o pó da mobília, então empregaremos pouco tempo ou esforço para tentar melhorar tais habilidades. Entretanto, se atribuímos valor alto a estar à frente no mundo dos negócios ou a obter um diploma profissional ou um mestrado, então empregaremos muito esforço para atingir o sucesso nessas áreas.

Por fim, a autorregulação também depende de como julgamos as causas de nosso comportamento, ou seja, a *atribuição de desempenho*. Se acreditarmos que nosso sucesso resulta dos próprios esforços, iremos nos orgulhar de nossas conquistas e tenderemos a trabalhar mais arduamente para atingir nossos objetivos. No entanto, se atribuirmos nosso desempenho a fatores externos, não sentiremos muita autossatisfação e, provavelmente, não empregaremos esforços árduos para atingir nossos objetivos. Contudo, se acreditarmos que somos responsáveis por nossos fracassos ou desempenho inadequado, trabalharemos mais prontamente na direção da autorregulação do que se estivermos convencidos de que nossas falhas e nossos medos se devem a fatores que estão além de nosso controle (Bandura, 1986, 1996).

Autorreação

O terceiro fator interno na autorregulação é a *autorreação*. As pessoas respondem de forma positiva ou negativa a seus comportamentos, dependendo do quanto eles estão à altura de seus padrões pessoais. Ou seja, as pessoas criam incentivos para as próprias ações por meio do autorreforço ou da autopunição. Por exemplo, uma estudante aplicada que concluiu uma tarefa de leitura pode se recompensar assistindo a seu programa de televisão favorito.

O autorreforço não se baseia no fato de que ele se segue imediatamente a uma resposta. Ao contrário, ele se baseia, em grande parte, no uso de nossa habilidade cognitiva para mediar as consequências do comportamento. As pessoas estabelecem padrões de desempenho que, quando satisfeitos, tendem a regular o comportamento por meio de recompensas autoproduzidas, tais como orgulho e autossatisfação. Quando as pessoas não conseguem corresponder a seus padrões, seu comportamento é seguido de autoinsatisfação ou autocrítica.

Esse conceito de consequências automediadas é um grande contraste com a noção de Skinner de que as consequências do comportamento são determinadas pelo ambiente. Bandura levanta a hipótese de que as pessoas trabalham para obter recompensas e para evitar punições de acordo com padrões autoimpostos. Mesmo quando as recompensas sejam tangíveis, elas costumam ser acompanhadas por incentivos intangíveis automediados, como um sentimento de realização. O Prêmio Nobel, por exemplo, implica uma recompensa substancial em dinheiro, porém seu valor maior para a maioria dos ganhadores é o sentimento de orgulho ou autossatisfação por realizarem tarefas que conduziram à premiação.

Autorregulação por meio da agência moral

As pessoas também regulam suas ações por meio de padrões morais de conduta. Bandura (1999a) considera a agência moral composta por dois aspectos: (1) não causar danos às pessoas e (2) ajudar as pessoas proativamente. Nossos mecanismos autorregulatórios, no entanto, não afetam outras pessoas até que atuemos sobre eles. Não temos um agente controlador automático interno, como uma consciência ou um superego, que invariavelmente direcione nosso comportamento para valores morais correntes. Bandura (2002a) insiste em que os preceitos morais predizem o comportamento moral somente quando convertidos em ação. Em outras palavras, as influências autorregulatórias não são automáticas, mas operam somente se ativadas, um conceito que Bandura chama de **ativação seletiva**.

Como as pessoas com fortes crenças morais referentes a valor e dignidade da humanidade podem se comportar de forma desumana com os outros? A resposta de Bandura é que "as pessoas normalmente não se engajam em conduta repreensível até que elas tenham se justificado da moralidade de suas ações" (p. 72). Justificando a moralidade de suas ações, elas podem se separar ou se desengajar das consequências de seu comportamento, um conceito que Bandura denomina **desengajamento do controle interno**.

As técnicas de desengajamento permitem que as pessoas, individualmente ou em conjunto com outras, engajem-se em comportamentos desumanos ao mesmo tempo em que mantêm seus padrões morais (Bandura, 2002a). Por exemplo, os políticos, com frequência, convencem seus eleitores da moralidade da guerra. Assim, as guerras são empreendidas contra pessoas "más", indivíduos que merecem ser derrotados ou até mesmo aniquilados.

A ativação seletiva e o desengajamento do controle interno permitem que pessoas com os mesmos padrões morais se comportem de formas muito diferentes, assim como possibilitam que a mesma pessoa se comporte de forma diferente em situações distintas. A Figura 17.2 ilustra os vários mecanismos por meio dos quais o autocontrole é desengajado ou ativado seletivamente. Primeiro, as pessoas podem *redefinir ou reconstruir a natureza do comportamento em si* por meio de técnicas como justificá-lo moralmente, fazer comparações vantajosas ou rotular suas ações de modo eufemístico. Segundo, elas podem *minimizar, ignorar ou distorcer as consequências nocivas de seu comportamento*. Terceiro, elas podem *acusar ou desumanizar a vítima*. Quarto, elas podem *deslocar ou diluir a responsabilidade* por seu comportamento obscurecendo a relação entre suas ações e os efeitos destas.

Redefinir o comportamento

Com a *redefinição do comportamento*, as pessoas justificam ações de outra forma repreensíveis por meio de uma reestruturação cognitiva, capaz de minimizar ou eliminar a responsabilidade. Elas podem se aliviar da responsabilidade por seu comportamento por meio de, pelo menos, três técnicas (ver quadro superior à esquerda na Figura 17.2).

A primeira é a *justificativa moral*, em que um comportamento de outra forma culpável tende a parecer defensável

FIGURA 17.2 Mecanismos por meio dos quais o controle interno é ativado de forma seletiva ou desengajado de conduta repreensível em diferentes pontos no processo regulatório.

ou até mesmo nobre. Bandura (1986) citou o exemplo do herói da I Guerra Mundial, o sargento Alvin York, o qual, como um opositor consciencioso, acreditava que matar era moralmente errado. Depois que o comandante de seu batalhão citou da Bíblia as condições sob as quais era moralmente justificado matar e após uma longa vigília de orações, York se convenceu de que matar soldados inimigos era defensável sob o âmbito moral. Depois de sua redefinição de matar, York prosseguiu matando e capturando mais de cem soldados alemães e, como consequência, tornou-se um dos maiores heróis de guerra na história americana.

Um segundo método de redução da responsabilidade pela redefinição do comportamento ilícito é fazer *comparações paliativas* ou vantajosas entre aquele comportamento e as atrocidades ainda maiores cometidas por outros. A criança que vandaliza o prédio de uma escola usa a desculpa de que os outros quebraram mais janelas.

Uma terceira técnica na redefinição do comportamento é o uso de *rótulos eufemísticos*. Os políticos que prometeram não elevar os impostos falam de "aumento da receita", em vez de taxas; alguns líderes nazistas chamavam o assassinato de milhões de judeus de "purificação da Europa" ou "a solução final".

Desconsiderar ou distorcer as consequências do comportamento

Um segundo método para evitar a responsabilidade envolve *distorcer ou obscurecer a relação entre o comportamento e suas consequências nocivas* (ver quadro superior central da Fig. 17.2). Bandura (1986, 1999a) reconheceu pelo menos três técnicas de distorção ou obscurecimento das consequências nocivas das ações de um indivíduo. Primeiro, as pessoas podem *minimizar as consequências de seu comportamento*. Por exemplo, um motorista ultrapassa um sinal vermelho e atropela um pedestre. Enquanto a vítima está sangrando e inconsciente no chão, o motorista diz: "Ela não está muito machucada. Ela vai ficar bem".

Segundo, as pessoas podem *desconsiderar ou ignorar as consequências de suas ações*, como quando elas não veem inicialmente os efeitos prejudiciais de seu comportamento. Em tempos de guerra, os chefes de Estado e os generais do exército raramente veem a destruição total e as mortes resultantes de suas decisões.

Finalmente, as pessoas podem *distorcer ou interpretar mal as consequências de suas ações*, como quando um pai bate muito no filho, causando hematomas graves, mas explica que a criança precisa de disciplina para amadurecer de forma adequada.

Desumanizar ou culpar as vítimas

Terceiro, as pessoas podem obscurecer a responsabilidade por suas ações *desumanizando suas vítimas ou atribuindo a culpa a elas* (ver quadro superior à direita na Fig. 17.2). Em tempos de guerra, as pessoas, muitas vezes, consideram o inimigo como sub-humano; portanto, não precisam se sentir culpadas por matarem soldados rivais. Em vários momentos na história americana, judeus, afro-americanos, hispano-americanos, americanos nativos, asiático-americanos, homossexuais e moradores de rua se tornaram *vítimas desumanizadas*. Pessoas de outra forma amáveis, atenciosas e gentis perpetraram atos de violência, insulto ou outras formas de maus-tratos contra esses grupos ao mesmo tempo em que evitavam a responsabilidade por seu comportamento.

Quando as vítimas não são desumanizadas, elas são, às vezes, *acusadas* pela conduta culpável do perpetrador. Um estuprador pode acusar a vítima por seu crime citando seu vestido ou comportamento provocativo.

Deslocar ou diluir a responsabilidade

O quarto método para dissociar as ações das consequências é *deslocar ou diluir a responsabilidade* (ver quadro inferior na Figura 17.2). Com o *deslocamento*, as pessoas minimizam as consequências de suas ações, atribuindo a responsabilidade a uma fonte externa. Exemplos incluem uma empregada que alega que seu chefe é responsável por sua ineficiência e um universitário que culpa o professor por suas notas baixas.

Um procedimento relacionado é *diluir a responsabilidade* – espalhá-la tanto que ninguém seja responsável. Uma funcionária pública pode diluir a responsabilidade por suas ações por toda a burocracia, com comentários como: "É assim que as coisas são feitas por aqui" ou "Isto é simplesmente política".

Comportamento desadaptado

O conceito de Bandura de causação recíproca triádica presume que o comportamento é aprendido como consequência de uma interação mútua (1) da pessoa, incluindo cognição e processos neurofisiológicos; (2) do ambiente, incluindo relações interpessoais e condições socioeconômicas; e (3) de fatores comportamentais, incluindo experiências prévias com reforço. O comportamento desadaptado não é exceção. O conceito de Bandura de comportamento desadaptado se presta mais prontamente a reações depressivas, fobias e comportamentos agressivos.

Depressão

Padrões e objetivos pessoais altos podem levar a realizações e satisfação consigo próprio. No entanto, quando as pessoas estabelecem objetivos muito altos, é provável que fracassem. O fracasso, em geral, conduz à depressão, e as pessoas deprimidas com frequência subestimam suas realizações. O resultado é infelicidade crônica, sentimento de desvalia, falta de propósito e depressão generalizada. Bandura (1986, 1997) acredita que pode ocorrer depressão desadaptada em qualquer uma das três subfunções autorregulatórias: (1) auto-observação, (2) processos de julgamento e (3) autorreações.

Primeiro, durante a auto-observação, as pessoas podem julgar erroneamente o próprio desempenho ou distorcer sua lembrança de realizações passadas. As pessoas deprimidas tendem a exagerar seus erros passados e a minimizar suas realizações anteriores, uma tendência que perpetua sua depressão.

Segundo, as pessoas deprimidas tendem a fazer julgamentos equivocados. Elas estabelecem seus padrões irrealisticamente tão altos que qualquer realização pessoal é julgada como um fracasso. Mesmo quando atingem o sucesso aos olhos dos outros, elas continuam a criticar com severidade o próprio desempenho. A depressão é especialmente provável quando as pessoas estabelecem objetivos e padrões pessoais muito mais altos do que sua eficácia percebida para os atingir.

Por fim, as reações dos indivíduos deprimidos são muito diferentes daquelas das pessoas não deprimidas. As pessoas deprimidas não só se julgam duramente, mas também são inclinadas a se tratarem mal devido a seus defeitos.

Fobias

Fobias são medos fortes e pervasivos o suficiente para terem efeitos debilitantes graves na vida diária da pessoa. Por exemplo, fobias a cobras impedem as pessoas de terem uma variedade de empregos e desfrutarem de muitos tipos de atividades recreativas. As fobias e os medos são aprendidos por contato direto, generalização inadequada e, especialmente, experiências de observação (Bandura, 1986). Eles são difíceis de extinguir se a pessoa fóbica simplesmente evita o objeto ameaçador. A menos que o objeto temido seja encontrado de alguma maneira, a fobia irá durar de modo indefinido.

Bandura (1986) credita à televisão e a outras mídias de notícias a geração de muitos de nossos medos. Estupros, assaltos à mão armada ou assassinatos divulgados pela mídia aterrorizam uma comunidade, fazendo as pessoas terem as vidas confinadas por portas trancadas. A maioria das pessoas nunca foi estuprada, roubada ou machucada de modo intencional; no entanto, muitas vivem com medo de serem agredidas por criminosos. Os atos criminais violentos que parecem aleatórios e imprevisíveis são mais prováveis de instigar reações fóbicas.

Depois de estabelecidas, as fobias são mantidas por determinantes consequentes, ou seja, o reforço negativo que a pessoa fóbica recebe por evitar a situação que produz medo. Por exemplo, se a pessoa espera passar por experiências aversivas (ser assaltada) enquanto atravessa o parque da cidade, ela reduz seu sentimento de ameaça não entrando no parque ou até mesmo não chegando perto dele. Nesse exemplo, o comportamento desadaptado (esquiva) é produzido e mantido pela interação mútua das expectativas da pessoa (crença de que será assaltada), pelo ambiente externo (o parque da cidade) e por fatores comportamentais (suas experiências prévias com o medo).

Agressividade

Comportamentos agressivos, quando levados a extremos, também são desadaptados. Para Bandura (1986), o comportamento agressivo é adquirido por meio de observação de outros, experiências diretas com reforços positivos e negativos, treinamento ou instrução e crenças bizarras.

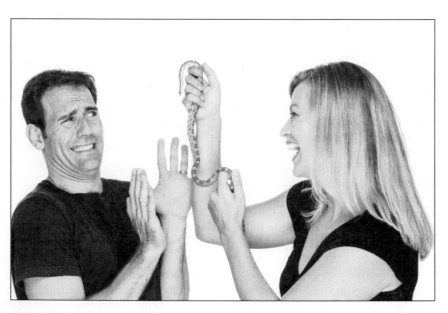

As fobias podem interferir no funcionamento diário.
oneclearvision/Getty Images

Depois de estabelecido o comportamento agressivo, as pessoas continuam a agredir por, pelo menos, cinco razões: (1) elas gostam de infligir danos à vítima (reforço positivo); (2) elas evitam ou contrariam as consequências aversivas da agressão pelos outros (reforço negativo); (3) elas recebem lesões ou danos por não se comportarem agressivamente (punição); (4) elas correspondem aos padrões pessoais de conduta por seu comportamento agressivo (autorreforço); e (5) elas observam outros recebendo recompensas por atos agressivos ou punição por comportamento não agressivo.

Bandura acredita que as ações agressivas conduzam a mais agressividade. Essa crença está baseada no clássico estudo de Bandura, Dorrie Ross e Sheila Ross (1963), o qual constatou que as crianças que observavam outros comportarem-se com agressividade exibiam mais agressividade do que um grupo-controle de crianças que não viam atos agressivos. Nesse estudo, os pesquisadores dividiram os meninos e as meninas da creche em três grupos experimentais combinados e um grupo-controle.

As crianças no primeiro grupo experimental observaram um modelo ao vivo se comportando com agressividade física e verbal com inúmeros brinquedos, incluindo um grande joão-bobo inflado; o segundo grupo experimental observou um filme que mostrava o mesmo modelo se comportando de maneira idêntica; o terceiro grupo experimental viu um desenho animado em que um modelo, vestido como um gato preto, comportava-se agressivamente contra o joão-bobo. As crianças do grupo-controle foram combinadas com aquelas dos grupos experimentais em classificações prévias de agressividade, mas elas não foram submetidas a um modelo agressivo.

Depois que as crianças nos três grupos experimentais observaram um modelo repreendendo, chutando, soqueando e batendo no joão-bobo com um taco, elas direcionaram-se para outra sala, onde foram frustradas de forma sutil. Imediatamente após tal frustração, cada criança entrava na sala experimental, que continha alguns brinquedos (como uma versão menor do joão-bobo) que podiam ser usados de modo agressivo. Além disso, alguns brinquedos não agressivos (como um aparelho de chá e material para colorir) estavam presentes. Os observadores assistiram à resposta agressiva ou à não agressiva com os brinquedos por meio de uma sala de espelho.

Conforme esperado, as crianças expostas a um modelo agressivo exibiram mais respostas agressivas do que aquelas que não tinham sido expostas. Mas, ao contrário das expectativas, os pesquisadores não constataram diferenças na quantidade total de agressividade demonstrada pelas crianças nos três grupos experimentais. As crianças que tinham observado o personagem de desenho animado eram pelo menos tão agressivas quanto as expostas a um modelo ao vivo ou a um modelo filmado. Em geral, as crianças em cada grupo experimental exibiram quase duas vezes mais comportamento agressivo do que as do grupo-controle. Além disso, o tipo particular de resposta agressiva foi extremamente semelhante ao exibido pelos modelos adultos. As crianças repreenderam, chutaram, soquearam e bateram no boneco com um taco, em uma imitação muito próxima do que havia sido modelado.

Esse estudo, agora com mais de 40 anos, foi conduzido em uma época em que as pessoas ainda debatiam os efeitos da violência na televisão sobre as crianças e os adultos. Algumas pessoas argumentavam que assistir a comportamentos agressivos na televisão teria um efeito catártico sobre as crianças, ou seja, as que experimentavam agressividade vicariamente teriam pouca motivação para agir de maneira agressiva. O estudo de Bandura, Ross e Ross (1963) ofereceu algumas das primeiras evidências experimentais de que a violência na TV não refreia a agressividade; ao contrário, ela produz comportamentos agressivos adicionais.

Terapia

De acordo com Bandura, comportamentos desviantes são iniciados com base nos princípios da aprendizagem social cognitiva e são mantidos porque, em alguns aspectos, eles continuam a servir a um propósito. A mudança terapêutica, portanto, é difícil, pois envolve eliminar comportamentos que são satisfatórios para a pessoa. Fumar, comer em excesso e consumir bebidas alcoólicas, por exemplo, em geral, têm efeitos positivos inicialmente, e suas consequências aversivas de longo alcance não costumam ser suficientes para produzir comportamento de esquiva.

O objetivo final da terapia social cognitiva é a autorregulação (Bandura, 1986).Para atingir esse fim, o terapeuta introduz estratégias designadas para induzir mudanças comportamentais específicas, generalizar tais mudanças para outras situações e mantê-las ao prevenir a recaída.

O primeiro passo para o sucesso da terapia é instigar alguma mudança no comportamento. Por exemplo, se um terapeuta consegue extinguir o medo de altura em uma pessoa previamente acrofóbica, então a mudança foi induzida, e aquela pessoa não terá medo de subir uma escada de 6 metros. Um nível mais importante da terapia é generalizar mudanças específicas. Por exemplo, a pessoa acrofóbica não só será capaz de subir uma escada como também será capaz de andar de avião ou olhar por janelas de edifícios altos. Alguns terapeutas induzem mudança e facilitam a generalização, mas, com o tempo, os efeitos terapêuticos são perdidos, e a pessoa readquire o comportamento desadaptado. Essa recaída é particularmente provável quando as pessoas estão extinguindo hábitos mal-adaptativos, tais como fumar e comer em excesso. A terapia mais efetiva atinge o terceiro nível de conquista, que é a manutenção dos comportamentos funcionais recém-adquiridos.

Bandura (1986) sugeriu várias abordagens terapêuticas básicas. A primeira inclui a *modelagem explícita ou vicariante*. As pessoas que observam modelos ao vivo ou filmados realizando atividades ameaçadoras com frequência sentem menos medo e ansiedade e, então, são capazes de realizar essas mesmas atividades.

Em um segundo modo de tratamento, *modelagem velada ou cognitiva*, o terapeuta treina os pacientes para visualizarem modelos que realizam comportamentos temíveis. As estratégias de modelagem explícita e velada são mais efetivas, porém quando combinadas com abordagens orientadas para o desempenho.

Um terceiro procedimento, denominado *domínio enativo*, requer que os pacientes executem comportamentos que anteriormente produziram medos incapacitantes. Contudo, a execução não costuma ser o primeiro passo no tratamento. Os pacientes, em geral, começam observando modelos ou diminuindo sua excitação emocional por meio da dessensibilização sistemática, que envolve a extinção da ansiedade ou do medo mediante relaxamento autoinduzido ou induzido pelo terapeuta. Com a dessensibilização sistemática, o terapeuta e o paciente trabalham juntos para colocar as situações temíveis em uma hierarquia, desde a menos ameaçadora até a mais ameaçadora (Wolpe, 1973). Os pacientes, enquanto relaxados, executam o comportamento menos ameaçador e, então, de forma gradual, avançam pela hierarquia até conseguirem realizar a atividade mais ameaçadora, ao mesmo tempo permanecendo em estado de excitação emocional baixo.

Bandura demonstrou que cada uma dessas estratégias pode ser efetiva e que elas são mais poderosas quando usadas em combinação. Bandura (1989) acredita que a razão para sua eficácia pode ser rastreada até um mecanismo comum em cada uma dessas abordagens, ou seja, a *mediação cognitiva*. Quando as pessoas usam a cognição para aumentar a autoeficácia, ou seja, quando elas se convencem de que podem realizar tarefas difíceis, então, de fato, elas se tornam capazes de enfrentar situações previamente intimidadoras.

Pesquisa relacionada

A teoria social cognitiva de Albert Bandura continua a produzir uma grande quantidade de pesquisa em vários domínios da psicologia, com o conceito de autoeficácia gerando, por si só, centenas de estudos por ano. A autoeficácia foi aplicada a uma ampla variedade de domínios, incluindo desempenho acadêmico, produção no trabalho, depressão, escape da privação de abrigo, enfrentamento do terrorismo e comportamentos relacionados à saúde. Nós nos concentramos em como a autoeficácia pode ser aplicada em três domínios sociais importantes: promoção da saúde, *bullying* e crescimento da população mundial.

Autoeficácia e diabetes

Uma das formas pelas quais a teoria social cognitiva de Albert Bandura teve o maior impacto na vida diária de muitos indivíduos foi na promoção da saúde e na prevenção de doença. O próprio Bandura escreveu a respeito da utilidade de sua teoria para encorajar as pessoas a se engajarem em comportamentos saudáveis que podem aumentar o bem-estar geral, a saúde e a longevidade (Bandura, 1998b).

William Sacco e colaboradores (2007) estudaram o construto de autoeficácia de Bandura em relação com o diabetes tipo II. O diabetes é uma doença crônica que requer um tratamento muito cuidadoso, incluindo uma dieta especial e um programa de exercícios. O diabetes apresenta às pessoas uma variedade de desafios físicos, mas também está associado a desafios significativos em saúde mental. De fato, a prevalência de depressão entre diabéticos é o dobro da população geral (Anderson, Freedland, Clouse, & Lustman, 2001). Um dos traços característicos da depressão é a falta de motivação e, devido à dieta restrita e ao plano de exercícios ao qual os pacientes devem aderir, isso é particularmente problemático para aqueles que tentam tratar o diabetes. Quanto menos os pacientes aderem a seu plano de tratamento da doença, maiores se tornam seus sintomas de diabetes, o que cria uma espiral descendente, com implicações negativas para a saúde física e mental.

Sacco e colaboradores (2007) recrutaram uma amostra de adultos que haviam sido diagnosticados com diabetes tipo II. Os participantes completaram medidas de autorrelato sobre o quanto eles aderiram à dieta, a exercícios, teste de glicose e plano de medicação, uma medida de depressão e uma medida de autoeficácia especificamente adaptada para avaliar o quanto de autoeficácia eles sentiam com relação ao tratamento da doença. Além disso, os participantes completaram uma medida da frequência e gravidade dos sintomas de diabetes, e seu índice de massa corporal (IMC) foi computado com base em dados de seus registros médicos.

Os resultados desse estudo demonstraram claramente o quanto a autoeficácia é importante para o tratamento de doenças crônicas. Níveis mais altos de autoeficácia estavam relacionados a níveis mais baixos de depressão, adesão aumentada às ordens médicas, IMC mais baixo e menor gravidade dos sintomas de diabetes. Ademais, a autoeficácia foi diretamente responsável pela relação entre IMC e depressão e pela relação entre adesão e depressão. De forma mais específica, ter um IMC alto levava as pessoas a sentirem menos autoeficácia, o que, por sua vez, conduzia a um aumento na depressão. Ao contrário, ser capaz de aderir ao plano de tratamento da doença servia para aumentar a autoeficácia, e esse aumento no sentimento de controle sobre a doença foi o responsável pela diminuição da depressão.

Em outro estudo, Sacco e colaboradores (2009) testaram se um "*check-in*" telefônico custo-efetivo com indivíduos com diabetes tipo II poderia melhorar sua autoeficácia e, portanto, promover um autocontrole mais eficaz do diabetes. Estudantes de graduação em psicologia foram preparados como "treinadores" por telefone. Eles primeiro fizeram um breve curso de educação sobre diabetes e depois ligaram para os pacientes uma vez por semana durante três meses e depois a cada duas semanas por mais três meses. Entre as coisas que os treinadores fizeram, estava ajudar os pacientes a articular explicitamente as metas semanais de controle do diabetes, colaborar com eles para resolver quaisquer obstáculos que encontrassem e elogiá-los pelo esforço e pela mudança positiva. Isso foi projetado para aumentar sua autoeficácia, transmitindo confiança em sua capacidade de atender aos padrões e incentivando experiências de domínio (Bandura, 1998). Assim como no estudo anterior, em comparação com um grupo de controle que simplesmente recebeu tratamento normal de um endocrinologista, aqueles que receberam a intervenção de treinamento por telefone mostraram uma redução nos sintomas depressivos, mediada pelo aumento da autoeficácia. Essas mudanças importantes, por sua vez, resultaram em um autogerenciamento mais bem-sucedido do diabetes.

Desengajamento moral e *bullying*

Uma área de preocupação social urgente relevante para o desengajamento moral (Bandura, 2016) é a do *bullying* entre jovens. Geralmente pensamos em crianças "ruins" ou agressivas como carentes de raciocínio moral que lhes permita discernir o certo do errado. Mas lembre-se de que Bandura argumentou que a autorregulação de nosso comportamento envolve mais do que *raciocínio*; o comportamento moral é realizado por meio de uma série de mecanismos autorreguladores que permitem que as crianças desenvolvam um senso de agência moral. No entanto, esse senso desenvolvido de arbítrio moral não é estático dentro de nós, e existem muitos processos psicológicos e sociais por meio dos quais o autocontrole ou a autossanção do "mau" comportamento podem ser eliminados. É assim que os agressores podem tratar os outros de forma agressiva sem nunca sentir a sensação de sua "injustiça" moral.

Bandura e colaboradores desenvolveram escalas de autorrelato para medir a propensão ao desengajamento moral que capturam os mecanismos descritos na Figura 17.2, e essas escalas foram modificadas para uso em uma variedade de populações (p. ex., The Moral Disengagement Scale, MDS; Bandura et al., 1996).

Gini, Pozzoli e Hymel (2014) conduziram uma importante metanálise de 27 estudos de pesquisa de desenvolvimento sobre a relação entre os preditores de desengajamento moral e *bullying* de Bandura em crianças e adolescentes em idade escolar. Eles concluíram que os níveis gerais de desengajamento moral e comportamento agressivo costumam ser mais altos em meninos do que em meninas, mas que a relação entre desengajamento moral e comportamentos de *bullying* era a mesma para ambos os sexos. De um modo geral, a metanálise revelou que, quanto maior a pontuação de crianças e adolescentes no MDS, mais abusivamente eles se comportam.

Outros estudos exploraram como o *bullying* pode ser realizado não apenas por indivíduos, mas, mais comumente, por grupos de amigos. Isso é conhecido como desengajamento moral coletivo, em que colegas de classe ou colegas de equipe influenciam uns aos outros de uma forma intrigante; de alguma forma, o desengajamento moral do grupo é maior do que as perspectivas de todos os indivíduos somadas. Por exemplo, Gini, Pozzoli e Bussey (2015) estudaram 49 turmas do sexto ao décimo ano de escolas públicas italianas localizadas em áreas urbanas e suburbanas. A amostra total de estudantes individuais do ensino fundamental e médio foi de 918. Os alunos concluíram medidas individuais de seu próprio comportamento agressivo, defensivo e passivo, bem como do MDS. Além disso, os autores avaliaram o desengajamento moral *coletivo* pedindo às crianças que avaliassem 17 itens usando o enquadramento "Em sua sala de aula, quantas crianças pensam que...". Alguns itens incluíam "não há problema em bater em alguém que fala mal de sua família" e "crianças que são maltratadas geralmente fazem coisas que merecem" (Gini, Pozzoli, & Bussey, 2014).

Os resultados desse estudo mostraram que tanto o desengajamento moral coletivo individual quanto o percebido pelos alunos foram os únicos preditores de comportamento agressivo em relação aos colegas. Eles descobriram que o *bullying* é mais provável quando os alunos são individualmente responsáveis por usar justificativas desengajadas para tratar as vítimas (p. ex., a vítima "mereceu" ou de alguma forma causou seu próprio sofrimento) e também acreditam que outras pessoas em sua sala de aula geralmente se envolvem nessas mesmas justificativas. Além disso, e de forma fascinante, apenas associações fracas foram encontradas entre o desengajamento moral individual e os comportamentos defensivos ou passivos de espectadores. Em vez disso, foi encontrada uma relação positiva significativa entre o desengajamento moral coletivo e a defesa por parte dos espectadores. Estudantes individuais eram mais propensos a defender vítimas de *bullying* agressivo se percebessem que seus colegas de classe tendiam a se desvincular moralmente. Gini e colaboradores (2015) sugerem que jovens que defendem vítimas contra agressores são capazes de resistir à pressão coletiva de serem passivos e aceitar ou até mesmo justificar o comportamento de *bullying*. De alguma forma, os defensores sentem mais responsabilidade pessoal por se levantar ou denunciar o mau comportamento, porque os outros não o fazem. Finalmente, o desengajamento moral coletivo em nível de sala de aula previu maior intimidação e observância passiva, enquanto a defesa da vítima era mais frequente em salas de aula com menor desengajamento moral compartilhado.

Infelizmente, a intervenção ativa por parte dos colegas para proteger ou defender as vítimas de *bullying* é bastante rara, mas outros trabalhos da perspectiva de Bandura revelaram que nem todos os espectadores são criados da mesma forma. Thornberg e Jungert (2013), por exemplo, estudaram mais de 300 adolescentes na Suécia e descobriram que os níveis de desengajamento moral dos estudantes previram como eles reagiram ao *testemunhar* o *bullying*. Aqueles que tiveram uma pontuação particularmente alta em desengajamento moral foram além da expectativa passiva e, na verdade, eram mais propensos a aplaudir ou encorajar agressores. Em contraste, os jovens que consideravam o tratamento das vítimas repreensível tinham maior probabilidade de ajudá-las. Isso foi especialmente verdadeiro entre os espectadores que tinham altos sentimentos de autoeficácia em relação à sua capacidade de agir como mediadores e acalmar a raiva dos agressores.

Os mecanismos de desengajamento moral e a teoria da eficácia de Bandura, tanto no nível individual quanto no coletivo, fornecem uma excelente base para a criação de esforços de intervenção para acabar com o *bullying*. Um ambicioso programa antibullying realizado na Noruega abordou a questão em nível individual de aluno, pais, sala de aula, escola e até mesmo em toda a comunidade, e a avaliação do programa mostrou excelentes resultados (p. ex., Olweus & Limber, 2010).

A teoria social cognitiva "se torna global"

O trabalho mais recente de Albert Bandura está levando a teoria social cognitiva a novas direções, para encontrar soluções para problemas globais como o crescimento elevado da população. Em colaboração com o Population Media Center, um grupo que proporciona entretenimento e educação para a mudança social na África, na Ásia e na América Latina, Bandura ajudou a produzir dramas em seriados que encorajam comportamentos de mudança positiva com base em evidências, para a audiência da televisão e do rádio modelar por meio da aprendizagem por observação. Essas produções para mídias de massa demonstraram melhorar a eficácia percebida do público para determinar o tamanho de sua família, aumentar o uso de contraceptivos e promover o *status* das mulheres na vida familiar, social e educacional (Bandura, 2002c). Um trabalho mais recente dessa equipe de colaboradores está explorando a eficácia de seriados dramáticos similares para a melhoria de práticas de preservação.

Em uma apresentação que fez à Britsh Psychological Society em 2009 sobre essa notável aplicação efetiva de seu trabalho, Bandura encerrou com o seguinte chamado à ação:

> Os problemas globais instilam um sentimento de paralisia nas pessoas. Elas acham que há pouco que possam fazer para reduzir tais problemas. O mantra "pense globalmente, aja localmente" é um esforço para localizar o global. Nossas aplicações globais aumentam a escala e a abrangência da teoria social cognitiva na promoção de mudanças pessoais e sociais. Elas ilustram como um esforço coletivo, combinando o desempenho dos diferentes atores, pode ter um impacto mundial sobre problemas aparentemente intransponíveis. Como sociedade,

desfrutamos dos benefícios deixados por aqueles que antes de nós trabalharam coletivamente pelas mudanças sociais que melhoraram nossas vidas. Nossa própria eficácia coletiva determinará se repassaremos um planeta habitável para nossos netos e futuras gerações. Assim, enquanto você mobiliza nosso conhecimento e sua influência pessoal para salvar nosso planeta maltratado: que a força da eficácia esteja com você! (Bandura, 2009, p. 506).

Esse novo e excitante trabalho colaborativo é uma ilustração forte de como uma teoria da personalidade pode estruturar soluções para problemas sociais globais. A autoeficácia é claramente um construto com implicações de longo alcance, não só para nossas vidas pessoais, mas para a ação coletiva. Considerando isso, é fácil perceber por que a teoria de Albert Bandura continua a gerar uma quantidade impressionante de pesquisa e aplicação.

Críticas a Bandura

Albert Bandura desenvolveu sua teoria social cognitiva por meio de um equilíbrio cuidadoso dos dois componentes principais da estrutura teórica: especulação inovadora e observação acurada. Suas especulações teóricas raras vezes ultrapassaram seus dados, mas avançaram com cuidado, apenas um passo à frente das observações. Tal procedimento cientificamente sólido aumenta a probabilidade de que suas hipóteses produzam resultados positivos e que sua teoria gere hipóteses verificáveis adicionais.

A utilidade da teoria da personalidade de Bandura, como a de outras teorias, reside na capacidade de gerar pesquisa, de se oferecer para refutação e organizar o conhecimento. Além disso, ela deve servir como um guia prático para a ação e ser internamente coerente e parcimoniosa. Como ela se classifica segundo esses seis critérios?

A teoria de Bandura gerou milhares de estudos de pesquisa e, assim, recebe uma classificação muito alta na capacidade de *gerar pesquisa*. Bandura e seus colaboradores conduziram boa parte do trabalho, mas outros pesquisadores também foram atraídos pela teoria. Bandura pode ser o escritor mais meticuloso de todos os teóricos da personalidade. Suas formulações cuidadosamente construídas prestam-se à formação de inúmeras hipóteses verificáveis.

Segundo o padrão de *refutabilidade*, classificamos a teoria de Bandura como alta. A teoria da autoeficácia sugere que "as crenças das pessoas em sua eficácia pessoal influenciam o curso de ação que escolhem seguir, o quanto de esforço irão investir nas atividades, por quanto tempo irão perseverar em face de obstáculos e experiências de fracasso e sua resiliência após contratempos" (Bandura, 1994, p. 65). Tal afirmação sugere várias áreas possíveis de pesquisa que poderiam levar à refutação da teoria da autoeficácia.

Na capacidade de *organizar o conhecimento*, a teoria de Bandura recebe uma classificação alta. Muitos achados da pesquisa em psicologia podem ser organizados pela teoria social cognitiva. O modelo de causação recíproca triádica é um conceito abrangente que oferece uma explicação viável para a aquisição dos comportamentos mais observáveis. A inclusão de três variáveis nesse paradigma confere à teoria maior flexibilidade para organizar e explicar o comportamento do que o behaviorismo radical de Skinner, o qual se baseia fortemente nas variáveis ambientais.

O quanto a teoria social cognitiva de Bandura é *prática*? Para o terapeuta, o professor, o pai ou alguém interessado na aquisição e na manutenção de novos comportamentos, a teoria da autoeficácia fornece diretrizes úteis e específicas. Além de apresentar técnicas para melhorar a eficácia pessoal e coletiva para uso eficiente por procuração, a teoria de Bandura sugere formas pelas quais a aprendizagem por observação e a modelagem podem ser empregadas para adquirir comportamentos.

A teoria é *coerente internamente*? Como a teoria social cognitiva de Bandura não é especulativa, ela possui coerência interna excepcional. Bandura não tem medo de especular, mas ele nunca arrisca muito além dos dados empíricos disponíveis. O resultado é uma teoria formulada com cuidado, escrita de modo rigoroso e internamente coerente.

O critério final de uma teoria útil é a *parcimônia*. Mais uma vez, a teoria de Bandura satisfaz altos padrões. A teoria é simples e sem restrições de explicações hipotéticas ou fantasiosas.

 ## Conceito de humanidade

Bandura considera os humanos como detentores da capacidade de se tornar muitas coisas, e a maioria dessas coisas é aprendida por modelagem. Se a aprendizagem humana dependesse da experiência direta de ensaio e erro, ela seria excessivamente lenta, entediante e perigosa. Felizmente, "os humanos desenvolveram uma capacidade cognitiva avançada para a aprendizagem por observação que lhes possibilita moldar e estruturar suas vidas mediante o poder da modelagem" (Bandura, 2002a, p. 167).

Bandura acredita que as pessoas são plásticas e flexíveis e que a plasticidade e a flexibilidade são a essência da natureza básica da humanidade. Como os humanos desenvolveram mecanismos neurofisiológicos para simbolizar suas experiências, sua natureza é marcada por um grande grau de flexibilidade. As pessoas têm a capacidade de armazenar experiências anteriores e usar essas informações para traçar ações futuras.

A capacidade de usar símbolos proporciona uma ferramenta poderosa para entender e controlar o ambiente. Ela possibilita às pessoas resolver problemas sem precisar recorrer ao comportamento ineficiente de ensaio e erro, imaginar as consequências de suas ações e estabelecer objetivos para si.

Os humanos são *direcionados para os objetivos*, são animais orientados que conseguem encarar o futuro e lhe conferir significado, tendo consciência das possíveis consequências de um comportamento futuro. Os humanos antecipam o futuro e se comportam em conformidade no presente. O futuro não determina o comportamento, mas sua representação cognitiva exerce um efeito poderoso sobre as ações presentes. "As pessoas estabelecem objetivos, antecipam as prováveis consequências das ações prospectivas e selecionam e criam cursos de ação que provavelmente irão produzir os resultados desejados e evitar os resultados prejudiciais" (Bandura, 2001, p. 7).

Ainda que as pessoas sejam, basicamente, orientadas para os objetivos, Bandura acredita que elas possuem intenções e propósitos específicos, em vez de gerais. As pessoas não são motivadas por um único objetivo dominante, como a luta pela superioridade ou pela autoatualização, mas por uma multiplicidade de objetivos, alguns distantes, outros próximos. Essas intenções individuais, no entanto, não costumam ser anárquicas; elas possuem alguma estabilidade e ordem. A cognição dá às pessoas a capacidade de avaliar prováveis consequências e eliminar comportamentos que não satisfazem seus padrões de conduta. Os padrões pessoais, portanto, tendem a fornecer ao comportamento humano um grau de coerência, muito embora esse comportamento não possua um motivo-mestre para guiá-lo.

O conceito de Bandura de humanidade é mais *otimista* do que pessimista, porque sustenta que as pessoas são capazes de aprender novos comportamentos durante a vida. No entanto, os comportamentos desadaptados podem persistir, devido à baixa autoeficácia ou porque são percebidos como sendo reforçados. Porém, esses comportamentos desadaptados não precisam persistir, porque a maioria das pessoas tem a capacidade de mudar imitando comportamentos produtivos dos outros e usando suas habilidades cognitivas para resolver problemas.

A teoria social cognitiva de Bandura, é claro, enfatiza mais os *fatores sociais* do que os biológicos. Contudo, ela reconhece que a genética contribui para a variável da pessoa (P) no paradigma da causação recíproca triádica. Porém, mesmo dentro desse modelo, a cognição ganha ascendência; portanto, os fatores biológicos se tornam menos

390   Feist, Roberts & Feist

importantes. Além do mais, os fatores sociais são claramente mais essenciais do que as outras duas variáveis: o ambiente (E) e o comportamento (B).

Classificamos Bandura como alto em *liberdade* versus *determinismo*, porque ele acredita que as pessoas podem exercer uma grande medida de controle sobre suas vidas. Mesmo sendo afetadas pelo ambiente e pelas experiências com reforço, elas têm algum poder de moldar essas duas condições externas. Até certo ponto, as pessoas conseguem manejar essas condições ambientais que moldarão o comportamento futuro e podem escolher ignorar ou aumentar as experiências prévias. A agência humana sugere que as pessoas que possuem alta eficácia pessoal e coletiva e que fazem uso eficiente de "procuradores" têm uma grande influência sobre as próprias ações. No entanto, algumas pessoas têm mais liberdade do que outras, porque elas são mais aptas na regulação do próprio comportamento. Bandura (1986) definiu liberdade como "o número de opções disponíveis às pessoas e seu direito de exercê-las" (p. 42). A liberdade pessoal, então, é limitada; ela é reduzida por restrições físicas como as leis, por preconceitos, por regulações e pelos direitos das outras pessoas. Além disso, fatores pessoais, como ineficácia percebida e falta de confiança, restringem a liberdade individual.

Na questão de *causalidade ou teleologia*, a posição de Bandura é descrita como moderada. O funcionamento humano é produto de fatores ambientais que interagem com o comportamento e com variáveis pessoais, em especial a atividade cognitiva. As pessoas se movem com um propósito em direção aos objetivos que elas estabeleceram, mas não existe motivação no passado nem no futuro; ela é contemporânea. Ainda que eventos futuros não possam motivar as pessoas, a concepção que as pessoas têm do futuro pode e, de fato, regula o comportamento atual.

A teoria social cognitiva enfatiza o pensamento consciente sobre as determinantes inconscientes do comportamento. A autorregulação das ações se baseia no automonitoramento, no julgamento e na autorreação, todos os quais tendem a ser conscientes durante a situação de aprendizagem. "As pessoas não deixam de ter reflexão durante o processo de aprendizagem. Elas fazem julgamentos conscientes sobre como suas ações afetam o ambiente" (Bandura, 1986, p. 116). Depois que as aprendizagens estão bem-estabelecidas, especialmente as aprendizagens motoras, elas podem se tornar inconscientes. As pessoas não têm que estar conscientes de todas as suas ações enquanto caminham, comem ou dirigem um carro.

Bandura (2001) acredita que a divisão entre *fatores biológicos e sociais* é uma falsa dicotomia. Apesar de as pessoas serem limitadas por forças biológicas, elas possuem uma plasticidade notável. Seus ambientes sociais lhes permitem um amplo leque de comportamentos, incluindo o uso de outras pessoas como modelos. Cada pessoa vive dentro de inúmeras redes sociais e, assim, é influenciada por uma variedade de pessoas. A tecnologia moderna, na forma da rede mundial e da mídia, facilita a propagação das influências sociais.

Como as pessoas possuem uma notável flexibilidade e capacidade de aprendizagem, há grandes diferenças individuais entre elas. No entanto, a ênfase de Bandura na *singularidade* é moderada pelas influências biológicas e sociais, ambas as quais contribuem para algumas semelhanças entre as pessoas.

Termos-chave e conceitos

- A *aprendizagem por observação* permite que as pessoas aprendam sem realizar um comportamento.
- A aprendizagem por observação requer (1) *atenção* a um modelo, (2) *organização* e *retenção* das observações, (3) *produção do comportamento* e (4) *motivação* para realizar um comportamento modelado.
- A *aprendizagem enativa* ocorre quando as respostas das pessoas produzem consequências.
- O funcionamento humano é um produto da interação mútua entre eventos ambientais, comportamento e fatores pessoais, modelo denominado *causação recíproca triádica*.
- *Encontros casuais* e *eventos fortuitos* são dois fatores ambientais importantes que influenciam a vida das pessoas de forma não planejada e inesperada.

- *Agência humana* significa que as pessoas podem e, de fato, exercem uma medida de controle sobre suas vidas.
- *Autoeficácia* refere-se à crença das pessoas de que elas são capazes de realizar comportamentos que podem produzir os resultados desejados em uma situação particular.
- *Agência por procuração* ocorre quando as pessoas têm a capacidade de depender de outros para bens e serviços.
- *Eficácia coletiva* refere-se à confiança que os grupos de pessoas têm de que seus esforços combinados produzirão mudança social.
- As pessoas possuem alguma capacidade de *autorregulação* e usam fatores externos e internos para se autorregularem.

- Os *fatores externos* nos fornecem padrões para avaliarmos nosso comportamento, bem como reforço externo, na forma de recompensas recebidas dos outros.
- Os *fatores internos* na autorregulação incluem: (1) auto-observação, (2) processos de julgamento e (3) autorreação.
- Por meio da *ativação seletiva* e do *desengajamento do controle interno*, as pessoas podem se distanciar das consequências prejudiciais de suas ações.
- Há quatro técnicas principais de ativação seletiva e desengajamento do controle interno, a saber: (1)

redefinição do comportamento, (2) *deslocamento ou difusão da responsabilidade*, (3) *desconsideração ou distorção das consequências do comportamento* e (4) *desumanização ou acusação das vítimas* por seus prejuízos.
- *Comportamentos* desadaptados, como depressão, fobias e agressividade, são adquiridos por meio da interação recíproca entre ambiente, fatores pessoais e comportamento.
- A *terapia social cognitiva* enfatiza a mediação cognitiva, em especial a autoeficácia percebida.

Referências

Anderson, R. J., Freedland, K. E., Clouse, R. E., & Lustman, P. J. (2001). The prevalence of comorbid depression in adults with diabetes: A meta-analysis. *Diabetes Care, 24,* 1069-1078.

Bandura, A. (1977). *Social learning theory.* Englewood Cliffs, NJ: Prentice-Hall.

Bandura, A. (1986). *Social foundations of thought and action: A social cognitive theory.* Englewood Cliffs, NJ: Prentice-Hall.

Bandura, A. (1989). Human agency in social cognitive theory. *American Psychologist, 44,* 1175-1184.

Bandura, A. (1994). Social cognitive theory and mass communication. In J. Bryant & D. Zillmann (Eds.), *Media effects: Advances in theory and research* (pp. 61-90). Hillsdale, NJ: Erlbaum.

Bandura, A. (1995). Exercise of personal and collective efficacy in changing societies. In A. Bandura (Ed.), *Self-efficacy in changing societies* (pp. 1-45). Cambridge, England: Cambridge University Press.

Bandura, A. (1996). Ontological and epistemological terrains revisited. *Journal of Behavior Therapy and Experimental Psychiatry, 27,* 323-345.

Bandura, A. (1997). *Self-efficacy: The exercise of control.* New York: Freeman.

Bandura, A. (1998a). Explorations of fortuitous determinants of life paths. *Psychological Inquiry, 9,* 95-99.

Bandura, A. (1998b). Personal and collective efficacy in human adaptation and change. In J. G. Adair, D. Belanger, & K. L. Dion (Eds.), *Advances in psychological science: Vol. 1. Social, personal, and cultural aspects* (pp. 51-71). East Sussex, UK: Psychological Press.

Bandura, A. (1999a). Moral disengagement in the perpetration of inhumanities. *Personality and Social Psychology Review, 3,* 193-209.

Bandura, A. (1999b). Social cognitive theory of personality. In L. A. Pervin & O. P. John (Eds.), *Handbook of personality: Theory and research* (pp. 154-196). New York: Guilford Press.

Bandura, A. (2000). Exercise of human agency through collective efficacy. *Current Directions in Psychological Science, 9,* 75-78.

Bandura, A. (2001). Social cognitive theory: An agentic perspective. *Annual Review of Psychology, 52,* 1-26.

Bandura, A. (2002a). Selective moral disengagement in the exercise of moral agency. *Journal of Moral Education, 31,* 101-119.

Bandura, A. (2002b). Social cognitive theory in cultural context. *Applied Psychology: An International Review, 51,* 269-290.

Bandura, A. (2002c). Environmental sustainability by sociocognitive deceleration of population growth. In P. Schmuch & W. Schultz (Eds.), *The psychology of sustainable development* (pp. 209-238). Dordrecht, The Netherlands: Kluwer.

Bandura, A. (2003). On the psychosocial impact and mechanisms of spiritual modeling. *International Journal for the Psychology of Religion, 13,* 167-174.

Bandura, A. (2004). Swimming against the mainstream: The early years from chilly tributary to transformative mainstream. *Behavior Research and Theory, 42,* 613-630.

Bandura, A. (2009). Social cognitive theory goes global. *The Psychologist, 22,* 504-506.

Bandura, A. (2016). *Moral disengagement: How people do harm and live with themselves.* New York, NY: Worth Publishers.

Bandura, A., & Walters, R. H. (1959). *Adolescent aggression.* New York: Ronald Press.

Bandura, A., Barbaranelli, C., Caprara, G. V., & Pastorelli, C. (1996). Mechanisms of moral disengagement in the exercise of moral agency. *Journal of Personality and Social Psychology, 71,* 364-374.

Bandura, A., Ross, D., & Ross, S. A. (1963). Imitation of film-mediated aggressive models. *Journal of Abnormal and Social Psychology, 66,* 3-11.

Evans, R. I. (1989). *Albert Bandura: The man and his ideas—A dialogue.* New York: Praeger.

Eysenck, H. J. (1982). *Personality, genetics and behavior: Selected papers.* New York: Praeger.

Gini, G., Pozzoli, T., & Bussey, K. (2014). Collective moral disengagement: Initial validation of a scale for adolescents. *European Journal of Developmental Psychology, 11*(3), 386-395.

Gini, G., Pozzoli, T., & Bussey, K. (2015). The role of individual and collective moral disengagement in peer aggression and bystanding: A multilevel analysis. *Journal of Abnormal Child Psychology, 43,* 441-452.

Gini, G., Pozzoli, T., & Hymel, S. (2014). Moral disengagement among children and youth: A metaanalytic review of links to aggressive behavior. *Aggressive Behavior, 40,* 56-68.

Hoffman, E. (1988). *The right to be human: A biography of Abraham Maslow.* Los Angeles: Tarcher.

Olweus, D., & Limber, S. P. (2010). Bullying in school: Evaluation and dissemination of the Olweus Bullying Prevention Program. *American Journal of Orthopsychiatry, 80*(1), 124-134. doi:10.1111/j.1939-0025.2010.01015.x.

Sacco, W. P., Malone, J. I., Morrison, A. D., Friedman, A., & Wells, K. (2009). Effect of a brief, regular telephone intervention by paraprofessionals for Type II diabetes. *Journal of Behavioral Medicine, 32,* 349-359.

Sacco, W. P., Wells, K. J., Friedman, A., Matthew, R., Perez, S., & Vaughan, C. A. (2007). Adherence, body mass index, and depression in adults with type 2 diabetes: The mediational role of diabetes symptoms and self-efficacy. *Health Psychology, 26,* 693-700.

Thornberg, R., & Jungert, T. (2013). Bystander behavior in bullying situations: Basic moral sensitivity, moral disengagement and defender self-efficacy. *Journal of Adolescence, 36,* 475-483.

Wolpe, J. (1973). *The practice of behavior therapy.* New York: Pergamon Press.

CAPÍTULO 18

Rotter e Mischel: Teoria da Aprendizagem Social Cognitiva

- ◆ *Panorama da teoria da aprendizagem social cognitiva*
- ◆ *Biografia de Julian Rotter*
- ◆ *Introdução à teoria da aprendizagem social de Rotter*
- ◆ *Predição de comportamentos específicos*
   Potencial do comportamento
   Expectativa
   Valor do reforço
   Situação psicológica
   Fórmula de predição básica
- ◆ *Predição de comportamentos gerais*
   Expectativas generalizadas
   Necessidades
   Fórmula de predição geral
   Controle interno e externo do reforço
   Escala de Confiança Interpessoal
- ◆ *Comportamento desadaptado*
- ◆ *Psicoterapia*
   Mudando objetivos
   Eliminando expectativas baixas
- ◆ *Introdução à teoria da personalidade de Mischel*
- ◆ *Biografia de Walter Mischel*
- ◆ *Antecedentes do sistema de personalidade cognitivo-afetivo*
   Paradoxo da consistência
   Interação pessoa-situação
- ◆ *Sistema de personalidade cognitivo-afetivo*
   Predição do comportamento
   Variáveis da situação
   Unidades cognitivo-afetivas

Walter Mischel
Timothy Fadek/Redux

Julian Rotter
University of Connecticut

- ◆ *Pesquisa relacionada*
   Opressão racial internalizada e *locus* de controle
   Interação pessoa-situação
   Marshmallows e autorregulação ao longo da vida
- ◆ *Críticas à teoria da aprendizagem social cognitiva*
- ◆ *Conceito de humanidade*
- ◆ *Termos-chave e conceitos*
- ◆ *Referências*

Qual dos pares de itens se enquadra melhor em suas crenças? Marque a ou b.

1. a. Sorte é a razão principal para o sucesso das pessoas.
   b. As pessoas fazem a própria sorte.

2. a. Uma forma de provocar um temporal é planejar um piquenique ou algum outro evento ao ar livre.
   b. Os padrões do clima não têm nada a ver com os desejos das pessoas.

3. a. As notas dos estudantes são, sobretudo, resultado do acaso.
   b. As notas dos estudantes são, sobretudo, resultado do trabalho árduo.

4. a. As pessoas não têm controle sobre as grandes indústrias que poluem o meio ambiente.
   b. As pessoas podem trabalhar em conjunto para impedir que as grandes indústrias descartem objetos no meio ambiente.

5. a. A popularidade entre os estudantes do ensino médio deve-se, sobretudo, a coisas além de seu controle, por exemplo, a boa aparência.
   b. A popularidade entre os estudantes do ensino médio deve-se, sobretudo, aos esforços dos próprios estudantes.

6. a. Ferimentos por acidentes de trânsito não podem ser prevenidos. Quando é sua vez, é sua vez.
   b. Usar cinto de segurança, ter *air-bags* em seu automóvel e dirigir dentro do limite de velocidade são formas comprovadas de reduzir ferimentos por acidentes de trânsito.

Esses itens são semelhantes aos que Julian Rotter usou para desenvolver sua Escala de Controle Externo-Interno, geralmente denominada escala de *locus* de controle. Discutiremos esse instrumento popular na seção sobre controle interno e externo do reforço e apresentaremos uma análise do significado desses itens.

Panorama da teoria da aprendizagem social cognitiva

As teorias da aprendizagem social cognitiva de Julian Rotter e Walter Mischel se baseiam no pressuposto de que fatores *cognitivos* ajudam a moldar como as pessoas reagem às forças ambientais. Ambos os teóricos discordam da explicação de Skinner de que o comportamento é moldado pelo reforço imediato e, em vez disso, sugerem que as *expectativas* que o indivíduo tem dos eventos futuros são os determinantes primários do desempenho.

Rotter argumentava que o comportamento humano é previsto de forma mais adequada a partir de uma compreensão da *interação* das pessoas com seus ambientes significativos. Como **interacionista**, ele acreditava que nem o ambiente nem o indivíduo é completamente responsável pelo comportamento. Em vez disso, ele sustentava que as cognições das pessoas, a história passada e as expectativas do futuro são a chave para a predição do comportamento. Nesse aspecto, ele diferiu de Skinner (Cap. 16), que acreditava que o reforço provém, em última análise, do ambiente.

A teoria social cognitiva de Mischel tem muito em comum com a teoria social cognitiva de Bandura e a teoria da aprendizagem social de Rotter. Assim como Bandura e Rotter, Mischel defende que fatores cognitivos, como expectativas, percepções subjetivas, valores, objetivos e padrões sociais, desempenham papéis importantes na formação da personalidade. Suas contribuições à teoria da personalidade se desenvolveram a partir da pesquisa sobre o **adiamento da gratificação**, da pesquisa referente à consistência ou à inconsistência da personalidade e, atualmente, do trabalho com Yuichi Shoda a respeito do desenvolvimento de um sistema de personalidade cognitivo-afetivo.

Biografia de Julian Rotter

Julian B. Rotter, o autor da escala de *locus* de controle, nasceu no Brooklyn, em 22 de outubro de 1916, o terceiro e mais novo filho de pais imigrantes judeus. Rotter (1993) lembrava que ele se encaixava na descrição de Adler de um filho caçula altamente competitivo e combativo. Ainda que seus pais observassem a religião e os costumes judeus, eles não eram muito religiosos. Rotter (1993) descreveu a condição socioeconômica de sua família como "confortavelmente classe média até a Grande Depressão, quando meu pai perdeu seu negócio de atacado de papéis e nos tornamos parte das massas de desempregados durante dois anos" (p. 273-274). A depressão despertou em Rotter uma preocupação vitalícia com a injustiça social e ensinou a importância das condições situacionais que afetam o comportamento humano.

Como estudante do ensino fundamental e do ensino médio, ele era um ávido leitor e, quando calouro na universidade, já tinha lido quase todos os livros de ficção da biblioteca pública local. Assim, certo dia, voltou-se para as estantes de psicologia, onde encontrou *O conhecimento da natureza humana*, de Adler (1927), *Psicopatologia da vida cotidiana*, de Freud (1901/1960) e *A mente humana*, de Karl Menninger (1920). Ele ficou particularmente impressionado com Adler e Freud e logo voltou procurando por mais textos (Rotter, 1982, 1993).

Quando ingressou no Brooklyn College, ele já se mostrava muito interessado em psicologia, mas escolheu a ênfase em química, porque parecia um diploma com maior probabilidade de assegurar um emprego durante a depressão da década de 1930. Quando calouro no Brooklyn College, ele soube que Adler era professor de psicologia médica na Faculdade de Medicina de Long Island. Ele assistiu às conferências médicas de Adler e várias de suas demonstrações clínicas. Por fim, veio a conhecer Adler pessoalmente, que o convidou para participar das reuniões da Society for Individual Psychology (Rotter, 1993).

Quando Rotter se formou no Brooklyn College, em 1937, tinha mais créditos em psicologia do que em química. Ingressou, então, na pós-graduação em psicologia, na Universidade de Iowa, na qual recebeu o diploma de mestrado em 1938. Ele concluiu a residência em psicologia clínica no Worcester State Hospital, em Massachusetts, onde conheceu sua futura esposa, Clara Barnes. Em 1941, Rotter concluiu o doutorado em psicologia clínica na Universidade de Indiana.

Naquele mesmo ano, aceitou um cargo como psicólogo clínico no Norwich State Hospital, em Connecticut, e suas funções incluíam a formação dos internos e dos assistentes da Universidade de Connecticut e da Universidade Wesleyan. Na II Guerra Mundial, ele ingressou no exército e atuou por mais de três anos como psicólogo.

Após a guerra, Rotter voltou por pouco tempo para Norwich, mas logo assumiu um emprego na Universidade Estadual de Ohio, para onde atraiu inúmeros estudantes excepcionais de pós-graduação, incluindo Walter Mischel. Por mais de 12 anos, Rotter e George Kelly (ver Cap. 19) atuaram como os dois membros mais dominantes do departamento de psicologia na Universidade de Ohio. No entanto, Rotter estava insatisfeito com os efeitos políticos do macarthismo em Ohio e, em 1963, assumiu um cargo na Universidade de Connecticut como diretor do Programa de Formação Clínica. Ele continuou nesse cargo até 1987, quando se aposentou como professor emérito. Rotter e sua esposa Clara (que morreu em 1986) tiveram dois filhos, uma menina, Jean, e um menino, Richard, que morreu em 1995. Julian Rotter faleceu em sua casa em Connecticut em 6 de janeiro de 2014, aos 97 anos.

Entre as publicações mais importantes de Rotter estão: *Social learning and clinical psychology* (1954); *Clinical psychology* (1964); *Applications of a social learning theory of personality*, com J. E. Chance e E. J. Phares (1972); *Personality*, com D. J. Hochreich (1975); *The development and application of social learning theory: Selected papers* (1982); o Teste de Completamento de Sentenças de Rotter (Rotter, 1966); e a Escala de Confiança Interpessoal (Rotter, 1967).

Rotter trabalhou como presidente da Eastern Psychological Association e das divisões de Psicologia Social e da Personalidade e Psicologia Clínica da American Psychological Association (APA). Ele também cumpriu dois mandatos no Conselho de Educação e Formação da APA.

Em 1988, recebeu o prestigioso Distinguished Scientific Contribution Award da APA. No ano seguinte, recebeu o Distinguished Contribution to Clinical Training Award do Conselho de Diretores Universitários de Psicologia Clínica.

Introdução à teoria da aprendizagem social de Rotter

A teoria da aprendizagem social se baseia em cinco hipóteses básicas. Primeiro, ela pressupõe que os *humanos interagem com seus ambientes significativos* (Rotter, 1982). A reação das pessoas aos estímulos ambientais depende do significado ou da importância que atribuem a um evento. Os reforços não dependem dos estímulos externos somente, mas recebem significado atribuído pela capacidade cognitiva do indivíduo. Da mesma forma, características pessoais como as necessidades ou os traços não podem, por si só, causar o comportamento. Em vez disso, Rotter acreditava que o comportamento humano se origina da interação de fatores ambientais e pessoais.

O segundo pressuposto da teoria de Rotter é que a *personalidade humana é aprendida*. Ou seja, a personalidade não é estabelecida ou determinada em uma época particular do desenvolvimento; em vez disso, ela pode ser alterada ou modificada enquanto as pessoas forem capazes de aprender. Apesar de nosso acúmulo de experiências anteriores dar à nossa personalidade alguma estabilidade, sempre somos responsivos à mudança por meio de novas experiências. Aprendemos com as experiências passadas, mas essas experiências não são absolutamente constantes; elas são influenciadas por experiências intervenientes, as quais, então, afetam as percepções presentes.

O terceiro pressuposto da teoria da aprendizagem social é que a *personalidade possui uma unidade básica*, isto é, as personalidades das pessoas dispõem de uma estabilidade relativa. As pessoas aprendem a avaliar novas experiências com base no reforço prévio. Essa avaliação relativamente consistente culmina em maior estabilidade e unidade da personalidade.

A quarta hipótese básica de Rotter é que *a motivação é direcionada para o objetivo*. Ele rejeitava a noção de que as pessoas são primeiro motivadas a reduzir a tensão e buscar o prazer, insistindo que a melhor explicação para o comportamento humano reside nas expectativas das pessoas de que seus comportamentos as estejam impulsionando em direção aos objetivos. Por exemplo, a maioria dos estudantes universitários tem o objetivo da graduação e está disposta a suportar o estresse, a tensão e o trabalho árduo para atingir esse objetivo. Em vez de reduzir a tensão, a perspectiva de vários anos difíceis de aulas na universidade tende a aumentá-la.

Em igualdade de condições, as pessoas são mais fortemente reforçadas por comportamentos que as movem na direção dos objetivos previstos. Essa afirmação se refere à **lei empírica do efeito** de Rotter, a qual "define reforço como qualquer ação, condição ou evento que afete o movimento do indivíduo na direção de um objetivo" (Rotter & Hochreich, 1975, p. 95).

O quinto pressuposto de Rotter é que *as pessoas são capazes de prever eventos*. Além disso, elas usam o movimento percebido na direção do evento previsto como um critério para avaliar os reforçadores. Começando por esses cinco pressupostos gerais, Rotter construiu uma teoria da personalidade que pretende predizer o comportamento humano.

Predição de comportamentos específicos

Como a preocupação primária de Rotter era a predição do comportamento humano, ele sugeriu quatro variáveis que devem ser analisadas para que se façam predições corretas em uma situação específica. Essas variáveis são o potencial do comportamento, a expectativa, o valor do reforço e a situação psicológica. O *potencial do comportamento* se refere à probabilidade de que determinado comportamento ocorra em uma situação particular; *expectativa* é a esperança que a pessoa tem de ser reforçada; *valor do reforço* é a preferência por um reforço em particular; e *situação psicológica* se refere a um padrão complexo de pistas que a pessoa percebe durante um período de tempo específico.

Potencial do comportamento

Considerado de forma ampla, o **potencial do comportamento** (*PC*) é a possibilidade de que uma resposta particular ocorra em determinado tempo e espaço. Existem vários potenciais de comportamento de forças variadas em uma situação psicológica específica. Por exemplo, quando Megan caminha até um restaurante, ela tem vários potenciais de comportamento. Ela pode passar sem notar o restaurante; ignorá-lo ativamente; parar e comer; pensar em parar para comer, mas ir em frente; examinar o prédio e seu conteúdo com a intenção de comprá-lo; ou parar, entrar e roubar o caixa. Para Megan, nessa situação, o potencial para algum desses comportamentos se aproximaria de zero, alguns seriam muito prováveis e outros estariam entre tais extremos. Como uma pessoa pode predizer quais comportamentos têm maior ou menor probabilidade de ocorrer?

O potencial do comportamento em determinada situação é função da expectativa e do valor do reforço. Se uma pessoa deseja saber a probabilidade de Megan roubar o caixa em vez de comprar o restaurante ou parar para comer, por exemplo, deve manter constante a expectativa e variar o valor do reforço. Se cada um desses comportamentos potenciais tivesse uma expectativa de 70% de ser reforçado, então uma pessoa poderia fazer uma predição acerca de

sua probabilidade relativa de ocorrência com base unicamente no valor do reforço de cada uma. Se assaltar o caixa tiver um valor de reforço positivo maior do que fazer o pedido de uma comida ou comprar o restaurante, ele seria o comportamento de maior potencial de ocorrência.

A segunda abordagem da predição é manter o valor do reforço constante e variar a expectativa. Se os reforços totais de cada comportamento possível forem de igual valor, então o comportamento que terá maior probabilidade de ocorrer será o que tiver maior expectativa de reforço. De modo mais específico, se os reforços de roubar o caixa, comprar o negócio e fazer o pedido de um jantar forem igualmente valorizados, a resposta de PC mais alto será a que tiver maior probabilidade de produzir reforço.

Rotter empregava uma definição ampla de comportamento, que se refere a qualquer resposta, implícita ou explícita, capaz de ser observada ou medida de forma direta ou indireta. Esse conceito abrangente permitiu que Rotter incluísse como comportamento construtos hipotéticos como a generalização, a solução de problemas, o pensamento, a análise, entre outros.

Expectativa

Expectativa (*E*) se refere à esperança de que algum reforço específico ou conjunto de reforços ocorra em determinada situação. A probabilidade não é definida pelo histórico de reforços do indivíduo, como alegava Skinner, mas é sustentada subjetivamente pela pessoa. O histórico, é claro, é um fator contribuinte, mas também o são o pensamento irrealista, as expectativas baseadas na falta de informação e as fantasias, desde que a pessoa acredite sinceramente que determinado reforço ou grupo de reforços seja contingente em uma resposta particular.

As expectativas podem ser gerais ou específicas. As expectativas generalizadas (*EGs*) são aprendidas por meio de experiências prévias com uma resposta particular ou com respostas similares e estão baseadas na crença de que certos comportamentos serão seguidos por reforço positivo. Por exemplo, universitários cujo trabalho árduo anterior foi reforçado por notas altas terão uma expectativa geral de recompensa futura e trabalharão arduamente em uma variedade de situações acadêmicas.

As expectativas específicas são designadas como *E'* (*E linha*). Em determinada situação, a expectativa de um reforço particular é estabelecida por uma combinação de *E'* e *EG*. Por exemplo, um estudante pode ter uma expectativa geral de que determinado nível de trabalho acadêmico será recompensado por boas notas, mas pode acreditar que uma quantidade igual de trabalho árduo em uma aula de francês não será recompensada.

A expectativa total de sucesso é uma função tanto das expectativas generalizadas quanto de uma expectativa específica do indivíduo. A expectativa total determina, em parte, a quantidade de esforço que as pessoas empregarão na busca de seus objetivos. Uma pessoa com baixa expectativa total para o sucesso na obtenção de um emprego de prestígio provavelmente não irá se candidatar à posição, enquanto uma pessoa com alta expectativa para o sucesso empregará muito esforço e persistirá diante dos contratempos para atingir os objetivos que parecem possíveis.

Valor do reforço

Outra variável na fórmula da predição é o **valor do reforço** (*VR*), o qual é a preferência que uma pessoa associa a algum reforço quando as probabilidades de ocorrência de inúmeros reforços diferentes são iguais.

O valor do reforço pode ser ilustrado pelas interações de uma mulher com uma máquina de venda automática que contém diversas opções possíveis, todas de mesmo preço. A mulher se aproxima da máquina disposta a pagar 75 centavos de dólar para receber um petisco. A máquina de venda está em perfeitas condições de funcionamento; portanto, existe 100% de probabilidade de que a resposta da mulher seja seguida pelo mesmo tipo de reforço. Sua expectativa de reforço, portanto, para uma barra de chocolate, salgadinhos de milho, batata *chips*, milho, tortilhas e biscoitos amanteigados são iguais. Sua resposta – ou seja, qual botão ela pressiona – é determinada pelo valor do reforço de cada petisco.

Quando as expectativas e as variáveis situacionais são mantidas constantes, o comportamento é moldado pela preferência do indivíduo pelos reforços possíveis, ou seja, o valor do reforço. Na maioria das situações, é claro, as expectativas raramente são iguais, e a predição é difícil, porque tanto a expectativa quanto o valor do reforço podem variar.

O que determina o valor do reforço para um evento, uma condição ou uma ação? Primeiro, a percepção do indivíduo contribui para o valor positivo ou negativo de um evento. Rotter chamava essa percepção de **reforço interno** e a distinguia do **reforço externo**, que se refere a eventos, condições ou ações aos quais a sociedade ou a cultura atribuem um valor. Os reforços internos e externos podem estar em harmonia ou diferir entre si. Por exemplo, se você gosta de filmes populares – isto é, dos mesmos que a maioria das outras pessoas gosta –, então seus reforços internos e externos para assistir a esses tipos de filmes estão em acordo. No entanto, se seu gosto por filmes segue o caminho contrário ao de seus amigos, então seus reforços internos e externos são discrepantes.

Outro contribuinte para o valor do reforço são as necessidades do indivíduo. Em geral, o valor de um reforço específico aumenta à medida que a necessidade que ele satisfaz se torna mais forte. Uma criança com muita fome atribui um valor mais alto a uma tigela de sopa do que uma com fome moderada. (Essa questão é discutida em mais detalhes posteriormente neste capítulo, na seção Necessidades.)

Os reforços também são valorizados de acordo com suas consequências esperadas para reforços futuros. Rotter acreditava que as pessoas são capazes de usar a cognição para antecipar uma sequência de eventos que conduzem a algum objetivo futuro e que o objetivo final contribui para o valor do reforço de cada evento na sequência. Os reforços raras vezes ocorrem de modo independente dos reforços relacionados ao futuro, mas é provável que apareçam nas **sequências reforço-reforço**, as quais Rotter (1982) denominou grupos de reforço.

Os humanos são orientados para os objetivos; eles acreditam que atingirão um objetivo se se comportarem de uma maneira particular. Quando outros aspectos forem iguais, os objetivos com o valor do reforço mais alto serão mais desejáveis. No entanto, o desejo, sozinho, não é suficiente para predizer o comportamento. O potencial do comportamento é função da expectativa e do valor do reforço, bem como da situação psicológica.

Situação psicológica

A quarta variável na fórmula da predição é a **situação psicológica** (*s*), definida como a parte do mundo externo e interno à qual uma pessoa está respondendo. Ela não é sinônimo de estímulo externo, embora os eventos físicos em geral sejam importantes para a situação psicológica.

O comportamento não é resultado nem dos eventos ambientais nem dos traços pessoais; em vez disso, ele se origina da *interação* de uma pessoa com seu ambiente significativo. Se os estímulos físicos sozinhos determinassem o comportamento, dois indivíduos responderiam da mesma forma a estímulos idênticos. Se os traços pessoais fossem os únicos responsáveis pelo comportamento, uma pessoa sempre responderia da mesma forma e característica, inclusive a eventos diferentes. Como nenhuma dessas condições é válida, outro aspecto além do ambiente ou dos traços pessoais deve moldar o comportamento. A teoria da aprendizagem social de Rotter levanta a hipótese de que a interação entre pessoa e ambiente é um fator crucial na modelagem do comportamento.

A situação psicológica é "um conjunto complexo de sinais em interação que agem sobre um indivíduo por um período de tempo específico" (Rotter, 1982, p. 318). As pessoas não se comportam em um vácuo; em vez disso, elas respondem a sinais no ambiente percebido. Esses sinais servem para determinar para elas certas expectativas quanto a sequências de comportamento-reforço, bem como para sequências de reforço-reforço. O período de tempo para os sinais pode variar de momentâneo a prolongado; assim, a situação psicológica não está limitada pelo tempo. A situação conjugal do indivíduo, por exemplo, pode ser relativamente constante por um longo período, enquanto a situação psicológica enfrentada por um motorista rodando fora de controle em uma estrada congelada seria muito breve. A situação psicológica deve ser considerada, com as expectativas e o valor do reforço, determinando a probabilidade de uma resposta específica.

Fórmula de predição básica

Como um meio hipotético de predizer comportamentos específicos, Rotter propôs uma fórmula básica que inclui as quatro variáveis da predição. A fórmula representa um meio de predição teórica em vez de prática associado, e nenhum valor preciso pode ser associado a ela. Considere o caso de La Juan, uma universitária com bons recursos acadêmicos que está ouvindo uma palestra maçante e longa feita por um de seus professores. Para os sinais internos de tédio e os sinais externos de ver os colegas letárgicos, qual é a probabilidade de que La Juan responda descansando a cabeça sobre a mesa em uma tentativa de dormir? A situação psicológica isolada não é responsável por seu comportamento, porém ela interage com sua expectativa de reforço mais o valor do reforço de dormir naquela situação particular. O potencial do comportamento de La Juan pode ser estimado pela fórmula básica de Rotter (1982, p. 302) para a predição de comportamento direcionado para o objetivo:

$$PC_{x_1, s_1, r_a} = f(E_{x_1 r_a s_1} + VR_{a^s 1})$$

Esta fórmula significa: o potencial para o comportamento x ocorrer na situação 1 em relação ao reforço a é uma função da expectativa de que o comportamento x seja seguido pelo reforço a na situação 1 e pelo valor de reforço a na situação 1.

Aplicada a nosso exemplo, a fórmula sugere que a probabilidade (ou PC) de que La Juan repouse a cabeça sobre a mesa (comportamento x) em uma aula maçante e chata com outros alunos adormecidos (a situação psicológica, ou s_1) com o objetivo de dormir (reforço, ou r_a) é uma função de sua expectativa de que tal comportamento (E_x) seja seguido pelo sono (r_a) nessa situação particular de sala de aula (s_1), mais uma medida do quanto ela deseja dormir (valor do reforço, ou VR_a) em tal situação específica (s). Como a medida exata de cada uma dessas variáveis pode estar além do estudo científico do comportamento humano, Rotter propôs uma estratégia para a predição de comportamentos gerais.

Predição de comportamentos gerais

Para predizer comportamentos gerais, observamos David, que trabalhou por 18 anos na loja de ferragens do senhor Hoffman. David foi informado de que, devido a um declínio nos negócios, o senhor Hoffman precisa fazer cortes no pessoal e que David pode perder o emprego. Como podemos predizer o comportamento subsequente de David? Ele vai implorar ao senhor Hoffman para deixá-lo permanecer na empresa? Ele vai se voltar com violência contra a loja ou contra o empregador? Ele vai deslocar sua raiva e agir agressivamente com sua esposa ou seus filhos? Ele vai começar a beber demais e se tornar apático quanto à busca de um novo emprego? Ele vai procurar outro emprego imediatamente?

Expectativas generalizadas

Já que a maioria dos comportamentos possíveis de David é nova para ele, como podemos predizer o que ele irá fazer? Nesse ponto, os conceitos de **generalização** e **expectativa generalizada** entram na teoria de Rotter. Se, no passado, David, em geral, foi recompensado por comportamentos que aumentaram seu *status* social, existe apenas uma pequena probabilidade de que ele vá implorar ao senhor Hoffman pelo emprego, porque tais ações são contrárias ao *status* social mais elevado. Todavia, se suas tentativas anteriores de comportamentos responsáveis e independentes foram reforçadas e se ele teve *liberdade de movimento* – ou seja, a oportunidade de se candidatar a outro emprego – então, presumindo que ele precise de trabalho, existe uma alta probabilidade de que se candidate a outro emprego ou se comporte de modo independente. Essa precisão, embora não tão específica quanto a que prediz a probabilidade da universitária de dormir durante uma aula maçante, é, no entanto, mais útil em situações em que o controle rigoroso das variáveis pertinentes não é possível. Predizer a reação de David à provável perda de um emprego é uma questão de saber como ele encara as opções disponíveis e também o *status* de suas *necessidades* atuais.

Necessidades

Rotter (1982) definiu necessidades como um comportamento ou conjunto de comportamentos que as pessoas veem como impulsionando-as na direção de um objetivo. As necessidades não são estados de privação ou excitação, mas indicadores da direção do comportamento. A diferença entre necessidades e objetivos é apenas semântica. Quando o foco está no ambiente, Rotter se refere a objetivos; quando está na pessoa, refere-se a necessidades.

O conceito de necessidades permite previsões mais generalizadas do que as possibilitadas pelas quatro variáveis específicas que compreendem a fórmula de predição básica. Em geral, a teoria da personalidade lida com predições amplas do comportamento humano. Por exemplo, é provável que uma pessoa com fortes necessidades de dominância tente obter a posição de poder na maioria das relações interpessoais, bem como em uma variedade de outras situações. Em situações específicas, no entanto, uma pessoa dominante pode se comportar de uma maneira não dominante ou até mesmo submissa. A fórmula de predição básica permite predições específicas, com o pressuposto, é claro, de que todas as informações relevantes estão à disposição. Ela é a fórmula mais apropriada para experimentos de laboratório controlados, porém não é adequada para predizer comportamentos cotidianos. Por essa razão, Rotter introduziu o conceito de necessidades e sua *fórmula de predição geral*.

Categorias das necessidades

Rotter e Hochreich (1975) listaram seis categorias amplas de necessidades, com cada categoria representando um grupo de comportamentos funcionalmente relacionados, isto é, comportamentos que levam aos mesmos reforços ou a reforços similares. Por exemplo, as pessoas podem satisfazer suas necessidades de reconhecimento em uma variedade de situações e por meio de muitos indivíduos diferentes. Portanto, elas podem receber reforço para um grupo de comportamentos funcionalmente relacionados que satisfazem a necessidade de reconhecê-las. A relação a seguir não é completa, mas representa a maioria das necessidades humanas importantes.

Reconhecimento-status A necessidade de ser reconhecido pelos outros e de alcançar um *status* aos seus olhos é um aspecto poderoso para a maioria das pessoas. Reconhecimento-*status* inclui a necessidade de se sobressair naquilo que a pessoa considera importante, como, por exemplo, escola, esportes, ocupação, *hobbies* e aparência física. Também inclui a necessidade de *status* socioeconômico e prestígio pessoal. Jogar uma boa partida de *bridge* é um exemplo da necessidade de reconhecimento-*status*.

Dominância A necessidade de controlar o comportamento dos outros é chamada de dominância. Essa necessidade inclui um conjunto de comportamentos direcionados para obter o poder sobre a vida de amigos, família, colegas, superiores e subordinados. Convencer os colegas a aceitarem suas ideias é um exemplo específico de dominância.

Independência Independência é a necessidade de ser livre da dominação dos outros. Ela inclui comportamentos que têm como objetivo ganhar a liberdade para tomar decisões, depender de si mesmo e atingir metas sem a ajuda dos outros. Rejeitar ajuda para consertar uma bicicleta pode ser uma necessidade de independência.

Proteção-dependência Um conjunto de necessidades quase opostas à independência são as de proteção e dependência. Essa categoria inclui as necessidades de ser cuidado pelos outros, de ser protegido da frustração e dos danos e de satisfazer as outras categorias de necessidades. Um exemplo específico de proteção-dependência é pedir ao cônjuge para não ir trabalhar e ficar em casa para cuidar de você quando está doente.

Amor e afeição A maioria das pessoas possui fortes necessidades de amor e afeição, isto é, necessidades de aceitação por parte dos outros que vai além de reconhecimento e *status*, de modo a indicar que os outros possuem sentimentos afetuosos e positivos por elas. As necessidades de amor e afeição incluem comportamentos que visam a assegurar a consideração amigável, o interesse e a devoção por parte dos outros. Fazer favores aos outros para receber expressões verbais de consideração positiva e gratidão pode ser um exemplo dessa necessidade.

Conforto físico O conforto físico é talvez a necessidade mais básica, porque as demais necessidades são aprendidas em relação a ele. Essa necessidade inclui comportamentos que visam a assegurar o alimento, a boa saúde e a segurança física. Outras necessidades são aprendidas como uma consequência das necessidades de prazer, contato físico e bem-estar. Ligar o aparelho de ar-condicionado ou abraçar alguém são exemplos de necessidade de conforto físico.

Ser reconhecido por nossas realizações é uma necessidade comum.
Alife/Getty Images

Componentes das necessidades

Um complexo de necessidades possui três componentes essenciais: *potencial da necessidade, liberdade de movimento* e *valor da necessidade*. Esses componentes são análogos aos conceitos mais específicos de potencial do comportamento, expectativa e valor do reforço (Rotter, Chance, & Phares, 1972).

Potencial da necessidade **Potencial da necessidade** (*PN*) se refere à possível ocorrência de um conjunto de comportamentos funcionalmente relacionados e direcionados para a satisfação dos mesmos objetivos ou de objetivos similares. Trata-se de um conceito análogo ao de potencial do comportamento. A diferença entre os dois é que o primeiro se refere a um *grupo* de comportamentos funcionalmente relacionados, enquanto o segundo é a probabilidade de que um comportamento *particular* ocorra em determinada situação em relação a um reforço específico.

O potencial da necessidade não pode ser medido apenas por meio da observação do comportamento. Se pessoas diferentes são vistas se comportando aparentemente da mesma maneira – por exemplo, comendo em um restaurante fino –, não se deve concluir que todas estejam satisfazendo o mesmo potencial da necessidade. Uma pessoa pode estar satisfazendo a necessidade de conforto físico, ou seja, comida; outra pode estar mais interessada em amor e afeição; e a terceira pode estar tentando, principalmente, satisfazer a necessidade de reconhecimento-*status*. Provavelmente, alguma das seis necessidades amplas poderia ser satisfeita comendo no restaurante. No entanto, a realização ou não do potencial da necessidade depende não só do valor ou da preferência que o indivíduo tem por aquele reforço, mas também de sua liberdade de movimento em dar respostas que levem àquele reforço.

Liberdade de movimento O comportamento é determinado, em parte, por nossas expectativas, ou seja, pela suposição de que um reforço particular vá se seguir a uma resposta específica. Na fórmula geral de predição, **liberdade de movimento** (*LM*) é análoga à expectativa. Ela é a expectativa global do indivíduo de ser reforçado realizando comportamentos direcionados para a satisfação de alguma necessidade geral. Para ilustrar, uma pessoa com uma forte necessidade de dominância poderia se comportar de várias formas para satisfazer essa necessidade. Ela poderia escolher as roupas do marido, decidir qual curso universitário seu filho irá seguir, dirigir atores em uma peça, organizar uma conferência profissional envolvendo dezenas de colegas ou realizar qualquer uma das centenas de comportamentos que visam a garantir o reforço para sua necessidade de dominância. A média ou o nível médio de expectativas de que esses comportamentos conduzirão à satisfação desejada é uma medida de sua liberdade de movimento na área da dominância.

A liberdade de movimento pode ser determinada se mantendo o valor da necessidade constante e se observando o potencial da necessidade do indivíduo. Por exemplo, se uma pessoa atribui exatamente o mesmo valor à dominância, independência, amor e afeição e a cada uma das outras necessidades, ela realizará os comportamentos avaliados como tendo a maior esperança de serem reforçados. Se a pessoa realiza comportamentos que levam ao conforto físico, por exemplo, haverá mais liberdade de movimento nesse complexo de necessidades do que em outros. Normalmente, é claro, o valor da necessidade não é constante, porque a maioria das pessoas prefere a satisfação de uma necessidade em detrimento de outras.

Valor da necessidade O **valor da necessidade** (*VN*) de uma pessoa é o grau em que ela prefere um conjunto de necessidades em detrimento de outro. Rotter, Chance e Phares (1972) definiram esse aspecto como "o valor médio de preferência de um conjunto de reforços funcionalmente relacionados" (p. 33). Na fórmula geral de predição, o valor da necessidade é o análogo do valor do reforço. Quando a liberdade de movimento é mantida constante, as pessoas realizam as sequências de comportamento que levam à satisfação da necessidade preferida. Se as pessoas possuem expectativas iguais de obter reforço positivo pelos comportamentos que visam à satisfação de alguma necessidade, então o valor que elas atribuem a um complexo de necessidades particular é o determinante principal de seu comportamento. Se preferem a independência a qualquer outro complexo de necessidades e se têm expectativa igual de serem reforçadas na busca de alguma das necessidades, então seu comportamento é direcionado para atingir a independência.

Fórmula de predição geral

A fórmula de predição básica está limitada a situações altamente controladas, em que as expectativas, o valor do reforço e a situação psicológica são todos relativamente simples e discretos. Na maioria das situações, no entanto, a predição do comportamento é muito mais complexa, porque os comportamentos e os reforços em geral ocorrem em sequências funcionalmente relacionadas. Considere outra vez o caso de La Juan, a estudante dedicada que estava tendo dificuldades em se manter acordada durante uma aula desagradável e maçante. A fórmula de predição básica oferece alguma indicação da probabilidade de que, na situação específica de uma aula maçante, La Juan vá deitar a cabeça sobre a mesa. No entanto, é necessária uma fórmula de predição mais generalizada para prever seu potencial da necessidade de obter o reconhecimento-*status* que provém de se formar com as honrarias mais altas. A probabilidade de La Juan satisfazer essa necessidade depende de um complexo de comportamentos. Para fazer predições generalizadas referentes a um conjunto de comportamentos concebidos para satisfazer as necessidades, Rotter introduziu a seguinte fórmula de predição geral:

$$PN = f\,(LM + VN)$$

Essa equação significa que o potencial da necessidade (*NP*) é uma função da liberdade de movimento (*FM*) e do valor da necessidade (*NV*). A fórmula é análoga à fórmula básica de predição, e cada fator é paralelo aos fatores correspondentes dessa fórmula básica. Para ilustrar a fórmula de predição geral, podemos examinar a situação de La Juan em relação a seu futuro trabalho acadêmico. Para predizer o *potencial da necessidade* para trabalhar por uma graduação com as honrarias mais altas, precisamos medir sua *liberdade de movimento*, ou seja, sua expectativa média de ser reforçada por uma série de comportamentos necessários para atingir seu objetivo, mais o *valor da necessidade* de todos aqueles reforços, isto é, o valor que ela atribui ao reconhecimento-*status* ou a alguma outra necessidade que ela associe a receber honras acadêmicas. O valor que La Juan atribui a reconhecimento-*status* (valor da necessidade) mais sua expectativa média de ser reforçada pela realização da série de comportamentos necessária (liberdade de movimento) é igual a seu potencial para seguir um conjunto de comportamentos necessários (potencial da necessidade). Uma comparação entre a fórmula de predição básica (específica) e a fórmula de predição generalizada é apresentada na Figura 18.1.

A fórmula de predição geral de Rotter permite que a história da pessoa de usar experiências similares antecipe o reforço atual. Isso é, ela tem uma *expectativa generalizada* de sucesso. As duas escalas mais populares de Rotter para medir a expectativa generalizada são a Escala de Controle Interno-Externo e a Escala de Confiança Interpessoal.

Controle interno e externo do reforço

Na essência da teoria da aprendizagem social de Rotter se encontra a noção de que o reforço não se reflete automaticamente nos comportamentos, mas que as pessoas têm a capacidade de ver uma conexão causal entre o próprio comportamento e a ocorrência do reforçador (Rotter, 1954; Rotter & Hochreich, 1975). As pessoas se esforçam para atingir seus objetivos, porque elas têm uma *expectativa generalizada* de que tais esforços serão bem-sucedidos.

Durante a década de 1950 e início da década de 1960, Rotter ficou intrigado com a observação de que muitas pessoas não aumentavam seus sentimentos de controle pessoal depois do sucesso e outras não diminuíam suas expectativas após falhas repetidas (Rotter, 1990, 1993; Zuroff & Rotter, 1985). Em outras palavras, algumas pessoas tendiam a explicar resultados de sucesso como decorrentes de sorte ou acaso, enquanto outras mantinham um alto senso de controle pessoal mesmo depois de vários comportamentos não reforçados. Essas tendências pareciam especialmente verdadeiras em situações consideradas ambíguas ou novas (Rotter, 1992) ou quando não havia clareza se o resultado de seu comportamento era devido à habilidade ou ao acaso. Rotter (1990) sugeriu que tanto a situação quanto a pessoa contribuem para sentimentos de controle pessoal. Assim, uma pessoa com uma expectativa generalizada de sucesso em uma situação pode ter sentimentos de controle pessoal baixos em outra.

Para avaliar o controle interno e externo do reforço, ou *locus do controle*, Rotter (1966) desenvolveu a Escala de Controle Interno-Externo (I-E), com base nas teses de doutorado de dois de seus alunos, E. Jerry Phares (1955) e William H. James (1957). A escala I-E consiste em 29 itens de escolha obrigatória, em que 23 pares são pontuados e seis são afirmações inócuas concebidas para disfarçar o propósito da escala. A escala é pontuada na direção do controle externo, de forma que 23 é o escore externo mais alto possível e 0 é o escore interno mais alto possível. A Tabela 18.1 mostra vários itens com exemplos da escala I-E. As pessoas devem escolher entre a alternativa "a" ou

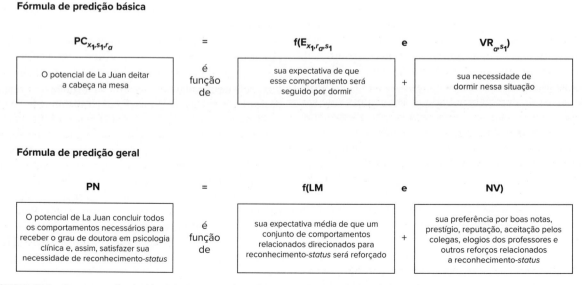

FIGURA 18.1 Comparação da fórmula de predição básica e da fórmula de predição geral.

TABELA 18.1

Amostra de itens da Escala de Controle Interno-Externo de Rotter

1. a. Muitas das coisas infelizes na vida das pessoas são, em parte, ocasionadas pela má sorte.
    b. Os infortúnios resultam dos erros que as pessoas cometem.
2. a. Uma das principais razões por que temos guerras é que as pessoas não apresentam interesse suficiente em política.
    b. Sempre haverá guerras, a despeito do quanto as pessoas tentem impedi-las.
3. a. A longo prazo, as pessoas obtêm o respeito que elas merecem neste mundo.
    b. Infelizmente, o valor de um indivíduo com frequência não é reconhecido, independentemente do quanto se esforça.
4. a. O cidadão médio pode ter influência nas decisões do governo.
    b. O mundo é dirigido por poucas pessoas no poder, e não há muito o que os "pequenos" possam fazer.
5. a. A ideia de que os professores são injustos com os alunos não faz sentido.
    b. A maioria dos alunos não percebe até que ponto suas notas são influenciadas por acontecimentos acidentais.
6. a. Não importa o quanto você tente, algumas pessoas simplesmente não gostam de você.
    b. As pessoas que não conseguem fazer os outros gostarem delas não compreendem como se dar bem com os outros.

Fonte: De J. B. Rotter, 1966. Generalized expectancies for internal versus external control of reinforcement. *Psychological Monographs, 80* (N° 609), p. 11. Reimpressa com permissão.

---

a "b" de cada par de itens. Ainda que a direção interna ou externa desses itens possa parecer óbvia, Rotter (1990) relatou que os escores têm apenas uma correlação modesta com uma escala de conveniência social.

A escala I-E tenta medir o grau em que as pessoas percebem uma relação causal entre os próprios esforços e as consequências no ambiente. As pessoas que têm escore alto em controle interno de modo geral acreditam que a fonte do controle reside dentro delas e que elas exercem um alto nível de controle pessoal na maioria das situações. As pessoas com escore alto em controle externo tendem a acreditar que sua vida é regulada, em grande parte, por forças externas a elas, como o acaso, o destino ou o comportamento de terceiros (ver Tabela 18.2). No início deste capítulo, pedimos que você marcasse "a" ou "b" para seis itens que poderiam avaliar o *locus* de controle interno ou externo. Marcar "b" em todos, exceto no número 2,

indicaria *locus* de controle interno. No entanto, conforme Rotter (1975, 1990) referiu, controle interno excessivo nem sempre é socialmente desejável. Por exemplo, o item 2 na abertura do capítulo explora a expectativa generalizada de uma pessoa em relação à onipotência, dificilmente uma atitude desejável no âmbito social.

A escala I-E de Rotter se tornou um dos tópicos mais detalhadamente investigados em psicologia, bem como em outras ciências sociais, tendo estimulado milhares de publicações desde sua concepção. Apesar de sua popularidade, os conceitos de controle interno e externo nem sempre são compreendidos com clareza. Ainda que Rotter (1975) tenha apontado várias concepções falsas comuns referentes ao controle interno e externo do reforço (raras vezes se referiu a ele como "*locus* de controle"), as pessoas continuam a fazer uso indevido do instrumento e a interpretá-lo mal. Uma concepção falsa é que os escores na escala

---

TABELA 18.2

Controle interno e externo do reforço

Locus de controle interno: Em geral...	*Locus* de controle externo: Em geral...
• Eu faço as coisas acontecerem	• Coisas acontecem comigo
• Eu controlo minha vida	• Minha vida é controlada por forças externas a mim
• Eu explico os resultados pessoais como resultado de muito trabalho e habilidade	• Eu explico os resultados pessoais como resultado da sorte, do acaso, de Deus, de outras pessoas ou da situação

Fonte: De J. B. Rotter, 1966. Generalized expectancies for internal versus external control of reinforcement. *Psychological Monographs, 80* (N° 609), p. 11. Reimpressa com permissão.

são determinantes do comportamento. Rotter insistia que eles não devem ser vistos como causas do comportamento, mas como indicadores de *expectativas generalizadas* (*EGs*). Como tal, eles devem ser considerados com o *valor do reforço* (*VR*) ao predizer o potencial do comportamento.

Uma segunda concepção falsa é de que o *locus* do controle é específico e pode predizer a realização em uma situação em particular. Mais uma vez, o conceito se refere à expectativa *generalizada* de reforço e indica o grau em que as pessoas, em geral, acreditam que estão no controle de suas vidas.

Uma terceira concepção falsa comum é de que a escala divide as pessoas em dois grupos distintos: internas e externas. Rotter (1975, 1990) insistia em que as expectativas generalizadas implicam um *gradiente* de generalização e que, em situações específicas, uma pessoa com sentimentos geralmente expressivos de controle interno pode acreditar que o resultado de seu comportamento seja devido, sobretudo, ao destino, ao acaso ou ao comportamento de outros indivíduos poderosos.

Quarto, muitas pessoas parecem acreditar que escores internos altos significam traços socialmente desejáveis e que escores externos altos indicam características indesejáveis no âmbito social. Na verdade, escores extremos em cada uma das direções são indesejáveis. Escores externos muito altos podem estar relacionados à apatia e a desespero, com as pessoas acreditando que não possuem controle sobre o ambiente, enquanto escores internos extremamente altos significam que as pessoas aceitam a responsabilidade por tudo o que acontece com elas – fracasso nos negócios, filhos delinquentes, sofrimento de outros e tempestades que interferem nas atividades planejadas ao ar livre. Escores em algum ponto entre esses extremos, mas pendendo na direção do controle interno, provavelmente são os mais saudáveis e desejáveis.

Escala de Confiança Interpessoal

Outro exemplo de uma expectativa generalizada (*EG*) que produziu considerável interesse e pesquisas é o conceito de **confiança interpessoal**. Rotter (1980) definiu confiança interpessoal como "uma expectativa generalizada sustentada por um indivíduo de que se pode confiar na palavra, na promessa, na declaração oral ou escrita de outro indivíduo ou grupo" (p. 1). Confiança interpessoal não se refere à crença de que as pessoas são naturalmente boas ou que elas vivem no melhor de todos os mundos possíveis. Nem ela deve ser igualada à ingenuidade. Rotter entendia a confiança interpessoal como uma crença nas comunicações dos outros quando não existem evidências para desacreditar, enquanto ingenuidade é acreditar de forma tola ou ingênua na palavra de outra pessoa.

Como muitas de nossas recompensas e punições provêm de outras pessoas, desenvolvemos expectativas generalizadas de que algum tipo de reforço se seguirá a promessas ou a ameaças verbais feitas por outros. Às vezes, essas promessas e ameaças são cumpridas; outras vezes, não.

Dessa forma, cada pessoa aprende a confiar ou a desconfiar da palavra dos outros. Como temos experiências distintas com a palavra dos outros, há diferenças individuais no que diz respeito à confiança interpessoal.

Para medir as diferenças na confiança interpessoal, Rotter (1967) desenvolveu a Escala de Confiança Interpessoal, que solicitava às pessoas que concordassem ou discordassem dos 25 itens que avaliavam a confiança interpessoal e apresentava 15 itens inócuos concebidos para ocultar a natureza do instrumento. A escala é pontuada em uma graduação de 5 pontos, desde "concordo plenamente" até "discordo totalmente", de modo que as respostas "concordo plenamente" e "concordo" indicariam confiança em 12 itens; e as respostas "discordo totalmente" e "discordo", confiança nos outros 13 itens. A Tabela 18.3 mostra alguns itens da Escala de Confiança Interpessoal de Rotter. Os escores para cada um dos 25 itens são somados, de forma que pontuação alta indica a presença de confiança interpessoal; e pontuação baixa nos escores, uma expectativa generalizada de desconfiança. É mais desejável ter escore alto ou baixo na escala, ser confiante ou desconfiado?

Quando confiança é definida de modo independente de ingenuidade, conforme defendia Rotter (1980), então confiança não é somente desejável, mas essencial para a sobrevivência da civilização. As pessoas confiam que a comida que elas compram não é envenenada; que a gasolina em seus carros não irá explodir na ignição; que os pilotos sabem conduzir o avião em que elas viajam; e até mesmo que o serviço postal irá entregar a correspondência sem violá-la. As sociedades funcionam sem dificuldades apenas quando as pessoas têm pelo menos uma quantidade moderada de confiança umas nas outras.

Rotter (1980) resumiu os resultados dos estudos que indicam que as pessoas com escore alto em confiança interpessoal, em oposição àquelas com escore baixo, apresentam os seguintes aspectos: (1) menor probabilidade de mentir; (2) menor probabilidade de trapacear ou roubar; (3) maior probabilidade de dar aos outros uma segunda chance; (4) maior probabilidade de respeitar os direitos dos outros; (5) menor probabilidade de serem infelizes, conflitadas ou desajustadas; (6) tendência a serem um pouco mais admiradas e populares; (7) mais confiáveis; (8) nem mais nem menos ingênuas; e (9) nem mais nem menos inteligentes. Em outras palavras, indivíduos com confiança alta não são crédulos ou ingênuos, e, em vez de serem prejudicados por sua atitude confiante, eles parecem possuir muitas das características que outras pessoas consideram positivas e desejáveis.

Comportamento desadaptado

O comportamento desadaptado na teoria da aprendizagem social de Rotter é um comportamento persistente que impede a pessoa de se aproximar de um objetivo desejado.

Teorias da Personalidade **403**

TABELA 18.3

Amostra de itens da Escala de Confiança Interpessoal de Rotter

1. Ao lidar com estranhos, é melhor ser cauteloso até que eles tenham apresentado evidências de que são confiáveis.
2. Os pais, em geral, merecem a confiança de que irão cumprir suas promessas.
3. Pais e professores têm maior probabilidade de dizer o que eles acreditam e não apenas o que acham que seja bom para o filho/aluno ouvir.
4. A maioria dos políticos eleitos é realmente sincera em suas promessas de campanha.
5. Nesses tempos competitivos, deve-se estar alerta ou é provável que alguém se aproveite de você.
6. Podemos contar que a maioria das pessoas fará o que diz que irá fazer.
7. A maioria dos vendedores é honesta na descrição de seus produtos.

Fonte: De J. B. Rotter, 1967. A new scale for the measurement of interpersonal trust. *Journal of Personality, 35*, p. 654; e M. R. Gurtman, 1992. Trust, distrust, and interpersonal problems: A circumplex analysis. *Journal of Personality and Social Psychology, 62*, p. 997.

Ele, com frequência, mas não de modo inevitável, surge da combinação de valor da necessidade alto e liberdade de movimento baixa: isto é, de objetivos que são irrealisticamente altos em relação à capacidade de alcançá-los (Rotter, 1964).

Por exemplo, a necessidade de amor e afeição é realista, porém algumas pessoas estabelecem o objetivo inalcançável de ser amadas por todos. Desse modo, seu valor da necessidade quase certamente excederá sua liberdade de movimento, resultando em comportamento que, muito provavelmente, será defensivo ou desadaptado. Quando as pessoas definem metas muito altas, elas não conseguem aprender comportamentos produtivos, porque seus objetivos estão fora de alcance. Em vez disso, elas aprendem a evitar o fracasso ou a se defenderem contra a dor que acompanha o fracasso. Por exemplo, uma mulher cujo objetivo é ser amada por todos inevitavelmente será ignorada ou rejeitada por alguém. Para obter amor, ela pode se tornar socialmente agressiva (uma estratégia não produtiva e contraproducente) ou se afastar das pessoas, o que impede que seja magoada por elas, mas que também é não produtivo.

Estabelecer objetivos muito altos é apenas um dos vários contribuintes possíveis para o comportamento desadaptado. Outra causa frequente é a baixa liberdade de movimento. As pessoas podem ter expectativas de sucesso baixas porque não possuem informação ou capacidade de realizar os comportamentos que serão seguidos pelo reforço positivo. Uma pessoa que valoriza o amor, por exemplo, pode não ter as habilidades interpessoais necessárias para obtê-lo.

As pessoas também podem ter liberdade de movimento baixa porque fazem uma avaliação incorreta da situação presente. Por exemplo, as pessoas, às vezes, subestimam suas habilidades intelectuais porque, no passado, foi dito a elas que eram limitadas. Mesmo que seus valores da necessidade não sejam irrealisticamente altos, elas possuem uma expectativa de sucesso baixa, pois acreditam de modo equivocado que são incapazes, por exemplo, de ter bom desempenho na escola ou de competir com êxito por um emprego de nível mais alto.

Outra possibilidade é a de que as pessoas tenham baixa liberdade de movimento porque generalizam de uma situação para a qual, de fato, não estejam capacitadas, para outras para as quais tenham habilidades suficientes para serem bem-sucedidas. Por exemplo, um adolescente fisicamente fraco que não tem as habilidades para ser um atleta realizado pode, de modo equivocado, se ver como incapaz de competir por um papel na peça da escola ou de ser um líder em um clube social. Ele generaliza inapropriadamente suas inadequações nos esportes para a falta de habilidade em áreas não relacionadas.

Em resumo, os indivíduos desadaptados são caracterizados por objetivos irrealistas, comportamentos inapropriados, habilidades inadequadas ou expectativas irracionalmente baixas de serem capazes de executar os comportamentos necessários para o reforço positivo. Mesmo tendo aprendido formas inadequadas de resolver problemas dentro de um contexto social, eles podem desaprender esses comportamentos e também aprender outros mais apropriados em um ambiente social controlado oferecido pela psicoterapia.

Psicoterapia

Para Rotter (1964), "os problemas da psicoterapia se referem a como efetuar mudanças no comportamento por meio da interação de uma pessoa com outra, ou seja, eles são problemas de aprendizagem humana em uma situação social" (p. 82). Ainda que Rotter adotasse uma abordagem de solução de problemas para a psicoterapia, ele não limitava sua preocupação a soluções rápidas para problemas imediatos. Seu interesse era de alcance mais longo, envolvendo uma mudança na orientação do paciente em relação à vida.

Em geral, o objetivo da terapia de Rotter é trazer harmonia à liberdade de movimento e ao valor da necessidade, reduzindo, assim, comportamentos defensivos e de esquiva. O terapeuta assume um papel ativo como um professor e tenta atingir o objetivo terapêutico de duas maneiras básicas: (1) mudando a importância dos objetivos e (2) eliminando expectativas irrealisticamente baixas de sucesso (Rotter, 1964, 1970, 1978; Rotter & Hochreich, 1975).

Mudando objetivos

Muitos pacientes não conseguem resolver problemas da vida porque estão perseguindo objetivos distorcidos. O papel do terapeuta é ajudar esses pacientes a compreenderem a natureza equivocada de seus objetivos e ensinar meios construtivos de lutar por objetivos realistas. Rotter e Hochreich (1975) listaram três fontes de problemas que se seguem a objetivos inapropriados.

Primeiro, dois ou mais objetivos importantes podem estar em conflito. Por exemplo, os adolescentes, com frequência, valorizam independência e proteção-dependência. Por um lado, eles desejam ser livres da dominação e do controle dos pais, mas, por outro, mantêm a necessidade de uma pessoa que cuide deles e os proteja de experiências dolorosas. Seus comportamentos ambivalentes costumam ser confusos tanto para eles quanto para os pais. Nessa situação, o terapeuta pode ajudar os adolescentes a verem como comportamentos específicos estão relacionados a cada uma dessas necessidades e continuar a trabalhar com eles na mudança do valor de uma ou de ambas as necessidades. Alterando o valor da necessidade, os pacientes, de forma gradual, começam a se comportar de modo mais consistente e experimentam maior liberdade de movimento na obtenção de seus objetivos.

Uma segunda fonte de problemas é um objetivo destrutivo. Alguns pacientes perseguem com persistência objetivos autodestrutivos que, inevitavelmente, resultam em fracasso e punição. O trabalho do terapeuta é assinalar a natureza prejudicial da busca por tais objetivos e a probabilidade de que ela seja seguida de punição. Uma técnica possível usada nesses casos é reforçar positivamente movimentos que se afastem dos objetivos destrutivos. Rotter, no entanto, é tanto pragmático quanto eclético e não se limita a um conjunto específico de técnicas para cada problema imaginável. Para ele, o procedimento apropriado é o que funciona com determinado paciente.

Terceiro, muitas pessoas se encontram com problemas porque elas estabelecem objetivos muito altos e são continuamente frustradas quando não conseguem alcançá-los ou superá-los. Objetivos altos conduzem ao fracasso e à dor; portanto, em vez de aprenderem meios construtivos de obter um objetivo, as pessoas aprendem maneiras não produtivas de evitar a dor. Por exemplo, uma pessoa pode aprender a evitar experiências dolorosas fugindo fisicamente da experiência ou reprimindo-a psicologicamente. Como essas técnicas têm sucesso, a pessoa aprende a usar a fuga e a repressão em uma variedade de situações. Nesse caso, a terapia consistiria em fazer o paciente reavaliar de modo realístico e diminuir os objetivos exagerados,

reduzindo o valor do reforço desses objetivos. Como o valor do reforço alto costuma ser aprendido pela generalização, o terapeuta trabalharia para ensinar os pacientes a discriminarem entre os valores legítimos prévios e os valores falsos atuais.

Eliminando expectativas baixas

Além de modificar os objetivos, o terapeuta tenta eliminar as expectativas baixas de sucesso e seu movimento análogo de pouca liberdade. As pessoas podem ter liberdade de movimento reduzida por, pelo menos, três razões.

Primeiro, elas podem carecer de habilidades ou informações necessárias para se esforçarem com sucesso em direção a seus objetivos (Rotter, 1970). Com tais pacientes, o terapeuta se torna um professor, instruindo-os afetiva e empaticamente em técnicas mais eficazes para a solução de problemas e a satisfação das necessidades. Se um paciente, por exemplo, tem dificuldades nas relações interpessoais, o terapeuta possui um arsenal de técnicas, incluindo a extinção de comportamentos inapropriados, simplesmente ignorando-os; o emprego da relação com o terapeuta como um modelo para um encontro interpessoal efetivo que possa, então, generalizar para além da situação terapêutica; e o aconselhamento do paciente quanto a comportamentos específicos a serem tentados na presença de outras pessoas que têm maior probabilidade de serem receptivas.

Uma segunda fonte de liberdade de movimento baixa é a avaliação equivocada da situação presente. Por exemplo, uma mulher adulta pode não ter assertividade com seus colegas, porque, durante a infância, ela foi punida por competir com os irmãos. Essa paciente precisa aprender a diferenciar entre o passado e o presente, além de entre irmãos e colegas. A tarefa do terapeuta é ajudar a fazer essas distinções e ensinar técnicas assertivas em uma variedade de situações apropriadas.

Por fim, a liberdade de movimento baixa pode se originar de generalização inadequada. Os pacientes, com frequência, usam o fracasso em uma situação como prova de que não podem ter sucesso em outras áreas. Tome o exemplo do adolescente fisicamente fraco que, por não ter sucesso no esporte, generalizava esse fracasso para áreas não atléticas. Seus problemas atuais provêm da generalização equivocada, e o terapeuta deve reforçar mesmo os pequenos sucessos em relações sociais, conquistas acadêmicas e outras situações. O paciente acabará aprendendo a discriminar entre falhas realistas em uma área e comportamentos bem-sucedidos em outras situações.

Ainda que Rotter reconhecesse que os terapeutas deveriam ser flexíveis em suas técnicas e utilizar abordagens distintas com pacientes diferentes, ele sugeriu várias técnicas interessantes que considerava efetivas. A primeira é ensinar os pacientes a procurarem cursos de ação alternativos. Os pacientes, muitas vezes, queixam-se de que o cônjuge, o pai, o filho ou o chefe não os entende, trata-os de forma injusta e é a fonte de seus problemas. Nessa situação, Rotter simplesmente ensinaria o paciente a mudar o comportamento da outra pessoa. Tal mudança pode ser obtida examinando os comportamentos do paciente que em geral conduzem a reações negativas da esposa, dos pais, do filho ou do chefe. Se for possível encontrar um método alternativo em relação a outras pessoas importantes, provavelmente elas mudarão seu comportamento em relação ao paciente. Depois disso, o paciente será recompensado por se comportar de uma forma mais apropriada.

Rotter também sugeriu uma técnica para ajudar os pacientes a compreenderem os motivos das outras pessoas. Muitos pacientes têm uma atitude desconfiada em relação aos outros, acreditando que um cônjuge, professor ou chefe está tentando prejudicá-los de forma maldosa e intencional. Rotter tentaria ensinar esses pacientes a descobrirem como eles podem estar contribuindo para o comportamento defensivo ou negativo da outra pessoa e ajudá-los a perceber que a outra pessoa não é simplesmente desagradável ou maldosa, mas pode se sentir amedrontada ou ameaçada pelo paciente.

Os terapeutas também podem ajudar os pacientes a olharem para as consequências de longo prazo de seus comportamentos e a entenderem que muitos comportamentos desadaptados produzem ganhos secundários que compensam a frustração atual dos pacientes. Por exemplo, uma mulher pode adotar o papel de uma criança indefesa para obter controle sobre o marido. Ela se queixa ao terapeuta de que está insatisfeita com sua impotência e gostaria de se tornar mais independente, tanto por sua causa quanto em benefício do marido. O que ela pode não perceber, no entanto, é que seu comportamento atual de impotência está satisfazendo sua necessidade básica de dominância. Quanto mais impotente se mostra, mais controle ela exerce sobre o marido, que deve responder à sua impotência. O reforço positivo que ela recebe do reconhecimento do marido é mais forte do que os sentimentos negativos que o acompanham. Além disso, ela pode não perceber com clareza as consequências positivas de longo prazo da autoconfiança e da independência. A tarefa dos terapeutas é treinar os pacientes a adiar satisfações menores atuais por outras futuras mais importantes.

Outra técnica nova sugerida por Rotter é fazer os pacientes entrarem em uma situação social previamente dolorosa, mas, em vez de falar tanto quanto o habitual, devem permanecer em silêncio o máximo possível, e apenas observar. Observando outras pessoas, o paciente tem maior probabilidade de aprender sobre seus motivos. Os pacientes podem usar essa informação no futuro para alterar o próprio comportamento, mudando, assim, a reação dos outros e reduzindo os efeitos dolorosos de encontros futuros com essas pessoas. Em resumo, Rotter acreditava que um terapeuta deve ser um participante ativo na interação social com o paciente. Um terapeuta eficaz possui as características de afetividade e aceitação não só porque essas atitudes encorajam o paciente a verbalizar os problemas, mas também porque o reforço de um terapeuta afetivo e receptivo é mais efetivo do que o reforço de um terapeuta frio e rejeitador (Rotter, Chance, & Phares, 1972). O terapeuta tenta minimizar a discrepância entre o valor da necessidade e a liberdade de movimento ajudando os pacientes a alterarem os objetivos ou ensinando meios efetivos de obter tais objetivos. Mesmo que o terapeuta seja um solucionador de problemas ativo, Rotter (1978) defendia que os pacientes devem aprender a resolver os próprios problemas.

Introdução à teoria da personalidade de Mischel

Em geral, as teorias da personalidade são de dois tipos: aquelas que veem a personalidade como uma entidade dinâmica motivada por impulsos, percepções, necessidades, objetivos e expectativas; e aquelas que consideram a personalidade como uma função de traços ou disposições pessoais relativamente estáveis. A primeira categoria inclui as teorias de Adler (Cap. 3), Maslow (Cap. 9) e Bandura (Cap. 17). Essa abordagem enfatiza as dinâmicas cognitiva e afetiva que interagem com o ambiente para produzir o comportamento.

A segunda categoria enfatiza a importância de traços ou disposições pessoais relativamente estáveis. As teorias de Allport (Cap. 12), Eysenck (Cap. 14) e McCrae e Costa (Cap. 13) estão nessa categoria. Tal abordagem compreende as pessoas como motivadas por um número limitado de impulsos ou traços pessoais que tendem a deixar o comportamento um tanto consistente. Walter Mischel (1973) originalmente contestou essa explicação do comportamento da teoria dos traços. Em vez disso, ele defendeu a ideia de que as atividades cognitivas e situações específicas desempenham um papel importante na determinação do comportamento. Contudo, mais recentemente, Mischel e colaboradores (Mischel & Shoda, 1998, 1999; Mischel, Shoda, & Mendoza-Denton, 2002) defenderam uma reconciliação entre a abordagem da dinâmica do processamento e a abordagem das disposições pessoais. Essa **teoria da personalidade cognitivo-afetiva** sustenta que o comportamento se origina de disposições pessoais relativamente estáveis e processos cognitivo-afetivos que interagem com uma situação específica.

Biografia de Walter Mischel

Walter Mischel, o segundo filho de pais de classe média alta, nasceu em 22 de fevereiro de 1930, em Viena. Ele e seu irmão Theodore, que posteriormente se tornou filósofo da ciência, cresceram em um ambiente agradável, a uma pequena distância da casa de Freud. A tranquilidade da infância, no entanto, foi abalada quando os nazistas invadiram a Áustria, em 1938. Naquele mesmo ano, a família Mischel fugiu da Áustria e se mudou para os Estados Unidos. Depois de viverem em várias partes do país, eles acabaram se estabelecendo no Brooklin, onde Walter frequentou o ensino fundamental e o médio. Antes que pudesse aceitar uma bolsa de estudos na universidade, seu pai ficou doente de forma repentina e Walter foi forçado a assumir uma série de empregos estranhos. Por fim, ele conseguiu frequentar a Universidade de Nova York, onde se tornou apaixonadamente interessado por arte (pintura e escultura) e dividia seu tempo entre a arte, a psicologia e a vida em Greenwich Village.

Na universidade, Mischel ficou chocado com as aulas de psicologia introdutória centrada nos ratos, que pareciam para ele, muito distantes da vida cotidiana dos humanos. Suas inclinações humanistas foram solidificadas com a leitura de Freud, dos pensadores existencialistas e dos grandes poetas. Após a formatura, ele ingressou no programa de mestrado em psicologia clínica no City College de Nova York. Enquanto trabalhava em seu mestrado, ele atuou como trabalhador social nas favelas do Lower East Side, atividade que o levou a duvidar da utilidade da teoria psicanalítica e perceber a necessidade de usar evidências empíricas para avaliar todas as alegações da psicologia.

O desenvolvimento de Mischel como psicólogo social cognitivo foi aprimorado por seus estudos de doutorado na Universidade Ohio State, de 1953 a 1956. Naquela época, o departamento de psicologia na Ohio State foi dividido informalmente entre os apoiadores de seus dois membros mais influentes do corpo docente: Julian Rotter e George Kelly. Ao contrário da maioria dos alunos, que apoiava fortemente a posição de um ou outro, Mischel admirava Rotter e Kelly e aprendeu com cada um deles. Como consequência, a teoria social cognitiva de Mischel mostra a influência da teoria da aprendizagem social de Rotter e da teoria dos construtos pessoais de base cognitiva de Kelly (ver Cap. 19). Rotter ensinou a Mischel a importância do *design* de pesquisa para melhorar as técnicas de avaliação e para medir a eficácia da intervenção terapêutica; Kelly ensinou-lhe que os participantes em experimentos de psicologia são como os psicólogos que os estudam, uma vez que eles são seres humanos pensantes e com sentimentos.

De 1956 a 1958, Mischel viveu boa parte do tempo no Caribe, estudando cultos religiosos que praticavam possessão de espíritos e investigando o adiamento da gratificação em um contexto transcultural. Ele estava determinado a saber mais a respeito de por que as pessoas preferem recompensas valiosas futuras em vez de recompensas imediatas menos valiosas. Muito de sua pesquisa posterior envolveu esse tema.

A seguir, Mischel ensinou por dois anos na Universidade do Colorado. Ele, então, associou-se ao Departamento de Relações Sociais em Harvard, onde seu interesse em teoria e avaliação da personalidade foi mais estimulado por discussões com Gordon Allport (ver Cap. 12), Henry Murray, David McClelland e outros. Em 1962, Mischel se mudou para Stanford e se tornou colega de Albert Bandura (ver Cap. 17). Depois de mais de 20 anos em Stanford, Mischel voltou para Nova York, associando-se ao corpo docente da Universidade de Columbia, onde permanece como pesquisador ativo e continua a aperfeiçoar sua teoria da aprendizagem social cognitiva.

Enquanto estava em Harvard, Mischel conheceu Harriet Nerlove, aluna de pós-graduação em psicologia cognitiva, com quem se casou. Antes do divórcio, os Mischel tiveram três filhas e produziram vários projetos científicos (H. N. Mischel & W. Mischel, 1973; W. Mischel & H. N. Mischel, 1976, 1983). O trabalho inicial mais importante de Mischel foi *Personalidade e avaliação* (*Personality and assessment*, 1968), uma consequência de seus esforços para identificar voluntários de sucesso para o Peace Corps. Suas experiências como consultor dessa entidade mostraram que, sob as condições certas, as pessoas são pelo menos tão capazes quanto os testes padronizados de predizer o próprio comportamento. Em *Personalidade e avaliação*, Mischel argumentou que os traços são preditores fracos de desempenho em uma variedade de situações e que a situação é mais importante do que os traços para influenciar o comportamento. Esse livro contrariou muitos psicólogos clínicos, que defendiam que a incapacidade das disposições pessoais de predizer o comportamento se devia à falta de fidedignidade e à imprecisão dos instrumentos que medem os traços. Alguns acreditavam que Mischel estava tentando invalidar o conceito de traços de personalidade estáveis e, até mesmo, negar a existência da personalidade. Mais tarde, Mischel (1979) respondeu a essas críticas, afirmando que não se opunha aos traços em si, mas somente aos traços generalizados que negam a individualidade e a singularidade de cada pessoa.

Boa parte da pesquisa de Mischel foi um esforço cooperativo com inúmeros alunos da pós-graduação. Em anos recentes, muitas de suas publicações foram colaborações com Yuichi Shoda, que recebeu seu grau de doutor pela Universidade de Columbia em 1990 e está atualmente na Universidade de Washington. O livro mais popular de Mischel, *Introdução à personalidade* (*Introdution to personality*), foi publicado originalmente em 1971 e passou pela sétima revisão em 2004, com Yuichi Shoda e Ronald D. Smith como coautores. Mischel recebeu vários prêmios, incluindo o prêmio Distinguished Scientist da American Psychological Association (APA) em 1978 e o prêmio da APA Distinguished Scientific Contribution em 1982.

Antecedentes do sistema de personalidade cognitivo-afetivo

Alguns teóricos, como Hans Eysenck (Cap. 14) e Gordon Allport (Cap. 12), acreditavam que o comportamento era, sobretudo, um produto de traços de personalidade relativamente estáveis. Contudo, Walter Mischel contestou esse pressuposto. Sua pesquisa inicial (Mischel, 1958, 1961a, 1961b) o levou a acreditar que o comportamento era, em grande parte, função da *situação*.

Paradoxo da consistência

Mischel constatou que tanto leigos quanto psicólogos profissionais parecem acreditar de modo intuitivo que o comportamento das pessoas é relativamente consistente, embora evidências empíricas sugiram muita variabilidade no comportamento, uma situação que Mischel denominou **paradoxo da consistência**. Para muitas pessoas, parece evidente, por si, que disposições pessoais globais, tais como agressividade, honestidade, avareza, pontualidade, entre outras, expliquem muito do comportamento. As pessoas elegem políticos para um cargo porque os veem como honestos, leais, determinados e íntegros; os gerentes de pessoal selecionam empregados que sejam pontuais, leais, cooperativos, trabalhadores, organizados e sociáveis. Uma pessoa se mostra, de modo geral, amistosa e gregária, ao passo que outra costuma se comportar de modo hostil e taciturno. Os psicólogos, bem como os leigos, há muito tempo sintetizaram o comportamento das pessoas usando tais definições de traços descritivos. Assim, muitas pessoas presumem que os traços de personalidade globais se manifestam por um período de tempo e também conforme a situação. Mischel sugeriu que, na melhor das hipóteses, essas pessoas estão apenas parcialmente certas. Ele argumentava que alguns traços básicos, de fato, persistem ao longo do tempo, mas existem poucas evidências de que eles se generalizam de uma situação para outra. Mischel contestava enfaticamente as tentativas de atribuir o comportamento a esses traços globais. Uma tentativa de classificar os indivíduos como amistosos, extrovertidos e conscienciosos pode ser uma forma de definir a personalidade, mas essa é uma taxonomia que não consegue explicar o comportamento (Mischel, 1990, 1999, 2004; Mischel et al., 2002; Shoda & Mischel, 1998).

Por muitos anos, as pesquisas não conseguiram apoiar a consistência dos traços de personalidade entre as situações. Hugh Hartshorne e Mark May, em seu estudo clássico de 1928, constataram que as crianças em idade escolar eram honestas em uma situação e desonestas em outra. Por exemplo, algumas colavam nos testes, mas não roubavam lembrancinhas de festas; outras quebravam as regras em uma competição atlética, mas não colavam em um teste. Alguns psicólogos, como Seymour Epstein (1979, 1980), argumentaram que estudos como o de Hartshorne e May usavam comportamentos muito específicos. Epstein defendia que, em vez de se basearem em um único comportamento, os pesquisadores precisam agregar medidas do comportamento; ou seja, eles devem obter uma soma de muitos comportamentos. Em outras palavras, Epstein referia que, muito embora as pessoas nem *sempre* exibam um traço pessoal forte, por exemplo, conscienciosidade,

a soma total de seus comportamentos individuais reflete uma essência geral de conscienciosidade.

Entretanto, Mischel (1965) anteriormente havia descoberto que um comitê de avaliação de três pessoas, que usava informações agregadas de uma variedade de escores, não conseguia predizer de forma confiável o desempenho de professores do Peace Corps. A correlação entre o julgamento do comitê e o desempenho dos professores era um 0,20 não significativo. Além do mais, Mischel (1968) defendia que correlações de cerca de 0,30 entre diferentes medidas do mesmo traço, assim como entre os escores dos traços e dos comportamentos subsequentes, representavam os limites externos da consistência do traço. Assim, essas correlações relativamente baixas entre traços e comportamento não decorrem da falta de fidedignidade do instrumento de avaliação, mas de inconsistências no comportamento. Mesmo com medidas perfeitamente fidedignas, argumentava Mischel, comportamentos específicos não predizem com precisão os traços de personalidade.

Interação pessoa-situação

Com o tempo, no entanto, Mischel (1973, 2004) acabou percebendo que as pessoas não são vasos vazios sem traços de personalidade duradouros. Ele reconheceu que a maioria tem alguma consistência em seu comportamento, mas continuou a insistir que a situação tem um efeito poderoso sobre o comportamento. A objeção de Mischel ao uso de traços como preditores de comportamento não se baseava em sua instabilidade temporal, mas na inconsistência de uma *situação* para outra. Para ele, muitas disposições básicas podem ser estáveis por um longo período de tempo. Por exemplo, um estudante pode ter um histórico de conscienciosidade no trabalho acadêmico, mas não ter a mesma postura para limpar seu apartamento ou manter seu carro em condições de funcionamento. Sua falta de cuidado com a limpeza do apartamento pode ser devido a desinteresse, e sua negligência com seu carro pode ser resultado de conhecimento insuficiente. Assim, a situação específica interage com competências, interesses, objetivos, valores, expectativas, entre outros, etc. para predizer o comportamento. Para Mischel, essas visões de traços ou disposições pessoais, embora importantes na predição do comportamento humano, negligenciam o significado da situação específica em que a pessoa funciona.

As disposições pessoais influenciam o comportamento somente sob certas condições e em determinadas situações. Essa visão sugere que o comportamento não é causado por traços pessoais globais, mas pelas percepções que as pessoas têm de si mesmas em uma situação particular. Por exemplo, um jovem que em geral é muito tímido perto de mulheres jovens pode se comportar de maneira sociável e extrovertida quando está com homens ou com mulheres mais velhas. Esse jovem é tímido ou extrovertido? Mischel diria que ele é ambos - dependendo das condições que o afetam durante uma situação específica.

A visão condicional sustenta que o comportamento é moldado pelas disposições pessoais *e* pelos processos cognitivos e afetivos específicos de uma pessoa. Enquanto a teoria dos traços sugere que as disposições globais predizem o comportamento, Mischel argumenta que as crenças, os valores, os objetivos, as cognições e os sentimentos interagem com essas disposições para moldar o comportamento. Por exemplo, a teoria dos traços tradicional sugere que as pessoas com o traço de conscienciosidade tendem a se comportar de uma maneira conscienciosa. No entanto, Mischel assinala que, em uma variedade de situações, a conscienciosidade pode ser usada com outros processos cognitivo-afetivos para atingir um resultado específico.

Em um estudo exploratório para testar esse modelo, Jack Wright e Mischel (1988) entrevistaram crianças de 8 e 12 anos e adultos e pediram que relatassem tudo o que sabiam sobre "grupos-alvo" de crianças. Tanto os adultos quanto as crianças reconheceram a variabilidade do comportamento de outras pessoas, porém os adultos estavam mais certos acerca das condições sob as quais comportamentos particulares ocorrem. Enquanto as crianças restringiram suas descrições a termos como: "Carlo às vezes bate em outras crianças", os adultos foram mais específicos, por exemplo: "Carlo bate quando provocado". Esses dados sugerem que as pessoas reconhecem prontamente a inter-relação entre situações e comportamento e que elas, de modo intuitivo, seguem uma visão condicional das disposições.

Nem a situação isolada nem os traços de personalidade estáveis isolados determinam o comportamento. Em vez disso, o comportamento é produto de ambos. Portanto, Mischel e Shoda propuseram um sistema de personalidade cognitivo-afetivo que procura conciliar essas duas abordagens de predição dos comportamentos humanos.

Sistema de personalidade cognitivo-afetivo

Para resolver o clássico paradoxo da consistência, Mischel e Shoda (Mischel, 2004; Mischel & Shoda, 1995, 1998, 1999; Shoda & Mischel, 1996, 1998) propuseram um **sistema de personalidade cognitivo-afetivo** (CAPS; *cognitive--affective personality system*), também chamado de sistema de processamento cognitivo-afetivo) que explica a variabilidade entre as situações e a estabilidade do comportamento de uma pessoa. As inconsistências aparentes no comportamento de uma pessoa não são resultado de um erro aleatório, nem produzidas apenas pela situação. Ao contrário, elas são comportamentos potencialmente previsíveis que refletem *padrões de variação* estáveis em uma pessoa. O CAPS prediz que o comportamento de uma pessoa muda de situação para situação, mas de maneira significativa.

Mischel e Shoda (Mischel, 1999, 2004; Mischel & Ayduk, 2002; Shoda, LeeTiernan, & Mischel, 2002)

defendem que as variações no comportamento podem ser conceitualizadas na seguinte estrutura: *se A, então X; mas se B, então Y.* Por exemplo, se Mark for provocado por sua esposa, então ele reagirá agressivamente. No entanto, quando o "se" muda, o "então" também se modifica. Se Mark for provocado por seu chefe, então ele reagirá de forma submissa. O comportamento de Mark pode parecer inconsistente, porque, ao que parece, ele reage de forma diferente ao mesmo estímulo. Mischel e Shoda, no entanto, argumentam que ser provocado por duas pessoas diferentes não constitui o mesmo estímulo. O comportamento de Mark não é inconsistente e pode refletir um padrão de reação estável. Essa interpretação, acreditam Mischel e Shoda, resolve o paradoxo da consistência, considerando o longo histórico de variabilidade observado no comportamento e a convicção intuitiva de psicólogos e leigos de que a personalidade é relativamente estável. A variabilidade observada com frequência no comportamento é apenas uma parte essencial de uma estabilidade unificadora da personalidade.

Essa teoria não propõe que os comportamentos sejam fruto de traços de personalidade globais estáveis. Se os comportamentos fossem resultado de traços globais, então haveria pouca variação individual no comportamento. Em outras palavras, Mark reagiria de maneira muito parecida à provocação, independentemente da situação específica. No entanto, o padrão duradouro de variabilidade de Mark atesta a inadequação tanto da teoria da situação quanto da teoria dos traços. Seu padrão de variabilidade é sua **assinatura comportamental da personalidade**, ou seja, sua maneira consistente de variar o comportamento em situações específicas (Shoda, LeeTiernan, & Mischel, 2002). Sua personalidade tem uma assinatura que permanece estável entre as situações, mesmo que o comportamento mude. Mischel (1999) acredita que uma teoria adequada da personalidade deve "tentar predizer e explicar essas assinaturas da personalidade, em vez de eliminá-las ou ignorá-las" (p. 46).

Predição do comportamento

No Capítulo 1, defendemos que as teorias efetivas devem ser apresentadas em uma estrutura *se-então*, porém Mischel (1999, 2004) é um dos poucos teóricos da personalidade a fazer isso. Sua posição teórica básica para predizer e explicar é apresentada da seguinte maneira: "Se a personalidade é um sistema estável que processa as informações acerca das situações, externas ou internas, então, quando os indivíduos encontram diferentes situações, os seus comportamentos devem variar entre as situações" (p. 43). Essa posição teórica pode gerar inúmeras hipóteses acerca dos resultados do comportamento. Ela presume que a personalidade pode ter estabilidade temporal *e* que os comportamentos podem variar conforme a situação. Ela também sugere que a predição do comportamento se baseia no conhecimento de como e quando as várias unidades cognitivo-afetivas são ativadas. Essas unidades incluem codificações, expectativas, crenças, competências, planos e estratégias autorregulatórias, bem como afetos e objetivos.

Variáveis da situação

Mischel acredita que a influência relativa das variáveis da situação e das qualidades pessoais pode ser determinada pela observação da uniformidade ou da diversidade das respostas em determinada situação. Quando pessoas diferentes se comportam de maneira muito similar – por exemplo, enquanto assistem a uma cena emotiva em um filme envolvente –, as variáveis da situação são mais poderosas do que as características pessoais. Todavia, eventos que parecem os mesmos podem produzir reações muito diferentes, porque as qualidades pessoais superam as situacionais. Por exemplo, vários trabalhadores podem ser despedidos do emprego, mas as diferenças individuais levam a comportamentos diversos, dependendo da necessidade de trabalho percebida dos trabalhadores, da confiança em seu nível de habilidade e da capacidade percebida de encontrar outro emprego.

No início de sua carreira, Mischel conduziu estudos demonstrando que a interação entre a situação e as várias qualidades pessoais era um determinante importante do comportamento. Em um estudo, por exemplo, Mischel e Ervin Staub (1965) examinaram as condições que influenciavam a escolha de uma recompensa e constataram que tanto a situação quanto a expectativa de sucesso do indivíduo eram significativas. Esses investigadores pediram, inicialmente, que meninos da sétima série classificassem suas expectativas de sucesso em tarefas de raciocínio verbal e informações gerais. Posteriormente, depois que os estudantes trabalharam em uma série de problemas, foi dito a alguns que eles tinham obtido sucesso naqueles problemas; outros foram informados de que haviam fracassado; e o terceiro grupo não recebeu qualquer informação. Então, solicitou-se que escolhessem entre uma recompensa não contingente menos valiosa e imediata e uma recompensa contingente mais valiosa e adiada. De forma consistente com a teoria da interação de Mischel, os estudantes a quem tinha sido dito que haviam obtido sucesso na tarefa similar anterior apresentaram maior probabilidade de esperar pela recompensa mais valiosa que era contingente a seu desempenho; aqueles que foram informados de que haviam fracassado anteriormente tenderam a escolher uma recompensa menos valiosa imediata; e aqueles que não tinham recebido *feedback* fizeram escolhas baseadas em suas expectativas originais de sucesso; ou seja, os estudantes no grupo sem informação que, a princípio, tinham altas expectativas de sucesso fizeram escolhas similares àqueles que acreditavam que haviam tido sucesso, enquanto aqueles que originalmente tinham baixas expectativas de sucesso fizeram escolhas similares àqueles que acreditavam ter fracassado. A Figura 18.2 mostra como o *feedback* situacional interage com a expectativa de sucesso para influenciar a escolha das recompensas.

Mischel e colaboradores também demonstraram que as crianças podem usar seus processos cognitivos para mudar uma situação difícil transformando-a em fácil. Por exemplo, Mischel e Ebbe B. Ebbesen (1970) descobriram que algumas crianças eram capazes de usar sua habilidade cognitiva para mudar uma espera desagradável por um presente, transformando-a em uma situação mais agradável. Em seu estudo sobre o adiamento da gratificação, foi dito a crianças de uma creche que elas receberiam uma pequena recompensa depois de um curto período de tempo, mas

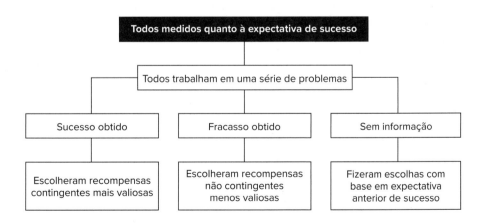

FIGURA 18.2 Modelo usado por Mischel e Staub (1965).

Fonte: Walter, Mischel e Staub, Ervin, "Effects of expectancy on working and waiting for larger reward", *Journal of Personality and Social Psychology*. 2(5),625–633. 1965.

um presente maior se elas pudessem esperar mais tempo. As crianças que pensaram no presente tiveram dificuldade de esperar, enquanto aquelas que conseguiram esperar por mais tempo usaram uma variedade de formas de se distrair para evitar pensarem na recompensa. Elas ignoraram o presente, fecharam os olhos ou cantaram músicas para transformar a situação de espera aversiva em uma situação agradável. Esses e outros resultados de pesquisa levaram Mischel a concluir que tanto a situação quanto os vários componentes cognitivo-afetivos da personalidade desempenham um papel na determinação do comportamento.

Unidades cognitivo-afetivas

Em 1973, Mischel propôs um conjunto de cinco variáveis sobrepostas relativamente estáveis que interagem com a situação para determinar o comportamento. Mais de 30 anos de pesquisa fizeram com que Mischel e colaboradores ampliassem sua concepção dessas variáveis, as quais chamaram de *unidades cognitivo-afetivas* (Mischel, 1999, 2004; Mischel & Ayduk, 2002; Mischel & Shoda, 1995, 1998, 1999). Tais variáveis pessoais mudaram a ênfase do que a pessoa *tem* (i. e., traços globais) para o que a pessoa *faz* em uma situação particular. O que uma pessoa faz inclui mais do que ações; abarca qualidades cognitivas e afetivas como pensar, planejar, sentir e avaliar.

As unidades cognitivo-afetivas incluem todos os aspectos psicológicos, sociais e fisiológicos que fazem as pessoas interagirem com seu ambiente em um padrão de variação relativamente estável. Essas unidades envolvem: (1) estratégias de codificação; (2) competências e estratégias autorregulatórias; (3) expectativas e crenças; (4) objetivos e valores; e (5) respostas afetivas.

Estratégias de codificação

Uma unidade cognitivo-afetiva importante que acaba afetando o comportamento são os construtos pessoais das pessoas e as **estratégias de codificação**, ou seja, as formas de categorização das informações recebidas dos estímulos externos. As pessoas usam processos cognitivos para transformar esses estímulos em construtos pessoais, incluindo seu autoconceito, sua visão acerca das outras pessoas e sua maneira de encarar o mundo. Diferentes pessoas codificam os mesmos eventos de formas distintas, o que explica as diferenças individuais nos construtos pessoais. Por exemplo, uma pessoa pode reagir com raiva quando insultada, enquanto outra pode optar por ignorar o mesmo insulto. Além disso, a mesma pessoa pode codificar o mesmo evento de formas diferentes em situações distintas. Por exemplo, uma mulher que normalmente interpreta um telefonema da melhor amiga como uma experiência agradável pode, em determinada situação, percebê-la como incômoda.

As entradas de estímulos são alteradas de modo substancial pela atenção seletiva das pessoas, pelo modo como elas interpretam sua experiência e pela forma como categorizam essas entradas. Mischel e o ex-aluno de doutorado Bert Moore (1973) constataram que as crianças podem transformar eventos ambientais focando aspectos selecionados das entradas dos estímulos. Nesse estudo do adiamento da gratificação, as crianças expostas a imagens das recompensas (petiscos ou moedas) conseguiam esperar mais tempo pelas recompensas do que aquelas encorajadas a construir cognitivamente (imaginar) recompensas reais enquanto visualizavam as figuras. Um estudo anterior (Mischel, Ebbesen, & Zeiss, 1972) demonstrou que as crianças expostas a recompensas reais durante um período de espera tinham maior dificuldade em esperar do que as que não eram expostas à recompensa. Os resultados desses dois estudos sugeriram que, em pelo menos algumas situações, as transformações cognitivas dos estímulos podem ter quase o mesmo efeito que os estímulos reais.

Competências e estratégias autorregulatórias

A forma como nos comportamos depende, em parte, dos comportamentos potenciais disponíveis, de nossas crenças do que podemos fazer, de nossos planos e estratégias para realizar comportamentos e de nossas expectativas de sucesso (Mischel, Cantor, & Feldman, 1996). Nossas crenças no que podemos fazer se relacionam às nossas **competências**. Mischel (1990) usou o termo "competências" para se referir a um amplo leque de informações que adquirimos acerca do mundo e de nossa relação com ele. Observando nossos próprios comportamentos e os dos outros, aprendemos o que podemos fazer em uma situação específica, assim como o que não podemos fazer. Mischel concordou com Bandura em relação ao fato de que não atentamos a todos os estímulos em nosso ambiente; em vez disso, *construímos* seletivamente ou geramos nossa própria versão do mundo real. Assim, adquirimos um conjunto de crenças acerca de nossas capacidades de desempenho, com frequência na ausência do desempenho real. Por exemplo, uma estudante excepcional pode acreditar que possui a competência para se sair bem no *Graduate Record Exam* (GRE) mesmo que nunca tenha se submetido a esse teste.

Competências cognitivas, como se sair bem em um teste, são, em geral, mais estáveis temporariamente e entre as situações do que outras unidades cognitivo-afetivas, ou seja, os escores das pessoas nos testes de habilidade mental não costumam apresentar grandes flutuações de uma vez até a seguinte ou de uma situação para a outra. De fato, Mischel (1990) argumentou que uma das razões para a aparente consistência dos traços é a estabilidade relativa da inteligência, um traço básico subjacente a muitas disposições pessoais. Segundo ele, as competências cognitivas, conforme medidas pelos testes tradicionais de habilidade mental, revelaram ser alguns dos melhores preditores do ajuste social e interpessoal e, assim, dão aos traços sociais e interpessoais uma aparência de estabilidade. Além disso, Mischel sugeriu que, quando a inteligência é avaliada por medidas não tradicionais que incluem o potencial de uma pessoa para ver soluções alternativas aos problemas, ela explica as porções ainda maiores da consistência encontrada em outros traços.

No Capítulo 17, discutimos o conceito de Bandura de autorregulação, por meio da qual as pessoas controlam o próprio comportamento. Do mesmo modo, Mischel acredita que as pessoas usam **estratégias autorregulatórias** para controlar o próprio comportamento por meio de objetivos autoimpostos e consequências autoproduzidas. As pessoas não precisam de recompensas externas e punições para moldarem seu comportamento; elas podem estabelecer objetivos para si mesmas e, então, recompensarem ou criticarem a si próprias, conforme seu comportamento as move, ou não, na direção desses objetivos.

O sistema autorregulatório possibilita planejar, iniciar e manter comportamentos mesmo quando o apoio ambiental é fraco ou inexistente. Pessoas como Abraham Lincoln e Mohandas Gandhi foram capazes de regular o próprio comportamento em face de um ambiente não apoiador e hostil, mas cada um de nós pode persistir sem incentivo ambiental se tivermos objetivos e valores poderosos autoproduzidos. Contudo, objetivos inapropriados e estratégias ineficazes aumentam a ansiedade e levam ao fracasso. Por exemplo, pessoas com objetivos inflexíveis e exagerados podem persistir tentando atingi-los, mas a falta de competência e de apoio ambiental impede que isso ocorra.

Expectativas e crenças

Toda situação apresenta um grande número de potencial do comportamento, mas a forma como as pessoas se comportam depende de suas *expectativas e crenças* específicas sobre as consequências de cada uma das diferentes possibilidades de comportamento. O conhecimento de hipóteses ou crenças das pessoas referentes ao resultado de uma situação é um preditor mais preciso do comportamento do que o conhecimento de sua capacidade de desempenho (Mischel et al., 2002).

A partir da experiência prévia e observando os outros, as pessoas aprendem a executar os comportamentos que elas esperam que tenham os resultados mais valorizados subjetivamente. Quando as pessoas não possuem informação acerca do que podem esperar de um comportamento, elas executam os comportamentos que receberam o maior reforço em situações prévias semelhantes.

Por exemplo, um universitário que nunca se submeteu ao GRE já teve, no entanto, a experiência de se preparar para outros testes. O que esse estudante faz para se preparar para o GRE é influenciado, em parte, por aquilo que os comportamentos de preparação para testes anteriores apresentaram como melhores resultados. Um estudante que anteriormente foi recompensado por usar técnicas de autorrelaxamento para se preparar para os testes tem a expectativa de que as mesmas técnicas o ajudem a se sair bem no GRE. Mischel (1990, 2004) se referiu a esse tipo de expectativa como expectativa de comportamento-resultado. As pessoas, com frequência, interpretam as expectativas de comportamento-resultado em uma estrutura "Se... então...". "Se eu usar procedimentos de autorrelaxamento, então posso esperar me sair bem no GRE." "Se eu disser à minha chefe o que realmente penso dela, então posso perder meu emprego."

Mischel também identificou um segundo tipo de expectativa: as *expectativas de estímulo-resultado*, que se referem às muitas condições de estímulos que influenciam as prováveis consequências de um padrão de comportamento. As expectativas de estímulo-resultado ajudam a predizer quais eventos têm probabilidade de ocorrer após certos estímulos. Talvez o exemplo mais óbvio seja uma expectativa de um trovão alto e desagradável após a ocorrência de um raio (o estímulo). Mischel acredita que as expectativas de estímulo-resultado são unidades importantes para compreender o condicionamento clássico. Por exemplo, uma criança que foi condicionada a associar dor com enfermeiras em um hospital começa a chorar e demonstrar medo quando vê uma enfermeira segurando uma seringa.

Mischel (1990) acredita que uma razão para a inconsistência do comportamento é nossa incapacidade de predizer o comportamento das pessoas. Não hesitamos em atribuir traços pessoais aos outros, mas, quando notamos que seu comportamento é inconsistente com esses traços, temos menos certeza de como reagir a elas. Nosso comportamento será consistente entre as situações até o ponto em que as nossas expectativas se mantiverem. Mas nossas expectativas não são constantes; elas mudam porque podemos discriminar e avaliar a grande variedade de reforçadores potenciais em determinada situação (Mischel & Ayduk, 2002).

Objetivos e valores

As pessoas não reagem passivamente às situações, mas são ativas e direcionadas para o objetivo. Elas formulam objetivos, fazem planos para atingi-los e, em parte, criam as próprias situações. Os objetivos, os valores e as preferências subjetivas das pessoas representam uma quarta unidade cognitivo-afetiva. Por exemplo, dois universitários podem ter a mesma capacidade acadêmica e também a mesma expectativa de sucesso na pós-graduação. O primeiro, no entanto, atribui maior valor a ingressar no mercado de trabalho do que a fazer pós-graduação, enquanto o segundo escolhe fazer pós-graduação em vez de procurar uma carreira imediata. Os dois podem ter vivenciado experiências muito semelhantes durante a universidade, mas, como possuem objetivos diferentes, tomaram decisões muito distintas.

Valores, objetivos e interesses, juntamente com as competências, estão entre as unidades cognitivo-afetivas mais estáveis. Uma razão para essa consistência são as propriedades dessas unidades de desencadearem emoções. Por exemplo, uma pessoa pode atribuir um valor negativo a determinada comida, porque a associa com a náusea que certa vez

Uma razão para a inconsistência no comportamento das pessoas é sua incapacidade de prever o comportamento dos outros.
ThinkStock/SuperStock

experimentou enquanto consumia aquele alimento. Sem o contracondicionamento, é provável que essa aversão persista, devido à forte emoção negativa produzida pela comida. De modo semelhante, valores patrióticos podem durar uma vida inteira, porque eles estão associados a emoções positivas, como segurança e vinculação ao lar e ao amor materno.

Respostas afetivas

Durante o início da década de 1970, a teoria de Mischel era, sobretudo, uma teoria cognitiva. Ela estava baseada no pressuposto de que os pensamentos e outros processos cognitivos interagem com uma situação particular para determinar o comportamento. Desde então, no entanto, Mischel e colaboradores (Mischel & Ayduk, 2002; Mischel & Shoda, 1998, 1999) acrescentaram as respostas afetivas à lista de unidades cognitivo-afetivas importantes. As respostas afetivas incluem emoções, sentimentos e reações fisiológicas. Mischel considera as respostas afetivas inseparáveis das cognições e compreende as unidades cognitivo-afetivas interconectadas como mais básicas do que outras unidades cognitivo-afetivas.

As respostas afetivas, então, não existem de forma isolada. Elas não só são inseparáveis dos processos cognitivos, como também influenciam cada uma das demais unidades cognitivo-afetivas. Por exemplo, a codificação da visão de *self* de uma pessoa inclui certos *sentimentos* positivos e negativos. "Vejo-me como um estudante de psicologia competente e isso me agrada." "Não sou muito bom em matemática e não gosto disso." Do mesmo modo, as competências e as estratégias de enfrentamento das pessoas, suas crenças e expectativas e seus objetivos e valores são todos influenciados por suas respostas afetivas.

Mischel e Shoda (1995) afirmaram:

> As representações cognitivo-afetivas não são unidades discretas desconectadas simplesmente evocadas como "respostas" em isolado: essas representações cognitivas e esses estados afetivos interagem de forma dinâmica e influenciam uns aos outros de modo recíproco, e é a organização das relações entre eles que forma a essência da estrutura da personalidade e que guia e condiciona seu impacto. (p. 253)

Em resumo, as unidades cognitivo-afetivas inter-relacionadas contribuem para o comportamento quando interagem com traços de personalidade estáveis e com um ambiente receptivo. As mais importantes dessas variáveis incluem: (1) *estratégias de codificação*, ou como as pessoas interpretam ou categorizam um evento; (2) *competências e estratégias de autorregulação*, ou seja, o que as pessoas podem fazer e suas estratégias e seus planos para realizar um comportamento desejado; (3) *expectativas e crenças* de comportamento-resultado e estímulo-resultado referentes a uma situação específica; (4) *objetivos, valores e preferências* subjetivos que determinam, em parte, a atenção seletiva aos eventos; e (5) *respostas afetivas*, incluindo sentimentos e emoções, além de afetos que acompanham as reações fisiológicas.

Pesquisa relacionada

As ideias de Rotter sobre controle interno e externo geraram uma quantidade considerável de pesquisa em psicologia, com muitos pesquisadores de outras disciplinas aproveitando os conceitos desse autor para as próprias investigações. O CAPS de Mischel, embora um modelo relativamente novo da personalidade (foi proposto de forma integral na metade da década de 1990), gerou um forte *corpus* de trabalho, considerando sua idade, com vários estudos focando a estrutura se-então discutida previamente.

Opressão racial internalizada e *locus* de controle

Considere como alguém pode ter um *locus* de controle mais interno ou externo. É fácil imaginar que "as pessoas recebem o respeito que merecem neste mundo" (*locus* interno) se eu mesmo tiver a sorte de ter crescido em um bairro rico e seguro e frequentado excelentes escolas, porque provavelmente fui reconhecido e recompensado por meus talentos. Em contraste, eu poderia ser muito mais propenso, se crescesse na pobreza e frequentasse escolas com poucos recursos, a sentir que "infelizmente, o valor de um indivíduo muitas vezes passa despercebido, não importa o quanto ele tente (*locus* externo), porque provavelmente enfrentei negligência, mais fatores de estresse e contingências externas em minha segurança e bem-estar". A primeira pessoa pode pensar razoavelmente: "Eu faço as coisas acontecerem" porque ambientes benignos e ricos em recursos são propícios à sua eficácia. A segunda pessoa pode pensar razoavelmente que "As coisas acontecem comigo" porque em ambientes estressantes e sem recursos, a boa ou má vontade de *outras* pessoas em relação a ela pode fazer uma grande diferença em seu bem-estar.

Estudos mostram que a exposição contínua à desigualdade racial e à opressão de fato prediz um *locus* de controle mais externo entre pessoas não brancas (p. ex., Pieterse & Carter, 2010). Por exemplo, estudantes universitários afro-americanos exibem mais *locus* de controle externo do que estudantes europeus americanos (Lease, 2004). Além disso, embora os estudantes afro-americanos estejam cientes da importância do ensino superior para o sucesso na vida futura, as realidades da opressão racial podem minar a motivação e as aspirações dos estudantes afro-americanos que veem mais barreiras e menos recompensas em buscar o ensino superior, valorizando-o menos (Ford, Moore, & Scott, 2011).

Dadas essas descobertas preocupantes, Danice Brown e colaboradores (2017) investigaram se a opressão racial internalizada pode prever um *locus* de controle mais externo, o que, por sua vez, pode diminuir o valor que os estudantes afro-americanos atribuem ao ensino superior. 156 estudantes afro-americanos receberam escalas que medem a opressão racial internalizada ou a introjeção da ideologia racista (Escala de Opressão Racial Internalizada, Bailey et al., 2011; p. ex., "Os negros são preguiçosos", "Cabelo liso é melhor do que a textura natural do meu cabelo"), a Escala de *Locus* de Controle Acadêmico (Trice, 1985; p. ex., "As notas universitárias geralmente refletem o esforço que você dedica às aulas", "Há algumas disciplinas nas quais eu nunca poderia me sair bem") e o Inventário de Valores do Ensino Superior (Luttrell & Richard, 2011), que avalia a importância que um indivíduo atribui ao ensino superior (p. ex., "Preciso me sair bem na escola para satisfazer minha família").

Os resultados mostraram, de acordo com as previsões, uma relação inversa entre a opressão racial internalizada e o valor que os participantes atribuíram ao ensino superior, independentemente do sexo. No entanto, e curiosamente, a relação positiva entre a opressão racial internalizada e o *locus* de controle acadêmico só foi significativa para homens jovens. Em outras palavras, homens afro-americanos que internalizaram mais crenças racialmente opressivas eram mais propensos a sentir que não tinham controle sobre seus resultados acadêmicos no nível universitário e, portanto, davam menos valor e importância ao ensino superior. Brown e colaboradores concluíram que há muito foco no baixo desempenho acadêmico de meninos e homens afro-americanos sem compreender os fatores que contribuem para suas *crenças* sobre sua capacidade de sucesso. As intervenções para aumentar a participação no ensino superior nessa população devem abordar a perniciosidade dos estereótipos racistas internalizados para gerar um *locus* de controle mais interno em ambientes acadêmicos.

Interação pessoa-situação

Walter Mischel conduziu uma grande quantidade de pesquisas sobre as complexidades associadas à personalidade, situações e comportamento. Sua pesquisa e teoria da aprendizagem social cognitiva geraram ainda mais pesquisas, realizadas por muitos estudiosos no campo. Talvez a mais importante delas tenha sido a pesquisa sobre a interação pessoa-situação. A essência dessa abordagem é resumida pela contingência contextual entre comportamento e contexto na declaração "Se estou nesta situação, então faço X; mas, se estou naquela situação, então faço Y". Conforme discutimos na seção sobre sistema de personalidade cognitivo-afetivo, Mischel e Shoda desenvolveram métodos conceituais e empíricos de investigação da interação pessoa-situação simplesmente fazendo os participantes responderem a situações se-então.

Em um estudo recente, elegante em sua simplicidade, uma das alunas de Mischel, Lara Kammrath, e seus colegas demonstraram a estrutura "Se... então..." muito claramente (Kammrath, Mendoza-Denton, & Mischel, 2005). O objetivo do estudo era mostrar que as pessoas compreendem a estrutura se-então e a usam quando fazem julgamentos acerca dos outros. Os participantes desse estudo receberam apenas um traço de uma estudante fictícia e, então, foram convidados a predizer a afetividade com que a estudante se comportaria em várias situações diferentes. O traço descritor que cada participante recebeu foi determinado aleatoriamente a partir da seguinte lista: amigável, aduladora, sedutora, tímida ou hostil. Com apenas um desses traços em mente, os participantes tinham que prever como a estudante fictícia se comportaria com os pares, os professores, as mulheres, os homens, os familiares e as pessoas estranhas.

O que os pesquisadores encontraram corroborou perfeitamente a estrutura se-então das interações pessoa-situação. Por exemplo, quando o descritor do traço para a estudante fictícia era aduladora, os participantes predisseram que ela agiria de modo muito afetivo com os professores, mas não excepcionalmente afetiva com os pares. Em outras palavras, *se* o alvo da interação fosse de alto *status* (professor), *então* a estudante era muito afetiva; mas *se* o alvo não fosse de alto *status*, *então* a estudante não era afetiva. Do mesmo modo, quando a estudante era descrita como hostil, os participantes predisseram que ela seria mais afetiva com pessoas conhecidas, mas absolutamente não afetiva com estranhos. Esses achados demonstram claramente que a pessoa mediana compreende que os indivíduos não se comportam da mesma maneira em todas as situações – dependendo da personalidade, as pessoas ajustam o comportamento para se adequarem à situação.

Mischel e colaboradores concluíram que a conceitualização interacionista social cognitiva do ambiente pessoa-situação é uma forma mais apropriada de compreender o comportamento humano do que as visões da personalidade "descontextualizadas" tradicionais, em que os indivíduos se comportam de determinada maneira independentemente do contexto.

Marshmallows e autorregulação ao longo da vida

Conforme mencionado anteriormente neste capítulo, a primeira pesquisa de Walter Mischel em psicologia da personalidade foi sobre o adiamento da gratificação. Lembre-se de que, em seus primeiros estudos com Ebbesen (1970), Mischel identificou que as crianças que eram capazes de resistir à tentação (neste caso, não comer um marshmallow, mas, em vez disso, esperar para receber dois marshmallows mais tarde) faziam isso com o uso de uma variedade de estratégias cognitivas e comportamentais. Desde aquele trabalho inicial, décadas de pesquisa longitudinal acompanharam os pré-escolares ao longo de sua vida para explorar os mecanismos que possibilitam a autorregulação efetiva.

Em uma revisão desses estudos de follow-up, Walter Mischel, Yuichi Shoda e colaboradores (2011) apresentaram evidências da validade de predição surpreendentemente significativa do "teste do marshmallow" para resultados sociais, cognitivos e mentais ao longo da vida. A lista de consequências marcantes é longa. Por exemplo, o número de segundos que os pré-escolares eram capazes de esperar para obter os dois marshmallows preferidos predizia de forma significativa escores mais altos no SAT quando eles estavam no ensino médio e, posteriormente, uma conquista educacional mais elevada, maior autoestima e uma capacidade mais aprimorada de lidar com o estresse (Ayduk et al., 2000; Shoda et al., 1990). Além disso, os pré-escolares que cederam à tentação de um marshmallow apresentaram 30% a mais de probabilidade de ter sobrepeso aos 11 anos de idade (Seeyave et al., 2009) e maior probabilidade de desenvolver características de personalidade borderline na idade adulta (Ayduk et al., 2008) do que os que foram capazes de esperar pela recompensa adiada.

O que possibilita essa incrível força de vontade em alguns, mas não em todos nós? Mischel e colaboradores publicaram substancialmente sobre essa questão e concluíram que os que conseguem resistir à tentação em favor de objetivos de longo prazo usam duas estratégias amplas: redirecionamento da atenção ou reestruturação cognitiva

(Mischel et al., 2010). Ignorar ou prestar atenção em algo além do objeto tentador ajuda os retardadores. Reestruturar uma situação a partir do que Mischel e colaboradores denominaram de características "quentes" (p. ex., o sabor delicioso do marshmallow) e se direcionar para representações "mais frias" (a forma do marshmallow) também estimula a capacidade de adiar.

Quase todos os leitores já ouviram falar do agora famoso teste do marshmallow, e muitos de nós vimos vídeos no YouTube de crianças sentadas sozinhas em mesas em agonia, curvando-se para não comer aquele marshmallow. A Vila Sésamo até apresentou o Cookie Monster aprendendo a adiar a gratificação para que mais tarde ele pudesse se juntar ao "Cookie Connoisseurs Club". Infelizmente, quando a imprensa popular se apodera de pesquisas como essa, os detalhes e os fundamentos da mensagem geralmente se perdem. Muitos leitores ingênuos presumiram que as descobertas de pesquisas longitudinais de que algumas crianças tinham a "coragem" na década de 1960 de atrasar sua gratificação, e que a coragem mais tarde previu uma vida inteira de sucesso, significavam que essa característica de autocontrole era altamente genética; alguém a tem ou não. Mas a teoria da personalidade cognitivo-afetiva de Mischel foi e permanece sempre sendo sobre a interação dinâmica das ações cognitivas, afetivas e comportamentais que as pessoas realizam em determinadas situações. Dessa forma, o autocontrole envolve habilidades, e essas habilidades podem ser exercidas em algumas situações e não em outras, e podem ser ensinadas e aprimoradas.

Walter Mischel (2014a) publicou um livro revisando sua pesquisa ao longo de décadas sobre força de vontade e autorregulação e esclarecendo, em um estilo coloquial, sobre as conclusões deste trabalho, intitulado O teste do marshmallow: por que a força de vontade é a chave do sucesso. Nele, ele argumenta que o autocontrole e a capacidade de retardar a gratificação são como um músculo que podemos fortalecer treinando e que podemos optar por flexionar ou não. Ele e seus colegas descobriram duas estratégias importantes que nos permitem resistir à tentação em favor de metas de longo prazo: redirecionamento da atenção e reenquadramento cognitivo (Mischel et al., 2010). As crianças dos estudos originais sobre marshmallows que conseguiram adiar empregaram essas estratégias, e todos nós podemos aprender a fazer isso. Desviar o olhar ou prestar atenção a algo além do objeto tentador ajuda os adiadores, quer estejamos diante de um doce como um marshmallow ou de um maço de cigarros no caixa da loja quando estamos tentando parar de fumar. Reformulando uma situação a partir do que Mischel e seus colegas chamam de características "quentes" que nosso sistema emocional e límbico codifica (a deliciosa mastigação do marshmallow ou o efeito calmante da nicotina) e em direção às representações "mais frias" pelas quais nosso córtex pré-frontal é responsável ("a forma do marshmallow lembra uma nuvem" ou "o que mais eu poderia comprar com o dinheiro que um maço de cigarros custa?") aumenta nossa capacidade de adiar ou até mesmo

O teste do *marshmallow* é uma medida clássica de autorregulação em crianças e prevê muitos resultados a longo prazo, como desempenho acadêmico no ensino médio e na faculdade. Josie Garner/Shutterstock

superar gratificações imediatas não saudáveis. O objetivo final é fazer com que o sistema cognitivo frio, por meio da prática, assuma o controle do que normalmente é ativado no sistema quente. Mischel diz: "O sistema de resfriamento nos permite regular o termostato emocional para que, em situações 'quentes', nossa resposta seja mais fria e de reflexão, em vez de quente e de reação. Ajuda ter planos de implementação "se-então" para que, quando, digamos, a sobremesa chegar, eu escolha a fruta em vez de me encher de açúcar" (Mischel, 2014b, p. 943).

Essas estratégias simples podem ser ensinadas para melhorar de modo substancial a capacidade de adiar a gratificação e aprimorar a autorregulação e, por extensão, a vida. As demonstrações aparentemente simples de Walter Mischel das competências autorregulatórias do início da vida se revelaram preditores poderosos de personalidade flexível e saudável durante a meia-idade.

Críticas à teoria da aprendizagem social cognitiva

A teoria da aprendizagem social cognitiva é atraente para quem valoriza os rigores da teoria da aprendizagem e o pressuposto especulativo de que as pessoas são seres cognitivos orientados para o futuro. Rotter e Mischel desenvolveram teorias da aprendizagem para humanos pensantes, avaliadores e direcionados para objetivos, em vez de para animais de laboratório. Como as demais teorias, o valor da teoria da aprendizagem social cognitiva reside em como ela se classifica em relação aos seis critérios para uma teoria útil.

Em primeiro lugar, as teorias de Rotter e Mischel estimularam um corpo de *pesquisa* significativo? Com base nesse critério, as teorias da aprendizagem social cognitiva geraram tanto quantidade quanto qualidade de pesquisa. Por exemplo, o conceito de Rotter de *locus* do controle foi, e continua a ser, um dos tópicos mais amplamente pesquisados na literatura psicológica. O *locus* do controle, no entanto, não é o núcleo da teoria da personalidade de Rotter, e a teoria em si não gerou um nível comparável de pesquisa. Em contraste com o conceito de Rotter de *locus* do controle, a teoria de Mischel gerou um pouco menos de pesquisa, porém mais relevante para suas ideias centrais.

Segundo, as teorias da aprendizagem social cognitiva são *refutáveis*? A natureza empírica do trabalho de Rotter e Mischel expõe essas teorias à possível refutação e verificação. Entretanto, a fórmula de predição básica e a fórmula de predição geral são completamente hipotéticas e não podem ser testadas com precisão.

Por comparação, a teoria de Mischel se presta um pouco mais à refutação. De fato, a pesquisa sobre adiamento da gratificação levou-o a colocar mais ênfase nas variáveis da situação e menos na inconsistência do comportamento. Essa redução da ênfase no adiamento da gratificação permitiu a Mischel evitar as abordagens metodológicas limitadas usadas em sua pesquisa inicial.

Terceiro, conforme o critério de *organização do conhecimento*, a teoria social cognitiva se classifica um pouco acima da média. Em tese, pelo menos, a fórmula de predição geral de Rotter e seus componentes de potencial da necessidade, liberdade de movimento e valor da necessidade oferecem uma estrutura útil para compreender muito do comportamento humano. Quando o comportamento é visto como uma função dessas variáveis, ele assume um matiz diferente. A teoria de Mischel agora se classifica acima da média nesse critério, porque ele continuou a ampliar o âmbito de sua teoria para incluir disposições pessoais e unidades cognitivo-afetivas capazes de predizer e explicar o comportamento.

Quarto, a teoria da aprendizagem social cognitiva serve como um *guia para a ação* útil? Com base em tal critério, classificamos a teoria como apenas moderadamente alta. As ideias de Rotter sobre psicoterapia são bastante explícitas e constituem um guia útil para o terapeuta, porém sua teoria da personalidade não é tão prática. As fórmulas matemáticas servem como uma estrutura útil para organizar o conhecimento; contudo, não sugerem um curso específico de ação para o praticante, porque o valor de cada fator dentro da fórmula não pode ser conhecido com certeza matemática. Da mesma forma, a teoria de Mischel é apenas moderadamente útil para o terapeuta, o professor ou o pai. Ela sugere aos praticantes que eles devem esperar que as pessoas se comportem de formas diferentes em situações distintas e até mesmo de um momento para outro, mas fornece poucas diretrizes específicas para a ação.

Quinto, as teorias de Rotter e Mischel têm *coerência interna*? Rotter é cuidadoso na definição de conceitos para que o mesmo termo não tenha dois ou mais significados. Além disso, os componentes separados de sua teoria são logicamente compatíveis. A fórmula de predição básica, com seus quatro fatores específicos, é logicamente coerente com as três variáveis mais amplas da fórmula de predição geral. Mischel, assim como Bandura (ver Cap. 17), desenvolveu uma teoria a partir da pesquisa empírica sólida, um procedimento que favorece muito a coerência.

Sexto, a teoria da aprendizagem social cognitiva é *parcimoniosa*? Em geral, ela é relativamente simples e não pretende oferecer explicações para toda a personalidade humana. Mais uma vez, a ênfase na pesquisa em vez de na especulação filosófica contribuiu para a parcimônia das teorias da aprendizagem social cognitiva tanto de Rotter quanto de Mischel.

Conceito de humanidade

Rotter e Mischel veem as pessoas como animais cognitivos cujas percepções dos eventos são mais importantes do que os próprios eventos. As pessoas são capazes de interpretar os eventos de várias maneiras, e essas percepções cognitivas tendem a ser geralmente mais influentes do que o ambiente na determinação do valor do reforçador. A cognição capacita pessoas diferentes a verem a mesma situação de formas distintas e a atribuírem valores diferentes ao reforço que se segue ao comportamento.

Tanto Rotter quanto Mischel entendem os humanos como animais direcionados para o objetivo que não reagem meramente ao ambiente, mas que interagem com seus ambientes psicologicamente significativos. Portanto, a teoria da aprendizagem social cognitiva é mais *teleológica*, ou orientada para o futuro, do que causal. As pessoas atribuem valor positivo aos eventos que elas percebem que as aproximam de seus objetivos e atribuem valor negativo aos eventos que as impedem de atingi-los. Os objetivos, então, servem como critérios para avaliar os eventos. As pessoas são motivadas menos pelas experiências passadas com o reforço do que por suas expectativas de eventos futuros.

A teoria da aprendizagem social cognitiva sustenta que as pessoas se movem na direção dos objetivos que estabeleceram para si. Esses objetivos, no entanto, modificam-se conforme mudam as expectativas de reforço das pessoas e sua preferência por um reforço em relação a outro. Como as pessoas estão continuamente no processo de estabelecer objetivos, elas possuem alguma escolha na direção de suas vidas. No entanto, o *livre-arbítrio* não é ilimitado, porque as experiências passadas e os limites das competências pessoais determinam, em parte, o comportamento.

Como Rotter e Mischel são realistas e pragmáticos, é difícil classificá-los na dimensão do *otimismo* versus *pessimismo*. Eles acreditam que as pessoas podem aprender estratégias construtivas para a solução de problemas e que elas são capazes de aprender novos comportamentos em qualquer ponto da vida. Contudo, esses teóricos não sustentam que as pessoas tenham dentro de si uma força inerente que as move inevitavelmente na direção do crescimento psicológico.

Quanto ao aspecto dos *motivos conscientes* versus *inconscientes*, a teoria da aprendizagem social cognitiva pende na direção das forças conscientes. As pessoas podem conscientemente estabelecer objetivos para si e lutar de modo consciente para resolver velhos e novos problemas. Entretanto, nem sempre estão conscientes das motivações subjacentes de uma boa parte de seu comportamento atual.

Quanto à questão de a personalidade ser moldada por influências sociais ou biológicas, a teoria da aprendizagem social cognitiva enfatiza os *fatores sociais*. Rotter destacou particularmente a importância da aprendizagem dentro de um ambiente social. Mischel também enfatizou as influências sociais, mas ele não negligencia a importância dos fatores genéticos. Ele e Shoda (Mischel & Shoda, 1999) sustentam que as pessoas têm uma predisposição tanto genética quanto social para agir de determinada maneira. A predisposição genética, é claro, provém de sua dotação genética, enquanto sua predisposição social resulta de sua história social.

Quanto à ênfase *na singularidade ou nas semelhanças*, colocamos Rotter em uma posição intermediária. As pessoas possuem histórias individuais e experiências únicas que permitem estabelecer objetivos personalizados, mas também há semelhanças suficientes entre as pessoas para possibilitar a construção de fórmulas matemáticas que, na presença de informações suficientes, permitem a predição fidedigna e precisa do comportamento.

Por comparação, Mischel claramente coloca maior ênfase na singularidade do que nas semelhanças. As diferenças entre as pessoas resultam da assinatura comportamental de cada indivíduo e dos padrões únicos de variação no comportamento de cada pessoa. Em suma, a teoria da aprendizagem social cognitiva considera as pessoas como animais direcionados para o futuro, orientadas, unificadas, cognitivas, afetivas e sociais, que são capazes de avaliar experiências atuais e prever eventos futuros com base em objetivos que elas escolheram para si.

Teorias da Personalidade **417**

Termos-chave e conceitos

- As *teorias da aprendizagem social cognitiva* de Rotter e Mischel procuram sintetizar os pontos fortes da teoria do reforço com os da teoria cognitivista.
- De acordo com Rotter, o comportamento das pessoas em uma situação específica é função de suas *expectativas de reforços* e da força das *necessidades* satisfeitas por esses reforços.
- Em situações específicas, o comportamento é estimado pela *fórmula de predição básica*, que sugere que o potencial para determinado comportamento ocorrer é uma função da expectativa (E) da pessoa mais o valor do reforço (VR).
- A *fórmula de predição geral* afirma que o potencial da necessidade (PN) é função da liberdade de movimento (LM) e do valor da necessidade (VN).
- O *potencial da necessidade* é a ocorrência possível de um conjunto de comportamentos funcionalmente relacionados e direcionados para a satisfação de um objetivo ou de um conjunto similar de objetivos.
- A *liberdade de movimento* é a expectativa média de que um conjunto de comportamentos relacionados será reforçado.
- O *valor da necessidade* é o grau em que uma pessoa prefere um conjunto de reforços a outro.
- Em muitas situações, as pessoas desenvolvem *expectativas generalizadas* (*EGs*) de sucesso, porque um conjunto de experiências semelhantes foi reforçado previamente.

- Locus *de controle* é uma expectativa generalizada que se refere à crença das pessoas de que elas podem ou não controlar suas vidas.
- *Confiança interpessoal* é uma expectativa generalizada de que a palavra do outro é confiável.
- *Comportamento desadaptado* se refere às ações que não aproximam uma pessoa de um objetivo desejado.
- O método de Rotter de *psicoterapia* visa à mudança de objetivos e à eliminação de expectativas baixas.
- O *sistema de personalidade cognitivo-afetivo* (*CAPS*) sugere que o comportamento das pessoas é, em grande parte, moldado por uma interação entre traços estáveis da personalidade e situação, o que inclui inúmeras variáveis pessoais.
- As *disposições pessoais* possuem alguma consistência ao longo do tempo, mas pouca consistência de uma situação para outra.
- As disposições da personalidade relativamente estáveis interagem com as *unidades cognitivo-afetivas* para produzir comportamento.
- As unidades cognitivo-afetivas incluem as *estratégias de codificação*, ou a forma que as pessoas têm de interpretar e categorizar as informações; suas *competências* e seus *planos autorregulatórios*, ou o que elas conseguem fazer e suas estratégias para tanto; suas *expectativas e crenças* acerca das consequências percebidas de suas ações; seus *objetivos e valores*; e suas *respostas afetivas*.

Referências

Adler, A. (1927). *Understanding human nature.* New York: Greenberg.

Ayduk, O., Mendoza-Denton, R., Mischel, W., Downey, G., Peake, P., & Rodriguez, M. L. (2000). Regulating the interpersonal self: Strategic self-regulation for coping with rejection sensitivity. *Journal of Personality and Social Psychology, 79,* 776-792.

Bailey, T. K. M., Chung, Y. B., Williams, W. S., Singh, A. A., & Terrell, H. K. (2011). Development and validation of the internalized racial oppression scale for Black individuals. *Journal of Counseling Psychology, 58,* 481-493.

Brown, D. L., Rosnick, C. B., & Segrist, D. J. (2017). Internalized racial oppression and higher education values: The mediational role of academic locus of control among college African American men and women. *Journal of Black Psychology, 43,* 358-380.

Epstein, S. (1979). The stability of behavior: I. On predicting most of the people most of the time. *Journal of Personality and Social Psychology, 37,* 1097-1126.

Epstein, S. (1980). The stability of behavior: II. Implications for psychological research. *American Psychologist, 35,* 790-806.

Ford, D. Y., Moore, J. L., III, & Scott, M. T. (2011). Key theories and frameworks for improving the recruitment and retention of African American students in gifted education. *Journal of Negro Education, 80,* 239-253.

Freud, S. (1901/1960). *Psychopathology of everyday life.* In *Standard edition* (Vol. 6).

James, W. H. (1957). *Internal versus external control of reinforcement as a basic variable in learning theory.* Unpublished doctoral dissertation. Ohio State University.

Kammrath, L. K., Mendoza-Denton, R., & Mischel, W. (2005). Incorporating if . . . then . . . personality signatures in person perceptions: Beyond the personsituation dichotomy. *Journal of Personality and Social Psychology, 88,* 605-618.

Lease, S. H. (2004). Effect of locus of control, work knowledge, and mentoring on career decision-making difficulties: Testing the role of race and academic institution. *Journal of Career Assessment, 12,* 239-254.

Luttrell, V. R., & Richard, D. C. (2011). Development of the Higher Education Value Inventory: Factor structure and score reliability. *Psychology, 2,* 909-916.

Menninger, K. A. (1920). *The human mind.* New York: Knopf.

Mischel, H. N., & Mischel, W. (Eds.). (1973). *Readings in personality.* New York: Holt, Rinehart and Winston.

Mischel, W. (1958). Preference for delayed reinforcement: An experimental study of cultural observation. *Journal of Abnormal and Social Psychology, 56,* 57-61.

Mischel, W. (1961a). Delay of gratification, need for achievement, and acquiesce in another culture. *Journal of Abnormal and Social Psychology, 62,* 543-552.

Mischel, W. (1961b). Preference for delayed reinforcement and social responsibility. *Journal of Abnormal and Social Psychology, 62,* 1-7.

Mischel, W. (1965). Predicting success of Peace Corps volunteers in Nigeria. *Journal of Personality and Social Psychology, 1,* 510-517.

Mischel, W. (1968). *Personality and assessment.* New York: Wiley.

Mischel, W. (1973). Toward a cognitive social learning reconceptualization of personality. *Psychological Review, 80,* 252-283.

Mischel, W. (1979). On the interface of cognition and personality: Beyond the person-situation debate. *American Psychologist, 34,* 740-754.

Mischel, W. (1990). Personality dispositions revisited and revised: A view after three decades. In L. A. Pervin (Ed.), *Handbook of personality: Theory and research* (pp. 111-134). New York: Guilford Press.

Mischel, W. (1999). Personality coherence and dispositions in a cognitive-affective personality system (CAPS) approach. In D. Cervone & Y. Shoda (Eds.), *The coherence of personality: Social-cognitive bases of consistency, variability, and organization* (pp. 37-66). New York: Guilford Press.

Mischel, W. (2004). Toward an integrative science of the person. *Annual Review of Psychology, 55,* 1-22.

Mischel, W. (2014a). *The marshmallow test: Mastering self-control.* New York, NY: Little, Brown and Company.

Mischel, W. (2014b). The master of self-control. *The Psychologist, 27,* 942-944.

Mischel, W., & Ayduk, O. (2002). Self-regulation in a cognitive-affective personality system: Attentional control in the service of the self. *Self and Identity, 1,* 213-220.

Mischel, W., & Ebbesen, E. B. (1970). Attention in delay of gratification. *Journal of Personality and Social Psychology, 16,* 329-337.

Mischel, W., & Mischel, H. N. (1976). A cognitive social learning approach to morality and selfregulation. In T. Lickona (Ed.), *Moral development and behavior: Theory, research, and social issues.* New York: Holt, Rinehart and Winston.

Mischel, W., & Mischel, H. N. (1983). Development of children's knowledge of self-control strategies. *Child Development, 54,* 603-619.

Mischel, W., & Moore, B. (1973). Effects of attention to symbolically presented rewards upon self-control. *Journal of Personality and Social Psychology, 28,* 172-179.

Mischel, W., & Shoda, Y. (1995). A cognitive-affective system theory of personality: Reconceptualizing situations, dispositions, dynamics, and invariance in personality structure. *Psychological Review, 102,* 246-268.

Mischel, W., & Shoda, Y. (1998). Reconciling processing dynamics and personality dispositions. *Annual Review of Psychology, 49,* 229-258.

Mischel, W., & Shoda, Y. (1999). Integrating dispositions and processing dynamics within a unified theory of personality: The cognitive-affective personality system. In L. A. Pervin & O. P. John (Eds.), *Handbook of personality: Theory and research* (pp. 197-218). New York: Guilford Press.

Mischel, W., & Staub, E. (1965). Effects of expectancy on working and waiting for larger rewards. *Journal of Personality and Social Psychology, 2,* 625-633.

Mischel, W., Ayduk, O., Berman, M. G., Casey, B. J., Gotlib, I. H., Jonides, J., Kross, E., Teslovich, T., Wilson, N. L., Zayas, V., & Shoda, Y. (2011). "Willpower" over the lifespan: Decomposing selfregulation. *Social Cognitive and Affective Neuroscience, 6,* 252-256.

Mischel, W., Cantor, N., & Feldman, S. (1996). Principles of self-regulation: The nature of willpower and self-control. In E. T. Higgins & A. W. Kruglanski (Eds.), *Social psychology: Handbook of basic principles* (pp. 329-360). New York: Guilford Press.

Mischel, W., Ebbesen, E. B., & Zeiss, A. R. (1972). Cognitive and attentional mechanisms in delay of gratification. *Journal of Personality and Social Psychology, 21,* 204-218.

Mischel, W., Shoda, Y., & Mendoza-Denton, R. (2002). Situation-behavior profiles and a locus of consistency in personality. *Current Directions in Psychological Science, 11,* 50-54.

Phares, E. J. (1955). *Changes in expectancy in skill and chance situations.* Unpublished doctoral dissertation. Ohio State University.

Pieterse, A. L., & Carter, R. T. (2010). A exploratory investigation of the relationship between racism, racial identity, perception of health, and health locus of control among Black American women. *Journal of Health Care for the Poor and Undeserved, 21,* 334-348.

Rotter, J. B. (1954). *Social learning and clinical psychology.* Englewood Cliffs, NJ: Prentice-Hall.

Rotter, J. B. (1964). *Clinical psychology.* Englewood Cliffs, NJ: Prentice-Hall.

Rotter, J. B. (1966). Generalized expectancies for internal versus external control of reinforcement. *Psychological Monographs, 80* (Whole No. 609).

Rotter, J. B. (1967). A new scale for the measurement of interpersonal trust. *Journal of Personality, 35,* 651-665.

Rotter, J. B. (1970). Some implications of a social learning theory for the practice of psychotherapy. In D. J. Levis (Ed.), *Learning approaches to therapeutic behavior change.* Chicago: Aldine.

Rotter, J. B. (1975). Some problems and misconceptions related to the construct of internal vs. external control of reinforcement. *Journal of Consulting and Clinical Psychology, 43,* 56-67.

Rotter, J. B. (1978). Generalized expectancies for problem solving and psychotherapy. *Cognitive Therapy and Research, 2,* 1-10.

Rotter, J. B. (1980). Interpersonal trust, trustworthiness, and gullibility. *American Psychologist, 35,* 1-7.

Rotter, J. B. (1982). *The development and applications of social learning theory: Selected papers.* New York: Praeger.

Rotter, J. B. (1990). Internal versus external control of reinforcement: A case history of a variable. *American Psychologist, 45,* 489-493.

Rotter, J. B. (1992). Cognates of personal control: Locus of control, self-efficacy, and explanatory style: Comment. *Applied and Preventive Psychology, 1,* 127-129.

Rotter, J. B. (1993). Expectancies. In C. E. Walker (Ed.), *The history of clinical psychology in autobiography* (Vol. 2, pp. 273-284). Pacific Grove, CA: Brooks/Cole.

Rotter, J. B., & Hochreich, D. J. (1975). *Personality.* Glenview, IL: Scott, Foresman.

Rotter, J. B., Chance, J. E., & Phares, E. J. (1972). *Applications of a social learning theory of personality.* New York: Holt, Rinehart and Winston.

Seeyave, D. M., Coleman, S., Appugliese, D., et al. (2009). Ability to delay gratification at age 4 years and risk of overweight at age 11 years. *Archives of Pediatrics and Adolescent Medicine, 163,* 303-308.

Shoda, Y., & Mischel, W. (1996). Toward a unified intra-individual dynamic conception of personality. *Journal of Research in Personality, 30,* 414-428.

Shoda, Y., & Mischel, W. (1998). Personality as a stable cognitive-affective activation network: Characteristic patterns of behavior variation emerge from a stable personality structure. In S. J. Read & L. C. Miller (Eds.), *Connectionist models of social reasoning and social behavior* (pp. 175-208). Mahwah, NJ: Erlbaum.

Shoda, Y., LeeTiernan, S., & Mischel, W. (2002). Personality as a dynamic system: Emergence of stability and distinctiveness from intra- and interpersonal interactions. *Personality and Social Psychology Review, 6,* 316-326.

Shoda, Y., Mischel, W., & Peake, P. K. (1990). Predicting adolescent cognitive and self-regulatory competencies from preschool delay of gratification: Identifying diagnostic conditions. *Developmental Psychology, 26,* 978-986.

Trice, A. D. (1985). An academic locus of control scale for college students. *Perceptual and Motor Skills, 61,* 1043-1046.

Wright, J. C., & Mischel, W. (1988). Conditional hedges and the intuitive psychology of traits. *Journal of Personality and Social Psychology, 55,* 454-469.

Zuroff, D. C., & Rotter, J. B. (1985). A history of the expectancy construct in psychology. In J. B. Dusek (Ed.), *Teacher expectancies* (pp. 7-36). Hillsdale, NJ: Erlbaum.

CAPÍTULO 19

Kelly: Teoria dos Construtos Pessoais

- ◆ *Panorama da teoria dos construtos pessoais*
- ◆ *Biografia de George Kelly*
- ◆ *Posição filosófica de Kelly*
  A pessoa como cientista
  O cientista como pessoa
  Alternativismo construtivo
- ◆ *Construtos pessoais*
  Postulado básico
  Corolários de apoio
- ◆ *Aplicações da teoria dos construtos pessoais*
  Desenvolvimento anormal
  Psicoterapia
  O Teste Rep
- ◆ *Pesquisa relacionada*
  O Teste Rep e adolescentes com transtorno do espectro autista
  Aplicando a teoria dos construtos pessoais às questões intrapessoais de identidade
  Construtos pessoais e os Big Five

George A. Kelly
NLM/Science Source

- ◆ *Críticas a Kelly*
- ◆ *Conceito de humanidade*
- ◆ *Termos-chave e conceitos*
- ◆ *Referências*

420 Feist, Roberts & Feist

Arlene, uma universitária de engenharia de 21 anos, estava conciliando um horário acadêmico intenso com um emprego em tempo integral. De repente, sua vida se tornou ainda mais frenética quando seu carro de 10 anos quebrou. Agora, ela enfrenta uma decisão importante. Conforme sua interpretação de mundo, ela vê que tem várias opções. Ela pode mandar consertar seu carro velho; pode obter um empréstimo para comprar um carro seminovo; pode ir a pé para a faculdade e o trabalho; pode pedir carona aos amigos; pode abandonar a faculdade e voltar para a casa dos pais; ou pode escolher entre várias outras opções.

O processo pelo qual Arlene (ou qualquer um) toma uma decisão é comparável aos processos seguidos pelos cientistas quando abordam um problema. Como um bom cientista, Arlene seguiu vários passos para uma tomada de decisão. Primeiro, ela observou seu ambiente ("Vejo que meu carro não funciona"). A seguir, ela fez perguntas ("Como posso permanecer na faculdade e manter meu trabalho se meu carro não funcionar?", "Devo mandar consertar meu carro?", "Devo comprar um carro mais novo?", "Que outras opções tenho?"). Terceiro, ela antecipou as respostas ("Posso mandar consertar meu carro, comprar um mais novo, depender dos amigos para o transporte ou abandonar a faculdade"). Quarto, ela percebeu relações entre os eventos ("Abandonar a faculdade significaria voltar para casa, adiar ou desistir de meu objetivo de me tornar uma engenheira e perder boa parte de minha independência"). Quinto, ela levantou hipóteses acerca das soluções possíveis para seu dilema ("Se eu mandar consertar meu carro velho, isso pode custar mais do que o carro vale, mas, se eu comprar um modelo mais recente usado, vou ter que fazer um empréstimo"). Sexto, ela fez mais perguntas ("Se eu comprar um carro diferente, que marca, modelo e cor quero?"). A seguir, ela previu os resultados potenciais ("Se eu comprar um carro confiável, poderei permanecer na faculdade e continuar em meu emprego"). E, por fim, ela tentou controlar os eventos ("Comprando esse carro, vou ficar livre para ir dirigindo para o trabalho e ganhar dinheiro suficiente para permanecer na faculdade"). Mais tarde voltaremos ao dilema de Arlene, antes vamos abordar um panorama da teoria dos construtos pessoais, conforme postulada por George Kelly.

Panorama da teoria dos construtos pessoais

A teoria dos construtos pessoais de George Kelly não é como outra teoria da personalidade. Ela recebeu diferentes denominações: teoria cognitivista, teoria comportamental, teoria existencial e teoria fenomenológica. No entanto, ela não é nenhuma dessas. Talvez o termo mais apropriado seja "metateoria", ou uma teoria sobre teorias. De acordo com Kelly, todas as pessoas (incluindo aquelas que construíram as teorias da personalidade) preveem eventos por meio dos significados ou das interpretações que atribuem a esses eventos (Stevens & Walker, 2002). Tais significados ou interpretações são denominados *construtos*. As pessoas existem em um mundo real, mas seu comportamento é moldado por sua interpretação gradualmente expandida ou *construção* daquele mundo. Elas interpretam o mundo da própria maneira, e cada construção está aberta a revisão ou a substituição. As pessoas não são vítimas das circunstâncias, porque construções alternativas estão sempre disponíveis. Kelly chamou essa posição filosófica de *alternativismo construtivo*.

O alternativismo construtivo é sugerido na teoria dos construtos pessoais de Kelly, uma teoria que ele expressou em um postulado básico e 11 corolários de apoio. O postulado básico pressupõe que as pessoas estão constantemente ativas e que sua atividade é orientada pela forma como antecipam os eventos.

Biografia de George Kelly

De todos os teóricos da personalidade discutidos neste livro, George Kelly teve as experiências variadas mais incomuns, sobretudo envolvendo educação, seja como estudante, seja como professor.

George Alexander Kelly nasceu em 28 de abril de 1905, em uma fazenda perto de Perth, Kansas, uma cidade minúscula, quase inexistente, 56 km ao sul de Wichita. George era filho único de Elfleda M. Kelly, uma ex-professora de escola, e Theodore V. Kelly, um ministro presbiteriano ordenado. Na época em que Kelly nasceu, seu pai tinha deixado o ministério para se tornar um fazendeiro no Kansas. Seus pais eram instruídos e ajudaram na educação formal do filho, uma feliz circunstância, porque a vida escolar de Kelly era um tanto errática.

Quando Kelly tinha 4 anos, a família se mudou para o oeste do Colorado, onde seu pai reivindicou parte das últimas terras livres naquela região do país. Enquanto estava no Colorado, Kelly frequentou a escola de forma irregular, raramente por mais de algumas semanas por vez (Thompson, 1968).

A falta de água levou a família de volta para o Kansas, onde Kelly frequentou quatro escolas diferentes em quatro anos. No início, ele viajava todos os dias até a escola de ensino médio, mas, aos 13 anos, foi mandado para a escola em Wichita. Daquele momento em diante, ele morou principalmente longe de casa. Depois de se formar, passou três anos na Friends University, em Wichita, e um ano no Park College, em Parkville, Missouri. Ambas as instituições tinham afiliações religiosas, o que pode explicar por que muitos dos escritos posteriores de Kelly são salpicados de referências bíblicas.

Kelly foi um homem de diversos interesses. Sua formação foi em física e matemática, mas ele também era membro da equipe de debate da universidade e, como tal, tornou-se intensamente preocupado com problemas sociais. Esse interesse o levou à Universidade do Kansas, onde fez mestrado com ênfase em sociologia educacional e relações de trabalho e sociologia.

Durante os anos seguintes, Kelly se mudou várias vezes e ocupou diversos cargos. Primeiro, ele foi para Mineápolis, onde ensinou oratória em uma faculdade especial para organizadores do setor trabalhista, deu aulas de oratória para a Associação Americana de Bancários e ensinou assuntos governamentais para uma turma de americanização para prováveis cidadãos (Kelly, 1969a). Em 1928, ele se mudou para Sheldon, Iowa, onde lecionou em uma faculdade comunitária e ensinou teatro. Enquanto estava lá, conheceu sua futura esposa, Gladys Thompson, uma professora de inglês na mesma escola. Depois de um ano e meio, ele se mudou de volta para Minnesota, onde ensinou no período de verão na Universidade de Minnesota. Em seguida, retornou a Wichita para trabalhar por alguns meses como engenheiro aeronáutico. Dali, ele foi para a Universidade de Edinburgh, na Escócia, como aluno de intercâmbio, recebendo um diploma de especialização em educação.

Nesse ponto da vida, Kelly "tinha feito explorações acadêmicas em educação, sociologia, economia, relações trabalhistas, biometria, distúrbios da fala e antropologia, tendo se licenciado em psicologia em um total de nove meses" (Kelly, 1969a, p. 48). Após retornar de Edinburgh, no entanto, começou a seguir seriamente uma carreira em psicologia. Matriculou-se na Universidade Estadual de Iowa e, em 1931, concluiu seu doutorado com uma tese sobre fatores comuns nas deficiências da fala e da leitura.

Mais uma vez, Kelly retornou ao Kansas, iniciando sua carreira acadêmica em 1931, na Faculdade Estadual Fort Hays, em Hays, Kansas, ensinando psicologia fisiológica. No entanto, com a Tempestade de Poeira e a Grande Depressão, ele logo se convenceu de que deveria "seguir algo mais humanitário do que psicologia fisiológica" (Kelly, 1969a, p. 48). Como consequência, decidiu se tornar terapeuta, atendendo estudantes de faculdade e de ensino médio na comunidade de Hays. Fiel à sua psicologia dos construtos pessoais, Kelly apontou que sua decisão não foi ditada por *circunstâncias*, mas por sua *interpretação* dos eventos; ou seja, a própria construção da realidade alterou o curso de sua vida.

> Tudo à nossa volta "chama", se resolvermos prestar atenção. Além do mais, nunca fiquei totalmente convencido de que me tornar um psicólogo fosse mesmo uma ideia muito boa em primeiro lugar... A única coisa que parece clara sobre minha carreira em psicologia é que fui eu que me meti nisso e fui eu que fui atrás disso. (p. 49)

Agora um psicoterapeuta, Kelly obteve apoio legal para um programa de clínicas psicológicas itinerantes no Kansas. Ele e seus alunos viajaram por todo o estado, prestando serviços psicológicos durante aqueles tempos econômicos difíceis. Nessa época, ele desenvolveu a própria abordagem de terapia, abandonando as técnicas freudianas que havia usado anteriormente (Fransella, 1995).

Durante a II Guerra Mundial, Kelly se alistou na marinha como psicólogo da aviação. Depois da guerra, ensinou na Universidade de Maryland por um ano e, então, em 1946, associou-se ao corpo docente da Universidade Estadual de Ohio como professor e diretor de sua clínica psicológica. Lá, ele trabalhou com Julian Rotter (ver Cap. 18), o qual o sucedeu como diretor da clínica. Em 1965, aceitou um cargo na Universidade Brandeis, onde, por um curto período, foi colega de A. H. Maslow (ver Cap. 9).

A partir da época que passou em Fort Hays, Kelly começou a formular uma teoria da personalidade. Por fim, em 1955, ele publicou seu trabalho mais importante, *A psicologia dos construtos pessoais* (*The psychology of personal constructs*). Esse livro em dois volumes, reimpresso em 1991, contém toda a teoria da personalidade de Kelly e é um dos poucos trabalhos publicados em vida. Kelly passou vários verões como professor convidado em instituições como Universidade de Chicago, Universidade de Nebraska, Universidade da Califórnia do Sul, Universidade do Noroeste, Universidade Brigham Young, Universidade Stanford, Universidade de New Hampshire e City College de Nova York. Durante os anos do pós-guerra, ele se transformou em uma força importante em psicologia clínica nos Estados Unidos. Foi presidente das Divisões Clínica e de Consultoria da American Psychological Association e também foi sócio-fundador e posteriormente presidente do American Board of Examiners in Professional Psychology.

Kelly morreu em 6 de março de 1967, antes que pudesse concluir as revisões de sua teoria dos construtos pessoais.

As experiências de vida diversificadas de Kelly, dos campos de trigo do Kansas para algumas das principais universidades do mundo, da educação para as relações trabalhistas, do teatro e do debate para a psicologia, são coerentes com sua teoria da personalidade, a qual enfatiza a possibilidade de interpretação dos eventos a partir de muitos ângulos possíveis.

Posição filosófica de Kelly

O comportamento humano é fundamentado na realidade ou na percepção que as pessoas têm da realidade? George Kelly diria *ambos*. Ele não aceitava a posição de Skinner (ver Cap. 16) de que o comportamento é moldado pelo ambiente, isto é, pela realidade. Entretanto, ele também rejeitou a **fenomenologia** extrema (ver Combs & Snygg, 1959), que defende que a única realidade é o que as pessoas percebem. Kelly (1955, 1991) acreditava que o universo é real, mas que pessoas diferentes o interpretam de formas distintas. Logo, os **construtos pessoais**, ou maneiras de interpretar e explicar os eventos, continham a chave para prever o comportamento das pessoas.

A teoria dos construtos pessoais não tenta explicar a natureza. Em vez disso, ela é uma teoria da *construção* de eventos das pessoas, ou seja, sua investigação pessoal do mundo. É "uma psicologia da busca humana. Ela não diz o que foi ou será encontrado, mas propõe como podemos realizá-la" (Kelly, 1970, p. 1).

A pessoa como cientista

Quando você decide o que comer no almoço, a que programas de televisão assistir ou em que ocupação ingressar, está agindo de forma muito parecida com um cientista. Isto é, você faz perguntas, formula hipóteses, testa as hipóteses, tira conclusões e tenta predizer eventos futuros. Como todas as outras pessoas (incluindo os cientistas), sua percepção da realidade é influenciada por seus *construtos pessoais* – sua maneira de olhar, explicar e interpretar eventos em seu mundo.

De modo similar, todas as pessoas, em sua busca pelo significado, fazem observações, interpretam as relações entre os eventos, formulam teorias, geram hipóteses, testam as mais plausíveis e chegam a conclusões a partir de seus experimentos. As conclusões de uma pessoa, como as de qualquer cientista, não são fixas ou finais. Elas estão abertas a reconsideração e a reformulação. Kelly tinha a expectativa de que as pessoas, de modo individual e coletivo, irão encontrar formas melhores de reestruturar suas vidas por meio da imaginação e da previsão.

O cientista como pessoa

Se as pessoas podem ser vistas como cientistas, os cientistas podem ser vistos como pessoas. Portanto, as declarações dos cientistas devem ser consideradas com o mesmo ceticismo com o qual abordamos qualquer comportamento. Cada observação científica pode ser examinada a partir de uma perspectiva diferente. Cada teoria pode ser um tanto tendenciosa e ser encarada a partir de um ângulo novo. Essa abordagem, é claro, significa que a teoria de Kelly não está isenta de reestruturação. Kelly (1969b) apresentou sua teoria como um conjunto de meias verdades e reconheceu a imprecisão de suas construções. Assim como Carl Rogers (ver Cap. 10), Kelly esperava que sua teoria fosse derrubada e substituída por uma melhor. Na verdade, Kelly, mais do que qualquer outro teórico da personalidade, formulou uma teoria que encoraja a própria morte. Assim como todos nós podemos usar a imaginação para ver os eventos cotidianos de forma diferente, os teóricos da personalidade podem empregar sua engenhosidade para construir teorias melhores.

Alternativismo construtivo

Kelly começou com o pressuposto de que o universo realmente existe e funciona como uma unidade integral, com todas as suas partes interagindo com precisão entre si. Além do mais, o universo está constantemente mudando; portanto, algo está acontecendo o tempo todo. Somada a esses pressupostos básicos está a noção de que os pensamentos das pessoas também existem, de fato, e de que elas se esforçam para compreender seu mundo em constante mudança. Pessoas diferentes interpretam a realidade de maneiras distintas, e a mesma pessoa é capaz de mudar a própria visão de mundo.

Em outras palavras, as pessoas sempre têm maneiras alternativas de olhar para as coisas. Kelly (1963) considerava *"que todas as nossas interpretações presentes do universo estão sujeitas à revisão ou à substituição"* (p. 15). Ele se referiu a esse pressuposto como **alternativismo construtivo** e resumiu a noção com as seguintes palavras: "Os eventos que enfrentamos hoje estão sujeitos a uma grande variedade de construções, tanto quanto a nossa inteligência seja capaz de idealizar" (Kelly, 1970, p. 1). A filosofia do alternativismo construtivo presume que o acúmulo dos fatos, peça por peça, não se soma à verdade; em vez disso, ela supõe que os fatos podem ser olhados a partir de perspectivas diferentes. Kelly concordava com Adler (ver Cap. 3) no sentido de que a interpretação acerca dos eventos é mais importante que os eventos em si. Em contraste com Adler, no entanto, Kelly enfatizava a noção de que as interpretações têm significado na dimensão do tempo, e o que é válido em um momento se torna falso quando interpretado de forma diferente em um momento posterior. Por exemplo, quando Freud (ver Cap. 2) originalmente ouvia os relatos de seus pacientes sobre uma sedução na infância, ele acreditava que as experiências sexuais precoces eram responsáveis pelas reações histéricas posteriores. Se Freud tivesse continuado a interpretar dessa forma os relatos de seus pacientes, toda a história da psicanálise teria sido muito diferente. Então, por uma variedade de razões, Freud reestruturou seus dados e abandonou a hipótese da sedução. Logo depois, ele inclinou um pouco o quadro e teve uma visão muito diferente. Com essa nova visão, ele concluiu que tais relatos de sedução eram meramente fantasias infantis. Sua hipótese alternativa foi o complexo de Édipo, um conceito que permeia a teoria psicanalítica atual e está 180° afastado de sua teoria da sedução original. Se considerarmos as observações de Freud ainda por outro ângulo, como a perspectiva de Erikson (ver Cap. 7), poderemos chegar ainda a uma conclusão diferente.

Kelly acreditava que a *pessoa*, não os fatos, detém a chave para o futuro de um indivíduo. Os fatos e os eventos não ditam as conclusões; em vez disso, eles carregam significados para descobrirmos. Todos nos defrontamos constantemente com alternativas, as quais podemos explorar conforme nossa opção, mas, de qualquer modo, precisamos assumir a responsabilidade por como interpretamos o mundo. Não somos vítimas da história, nem das circunstâncias presentes. Isso não significa que possamos fazer do mundo o que quer que desejemos. Estamos "limitados por nossa inteligência frágil e nossa confiança tímida no que é familiar" (Kelly, 1970, p. 3). Nem sempre recebemos bem as ideias novas. Assim como os cientistas em geral e os teóricos da personalidade em particular, com frequência julgamos a reestruturação perturbadora e, assim, adotamos ideias que são confortáveis e teorias que estão bem-estabelecidas.

Construtos pessoais

A filosofia de Kelly pressupõe que a interpretação das pessoas em relação a um mundo unificado e em constante mudança constitui sua realidade. Na abertura do capítulo, apresentamos Arlene, a estudante com o automóvel quebrado. A percepção de Arlene de seu problema de transporte não foi estática. Enquanto conversava com um mecânico, um vendedor de carros usados, um vendedor de carros novos, um bancário, seus pais e outros, ela estava constantemente mudando sua interpretação da realidade. De forma semelhante, todas as pessoas criam continuamente a própria visão do mundo. Algumas são bem inflexíveis e quase nunca mudam sua maneira de ver as coisas. Elas se apegam à sua visão da realidade mesmo quando o mundo real muda. Por exemplo, pessoas com anorexia nervosa continuam a se ver como gordas enquanto seu peso diminui até um nível que coloca a vida em risco. Algumas pessoas constroem um mundo que é substancialmente diferente do mundo das outras pessoas. Por exemplo, pacientes psicóticos em hospitais mentais podem falar com pessoas que ninguém mais consegue enxergar. Kelly (1963) insistiria que essas pessoas, junto a todas as outras, estão olhando para seu mundo por meio de "padrões ou moldes transparentes" que elas criaram para lidar com as realidades do mundo. Ainda que esses padrões ou moldes nem sempre se encaixem com precisão, eles são o meio pelo qual as pessoas compreendem o mundo. Kelly se referiu a tais padrões como *construtos pessoais*.

> Eles são formas de interpretar o mundo. Eles são o que possibilita que [as pessoas], e os animais inferiores também, tracem o rumo do comportamento, formulado explicitamente ou atuando implicitamente, expresso verbalmente ou totalmente inarticulado, consistente ou inconsistente com outros rumos do comportamento, pensado intelectualmente ou sentido vegetativamente. (p. 9)

Um construto pessoal é a forma pela qual a pessoa vê como as coisas (ou pessoas) se parecem e ainda como são diferentes das outras coisas (ou pessoas). Por exemplo, você pode ver como Ashly e Brenda se parecem e como elas são diferentes de Carol. A comparação e o contraste devem ocorrer dentro do mesmo contexto. Por exemplo, dizer que Ashly e Brenda são atraentes e Carol é religiosa não constituiria um construto pessoal, porque atratividade é uma dimensão e religiosidade é outra. Um construto seria formado ao constatar que Ashly e Brenda são atraentes

e Carol não é, ou se você considera Ashly e Brenda não religiosas e Carol religiosa. Tanto a comparação quanto o contraste são essenciais.

Sejam eles percebidos com clareza ou vagamente sentidos, os construtos pessoais moldam o comportamento de um indivíduo. Como exemplo, considere Arlene com seu carro quebrado. Depois que o carro velho parou de funcionar, seus construtos pessoais moldaram seu curso de ação posterior, mas nem todos os seus construtos foram definidos de forma clara. Por exemplo, ela pode ter decidido comprar um automóvel de modelo recente porque interpretou a amabilidade e a persuasão do vendedor como significando que o carro era confiável. Os construtos pessoais de Arlene podem ser precisos ou imprecisos, mas, em cada um dos casos, eles são seus meios de predizer e controlar o ambiente.

Arlene tentou aumentar a precisão de suas previsões (de que o carro seria um transporte confiável, econômico e confortável) aumentando seu estoque de informações. Ela pesquisou sua compra, pediu a opinião de terceiros, testou o carro e mandou revisá-lo por um mecânico. De forma muito parecida, todas as pessoas tentam validar seus construtos. Elas procuram moldes que se encaixem melhor e, assim, tentam melhorar seus construtos pessoais. Entretanto, a melhoria pessoal não é inevitável, porque o investimento que as pessoas fazem em seus construtos estabelecidos bloqueia o caminho do avanço do desenvolvimento. O mundo está mudando constantemente, portanto o que é exato em um momento pode não ser exato em outro. A bicicleta azul confiável que Arlene usou durante a infância não deve iludi-la com a interpretação de que todos os veículos azuis são confiáveis.

Postulado básico

A teoria dos construtos pessoais é expressa em um postulado fundamental, ou pressuposto, e elaborada por meio de 11 corolários de apoio. O postulado básico pressupõe que *"os processos de uma pessoa são psicologicamente canalizados pelas formas como [essa pessoa] prevê os eventos"* (Kelly, 1955, p. 46). Em outras palavras, os comportamentos (pensamentos e ações) são direcionados pela forma como as pessoas veem o futuro. Esse postulado não pretende ser uma declaração absoluta da verdade, mas é um pressuposto provisório aberto a questionamento e verificação científica.

Kelly (1955, 1970) esclareceu esse pressuposto fundamental definindo seus termos-chave. Primeiro, a expressão *processos da pessoa* se refere a um ser humano vivo, em mutação e em movimento. Aqui, Kelly não estava preocupado com os animais, com a sociedade ou com qualquer parte da função da pessoa. Ele não reconheceu motivos, necessidades, impulsos ou instintos como forças subjacentes à motivação. A própria vida explica o movimento da pessoa.

Kelly escolheu o termo *canalizado* para sugerir que as pessoas se movem em uma direção, mediante uma rede de caminhos ou canais. A rede, no entanto, é flexível,

424 Feist, Roberts & Feist

facilitando e restringindo o âmbito de ação das pessoas. Além disso, o termo evita a implicação de que algum tipo de energia é transformado em ação. As pessoas já estão em movimento; elas somente canalizam ou orientam seus processos na direção de algum fim ou propósito.

A expressão-chave seguinte é *formas de prever os eventos*, o que sugere que as pessoas orientam suas ações de acordo com suas previsões do futuro. Nem o passado nem o futuro *per se* determinam o comportamento. Ao contrário, a visão presente do futuro molda as ações. Arlene não comprou um carro azul porque ela teve uma bicicleta azul quando criança, embora esse fato possa tê-la ajudado a interpretar o presente de forma que ela previu que seu carro azul de modelo recente seria confiável no futuro. Kelly (1955) afirmou que as pessoas são afligidas não pelo passado, mas por sua visão do futuro. As pessoas continuamente "se aproximam do futuro pela janela do presente" (p. 49).

Corolários de apoio

Para elaborar sua teoria dos construtos pessoais, Kelly propôs 11 corolários de apoio, todos os quais podem ser inferidos a partir de seu postulado básico.

Semelhanças entre os eventos

Dois eventos não são exatamente iguais, embora interpretemos eventos similares de modo que eles sejam percebidos como o mesmo. Um nascer do sol nunca é idêntico a outro, mas nosso construto *amanhecer* comunica nosso reconhecimento de alguma semelhança ou alguma replicação dos eventos. Ainda que dois amanheceres nunca sejam exatamente iguais, eles podem ser parecidos o suficiente para que os interpretemos como o mesmo evento. Kelly (1955, 1970) se referiu a essa semelhança entre os eventos como o **corolário da construção**.

O corolário da construção declara que *"uma pessoa antecipa os eventos interpretando suas replicações"* (Kelly, 1955, p. 50). Esse corolário, mais uma vez, indica que as pessoas estão olhando para a frente; seu comportamento é forjado pela antecipação de eventos futuros. Ele também enfatiza a noção de que as pessoas constroem ou interpretam eventos futuros de acordo com temas recorrentes ou replicações.

O corolário da construção pode parecer pouco mais do que senso comum: as pessoas veem semelhanças entre os eventos e usam um único conceito para descrever as propriedades comuns. Kelly, no entanto, considerava ser necessário incluir o óbvio quando se constrói uma teoria.

Diferenças entre as pessoas

O segundo corolário de Kelly é igualmente óbvio. *"As pessoas diferem umas das outras em sua interpretação dos eventos"* (Kelly, 1955, p. 55). Kelly denominou essa ênfase nas diferenças individuais de **corolário da individualidade**.

Como as pessoas possuem repertórios de experiências diferentes, elas interpretam o mesmo evento de maneiras diferentes. Logo, não existem duas pessoas que criam uma experiência exatamente da mesma maneira. Tanto a substância quanto a forma de seus construtos são diferentes. Por exemplo, um filósofo pode incluir o construto *verdade* sob a rubrica de valores eternos; um advogado pode encarar a verdade como um conceito relativo, útil para um propósito particular; e um cientista pode interpretar a verdade como um objetivo inalcançável, algo a ser procurado, mas nunca atingido. Para o filósofo, o advogado e o cientista, a *verdade* possui uma substância diferente, um significado distinto. Além do mais, cada pessoa chegou à sua interpretação particular de uma maneira diferente e, assim, atribuiu uma forma diferente. Mesmo gêmeos idênticos vivendo em ambientes quase iguais não interpretam eventos exatamente da mesma maneira. Por exemplo, parte do ambiente do gêmeo A inclui o gêmeo B, uma experiência não compartilhada pelo gêmeo B.

Apesar de Kelly (1955) ter enfatizado as diferenças individuais, ele assinalou que as experiências podem ser compartilhadas e que as pessoas podem encontrar um ponto comum para interpretar as experiências. Isso possibilita a comunicação verbal e não verbal. Contudo, devido a diferenças individuais, a comunicação nunca é perfeita.

Relações entre os construtos

O terceiro corolário de Kelly, o **corolário da organização**, enfatiza as relações entre os construtos e declara que as pessoas *"desenvolvem caracteristicamente, para [a sua] conveniência na antecipação de eventos, um sistema de interpretação que abarca as relações ordinais entre os construtos"* (Kelly, 1955, p. 56).

Os primeiros dois corolários assumem semelhanças entre os eventos e diferenças entre as pessoas. O terceiro enfatiza que pessoas diferentes organizam eventos semelhantes de uma maneira que reduz ao mínimo incompatibilidades e inconsistências. Organizamos nossas interpretações de modo que possamos nos mover de uma para outra de forma ordenada, o que nos permite prever eventos de maneiras que transcendem contradições e evitam conflitos desnecessários.

O corolário da organização também pressupõe uma relação ordinal dos construtos, permitindo que um construto possa ser incluído em outro. A Figura 19.1 ilustra uma hierarquia de construtos que podem ser aplicados a Arlene, a estudante de engenharia. Ao decidir um curso de ação depois que seu carro quebrou, a jovem pode ter visto sua situação em termos de construtos dicotômicos superordenados como bom *versus* ruim. Naquele ponto de sua vida, Arlene considerava a *independência* (de amigos ou pais) como boa e a *dependência* como ruim. No entanto, seu sistema de construtos pessoais, sem dúvida, incluía uma variedade de construtos considerados bons e ruins. Por exemplo, Arlene provavelmente interpretou

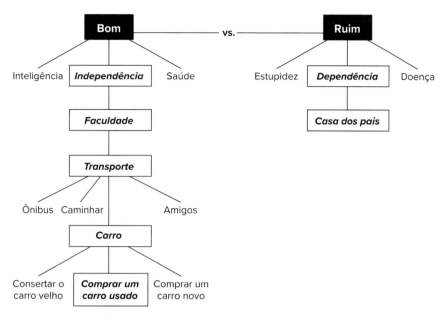

FIGURA 19.1 Complexidade das relações entre os construtos.

inteligência e saúde como bons e estupidez e doença como ruins. Além do mais, as visões de Arlene de independência e dependência (como seus construtos de bom e ruim) teriam apresentado um grande número de construtos subordinados. Nessa situação, ela interpretou permanecer na faculdade como independência e morar com os pais como dependência. Para permanecer na faculdade e continuar no emprego, Arlene precisava de transporte. Havia muitos meios possíveis de locomoção, porém Arlene considerava apenas quatro: usar o transporte público, caminhar, depender dos amigos ou dirigir o próprio carro. Incluídos no construto do carro, estavam três construtos subordinados: consertar o carro velho, comprar um novo ou comprar um carro usado de modelo recente. Esse exemplo sugere que os construtos possuem não só uma relação ordinal complexa entre si, mas também uma relação dicotômica.

Dicotomia dos construtos

Agora chegamos a um corolário que não é tão óbvio. O **corolário da dicotomia** afirma que *"o sistema de construção é composto de um número finito de construtos dicotômicos"* (Kelly, 1955, p. 59).

Kelly insistia que um construto é uma proposição ou-ou – preto ou branco, sem nuances de cinza. Na natureza, as coisas podem não ser ou-ou, mas os eventos naturais não possuem outro significado além daqueles atribuídos a eles pelo sistema de construtos pessoais de um indivíduo. Na natureza, a cor azul pode não ter polo oposto (exceto em um quadro de cores), mas as pessoas atribuem qualidades contrastantes ao azul, como *azul-claro versus azul-escuro* ou *bonito versus feio*.

Para formar um construto, as pessoas precisam ser capazes de ver semelhanças entre os eventos, mas elas também devem contrastar esses eventos com seu polo oposto. Kelly (1955) se expressou da seguinte maneira: "Em seu contexto mínimo, um construto é uma forma em que pelo menos dois elementos são semelhantes e contrastam com um terceiro" (p. 61). Como exemplo, vamos voltar à Figura 19.1. O quanto *inteligência* e *independência* são semelhantes? Seu elemento comum não possui significado sem contrastá-lo com um oposto. Inteligência e independência não têm um elemento sobreposto quando comparadas com um martelo ou uma barra de chocolate. Contrastando inteligência com estupidez e independência com dependência, é possível perceber como são semelhantes e como podem ser organizados sob o construto "bom" em oposição a "ruim".

Escolha entre dicotomias

Se as pessoas interpretam os eventos de uma forma dicotomizada, elas têm a mesma escolha nos seguintes cursos de ação alternativos. Esse é o **corolário da escolha**, parafraseado da seguinte forma: *as pessoas escolhem por si aquela alternativa em um construto dicotomizado; por meio dela preveem a maior possibilidade de extensão e definição de construtos futuros.*

Esse corolário pressupõe muito do que é declarado no postulado básico de Kelly e nos corolários precedentes. As pessoas fazem escolhas com base em como elas antecipam os eventos, e essas escolhas estão entre alternativas dicotômicas. Além disso, o corolário da escolha pressupõe a seleção de ações que têm maior probabilidade de ampliar o âmbito de escolhas futuras.

A decisão de Arlene de comprar um carro usado foi baseada em uma série de escolhas anteriores, cada uma das quais estava entre alternativas dicotomizadas e ampliava seu âmbito de escolhas futuras. Primeiro, ela escolhe a

As pessoas escolhem entre as alternativas com base em sua antecipação de eventos futuros.
Erik Isakson/Getty Images

independência da faculdade sobre a *dependência* de voltar a morar com seus pais. A seguir, comprar um carro oferecia mais liberdade do que depender dos amigos ou dos horários de ônibus ou caminhar (o que ela percebia como demorado). Consertar seu carro velho era *financeiramente arriscado* em comparação com a maior *segurança* de comprar um usado. Comprar um carro novo era muito *caro* comparado com o carro usado relativamente *barato*. Cada opção estava entre alternativas em um construto dicotomizado, e, com cada opção, Arlene previa a maior possibilidade de ampliar e definir construtos futuros.

Âmbito de conveniência

O **corolário do âmbito** de Kelly pressupõe que os construtos pessoais são finitos e não relevantes para tudo. *"Um construto é conveniente para a antecipação apenas de uma faixa finita de eventos"* (Kelly, 1955, p. 68). Em outras palavras, um construto está limitado a uma *faixa de conveniência* particular.

O construto *independência* estava dentro da faixa de conveniência de Arlene quando ela estava decidindo comprar um carro, mas, em outras ocasiões, a independência estaria fora dessas fronteiras. A independência carrega consigo a noção de *dependência*. A liberdade de Arlene de permanecer na faculdade, a liberdade de continuar em seu emprego e a liberdade de se movimentar rapidamente de um lugar para outro sem depender dos outros recaem em sua faixa de conveniência de independência/dependência. Contudo, o construto de independência de Arlene exclui todas as irrelevâncias como acima/abaixo, claro/escuro ou seco/molhado, ou seja, ele é conveniente apenas para uma faixa de eventos finita.

O corolário do âmbito permitiu a Kelly distinguir entre um *conceito* e um *construto*. Um conceito inclui todos os elementos que possuem uma propriedade comum e exclui aqueles que não têm essa propriedade. O conceito *alto* inclui todas as pessoas e todos os objetos que têm altura alongada e exclui todos os demais conceitos, mesmo aqueles que estão fora de sua faixa de conveniência. Portanto, *rápido*, *independente* ou *escuro* são todos excluídos do conceito *alto*, porque eles não possuem altura alongada. Porém, essas exclusões são infindáveis e desnecessárias. A ideia de construto contrasta alto com baixo, limitando, assim, sua faixa de conveniência. "Aquilo que está fora da faixa de conveniência do construto não é considerado parte do campo contrastante, mas simplesmente uma área de irrelevância" (Kelly, 1955, p. 69). Assim, as dicotomias limitam a faixa de conveniência de um construto.

Experiência e aprendizagem

A antecipação dos eventos é básica para a teoria do construto. Olhamos para o futuro e fazemos suposições acerca do que irá acontecer. Então, quando os eventos nos são revelados, validamos nossos construtos existentes ou, então, reestruturamos esses eventos para adequá-los à nossa experiência. A reestruturação dos eventos nos permite aprender com nossas experiências.

O **corolário da experiência** afirma que: *"O sistema de interpretação de uma pessoa varia conforme ela interpreta sucessivamente as replicações dos eventos"* (Kelly, 1955, p. 72). Kelly usou a palavra "sucessivamente" para assinalar que prestamos atenção a apenas uma coisa por vez. "Os eventos de nossa interpretação marcham em fila indiana ao longo do caminho do tempo" (p. 73).

A experiência consiste na interpretação sucessiva dos eventos. Os eventos em si não constituem experiência – é o significado que atribuímos a eles que modifica nossas vidas. Para ilustrar essa ideia, vamos retomar o exemplo da Arlene e seu construto pessoal de independência. Quando seu carro velho (um presente de formatura no ensino médio dado pelos pais) quebrou, ela decidiu permanecer na faculdade, em vez de voltar para a segurança e o *status* dependente de voltar para a casa dos pais. Conforme Arlene posteriormente se deparou com eventos sucessivos, ela teve que tomar decisões sem o benefício do conselho dos pais, uma tarefa que a forçou a reestruturar sua noção de independência. Em outro momento, ela havia interpretado independência como liberdade da interferência externa. Após decidir fazer uma dívida referente a um carro usado, ela começou a alterar seu significado de independência para incluir responsabilidade e ansiedade. Os eventos, por si só, não forçaram a reestruturação. Arlene poderia ter se tornado uma espectadora dos eventos à sua volta. Em vez disso, seus construtos existentes foram flexíveis o suficiente para permitir sua adaptação à experiência.

Adaptação à experiência

A flexibilidade de Arlene ilustra o **corolário da modulação** de Kelly. *"A variação no sistema de interpretação de uma pessoa está limitada pela permeabilidade dos construtos dentro de cuja faixa de conveniência as variantes se encontram"* (Kely, 1955, p. 77). Esse corolário provém do corolário da experiência e a expande. Ele pressupõe que o grau em que as pessoas revisam seus construtos está relacionado ao nível de **permeabilidade** de seus construtos existentes. Um construto é permeável se novos elementos podem ser acrescidos a ele. Construtos impermeáveis ou concretos não admitem novos elementos. Se um homem acredita que as mulheres são inferiores aos homens, evidências contraditórias não encontrarão seu caminho na faixa de conveniência. Em vez disso, esse homem irá atribuir as realizações das mulheres à sorte ou a uma vantagem social injusta. Uma mudança nos eventos significa uma alteração nos construtos somente se estes forem permeáveis.

O construto pessoal de Arlene de *independência* versus *dependência* foi suficientemente permeável para incorporar novos elementos. Quando, sem consultar os pais, ela tomou a decisão de comprar um carro usado, o construto da *maturidade* versus *infantilidade* penetrou na *independência* versus *dependência* e acrescentou um novo sentido a ele. Anteriormente, os dois construtos estavam separados, e a noção de independência de Arlene estava limitada à ideia de fazer o que ela escolhia, enquanto a dependência estava associada à dominação parental. Agora, ela interpretou independência como significando responsabilidade madura e dependência como significando uma inclinação infantil para os pais. Dessa maneira, todas as pessoas modulam ou ajustam seus construtos pessoais.

Construtos incompatíveis

Ainda que Kelly tenha presumido uma estabilidade ou consistência global do sistema de construtos de uma pessoa, seu **corolário da fragmentação** permite a incompatibilidade de elementos específicos. *"Uma pessoa pode empregar de modo sucessivo uma variedade de subsistemas de interpretação que são inferencialmente incompatíveis entre si"* (Kelly, 1955, p. 83).

No início, pode parecer que os construtos pessoais são incompatíveis, mas, se examinarmos nosso próprio comportamento e pensamento, é fácil perceber algumas inconsistências. No Capítulo 18, assinalamos que Walter Mischel (um aluno de Kelly) acreditava que o comportamento tende a ser mais inconsistente do que os teóricos dos traços nos fariam acreditar. As crianças, muitas vezes são pacientes em uma situação, embora impacientes em outra. Do mesmo modo, uma pessoa pode ser corajosa ao se defrontar com um cachorro bravo, mas covarde quando se defronta com um chefe ou professor. Ainda que nossos comportamentos com frequência pareçam inconsistentes, Kelly percebia uma estabilidade subjacente na maioria de nossas ações. Por exemplo, um homem pode ser protetor com sua esposa, enquanto a incentiva a ser mais independente. Proteção e independência podem ser incompatíveis entre si em um nível, mas, em um plano mais amplo, ambas estão incluídas no construto de *amor*. Assim, as ações do homem para proteger sua esposa e encorajá-la a ser mais independente são consistentes com um construto superior.

Os sistemas superiores também podem mudar, mas essas mudanças ocorrem dentro de um sistema ainda maior. No exemplo anterior do marido protetor, o amor do homem pela esposa pode, gradualmente, mudar para ódio, mas essa mudança permanece dentro de um construto maior de *autoconsideração*. O amor anterior pela esposa e o ódio atual são ambos consistentes com sua visão de *autoconsideração*. Se construtos incompatíveis não pudessem coexistir, as pessoas estariam presas em um construto fixo, o qual tornaria a mudança quase impossível.

Semelhanças entre as pessoas

Ainda que o segundo corolário de apoio de Kelly assuma que as pessoas são diferentes umas das outras, seu **corolário da comunalidade** presume semelhanças interpessoais. Segundo ele: *"Na medida em que uma pessoa emprega uma construção da experiência similar à usada por outra pessoa, os processos [de ambas] são psicologicamente semelhantes"* (Kelly, 1970, p. 20).

Duas pessoas não precisam experimentar o evento ou eventos similares para que seus processos sejam psicologicamente semelhantes. Elas devem apenas *interpretar* suas experiências de forma similar. Como as pessoas interpretam ativamente os eventos fazendo perguntas, formulando hipóteses, tirando conclusões e, depois, fazendo mais perguntas, indivíduos diferentes com experiências muito distintas podem interpretar eventos de forma bem semelhante. Por exemplo, duas pessoas podem chegar a visões políticas semelhantes, embora sejam provenientes de *backgrounds* diferentes. Uma pode ser proveniente de uma família rica, tendo desfrutado uma vida de lazer e contemplação, enquanto a outra pode ter experienciado uma infância indigente, lutando constantemente pela sobrevivência. No entanto, ambas adotam uma visão política liberal.

Mesmo que pessoas de diferentes *backgrounds* possam ter construtos semelhantes, pessoas com experiências similares apresentam maior probabilidade de interpretar os eventos de forma similar. Dentro de determinado grupo social, as pessoas podem empregar construções similares, mas é sempre o indivíduo, nunca a sociedade, quem interpreta os eventos. Isso é semelhante à noção de Albert Bandura de eficácia coletiva: é o indivíduo, não a sociedade, que possui níveis variados de alta ou baixa eficácia coletiva (ver Cap. 17). Kelly também assume que duas pessoas nunca interpretam as experiências exatamente da mesma maneira. Os americanos podem ter uma construção similar de *democracia*, mas dois americanos não a encaram em termos idênticos.

Processos sociais

"As pessoas pertencem ao mesmo grupo cultural, não só porque elas se comportam de modo semelhante, nem porque elas esperam as mesmas coisas dos outros, mas, em especial, porque interpretam sua experiência da mesma maneira" (Kelly, 1955, p. 94).

428 Feist, Roberts & Feist

O corolário de apoio final, o **corolário da sociabilidade** pode ser parafraseado da seguinte maneira: *Até o ponto em que as pessoas interpretam corretamente o sistema de crenças dos outros, elas podem desempenhar um papel em um processo social que envolva essas outras pessoas.*

As pessoas não se comunicam entre si simplesmente com base em experiências comuns ou mesmo construções similares; elas se comunicam porque interpretam as construções umas das outras. Nas relações interpessoais, elas não só observam o comportamento alheio; elas também interpretam o que esse comportamento significa para aquela pessoa. Quando Arlene estava negociando com o vendedor de carros usados, ela estava consciente não só de suas palavras e ações, mas também de seus significados. Ela percebeu que, para o vendedor, ela era um comprador potencial, alguém que poderia proporcionar uma comissão substancial. Ela interpretou as palavras dele como exageros e, ao mesmo tempo, percebeu que ele interpretava sua indiferença como uma indicação de que ela interpretava as motivações dele como diferentes das dela.

Tudo isso parece um tanto complicado, mas Kelly estava apenas sugerindo que as pessoas estão envolvidas ativamente em relações interpessoais e percebem que fazem parte do sistema de construção da outra pessoa.

Kelly introduziu a noção de **papel** com seu corolário da sociabilidade. Um papel se refere a um padrão de comportamento que resulta da compreensão que a pessoa tem dos construtos das outras com quem está envolvida em uma tarefa. Por exemplo, quando Arlene estava negociando com o vendedor de carros usados, ela construiu seu papel como o de um comprador potencial, porque ela entendia que essa era a expectativa que ele tinha dela. Em outros momentos e com outras pessoas, ela constrói seu papel como estudante, empregada, filha, namorada, e assim por diante.

Kelly construiu papéis a partir de uma perspectiva psicológica, em vez de sociológica. O papel de uma pessoa não depende de seu lugar ou sua posição em um contexto social, mas de como ela interpreta esse papel. Kelly também destacou o aspecto de que a construção que se faz de um papel não precisa ser exata para que a pessoa o desempenhe.

Os papéis de Arlene como estudante, empregada e filha seriam considerados *papéis periféricos*. Mais essencial para sua existência é seu *papel central*. Com nosso **papel central**, definimos nós mesmos em termos do que de fato somos. Ele nos dá um senso de identidade e nos fornece diretrizes para a vida cotidiana.

Aplicações da teoria dos construtos pessoais

Assim como a maioria dos teóricos da personalidade, Kelly desenvolveu suas formulações teóricas a partir de sua prática como psicoterapeuta. Ele passou mais de 20 anos conduzindo terapia antes de publicar *A psicologia dos*

construtos pessoais, em 1955. Nesta seção, examinamos suas visões acerca do desenvolvimento anormal, sua abordagem à psicoterapia e, por fim, seu Teste de Repertório de Construtos de Papel (Rep).

Desenvolvimento anormal

Na visão de Kelly, as pessoas psicologicamente sadias validam seus construtos pessoais opondo-os a suas experiências com o mundo real. Elas são como cientistas competentes que testam hipóteses razoáveis, aceitam os resultados sem negação ou distorção e, então, prontamente, alteram suas teorias para adequá-las aos dados disponíveis. Os indivíduos sadios não só antecipam os eventos como também são capazes de fazer ajustes satisfatórios quando as coisas não acontecem conforme esperavam.

As pessoas não sadias, por sua vez, apegam-se obstinadamente a construtos pessoais ultrapassados, temendo a validação de construtos novos que perturbariam sua visão de mundo confortável atual. Tais pessoas são semelhantes a cientistas incompetentes, que testam hipóteses irracionais, rejeitam ou distorcem resultados legítimos e se recusam a corrigir ou a abandonar antigas teorias que não são mais úteis. Kelly (1955) definiu um transtorno como *"qualquer construção pessoal que é usada repetidamente apesar da invalidação recorrente"* (p. 831).

O sistema de construção de uma pessoa existe no presente – não no passado ou no futuro. Os transtornos psicológicos, portanto, também existem no presente; eles não são causados por experiências infantis, nem por eventos futuros. Como os sistemas de construção são *pessoais*, Kelly se opôs às classificações tradicionais das condições psicológicas. Usar o *Manual diagnóstico e estatístico de transtornos mentais* (DSM-IV-TR) da American Psychiatric Association (2002) para rotular uma pessoa provavelmente resultará na má intepretação das construções únicas da pessoa.

As pessoas psicologicamente não sadias, assim como qualquer um, possuem um sistema de construção complexo. Seus construtos pessoais, no entanto, tendem a fracassar no teste de permeabilidade em uma de duas maneiras: eles podem ser excessivamente impermeáveis ou flexíveis demais. No primeiro caso, as experiências novas não penetram no sistema de construção; portanto, a pessoa não se ajusta ao mundo real. Por exemplo, uma criança vitimizada pode interpretar a intimidade com os pais como ruim e a solidão como boa. Os transtornos psicológicos se desenvolvem quando o sistema de construção da criança nega rigidamente o valor de uma relação íntima e se apega à noção de que o afastamento ou o ataque são modos preferíveis de resolver problemas interpessoais. Outro exemplo é um homem com significativa dependência de álcool que se recusa a se ver como alcoolista mesmo quando seu comportamento de beber aumenta e seu emprego e casamento se desintegram (Burrell, 2002).

Entretanto, um sistema de construção que é muito frouxo ou flexível conduz à desorganização, a um padrão inconsistente de comportamento e a um conjunto transitório de valores. Um indivíduo sob tal sistema é facilmente "abalado pelo impacto de eventos menores diários inesperados" (Kelly, 1955, p. 80).

Apesar de Kelly não ter usado rótulos tradicionais na descrição da psicopatologia, ele identificou quatro elementos comuns na maioria dos transtornos humanos: ameaça, medo, ansiedade e culpa.

Ameaça

As pessoas experimentam **ameaça** quando percebem que a estabilidade de seus construtos básicos provavelmente será abalada. Kelly (1955) definiu ameaça como *"a consciência de mudanças abrangentes iminentes em suas estruturas centrais"* (p. 489). A ameaça pode se manifestar por meio de pessoas ou eventos, e, às vezes, os dois não podem ser separados. Por exemplo, durante a psicoterapia, os pacientes, com frequência, sentem-se ameaçados diante da perspectiva de mudança, mesmo que seja uma mudança para melhor. Se eles veem o terapeuta como um possível instigador da mudança, irão considerá-lo como uma ameaça. Os pacientes costumam resistir à mudança e interpretam o comportamento do terapeuta de uma maneira negativa. Essa resistência e "transferência negativa" são meios de reduzir a ameaça e manter seus construtos pessoais (Stojnov & Butt, 2002).

Medo

Pela definição de Kelly, a ameaça envolve uma mudança *ampla* nas estruturas centrais de uma pessoa. O **medo**, por sua vez, é mais *específico* e *incidental*. Kelly (1955) ilustrou a diferença entre ameaça e medo com o seguinte exemplo. Um homem pode dirigir seu carro perigosamente como consequência de raiva ou ostentação. Esses impulsos se tornam *ameaçadores* quando ele percebe que pode atropelar uma criança ou ser preso por direção perigosa e acabar como um criminoso. Nesse caso, uma porção ampla de seus construtos pessoais está ameaçada. Contudo, se ele, de repente, for confrontado com a probabilidade de bater com o carro, irá experimentar *medo*. Ameaça demanda uma reestruturação abrangente – medo, uma demanda incidental. O transtorno psicológico resulta quando a ameaça ou o medo impedem de forma persistente que uma pessoa se sinta segura.

Ansiedade

Kelly (1955) definiu **ansiedade** como *"o reconhecimento de que os eventos com os quais a pessoa é confrontada se encontram fora do âmbito de conveniência de seu sistema de construtos"* (p. 495). Em geral, as pessoas se sentem ansiosas quando experimentam um evento novo. Por exemplo, quando Arlene, a estudante de engenharia, estava negociando com o vendedor de carros usados, ela não estava certa do que fazer ou dizer. Ela nunca tinha negociado uma quantia tão grande de dinheiro, e, portanto, essa experiência estava fora do âmbito de sua conveniência. Como consequência, ela sentiu ansiedade, mas foi em nível normal; logo, não resultou em incapacitação.

A ansiedade patológica ocorre quando os construtos incompatíveis de uma pessoa não podem mais ser tolerados e o sistema de construção é rompido. Lembre-se de que o corolário da fragmentação de Kelly pressupõe que as pessoas podem desenvolver subsistemas de construção que são incompatíveis entre si. Por exemplo, quando uma pessoa que montou uma construção rígida de que todos os indivíduos são confiáveis é descaradamente enganada por um colega, essa pessoa pode, por algum tempo, tolerar a ambiguidade dos dois subsistemas incompatíveis. Contudo, quando as evidências de falta de confiança se tornam muito claras, o sistema de construtos da pessoa pode se romper. O resultado é uma experiência de ansiedade relativamente permanente e debilitante.

Culpa

O corolário da sociabilidade de Kelly pressupõe que as pessoas interpretam um papel central que fornece um senso de identidade em um ambiente social. No entanto, se esse papel central é enfraquecido ou dissolvido, a pessoa desenvolve um sentimento de culpa. Kelly (1970) definiu **culpa** como *"o sentimento de ter perdido a própria estrutura do papel central"* (p. 27), ou seja, as pessoas se sentem culpadas quando se comportam de forma inconsistente com seu senso de quem elas são.

A culpa ocorre quando nos comportamos de forma inconsistente com um papel fundamental que desenvolvemos de nós mesmos.
Eric Simard/Alamy Stock Photo

As pessoas que nunca desenvolveram um papel central não se sentem culpadas. Elas podem ser ansiosas ou confusas, mas, sem um senso de identidade pessoal, elas não experimentam culpa. Por exemplo, uma pessoa com uma consciência subdesenvolvida tem pouco ou nenhum senso integral de *self* e uma estrutura de papel central fraca ou inexistente. Essa pessoa não possui diretrizes estáveis para violar e, portanto, sentirá pouca ou nenhuma culpa, mesmo por um comportamento depravado ou vergonhoso (Kelly, 1970).

Psicoterapia

Existe sofrimento psicológico sempre que as pessoas tiverem dificuldade em validar seus construtos pessoais, antecipar eventos futuros e controlar seu ambiente atual. Quando o sofrimento se torna incontrolável, elas podem buscar ajuda externa na forma de psicoterapia.

Na visão de Kelly, as pessoas devem ser livres para escolher os cursos de ação mais coerentes com sua antecipação dos eventos. Na terapia, essa abordagem significa que os pacientes, não o terapeuta, escolhem o objetivo. Os pacientes são participantes ativos no processo terapêutico, e o papel do terapeuta é auxiliá-los a alterar seus sistemas de construtos para melhorar a eficiência em fazer predições.

Para alterar os construtos dos pacientes, Kelly usou um procedimento denominado *terapia de papel fixo*. Seu propósito é ajudar os pacientes a mudarem sua perspectiva da vida (construtos pessoais) encenando um papel predeterminado, primeiro dentro da segurança relativa do ambiente terapêutico e, depois, no ambiente além da terapia, onde eles encenarão o papel continuamente durante várias semanas. Com o terapeuta, os pacientes exercitam um papel que inclui atitudes e comportamentos que, no momento, não fazem parte de seu papel central. Ao escreverem a definição do papel fixo, o paciente e o terapeuta são cuidadosos para incluir os sistemas de construção de outras pessoas. Como o cônjuge, os pais, o chefe ou os amigos do paciente irão interpretar e reagir a esse novo papel? Suas reações ajudarão o cliente a reinterpretar os eventos de forma mais produtiva?

Então, esse novo papel é experimentado na vida diária de forma muito parecida com um cientista que testa uma hipótese – de forma cuidadosa e objetiva. Na verdade, a definição do papel fixo costuma ser esboçada na terceira pessoa, com o ator assumindo uma nova identidade. O paciente não está tentando ser outra pessoa, apenas representando a parte de alguém que é digno de ser conhecido. O papel não deve ser levado muito a sério; ele é apenas um ato, algo que pode ser alterado quando as evidências justificarem.

A terapia de papel fixo não visa a resolver problemas específicos ou reparar construtos obsoletos. Ela é um processo criativo que permite aos pacientes descobrirem de modo gradual aspectos previamente ocultados de si mesmos. Nos primeiros estágios, os clientes são apresentados somente a papéis periféricos; então, depois que se mostrarem à vontade com mudanças menores na estrutura da personalidade, eles experimentam novos papéis centrais, que permitem uma alteração mais profunda (Kelly, 1955).

Antes de desenvolver a abordagem de papel fixo, Kelly (1969a) incluiu um procedimento incomum, que se parece muito com a terapia de papel fixo. Insatisfeito com as técnicas freudianas, Kelly decidiu oferecer a seus pacientes "interpretações absurdas" para suas queixas. Algumas eram interpretações freudianas exageradas; entretanto, a maioria dos clientes aceitou essas "explicações" e as usou como guias para ação futura. Por exemplo, Kelly poderia dizer a um paciente que seu treinamento esfincteriano rígido tinha feito com que ele construísse sua vida de uma maneira dogmaticamente rígida, mas que ele não precisava continuar a ver as coisas dessa maneira. Para a surpresa de Kelly, muitos de seus pacientes começaram a funcionar melhor! A chave para a mudança era a mesma da terapia de papel fixo: os pacientes devem começar a interpretar sua vida a partir de uma perspectiva diferente e a verem a si mesmos em um papel distinto.

O Teste Rep

Outro procedimento usado por Kelly, tanto dentro quanto fora da terapia, era o *Teste de Repertório de Construtos de Papel (Rep)*. O propósito do Teste Rep é descobrir formas pelas quais as pessoas interpretam os indivíduos significativos em sua vida.

No Teste Rep, uma pessoa recebe uma lista de títulos de papéis e deve designar pessoas que se enquadrem nos títulos de papéis, escrevendo seus nomes em um cartão. Por exemplo, para "um professor de quem você gostava", a pessoa deve atribuir um nome particular. O número de títulos de papéis pode variar, mas Kelly (1955) listou 24 em uma versão (ver Tabela 19.1 para alguns exemplos). O Teste Rep de Kelly foi usado em inúmeros contextos diferentes e o teste original evoluiu para muitas variações. Um exemplo é visto na parte superior da Figura 19.2. O experimentador fornece determinados papéis, e o indivíduo que responde ao teste ou classificador fornece os nomes específicos para os papéis. Os papéis incluem você, sua mãe, pai, cônjuge/parceiro, etc. Neste caso, existem 15 papéis diferentes.

TABELA 19.1

Exemplos de papéis no Teste Rep

- Um professor de quem você gostava.
- Um professor de quem você não gostava.
- Marido ou namorado.
- Uma menina com quem você se dava bem durante o ensino médio.
- Irmã (de idade mais próxima de você).

Nome	Eu	Mãe	Pai	Cônjuge/Parceiro	Irmão/Irmã	Cunhados/Cunhadas	Ex-namorado(a)	Melhor amigo	Ex-amigos	Pessoa que rejeita	Pessoa ameaçadora	Pessoa de sucesso	Pessoa feliz	Pessoa ética	Vizinho	Construtos
	1	2	3	4	5	6	7	8	9	10	11	12	13	14	15	
P. ex.	X	O	X	O	X	X	O	O	O	X	O	O	O	X	X	Tímido (X) vs. Confiante (O)
1																_____ vs. _____
2																_____ vs. _____
3																_____ vs. _____
4																_____ vs. _____
5																_____ vs. _____
6																_____ vs. _____

FIGURA 19.2 Exemplo de uma grade de repertório.

Fonte: J. Silvester and M. McDermott, "Kelly's Repertory Grid," *All in the Mind*, BBC Radio 4, October 9, 2002, http://www.bbc.co.uk/radio4/science/allinthemind_20021009.shtml

O objetivo principal do teste envolve desenvolver os construtos que uma pessoa tem sobre as pessoas importantes em sua vida, pedindo à pessoa (classificador) que escolha quaisquer três pessoas da lista de uma vez. Em seguida, o classificador pensa em como duas das três são iguais e como elas diferem da terceira pessoa. Se, por exemplo, o classificador pensa que ele e o pai são tímidos, mas a mãe não, então o primeiro construto é "tímido". Eles então escrevem "tímido" à direita. Em seguida, eles escolhem outras três pessoas da lista e criam seu segundo construto a partir delas. Por exemplo, a mãe e o pai podem ser "confiantes", mas o irmão não. A pessoa agora tem dois construtos, tímido e confiante. O número de construtos criados a partir de conjuntos de três papéis depende do examinando, mas o mínimo sugerido é seis. Exemplos de três conjuntos de papéis e seus construtos correspondentes podem ser:

Papéis	Construto
Você, mãe, pai	tímido
Mãe, pai, irmão	confiante
Você, parceiro, melhor amigo	amigável
Você, melhor amigo, ex-amigo	inteligente
Parceiro, ex-parceiro, melhor amigo	hostil
Pessoa rejeitadora, pessoa ameaçadora, melhor amigo	caloroso
Pessoa bem-sucedida, pessoa feliz, pessoa ética	feliz

Esses construtos agora dizem ao classificador (e ao aplicador do teste) como eles veem o mundo. Nesse caso, timidez, confiança e simpatia são formas importantes que essa pessoa tem de ver seu mundo e as pessoas nele.

A segunda etapa principal é opcional e é mostrada na parte inferior da grade da Figura 19.2. Aqui, a pessoa avalia cada papel/pessoa em cada construto. Depois de fazer isso em todos os construtos, o classificador pode ver como os diferentes construtos são semelhantes entre si ou não, examinando quais correspondem a Xs e Os. Por exemplo, se as pessoas classificadas como tímidas raramente são classificadas como confiantes, a pessoa acredita que esses dois construtos são diferentes.

Há várias versões do Teste Rep e da grade de repertórios, mas todas são concebidas para avaliar os construtos pessoais. Por exemplo, uma mulher pode ver no que seu pai e chefe são parecidos ou diferentes; se ela se identifica ou não com sua mãe; em que o namorado e o pai são parecidos; ou como ela interpreta os homens em geral. Além disso, o teste pode ser aplicado no início da terapia e novamente no final. As mudanças nos construtos pessoais revelam a natureza e o grau do movimento feito durante a terapia.

Kelly e colaboradores usaram o Teste Rep em uma variedade de formas, e não são aplicadas regras definidas de pontuação. A fidedignidade e a validade do instrumento não são muito altas, e sua utilidade depende, em grande parte, da habilidade e da experiência do examinador (Fransella & Bannister, 1977).

Pesquisa relacionada

Muito embora George Kelly tenha escrito apenas um trabalho pioneiro (1955, 1991), seu impacto na psicologia da personalidade é marcante. Sua teoria dos construtos pessoais gerou um número considerável de investigações científicas, incluindo quase 600 estudos empíricos sobre o Teste Rep, o que sugere que sua teoria se saiu muito bem em gerar pesquisa. Como ele estava entre os primeiros psicólogos a enfatizar disposições cognitivas como os esquemas, a ideia de Kelly de construtos pessoais em um sentido muito real foi instrumental na formação do campo da cognição social, uma das perspectivas mais influentes na psicologia social e da personalidade hoje. A cognição social examina as bases cognitivas e de atitudes da percepção da pessoa, incluindo esquemas, vieses, estereótipos e comportamento preconceituoso. Os esquemas sociais, por exemplo, são representações mentais ordenadas das qualidades dos outros e se considera que contenham informações sociais importantes. Apesar de muitos pesquisadores no campo da cognição social usarem questionários convencionais, alguns seguiram a liderança de Kelly e empregaram medidas fenomenológicas e idiográficas como o Teste Rep ou alguma versão modificada dele (Neimeyer & Neimeyer, 1995). Aplicações mais recentes da metodologia do Teste Rep, por exemplo, analisaram os diferentes sistemas de construtos de indivíduos vítimas de violência sexual e não vitimizados (Lewis-Harter, Erbes, & Hart, 2004).

Nas próximas três seções, examinamos algumas pesquisas sobre o uso do Teste Rep para examinar adolescentes com transtorno do espectro autista e suas relações, compreendendo o preconceito internalizado por meio da teoria dos construtos pessoais e como os construtos pessoais se relacionam com as medidas de personalidade Big Five.

O Teste Rep e adolescentes com transtorno do espectro autista

Pesquisas mostraram que pessoas com transtorno do espectro do autismo (TEA) geralmente têm dificuldade em estabelecer e manter relacionamentos pessoais próximos, o que pode levar à solidão e à depressão (Bauminger & Kasari, 2000). Os anos da adolescência podem ser especialmente desafiadores para aqueles com TEA, porque suas dificuldades em formar relacionamentos adequados e solidários com os colegas na escola os colocam em maior risco de sofrer *bullying* entre colegas e a cascata de consequências negativas para a saúde mental que se seguem (Wainscot, Naylor, Sutcliffe, Tantam, & Williams, 2008). É importante ressaltar, no entanto, que aqueles com TEA podem não compartilhar as mesmas crenças e valores em relação à construção de amizades que os pesquisadores, representando desafios à nossa compreensão. Além disso, a própria área de diferença que as pessoas com TEA têm - a interação interpessoal em torno de emoções e sentimentos - limita a utilidade de abordagens de pesquisa em estilo de entrevista que exigem que elas se envolvam em uma conversa dessa natureza.

Isso pareceu aos pesquisadores Murphy, Burns e Kilby (2017) o lugar perfeito para empregar as metodologias da Teoria de Construtos Pessoais de Kelly para permitir que os próprios adolescentes com TEA interpretem seus relacionamentos próximos em seus próprios termos, sem uma longa conversa (e contato visual) com um entrevistador. Eles recrutaram jovens de 13 a 18 anos com TEA ou síndrome de Asperger e usaram uma técnica modificada do Teste Rep que demonstrou funcionar bem com participantes mais jovens. Primeiro, eles se envolveram em uma tarefa de elicitação de construtos diádica em que, depois que os adolescentes participantes nomearam 10 indivíduos importantes em suas vidas, eles primeiro identificaram uma semelhança entre dois elementos (neste caso, amigos), definindo assim um polo de um construto e, em seguida, identificaram o oposto dessa semelhança (o polo de contraste). Em seguida, eles se engajaram numa "escada", ou seja, fazendo com que os adolescentes respondessem perguntas repetidas sobre por que um construto era importante para eles, acabando por iluminar um construto mais central com o qual eles definem seu mundo relacional.

A análise temática das entrevistas resultou em quatro temas importantes para adolescentes com TEA: relacionamentos como fonte de apoio, percepções de semelhança e diferença, qualidades valorizadas em si mesmos e nos outros e o desenvolvimento e manutenção de relacionamentos. Os participantes viram os relacionamentos com amigos e familiares em termos de um construto central de "confiança". A confiança era importante para todos os participantes e desempenhou um papel na forma como eles se sentiam confortáveis com a percepção de semelhança ou diferença em relação aos outros. Alguns participantes relataram pouca dificuldade em seus relacionamentos e até expressaram que valorizavam a singularidade de serem diferentes de seus amigos. Outros, em contraste, caracterizaram sua diferença social como um déficit e ficaram angustiados com a forma como os colegas parecem interagir com maior facilidade. Finalmente, e de forma tocante, a maioria dos participantes revelou um construto central de "humor" no desenvolvimento e manutenção de amizades, mostrando que eles entendiam a importância do humor no relacionamento com os colegas, mesmo que eles próprios variassem muito em sua capacidade de se envolver com ele. Alguns participantes compartilharam exemplos de como aprender a saber quando rir ou contar uma piada, em vez de reagir de maneira rotineira.

Os autores apontam que o humor geralmente depende da capacidade do indivíduo de mudar a perspectiva ou, na linguagem da teoria dos construtos pessoais, da capacidade de interpretar como outra pessoa interpreta, e isso pode ser particularmente desafiador para aqueles com TEA (Murphy et al., 2017). Essa pesquisa sugere que, ao trabalhar para aprimorar o conjunto de habilidades relacionais de adolescentes com TEA, capacitá-los a praticar a compreensão e o uso do humor pode ajudar a diminuir algumas das dificuldades que esses adolescentes têm em compreender as nuances dos relacionamentos e gerar a confiança básica que desejam experimentar com os amigos. Se esse humor puder ser usado para enfatizar sua singularidade com uma estrutura mais positiva e compassiva, esses indivíduos podem vir a se sentir não como *incapazes*, mas como diferentes, e até mesmo distintamente *capazes*.

Aplicando a teoria dos construtos pessoais às questões intrapessoais de identidade

O Teste Rep original de Kelly foi desenvolvido para avaliar como os indivíduos interpretam pessoas importantes em suas vidas. Dessa forma, serve como um teste de comparações interpessoais que revelam construtos pessoais significativos, como os dos adolescentes com TEA na seção anterior. Recentemente, no entanto, Bonnie Moradi e colaboradores começaram a usar o Teste Rep de uma maneira nova e empolgante para avaliar como os indivíduos se identificam ou não com elementos de *si mesmos*, ou seja, essa pesquisa usa o Teste Rep para examinar questões intrapessoais de identidade dentro dos indivíduos. Usando a teoria dos construtos pessoais e o Teste Rep dessa forma incomum, Moradi e colaboradores examinaram a homofobia internalizada entre participantes gays e lésbicas (2009) e também exploraram os preditores da identificação de estudantes universitários como feministas (2012).

Compreendendo o preconceito internalizado pela teoria dos construtos pessoais

Talvez a característica mais insidiosa de ser uma pessoa que pertence a um grupo estigmatizado ocorra quando os indivíduos nesse grupo internalizam o preconceito e pensam de modo negativo sobre si mesmos. Estudos mostram que o preconceito contra gays e lésbicas internalizado (geralmente referido como homofobia internalizada), por exemplo, está associado, em indivíduos gays e lésbicas, a resultados de estresse alto e saúde mental fraca (cf. Szymanski, Kashubeck-West, & Meyer, 2008). Considerando isso, é importante para os psicólogos clínicos e psicoterapeutas entenderem o preconceito internalizado para tratar de forma efetiva os indivíduos em sofrimento.

Em 2009, Bonnie Moradi, Jacob van den Berg e Franz Epting usaram a teoria dos construtos pessoais de Kelly para fazer isso. A homofobia internalizada foi conceitualizada como contendo duas características: separação da identidade e depreciação da identidade. Esses pesquisadores aplicaram as noções de Kelly (1991) de ameaça e culpa

às duas características da homofobia internalizada. Isto é, o conceito de Kelly de ameaça, a experiência das pessoas que percebem seus construtos pessoais básicos como instáveis, pode levar gays e lésbicas a *separar* sua identidade homossexual do *self* para evitar uma mudança assustadora em sua autoconstrução. Kelly definiu a culpa como ocorrendo quando os indivíduos percebem que aspectos centrais dentro deles são incongruentes com o que eles deveriam ser. A culpa, então, pode levar gays e lésbicas a *depreciar* a identidade homossexual.

O estudo envolveu 102 participantes com idades de 18 a 73 anos e que se identificavam como lésbicas ou gays. Eles preencheram questionários que incluíam medidas de manejo da impressão, preconceito contra lésbicas e gays internalizado e uma medida de 30 construtos pessoais bipolares derivados de um estudo prévio de 160 participantes usando o Teste Rep (Landfield, 1971). Os participantes gays e lésbicas de Moradi e colaboradores circularam o polo com o qual estavam mais associados por três vezes: primeiro, para como eles se veem; segundo, para como eles preferiam se ver; e, por último, para como eles se veem enquanto focam o fato de serem gays ou lésbicos. A ameaça foi calculada como o número de cisões entre *self* e *self* preferido em relação ao *self* gay ou lésbico. A culpa foi calculada como o número de cisões entre *self* gay ou lésbico e *self* preferido.

Seus achados foram coerentes com os conceitos de Kelly de ameaça e culpa e mostraram que esses dois aspectos desempenham papéis distintos no preconceito internalizado. A ideia de Kelly de que os indivíduos se afastam de construtos ameaçadores foi verificada aqui quando os escores de ameaça em tal amostra se associaram à preferência mais baixa pela orientação gay ou lésbica. Mantendo a ideia de Kelly de que se sente culpa quando os indivíduos percebem aspectos indesejáveis dentro do *self*, os participantes homossexuais que tinham culpa alta depreciavam mais a identidade gay ou lésbica.

Moradi e colaboradores (2009) apresentam sugestões para intervenções de terapia dos construtos pessoais para abordar de forma específica a ameaça e a culpa em indivíduos com preconceito internalizado. Por exemplo, os terapeutas podem obter contrastes das construções dos pacientes, pedindo que eles imaginem que tipo de pessoa não seria ansiosa quanto a ser gay, possibilitando a mudança de uma construção de *self* que é inaceitável para uma aceitável. Técnicas de redução da culpa focariam a substituição de construções de *self* negativas por outras mais positivas. A redução da ameaça focaria capacitar os pacientes gays e lésbicas a verem que integrar ser homossexual à sua construção de *self* desejado não significa que eles devam mudar quem eles são em aspectos fundamentais. Esse trabalho representa formas verdadeiramente empolgantes de como a teoria da personalidade de Kelly pode ser aplicada para possibilitar a cura naqueles que sofrem com a internalização de construções preconceituosas no âmbito cultural.

Reduzindo a ameaça à identificação feminista

Um fenômeno intrigante na pesquisa sobre justiça social é a tendência generalizada de muitas pessoas de concordar com os valores feministas, mas não de se identificarem como feministas. Frequentemente, isso é chamado de fenômeno "Eu não sou feminista, mas", em que os indivíduos negam a identificação feminista, mas seguem imediatamente um acordo declarado com muitos valores feministas específicos, como a crença de que homens e mulheres e meninos e meninas devem ter oportunidades e escolhas iguais (p. ex., Zucker, 2004). Por que isso deveria importar? Estudos mostram que a identificação feminista está associada a uma série de benefícios psicossociais. As pessoas que se autodenominam feministas, em comparação com autodenominadas não feministas, são menos dominantes socialmente, têm menos atitudes sexistas hostis e benevolentes, têm maior autoeficácia e têm uma melhor capacidade de rejeitar atitudes sexistas e objetificadoras do corpo (p. ex., Leaper & Arias, 2011; Zucker & Bay-Cheng, 2010).

Moradi, Martin e Brewster (2012) procuraram usar a noção de ameaça da teoria dos construtos pessoais para prever quem se identifica e quem não se identifica com ser feminista. Para entender isso, os autores deram o exemplo de que, se uma pessoa considera ser assertiva como um traço de caráter desejável, se vê como assertiva e interpreta as feministas como assertivas, integrar a identidade feminista ao autoconceito não seria ameaçador. Se, por outro lado, a pessoa pensa na assertividade como indesejável e incongruente com seu eu ideal e interpreta as feministas como assertivas, então integrar a identidade feminista ao autoconceito introduziria a noção de ameaça de Kelly, porque seria percebida como um desafio intolerável à construção central de si mesma existente dessa pessoa.

Em seu primeiro estudo, Moradi e colaboradores (2012) usaram o mesmo método de Teste Rep de seu estudo anterior sobre homofobia internalizada. Nesse caso, 91 estudantes universitários avaliaram os 30 construtos bipolares três vezes: primeiro, em termos de seu eu real, segundo em termos de seu eu preferido ou ideal e terceiro, "se você fosse feminista". Então, imagine que um polo seja "egoísta *versus* altruísta". Os alunos primeiro perguntaram se eles se associavam mais ao termo egoísta ou altruísta. Em seguida, eles discutiram se preferiam se ver associados ao termo egoísta ou altruísta. Finalmente, eles discutiram se, caso fossem feministas, se associariam ao termo egoísta ou altruísta. Como no outro estudo, os escores de ameaça foram calculados contando o número de vezes que o eu real de um aluno correspondeu ao seu eu ideal, mas diferiu do eu feminista. Os resultados mostraram, conforme a hipótese, que uma maior discrepância entre o eu real, o eu ideal e o eu feminista (maior "ameaça" ao autoconstruto) resultou em menor identificação feminista. Em outras palavras, quanto mais o eu real e ideal de alguém é

removido de sua visão de um eu feminista, menor a probabilidade de se identificar como feminista.

Em seguida, Moradi e colaboradores intervieram para reduzir a ameaça mudando a interpretação dos estudantes sobre a construção ameaçadora de "feminista". Nos termos de Kelly, eles procuraram aumentar a gama de conveniência e permeabilidade do construto ameaçador. Para fazer isso, 115 estudantes universitários receberam uma intervenção ou não (controle). Ambos os grupos receberam medidas pré e posteriores da ameaça feminista e da identificação feminista. A intervenção foi uma interação, no contexto de um período de aula, com um grupo de feministas autoidentificados que eram diversos em idade, sexo, raça/etnia, afiliação religiosa, orientação sexual e experiências de vida. Os participantes do grupo de intervenção também participaram de uma atividade que incentivou o aprendizado sobre essa diversidade (eles fizeram 20 perguntas para descobrir quem era feminista no painel e, finalmente, descobrir que todos os palestrantes eram). Os resultados mostraram que a intervenção foi eficaz, com os alunos do grupo de intervenção apresentando um nível reduzido de ameaça e um maior grau de identificação feminista posteriormente em comparação com o grupo de controle. O trabalho de Moradi e colaboradores representa maneiras empolgantes pelas quais a teoria da personalidade de Kelly pode ser aplicada para mudar interpretações internalizadas com preconceitos culturais e para incentivar a identificação com estruturas de justiça social que avançam em direção a uma sociedade mais justa.

Construtos pessoais e os Big Five

Pesquisadores começaram a investigar as conexões entre os construtos pessoais de Kelly e os traços Big Five (Cap. 13). Os traços Big Five (neuroticismo, extroversão, abertura à experiência, amabilidade e conscienciosidade) têm recebido muita atenção na pesquisa moderna da personalidade. Os construtos pessoais de Kelly recebem uma quantidade moderada de atenção, mas não na mesma intensidade que o modelo Big Five. Nem todos os psicólogos da personalidade concordam com essa distribuição desproporcional da pesquisa e o valor de cada abordagem. James Grice e colaboradores, por exemplo, compararam diretamente a teoria dos construtos pessoais de Kelly com os Big Five (Grice, 2004; Grice, Jackson, & McDaniel, 2006).

Essas duas abordagens da personalidade são muito diferentes, e vale a pena destacar a importância de tal comparação. A lista de traços dos Big Five foi criada essencialmente reduzindo as milhares de formas que as pessoas descrevem umas às outras a uma lista menor e mais gerenciável que capturasse os temas mais comuns. Ela procura descrever todos ao longo do mesmo *continuum*. A abordagem da grade de repertórios de Kelly, por sua vez, parece capturar a singularidade dos indivíduos. A singularidade é difícil de ser capturada no modelo Big Five, porque todos são descritos por apenas cinco dimensões. Porém, na grade de repertórios, o classificador cria o próprio *continuum* no qual descreve as pessoas. Por exemplo, conforme discutido anteriormente neste capítulo, o primeiro *continuum* descrito na grade de repertórios na Figura 19.2 é a timidez-confiança; portanto, para a pessoa que preenche a grade de repertórios, a timidez-confiança é um descritor importante, mas não é um descritor que seja capturado de modo direto por muitas medidas Big Five.

A pesquisa de James Grice (Grice, 2004; Grice et al., 2006), em essência, procurou determinar o quanto a abordagem da grade de repertórios era boa em capturar a singularidade, comparada com os Big Five. Para tanto, Grice (2004) pediu aos participantes que preenchessem uma versão modificada da grade de repertórios de Kelly e uma medida-padrão de autorrelato dos Big Five. Os participantes classificaram a si mesmos e às pessoas que eles conheciam usando esses dois recursos. Com base em procedimentos estatísticos complexos, os pesquisadores puderam medir a quantidade de sobreposições nas classificações dos escores na grade de repertórios e no modelo Big Five dos participantes.

O que eles descobriram foi bastante impressionante: houve apenas 50% de sobreposição, aproximadamente (Grice, 2004; Grice et al., 2006). Isso significa que a grade de repertórios estava capturando aspectos das pessoas que os Big Five não estavam e que estes, por sua vez, estavam capturando aspectos que a grade de repertórios não estava. Alguns dos aspectos únicos capturados pela grade de repertórios eram o tipo corporal, a etnia, os recursos, o *status* de fumante e a afiliação política (Grice et al., 2006). Esses são aspectos importantes das pessoas a serem considerados e certamente podem afetar o modo de interação, embora eles não apareçam em uma medida típica dos Big Five. Apesar disso, esse ainda é um modelo valioso como uma estrutura para o estudo da personalidade. Em ciência, costuma ser importante, se não imperativo, que os pesquisadores tenham ferramentas e descritores comuns para comparar seus objetos de estudo; no caso da psicologia da personalidade, as pessoas. A estrutura dos Big Five forneceu esses descritores comuns que facilitaram um grande número de pesquisas. Mas a psicologia da personalidade trata das diferenças individuais e da importância do indivíduo e, comparada a esse modelo, a teoria dos construtos pessoais de Kelly faz um trabalho muito bom ao enfatizar a singularidade dos indivíduos e como estes definem a si mesmos e aqueles à sua volta em seus próprios termos.

Críticas a Kelly

A maior parte da carreira profissional de Kelly foi passada trabalhando com universitários relativamente normais e inteligentes. É compreensível, assim, que a teoria de Kelly pareça mais aplicável a essas pessoas. Ele não fez tentativas de elucidar as experiências infantis precoces (como

Freud) ou a maturidade e a velhice (como Erikson). Para Kelly, as pessoas vivem unicamente no presente, com um olhar sempre no futuro. Tal visão, embora um tanto otimista, não explica as influências do desenvolvimento e da cultura na personalidade.

Como a teoria de Kelly se classifica nos seis critérios de uma teoria útil? Primeiro, a teoria dos construtos pessoais recebe uma classificação de moderada a forte na quantidade de *pesquisa* que ela gerou. O Teste Rep e a grade de repertórios possibilitaram um número considerável de estudos, em especial na Grã-Bretanha, embora esses instrumentos sejam usados com menos frequência pelos psicólogos nos Estados Unidos.

Segundo, apesar da parcimônia relativa do postulado básico de Kelly e dos 11 corolários de apoio, a teoria não se presta facilmente à verificação ou à refutação. Portanto, classificamos a teoria dos construtos pessoais como baixa em *refutabilidade*.

Terceiro, a teoria dos construtos pessoais *organiza o conhecimento* acerca do comportamento humano? Conforme esse critério, a teoria deve ser classificada como baixa. A noção de Kelly de que nosso comportamento é consistente com nossas percepções correntes ajuda a organizar o conhecimento, porém sua esquiva dos problemas de motivação, das influências do desenvolvimento e das forças culturais limita a capacidade de sua teoria de atribuir significados específicos a muito do que é hoje sabido acerca da complexidade da personalidade.

Quarto, classificamos a teoria como baixa quanto a ser um *guia para a ação*. As ideias de Kelly sobre psicoterapia são inovadoras e sugerem ao praticante algumas técnicas interessantes. Desempenhar o papel de uma pessoa fictícia, alguém que o paciente gostaria de conhecer, é, na verdade, uma abordagem incomum e prática da terapia. Kelly se baseava fortemente no bom senso nessa prática terapêutica, e o que funcionava para ele poderia não funcionar para outra pessoa. Entretanto, tal disparidade seria bastante aceitável para Kelly, porque ele via a terapia como um experimento científico. O terapeuta é como um cientista, usando a imaginação para testar uma variedade de hipóteses, ou seja, experimentar novas técnicas e explorar formas alternativas de olhar para as coisas. No entanto, sua teoria oferece poucas sugestões específicas a pais, terapeutas, pesquisadores e outros que estão tentando compreender o comportamento humano.

Quinto, a teoria tem *coerência interna*, com um conjunto de *termos definidos operacionalmente*? Na primeira parte dessa pergunta, a teoria dos construtos pessoais se classifica como muito alta. Kelly era muito cuidadoso em escolher termos e conceitos para explicar seu postulado fundamental e os 11 corolários. Sua linguagem, embora um tanto difícil, é sofisticada e precisa. *A psicologia dos construtos pessoais* (Kelly, 1995) contém mais de 1.200 páginas, porém toda a teoria é estruturada como um tecido finamente tramado. Kelly parecia estar constantemente consciente do que ele já havia dito e do que iria dizer.

De acordo com a segunda parte desse critério, a teoria dos construtos pessoais é insuficiente, porque, como a maioria dos teóricos discutidos neste livro, Kelly não definiu seus termos de modo operacional. No entanto, ele foi exemplar em escrever definições abrangentes e exatas de quase todos os termos usados no postulado básico e nos corolários de apoio.

Por fim, a teoria é *parcimoniosa*? Apesar da extensão do livro de Kelly em dois volumes, a teoria dos construtos pessoais é excepcionalmente simples e econômica. A teoria básica é expressa em um postulado fundamental e, então, elaborada por meio de 11 corolários. Todos os demais conceitos e pressupostos podem ser relacionados com facilidade a essa estrutura relativamente simples.

Conceito de humanidade

Kelly tinha uma visão essencialmente *otimista* da natureza humana. Ele via as pessoas como antecipando o futuro e vivendo de acordo com essas previsões. As pessoas são capazes de mudar seus construtos pessoais em qualquer época da vida, porém essas mudanças raramente são fáceis. O corolário de modulação de Kelly sugere que os construtos são permeáveis ou resilientes, significando que novos elementos podem ser admitidos. Nem todas as pessoas, no entanto, possuem construtos igualmente permeáveis. Algumas aceitam as experiências novas e reestruturam suas interpretações de acordo com elas, enquanto outras possuem construtos concretos que são muito difíceis de alterar. Todavia, Kelly era bastante otimista na crença de que as experiências terapêuticas podem ajudar as pessoas a terem vidas mais produtivas.

Na dimensão do *determinismo* versus *livre-arbítrio*, a teoria de Kelly pende para o segundo tópico. Dentro de nosso sistema de construtos pessoais, somos livres para fazer uma escolha (Kelly, 1980). Escolhemos entre alternativas em um sistema de construtos que nós mesmos construímos. Fazemos essas escolhas com base em nossa antecipação dos eventos. Porém, mais do que isso, escolhemos as alternativas que parecem nos oferecer a maior oportunidade de elaboração de nosso sistema antecipatório. Kelly se referiu a essa visão como **escolha elaborativa**; ou seja, ao fazer escolhas atuais, olhamos em frente e optamos pela alternativa que irá aumentar nosso âmbito de escolhas futuras.

Kelly adotou uma visão *teleológica*, em oposição a uma visão causal da personalidade humana. Ele insistia que os eventos da infância *per se* não moldam a personalidade atual. Nossa construção presente de experiências passadas pode ter alguma influência sobre o comportamento presente, mas a influência dos eventos passados é bastante limitada. A personalidade muito mais provavelmente será guiada por nossa antecipação dos eventos futuros. O postulado fundamental de Kelly – aquele sobre o qual se baseiam todos os corolários e pressupostos – é que toda atividade humana está direcionada pela forma como antecipamos os eventos (Kelly, 1955). Não pode haver dúvida, então, de que a teoria de Kelly é essencialmente teleológica.

Kelly enfatizou os *processos conscientes* mais do que os inconscientes. Contudo, ele não destacou a *motivação* consciente, porque a motivação não desempenha um papel na teoria dos construtos pessoais. Kelly fala de níveis de consciência cognitiva. Níveis de consciência altos se referem aos processos psicológicos facilmente simbolizados em palavras e que podem ser expressos com precisão para outras pessoas. Os processos de nível baixo são simbolizados de forma incompleta e são difíceis ou impossíveis de comunicar.

As experiências podem ocorrer em níveis de consciência baixos por várias razões. Primeiro, alguns construtos são pré-verbais, porque eles são formados antes que a pessoa tenha adquirido uma linguagem significativa e, portanto, não podem ser simbolizados mesmo para a própria pessoa. Segundo, algumas experiências estão em nível de consciência baixo porque a pessoa vê apenas as semelhanças e não consegue fazer contrastes significativos. Por exemplo, interpretação de que todos os indivíduos são confiáveis. No entanto, o polo implícito da inconfiabilidade é negado. Como o sistema de construções superordenado da pessoa é rígido, ela não consegue adotar um construto realista de confiável/inconfiável e tende a ver as ações dos outros como completamente confiáveis. Terceiro, alguns construtos subordinados podem permanecer em um nível de consciência baixo quando os construtos superordenados estão mudando. Por exemplo, mesmo depois que uma pessoa percebe que nem todos são confiáveis, ela pode se mostrar relutante em interpretar um indivíduo em particular como pouco confiável. Essa hesitação significa que um construto subordinado ainda não alcançou um superordenado. Por fim, como alguns eventos podem se encontrar fora do âmbito de conveniência de uma pessoa, certas experiências não se tornam parte do sistema de construtos daquela pessoa. Por exemplo, processos involuntários, como o batimento cardíaco, a circulação sanguínea, o piscar dos olhos e a digestão, tendem a estar fora do âmbito de conveniência; e, em geral, a pessoa não está consciente deles.

Na questão das *influências biológicas* versus *sociais*, Kelly estava mais inclinado para as sociais. Seu corolário da sociabilidade pressupõe que, até certo ponto, somos influenciados pelos outros e temos algum impacto sobre eles. Quando interpretamos com exatidão as construções de outra pessoa, podemos desempenhar um papel em um processo social que envolve essa outra pessoa. Kelly presumia que nossa interpretação dos sistemas de construção de outras pessoas importantes (como pais, cônjuge e amigos) pode ter alguma influência sobre nossas construções futuras. Lembre-se de que, na terapia de papel fixo, os pacientes adotam a identidade de uma pessoa fictícia; e, experimentando esse papel em vários contextos sociais, eles podem vivenciar alguma mudança em seus construtos pessoais. Entretanto, as ações dos outros não moldam seu comportamento; em vez disso, é sua interpretação dos eventos que altera seu comportamento.

Na dimensão final para uma concepção da humanidade – *singularidade* versus *semelhanças* –, Kelly enfatizou a singularidade da personalidade. Essa ênfase, contudo, foi temperada por seu corolário da comunalidade, que pressupõe que as pessoas de mesma origem cultural tendem a apresentar alguns dos mesmos tipos de experiências e, portanto, interpretam os eventos de forma similar. No entanto, Kelly sustentava que nossas interpretações individuais dos eventos são cruciais e que não existem duas pessoas que tenham exatamente os mesmos construtos pessoais.

Termos-chave e conceitos

- A ideia de *alternativismo construtivo*, ou a noção de que nossas interpretações presentes estão sujeitas à mudança, é básica para a teoria de Kelly.
- O *postulado básico* de Kelly pressupõe que todos os processos psicológicos são direcionados pela forma como antecipamos os eventos. Onze corolários derivam desse postulado fundamental e o elaboram.
- O *corolário da construção* presume que as pessoas antecipam eventos futuros de acordo com suas interpretações de temas recorrentes.
- O *corolário da individualidade* afirma que as pessoas têm experiências diferentes e, portanto, interpretam os eventos de forma distinta.
- O *corolário da organização* sustenta que as pessoas organizam seus construtos pessoais em um sistema hierárquico, com alguns construtos em posições superordenadas e outros subordinados a eles. Essa organização permite a redução de construtos incompatíveis.
- O *corolário da dicotomia* de Kelly pressupõe que todos os construtos pessoais são dicotômicos, ou seja, as pessoas interpretam os eventos de uma maneira ou-ou.
- O *corolário da escolha* declara que as pessoas selecionam a alternativa em um construto dicotomizado que elas veem como ampliando seu âmbito de escolhas futuras.
- O *corolário do âmbito* pressupõe que os construtos estão limitados a um âmbito de conveniência particular, isto é, eles não são relevantes para todas as situações.
- O *corolário da experiência* sustenta que as pessoas revisam continuamente seus construtos pessoais como consequência da experiência.
- O *corolário da modulação* defende que algumas experiências novas não levam a uma revisão dos construtos pessoais, porque estes são muito concretos ou impermeáveis.
- O *corolário da fragmentação* reconhece que o comportamento das pessoas é, por vezes, inconsistente, pois seu sistema de construtos pode admitir prontamente elementos incompatíveis.
- O *corolário da comunalidade* de Kelly expressa que, até o ponto em que tivermos experiências similares às experiências de outras pessoas, nossos construtos pessoais tendem a ser semelhantes aos sistemas de construção dessas pessoas.
- O *corolário da sociabilidade* afirma que as pessoas são capazes de se comunicar com outras, porque elas podem interpretar as construções das outras pessoas. As pessoas não só observam o comportamento dos outros, como também interpretam o que esse comportamento significa para elas.
- A *terapia de papel fixo* requer que os pacientes encenem papéis predeterminados continuamente, até que seus papéis periféricos e centrais se modifiquem quando outras pessoas significativas começam a reagir de forma diferente a eles.
- O propósito do *Teste Rep* de Kelly é descobrir formas pelas quais as pessoas interpretam indivíduos importantes em sua vida.

Referências

American Psychiatric Association. (2002). *DSM-IV-TR: Handbook of differential diagnosis.* Washington, DC: Author.

Bauminger, N., & Kasari, C. (2000). Loneliness and friendship in high-functioning children with autism. *Child Development, 71,* 447-456.

Burrell, M. (2002). Deconstructing and reconstructing: Substance use and "addiction": Constructivist perspectives. In R. A. Neimeyer & G. J. Neimeyer (Eds.), *Advances in personal construct psychology: New directions and perspectives* (pp. 203-232). Westport, CT: Praeger.

Combs, A. W., & Snygg, D. (1959). *Individual behavior: A perceptual approach to behavior.* New York: Harper & Row.

Fransella, F. (1995). *George Kelly.* London: Sage.

Fransella, F., & Bannister, D. (1977). *A manual for repertory grid technique.* London: Academic Press.

Grice, J. W. (2004). Bridging the idiographic-nomothetic divide in ratings of self and others on the Big Five. *Journal of Personality, 72,* 203-241.

Grice, J. W., Jackson, B. J., & McDaniel, B. L. (2006). Bridging the idiographic-nomothetic divide: A follow-up study. *Journal of Personality, 74,* 1191-1218.

Kelly, G. A. (1955). *The psychology of personal constructs* (Vols. 1 and 2). New York: Norton.

Kelly, G. A. (1963). *A theory of personality: The psychology of personal constructs.* New York: Norton.

Kelly, G. A. (1969a). The autobiography of a theory. In B. Maher (Ed.), *Clinical psychology and personality: The selected papers of George Kelly* (pp. 46-65). New York: Wiley.

Kelly, G. A. (1969b). Man's construction of his alternatives. In B. Maher (Ed.), *Clinical psychology and personality: The selected papers of George Kelly* (pp. 66-93). New York: Wiley.

Kelly, G. A. (1970). A brief introduction to personal construct theory. In D. Bannister (Ed.), *Perspectives in personal construct theory.* London: Academic Press. Also in J. C. Mancuso (Ed.), *Readings for a cognitive theory of personality.* New York: Holt, Rinehart and Winston.

Kelly, G. A. (1980). A psychology of the optimal man. In A. W. Landfield & L. M. Leitner (Eds.), *Personal construct psychology: Psychotherapy and personality.* New York: Wiley.

Kelly, G. A. (1991). *The psychology of personal constructs* (Vols. 1 and 2). London: Routledge. (Original work published 1955.)

Landfield, A. W. (1971). *Personal construct systems in psychotherapy.* Chicago: Rand McNally.

Leaper, C., & Arias, D. M. (2011). College women's feminist identity: A multidimensional analysis with implications for coping with sexism. *Sex Roles, 64,* 475-490.

Lewis-Harter, S., Erbes, C. R., & Hart, C. C. (2004). Content analysis of the personal constructs of female sexual abuse survivors elicited through repertory grid technique. *Journal of Constructivist Psychology, 17,* 27-43.

Moradi, B., Martin, A., & Brewster, M. E. (2012). Disarming the threat to feminist identification: An application of Personal Construct Theory to measurement and intervention. *Psychology of Women Quarterly, 36,* 197-209.

Moradi, B., van den Berg, J. J., & Epting, F. R. (2009). Threat and guilt aspects of internalized antilesbian and gay prejudice: An application of Personal Construct Theory. *Journal of Counseling Psychology, 56,* 119-131.

Murphy, M., Burns, J., & Kilby, E. (2017). Using personal construct methodology to explore relationships with adolescents with Autism Spectrum Disorder. *Research in Developmental Disabilities, 70,* 22-32.

Neimeyer, R. A., & Neimeyer, G. J. (Eds.). (1995). *Advances in Personal Construct Psychology* (Vol. 3). Greenwich, CT: JAI Press.

Stevens, C. D., & Walker, B. M. (2002). Insight: Transcending the obvious. In R. A. Neimeyer & G. J. Neimeyer (Eds.), *Advances in personal construct psychology: New directions and perspectives* (pp. 39-79). Westport, CT: Praeger.

Stojnov, D., & Butt, T. (2002). The relational basis of personal construct psychology. In R. A. Neimeyer & G. J. Neimeyer (Eds.), *Advances in personal construct psychology: New directions and perspectives* (pp. 81-110). Westport, CT: Praeger.

Szymanski, D. M., Kashubeck-West, S., & Meyer, J. (2008). Internalized heterosexism measurement, psychosocial correlates, and research directions. *The Counseling Psychologist, 36,* 525-574.

Thompson, G. G. (1968). George A. Kelly (1905-1967). *Journal of General Psychology, 79,* 19-24.

Wainscot, J. J., Naylor, P., Sutcliffe, P., Tantam, D., & Williams, J. V. (2008). Relationships with peers and use of the school environment of mainstream secondary school pupils with Asperger syndrome (high-functioning autism): A case-control study. *International Journal of Psychology and Psychological Therapy, 8,* 25-38.

Zucker, A. N. (2004). Disavowing social identities: What it means when women say "I'm not a feminist but." *Psychology of Women Quarterly, 28,* 423-435.

Zucker, A. N., & Bay-Cheng, L. Y. (2010). Minding the gap between feminist identity and attitudes: The behavioral and ideological divide between feminists and nonlabelers. *Journal of Personality, 78,* 1895-1924.

Glossário

A

abertura à experiência (Buss) Envolve a propensão à inovação e a capacidade de resolver problemas.

abordagem dos *loci* de traços quantitativos (QTL do inglês *quantitative trait loci*) (Buss) Uma técnica para descobrir marcadores genéticos, encontrando a localização de partes específicas de DNA nos genes que estão associados a comportamentos particulares.

acusação Tendência à salvaguarda adleriana em que o indivíduo protege sentimentos magnificados de autoestima acusando os outros pelas próprias falhas.

adaptações (Buss) Estratégias desenvolvidas que resolvem problemas significativos de sobrevivência e/ou reprodução.

adaptações características (McCrae e Costa) Estruturas adquiridas da personalidade que se desenvolvem conforme as pessoas se adaptam a seu ambiente.

adiamento da gratificação Uma referência à observação de que algumas pessoas, em alguns momentos, irão preferir recompensas adiadas mais valorizadas em comparação àquelas imediatas menos valorizadas.

adolescência (Erikson) Um importante estágio psicossocial, no qual a identidade do ego deve ser formada. A adolescência é caracterizada pela puberdade e pela crise de identidade *versus* confusão de identidade.

ágape Amor altruísta.

agência humana (Bandura) A capacidade das pessoas de usar habilidades cognitivas para controlar suas vidas.

agressividade (Adler) Tendências à salvaguarda que podem incluir depreciação ou acusação dos outros, bem como autoacusação, concebidas para proteger sentimentos exagerados de superioridade pessoal por meio do ataque a outras pessoas.

agressividade (Freud) Um dos dois instintos ou impulsos primários que motivam as pessoas. Agressividade é a manifestação externalizada do instinto de morte.

agressividade maligna (Fromm) A destruição da vida por outras razões além da sobrevivência.

alternativismo construtivo Visão de Kelly de que os eventos podem ser encarados (construídos) a partir de uma perspectiva (alternativa) diferente.

amabilidade/hostilidade (Buss) Disposição e capacidade da pessoa para cooperar e ajudar o grupo, por um lado, ou ser hostil e agressiva, por outro.

ameaça (Kelly) A previsão do perigo à estabilidade dos próprios construtos pessoais.

ameaça (Rogers) Sentimento que resulta da percepção de uma experiência que é incoerente com o *self* do organismo.

amor (Erikson) A força básica do início da idade adulta que emerge da crise de intimidade *versus* isolamento.

amor (Fromm) Uma união com outro indivíduo em que a pessoa mantém a distinção e a integridade do *self*.

amor (May) Ter prazer na presença da outra pessoa e afirmar o valor e o desenvolvimento daquela pessoa tanto quanto o próprio.

amor B (Maslow) Amor entre pessoas autoatualizadas e caracterizadas pelo amor pelo *ser* do outro.

amor D (Maslow) Deficiência de amor ou afeição (apego) com base na deficiência específica do amante e na capacidade da pessoa amada de satisfazer esse déficit.

análise do comportamento Abordagem de Skinner ao estudo do comportamento que pressupõe que a conduta humana é moldada primariamente pelo histórico pessoal de reforço do indivíduo e secundariamente pela seleção natural e pelas práticas culturais.

análise dos sonhos (Freud) Procedimento terapêutico concebido para revelar material inconsciente por meio de associações livres feitas pelo paciente a partir das imagens oníricas. (*Ver também* **associação livre**).

análise fatorial Procedimento matemático para reduzir a poucas variáveis um grande número delas; é usada por Eysenck e outros para identificar traços e fatores da personalidade.

anal-uretral-muscular Termo de Erikson para o modo de adaptação psicossexual da criança na infância.

anima Arquétipo junguiano que representa o componente feminino na personalidade dos homens e se origina das experiências herdadas dos homens com as mulheres.

animus Arquétipo junguiano que representa o componente masculino na personalidade das mulheres e se origina das experiências herdadas das mulheres com os homens.

ansiedade (Kelly) Reconhecimento de que os eventos com os quais o indivíduo é confrontado se encontram fora da área de conveniência do seu sistema de construtos.

ansiedade (May) Experiência da ameaça de uma não existência iminente.

ansiedade (Rogers) Sentimentos de inquietação ou tensão decorrentes de uma causa desconhecida.

ansiedade básica (Fromm) Sentimento de estar sozinho e isolado, separado do mundo natural.

ansiedade básica (Horney) Sentimentos de isolamento e desamparo em um mundo potencialmente hostil.

ansiedade básica (Maslow) Ansiedade que surge da incapacidade de satisfazer necessidades fisiológicas e de segurança.

ansiedade de castração (Freud) (*Ver* **complexo de castração**)

440 Glossário

ansiedade de separação Reações dos bebês ao perderem de vista seu cuidador primário; no início, os bebês protestam; depois, desesperam-se; e, no final, ficam emocionalmente afastados.

ansiedade moral (Freud) Ansiedade que resulta do conflito do ego com o superego.

ansiedade neurótica (Freud) Uma apreensão acerca de um perigo desconhecido enfrentado pelo ego, mas originário dos impulsos do id.

ansiedade neurótica (May) Reação desproporcional à ameaça e que leva à repressão e a comportamentos defensivos.

ansiedade normal (May) A experiência de ameaça que acompanha o crescimento ou mudança nos próprios valores.

ansiedade realista (Freud) Um sentimento desagradável e não específico resultante da relação do ego com o mundo externo.

ansiedade Um estado sentido, afetivo e desagradável, acompanhado pela sensação física de inquietação.

aproximações sucessivas Procedimento usado para moldar as ações de um organismo recompensando os comportamentos conforme se aproximam cada vez mais do comportamento-alvo.

arquétipos Conceito de Jung que se refere aos conteúdos do inconsciente coletivo. Os arquétipos, também chamados de imagens primordiais ou símbolos coletivos, representam padrões psíquicos de comportamento herdado e, assim, são distinguidos dos instintos, os quais são impulsos físicos em direção à ação. Os arquétipos típicos são a *anima*, o *animus* e a sombra.

assinatura comportamental da personalidade (Mischel) Padrão único e estável de um indivíduo de se comportar diferentemente em situações distintas.

associação livre Técnica usada em psicoterapia freudiana na qual o terapeuta instrui o paciente a verbalizar todo pensamento que lhe vier à mente, independentemente do quanto possa parecer irrelevante ou repugnante.

atitude (Jung) Predisposição a agir ou reagir de maneira característica, ou seja, em uma direção introvertida ou extrovertida.

atitude taoísta (Maslow) Atitude de não interferência, passiva e receptiva que inclui respeito e admiração pelo que é observado.

ativação seletiva Crença de Bandura de que as influências autorregulatórias não são automáticas, mas operam somente se forem ativadas.

atos falhos Lapsos de linguagem ou escrita, erros na leitura, audição incorreta, esquecimento temporário de nomes e de intenções e extravio de objetos, causados por desejos inconscientes. Também chamados de parapraxias.

autismo normal (Mahler) Estágio do desenvolvimento de um bebê em que as suas necessidades são satisfeitas automaticamente, ou seja, sem que o bebê tenha que lidar com o mundo externo.

autoacusação Tendência à salvaguarda adleriana em que uma pessoa agride indiretamente os outros por meio da autotortura e culpa.

autoatualização (Rogers) Um subsistema da tendência à atualização; a tendência a atualizar o *self* conforme percebido.

autoconceito (McCrae e Costa) O conhecimento, as visões e as avaliações do *self*.

autoconceito (Rogers) Aspectos do ser e das experiências das quais o indivíduo está consciente.

autoconsideração positiva (Rogers) A experiência de valorizar a si mesmo.

autoeficácia (Bandura) Expectativa da pessoa de que ela é capaz de executar os comportamentos que produzirão os resultados desejados em alguma situação particular.

autoimagem idealizada (Horney) Uma tentativa de resolver conflitos básicos adotando uma crença nas próprias qualidades endeusadas.

autonomia funcional (Allport) A tendência de alguns motivos a se tornarem independentes da razão original responsável pelo comportamento.

autonomia funcional do *proprium* (Allport) Conceito de Allport de um sistema-mestre de motivação que confere unidade à personalidade relacionando motivos autossustentáveis ao *proprium*.

autonomia funcional perseverativa (Allport) Motivos funcionalmente independentes que não fazem parte do *proprium*; inclui adições, a tendência a terminar tarefas incompletas e outros motivos adquiridos.

auto-ódio (Horney) A tendência poderosa com que os neuróticos menosprezam seu *self* real.

autoritarismo (Fromm) Tendência a abdicar da própria independência e se unir a uma ou mais pessoas para obter força. Assume a forma de masoquismo ou sadismo.

autorrealização (Jung) O nível mais alto possível da maturação psíquica; necessita de equilíbrio entre consciente e inconsciente, ego e *self*, masculino e feminino, e introversão e extroversão. As quatro funções (pensamento, sentimento, sensação e intuição) são integralmente desenvolvidas pelas pessoas autorrealizadas.

avaliações externas (Rogers) Percepção das pessoas da visão que os outros têm delas.

B

behaviorismo radical Visão de Skinner de que a psicologia como ciência pode avançar apenas quando os psicólogos pararem de atribuir o comportamento a construtos hipotéticos e começarem a escrever e falar estritamente em termos do comportamento observável.

behaviorismo Uma "escola" de psicologia que limita sua matéria ao comportamento observável. John B. Watson costuma ser referido como o fundador do behaviorismo, com B. F. Skinner o proponente mais notável.

biofilia Amor pela vida.

biografia objetiva (McCrae e Costa) Todas as experiências de uma pessoa ao longo da vida.

busca neurótica pela glória Conceito de Horney para o impulso abrangente em direção à realização do *self* ideal.

C

característica Qualidades únicas de um indivíduo que incluem atributos como temperamento, psique, inteligência e outras aptidões.

caráter (Fromm) Qualidades adquiridas relativamente permanentes, por meio das quais as pessoas se relacionam com os outros e com o mundo.

caráter anal Termo freudiano para uma pessoa que é caracterizada por limpeza compulsiva, teimosia e avareza.

Glossário **441**

caráteres acumuladores (Fromm) Pessoas que procuram guardar e não se desfazer de posses materiais, sentimentos ou ideias.

caráteres exploradores (Fromm) Pessoas que tiram dos outros, seja por força ou astúcia.

caráteres mercantis (Fromm) Pessoas que se veem como produtos, com seu valor pessoal dependente de sua habilidade de se venderem.

caráteres receptivos (Fromm) Pessoas que se relacionam com o mundo recebendo amor, conhecimento e bens materiais.

cargas fatoriais A quantidade de correlação com que um escore contribui para um determinado fator.

catarse Processo de remoção ou redução dos transtornos psicológicos por meio da fala acerca dos problemas.

causação recíproca (Bandura) Esquema que inclui ambiente, comportamento e pessoa interagindo reciprocamente para determinar a conduta pessoal.

causalidade Uma explicação do comportamento em termos das experiências passadas.

centrada na pessoa Teoria da personalidade fundada por Carl Rogers como uma consequência da psicoterapia centrada no cliente.

ciência morfogênica Conceito de Allport de ciência que trata de diferentes métodos de coleta de dados referentes a padrões de comportamento de um único indivíduo.

ciência Um ramo de estudo preocupado com a observação e a classificação dos dados e com a verificação das leis gerais por meio do teste de hipóteses.

coeficiente de correlação Índice matemático usado para medir a direção e a magnitude da relação entre duas variáveis.

competências (Mischel) Construção cognitiva e comportamental das pessoas do que elas conseguem ou não fazer, com base em suas observações do mundo, de si mesmas e dos outros.

complexo (Jung) Um conglomerado de ideias com teor emocional que compreendem os conteúdos do inconsciente pessoal. Jung, originalmente, usou o teste de associação de palavras para desvendar os complexos.

complexo de castração (Freud) Condição que acompanha o complexo de Édipo, mas assume formas diferentes nos dois sexos. Nos meninos, assume a forma de *ansiedade de castração*, ou o temor de ter o pênis removido, e é responsável por desfazer o complexo de Édipo. Nas meninas, assume a forma de *inveja do pênis*, ou o desejo de ter um pênis, e precede e instiga o complexo de Édipo.

complexo de Édipo Termo usado por Freud para indicar a situação em que a criança, independentemente do sexo, desenvolve sentimentos de amor e/ou hostilidade pelo genitor. No complexo de Édipo masculino simples, o menino desenvolve sentimentos incestuosos de amor pela mãe e hostilidade em relação ao pai. O complexo de Édipo feminino simples existe quando a menina sente hostilidade pela mãe e amor sexual pelo pai.

complexo de inferioridade (Adler) Sentimentos de inferioridade exagerados ou anormalmente fortes que, em geral, interferem em soluções úteis no âmbito social para os problemas da vida.

complexo de Jonas O medo de ser ou fazer o melhor de si.

compulsão à repetição (Freud) A tendência de um instinto, especialmente o instinto de morte, a repetir ou recriar uma condição anterior, sobretudo uma que foi assustadora ou despertou ansiedade.

condicionamento clássico Aprendizagem pela qual um estímulo neutro é associado a um estímulo significativo e adquire a capacidade de promover uma resposta similar.

condicionamento operante (Skinner) Um tipo de aprendizagem no qual o reforço, que é contingente à ocorrência de uma resposta particular, aumenta a probabilidade de que a mesma resposta ocorra outras vezes.

condições de valor (Rogers) Restrições ou qualificações vinculadas à consideração de uma pessoa por outra.

confiança interpessoal (Rotter) Uma expectativa generalizada mantida por um indivíduo de que pode se confiar que outras pessoas irão manter sua palavra. A Escala Interpessoal de Confiança tenta medir o grau de confiança interpessoal.

conflito básico (Horney) Tendência incompatível de se movimentar em direção a, contra as ou para longe das pessoas.

conformidade (Fromm) Meio de escapar do isolamento e da solidão, abrindo mão do próprio *self* e se transformando no que os outros desejam.

congruência (Rogers) A combinação de experiências do organismo com a consciência e com a capacidade de expressar essas experiências. Uma das três condições terapêuticas "necessárias e suficientes".

consciência (Freud) A parte do superego que resulta da experiência com punição e que, portanto, diz a uma pessoa o que é uma conduta errada ou imprópria.

conscienciosidade (Buss) Capacidade de comprometimento do indivíduo de estar focado e orientado aos detalhes.

consciente (Freud) Elementos mentais na consciência em determinado momento.

consciente (Jung) Imagens mentais que são percebidas pelo ego e desempenham um papel relativamente menor na teoria junguiana.

consciente perceptivo (Freud) O sistema que percebe estímulos externos por meio da visão, da audição, do paladar e similares que os comunica ao sistema consciente.

consideração positiva (Rogers) Necessidade de ser amado, gostado ou aceito por outros.

consideração positiva incondicional (Rogers) A necessidade de ser aceito e valorizado por outra pessoa sem qualquer restrição ou qualificação; uma das três condições terapêuticas "necessárias e suficientes".

construção de obstáculos (Adler) Tendência à salvaguarda em que as pessoas criam uma barreira ao próprio sucesso, permitindo-lhes, assim, proteger a autoestima, seja usando a barreira como desculpa pelo fracasso ou superando-a.

construtos pessoais (Kelly) A maneira de uma pessoa interpretar, explicar e prever eventos.

conteúdo latente do sonho (Freud) O significado subjacente, inconsciente de um sonho. Freud sustentava que o conteúdo latente, que pode ser revelado somente pela interpretação do sonho, era mais importante do que o conteúdo superficial ou manifesto.

conteúdo manifesto do sonho (Freud) O nível superficial ou consciente de um sonho. Freud acreditava que o nível manifesto

442 Glossário

de um sonho não possui significado psicológico profundo e que o nível inconsciente ou latente detém a chave para o verdadeiro significado do sonho.

contratransferência Sentimentos fortes e imerecidos que o terapeuta desenvolve em relação ao paciente durante o curso do tratamento. Esses sentimentos podem ser positivos ou negativos e são considerados pela maioria dos autores um obstáculo ao sucesso da psicoterapia.

corolário da comunalidade Teoria de Kelly de que os construtos pessoais de indivíduos com experiências similares tendem a ser semelhantes.

corolário da construção Pressuposto de Kelly de que as pessoas anteveem os eventos de acordo com suas interpretações de temas recorrentes.

corolário da dicotomia Pressuposto de Kelly de que as pessoas constroem eventos de uma maneira ou/ou (dicotômica).

corolário da escolha Pressuposto de Kelly de que as pessoas optam pela alternativa em um construto dicotômico, percebida como aquela que ampliará sua margem de escolhas futuras.

corolário da experiência Visão de Kelly de que os indivíduos revisam continuamente seus construtos pessoais em decorrência da experiência.

corolário da fragmentação Pressuposto de Kelly de que o comportamento é por vezes incoerente, porque os sistemas de construtos do indivíduo podem admitir elementos incompatíveis.

corolário da individualidade Pressuposto de Kelly de que as pessoas têm diferentes experiências e, portanto, constroem os eventos de formas distintas.

corolário da modulação (Kelly) Teoria que afirma que os construtos pessoais são permeáveis (resilientes) e estão sujeitos à mudança por meio da experiência.

corolário da organização Noção de Kelly de que as pessoas organizam seus construtos pessoais em um sistema hierárquico.

corolário da socialidade Noção de Kelly de que as pessoas conseguem se comunicar com as outras porque são capazes de produzir construções acerca dos outros.

corolário do âmbito Pressuposto de Kelly de que os construtos pessoais são limitados a uma variação finita de conveniência.

cosmologia Campo da filosofia que lida com a natureza da causação.

crise de identidade Termo de Erikson para um período crucial ou ponto de virada no ciclo da vida que pode resultar em mais ou menos força do ego. As crises de identidade podem ser encontradas nos estágios eriksonianos que se seguem ao desenvolvimento da identidade, em geral durante a adolescência.

cuidado (Erikson) Um compromisso de cuidar das pessoas e das coisas com as quais o indivíduo aprendeu a se importar.

culpa (Kelly) O sentimento de ter perdido a estrutura do papel central.

culpa (May) Uma característica ontológica da existência humana que surge de nossa separação do mundo natural (*Unwelt*), das outras pessoas (*Mitwelt*) ou de si mesmo (*Egenwelt*).

D

Dasein Um termo existencial que significa um sentimento do *self* como um indivíduo livre e responsável, cuja existência está incorporada ao mundo das coisas, das pessoas e da autoconsciência.

defesas (Rogers) Proteção do autoconceito contra a ansiedade e a ameaça por meio da negação e da distorção das experiências que são incoerentes com ele.

definição operacional Definição de um conceito em termos de eventos ou comportamentos observáveis que podem ser mensurados.

depreciação Tendência à salvaguarda adleriana em que as realizações dos outros são subvalorizadas e as próprias são supervalorizadas.

desculpas Tendências à salvaguarda adleriana em que a pessoa, pelo uso de justificativas sólidas que parecem razoáveis, fica convencida da realidade dos obstáculos autoerigidos.

desengajamento do controle interno (Bandura) O deslocamento ou a difusão da responsabilidade pelos efeitos prejudiciais das próprias ações.

deslocamento Um mecanismo de defesa freudiano em que impulsos indesejados são redirecionados para outros objetos ou pessoas, para disfarçar o impulso original.

dessacralização (Maslow) Processo de remoção do respeito, da alegria, do medo e do arrebatamento de uma experiência, que, então, purifica ou torna objetiva tal experiência.

destrutividade (Fromm) Método de fuga da liberdade eliminando pessoas ou objetos, recuperando, assim, os sentimentos de poder.

dialeto do órgão (Adler) Expressão das intenções subjacentes ou do estilo de vida de uma pessoa por meio de um órgão corporal doente ou disfuncional.

dilema humano (Fromm) A condição presente dos humanos que têm capacidade de raciocínio, mas carecem de instintos potentes necessários para se adaptar a um mundo em mudança.

discriminação operante Observação de Skinner de que um organismo, como consequência de seu histórico de reforço, aprende a responder a alguns elementos no ambiente, mas não a outros. A discriminação operante não existe dentro do organismo, mas é uma função das variáveis ambientais e do histórico prévio de reforço.

disposição cardinal (Allport) Disposição pessoal tão dominante que não pode ser escondida. A maioria das pessoas não possui uma disposição cardinal.

disposição pessoal (Allport) Uma estrutura neuropsíquica relativamente permanente peculiar ao indivíduo, que tem a capacidade de tornar diferentes estímulos equivalentes no âmbito funcional e iniciar e guiar formas personalizadas de comportamento.

disposição, cardinal (Allport) Traços pessoais tão dominantes na vida de um indivíduo que não podem ser escondidos. A maioria das pessoas não possui uma disposição cardinal.

disposição, central (Allport) Os 5 a 10 traços em torno dos quais está focada a vida do indivíduo.

disposição, secundária (Allport) Os traços pessoais menos característicos e confiáveis que aparecem com alguma regularidade na vida da pessoa.

disposições centrais (Allport) Os 5 a 10 traços pessoais em torno dos quais está focada a vida do indivíduo.

disposições secundárias (Allport) As disposições pessoais menos características e confiáveis que aparecem com alguma regularidade na vida da pessoa.

dissociação (teoria das relações objetais) Um mecanismo de defesa psíquico no qual a criança separa subjetivamente aspectos incompatíveis de um objeto.

distônico Termo de Erikson para o elemento negativo em cada par de opostos que caracteriza os oito estágios do desenvolvimento.

distorção (Rogers) Interpretação equivocada de uma experiência, de modo que ela é vista como se encaixando em algum aspecto do autoconceito.

E

eclética Abordagem que permite a seleção de elementos utilizáveis de diferentes teorias ou abordagens e os combina de uma maneira coerente e unificada.

efeito placebo Alterações no comportamento ou no funcionamento causadas pelas crenças ou pelas expectativas do indivíduo.

eficácia coletiva (Bandura) A confiança que as pessoas têm de que seus esforços combinados produzirão mudança social.

ego (Freud) A esfera da mente que se refere ao "eu" ou àquelas experiências que a pessoa possui (não necessariamente conscientemente). Como é a única região da mente em contato com o mundo real, considera-se que o ego serve ao princípio da realidade.

ego (Jung) O centro da consciência. Na psicologia junguiana, o ego é de menor importância do que o *self* mais inclusivo e está limitado à consciência.

Eigenwelt Um termo existencialista que significa o mundo das relações do indivíduo com o *self*. Um dos três modos simultâneos de estar no mundo.

empírico Baseado na experiência, na observação sistemática e no experimento, em vez de no raciocínio lógico ou na especulação filosófica.

encontro casual (Bandura) Um encontro involuntário entre pessoas desconhecidas.

enraizamento (Fromm) A necessidade humana de estabelecer raízes, ou seja, encontrar novamente um lar no mundo.

epigenética (Buss) Mudança na função do gene que não envolve alterações no DNA.

epistemologia Ramo da filosofia que trata da natureza do conhecimento.

Eros O desejo por uma união duradoura com uma pessoa amada.

erro de atribuição fundamental (Buss) A tendência dos indivíduos de ignorar forças situacionais e ambientais ao explicar o comportamento de outras pessoas e considerar somente as disposições internas.

erro situacional fundamental (Buss) Tendência a assumir que o ambiente, por si só, pode produzir comportamento sem um mecanismo interno estável.

escolha elaborativa (Kelly) Fazer escolhas que aumentarão o leque de escolhas futuras de uma pessoa.

escuta empática (Rogers) A percepção acurada dos sentimentos do outro e a comunicação dessas percepções. Uma das três condições terapêuticas "necessárias e suficientes".

esforços do *proprium* (Allport) Motivação em direção a objetivos que são coerentes com um *proprium* estabelecido e particularmente individuais.

especialização do nicho alternativo (Buss) Pessoas diferentes encontram o que as faz se destacarem dos outros para obter atenção dos pais ou de parceiros potenciais.

esquema contínuo (Skinner) O reforço de um organismo para cada resposta correta; oposto ao esquema intermitente, em que apenas certas respostas selecionadas são reforçadas.

esquema intermitente (Skinner) O reforço de um organismo em apenas certas ocorrências de respostas selecionadas; oposto a um esquema contínuo, em que o organismo é reforçado a cada resposta correta. Os quatro esquemas intermitentes mais comuns são razão fixa, razão variável, intervalo fixo e intervalo variável.

estabilidade (Eysenck) (*Ver* neuroticismo)

estabilidade emocional (Buss) Envolve a capacidade de lidar ou não com o estresse e a disposição para experimentar ansiedade, depressão ou culpa.

estilo de vida (Adler) Individualidade de uma pessoa que se expressa em qualquer circunstância ou ambiente; o "sabor" da vida de uma pessoa.

estratégias autorregulatórias (Mischel) Técnicas usadas para controlar o próprio comportamento por meio de objetivos autoimpostos e consequências autoproduzidas.

estratégias de codificação (Mischel) Formas como os indivíduos transformam a entrada de estímulos em informação sobre si mesmos, sobre outras pessoas e sobre o mundo.

estrutura de orientação (Fromm) A necessidade dos humanos de desenvolverem uma filosofia unificadora ou uma maneira coerente de olhar para as coisas.

etologia O estudo científico dos padrões de comportamento característicos dos animais.

eventos fortuitos (Bandura) Eventos ambientais inesperados e não intencionais.

exclusividade (Erikson) A patologia central do início da idade adulta, marcada pela exclusão do indivíduo em relação a certas pessoas, atividades e ideias.

expectativa A probabilidade subjetiva mantida por uma pessoa de que um reforço específico ou um conjunto de reforços irá ocorrer em determinada situação.

expectativa generalizada (Rotter) Expectativa baseada em experiências passadas similares de que determinado comportamento será reforçado.

expectativa vicariante Aprendizagem pela observação das consequências do comportamento dos outros.

experiência culminante (Maslow) Experiência mística intensa, em geral característica de pessoas autoatualizadas, mas não limitada a elas.

extinção operante (Skinner) A perda de uma resposta condicionada de modo operante devido à retirada sistemática do reforço.

extinção Tendência de uma resposta previamente adquirida de se tornar progressivamente enfraquecida devido à ausência do reforço.

extroversão (E) (Eysenck) Um dos três tipos de superfatores identificados por Eysenck que apresentam dois polos opostos

444 Glossário

– extroversão e introversão. Os *extrovertidos* são caracterizados comportalmente pela sociabilidade e pela impulsividade e, em termos fisiológicos, por um baixo nível de excitação cortical. Os *introvertidos*, por sua vez, são caracterizados pela pouca sociabilidade e pela cautela, bem como por um alto nível de excitação cortical.

extroversão (Jung) Uma atitude ou um tipo marcado pelo direcionamento da energia psíquica, de modo que a pessoa seja orientada para o mundo objetivo.

F

fase anal (Freud) Por vezes chamada de fase anal-sádica, esse segundo estágio da infância é caracterizado por tentativas da criança de obter prazer por meio da função excretória e de comportamentos relacionados à destruição ou perda de objetos, teimosia, limpeza e avareza. Corresponde, aproximadamente, ao segundo ano de vida.

fase fálica (Freud) Terceira e última fase da infância, é caracterizada pelo complexo de Édipo. Ainda que as diferenças anatômicas entre os sexos sejam responsáveis por distinções importantes nos períodos edípicos masculino e feminino, Freud usava a nomenclatura "fase fálica" para se referir tanto ao desenvolvimento masculino quanto ao feminino.

fase genital (Klein) Comparável à fase fálica de Freud, ou seja, a época em torno dos 3 a 5 anos de idade, quando o complexo de Édipo atinge seu auge.

fase oral (Freud) Primeira fase da infância, caracterizada pelas tentativas de obter prazer por meio da atividade da boca, em especial sugar, comer e morder; corresponde aproximadamente aos primeiros 12 a 18 meses de vida.

fator Uma unidade da personalidade derivada da análise fatorial. Por vezes é usado de modo mais genérico para incluir um aspecto subjacente da personalidade.

fenomenologia Uma posição filosófica que enfatiza que o comportamento é causado pelas percepções do indivíduo, em vez de pela realidade externa.

ficar parado (Adler) Tendência à salvaguarda caracterizada pela falta de ação como um meio de evitar o fracasso.

ficção (Adler) Uma crença ou expectativa do futuro que serve para motivar o comportamento atual. A veracidade de uma ideia ficcional é imaterial, porque a pessoa age como se a ideia fosse verdadeira.

fidedignidade O ponto até onde um teste ou outro instrumento de medição produz resultados coerentes.

filia Amor fraternal; amizade.

fixação (Fromm) A forma não produtiva de enraizamento marcada por uma relutância em crescer para além da segurança proporcionada pela mãe.

fixação Mecanismo de defesa que surge quando a energia psíquica é bloqueada em um estágio do desenvolvimento, tornando, assim, mais difícil a mudança ou o crescimento psicológico.

força básica Qualidade do ego que emerge do conflito entre elementos antitéticos nos estágios do desenvolvimento de Erikson.

força criativa Termo de Adler para o que ele acreditava ser uma liberdade interna que possibilita que cada um de nós crie o próprio estilo de vida.

formação reativa Mecanismo de defesa em que uma pessoa reprime um impulso e adota a forma exatamente oposta do comportamento, a qual, em geral, é exagerada e ostensiva.

função do superego (Eysenck) (*Ver* **psicoticismo**)

G

Gemeinschaftsgefühl (*Ver* **interesse social**)

generalização A transferência dos efeitos de uma situação de aprendizagem para outra.

generalização do estímulo (*Ver* **generalização**)

genitalidade (Erikson) Período da vida que se inicia na puberdade e continua na idade adulta, marcado pela identidade sexual completa.

genital-locomotor Termo de Erikson correspondente ao modo psicossocial de adaptação da criança na idade do jogo.

grande mãe Arquétipo junguiano das forças opostas de fertilidade e destruição.

H

herança filogenética Imagens inconscientes herdadas transmitidas por meio de muitas gerações de repetição. Um conceito usado por Freud e Klein.

herói Arquétipo junguiano representando o mito do homem semelhante aos deuses que conquista ou derrota o mal, em geral na forma de monstro, dragão ou serpente.

hesitação (Adler) Tendência à salvaguarda caracterizada pela vacilação ou pela procrastinação, concebida para dar à pessoa a desculpa "É tarde demais agora".

hierarquia de necessidades Conceito de Maslow de que as necessidades são ordenadas de maneira tal que aquelas de nível inferior sejam satisfeitas antes que as de nível superior sejam ativadas.

hipocondria Atenção obsessiva à própria saúde, em geral caracterizada por sintomas imaginários.

hipocondria moral (Fromm) Preocupação com culpa sobre coisas que o indivíduo fez de errado.

hipótese Um pressuposto ou uma suposição fundamentada que pode ser testada cientificamente.

histeria (Freud) Transtorno mental marcado pela conversão de elementos psíquicos reprimidos em sintomas somáticos, como impotência, paralisia ou cegueira, na ausência de bases fisiológicas que justifiquem a ocorrência desses sintomas.

holístico-dinâmica Teoria da personalidade de Maslow que enfatiza a unidade do organismo e os aspectos motivacionais da personalidade.

hostilidade básica (Horney) Sentimentos reprimidos de raiva que se originam durante a infância, quando as crianças temem que seus pais não supram suas necessidades de segurança e satisfação.

I

id (Freud) Região da personalidade que é estranha ao ego, porque inclui experiências que nunca foram apropriadas pela pessoa. O id é a base de todos os instintos, e sua única função é procurar prazer independentemente das consequências.

idade adulta (Erikson) O estágio desde aproximadamente 31 até 60 anos, caracterizado pelo modo psicossexual da procriatividade e pela crise de generatividade *versus* estagnação.

idade do jogo (Erikson) Terceiro estágio do desenvolvimento psicossocial, abrange aproximadamente a faixa dos 3 aos 5 anos de idade e é caracterizado pelo modo psicossexual genital-locomotor e a crise de inciativa *versus* culpa.

idade escolar (Erikson) O quarto estágio do desenvolvimento psicossocial; abrange o período em torno dos 6 aos 12 ou 13 anos de idade e é caracterizado pela latência psicossexual e pela crise psicossocial de diligência *versus* inferioridade.

ideal do ego (Freud) A parte do superego que resulta de experiências com recompensa e que, portanto, ensina a uma pessoa o que é uma conduta certa ou adequada.

identificação projetiva (Klein) Mecanismo de defesa psíquico em que os bebês dissociam partes inaceitáveis de si, projetam-nas em outro objeto e, então, as introjetam de forma distorcida.

idiográfica Abordagem ao estudo da personalidade com base em caso único.

imaginação ativa Técnica usada por Jung para descobrir material do inconsciente coletivo. Solicita-se aos pacientes que se concentrem em uma imagem até que uma série de fantasias seja reproduzida.

incongruência (Rogers) A percepção de discrepâncias entre o *self* do organismo, o autoconceito e o *self* ideal.

inconsciente (Freud) Todos os elementos mentais dos quais uma pessoa não está consciente. Os dois níveis do inconsciente são o inconsciente propriamente dito e o pré-consciente. As ideias inconscientes podem se tornar conscientes somente com grande resistência e dificuldade.

inconsciente coletivo Ideia de Jung de um inconsciente herdado, que é responsável por muitos dos nossos comportamentos, ideias e imagens de sonhos. O inconsciente coletivo está além das experiências pessoais e se origina de experiências repetidas de nossos ancestrais.

inconsciente pessoal Termo de Jung referente às experiências reprimidas exclusivas de um indivíduo; oposto ao inconsciente coletivo, que diz respeito a experiências inconscientes que são provenientes de experiências repetidas de nossos ancestrais.

individuação Termo de Jung para o processo de se tornar uma pessoa integral, ou seja, um indivíduo com um alto nível de desenvolvimento psíquico.

infância (Erikson) O primeiro estágio do desenvolvimento psicossocial – marcado pelo modo oral-sensorial e pela crise de confiança básica *versus* desconfiança básica.

infância inicial (Erikson) Segundo estágio do desenvolvimento psicossocial, caracterizado pelo modo psicossocial anal-uretral-muscular e pela crise de autonomia *versus* vergonha e dúvida.

influências externas (McCrae e Costa) Conhecimento, visões e avaliações do *self*.

início da idade adulta (Erikson) O estágio aproximadamente dos 18 a 30 anos durante o qual uma pessoa adquire genitalidade madura e experimenta a crise de intimidade *versus* isolamento.

instinto (Freud) Do alemão *Trieb*, significa ímpeto ou impulso; refere-se a um estímulo interno que impele a ação ou o pensamento. Os dois instintos primários são sexo e agressividade.

instinto (Jung) Um impulso físico inconsciente em direção à ação. Os instintos são a contrapartida física dos arquétipos.

instinto de vida (Freud) Um dos dois ímpetos ou impulsos primários; o instinto de vida também é chamado de Eros ou sexo.

intencionalidade (May) A estrutura subjacente que dá significado à experiência das pessoas.

interacionista Aquele que acredita que o comportamento resulta de uma interação de variáveis ambientais e variáveis que o indivíduo tem, incluindo a cognição.

interesse social (Adler) Tradução do alemão *Gemeinschaftsgefühl*, significando um sentimento comunitário ou um sentimento de estar unido a todos os seres humanos.

internalização (teoria das relações objetais) Processo em que a pessoa assimila (introjeta) aspectos do mundo externo e, então, organiza essas introjeções de maneira psicologicamente significativa.

intervalo fixo (Skinner) Esquema de reforço intermitente em que o organismo é reforçado por sua primeira resposta depois de um período de tempo designado (p. ex., intervalo fixo 10 significa que o animal é reforçado na primeira resposta após decorridos 10 minutos do último reforço recebido).

intervalo variável (Skinner) Esquema de reforço intermitente no qual o organismo é reforçado após decorridos períodos de tempo aleatórios e variáveis (p. ex., intervalo variável 10 significa que o animal é reforçado pela sua primeira resposta após intervalos de duração aleatória, em média 10 minutos).

intimidade (Erikson) Capacidade de fundir a própria identidade com a de outra pessoa sem temer perdê-la. O elemento sintônico do início da idade adulta.

introjeção (Freud) Mecanismo de defesa em que as pessoas incorporam qualidades positivas de outro indivíduo a seu ego.

introjeção (Klein) Fantasia de assimilar os objetos externos, como o seio da mãe, ao próprio corpo.

introversão (Eysenck) (*Ver* **extroversão, Eysenck**)

introversão (Jung) Uma atitude ou um tipo caracterizado pelo desvio da energia psíquica para dentro, com uma orientação para o subjetivo.

intuição (Jung) Uma função irracional que envolve a percepção de dados elementares que estão além da consciência. As pessoas intuitivas "sabem" algo sem compreenderem como sabem.

inveja do pênis (Freud) (*Ver* **complexo de castração**)

Inventário de Orientação Pessoal (POI do inglês *Personal Orientation Inventory*) Teste concebido por E. L. Shostrom para medir o conceito de tendências de autorrealização de Maslow nas pessoas.

isolamento (Erikson) A incapacidade de compartilhar a verdadeira intimidade ou arriscar a própria identidade. O elemento distônico do início da idade adulta.

L

latência (Erikson) O modo psicossexual da criança em idade escolar. Um período de pouco desenvolvimento sexual.

lei do efeito Princípio de Thorndike de que as respostas a estímulos seguidas imediatamente por uma satisfação tendem a fortalecer a conexão entre essas respostas e os estímulos; ou seja, elas tendem a ser aprendidas.

lei empírica do efeito (Rotter) Pressuposto de que os comportamentos que movem as pessoas em direção a seus objetivos têm maior probabilidade de serem reforçados.

lembranças precoces Técnica proposta por Adler para compreender um padrão ou o tema que permeia o estilo de vida de uma pessoa.

liberdade de movimento (Rotter) A expectativa média de ser reforçado pela realização de todos os comportamentos direcionados para a satisfação de alguma necessidade geral.

liberdade essencial (May) A liberdade de ser ou a liberdade da mente consciente. A liberdade essencial não pode ser limitada por correntes ou grades.

liberdade existencial (May) A liberdade de fazer a própria vontade. A liberdade existencial pode ser limitada por correntes ou grades.

liberdade positiva (Fromm) Atividade espontânea da personalidade completa e integrada; sinaliza uma reunificação com os outros e com o mundo.

libido (Freud) Energia psíquica do instinto de vida; impulso ou energia sexual.

ligação (Fromm) Necessidade de união com uma ou mais pessoas. Expressa-se por meio da submissão, do poder ou do amor.

locus de controle (Rotter) A crença que as pessoas têm de que suas tentativas de atingir um objetivo estão sob seu controle (*locus* interno de controle) ou decorrem de eventos poderosos como o destino, o acaso ou outras pessoas (*locus* externo de controle). O *locus* de controle é medido pela Escala de Controle Interno-Externo.

M

mandala (Jung) Símbolo que representa a luta pela unidade e pela completude. Costuma ser vista como um círculo dentro de um quadrado ou um quadrado dentro de um círculo.

masoquismo Uma condição caracterizada pela aceitação de prazer sexual oriundo de dor e humilhação infligidas por si ou por outros.

maturidade (Freud) O estágio psicossexual final após as fases da infância, o período de latência e a fase genital. Hipoteticamente, a maturidade seria caracterizada por um ego forte no controle do id e do superego e por um campo de consciência em constante expansão.

mecanismos (Buss) Processo de evolução pela seleção natural produziu soluções para os dois problemas básicos da vida: sobrevivência e reprodução.

mecanismos de defesa (Freud) Técnicas como repressão, formação reativa, sublimação e similares, pelas quais o ego se defende contra a dor da ansiedade.

mecanismos físicos (Buss) Órgãos e sistemas fisiológicos que se desenvolveram para resolver problemas de sobrevivência.

mecanismos psicológicos (Buss) Sistemas internos e específicos cognitivos, motivacionais e de personalidade que resolvem problemas pontuais de sobrevivência e reprodução.

medo (Kelly) Ameaça específica aos construtos pessoais de um indivíduo.

metamotivação (Maslow) Os motivos das pessoas autoatualizadas, incluindo particularmente os valores B.

metapatologia (Maslow) Doença caracterizada pela ausência de valores, pela falta de realização e pela perda de significado que resulta da privação de necessidades de autoatualização.

método dedutivo Abordagem das teorias analíticas da personalidade que reúne dados com base em hipóteses ou teorias previamente determinadas, raciocinando do geral para o particular.

método indutivo Uma forma de raciocínio baseada na observação e na mensuração sem hipóteses preconcebidas.

método oblíquo Um método de rotação dos eixos na análise fatorial que pressupõe alguma intercorrelação entre os fatores primários.

mito (May) Sistema de crenças que oferece explicações para problemas pessoais e sociais.

Mitwelt Termo existencialista que significa o mundo da relação de um indivíduo com outras pessoas. Um dos três modos simultâneos de estar no mundo.

modelagem (Bandura) Uma das duas fontes básicas de aprendizagem; envolve a observação dos outros e, assim, o aprendizado por meio das ações deles. Mais do que simples imitação, a modelagem implica a adição e subtração de atos específicos e observação das consequências do comportamento dos outros.

modelagem Condicionamento de uma resposta que recompensa, inicialmente, aproximações grosseiras do comportamento, depois aproximações mais próximas e, no final, o comportamento desejado.

modelo diátese-estresse Eysenck aceitava esse modelo da psicopatologia, o qual sugere que algumas pessoas são vulneráveis à doença porque têm fraqueza genética e adquirida que as predispõe a uma doença.

movimento contra as pessoas Uma das tendências neuróticas de Horney, em que os neuróticos se protegem contra a hostilidade de outros adotando uma estratégia agressiva.

movimento de retrocesso (Adler) Salvaguarda de sentimentos inflados de superioridade por meio do retorno a um período de vida mais seguro.

movimento em direção às pessoas Uma das tendências neuróticas de Horney, em que os neuróticos desenvolvem uma necessidade de outros como uma proteção contra sentimentos de desamparo.

movimento para longe das pessoas Uma das tendências neuróticas de Horney, em que os neuróticos se protegem contra sentimentos de isolamento adotando uma atitude independente.

N

não-ser A consciência da possibilidade de não existência, por meio da morte ou da perda da consciência.

narcisismo Amor por si ou a obtenção de prazer erótico pela contemplação do próprio corpo.

narcisismo primário (Freud) Investimento de libido de um bebê no próprio ego; amor por si mesmo ou comportamento autoerótico do bebê. (*Ver* **narcisismo**)

narcisismo secundário (Freud) Amor por si ou comportamento autoerótico em um adolescente (*Ver* **narcisismo**).

necessidades cognitivas (Maslow) Necessidades de conhecimento e compreensão; relacionam-se às necessidades básicas ou conativas, embora operando em dimensão diferente.

necessidades conativas Necessidades que dizem respeito ao esforço deliberado e intencional, por exemplo, a hierarquia das necessidades de Maslow.

necessidades de amor e pertencimento O terceiro nível na hierarquia das necessidades de Maslow; incluem a necessidade de dar amor e de receber amor.

necessidades de aperfeiçoamento (Rogers) Necessidade de se desenvolver, crescer e realizar.

necessidades de autorrealização (Maslow) O nível mais alto de motivação humana; elas incluem a necessidade do indivíduo de desenvolver completamente todas as suas capacidades psicológicas.

necessidades de estima O quarto nível da hierarquia das necessidades de Maslow; elas incluem autorrespeito, competência e a estima percebida dos outros.

necessidades de manutenção (Rogers) Necessidades básicas que protegem o *status quo*. Elas podem ser fisiológicas (p. ex., alimento) ou interpessoais (p. ex., necessidade de manter o autoconceito atual).

necessidades de segurança O segundo nível na hierarquia de necessidades de Maslow; incluem segurança física, proteção e liberdade do perigo.

necessidades estéticas (Maslow) Necessidades de arte, música, beleza e similares. Ainda que possam estar relacionadas às necessidades conativas, as necessidades estéticas são uma dimensão separada.

necessidades existenciais (Fromm) Necessidades particulares humanas que têm como objetivo levar as pessoas em direção à reunificação com o mundo natural. Fromm listou a ligação, a transcendência, o enraizamento, um sentimento de identidade e uma estrutura de orientação como necessidades existenciais ou humanas.

necessidades fisiológicas O nível mais básico da hierarquia de necessidades de Maslow; incluem alimento, água, ar, entre outras.

necessidades instintivas (Maslow) Necessidades determinadas de forma inata, mas que podem ser modificadas por meio do aprendizado. A frustração dessas necessidades leva a vários tipos de patologia.

necessidades neuróticas (Horney) As 10 defesas contra a ansiedade básica.

necessidades neuróticas (Maslow) Necessidades não produtivas, opostas às necessidades básicas, que bloqueiam a saúde psicológica, sendo ou não satisfeitas.

necrofilia Amor pela morte.

negação (Rogers) Bloqueio da consciência e uma experiência ou algum aspecto de uma experiência da consciência, porque é incoerente com o autoconceito.

neurose Um termo um tanto antigo significando transtornos da personalidade leves em comparação com reações psicóticas mais graves. As neuroses costumam ser caracterizadas por uma ou mais das seguintes manifestações: ansiedade, histeria, fobias, reações obsessivo-compulsivas, depressão, fadiga crônica e reações hipocondríacas.

neuroticismo (N) (Eysenck) Um dos três tipos ou superfatores identificados por Eysenck. O neuroticismo é um fator bidirecional que consiste em neuroticismo em um polo e estabilidade no outro. Altos escores em N podem indicar ansiedade, histeria, transtorno obsessivo-compulsivo ou criminalidade. Baixos escores indicam estabilidade emocional.

nomotética Uma abordagem ao estudo da personalidade que está fundamentada em leis ou princípios gerais.

O

o nada (*Ver* **não-ser**)

objeto Termo psicanalítico que se refere à pessoa ou à parte de uma pessoa que pode satisfazer um instinto ou impulso.

obsessão Uma ideia persistente ou recorrente, geralmente envolvendo um impulso para alguma ação.

oral-sensorial Termo de Erikson para o primeiro modo psicossexual de adaptação do lactente.

orgulho neurótico (Horney) Um falso orgulho com base na própria imagem idealizada do *self*.

orientação do caráter (Fromm) Padrões produtivos ou não produtivos de reação ao mundo das coisas e ao mundo das pessoas.

P

papel (Kelly) Um padrão de comportamento que resulta da compreensão das pessoas dos construtos de outros com quem elas estão envolvidas em alguma tarefa.

papel central (Kelly) Construção das pessoas de quem elas realmente são; seu sentimento de identidade que proporciona um guia para a vida.

paradoxo da consistência Termo de Mischel para a observação de que a intuição clínica e as percepções dos leigos sugerem que o comportamento é coerente, enquanto a pesquisa constata que não é.

paranoia Transtorno mental caracterizado por sentimentos irrealistas de perseguição, grandiosidade e uma atitude desconfiada em relação aos outros.

parapraxias Atos falhos como lapsos de linguagem ou escrita, erros de leitura, audição incorreta, esquecimento temporário de nomes e intenções e extravio de objetos, causados por desejos inconscientes.

parcimônia Critério de utilidade de uma teoria segundo a qual, em igualdade de condições de outros critérios, a mais simples é a preferida.

patologia central (Erikson) Um transtorno psicossocial em algum dos oito estágios do desenvolvimento que resulta de pouca força básica.

pensamento (Jung) Uma função racional que revela o significado de uma imagem que se origina do mundo externo (extrovertida) ou do mundo interno (introvertida).

período de latência (Freud) Período entre a infância e a puberdade no qual o crescimento psicossexual está estagnado.

448 Glossário

período genital (Freud) Período da vida começando na puberdade e continuando até a idade adulta, marcado pela identidade sexual completa.

período infantil (Freud) Primeiros quatro ou cinco anos de vida caracterizados por comportamento autoerótico ou de busca do prazer e consistindo das fases oral, anal e fálica.

permeabilidade (Kelly) Uma qualidade dos construtos pessoais que permite que novas informações revisem nosso modo de ver as coisas.

persona Arquétipo junguiano que representa o lado da personalidade que o indivíduo mostra para o resto do mundo. Também a máscara usada pelos atores romanos antigos no teatro grego e, assim, a raiz da palavra "personalidade".

personalidade Conceito global que se refere a um padrão de traços, disposições ou características relativamente permanentes que conferem algum grau de coerência ao comportamento de uma pessoa.

pessoa do futuro (Rogers) O indivíduo psicologicamente saudável no processo de evoluir até tudo aquilo o que ele pode se tornar.

pessoa em funcionamento pleno (Rogers) (*Ver* **pessoa do futuro**)

posição depressiva (Klein) Sentimentos de ansiedade quanto a perder um objeto amado associados a um sentimento de culpa por querer destruir esse objeto.

posição esquizoparanoide (Klein) Uma tendência do bebê a ver o mundo como tendo as mesmas qualidades destrutivas e onipotentes que ele possui.

posições (Klein) Formas como um bebê organiza sua experiência para lidar com o conflito básico de amor e ódio. As duas posições são a posição esquizoparanoide e a depressiva.

potencial da necessidade (Rotter) Uma referência à possível ocorrência de um conjunto de comportamentos funcionalmente relacionados, direcionados para a satisfação do mesmo objetivo ou de um conjunto de objetivos similares.

potencial do comportamento (Rotter) Possibilidade de uma resposta particular ocorrer em um determinado momento e lugar conforme calculado em relação ao reforço dessa resposta.

pré-consciente (Freud) Elementos mentais que, no momento, não estão na consciência, mas que podem se tornar conscientes com vários graus de dificuldade.

princípio da realidade (Freud) Uma referência ao ego, que deve arbitrar de forma realista as demandas conflitantes do id, do superego e do mundo externo.

princípio do prazer (Freud) Uma referência à motivação do id de buscar a redução imediata da tensão por meio da gratificação de impulsos instintivos.

princípio epigenético Termo de Erikson significando que um componente se desenvolve a partir de outro em seu devido tempo e sequência.

princípio idealista (Freud) Uma referência ao ideal de ego, um subsistema do superego que diz às pessoas o que elas devem fazer.

princípio moralista (Freud) Referência à consciência, um subsistema do superego que diz às pessoas o que elas não devem fazer.

proativo (Allport) Conceito que pressupõe que as pessoas são capazes de agir de modo consciente sobre seu ambiente de formas novas e inovadoras, as quais, por sua vez, alimentam novos elementos no sistema e estimulam o crescimento psicológico.

processo de valorização organísmica (OVP do inglês *organismic valuing process*) Processo pelo qual as experiências são valorizadas de acordo com a melhora ideal do organismo e do *self*.

processo primário (Freud) Uma referência ao id, que abriga os motivadores primários do comportamento, chamados de instintos.

processo secundário (Freud) Uma referência ao ego, o qual, cronologicamente, é a segunda região da mente (depois do id ou processo primário). O pensamento do processo secundário está em contato com a realidade.

processos dinâmicos Termo de McCrae e Costa para a interconectividade dos componentes centrais e periféricos da personalidade.

procriatividade (Erikson) O impulso de ter filhos e cuidar deles.

procuração (Bandura) Um dos três modos de agência humana; envolve regulação de si por meio de outras pessoas.

progressão (Jung) O fluxo direto da energia psíquica; envolve a atitude extrovertida e o movimento em direção à adaptação ao mundo externo.

projeção Mecanismo de defesa pelo qual o ego reduz a ansiedade atribuindo um impulso indesejado a outra pessoa.

proprium (Allport) Todas as características que as pessoas veem como peculiarmente suas e que são consideradas cordiais, centrais e importantes.

protesto viril Termo de Adler para a crença neurótica e errônea sustentada por alguns homens e mulheres de que os homens são superiores às mulheres.

pseudoespécie (Erikson) A ilusão mantida por uma sociedade particular de que ela é, de alguma forma, escolhida como mais importante do que outras.

psicanálise humanista Teoria da personalidade de Fromm que combina os aspectos básicos da psicanálise e da psicologia humanista.

psicanálise Teoria da personalidade, abordagem de psicoterapia e método de investigação fundada por Freud.

psicodinâmica Termo livremente definido, em geral se refere às teorias psicológicas que enfatizam de modo consistente a motivação inconsciente. As teorias de Freud, Jung, Adler, Horney, Klein, Erikson e, talvez, Fromm costumam ser consideradas psicodinâmicas.

psico-história Um campo de estudo que combina conceitos psicanalíticos com métodos históricos.

psicologia analítica Teoria da personalidade e abordagem de psicoterapia fundada por Carl Jung.

psicologia da ciência Uma subdisciplina da psicologia que estuda tanto a ciência quanto o comportamento dos cientistas.

psicologia evolucionista (Buss) O estudo científico do pensamento e do comportamento humano que explica o pensamento, o comportamento, a motivação e a personalidade por meio de conceitos de adaptação e mecanismos.

psicologia individual Teoria da personalidade e abordagem de psicoterapia fundada por Alfred Adler.

psicologia positiva Um campo relativamente novo da psicologia que combina a ênfase na esperança, no otimismo e no bem-estar com uma ênfase na pesquisa e na avaliação.

psicoses Transtornos da personalidade graves, em comparação com as reações neuróticas mais leves. As psicoses interferem de forma significativa nas funções usuais da vida e incluem transtornos cerebrais orgânicos e condições funcionais (aprendidas).

psicoticismo (P) (Eysenck) Um dos três superfatores ou tipos identificados por Eysenck. Psicoticismo é um fator bipolar que consiste do psicoticismo em um polo e a função do superego no outro. Escores P altos indicam hostilidade, egocentrismo, desconfiança e não conformidade.

punição Apresentação de um estímulo aversivo ou a remoção de um positivo. A punição, às vezes, mas nem sempre, enfraquece uma resposta.

Q

Q sort Técnica de inventário originada por William Stephenson na qual o sujeito deve ordenar uma série de afirmações autorreferentes em vários grupos, cujo tamanho se aproxima de uma curva normal.

R

razão fixa (Skinner) Esquema de reforço em que o organismo é reforçado intermitentemente de acordo com um número específico de respostas que ele dá (p. ex., razão fixa 7 significa que o organismo é reforçado a cada sétima resposta).

razão variável (Skinner) Programa de reforço intermitente no qual o organismo é reforçado para cada resposta n na média (p. ex., razão variável 50 significa que o animal é reforçado na média de uma vez a cada 50 respostas).

reativa (Allport) Termo referente às teorias que consideram as pessoas como motivadas pela redução da tensão e pelo desejo de voltar a um estado de equilíbrio.

reforçador condicionado (Skinner) Evento ambiental que não é por natureza satisfatório, mas passa a ser porque está associado a reforçadores não aprendidos ou incondicionados, tais como alimento, sexo e similares.

reforçador generalizado (Skinner) Um reforçador condicionado que foi associado a vários reforçadores primários. Dinheiro, por exemplo, é um reforçador generalizado, porque está associado a alimento, a moradia e a outros reforçadores primários.

reforçador negativo Qualquer estímulo aversivo que, quando removido de uma situação, aumenta a probabilidade de que o comportamento imediatamente precedente ocorra.

reforçador positivo Um estímulo que, quando acrescentado a uma situação, aumenta a probabilidade de que determinado comportamento ocorra.

reforço (Skinner) Condição do ambiente que fortalece um comportamento. (*Ver também* **reforçador negativo** e **reforçador positivo**).

reforço externo (Rotter) O valor positivo ou negativo de um evento reforçador conforme a visão dos valores sociais ou culturais.

reforço interno (Rotter) A percepção que o indivíduo tem do valor positivo ou negativo de um evento reforçador.

refutável Atributo de uma teoria que possibilita a aceitação ou a rejeição de seus princípios fundamentais por meio de pesquisas. Uma teoria refutável explica os resultados experimentais.

regressão (Freud) Um mecanismo de defesa em que a pessoa retorna a um estágio anterior para proteger o ego contra a ansiedade.

regressão (Jung) Recuo do fluxo de energia psíquica; a regressão envolve a atitude introvertida e o movimento em direção à adaptação ao mundo interno.

reivindicações neuróticas (Horney) Demandas e expectativas irrealistas dos neuróticos de terem direito a privilégios especiais.

repressão (Freud) Forçar experiências indesejadas e carregadas de ansiedade para dentro do inconsciente como defesa contra a dor daquela ansiedade.

repúdio do papel (Erikson) Incapacidade de sintetizar diferentes autoimagens e valores em uma identidade funcional.

resistência Uma variedade de respostas inconscientes dos pacientes, cujo objetivo é bloquear o progresso terapêutico.

ressacralização (Maslow) O processo de retornar ao respeito, à alegria e ao arrebatamento de uma experiência para tornar essa experiência mais subjetiva e pessoal.

retraimento (Adler) Salvaguarda do senso de superioridade exagerado, pelo estabelecimento de uma distância entre o indivíduo e seus problemas.

rotação ortogonal Método de rotação dos eixos na análise fatorial que pressupõe a independência de fatores primários.

ruído (Buss) Também conhecido como "efeitos randômicos", ocorre quando a evolução produz mudanças aleatórias no *design* que não afetam a função. O ruído tende a ser produzido por acaso e não é selecionado.

S

sábio Arquétipo junguiano de sabedoria e significado.

sadismo Condição em que uma pessoa recebe prazer sexual infligindo dor ou humilhação a outro indivíduo.

seleção artificial (Buss) Ocorre quando os humanos selecionam traços particulares desejáveis em uma espécie em reprodução (conhecida como "aprimoramento genético").

seleção natural (Buss) Processo pelo qual a evolução acontece e é simplesmente uma forma mais geral de seleção artificial, em que a natureza, em vez das pessoas, seleciona os traços.

seleção sexual (Buss) Opera quando membros do sexo oposto consideram certos traços mais atraentes do que outros e, assim, produzem descendentes com esses traços.

***self* (Jung)** O mais abrangente de todos os arquétipos, o *self* inclui toda a personalidade, embora seja preponderantemente inconsciente. O *self* costuma ser simbolizado pelo tema da mandala.

***self* do organismo (Rogers)** Um termo mais geral do que o autoconceito; refere-se à pessoa inteira, incluindo os aspectos da existência além da consciência.

***self* ideal (Rogers)** A visão que a pessoa tem de si como gostaria de ser.

selfobjetos (Kohut) Os pais ou outros adultos significativos na vida de uma criança que acabam sendo incorporados ao sentimento de *self* da criança.

sensação (Jung) Uma função irracional que recebe estímulos físicos e os transmite para o consciente perceptivo. As pessoas podem depender da sensação extrovertida (percepções externas) ou da sensação introvertida (percepções internas).

sentimento (Jung) Uma função racional que nos diz o valor de alguma coisa. A função sentimento pode ser extrovertida (direcionada para o mundo objetivo) ou introvertida (direcionada para o mundo subjetivo).

sentimento de identidade (Fromm) Necessidade exclusivamente humana de desenvolver um sentimento de "eu".

separação-individuação (Mahler) O terceiro estágio evolutivo principal, no qual a criança se torna um indivíduo separado da mãe; abrange o período dos 4 ou 5 meses até aproximadamente 30 a 36 meses.

sequências reforço-reforço Termo de Rotter que indica que o valor de um evento é uma função da expectativa de que um reforço levará a reforços futuros.

Ser-no-mundo (*Ver Dasein*)

simbiose incestuosa (Fromm) Dependência extrema da mãe ou de outro substituto da mãe.

simbiose normal (Mahler) O segundo estágio do desenvolvimento marcado por uma unidade dual do bebê e a mãe.

sintônico Termo de Erikson relativo ao elemento positivo em cada par de opostos que caracterizam seus oito estágios do desenvolvimento.

sistemas da personalidade cognitivo-afetivos (CAPs) Sistema de Mischel e Shoda que explica a variabilidade do comportamento entre as situações, bem como a estabilidade do comportamento em uma pessoa.

situação psicológica (Rotter) A parte do mundo externo e interno à qual um indivíduo está respondendo.

sombra (Buss) Arquétipo junguiano representando o lado inferior ou sombrio da personalidade.

sublimação Mecanismo de defesa que envolve a repressão da finalidade genital de Eros e sua substituição por uma finalidade cultural ou social.

subprodutos (Buss) Traços que acontecem em consequência de adaptações, mas que não fazem parte do *design* funcional.

superego (Freud) Os processos morais ou éticos da personalidade. O superego possui dois subsistemas: a consciência, que diz o que é errado, e o ideal de ego, que diz o que é certo.

supressão Bloqueio ou inibição de uma atividade, seja por um ato consciente da vontade, seja por um agente externo, como os pais ou outras figuras de autoridade. Difere da repressão, que é o bloqueio inconsciente de experiências que produzem ansiedade.

surgência (Buss) Envolve a disposição para experimentar estados emocionais positivos e para se envolver no próprio ambiente, bem como para ser sociável e autoconfiante.

T

taxonomia Um sistema de classificação dos dados de acordo com suas relações naturais.

teleologia Uma explicação do comportamento em termos de objetivos ou propósitos futuros.

temperamento (Buss) Diferenças no comportamento que possuem uma base biológica e estão presentes no nascimento.

tendência atualizante (Rogers) Tendência dentro de todas as pessoas a avançar em direção à concretização ou à realização dos potenciais.

tendência formativa (Rogers) Tendência de toda matéria a evoluir de formas mais simples para mais complexas.

tendências à salvaguarda (Adler) Mecanismos protetores, como agressividade, afastamento e similares, que mantêm sentimentos exagerados de superioridade.

tendências básicas Termo de McCrae e Costa para o material bruto universal da personalidade.

tendências neuróticas Termo de Horney para as três atitudes básicas em relação ao *self* e aos outros – movimento em direção às pessoas, movimento contra as pessoas e movimento para longe das pessoas; uma revisão da sua lista original das 10 necessidades neuróticas.

teoria da personalidade cognitivo-afetiva Teoria de Mischel que vê as pessoas como indivíduos ativos e direcionados para objetivos capazes de exercer influência sobre sua situação e sobre elas mesmas.

teoria das relações objetais Uma referência ao trabalho de Melanie Klein e outros que ampliaram a psicanálise freudiana com sua ênfase nas relações iniciais com os pais (objetos) que influenciam as relações interpessoais posteriores.

teoria pós-freudiana Teoria da personalidade de Erikson que ampliou as fases de desenvolvimento de Freud até a velhice. Em cada idade, uma luta psicossocial específica contribui para a formação da personalidade.

teoria social cognitiva Pressuposto de Bandura de que a personalidade é moldada pela interação entre comportamento, fatores pessoais (incluindo pensamentos e pressupostos sobre si e sobre os outros) e o ambiente do indivíduo.

teoria social psicanalítica Teoria da personalidade de Horney que enfatiza a influência cultural na formação do desenvolvimento normal e neurótico.

teoria Um conjunto de pressupostos relacionados que permite aos cientistas usar o raciocínio lógico-dedutivo para formular hipóteses testáveis.

teorias biológicas-evolucionistas São a classe de teorias que defendem que o comportamento, o pensamento, os sentimentos e a personalidade são influenciados por diferenças na genética básica, na epigenética e nos sistemas biológicos entre os indivíduos. Essas teorias também postulam que os sistemas cerebrais e, em última análise, as diferenças na personalidade foram moldados pela seleção natural e sexual (evolução) durante milhões de anos.

teorias da aprendizagem (social) cognitiva Os teóricos da aprendizagem defendem que, se você quiser entender o comportamento, foque somente no comportamento, não em estados internos hipotéticos e não observáveis, como os pensamentos, os sentimentos, os impulsos ou os motivos. Todos os comportamentos e, em última análise, a personalidade, são aprendidos pela associação e/ou suas consequências (independentemente de ser reforçado ou punido). As teorias sociais cognitivas acreditam que a personalidade é resultado da interação entre as qualidades das pessoas – especialmente os pensamentos e os pressupostos sobre o *self* e os outros – e o ambiente.

teorias disposicionais São a classe de teoria que defendem que tendências únicas e de longo prazo se comportam de modos particulares que são a essência da nossa personalidade.

teorias humanistas existenciais O pressuposto primário da abordagem humanista (atualmente conhecida como "psicologia positiva") é que as pessoas se esforçam pelo significado, crescimento, bem-estar, felicidade e saúde psicológica. As teorias existenciais assumem que não só somos impulsionados por uma busca pelo significado, mas também por experiências negativas, como fracasso, consciência da morte, morte de uma pessoa amada e ansiedade fazem parte da condição humana e podem estimular o crescimento psicológico.

terapia centrada no cliente Abordagem de psicoterapia proposta por Rogers, baseada no respeito pela capacidade da pessoa de crescer dentro de um clima propício.

terceira força Termo um tanto vago que se refere às abordagens de psicologia que reagiram contra as teorias psicodinâmicas e behavioristas mais antigas. Em geral, considera-se que a terceira força inclui as teorias humanistas, existenciais e fenomenológicas.

tipos (Jung) Classificação das pessoas com base no esquema bidimensional de atitudes e funções. As duas atitudes de extroversão e introversão e as quatro funções de pensamento, sentimento, sensação e intuição se combinam para produzir oito tipos possíveis.

tipos (teóricos dos fatores) Um grupo de traços primários. Eysenck reconheceu três tipos gerais: extroversão (E), neuroticismo (N) e psicoticismo (P).

tirania do dever (Horney) Um elemento-chave na busca neurótica pela glória; inclui um impulso inconsciente e persistente pela perfeição.

traço Uma disposição relativamente permanente de um indivíduo, inferida a partir do comportamento.

traços bipolares Traços com dois polos: ou seja, traços na escala a partir de um ponto negativo até um ponto positivo, o zero representando o ponto intermediário.

traços comuns (Allport) (*Ver traço*)

traços unipolares Traços com apenas um polo, ou seja, aqueles traços com escala a partir do zero até uma grande quantidade, em oposição aos traços bipolares, que têm uma escala a partir de um ponto negativo, passando pelo zero, até um ponto positivo.

traços, bipolares (*Ver traços bipolares*)

traços, unipolares (*Ver traços unipolares*)

transcendência (Fromm) A necessidade dos humanos de se elevarem acima da existência animal passiva, por meio da criação ou da destruição a vida.

transferência negativa Sentimentos fortes, hostis e imerecidos que o paciente desenvolve em relação ao analista durante o curso do tratamento.

transferência Sentimentos fortes e imerecidos que o paciente desenvolve em relação ao terapeuta durante o curso do tratamento. Esses sentimentos podem ser sexuais ou hostis, mas decorrem de experiências mais precoces do paciente com os pais.

transformação Abordagem psicoterapêutica usada por Jung na qual o terapeuta é transformado em um indivíduo saudável que pode ajudar o paciente no estabelecimento de uma filosofia de vida.

transmissão monogênica (Buss) Quando genes únicos produzem traços únicos (fenótipos).

transmissão poligênica (Buss) Quando muitos genes interagem para criar uma única característica.

transtorno de estresse pós-traumático Transtorno psicológico resultante de experiências extremamente estressantes; inclui pesadelos e *flashbacks* da experiência traumática.

tríade anal (Freud) Os três traços de limpeza compulsiva, teimosia e avareza que caracterizam o caráter anal.

U

Umwelt Um termo existencialista significando o mundo das coisas ou objetos. Um dos três modos simultâneos de estar no mundo.

V

validade O grau até onde um teste ou outro instrumento de mensuração mede o que ele pretende medir; acurácia.

valor da necessidade (Rotter) O grau em que uma pessoa prefere um conjunto de reforços a outro.

valor do reforço (Rotter) A preferência que uma pessoa associa a um reforço quando as probabilidades são iguais para a ocorrência de inúmeros reforços diferentes.

valores B (Maslow) Os valores das pessoas autoatualizadas, incluindo beleza, verdade, bondade, justiça, totalidade e similares.

velhice (Erikson) O oitavo e último estágio do ciclo de vida, marcado pela crise psicossocial de integridade *versus* desespero e a força básica de sabedoria.

viver existencial Termo de Rogers indicando uma tendência a viver no momento.

vontade (May) Um comprometimento consciente com a ação.

vulnerável (Rogers) Uma condição que existe quando as pessoas não estão conscientes da discrepância entre seu *self* do organismo e suas experiências significativas. As pessoas vulneráveis com frequência se comportam de formas incompreensíveis para elas mesmas e para os outros.

Y

zonas erógenas Órgãos do corpo que são especialmente sensíveis à recepção de prazer. Na teoria freudiana, as três principais zonas erógenas são a boca, o ânus e os genitais.

Índice de nomes

Nota: Os números de páginas seguidos por f indicam figuras. Aqueles seguidos por t indicam tabelas.

A

Aaker, J., 211
Abdollahi, A., 254
Abraham, K., 101-102
Adams, C. K., 206
Addams, J., 200-201
Adler, A., 49-50-72-73, 120-121, 146-147, 217, 394, 405-406
Adorno, T. W., 178-179
Aggen, S. H., 334
Agrawal, M., 296-297
Ahn, J., 296-297
Ainsworth, M., 101, 102, 111-112, 116
Akiskal, H. S., 333-334
Alanko, K., 156-157
Alessi, S. M., 362-363
Allemand, M., 295-296
Allik, J., 288-290, 297, 311-312
Allport, F., 263-264
Allport, G. W., 191, 256, 262-281
Altemeyer, B., 178-179
Ambady, N., 154-155, 296
Amodio, D. M., 132-133, 133-134
Anderson, M., 155-156
Anderson, R. J., 386
Ando, J., 294-295
Andreassen, T. T., 330-331
Ang, R. P., 296-297
Angel, E., 241-242
Appugliese, D., 414
Archer, S. L., 147
Arenberg, D., 293-294
Arias, D. M., 433-434
Arndt, J., 233-234, 254, 254-255
Arnett, J. J., 157-158
Arnold, M. L., 157-158
Asherson, P., 303-304
Atkinson, L., 112-113
Averill, A. J., 255-256
Ayduk, O., 408, 410, 411-412, 414-415
Azucar, D., 12-13, 296

B

Bachofen, J. J., 165, 168
Bai, Y., 115-116
Bailey, T. K. M., 412-413
Baldwin, A. F., 273
Ballard, J., 194-195
Bandura, A., 156-157, 369-391
Bannister, D., 431-432
Bannon, S., 154-155
Barbaranelli, C., 386-387
Barbazanges, A., 303-304

Barclay, K. J., 67-68
Barenbaum, N. B., 264, 272-273
Barnard, S., 335-336
Bastian, B., 96-97
Batty, G. D., 133-134
Bauminger, N., 431-432
Bay-Cheng, L. Y., 433-434
Baylin, S. B., 330-331
Beal, S. A., 234
Beauducel, A., 313-314, 314
Becker, J., 157-158
Bedi, R., 113-114
Beekman, A. J., 156-157, 156-157
Beghelli, V., 335-336
Bell, M., 116
Belsky, J., 328-329
Benedict, R., 193, 199-200
Benet-Martinez, V., 297
Benight, C. C., 131-132
Bennett, A. F., 329-330
Benoit, D., 112-113
Berg, V., 332-333
Bergin, A. E., 276-277
Bergman, A., 109
Berman, M. G., 414, 414-415
Bernard, M., 177-179
Bernays, E., 52-53
Berridge, K. C., 41-42, 44
Bessiere, K., 232
Bhawuk, D., 176-177
Biddick, W. C., 69-71
Bilmes, M., 240-241
Bing, M. N., 277-278
Binswanger, L., 242-243
Bissett, M., 96-97
Bjork, D. W., 346-347
Black, M. J., 102
Blehar, M., 111-112
Bleidorn, W., 296
Bleske-Rechek, A., 67-68
Block, J. H., 294-295
Blonigen, D. M., 294-295
Blum, D., 192
Bockting, W. O., 157-158
Boehmler, W., 335-336
Boeker, H., 46
Booth, A. L., 67-68
Booth-LaForce, C., 112-113
Boss, M., 242-243
Bosse, R., 287-288
Both, C., 3, 329-330, 335-336
Bottome, P., 51
Bouchard, T. J., Jr., 315, 334
Bowlby, J., 101, 102, 110-112, 116

Brannon, L., 312
Bratko, D., 334
Brewster, M. E., 433-434
Bridgman, T., 194-195, 210
Brinkman, B. G., 156-157
Brocke, B., 313-314, 314
Brown, D. L., 412-413, 413
Brozek, J., 194-195
Brumbaugh, C. C., 315-316, 316
Buber, M., 242-243
Bukobza, G., 155-156
Bullitt, W., 152-153
Bundrick, C. M., 206
Burns, J., 432-433
Burrell, M., 428-429
Burton, C. M., 210
Buss, A. H., 322-323
Buss, D. M., 320-339
Bussey, K., 156-157, 386-387, 387-388
Butler, J. C., 178-179
Butler, M. H., 276-277
Butt, F. M., 277-278, 278
Butt, T., 429

C

Cacioppo, J. T., 316
Cairns, E., 275-276
Calhoun, L. G., 233-234
Canfield, V. A., 335-336
Canli, T., 315-316
Cantor, N., 410
Capitanio, J. P., 3, 335-336
Capra, A., 335-336
Caprara, G. V., 386-387
Caro, S. P., 334
Carr, T., 335-336
Carre, J. M., 132-133
Carro, R. M., 296
Carroll, M. D., 331-332
Carter, R. T., 412-413
Carver, C. S., 364
Carver, P. R., 156-157
Casey, B. J., 414, 414-415
Caspi, A., 293-294, 294, 294-295, 303-304, 315, 334
Caswell, E., 94-95
Cattell, R. B., 284-285, 285-286, 286-287, 287-288, 288-290, 294
Chance, J. E., 394, 398-399, 399
Chapman, B. P., 133-134
Chen, Z. J., 277-278
Childress, A. R., 232-233
Christ, O., 178-179, 274-275, 275-276
Christal, R. E., 284, 287-288, 306-307

454 Índice de nomes

Chua, A. Y. K., 296-297
Chung, Y. B., 412-413
Clark, A. S., 303-304
Clark, L. A., 364
Clegg, H., 321-322
Cloninger, C. R., 294-295, 295-296
Clouse, R. E., 386
Cohen-Kettenis, P. T., 156-157, 156-157
Colapinto, J., 156-157
Cole, H. W., 313-314
Coleman, S., 414
Collins, W. A., 112-113
Combs, A. W., 421
Conron, K. J., 155-156
Coolidge, F. L., 131-132
Cooper, D. P., 253-254, 255-256
Copeland, P., 293-294, 334
Cornelis, I., 177-178
Cornwell, R., 253-254
Corr, P. J., 363-364, 364
Cosmides, L., 321-322, 323, 323-324, 324, 329-330, 337-338
Costa, A. L., 114, 114-115
Costa, P. J., 334
Costa, P. T., 283-298, 303, 303-304, 306-307, 311-312, 316-317
Costanzo, P., 95-96t
Costigan, K. A., 303-304
Cox, C. R., 254, 254-255
Cozad, L., 240-241
Cramer, D., 231-232
Crandall, R., 206
Creese, S., 296
Csikszentmihalyi, M., 210
Cullum, A. J., 329-330
Cummings, S., 194-195
Curtain, L. R., 331-332
Czajkowski, N., 334

D

da Vinci, L., 152-153
Dall, S. R. X., 332
Damian, R. I., 67-68
Danielian, J., 131-132
Darwin, C.
Daukantaité, D., 234-235
Davidovitz, R., 115-116
Davison, H. K., 277-278
Dawson, S., 177-178
Day, L., 131-132, 132-133
De Groef, B., 335-336
de Haan, M., 67-68
de Spinoza, B., 200-201
Deary, I. J., 133-134
DeGroot, A. M. B., 313-314
Den Heijer, M., 156-157
Dennis, J., 154-155, 296-297
Detre, J. A., 232-233
Dewey, J., 216-217
Diener, E., 210
Digman, J. M., 288-290
Dingemanse, N. J., 3, 329-330, 335-336
DiPietro, J. A., 303-304
Dobbs, S., 314
Doodson, J., 296

Dornic, S., 314
Downey, G., 414
Dozier, C. L., 362-363
Draper, P., 328-329
Drent, P. J., 3, 329-330, 335-336
D'Souza, J. F., 206
Dube, M., 206
Duckworth, A. L., 234
Duffy, K., 335-336t
Dymond, R. F., 229-230, 231, 231f
Dziurzynski, L., 296-297

E

Eaton, N. R., 334
Ebbesen, E. B., 409-410, 410, 414
Ebstein, R. P., 333-334, 334
Edmonds, G. W., 295-296
Efran, J. S., 7-8
Eftekhar, A., 296-297
Egan, S. K., 156-157
Ehrman, R., 232-233
Eichstaedt, J. C., 12-13, 296-297
Einstein, A., 200-201
Ekehammer, B., 314
Elledge, J. Z., 276-277
Ellenberger, H., 241-242
Elliot, L. B., 157-158
Elliott, H., 217-218
Ellis, B. J., 337-338
Elms, A. C., 264, 345, 346, 346-347
Ensminger, J., 335-336
Epstein, S., 407
Epting, F. R., 433, 433-434
Erbes, C. R., 431-432
Erikson, E. H., 136-160
Eskreis-Winkler, L., 234
Estey, A. J., 131-132
Èukiæ, I., 133-134
Evans, D. M., 315-316
Evans, D. R., 255-256
Evans, L. M., 333-334
Evans, R., 144
Evans, R. I., 163-164, 370-371
Exner, C., 295-296
Eysenck, H. J., 263, 266-267, 272, 284, 287-288, 288-290, 293-294, 294, 296-297, 297, 302-317, 345, 365, 373-374, 375
Eysenck, S., 304-305, 305-306, 309-310
Eysenck, S. B. G., 287-288, 304-305, 305-306

F

Fairbairn, W. R. D., 115-116
Feist, G. J., 7-8, 8-9, 321-322
Feist, J., 312
Feldman, S., 410
Feltham, C., 305-306
Ferenczi, S., 101-102
Ferster, C. B., 354
Fidler, A. E., 335-336
Fiebert, M. A., 209-210
Filyer, R., 157-158
Findler, L., 254
Fitzpatrick, C. M., 364
Fleeson, W., 294

Flegal, K. M., 331-332
Fleming, S., 232
Flett, G. L., 363-364, 364
Florian, V., 254
Ford, D. Y., 412-413
Forer, B. R., 96-97
Fozard, J. L., 287, 287-288
Frankl, V., 242-243
Franklin, T. R., 232-233
Fransella, F., 421, 431-432
Fredrickson, B., 253-254
Freedland, K. E., 386
Freeman, A., 165
Freud, A., 100, 102, 112, 112-113, 138
Freud, S., 49-53, 120-121, 129-130, 178-179, 191, 345, 358-359, 394, 405-406, 406
Frick, W. B., 195-196
Friedman, A., 386, 386-387
Friedman, H. S., 263-264, 294
Friedman, H. S., 133-134
Friedman, L. J., 138, 138-139
Friedman, M., 114
Froberg, K., 155-156
Frois, J. P., 305-306
Fromm, E., 163-180, 193, 241
Fromm-Reichmann, F., 168
Fuligni, A., 42
Fuller, J. L., 303-304
Fullwood, C., 296-297
Furnham, A., 314
Fuss, B., 206

G

Gabe, C. R., 133-134
Gailliot, M. T., 255-256
Gale, A., 335-336t
Galton, F., 67
Galvan, A., 42
Gandhi, M. K., 151-152
Gao, J. H., 208-210, 209-210t
Gaulin, P., 206
Gay, P., 3
Geary, D. C., 297
Gebauer, J. E., 177-179
Geise, A., 295-296
Geist, T., 325-326
Gelfand, M. J., 176-177
Gendlin, E. T., 217-218, 229-230
Germer, C. K., 7-8
Gharibi, H. R., 277-278
Ghiselin, M. T., 323-324
Gholson, B., 7-8
Ghorbani, N., 277-278, 278t
Ghramaleki, A. F., 277-278
Gibson, H. B., 304
Gill, M., 303-304
Gillespie, N. A., 294-295, 315-316
Gini, G., 386-387, 387-388
Gjerde, L. C., 334
Glover, E., 100
Goble, F. G., 193
Goddard, M. J., 356, 361-362
Goh, D. H., 296-297
Gold, J. M., 157-158

Índice de nomes   **455**

Goldberg, L. R., 287-288, 288-290, 294, 297
Goldenberg, D., 42
Goldenberg, J. L., 253-254, 255-256
Goldstein, K., 193
Good, G., 240-241
Goranson, A., 255-256
Gorecka-Bruzda, A., 335-336
Gorky, M., 151-152
Gorman, M. E., 7-8, 8-9
Gosling, S. D., 3, 316, 335-336
Gotlib, I. H., 414, 414-415
Gould, S. J., 337-338
Graepel, T., 296
Granger, K. L., 156-157
Grant, A., 96
Gray, K., 255-256
Greenberg, J., 253-254, 254
Greenwald, A. G., 275-276, 276
Greenwood, T. A., 333-334
Grey, L., 52
Grice, J. W., 434-435, 435
Griskevicius, V., 209-210
Grøntved, A., 155-156
Grossarth-Maticek, R., 306-307, 312
Grosskurth, P., 101-102
Gudjonsson, G. H., 306-307, 312
Guillamon, A., 156-157
Gurland, H., 165
Gurven, M., 332, 332-333

H

Haidt, J., 211
Halim, M. D., 156-157
Hall, E., 152-153
Hall, M. H., 192, 206, 251-252
Halpern, C., 328-329
Hamberger, J., 275-276
Hamer, D. H., 293-294, 334
Hampson, S. E., 295-296
Han, G. H., 115-116
Han, S., 232-233
Harms, P. D., 115-116
Harper, D., 232-233
Harris, T. G., 240-241, 241
Hart, C. C., 431-432
Hart, C. L., 232-233
Hart, J., 253-254
Hart, J. J., 7-8
Haslam, N., 96-97
Hausdorff, D., 163-164
Havercamp, S. M., 208
Hayasaka, I., 334
Haydon, K. C., 112-113
Hazan, C., 113-114, 114
Heath, A. C., 294-295
Hebert, R., 206
Heflick, N., 253-254
Heflick, N. A., 253-254, 255-256
Heidegger, M., 240, 242-243, 255-256
Helson, R., 295-296
Hendricks, A. A. J., 295-296
Henschel, A., 194-195
Herbst, J. J., 294-295
Herczeg, G., 335-336
Hewitt, P. L., 363-364, 364

Hewstone, M., 275-276
Hicks, B. M., 294-295
Hiel, A. V., 177-178
Higgins, E. T., 231-232, 232-233
Hillen, M. A., 313-314
Hinds, J., 296, 296-297f
Hintsa, T., 295-296
Hintsanen, M., 295-296
Hirschberger, G., 254
Hirst, E. S., 362-363
Hitler, A., 151-152, 177-175, 176, 176-177, 178-179
Ho, J. C. M., 296-297
Hobson, J. A., 41, 43, 44
Hochreich, D. J., 394, 394-395, 398, 400-401, 403-404, 404
Hodges, D., 296
Hodgson, D. M., 303-304
Hoffman, E., 49-50, 51, 191-193, 195-196, 199-200, 205-206, 375
Hofman, W. F., 313-314
Hofstede, G., 176-177
Hogan, B., 231-232
Homburger, T., 137-138
Hood, R. W., 277-278
Hopwood, C. J., 296
Horney, K., 101-102, 163, 164-165, 168, 193
Horney, K. D., 118-132
Horney, O., 119-120, 120
Hornstein, G. A., 164-165, 165
Houser-Marko, L., 233-234
Houts, A. C., 7-8
Hughes, J. M., 102
Hughes, K. A., 364
Hunsberger, B., 153-154
Huta, V., 234
Hwahng, S., 157-158
Hyde, J. S., 130-131

I

Iacono, W. G., 294-295
Inoue-Murayama, M., 334
Islam, G., 294
Israelashvili, M., 155-156
Ito, S., 334
Ivcevic, Z., 154-155, 296

J

Jackson, B. J., 434-435, 435
Jacobs, G. H., 325-326
Jacobsen, P. B., 233-234
James, W., 200-201
James, W. H., 399-400
Jaspers, K., 242-243
Jebreal, R., 178-179
Jefferson, T., 200-201
Jern, P., 156-157
Jezierski, T., 335-336
Johansson, A., 156-157
John, O. P., 3, 287-288, 288-290, 316, 334, 335-336
Johnson, B., 41, 46
Johnson, J. A., 7-8
Johnson, T. R. B., 303-304
Johnson, W., 294-295, 315, 334

Joinson, A., 296, 296-297f
Jokela, M., 295-296, 332-333
Jones, A., 206
Jones, E., 103
Jones, P. A., 330-331
Jonides, J., 414, 414-415
Josefsson, K., 295-296
Juhl, J., 254-255
Jung, C. G., 120-121
Jungert, T., 387-388

K

Kammrath, L. K., 413
Kampman, K., 232-233
Kaplan, H., 332, 332-333
Kasari, C., 431-432
Kashubeck-West, S., 433
Kasser, T., 177-178
Kaufman, S. B., 206-208, 206-207t
Kay, A., 154-155
Keck, P. E., 333-334
Kee, H. J., 67-68
Kelley, J. A., 67-68
Kelly, D. R., 234
Kelly, G. A., 419-438
Kelsoe, J. R., 333-334
Keltikangas-Järvinen, L., 295-296
Keltner, D., 211
Kem, M. I., 296-297
Kemeny, M. E., 255-256
Kempenaers, B., 335-336
Kenrick, D. T., 209-210
Kern, M. L., 12-13
Keroack, L. J., 255-256
Ketelaar, T., 337-338
Keyes, S., 294-295
Keys, A., 194-195
Khoo, A., 232-233
Kiehl, K. A., 364
Kierkegaard, S., 240, 242-243, 243
Kiesler, D., 229-230, 232
Kiesler, S., 232
Kijima, N., 294-295
Kilby, E., 432-433
Kim, T., 155-156
Kim, Y. J., 296-297
King, K. D., 131-132
King, L., 210
King, L. A., 210
King, M. L., 241-242
King, P., 102
Kirkpatrick, L. A., 277-278
Kirmayer, L. J., 155-156
Kissen, D. M., 312
Kivnick, H. Q., 150-151, 151
Klein, M., 99-100-117, 120-121
Klein, R., 232-233
Klink, D., 156-157
Kluck, B., 253-254
Knapp, G. P., 164-165
Knudsen, G. P., 334
Kober, H., 232-233
Kohler, W., 264
Kohut, H., 101, 102, 109-111, 112
Kornienko, O., 156-157

456 Índice de nomes

Kosinski, M., 12-13, 154-155, 296, 296-297
Kothuri, R., 315-316, 316
Kreukels, B. C., 156-157, 156-157
Kreukels, B. P. C., 156-157
Kristensen, P. L., 155-156
Kroger, J., 155-156
Kross, E., 414, 414-415
Kross, E. F., 232-233
Krueger, R. F., 294-295, 315, 334
Krueger, R. F., 334
Kuhn, S., 335-336
Kumari, V., 313-314, 315-316
Kuncel, N. R., 294
Küssner, M. B., 313-314
Kwan, V. S. Y., 316, 335-336

L

Lagopoulos, J., 303-304
Lahdenperä, M., 332-333
Laine, V. N., 335-336
Landau, M., 253-254
Landers, S. J., 155-156
Landfield, A. W., 433
Landis, B., 163-164, 165
Landis, R., 294
Langley, K., 303-304
Larsen, J. T., 316
Laurin, K., 112-113
Lawford, H., 153-154
Lazarus, R. S., 323, 326-327
Le Moal, M., 303-304
Leaper, C., 433-434
Lease, S. H., 412-413
Leclerc, G., 206
Lee, C. S., 296-297
Lee, E., 296-297
LeeTiernan, S., 408, 408-409
LeFrancios, R., 206
Lehmann, J-Y. K., 67-68
Lenhart, A., 155-156
Leong, F. T. L., 7-8
Leonhardt, A., 295-296
Lester, D., 209-210
Letzring, T. D., 295-296
Leue, A., 313-314, 314
Levenson, M. R., 364
Levenson, R., 335-336
Lewis-Harter, S., 431-432
Lewontin, R. C., 337-338
Li, D., 232
Liau, A., 232-233
Lieberman, M. D., 42
Lim, J. C. Y., 296-297
Limber, S. P., 388-389
Lincoln, A., 200-201, 205-206
Liu, L., 297
Lodi-Smith, J., 295-296
Loehlin, J. C., 293-294, 315, 334
Lowry, R. J., 200-201, 212-213
Lukaszewski, A. W., 332-333, 333-334
Lummaa, V., 332-333
Luther, M., 151-152
Luttrell, V. R., 413
Lykins, E. L. B., 255-256
Lyubomirsky, S., 210

M

Ma, Y., 232-233
Maccari, S., 303-304
Maccoby, M., 175-176
MacDonald, K., 324, 326-327, 329-330, 337-338
Macri, M., 157-158
Maddi, S. R., 287
Madigan, S., 112-113
Maejima, M., 334
Mahler, M. S., 100, 102, 108-109, 112, 116
Maio, G. R., 177-179
Malone, J. I., 386-387
Maltby, J., 131-132, 132-133, 277-278
Maner, J. K., 255-256
Marci, C., 315-316, 316
Marcia, J. E., 147, 153-154, 155-156
Marengo, D., 12-13, 296
Marshall-Pescini, S., 335-336
Marston, L. C., 335-336
Martin, A., 433-434
Martin, A. M., III, 114-115-116
Martin, C. L., 156-157
Martin, L. R., 294
Martin, N. G., 294-295, 315-316
Marusic, A., 312
Marx, K., 163, 164-165, 165, 169, 178-179
Maslow, A. H., 190-213
Mason, M., 157-158
Mateman, A. C., 334
Matteson, D. R., 147
Matthew, R., 386
Matthews, M. D., 234
May, R., 191, 193-194, 239-258
Mazur, A., 328-329
McCarley, R. W., 43
McCarthy, J., 138-139
McClelland, A., 314
McCormick, C. M., 132-133
McCoy, S. K., 253-254
McCrae, R. R., 283-298, 303, 303-304, 306-307, 311-312, 315-316, 316-317, 334
McDaniel, B. L., 434-435, 435
McDermid, C. D., 194-195
McElroy, S. L., 333-334
McElwain, N. L., 112-113
McGlynn, T., 154-155
McGuire, J. K., 156-157, 156-157
McGuire, K. T., 68
McIntosh, A. M., 133-134
McKenzie, K., 154-155
McNiel, J. M., 294
Meaney, M. J., 330-331
Medland, S. E., 315-316
Mende-Siedlecki, P., 232-233
Mendoza-Denton, R., 405-406, 413, 414
Menninger, K. A., 394
Merila, J., 335-336
Meyer, J., 433
Meyer-Bahlburg, H. F., 156-157
Michikyan, M., 154-155, 296-297
Mickelsen, O., 194-195
Mikulincer, M., 254
Miller, A. J., 276-277

Miller, G. F., 321-322
Milton, J., 217-218
Mincic, A. M., 315-316
Mischel, H. N., 406
Mischel, W., 232-233, 286-287, 393-417, 413, 414
Mitchell, R. L. C., 313-314, 315-316
Mitchell, S. A., 102
Moffitt, T. E., 294-295, 303-304
Møller, N. C., 155-156
Monti, D., 44
Monti, J. M., 44
Moor, C., 131-132
Moore, B., 410
Moore, J. L., III, 412-413
Moore, R. A., 364
Moradi, B., 433, 433-434, 434-435
Morris, K. L., 253-254
Morris, N., 296-297
Morris, P. H., 335-336t, 364
Morrison, A. D., 386-387
Mosri, D. F., 41
Mossman, A., 211
Moynihan, J., 133-134
Mroczek, D., 3-4, 295-296
Mroczek, D. K., 133-134
Mueller, J. C., 335-336
Muller, R. T., 113-114
Munro, D., 176-177
Murayama, Y., 334
Murphy, M., 432-433
Murray, H. A., 113-114, 230
Myers, I. B., 287-288

N

Nathans, J., 325-326
Naylor, P., 431-432
Neimeyer, G. J., 431-432
Neimeyer, R. A., 7-8, 431-432
Neitz, J., 325-326
Nettle, D., 321-322, 324, 329-330, 330t, 331-332, 337-338
Neuberg, S. L., 209-210
Neuzil, P. J., 131-132
Nias, D. K. B., 304-305
Nichols, C. P., 324
Niens, U., 275-276
Nietzsche, F., 240, 242-243
Nievergelt, C. M., 333-334
Noftle, E. E., 294
Norman, W. T., 306-307
Normando, S., 335-336
Norris, C. J., 316
Norris, J. E., 157-158
Northoff, G., 46
Norton, M. I., 255-256
Nuevo-Chiquero, A., 67-68
Nutt, A. E., 156-157
Nuttbrock, L. A., 157-158

O

O'Brien, C. P., 232-233
Ochsner, K. N., 232-233
Odbert, H. S., 266-267
Ode, S., 132-133, 133-134

Índice de nomes **457**

Ogden, C. L., 331-332
Ogden, T. H., 104-105
O'Hara, M., 217-218
Olweus, D., 388-389
Ong, E. Y. L., 296-297
Ono, Y., 294-295
Orlofsky, J. L., 147
Ortigosa, A., 296
O'Steen, S., 329-330
Overton, W. F., 7-8

P

Paige, J., 273, 274
Pan, A., 155-156
Pancer, S. M., 153-154
Paris, B. J., 118-119, 119-120, 130
Paris, R., 295-296
Park, G., 12-13
Passalacqua, C., 335-336
Pastorelli, C., 386-387
Patrick, C. J., 294-295
Payne, S. W., 362-363
Peake, P., 414
Peake, P. K., 414
Pedersen, F. S., 330-331
Perez, S., 386
Perry, D. G., 156-157
Peter, J., 154-155
Peters, R. A., 335-336
Peterson, C., 234
Petry, N. M., 362-363
Pettigrew, T. F., 274-275, 275-276, 276
Pfaff, D. D., 315-316, 316
Pfeiffer, K. A., 155-156
Phares, E. J., 394, 398-399, 399,
    400-401, 405-406
Phillips, D., 114-115
Piazza, P. V., 303-304
Pieterse, A. L., 412-413
Pietrini, P., 276-277
Pine, F., 109
Pinker, S., 337-338
Pinto, D., 131-133
Pinto, D. G., 131-132, 132-133
Pittenger, D. J., 96
Plant, E. A., 255-256
Plomin, R., 293-294, 315, 334
Poortinga, Y., 315-316
Popper, K., 40-41
Poulton, R., 294-295
Power, C., 253-254
Pozzoli, T., 386-387, 387-388
Pratt, M. W., 153-154, 157-158
Pyszczynski, T., 253-254, 254

Q

Quayle, E., 154-155
Quinn, S., 101-102, 165
Quiroga, J. I., 296

R

Rabenstein, K. L., 156-157
Rabinowitz, F. E., 240-241
Rahimi, S., 155-156
Raikhel, E., 155-156

Ramones, S. M., 296-297
Ransom, S., 233-234
Rash, C. J., 362-363
Rattner, J., 51
Ray, W. J., 313-314
Rayment, D. J., 335-336
Rayner, R., 348, 350-351
Reichborn-Kjennerud, T., 334
Reichmann, F., 164-165
Reiss, S., 208
Remick, R. A., 333-334
Rhoads, C. S., 131-132
Rholes, W. S., 114-116
Richard, D. C., 413
Richins, M. L., 177-178
Rickert, E. J., 178-179
Ritter, R. S., 255-256
Roazen, P., 179-180
Roberts, B. W., 3-4, 67-68, 294,
    295-296, 315
Roberts, T., 253-254
Roberts, T.-A., 253-254
Robins, R. W., 294, 295-296
Robinson, M. D., 132-133, 133-134
Rodriguez, D. E., 332, 332-333
Rodriguez, M. L., 414
Roets, A., 177-178
Rogers, C., 191, 208, 210
Rogers, C. R., 215-237, 241, 241-242,
    243-244, 251-252, 252, 254
Rogers, J. D., 157-158
Roney, J. R., 332-333, 333-334
Roosevelt, E., 205-206
Rosén, L. A., 156-157
Rosenblum, A., 157-158
Rosnick, C. B., 412-413, 413
Rosowsky, E., 131-132
Ross, D., 385
Ross, J. M., 276-278
Ross, S. A., 385
Rotkirch, A., 332-333
Rotter, J., 193
Rotter, J. B., 393-417, 400-401
Routledge, C., 254-255
Roysamb, E., 334
Rudd, M., 211
Rudikoff, E. C., 231
Russell, D. E., 217-218
Rutjens, B. T., 254-255
Rutter, M., 303-304, 330-331, 333-334, 334
Ryan, R. M., 177-178

S

Saber, J. L., 362-363
Sacco, W. P., 386, 386-387
Sadovnick, A. D., 333-334
Safer, J. D., 156-157, 156-157
Salo, J., 295-296
Sanches, C., 114, 114-115
Sandnabba, N. K., 156-157
Santos, C. E., 156-157
Santtila, P., 156-157
Saraswat, A., 156-157, 156-157
Sartre, J. P., 240, 242-243, 243, 252-253
Saunders, S., 176-177

Saunders, S. A., 176-177
Schaller, M., 209-210
Schenkel, S., 147
Schimel, J., 255-256
Schmeichel, B. J., 255-256
Schmideberg, M., 102
Schmideberg, W., 102
Schmitt, D. P., 297
Schmukle, S. C., 295-296
Schneider, M. L., 303-304
Schork, N. J., 333-334
Schuett, W., 332
Schustack, M. W., 263-264
Schwartz, H. A., 12-13, 296-297
Schwartz, J. E., 294
Schwartz, S. J., 235
Schwarz, E. M., 330-331
Schweitzer, A., 200-201
Sciortino, N., 232-233
Scott, G., 155-156
Scott, M. T., 412-413
Seay, 232
Seedall, R. B., 276-277
Seeyave, D. M., 414
Segal, D. L., 131-132
Segal, H., 101
Segerstrom, S. C., 255-256
Segrist, D. J., 412-413, 413
Seidman, G., 296-297
Seligman, M., 210
Settanni, M., 12-13, 296
Shadish, W. R., 7-8
Shaver, P., 113-114, 114
Shaw, M., 95-96*t*
Sheldon, K. M., 233-234, 324
Sheldon, M. S., 324
Shi, Z., 232-233
Shigemasu, K., 294-295
Shikano, T., 335-336
Shimada, M. K., 334
Shiner, R., 294
Shiner, R. L., 315
Shiota, M. N., 211
Shoda, Y., 394, 405-406, 406-407, 407, 408,
    408-409, 410, 412, 413, 414, 414-415,
    416-417
Shostrom, E. L., 206
Shulman, E. P., 234
Siefert, C., 315-316, 316
Siegler, I. C., 294-295
Simonton, D. K., 7-8
Simpson, J. A., 112-113, 114-116
Singelis, T. M., 176-177
Singh, A. A., 412-413
Singhammer, J., 155-156
Skinner, B. F., 235-236, 354
Slutske, W. S., 294-295
Smith, A., 155-156
Smith, R., 41, 46
Snygg, D., 421
Soballe, K., 330-331
Sobel, D., 165
Solms, M., 41, 41-42, 42, 43, 46
Solomon, S., 253-254, 254
Sophia, E. C., 114, 114-115
South, S. C., 334

458 Índice de nomes

Srivastava, S., 287-288, 288-290, 306-307
Stamos, D. N., 337-338
Starc, R., 312
Staub, E., 408-409, 409-410*f*
Steensma, T. D., 156-157, 156-157
Stein, R., 94-95, 96-97
Steinberg, L., 328-329
Steiner, R., 102, 103
Stelmack, R. M., 313-314
Stephenson, W., 230, 272
Stern, W., 264
Stevens, C. D., 420
Stewart, S. E., 131-132
Stielitz, J., 332, 332-333
Stillman, T. F., 255-256
Stillwell, D., 12-13, 154-155, 296, 296-297
Stillwell, D. J., 12-13
Stoeber, J., 363-364, 364
Stojnov, D., 429
Stowell, G. S., 155-156
Strauman, T., 232-233
Stromberg, J., 94-95
Strong, L. L., 209-210
Subrahmanyam, K., 154-155, 296-297
Suh, A., 232
Sullivan, H. S., 165
Sulloway, F., 328-329
Sumerlin, J. R., 206
Sutcliffe, P., 431-432
Sutin, A. R., 290-291-292, 295-296
Suwala, M., 335-336
Suzuki, D. T., 165
Swan, A. B., 94-95, 95-96, 96-97
Szymanski, D. M., 433

T

Taber, B. J., 69-71
Tajfel, H., 275-276
Takahashi, Y., 294-295
Takenaka, O., 334
Tambs, K., 334
Tang, Y., 297
Tantam, D., 431-432
Taormina, R. J., 208-210, 209-210*t*
Tauber, E. S., 163-164, 165
Taubman-Ben-Ari, O., 254
Tavares, H., 114, 114-115
Taylor, H. L., 194-195
Tedeschi, R. G., 233-234
Tellegen, A., 364
Telzer, E. H., 42
Terracciano, A., 295-296
Terrell, H. K., 412-413
Teslovich, T., 414, 414-415
Thapar, A., 303-304
Thisse, B., 335-336
Thisse, C., 335-336
Thomas, L., 253-254
Thompson, C., 165
Thompson, G. G., 420-421
Thompson, W. R., 303-304
Thornback, K., 113-114
Thornberg, R., 387-388
Thorndike, E. L., 193, 345, 348, 353
Tillich, P., 242-243

Tinbergen, J. M., 329-330, 335-336
Titman, N.
Tooby, J., 321-322, 323, 323-324, 324, 329-330, 337-338
Tran, S., 112-113, 114-116
Tregenza, T., 332
Triandis, H. C., 176-177
Trice, A. D., 413
Tropp, L. R., 274-275, 275-276
Truax, C., 229-230
Trull, T. J., 297
Tupes, E. C., 284, 287-288, 306-307
Turiano, N. A., 133-134
Turnbull, O., 41, 41-42, 42, 43, 46

U

Udry, J. R., 328-329
Ueda, Y., 334
Ulrich-Vinther, M., 330-331
Ungar, L. H., 296-297
Updegraff, J. A., 312

V

Vail, K. E., 254-255
Vainio, M. M., 234-235
Valkenburg, P. M., 154-155
Valsecchi, P., 335-336
Van de Vijver, F. J. R., 315-316
van den Berg, J. J., 433, 433-434
van Hemert, D. A., 315-316
Van Hiel, A., 177-178
Van Noordwijk, A. J., 3, 335-336
Van Oers, K., 3, 335-336
van Oers, K., 334, 335-336, 335-336
Varjonen, M., 156-157
Vaughan, C. A., 386
Vaughan, M. E., 360-361
Verhoeven, K. J., 334
Verhulst, E. C., 334
Vess, M., 254-255
Vetter, H., 306-307, 312
Vidal-Fernandez, M., 67-68
Viechtbauer, W., 295-296
Vilkki, -J., 335-336
Voci, A., 275-276
Vohs, K. D., 211
von Rueden, C. R., 332, 332-333
Vukasović, T., 334

W

Wagner, U., 274-275, 275-276
Wainscot, J. J., 431-432
Walczak, M., 335-336
Walker, B. M., 420
Wall, S., 111-112
Wallien, M. C., 156-157
Walters, R. H., 371
Walton, K. E., 295-296
Wang, J., 232-233
Wang, Y., 232-233
Wang, Z., 232-233
Warnica, G. M., 253-254
Waterman, A. S., 147, 157-158, 234, 235
Waters, E., 111-112
Watson, D., 364

Watson, J. B., 191, 192, 345, 345-346, 346, 348, 350-351, 354-355
Watson, P. J., 277-278
Watters, E., 330-331
Waytz, A., 255-256
Weber, J., 232-233
Weinand, J. D., 156-157
Weinstein, T. A., 3, 335-336
Weiss, A., 133-134
Wells, K. J., 386, 386-387
Werner, H., 264
Wertheimer, M., 193, 199-200, 200-201, 264
Whitbourne, S. K., 157-158
White, T. L., 364
Whitty, M. T., 296
Wiener, D. N., 345-346, 346-347, 354
Wilkowski, B. M., 132-133, 133-134
Williams, J. V., 431-432
Williams, T., 255-256
Williams, W. S., 412-413
Wilson, E. O., 323-324
Wilson, N. L., 414, 414-415
Wilson, W., 152-153
Winnicott, D. W., 115-116
Winter, D. G., 272-273
Witting, K., 156-157
Witvliet, C. V., 276-277
Wohl, M., 255-256
Wolpe, J., 385-386
Wood, A. M., 131-132, 132-133
Worthington, E. L., 276-277
Wright, A. G. C., 296
Wright, J. C., 408
Wright, M. J., 315-316
Wu, B., 232-233
Wu, X., 112-113, 232-233

Y

Yalom, I. D., 252-253, 254-255
Yamagata, S., 294-295
Yamazaki, T. G., 131-132
Youyou, W., 12-13, 154-155, 296, 296-297
Ystrom, E., 334
Yunger, J. L., 156-157

Z

Zachar, P., 7-8
Zahavi, A., 321-322
Zayas, V., 414, 414-415
Zeiss, A. R., 410
Zhao, Y., 297
Zheng, L., 297
Zheng, Y., 297
Zhu, G., 315-316
Zilberman, M. L., 114-116
Zimmer, C., 335-336
Zimmerman, T. S., 156-157
Zimprich, D., 295-296
Ziolkowski, K., 198
Zucker, A. N., 433-434
Zuroff, D. C., 400-401
Zuschlag, M. Z., 157-158
Zwier, M., 334
Zyphur, M. J., 294

Índice

Nota: Os números de páginas seguidos por *f* indicam figuras. Aqueles seguidos por *t* indicam tabelas.

A

A Origem das Espécies (Darwin), 338
A Psicologia como o Behaviorista a Vê (Skinner), 348
abertura à experiência
  custos e benefícios, 330t
  na Teoria dos Cinco Fatores, 287-288, 289t, 288-290
  na teoria evolucionista (Buss), 328
abordagem do ciclo da vida (Erikson), 143-144
abordagem dos *loci* dos traços quantitativos (QTL), 333-336
abordagem holística da motivação
  discussão geral das necessidades, 197-200
  hierarquia das necessidades/necessidades conativas, 194-197, 194-195f, 199-206, 208-210
  necessidades adicionais, 197-198
ação social, 60-61
aceitação do *self* e dos outros, 201-202
ações e impulsos autodestrutivos, 134
Aconselhamento e Psicoterapia (Rogers), 217
acusação (Adler), 62-64
acusação, 62-63
acusar a vítima, 382
adaptações (Buss), 321-322, 324-326, 330-331
adaptações características (McCrae & Costa), 291-292, 294
adequação inclusiva, 326-327, 330-331
adiamento da gratificação, 394, 414, 415
Adler, Alfred, 51-74. *Ver também* psicologia individual (Adler)
  biografia, 52-55
  críticas, 71-73
  publicações, 53
  Sigmund Freud e, 52-55, 64t, 67
adolescência
  nos estágios do desenvolvimento psicossexual (Freud), 31-32, 35-37
afastamento (Adler), 63-64
afastamento (Erikson), 147
afastamento (Horney), 128
afeição/necessidades de afeição, 128, 128-129, 398-399, 402-403
ágape, 248-249
agencia humana (Bandura), 370, 375-380
agência moral, 370-371, 381-384

agressividade, 136-167
  na psicanálise humanista (Fromm), 172-173
  na psicologia individual (Adler), 55, 62-63
  na teoria psicanalítica (Freud), 20, 27-28
  na teoria social cognitiva (Bandura), 384-385, 386-388
agressividade maligna, 177-178, 178-179, 180-181, 181
alegações neuróticas (Horney), 132-134, 177-178
Além do Princípio do Prazer (Freud), 27-28
Alemanha nazista, 145-146, 303, 297-305, 405-406
Allport, Gordon W., 262-281. *Ver também* psicologia do indivíduo (Allport)
  biografia, 263-265
  críticas, 278-279
  Gordon Allport e, 263, 263-264, 265-266, 269
  Jenny Gove Masterson (caso), 264, 272-274, 274t
  Marion Taylor (caso), 264, 272-273
  publicações, 264, 272-274
  Sigmund Freud e, 263, 263-264, 265-266, 269
alquimia, 92
alternativismo construtivo (Kelly), 420, 421-422-423
amabilidade
  custos e benefícios, 330t
  na amabilidade/hostilidade (Buss), 321
  na Teoria dos Cinco Fatores, 287-288, 289t, 288-290
ameaça
  na teoria centrada na pessoa (Rogers), 222-223
  na teoria dos construtos pessoais (Kelly), 429, 433-435
American Academy of Psychotherapists, 217-218
American Association for Applied Psychology, 217-218
American Psychological Association (APA), 193-194, 217-218, 241-242, 287, 347-348, 371
amor
  como orientação produtiva, 176-177
  na psicanálise humanista (Fromm), 172, 176-177
  na psicologia existencial (May), 247-249
  na psicologia holístico-dinâmica (Maslow), 204-206

  na teoria da aprendizagem social cognitiva (Rotter), 398-399, 402-403
  na teoria psicanalítica (Freud), 27-28
  na teoria social psicanalítica (Horney), 126-127
  necessidades de amor e de pertencimento (Maslow), 194-195f, 195-196
amor B (Maslow), 204-205
amor D (amor deficiência, Maslow), 204-205
Amor de Vontade (May), 241-242
análise da estrutura pessoal, 273
análise do comportamento (Skinner), 344-367-368
  behaviorismo científico, 347-350, 348-350
  conceito de humanidade, 365-368
  condicionamento, 349-355, 361-365
  críticas a Skinner, 365
  organismo humano, 354-361
  panorama geral, 345-346
  personalidade não sadia, 360-361
  pesquisa relacionada, 361-365
  precursores, 347-348
  psicoterapia, 361-362
análise dos sonhos
  na análise comportamental (Skinner), 358-359
  na psicanálise humanista (Fromm), 178-179
  na psicologia analítica (Jung), 92-94
  na psicologia individual (Adler), 67-68
  na teoria psicanalítica (Freud), 18-20, 37-38, 38-40, 43-44, 77, 77-78, 191
  na teoria social psicanalítica (Horney), 136-167
análise fatorial, 273-274, 285-287. *Ver também* teorias dos traços e dos fatores
Anatomia da Destrutividade Humana (Fromm), 170-171, 172-173
Anna O (caso de Breuer), 18-19, 94-95
ansiedade. *Ver também* ansiedade básica
  na psicologia existencial (May), 241-242, 245-246
  na teoria centrada no cliente (Rogers), 222-223
  na teoria dos construtos pessoais (Kelly), 429
  na teoria psicanalítica (Freud), 28-29, 39
ansiedade básica. *Ver também* ansiedade
  na psicanálise humanista (Fromm), 169
  na teoria holístico-dinâmica (Maslow), 195-196
  na teoria social psicanalítica (Horney), 124, 126-128, 129-130, 129-130f

460 Índice

ansiedade de castração (Freud), 33-34
ansiedade de separação, 114
ansiedade moral (Freud), 28
ansiedade neurótica (Freud), 28
ansiedade neurótica (May), 232-233
ansiedade normal (May), 232
ansiedade realista (Freud), 28-29
antecipação, 375-376
apego ansioso-esquivo, 115-116
apego ansioso-resistente, 115-116
apego seguro, 114-115, 115-116
aprendizagem, 371-373
    enativa, 373
    observacional, 371-373
aprendizagem enativa, 373
aprendizagem observacional, 371-373
aproximações sucessivas, 351
Argumento do QI (Eysenck), 305-306
arquétipo *anima* (Jung), 81-83
arquétipo *animus* (Jung), 82-83
arquétipo da grande mãe (Jung), 83
arquétipo da sombra (Jung), 81-82f
arquétipo do herói (Jung), 83-84
arquétipo do sábio, 83-84, 94f
arquétipos (Jung), 76, 78-79, 80-86, 98-99
Arte de Amar, A (Fromm), 170-171, 172
assinatura comportamental da personalidade (Mischel), 408-409
Association for the Advancement of Psychoanalysis (AAP), 125-126, 170
atenção, 372-373
atitude (Jung), 86-88, 87-88f, 89-90t
atitude taoísta (Maslow), 205-206
ativação seletiva (Bandura), 382
atos falhos (parapraxias), 39-41
atribuição de desempenho, 381-382
autismo normal (Mahler), 112
autoacusação, 133-134
Autoanálse (Horney), 124-125
autoatualização (Rogers), 219-220
autocoerência da personalidade, 58
autoconceito
    na teoria centrada na pessoa (Rogers), 219-220
    na Teoria dos Cinco Fatores, 292
autoconsciência, 356-357
autoconsideração positiva (Rogers), 221-222, 254-255
autocontrole (Skiner), 359-361
autodesprezo, 134
autoeficácia (Bandura), 370-371, 376-379, 386-387
autofrustração, 134
autoimagem idealizada (Horney), 131-134
autonomia
    consciência, 220-221
    das pessoas autoatualizadas, 202-203
    funcional (Allport), 269-272, 354-355
autonomia funcional do *proprium* (Allport), 270-271
autonomia funcional perseverativa (Allport), 270-271
auto-objetos (Kohut), 113-114
auto-observação, 380-381
auto-ódio (Horney), 131-132, 133-134

autoritarismo (Fromm), 174-175, 181, 181-182, 183-184
autorreação, 381-382
autorrealização
    na psicanálise humanista (Fromm), 171-172
    na psicologia analítica (Jung), 81, 83, 84-85, 84-85, 86-87, 91-92, 99-100
    na teoria social psicanalítica (Horney), 131-132, 136-167
autorreatividade, 375-376
autorreflexão, 376
autorregulação, 379-384
    ao longo da vida, 414-415
    estratégias autorreguladoras (Mischel), 410-411
    fatores externos, 380
    fatores internos, 380-382
    por meio da agência moral, 370-371, 381-384
autossuficiência, 128-129
autotormento, 134
avaliações externas (Rogers), 222-223
aversivos, 348

B

Bandura, Albert, 369-391. *Ver também* teoria social cognitiva (Bandura)
    biografia, 370-371
    críticas, 388-390
    publicações, 371, 386
bases biológicas, da Teoria dos Cinco Fatores, 292-293
behaviorismo, 347-350, 348-350
behaviorismo radical (Skinner), 345-346, 347-348
berço (Skinner), 346, 346-347
Berlin Psychoanalytic Institute, 170
biofila, 176-177, 177-178, 178-179f
biografia objetiva (McCrae & Costa), 292-293
British Psycho-Analytical Society, 104
British Psychological Society, 388-389
budismo/zen budismo, 170-171
bullying, 386-389
Burghöltzli Mental Hospital (Zurch), 77
busca neurótica pela glória (Horney), 131-134
Buss, David M., 320-339. *Ver também* psicologia evolucionista (Buss)
    críticas, 336-338
    derivados, 321-322, 324
    publicações, 323
    seleção artificial, 321, 322-323

C

calibração experiencial precoce, 328-329
câncer, 312
caracteres de acumulação (Fromm), 176-177, 179-180
caracteres exploradores (Fromm), 176, 179-180
caracteres receptivos (Fromm), 176, 179-180
características
    definição, 3-4
    na psicologia do indivíduo (Allport), 264-267

caráter (Fromm), 175-177
caráter anal (Freud), 31-32
caráter mercantil (Fromm), 176-177, 179-180, 181-183
carga de liberdade, 174-176
cargas fatoriais, 285
Cartas de Jenny (Allport), 272-274
casos
    Anna O (Breuer), 18-19, 94-95
    Jenny Gove Masterson (caso), 264, 272-274, 274t
    Marion Taylor (caso), 264, 272-273
    Pequeno Albert (Watson e Raynor), 350-351
    Pequeno Hans (S. Freud), 105
    Philip (May), 240, 245, 246, 250, 251-253
catarse, 18
causação recíproca triádica, 370, 373-376
    encontros casuais, 370, 375-376
    eventos fortuitos, 370, 375-376
    exemplo de, 374-375
causalidade, 11, 57-58. *Ver também* causalidade *versus* teleologia
causalidade, definição, 11
    na psicologia individual (Adler), 57-58
    na psicanálise humanista (Fromm), 185-186
    na psicologia do indivíduo (Allport), 279-280
    na psicologia existencial (May), 256-257
    na psicologia individual (Adler), 73
    na teoria centrada na pessoa (Rogers), 236-237
    na teoria da aprendizagem social cognitiva, 415-417
    na teoria das relações objetais, 120
    na Teoria dos Cinco Fatores, 297-298
    na teoria dos construtos pessoais (Kelly), 436-437
    na teoria evolucionista (Buss), 338
    na teoria pós-freudiana (Erikson), 164-165
    na teoria psicanalítica (Freud), 46-47
    na teoria social cognitiva (Bandura), 390-391
    na teoria social psicanalítica (Horney), 139-140
    no conceito de humanidade, 11
    teleologia, definição, 11
causalidade *versus* teleologia
    na análise do comportamento (Skinner), 366-367
    na psicologia analítica (Jung), 85-86
    na teoria dos fatores biológicos (Eysenck), 316-317
censor final, 21-22, 22-23, 23-24f
censor primário, 21-22, 22-23
censura, 21-23, 23-24f, 23-24f
centralização do problema, 202
Centro para Estudos da Pessoa, 217-218
cérebro e diferenças genéticas, 232-234
Chicago Institute for Psychoanalysis, 113-114
Chicago Psychoanalytic Institute, 125-126, 170

ciência
filosofia da, 205-206, 229-230, 421-423
teoria *versus*, 5
Ciência e Comportamento Humano (Skinner), 347-348
ciência morfogênica, 263, 271-272
Cinderela, 83
ciúme, 117-118
Clínica Tavistock, 114
coeficiente de correlação, 285
comparações paliativas, 382-383
competências (Mischel), 410-411
competição, na teoria social psicanalítica (Horney), 126-127
complexo (Jung), 79-80
complexo de castração (Erikson), 150-151
complexo de castração (Freud), 33-34, 111-112
complexo de Édipo na psicanálise humanista (Fromm), 169-170, 172-173
na teoria das relações objetais (Klein), 110-112
na teoria psicanalítica (Freud), 19-20, 30-31, 32-36, 37-38, 45-46, 47-48, 81
na teoria social psicanalítica (Horney), 134-135
nos estágios do desenvolvimento social (Erikson), 150-151
complexo de Electra, 34-35
complexo de inferioridade (Adler), 55-56
complexo de Jonas, 207-208, 247
comportamento agressivo de autoaperfeiçoamento, 137-138
comportamento complexo, 357-359
comportamento de enfrentamento, 198
Comportamento dos Organismos, O (Skinner), 346
comportamento expressivo, 198
comportamento não motivado, 198
comportamento proativo (Allport), 265-266, 268-269
comportamento reativo (Allport), 268-269
comportamento social (Skinner), 359
compulsão à repetição (Freud), 38-39
conceito de humanidade, 100
condensação, 38-39
condicionamento
impacto da personalidade no, 362-364
impacto na personalidade, 361-363
influência recíproca entre personalidade e condicionamento, 363-365
na análise do comportamento (Skinner), 349-355, 361-365
condicionamento clássico, 350-351
condicionamento operante (Skinner), 351-355
condições de valor (Rogers), 221-223
confiabilidade, 12
confiança
confiança básica *versus* desconfiança básica, 147-148f, 147-149
confiança interpessoal (Rotter), 399-400, 402-403
confiança básica *versus* desconfiança básica, 147-149
confiança interpessoal (Rotter), 399-400, 402-403

conflito básico (Horney), 129-130, 129-130f, 131-132f
conflitos intrapsíquicos, 124, 131-134
conformidade (Fromm), 175-176
confusão de identidade (Erikson), 143, 151-153
congruência (Rogers), 224-225, 231-235
consciência (Freud), 25-26
consciência perceptiva (Freud), 22-23
conscienciosidade
custos e benefícios, 330t
na Teoria dos Cinco Fatores, 287-288, 289t, 288-290
na teoria evolucionista (Buss), 328
consciente
na psicologia analítica (Jung), 79
na psicologia individual (Adler), 58
na teoria psicanalítica (Freud), 21-22, 22-23, 23-24f, 23-24f, 36-37
consideração positiva (Rogers), 221-222, 225-227, 254-255
consideração positiva incondicional (Rogers), 219, 225-226, 227, 227-228f
consistência, 10-11
constância do objeto libidinal, 112-113
constelação familiar (Adler), 64-67, 66-67t
construindo obstáculos (Adler), 63-64
construtos
na teoria dos construtos sociais (Kelly), *versus* conceitos, 425-426
construtos pessoais, 422-428, 431-435
corolários de apoio, 423-428
definição, 421-422
e o Big Five, 434-435
postulado básico, 423-424
preconceito internalizado e, 433-434
teste de Repertório de Construtos de Papel (Rep), 430-432
teste Rep e adolescentes com transtorno do espectro autista, 431-433
contato ideal na redução do preconceito, 274-276
conteúdo latente dos sonhos (Freud), 38-39, 39
conteúdo manifesto dos sonhos (Freud), 38-39, 39
contratransferência, 94-95, 178-179
coragem, 234-235
corolário da comunalidade (Kelly), 427-428
corolário da construção (Kelly), 423-424
corolário da dicotomia, 425
corolário da escolha (Kelly), 425-426
corolário da experiência (Kelly), 426-427
corolário da fragmentação (Kelly), 427
corolário da individualidade, 423-424
corolário da modulação (Kelly), 426-427
corolário da organização (Kelly), 424-425
corolário da socialidade (Kelly), 427-428
corolário do âmbito (Kelly), 425-427
cosmologia, 348-349
Costa, Paul T., Jr., 283-299. *Ver também* Teoria dos Cinco Fatores
biografia, 287
publicações
crenças, na teoria cognitivo-afetiva da personalidade (Mischel), 410-412

Crescimento Pós-Traumático (Tedeschi & Calhoun), 233-234
criatividade
criatividade das pessoas autoatualizadas, 204-205
na análise do comportamento (Skinner), 357-359
crise de identidade (Erikson), 143
cuidado
na psicologia existencial (May), 247-249
na teoria holístico-dinâmica (Maslow), 205-206
culpa
na psicologia existencial (May), 246-247
na teoria dos construtos pessoais (Kelly), 429-430, 433-434
culpa pela separação, 246
culto mitraico, 81
cultura
eficácia coletiva (Bandura), 370-371, 378-380
estranhamento e alienação (Fromm), 182-183
evolução cultural (Skinner), 356-357
na teoria social psicanalítica (Horney), 126-127

D

Dasein (estar no mundo), 174-244
defesas (Rogers), 223
definição operacional, 10-11
depreciação (Adler), 62-63
depressão
na psicanálise humanista (Fromm), 177-178
na teoria social cognitiva (Bandura), 383-384
desadaptação. *Ver também* desenvolvimento anormal/desadaptação
desamparo, 130
desculpas (Adler), 62-63
desdém, 156-157
desengajamento do controle interno (Bandura), 382
desenvolvimento anormal/desadaptado
na psicanálise humanista (Fromm), 176-179, 180-181
na psicologia existencial (May), 251-252
na psicologia individual (Adler), 61-65
na teoria centrada na pessoa (Rogers), 221-224
na teoria da aprendizagem social cognitiva (Rotter), 402-404
na teoria dos construtos pessoais (Kelly), 428-430
na teoria dos fatores biológicos (Eysenck), 308f, 306-307, 309-312
na teoria social cognitiva (Bandura), 383-385
deslocamento (Freud), 29, 38-39
deslocar a responsabilidade, 383-384
desorganização, na teoria centrada na pessoa (Rogers), 223-224
dessacralização (Maslow), 205-206
destino, na psicologia existencial (May), 249-250

462 Índice

destrutividade (Fromm), 174-176
desumanização, 382
determinantes conscientes *versus* inconscientes
na análise do comportamento (Skinner), 366-367
na psicanálise humanista (Fromm), 185-186
na psicologia do indivíduo (Allport), 279
na psicologia existencial (May), 257-258
na psicologia individual (Adler), 73
na teoria centrada na pessoa (Rogers), 236-237
na teoria da aprendizagem social cognitiva, 415-417
na teoria das relações objetais, 120
na Teoria dos Cinco Fatores, 297-298
na teoria dos construtos pessoais (Kelly), 436-437
na teoria dos fatores biológicos (Eysenck), 316-317
na teoria evolucionista (Buss), 338
na teoria holístico-dinâmica (Maslow), 212-213
na teoria pós-freudiana (Erikson), 164-165
na teoria psicanalítica (Freud), 46-47
na teoria social cognitiva (Bandura), 390-391
na teoria social psicanalítica (Horney), 140
no conceito de humanidade, 11
determinismo genético, 330-331
determinismo *versus* livre-arbítrio
na análise do comportamento (Skinner), 365-367
na psicanálise humanista (Fromm), 185-186
na psicologia do indivíduo (Allport), 279
na psicologia existencial (May), 256-257
na psicologia individual (Adler), 73
na teoria centrada na pessoa (Rogers), 235-236
na teoria da aprendizagem social, 415-416
na teoria das relações objetais, 120
na Teoria dos Cinco Fatores, 297-298
na teoria dos construtos pessoais (Kelly), 435-437
na teoria dos fatores de base biológica (Eysenck), 316-317
na teoria evolucionista (Buss), 337-338
na teoria holístico-dinâmica (Maslow), 212-213
na teoria pós-freudiana (Erikson), 163-164
na teoria social cognitiva (Bandura), 390-391
na teoria social psicanalítica (Freud), 46-48
no conceito de humanidade, 10-11
diabetes, autoeficácia e, 386-387
dialeto do órgão (Adler), 58
diferenças individuais, na teoria evolucionista (Buss), 328-330
diferenciação, 112-113
dilema humano (Fromm), 171-172
Dimensões da Personalidade (Eysenck), 304-305

dinâmica da personalidade (Freud), 26-29
discrepância entre *self* real-ideal, 231-233
discriminação operante (Skinner), 352
disposição cardinal (Allport), 267
disposições (Allport), 267-268
disposições centrais (Allport), 267
disposições estilísticas, 268
disposições motivacionais, 268
disposições pessoais (Allport), 266-268
disposições secundárias (Allport), 267-268
dissociação (teoria das relações objetais), 109
distorção (Rogers), 223
doença cardíaca, 17, 17-21, 44-46, 63-64, 312-314
domínio enativo, 385-386
Downstate Medical School, Universidade Estadual de Nova Iorque, 53-54

E

efeito placebo, 230
efeito rebote do sonho, 43-44
efeitos da ordem de nascimento, 68-71
eficácia coletiva (Bandura), 370-371, 378-380
ego
na psicologia analítica (Jung), 79
na teoria das relações objetais (Klein), 109-110
na teoria pós-freudiana (Erikson), 144-147
na teoria psicanalítica (Freud), 23-24, 23-24f, 24-26, 26f, 41-42
ego corporal (Erikson), 144-146
Ego e o Id, O (Freud), 44-45
Eigenwelt, 243-244, 244-245f, 246, 247, 247-248, 251-252, 252, 254-256
elemento distônico (Erikson), 147-148, 156-157
elemento sintônico (Erikson), 147
Em Busca de Si Mesmo (May), 241-242
emoções
na análise do comportamento (Skinner), 357
na teoria evolucionista (Buss), 325-327
encontros casuais (Bandura), 370, 375-376
enraizamento (Fromm), 172-173, 174t
epigenética (Buss), 330-331
epistemologia, 5
Erikson, Eric, 142-165. *Ver também* teoria pós-freudiana (Erikson)
críticas, 163-164
publicações, 144, 144-145, 157-158
Sigmund Freud e, 143-144, 145-146, 147-149, 149, 149-150
Eros
na psicologia existencial (May), 248
na teoria psicanalítica (Freud), 26-28, 30-31, 36-37, 47-48
Escala de Apego Adulto, 118
Escala de Autoritarismo de Extrema Direita (RWA), 183-184, 184-185
Escala de Autorrelato de Psicopatia de Levenson (LSRP), 364
Escala de Controle Interno-Externo (I-E), 393-394, 399-400, 400-402

Escala de Desengajamento Moral (MDS), 386-389
Escala de Interesse Social (Crandall), 71-72
Escala de Interesse Social de Sulliman, 71-72
Escala de Tipos Psicológicos de Francis, 96
escolha colaborativa (Kelly), 436-437
escolha da carreira, 69-71, 70t, 71, 85-86
escuta empática (Rogers), 225-226
esforços do *proprium* (Allport), 268-269
especialização do nicho alternativo (Buss), 328-329
especulação, teoria *versus*, 5
espelhamento, 113-114
espontaneidade, 202
esquema com intervalo variado (Skinner), 354-355
esquema com relação variável (Skinner), 354-355
esquema contínuo (Skinner), 354
esquema de intervalo fixo (Skinner), 354-355
esquema de relação fixa (Skinner), 354
esquema intermitente (Skinner), 354
esquemas de reforço, 354-355
estabilidade (Eysenck), 306-307
estabilidade emocional (Buss), 327-328
estados emocionais, 378-379
estados físicos, 378-379
estados internos, 356-358
estágio da maturidade (Freud), 31-32, 36-37
estágio de latência (Freud), 31-32, 35-36
estágio genital (Freud), 31-32, 35-37
estágio genital (Klein), 110-111
estágios do desenvolvimento
estágios do desenvolvimento psicossexual (Freud), 31-37
estágios do desenvolvimento psicossocial (Erikson), 147-149, 156-157t
psicologia analítica (Jung), 89-92, 90f
estar no mundo (*Dasein*), 243-244
estilo de vida (Adler), 60-61
estilo de vida mimado, 62
estilo de vida negligenciado, 62
estratégias de codificação (Mischel), 410
Estrutura da Personalidade Humana, A (Eysenck), 304-305
estrutura de orientação (Fromm), 173-174, 174t
estrutura do caráter democrático, 204
estrutura tipo *se-então*, 5, 218-219, 412-413. *Ver também* teoria
Estudo da Inferioridade do Órgão e Sua Compensação Física (Adler), 53
Estudo dos Valores (Allport et al.), 272
estudos com gêmeos, 293-294, 303-304, 308-309, 311-312, 315, 334
estudos de adoção, 293-294, 303-304
Estudos de Chicago, 229-232
Estudos sobre Histeria (Breuer & Freud), 18-19, 19-20, 37
etologia, 114
eventos fortuitos (Bandura), 370, 375-376
evidência/consciência da mortalidade, 252-254
evolução cultural (Skinner), 356-357

Índice **463**

exclusividade (Erikson), 153-154

Existência (May et al.), 241-242

expectativa

na teoria da aprendizagem social cognitiva (Rotter), 395-396, 397, 404-406

na teoria da personalidade cognitivo-afetiva (Mischel), 410-412

expectativa comportamento-resultado, 411-412

expectativa estímulo-resultado, 411-412, 412-413

expectativas generalizadas (EGs, Rotter), 395-396, 397, 399-400, 400-401, 402

experiências culminantes (Maslow), 202-204, 206, 211-211

experiências de domínio, 377-378

experiências vicariantes, 377-378

experimentos do boneco joão-bobo, 385

extinção (Skinner), 354-355

extinção operante (Skinner), 354-355

extroversão

base biológica da, 313-316

custos e benefícios, 330t

na psicologia analítica (Jung), 87-88

na Teoria dos Cinco Fatores, 287-289, 289t

na teoria dos fatores biológicos (Eysenck), 306-307-308, 308f, 311-3312

na teoria evolucionista (Buss), 326-328

Eysenck, Hans J., 303-318. *Ver também* teoria dos fatores de base biológica (Eysenck)

biografia, 303-306, 375

críticas, 316-317

publicações, 304-305

F

fantasias, 37-38, 106-107

fase anárquica da infância, 90

fase dualista da infância, 90

fase edípica do desenvolvimento, 25-26

fase fálica (Freud), 32-36, 35f

fase monárquica da infância, 90

fase oral (Freud), 31-32

fenomenologia, 421

ficar de pé (Adler), 63-64

ficção (Adler), 57-58

filia (May), 248-249

filosofia, teoria *versus*, 4-5-5

Filosofia de "Como Se", A (Vaihinger), 56-57

fixação, 29-30, 172-173

fixação na mãe, 177-179

fobias, na teoria social cognitiva (Bandura), 383-384

fontes ambientais, das diferenças individuais, 328-329

força básica (Erikson), 147, 147-148, 147-149, 149, 149-150

força criativa (Adler), 55, 55-56, 60-62, 71-73

formação reativa, 22, 28, 29

Freud, Sigmund, 16-48. *Ver também* teoria psicanalítica (Freud)

Alfred Adler e, 51-52, 57-58, 64t, 64-65, 67-68

biografia, 17

Carl Gustav Jung e, 76, 77-78, 78-79, 79, 81, 81-82, 85-86, 87-88, 91-92

críticas, 44-47

Eric Erikson e, 143-144, 145-146, 147-149, 149, 149-150

Eric Fromm e, 154-171, 172-173, 176-177, 178-179

Karen Horney e, 124, 124-126, 126, 134

Melanie Klein e, 105-107, 114, 115-116, 118-119

Pequeno Hans (caso), 105

publicações, 18-21, 27-28, 37-38, 40-41, 43-44, 45-46, 46, 77, 105, 191

técnica psicoterapêutica, 37-41

Fromm, Erich, 168-186. *Ver também* psicanálise humanista (Fromm)

autonomia funcional (Allport), 269-272, 354-355

biografia, 169-171

críticas, 183-185

erro de atribuição fundamental (Buss), 324-325

erro situacional fundamental (Buss), 324-325

funções (Jung), 87-90, 89-90t

Karen Horney e, 125-126, 169, 170, 172-173

Karl Marx e, 169, 170, 170-171

pessoa em funcionamento pleno (Rogers), 226-227, 227, 228-229

publicações, 170-171, 172, 172-173, 174-175, 180-186

Sigmund Freud e, 169-171, 172-173, 176-177, 178-179

G

Gemeinschaftsgefühl, 58-59, 203-204, 266

General Mills, 346-347

generalização, 397

generalização do estímulo, 352-353

gênero. *Ver* psicologia feminina; identidade homossexual

genitalidade (Erikson), 153

Graduate Record Exams (GRE), 410-412

gratificadores, 348

grupo de terapia, 230

grupo-controle, 230

H

hábitos, na teoria dos fatores biológicos (Eysenck), 306, 306-307f

herança filogenética (Freud), 21-22, 33-34, 79, 81

hesitação (Adler), 63-64

hierarquia da organização do comportamento, 306, 306-307f, 308f

hierarquia das necessidades (Maslow), 194-197, 194-195f, 199-206, 208-210

hipocondria, 177-178

hipocondria moral (Fromm), 177-178

hipótese, 5-5-6

nos Estudos de Chicago, 229-230

teste, 9

hipótese do contato, 274-276

histeria (Freud), 18-19, 19-20, 37

história de Édipo, 32-33, 250-251

Horney, Karen, 123-141. *Ver também* teoria social psicanalítica (Horney)

biografia, 124-126

críticas, 138-140

Eric Fromm e, 125-126, 169, 170, 172-173

Melanie Klein e, 105

publicações, 124-125, 125-126

Sigmund Freud e, 124, 124-126, 126, 134

hostilidade básica (Horney), 124, 126-128, 129-130f

Human Behavior and Evolucionary Society, 336-337

humor, 204-205, 266

I

id

na teoria pós-freudiana (Erikson), 144-145

na teoria psicanalítica (Freud), 23-24, 23-25, 23-24f, 25-26, 26f, 41-42

idade adulta

estágio da maturidade (Freud), 31-32, 36-37

nos estágios do desenvolvimento psicossexual (Freud), 30-31, 36-37

personalidade madura (Allport), 265-267, 276-278

teoria das relações objetais na, 116-117

teoria do apego na, 116-119

idade adulta jovem (Erikson), 153-154

idade escolar (Erikson), 151-152

ideal de ego (Freud), 25-26, 144-146

identidade adolescente, 158-160

identidade de gênero

desenvolvimento da, 160-161

e redes sociais, 161-163

inato e adquirido, 160-161

pressão social, 161-162

identidade do ego (Erikson), 144-146, 147-148, 151-152

identidade homossexual

na teoria das relações objetais (Klein), 110-111, 111-112

na teoria psicanalítica (Freud), 44-45

preconceito internalizado e, 433-434

identificação, 32-33

identificação projetiva (Klein), 109-110

idiográfico, 271-272

imagem parental idealizada, 113-114

imaginação ativa (Jung), 93-94

Imperial Society of Physicians (Viena), 18-19

impulso para o triunfo vingativo, 132-133

impulsos

na análise do comportamento (Skinner), 357

na teoria das relações objetais, 105-107

na teoria psicanalítica (Freud), 26-28

na teoria social psicanalítica (Horney), 128-132

impulsos compulsivos (Horney), 128-132

incongruência (Rogers), 220-221, 222-223, 224-225

inconsciente

na análise do comportamento (Skinner), 358-359

na psicologia analítica (Jung), 79-81, 84-85

464 Índice

na psicologia individual (Adler), 58

na teoria psicanalítica (Freud), 21-22, 23-24f, 23-24f, 41-42

inconsciente coletivo (Jung), 22, 76-77, 79-81, 82-83, 84-85f, 84-86, 92-93, 93-94

inconsciente pessoal (Jung), 79-80

Indiana, 347-348

Indicador de Tipos Myers-Briggs (MBTI), 95-96, 96-98, 287-288

Índice Curto de Autorrealização (BISA), 206

Índice Curto de Autorrealização (SISA), 206

Índice de Interesse Social (Greever et al.), 71-72

individuação (Jung), 79, 94-95, 99-100

Infância

estágio de latência (Freud), 31-32, 35-36

experimentos sobre agressividade de Bandura, 385

lembranças precoces (LPs), 66-67, 69-71, 70t

na psicologia analítica (Jung), 90, 90f

na teoria das relações objetais (Klein), 110-111, 116-117

na teoria de Horney (*Ver* teoria social psicanalítica (Horney))

na teoria social psicanalítica (Horney), 126-127

nos estágios do desenvolvimento psicossexual (Freud), 31-35

Infância e Sociedade (Erikson), 144

infância inicial

estágio infantil (Freud), 23-25, 31-36

necessidades narcisistas, 113-114

relações objetais na (*Ver* teoria das relações objetais (Klein))

temperamento na, 303-304

inferioridades físicas (Adler), 57-58

influências biológicas *versus* sociais

na análise comportamental (Skinner), 366-367

na psicanálise humanista (Fromm), 185-186

na psicologia analítica (Jung), 100

na psicologia do indivíduo (Allport), 279-280

na psicologia existencial (May), 257-258

na psicologia individual (Adler), 73

na teoria centrada na pessoa (Rogers), 236-237

na teoria da aprendizagem social cognitiva, 416-417

na teoria das relações objetais, 120

na teoria dos construtos pessoais (Kelly), 436-437

na teoria dos fatores biológicos (Eysenck), 316-317

na teoria evolucionista (Buss), 338

na teoria pós-freudiana (Erikson), 164-165

na teoria psicanalítica (Freud), 47-48

na teoria social cognitiva (Bandura), 390-391

na teoria social psicanalítica (Horney), 140

no conceito de humanidade, 11

influências externas (McCrae & Costa), 292-293

instintos, 80-81, 105-106, 106-107

Institute for Child Guidance, 217

intencionalidade

na análise do comportamento (Skinner), 357-358

na psicologia existencial (May), 247

na teoria social cognitiva (Bandura), 375-376

interação dos opostos, 147

interação pessoa-situação, 407-408, 413-414

interacionistas, 393-394

interesse social (Adler), 58-60

internalização (Klein), 109-112

International Institute of Social Research, 170

International Psychoanalitic Association, 20, 53

Internet, 158-160

Interpretação dos Sonhos (Freud), 19-21, 43-44-44, 46, 77, 191

Introdução à Personalidade (Mischel), 406-407

introjeção (Freud), 30-31

introjeção (Klein), 105-107

introversão

na psicologia analítica (Jung), 86-88, 89-90t

na teoria dos fatores biológicos (Eysenck), 306-307, 306-307f, 308f, 311-312

intuição (Jung), 89-90, 89-90t

inveja do pênis (Freud), 31-33, 33-35, 134-135

Inventário Bell das Relações Objetais (BORI), 119-120

Inventário da Personalidade (NEO) Revisado, 287

Inventário da Personalidade NEO (NEO-PI), 284-285, 287-288, 294, 297

Inventário de Orientação Pessoal (POI), 206

Inventário de Personalidade de Eysenck (EPI), 287-288, 314

Inventário de Personalidade de Maudsley, 311, 312

Inventário Tridimensional de Horney-Coolidge (HCTI), 136-138

J

jogos *on-line*, 231-234

Jung, Carl Gustav, 75-101. *Ver também* psicologia analítica (Jung)

arquétipos, 76, 78-79, 80-86, 98-99

biografia, 76-79

críticas, 98-100

psicologia analítica (Jung)

publicações, 76, 77-78, 81-82, 92-93, 94

Sigmund Freud e, 76, 77-78, 78-79, 79, 81, 81-82, 85-86, 87-88, 91-92

justificação moral, 382-383

K

Karen Horney Psychoanalytic Institute, 125-126

Kelly, George A., 419-437. *Ver também* teoria dos construtos pessoais (Kelly)

biografia, 420-421

críticas, 435-436

filosofia da ciência, 421-423

publicações, 421, 428-429

Klein, Melanie, 103-120. *Ver também* teoria das relações objetais (Klein)

Anna Freud e, 104, 105-106, 116

biografia, 104-106

Karen Horney e, 105

publicações, 105

L

lei da entrada baixa (Adler), 61-62

lei do efeito (Thorndike), 348

lei empírica do efeito (Rotter), 394-395

lembranças precoces (LPs, Adler), 66-67, 69-71, 70t

liberdade

liberdade de movimento (LM, Rotter), 397, 399, 399-400

na psicanálise humanista (Fromm), 174-176

na psicologia existencial (May), 248-250

liberdade essencial (May), 249-250

liberdade existencial (May), 248-250

liberdade positiva (Fromm), 175-176

libido (Freud), 26-27

liderança

estilo de apego e, 118-119

tipo de personalidade, 95-96

ligação (Fromm), 171-172, 174t

locus de controle

na teoria da aprendizagem social cognitiva (Rotter), 393-394, 394, 400-401, 401-402, 412-413

na teoria da personalidade cognitivo-afetiva (Mischel), 412-415

luta pelo sucesso/superioridade, 60f, 71-72

luta psicossocial (Erikson), 143

M

Mágico de Oz (Baum), 83-84

Man for Himself (Fromm), 170-171, 185-186

mandala (Jung), 84-85, 84-85f

Manual Diagnóstico e Estatístico de Transtornos Mentais (DSM-5), 136-138, 223-224

Manual Diagnóstico e Estatístico de Transtornos Mentais (DSM-IV-TR), 428-429

Maslow, Abraham, 190-213. *Ver também* teoria holístico-dinâmica (Maslow)

biografia, 191-194, 375

críticas, 211-212

filosofia da ciência, 205-206

masoquismo, 27-28, 174-175

matriz, 285

Maudsley Hospital, 304-305, 305-306

May, Rollo, 240-258. *Ver também* psicologia existencial (May)

biografia, 240-242

críticas, 256-257

Philip (caso), 240, 245, 246, 250, 251-253

publicações, 241-242, 245, 250

McCrae, Robert R., 283-299. *Ver também* Teoria dos Cinco Fatores

biografia, 286-287

publicações, 287

mecanismo (Buss), 324-328, 330-331

Índice **465**

mecanismos de defesa
na teoria das relações objetais (Klein), 108-110
na teoria psicanalítica (Freud), 25-26, 28-32, 42-43, 353-354
mecanismos físicos (Buss), 325-326
mecanismos psicológicos (Buss), 325-326
mediação cognitiva, 385-386
medo
da morte, 94-95, 244-245, 252-256
na teoria dos construtos pessoais (Kelly), 429
Medo à Liberdade (Fromm), 170-171, 174-175, 181-182, 183, 183-184
meios *versus* fins, pessoas autoatualizadas e, 204
Memórias, Sonhos, Reflexões (Jung), 76, 77-78, 78-79, 81-82, 82-83, 92-93
metamotivação (Maslow), 201
metanálise, 134-136
metapsicologia (Maslow), 199
método dedutivo, 5-6, 284-285
método indutivo, 5-6, 284-285
método oblíquo, 285-287
métodos nomotéticos, 263
Mischel, Walter, 405-417. *Ver também* teoria cognitivo-afetiva da personalidade (Mischel)
biografia, 405-407
críticas à teoria da aprendizagem social cognitiva, 415-415
pesquisa relacionada, 412-415
publicações, 406-407, 414-415
mito (May), 250-251
mito de Aquiles, 83-84
Mitwelt, 243-244, 244-245f, 246, 247-248, 251-252, 252, 254-255
modelagem, 351-353
modelagem (Bandura), 371-373
modelagem cognitiva, 385-386
modelagem manifesta, 385-386
modelagem social, 377-378
modelagem velada, 385-386
modelagem vicariante, 385-386
modelo de diátese-estresse (Eysenck), 308-309, 309-310
modelos evolucionistas da personalidade neobussianos, 329-330
modo anal-uretral-muscular (Erikson), 149
modo genital-locomotor (Erikson), 150-151
modo oral-sensorial (Erikson), 147-149
morte
evidência/consciência da mortalidade, 252-254
instinto de morte, 107
medo da, 94-95, 245, 252-256
não ser/o nada, 243-245
necrofilia, 177-178, 178-179, 178-179f, 180-181, 181
motivação
na psicologia do indivíduo (Allport), 265-266, 268-272
na psicologia individual (Adler), 55-56
na teoria centrada na pessoa (Rogers), 233-235
na teoria da aprendizagem social cognitiva (Rotter), 394-395

na teoria evolucionista (Buss), 325-327
na teoria holístico-dinâmica (Maslow), 191, 193-200
na teoria social cognitiva (Bandura), 373
motivação consciente, 265-266
motivação inconsciente, 198
movimento contra as pessoas (Horney), 129-130f, 130, 131-132t
movimento em direção às pessoas (Horney), 129-130f, 130, 124-125t
mudança terapêutica, 226-227, 227-228t
mulheres. *Ver* psicologia feminina

N

nação Sioux, 144, 145-146
nação Yurok, 144, 145-146, 156-157
nacionalismo alemão, 169-170
não ser/o nada, 243-245
narcisismo
como luta pela superioridade, 71-72, 183-184
maligno, 177-178, 178-179, 180-181, 181
necessidades narcisistas dos bebês, 113-114
primário, 27-28, 112
secundário, 27-28
narcisismo primário (Freud), 27-28, 112
narcisismo secundário (Freud), 27-28
narcisista, 113-114
National Institutes of Health (NIH), 287
naturalidade, 202
necessidade de diferentes teorias, 5-6
necessidades
existenciais, 171-174, 174t
hierarquia das, 194-197, 194-195f, 199-206, 208-210
na teoria da aprendizagem social cognitiva (Rotter), 397-399
necessidades cognitivas (Maslow), 196-198
necessidades conativas, 194-197
necessidades de aperfeiçoamento (Rogers), 219
necessidades de autoatualização (Maslow), 191, 194-195, 194-195f, 195-197, 199-208, 206-207t
necessidades de conforto físico, 398-399
necessidades de dominância, 397
necessidades de estima (Maslow), 194-195f, 195-196
necessidades de independência, 398-399
necessidades de manutenção (Rogers), 219
necessidades de privacidade, 202
necessidades de proteção-dependência, 398-399
necessidades de reconhecimento-*status*, 398
necessidades de segurança (Maslow), 194-196, 194-195f
necessidades estéticas (Maslow), 196-197
necessidades existenciais (Fromm), 171-174, 174t
necessidades fisiológicas (Maslow), 194-195, 194-195f
necessidades instintivas (Maslow), 199
necessidades neuróticas (Horney), 124, 128-129, 129-130f, 131-132t
necessidades neuróticas (Maslow), 197-198

necrofilia, 177-178, 178-179, 178-179f, 180-181, 181
negação (Rogers), 223
neurociência
aspectos biológicos da personalidade e, 303-304
teoria psicanalítica em 40-41, 41-42, 43-44
Neuropsicanálise, 41
Neurose e Crescimento Humano (Horney), 125-126, 126-127
neuroticismo. *Ver também* teoria social psicanalítica (Horney)
aspectos positivos do, 137-139
base biológica do, 315-316
custos e benefícios, 330t
na Teoria dos Cinco Fatores, 287-289, 289t
na teoria dos fatores biológicos (Eysenck), 306-307, 308f, 306-310, 311-312
na teoria evolucionista (Buss), 327-328
na teoria psicanalítica (Freud), 19-20
neuroticismo sadio, 138-139
neurótico (Horney), 124, 128-129, 129-130f
neurótico (Maslow), 197-198
New School for Social Research, 53-54, 125-126, 193
New York Psychoanalitic Institute, 125-126
níveis da psique (Jung), 79-86
níveis da vida mental (Freud), 21-24, 23-24f, 23-24f
nível de excitação cortical, 306-308
novidade da apreciação, 202-203
Novos Rumos na Psicanálise (Horney), 125-126
o nada. *Ver* não ser/o nada
objetivos
na psicologia individual (Adler), 72-73
na teoria centrada na pessoa (Rogers), 233-235
na teoria da aprendizagem social cognitiva (Rotter), 403-404
na teoria da personalidade cognitivo-afetiva (Mischel), 411-412
observação empírica, 348-350
obsessão, 19-20
opressão racial internalizada
na teoria cognitivo-afetiva da personalidade (Mischel), 412-415
orgulho neurótico (Horney), 133-134
orientação do caráter (Fromm), 175-177, 178-179-180, 181-183
orientação religiosa extrínseca, 276-278
orientação religiosa intrínseca, 276-278
origens herdadas/genéticas
das diferenças individuais, 328-329, 330-331
estudos de adoção com gêmeos, 293-294, 303-304, 308-309, 311-312, 315, 334

P

padrão de referência, 380-381
padrões pessoais, 380-381
papel (Kelly), 427-428
papel central (Kelly), 427-428
Para Além da Liberdade e da Dignidade (Skinner), 347-348
paradigma grupal mínimo, 275-276

466 Índice

paradoxo da consistência (Mischel), 406-408
paranoia, 29-31
parapraxias (atos falhos), 39-41
parcimônia, 10-11
patologia central (Erikson), 147
pensamento
    como orientação produtiva, 176-177
    na psicologia analítica (Jung), 87-88, 89-90t
Pequeno Albert (caso de Watson e Raynor),
    350-351
Pequeno Hans (caso de S. Freud), 105
percepção eficiente da realidade, 201-202
percepções subjetivas, 56-58
perdão, 276-277
perfeição, 128-129, 132-133
período fetal
    na teoria dos fatores biológicos (Eysenck),
    303-304
    temperamento no, 303-304
permeabilidade (Kelly), 426-427
persona
    de Jung, 81-82
    definição, 3, 264-265
personalidade
    como previsor, 311-314
    definição, 4-5, 264-266
    medição, 311-312
    natureza da, 3-4
Personalidade Autoritária, A (Adorno), 183
Personalidade e Avaliação (Mischel), 406-407
personalidade esquizoide, 217-218
personalidade madura (Allport), 265-267,
    276-278
Personalidade na Idade Adulta (McCrae &
    Costa), 287
perspectiva agêntica, 370
perspectiva antropológica
    na teoria holístico-dinâmica (Maslow), 193
    na teoria pós-freudiana (Erikson), 143-144,
    156-158
perspectiva evolucionista, 227-229. *Ver*
    também psicologia evolucionista (Buss)
    na análise do comportamento (Skinner),
    354-357
    Teoria dos Cinco Fatores na, 288-294
persuasão social, 378
pesquisa com animais
    na análise do comportamento (Skinner),
    349-355
    na teoria evolucionista da personalidade,
    334, 335-337
pesquisa descritiva, 9
pessimismo *versus* otimismo
    na análise do comportamento (Skinner),
    365-366
    na psicanálise humanista (Fromm), 185-
    186
    na psicologia do indivíduo (Allport), 279-
    279-280
    na psicologia existencial (May), 256-257
    na psicologia individual (Adler), 73
    na teoria centrada na pessoa (Rogers), 235-
    236
    na teoria da aprendizagem social cognitiva,
    415-416

na teoria das relações objetais, 120
na Teoria dos Cinco Fatores, 297-298
na teoria dos construtos pessoais (Kelly),
    435-436
na teoria dos fatores biológicos (Eysenck),
    316-317
na teoria evolucionista, 415
na teoria evolucionista (Buss), 337-338
na teoria holístico-dinâmica (Maslow), 212-
    213
na teoria pós-freudiana (Erikson), 163-164
na teoria psicanalítica (Freud), 46-47
na teoria social cognitiva (Bandura), 390
na teoria social psicanalítica (Horney), 139-
    140
no conceito de humanidade, 11
pessoa do futuro (Rogers), 227-229
plasticidade, 370
poder, 128, 128-129, 160-161, 172
poder do mito (May), 250-251
Poder e Inocência (May), 241-242
Population Media Center 388-389
posição depressiva (Klein), 107-109
posição esquizoparanoide (Klein), 107-108
posições (Klein), 107-109
possessão, 128
potencial da necessidade (PN, Rotter), 398-
    399, 399-400
potencial de um comportamento (BP, Rotter),
    394-396
prática, 112-113
pré-consciente (Freud), 21-22, 22-23, 23-24f,
    23-24f
prestígio, 128, 128-129
previsão do comportamento, 408-409
princípio conservador, 90
princípio da realidade (Freud), 24-26
princípio do prazer (Freud), 23-25, 41-42,
    126, 269
princípio epigenético (Erikson), 145-147, 146-
    147f, 147f
princípio idealista (Freud), 25-26
princípio moralista (Freud), 25-26
privação das necessidades, 198-199
processo de julgamento, 380-382
processo de valorização organísmica (OVP),
    233-234, 234
processo primário (Freud), 24-25
processo secundário (Freud), 24-25
processos dinâmicos (McCrae & Costa), 290-
    291, 291-292f
processos mentais superiores, 357-358
procriatividade (Erikson), 153-154
Procura do Mito, A (May), 250
procuração (Bandura), 370-371, 378-379
produção comportamental, 372-373
progressão (Jung), 86-87
projeção
    na teoria das relações objetais (Klein), 109
    na teoria psicanalítica (Freud), 29-31
Projeto Pombo (Skinner), 346-347
propósito
    na análise comportamental (Skinner), 357-
    358
proprium (Allport), 268-269

protesto viril (Adler), 64-65, 134-135
províncias da mente (Freud), 23-26
pseudoespécie (Erikson), 145-146
Psicanálise de Crianças, A (Klein), 105
psicanálise humanista (Fromm), 168-186
    conceito de humanidade, 184-186
    críticas a Fromm, 183-185
    necessidades humanas, 171-174, 174t
    orientações do caráter, 175-177, 178-180,
    181-183
    panorama, 169-170
    pressupostos básicos, 170-172
    psicoterapia, 178-179
    transtornos da personalidade, 176-179, 180-
    181
psicanálise, definição, 17
psico-história/psicobiografia
    de Mahatma Gandhi, 157-159
    na teoria pós-freudiana (Erikson), 157-159
Psicologia (Koch), 216-217, 218-219
psicologia analítica (Jung), 75-101
    conceito de humanidade, 100
    críticas a Jung, 98-100
    dinâmica da personalidade, 85-87
    estágios do desenvolvimento da
    personalidade, 89-92, 90f
    métodos de investigação, 91-96
    níveis da psique, 79-86
    panorama, 76-77
    pesquisa relacionada, 95-99
    psicoterapia, 94-96
    tipos psicológicos, 86-88
psicologia cognitiva, 41, 41-42
psicologia da ciência, 7-9
psicologia do indivíduo (Allport), 262-281
    abordagem da teoria da personalidade, 264-
    267
    características da pessoa sadia, 265-267
    conceito de humanidade, 279-280
    críticas a Allport, 278-279
    definição de personalidade, 264-266
    estrutura da personalidade, 266-269
    estudo do indivíduo, 271-274
    motivação, 265-266, 268-272
    panorama, 263-264
    pesquisa relacionada, 274-278
Psicologia dos Construtos Pessoais, A (Kelly),
    421, 428-429, 435-436
psicologia evolucionista (Buss), 320-339
    componentes da, 321-323, 323-324, 330t
    conceito de humanidade, 337-338
    confusões comuns, 330-332
    críticas a Buss, 336-338
    modelos evolucionistas neobussianos, 329-
    330
    panorama, 321-323
    pesquisa relacionada, 331-337
    princípios da, 323-324
psicologia existencial (May), 240-258
    ansiedade, 241-242, 245-246
    conceito de humanidade, 256-258
    críticas a May, 256-257
    cuidado, amor e vontade, 247-249
    culpa, 246-247
    destino, 249-250

força do mito, 250-251
histórico do existencialismo, 242-245
intencionalidade, 247
liberdade, 248-250
panorama, 240-241
pesquisa relacionada, 252-256
psicopatologia, 251-252
psicoterapia, 251-253
psicologia feminina
Adler e, 55, 64-65
Freud e, 18-19, 19-20, 33-36, 37
Fromm e, 172-173
Horney e, 134-136
Jung e, 83
Kelly e 433-435
Klein e, 110-111
psicologia individual (Adler), 51-74
aplicações, 64-68
conceito de humanidade, 72-73
constelação familiar, 64-67, 66-67t
críticas a Adler, 138-73
desenvolvimento anormal, 61-65
estilo de vida, 60-61
força criativa, 55, 55-56, 60-62, 71-73
interesse social, 58-60
introdução à, 54-55
lembranças precoces (LPs), 66-67, 69-71, 70t
luta pelo sucesso ou pela superioridade, 60f, 71-72
panorama, 52
percepções subjetivas, 56-58
pesquisa relacionada, 68-72
protesto viril, 64-65
psicoterapia, 67-68
sonhos, 67-68
tendências à salvaguarda, 62-64, 64t
unidade e autocoerência da personalidade, 57-58
psicologia positiva, 7-8, 210-211, 231-232
Psicopatologia da Vida Cotidiana (Freud), 40-41
psicoses, 38-39
psicoterapia. *Ver* terapia/psicoterapia
psicoticismo (P. Eysenck), 306-307, 308f, 306-307, 309-312
puberdade
definição, 151-152
estágio genital (Freud), 31-32, 35-37
punição, 353-354

Q

Questionário de 12 Fatores da Personalidade (Escala 12 PF), 284-285
Questionário de Personalidade de Eysenck (EPQ), 311-312, 313-314
Questionário de Pesquisa Autodirigida (SDS), 69-71
Questionário de Relacionamentos Afetivos (QRA), 118
Questionário Histeroide-Obsessoide, 43

R

raiva, 136-167
realização do desejo, 38-40

reaproximação, 112-113
Rebeldes de Nascimento (Sulloway), 68-69
redução do preconceito, 274-276
reforçadores condicionados (Skinner), 353-354
reforçadores generalizados (Skinner), 353-354
reforçadores primários, 353-354
reforço, 352-353
comparado com punição, 353-354
controle interno/externo do, 400-402
esquemas de, 354-355
reforçadores condicionados/generalizados, 353-354
reforço externo (Rotter), 396
reforço interno (Rotter), 396
reforço negativo, 352-353
reforço positivo (RP), 363
reforço positivo, 352-353
reforço seletivo, 359
regressão
na psicologia analítica (Jung), 86-87
na psicologia individual (Adler), 63-64
na teoria psicanalítica (Freud), 29-30, 63-64
rejeição, 155-156
relação simbiótica, 172
relações interpessoais, de pessoas autoatualizadas, 203-204
religião
orientação intrínseca/extrínseca, 276-278
tipo de personalidade de membros do clero e dos fiéis, 96-97
representação, 372-373
repressão (Freud), 21-22, 25-26, 28-29, 42-43
repúdio do papel (Erikson), 153
resistência, 38-39
resistência à enculturação, 204-205
resistência passiva, 157-158, 360-361
responsabilidade difusa, 383-384
respostas afetivas, na teoria cognitivo-afetiva da personalidade (Mischel), 412-413
ressacralização (Maslow), 205-206
retroceder (Adler), 63-64
Rochester Society for the Prevention of Cruelty to Children, 217
Rogers, Carl R., 216-237. *Ver também* teoria centrada na pessoa (Rogers)
biografia, 216-219
críticas, 235-236
filosofia da ciência, 229-230
publicações, 217, 218-219
rotação ortogonal, 285-286
Rotter, Julian B., 393-417. *Ver também* teoria da aprendizagem social cognitiva (Rotter)
biografia, 394-394
críticas à teoria da aprendizagem social cognitiva, 415-416
pesquisa relacionada, 412-415
publicações, 394
rótulos eufemísticos, 382-383
ruído (Buss), 322-323

S

sadismo, 27-28, 174-175
Saunders Consumer Orientation Index (SCOI), 181-182

seio ideal, 107-108
seio persecutório, 107-108
seleção artificial (Buss), 321
seleção natural
Buss e, 321-322
Darwin e, 321, 338
Skinner e, 356
seleção sexual (Buss), 321-322
self (Jung), 83-86
self grandioso-exibicionista, 113-114
self ideal (Rogers), 220-221
self organísmico (Rogers), 219-220
Self-Other Attitude Scale (S-O Scale), 229-230
sensação (Jung), 89, 89-90t
senso de identidade (Fromm), 173-174, 174t
senso de identidade (Horney), 131-132
sensualidade generalizada, 155-156
sentimento (Jung), 88, 89-90t
sentimentos incestuosos, 172-173
separação-individuação (Mahler), 112
sequências de reforço-reforço, 396
sexo/impulso sexual
na psicologia existencial (May), 248
na teoria holistico-dinâmica (Maslow), 205-206
na teoria psicanalítica (Freud), 26-28, 29, 30-31, 36-37, 47-48
Significado de Ansiedade, O (May), 241-242, 245
simbiose incestuosa (Fromm), 177-179, 178-179f, 180-181, 181
simbiose normal (Mahler), 112
simplicidade, 202
síndrome da decadência, 178-179, 178-179f, 180-181
síndrome do crescimento, 178-179, 178-179f
singularidade *versus* semelhança
na análise do comportamento (Skinner), 367
na psicologia do indivíduo (Allport), 263, 279-280
na psicologia existencial (May), 257-258
na teoria centrada na pessoa (Rogers), 236-237
na teoria da aprendizagem social cognitiva, 416-417
na teoria das relações objetais, 120
na Teoria dos Cinco Fatores, 297-298
na teoria dos construtos pessoais (Kelly), 437
na teoria dos fatores biológicos (Eysenck), 316-317
na teoria evolucionista (Buss), 338
na teoria holístico-dinâmica (Maslow), 212-213
na teoria pós-freudiana (Erikson), 164-165
na teoria psicanalítica (Freud), 47-48
na teoria social psicanalítica (Horney), 140
no conceito de humanidade, 11
sistema de abordagem do comportamento (BAS), 363-364
sistema de inibição do comportamento (BIS), 363-364
Sistema de Inibição do Comportamento; Sistema de Ativação do Comportamento (BIS/BAS), 364

468 Índice

sistema de luta-fuga-paralização (FFFS), 363-364
sistema dopaminérgico, 41-42
sistema opioide, 41-42
sistemas cognitivo-afetivos da personalidade (CAPs, Mischel & Shoda), 408-413
Situação Estranha, 114-116
situação psicológica (Rotter), 396-397
Skinner, B. F., 344-368, 345-348. *Ver também* análise do comportamento (Skinner)
    biografia, 345-348
      críticas, 365
      publicações, 345-348
Sobre os Sonhos (Freud), 20, 105
Sociedade Sadia, A (Fromm), 170-171, 181
Society for Free Psychoanalytic Study, 53
Society for Individual Psychology, 53, 53-54, 394
sociobiologia (Wilson), 323-324
sono do movimento rápido dos olhos (REM), 43-44
sono REM (movimento rápido dos olhos), 43-44
South German Institute for Psychoanalysis, 170
sublimação, 30-31
submissão, 128, 172
superego
    função do superego (Eysenck), 306-307, 309-311
      na teoria das relações objetais (Klein), 110
      na teoria pós-freudiana (Erikson), 144-145
      na teoria psicanalítica (Freud), 23-24, 23-24f, 25-26, 26f, 35-42
supressão, 21-22, 43-44, 358-359
surgência (Buss), 326-328

T

tabagismo, 20-21, 264-265, 287, 305-306, 312-314, 362-363, 385-386
Tanatos, 26-27, 47-48
taxonomia, 5-6, 286-287. *Ver também* traços dos *Big Five* (McCrae & Costa)
taxonomia *versus*, 5-6
Teachers College, Universidade de Columbia, 193, 216-217, 217
técnica de associação livre, 18, 37-38, 136-167
técnica Q sort, 230, 272
teleologia, 11, 57-58. *Ver também* causalidade *versus* teleologia
teleológico e intencional
    na teoria holístico-dinâmica (Maslow), 212-213
temperamento (Eysenck), 303-304
tendência de atualização (Rogers), 219-220
tendência formativa (Rogers), 218-219
tendências à salvaguarda (Adler), 62-64
tendências básicas (McCrae & Costa), 290-294
teoria centrada na pessoa (Rogers), 216-237
    barreiras à saúde psicológica, 221-224
    consciência, 220-221
    críticas a Rogers, 235-236
    Estudos de Chicago, 229-232
    panorama, 216-217

pesquisa relacionada, 231-235
pessoa do futuro, 227-229
pressupostos básicos, 218-220
psicoterapia, 217, 223-228, 227-228t
self e autoatualização, 219-220
terapia centrada no cliente na, 216-217, 223-228, 227-228t
tornar-se pessoa, 221-222
teoria, 4-11. *Ver também* teoria da personalidade *e teorias específicas*
    conceitos relacionados, 4-6
    critérios para utilidade, 8-11
    definição, 4-5
    necessidade de teorias diferentes, 5-6
    psicologia da ciência e, 7-9
teoria centrada na pessoa (Rogers), conceito de humanidade, 235-237
teoria da aprendizagem social cognitiva (Rotter), 393-417
    comportamento desadaptado, 402-404
    conceito de humanidade, 415-417
    introdução, 394-395
    lei empírica do efeito, 394-395
    panorama, 393-394
    pesquisa relacionada, 412-415
    predição de comportamentos específicos, 394-397
    predição de comportamentos gerais, 397-403
    psicoterapia, 403-406
teoria da ativação-síntese, 43-44
teoria da personalidade, 2-13. *Ver também teorias e teóricos específicos*
    conceito de humanidade e, 10-11
    critérios para uma teoria útil, 8-11
    panorama, 7-8t
    perspectivas na, 5-8
    pesquisa na, 12-13
    teoria, definição, 4-5
    teorias biológicas-evolucionistas, 7-8, 7-8t
    teorias da aprendizagem (social) cognitiva, 7-8, 7-8t
    teorias disposicionais, 7-8, 7-8t
    teorias humanistas-existenciais, 7-8, 7-8t
    teorias psicodinâmicas, 7-8, 7-8t
teoria da personalidade cognitivo-afetiva (Mischel), 405-417
    conceito de humanidade, 415-417
    críticas, 415-416
    interação pessoa-situação, 407-408, 413-414
    introdução, 405-406
    panorama, 393-394
    paradoxo da coerência, 406-408
    pesquisa relacionada, 412-415
    sistemas cognitivo-afetivos da personalidade (CAPs), 408-413
Teoria da Sensibilidade ao Reforço (RST), 363-364
teoria das relações objetais (Klein), 103-120
    conceito de humanidade, 119-120
    críticas, 118-120
    internalizações, 109-112
    introdução, 105-107
    mecanismos de defesa psicóticos, 108-110

objeto na, 107
panorama, 111-112
posições, 107-109
psicoterapia, 115-119
relações adultas e, 116-119
vida psíquica do bebê, 106-107
visões posteriores, 111-116
teoria do apego
    de Bowlby, 114-115
    na teoria evolucionista (Buss), 328-329
    na teoria existencial (May), 254-255
teoria do manejo do terror (TMT), 252-263
Teoria dos Cinco Fatores, 283-299
    aspectos básicos da análise fatorial, 285-287
    biografias de McCrae e Costa, 286-287
    componentes centrais da personalidade, 290-292
    componentes periféricos, 292-293
    conceito de humanidade, 297-298
    construtos pessoais e, 434-435
    críticas, 296-298
    evolução da, 288-294
    fatores na, 287-290
    panorama das teorias dos traços e dos fatores, 284-285
    pesquisa relacionada, 294-297
    postulados básicos, 292-294
    taxonomia *versus*, 286-287
teoria dos construtos pessoais (Kelly), 419-437
    aplicações, 428-432
    conceito de humanidade, 435-437
    construtos pessoais, 421-422, 422-428, 431-435
    críticas a Kelly, 435-436
    perspectiva, 420
    pesquisa relacionada, 431-435
    psicoterapia, 429-431
teoria dos fatores de base biológica (Eysenck), 303-318
    bases biológicas da personalidade, 311-312
    conceito de humanidade, 316-317
    critérios para identificação dos fatores, 306
    críticas a Eysenck, 316-317
    dimensões da personalidade, 303, 306-311
    medida da personalidade, 311-312
    panorama, 303-304
    personalidade como preditor, 311-314
    pesquisa relacionada, 313-316
    teoria dos fatores biológicos (Eysenck), 305-307
teoria holístico-dinâmica (Maslow), 190-213
    autoatualização, 191, 194-195, 194-195f, 195-197, 199-208, 206-207t
    complexo de Jonas, 207-208
    conceito de humanidade, 212-213
    críticas a Maslow, 211-12
    hierarquia das necessidades, 194-197, 194-195f, 199-206, 208-210
    motivação, 191, 193-200
    panorama, 191-192
    pesquisa relacionada, 208-211
    psicoterapia, 208

teoria pós-freudiana (Erikson), 142-165
  conceito de humanidade, 163-165
  ego, 144-146
  estágios do desenvolvimento psicossocial, 147-149, 156-157t
  métodos de investigação, 156-159
  panorama, 143-144
  pesquisa relacionada, 158-161
teoria psicanalítica (Freud), 16-48
  aplicações, 37-41
  conceito de humanidade, 46-48
  críticas a Freud, 44-47
  dinâmica da personalidade, 26-29
  estágios do desenvolvimento psicossexual, 31-37
  mecanismos de defesa, 25-26, 28-32, 42-43
  níveis da vida mental, 21-24, 23-24f, 23-24f
  pesquisa relacionada, 40-44
  províncias da mente, 23-26, 23-24f
teoria refutável, 9-10
teoria social cognitiva (Bandura), 369-391
  agência humana (Bandura), 375-380
  aprendizagem, 371-373
  autorregulação, 379-384
  causação recíproca triádica, 370-371, 373-376
  comportamento disfuncional, 383-385
  conceito de humanidade, 389-391
  críticas a Bandura, 388-390
  panorama, 370-371
  pesquisa relacionada, 386-389
  terapia, 385-386
teoria social psicanalítica (Horney), 123-141
  conceito de humanidade, 140
  conflitos intrapsíquicos, 124, 131-134
  críticas a Horney, 138-140
  hostilidade básica/ansiedade básica, 124, 126-127, 129-130, 129-130f
  impulsos compulsivos, 128-132, 131-132t
  influências culturais, 126-127
  introdução, 126-127
  panorama, 124-125
  pesquisa relacionada, 136-139
  psicologia feminina, 134-136
  psicoterapia, 136-167
teorias biológicas-evolucionistas, 7-8, 7-8t
teorias da aprendizagem (social) cognitiva, 7-8, 7-8t
teorias dos fatores. Ver teorias dos traços e dos fatores
teorias dos traços e dos fatores. Ver também teoria dos fatores de base biológica (Eysenck); Teoria dos Cinco Fatores
  aspectos básicos da análise, 285-287
  coerência na personalidade, 294-295
  conceito de humanidade, 297-298
  críticas, 296-298
  mudança na personalidade, 287-296
  panorama, 284-285
  pegadas digitais, 296-297
  trabalho pioneiro de Cattell, 284-285
teorias humanistas-existenciais, 7-8, 7-8t
terapia centrada no cliente (Rogers), 216-217, 223-228, 227-228t. Ver também teoria centrada na pessoa (Rogers)
Terapia Centrada no Cliente (Rogers), 218-219

terapia de papel fixo, 429-431
terapia lúdica, 116
terapia/psicoterapia
  na abordagem psicanalítica (Freud), 37-41
  na análise do comportamento (Skinner), 361-362
  na psicanálise humanista (Fromm), 178-179
  na psicologia analítica (Jung), 94-96
  na psicologia existencial (May), 251-253
  na psicologia individual (Adler), 67-68
  na teoria da aprendizagem social cognitiva (Rotter), 403-406
  na teoria das relações objetais (Klein), 116
  na teoria dos construtos pessoais (Kelly), 429-431
  na teoria holístico-dinâmica (Maslow), 208
  na teoria social cognitiva (Bandura), 385-386
  na teoria social psicanalítica (Horney), 136-167
  terapia centrada no cliente (Rogers), 216-216-217, 217, 223-228, 227-228t
Teste de Apercepção Temática (TAT), 116-117, 229-230
teste de associação de palavras, 92
Teste de Lembranças Precoces, 43
Teste de Rorschach, 43, 116-117, 371
Teste de Vocabulário de WAIS, 43
teste Rep (Repertório de Construtos de Papel) 430-432
"teste do *marshmallow*", 414-415
tipos
  na psicologia analítica (Jung), 87-88, 89-90t
  na teoria dos fatores biológicos (Eysenck), 306-311
tipos de interesse vocacional de Holland, 69-71, 70t
tipos de interesse vocacional, 69-71, 70t
tirania do dever (Horney), 132-133
trabalho, como orientação produtiva, 176-177
traços. Ver também teorias dos traços e dos fatores
  bipolares, 285
  definição, 3-4, 285
  na psicologia do indivíduo (Allport), 266-268
  na teoria dos fatores biológicos (Eysenck), 306, 3063f
  nas teorias disposicionais, 7-8
  unipolar, 285
traços bipolares, 285
traços comuns (Allport), 266-268. Ver também traços
traços de personalidade
  na teoria evolucionista (Buss), 331-334
traços de personalidade (Buss), 326-328
traços dos *Big Five* (McCrae & Costa), 5-6, 286-287, 296-297, 326-327, 330t, 335-336. Ver também Teoria dos Cinco Fatores
traços dos *Big Five*, 434-435
traços unipolares, 285
transcendência (Fromm), 172-173, 174t
transferência, 37-39, 94-95, 115-116, 178-179
transferência negativa, 38-39, 116
transformação (Jung), 94-95

transmissão monogênica (Buss), 333-334
transmissão poligênica (Buss), 333-334
transtorno de estresse pós-traumático (TEPT), 38-39, 116-117
transtornos da personalidade, 176-179, 180-181
Tratamento Clínico da Criança Problema, O (Rogers), 217
trauma
  teoria das relações objetais e, 116-117
  transtorno de estresse pós-traumático (TEPT), 38-39, 116-117
treino dos esfíncteres
  na teoria pós-freudiana (Erikson), 149-150
  nos estágios do desenvolvimento psicossexual (Freud), 31-32, 32-33
tríade anal (Freud), 31-32
tribo Northern Blackfoot, 193

U

unidade da personalidade, 57-58
unidades cognitivo-afetivas, 410-413
Union Theological Seminary, 216-217, 241
Universidade Clark, 20, 77-78, 287
Universidade da Califórnia em Berkeley, 144, 323
Universidade de Basel, 79
Universidade de Berlim, 304
Universidade de Boston, 286-287
Universidade de Brandeis, 193, 193-194, 195-196
Universidade de British Columbia, 370-371
Universidade de Cambridge, 114
Universidade de Chicago, 113-114, 217, 229-230, 230, 231f, 235, 287
Universidade de Columbia, 53-54, 193, 216-217, 217, 241, 406, 406-407
Universidade de Connecticut, 394, 394
Universidade de Freiburg, 124-126
Universidade de Harvard, 263-264, 264, 321, 347-348, 406
Universidade de Iowa, 371, 394, 420-421
Universidade de Londres, 303, 304-306
Universidade de Massachusetts-Boston, 287
Universidade de Michigan, 170-171
Universidade de Minnesota, 346-347, 420-421
Universidade de Nova Iorque, 170-171, 241-242, 406
Universidade de Rochester, 217
Universidade de Stanford, 371, 406
Universidade de Viena, 17-18, 18, 53-54
Universidade de Wisconsin, 192, 216-217, 217-218, 229-230, 235
Universidade de York, 116-117
Universidade de Zurique, 87-88
Universidade do Kansas, 420-421
Universidade do Texas em Austin, 321, 323
Universidade Estadual de Ohio, 217, 394-394, 406, 421
Umwelt, 243-244, 244-245f, 246, 247-248, 251-252, 252-254

#

validade, 12-13
validade convergente, 12-13

470 Índice

validade discriminante, 12-13
validade divergente, 12-13
validade do construto, 12-13
validade preditiva, 12-13
valor da necessidade (VN, Rotter), 399, 399-400
valor do reforço (VR, Rotter), 395-396, 401-402
valores B (Maslow), 201, 201-202f
variações genéticas neutras, 328-329
variáveis da situação, 408-410
velhice (Erikson), 155-157, 155-156f

Verdade de Gandhi, A (Erikson), 157-158
vida existencial (Rogers), 228-229
Vidas Emergentes, Disposições Duradouras (McCrae & Costa), 287
Vienna Psychoanalytic Society, 20, 53
vontade, na psicologia existencial (May), 247-248-249
vulnerabilidade (Rogers), 222-223

W

Walden II (Skinner), 345-346, 347-348
Wednesday Psychological Society, 20, 44, 53

Western Behavioral Sciences Institute (WBSI), 217-218
Wichita Guidance Center, 371
William Alanson White Institute of Psychiatry, Psychoanalysis and Psychology, 170-171, 241, 248
Willoughby Emotional Maturity Scale (E-M Scale), 229-230

Z

zonas erógenas, 26-28